中国非洲研究院文库

译路帆远

汉学家谈翻译 上

Sinologists on Craft of Translation

李新烽　白乐 ○ 主编

中国社会科学出版社

图书在版编目（CIP）数据

译路帆远：汉学家谈翻译：全三册 / 李新烽，白乐主编. —北京：中国社会科学出版社，2024.2

（中国非洲研究院文库）

ISBN 978 - 7 - 5227 - 2270 - 2

Ⅰ.①译…　Ⅱ.①李…②白…　Ⅲ.①翻译—研究　Ⅳ.①H059

中国国家版本馆 CIP 数据核字（2023）第 133922 号

出 版 人	赵剑英	
责任编辑	侯聪睿	
责任校对	王　龙	
责任印制	王　超	

出　　版	中国社会科学出版社	
社　　址	北京鼓楼西大街甲 158 号	
邮　　编	100720	
网　　址	http://www.csspw.cn	
发 行 部	010 - 84083685	
门 市 部	010 - 84029450	
经　　销	新华书店及其他书店	

印　　刷	北京君升印刷有限公司
装　　订	廊坊市广阳区广增装订厂
版　　次	2024 年 2 月第 1 版
印　　次	2024 年 2 月第 1 次印刷

开　　本	710 × 1000　1/16
印　　张	60.75
字　　数	901 千字
定　　价	298.00 元（全三册）

凡购买中国社会科学出版社图书，如有质量问题请与本社营销中心联系调换
电话：010 - 84083683
版权所有　侵权必究

主编简介

李新烽，博士，作家，二级研究员，中国非洲研究院执行院长、中国社会科学院西亚非洲研究所所长，中国社会科学院大学西亚非洲系主任、博士研究生导师，《西亚非洲》和《中国非洲学刊》杂志主编。国务院政府特殊津贴专家，兼任中国亚非学会会长、国家社科基金和教育部"长江学者"评审专家。

李新烽1981年于西安外国语大学英语系毕业后留校工作，两次考入中国社会科学院研究生院，分获法学硕士学位和管理学博士学位；公派留学英国，获威尔士大学文学硕士学位。曾任人民日报社驻南非首席记者和中国社会科学杂志社副总编辑。2007年加入中国作家协会，2008年加入中国摄影家协会。

主要研究非洲政治和中非关系。在《中国社会科学》《历史研究》《求是》等期刊上发表中英文学术论文20余篇。出版《非洲踏寻郑和路》（中英文版）、《郑和与非洲》（中英阿文版）和《南非土地制度研究》（入选中国社会科学院文库和创新工程2022年度重大科研成果）等多部专著。目前是国家社科基金中国历史研究院重大历史问题研究专项2021年重大招标项目"非洲通史（多卷本）"（LSYZD21022）首席专家。

《非洲踏寻郑和路》2007年荣获中宣部第十届精神文明建设"五

个一工程奖"，温家宝总理为该书题词："山一程，水一程，身向世界行；风一更，雪一更，心怀天下事。"南非总统拉马福萨、肯尼亚总统肯雅塔为《非洲踏寻郑和路》《郑和与非洲》英文版作序。

白乐，1989年5月生。中国社会科学杂志社对外传播中心记者、编辑，从事《中国社会科学报》"世界与中国"版面学术报道与采写工作。2013年研究生毕业于北京大学外国语学院英汉笔译专业，获得翻译硕士学位。曾以英译王维《山居秋暝》一诗在150余份参赛作品中脱颖而出，获得"首届清华北大诗歌翻译大赛"二等奖。2015年赴新加坡国立大学东亚研究所进行学术交流。多次被评为中国社会科学杂志社"优秀个人"。在《中国社会科学报》"世界与中国"版面发表访谈类、报道类、编译类文章数篇，尤以"国际回声——外国学者热议习近平新时代中国特色社会主义思想""中华文明世界谈"等栏目发表的文章受到好评。2023年，报道南非金砖国家峰会的稿件《"中国风采"引领金砖合作未来之路》获得中央网信办全网推送。曾近距离专访许渊冲、李文俊等国内一代翻译名家，也曾专访艾恺、顾彬、侯格睿、白雪丽、吴芳思等国际知名汉学家。2020年，出版全三册《译路峰景——名家谈翻译》（合作主编）。

《中国非洲研究院文库》编委会名单

充分发挥智库作用　助力中非友好合作
——《中国非洲研究院文库》总序言

　　当前，世界之变、时代之变、历史之变正以前所未有的方式展开。一方面，和平、发展、合作、共赢的历史潮流不可阻挡，人心所向、大势所趋决定了人类前途终归光明。另一方面，恃强凌弱、巧取豪夺、零和博弈等霸权霸道霸凌行径危害深重，和平赤字、发展赤字、治理赤字加重，人类社会面临前所未有的挑战。

　　作为世界上最大的发展中国家，中国始终是世界和平的建设者、国际秩序的维护者、全球发展的贡献者。非洲是发展中国家最集中的大陆，是维护世界和平、促进全球发展的重要力量之一。在世界又一次站在历史十字路口的关键时刻，中非双方比以往任何时候都更需要加强合作、共克时艰、携手前行，共同推动构建人类命运共同体。

　　中国和非洲都拥有悠久灿烂的古代文明，都曾走在世界文明的前列，是世界文明百花园的重要成员。双方虽相距万里之遥，但文明交流互鉴的脚步从未停歇。进入 21 世纪，特别是中共十八大以来，中非文明交流互鉴迈入新阶段。中华文明和非洲文明都孕育和彰显出平等相待、相互尊重、和谐相处等重要理念，深化中非文明互鉴，增强对彼此历史和文明的理解认知，共同讲好中非友好合作故事，为新时代中非友好合作行稳致远汲取历史养分、夯实思想根基。

　　中国式现代化，是中国共产党领导的社会主义现代化，既有各国现代化的共同特征，更有基于自己国情的中国特色。中国式现代化，深深植根于中华优秀传统文化，体现科学社会主义的先进本质，借鉴吸收一切人类优秀文明成果，代表人类文明进步的发展方向，展现了不同于西方现代化模式的新图景，是一种全新的人类文明形态。中国式现代化的新图景，为包括非洲国家在内的广大发展中国家发展提供了有益参考和借鉴。近年来，非洲在自主可持续发展、联合自强道路上取得了可喜进步，从西方眼中"没有希望的大陆"变成了"充满希望的大陆"，成为"奔跑的雄狮"。非洲各国正在积极探索适合自身国情的发展道路，非洲人民正在为实现《2063年议程》与和平繁荣的"非洲梦"而努力奋斗。中国坚定支持非洲国家探索符合自身国情的发展道路，愿与非洲兄弟共享中国式现代化机遇，在中国全面建设社会主义现代化国家新征程上，以中国的新发展为非洲和世界提供发展新机遇。

中国与非洲传统友谊源远流长，中非历来是命运共同体。中国高度重视发展中非关系，2013年3月，习近平担任国家主席后首次出访就选择了非洲；2018年7月，习近平连任国家主席后首次出访仍然选择了非洲；6年间，习近平主席先后4次踏上非洲大陆，访问坦桑尼亚、南非、塞内加尔等8国，向世界表明中国对中非传统友谊倍加珍惜，对非洲和中非关系高度重视。在2018年中非合作论坛北京峰会上，习近平主席指出："中非早已结成休戚与共的命运共同体。我们愿同非洲人民心往一处想、劲往一处使，共筑更加紧密的中非命运共同体，为推动构建人类命运共同体树立典范。"2021年中非合作论坛第八届部长级会议上，习近平主席首次提出了"中非友好合作精神"，即"真诚友好、平等相待，互利共赢、共同发展，主持公道、捍卫正义，顺应时势、开放包容"。这是对中非友好合作丰富内涵的高度概括，是中非双方在争取民族独立和国家解放的历史进程中培育的宝贵财富，是中非双方在发展振兴和团结协作的伟大征程上形成的重要风范，体现了友好、平等、共赢、正义的鲜明特征，是新型国际关系的时代标杆。

随着中非合作蓬勃发展，国际社会对中非关系的关注度不断提高。一方面，震惊于中国在非洲影响力的快速上升；另一方面，忧虑于自身在非洲影响力的急速下降，西方国家不时泛起一些肆意抹黑、诋毁中非关系的奇谈怪论，诸如"新殖民主义论""资源争夺论"

"中国债务陷阱论"等,给发展中非关系带来一定程度的干扰。在此背景下,学术界加强对非洲和中非关系的研究,及时推出相关研究成果,提升中非双方的国际话语权,展示中非务实合作的丰硕成果,客观积极地反映中非关系良好发展,向世界发出中国声音,显得日益紧迫和重要。

以习近平新时代中国特色社会主义思想为指导,中国社会科学院努力建设马克思主义理论阵地,发挥为党和国家决策服务的思想库作用,努力为构建中国特色哲学社会科学学科体系、学术体系、话语体系作出新的更大贡献,不断增强我国哲学社会科学的国际影响力。中国社会科学院西亚非洲研究所是遵照毛泽东主席指示成立的区域性研究机构,长期致力于非洲问题和中非关系研究,基础研究和应用研究双轮驱动,融合发展。

以西亚非洲研究所为主体于2019年4月成立的中国非洲研究院,是习近平主席在中非合作论坛北京峰会上宣布的加强中非人文交流行动的重要举措。自西亚非洲研究所及至中国非洲研究院成立以来,出版和发表了大量论文、专著和研究报告,为国家决策部门提供了大量咨询报告,在国内外的影响力不断扩大。遵照习近平主席致中国非洲研究院成立贺信精神,中国非洲研究院的宗旨是:汇聚中非学术智库资源,深化中非文明互鉴,加强中非治国理政和发展经验交流,为中非和中非同其他各方的合作集思广益、建言献策,为中非携手推进"一带一路"高质量发展、共同建设面向未来的中非全面战略合作伙伴关系、构筑更加紧密的中非命运共同体提供智力支持和人才支撑。

中国非洲研究院有四大功能:一是发挥交流平台作用,密切中非学术交往。办好三大讲坛、三大论坛、三大会议。三大讲坛包括"非洲讲坛""中国讲坛""大使讲坛",三大论坛包括"非洲留学生论坛""中非学术翻译论坛""大航海时代与21世纪海峡两岸学术论坛",三大会议包括"中非文明对话大会""《(新编)中国通史》和《非洲通史(多卷本)》比较研究国际研讨会""中国非洲研究年会"。二是发挥研究基地作用,聚焦共建"一带一路"。开展中非合作研究,对中非共同关注的重大问题和热点问题进行跟踪研究,定期发布研究课题及其成果。三是发挥人才高地作用，培养高端专业人才。开展学历学位教育，实施中非学者互访项目，扶持青年学者和培养高端专业人才。四是发挥传播窗口作用，讲好中非友好故事。办好中国非洲研究院微信公众号，办好中英文中国非洲研究院网站，创办多语种《中国非洲学刊》。

为贯彻落实习近平主席的贺信精神，更好汇聚中非学术智库资源，团结非洲学者，引领中国非洲研究队伍提高学术水平和创新能力，推动相关非洲学科融合发展，推出精品力作，同时重视加强学术道德建设，中国非洲研究院面向全国非洲研究学界，坚持立足中国，放眼世界，特设"中国非洲研究院文库"。"中国非洲研究院文库"坚持精品导向，由相关部门领导与专家学者组成的编辑委员会遴选非洲研究及中非关系研究的相关成果，并统一组织出版。文库下设五大系列丛书："学术著作"系列重在推动学科建设和学科发展，反映非洲发展问题、发展道路及中非合作等某一学科领域的系统性专题研究或国别研究成果；"学术译丛"系列主要把非洲学者以及其他方学者有关非洲问题研究的学术著作翻译成中文出版，特别注重全面反映非洲本土学者的学术水平、学术观点和对自身发展问题的见识；"智库报告"系列以中非关系为研究主线，中非各领域合作、国别双边关系及中国与其他国际角色在非洲的互动关系为支撑，客观、准确、翔实地反映中非合作的现状，为新时代中非关系顺利发展提供对策建议；"研究论丛"系列基于国际格局新变化、中国特色社会主义进入新时代，集结中国专家学者研究非洲政治、经济、安全、社会发展等方面的重大问题和非洲国际关系的创新性学术论文，具有基础性、系统性和标志性研究成果的特点；"年鉴"系列是连续出版的资料性文献，分中英文两种版本，设有"重要文献""热点聚焦""专题特稿""研究综述""新书选介""学刊简介""学术机构""学术动态""数据统计""年度大事"等栏目，系统汇集每年度非洲研究的新观点、新动态、新成果。

期待中国的非洲研究和非洲的中国研究在中国非洲研究院成立新的历史起点上，凝聚国内研究力量，联合非洲各国专家学者，开拓进取，勇于创新，不断推进我国的非洲研究和非洲的中国研究以及中非关系研究，从而更好地服务于中非高质量共建"一带一路"，助力新时代中非友好合作全面深入发展，推动构建更加紧密的中非命运共同体。

中国非洲研究院

2023 年 7 月

序　言

　　2020年，《译路峰景——名家谈翻译》三部曲的出版，获得了译界学者和广大翻译研究爱好者的一致好评。不少国内高校师生及海外同人表示，书中多位实践派名师的译笔之谈，对其翻译学习与研究有很大的启示意义。在总结经验、发扬成绩的基础上，我们将目光投向域外汉学家，推出姊妹篇《译路帆远——汉学家谈翻译》。该书延续《译路峰景——名家谈翻译》的策划思路与编撰定位，通过"汉学名家荟萃"的方式，为广大读者呈现多样化、多视角的"翻译盛宴"。

　　纵观中西文化交流史的长河，自明末清初起，随着西方传教士陆续来华，中西文明"互鉴之旅"掀起高潮。在向中国传播西方宗教思想及先进科学技术的同时，利玛窦等传教士也将中国文化介绍给西方。在这片遥远的国土上，西方知识分子发现了一个远超于丝绸和瓷器的新奇世界，而翻译则成为当时"东学西渐""中学西传"的主要途径。《论语》《诗经》等儒家经典被先后译出，元曲《赵氏孤儿》等大量中国古籍外文版进入欧洲文化界，中国哲学、政治、思想的传播对后来的欧洲启蒙运动产生了深远影响。

　　在"中国热"遍及世界的今天，我国翻译界也逐渐走向国际化，越来越多的中国著作被翻译并传播至海外。无论是传统中华典籍还是现当代作品，都吸引着一批又一批痴迷于中国文化的海外读者走进中国、了解中国。尤其是20世纪90年代以来，随着中国在世界格局中国际地位的提高，海外学界对中国的关注日益增加，中国作品的传播量和影响力突飞猛进。

　　这些享誉海外的中国作品背后，是一支庞大的翻译队伍。本土译者与外国译者的并存成为该翻译领域的基本现状。一方面，国内涌现出了一大批功底深厚的杰出译者，许多老一辈翻译家及中青年译者笔耕不辍，向海外翻译并介绍了大量国内著作；另一方面，越来越多的汉学家作为外国译者的主要群体，以其毕生精力致力于中国作品的翻译与研究，为世界了解古老东方与当代中国打开了一扇大门。

与此同时，汉学也成为一门全球范围内的"显学"，构成了国际学术界一道亮丽的风景线。"汉学家群体"及与之相伴的翻译生态由此成为备受关注的学术现象。这一群体在新时代也拥有了不同以往的新特点。例如，我们注意到，除了老一辈声名卓著的汉学家，如今在"一带一路"共建国家，也涌现出一大批中青年汉学家，其中许多人有着多年的中国生活及工作经历，因而熟悉中国社会文化及历史传统。他们出于研究需要或个人爱好翻译了许多中文书籍，并在当地产生了一定的影响。携带着中国印记的作品在他国受到欢迎与喜爱——这是文化相遇与碰撞的结果。可以说，这些作品承载的是中国文化与海外特征的双重元素。

在当代中国需要与世界展开更多对话的今天，文明互鉴已成为人类心照不宣的往来方式。然而，不可否认的是，当代西方对于中国文明的认知与理解仍然存在一些误区。作为一门根植于中国、发展于海外的学科，汉学在承载中国精神、传递中国元素并助力还原一个真实的中国方面可以大有所为。汉学家们所怀揣的"中国热情"、珍视的"中国情谊"及其为传播中华文化所付出的不懈努力为更正西方认知偏差、打通东西思想屏障起到了不可磨灭的作用。

其中，翻译打开了汉学研究者的视野，在中西文化交流史的长河中做出了卓越贡献，为传播中华文化并推动跨文明交流构筑了不可或缺的桥梁。翻译与汉学紧紧联结在一起，成了海外中国学研究必不可少的手段。

当我们把目光聚焦于翻译的"专业性"本身，不得不提起译界存在的这样一个共识：由于母语者对母语的驾驭能力通常要胜过外语，因此理想状态下，译者应当将母语作为翻译活动中的目的语而非源语言，如此才能确保译文符合目标读者的阅读习惯。

国内学者胡安江教授曾提出，汉学家译者无疑是中国文学"走出去"的理想翻译群体。英国汉学家葛瑞汉曾言："分析中国诗歌时，我们不宜太过放肆；但如果是翻译，我们则理应当仁不让。因为翻译最好是用母语译入，而不是从母语译出。这一规律几无例外。"美国汉学家宇文所安更毫不避讳地指出："中国政府正在花钱把中文典籍翻译成英语，但这项工作绝不可能奏效。没有人会读这些英文译本。中国可以更明智地使用其资源，译者始终都应该把外语翻译成自己的母语。"

纵然对于这一观点，国内一些学者持不同态度。著名翻译家许渊冲认为，中国译者在古典诗词和韵文外译方面胜于外国译者。原因在于国内译者对中国传统文化底蕴的理解比外国译者更为深刻，因而在翻译时能更为传神地表达出原作细微之处的"情致"。

然而，我们不得不承认，单纯从语言转换的角度而言，汉学家在将中国作品译介为外语方面具有本土译者不可比拟的天然优势。据统计，即使是经典的杨宪益、戴乃迭夫妇译本，不管是在读者借阅数、研究者引用数方面，还是在发行量、再版数方面都略逊色于英国汉学家大卫·霍克斯的《红楼梦》译本，后者在国外获得了更为广泛的知名度与影响力。

诚然，一位优秀的汉学家兼翻译家除了具备深厚的语言功底、娴熟掌握中西语言转换技巧，还应游刃有余地处理作品中所涉及的历史背景、民间故事、谚语典故，更要收放自如地处理作品本身的叙述手法、艺术风格、创作视角。有学者将翻译的本质描述为"极致还原"。这里的"还原"二字涵盖深广，不仅指字词、语句、篇章含义的"还原"，更指语气、意味、内蕴、精髓的"还原"。中国学者钱锺书将翻译的最高境界比喻为"化境"，可谓十分恰当。

尤其是对于汉学家涉猎最多的中华典籍，因其语言的深奥性及思想的丰富性，要做到准确无误地理解原文并用晓畅通达的外语表达实属不易。庆幸的是，在海外各国中，能够达到这一造诣的汉学家灿若繁星。他们长期倾心于中国传统文化，投身于浩瀚如烟的中华典籍，挖掘并展现华夏文明的熠熠光华，在清冷艰涩的翻译事业中甘之如饴。

综观当今书籍市场，一个容易发现的事实是，翻译类书籍与汉学类书籍往往处于割裂的状态。汉学研究的书籍通常专注于探讨汉学本身的理论与方法、历史与现状、前沿与动态等，少有书籍侧重汉学研究中的译介因素，或汉学实践中的翻译体会。同时，翻译类的书籍也鲜有将出自汉学家之手的译本当作研究对象，或是专门讨论汉学论著的译本质量。其实，汉学与翻译的交叉是一个值得不断深挖的领域，二者的融合将极大地拓展汉学与翻译这两门学科的边界并丰富其内涵。

鉴于此，本书尝试为二者的融合尽绵薄之力。在长期从事东西方文化交流的过程中，许多汉学家积累了大量的实践经验和独特的翻译感悟。因此，本书将这些宝贵经验与心得加以系统化整理，结集成书，以飨读者。具体而言，收录了37位汉学家的访谈实录，跨13余个国别，以及多部中国经典古籍及现当代著作的译本评鉴。书稿以《中国社会科学报》为依托，也融合了其他主流翻译报刊及高校学刊，收录了有关"汉学家与翻译"的多篇文章。此外，我们也邀请一些长期从事汉学研究与典籍外译的国内学者为本书撰稿，或将他们以往的汉学家访谈稿整理成文，或展开对某个汉学家及其译本的评述。

本书上册为"汉学家访谈实录"专题，精选了对多位国际著名汉学家的专访文章。访谈类文章让读者在"身临其境"之感中，仿佛"读故事般"聆听老一代汉学家，抑或新生代青年汉学学者的译事趣闻与翻译点滴。这一册中，汉学家们将自己倾心中国文化并开启中国作品译介之路的机缘娓娓道来，向读者呈现其汉学研究的人生历程。不同于传统学术文章的晦涩刻板，访谈类文章以自由灵活、亲切可感的特点为其优长。无论是采访纪实还是人物侧写，问答交叉的"现场"形式让文章富有极大的可读性，或轻松幽默，或富于启迪，可以为读者闲暇时翻番品味提供良好的阅读素材。

中册延续上册的"汉学家访谈实录"专题，另包含"海外译介传播"专题。"海外译介传播"梳理了众多重要中国古籍作品在海外各国的译介、传播、接受与流变的过程，及其在海外各国译界、学术界及出版界产生的影响力。这些传统中国古籍被译为多种语言，在国外经历了再度生根、发芽直至开花、结果的过程。除了翻译所起的"媒介"作用，作品自身的思想内容、艺术意义、学术价值等也是催生其在他国"成熟落地"的因素。关于这些多重因素的探讨在这一册中也有涉及，读者因而可以看到多个立体而丰满、富于异域色彩的中国作品形象。

下册为"汉学家译本评述"专题。这一册结合汉学家所处的时代背景与结缘汉学的研究经历，分析了每位汉学家的翻译思想与作品风格、梳理了具体译本的特色与亮点。与前两册不同，这册多采用文本探讨、篇章剖析、字句推敲的方式，通过翔实的翻译实例与理论分析来介绍汉学家对于翻译的观点、原则及其中运用的技巧与策略。另外，读者在这一册也可以了解到文献对照、典故考证等译前准备工作及其体现的汉学家亦作为研究者的严谨学术态度，并领会文化阐释、译本加工等译后整理工作及背后的跨文化考量与权衡。

从具体的文本而言，本书选题编撰具有以下特征：一是汉学家所属国别多样化，仅上册"汉学家访谈实录"就涵盖14余个国别。除了传统汉学家发轫较多的英国、美国，也包括加拿大、墨西哥，及德国、法国、波兰、荷兰、西班牙、俄罗斯、捷克等欧洲国家，韩国、日本等东亚国家，以及澳大利亚。二是汉学家所处时代跨越性大。除了施约瑟、理雅各、翟理思、庞德等享誉中外的早期前辈汉学家，也包括葛浩文、顾彬、华兹生、安乐哲等现当代资深汉学家，及新生代青年汉学家如蓝诗玲、韩斌、林恪、郝玉青等。三是所选翻译文本贯穿古今。除了中国古典经籍如《论语》《诗经》《道德经》《史记》《孙子兵法》《尚书》，古代诗词如李白、苏轼诗歌，也包括中国现当代作品如对鲁迅、沈从文、莫言、贾平凹、余华、严歌苓等人著作的翻译研究。四是翻译所涉学科类型覆盖面广。除了传统中国哲学、文学经典，也包括科幻小说、现代戏剧译介，以及《大清律例》等法律文献、《在延安文艺座谈会上的讲话》等政治性纲领文献的译作剖析。

汉学家白罗米曾言："典籍的翻译者身份是很特殊的，他不是普通的翻译者，而是一种文化使者，因为他要推广中国的文化价值，使读者了解中国文化的精神及了解中国文化为什么在世界上是独一无二的。"的确，正是独特性赋予了中国传统文化别样的魅力，使之傲然于世界民族之林，而汉学家的研究与著述仿佛一座座灯塔，照亮并引领更多外国人走进中国、感知中国。各国文明、风俗与传统虽不同，人类的情感是相通的——我们有理由相信，在全球化趋势不断深入、各国依赖性日益增强的今天，中华文化将源源不断地为人类文明互鉴、跨国情感共鸣注入动力。

主　编

2022 年 11 月

上册目录

（作者排序不分先后）

汉学家访谈实录

美国汉学家安乐哲访谈：
从《道德经》的翻译谈起*

郭　薇** 辛红娟***

安乐哲（Roger T. Ames），1947 年生于加拿大多伦多，国际知名汉学大师，美国夏威夷大学教授、北京大学人文讲席教授。他致力于中国哲学研究，是向西方介绍中国哲学思想的先锋，主要哲学著作（含合著）有 *The Art of Rulership*：*A Study in Ancient Chinese Political Thought*（1983）（《主术：中国古代政治思想研究》）、*Thinking Through Confucius*（1987）（《通过孔子而思》）、*Anticipating China*：*Thinking Through the Narratives of Chinese and Western Culture*（1995）（《期望中国：探求中国和西方的文化叙述》）等。他积极开展中国哲学典籍英译实践，翻译了大量先秦诸子作品，译有《孙子兵法》《淮南子·原道篇》

安乐哲（Roger T. Ames）

* 国家社会科学基金项目"《道德经》在美国的译介与接受研究"（项目编号：14BYY025）、湖南省哲学社会科学基金项目"比较哲学视域下安乐哲《中庸》英译研究"（项目编号：17YBA421）的阶段性成果。原载于《外语与外语教学》2020 年第 5 期，原题为《安乐哲中国古代哲学典籍英译观——从〈道德经〉的翻译谈起》。

** 郭薇，中南大学外国语学院讲师，研究方向为翻译理论与实践、典籍英译。
*** 辛红娟，宁波大学外国语学院教授、博士生导师，研究方向为翻译理论与实践、典籍英译。

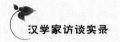

《论语》《中庸》等。

一　引言

哲学典籍的创新尝试，与中国哲学典籍英译史上传教士、早期汉学家及文、史学家的译法大相径庭，故质疑之声不断。① 2019 年 7 月，在江苏丹阳举办的第九届"国际儒学与中华文化师资班"期间，笔者有幸采访了安乐哲教授，就安乐哲的哲学家身份、哲学贡献、比较哲学方法论的由来、中国哲学典籍英译路径等问题进行了探讨，尝试为安乐哲中国哲学典籍英译的译者身份、方法及路径正名。

二　安乐哲哲学家角色身份

郭薇、辛红娟（以下简称"郭、辛"）：安教授好，感谢您接受我们的采访。《文汇报》《国际儒学论丛》等报纸杂志刊文介绍您时，常盛赞您为当代西儒大家、新儒家、汉学家。您在夏威夷大学的学生、长期学术合作伙伴田辰山认为您是一位比较哲学家，一位致力于将中国哲学传播到西方世界的阐释者。请问，您如何看待这些"学术标签"？您如何界定自己的学术身份？

安乐哲（以下简称"安"）：我有自己的学术定位。1966 年，我到中国香港学习中国哲学时，师从劳思光。当时香港中文大学有四位新儒家代表人物，分别是钱穆、唐君毅、牟宗三和徐复观。劳思光说他不想被列为新儒家，他常跟我说，"我们不需要中国哲学，我们需要世界中的中国哲学"。劳思光的观点很明确，他是一位哲学家，是

---

① 较具代表性的质疑声参见谭晓丽、吕剑兰《安乐哲中国哲学典籍英译的国际译评反思》，《南通大学学报》（社会科学版）2016 年第 6 期；刘玉宇《论典籍英译中的去西方中心主义问题——从安乐哲、罗思文〈论语〉关键词的英译说起》，《学术研究》2019 年第 2 期。前者通过分析西方学者史嘉柏（David Schaberg）、雷切瑞（Jeffrey L. Richery）等的书评，认为安乐哲中国哲学典籍英译的术语翻译有"故弄玄虚"之嫌；后者认为，安乐哲《论语》英译本"是一个既让英语读者感到陌生又让中国读者感到怪异的版本"。

一位不想被贴上任何标签的哲学家。另一个例子是我的好友李泽厚，他研究康德哲学，但不承认自己是康德主义者；他研究儒学，但不承认自己是儒家；他研究马克思主义，但不承认自己是马克思主义者。我认为，哲学家的工作就是合理利用手头拥有的资源和头脑中的知识，从哲学角度看待问题，不需要任何标签，不需要被装进任何盒子。所以，我个人不希望被称作中西比较哲学家、新儒家或汉学家，我就是一个爱哲学的人，一个喜欢从哲学角度思考问题的人。

郭、辛：在哲学研究之余，您从中国哲学角度出发，以"哲学解读＋翻译"的模式，"导语＋哲学术语汇编＋译文＋附录"的行文体例重新翻译中国典籍。1993—2009 年，您已完成 7 部中国典籍英译，依次是《孙子兵法》《淮南子》《论语》《中庸》《道德经》《孙膑兵法》和《孝经》，为中国哲学典籍英译提供了一条可借鉴的创新之路。您如何看待自己的译者身份？

安：做哲学研究的同时，我也从事中国哲学典籍英译，除上述提到的译本，我目前正在编写《中国哲学资料书》（*The Source Book of Chinese Philosophy*），目前已完成一半，书里有更多中国哲学典籍英译尝试，我想从哲学角度较全面地向西方传递中国古老思想。然而，我不是为翻译而翻译，翻译的最终目的仍是传递我思索日渐成熟的哲学思想。因此，就学术身份而言，我仍是一名哲学家。

三　安乐哲哲学思想创新与贡献

郭、辛：您在进行中西哲学比较与会通时，借鉴了唐君毅提出的中国哲学"一多不分"宇宙观，进而构建了中国哲学的一系列异质性特征。唐君毅曾在 1943 年出版的《中西哲学思想之比较研究集》中提出"一多不分"宇宙观（唐君毅，1943：导言 9）。然而，在1953 年出版的《中国文化之精神价值》自序中，他却说，"十几年前写就的那本书大多是戏论"[①]（唐君毅，1953：序 1），对前书观点进

[①]　唐君毅于1943 年出版的《中西哲学思想之比较研究集》写就于20 世纪30 年代。

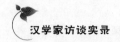

行了大面积否定。您如何看待唐君毅的思想转变？

安：我深刻思考过这个问题，实在不明白唐君毅思想大幅转变的动机。他并未在书中说明自己前后思想发生如此巨大转变的原因。我能够想到的唯一解释是，在唐君毅学术生涯后期，他和牟宗三一样，越来越靠近德国哲学学派，他们的语言越来越像黑格尔（Hegel）的语言，一个句子可以写成一页。我个人是不赞同唐君毅后期观点的，如果我们谈《易经》和《道德经》，怎么可能不谈"生生不息"观？唐君毅在1943年提出的7个中国自然宇宙观①是很有学术价值的，也是被绝大多数中国人认可的。虽然在20世纪50年代出版的专著中他否定了自己的观点，但这不表示，我们也要否定他之前的观点，更不能表示他之前的观点就是错误的，这只是他个人学术思想的转变而已。

郭、辛："一多不分"思想源于《易经》，但这一概念的提出应归功于唐君毅。那么，"过程（焦点/场域）思维、互系性（关联性）思维、审美秩序、角色伦理观"等体现中国哲学异质性特征的具体概念，是否可被视作您描述中国哲学的理论贡献？

安：我认为，"一多不分"也可以用"通变不分"来替代。"通"就是"一"，"变"就是"多"。"一多不分"也可用"体用不分"来替代。"体"就是"一"，"用"就是"多"。有很多表达法可以描绘中国哲学，"一多不分"只是其中一种，描绘了中国哲学自然宇宙观特质。在"一多不分"理论框架下，我与我的合作者借鉴和创造了更为细化的表达法，以期更有针对性地描绘中国历史、中国人和中国哲学。例如，我们借鉴了怀特海"过程哲学""审美秩序"，以及葛兰言"互系性思维"的提法以描述中国哲学，这是我们的创新式借鉴。与此同时，我们提出了"过程思维""角色伦理观"等概念以描述中国哲学，这是我们的创新。

---

① 唐君毅（1943：导言2）提出的7个中国自然宇宙观特质分别是"无定体观、无往不复观、含有无动静观、一多不分观、非定命观、生生不已观、性即天道观"。

郭、辛：您已出版一系列中国哲学阐释著作，其中，与郝大维（David Hall）共同完成的《通过孔子而思》《期望中国：探求中国和西方的文化叙述》《汉哲学思维的文化探源》被誉为"中国哲学思想研究三部曲"（温海明，2009：30），独著《儒家角色伦理学》被视作"开启人生伦理学研究之门的一把金钥匙"（传永聚，2017：146），让更多西方读者从本源处认识了中国哲学。您是否把向西方世界传播中国哲学作为您的哲学家使命？

安：作为哲学家，我的使命是双向的。我不仅致力于将中国哲学传播到西方社会，还原中国哲学本真，以消除西方社会目前抱持的"中国无哲学"的普遍认识。同时，我也希望运用中国传统哲学中的生活智慧，为美国当下面临的社会问题提供解决方案。

郭、辛：在中西思维对比中，最重要的是哲学概念对比吗？

安：我认为在中西思维对比中，最重要的是厘清两套阐释语境（Interpretive Contexts）。在恰当的阐释语境下，语言才能较真实地反映思维与文化。我的哲学专著及中国哲学典籍英译副文本（Paratext）都在尝试厘清中西两套阐释语境，进而"解构性"地重新翻译中国哲学术语。

郭、辛：是否有关于您哲学创新的作品可供青年学者阅读？

安：我在夏威夷大学培养的40名博士把我的哲学借鉴与创新点汇编成了一部英文论文集，他们每人就我描述中国哲学异质性特征的概念，例如"过程思维""互系性思维"等，撰写了一篇英文论文。目前，这本论文集已经完成，正在出版社排字打印中，等到文集付梓，我的哲学创新点就很清晰了。

四　安乐哲比较哲学方法论

郭、辛：在进行中西思维比较时，您常将中国儒家思想中的观点与西方海德格尔（Martin Heidegger）哲学、怀特海（Alfred North

Whitehead）过程哲学和杜威（John Dew ey）实效主义①进行类比，为什么要用西方哲学思想类比中国哲学，而不是直接向西方介绍中国哲学？

安：关于类比，我的一贯观点是，当我们不了解他者文化和思想时，只有通过与自身文化和思想进行类比，才能找到突破口，除此之外，别无他法。以我个人阅读经历为例，作为一名西方哲学家，当我阅读《中庸》原文时，脑子里浮现的想法是，这与我们西方哲学中什么思想类似，如何让不甚了解中华文化及思想的西方人，明白《中庸》在说什么。我一直在努力做的事情就是找到这样的打通，找到能够与中国哲学思想类比的西方哲学观点。不再从基督教角度解读中国哲学文本，是我的基本学术立场。在《儒家角色伦理学》中，我评价了 21 世纪初由普林斯顿大学浦安迪（Andrew H. Plaks）教授英译的《中庸》，我认为他的译本仍是从亚布拉罕思想出发来进行翻译的（Ames，2011：245—249）。我不再从亚布拉罕思想或古希腊哲学层面来翻译中国哲学经典，当然，我也不是从海德格尔、怀特海或杜威哲学等单一层面来翻译中国哲学经典。

有些学者提出怀疑，说我在不断批评那些从亚布拉罕思想出发做中国典籍英译的学者，但自己也只是一个新实效主义者或怀特海过程哲学家而已。针对这种质疑，我有充分理由予以辩驳。我一直在强调，我是零售式借用西方哲学流派来类比中国哲学，而不是批发式挪用。海德格尔哲学思想与中国道家思想有很多相似之处，但是，海德格尔也做西方本体论（Ontology）和伦理学（Ethics）研究，这是中国传统哲学中没有的概念。所以，我们只能说，海德格尔哲学思想中的一小部分，能够用来类比中国哲学。如果我们批发式挪用海德格尔哲学思想去解读《道德经》，那我们就背叛了海德格尔，背叛了《道德经》，也背叛了《道德经》译文读者。

---

① Pragmatism，安乐哲认为应译成"实验主义"或"实效主义"，而不是"实用主义"，因为后者暗示为达目的不择手段的功利性，而杜威的 pragmatism 强调的是人的关系性，赞赏的是人勇于尝试的精神。故本文中的 pragmatist，译成"实效主义者"；pragmatism，译成"实效主义"。

同理，我零售式借用了怀特海"创造性"（Creativity）观点来类比中国哲学中"诚"的概念。但是，怀特海是一名系统哲学家，他的其他哲学观点，诸如他对永恒不变概念的坚持，他对上帝的信仰等，与中国哲学完全不相关。所以，我只借用怀特海哲学思想的一小部分来类比中国哲学。我也借用了杜威哲学思想中的一小部分来类比中国哲学。杜威哲学思想中有个非常重要的概念，即强调人的关系性（Relational Concept of Person）。杜威在他所处的时代环境下，能够提出"人的关系性"这一学说是非常具有创新性和预见性的。这一学说与中国儒家的"万物不分"观非常吻合。但是，杜威哲学中完全没有"家"的概念，而我们在谈论中国哲学时，怎么可能不谈论"家"的概念？所以，我们不能完全挪用杜威哲学思想来解读中国哲学，我们只能做一些零售式借用。

郭、辛： 如前所述，您不喜欢被贴上"比较哲学家"的标签，但作为哲学家，您的研究方法是"比较哲学方法论"，对吗？

安： 我不喜欢"中西比较哲学"这个词，因为它太简单、太非黑即白了。从古希腊到达尔文（Charles Robert Darwin），西方主流哲学，一直是"一多二元"。但是达尔文之后，西方哲学内部开始了对主流哲学的批判，20世纪西方主要哲学家大多秉持"一多不分"观点。所以，"中西比较哲学"这个词，太绝对、太非黑即白了，中西方哲学并不是完全"一多不分"和"一多二元"的对立。我运用"比较哲学方法论"比较的是哲学中的具体观点，是深层次的类比与对比。

郭、辛： 您用"比较哲学"思路看待问题，但不认同"中西比较哲学"的概念。然而，您的学术合作伙伴田辰山却在各种场合大力普及中西哲学间"一多不分"和"一多二元"的体系差别，希望更多人看到这样的差别。针对您和田教授的不同处理方式，您可否做些解释说明？

安： 我不用"中西比较哲学"概念，是因为西方哲学史中有很多流派，而且自20世纪伊始，西方哲学已大幅度转向"一多不分"。作为一名经常用英文写作的西方哲学家，在西方读者面前，我需要注意表述，避免以偏概全。但是，田辰山是一名中国学者，他用"一多不

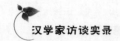

分"和"一多二元"两套体系来宏观对比中国哲学和西方主流哲学，以让更多中国人知晓两者之间的差别，我认为是恰当的。西方哲学内部对"一多二元"主流系统框架的批评已达百年，但是，西方大众仍旧持有"一多二元"观点。"一多二元"包含"二元对立"的想法，后者是西方大众长久以来保持的思维习惯。作为西方哲学家，我在使用这个术语时非常小心，它是一种老派思维模式，在当下西方哲学中已不再是主流。

郭、辛：李文娟在其专著《安乐哲儒家哲学研究》中说，"比较哲学方法的运用，可以追溯到 17 世纪的德国哲学家莱布尼茨……近现代以来，中西方学者如罗素、李约瑟、狄百瑞、牟宗三、唐君毅、张君劢、王国维、胡适等大都采用这一方法贯通中西方文化……安乐哲的比较方法重在哲学阐释，所以也可以称为中西比较哲学阐释学"（李文娟，2017：29—30）。您同意比较哲学方法的运用起源于莱布尼茨（Gottfried Wilhelm Leibniz）的说法吗？

安：让我们回想一下来到中国的第一波西方思潮——从印度进入中国的佛教。其实，中国的比较哲学从那个时候就开始了。佛教是一种外来思想，最开始，中国人使用"格义"的方式翻译佛教思想。后来，中国人认为"格义"法很难传递佛教本真，应该用佛教本身的语言来解读佛教（这其实就是我正在做的事情——用儒家语言解读儒家）。从那时开始，佛教本身的语言开始出现在汉语中。Nirvana 被翻译成"涅槃"，"涅槃"这种新词被创造出来就是让佛教在中文语言里仍然表达佛教本身的含义。所以，我认为，中国比较哲学已经有相当长的历史了，至少起源于佛教东传中国之时。欧洲比较哲学历史不及中国，但欧洲也有很长的不同文化之间比较的历史，莱布尼茨和伏尔泰（Voltaire）都是欧洲比较哲学领域很有影响力的人物。

五　安乐哲中国哲学典籍英译路径探讨

郭、辛：在被《文汇报》采访时，您曾说，"目前，中国哲学面对的最大问题是用西方概念来解释中国思想。其中的原因可能是 19

世纪下半叶西方的课程教育被引入东亚，并对中国本身的语言系统产生了巨大影响"（王惠灵，2018：314）。作为翻译研究者，我们认为，另一个原因是西方传教士从宗教角度译介中国哲学典籍造成的副作用。那么，用翻译改变中国哲学在西方世界的现状，是您的翻译目的吗？

安：在从事中国哲学研究的同时，我从 1993 年开始进行中国典籍英译实践，最开始是出于对中国古代思想和中国新出土文献考据的兴趣。在哲学研究不断深入的过程中，用阐释性翻译改变中国哲学在西方世界现状的翻译目的逐渐清晰。

郭、辛：如前所述，从 1993 年至今，您已经翻译了 7 部中国哲学典籍（《孙子兵法》《孙膑兵法》《道德经》《论语》《中庸》《孝经》《原道》），您在选择这些哲学典籍时，是否有特定标准？

安：最开始，我的学术兴趣是研究中国各类文献考古新发现。当时我在夏威夷大学教书，每年都会教一门名为"中国最新考古发现"的课程。我跟我的学生一起阅读长沙马王堆、湖北郭店、上海博物馆的最新文献，主要目的是通过最新出土文献思考古汉语呈现的语言框架。当时，我们手头有很多汉英词典，但这些词典中用英文呈现的中国哲学根本不是我通过学习原典理解的中国哲学。一方面，我在教学中使用这些新出土文献，与学生一同研究古汉语；而另一方面，我也担心，现有汉英词典将"天"翻译成 heaven，将"义"翻译成 righteousness，将"和"翻译成 harmony，将"仁"翻译成 benevolence，会让我的学生根本无法了解真正的中国哲学。所以，我决定亲自尝试，从中国哲学角度重新翻译中国典籍，重新翻译中国哲学核心词，以求较准确地表达中国传统文化和思维方式。至于选本，我选择的都是中国哲学中最基本和较广为人知的典籍进行翻译，例如《论语》《道德经》等。如前所述，我正在编写《中国哲学资料书》（The Source Book of Chinese Philosophy），该书收录了《易经》《大学》《论语》《孟子》《中庸》《墨子》《荀子》等主要中国典籍，内容包括对这些典籍全文或章节的翻译以及评论性文字，我想借此书更为全面地向西方介绍中国哲学思想。

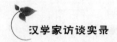

郭、辛：可否请您分享一下中国哲学典籍英译具体翻译步骤？

安：谈到具体翻译步骤，我认为有一个很恰当的词，叫 paronomasia。Paro 指的是替换或改写（to cross）。nomasia 指的是命名，用其他方式命名（name, call something by another name）。例如，《论语》中有"唯上智与下愚不移"（《论语·阳货》），也有"譬如北辰，居其所而众星共之"（《论语·为政》），表达的都是"不移"的意思。Paronomasia 指的是"找到字词与字词之间的联系，翻译关联意义"（make associations）。我做翻译时，不是翻译单个字词，而是翻译字词之间的关联意义。我会去探源，这个文本最原始的意思是什么，然后用英文表达出来。通常情况下，中国哲学典籍中每个核心术语都有好几层意思，当我们把它翻译成英文中的具体单词时，实际上缩小了原词的语义内涵。所以，我在翻译中国哲学典籍时，会非常注重核心术语的译法，但我关注的是字词所承载的关联性意义，而不是字词本身。我会先弄明白整个文本在说什么，然后寻找英文中最接近的意思来表达，有时最接近的不是一个英文单词，而是一串语言簇（Linguistic Cluster）。

我经常以《庄子》为例，向学生讲述该如何翻译中国哲学典籍。《庄子》有很多种英译本，理雅各（James Legge）翻译了《庄子》，华兹生（Burton Watson）也翻译了《庄子》。当我和学生一起研读理雅各译本时，我会问他们，理雅各想说明的是什么意思。他们常回答，他翻译了每一个字，但我们不知道他说了什么。华兹生的译本也有同样问题，字词全部翻译出来了，语言也很流畅，却无法让读者明白其中含义。我想说明的是，如果你要翻译一个哲学文本，那就需要熟谙两门语言，并且需要接受过严格的哲学训练，熟悉哲学研究方法论，两者缺一不可。这就是为什么我听到人们称我为"汉学家"时，会有点儿不舒服。我认为，汉学家是自认懂得中国语言的西方人，但是如果他们不懂语言背后的哲学内涵，他们就不一定真正懂得中国语言。现在的问题是，很多汉学家有语言学背景或者历史学背景，但是他们大多没有哲学背景，然而，他们却在决定中国哲学文本的翻译质量。我认为，不该由他们来决定中国哲学文本的翻译质量。

郭、辛：提到翻译主体问题，您是否认为中国哲学典籍的译者只能是哲学家？

安：中国哲学典籍，如《道德经》《庄子》《论语》《中庸》等理应由哲学家翻译。如果条件不够成熟，可以让哲学家和精通双语的译者合作翻译。

郭、辛：您在翻译《论语》时将"仁"译成了 authoritative（Ames & Rosemont，1998：48），但是在后来出版的《儒家角色伦理学》中，您将"仁"改译成了 consummate（Ames，2011：179），针对这种译文的前后不一，您是否可以给出说明？

安：我将"仁"翻译成 authoritative 时，基本上没有中国人认可这种译法，认为这样翻译太颠覆了。但我并没有因此而动摇，一是因为从哲学层面来看，authoritative 最切合孔子"仁"的含义；二是因为当孔子初提"仁"这个概念时，他的学生同样无法接受，都觉得这个词太奇怪了，都不理解"仁"的意思。在《论语》中，孔子对"仁"进行了多达 105 次阐述，足见"仁"在刚出现时是不被孔子的学生理解的。因此，以 authoritative 译"仁"，一开始难被中国学者接受很正常。但是，为了停止中国学者紧盯"仁"这一处"树木"的翻译，而不愿走进我们进行中国哲学阐释"整片森林"的状态，我决定改用 consummate 来翻译"仁"，因为 consummate conduct 能够表达 authoritative conduct 的含义，且较能被中国学者接受。我认为，译者应该灵活一些，应该时常思索，变换脑筋。我翻译了很多中国典籍，但是当我撰写中国哲学专著或开展讲座时，从不直接引用已出版的核心术语译法，我会重新翻译。我要根据文本想表达的意思，该核心术语所处的具体语境进行重译。我常对学生说，你们不要根据他人的译文去理解，既然你们在学习中国哲学，就应该自己动手翻译，而且这应该是一份终身事业。你们不能做了一份翻译后，在接下来的文章中都引用之前的翻译，而应该根据文本内容、上下文语境重新翻译，改变自己的想法。

郭、辛：具体译法可以改变，但是哲学思路不变，对吗？

安：译法可以改变，但我希望自己的哲学思路不变，只是在原有

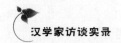
的基础上，不断精进，不断提高。哲学思想上的不断精进，我想这应该是每一位哲学家的目标。

郭、辛：您在选取中国哲学典籍原本及翻译中国哲学典籍时，是否需要听从出版社的建议？

安：因为我翻译的都是学术书籍，一般可按照自己的哲学理念选择原本，无须听取出版社选本建议。至于译文修改建议，在《孙子兵法》英译本出版前，编辑曾让我删除导言部分的哲学讨论，但我坚持保留，后来译本按照原样出版了。《孙子兵法》英译本在西方的销量超过 10 万册，除原著内容很精彩外，译本导言部分的哲学讨论引起的读者关注功不可没。

六　安乐哲《中庸》英译过程中的
哲学思索与合作翻译模式

郭、辛：我们正在研究您和郝大维合译的《中庸》，有些关于该译本的问题，想借此机会与您探讨。2006 年，在接受学者采访时，您曾说，"《中庸》最重要的范畴有五个：天、命、性、心、情"（胡治洪、丁四新，2006：116），十多年过去了，您的观点有改变吗？为什么是这五个范畴？"情"字在《中庸》文本中并未出现过，为何也是最重要的五个范畴之一？

安：这是我一直坚持的观点，没有改变。长期以来，在孔孟之间，一直存在一些空白，我们不知道这中间是否存在学说。但是随着长沙马王堆、湖北郭店和上海博物馆的文献考古有了新发现，我们已能尝试填补孔孟之间的空白。庞朴认为，在孔孟之间，应该存在一本名为《子思子》的书，书中最重要的五个范畴是"天、命、性、心、情"（庞朴，1988：236）。我很认同他的观点。至于你们提到的"情"字在《中庸》中并未出现的问题，我想说明的是，《中庸》中数次提到"诚"，两者含义基本相当。另外，《中庸》首章提到"喜怒哀乐"，这四个字表达的就是"情"。虽未直接呈现"情"字，但文中已给出"情"的具体表现方式，"情"指的是人类的情感，要控制好自己的情感，才能达到"中和"，在《中庸》里，没有比"情"更重要的范畴了。当我们讨论"知"（Knowing）时，按照古希腊思想，想到的是永恒的知（knowing something that is permanent）。但是，如果我们去思考"认识这个世界，认识某个人"时，你一定会有一种情感，通过情感去感知和认识一个人。通过观察，你可能会猜他有多高、多大年纪，可能会得到一些量化的认知。但是，你要认识他的最佳方式一定是通过情感，这是人与人之间相识最重要的方式。当我们研读中国哲学典籍时，我们应该带入更多情感，从情感层面去走近古人，走近古人思想。

郭、辛：在《中庸》英译本中，您选择了"诚""道""德""和""教""君子""礼""命""气""情""仁""善""圣""圣人""天""物""孝""心""性""义""智""中""中庸"等23个核心词（Ames & Hall, 2001：61—87）进行阐释和翻译。为什么是这23个词，选择依据是什么？

安：我在术语汇编中选取了20余词，是为了让西方读者能够更加清晰地从哲学层面理解中国哲学词汇含义。这23个词，有的直接呈现于《中庸》文本中，有的并未出现，但它们对于读者理解《中庸》，理解思孟学派的核心观点不可或缺。不过，我的翻译仍旧只是权宜之计，我的阐释性翻译思路和方法才是读者需要真正明白和掌握的。我希望终有一天，当西方读者读到"道"时，不再理解成"the Way"，也不再理解成我翻译的"the way-making"，而能够从中国哲学层面理解"道"，"道"就是"道"。"义"不是传教士翻译的"righteousness"，但也不完全是我翻译的"appropriateness"，"义"就是"义"，它有很多层含义。"义"的宗教性含义、牺牲的含义，是"appropriateness"无法完全表达的。所以，读者需要从中国哲学层面去理解"义"。说到底，中国哲学术语译介的终极目标是鼓励西方读者学习中文，从中文层面来理解中国哲学典籍。

郭、辛：除了关注中国哲学典籍中的核心术语，您是否也关注文本中的隐喻现象？3000余言的《中庸》中有16处对《诗经》的引用，您在翻译《诗经》引文时，是否刻意保留其隐喻价值？

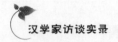

安：不仅仅是《中庸》，中国大多数哲学典籍引用最多的文本就是《诗经》。《论语》《孟子》《荀子》《墨子》等都引用了《诗经》。《诗经》是一部很重要的中国典籍，有不容忽视的哲学价值。中国典籍中隐喻的翻译，是个需要引起重视的问题。以《论语》为例，其中最主要的隐喻就是"弘道"。当你读到《论语》"述而不作"时，你需要明白，"述"不是"传递"，"述"在构字法上有一个"辶"（走之底/走之儿），表示"走""走这个道"。《论语·述而》说孔子"述而不作"，"述"指的是重新走过并呈现古人之道，是重新阐释古人观点，而不只是传递。我在做翻译时，一直在竭尽所能，厘清每一个汉字的隐喻含义，并且在用英文表达时保留其隐喻含义，我觉得这是非常重要的。

郭、辛：可否具体谈谈您和郝大维翻译《中庸》的合作模式？

安：作为译者，我常常采取"合作产出"模式。我在寻找合作对象时，不是单纯地寻找出色的人，因为这个世界上有太多出色的人。我寻找的是跟我有着完全不同技巧的人。中国和西方语言文化的比较，是一个非常广博的领域，很难找到能够对中西方语言和文化都悉数知晓的人，每个人都有自己的认知局限性。郝大维是接受过芝加哥神学院和耶鲁大学哲学院系统训练的哲学家，是知名的怀特海过程哲学研究者，对西方哲学史的掌握与理解让人惊叹。郝大维带给读者的是新颖的观点和丰富的想象力，而我带给读者的是对中国古代哲学的全面掌握，这正是我们合作翻译的优势。

郭、辛：郝大维深谙西方哲学，但他不懂中文，我们是否可以认为，您与他合译的《中庸》，译文都出自您之手？

安：《中庸》已有20余种英译本，很多人认为，典籍复译，其实只是做词汇替换而已，不过是用 person 替换 man，用 lofty 替换 high，用 deep 替换 low 等，不一而足。然而，翻译或复译中国典籍，特别是中国哲学典籍，不应只做词汇替换，而应呈现文字背后的文化。郝大维不懂中文，但他对西方哲学史是无比精通的，与郝大维合作翻译《中庸》时，译文语言由我提供，其中的思想与文化含义则更主要基于郝大维的理解。在合作翻译中，我不仅要对我撰写的章节负责任，更要对整本书负责任。我需要明白郝大维的思想，明白他在某个章节想要表达的意思，在这个过程中，我们少不了讨论甚至争执。这个相互交流、切磋的过程，是我个人获得学术成长最好的过程，是中国哲学中"仁"思想的体现，也是译本能够经得住推敲的保障。

七　结语

本文充分探讨了安乐哲的哲学家身份，说明了安乐哲对学界给予的"汉学家、新儒家、杜威实效主义者、怀特海过程哲学家"等多重身份标签的否定态度，尝试为安乐哲的哲学家译者身份正名。本文梳理了安乐哲的中国哲学作品，并通过对其比较哲学方法论中"零售式类比法"的详尽说明，尝试为其对中国哲学的贡献正名。在明确译者身份的前提下，本文探讨了安乐哲翻译中国哲学的目的及具体方法，回应了学界对安乐哲将"天"译为tian，将"诚"译为creativity，将"义"译为appropriateness，是对中国典籍核心词英译的颠覆与背叛的质疑，尝试为安乐哲从中国哲学角度翻译中国哲学典籍的独特性及路径正名。

本访谈认为，不求中西哲学两套阐释语境的匹配，对中国哲学典籍进行"文化简约主义"或"西方中心主义"式的翻译，才是对中国哲学的颠覆与背叛。在厘清中西哲学两套阐释语境的学理基础上，用"解读背景的哲学导言、解构式阐释词义的哲学术语汇编、呈现中国哲学本真的阐释性翻译和回应质疑的附录"的行文体例翻译中国哲学典籍，以求在英语世界最大限度地还原中国哲学本真，是安乐哲及其合作者进行中国哲学典籍英译的有益尝试，值得学界效仿和推广。

参考文献

［1］ Ames, R. , *Confucian Role Ethics：A Vocabulary*, Hongkong：The Chinese University of Hong Kong, 2011.

［2］ Ames, R. &D. Hall, *Focusing the Familiar：A Translation and Philosophical Interpretation of the Zhongyong*, Honolulu：University of Haw aii Press, 2001.

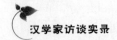

［3］Ames, R. &H. Rosemont, *The Analects of Confucius*：*A Philosophical Translation*, New York：Ballantine, 1998.

［4］传永聚:《开启人生伦理学研究之门的一把金钥匙——读安乐哲大作〈儒家角色伦理学〉》,《汉籍与汉学》（第二辑）2017年第1期。

［5］胡治洪、丁四新:《辨异观同论中西——安乐哲教授访谈录》,《中国哲学史》2006年第4期。

［6］李文娟:《安乐哲儒家哲学研究》,中国社会科学出版社2017年版。

［7］刘玉宇:《论典籍英译中的去西方中心主义问题——从安乐哲、罗思文〈论语〉关键词的英译说起》,《学术研究》2019年第2期。

［8］庞朴:《孔孟之间——郭店楚简中的儒家心性说》,载《国际儒学研究》（第六辑）,中国社会科学出版社1988年版。

［9］谭晓丽、吕剑兰:《安乐哲中国哲学典籍英译的国际译评反思》,《南通大学学报》（社会科学版）2016年第6期。

［10］唐君毅:《中西哲学思想之比较研究集》,（台北）正中书局1943年版。

［11］唐君毅:《中国文化之精神价值》,（台北）正中书局1953年版。

［12］王惠灵:《哲学的最后一站不是真理,而是智性对话》,载李念主编《在这里,中国哲学与世界相遇:24位世界哲学家访谈录》,人民出版社2018年版。

［13］温海明:《安乐哲比较哲学方法论简论》,《云南大学学报》（社会科学版）2009年第1期。

美国汉学家罗慕士访谈录：
15 年英译《三国演义》*

刘 瑾**

罗慕士（**Moss Roberts**），1937 年出生于美国纽约的布鲁克林，先后于 1958 年、1960 年、1966 年获得哥伦比亚大学（Columbia University）学士学位、英语专业硕士学位和中文专业博士学位。1979 年，潘塞恩图书公司（Pantheon Books）首次出版了他的《三国演义》节译本《三国演义：中国的壮丽史诗》（*Three Kingdoms：China's Epic Drama*）。1983 年，罗慕士曾来访中国，并开始《三国演义》英文全译本 *Three Kingdoms：A Historical Novel* 的翻译工作；1991 年，该译本首次由加州大学出版社出版；1995 年，该译本由中国外文出版社出版，共 1698 页，正文部分有 1457 页。1985—1986 年，他获得哥伦比亚大学人文奖（National Endowment for the Humanities）。经过 8 年的呕心沥血，他完成了博士学位论文《孔子〈论语〉中形而上学的语境》（*The Metaphysical Context of Confucius' Analects*），这使他具备了扎实的汉语功底，也成就了他汉学家的身份。

* 本文为湖北省教育厅人文社科项目（项目编号：18Q100）研究成果之一。原载于《东方翻译》2018 年第 4 期，原题为《钻研中国文化 倾情翻译中国——〈三国演义〉英译者罗慕士访谈录》。

** 刘瑾，武汉轻工大学外国语学院副教授，研究方向为文学翻译、认知翻译学、英汉对比。

在罗慕士的翻译生涯中，他的《三国演义》节译本出版后引起了西方读者的兴趣，后来，他还于 1977 年翻译了毛泽东的读书笔记《苏联经济学批判》（*Critique of Soviet Economics*，Monthly Review Press），于 1979 年编译了《中国童话和神话故事集》（*Chinese Fairy Tales and Fantasies*，Pantheon Books）。使罗慕士的翻译生涯达到顶峰的是他花了 15 年时间翻译的《三国演义》全译本，此部翻译巨作也让他有了另外一个身份——驰名中外的翻译家。1993 年，他开始翻译哲学巨著《道德经》（*Dao De Jing*：*The Book of the Way*），由加利福尼亚大学出版社于 2001 年出版。纵观罗慕士的翻译生涯，其翻译成就与他的个人修养、知识、阅历、学术研究，以及对中国文化、文学、哲学、历史等学科的热爱是分不开的。

笔者很荣幸于 2016 年 12 月在纽约大学东亚系（Department of East Asian Studies，New York University）拜访了翻译大师罗慕士，采访历时 2 小时。在他充满中国文化气息的办公室里，两面的书架墙上摆满了各种各样的汉语词典，我深深为他的严谨治学所触动。他对中国文化的研究和对中国文字与历史的独到见解，加上流利的普通话，让我近距离见识到一位一生都在努力传播中国文化和历史的使者，敬佩感油然而生。作为"外来译者"，他兼具研究者和翻译家身份，研究译者主体性对翻译的影响，相信会对当今中国文学"走出去"有所启发。

他在访谈中热情分享了自己的翻译生涯，回顾了翻译《三国演义》的过程，介绍了诗歌翻译的技巧，并对后学者提出建议。他强调译者解读中国汉字文化和理解中国哲学的重要性，阐述了翻译与艺术的关系，对从事翻译实践与理论研究具有重要启发。

刘瑾（以下简称"刘"）：请问您是如何与汉语结缘的？

罗慕士（以下简称"罗"）：1959 年夏，我开始在哥伦比亚大学学习中文，班上当时有 12 名学生。对我来说，最重要的汉语老师是我在哥伦比亚大学读书时的狄百瑞（William T. de Bary）教授，她开启了我学习汉语的大门。我于 1958 年 5 月在哥伦比亚大学毕业，在此期间，我修完了"人文亚洲"课程，正是因为对这门课程的学习，才让我毅然决定毕业后开始学习中文。那时候，我的梦想是当一名大学中文教师，我认为学习汉语、中国历史、中国文学，未来在美国会很有发展前途，可以在美国找到就业机会。我的另外一种选择就是教英语，但是与中文相比，我并不是很感兴趣。我个人喜欢做与外语有关的工作，除了中文，我还学了法语和拉丁语。

刘：您在传播中国文化和中国文学方面做出了巨大的贡献，为西方了解真正的中国打开了一扇窗，建立了中西文化交流的桥梁，请问您坚持选择学习汉语的动力是什么？

罗：我研究生阶段选择继续学习汉语，一方面是因为对中国文化的热爱，另一方面是因为政治力量的驱动，一种使命驱使我要让美国了解真正的中国。1959 年，外界一直认为中国是个"野蛮"的国家，同时美国到处都充斥着"反中国"的声音；但我认为美国人对中国有误解，对中国的革命也不了解，对当时"二战"中的中国历史背景也缺乏认识。我们在美国读到的中国故事好像也不可信，没有说服力。

刘：中国的优秀文学作品那么多，四大名著代表了中国文学发展的顶峰，您为什么不选择翻译其他古典文学，而对《三国演义》情有独钟呢？

罗：《三国演义》是一部关于帝国崩溃的小说，这部小说贯穿古今。《红楼梦》《西游记》和《水浒传》都已经被翻译了好几次了。我第一次翻译《三国演义》是在 20 世纪 70 年代，那时候节选了部分《三国演义》进行翻译，出版书名为 *China's Epic Drama*，于 1976 年由 Pantheon Books（潘塞恩图书公司）出版。出版后，吸引了很多三国爱好者。1981 年，北京外文局给我写信，问我是否愿意把整本书翻译成英文，我非常乐意。

刘：《三国演义》是一部蕴含中国封建社会传统文化、历史、智慧、民俗等的长篇战争小说，也是一部集军事谋略、政治、管理学等于一体的章回体小说，翻译《三国演义》是一个庞大且复杂的工程，您在翻译《三国演义》之前做了哪些准备工作？

罗：在翻译之前熟读"过去"的文学。只有了解中国的历史与经典文学的背景，才能更好地解读《三国演义》。我已经学过中国的古典文学，并且大量阅读了中国文学作品。如《孟子》，读懂了这本书，才可以真正了解刘备的性格。读透《道德经》，才能明白孔明的性格，学习"道家"与"儒家"知识为了解孔明的性格奠定了基础。因为孔明在《三国演义》中开始是以一名道士的身份出现，然后才是忠诚于刘备的儒家军师形象。还要熟读各种相关的历史书籍，我专门学习了史书《三国志》，因为《三国演义》是在《三国志》的基础上改编的文学，《三国志》是一千多年后《三国演义》的"底本"。只有这样，才能打好翻译基础，保证翻译质量，做到严谨。当然，熟读《元曲》等相关戏剧性文学也很必要，明朝罗贯中在写《三国演义》的故事素材时，引用了大量的元曲故事。

刘：《三国演义》是一部饱含中国博大精深思想内涵的典籍文学作品，很多汉学爱好者都将此作为了解中国文化的必读本。但是对于外国学者来说，理解起来可能会更加困难，您在翻译《三国演义》过程中遇到不懂的问题是怎么处理的？

罗：在翻译上我会多花时间，多下功夫。因为一边教书，一边翻译，我不能把时间全部花在翻译上。我没有什么特别的习惯在固定时间做翻译，只在孩子们睡觉以后开始翻译。我翻译《三国演义》用了 15 年。我自己是从 20 世纪 70 年代开始翻译的，外文局邀请我的时间是 1981 年，加州大学出版全文是 1991 年，所以，从我的节译第一次出版的时间算起，一共是 15 年。在翻译过程中，基本都是我自己完成的，也有请教其他人，我在引言中提到过。对于不熟悉的汉字，我会用《现代大辞典》查阅。翻译主要在于根据语境看一个词语的意思，判断意思要看上下文。没有上下文，无法读懂这个字的意思，有时需要查阅多种词典。在翻译策略上，我用的是归化策略，翻译应该用自然流畅的英语。在翻译的过程中，我会参照不同的文体进行翻译，叙事型、记叙文、对话、诗歌等都有其各自的英语表达风格。对于两国差异较大的文化特色表达，考虑到西方读者对东方文化理解的障碍，我用脚注来解释中国文化的特色。比方说，把一个"白马，黑马"杀掉，这是第一回的事，其实这不是中国各民族共有的风俗，而是蒙古人的风俗，所以"英雄三结义"不是普通的中国风俗。因此，在翻译中不可望文生义，对于中国文化应该追根溯源，并在翻译中解释清楚。如果脚注还不能解决翻译的问题，我会选择解释的方式来翻译。

刘：有研究者从文化角度研究您的译本，那是外语工作者对民族命运的关怀体现（参见骆海辉，2009：33）。作为译者，您是如何考虑让中国文化"走出去"的？

罗：在翻译中，我会注重中国文化的传播，研读罗贯中的思想与中国的文化，这是一个比较复杂的过程。比如，《三国演义》中"操欲乱君臣之礼，使关公与二嫂共处一室"，曹操要关公进入刘备夫人的卧室。因为古代风俗中如果哥哥去世，弟弟可以和他的妻子结婚，这是蒙古的风俗，是蒙古人对婚姻的文化解释。作者的意思是说，曹操的思想有一点蒙古人的文化，曹操代表"夷"，是外来文化；而刘备代表"华"，这是"华夷之分"。这些是罗贯中的思想，并不是当时的实际情况。

刘：您在翻译《三国演义》时尽量模仿汉语形式，传递文字背后的传统文化（董琇，2016：99），中国文化中的文化负载词是典籍小说翻译的重点，您在翻译中如何处理？是否特别注重中国传统文化关键词的翻译？

罗：我对文化负载词的翻译体现在这些方面，比如，"仪""德"和"仁"需要根据不同的语境进行不同的翻译。"仪"可以译为 honor、obligation、duty、service、reciprocity。比如，当关公决定放走落败的曹操时，他就是在以报恩的方式回报曹操，将报恩当作一种仪式来完成；因为曹操当年虽然俘虏了他，也将他释放还给了刘备。"德"在英语里可以用 virtue、potency、favor、generosity 来表达。"仁"可以用 benevolent、humane 和 kind 来表达。

刘：翻译中有很多特有的表达在西方文化中并没有对应的说法，您在翻译过程中，会改变原文来适应西方读者吗？

罗：小说中有很多对话，翻译时比较简单，其他都是官话，可酌情翻译，但是诗歌翻译较难。如"滚滚长江东逝水"，"滚"有三个

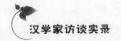

部分，左边有个水，右边上下有个衣服的"衣"，中间有个"公"。我是个"公"（有地位的人），有"子孙"后代，"公"穿上衣服代表"官"。这个"官"太可怜了，因为长江把他掏尽了，把他算尽了。"滚滚长江东逝水"既包含声音的问题，又有 image（形象）的问题。"东逝水"中"逝"是什么意思呢？"逝"里面是个"折"，"折"就是"破"，有"水"就有转弯，转弯了就只能看见小部分，这是"折"的意思。"逝"指的是"水转弯了，所以看不见了，而不是消失了"，正如我们只能看见距离未来发展的一小段。水如历史，一个人能很好地了解历史，了解历史其中的一段，却难预见下一段。所以在翻译中要从全局考虑。

刘：在翻译过程中理解双语文化很重要，您翻译的《三国演义》终于可以让西方世界全面领略这部中国的经典名著，同时您的译作也被称为学术性翻译的典范（郭昱、罗选民，2015：101）。作为汉学家与翻译家，您在翻译过程中是如何将汉学研究与翻译技巧联系在一起的呢？

罗：我在翻译中会注重汉字的构词方法和汉字的历史与寓意，会特别注重汉字的音与意之间的联系。比如"禮"字，此汉字的字形可分为"示"和右边的器皿，这是一种对先祖尊敬的象征，寓意上是期望先祖能够显灵。在仪式或典礼中，用具有神圣意义的器皿作为"礼"的象征。"礼"在汉语中是最能形容"宗教"的词语，"宗教"是一个外来语。另外一个例子，如"孝"，从字形上看，"子"上面是"老"的一部分，表示"孩子赡养老人（父母）"；从汉字的"音"上看，与"蓄"读音接近，类似于"为父母或祖先提供食物"。在翻译过程中，要将汉字的结构与本意联系起来思考，将汉字的发音与隐含意义联系起来思考，解读汉字的结构与发音对翻译的选词与理解也很重要。读懂文字背后的文化，才能准确地翻译文化与意义。

刘：翻译也是一个自我反思的过程，您对您翻译的《三国演义》满意吗？如何评价您翻译的《三国演义》？

罗：从来不会觉得满意，我在诗歌翻译中也存在错误。评价是由别人定的，评价是个客观工作。

刘：诗歌是语言的艺术，请问在诗歌翻译中，您会特意追求 abab 或 aabb 等英文诗歌格式吗？您注重诗歌的形式还是内容？

罗：我在诗歌翻译中没有技巧，不会追求这些格式。诗歌太复杂，我注重诗歌的内容重于形式。其实，形式和内容在诗歌翻译中都很重要，有时候我也会追求形式。在翻译过程中，我没有太大的规矩。

刘：请问您可以对如何翻译诗歌提一些建议吗？

罗：首先，当把中文译成英文，需要读很多英文书，包括历史、文学、哲学。著名诗人的诗歌，如莎士比亚的诗歌、荷马写的《史诗》。如果把英文翻译成中文，必须对中文有足够的了解，阅读大量中国的文学，比如《论语》《四书》《五经》《聊斋志异》《老子》《庄子》。哲学也都要学一点，儒学、佛学、道家等方面的书都要学习，以便了解语言的文化背景。比如《孟子》，就是儒家典型的例子。其次，要学会编辑，成为一个编辑专家、编辑高手，不断地修改自己的译文。我有时候一页要改十几次，然后才能翻译得差不多满意。如翻译"日日新"，一遍遍翻译，来回翻译二三十次。每首诗歌都是音乐和形象的结合。

刘：非常感谢您给我这次采访的机会，请问您对学习翻译有什么自己的看法吗？

罗：翻译即艺术。翻译与音乐很像。音乐有谱曲人，弹奏者将音乐的谱子变成美妙的音乐给观众听，将文本转换成了声音，这就像翻译的过程。与音乐一样，翻译可以将文本变成观众能接受和理解的文本或声音。音乐和翻译之间有直接的联系，我爱拉小提琴，我们和外语打交道就像在拉小提琴，要根据谱子、声调，借助乐器创造出美妙和谐的声音。音乐有声音，你需要调整你自己，大声地将谱子读出来或唱出来以感受其声音。你需要倾听音乐的声音，要看谱子也要听音乐，你要翻译出来的是悦耳的音乐。此外，翻译的时候要有和谐感、画面感，要注意语言的声音，大脑要想到音乐的节奏和语言的画面图像，这也是一个美术问题，这是美术和音乐的结合。翻译的内容就是美术的展现，音乐就是翻译形式的表现。学习翻译，一定要学习修辞的种类，每个文本里包含不同的话语结构，如孔子话语、道家话语、佛家话语等，所有这些都需要在翻译中仔细区分。不同的文本类型，如记叙文、政治文本、诗歌、对话等，需要不同的英语表达方式。

参考文献

［1］董琇：《罗慕士英译〈三国演义〉风格之探析——以邓罗译本为对比参照》，《中国翻译》2016 年第 4 期。

［2］郭昱、罗选民：《学术性翻译的典范——〈三国演义〉罗慕士译本的诞生与接受》，《外语学刊》2015 年第 1 期。

［3］骆海辉：《最近十年国内〈三国演义〉英译研究评述》，《文教资料》2009 年第 6 期。

美国汉学家倪豪士访谈：《史记》翻译的机缘与承诺[*]

魏　泓[**]

倪豪士（William H. Nienhauser Jr.）

倪豪士（William H. Nienhauser Jr.），1972 年获美国印第安纳大学文学博士学位，现任美国威斯康星大学麦迪逊分校亚洲语言文化系 Halls Bascom（霍尔斯特·斯科姆）讲座教授，并兼任德国、日本、中国大陆及台湾等多所高校的客座教授。他是美国《中国文学》（*Chinese Literature*：*Essays*，*Articles*，*Reviews*，CLEAR）杂志的创办者，并长期担任主编（1979—2010）。2003

　　* 安徽省高校人文社科研究重点项目（项目编号：SK2014A373）。原载于《外语教学理论与实践》2018 年第 3 期，收录于本书时有所修订，原题为《历史的机缘与承诺——美国著名汉学家倪豪士〈史记〉翻译专访》。
　　** 魏泓，淮北师范大学副教授、校聘教授、美国威斯康星麦迪逊大学访问学者，研究方向为翻译学、比较文学、外语教学。

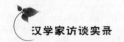

年，倪豪士教授因在中国古典文学领域的突出贡献而获得洪堡基金会（Humboldt Foundation）终身成就奖。他从事汉学教学与研究几十年，编、撰著作近十部，发表论文上百篇，成果丰硕，影响弥深。同时，倪豪士教授还是享誉世界的文学翻译家，他曾把法语著作译成英语，如《古代经典的中国文学》（*Chinese Literature, Ancient and Classical*），也曾翻译过一些中国文学作品，如《唐传奇》（*Tang Dynasty Tales*）等。

一 引言

倪豪士于 20 世纪 80 年代末开始领衔翻译《史记》，弹指间已近 30 年，迄今已译注出版了 7 册（Vol. 1、2、5.1、7、8、9、10）。他严谨治学，在译注《史记》之初，就撰写了《〈史记〉翻译回顾》(1991)、《百年来西方的〈史记〉研究》(1996) 等知名论文。倪豪士教授所主导翻译的《史记》是一项意在全译的工程，资料详尽，精益求精，极富学术价值。倪译本整体结构为致谢、介绍、使用说明、度量衡对照表、缩写表、译文，每页译文的下面附有详尽的歧义考证、地点考证、文化背景知识注释等，每篇译文后附有译者评注和相应的中外翻译与研究文献，而在每整卷译本的后面还附有全书的参考文献目录（包括《史记》相关翻译与研究的文献）、索引、地图等。

国内关于倪豪士教授的访谈已有几篇，而本文专门关注于他的《史记》翻译实践。这篇文章是笔者在当面的英文访谈后再译成中文的所得内容，并得到了受访者的最后确认。笔者在翻译时力求本真，再现受访者的话语特点与内容，以期给予国内相关研究以启示与借鉴。

二 访谈内容

笔者有幸在春光明媚的 2017 年 4 月 23 日（周一上午十点），

在麦迪逊碧波荡漾的曼多塔湖畔的 Van Hise Hall 里对倪豪士教授进行了采访。

魏泓（以下简称"魏"）：您好！非常荣幸您能接受我的访谈！我们知道您的《史记》译本迄今已经出版了七卷，分别于 1994 年、1994 年、2002 年、2006 年、2008 年、2010 年与 2016 年出版。请问关于《史记》翻译，您一共准备出版多少本呢？有什么计划吗？

倪豪士（以下简称"倪"）：尽可能多出版（as many as we can），这就是我明确的回答。很久以前，大概十五年前，就有人开始问我这个问题，我从来不回答。我的答案很简单：as many as we can。我们一直努力在做！

魏：中国典籍卷帙浩繁，请问您为什么选择翻译中国典籍《史记》？

倪：多年以前，我不太了解司马迁的《史记》。我努力去读唐传奇的时候，发现文本很难读懂，中国台湾的王秋桂教授说其中有几个原因，他建议我去读《史记》。当时台湾的文建会准备为翻译项目提供学术资助，于是我向文建会建议进行《史记》项目的翻译，后来我们申请到了这个项目，项目基金是十四万美元。于是我们开始翻译《史记》，那是 1989 年。我翻译《史记》没有特别的原因，只是确实喜欢《史记》；我想大家都会喜欢《史记》，但我也不是超乎一切的喜欢。我翻译《史记》，是出于一种机缘（Chance）。刚开始，我们只准备翻译没有被沙畹（Edouard Chavannes）和华兹生（Burton Watson）翻译过的 30 篇《史记》内容，但后来考虑到没有全译本会误导西方读者，同时也考虑到西方目前还没有英文全译本，于是我们决定全译《史记》。

魏：《史记》体大思精，文化内蕴极为丰厚，您觉得翻译《史记》是件艰巨与棘手的工作吗？

倪：翻译中国任何典籍文本都很难，把汉语翻译成英语是件很复杂的事情。《史记》可能有更为难以翻译的地方，因为它和许多文本都有互文关系，比如《史记》和《汉书》《左传》《尚书》《春秋》《战国策》等所有这些文本都有关系。西方有些学者认为《史记》散佚了很多章节，它的许多内容后来是后人复制《汉书》的内容。我

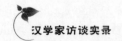

不相信这是事实，但许多西方学者这么认为。

魏：我们知道在您翻译《史记》之前，西方已有法国沙畹与美国华兹生的译本。汉学家沙畹所译注的《史记》共出版了五卷本，闻名遐迩。汉学家华兹生所翻译的《史记》（*Records of the Grand Historian of China*）自 1961 年问世以来，一直颇受欢迎。这两个译本在西方都久负盛名，那么您的《史记》翻译定位和他们有什么不同呢？

倪：华兹生的翻译没有脚注，没有评述，只是翻译，和我们的译本大为不同。华兹生的译本很重要，至今仍然有很多读者阅读，但他的译本对学者们来说不太有用。沙畹的翻译和我们的翻译类似，他从 1895—1905 年进行翻译。他的翻译很有用，但遗憾的是他只译出了47 篇；而且是法语翻译，多数美国人，甚至有些美国学者都不懂法语，于是我们提供学者们需要的英语译本。

魏：在美国，您的译本和华兹生的《史记》译本都颇受关注，许多学者，比如卜德（Derk Bodde）（1995）、阿巴克尔（Gary Arbuckle）（1996）与侯格睿（Grant Hardy）（1996）等，都认为您的译本是力求精确的学术性译本，而华兹生译本是可读性强的文学性译本，您赞同这样的观点吗？

倪：是的，我赞同。精确性、确切性是我们要考虑的问题，它是第一位的，优雅、可读是第二位的。华兹生翻译出一种流行的优秀译作，而我们的翻译目标是提供一种精确的学术性译本。一般而言，西方学者总是产出两种翻译，一种是为了普通读者的翻译，注释很少而非常流畅；而另一种是为了学者的翻译，这种翻译对文本与上下文都给予广泛而详尽的注释。

魏：您在所译注的《史记》第一卷"介绍"中说，翻译目标是"译出一种忠实的、注解详尽的，并尽可能拥有文学可读性与文体统一性的《史记》译本"（Our goal is to produce a faithful, carefully annotated translation which is as literate and consistent as possible）（Nienhauser, Vol. 1, 1994, xviii），您会一直坚守这个目标吗，为什么呢？能解释一下吗？

倪：是的，会一直坚持这个目标。原因其实我已经解释过了，西方的现实接受环境需要两种《史记》翻译，一种是为了普通读者的文学性翻译，另一种是为了学者的学术性翻译。华兹生的翻译是前者，而我们正在进行的翻译是后者。在这个英语句子中，"literate"的意思是"有文学成分的"（to have a literary component）、"有些文学素养的"（to have some qualities of literature）、"文体优美的"（to be in a good style）；"consistent"指的是"我们的翻译团队有许多译者，我们尽力让译员们的译文保持一致"（refers to the fact that we have many translators and are trying to keep their translations as similar as possible）。

魏：在具体的翻译实践中，您是如何操作来达到译文的精确性，实现自己翻译目标的呢？您是尽量采用靠近原作内容、尽量直译的异化策略来达到翻译目的吗？

倪：我们尽量阅读所有关于《史记》的传统评注，参考一些翻译，特别是沙畹与日本译者的译本，并进行不同译本的对比思考。通常有一位译者提供翻译草稿，一组人再对其进行评论。我们总是尽力讨论出最适合原文的翻译。我们有许多翻译工作坊，许多地方的学者来到麦迪逊讨论译本。我们在威斯康星麦迪逊有六个翻译工作坊（Workshops），其中有来自中国与欧洲的学者。我们还有几个德国翻译工作坊，一个法国翻译工作坊，一个中国香港翻译工作坊。有很多学者参与了《史记》的翻译工作，它花了我们大量的时间，这就是我们取得精确性、实现翻译目标的过程。

魏：俄国学者雅各布森（Roman Jakobson，1896—1982）曾提出"语内翻译"与"语际翻译"的概念。一般认为，中国典籍外译要经过语内（从古代汉语到现代汉语）翻译与语际（从汉语到英语）翻译两个阶段。对于《史记》翻译而言，您觉得哪个阶段最为关键？

倪：我不认为有两个翻译阶段，我不同意这种观点。我翻译时就一个阶段，把原文直接译成英文。把古典汉语翻译成白话，再译成英语，这是没有意义的。我翻译时在脑海中直接把汉语译成英语，这可能和中国人不一样。西方人不会有两个翻译阶段，我认为沙畹、华兹生应该也只有一个翻译阶段。沙畹不会说汉语，但他能翻译得很好。

魏：您本人英语与汉语功底深厚，您还精通德、法、日等国语

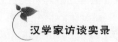

言，翻译时参考了《史记》中文的多个注解本与法国、日本的多种翻译本，不过，您在具体实践中不是独自翻译，而是采用一种合作性翻译模式。汉学家卜德认为您的译著是一项杰出的汉学成就，是集中于一座美国大学的国际性团体合作的优秀成果（the book is an outstanding sinological achievement and a fine product of international group cooperation centered at an American university）（Bodde，1995：142）。您也在《史记》译本中多次介绍过这种合作翻译模式，那么您为什么采用这种国际性合作模式来翻译中国典籍？

倪：《史记》内涵丰富，而我们的翻译又是为了学者的精确翻译，所以我觉得合作模式更为合适。美国没有多少学者懂《史记》，我认为麦迪逊也没有多少学者关注《史记》。我获得奖学金到德国留学，发现有许多德国学者对《史记》感兴趣。于是我和欧洲的学者合作，学者们有的来自德国，也有来自英国的。我一年至少去德国两次，和他们见面讨论《史记》的翻译。自从2003年以来，《史记》的一些翻译由德国学者完成。《史记》译本的第8、9、10卷里面都包括德国学者的翻译。在美国，几乎每个处于我这样年纪的学者，若他们拥有博士学位，基本上都懂法语和德语，这是正常的。我自己有学生在中国香港，如陈致、吕宗力，我们有时一起合作。我们没有和中国内地的学者进行翻译合作，因为他们通常英语不够好，大多数中国的《史记》研究专家与学者都不甚懂英语。

魏：汉学家德效骞（Homer H. Dubs）说过，"我总认为汉语的翻译必定是项需要合作的事业"（I have always considered that translation from the Chinese must be a cooperative enterprise）（Dubs，1960：140）。国际性合作模式有优点，也有缺点。有书评认为，倪豪士主编译本的散文风格因译者不同而变化颇大，整体风格上不如华译优美……篇章之间的风格与质量有着明显的不同（Klein，2010：462—463）。您怎么看待这样的评论？您觉得该如何避免合作模式的缺点？

倪：第一，我们的翻译目标不是优美，我们的译本确实没有华兹生的译本优美。第二，我们是一组人合作努力的结果，要求翻译风格一致不太容易。很自然，不同译者翻译的章节之间会有所不同，有的译者的翻译可能会比另外的译者更好一些。这确实是个缺陷（Flaw），但那也警示了我，我们会一直尽最大努力去做。怎么避免这个缺陷？这是不能避免的。不同的人有不同的能力与风格。当然，我们会尽量最小化（Minimize）这个缺陷。我们一组人读一个翻译草稿，并进行讨论，提出意见。我们还有统一的术语表，译者们翻译时可以参照遵守。例如，对于《史记》里面的"贤"字，术语表里的翻译是 worthy；对于"德"字，术语表里是 to owe a favor to，power，virtue，potency；对于"攻"字，术语表里是 to attach；对于"击"字，术语表里是 to assault；对于"伐"字，术语表里是 to campaign against；对于"袭"字，术语表里是 to make a surprise attack。我们用术语表来统一词汇与风格。我们也做了相应的规定，翻译时尽量忠实于原文，不仅在意思上，而且在句法上。

魏：一些学者认为您的译本给更多的读者带来益处，"对于研究中国历史的人，对于选择《史记》篇章以传统语言对学生进行训练的老师，对于渴望熟识中国古代主要人物的学生，对于希望探寻其他世界帝国的成长轨迹及其先人踪迹的历史学家们"（Loewe，1998：167）。另外，您的译本以文献学的丰厚而著称，因此有学者认为，"不幸的是，我怀疑非专家们，特别是本科生，会不太乐意去读这样的翻译"（Nylan，1996：137）。您觉得您的《史记》译本在美国现实中的接受环境与接受情况怎么样？

倪：我们的译本不是为了普通的读者，而是为了学者与专家而翻译的。我认为，对于中国文学，美国读者主要对中国现代文学感兴趣，有限的美国读者对中国古典文学感兴趣。其中，很少的读者对《史记》感兴趣，而更少的读者会真正去阅读《史记》文本，所以读者群很小。不过，那没关系，西方的学者、专家与学生们需要阅读我们的译本。幸运的是，我们的译本都由美国印第安纳大学出版社出版，那家出版社非常好。出版社一直在售出《史记》，我们的译本不是为了普通读者，但一直在售出，一直有读者。

魏：您觉得中国文学在美国的整体接受环境与传播情况是怎样的？

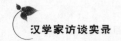

倪：没有多少美国人对中国文学感兴趣。对于中国文学，他们什么都不知道，也不关心。美国人不喜欢中国文学，而中国人也只关注中国文学。从根本上说，美国人对外国文学不感兴趣，不仅仅是对中国文学。当然，对于中国重要的文学作品，人们渐渐地越来越有兴趣。但是大多数美国人还是不知道中国文学，甚至连《红楼梦》都不知道。大概有98%，甚至99%的美国人不知道中国文学。很多美国学生不知道中国文学，就连许多教授也都不知道。怎么改变这样不乐观的接受环境？那要提升美国人对中国事情的兴趣。当然，原因是多方面的，比较复杂，难以在这里去一一论述。

魏：最后，关于《史记》的翻译以及中国典籍的外译，您还有什么体会可以谈一谈吗？

倪：我认为对非英语本土的人来说，把中国典籍翻译成英语是非常困难的。大多数汉语翻译成英语的中国典籍，大都是对普通读者来说有用的翻译，而不是为了学者的翻译。原因是真正懂中国典籍的学者都是中文系的，但他们不太懂英语，也不在意翻译情况。而做翻译的往往是外文系的学者，但他们对原著内容的理解不够深入。对于《史记》翻译而言，不妨说他们都是外行。

另外，《史记》翻译项目对我来说意味着两件事最为重要。一是这个工作让我结识了世界范围内的很多学者，年轻的与年长的，让我有机会和他们一起合作共事；二是我看到许多学生参加了《史记》阅读小组进行学习，后来，他们告诉我在阅读组里所获得的体验比他们所曾参加过的课程都更为受益。我的《史记》译本不仅对美国读者有用，而且对世界范围内的读者都有用，有助于在校学生怎么阅读文本，这是极为重要的。

三 总结与启示

在访谈即将结束时，笔者想请倪豪士教授总结一下他的翻译思想，他说，他是位实践翻译者（a practical translator），没有成熟的翻译思想。确实，他不谈理论，只专注于翻译实践。本文沿着翻译目的一过程一结果的思路，比较全面地介绍了倪豪士教授所主导的《史记》翻译实践情况。本文词约意丰，引人深思。因为时代的呼唤与历史的机缘，才识卓著的倪豪士教授承担起《史记》学术性翻译的任务。倪译《史记》意义非凡。

华兹生的《史记》译本虽广受欢迎，但一直颇受争议。早在华译出版不久，捷克汉学家鲍格洛（Timoteus Pokora）就提出了学术接受期待——但，最需要的是新的《史记》全译本，这个全译本由最优秀的译者所组成的学术团体按照高标准所译成，同时他还提出了国际性合作翻译模式，认为"国际性的合作更为理想、更有希望"（an international cooperation would be much desired and promising）（Pokora，1962：157）。华兹生本人也指出《史记》全译的重要性——《史记》这样负有盛名的中国历史作品，在塑造国人的思想与表述方式上起着重要影响，若这些作品没被翻译或仅存在部分的、不充分的翻译，就难以全面而确切地理解中国文化。因为《史记》所体现的不只是过去事件的叙述，而是人类事件变化的整个哲学（Watson，1995：205）。随着西方汉学与全球文明的快速发展，世界越来越需要一种精准而统一的英译本，于是倪豪士领衔的《史记》全译工程顺时而生。为了呈现给西方学者一部学术性精确译著，倪豪士教授采用"互文见义"文本细读翻译法和国际性合作翻译模式，译注谨严，极尽忠实与确切，力求保留原著的语言与文化特质，以便传达出《史记》真正的话语内容。笔者有幸于2017年跟着倪豪士教授做访问学者，参加了他的《史记》翻译研讨课与他课余另开的《史记》阅读课，发现他翻译时不仅参考《史记》的多种注解本与不同语言的多个译本，而且还参考了涉及《史记》内容的《汉书》《左传》《战国策》《尚书》《春秋》等书的注释本与外语译本。每次上课，他都会发给我们亲自打印或复印的各种与《史记》有关的资料。"倪豪士持续的贡献众所周知，甚至瞥一眼他正在进行的《史记》译本，就会明白他工作的价值。为了创建明确的《史记》西方语言译本，他和他活跃的翻译团队查阅了无数的从古到今的材料"（Galer，2008：31）。倪豪士教授既是共同译者，也是主编，他对团队译员的译稿都字斟句酌，

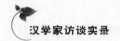

耗时巨大。

倪译《史记》的译注力求精确度与高水准，对西方学生学习中国古典文本很有帮助，同时让西方学者们更为受益。倪译本诞生后，美国许多关于中国研究的著作都会把其列入参考文献。倪译本不仅在美国作用斐然，而且在整个西方影响深远，推动了西方对中国历史与文化的研究。它最大限度上本真再现了司马迁的《史记》，让西方读者一睹中国真正的历史内容，有助于中国文化在西方的传播与接受。倪译《史记》尽可能完整而忠实地保留原著的风貌，它必将使世界更加真切地了解中国、了解人类共同的历史文明。美国汉学家张磊夫（Rafe de Crespigny）对倪译评价道：翻译可靠，注释清晰，有帮助；译著能让英语读者感知到《史记》的学术性；通过这部译著，西方的学术界和文学界将对早期中国的辉煌和浪漫有更多了解，并对由伟大史学家所展现出来的人类教训有更好理解（Crespigny，1996：598）。倪译《史记》继往开来、独树一帜，填补了西方缺乏《史记》学术性翻译的空白，是中西跨文化交流中的里程碑译著。汉学家阿巴克尔对倪译与华译进行对比评论道，华译《史记》保持了一贯可接受性的标准，但华译轻视学术性，注重可读性；倪译试图满足谨严、详尽而又可读的译本需要，它是一项相当大的成就，为更广泛的读者带来益处（Arbuckle，1996：263）。倪译《史记》是西方最完备、最富有学术价值的《史记》英译本。它适应了时代发展与跨文化交流的需要，有利于世界文化的共享与共荣。倪豪士教授因为历史机缘而担当起历史的重任，并将其视为一生的承诺。他的《史记》翻译实践与精神都值得我们深入借鉴与学习。

参考文献

［1］Arbuckle, Gary, *Review of: The Grand Scribes Records: Volume I: The Basic Annals of Pre-Han China. Volume Ⅶ: The Memoirs of Pre-Han China*, Pacific Affairs 2, Vol. 69, 1996.

［2］Bodde, Derk, "Review of: The Grand Scribe's Records. Vol. I: The Basic Annals of Pre-Han China by Ssu-ma Ch'ien", *Chinese Literature: Essays, Articles, Reviews,*

Vol. 17，1995.

［3］ Crespigny，Rafe De，"Reviewed Work（s）：Ssu-ma Ch'ien，the Grand Scribes' Records. *Vol. I Vol. VII* "，*Bulletin of the School of Oriental and African Studies 3*，Vol. 59，1996.

［4］ Dubs，Homer H.，"Comment on C. S. Goodrich's Review Article"，*Journal of the American Oriental Society 2*，Vol. 80，1960.

［5］ Galer，Scott W，"Toward Better Shiji Reading：Two Scholars' efforts to Elucidate the Text"，*Chinese Literature：Essays，Articles，Reviews（CLEAR）*，Vol. 30，2008.

［6］ Hardy，Grant，"His Honor the Grand Scribe Says"，*Chinese Literature：Essays，Articles，Reviews*，Vol. 18，1996.

［7］ Klein，Esther，"Review of：The Grand Scribe's Records，Vol. 8：The Memoirs of Han China"，*China Review International 4*，Vol. 17，2010.

［8］ Loewe，Michael，"Review of：The Grand Scribe's Records，Vol. *I and VII* "，by William H. Nienhauser Jr.，Tsai-Fa Cheng，Zongli Lu，et al.，*T'oung Pao*，Second Series，Vol. 84，Fasc. 1/3，1998.

［9］ Nienhauser，William H. Jr.，Editor and Co-Translator，1994，1994，2002，2006，2008，2010 and 2016，*The Grand Scribe's Records*，Vol. 1，2，5. 1，7，8，9 and 10，Bloomington：Indiana University Press.

［10］ Nienhauser，William H. Jr.，Translator，*Chinese Literature，Ancient and Classical by André Lévy*，Bloomington：Indiana UP，2000.

［11］ Nienhauser，William H. Jr.，Editor and translator，2010 and 2016，*Tang Dynasty Tales，A Guided Reader*，Vol. 1 and 2，Singapore：World Scientific Publishing Co.

［12］ Nienhauser，William H. Jr.，"A Century（1895 – 1995）of Shih chi Studies in the West"，*Asian Culture Quarterly*，No. 1，1996.

［13］ Nienhauser，William H. Jr.，"A Review of Recent Shih chi Translations"，*Asian Culture Quarterly*，No. 4，1991.

［14］ Nylan，Michael，"Review of：The Grand Scribe's Records. Vol. *I and VII* "，by William H. Nienhauser Jr.，Tsai-Fa Cheng，Zongli Lu，et al.，*Journal of the Royal Asiatic Society，Third Series*，Vol. 6，No. 1，1996.

［15］ Watson，Burton，*Records of the Grand Historian of China：Han Dynasty*

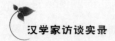
Ⅰ & Ⅱ ,Hong Kong & New York：Columbia University Press，1961.

［16］ Pokora，Timoteus，“The Present State of the Translations from the Shih Chi”，
Oriens Extremus，Vol. 9，No. 2，1962.

［17］ Watson，Burton，“The Shih Chi and I”，*Chinese Literature*：*Essays*，*Articles*，
Reviews，1995.

［18］ 徐公持、倪豪士：《一生一世的赏心乐事——美国学者倪豪士教授专访》，
《文学遗产》2002 年第 1 期。

论《史记》在西方的传播与研究

——美国汉学家侯格睿教授访谈录[*]

魏　泓[**]

侯格睿（**Grant Hardy，1961—** ），1988 年获美国耶鲁大学中国语言文学博士学位，博士学位论文为《〈史记〉中的客观性与解释》（*Objectivity and Interpretation in the Shih Chi*）。现任北卡罗来纳大学阿什维尔分校历史学教授，教授中国早期历史。侯格睿教授成果斐然，其论作中最突出的是关于《史记》的研究。他对《史记》的阐释比较系统化，堪称"一家之言"，被中国学者称为"'美国《史记》研究三君子'之一"（吴涛、杨翔鸥：2012）。侯格睿的专著《青铜与竹简的世界：司马迁对历史的征服》（*Worlds of Bronze and Bamboo：Sima Qian's Conquest of History*）（1999）是西方《史记》研究中的里程碑著作。他发表的关于中西历史比较的文章在西方亦颇引人注目，如《一位中国古代的历史学家对现代西方理论的启示？论司马迁的多重叙事法》（*Can an Ancient Chinese Historian Contribute to Modern Western Theo-*

　　* 本文受国家社科基金项目（项目编号：2022）、国家重点文化工程子项目（项目编号：HBY201909）、上海外国语大学外语教材研究重点项目（项目编号：2020AH003—YBK）、广东外语外贸大学翻译学研究中心项目（项目编号：CTS202006）、中国高等教育"外语教育研究"重点课题（项目编号：21WYJYZD11）、安徽省高等学校质量工程项目（项目编号：2021AHZlGC56）（项目编号：2021AHZlGC130）等项目资助，收录于本书时有所修订。

　　** 魏泓，淮北师范大学副教授、校聘教授，美国威斯康星麦迪逊大学访问学者，研究方向为翻译学、比较文学、外语教学。

ry? The Multiple Narratives of Ssu-ma Ch'ien）（1994）、《司马迁
〈史记〉 的形式和叙事》（*Form and Narrative in Ssu-ma Ch'ien's
Shih Chi*）（1992）等。他所合编、撰的著作《牛津历史写作史》
（*The Oxford History of Historical Writing*，Vol. 1）（2011）和《汉王
朝的建立与帝国主义中国》（*The Establishment of the Han Empire
and Imperial China*）（2005）在西方也都拥有一定的影响力。

一 引言

英国剑桥大学鲁惟一（Michael Loewe）教授对侯格睿高度评价，
侯格睿的著作是对司马迁的一个启发性研究（2001：227）；加州大
学伯克利分校史嘉柏（David Schaberg）教授称颂道：书中小宇宙的
观点是侯格睿对《史记》研究最创新的贡献（2001：254）；美国威
斯康星麦迪逊大学倪豪士教授（William Nienhauser）赞赏道：侯格睿
的书是应被所有认真学习《史记》和司马迁的学生们所阅读与讨论
的一本重要的书（2000：168）。笔者去年在美国访学期间有幸对侯
格睿教授做了访谈，请他谈一谈中国典籍《史记》在西方的传播与
研究情况。本文是笔者英文访谈后再译为中文，并得到了受访者的最
后确认。

二 访谈正文

魏泓（以下简称"魏"）：您好，非常荣幸您能接受我的访谈！
您是教授中国历史的美国汉学家，请问您和中国历史的缘分是怎么建
立起来的？您为什么对早期的中国历史更感兴趣呢？

侯格睿（以下简称"侯"）：当我开始上大学的时候，我修了两
个学期的古希腊语，因为我对古代的世界和思想史感兴趣。在上完大
一后，我自愿为耶稣基督后期圣徒教会（Church of Jesus Christ of Lat-
ter-day Saints）服务两年。不能自己选择要去哪里服务，于是有一天
我收到了一封信，告诉我需要学习汉语普通话，并去中国台湾服务。

在这之前我对中国没有什么感觉，但在中国台湾地区服务期间，我开始对中国的语言、文化、历史着迷。我不再觉得自己是位伟大的传教士，我已经被中国深深改变了。在返回美国之后，我继续学习汉语，同时还学习希腊语。但当我读研究生的时候，我完全倾情于汉语了。我获得了中国语言与文学的博士学位，博士学位论文是关于司马迁《史记》的。毕业之后，我开始教授中国历史的课程，也就完全转向了中国历史。

我对西方的作家，例如荷马（Homer）、柏拉图（Plato）、亚里士多德（Aristotle）、希罗多德（Herodotus）和修昔底德（Thucydides）等很早就产生了兴趣。这个兴趣吸引了我去研究同样伟大的哲学家，如孔子、老子与司马迁，并进行人物比较。我喜欢他们开辟新的学术研究领域的方式，他们分析和阐述了特定的世界观，而且他们看待世界的方式几千年来具有无与伦比的巨大影响力。再者，我发现他们的作品感人而鲜活，启迪着我的个人生活。此外，我也对孔子经典在中国历史中所起的角色觉得好奇，因为它和西方的《圣经》有些类似。

魏：您喜欢历史，中国历史悠久、引人入胜，所以您最后转向学习中国历史。您更热爱中国早期历史，而您在对中国早期历史的研究中，更热衷于对《史记》的研究。请问您是怎么接触到中国典籍《史记》，并逐渐对《史记》产生特别兴趣的？

侯：我于 1980—1982 年居住在中国台湾的时候，读了狄百瑞（Wm. Theodore de Bary）、陈荣捷（Wing-tsit Chan）与华兹生（Burton Watson）共同编撰的《中国经典选集》（*Sources of Chinese Traditions*）一书。这是一个关于中国古典文本的开创性选集，它向整整一代美国人介绍了中国文明的范围和丰富内容。我被其中华兹生所介绍与翻译的司马迁的《报任安书》一文所吸引住了，它引导我去读华兹生两卷本的《史记》翻译，我发现我热爱《史记》。但是，关于中国历史的这个巨作却很少有英文的学术研究，这让我感到惊讶，于是我决定《史记》就是我想要研究的内容。

魏：您首先是通过文学史的介绍与华兹生的翻译而开始接触到《史记》的，于是，您与《史记》结下了不解之缘。翻译是《史记》

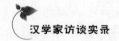

传播的重要方式，它在西方已有几个英文节译本，您愿意评论一下《史记》英译本在美国、在西方的传播与接受情况吗？

侯：《史记》的英文翻译主要有三个。一是华兹生于 1961 年出版的 *Records of the Grand Historian of China*，这个书名让《史记》听起来有点像小说，但也具有质朴流畅的语言与很强的汉学研究精确性。这是我所喜欢的翻译，对新学者来说它是个理想的入门译本。不幸的是，它省略了周朝和秦朝的许多篇章。华兹生后来增补了秦朝翻译内容，于 1993 年重印出版，并把所有的名字改用拼音来表述。二是杨宪益与戴乃迭的 *Records of the Historian*（1974）。这个译作不似华兹生的翻译明快与审慎，但它拥有自己的优势，它含有华兹生所漏掉的几个篇章的翻译，比如伍子胥、孔子与孟子的传记。三是于 1944 年开始的，倪豪士和他的合作者们翻译与注释了多卷的《史记》（*The Grand Scribe's Records*）。比起华兹生流畅的翻译，它们较难以阅读，但是它们提供了更多的信息，对那些需要特别了解历史细节的历史学学生非常有益。我不确定是否有读者会对这些译本一见钟情，但是它们对通过华兹生而逐渐认识司马迁与《史记》的读者提供了更为有用的后续版本。对于两者的关系，就像我在一篇书评中所说的，两个翻译很不相同，却奇妙得互补（1996：146）；华译本的读者可能会更多，但是，被华译吸引的读者可能会去读倪译，进而再去读原著；华兹生优雅的翻译会继续发挥作用，特别是对那些主要兴趣是把《史记》作为文学作品阅读的读者而言（1996：151）。

魏：《史记》的翻译与文学史的选编大幅度促进了它在西方的传播、阅读与接受。西方背景下的读者对《史记》往往有着不同的解读。作为汉学家的您对《史记》有着中西结合的独到阐释。您认为中国古代的历史学家司马迁的多重叙事法对现代西方理论能起到启示作用。您在专著《青铜与竹简的世界：司马迁对历史的征服》提出了一个创新而富有挑战性的审视，您以比较视域透视了中西历史写作异同，详尽分析与论述了司马迁撰写历史的方法，认为司马迁以自身的遁形达成了较客观的叙述，让读者自己阐释，从而构建了一个再现世界的小宇宙。您能再综合阐述一下您的见解吗？您愿意综述一下

《史记》在西方的研究吗？

侯：《史记》一直被西方历史学家用作中国早期历史重建的主要来源，也是中国早期文学散文的一个重要范例。20世纪的大部分时间里，司马迁的《史记》也曾被誉为"剪贴式"（Cut-as-paste）的历史；有些西方学者认为这是一种比西方传统历史写作模式更为客观而公正的撰史方式。也就是说，历史学家通过将自己的观点和判断保持在叙述之外，而只简单地再现他对史料来源的摘录，从而对过去提出了相对客观的看法。我自己的作品认为，司马迁更善于通过积极的编辑来塑造他的材料，以突出意识形态的诠释、道德评判，以及他对历史人物的深切同情。在最近的更多作品中，西方学者通过《史记》文本来寻求政治合法性的识见、中国文化和文化身份的构建、历史自我意识的起源以及文学叙事形式的发展等内容。

魏：我发现《史记》研究于20世纪90年代卓有成效、论作迭出。您愿意特别介绍一下90年代以来，特别是21世纪以来《史记》在西方的研究情况及趋势吗？

侯：在我写《青铜与竹简的世界：司马迁对历史的征服》（1999）一书之前，杜润德（Stephen Durrant）已经出版了一部专门研究司马迁的论著《模糊的镜子：司马迁写作中的压力与冲突》（*The Cloudy Mirror*：*Tension and Conflict in the Writings of Sima Qian*，1995），还有好几篇重要期刊所出版的文章是关于《史记》的。我不认为21世纪以来西方学者们对《史记》失去了兴趣，还可能会有增强的趋势。因为倪豪士始终在翻译《史记》，这让学者们对中国早期历史中《史记》之前与之后的典籍有了更为广阔的研究视野。史嘉柏（David Schaberg）的著作《模式化的过去：中国古代史学的形式和思想》（*A Patterned Past*：*Form and Thought in Early Chinese Historiography*，2002）与李惠仪（Wai-yee Li）的著作《早期中国历史学的可读性》（*Readability of the Past in Early Chinese Historiography*，2008）论述了《左传》与《国语》的内容。最近，奥伯丁（Garret Olberding）的著作《模糊的事实：早期中国历史学的证据》（*Dubious Facts*：*The Evidence of Early Chinese Historiography*，2012）是从《汉书》中取材。但在这些书中,《史记》经常作为背景而浮现,成为比较的依据。我也应提及杜润德、李惠仪、戴梅可(Michael Nylan)与叶翰(Hans van Ess)所撰写的著作《司马迁的〈报任安书〉》(*The letter to Ren An & Sima Qian's legacy*, 2016),这个也是新的研究。

魏:21世纪以来,西方对中国历史的研究呈现出更为广阔的视野。我发现西方学者的论作中往往渗透着比较精神。他们对中国传统历史叙事颇感兴趣,常把中国历史叙事与西方历史叙事相比较。更常把司马迁和希罗多德的叙事进行比较论述,如华兹生的专著《司马迁:中国伟大的历史学家》(*Ssu-ma Ch'ien, Grand Historian of China*)(1958)、Thomas R. Martin 的专著《希罗多德和司马迁——第一位希腊的和中国的伟大历史学家》(*Herodotus and Sima Qian: The First Great Historians of Greece and China*)(2009)和您的专著《青铜与竹简的世界:司马迁对历史的征服》(1999),等等。您有些论作是从叙事学角度来研究《史记》的。那么,您认为《史记》叙事与西方历史叙事有什么不同吗?您能整体上介绍一下中西方历史叙事的区别吗?

侯:西方的历史叙事受到希罗多德和修昔底德的影响,他们的作品往往突出一位专家解说员,这位主要叙事者以线性方式来引导读者阅读历史(虽然偶尔会有分支叙事)。西方读者会一直意识到作者的存在,他在讲故事、在提供判断。历史不是过去的自我再现,而是作者对过去概念的再现。西方历史的主导模式就是全知叙事者的真实叙事,统一的行为按照时间顺序安排。《左传》更像《圣经》的历史部分,它大致按照时间顺序展现出更为开放的叙事集合体。《史记》把历史分割成无数的重叠章节,虽然有名义上的编者司马迁,但他很少以自己的声音说话。他宁愿给读者这样的印象——这些故事在为他们自己说话。对于西方读者而言,《史记》最惊人的特点是叙事者的自我遁形,没有统一的叙事声音(司马迁经常拒绝以自己的声音进行解释);没有始终的连贯性与流畅性,缺乏明确的叙事结构。《史记》在中国的"标准历史"中极具影响力,在西方历史学中却没有像编年—纪传体那样的形式。简言之,中国历史叙事(特别是《史记》

叙事）与西方叙事相比有几个主要的不同之处：缀段式而不是统一性的叙事，非个人的而不是有个叙事者自始至终的叙述；主要引用历史而不是自我解读的叙事。

魏：《史记》博大精深、魅力非凡，除《史记》外，您还觉得中国别的什么历史典籍富有吸引力与影响力？

侯：《左传》也是非凡的历史著作，杜润德、李惠仪、史嘉柏新的《左传》翻译于 2016 年出版，让人深感振奋。直到现在，英语读者一直在读理雅各（James Legge）于 1872 年所全译的《左传》，当然这个翻译年代久远、需要更新。我希望新的翻译会让更多的读者接触到这部伟大的作品，并能深入了解它。

魏：美国去年新推出的《左传》译本必将大力促进它在西方的传播与接受。您能否谈一谈现阶段中国历史典籍在西方的传播以什么样的翻译方式最为合适，为什么呢？

侯：对于想感知早期中国历史典籍的辉煌与精彩之处的西方人来说，我仍然认为华兹生的翻译风格最为合适。名字和复杂的叙事对西方读者有时来说非常困难，所以译本中有些注解颇为有益。例如，华兹生把《史记》130 章中的总结内容分离出来，并把相关的部分附加于每个对应的翻译章节，这是一个非常好的决定。我怀疑西方读者更可能把历史作品作为文学而不是作为详细的历史信息来源来阅读，因此对于希望畅销的翻译来说，表达生动的文字与故事效果是必不可少的。

魏：华兹生生动且可读性强的翻译激发起您对《史记》的浓厚兴趣，您在专著《青铜与竹简的世界》的开篇"致谢"中特别表示，"我对从未谋面的华兹生是多么感谢"（Hardy，1999：ix）；《史记》翻译家倪豪士教授也高度称颂华译《史记》，"毫不夸张地说，许多后来的美国学生就是通过华兹生的翻译而开始接触《史记》文本的，当然我也不例外"（Nienhauser，1996：9）。华译《史记》颇受欢迎、影响深远，对《史记》在西方的传播与接受起着至关重要的作用。另外，您能谈谈中国历史典籍在西方的整体传播与接受情况吗？

侯：西方人常对中国历史感兴趣，因为就政治、经济、文化而

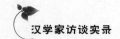

言，中国是世界的重要组成部分。不过，西方人通常对现代的中国历史更感兴趣（中国在过去的一个半世纪里奋斗与发展的故事是世界历史中最伟大的故事之一）。不过，你或许指的是关于早期中国的历史，对许多美国人而言，他们的兴趣始于电影，例如，像张艺谋的电影《英雄》会让学生们接触到《史记》。我的许多学生对三国时代感兴趣，这让我觉得惊讶，主要原因在于他们熟知《三国演义》的电视剧，还有吴宇森导演的电影《赤壁》。

魏：最后，关于中国历史典籍在美国、在西方的传播，您还有什么话想跟读者分享吗？

侯：我能在美国教授中国历史真是非常荣幸！我的一些学生接触到中国历史这个领域，因为他们通常对中国文化感兴趣，他们也经常对中国哲学或中国武术感兴趣。最近我发现我越来越多的学生在中学已经修过汉学普通话课程。我的学生都能认识到在几十年后中国在他们的生活中将会是多么重要！作为一名教授，我尽力鼓励学生的兴趣，特别是当我在世界历史或人文课堂上讨论中国的时候。当学生们选择研究中国历史的课程时，我会让他们去阅读中国历史课本，并将其作为主要的信息来源。我总是对优秀的译作充满了感激，希望能涌现出越来越多的优秀译作。

三　结语

侯格睿教授由于历史机缘而渐渐倾情于中国的历史文化，并最终走上了教授与研究中国历史的道路。他深入浅出地谈论了《史记》典籍在西方的传播问题。他本人是通过狄百瑞、陈荣捷与华兹生共同编撰的《中国经典选集》而开始接触到《史记》的，被其中华兹生所译的《史记》内容深深吸引。他认为华兹生、杨宪益与戴乃迭、倪豪士团队的《史记》英译本最为重要，三者之间各不相同而又互相补充。《史记》研究在 20 世纪 90 年代论作迭出，21 世纪以来有了更广阔的研究视野，而且倪豪士教授持续多年的《史记》翻译引发西方学者对《史记》之前与之后的中国典籍的研究兴趣。侯格睿教授综述了包括自己在内的西方学者对《史记》的认识与研究，总结了中西方传统历史叙事的不同之处。他认为华兹生流畅生动的《史记》译本是当前比较受欢迎的翻译形式，尤其对于初学者来说；电影是激发学生兴趣、传播中国历史文化的一种有效途径。他预见中国将会在国际舞台中扮演越来越重要的角色，并着意引导学生去学习中国的历史文化。侯格睿教授言简意赅，但词约意丰，富含启示意义，能对《史记》的翻译与研究以及中国典籍的对外传播提供参考与借鉴。

参考文献

[1] Feldherr, Andrew and Grant Hardy, *The Oxford History of Historical Writing*, Vol. 1, Oxford: Oxford University Press, 2011.

[2] Hardy, Grant, *Objectivity and Interpretation in the Shih Chi*, Unpublished Ph. D. Dissertation, Yale University, 1988.

[3] Hardy, Grant, Form and Narrative in Ssu-ma Ch'ien's *Shih Chi*, *CLEAR*, 1992.

[4] Hardy, Grant, "Can an Ancient Chinese Historian Contribute to Modern Western Theory? The Multiple Narratives of Ssu-ma Ch'ien", *History and Theory* 33, No. 1, 1994.

[5] Hardy, Grant, "His Honor the Grand Scribe Says", *Chinese Literature: Essays, Articles, Reviews*, Vol. 18, 1996.

[6] Hardy, Grant, *Worlds of Bronze and Bamboo: Sima Qian's Conquest of History*, New York: Columbia University Press, 1999.

[7] Hardy, Grant and Anne Behnke Kinney, *The Establishment of the Han Empire and Imperial China*, Westport, Connecticut, London: Greenwood Press, 2005.

[8] Loewe, Michael, "Reviewed Work (s): Worlds of Bronze and Bamboo: Sima Qian's Conquest of History by Grant Hardy", *T'oung Pao*, Second Series, Vol. 87, Fasc. 1/3, 2001.

[9] William H. Nienhauser, Jr., "A Century (1895 – 1995) of Shih Chi Studies in the West", *Asian Culture Quarterly*, No. 1, 1996.

[10] William H. Nienhauser, Jr., "Reviewed Work (s): Worlds of Bronze and Bamboo, Sima Qian's Conquest of History by Grant Hardy", *Chinese Literature:*

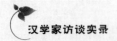

Essays, *Articles*, *Reviews* (*CLEAR*), Vol. 22, December 2000.

[11] Schaberg, David, "Reviewed Work (s): Worlds of Bronze and Bamboo: Sima Qian's Conquest of History by Grant Hardy", *Harvard Journal of Asiatic Studies*, Vol. 61, No. 1, June 2001.

[12] 吴涛、杨翔鸥:《〈史记〉研究三君子——美国汉学家华兹生、侯格睿、杜润德〈史记〉研究著作简论》,《学术探索》2012 年第 9 期。

美国汉学家任博克访谈：开拓《庄子》英译新视野[*]

姜 莉^{**}

任博克（**Brook A. Ziporyn**），
美国汉学家与哲学家。美国芝加哥
大学东亚研究系中文学士学位，密
歇根大学中国哲学硕士、博士学位，
师从孟旦（Donald J. Munro）。曾先
后任职或授课于台北故宫博物院、
美国密歇根大学、哈佛大学、西北
大学、新加坡国立大学等。现任教
于芝加哥大学神学院，教授中国哲
学、宗教及比较哲学等相关课程。

任博克（Brook A. Ziporyn）

主要研究方向为道家思想、天台宗思想、包括儒家思想在内的中
西哲学比较等。发表了百余篇论文及多本汉学著作，在当代美国
庄学研究及天台宗思想研究方面成绩斐然。

自 1881 年首部《庄子》英译本问世，至今已有一百三十多年历

---

　* 本文是姜莉主持教育部人文社科基金项目"中西互镜：庄子哲学英译与诠释研究
（1983—2015）"（项目编号：16YJC740030）的阶段性成果。原载于《中国翻译》2017 年
第 5 期，收录于本书时有所修订，原题为《译介的文化选择与思想典籍的世界价值——
〈庄子〉英译者任博克教授访谈录》。

　** 姜莉，北京师范大学英语系副教授，研究方向为比较文化与翻译研究。

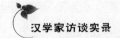

史。其间，翻译的主体有传教士、外交官、哲学家、翻译家等；翻译重心大致有词句模仿、篇章重构、文体再现、思想诠释等几方面。20世纪 80 年代以降，西方学术界逐渐关注《庄子》思想哲学层面，并以"相对主义""怀疑主义"等哲学命题来诠释其思想，引发了持续三十余年的讨论。进入 21 世纪，以任博克（Brook A. Ziporyn,1964— ）为代表的美国学者，继承了中西方的双重学术传统，集译者与诠释者于一身，译介呈现新特点，中西对话、互照之势渐显。中国传统的《庄子》疏证主要参照儒、释、道三家文化思想，而在当今与西方思想的对话中，彰显了其在世界哲学历史上独一无二的地位与思想价值。笔者借在芝加哥大学访学时机，对任博克教授进行了访谈，通过其翻译《庄子》的经历，就翻译的动机、背景、译者的前理解、副文本的作用、庄子哲学思想价值、其在世界哲学史上的地位等问题进行了探讨，希冀对中国思想文化典籍的译介有一定的参考。

一 《庄子》英译的历史文化语境与诠释新视野

姜莉（以下简称"姜"）：您的《庄子：精要篇章及传统注释选》（《庄子》英文译本）出版于 2009 年，在美国学界获得了广泛好评，目前很多的期刊论文都引用您的译文。此前，已有二十余种《庄子》英译本，既有文辞优美的华兹生（Burton Watson, 1925—2017）译本，又有注重哲学思辨的葛瑞汉（A. C. Graham, 1919—1991）译本。如今全译本约 10 本，注重其可读性的摘译本也不少，您出于什么样的考虑要重新翻译？

任博克（以下简称"任"）：我的母语是英语，最初通过英译本才接触到《庄子》。我先读了华兹生的译本，然后是理雅各（James Legge, 1815—1897）、翟理斯（Herbert A. Giles, 1845—1935）、葛瑞汉的译本。其中，葛瑞汉的译文对我影响深刻。把华兹生和葛瑞汉的译文并列，会发现同一段文字的意思有相当大的差异，因此，我开始学习中文，希望真正理解《庄子》。《道德经》和其他早期文本的译文晦涩难懂，我想除非亲自读原著，否则不可能读懂，晦涩之处往往是表意的关键。想起少年时代第一次读《庄子》，令我痴迷，却不理解其中的逻辑，如何从一个论点过渡到另一个论点，不同的译文中有明显的冲突。现在，我依然保存着第一次读到的冯家福（1919—1985）的英译本。我非常想自己读原文，后来我做到了。我花费很多年研究《庄子》，先学中文，然后读原本，读原文所体验到的意义是任何译文无法赋予的，既有哲学上的意义，也有文学上的意义，它向我展现的思想上的联系并未被译文传达出来。因此，我准备亲自翻译，可以重现中国读者体验，我的译本包括许多中文注释。除了我自己的译本，我最喜欢华兹生和葛瑞汉的译本。前者文笔很美，他是天才的翻译家，尤其善于运用生动的表达，流畅的语言，风格方面也很美。遗憾的是，他不是哲学家，不像哲学家那样思考，他非常依赖于19—20世纪日本的学术研究成果，这代表了对《庄子》的一种解读，一种理解。他的译文有很多不合逻辑的推论，尽管英文很美，却并没有传达中文术语的内涵意义，我需要做些哲学上的联系。华兹生是一个伟大的汉学家，但他的译文文学性有余，哲学性不足。葛瑞汉是我推崇的另一个译者，他的问题相反，哲学方面非常敏锐、警觉，对于文章各部分如何联系，有哪些哲学假设和隐含意义，观点非常明确、系统，但他的译文几乎不可读。因为学科的差异，他竭尽全力保持精确，重视原文的隐含意思，译文中有许多新词，许多结构是英式英语的表达方式。

姜：您的翻译活动是否与教学相关？据我所知，您在美国的密歇根大学、哈佛大学、西北大学等几所名校都曾任职，您在高校教授中国哲学多年，讲授过《庄子》对吗？

任：我教授《庄子》很多年，要介绍给美国学生，不得不选译本，经常要选两个或三个。我要做这方面讲座，竟然无法选用任何一个单独的译本，通常需要几个译本交叉印证，让不懂中文的学生读若干个译本。因此，教授《庄子》多年之后，我认为应该自己翻译，能让我的学生读懂，应用于课堂，我的学生没有办法理解葛瑞汉和华兹生的译文，当然译文反映了我自己对原文的理解。

姜：您早年研究郭象（252—321），一定知道研究郭象的专家、中国哲学家冯友兰先生。冯友兰先生的《庄子》英译本也源于课本，他曾给北京的外国学生开设过《庄子》的课程。他的英译本旨在侧重解释庄子的哲学层面，区别于他之前的译本，不仅翻译了郭象的注，还有自己用英文写的注释。您的译文中，除了郭象的注，还有成玄英（608—669）、王夫之（1619—1692）等人的注疏，可不可以说在翻译与诠释《庄子》方面，您另辟蹊径，开拓了新的视野？

　　任：我很注重传统的注疏材料，这在英语世界的《庄子》研究中常被忽视。举例来说，葛瑞汉完全忽略了整个的注疏传统，缺失了中国传统意识形态建构的部分。葛瑞汉运用不同的方法剪裁文本，他试图采用历史主义批评的方法理念来确定真正的原文。这意味着他试图寻找原意以及《庄子》的核心篇章。他在分类方面的工作非常出色，即文本中不同的作者分类，在这方面我紧密地追随了他，但他忽视了阅读体验。这在中文是通过不同的注疏者的思路来表达，如郭象、成玄英、王夫之、林希逸（1193—1271），特别是方以智（1611—1671）等。人们从不同视角解读《庄子》，解释者通常有自己的主要观点，把原来丰富、模糊的文本变得狭隘化、清晰化，对吗？这也是翻译面临的问题，尽管在原文中可能是多个意思，正是美的一部分，是文本丰富性的体现，译者别无他法，只能取其狭义，与原文相比，把它变成干瘪、贫瘠的《庄子》。作为一个译者，面对如此丰富、复杂的文本，我如何表现这个问题。其一，允许英文读者体味到原文的模糊，告诉他历史上不同的观点，这些源自真实的、专注的古代读者，总体上，译本保留原本万花筒般的特点。即使不懂中文的人读了一段，也可以看到五个或十个注疏者出自不同的时代。其二，提供背景知识，注者的身份，是否是道教徒、佛教徒，还是儒家学者，他们生活的时代和思想倾向，于是得到了文本更广阔含义。我希望译文像原文一样可读，又不会被封闭。

二　译介的文化选择

　　姜：20世纪60年代，文艺美学思潮中出现了"接受美学"，受其启发，翻译界提倡译文注重"读者接受"，关注读者在译文阅读过程中所起的能动作用。您有双重身份，既是原文的读者也是译文的作者，在您译本前言部分，多次提到了"英文读者"，作为其中一员，您最希望介绍给英文读者的是《庄子》哪一个层面？

任：正如我在前言中介绍的，很多层面，其一是独特的、无可辩驳的哲学立场，价值悖论问题。庄子是相对主义、神秘主义、一元论、怀疑主义、特立独行的综合体，融合了西方的哲学家看来互不相容的多种立场。《庄子》非常深刻，有着非常玄奥、令人信服的哲学观点，包罗万象，并以不同方式展现，我对此写过"万能牌"的论文①，即《庄子》内篇，它在世界历史上、在哲学历史上独一无二，对解决世界思想争端做出了不可替代的贡献。你可以在西方思想中看到绝对主义和相对主义、物质主义与精神主义，事实上，我并不认为庄子同意或同情它们。在《庄子》第三章，做了不同寻常的处理，我在译文中让它们更容易被读者接受。除此之外，《庄子》笔调轻松，非常诙谐，不仅思想非常重要，文体也非常重要。历史上只有屈指可数的作家运用如此创造性的文体，尼采算一个，思想非常有深度。你不仅可以从他书写的内容中获得新知，也可以从其写作方式上获益。最后一点，译文中，我确实着力于体现具有《庄子》特点的那部分文本，并非历史上最有影响的文本，两者有重要的区别。在文学层面，部分文本在传统思想看来非常具有影响力，试图对道家作一元论解释，《淮南子》中也有进一步的说法，《庄子》文本中有许多此类的表述，作为形而上学思想这也许是事实，这是最有影响的部分，对研究中国思想学术历史非常重要；但比起其哲学方面那微妙的立场，不是那么有趣和独特，正如郭象所主张，一元论不是"道"作为实体的肯定方面，完全不是。后来的文本来自不同的作者，一部分的对话，与西方形而上学一元论很相似，是西方广为接受和熟知的观点，无新意、不独特、不醒目、没有新的贡献，庄子中重要的部分

---

① 参见 *Ironies of Oneness and Difference*，Albany：State University of New York Press，2012，pp. 162 – 197。

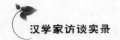

是世界其他地方不具有的。

三 译文与原文关系及译者的"前理解"

姜：传统翻译学提倡译者忠实原文，华兹生译本非常忠实，句词基本与原文对应，而葛瑞汉译文、韦利（Arthur Waley, 1889—1966）译文是一种选择性的翻译，有很多改动，甚至可以说解构。您对于原著和翻译的关系持什么样的观点？是否认为过多的变动是误译的一种？

任：这是个非常棘手的问题，就是何为古代中国文本？什么是书？什么是《庄子》？什么是原著？如葛瑞汉理解，可能就是说古代中国没有书。我们目前称为书的即两个封皮中间的部分。我们比葛瑞汉时代知道得多，目前发现的出土文献，如郭店的《道德经》本子，是一些混杂的资料。书通常会把资料汇编到一起，葛瑞汉把《庄子》部分拆解，他做得非常好。我更喜欢刘笑敢（1947— ）的诠释，建立在语言学基础上，更有说服力，有更扎实的证据。然而，葛瑞汉的动机是想获得彰显内篇的段落或句行。陈汉生（Chad Hansen）在这方面更极端，因为我们不知道文本的历史，他会认为我们通常说的《齐物论》是它的某些部分。我觉得《齐物论》中"彼是"的那一段，还有关于"仙人"的神秘段落看起来很奇怪，与《齐物论》篇的其他部分不相容。几千年来，存在不同版本，我们不清楚这些文本如何架构。司马迁的《史记·庄子列传》中提到了《渔父》《秋水》，但他没有提及内篇中任何部分，发生了什么事情，也许没有《庄子》一书。正如最近伊斯特·克莱因（Esther Klein）宣称，没有《庄子》，没有《庄子》文本。葛瑞汉正在做的事情，是让我们回到原初文本，原初文本不是郭象的33章，那是许多人后来编辑的，创造这些语句的思想不再可以辨识，只是沉陷于这些奇怪的思想中。人们不必理解不同的翻译计划，他试图重构他心目中的原初文本。这种做法，在某些方面是有效的。从传统上看，有些经典文献如王夫之的外、杂篇序言，提到这部分作者不是庄周本人。原文本看起来一片混乱，这是如葛瑞汉一样的现代学者正在做的事情。华兹生做的事情是，有一个在东亚的传统中叫作《庄子》或《南华经》的书，不管叫什么，这本书有 33 章。在这种情景下，它在诗学、绘画、艺术、宗教上都非常有影响。这是他要翻译的文本，而不去管庄子原初的思想，这是文化翻译的一部分。因此，问题就是你的目标指向何处。

姜：葛瑞汉的翻译行为让我联想到西方盛行的《圣经》考据学，研究《圣经》各篇的真伪、联系、年代及可信性。同样，葛瑞汉从质疑《庄子》原文的权威性为起点，把原文变为分析、研究的对象，辨析原文各章年代，调整原文顺序，译文也成为研究结果的一部分；华兹生的翻译行为则始于遵循东亚传统的基础上，肯定了原文的神圣性，您对这两种翻译行为对原文的态度持什么样的观点？

任：我认为他们同样有效可行。你可以选择其中一种方式。他们是不同类型的翻译计划。我与其他学者和学生经常有这样的对话。我的态度比较温和，我有个学生，属于比较激进的阵营。他认为我们可以说这是文本的片段，这不可能作为一个连续的片段阐释。如果这样做了，即只是强迫自己在兜圈子，但是在这些片段中确实有真正珍贵的观点，对吗？因此有人阅读这篇文本，正如中国传统的读法。我对两者都不接受，我认为有可辨识的、连贯的文本，虽然我个人无法证明，但我认为内篇是个比较美妙、连贯的整体，它有一贯的、可理解的观点，其以非常娴熟的技巧、修辞的方式进行，基本上它是一个文本。我也有一些语言学上的讨论，有一些与刘笑敢的观点非常相似，书中有脚注。不管怎么说，葛瑞汉和刘笑敢是正确的，有一些其他的段落，我们应该看看，呼唤译者做出判断，如何从语法上分析。我并不认为原文是一个片段接着一个片段，也不赞同它是七大内篇文本组成的一个整体。

四　副文本的作用

姜：您的译本进行了变革，作为副文本的注释部分发挥了非常重要的作用，我猜测您从中国的学术传统中有所继承。早期的译者翟理斯的翻译比较"西化",译文中常常有庄子和西方著名哲学家的比较。您关于副文本的作用有何看法,它是否在某种程度上引导着人们的阅读方向?

任:我的译文试图为英文读者重现一种真实的、令人兴奋的哲学经验,一种阅读中国思想、复杂文本的经历。记得那时我还是大学生,漫步在台北街头,手里拿着郭庆藩(1844—1896)的《庄子》文本,里面有郭象、成玄英的注释,还有焦竑(1540—1620)的《庄子翼》。读每一段都会碰到神秘的问题,我读不同的注疏,倾听不同的声音。那是一种与文本对话的方式,与上千年的读者对话,就如参加《庄子》读书会。这基本是延续到20世纪的中国、日本、韩国阅读传统文本的方法。他们通过阅读知道哪些人们与自己立场一样,与之论辩,倾听不同的声音。我的译本没有加入20世纪的注疏者,而全部采用古代中国的注疏,我没有参照现代中国学者或日本学者,我仅参照了钱穆(1895—1990),他是我老师的老师,我继承了他的传统。我喜欢钱穆的《庄子纂笺》,某种程度上我在模仿那本书,当时我走在台北的路上,我想英语世界没有这种文本,他选择了对他最有启发的读者。钱穆阐发文本非常精彩,代表了钱穆面对整个传统的视角。我不是客观的,我不是对每个注疏者公平对待,只选择那些我看来更开放式文本的注释,试图给读者一样的阅读体验,好似与不同声音对话。钱穆文本对我来说最伟大的地方,向我展示了他的选择性,关于庄子的观点林林总总,他并非将其全部囊括,而选择相关度最高的。他并不教条或武断,不只包括一个解释,而让你置身于听到各种声音的感觉,他选择最有说服力的观点。我希望读者既能感知文本的复杂性,又能得到一个特别的视角,我对文本的视角是与传统对话。

五 《庄子》思想的世界哲学价值

姜:迄今为止,从第一本著作《解缚之半影:郭象的新道家哲学》算起,您已经出版了七本哲学方面的著作,在学界享誉盛名,翻

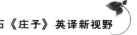

译活动与您在哲学方面的学术的研究是否有联系？是如何联系起来的？

任：我早于《庄子》译本前发表过郭象的书①，实际上，郭象是我的第一个研究论题。刚才您提到了冯友兰，我从冯先生那里知道了郭象。他出版过一本小书，应该是中国政府出版社 1986 年出版的，有英文本，有郭象的附录。我读过冯友兰的《中国哲学简史》，郭象对庄子的解读令我非常兴奋，从哲学上说，我认为这是真正的读《庄子》，那个文本的哲学层面对我来说非常重要。其中一个原因是无神论，郭象思想中强烈的神秘主义无神论。因此，文中的这个层面对英文读者来说非常重要。这是权威的注释。英文读物中有来自不同宗教传统的东西，有些无神论与基督教上帝、形而上学或类似的东西有紧密的联系。如果我们看到了这点，就会清楚《庄子》诠释的主流是一个完全不同的方向。我对《庄子》感兴趣主要是因为其哲学的、精神上的无神论这个缘由。我读过三个或五个译本，这个层面的东西没有其他文本、其他文化讨论过，但我不真正理解它。换个说法，我学术研究的兴趣、哲学的兴趣是我去学习《庄子》的动力，也驱动我研究天台宗，或总的说是价值悖论、无神论等。你可以说，所有这些都是一个总的统一的目标。就像我刚才提到，如果你仔细阅读我的翻译，可以与华兹生的译文对照来读，我希望我发现的是其思路的进展，结论的前提，思想的结构，为什么庄子突然在这里说了这个，什么样的联系使它更清晰。翻译是我在研究中兴趣的一部分，根源还是哲学的兴趣。

姜：提到哲学的兴趣，我读过您的书《善与恶：天台佛教思想中的遍中整体论、相互主体性与价值吊诡》《一与异的反讽：中国早期思想的连贯性——理学之绪论》，是否把两种对立的观点并置，考察其如何运作？是否互相妥协？如何从不同观点来看世界？

任：是的。我先研究《庄子》，然后是佛学的天台宗。《庄子》

---

① 参见 *The Penumbra Unbound：The Neo-Taoist Philosophy of Guo Xiang*，Albany：State Uniersity of New York Press，2003。

ll

是起点，还有《道德经》，早期的道家思想因为这方面原因吸引着我。我以前从未见过超越"善"与"恶"的说法。然而，如《道德经》中"天下皆知美之为美，斯恶已。皆知善之为善，斯不善已"，《庄子》中"为善无近名，为恶无近刑"，我们称为价值悖论，它意味着关于"善"与"恶"非二元对立的观点。这正是我的第一本书，我的博士学位论文。反过来，西方的哲学假设强调极端的善与恶的两分法，你可以说是非黑即白的思维方式，叫二分法，或善恶二分法。最开始中国思想吸引我的是其特别之处，因为中国佛学比印度佛学更强调非二分法。早期道家是非常有力、彻底、深入地在伦理与价值观上反对二分法的典范。印度思想中也有很多的非二分法，还有希腊的形而上学，即万物为一，但是这些思想都不关乎价值，而道家在这方面则非常激进，只是在哲学上表述不是非常清楚。我热爱文本的这些说法，我不想说它们不缜密，但我想说当其在哲学领域阐述世界是什么样子时，真正的逻辑或含义未被展开。我认为《庄子》哲学非常复杂，但你必须自己去进一步演绎，读者有很多工作要做。这是我对庄子和《道德经》感兴趣的原因。我后来学习佛学，尤其是天台宗，它的"如来性恶思想"，我在其中一本书中讨论过，其作为进一步的发展，正如早期道家的这个话题，也许是一些关于"智"观点的详细阐释，是佛学在这个观点上的阐发。当然，大乘佛教有自己接近这些问题的方法，有不同的前提，用不同的方法，有不同的兴趣点。价值悖论的发展在中国难以置信地繁盛，这种现象在别的国家并未发生，是中国独有的东西。我认为无论是对于我个人来说，还是从社会、历史、哲学、世界文化层面来看，都具有非常重要的价值。

姜：突破以二分法为基础建立的世界观并非易事，您认为佛学关于非二分法的论说步骤更明确是吗？

任：是的，可以说它更加系统化。举例来说，至少某种佛学如天台宗就非常系统。它有很多篇章，很多术语，包罗万象。它要厘清教义方面的争论，要非常清楚地辨名析理。佛教文本的优势在于虽然复杂，却非常系统。有时你看到了某种步骤，尽管表面相同，但结论可能会稍有不同，这在哲学上是非常令人兴奋的。从我翻译的《庄子》

文本中，你看到有许多不同的立场，有些非常清楚，有些不是那么明晰，仍有许多内容尚未展开，如文本一样美。我认为佛学的文本非常有指导性，可以帮助我们思考一些问题，但不是全部，我们仍然可以自己做些事情。我看到有许多问题，许多悖论被提出来。当面对一个价值悖论体系，有一些诸如"空"和其他自足性概念，我想发现在《庄子》如何找出解决办法，如何面对结论，如何回应，这也是我前面提到的统一论题中的一部分。

姜：非常感谢您接受访谈！

参考文献

［1］［美］安乐哲：《和而不同：中西哲学的会通》，温海明译，北京大学出版社 2009 年版。

［2］单继刚：《翻译的哲学方面》，中国社会科学出版社 2007 年版。

［3］ Cook, Scott, ed. , *Hiding the World in the World*：*Uneven Discourses on the Zhuangzi*, Albany：SUNY, 2003.

［4］ Robinson, Douglas, *The Dao of Translation*, New York：Routledge Taylor & Francis Group, 2015.

［5］ Ziporyn, Brook, *Zhuangzi*：*The Essential Writings*（*With Selections from Traditional Commentaries*）, Indianapolis：Hackett Publishing, 2009.

美国汉学家芮效卫访谈：《金瓶梅》英译本的策略与方法[*]

张义宏[**]

芮效卫（David Tod Roy）

芮效卫英译《金瓶梅》

芮效卫（**David Tod Roy**），1933 年出生于江苏南京，1965 年获哈佛大学历史与东亚语言博士学位，1967 年起执教于芝加哥大学东亚研究中心。为芮效卫赢得广泛声誉的是他历时 30 年完成的《金瓶梅》英译五卷本（*The Plum the Golden Vase，or Chin P'ing Mei*），这是以《金瓶梅词话》为翻译底本的第一个英语全译本，其中含有数千条关于中国文学和文化的注释，被《纽约时报》（*The New York Times*）誉为"打开中国文学和文化的一扇窗口"。2012 年，芮效卫被确诊患上肌萎缩侧索硬化症（ALS，即渐冻人），后逐渐丧失行动能力，并影响到身体呼吸机能。2016 年 5 月 30 日，芮效卫教授

* 本文根据 2014 年 2 月 19 日笔者在芝加哥大学芮效卫教授寓所对其进行的采访录音整理而成。原载于《东方翻译》2017 年第 3 期，收录于本书时有所修订，原题为《〈金瓶梅〉英译本：了解中国文学与文化的窗口——芮效卫教授访谈》。

** 张义宏，陕西师范大学外国语学院讲师，研究方向为翻译理论与实践。

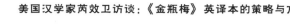

在芝加哥去世。

张义宏（以下简称"张"）：芮效卫教授，您好。众所周知，中国古典小说《金瓶梅》因为含有一定数量的色情描写而饱受争议，直到现在，很多人仍将其和纯粹的色情文学联系在一起；但是1993年您在《金瓶梅》第一卷译本"序言"中对这部书的评价很高，将其誉为"里程碑"式的作品，您能否再谈谈对这本书的看法？

芮效卫（以下简称"芮"）：我依然坚持我在译本"序言"中所说的一切。《金瓶梅》不但在中国文学历史上，而且从世界文学历史的视角来说都是最重要的作品之一。你知道，这本书在清朝和20世纪的大部分时间里都禁止出版；但在过去30年里，中国的《金瓶梅》重要学术研究得到了突飞猛进的发展，还有其他国家，如日本和美国等也是如此。因此，我认为不管怎样，小说的名声在学者中间得到了极大提升，并不再因被视为色情书而受到冷遇。当然，小说中首先吸引我兴趣的是它作为色情书的名声。当时，我还是一个十几岁的男孩子，你知道这些事情对于十几岁男孩子的吸引力。但当我再次用汉语阅读，并且首次开始使用英语译文讲授时，我对这部作品有了更深的认识，最后决定着手进行翻译。

巧的是，凯瑟琳·柯丽德（Katherine Carlitz）是鼓励我从事翻译的几个人之一。当然，她的博士学位论文也进一步提升了我对作品的理解。她的博士学位论文是关于《金瓶梅》中戏剧的使用。她后来出版了《金瓶梅的修辞》一书。我认为它是该领域最好的书之一。无论如何，正如17世纪末《金瓶梅》的评论者张竹坡所说，如果只读性描写部分，你当然在读色情作品。但它不是一部色情作品，因为色情作品的定义之一是完全聚焦于性描写，很少关注其他方面。《金瓶梅》恰恰相反，尽管其中性描写十分显眼，但是它和书中的其他描写一样，是为了展现具体的场景，如服装、习俗、食物、宗教仪式、政治腐败等。如果你把它作为一个整体来阅读，并且带着思考去阅读，它根本就不可能是色情文学。我相信这部小说的一个焦点就是它着力突出一些人对于性活动本能的过分沉迷，正如同非法的政治贿赂、身体放纵，以及其他类型的腐败，最终将你卷入其中一样，同时也摧毁了和你有关系的每一个人。因此，我认为真正有意义的一点在于，我在译本"序言"中所坚持的——作者并不是在鼓励性放纵，实际上恰恰相反，对于性描写的强调体现出它当时是如此不同寻常，如此逼真生动。它之所以比其他作品能吸引更多的注意力，正在于它的不同寻常。这样的处理方式正如同对待腐败等其他形式一样。

我深信这本书是在背叛，而非不道德。除了作者的意图，从我个人的观点来看，每一次阅读这本书，或者用汉语和较早的英语译本讲授文本时，我都会发现更多的东西，这样一直坚持了四五十年。这就是为什么我把它称作伟大的文学作品。每一次阅读，它都会变得更加伟大。对于大部分文学作品而言，如果你读了一次，便不会再读，因为你已经对它有所了解。

《金瓶梅》这本书是被当作色情作品而被误解的，而更重要的应是去探寻书中的真正所指。作者使用了杰出的修辞技巧，这对于中国白话小说来说史无前例。许多技巧甚至在世界文学上也未曾出现过。这本书真正集中于日常生活的现实图景，包括朝廷里的皇帝、恶棍般的领袖，以及神话般的人物，等等。正如我在《金瓶梅》译本"序言"中所说，西门庆和其家人同样可以被理解，正如同理解京城里的皇帝和高级官员一样，因为这都和政治生活相关，包括整个社会中的皇帝与高级官员。同时，这是关于当时中国日常生活前所未有的现实描绘。因此，除了文学性以及修辞特性外，它当然还是一部参考书。如果你对 16 世纪的中国社会生活和政治感兴趣，你可以在书中找到很多例子，它实际上就像一部百科全书。李瓶儿死后，书中接下来的六回都集中在葬礼仪式的描写，确实有点铺陈冗长，但这是为了突出西门庆对其过分宠爱的结果，同时也暗示了皇帝的一个主要罪状，即过分宠溺他的主要官员。西门庆对于他的宠妾的葬礼仪式采取了如此过度的铺张，而他自己死后，葬礼仪式就要简化得多，这一点看上去颇具讽刺意味。

的确，这本书在某种程度上就像一部百科全书，对于研究中国的葬礼仪式很有帮助。此外，如果你想研究中国的算命技艺，你可以阅读第 29 章，当然还包括其他章节。在动手翻译第 29 章之前，我不得不先阅读中国传统算命技艺方面的书籍，因为其中包含大量的算命技艺的描述。我还必须阅读关于书中烹饪与饮食方面的书籍。在我自己的图书馆里，至少有两本书是关于《金瓶梅》中的饮食，还有女性服饰等主题的。总之，除了作为主要文学作品的价值之外，我十分推崇其文学性，当然还有它对于 16 世纪中国百科全书式的突出描述。对这一领域感兴趣的读者都应该读一读。对我来讲，《金瓶梅》中的观点内容包含文学、经济、政治、历史等。

张：下面想和您谈谈《金瓶梅》英译上的一些问题，也是我的博士学位论文所关注的主要内容。您的《金瓶梅》英译本出版以前，英语世界已经有两个英语译本，分别是米奥尔（Bernard Miall）的《西门与其六妻妾奇情史》（*Chin P'ing Mei：The Adventurous History of Hsi Men and His Six Wives*）和埃杰顿（Clement Egerton）的《金莲》（*The Golden Lotus*），它们都出版于 1939 年。您对《金瓶梅》这两个英译本如何评价？

芮：米奥尔的《金瓶梅》英译本是节译本，从德语译本转译而来，出版于 20 世纪 30 年代。我认为《金瓶梅》这样一本书如果以压缩本的形式出现，是不能被充分理解的。例如，我的同事余国藩（Anthony C. Yu）翻译了《西游记》，只出版了压缩版一卷本。我也料到有人会建议我在《金瓶梅》上采取相同的办法。但是，考虑到身体原因，我自认为无法在有生之年完成这一任务；同时，我认为这部作品是不可能用压缩版的形式而被充分理解的。因为我几乎不记得过去压缩版出现的作品，在压缩版本中，你无法充分欣赏它。我相信《金瓶梅》也是这样，例如，它用 100 页篇幅描述了一个晚上的社会事件，具有这类长篇小说的叙事特点。因此，我认为压缩本完全做不到。另外，尽管《金瓶梅》原书很长，对于很多人来讲感到恐惧，阅读整本书更是望而却步，但这就是小说的写作方式，也是作者希望它被阅读的方式。

埃杰顿的《金瓶梅》翻译出现在 1939 年，具有开拓的性质，

其中的性描写被翻译成拉丁文。例如，当我开始翻译《金瓶梅》的时候，我的妻子阅读埃杰顿的译本，但是读了第一、第二卷之后，她就停了下来；因为她说其中的风格过于单调、千篇一律，这与原书的风格相反。我希望自己的译文将会富于变化，因为如果你用中文阅读这部作品，会发现里面包含从白话交谈到家庭怨妇之间的争吵，再到给皇帝写的上书、宗教仪式文章、儒家经典引用、街谈巷议等各种文体。译本风格总会具有跳跃性，这才是原文的真正风格。但是，埃杰顿的译本却没有体现出这一点。同时，埃杰顿的翻译底本来自崇祯本。我相信崇祯本是词话本的改编本，因此我选择了词话本。崇祯本中的诗词与词话本完全不同，埃杰顿还删除了一些注释、诗歌，以及一些散文。幸运的是，在我的译本出现以前，欧洲语言拥有最好的译本，但也删除了一些诗歌和词赋，以及戏剧作品的引用，我相信它们大多来源于较早的作品，如《水浒传》等其他一些白话小说。这些描写很有意义，同时也颇具讽刺意味地反映了其中人物的行动和性格，这些人物自身也具有戏剧性的特点。因此，如果你真想理解作者的修辞技巧，你需要阅读每一部相关著作，去领略这部作品的伟大。但是鉴于其难度，很多中国人都跳过了这一部分，甚至略掉了整个的章节。

张：您刚才提到您妻子阅读埃杰顿译本的反应，这使我想到了译本流通过程中的读者角色，也就是读者接受理论。读者接受理论在翻译研究中扮演着重要的角色，即为了促进译作在目的语文化中的传播，它强调译作应该最大限度地满足译文读者的期待视野。埃杰顿就《金瓶梅》翻译指出其译本是针对普通读者群体，并采取了使英语读者获得与他本人一样感受的翻译策略。与埃译本相比，您认为您的《金瓶梅》译本读者群体应该指向哪些人？

芮：当然，我希望不仅中国研究的专家学者，普通读者也能阅读它。《金瓶梅》篇幅很长，因此不可能变成流行一时的英语译本。令我吃惊的是，很多人主动通过电话或者电子邮件和我取得联系，他们并不是中国研究的专家学者，他们只是被它所吸引。他们说，他们就是拿它当文学作品阅读，但他们不是专家学者。我译文中的另一个特点是加注，大概百分之七十到八十的注解是给学者看的，普通读者或许会倾向于阅读较早的译本。有些注释的信息量很大，主要关于一般意义上中国习俗的重要性等。有人建议我出版压缩注释的译本，也就是译本的简写本。我觉得这是个好主意，但难以实现。

张：我一直在思考您在《金瓶梅》翻译上的策略与方法，因为翻译策略与方法是翻译研究中的核心概念，他们既反映出译者在翻译过程中的立场和态度，又决定了译作的最终特点与面貌。简单来说，翻译策略与方法可以分为两极：一是归化策略与意译方法，二是异化策略与直译方法。比较而言，前者以译入语文化为中心，尽量照顾译入语读者的阅读和理解；而后者则以原语文化为中心，旨在最大化地将原语语言和文化信息移植到译入语，促进译出语文化在译入语文化中的传播。您在《金瓶梅》翻译上的策略与方法与其他两位译者完全不同，我能否下结论说，您在《金瓶梅》翻译上主要使用了异化策略和直译方法？

芮：是这样的。我刚开始的翻译目标或许完成得不很成功，但是我尽力而为。在早期大部分中国文学作品的翻译过程中，包括《金瓶梅》，译者往往不会尽力保存中国文学作品中原文的修辞特点。他们努力使得译作读起来好像一开始就是用英语写出来的。我的译法恰恰相反。我尽量在很多方面把原文的特点翻译出来，尤其是原文的风格。例如，我把诗歌、词赋、习语、固定说法等都进行了缩格处理，你在阅读中就会发现四个词、八个词，或者整个段落，它们看上去很不同寻常，并且被镶嵌在白话文的文本中，任何一位中国读者都会意识到这种不同。但是早期英语翻译忽略了这一点，英语读者不会注意到原文中这种文体风格的差异。因此，我通过缩格使它们凸显出来。我在英语译本中建立这种文体特征，就是要引起英语读者注意汉语中这种文体风格变化的大致界限。例如，用更加正式的英语来翻译习语、公文上书和宗教仪式文本等；用非常白话的文体风格来翻译俚语、俗语等。但是早期的译作没有做到这一点。我尽量使英语读者理解与掌握原文中的这种修辞复杂性。总之，我的《金瓶梅》翻译不

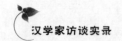

但是语言上的，更是文体、修辞和文化上的翻译。

张：也就是说，您在《金瓶梅》的翻译过程中，有意尽量保留了原文中的文体和文学特征，是这样吗？

芮：尽管并不会总是成功，但我会尽力而为。我对先前的译者怀有高度的敬意。埃杰顿的译文在当时具有开拓性质，因此并不能说我的译文完全高于过去的译文。埃杰顿的译本如同用英语写的中国故事一样，而我不仅仅打算翻译故事情节，我认为它的内容要丰富得多。我需要将更多的特色表现出来。

张：下一个问题是关于《金瓶梅》书名的英译。我们知道《金瓶梅》的书名指代书中的三个主要女性人物，即潘金莲、李瓶儿、庞春梅。但是米奥尔、埃杰顿和您在书名英译上使用了不同的名称。您在《金瓶梅》书名翻译上又有着怎样的考虑？

芮：《金瓶梅》书名具有争议，由于阐释不同，所以可能具有不同含义，这是作者在玩弄一种技巧，因此可以通过多种方式来阅读。西门庆从外国和尚那里弄到了壮阳药，和尚被描述成勃起的阴茎。西门庆死后，作者在很多地方都使用了这种技巧。很多译者没有将其翻译出来，实际上很多读者无论是在读汉语还是英语文本时都不知道这一点。我的翻译尽量使读者在用英语阅读时领略其义，正如同用汉语阅读一样。

张：《金瓶梅》虽然用白话文写成，但是阅读和理解起来并非易事，因为作品中含有大量的习语和丰富的文化意象。多年来，您一定在这本书的翻译过程中克服了很多困难，它需要您对《金瓶梅》原著的语言有着较为透彻的理解。而据我所知，您在着手进行《金瓶梅》翻译前，就发表了几篇颇有影响的《金瓶梅》研究文章，同时在中国文学研究上也取得了很大的成就，这些无疑给您的翻译提供了很大的帮助。下面先请您谈谈在《金瓶梅》以及中国文学研究上的治学经历，然后再请您谈谈典籍翻译过程中优秀译者所应具备的品格。

芮：是的，《金瓶梅》中含有的一些俚语，甚至连中国学者都很难认定它们的意义。一般来说，俚语的寿命都比较短暂。一代人很难理解另一代人的俚语，除非这个俚语可以持续上百年。当我开始接触中国文学时，学的是古典诗歌。1949—1950 年，我在儿童时期就开始学习用汉语阅读和写作，然后对这种语言着了迷。我比其他西方人学得都要快，并且开始阅读《金瓶梅》和《红楼梦》等作品。同时，我希望成为一名中国问题的专家。随后，我在普林斯顿大学跟随一名从事中国历史研究的著名老师学习了一些汉语诗歌。尽管当时已经有阿瑟·韦利（Arthur Waley）的一些译文，我还是自己尝试着将这些诗歌译成英语。然后我上了费城的学校，接触到德科·博德（Dirk Bodde）先生。他是宾夕法尼亚大学中国历史研究的教授，他在教学之余传授我一些中国文学的知识。我就读的学校同意将我在宾大所学的一些课程算作学分。每周一次，我作为宾大的学生跟随博德先生学习中国文学。同时，博德介绍我阅读《史记》，这培养了我对于小说的兴趣，然后作为中国历史专业的学生，我在哈佛大学继续学习中国文学和历史。因此，我在中国历史上有着很好的训练。

在我读本科时的中国文学课上，还有一位中国文学研究的专家，他整个学期都要求我们阅读《孟子》。他要求我们不但阅读原文文本，还需阅读有关作品的经典评论，要求我们找出作品中引用的出处，这使我学会了如何整理引用的出处。我们还有一位研究唐代诗歌的老师。我在他那里经历了最难的考试，他要求我们从十个规定范围内挑选出诗歌进行写作，我们凭记忆写出诗歌体裁和评价。这是很难的考试，也是从那时起，我对中国诗歌有了兴趣。我自己尝试写论文以前，我的确受到了一些研究中国现代诗歌的教授的影响。古汉语有时太难了，我们有必要谈一下郭沫若，我的本科毕业论文就是《郭沫若的早年生活》。在研究生期间，我很想做其他方面的研究，我对郭沫若已经不那么感兴趣了，我只不过是在本科论文上做了相关研究，然后在哈佛大学得到了博士学位。从 1963 年开始，普林斯顿大学给我提供了职位，我开始在那里从事教学。我讲授几门中国小说的课程，例如《金瓶梅》等。我在普林斯顿大学有几个非常聪明的学生，后来芝加哥大学又给我提供了见习教职。虽然当时大部分学校都不允许在课堂里只教一个学生，但是我做到了。我的学生保罗·马丁森

（Paul Martinson）同样出生于传教士家庭，他的博士学位论文也是关于《金瓶梅》的。因此在课堂上，就我们两个人坐在那从头到尾阅读完了词话本，花费了整整两年时间。我们仔细阅读汉语文本，研究当时可以得到的一些《金瓶梅》研究的汉语成果。当我再次在研讨会上讲授《金瓶梅》的时候，我相信书中的一些材料是有来源出处的。为了帮助自己找到这些来源出处，我制作了一些卡片，卡片上写了每首诗歌和套语，以及一些成语，大概有几万条之多，这可以激发我的记忆力，使我想起先前阅读过的一些中国文学作品。同时，我可以反复翻阅这些卡片，判断它们是否在《金瓶梅》中出现过。因此，在着手进行《金瓶梅》翻译前，我已经做了进一步的研究。1980 年早期的那段时间对我来说尤其重要。我的学生柯丽德给了我翻译的灵感，我对她十分感激。在翻译第一卷的时候，我仍然在大学里从事教学工作，只能在暑假期间进行翻译，后来学校给了我资助，因此我提前退休，专心从事翻译。我害怕如果继续从事教学，就没有时间来认真地进行翻译工作。

要成为一名优秀的译者，你必须经历这类作品学习的过程。如果想欣赏和理解作品，你不但需要阅读，还需要深入研究。我尽量翻译出双关语，你知道这部作品充满了双关语。我起初通过寻找英语中对等的双关语来翻译，但不是很成功，因为译者应把这些特征表现出来。这不同于把一种欧洲语言译成另一种欧洲语言，因为它们彼此相关，这种联系使你很容易在英语中找到对等的法语和德语词语，但是对于汉语和英语，直到如今，都很难进行等值翻译。当然，你可以通过词典查阅单词，但很难确保充分的翻译。

张：有人曾断言《金瓶梅》和《红楼梦》是中国古代小说的两座高峰，两者在艺术上所取得的成就也经常被相互比较。您在《金瓶梅》译本前言中曾经引用霍克斯（David Hawkes）在《红楼梦》翻译上的一段话语，大意是"忠实翻译原文一切内容的基本原则"。我想知道您在《金瓶梅》具体翻译过程中是否受到霍克斯《红楼梦》英译策略的影响？

芮：正如我在《金瓶梅》译本"序言"最后一段中提到的，霍克斯的《红楼梦》翻译给了我很大启发。他认为一个好的翻译应该翻译原文中的一切。我在哈佛大学读研究生时，他作为客座教授在那里待了一年。因此，我得以向他学习中国文学，这就是为什么我在译本"序言"最后一段将他称作我曾经的老师。但是他只是翻译了前80回，后40回是由他的女婿来完成的，翻译质量很好。当然，《红楼梦》本身也是由不同的作者来完成的，这可以说明一些问题。没错，他的翻译给我留下了很深的印象。他成功地用押韵的英语翻译了书中的诗歌，也就是郭沫若以前的中国诗歌形式。霍克斯能够这样做，给我留下了很深的印象，但是当我自己翻译的时候，我决定不这么做。因为汉语押韵比英语要容易得多，因此根本不可能在押韵的情况下，将汉语诗歌译成英语而又不扭曲原文的意思。我发现无论是十行中每隔一行，还是每隔三行来押韵，用英语翻译根本行不通。我决定放弃这种做法。然而，我对霍克斯的翻译给予很高的评价，而我唯一想说的是可以采用注释的形式使得译本更加完整充分，因此我选择自己先前的做法。再比如，一些英语作品，如麦尔维尔（Herman Melville），我的意思是，如果你看看麦尔维尔作品，比较好的译语版本都带有很多的注释。还有《尤利西斯》（*Ulysses*），没有注释的话，几乎不可能理解这部作品，很多卷册，大量的注释。纳博科夫（Vladimir Nabokov）的作品《洛莉塔》（*Lolita*）同样需要大量的注释。因此我认为，既然我们自己语言的一些重要而且在修辞上具有难度的作品都需要这种注释，那么写于三四百年前中国的这样一部书同样需要注释。

张：目前中国文化"走出去"的呼声很高，更多的经典著作有待被译介到其他国家，而将来也存在经典著作被重译的可能性。您作为在《金瓶梅》翻译和研究上有突出贡献的汉学家，最后想请您谈谈关于中国经典文学外译上的一些建议。

芮：文学作品应该被不断地翻译以及复译。看看西方文学史上荷马的作品，它们被多次翻译，每年都会有新的译本问世。我希望将来有人会重新翻译《金瓶梅》，同样也希望有人可以充分地翻译《三国演义》《水浒传》和《西游记》等作品。

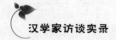

张：翻译《金瓶梅》这样一本书需要耐心和毅力，您整整用了30年才完成这项任务，我坚信随着时间的推移，您译本的价值将会被越来越多的人所认可。十分感谢您今天上午接受我的采访。

芮：我也很高兴能够接受你的采访。

美国汉学家杜润德教授访谈：
《左传》《史记》等典籍翻译[*]

魏　泓^{**}

杜润德（Stephen Durrant），1944 年生，当代颇具影响力的美国汉学家。从 1996 年至今，他一直任俄勒冈大学东亚语言文学系的教授。2016 年，杜润德教授领衔译注的《左传》出版，这是西方自 1872 年理雅各《左传》译本之后的又一力作。专著《雾镜——司马迁著作中的紧张与冲突》是西方《史记》研

杜润德（Stephen Durrant）

究中的里程碑著作。他所合撰、合编的《〈报任安书〉与司马迁遗产》《比较思考：古代希腊与早期中国》等书在西方均拥有一定的影响力。

笔者于 2017 年在美国访学期间有幸对杜润德教授做了访谈，从这篇内容深广、信息量极大的访谈录中，我们可以深刻了解其多年来对中国典籍研究与翻译的实践与思考。

　　* 原载于《外国语（上海外国语大学学报）》2019 年第 3 期，收录于本书时有所修订，原题为《〈左传〉〈史记〉等中国典籍在西方的翻译与研究——美国著名汉学家杜润德教授访谈录》。

　　** 魏泓，淮北师范大学外国语学院副教授、美国威斯康星麦迪逊大学访问学者，主要研究方向为翻译与比较文学。

魏泓（以下简称"魏"）：您好，非常荣幸能访谈您！您是位享誉世界的研究中国早期文学的汉学家，请问您和中国文学是如何结缘的，为何对早期的中国文本更感兴趣？

杜润德（以下简称"杜"）：年轻时，我有幸在中国台湾度过一段时光，习得了基本的现代汉语。后来，我在大学时选修了中国历史和文化课程，很快就对早期的中国文学深感兴趣。我以两个专业从大学毕业：历史和中文。在那些岁月里，美国政府给愿意持续学习一种"战略语言"（Strategic Language）的学生提供奖学金，我想他们是希望有一天我能成为一名美国情报官（U. S. Intelligence Officer）。但这确是枉然。不管怎样，我得到了奖学金，在华盛顿大学学习。很快我就受到三位极为优秀的老师影响——卫德明（Hellmut Wilhelm）、司礼义（Paul Serruys）、李方桂，他们很大程度上激发了我对早期中国语言和文学的兴趣，这一兴趣持续至今。

魏：您所研究的内容涉及《史记》《左传》《墨子》《汉书》《论语》等多部中国典籍。请问您当初是通过什么方式接触到中国典籍的？您是怎么对中国典籍逐渐产生了兴趣的呢？

杜：我最早接触这些文本是通过阅读一年级与二年级的古典汉语课程（Classical Chinese Courses）。这些阅读是精读（Intensive），不是泛读（Extensive）。最后，我的兴趣主要集中于两个文本：《墨子》和《左传》，前者因结构吸引了我。我特别对墨子中心篇章（8—39）的三方组织结构（the Tripartite Organization）感兴趣。我看到它们与《圣经新约》［马修（Matthew）、马克（Mark）和卢克（Luke）］的福音书有平行问题（也许我说错了）。也就是说，给定三个版本相同的基本材料，我可以使用语言学方法来算出三个变体的时间关系。不过，我最终的兴趣更多地转向了《墨子》语法，我认为它颇有些独特之处。因此，我对文本的研究本质上变得相当语言学了。《左传》因其简洁、有力的语言吸引了我。可是，学术生涯里的一些事情多出于偶然而不是预先计划。当我尚是位年轻教授时，有学者问我是否愿意写一本关于司马迁的书作为"吐温作家系列"（Twain Author Series）之一出版。坦率地说，我读过《史记》，但大概不超过这部巨作的四分之一。不过，我还是答应了，开始广泛研究《史记》文本，这在开始写书前已持续五六年，这本书最后不是作为"吐温作家系列"之一出版，而是由纽约州立大学出版社出版（等我写好时，"吐温系列"也没了）。在研究《史记》过程中，我对司马迁的叙述方式深感好奇，他在许多方面改写了《左传》叙事。这使我的兴趣回到了《左传》，从此《左传》成了我研究的重心。我的兴趣部分源于做教师职业的激发，部分源于沿途出现的机会。

魏：请问您刚刚所提到的书是您的专著《雾镜——司马迁著作中的紧张与冲突》吧？这本书是西方《史记》研究的标志性论作。您对《史记》的研究成果斐然，被中国学者称为"'美国《史记》研究三君子'之一"（吴涛、杨翔鸥，2012）。您在专著中认为司马迁是位"叙事者"与"文学天才"（Durrant, 1995: 143）为什么？您觉得《史记》是部文学巨作吗？

杜：是的，那本书就是《雾镜》。我说司马迁是"文学天才"，但并非意味着他不是历史学家。当然，他首先是位伟大的历史学家，应被铭记和颂扬。我不是历史学家，而是一名文学学者。阅读《史记》时，会对历史感兴趣，但我的注意力更多集中于他的语言和他组织与表现材料的方式。在这些方面，我发现司马迁确实是位天才，正如我在早期希腊历史学家希罗多德的著作中发现他是天才一样。当我阅读《史记》中《项羽本纪》或《李将军列传》这些篇章时（这里仅举两例），我惊叹于《史记》叙事的生动性、形象性与内在力量。也应补充一下，我所说的"文学"并不意味着"不真实"。我们可以用枯燥的或精彩的方式来讲述过去的真实故事，而司马迁经常能以一种极为精彩的方式讲述中国过去的故事。从这个意义上说，他不仅是位历史学家，而且是位文学天才。

魏：您不仅研究《史记》，也翻译过《史记》。您曾参与倪豪士（William Nienhauser）教授所主导的《史记》翻译，倪译《史记》第八卷有您的一篇译文《魏豹彭越列传》（Nienhauser, 2008: 33—44）。请问，您愿意在这里评论一下《史记》的翻译吗？

杜：我必须承认我从未对《史记》翻译做过系统研究。我研究

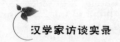

《史记》几乎都是把时间花在原文本的阅读而不是翻译上。不过，我也曾花时间去看过华兹生和倪豪士的译本，两者属于很不同的翻译类型，我都很钦佩。华兹生侧重于以吸引非专家读者的方式来翻译《史记》，因此他更注重英语的流畅性和文体风格，而不注重文本本身的细节和问题。从这个意义上说，这不是个学术性很强的翻译，尽管它做出了很有价值的贡献。倪豪士的翻译极具学术性，让人印象深刻。倪译注释详尽，体现了丰富的评注传统，既能让读者很好地把握原文的疑难之处，又能让读者品味到《史记》深厚的中文学术传统。再者，我钦佩倪豪士翻译的另一方面，即他非常成功地指导了一项合作性工作。能够像他这样应对这么多译者、协调完成这样鸿篇巨制的人并不多见！应该祝贺他。

魏：谢谢您对《史记》两个重要译本的评价！您翻译过《史记》，也翻译了《左传》。您领衔翻译的《左传》译本于 2016 年出版，您愿意给我们介绍一下您的翻译原因、目标、原则、方法与过程吗？

杜：自 20 世纪 80 年代以来，我一直在考虑翻译《左传》，但我害怕从事这样庞大的项目。我知道我将永远无法读完所有关于《左传》的高质量的中国学术评注，而且坦率地说，恐怕我也不能产出配得上如此重要著作的译作。但随后发生的几件事改变了我的想法。第一，是我以前的一位老师罗杰瑞（Jerry Norman）教授劝告我不要过分担心所有的评论文献，而是要我把范围缩小到杜预的重要评注和杨伯峻的现代评注，杨伯峻已经明智地筛选出那么多的中国学术资源。第二，我从同事那里得知，另外两位年轻学者对翻译《左传》很感兴趣，愿意和我一起组建翻译项目组。这两位学者分别是李慧仪（Wai-yee Li）和史嘉柏（David Schaberg）。之前我并不认识他们，但是我们很快就组合在一起，我立刻认识到他们是多么优秀。我必须强调，他们两位都是比我更优秀的译者，我们翻译的功绩大部分应归功于他们，和他们一起工作是极大的快乐和荣幸。多年来，我们成了好朋友，我相信我们会是终生好友。第三，我逐渐认识到，任何翻译在真正意义上都是"临时性的"（Provisional）。我的意思是，它是一种文本的"阅读"，必然有一天会被以后的译本所取代。当然，我们不应被"完美翻译"（a perfect translation）的目标所困扰，因为不存在完美的翻译，关键是我们的目标要切实与现实。

我们的目标是译出一部改善理雅各早期翻译的译本。理雅各是位翻译大家，但他那维多利亚时代的英语与学术，现在有点过时了。此外，他翻译的《左传》几乎是春秋的脚注，打印字体非常小，不是很有吸引力，不过它至少是标准的香港大学出版社版本。我们决定用一种更为流畅、现代的英语进行翻译，以便能舒适地阅读，并同时关注我们所附上的第二手学术资源，我们一直在使用杨伯峻的评注作为基本文本。另一个目标也必须强调，希望我们的译本能吸引更多的英语读者来阅读《左传》，我们三人都认为这是一部来自古代世界的内容极为丰厚的文本。为了完成后一个目标，我们增加了许多解释性材料：全书有个长篇总介绍，"鲁国十二公"中每一位国君纪年之前都有个简短介绍，许多情节之前都有简单引言来解释情节的意义，并给其他相关的情节提供参考。我们还做了一些已经并会持续引起争议的事情——我们统一名字来帮助英语读者阅读。众所周知，《左传》中许多人物在不同篇章中都有不同的名字。这对不懂中文的人来说极为困惑。我们为每个人选择了一个名字，并且持续地使用这个名字，同时我们提供了脚注来指示感兴趣的读者：若它在特定的篇章中与我们选择使用的名字不同，则说明在中文原版中实际使用的是什么名字。虽然这样解释起来有点复杂，但是我们的读者都应该很快习惯于我们处理专有名词的方式。

最初，我们三人中每一位都翻译了三分之一的文本。我翻译了最初六个鲁国公的篇章，李慧仪教授翻译其后的三个，史嘉柏教授翻译最后三个。然而，我们希望所有的翻译都是我们三个人共同努力的结果，所以我们让译文在三人之间进行循环的纠正、修改、讨论等。这种从一位译者到另一位译者的循环翻译过程几乎延续了十年，所以这种全译逐渐达到了至少我们所认同的非常统一的程度。因此，说任何一部分文本是我们之中某个人的翻译是不正确的，因为我们每个人都多次重复翻译了另外两人的翻译，提出了许多批评意见，我们都对整个文本负责。我应该补充一下，我们列出了一个相当长的推荐翻译表，许多技术名词、官方称呼等术语在翻译过程中很早就被"规范化"了。

我必须高度赞扬华盛顿大学出版社的编辑与工作人员。这些年来，他们与我们密切合作，在我们翻译的每一阶段都令人异常鼓舞。而且，我认为他们给我们出版的三卷本《左传》很吸引人。我对最终结果感到满意，尽管错误和不足在所难免。下一步该怎么办？我担心我们大部头的翻译、丰富的脚注和价格（一套三卷本超过 200 美元）会严重限制读者，尤其是那些对文本不太熟悉的读者。我希望我们能以别的简化方式来翻译文本，这样会吸引更多的西方读者来阅读这部经典。我们译者只是作者和读者之间的媒介，帮助作者以新的语言进行联系、进行理解。翻译是一项重要的任务，但借用电影中的一个词来说，我们译者并不是"魅力所在"（Main Attraction）。我们真正应做的就是尽可能让《左传》文本被更多的人阅读与理解。我们是仆人，理应只想做好服务。

魏：非常感谢您对《左传》的翻译做了那么详细的介绍。那么，您愿意谈一谈翻译在中国典籍传播中的重要性吗？您能介绍一下中国典籍在西方的翻译情况吗？

杜：我是位非常强烈的翻译倡导者。现在我们比以往任何时候都应进行跨文化阅读，特别是要关注那些作为其他文明根基的书。对我来说，翻译不仅是种智力活动，也是道义上的迫切需求（a moral imperative）。今天，我们没有人能够学会我们成为世界知识公民的所有语言，所以我们将永远依赖于译者。我天生是个乐观主义者，我对今天的中文文本的翻译感到鼓舞。近年来出版了一些重要的新译本，我期待有更多的译本快速出现。我相信我们需要更好地利用新的环境。我们年长的学者可能并不总是喜欢，但我们正在走进一个"数字化学术世界"（digitalized scholarly world），网上翻译可能会比纸版翻译获得更多的读者和影响力。而且，日渐增长的中西方学者间的联系会激发更多的合作性学术翻译，汇集汉语母语者和英语母语者之力。但有时我会感到沮丧（Dismayed），这种合作并不多见。我们也必须承认现实——大型翻译项目有时需要大量的资金支持，而这种支持仍然很难获得。

魏：您认为翻译特别重要，您本人翻译过《史记》《左传》等中国典籍，您知道这些典籍在西方都有不同的译本。那么，您觉得什么样的中国典籍译本在美国、在西方更受欢迎？您认为以什么方式翻译中国典籍最为合适？

杜：这些都是重要但难以回答的问题。作为答案的背景，我先谈谈指导我翻译思想的两个原则。第一，没有所谓的完美翻译。即便译者去除了所有明显错误（这很难做到），但翻译仍然是一种解释。因此，我认为，某些文本已被翻译一次、两次甚至多次，但并不意味着它们不应再被翻译。不过，译者应该明白他自己的译作和前人的译作有何不同。新译者可能会认为，早期的翻译未能抓住原文的"确切精神"，或早期译者的英语不能很好地反映原作的语言，或他可能打算为不同的接受者而翻译，因此选择一个略有不同的解释方式（即较少的脚注、更多的介绍材料、更多的阐释，等等）。所以即便我花了十年时间完成了《左传》的翻译，我还是很高兴听到有人准备对这部伟大的作品进行另一种翻译，特别是译者想让《左传》拥有更多接受者。第二，译作永远不是原作充分的替代品。我们都希望我们的翻译能够吸引更多的非华语人士去学习古典汉语，并用这种强大而独特的源语去阅读中国典籍。因此，翻译应是"受欢迎的"（有用且有吸引力）。它们应向读者传达，至少向一些读者传达——特别的文本不仅在翻译中值得阅读，而且值得学习一种语言，以便用这种源语去阅读。我知道，这有点理想主义，但确是我所相信的。那么，让我直接转向以上的问题。

在美国，什么样的翻译会特别受欢迎？由于大多数译者是大学学者，我想他们的翻译很大程度倾向于考虑大学同事，也就是说，当他们想象所翻译的读者对象时，他们往往会想到研究早期中国的其他专家。这有时是有益的，会产生丰富的脚注和解释材料，也可能会加深和拓宽对译本的理解。例如，我们的《左传》翻译，有点像倪豪士的《史记》翻译，基本上属于这种类型。这样的翻译很可能主要——

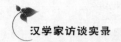

虽然我希望不是专门——被那些已是研究中国早期传统的学生或被一些好学的读者所使用。现在，有了些译本，可能足够了。例如，想一想，像《周礼》这样的文本应被翻译吗？我的回答："是的"，但这样的作品很可能只有学术性翻译才能满足。我严重怀疑《周礼》是否会吸引西方的大量读者。不过，其他文本，如《左传》《史记》等许多文本能够、应该吸引更多的读者。因此，一个大问题是，我们如何以一种能吸引更多读者的方式呈现这些文本。我们不能在准确性和严肃性上让步，但我认为我们可以在文本呈现方式、围绕它的解释材料和所使用的语言类型上让步。我们应不断自问，是否我们所写的东西能被广泛的非专业读者所接触到。我们还需要认识到，某些出版社能自动吸引更多的普通读者阅读。当我在企鹅平装书中看到一部新的中文译本时，我总是感到高兴（有时也许是嫉妒），因为我知道只有"企鹅"（Penguin）这个标签会让我们喜爱的文本带来更多读者。因此，虽然我绝不会劝阻任何译者从事高度专业化、学术性的翻译，但我认为我们应该思考——怎么能让我们的翻译在不损害质量的前提下更具有普遍吸引力。

魏：您说的两个原则实在是太精辟了。您认为西方对中国典籍的翻译多是学术性翻译。那么，您觉得美国往往有哪些读者会阅读中国典籍？他们阅读中国典籍的原因有哪些呢？

杜：大多数中国典籍的读者都很少——大部分是学生、比较研究者，或是已经对中国感兴趣的学者。不过，也有例外。一些中文文本，如《道德经》或《孙子兵法》，几乎存在着"崇拜"式遵循。然而，我认为，我们不应试图对文本神秘化或声称它们会解决某个问题来加强美国人对中国文本的兴趣，这通常是读者对《道德经》的态度。相反，我们的重点应放在通识教育上。也就是说，一个受过教育的人应不时探索古代世界的经典，其中必定会包括中国早期文本。我们生活在这个多样化、奇妙的世界里，为什么我们不去尽可能多地阅读那些影响了这个世界的文化之根呢？因此，我会尝试通过与读者已知的文本进行比较，试图引发争论来激发他们对早期中国文本的好奇心，我们都"必须"超越自己的根基。要想成为"完全"的人（to be fully human），在这个即时通信的时代，至少要尽可能广泛地阅读和理解。我们这些在某一领域的专家都应以身作则——我们自己应该经常阅读来自其他文化和专业的重要作品。

魏： 我们都应尽可能多地阅读关乎文明根基的世界经典。我发现您对《史记》《左传》《墨子》《汉书》《论语》等多部中国典籍都有研究，您的研究硕果累累、视野开阔。请问您能大致谈一下中国典籍在西方的整体研究情况吗？

杜： 随着越来越多的大学开设汉语课程，西方对早期中国文本的研究在近几十年有所增长，但仍然相对较少。互联网可以让拥有相同兴趣的学者互相保持联系，不管他们居住在美国、中国、日本、欧洲或其他地方。我确实相信，我们正在走向一个真正的国际汉学共同体（a truly international sinological community），尽管速度太慢了。由于互联网交流、文件共享项目等的发展，合作性学术研究现在可以更易于进行。然而，我认为我们在工作中并没有充分利用这种技术。像印第安纳大学的 Robert Eno 和耶鲁大学的 Michael Hunter 都是革新者，虽然努力的方式有所不同，但他们的努力方式可能是指向未来的道路。

魏： 您在专著《雾镜：司马迁著作中的紧张与冲突》中对《史记》的文学叙事模式进行了深入分析，您也对《左传》《墨子》等典籍的叙事颇有研究。在我们这次访谈中您曾多次提到了"叙事"一词，请问您能具体谈谈中国典籍的叙事传统与西方叙事传统有哪些异同吗？

杜： 这个问题很大，我这里所尝试的回答必然是肤浅的，对此我表示歉意。首先，我认为《左传》叙事与《史记》叙事大为不同。认为中国叙事是不变的，即便在早期也是如此，这种观点是错误的。我认为，《左传》叙事的力量在于其简洁性和暗示性。它只能被慢慢地阅读，而且注意力要相当集中。它要求读者不仅要阅读字面意思，更要能读出字里行间的言外之意。例如，在读到《史记》对一些《左传》知名故事的改写时，人们就会发现司马迁有时"填写"了《左传》的叙述，使情节连接或人物塑造更为明显。而且，司马迁是明确的叙述者，他不时以自己的名字做出反应，或者至少他以"太史公"的角色来提示他的叙事。他在《史记》文本中不仅是知识的存在，而且是情感的存在！用我们叙事学家有时使用的术语来说，《左传》的叙述者是"缺席"的，尽管他的存在在某些关键点上可以识别。虽然这里细说不太合适，但我想说，《左传》的叙事者有点像《圣经》中第一个和第二个塞缪尔（Samuel）的叙述者，他的声音被转成某些人物的声音，从来没有出现过一个自我认同的存在（当然是撇开"君子曰"的段落来说，这是另外的相关问题）。而司马迁则有点像希腊的希罗多德，他在文本里作为自我识别的存在，告诉我们他的思想、对证据的评价，等等。大体上，早期中国叙事是围绕着史嘉柏教授所分析与定义的相对较短的"逸事"（Anecdotes）单位来构建的。例如，若研究《左传》的战争叙事，或司马迁著名的项羽叙事，很容易识别较小的叙事单位，它们构筑成较大的叙事。这些逸事，串在一起成为一个更大的单位，构成一种建筑结构，但我认为，更大的结构与早期西方叙事的"建构"性质相比就不太明显。例如，人们可以看到希罗多德的《历史》（*Herodotus' Histories*）或修昔底德《伯罗奔尼撒战争》（*Thucydides' Peloponnesian War*）文本中完整的叙事线，但若在《左传》里，它就不会那么明显了。如此多的早期中国叙事的伟大之处在于小插曲的简洁和低调，至少我这么认为。但我在这里所说的只是一个开始——我们需要一本专门讨论这些问题的好书！

魏： 中西方的传统叙事大不相同，而中国传统文本之间的叙事也有所不同，如《左传》与《史记》。另外，请问您认为美国乃至整个西方学者对中国典籍的解读与研究和中国学者相比，在视角与方法等方面有何不同吗？

杜： 当然有差异，但我认为过于强调不太有益。此外，有些差异源于每个群体的生活和工作环境的差异。早期文本研究在中国有着悠久而丰富的传统，而且，成千上万的中国读者对中国本土学者可能希望研究的任何文本都感兴趣，所有这些都很自然而然地影响他如何去展现他的学术工作。这就是说，在中国不论谁写了一本关于中国早期文学某方面的好书，会自动拥有大批感兴趣的读者。而西方学者若用英语写同一主题却不是这样——他的读者群非常有限。另外，当我们从事学术工作时，去除民族自豪感总是很难的。若我们自己的传统和中国一样强大而可敬，也会很难做到。例如，我认识一位对中国史学很博学的中国学者，他的研究目标几乎总是试图证明早期中国历史学家比早期希腊历史学家更优秀。在西方，研究中国早期的学者相对较少。坦率地说，有时会感觉淹没在研究西方文学和历史的大批学者中。为了获得我们大学同事的尊重，我们经常需要用他们所尊重的语言来说话，这意味着来自其他学科的更多理论、更多研究方法和技巧的应用，等等。这也意味着我们有时被迫尝试在更大的知识背景下投入工作。例如，我每次为出版而审稿时，出版社会问："你认为有多少非中国人会对阅读这本书感兴趣？"他们为什么问这样的问题？因为，如果一本书仅能吸引很少的中国早期研究的西方学者，如果它不能卖到足够份数就不能出版。所以，有时很不幸的是，我们常被迫，需要跨越学科界限获得"新的读者"。我认为在中国这不是问题，在专业的研究方面中国有很大的读者群，像我在前面所说过的。而且，我认为西方人需要认识到，无论我们在语言上付出多少努力，我们大多数人都不会获得大多数中国同事所拥有的中文水平。这也是个事实，在一定时期内我不能像我的中国本土朋友一样收获那么多（我想我并不是西方学者中唯一在这方面表现"慢"的人）。因此，西方学者使用这样的材料——在中国研究中多年来所产生的第二手材料，永远会逊于优秀的中国本土学者。但有时也可能拥有一个外部视角的优势。例如，我确信西方人可以从一个中国学者那里学到很多关于莎士比亚的知识，那是他一生的研究专长。作为一个来自不同文化的人，他对莎士比亚的思考、他的问题、他所用的方法会在某些方面和我不同，这会让作为西方人的我感兴趣。我们也是如此，我们花时间研究早期中文文本，完全处于西方背景，也许因为我们不寻常的视角和背景，会对中国早期的杰作表现出某种兴趣或至少某种好奇心。

魏：对于中国典籍的研究，西方学者往往会拥有比较视角与外部视角透视的优势。您的话语也让我们明白，西方学者研究中的"跨学科视野"可能是不得已而为之。最后，关于中国典籍在美国、在西方

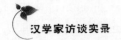

的翻译与研究，您还有什么心得想跟读者分享吗？

杜：让我来讲述前面没有提及的一个问题。我们需要更多的美国年轻学者参与翻译。然而，有一个障碍，那就是我们大学里存在的任期和晋升制度。一些大学仍然不把翻译作为主要的学术工作。此外，一部优秀译作往往需要多年来完成，而这种"慢"有时被大学领导认为是年轻学者"没有生产力"的表现。我们需要说服我们的大学——翻译至关重要，必须予以回报，尤其是对远古时代重要作品的翻译。此外，我们需要更多的翻译赞助。NEH（The National Endowment for the Humanities）翻译奖曾对我和我的同事的《左传》翻译进行过赞助，但现在因联邦削减成本导致它消失了。在美国，至少我们需要表彰那些可能支持古代世界的翻译与研究的捐赠者。举个例子，最近俄勒冈大学的一位捐赠者捐助 7000 万美元建了一个新篮球场。很好，我喜欢篮球。但想象一下：7000 万美元若明智地花在早期中国研究领域将会意味着什么？如何吸引捐助者，特别是来自私营机构的捐赠者？我不知道，但它可能会有助于我们大家对我们所做的事情充满热情，并将我们的热情引向更多的读者上。我们不能躲在角落里，然后抱怨没有人关注我们，就像过去许多学者所做的那样。

我并不想用一个否定的音符结尾。我希望我所说的许多事情表明我强烈相信早期中国文本翻译和研究的价值。我也认为，当我们进行跨文化的合作、阅读和讨论时，我们的工作会得到提升，我们的读者会增多。而且，我们需要对技术变化、经济现实和制度限制保持敏锐的感知。所有这些都值得我们关注。有时某领域的发展来自某些创造性天才，但有时也来自那些寻找和发现新资源的人，他们用新颖有益的方式应用技术，使那些在大学和政府里的领导相信——古代世界及其文本都真的非常重要，不管其是中国、希腊或是其他伟大文明的成果！

杜润德教授治学严谨，他在写其知名专著《雾镜——司马迁著作中的紧张与冲突》之前先对司马迁与《史记》研究了五年。他从文学视角挖掘与展示出《史记》的叙事价值，并对西方最重要的两个《史记》英译本做了评述。由他领衔和李慧仪教授、史嘉柏教授一起翻译的《左传》共耗时十年，他们之间进行循环纠正、修改、讨论的合作模式很值得借鉴。杜润德教授在翻译《左传》与《史记》的实践中积累了丰富的经验，他认为，没有所谓的完美翻译；译作永远不是原作充分的替代品；译作在真正意义上都是"临时性的"。他一直在思考如何让中国典籍翻译在保证文本质量前提下吸引更多的西方读者，拥有更普遍的吸引力。他对中国典籍在西方的传播与研究有着诸多灼见，他认为，世界正在走向一个真正的国际汉学共同体，中国典籍在世界文明进程中深具重要性，在典籍研究中应去除民族自豪感。他以比较视域透视了中西叙事传统的异同，谈论了中西典籍研究的差异，认为西方学者在研究早期中国文本中会更多考虑读者与出版要素。这篇内容丰富的访谈反映出中国典籍在西方翻译与研究中所存在的问题，透露出其处于美国非主流学术研究中的边缘地位，虽然近年来情况有所改善，但整体境况不太乐观，这其中涉及西方政治、经济等问题以及意识形态、赞助人等因素。翻译在美国的学术研究中不甚受重视，近年来由于经济原因所获资助更少。大多数中国典籍在西方的读者都很少，且多是出于学术研究的阅读需要。西方出版社在出版有关中国典籍作品时，很关注读者数量，而有名望的出版社会自动具有图书推介效应。总之，中国典籍的传播亟待加强，虽然任重而道远，但随着互联网的发展与西方汉学家的共同努力，相信早日实现"国际汉学共同体"不是梦。最后，我们对杜润德教授在中国典籍的翻译与研究中所做出的贡献深表敬意！

参考文献

［1］ Durrant, S., *The Cloudy Mirror: Tension and Conflict in the Writings of Sima Qian*, Albany: State University of New York Press, 1995.

［2］ Durrant, S., Li, W. -Y. & Schaberg, D., *Zuo Traditions / Zuo zhuan: Commentary on the "Spring and Autumn Annals"*, Seattle and London: University of Washington Press, 2016.

［3］ Durrant, S., Li, W. -Y., Nylan, M. et al., *The Letter to Ren An and Sima Qian's Legacy*, Seattle: University of Washington Press, 2016.

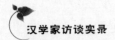

［4］ Shankman, S. & Durrant, S. , *The Siren and the Sage：Wisdom and Knowledge in Ancient Greece and China*, London and New York：Cassell, 2000.

［5］ Shankman, S. & Durrant, S. , *Thinking through Comparisons：Ancient Greece and Early China*, Albany：State University of New York Press, 2002.

［6］ Nienhauser, W. & Durrant, S. , *The Grand Scribe's Records*, Vol. 8, Bloomington：Indiana University Press, 2008.

［7］ 吴涛、杨翔鸥：《〈史记〉研究三君子——美国汉学家华兹生、侯格睿、杜润德〈史记〉研究著作简论》，《学术探索》2012 年第 9 期。

美国汉学家白牧之夫妇访谈：《论语》英译中的历史考证和阐释*

陶友兰** 　王　琰***

白牧之（**E. Bruce Brooks**），美国汉学家，历史学家，马萨诸塞大学阿赫斯特分校"战国项目"的主任，马萨诸塞大学亚洲语言文学系的兼职教授，主编两本有影响力的学术杂志 *Warring States Paper* 和 *Alpha*。其妻白妙子（A. Taeko Brooks），美国汉学家，历史学家，"战国项目"的研究助理。白氏二人的合作译著《论语辨》是当代海外儒学的重要成果，对美国的儒学研究影响较大。

白牧之（E. Bruce Brooks）

---

* 本文系中宣部项目"中华文化对外传播之策略研究"（项目编号：WEH3152004）的部分研究成果。原载于《国际汉学》2021年第2期，收录于本书时有所修订，原题为《〈论语〉英译过程中历史考据方法的应用——汉学家白牧之夫妇访谈录》。

** 陶友兰，复旦大学外文学院翻译系教授、博士生导师，主要研究方向为翻译理论与实践、翻译教育与翻译教材研究、中国典籍英译研究、翻译语料库研究等。

*** 王琰，北京科技大学外国语学院副教授，主要研究方向为典籍翻译、传统中国译论、中西文化比较、中国形象研究、西方汉学等。

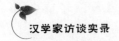

　　为了解《论语》英译本的接受情况，本文作者以问卷调查的形式对英语学术读者进行了调查，发现大多数读者都推荐白牧之和白妙子夫妇所翻译的《论语辨》。为了探究该译本为何广为接受，陶友兰教授于 2019 年 6 月赴马萨诸塞大学阿赫斯特分校采访了白氏夫妇。主要围绕五个主题展开：为什么翻译《论语》，如何翻译，翻译中侧重什么，为谁翻译，翻译的意义是什么。白氏夫妇认为，他们的译本不仅仅是翻译，主要是关于《论语》的历史考证和阐释。作为历史学家，"我们的任务是通过相应的注释提供译文本身无法传递的历史背景信息，让译文本身尽可能很清楚。译文加注释就是我们眼中的'翻译'——传输越过历史和文化障碍的文本"。

一　为什么翻译《论语》

　　问：早上好，非常高兴您能接受我们的采访。您和您夫人白妙子是历史学家，也是汉学家，较之于其他《论语》译本，你们的翻译方式较为特别。为什么要将《论语》翻译为英文呢？

　　答：这要从我们所进行的"战国项目"说起。我们主要研究中国古典时期，也就是战国春秋时期。战国时期是中国历史和思想的形成期，这个时期形成了若干部重要的典籍。我们的项目就是要探究这些典籍形成的先后关系，而第一步就是要确定这些典籍自身形成的特点。我们首先选择了《论语》作为研究对象，一方面是因为其在中国思想史上地位较为重要，另一方面是因为其编撰历经多个年代（公元前 479 年到公元前 249 年，共 230 年），涵盖大部分战国时期，因此提供了审视其他流派崛起和发展的绝佳平台。

　　我们认为，以前有关《论语》的批判性研究还有可以继续探究的空间。唐代的柳宗元最先对《论语》的形成进行了批判性的研究，后期中国、日本都有学者继续进行该方面研究，较为有名的包括清代的崔述（《论语辨》就是献给崔述的）。西方进行这方面探究的学者有韦利（Arthur Waley，1888—1966），他将研究更加推进了一步。① 而《论语辨》可能就是几百年来批判性研究的终结点。大多战国时期的典籍都是思想流派著述的汇编（与崔述同时代的章学诚持这样的观点），即某个哲学流派历经数个年代发展的记载，一般包括流派创始人的一些著述，再加上其后来继承者的著述而成。比如，《论语》就是鲁国儒家学派的文本，最早是弟子对于孔子言论的记载，后来加上了其他儒家学者撰写的著述。我对中国重要的典籍最早的研究文章发表于 1994 年，题为《汉以前文本研究的现状与展望》②，探究了若干部典籍的结构和成文时期，包括《论语》《管子》《墨子》《孟子》《孙子兵法》等。探究这些典籍中的观点如何交锋，又互相影响，是了解该时期思想史的关键所在。我们后期所做的工作主要就是深化和扩展这一概念。只有弄明白不同学派如何对待当时出现的主要问题，即各诸侯国之间即将进行全面战争，才能开始理解为什么这些典籍是这样记录他们的言论。

《论语辨》最终的目的并非旨在提供一部《论语》译本，因为当时已经有多个较好的英语译本，有名的包括理雅各（James Legge，1815—1897）译本、刘殿爵（D. C. Lau, 1921—2010）译本、韦利译本，另外还有德语的卫礼贤（Richard Wilhelm, 1873—1930）译本。我们是想将翻译作为解释文本思想的基础，探究它是如何随着时代而变迁的。我们翻译时非常审慎，当然也希望在某些方面的处理上能优于之前的译者（比如在翻译中文成语时，尽量贴近原文），但我们主要是为了展示《论语》中为什么会有这些言论，在当时是什么意思。因此，我们摆在读者面前的是最初面貌的《论语》，最早形成的是第四篇《里仁》篇，之后读者可以跟随文本扩展、变化的踪迹而行。这样的《论语》译本能够告诉我们儒家从何而来，原来的面貌如何，后来是如何发展的。

---

① 参见 E. Bruce Brooks and A. Taeko Brooks, *The Original Analects*：*Sayings of Confucius and his Successors*, New York：Columbia University Press, 1998, p. 201。

② E. Bruce Brooks, "The Present State and Future Prospects of Pre-Han Text Studies", *Sino-Platonic*, 1994, pp. 1–73.

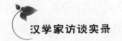

二　如何翻译《论语》

问：您是如何理解《论语》的？您可以读懂中文本吗？您参考过《论语》的其他注疏类著作吗？

答：我通过阅读来理解《论语》，最开始是读英语译本，后来直接读中文本。另外，一些中国通史类书籍和中国早期哲学史的书籍也对我阅读《论语》有所帮助，这些书籍中英文都有。我们参考过注疏类著作，其中有些列在了《论语辨》最后的"引用文献"中。不过，这些注疏本对我们的研究所起的作用有所不同。早期的注疏较为有用，但是宋代以后的注疏反映的是朱熹的思想，他形成了自己的儒家思想。如果通过这类注疏本来阅读《论语》，那么读到的就是宋代的思想，而我们想探究的是典籍本身的思想。另外，一些日本注疏也非常好，例如17世纪的伊藤仁斋注疏本，离我们较近时代的津田左右吉的注疏本，以及其他一些日本注疏本都很好。

问：在翻译过程中，你们也参阅其他的英译本吗？

答：在翻译的过程中，并不是经常去参阅这些译本。有些译本我们已经非常熟悉了，但是在翻译的过程中，还是我们独立进行，以免会无意识地模仿前作。我们想尽量自己直接从文本本身出发进行思考，只是在碰到非常难处理的句子时，会参考一下，看看其他译者是怎么处理的，这时就将其经验加进来。

我印象中，"前人的译文"这个问题在翻译理论中并没有太受重视。在若干个可以选择的译入语词语中，总有一个比其他更为切合。比如，用"Heaven"来译"天"。如果前面一个译者选择了一个较好的对等词，那么后面译者直接拿来用，这无可厚非。同样，如果前面译者在翻译一整句话时，发现了特别好的译法，那么后面的译者就可以正当地拿来使用。我将之称为"共享翻译"，这样一来，译文就会越来越好。林语堂在其《道德经》第三十章的译文中谈道："这六句话的翻译采用了韦利的译文，因为其译文无可挑剔。"① 一位大师认可另一位大师便是如此。如果翻译中有意避免采纳先前译文较好的译法（有时确实会有这种情况），则很容易产生稀奇古怪的新译法。

问：你们在翻译过程中，阅读过哪些有关《论语》翻译或研究的学术论文或专著吗？

答：韦利有篇英国广播电视台对他的采访②，后收录到其文集《山中独吟》（*Madly Singing in the Mountains：An Appreciation and Anthology of Arthur Waley*）中。在这篇采访中，他提出了很多较好的观点，但并不是关于《论语》的，而是关于他翻译过或知道的其他文本。韦利是一位大师，对于他所提出的有关翻译的建议，作为一名审慎的读者或译者来说，一般都会赞成的。韦利的其他文章，如《〈孟子〉注》③ 在《亚洲专刊》（*Asia Major*）发表，后收录到香港中文大学理雅各英译《中国经典》（*The Chinese Classics*）中，该文针对理雅各《孟子》英译的一些问题进行了讨论。对于任何要翻译《论语》的人，这些文章都具有参考意义。

有关《论语》，对于杜润德（Stephen Durrant）在其发表于《中国文学》（*CLEAR*）的文章《翻译论语》④ 中提出的建议，我们进行了审慎的解读。而我自己有关翻译的论述，最早的是 1975 年发表在《哈佛亚洲研究学报》的一篇文章，是有关中国和日本诗体的。⑤ 可以在 JSTOR 库里搜到，或者从以下网址查看：http：//www. wsproject. org/publications/others/hjas. pdf。

---

① Lin Yutang, *The Wisdom of Laotse*, London：Michael Joseph, 1958, p. 161.

② "Arthur Waley in Conversation, BBC Interview with Roy Fuller（1963）", *in Ivan Morris, ed. Madly Singing in the Mountains：An Appreciation and Anthology of Arthur Waley*, New York：Walker, 1970, pp. 138 – 151; Arthur Waley, "Notes on Translation", *in Ivan Morris, ed. Madly Singing in the Mountains：An Appreciation and Anthology of Arthur Waley*, London：George Allen & Unwin Ltd, 1970, pp. 152 – 158.

③ Arthur Waley, "Notes on Mencius", *Asia Major*, #1, 1949, pp. 99 – 108.

④ Stephen W. Durrant, "On Translating Lun Yu", *Chinese Literature：Essays, Articles, Reviews（CLEAR）*, Vol. 3, No. 1, 1981, pp. 109 – 119.

⑤ E Bruce Brooks, "Journey Toward the West：An Asian Prosodic Embassy in the Year 1972", *Harvard Journal of Asiatic Studies*, Vol. 35, 1975, pp. 221 – 274.

美国文学翻译家协会于 1990 年在我们学校举办过一次会议，当时我们的《论语》翻译还没有正式开始。我递交了一篇论文，里面陈述了最基本的翻译原则。这篇文章也可以在我们网站查看：http：//www.wsproject.org/archive/presentations/translation/index.html。

白妙子和我有关《论语》翻译的观点，发表在对华兹生（Burton Watson）译本的书评中，该译本出版晚我们译本几年，但是翻译的原则截然不同。这篇文章可以在以下网址查看：http：//www.wsproject.org/publications/others/rev%20Watson.pdf。

华兹生希望将《论语》降低难度，让一般的大学生读懂。我们认为，如果只是为了让大学生读懂而缩减文本，那就降低了《论语》本身的价值。如果大学生不是为了去了解另一种文化本来的面目而去学习《论语》，那么他们去学习有什么意义呢？

问：在翻译过程中你们碰到最大的挑战是什么？

答：有许多挑战是我们未预料到的，但很有意思。我很畏惧《论语》第十篇《乡党》篇，这是儒家新的弟子撰写的第一篇，编写年代为公元前 4 世纪早期。该篇用了叠音词来描述孔子的动作和态度，是非常难解的一篇。该篇中有关鞠躬等描述，烘托出的氛围显得沉闷。但是能看到当时的儒家领导认为非常有必要去教导学生，很有意思。显然，学生们没有从仕的经验，他们必须得学习如何鞠躬，如何运用肢体动作和态度来表达尊敬。儒家都是思想者，他们希望能够教导如何分辨是非，进而将其运用于治政。他们不想只是成为统治者手中的工具，他们想要运用自己的判断力。

挑战大多都是来自外部的挑战。个人的学术经费不足是一个问题，这点估计若干世纪以来很多中国学者都赞同。关于《论语辨》有三十多篇书评，对于如此专业的一本书而言，书评数量就算很高了。但是欧洲和美国的主要期刊都没有任何关注。对现存记载人类思想的文本是经过历代发展而成的观点，西方的许多同行似乎并不十分认同。他们希望《论语》始终是这个样子，希望孔子面貌始终简单如一，他们读《论语》时就像是在阅读幸运签语饼里的格言吉语①。能看到我们的作品将在《论语》的故乡、在孔子以及其追随者、崔述和历史上其他伟大学者所在的故乡得以流传阅读，非常开心。

问：你们在翻译《论语》中的概念词时，如果英语中没有相对应的词，你们会采取何种翻译方法？

答：有两种方法：一是音译，二是创造新词。不管哪种方法，都会为英语字典创造一个新词。我们两种方法都尝试过。其中一个例子就是早期儒家思想中的主要价值观"仁"的翻译。因为"仁"在《论语》中的意义有所变化，只有一种译法不足以反映该变化。我们运用了"otherness"（他者）这个词来解释这种在不同时期具有不同意义的"仁"这个词的共有含义，但大多情况下我们都用了音译。理雅各翻译为"benevolence"，实际上只适用于孟子时代（即论语第十二篇至第十三篇编写的时代，公元前 4 世纪晚期）"仁"的含义，却无法表达孔子及其弟子所定义的"仁"的含义。孔子所定义的"仁"和孔子的社会出身有关，指的是任职官员（文官或者武官）的职责——在战争或者和平时期，我们所做的并不是为我们自己，而是为了他人。

问：在翻译《论语》这样的经典时，您认为最适合的翻译策略（文本内和文本外的策略都包括）是什么？

答：《论语》在其自身的文化中是一部"经典"，这使得其值得人们关注，但这并不会影响译者的策略。但是"经典"这个词的意思和理雅各在 1854 年所理解的意思已经有所不同了。对于理雅各而言，《论语》是"中国的"，是中国本土的思想，传教士的任务就是想要补充或者替代这种思想。因此，从这个意义上说，是一种对立派思想。令我颇感欣慰的是，理雅各在第二版《中国经典》中改变了

---

① 幸运签语饼是流行于美国中餐馆的元宝状小脆饼，里面一般会随机附着一张小纸条，上面印有没有语境的格言吉语。

观念，他在注释中指出孔子是"非常伟大的人"①。当今，以及一个世纪以来，《论语》如同《摩诃婆罗多》、托尔斯泰的著作、莎士比亚的著作、荷马的著作、但丁的著作一样，是世界文化的一部分，仍然是一部经典，却不再是对立的思想。《论语》是一种文化宝藏，在世界各地都拥有读者，是一部世界经典。因此，《论语》在中国之外也为人们所了解，但总有一些难以理解的地方，也许不会总能得到解决，但是已被人们所发现。在这种情况下，新译者的任务并不是要引荐新的文本，或定义陌生的词汇，而是要加深大家以前某种程度上已经熟知的一部著作或一个词汇的理解。

翻译的任务一方面取决于关于文本和文本所在文化的前期研究所取得的高度，另一方面就是每一代人都有从未读过《论语》的读者，译者应该考虑到他们。尽管我们的译本出版之前已经有许多译本，而且我们所针对的有一部分读者是很有经验的读者，但我们还是尽可能使得翻译易懂，并运用每章后加的注释来提供背景信息，这单靠翻译本身是无法解决的。这就是我们的书命名中有"英译"，也有"考释""评注"的原因所在。"英译"和"考释""评注"构成了我们"翻译"的理念——传输跨越文化障碍的文本。

三 翻译中侧重什么

问：《论语》中让你们印象最深刻的是哪部分？

答：我和白妙子都有各自印象深刻的部分，我来替她回答这个问题。她第一次见到《论语》是在研究生的汉语课上，在这门课上中国文本以日本语法顺序进行阅读。《论语》第四篇给她留下了深刻的印象，尤其是里面提到的对于他人强烈的责任感，也就是"仁"和"义"。"好像我回到了家里一样"，她这么跟我说。在日本的传统中

---

① James Legge, *The Chinese Classics, with a Translation, Critical and Exegetical Notes, Prolegomena, and Copious Indexes, Vol. I: Confucian Analects, the Great Learning, and the Doctrine of the Mean*, Hong Kong: Hong Kong University Press, 1893/1960, p. 111.

有许多儒家思想的成分，就其自身而言，和孔子的行伍家庭出身的气质非常相似。白妙子的背景使其较之一般的西方读者而言，更能够体会孔子的思想。那么她是怎么意识到第四篇是《论语》最早形成的一篇的呢？白妙子是历史学家，她对原因论非常感兴趣，就是研究事物为什么会以当前状态存在的原因。她对于思想的发展较为敏感，因此对于《论语》发展的起点也较敏感。

最好的合作者能够互相补充。白妙子先前对于中世纪日本采邑制度的研究令其较为熟悉管理和经济因素，而我在这方面却不擅长。最后发现，整个战国时期的发展动力就是从一种行政管理体制（宫廷国家）到另一种行政管理体制（封建国家）的转变。另外，随之而来的经济变化也是其动力，征用农村人口进行粮食生产，并募兵充实新出现的大规模军队。发现这点也就能发现更广阔的场景图。如果没有她的见解，也就不可能有《论语辨》。因此，我这里代表我们二人来回答这个问题——《论语》中留给我们印象最深的就是这是一部历经数个世纪的思想发展史，见证了中国政治、哲学思想在其形成阶段的成长。

问：您认为《论语》中哪些句子是最难理解，或者最难翻译的？

答：《论语》并不是有意要这么难懂的。《道德经》中充满了谜一样的句子，也有充满悖论的语句，这些都需要我们反复斟酌。而《论语》却能让人看明白。如果孔子说了稍微隐晦的话，一位弟子就会解释是什么意思，比如《论语》第四篇第十五章。第六篇《雍也》篇第六章中提到了祭祀"山川"，意义晦涩。对于当时较为盛行的礼仪，我们并没有足够的信息来解释该情形，但是孔子的启示是非常清晰的。第十篇《乡党》篇中出现了用叠音词来描写宫内朝臣的姿势和态度，这也令人费解。构成这些叠音词的字本身并不表意，只是用来表音，字典里也找不出什么意思来。但是这些词描写了宫廷礼仪，是那些未来会在宫廷任职的人需要熟知的，因此对于当时的读者具有一定的意义。

问：你们的译本偏重体现《论语》的哪个方面（伦理、文学、哲学）？

答：我们没有特别偏重哪部分，主要是关注其历史语境。有许多译本是对文本进行了再阐释，从而使其和现代生活更为切合。我们认为这是对原文的不忠。为什么呢？因为现代生活有很多情形，因此也会有很多阐释，没有哪个阐释是比另外一种阐释更加权威的。但是《论语》只有一部，源于特定时期、特定地点，其学说也是如此。我们希望能够将其重新归位，也觉得有责任复原其语言和风格。文本所蕴含的哲学只是我们试图弄清楚的一个层面而已。（"哲学"作为一个相互融通的阐述系统，这个概念直到公元前4世纪末期才出现，参见《论语辨》第256页①。）

问：你们在翻译的过程中对原文做了不同的阐释吗？或者加了不同的阐释吗？

答：希望没有。但我们意识到《论语》对现代人也具有一定的价值。正如大多古代中国思想一样，《论语》着眼于公众，而非个人。希腊人强调的"幸福"指的是"个人的幸福"，是最高之善，在西方仍然具有影响力，而西方文明的许多缺陷也源于此。对西方文明而言，中国经典中对于社会的关注正是对其有益的纠正。《论语》一直倡导公共利益，因此就其理论而言，是可以为当下提供很多启示的。但这不是我们翻译的原因所在，因为我们是历史学家而非政治哲学家，但这点也是正确的考虑。

希望我们的译本没有增加任何实质性的内容，但是我认为我们的译本确实将一些内容进行了复原，可能是第一次有人这么做。主要是复原了文本的历史时期，着眼的并不是一种哲学，而是一种哲学的发展历程。有人发现，我们的译文比其他译本在语法、构词上更加接近原文。确实如此，我们认为我们比其他译者更加了解语法构成，最起码我们更为努力地保留这种原文本的结构，将其作为其修辞的一部分，即采用何种方法陈述，如何说服其读者的。

---

① E. Bruce Brooks and A. Taeko Brooks, *The Original Analects*：*Sayings of Confucius and His Successors*，New York：Columbia University Press，1998，p. 256.

四　为谁翻译《论语》

问：你们译本预想的读者是哪些人？为什么？

答：我们的读者主要是研究中国文化的学者，即国际上的汉学家们。此外，其他领域的专家学者也是我们的读者，如政治学、历史学领域的学者。也有可能有一小部分的普通读者（《论语》的大众读者较少，《道德经》或《易经》有一定的现代大众读者群），但是我们尽量将其考虑进来。我们尽量避免使用学术术语。不管读者是谁，译本出版 20 年后依然在销售。我想可以这么说，尽管有一些反对的声音，但《论语辨》已经成为《论语》的标准参考译本之一，正如你们调查结果所表明的那样。

问：那么这些读者有什么样的阅读习惯，或者阅读期待呢？

答：阅读在当下并不是那么兴盛了。但整体而言，学者们希望发现一些细节，普通读者希望跟当下有一定的联系。所有的读者都欣赏简洁的表达，通透的文风。另外，读者们如果看到这篇文章，那么可以更正以下几处错误：Giradot > Girardot（p. 2），698 > 798（p. 110），not used > not to be used（p. 111），0313 > 0314（p. 125），posthumous > posthumous disciples（p. 289），左求明 > 左丘明（p. 333）。其他一些需要更正或者重新考虑的地方，包括对于评论的答复，参见"战国项目"网站：http://www.wsproject.org/archive/books/analects/supplement/index.html。

问：在翻译过程中，你们是否为了读者而有一些改动的地方呢？

答：我们并没有有意识地为了读者而做妥协，而是尽可能保留原文本本来的面目。我们认为读者应当肩负一部分这样的责任，即让自己去适应这本书中不熟悉的文化世界。于我们而言，翻译是译者和读者之间的合作。

问：能够采取什么措施来帮助更多的英语读者来理解，或者阅读中国经典译本呢？

答：我认为中国经典作为越来越国际化的世界遗产，为当今世界

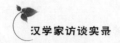

提供了许多东西。如何让人们注意到这种可能性是另外一码事，已经超出我们能力。于我而言，译本能做的就是使得这样的世界公共遗产的一部分能够随手可得，便于对经典内容感兴趣的人们阅读，剩下的是其他人的工作。

五　翻译的意义

问：你们认为《论语》影响了你们对于中国文化或者亚洲哲学的态度了吗？在哪些方面有影响？

答：我们是在研究了近 40 年的古代中国后才完成了翻译的。当时于我们而言，《论语》并不是全新的文本，而是我们研究背景的一部分。但是我们希望之前的研究能够让《论语》更清晰地向现代读者发声。

问：请问您是怎么看待《论语》对于儒学研究、汉学研究或者西方哲学的影响的？

答：关于《论语》对于西方思想可能的影响，请参见上文。实际上，西方哲学家们似乎看不到《论语》所具有的价值，或者说任何非西方传统哲学的价值。这是另外一个问题，不是译者考虑的范围。

问：对于翻译诸如《论语》这样的中国经典，您有什么建议？您认为哪个因素最为重要？

答：有许多翻译中国系列典籍的计划，一些是在中国实施的（韦利提到过译者林纾的例子），一些是其他国家实施的。我自己对于系列丛书的翻译持怀疑态度。联合国教科文组织有一项计划，旨在鼓励翻译任何世界文学的重要作品，我觉得这是到目前为止在该领域最富有成果的尝试了。杨宪益和戴乃迭，以及林语堂和刘殿爵都具有双语和双重文化背景，他们的译文都具有可读性。但如果说要更为具体地了解《论语》的特定历史，可能我们的译本较有优势。如果读者在读完《论语》后，并没有意识到最后几篇要比最开始的几篇晚几个世纪出现，或者说没有意识到第四篇（前一半的章节）更为接近历史上孔子的面貌，那么他们就是被翻译误导了。而我们就是要尽量纠正这种结果。

目前而言，我们的译本具有一定的重要性。近期有位西方学者将中国所有的典籍都归为在汉代形成，否定它们是在战国时期形成的。因此他提出《论语》是汉代编撰而成的，根本不是战国时期形成的文本。该观点引起了一定关注，也有一些反对意见。而我们的《论语》研究审慎地论证了《论语》层累而成的性质，也论证了《论语》与中国古代其他思想流派的紧密关系，这和《论语》形成于汉代的假设不同。而迎合这种假设所发表的评论，不仅赞扬了这种观点，还攻击了我们的作品，认为其最核心的问题就是，《论语》是否具有层累成书的结构特点。而我们的译本将《论语》按照形成时期分为20层。对于一般读者而言，不管是中国读者还是西方读者，可能都不是很好读。我们很高兴地发现，我们无意中站到了维护《论语》文本传统理解的这一边，与认为是在汉代形成的观点相对立。

陶友兰：非常感谢您详细的解答，信息量很大，也很有启发。作为一位历史学家译者，您展示了你们独有的关注点，以及您对促进读者理解《论语》所做的贡献。因此，你们的书有那么大的读者群，这一点不奇怪。你们对典籍批判性的理解、大胆的设想以及详细的论证丰富了汉学研究，更确切来说就是儒家思想研究。您提到了"共享翻译"的概念，我作为翻译研究学者非常赞同您的观点。对于先前的译本，译者可能共享了一些既定的"既准确又精练的"表述方法。您也提到了《论语》并不是只属于中国，而是世界遗产。这和我所理解的翻译的终极目标相一致。

白牧之：感谢您的采访。我们毕生都在努力，从而更充分地了解古代世界。很高兴能有这次机会来分享，不仅分享我们的研究结果，也分享我们研究历史的方法，以及这种方法在增强现代世界相互理解的更大宏图中的地位。

美国汉学家金介甫访谈：
沈从文小说的英译*

张 蓓**

金介甫（Jeffrey C. Kinkley），美国著名汉学家，沈从文研究专家、翻译家。他于 1972 年开始研究沈从文，在此领域的主要论著有 Shen Ts'ung-wen's Vision of Republican China（《沈从文笔下的中国社会与文化》）（1977）和 The Odyssey of Shen Congwen（《沈从文传》）（1987）。此外，他还积极向英语世界译介沈从文作品。迄今为止，他共计翻译了 11 部沈从文小说

金介甫
(Jeffrey C. Kinkley)

（其中包括合译小说 1 部），是英译沈从文小说数量最多的译者。

2018 年 9 月 25 日至 10 月 1 日，金介甫教授应邀出席"上海市博士后学术论坛——中国文学在海外的译介与接受"与"中国现当代文学在海外的译介与接受国际研讨会"，笔者负责其上海之行期间的全程陪同。本访谈原定于 2018 年 9 月 30 日与金介甫教授在其下榻的宾馆面对面进行，后因其行程安排过满而未能进行。金介甫教授回国

　＊ 原载于《外国语文研究》2020 年第 1 期，原题为《沈从文小说及中国现当代文学的英译：汉学家、翻译家金介甫访谈录》。
　＊＊ 张蓓，南京医科大学英语系教师，主要从事中国现代小说的英译研究。

后，访谈以电子邮件形式得以完成。本文即由电子邮件内容整理而成。

　　张蓓（以下简称"张"）：您是沈从文研究专家，也是沈从文作品的主要英译者，但您曾经提到，您早期翻译的大多是"（中国）当代小说，比如张辛欣，陆文夫等人的作品"（Minhui Xu，*The Voice of a Scholar* 2），您的翻译生涯实际始于中国当代小说而不是沈从文作品的英译，是吗？是什么促使您开始翻译中国当代小说的呢？

　　金介甫（以下简称"金"）：是的。我翻译这些小说是因为它们都是非常优秀的文学作品，而且迥异于"十七年"文学，这些作品似乎代表了中国的文化复兴。和五四时期的小说一样，这些小说探索新技巧，表达新思想，挖掘新视角剖析中国社会，而且也不是宣传品。1986 年我在上海金山参加了王蒙召集的"中国当代文学国际讨论会"，其间见到了一些当代作家，进一步坚定了我翻译他们作品的决心。

　　张：您当时是为了进一步研究沈从文才翻译他的作品的吗？

　　金：不是。我翻译沈从文作品时主要从事的是中国现代文学和历史研究，当时我的研究成果主要集中在法制文学、反腐小说和新历史长篇小说这几方面。翻译对我而言一直是副业。中国文学的译文不容易找到出版商，除非出版商主动找你翻译。《不完美的天堂》（*Imperfect Paradise*）（1995）是在金隄的提议下开始翻译的，后来我们都退出了这个翻译项目，多年以后我又将其重拾起来，因为沈从文作品的译文实在太少了。《边城》虽然已经有人翻译过，我还是又翻译了一遍，因为葛浩文（Howard Goldblatt）当时在为哈珀·柯林斯（Harper Collins）出版集团编一套新的中国现代文学经典系列丛书，他邀请我翻译《边城》。可惜这套丛书读者太少，未能为出版商盈利，最终只好搁浅。

　　张：尽管沈从文是中国现代小说史上被译介到英语世界频率最高的小说家之一，但截止到目前，他的 200 部小说中也只有 45 部被英译，他的另一代表作《长河》尚无全译本。进入 21 世纪以来，沈从文小说新译本数量锐减。您是沈从文小说最主要也是在中国备受推崇的英译者，假如有知名出版社的出版保证，您是否愿意继续从事沈从文作品的翻译？

金：很抱歉，我暂时没有这样的打算，其他人也可以翻译沈从文作品。在完成手头的研究项目之后，我打算重返沈从文研究。

张：您在编辑沈从文作品英译选集《不完美的天堂》时是如何选择译者的？我注意到其中一位译者威廉·L. 麦克唐纳德（William L. MacDonald）也是沈从文研究专家。译者的学术研究背景是否是您挑选译者时的考虑因素？

金：不是。我选择这些译者是因为我知道他们之前发表的译文质量非常高，比如卜立德（David Pollard）、卡罗琳·梅森（Caroline Mason）和李培德（Peter Li）的译文。威廉·L. 麦克唐纳德之前发表了《静》的英译文，译文质量高，于是我问他可否将其收录进来。《不完美的天堂》中这种类型的小说非常少，所以有现成的译文可用实属幸运。所有译者都是我的旧相识。我对所有译文都做了润色，统一了不同译者的中文术语译法，还做了其他一些工作。

张：您在各位译者开始翻译之前是否为他们设定了一些需要共同遵守的翻译原则？

金：没有。我凭经验就知道他们都会译出好译文。

张：按照徐敏慧①教授的界定，似乎这些译者当中大多数人都是"学人译者"。

金：是的，即便是卜立德，也依然应该算作学人译者。在其职业生涯后期，他为《译丛》（*Renditions*）工作，但其晚期作品《鲁迅正传》（*The True Story of Lu Xun*）却是一本传记，并不是翻译。参与《不完美的天堂》翻译工作的译者是学者，这一点是无法避免的，因为中国现代文学的职业英译者几乎是不存在的，戴乃迭（Gladys Yang）可算作一位，如今为纸托邦（Paper Republic）效力的译者也

---

① 徐敏慧教授（2010：225）曾指出，"学人译者是指那些在其翻译作品发表之时，翻译并不是其唯一或主要发表的作品。他们发表更多的是学术研究方面的作品"。

属于职业译者，尽管他们当中大多数人都拥有杰出的教育背景。

张：您在《沈从文代表作〈边城〉的英译本》（*English Transla-tions of Shen Congwen's Masterwork, Bian Cheng* [*Border Town*]）（下文简称《边城》英译本）一文中提道，"内部编辑、总编辑 Tim Duggan 和业内最优秀的翻译家葛浩文"都改进了您的《边城》译文（Jeffrey C. Kinkley 48），这些改进主要体现在哪些方面？

金：他们为一些短语和词提供了别的措辞供我考虑。有时候他们的建议确实改进了我的译文，但有时候我并没有采纳他们的建议。因为，我认为在那些情况下我的措辞更好，他们也接受了我的最终判断。

张：能否请您谈一谈编辑通常在哪些方面对中国文学的译文做出调整？

金：编辑帮助译者对译文进行润色，以增强译文的可读性。出版商则常常出于经济原因对译文进行删减。他们在英语书籍标题的选定方面可能也扮演着至关重要的角色。我很幸运，我翻译的《边城》篇幅相对较短，而且语言简练，因此没有人要求我对译文做出删减。我写上一部专著《中国新历史小说的反乌托邦想象》（*Visions of Dystopia in China's New Historical Novels*）时，编辑/出版商要求我砍掉手稿篇幅的 30%，尽管如此，我不得不承认精简之后书稿质量确实提高了不少。

张：您在《边城》英译本一文中指出"金隄、白英译文可能是《边城》四部译本中最为精妙（Elegant）、文学性最强的一部"（Jeffrey C. Kinkley 43），您是基于译本语言的地道性做出的判断吗？

金：是的。当然，我的看法比较主观。

张：您对《边城》英译本质量高低的评判与国内众多翻译研究者截然不同。他们多认为金隄、白英译文多删减，对原文文化元素和文学性的再现不够充分。相比之下，国内译界研究者大多更加青睐您的译文。

金：谢谢。在理想状态下，若能让白英（Robert Payne）和他在乔治·艾伦＆昂温出版有限公司（George Allen and Unwin Ltd.）的编辑们起死回生，并由他们来担任我的《边城》译文的编辑和润色者，结果可能会好得多。

在这篇论文中我犯了个错误。论文第39—40页中我说没有任何译者就其译文向沈从文广泛征求过意见，事实上我至今还是这样认为。但是在写这篇论文的时候，我忽略了一点——沈从文在为由哥伦比亚大学出版社再版的《中国土地》（*The Chinese Earth*）作新序时曾提到金隄常常向他请教小说中的人物和地名（Shen Ts'ung-wen, Preface to the Morningside Edition 3），事实也许的确如此，但或许他应该更加频繁地向沈从文请教。不过，话又说回来，我们并不知道是谁对沈从文小说做出了删减，可能是两位译者所为，也可能是编辑、出版商所为，他们或许事先征得了沈从文本人的同意。然而，1947年中国处于内战当中，英、中两国都在由"二战"所导致的贫困和破坏中苦苦挣扎，两国之间的沟通恐怕并不容易。

张：在这篇文章中，您还提到，"我认为金隄和我一样，甚至比我更应算作'学人译者'"（Jeffrey C. Kinkley 44）。我们都知道，金隄、白英合译的《中国土地》对沈从文小说做出了大量删减，而且他们似乎也不太关注作品中文化元素的保留和文学性的再现。为什么您还把金隄称作学人译者？是基于他的学者身份还是翻译风格？

金：我说他是学人译者并不是基于他在合译《中国土地》时所做的工作（毕竟译文中许多删减可能是应白英的要求而为之，也可能是该书经验丰富的英语编辑所为，他们显然十分清楚怎样表达才算精妙），而是基于我与他联手翻译沈从文小说（这个翻译项目最后成形为《不完美的天堂》）时的经验。与我的意译风格相比，他更倾向于直译。但最重要的原因在于他对翻译理论感兴趣。1984年金隄与奈达（Euegne A. Nida）合著了《论翻译》（*On Translation*）一书。

张：您曾经对"学人译者"和"职业译者"做过区分，您认为"职业译者希望忠实于原文，希望译文具有较强的可读性，同时也关注自己的声誉，关注译文的文学性或文学魅力。他们这样做算不上十足的利己主义，但确实与学人译者有所不同"（Minhui Xu, *The Voice of a Scholar* 6）。据我对您译文的分析，您的译文似乎比职业译者比如戴乃迭的译文更加忠实于原文，而且更加关注译文文学性的再现。

金：回头看看我当时的论断，现在我只认同它的前半部分，至于职业译者和学人译者在翻译动机方面存在很大差异这一说法听起来有些夸张，不过二者在从事翻译是不是为了谋生这方面确实存在差异。两类译者的主要区别在于学人译者非常清楚他们的读者大多是学者和学生，在学界之外可能还有少量读者。因此，他们可能更加强调译文准确与否，能否全面呈现原文风貌，他们将译文视为了解作者通过原文所传递出的思想和所表现出的文化影响力的窗口，并在可能的情况下，将译文作为引导读者阅读中文原文，甚至学习中文的助推器。职业译者更加关注译文对目的语读者的吸引力，而这些读者是绝不会有时间学习中文的，而且一旦他们发现译文乏味，就会果断放弃阅读。

对于中国现代文学而言，职业译者几乎不存在。即便像葛浩文夫妇这样在翻译方面投入的精力多于学术研究的译者，终究还是学人译者。他们受到了良好的学术训练，对中国文化有着丰富的个人体验，对世界文学有着广泛的阅读经历。他们主要在商业出版社（而不是在译文销量通常不高的大学出版社）出版译文。尽管商业出版社的编辑有时候会改进葛浩文夫妇的译文（我相信他们一定对此心存感激），但是出于对经济利益的追求，商业出版社常常对译者施加更多限制，提出更多要求，比如要求缩短手稿篇幅，译者对此很可能会感到十分苦恼。然而，商业出版商如今也意识到对于某些类型的作品比如惊悚小说，读者实际上是愿意去读长篇巨著的。

张：在《边城》英译本中，您评价"金隄、白英译本无疑是最简洁，也是最不关注对原文中各个文化、文学或大众文化的细微差别进行再现的译本。这个译本大概最能让英语世界读者体会到《边城》是真正伟大的世界文学作品"（Jeffrey C. Kinkley 43）。您是否认为伟大的世界文学作品中文化元素应该越少越好？

金：我并不是说最优秀的世界文学作品就应该是民族特色文化元素最少的作品，事实常常相反。我的意思是金隄、白英译本语言简练，用语精妙，与我的译文风格相比，他们的译文也许更能向英语世界读者展现沈从文作为真正伟大的世界级作家的形象。

张：周作人曾说，"我相信强烈的地方趣味也正是'世界的'文学的一个重大成分"（转引自丁帆《中国乡土小说史》12）。鲁迅（《至陈烟桥》81）也说过，"现在的文学也一样，有地方色彩的，倒容易成为世界的，即为别国所注意"。您怎样看这两个观点？

金：很多时候情况确实如此。地方色彩能够为文学作品赢得一些外国读者，因为外国读者喜欢读带有异域风情的作品，但如果作品过度依赖地方特色而不具有普适价值，其吸引力终归有限，它们只会被看作地方文学。在我看来，作家应该把作品深深根植于某种文化，这种文化应当是作家最为熟知的，如果一味去模仿某种假想的、抽象的"普适性"文化，最终只能写出做作的文学作品，不过这种做法在心理小说和先锋小说中或许能行得通。

张：您在论文中还提到您的"《沈从文传》提供了如此多关于沈从文及其家乡的背景信息，这可能会加速甚至直接导致他被认定为地方作家"（Jeffrey C. Kinkley 51）。您在翻译沈从文作品中的地域文化元素时所采取的面面俱到的翻译策略（Jeffrey C. Kinkley 47）是否也会加速沈从文被认定为地方作家的进程，并加速其作品被认定为地方文学的进程？

金：有可能。然而，就算20世纪70年代我没有从地域文化视角分析沈从文的作品，中国的文学评论家和湘西学者在80年代可能也会这样做，苏雪林就曾强调过沈从文作品中地域文化的重要性。夏志清在其文学分析中，项美丽和邵洵美、金隄和白英在他们的译文中可能都在一定程度上有意淡化了沈从文小说的地域特色，意在证明沈从文不只是一位地方作家。

张：您在这篇论文中还提到要通过采用面面俱到的翻译策略来"最大限度地对译文读者进行文化教育"（Jeffrey C. Kinkley 48），但同时您又希望将沈从文的文学地位从地方作家提升为世界级作家（Jeffrey C. Kinkley 51），您如何协调这两大目标之间的矛盾？

金：这是个非常好的问题。我认为最好的办法就是既翻译和分析沈从文富有地域色彩的小说，又翻译和分析他没有地域特色的小说。即便在分析沈从文极富地域特色的小说时，也不应忽视沈从文对于普遍人性的关注。

张：地方色彩是中国乡土文学的突出特点，它因彰显了中国文学的民族身份而为中国文学赢得了一批海外读者，然而地方色彩（主要体现为地方文化元素）却为中国乡土文学的翻译带来了较大困难。如何既做到对译文读者进行地方文化教育又能保证译文的可读性和文学性，您有没有好的建议？

金：如果地方色彩是文学作品的唯一特色，那么地方色彩的存在是远远不够的。散文可以只专注于地方色彩，但小说必须有情节和人物，或者其他一些能够超越感官世界并让人大开眼界的元素。地方色彩只是成就了部分中国文学作品的独特品质，并对外国读者产生了吸引力，它无法让所有的中国文学作品都对外国读者产生吸引力，正如它不是成就优秀的中国文学作品并吸引中国读者的唯一元素一样。对于乡土文学的英译，我认为葛浩文在英译莫言和贾平凹小说时就极好地保留了独特的汉语表达方式，而且也没有让译文显得怪异，但方言几乎是无法在译文中再现的。

张：您知道，中国现在正在积极推动中国文学和文化"走出去"。有学者认为，如果在中国文学作品的翻译过程中以适当方式将其中蕴含的文化元素予以保留，将能够在一定程度上起到助推中国文化海外传播的作用。这样一来，就同时实现了推动中国文学和文化海外传播的双重目的，可谓一箭双雕。您怎样看待这个观点？

金：在某些情况下可能确实如此，但如果翻译文学作品的目的不在于传递其作为文学作品本身所具有的文学价值，势必会削弱译文的文学性及对译文读者的吸引力。外国读者不喜欢《红楼梦》，因为它是一部反映男人可以三妻四妾的家族制度的小说，不过外国读者可能会对此略感好奇，毕竟在当今社会一夫多妻制早已不复存在。如果说翻译《红楼梦》是为了让外国读者相信中国古代的一夫多妻制很好，外国读者也应该尝试去喜欢，或者是为了让外国读者信仰佛家、道家，相信生命轮回等，这岂不是很荒谬吗？就让曹雪芹按照他自己的想法去运用佛家和道家的宇宙观吧，不管是出于艺术目的还是基于哲学动机，毕竟他创作《红楼梦》的初衷并不是宣传中国文化；就让我们从他这部讲述旧社会上层阶级家庭故事的小说所反映出的那点现实主义中去发掘一些他意欲向我们展现的东西，以及一些甚至是他并不知道他正在向我们展现的东西。

张：您对于借助中国文学的翻译传播中国文化的做法持保留态度，但是您采用的面面俱到的翻译策略似乎又在客观上起到了促进中国文化对外传播的作用。比如您之前提到，通过将音译法和释义法相结合，把俗语"热米打粑粑，一切得趁早"中的"粑粑"译为"baba, biscuits made of corn and rice"，能够让译文读者学到一个在英语中没有对等语的中国词语"baba"（2019 年 10 月 13 日电子邮件），这种译法不是正好有助于推动中国文化的传播吗？另外，您先前在谈及学人译者和职业译者之间的区别时就指出，学人译者强调"将译文视为了解作者通过原文所传递出来的思想和所表现出来的文化影响力的窗口，并在可能的情况下，将译文作为引导读者阅读中文原文，甚至学习中文的助推器"，这难道不是您对于包括您在内的学人译者的翻译活动所应承担的文化传播使命的最佳阐释吗？

金：我的说法可能确实存在矛盾之处，不过这主要是因为我所信奉的是一种中庸之道。我的英文文采无法与沈从文的中文文采相提并论，也无法与比我英文更好的译者（如白英）或者创意作家的文采相提并论。于是，我就在其他方面做出了努力。我想，至少我可以传递出原文读者可能能够体会到的原文某些方面的风味。我相信在这方面，我比白英做得更好。谁是更好的译者？这取决于你如何定义"好"。是的，作为学人译者，我想，我大概从未完全失去过对读者进行"教育"的渴望，不过，说教也有说教的风险。如果译者传递信息的意图过于明显，就会引起读者的反感。译者终究需要做出妥协，权衡得失。比如，如果译者能够在英译中保留中文原文的词序，就有可能让译文对谙熟英汉双语的汉语母语读者产生更加接近于中文原文对其所产生的心理影响。然而，一般而言，过于刻意地保持原文词序的做法是不可取的，因为这样做通常会导致译文缺乏美感，甚至显得怪异。（这是许多新手译者都会犯的错误。阅读英译文时，读者能够欣赏到英语文本的美，却无法像原文读者那样欣赏到中文原文表达的美。）因此，我的主要观点是，无论出于什么原因，都不应该让译文中的最佳表达发生扭曲。译文终究是妥协的结果，它既要忠实于原文的语义和美感，又要保持自身表达的自然、简洁和优美。译者毕竟不希望译文引起读者对其译文身份的关注。不过，我在译文中使用拼音，确实会让读者意识到他们是在读译文，而且是在读一个发生在中国而不是美国的故事。

其他方面也存在一些矛盾之处。比如，译者想让《边城》英译本中的翠翠用地道的英语表达她的想法，就好像英语就是她的母语一样。同时，又不希望她讲的英语英国腔或美国腔过重，更何况翠翠口中谈及的还是只在中国，甚至也许是只在她所生活的那个中国小小一隅才存在的事物。译者并不希望读者将翠翠想象成一个在位于英格兰北部的一条河流上摆渡的姑娘，当然，也不希望读者将她想象成一个在位于内布拉斯加州两片玉米地之间的河流上摆渡的姑娘。这样，译者就不得不做出判断，进行妥协。译文在语言表达方面要自然流畅，同时，在文化氛围方面又不能过于本土化（既不能英国化也不能美国化），也不能过分彰显其异域情调，否则可能会勾起英语读者对中国文化氛围已有的某些不恰当联想，甚至引发文化偏见。到底怎样做才算"恰当"或者"正确"，这是个问题，尤其我们探讨的还是像中国这样幅员辽阔且拥有古老文化的国度。

因此，我的基本立场是，译者不得不做出妥协，但教育性目的可能会让译文发生扭曲，除非目的就是对读者就文本本身的意义进行教育。试图用一个特定的文本发表关于中国整体情况的特定看法，或者让读者爱上或讨厌中国或中国文化，等等，都将削弱译文的价值。就让文本为自己说话吧！

沈从文小说译文的出版商不得不接受这样一个事实——小说译文会让读者高度评价沈从文的小说艺术，尽管有些小说会让读者对中国文化更加友好，而另一些小说一开始会让他们对中国文化更加不友好。不管怎样，读者还是会欣赏中国文化，因为中国文化能够造就像沈从文这样伟大的作家。

张：作为杰出的翻译家、汉学家和英语世界的专业读者，您对于如何更好地推动中国文学和文化在英语世界的传播有何建议？

金：我的看法是译者应该专注于将中国文学的所有精妙之处全部展现给外部世界。"中国文化"是一个比"中国文学"要大得多的概念，而且在许多方面都更为多样化。读者可能会喜欢中国文学，却并不一定喜欢中国文化的方方面面。要将中国文化传递给外部世界，尤其是还想让外部世界喜欢中国文化，或者中国这个国家，这个负担对于中国文学而言实在是太过沉重了。外国人不可避免地会接受中国文化的某些方面而排斥其他方面。中国读者和思想家也是如此。我们译者的职责是忠实再现中国文学作品，让它们的文学价值通过译文展现出来，让读者读到更多，学到更多，即使无法做到吸引读者接下来开始学习汉语。即便真的做到了这一点，可以肯定的是，英语世界读者依然无法接受当今中国文化的方方面面。有些人可能会喜欢上与当代中国文化截然不同的中国传统文化，毕竟以前曾经出现过这种情况。文学和文化都关涉心理。

参考文献

［1］丁帆：《中国乡土小说史》，北京大学出版社 2007 年版。

［2］鲁迅：《致陈烟桥》，载《鲁迅全集》第十三卷，人民文学出版社 2005年版。

［3］徐敏慧：《沈从文小说英译述评》，《外语教学与研究》2010 年第 3 期。

［4］Kinkley, Jeffrey, "English Translations of Shen Congwen's Masterwork, Bian Cheng（Border Town）", *Asian and African Studies*, Washington D. C.：Sage Publishing, Vol. 1, 2014.

［5］Shen, Ts'ung-wen, "Preface to the Morningside Edition", in Ching Ti and Robert Payne, eds., *The Chinese Earth：Stories by Shen Ts'ung-wen*, New York：Columbia UP, 1982.

［6］"The Voice of a Scholar-Translator：Interview with Prof. Jeffrey C. Kinkley", *Translation Review*, New York：Taylor&Francis Group, Vol. 1, 2018.

美国汉学家葛浩文访谈：
"我只能是我自己"[*]

孟祥春[**]

葛浩文（Howard Goldblatt），生于 1939 年，美国著名翻译家，2012 年诺贝尔文学奖得主莫言作品的英文译者，英文世界地位最高的中国文学翻译家之一，被称为"公认的中国现当代文学之首席翻译家"。曾获美国国家翻译奖、古根海姆奖、萧红研究奖等。20 世纪 60 年代服役期间在中国台湾学习汉语，后获得印第安纳大学中国文学博士学位。除莫言作品外，译有包括老舍、巴金、萧红、白先勇、杨绛、冯骥才、古华、贾平凹、苏童在内的 30 余位中文作家的 60 余部作品。

葛浩文（Howard Goldblatt）

2013 年 10 月 24 日，笔者有幸与葛浩文和林丽君夫妇等译界与批评界的几位学者共进午餐，之后聆听葛浩文关于译者与作者关系的演

　＊ 原载于《东方翻译》2014 年第 3 期，收录于本书时有所修订，原题为《"我只能是我自己"——葛浩文访谈》。

　＊＊ 孟祥春，苏州大学外国语学院副教授，研究方向为翻译理论与实践、文艺理论与批评。

讲，然后又对其进行了学术访谈。访谈由林建法与洪庆福两位教授主持。该访谈涉及葛浩文的翻译经验以及他对翻译过程、本质、标准等问题的见解，颇有启示意义。本文实录基于笔者席间与休息间隙与葛浩文进行的学术对话以及 1 小时的正式访谈整理而成。下文"问"指笔者或其他参与者，"葛"指代葛浩文，"林"指林丽君。①

主持人：刚才聆听了葛浩文先生的演讲，我想很多人跟我一样深受启发。葛先生的演讲传达出来的一些翻译理念与中国的传统译论形成了极好的双向观照，因此，这或许也会引出一些值得我们深入探究的问题。在接下来座谈中，大家可以在翻译、中国现当代文学"走出去"等大框架内就自己感兴趣的问题与葛先生展开对话。

问：葛先生自 20 世纪 80 年代以来，已经翻译了二十几位汉语作家的五十多部小说，也因此被夏志清先生称为中国现当代小说的"首席翻译家"。而且我发现，葛先生汉语讲得很地道，葛先生的汉语学习有什么秘诀？

葛：我从小就特别喜欢音乐，经常听巴赫和其他音乐家的音乐，我如果当一名音乐家会比做翻译家更高兴。或许是音乐的关系，我对音调非常敏感。汉语"妈麻马骂"四个声调，我分得很清楚，闽南语 8—9 个声调，我也很熟悉。其实我接触汉语特别晚，已经 28 岁了，就外语学习而言，的确是太晚了。当时我在中国台湾服役，对汉语特别有兴趣，看见路牌、广告、商号什么的就念，不懂就问。我学习的态度很认真，每天不停，根本不像现在的美国学生学汉语，每周就几个小时。现在想来，一个是环境的关系，一个是耳朵的关系，一个是态度的关系。

问：葛先生学习汉语态度认真，这是否也间接地影响了做翻译的态度？

———————

① 感谢葛浩文与林丽君接受访谈，并慷慨帮助笔者审阅文稿；感谢洪庆福教授和林建法教授的邀请与帮助；感谢胡梅红、龙飞、李英姿、陈连贵等参与访谈并贡献部分问题和观点。

葛：我做翻译从来不敢马马虎虎。翻译是"不曾完成的工程"（Unfinished Project）。我的每部译作都要反复修改几遍才敢交稿。我给你讲个故事。在翻译白先勇的《孽子》时，我对小说中含糊的同性恋话语感到困惑不已，于是只好来到旧金山的同性恋酒吧（旧金山是著名的同性恋之都，该市同性恋酒吧众多——笔者注），为里面的同性恋者买上一杯啤酒，与之聊天，希望能找到恰当的译语。坦白说，啤酒买了不少，译文没找到几个。（笑）

问：我们知道，葛先生走向翻译道路，似乎不乏偶然性和戏剧性。那么请问葛先生是否接受过翻译训练呢？

葛：没有。从来没有。所以我花了这么长的时间（才能进行像样的翻译）。我不愿意看我早期的译作，有时真想一把火全烧了！当然，有时也想重译其中的一两本。如果我现在重译《呼兰河传》，肯定要比以前好很多。

问：葛先生主要从事中国现当代小说翻译，并且成就斐然。您是否考虑过尝试中国古典文学翻译？

葛：译者要有自知之明，不能走出自己的"舒适区"（Comfort zone）。我的汉语水平毕竟不能像中国人一样，我理解中国古典的东西有时会很困难，翻译中国现当代小说我感到很自在。

问：从母语译成外语与从外语译成母语这两种翻译形态葛先生认为那一种更为理想？或者说理想的目标语言是母语还是外语？

答：毫无疑问，译者理想的目标语言是自己的母语。总体而言，由中国译者把中国文学翻译成外语并不是最好的选择，而且也很难真正成功。

问：葛先生是否关注翻译理论？翻译理论对您的翻译有什么帮助？

葛：对我的翻译实践直接的好处和影响真的不多，但我们应该了解翻译的本质是什么，过程如何。问题是，你即使对理论很熟悉，到翻译时你依然会面临很多问题，因为理论只能解释有限的问题。东西译好了，给别人看，别人总能指出一些问题。翻译过程中一定不能想着翻译理论，否则你无从下笔。翻译要有情感投入，而且灵感很重要。

问：这个问题就涉及葛先生的翻译标准了。在 2005 年您发表的《我的写作生涯》一文中，您这样写道："我每每发现一部作品让人兴奋，便会因此萌生将其译成英文的冲动。换言之，'我译故我在'。当我意识到，自己已忠实地服务于两个地区的读者，那种满足感让我欣然把或好或坏或平庸的中文作品译成可读、易懂，甚至有市场的英文书籍。天哪！"请问葛先生，"可读、易懂、有市场"是否可作为您的翻译标准？

葛：你居然记得原文。算是吧！但忠实是大前提，必须以读者为中心。作者为读者而写，希望读者多多益善。同样，译者为目的语读者而译，因此不能不考虑市场，译者希望更多人买自己的译作阅读品味。因此，译者总要好好打理译作，弄得漂漂亮亮的。市场很重要，但不是最主要的。

问：市场既然是要考虑的重要因素之一，而文本选择又关乎读者市场，这是否意味着选择哪些文本来翻译非常重要？

葛：一点儿没错。美国人有美国人的阅读趣味，有他们自己感兴趣的题材和叙事方式。相对于翻译错误，文本选择错误是更糟糕的错误。其实我翻译过很多类型和题材的小说，如历史小说、都市小说、乡村小说、心理小说、同性恋小说等。我有我自己的鉴赏趣味，有时候我选择文本，有时候文本选择我。

问：我想知道葛先生现在的真实工作状态是怎样的？譬如说，是否使用现代的翻译辅助工具？

葛：我们住在一所小房子里，一间书房、两张书桌、资料不多，因此要时时问问题。通常，我刚开始问，她（林丽君）就有答案了。我现在开始越来越多地让谷歌做各种各样的事情了。

问：葛先生对谷歌翻译软件那样的计算机辅助翻译怎么看？

葛：谷歌翻译很蹩脚，但正变得越来越好。计算机辅助翻译能日益接近我们，却永远无法取代我们。如果真有那么一天，我就改行吧，或者干脆自杀算了。坦白说，我很喜欢谷歌翻译，可作为消遣，或者当作笑话。

问：无论是计算机辅助翻译，还是译者，都算是中间人。美国著名作家 John Updike 曾在《纽约客》发表了关于莫言的《丰乳肥臀》和苏童的《我的帝王生涯》的书评，其中提到，葛浩文是"中国当代小说英译孤独领地里的独行者"，是"接生婆"。对这一身份界定，您怎么看？

葛：我不认为"接生婆"有贬义色彩，它最起码是中性词。把译者称为桥梁、中间人或协调者都可以。其实，Updike 的书评问题很多。他对中国小说持有"西方中心"的个人化的偏见。当时，出版商告诉我说，Updike 要在《纽约客》发表这两本书的书评，我非常激动，因为《纽约客》很有名，其书评对销量会大有帮助。但后来发现，Updike 对这两部小说评价不高，而且仅凭我的一句"he licked his wounds"译文就断定我的翻译属于"陈词滥调"。这让我非常难过。我又查了原文，发现原文就是"舔吮他的伤口"。这是完美的翻译啊！我本想给编辑写封信，但朋友告诫我不要这么做，或许有很多人去买书，就是想看看为什么 Updike 不喜欢（笑）。大家或许知道，Updike 早年作品卖得不好。他是一个牢骚满腹的老头子，知道自己活不了太长时间了，而他还没得到诺贝尔奖。

问：说到了莫言，您能否谈一下翻译莫言作品时里面那么多的成语和俗语您是怎么处理的？

葛：举个例子，《丰乳肥臀》中的俗语成语以及"爹""娘""亲家"等词汇都不好处理。"好"能否翻译成 How do you do？"一朝被蛇咬，十年怕井绳"要不要直译？无论如何，译文首先要读起来通顺，我总不能把译文弄得怪里怪气的，让英语读者觉得中国人的语言很古怪。我有时直译，有时意译，最难的我就直接跳过去不译了。还有，阿来和毕飞宇的语言都有地方特色，怎么处理？有的小说的语言具有时代特色，怎么应对？译者只能妥协，而翻译就是妥协。

问：的确，翻译就是妥协。是何种妥协呢？

葛：翻译过程中的种种自我选择就是自我妥协；译者与译者之外的种种因素（Players），如编辑、出版商等也要达成某种妥协。大删《狼图腾》并不是我的本意，但这"黑锅"只能由译者来背了；我本想把虹影的小说《饥饿的女儿》译成 *Daughter of Hunger*，但最后不得不接受了出版商的主意，译成 *Daughter of River*；李锐的《旧址》标题极好，既关乎时间，又关乎空间，我很想忠实地译成 *Old Place* 或 *Old Home*，但出版商坚持要译成 *Silver City*，对此，我没有办法。

问：让我们再稍稍回到葛先生翻译莫言这个话题上。2013 年 5 月 2 日在香港岭南大学举办"五四现代文学讲座"上，顾彬说："葛浩文对莫言获得诺贝尔奖有很大的贡献，他创造了'国外的莫言'。"顾彬认为莫言的小说冗长而无趣，而您的翻译正好弥补了他的缺陷。顾彬在另外的场合还说，莫言的英译小说应该有两个作者。对此，您作何回应？

葛：顾彬是个老顽童。我们是多年的朋友。他那么说，我不知道是认真的，还是玩笑话。顾彬不太懂小说，他本身就低估中国小说，他的专长是诗歌。必须承认，没有我们这些莫言的"化身"（Avatar），世界就不知道有莫言这样一位作家，但莫言获得诺贝尔文学奖是因为其文学成就，我们与他是合作性的关系，他在前，译者在后。顾彬也说过，如果葛浩文不翻译莫言而是翻译王安忆，那么得奖的就是后者了，我认为这种说法简直是胡扯。有件事儿很有意思，我说一下。几年前，顾彬当面批评莫言，莫言不但没有生气，而且还感谢顾彬时时提醒自己，要写出更好的东西。

问：葛先生能否谈谈您在翻译过程中是如何与作者进行合作的？

葛：贾平凹小说中的方言随处可见，有时我看不懂，必须和他沟通交流；我译了莫言十一部小说，其中的种种细节问题我们有过很多讨论，甚至有争论。莫言小说中有些器物、文化背景等给我带来不小的挑战。莫言不懂英语。其实他不懂英语倒大有好处——他对我只能解释，不能翻译。《四十一炮》中有个器物，我一直不明白，为此，莫言专门画了草图用传真发给我。我和二十多位中国小说家有过合作，与其中大部分人关系良好，他们从不拒绝或者回避我的问题，也没人显得不耐烦，因为这关乎他们的书。有时我和作者的讨论也没有结果，那就只能靠我自己了。我们的合作也不都是愉快的。其实，这种合作很脆弱，误解时有发生。

问：您能否举个例子？

葛：我曾译过中国某位张姓作家（笔者此处隐去全名）的一部小说。他拿着我的译本，拆成几部分，然后让自己的几个学生去阅读，听取他们的评估汇报。结论是葛浩文的翻译很糟糕。他的几个学生英文水平如何？懂不懂文学？懂不懂翻译？懂不懂批评？只有天晓得！作家把作品委托给我，就要信任我。那位作家的做法当时让我很难过。

问：译者之外的人看翻译往往有两种倾向，一种是"神化"（Idolization），另一种是"妖魔化"（Demonization）。所以真的用不着难过。

葛：确实是这样。但我以前的确很难过，我现在只是为那样的作家感到难过。翻译家必须面对来自批评家、作者以及读者的种种批评。这是翻译工作的一部分。大多数人看到的只是翻译的结果，看不到，也不了解翻译的过程。

问：那葛先生认为翻译是一个怎样的过程？或者说，葛先生自己的翻译是一个怎样的过程？

葛：译者需要同时做三项不同的工作：阅读（Reading）、批评或阐释（Critiquing or Interpreting）以及创作（Writing Creatively）。别人对我的翻译或许有看法，那也正常。我的责任就尽可能忠实地"再造"（Reproduce）作者的意思，或者更准确地说，是我所理解的作者的意思。这二者区别很微妙，但很重要。

问：译者所理解的作者的意思，这种说法很有启发性。这是否就是罗兰·巴特意义上的"作者死了"？

葛：这个问题请她（林丽君）回答吧，她比我聪明。

林：严格说，"作者死了"并不是针对翻译。这一观念来自批评，原先只是强调了"文本"的地位。做翻译就不能不考虑作者。比如，苏童和毕飞宇分属南北不同地域的作家，翻译二者的作品时，其背景不能不考虑；莫言的作品又是另一个样子，句子特别长，有时八九个成语并列，翻译时又要考虑莫言的独特情况。所以说，翻译过程中，原作者永远不死，但译者不能丢失自我，要有自己的再创作。

问：葛先生和林教授都强调译者的再创作。这是否也能部分地解

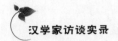

释翻译的本质?

葛: 翻译就是再创作,而译者就是"再创作者"(Rewriter)。

问: 也就是说,作者不能和原作者亦步亦趋?

葛: 正是。先向韦努蒂致敬!但韦努蒂所说的"译者隐形"根本不可能(Invisibility is impossibility)。我有我喜欢用的词语和句法,如果把这些全放弃,转而接受作者的用词,我翻译不出任何东西。我一定要用我能把握的、我习惯的、我欣赏的东西去翻译。有人认为,我的翻译太葛浩文化了,英语读者不是在读莫言,而是在读葛浩文,对此,我只能说声对不起。我做翻译,作者与读者往往满足不了,但总有一个人能满足,那就是我自己。译者永远不能"放弃自我"(surrender one's ego)。我只能是我自己,我只能是葛浩文。

问: 非常感谢!今天的访谈很有启发意义。非常期待下次见面。也期待葛先生更多的翻译作品问世,让更多的中国现当代文学作品走向世界。

葛浩文: 谢谢!

美国汉学家白亚仁访谈：
余华作品的译介与传播[*]

汪宝荣[**]

　　白亚仁（**Allan H. Barr**），英籍汉
学家，1954 年生于加拿大，先后毕业于
英国剑桥大学和牛津大学，现任美国波
摩纳学院（Pomona College）亚洲语言文
学系教授。他长期从事明清小说及历史
研究，是国际知名的《聊斋志异》研究
专家，曾出版中文专著《江南一劫：清
人笔下的庄氏史案》（浙江古籍出版社
2016 年版）。2000 年，白亚仁开始翻译
中国当代文学，迄今翻译出版了余华的
《在细雨中呼喊》（*Cries in the Drizzle*：*A*

白亚仁（**Allan H. Barr**）

Novel，2007）、《十个词汇里的中国》（*China in Ten Words*，
2011）、《黄昏里的男孩》（*Boy in the Twilight*：*Stories of the Hid-
den China*，2014）、《第七天》（*The Seventh Day*：*A Novel*，
2015）、《四月三日事件》（*The April 3rd Incident*：*Stories*，2018），

　　* 本文受杭州市哲学社会科学重点研究基地"杭州文化国际传播与话语策略研究中心"
资助。原载于《东方翻译》2021 年第 1 期，收录于本书时有所增补，原题为《余华作品在
美国的译介与传播——白亚仁教授访谈录》。
　　** 汪宝荣，杭州师范大学外国语学院特聘教授，研究方向为中国文学文化译介与传播、
社会翻译学、中国翻译史、文学翻译批评、视听（影视）翻译、各类实用翻译等。

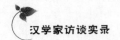

均由美国兰登书屋（Random House）出版，还编译了韩寒的随笔杂文集《这一代》（*This Generation*，2012）。

2019 年 11 月 6 日，白亚仁在浙江大学做讲座，笔者前往聆听，遂有幸与他相识。2020 年 1—4 月，笔者与他围绕四个话题进行了系列电邮对谈。本文由笔者整理、编译，经白亚仁教授审阅。

一　由学术场介入翻译场

汪宝荣（以下简称"汪"）：白老师好！1977 年，您本科毕业于剑桥大学；1977—1978 年，在复旦大学交流学习；1983 年，获得牛津大学中国文学博士学位，随即赴美国任教，此后一直研究明清小说及历史。这次我主要想与您讨论余华作品在美国及中国当代文学的译介与传播。已故英国汉学家杜德桥（Glen Dudbridge，1938—2017）是您的博士生导师。您从他那里学到了什么？他对您选定《聊斋志异》为研究课题有什么影响？

白亚仁（以下简称"白"）：杜德桥教授是我在牛津读博时的导师，我从他那里学到很多，包括强调要全面掌握第一手资料和第二手资料的严谨治学方法，敢于挑战传统假设并提供新的解释，对被忽视的作者和很少研究的文本的浓厚兴趣，利用史料来阐明文学，等等。他没有特别建议我选择《聊斋志异》为研究课题，但一旦我选定了，他便对我鼓励有加。杜德桥为自己和学生的学术研究确立了高标准，后来我博士毕业了，但仍自觉地按他的高标准和严要求去开展学术研究。

汪：您是国际汉学界公认的《聊斋志异》研究专家。据您所知，《聊斋志异》共有多少篇？在迄今出版的近 20 种英文选译本中，哪一种最有名？美国学者宋贤德（Sidney L. Sondergard）在 2008—2014 年翻译出版了 6 卷本英文全译本，您如何评价这个译本？您有翻译《聊斋志异》的计划吗？

白：我相信《聊斋志异》大约有 494 篇。最有名也最受读者欢迎的是翟理思（Herbert A. Giles）译本（*Strange Stories from a Chinese Studio*，1880）和闵福德（John Minford）译本（*Strange Tales from a Chinese Studio*，2006），但我认为目前还没有完全令人满意的英译本。翟理思翻译时对令他反感的内容做了删改，而闵福德偏爱篇幅短的作品，很多篇幅较长的有趣故事他没有翻译。我没有读过宋贤德的译本，但由于是由一家不知名的小出版社出版的，它的影响很小。我至今没有译过《聊斋志异》，今后也不打算翻译。这是一项大工程，要做好它很难，但我认为《聊斋志异》这部杰作应该有一个出色的全译本。

汪：直到 2000 年您才开始翻译中国当代文学。为什么当初选择翻译的是余华作品，而不是您长期研究的中国古典文学？您曾自称是翻译中国当代文学的汉学家队伍中"较为少见的怪物"，并提到研究古典文学的艰辛、困难和您对一些中国当代文学英译本的不满（白亚仁，2011：31—32）。这两个因素促使您转向中国当代文学翻译吗？

白：20 世纪 90 年代以来，西方对当代中国的兴趣渐增，中国当代小说译本却很少。1996 年晋升为正教授后，我觉得自己可以自由地做翻译了，而之前我纯粹从事传统的学术研究。同时，我喜欢翻译尚在世的中国作家的作品，这为我开辟了一个全新的活动领域，也让我有机会从事另一种创造性的写作。我当时那样说有开玩笑的意思。事实上，我没有中止研究明清文学，其中的困难和艰辛并没有让我却步。近 20 年来，我积极从事翻译，主要是因为我喜欢做翻译——翻译给了我一种不同于学术研究的满足感。

汪：在翻译当代文学作品之前，您是一位以严谨、细致著称的古典文学研究者。我在一篇文章中指出您走的是学术性翻译的路子，不仅尽量忠于原作的内容和精神，而且设法再现原作的风格和叙事声音（汪宝荣、崔洁，2019：50—51）。我可以把您称作"学者型译者"吗？

白：我不反对你给我贴上这个标签，但我想指出的是，我做的不是过于学术性的翻译，换言之，我的翻译没有很长的译者序、大量脚注或其他学术性包装，而且不是大学出版社出版的。我的译作旨在吸

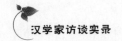

引普通读者以及对中国有所了解的西方人。

汪：您曾指出，中国评论家经常用"精确"来描述余华的小说语言，因此"译者要抓住这个特点，以便在传达余华作品的旨趣方面达到最佳效果"（Barr，2012：293）。借用加拿大学者西梅奥尼（Daniel Simeoni）提出的"译者惯习"（Translator's Habitus）概念（Simeoni，1998），我认为您的译者惯习突出体现为对译文精确性的追求，而这显然受到了您治学方法的影响。此外，学者型译者的翻译选材往往受其学者惯习的影响。我想问的是，蒲松龄的文言故事与余华的现代派小说在主题或风格上有何关联，使您如此青睐余华的作品？

白：你说的也许是对的。不过，很难说我的研究习惯多大程度上影响了我的翻译，但我确实花大量时间修改、微调自己的译文，直到我觉得再也无法改进才作罢。我想这种关联主要在于这两位作家的语言都很简洁，叙事风格生动活泼，翻译时都不需要编辑。此外，他们塑造的作品人物都令人难忘，故事本身都引人入胜。最后，他们都有幽默感——时而热情，时而尖刻。

二　翻译标准、过程与策略

汪：2019 年 11 月，您在浙江大学做讲座时提到，自己翻译余华作品的目标是"简洁、精确、优美、流畅、生动"。您对这五个标准是等量齐观的吗？对余华作品翻译来说，哪个标准最重要？

白：我认为很难对这些不同的标准赋以绝对值。有时"优美"可能特别重要，而在另一种情况下，"生动"可能是我最关心的问题。就余华作品翻译而言，如果一定要我说哪个标准最重要，那么它应该是"简洁"，因为其他四个标准通常都涉及简洁（参见杨平，2019）。

汪：您翻译《黄昏里的男孩》时是否就有了这个目标？抑或它是在您多年翻译实践中逐渐形成的？您曾细致分析他人英译余华小说的成败得失（Barr，2012）。这是否有助于您提出这套翻译标准？您为什么要自定这么高的标准？它是否适用于评价他人翻译的余华作品？

白：最初翻译余华作品时，我并未有意识地给自己提出这五方面要求；它们是在我动手翻译余华作品以及读别人翻译的余华作品过程中逐渐形成的。具体来说，我多年翻译、修改、润色余华作品译文的经验以及对他人译作的观察，使我认识到余华作品翻译涉及的一些关键问题。如果不给自己定下一个高标准，我就不会对自己的工作感到满意。译作出版后，我总发现有的地方自己本来可以译得更好，于是难免有些遗憾，因为要改进为时已晚。同时，由于发现了译文中的这些瑕疵，下次翻译时我会尽量不犯同样的错误。我不认为我的翻译标准必须被用于衡量他人翻译的余华作品，但人们期待中国文学译者都能提供高质量的译作，我想这是公平的。从中文译成英文颇具挑战性，但译者仍应努力使自己的翻译接近很多由欧洲语言译成英文的译者所达到的令人钦佩的水平。

汪：翻译方式及过程因人而异，可以说体现了译者的职业习惯，而译者习惯很大程度上决定了翻译质量和风格。请说说您的一般翻译过程和方式。翻译过程中遇到原稿中疑难或歧义之处，您会联系作者吗？您觉得译者与作者的沟通很重要吗？

白：我一般会通读原作，以便初步了解作品的结构、语言、主旨及基调。我翻译第一稿相对较慢，因为必要时我会查阅参考资料，以确定自己用英语准确传达了作者想要表达的意思。接下来是漫长的修改译稿的过程：在修改译稿的初期，我会频繁地查阅原稿；后来就把原稿放在一边，只读自己的译文，看看它本身是不是很好的英文作品，但如果发现需要重新考虑如何翻译某个短语或抓住一段文字的精神，我还会再次查阅原稿。翻译时遇到问题我就给余华发邮件，有时会直接打电话问他。如果我们碰巧在一起，我会当面向他请教。对译者来说，知道作者如何理解作品中的某个词或短语当然很有帮助。有时问了作者才知道，某个在我看来有点奇怪的词其实是排印错误；不问余华的话，我不一定会知道原来是那么回事。

汪：译稿提交给出版社后就进入编辑程序，往往需要译者对译稿做出必要的修改和润色。出版社指定的文字编辑在审阅、编辑译稿时最关心哪些问题？编辑提出的修改建议对您有帮助吗？

白：与我联系的文字编辑提出的建议大多集中在句子或词汇层面的问题上，而不是集中在涉及更大范围内容的问题上。文字编辑一般会指出译稿中前后不一致、冗余、重复等问题，我觉得这些建议和意见很有帮助。我的译文总是得益于文字编辑警惕性很高的审读。

汪：据我所知，西方商业出版社的编辑对中国当代作品的干预性介入较普遍，他们经常要求作者对原稿（特别是故事开头、结尾和明显赘余）做出删改，以便使译作更具可读性和适销性。据报道，美国兰登书屋的编辑曾要求余华删去《十个词汇里的中国》中"鲁迅"一章，理由是美国普通读者几乎不知道鲁迅；后经余华与编辑据理力争，这一章在英文版中得以保留（黄咏梅、陈霄，2011）。此事属实吗？请您说说具体情况。

白：如果我没有记错，余华的美国编辑芦安·瓦尔特（LuAnn Walther）实际上并没有要求他删掉"鲁迅"那一章。她只是想知道有没有别的中文词更能引起西方读者的兴趣，同时她可能觉得"鲁迅"这个人名与英文版封面设计有点不太合拍。但余华表示他希望能保留这一章，芦安尊重他的选择，就不再提改动的事了。

汪：我发现《第七天》中文版（新星出版社2013年版）以《圣经·旧约·创世记》开头几句话为题记，并以英汉对照的形式呈现出来。为什么英文版没有这个题记？

白：我把它删掉了。西方读者对《圣经·旧约·创世记》开头几行表达的有关"第七天"的概念很熟悉，对他们来说这个题记似乎没有必要。此外，我翻译时依据的底本是余华发给我的书稿电子版，上面没有这个题记。后来我注意到它出现在中文版中，但我觉得不需要在英文版中予以保留。最近，我读了余华的随笔集《我只知道人是什么》才知道，这个《圣经·旧约·创世记》题记是出版社编辑加上去的。

汪：确实如此。但对于出版社编辑加上题记一事，余华指出，"当然我是同意的，因为对于这些游魂，这七天是一个新世界开始的七天，是没有墓地的死者们的创世记"（余华，2018：200）。我注意到《第七天》中有不少成语和俗语，而您倾向于用归化法翻译成语，

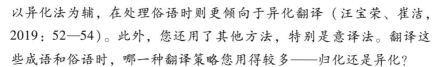

以异化法为辅，在处理俗语时则更倾向于异化翻译（汪宝荣、崔洁，2019：52—54）。此外，您还用了其他方法，特别是意译法。翻译这些成语和俗语时，哪一种翻译策略您用得较多——归化还是异化？

白：在如何翻译这些短语的问题上，我没有一以贯之的立场。我通常会考虑可选的不同译法，然后选用在特定语境中似乎效果最佳的一种——有时我更倾向于用直译，有时用更地道的英语表达法翻译似乎更合适①。

三　余华作品在美国的翻译出版历程

汪：您指出 1996—2010 年余华作品在美国的翻译出版与接受是"一段曲折的历史"（Barr，2012：300）。我想了解这段历史的一些细节。2000 年年初，在没有落实出版社的情况下，您决定翻译《黄昏里的男孩》。这本书什么时候译完的？为什么英文版直到 2014 年年初才出版？

白：我在 2002 年就译完了《黄昏里的男孩》，但芦安拿到译稿后认为，短篇小说集在美国的市场前景远不如长篇小说（参见高方、余华，2014：61），这本书的销路不会很好，最好等余华在美国更出名后再出版。因此，这本书在我译完后十多年才得以出版。但现在看来，她当初的决定是正确的。

汪：余华说过，像您这样热衷翻译又不在意何时出版的译者并不多，因为有名的翻译家大多都是"不见兔子不撒鹰"，要拿到出版合同才着手翻译（余华，2018：48—49）。您对此怎么看？如今您已是著名翻译家，还会像当年那样没有拿到出版合同就翻译一部作品吗？

白：我认为余华对实际情况的描述是准确的。你译了几本书后就知道翻译的工作量有多大，因此，在没有落实出版社也不清楚有多少稿酬的情况下，你自然不愿意投入那么多时间和精力去翻译一本书。如果事先没有签订合同也就是说出版没有保证，我现在也会犹豫要不

---

① 白亚仁所说的"直译"大致相当于异化翻译，"用更地道的英语表达法翻译"大致相当于归化翻译。

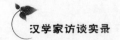

要翻译整本书。

汪：1996 年，余华在美国出版了他的第一本书——《往事与刑罚》（*The Past and the Punishments：Eight Stories*），包括 8 篇短篇先锋小说，由美国汉学家安道（Andrew F. Jones）翻译。为什么这本书由夏威夷大学出版社出版？您是通过安道的介绍设法联系上余华的吗？

白：20 世纪 90 年代中期，夏威夷大学出版社推出了"英译中国现代小说系列"（Fiction from Modern China），由葛浩文（Howard Goldblatt）任主编。我不了解当时的具体情况，但我猜测余华的这 8 篇短篇先锋小说虽然很有趣，但没有多少商业吸引力，因此安道认定把这本书列入该系列出版是合适的。是的。知道他翻译了这几篇小说后，我给安道发了邮件，告诉他我想翻译《黄昏里的男孩》，并问他要余华的联系方式。他友好地回了邮件并提供了余华的电邮地址，然后我给余华写邮件相约见面。2001 年春，我和余华在北京初次见面，他同意我翻译《黄昏里的男孩》。从那以后，利用我去中国或他来美国的机会，我们一般都会见面。随着彼此越来越熟悉，我们合作的翻译项目越来越多。

汪：您翻译的另外四部余华作品都是由谁发起的？是您自己选择翻译的还是出版社请您翻译的？其中，《十个词汇里的中国》比较特别，余华是应邀在您的学校做题为"一个作家的中国"的演讲时决定写这本书的，书名也是根据您的建议确定的（白亚仁，2012：43—45）。为什么这本书书稿没写成您就表示乐意翻译呢？

白：余华问我是否愿意翻译《第七天》，我同意了。他同样建议我翻译《在细雨中呼喊》和中短篇小说集《四月三日事件》，我也都同意了。出版社从未邀请我翻译余华的书。除了《黄昏里的男孩》由我本人选择翻译，我翻译余华的其他作品都是他和我一起发起的，然后向兰登书屋提出翻译出版计划。① 至于《十个词汇里的中国》这

---

① 基于此，可以说 2003 年后余华作品在美国的翻译出版采用了"中国作家发起、西方商业出版社出版模式"。参见汪宝荣《中国文学译介与传播模式研究：以英译现当代小说为中心》，浙江大学出版社 2021 年。

本书，2009 年 3 月，余华在波摩纳学院做演讲，当时还没有动手写这本书，但听了他的演讲，感受到他对写这本书的激动心情，我没有丝毫犹豫就答应翻译。回中国后，他把书稿一章接一章发给我，内容都很棒，我更加确信这本书一定会成功。关于这件事的来龙去脉和这本书的翻译过程，可参见我最近发表的一篇文章（Barr，2021）。

汪：2003 年，兰登书屋出版了分别由白睿文（Michael Berry）、安道翻译的《活着》（*To Live：A Novel*）、《许三观卖血记》（*Chronicle of a Blood Merchant：A Novel*）。随后又接连出版了余华的六本书，其中 2009 年出版的《兄弟》（*Brothers：A Novel*）是周成荫、罗鹏（Carlos Rojas）合译的，另五本均由您翻译。据您所知，当初余华是如何联系上这家大牌出版社的？《兄弟》标志着余华"当代性写作"的开端，是余华自己很看重的一部作品，在国内外都引起了不小的反响和争议。您为什么没有承担这本书的翻译？

白：当时余华在美国的代理人是王久安女士（Joanne Wang）。我相信她把《活着》和《许三观卖血记》的英文译稿寄给了不少美国的出版社，最后，兰登书屋的资深编辑芦安拍板买下了这两本书的美国版权。我想华裔作家哈金在向芦安推荐余华的书方面可能也起到了一定的作用。芦安现任兰登书屋旗下克诺夫道布尔迪出版集团（Knopf Doubleday）副总裁兼经典图书（Vintage Books）和铁锚图书（Anchor Books）总编。① 我没有见过她，但我们通过电邮保持联系，也通过几次电话。我很佩服她的眼光，并且和余华一样也很感谢她所做的一切——她让尽可能多的英语读者读到了余华的书。至于没有翻译《兄弟》一事，该书中文版上部在 2005 年出版后不久，我家里出了状况——我父亲头部受了重伤，身体一直不好，过了一年半就去世了。那种情况下我没有心思翻译这部大书。

汪：有趣的是，罗鹏在电邮访谈中告诉我，余华曾于 2003 年 11 月访问哈佛大学，罗鹏的妻子周成荫负责接待并担任现场翻译，罗鹏

---

① 有关芦安的个人资料，可浏览：https：//www. gc. cuny. edu/News/All-News/Detail？id＝40477。

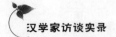

也在场；余华当场约请周成荫翻译他的《兄弟》，周、罗二人同意一起承担这项翻译任务；余华在结束哈佛之行回国后才写完这部小说。①我想知道余华也曾请您翻译《兄弟》吗？那是什么时候的事？

白：你提到的这些信息也让我纳闷，我觉得罗鹏提到的日期可能不对，或者这段话里面遗漏了什么。我记不得余华和我商量翻译《兄弟》的准确时间了，应该是在《兄弟》下部出版的 2006 年后。

汪：余华说过，对一个作家来说，遇到好译者很重要，但更重要的是找到适合自己的固定出版社，而后者的关键是"找到一位欣赏自己作品的编辑"（余华，2018：48—50）。为什么有一个好编辑这么重要？在推动余华作品在美国的翻译出版方面，代理人和编辑分别起到什么作用？

白：与一位资深编辑保持稳定而持续的合作对作者很有帮助，因为他（她）会尽心尽力地为作者提供编辑事务方面的建设性意见和指导，同时会监督图书生产过程，确保图书装帧设计美观，并开展有效的行销。有时文学代理人会出面招募译者来翻译他（她）代理的作家作品，有时主动联系译者的可能是编辑。代理人的作用主要是设法让作者联系上编辑，但一旦签了出版合同，就由编辑负责出版这本书，包括监督出版时间表、安排封面设计、开展图书宣传等。

四 余华作品在美国的传播与接受

汪：您曾指出，截至 2010 年，一些欧洲国家尤其法国读者"对余华作品报以热情"，而余华作品虽已逐渐引起英语世界读者的注意，但在美国的接受"总体上较为沉寂"（Barr，2012：285、300）。如今，十年过去了，余华作品在美国的接受应该大有改观吧。我想先问几个关于不同出版品牌和图书版本的问题。我注意到，《许三观卖血记》《兄弟》《十个词汇里的中国》《第七天》等余华作品英文版都发行了平装本和精装本，且精装本都比平装本早出。这是美国及西方

---

① 资料来源：2018 年 10 月笔者对罗鹏的电邮访谈（未公开发表）。

现行出版惯例吗？有没有只出了平装本的英文版余华作品？余华作品英文版精装本一般由万神殿图书公司（Pantheon Books）发行，大约一年后又由铁锚图书公司出平装本。作为克诺夫道布尔迪旗下的两个著名品牌，哪一个在美国图书市场更有声望？精装本和平装本的销量一般有何不同？

白：是的，在美国，如果出版商预期一本书会卖得不错，通常会先出精装本，再出平装本，以便这本书能得到最大的关注，有时也期望能获得最大的利润。据我所知，目前美国出版的余华作品英文版中，《活着》《在细雨中呼喊》只出了平装本，但我不太清楚为什么《活着》没出精装本。《在细雨中呼喊》没出精装本，是因为出版商预料它的销量不会很大。万神殿主营精装本发行业务，声望可能更大一些；但铁锚出版过很多一流作家的作品，也是一个优秀的出版品牌。万神殿的精装本能引起评论家更多的注意，因为这些书是首次出版，是崭新的，且其装帧精美、经久耐用，对图书馆和买书送人的人们更有吸引力。但一般情况下，定价较低的平装本的销量大于精装本。我翻译的余华作品也是如此。

汪：我注意到一个有趣的变化：起初余华作品的其他欧洲语版本都比英文版早了好几年出版，例如，《活着》《许三观卖血记》法文版比英文版分别早了9年和6年问世，《在细雨中呼喊》意大利语版比英文版也早了9年出版，但在《兄弟》英文版紧随法文版出版的2009年后，余华作品英文版出版滞后问题有了明显改善。您翻译的《第七天》比法文版只晚了三个月出版，在《十个词汇里的中国》法文版推出后一年，英文版也出版了。为什么会有这种可喜的变化？

白：芦安正确推断《兄弟》和《十个词汇里的中国》会引起美国读者的广泛关注，因此她几乎没有拖延就安排出版了这两本书。由于《十个词汇里的中国》很成功，她也就愿意立即出版《第七天》，因为她知道可以利用前者激发的读者热情来营销这本书。至于《十个词汇里的中国》，我在收到书稿后立即动手翻译，但正如你所注意到的，法文版确实比英文版早了一年多出版。关于英文版翻译启动虽早却推迟出版的原因，我在一篇文章中有详细说明（白亚仁，2012：

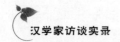

43—45）。

汪：在您翻译出版的五部余华作品中，哪一本在评论和销量方面最成功？成功的原因何在？

白：迄今为止，《十个词汇里的中国》获得的评论最多，卖得也最好。英语读者普遍觉得这本书很吸引人，读起来很愉快。余华把个人回忆、观察和见解融入十个词汇，这种写法既新颖又有效。这本小书生动活泼，精彩故事不断，有的令人捧腹，有的让人悲伤，有的使人震惊，读起来很少有沉闷的时刻。不熟悉中国的西方读者觉得它是一本介绍中国的好书。最后，书的封面上印了十个词汇的汉字和对应的英文单词，看上去很抢眼。

汪：这本书吸引的普通读者应该多于专业读者，说明它确实很成功。它还有一个特别之处——先出法文版，再出中文版。您提到余华做出这个出版决定有两个原因：一是书中涉及的不少话题比较敏感，所以不如直接出外文版；二是余华自信国外有欣赏他的作品的大批读者（Barr，2012：299—300）。我认为可能还涉及另一个重要因素——鉴于该书缘起于余华针对西方听众的演讲，这本书原本就是直接写给西方读者看的。这也有助于它获得西方评论界的好评和具有商业吸引力。

白：我认为重要的不是他在写作时考虑的是西方读者，而是他觉得自己可以直截了当地写，不必拐弯抹角地去写那些敏感话题。在我看来，《十个词汇里的中国》成功的关键是余华可以自由地写作，想说什么就说什么，而不必借助于虚构的写法。我想西方读者对这本书反响如此积极的原因正在于此。

汪：您翻译的余华的哪些书获得了好评但销路不太理想？

白：我翻译的《黄昏里的男孩》获得了英国《经济学人》杂志的好评①，但商业吸引力有限。我翻译的《在细雨中呼喊》为中国文学研究者所喜爱，但普通读者大多觉得它过于凄凉阴暗，不对他们的

---

① 参见 Anon. , "Learning to Live: Review of Boy in the Twilight", *The Economist*, Vol. 410, No. 8869, January 11, 2014, p. 71。

口味。

汪：与《兄弟》的情形相似，《第七天》在中国也是毁誉参半，但这部小说在美国的接受似乎好得多。我注意到《第七天》英文版有三十多篇书评，《纽约时报》《华尔街日报》《纽约客》和美国全国公共广播电台等重要主流媒体都有评论，赞赏余华对当代中国的独到观察与思考。这本书还有哪些方面吸引了美国评论界和读者？

白：从亚马逊网站上读者评分来看（当然这是衡量一本书受欢迎程度的一个不科学的指标，但作为一种粗略的依据或许还是有用的），这部小说很大程度上在美国引起了积极反响。在目前看到的 45 人次的评分中，49% 的读者给它评了五星，27% 的读者评了四星。我们可以将其与《许三观卖血记》做比较——后者在亚马逊网站上有 29 人次的评分，其中 51% 的读者评了五星，22% 的读者评了四星——这说明，看起来这两部小说的认可度大体相当。到目前为止，《第七天》英文版不是一本畅销书，但对一部中国当代严肃小说来说，它的销量是可观的，而且会有更多的人来读它。美国读者用"别具一格""与众不同"等字眼描述《第七天》。他们发现这部小说的语言很抒情，有一种温情之美，同时喜欢它的幽默基调和现实主义与超现实主义的交融。另一个原因我想是这本书译成英文后效果不错。现在再看自己当初的翻译，我对它的效果是满意的。

汪：您曾指出，余华作品英文版出版滞后反映了以下两个事实：一是英语世界精通中文的文学译者相对缺少，二是美国出版商对中文小说在美国市场的盈利能力缺乏信心（Barr，2012：287）。余华基于个人经验和观察指出，法国、意大利、德国等欧洲国家似乎也存在这些问题（余华，2018：45—51）。然而，事实上这些国家翻译出版中国当代文学往往比美国要快要积极得多。我认为其根源在于美国缺乏韦努蒂（Lawrence Venuti）所说的"翻译文化"。有了这种翻译文化，就容易培育一个支持并鼓励翻译文学出版的内行读者群（Venuti，2013：158—159）。

白：我当时说的是十年前的情况，应该说近年来情况有所好转。现在美国有不少翻译中文作品的优秀译者，还有一个蓬勃发展中的专门资助翻译项目和展示翻译成果的机构——美国文学翻译家协会。我认为上述问题的根源主要是读外国翻译作品的美国人不多。主流美国文化相当排斥外国文化，美国人一般只关注本土文化，而且很多美国人到外国旅行的经验很少甚至没有。相比之下，欧洲人更具国际视野，所以比较容易接受翻译过去的外国作品。

汪：您曾指出，"中国文学的国际影响在一定程度上是我们翻译家的工作创造的，我们的工作做得越出色，原著的国际影响应该就越大，但中国文学的国际影响还受到更多因素的制约，如中国作家的创作倾向、中国现行的审查制度以及外国的图书市场等"（白亚仁，2011：36）。在另一篇文章中，您又指出不少因素影响了余华作品在美国的接受度，其中"翻译质量问题可能是最不重要的"（Barr，2012：285）。如果我的理解没错，您并没有贬低翻译质量重要性的意思。那么，好的译文会对原作的接受起到什么作用？

白：这些问题错综复杂，难以给出完整的回答，所以我暂时不做评论。不过，我想说的是，一本不完美的译作（如《活着》英文版）可能拥有广泛的读者，但好的译作无疑对读者的吸引力更大，本身成为经典作品的潜力也更大。

汪：近年来您似乎从小说翻译逐渐转向了随笔、杂文等非虚构作品的翻译。是什么原因导致您的选材兴趣发生了变化？目前在翻译哪本书？

白：我的翻译选材兴趣不见得就有了变化。更重要的原因是过去十年我经常受邀翻译非虚构类作品，最初是余华的《十个词汇里的中国》，后来是韩寒的博客文章，最近又在翻译艾青的儿子艾未未写的一本回忆录。中国当代作家那么多，关于个人生活经历的精彩故事也就很多；这些非虚构作品可以在翻译中很生动地再现出来，西方读者特别感兴趣。但今后如果有机会，我仍然满心期待着翻译更多小说作品。

参考文献

[1] Barr, Allan H, "Yu Hua's Fiction Heads West. . . Or Does It?" in Liu TaoTao,

Wong Laurence K. P., Chan Sin-Wai, eds. *Style*, *Wit and Word-Play*: *Essays in Translation Studies in Memory of David Hawkes*, Newcastle upon Tyne: Cambridge Scholars Publishing, 2012.

［2］ Barr, Allan H, "Translating Yu Hua", in Gerber, Leah and Qi Lintao, eds. *A Century of Chinese Literature in Translation* (1919 – 2019: *English Publication and Reception*), London and New York: Routledge, 2021.

［3］ Simeoni, Daniel, "The Pivotal Status of the Translator's Habitus", *Target* Vol. 10, No. 1, 1998.

［4］ Venuti, Lawrence, *Translation Changes Everything*: *Theory and Practice*, London & New York: Routledge, 2013.

［5］ 白亚仁：《一位业余翻译家的自白书》，载中国作家协会外联部《翻译家的对话》，作家出版社 2011 年版。

［6］ 白亚仁：《漫谈非虚构作品的翻译和出版》，载中国作家协会外联部编《翻译家的对话 II》，作家出版社 2012 年版。

［7］ 高方、余华：《"尊重原著应该是翻译的底线"——作家余华访谈录》，《中国翻译》2014 年第 3 期。

［8］ 黄咏梅、陈霄：《余华：西方读者并不只想读"中国政治书"》，《羊城晚报》2011 年 10 月 23 日 B3 版。

［9］ 汪宝荣、崔洁：《英籍汉学家白亚仁的译者惯习探析——以余华小说〈第七天〉英译为中心》，《外国语文研究》2019 年第 4 期。

［10］ 汪宝荣：《中国文学译介与传播模式研究：以英译现当代小说为中心》，浙江大学出版社 2021 年版。

［11］ 杨平：《余华作品在欧美的传播及汉学家白亚仁的翻译目标》，《翻译研究与教学》2019 年第 1 期。

［12］ 余华：《我只知道人是什么》，译林出版社 2018 年版。

美国汉学家罗鹏访谈：文学研究应“依靠”译作[*]

张　倩[**]

罗鹏（**Carlos Rojas**），美国杜克大学亚洲与中东研究系教授，近年来翻译出版了多位中国知名作家的小说，如 2009 年余华的《兄弟》（*Brothers*）（与周成荫合译）、2012 年阎连科的《受活》（之后又翻译出版了阎连科的多部/篇小说）、2017 年贾平凹的《带灯》。译作 *Lenin's Kisses* 曾上榜美国知名杂志《纽约客》年度最佳图

罗鹏（**Carlos Rojas**）

书，并被美国的专业书评媒体《柯克斯》评为年度最佳小说。其他译作还数次荣获曼氏亚洲文学奖和布克国际奖等权威奖项的长短书单提名。

正如黄友义所说的那样，汉学家是中国文学外译并得以传播的桥

　　* 原载于《中国翻译》2019 年第 2 期，收录于本书时有所修订，原题为《对中国文学翻译的思考与践行——美国翻译家、汉学家罗鹏教授访谈录》。
　　** 张倩，西安外国语大学英文学院、西安外国语大学翻译研究所副教授，富布莱特学者；研究方向为文学翻译。

梁。汉学家，尤其是海外高校的中国文学研究学者从事中国文学外译有着非常优越的条件，他们大多具有本土语言的先天优势、良好的文学修养以及深厚的文学理论积淀。因此，汉学家对自己翻译观点和经验的分享无疑为国内译学界更好地了解并研究他们提供第一手的信息，同时也为文学翻译研究带来更多的启发和思考。本文访谈中，罗鹏将主要谈论中国文学外译和中国文学在美国译介的相关问题、他对翻译文学和文学研究之间关系的观点，以及他个人的翻译经历与体认这三方面的话题。

一　中国文学外译及中国文学在美国译介的相关问题

　　张倩（以下简称"张"）：罗鹏教授，您好！您也知道，中国政府现在力推中国文学外译，提出了"走出去"的口号。您怎样看待中国文学外译的意义？

　　罗鹏（以下简称"罗"）：像所有的文化产出一样，文学有一种反思的潜能，会对其所处的社会文化语境中特定的事件抱有某种关怀，同时会反映出对更广泛范围内更多事件的关怀。尽管我很抗拒仅仅因为文学或者其他形式的文化生产过程是文明价值的标杆而将这些形式优越化，但我又的确认为，文学以及与之类似的其他文化生产形式值得密切的关注和细致的分析，这也是中国文学乃至所有文学被译的意义。

　　张：您认为"中国文学外译"和"中国形象塑造"之间有什么联系？

　　罗：人们倾向于认为文学作品具有代表性，认为一个虚构的世界能以某种方式反映外界社会的现实。有些作者当然会在写作时比另外一些作者更加体现出现实主义，但说到底我们需要知道，小说毕竟是小说，从定义上就是虚构的，它所反映的社会现实在很多层面都是被抽象化了的。

　　因此，在中国文学外译的时候，我们传达给读者的其实是一种途径，通过这种途径不仅可以看到某种"代表中国的内容"（这些内容或许可以，但也不一定总是能够看出只独属中国），还可以通过这个途径接触到一套不同的观念、情感、关怀、渴望等。这些东西跟"中国形象"（中国形象指中国如何被看待以及中国如何看待自己）未必直接相关，而且这些东西中也没有哪一样可以单独地反映出中国社会文化领域的多变性和多元性。

张：中国文学外译"谁来译"的问题备受关注，您认为是否存在一个从事这份工作的理想人群？

罗：翻译项目各自的情况非常不同，范围又广，不同的翻译项目需要不同类型的译者，所以我不认为可以找出某个理想的人群来从事所有类型的中国文学外译工作。不同的译者所长不同，不仅在于译者对原文相关背景的熟知程度，也在于译者调动翻译语言的能力。而且，不同的翻译项目又要求，或者欢迎不同的译法，有时相同的文本在不同的语境下可以采用截然不同的译法，例如《西游记》的翻译，Arthur Waley 翻译的版本 *Monkey* 和 Anthony Yu 翻译的版本 *The Journey to the West* 就各有特点，两人的翻译手法极不相同。

张：您同不同意"文学翻译最好是译入母语"的说法？例如，中国文学英译最好是由母语为英语的译者来从事？

罗：首先，如果"母语"指的是一个人出生后所学的第一门语言，那么我不认为"母语"的概念在这个语境下特别有用。有很多人是在多语环境下长大的，还有很多人的第一语言或者儿童时期学到的语言不一定是他们成年之后擅长使用的语言。如果把"母语"这个词换成"主语言"，那么，是的，我同意这样的说法。一般来说，译入主语言要比译出主语言更可取，原因很简单，就是语言输出天然地要比语言理解更难。然而值得注意的是，有些人的主语言未必是自己的第一语言，还有一些人能够在两种或两种以上的语言中都达到几乎同样流利的程度。

张：就在美国的汉学家或中国文学译者群体而言，你们之间是否存在一个合作的网络？亚洲研究协会（Association for Asian Studies）2013 年出版了《北美中国问题研究学术综述》（*A Scholarly Review of Chinese Studies in North America*），附录提供了一份"北美中国研究学者英中姓名对照表"，上面列举了包括您在内的共 1692 名在北美从事中国研究的学者。如果可以发动大批的汉学家，进行某种分工合作式翻译，旨在分阶段系统地向美国读者引介中国文学作品，您认为这样做是否有可行性？

罗：你提到的 2013 年这本电子书的附录已经在网上传播一段时间了，这并不是一份全面收集了所有在北美研究中国问题的学者名单；同时，这份名单也并不局限于研究中国文学的学者。它其实意在提供一个北美中国研究学者的中英文名录对照索引。

回答这里的第一个问题，我不认为北美汉学家或中国文学译者之间存在一个普遍合作的网络，但的确有一些这类的学术团体，我们很多人也都是其中的成员，特别是亚洲研究协会，也就是你这个问题中引述的这本电子出版物的出版方，还有中国文学和比较文学协会（The Association of Chinese and Comparative Literature），这些学术团体的成员也不限于北美学者。"纸托邦"（Paper Republic）网站上提供了大量中国文学译者的信息，网站的组织方致力于为这一领域做出贡献，也没有局限于北美的译者。至于能否大规模组织北美译者合作翻译中国文学作品，我觉得可行性不太大，当然小规模的合作已经在进行中了。

张：在美国的图书市场上，哪种类型的中国文学译作更受欢迎？美国读者接触中国文学译作的主要途径是什么？

罗：对普通美国读者而言，那些反映当代中国社会现状的小说往往比较受欢迎，还有那些可以灌输给美国读者一套关于中国的流行看法的小说也比较受欢迎。美国读者接触中国文学译作的途径多种多样，例如像余华和阎连科这种较有资历的作家通常会更受大众媒体关注，但其他的中国文学译作或许只会选择性地在一些论坛上与关注中国和中国文学的读者分享。

张：您认为怎样才能让美国的读者更好地接受中国文学作品？

罗：当然首要的一步是产出更多高质量的译作，并帮助这些作品在大众媒体上有更多露面的机会。另一个重要的做法是通过教育，学生在课堂上阅读的中国文学译作越多，越喜欢这些作品，他们才越有

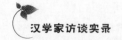

可能在课堂外去寻求同类的阅读。

张：葛浩文曾在一篇访谈中说，"美国人有美国人的趣味，有他们感兴趣的题材和叙事方式"（孟祥春，2014：47）。您怎样看待译者在翻译时为了实现译介效果改动或删节原文的做法？您觉得在翻译时迎合目标读者趣味的做法对中国文学的传播是好事还是坏事？

罗：我不清楚葛浩文是在什么语境下说的这些话，但很显然真实的情形远比他的话想要传达的意思更为复杂。美国的读者不是一个单一的、同质化的群体，而是一个多样的、互相交错的群体，他们有着互不相同的阅读喜好与阅读能力。例如，有一部分美国读者喜欢纯文学，会去读那些大部分读者不太喜欢（或没有太多接触途径）的文学作品。同样地，也有一部分美国读者对来自当代中国或关于当代中国的文学作品感兴趣，而这些作品并不见得会受到所有美国读者的喜爱。因此，在中国文学外译的时候，要考虑的未必是这些作品能否迎合某种抽象的、整齐划一的读者群体，而是被译的作品是否会吸引它本就潜在的读者。

张：在您看来，评价一部中国文学作品外译"成败"的标准应该是什么？在译者翻译能力之外，还有哪些您所知的因素会影响译作的"成败"？

罗：我一般不以"成败"论翻译，是因为我们需要认识到，不同的译作是为了满足不同的需求而产生的，彼此之间有着非常不同的目标。尽管如此，我认为就文学翻译而言，编辑和出版社在出版过程中扮演了重要角色。在我的经验里，大的商业出版社出版一部译作都会经过好几轮的编辑（英文原创作品的出版更加如此），出版社在推广作品方面也起到关键的作用，例如创造机会让译作得到重量级刊物的评论等。并不是所有的译作都必须在全国范围内有很高的知名度或必须广为阅读，但如果能够尽可能地做到这点，很显然也是求之不得的。理论上，一部译作想要在没有大的商业出版机构运作的情况下实现这些也是有可能的，只是难度会相当大。

二　翻译文学与文学研究之间的关系

张：因为您不仅从事中国文学翻译，还是中国文学的研究者，所以我很好奇您怎么看待翻译文学与文学研究之间的关系。"翻译文学"这个词是对文学译作的一个统称，您的译作是被贴上"文学"的标签而统一对待，还是被贴上"翻译文学"的标签而区别对待？

罗：我对文学的理解很宽，也无意在大写的文学和其他样式的文学之间做出区分。制度和市场的力量当然会创造并推动作品的权威化，我认为不能忘了其中的外部因素，也就是说，某些或某类作品进入或被排除在权威行列经常是外部因素决定的，可能跟作品本身无关。我不太确定我的译作具体是怎么被阅读的，但翻译文学的确是可辨识的，而且有一些读者尤其对译作感兴趣。同时，译作有时也会被直接当成文学作品来讨论，并不明确强调其译作身份。

张：文学研究把译作当原作来讨论，往往会忽略其中的翻译或译者因素，就像 Fredric Jameson（1986）在他那篇著名的 *The Third-World Literature in the Era of Multinational Capitalism* 中谈论鲁迅的作品时一样。您觉得文学研究不区分译作和原作的这种做法在理论上站得住脚吗？

罗：我认为在什么语境下讨论一部文学作品很重要，如果我们谈论的是近期出版的译作书评，那么没错，书评人应该申明评论的书是译作，而且很多书评人已经这样做了。如果是学术分析，那么情形会复杂一些。首先，大多数文学领域的学者在研究用外语写成的作品时通常都是直接看原文，如果他们文中引用的是译本，那么也基本上都会把相应的译本列入参考文献，或许也有个别学者做不到这点，但应该不至于经常。至于 Fredric Jameson 的例子，他确实没有读鲁迅的原作，但他在参考文献中列出了他研究所依赖的译作，他也没有在文中提到译者的名字，那是因为不需要这么做，因为这篇文章的重点并不是分析文本的语言。

张：如果外国学者研究中国文学依赖的是译作，相当于默认译者

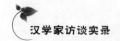

是完全忠实于原作的。即使我们抛开每位译者在语言层面多样化处理的可能性不谈，有的译者（或许在出版商的授意之下）甚至会更改原作的叙事架构，那么基于这种译作的文学研究是否还有说服力？如果文学研究的对象是译作而非原作，那么这样的研究是否需要首先建立在翻译批评的基础之上？

罗：至少在美国的学术界，学者们很少依赖译作来进行文学研究。文学学者们理应都可以流利使用自己的主语言或工作用的多种语言，因此本来就不需要依靠译作。其实在我看来，文学学者们不是太依靠译作，反而是不够依靠译作。我认为要是能有更多用通用语写成的文学批评和从其他文学传统对作品进行的批评的比较分析，那一定会很有用，但这样的情况太少见了。因为学者们天然地受到自己所熟练掌握的语言种类的限制（很少有人能够熟练掌握六种以上的语言）。所以译作的出现其实为潜在的比较研究打开了一个更加广阔的领域。当然，并不是所有的译作都可以等量齐观，不同的研究也会以不同的方式来使用译作。我认为研究者不能总是直接把译作当成原作来讨论，但是在有些情况下，直接讨论译作或许非常合理，甚至该当如此。比如你提到的 Jameson 的例子，当然有人可以像批评 Jameson 研究所依赖的译作那样来批评他的研究结论，然而与此同时，译作受到批评的地方，却并不是 Jameson 研究结论所依赖的译作功能部分，而且他还在脚注里明确引注了译作和译者，再加上他的语言背景和具体的研究目的，这样的做法已经是非常有效地致敬译作了。

张：您能就上一个问题中提到的"文学学者们不是太依靠译作，反而是不够依靠译作"再展开阐述一下吗？

罗：在比较文学领域常常存在一种偏见，认为必须直接研究原作。的确，在理想状况下，一个研究者应该能够阅读原作，然而，就像我上面说过的，一个人能掌握的语言数目是有限的，能达到地道语言水平的就更少。所以，如果我们预设所有的研究都应该只依据原作，这毫无疑问会进一步边缘化那些用小众语言写就的作品。因此我认为，比较文学研究，乃至所有的比较研究都应该接纳依靠译作的做法，这样可以鼓励这些领域脱离传统的欧洲中心主义。

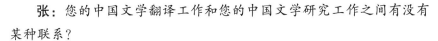

张：您的中国文学翻译工作和您的中国文学研究工作之间有没有某种联系？

罗：在实践层面，我是分开看待我的翻译工作和学术工作的。我做翻译是出于个人兴趣，也是对研究领域的一种服务，所以翻译工作的方式与我的学术工作非常不同。从另一方面来看，由于我只翻译自己感兴趣的作品，所以在客观结果上可以看到，我翻译过的许多作品也研究过。在学术分析中我倾向于采用不同的研究方法，可是最后都不可避免地要回归文本细读，而翻译工作又尤其会促使我细致地处理文本。

三　个人的翻译经历与体认

张：您曾在课堂上说过①，翻译是您的一个爱好，请谈谈这个爱好是如何缘起的。

罗：我最开始做翻译是几篇学术文章，第一次文学翻译的作品是余华的《兄弟》，是我跟周成荫合译的。当时余华邀请我们翻译他的小说，而我们又都喜欢他的作品，所以毫不犹豫地答应了，接下来我又翻译了阎连科和其他作家的一些作品。像我上面提到的，我把翻译看作我专业职责之外的一种补充，因为我从事翻译更多是出于个人兴趣，而不是专业必须。众所周知又无可奈何的是，学术界都轻视译作，但我又觉得其实是可以用特定的方式重新架构译作，好将它们纳入更广泛意义上的学术轨道。

张：从您目前的译作来看，您似乎更倾向于翻译当代作家的作品，请问这是出于选择还是偶然？

罗：我翻译的作品都是出于选择，所以我着重翻译当代作家也是

①　访谈时期笔者受富布莱特项目资助在杜克大学进修，合作导师为罗鹏教授，其间，旁听了他为研究生开设的课程。本文主题基于笔者导师党争胜教授主持的国家社科基金项目"中国文化'走出去'视域下中国文学在美国的译介、接受与影响研究"（项目编号：17BYY009）；英文访谈内容经笔者译为中文后，交由罗鹏教授进行了阅读审校。特此一并表达谢忱。

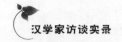

出于选择。一些早期作家的作品我也偶有翻译，比如我之前翻译过鲁迅的一篇作品，但总体而言，我还是觉得译当代作家作品更有趣。

张：您在翻译时跟作者沟通吗？具体的情况如何？

罗：我跟所有我译过的当代作家都见过面，有一些我会保持密切联系。但是在翻译的过程中我从不咨询他们，通常都是翻译结束之后才讨论，而且咨询的问题往往是关于怎样在译稿中调整一些原文会造成的不连贯现象。

张：您在翻译时有没有创作冲动？您同意"翻译是一种创造性叛逆"这种说法吗？

罗：当然了，一定会的。翻译中存在一种创作元素。我把译者和作者的关系比作演奏家和作曲家的关系，像演奏家一样，译者把别人创作好的作品拿过来，但又会贡献自己的创造性在里面。

张：您译书一般是出版社邀约，还是您自己选择要翻译的作品，然后自己联系出版？可以简单介绍一下前前后后的情况吗？

罗：基本上我所有的译书项目都是出版社拿着合同找到我的。最近几本阎连科的作品算是某种例外吧，因为就接下来我要翻译他哪些小说的问题上，我帮忙跟他的代理人还有长期出版他英文译作的出版社进行过交涉。唯一真正的例外其实是黄锦树的短篇小说译作集《开往中国的慢船》（*Slow Boat to China and Other Stories*），因为这个项目是我发起的，也是我找的出版社。很幸运，我大部分的译作都与非常优秀的编辑一起合作，整个过程跟我出版专著或编著类似，都是交稿之后编辑和文字编辑发来具体的建议，然后我再做相应的修订。

张：余华的《兄弟》是您和周成荫老师合译的，你们之间是一个什么样的合作模式？您后来的几部译作都是独译，请谈谈您对合译与独译的看法？

罗：《兄弟》的中文原版是两卷本，我们每人负责一卷，先译出了一稿，然后花了大量的时间尽力磨合两人译稿的语言。我自己独译的好处在于我通篇的语言风格是连贯的，这样最后打磨语言风格就会耗时较少。

张：译者的前言后记是翻译研究中重要的副文本，您的译作都有一个译者序或前言，请问您怎么看待这部分的功能？

罗：是的，我总是要求，有时是受邀，为我译的每本书都写一篇译者序或前言。每一次，我的目的都不仅是谈论与作品翻译相关的问题，更是为了给作品本身一个定型。我把这些译者"手记"当作独立的小文章来写，会花相当的时间和精力在上面。

参考文献

［1］黄友义：《汉学家和中国文学的翻译》，《中国翻译》2010 年第 6 期。

［2］孟祥春：《"我只能是我自己"——葛浩文访谈》，《东方翻译》2014 年第 3 期。

［3］张惠英：《大鹏展翅巡三晋，万里扶摇会连科》，载朱振武《汉学家的中国文学英译历程》，华东理工大学出版社 2017 年版。

［4］朱振武：《主持人语》，《当代外语研究》2016 年第 1 期。

［5］Jameson，Fredric，"Third-World Literature in the Era of Multinational Capitalism"，*Social Text*，No. 15，1986.

美国汉学家宇文所安访谈：我理想的翻译，应该可以在不同传统间移动*

刘苑如**

      宇文所安（Stephen Owen，1946——　），生于美国密苏里州圣路易斯市，美国著名汉学家，现任哈佛大学詹姆斯·布莱恩特·柯南德荣休教授。第一次读到了李贺的《苏小小墓》，中国唐朝诗人的忧郁吟唱，成为少年宇文痴迷唐诗和中国古典文学的机缘。后来，他进入耶鲁大学东亚系，以论文《韩愈与孟郊的诗》获文学博士学位。其后，他任教于耶鲁大学和哈佛大学，成为美国汉学界研究唐诗的著名学者。著作包括《初唐诗》《盛唐诗》《中国传统诗歌与诗学》《追忆》《迷楼》《中国文学思想读本》《中国"中世纪"的终结》《中国早期古典诗歌的生成》《晚唐》《只是一首歌：中国 11 世纪至 12 世纪初期的词》以及《杜甫全集》英文注译等。

      当前最著名的前现代文学（Pre-modern literature）研究学者之一宇文所安，现任哈佛大学 James Bryant Conant 大学讲座教授，历经四十多年的教职，于 2018 年暑假荣退。

      二月隆冬的午后，在他建造于 19 世纪中叶的宅邸中，接受专访。

---

  * 本文原载于《中国文哲研究通讯》2018 年第 1 期，原题为《冬访宇文所安——"汉学"奇才/机构"怪物"的自我剖析》。

  ** 刘苑如，台湾"中央研究院"中国文哲研究所研究员，美国哥伦比亚大学东亚系助理教授。

谨遵夫人田晓菲教授出门前的交代，沏上一壶好茶，还不忘准备一个特大号的茶杯给来客，一边开始以感性又不失理性的语调，追忆平生的学术历程；揭露如何打造出拥有十一本英文著作，两种英译作品，一种中文选集；平均每四年即有一本专著，至今仍不间断，俱有一种以上的中译本，新近的单篇文章，更是很快就出现译本。因此，他不到五十岁就成为美国人文与科学院院士（American Academy of Arts and Sciences，1991— ）、哈佛大学欧文·白璧德比较文学讲座教授及东亚系教授（Irving Babbitt Professor of Comparative Literature and Professor of Chinese，Harvard University，1994—1997），也是美国哲学会（American Philosophical Society）会员，并曾荣获古根汉奖（Guggenheim Fellowship，1986—1987）、美国学术协会理事会中国学研究奖（ACLS Fellowship in Chinese Studies，1994—1995）、梅隆基金会杰出成就奖（Mellon Foundation Distinguished Achievement Award）、唐奖汉学奖（2018，与斯波义信共同获得）等奖项，以及指导博士亦多达近四十人的辉煌成绩。

一 教、研共享的基本信念

宇文所安拥有广大的中、西读者，超越既定的学术圈，早已接受过各式各样媒体的专访，在接到本次企划后，对某些采访议题深表兴味，也坦承有不喜欢的问题，但终究还是耐下性子从最显题的现象谈起。在面对神奇的统计数字这类问题，他叹了一口气说："一般来说，当我年轻时，比较能全神贯注；随着年龄渐长，越来越像是一种'怪物'（Creature）。"随即莞尔，补充说："一种机构制造出来的'怪物'。换句话说，就是大学这个机构的仆役。"他在1972年取得耶鲁大学博士学位后，即开始在该校任教。提及教学，则又感性起来，他说："我在等你们的时候，回想自己从一开始就有研究生，那是多么幸运的事。"由于自觉有教导的责任，为了让中国文学被好好地理解，备课时总是一再地重读文本。"很早我即有一个信念，"他说，"尽管是过去处理过的材料，我也一定先读第一手材料，在阅读的同时即试着写，然后重写、再重写，一直到某个定点，才开始阅读二手资料。"在带学生时亦然，必先要求学生阅读主要材料，并试着提出个人看法；在此之前避免先读前人的研究。

至于反复阅读原始材料的妙处，宇文所安举了他最喜欢的例子。他说，在王维的《辋川集》中，细看其中的标题，许多语汇在唐代诗歌或散文中都未曾有过先例。由此设想：这些标题在当时京城人的眼中做何感想？城外的乡野吗？尽管这些文本不乏许多的诠释，当你带着问题细读文本，将其放置于另一种不同的脉络，从村野性（Rusticity）、神性和地方性等视角来观看，思考什么是中国、长安、关中，抑或城南。他兴奋地表示，从未见过对秦地（陕西）的世界，有如大唐时展开如此密集的论述，首次彰显此地所具有的厚度与力道，从而揭示这本集子如何用各种不同的方式来表现一个佛教徒的世界。这时候再读《鹿柴》，想想"柴"这个字被使用过多少次？数据库显示，以前没有人在诗歌标题或内文里用过这个字，但那是士大夫的问题。因为凡是有菜园的人都知道，鹿是一种麻烦的动物，它们会吃掉园子里种的所有一切。因此，当有人要种植些什么时，就会做一个鹿柴，也即篱笆，阻止那该死的鹿。宇文说得众人齐笑，但他随即开始反驳"辋川鹿苑"的说法。他认为鹿柴与本生故事（Jātaka）中的鹿苑（Samath）无关，鹿苑曾经是一个狩猎公园；在这儿既没有人想杀鹿，也没有人是佛；而那些在菜园里工作的人只希望能阻止鹿，不要让它们把蔬菜吃光。站在外面的人才会遇见了鹿，追寻鹿的踪迹。换言之，当你开始以一种不同于以往的方式来看待问题，即可发现材料之间都是彼此互相依附的。

宇文马上申明，"这样的诠释并不意味着破坏"。从20世纪70年代开始，他在耶鲁大学的教学生涯中便启动了思辨性的倾向，尝试回到最基本的问题，从而发表了一系列颠覆过去学界共有看法的论点，特别在作者的问题上。他指出，作者的观念很晚才出现，大约要到西汉末年才逐渐生成。以其教授的《楚辞》课程为例，他发现大陆学生很难接受将"屈原"的作者地位"悬置"起来。于是他在课堂上，不说没有屈原，而问有什么证据？如何假设？还有哪些可能？他认为这是成为一位学者的过程之一。同时，一再鼓励学生，"做学术工作时，若能不轻易接受大家都视为理所当然的事情，就可得到非常不同的答案"。"屈原是一个古老的中国故事"，他将两个食指交叠，继续说，"你必须一开始就走在一条对的路上，才能越走越远。我只是问一些开始和如何开始的问题"。因此，他自认并未采取任何激进的行为，而是重新整理传统，同时也必须承认，过去某些被认为不可或缺的事实，其实大有问题。

他又以即将出版的词作研究书籍为例（*Just a Song：Chinese Lyrics from the Eleventh and Early Twelfth Centuries*，哈佛大学出版社），在北宋时期，重复收入冯延巳（903—960）、晏殊（991—1055）和欧阳修（1007—1072）集子的词作，多达20%—30%，即使一些大学者也莫衷一是。面对这样的状况，通常有两种解决方式：一种是根据每种状况，逐一判断其归属是否正确；另一种则是思考这些词集的结集过程是否有问题，究竟发生了什么事，又为何会如此。根据他的判断，作者归属有问题的词，数量一定比我们目前所见的更多。人们四处询问作者的相关记载，引用某某手稿，问题是某某的资料来源为何。在一个亟须作者姓名的文学传统中，研究者必须练习接受"无名"的事实。

由此假想，宴会中词作被"挂上"作者的情境：刚唱完一首名词的歌伎，在被追问作者时，她可能说不知道，也可能说是她自己作的——虽然歌伎是词曲世界里真正的行家，但是文人们却很难相信一个年轻女子可以写得出这样的歌词来（宇文说着自己笑了——他解释说他其实在笑那些文人的偏见）；抑或说是欧阳修、冯延巳，但下一次可能又变了。当然这都是假设，我们无法确证。因此，或有某些著作建议使用"采"这样的用语，意味着有人挑选了这些作品，却仍不足以证明作者的归属。正因为人们相信这些词作一定有作者，就无法理解根本没有答案的事实。

追究宇文所安的研究信念，还有一个不能忽略的重点。他说："我是一个蛮厉害的重写者。"当他看到喜欢的东西时，一有想法就会马上写下来，可能成为一篇文章的部分，也可能行不通；那就不断

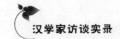

重写，一直到这些片段之间成为一气贯通的整体为止。换言之，也就是在研究中学习。他强调，如此也就不那么需要引用，或者无须找到正确的引用；因为不同的研究者处理的议题各不相同。他再次提及他近年对词的研究，处理了不同词集作品重出的现象，这都是过去没人讨论的问题。而将这些发现集合起来，累积相当数量的范例，就是一种"版本研究"的开始（和传统版本学不同）。他说："当你这样做时，将会发现并没有很多人可以引用。如果有人这样做了，你肯定会非常尊重他们。"

作为一个资深的研究者，从已知到未知的探索过程，必须填补许多文本中留下的空白，无论出于偶然，或出于编辑的偏见。宇文表示，他宁可用"标目"（Indices）代替想象，作为弥缝间隙时的线索，原因在于这个词非常开放，让人可以得到一些提示，却不表示可得其全貌。好比他在教《艺文类聚》中的诗歌时，学生常误将部分引诗当作全诗，为师者就必须提醒他们其中亡佚的部分，使其明白诗本身固然可大可小，佚失的是曾经完整的文本。以杜甫为例，学生应该学到的手法，就是借此推知杜甫的读书是以什么方式进行的；要考虑杜甫一生奔波，不可能携带那么多书卷，也不会记得所有的内容。同理可知，一般都从节本（Epitomes）中学习，包括摘要、简短的段落所形成的精选集。要记住知识传递的真相——众人之所以都知道同样的人、同样的事，那是由于他们拥有相同的题库。宇文加重语气说："我认为知其'所无'（the missing）是非常、非常的重要。"然后借由现存的诗集，观察过去如何选择作品，是否倾向将所有影射都归向特定的人，又有哪些现象从未被提及，如此就可能较好地重建历史。

二 变与不变的批评实践

谈及中国文学研究的关键议题，宇文所安认为，批评（Critique）是一种思辨，但也承认势必掺杂了评论者个人的情感特质。他说："是呀，非常深情！我那篇陶渊明的文章，招惹不少非议。他们以为我在嘲弄陶渊明，认为我不喜欢他。其实这意味着我喜欢他！"在众人的笑声中，他又说："我从不嘲笑任何我不喜欢的人。陶渊明并不是真正的农人，而是一个想成为农人的文人。"在此，他指出了陶渊明角色与欲望间的矛盾，农人毋宁是一种扮演，然陶诗的魅力所在，并不在于他自满农隐的身份，而是表现内在性格与其不确定渴望间的角力，形成一种复杂的组合张力。

"不过，这也是一种语言的游戏，苏轼最能如此玩"，宇文很快又转入下一个话题，"他懂得幽默与真诚的混合，在现今更显得难能可贵"。他认为，幽默在解读文学时至关重要，那是一种避免直说的方式，即使在攻击，却仍以一种友好、调侃的方式提问，类似将话语加上引号，转换不同的语气说话。他以苏轼《文与可画筼筜谷偃竹记》为例，讲的是这幅墨竹画的故事，以及文同作为水墨大师的历史。当时求画者络绎不绝，纷纷拿丝绸给文同作水墨画。起初，他并不在意，只是当作涂鸦，后来他终于受不了了，生气地扔下丝绸，说："我要拿它们来做袜子！"宇文故作严肃地评论道："但他的粉丝一定认为他这样做简直就更酷了！"这位胸有成竹的天才，晚餐时开启苏轼的回信，阅读其中所附诗篇，戏称文同在筼筜谷不是画竹，而是吃竹笋。文同看得会心大笑，喷出了口中的竹笋。宇文忘我地解释其间语意的转换，原本胸中的竹子，成为画上的竹子；而腹中竹子，又变为餐桌上的竹子。然后又接着说："其实苏轼非常伤心，在和一个死去的人开玩笑，那是他最亲爱的朋友之一。调侃不是伤害，而是回想他们彼此之间的交流，亦包括考虑如何在艺术市场中展现'无心'（Unselfconscious），这是一篇非常了不起的文字！如果直截了当地去读，永远无法领悟到其中的深意。这正是一种取决于轻松改变语气的能力，方能从严肃到滑稽，终至悲伤。"

话题转向宇文所安个人的实践经验，他不认为文学批评在于排除错误的思想，或保存对作者或文体的重要想法，宁可追究一个作品是从哪里来的，怎么得到的，以及探索这样知识建构赖以形成的世界。他说："这是从解释的角度来看批判性思维，而非一个批判性的意识。我认为这是一种很重要的能力。"他解释道："这是我的背景。"他从

1966 年进入耶鲁大学，1967 年选择东亚系专业，学士毕业后直接进入博士班，在此接受完整的文学批评教育后，这种批判思维不断督促他质问材料的真相，省思自己所处的位置。他说："大约在十五年前，我曾相信每首词都有作者，既然唐圭璋（1901—1990）都如此说了，也就这样相信吧！但是一旦开始细读文本，就发现这些文本记录竟是如此脆弱。"

他进一步解释，虽然有例外情形存在，但一个文本一旦进入雅文学传统，人们就渴望给它一个作者。一组为人所传唱的歌词，在整理成为词作后，就被归属于某一位男性作者的名下。尽管我们并不清楚这些歌曲文本传播的状况，基本上不外乎以歌曲曲目的形式来流传；可能就是时人学习的曲目，属于流行文化，和学术传统无关。在苏轼的时代后，词的作者身份变得越来越真实，词也开始进入文学传统，也只有在这种情形下，质问一首词谁写的，才可以成为一个好问题。

若说批评的重点在提问，而非贬斥和排除某些作品，那么如何面对众多非经典的作品？他笑称："糟糕的诗也非常的重要！尽管我不会去评论诗的优劣，却经常指定学生读一些不甚了了的诗。因为如果只选择主要的选集，这些名作仍然是死的东西。学生们还必须知道什么是平庸的诗歌，了解那是怎么回事。但当然了，如果他们读了五十篇都不能分辨（什么是好，什么是糟），那也就糟了！"他又强调说："更重要的，非经典作品也可能曾经是经典。五代以前（大约公元900 年），孟郊被当成伟大的诗人。'诗人始见诗'——第一次看到诗人的诗歌，贯休曾如此说，可见典范是会移动转变的。"以众人熟知的王维《过香积寺》为例，或以为读来空寂单调，要使人领略其妙处，他认为透过通读《文苑英华》中一两百首游庙诗，包括王维的，看看一般游庙的人都说些什么，然后再回头看王维的诗，就会发现其迥异于那些描写佛寺建筑、壁画和自然景观，最后转入对佛法感悟兴发的固定模式。相较之下，王诗绝不陈旧、无趣或是雷同，反而会让人惊讶其出人意表的写法。这类诗歌之所以难写，在于"你绝不能说错话，否则可会得罪僧人"。宇文幽了一默，随即又拉回正题说："提供标准有时不过是为了提醒当时的写作规范——虽然你无法完整回复过去，你就可以带着微笑回想起这首诗多么尖新！"

今昔之间，宇文所安是否自觉在学术观念上有所变化呢？"这是一个很难回答的问题，因为你从来看不到自己的变化，"他苦恼的表情引来一阵笑声，而后继续说，"当我年轻的时候，非常拥护诗歌，反对其他文体。但我现在也会用散文的例子，对吧？而这样的转变来自积极地参与教学。当你从事教学时，必须做不同于以往的研究。除了自己的议题，还得做些吸引学生、适应他们需求的课题"。他半开玩笑地说："唯一让我担心退休的事情，就是意识到自己是如何依赖于教书，特别是教研究生。"他继续解释，教学往往采取一种方便、权宜的手段，必须从某种习以为常的方式中走出来，让尚未准备好的人理解明白。他若有所思地说："我还意识到教学已经发生了巨大变化，因为当我第一次教书时，只有'老外'学生在课堂里；现在都是北大、复旦或其他名校的中文系毕业生，少数可怜的'老外'，也得让他们继续进步啊。无论如何，不同阶段会遇到不同的问题，现阶段重要的问题在另一个阶段就不重要了。在处理这些问题时，我也得跟着改变了。"

宇文所安善于应变之例，亦可从其回应问题的态度一窥端倪。即使他直言最不喜欢答复有关"新批评"（New Criticism）与"细读"（Close Reading）之间的关系，但问题一来，还是滔滔不绝地回答；直指在中国常将细读与新批评画上等号的问题所在，历数西方重要的文学理论家，比较文学家奥尔巴赫（Erich Auerbach，1892—1957）、列奥·斯皮则（Leo Spitzer，1887—1960）等人细读，新批评中的克林斯·布鲁克斯（Cleanth Brooks，1906—1994）确实也细读，但德里达（Jacques Derrida，1930—2004）是做了最精细的细读。因此，"细读"本身不是一种理论，它可以被包含在任何理论之中，只有莫瑞蒂（Franco Moretti，1950— ）才把它当成一种独立的理论方法。细读只是一种读法，是一种放慢速度地读，运用的范围更为广泛，无论解构主义、结构主义等，无不可细读；而"新批评"却只是一个可以让美国学生在根本不了解英国的情况下欣赏英国文学的学派。宇文说："我不想区分新批评和细读。"但他既表明了立场，也给出了精彩的答案。

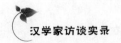

三 历史与解构之间

　　重视文学历史脉络的宇文所安，却经常解构文学历史。如何平衡两造间的冲突？他承认说："我确实是一个历史主义者，从任何意义上都是这个词，但不一定是一般意义的用法。也就是说，我尊重事件背后的历史，但历史是持续发生的，我想问一些可能为后来历史所掩盖的问题。"他语气一转，笑说："我是一位受过解构主义训练的历史主义者，为了方便，有时也把我的方法称为激进的历史主义。我发现解构主义的真知灼见，对于良好的历史主义至关重要。但——激进的历史主义方式可将德里达的洞察力带向另一个不同调性。好的理论不会仅是套用，它会导致思考。"

　　他以杜甫为例，表示唐人选本中的杜甫往往不是我们现在所常读的，这提醒我们，被看作永恒不变的正典，事实上也是在时间中所产生的。宇文笑称："既然正典形成于当代，就可以终结历史。"换言之，标准意义下的历史，在于记住过去曾经发生的事情，而它也是一个移动的目标，每一个时期都会发生变化，因此，即使唐诗研究也不能只是轻松愉悦地停留在唐代的认知上。由此可知，宇文所关注的历史，并非传统意义上的历史，与其说是一种事件序列，毋宁说更关注的是认知的累增变化。他语重心长地指出："在中国对'纯粹单一'的渴望是如此巨大，认为这就是传统。事实上，我们致力从事的，只不过是拾起了其中的小断片，每一个断片都有其重要性，但终究只是历史的一部分，而非整体。"

　　宇文再次回到作者权的问题，他说："基于一种内在的历史感，我可以将中国发展出作家身份的现象视为历史的一环。在这个世界里，写作被视为理所当然，读者也将其视为理所当然。作为一个中国文学研究者，必须接受此一历史现实，但不必投身于这样的世界，并服膺同样的信念，只须理解中国学者一如任何生产者一样，在自己的世界中生产，并做出自己的假设。"他吸了几口烟斗，又说："最最困扰我的，在于人们将信念（Belief）与历史看作一回事。事实上，中国的作者观念并非牢不可破。"接着给出有趣的例子：在中国悠久的传统中，常见"非人"般的作者。李商隐写的《李贺小传》，将李贺塑造为一个专注的写作机器，每天一早出门写诗，然后放入一个古破锦囊。而这种传奇氛围非仅属李贺一人，也与历史的真相无关，而是体现出李商隐心目中的理想诗人形象——一个完全沉浸于创作之中的能工巧匠，但不是一个具有社会性的人。若更进一步观察晚唐在描述诗人时的话语，往往听起来都很相似，而他们也并不在意诗人个性与人格。相较于李贺呕心沥血的苦吟创作，最后为天帝所召而飞升的描述，可以联想到韩愈《调张籍》中的诗人形象，他将李白和杜甫在人间所受的困厄解释为上天的安排，也是为创作所付出的代价；当他们完成了各自的诗歌创作后，上天就派天使将其召回。在晚唐的社会文化脉络以及诗歌创作观念下，人们感兴趣的是编写完美对联的故事，而非作者的"人格"。因此，尽管中国传统中的作者身份和人格信念应该受到尊重，但这也绝非文学传统中唯一重要的议题。

四　文化相遇的翻译艺术

　　宇文所安长期在美国最著名的高等学府任教，尽管他的中文读者早已日渐超过了英文读者，但翻译仍是他学术、教学工作中重要的一环，早在耶鲁时期即开始了相关工作。他说："大部分的翻译是为了英文世界中不懂中文的读者。翻译的最终目标不仅是翻译文本字面，而是在转译的同时'重现'（Re-tell）中文文本，使文本中的美感和智慧变得清晰，同时对英语读者有说服力。"从这种角度来说，他认为所谓的"文学性翻译"从来没有真正起作用，因为那样做只意味着多制作出一首英文诗。他说："我理想的翻译，应该可以在不同传统间移动。使一首诗可以让一个前现代的中国读者欣赏它并同意它，而美国读者也可以。"他认为要达到这种理想，不在乎语言之间的"透明度"（Transparency），毋宁是一种文化的"相遇"（Meeting）。

　　从《诺顿中国文学选集》（1997）到《杜甫诗》（2015）的完整翻译版本，宇文历经了不同的实验过程，而决定翻译风格最主要的考量，还是系乎读者。在《诺顿中国文学选集》阶段，非常务实，从课堂经验来判断译文的效果。他说："翻译就像佛陀说法，要在'方便'。这本选集原本是为美国大学本科生而作的，我试图在保持准确的同时，做到让译文对青年学生来说具有可读性。"尽管不能翻译所有的诗，但他试图呈现出一系列既相关联又具有差异性的"文本家族"。在诗歌原文里，苏东坡、杜甫、陶渊明各具声口，读者可以容易地辨别彼此的差别。在他看来，好的翻译得让你感受到不同作者间的特征，因为文学就是凭借这种差异而存在，其价值也是建立在这个"家族"的差异性。所以，翻译唯一有效的方法，不是翻译这首诗或那首诗，而是将它们"相互翻译"，就像戏剧一样，同时存在三个角色，角色之间发生关系、彼此对话。他试图设计各种各样的方法来做到这一点。他说："我在翻译时非常努力地尝试使每个时期、每种风格、每种流派都各自不同，也让每一个作者听起来都不同。这是针对不认识中国的人所呈现的一种特殊姿态，很多不懂中文或中国文化的人觉得，'中国诗'是一个单一、雷同、死板而概念化的东西，我希望让他们感觉到的，绝非那样的'中国诗'，而是一个具有不同声音的完整世界。"

在年轻同行的要求下，又岔出既定的话题，耐心地说明各种翻译的游戏：在处理不同文类时，可以利用排版的空间技巧；以对联作为单位的诗歌，只在一联开始时（而非每一行诗）才使用大写字母，可以捕捉节奏；将文学英语用于翻译早期作品，美式英语翻译白话，至于山歌也可用美国口语；如果要英文表达一个平行对仗的对联，那就用交错配列的方法做。他说："如果你对英语有很好的掌握，那么就可以做到这一点。特别是不要用英文里那些有古气的词语。"说到兴头，甚至立即吟诵起来。

他强调，"翻译有许多不同的目的。译文不是原文，不是艺术本身，如果是，那就不再是真正的翻译"。他对《诺顿中国文学选集》读者的期望，则是使他们看到此中呈现了一个非常复杂、活跃的传统。他不讳言地说："在《诺顿中国文学选集》中，我做了很多花巧，为了让不懂原文的读者感受到原文作品之美；虽然力求准确，但

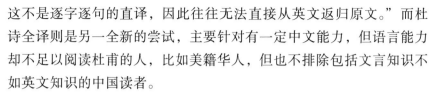

这不是逐字逐句的直译，因此往往无法直接从英文返归原文。"而杜诗全译则是另一全新的尝试，主要针对有一定中文能力，但语言能力却不足以阅读杜甫的人，比如美籍华人，但也不排除包括文言知识不如英文知识的中国读者。

但翻译的作用远不止此。他指出，在课堂上进行英文翻译，一是因为这是英语教学的世界，二是期望学生们，也包括那些日益增多的中国研究生，能够真正地去阅读；借由使用另一种语言，在"异化"中放慢阅读的速度，而非在母语中借助白话注解轻易地滑过。宇文无奈地说："中国学生常仰仗中文直觉，很难让他们放慢速度，把语言当作一个对象，但直觉往往建立在现代中文上，为了跨越历史，就必须疏远自己的本能。"他根据过去教英语文学，特别是早期英语文学的经验，知道个中问题所在，因而建议——如果想了解古代汉语，就得脱离白话，摆脱现代中国人既有的习惯，愿意回去查阅字典、检索数据库，找出古人如何使用字和词，以及每个字义有何不同，就如同任何英语文学的研究者也必须做同样的事情。

最后他做了一个鲜活的比喻，说："历史就像压路机，当它滚动时，先将作品的文字压得越来越平坦，我们的工作就是重新恢复其间所有的差别。不同的用字，声音各异，我试着提醒他们注意其间的差别，其声响（Sound）、感性（Natural Feeling）、语意（Sense）都是不同的东西。我认为翻译对中国学生非常有益，因为他们需要疏离自己，放慢速度，不要总是倒背如流，而是听听那些老学者诵读时如何休止、暂停。"

五　尾声：宇文所安的自我定位

文学离不开社会脉络，文学研究亦然。被标举为"汉学"（Sinology）奇才的宇文所安，与国学有所区隔，对于这样的定位，他实在有所不安。他说："首先，必须质问是否真的存在一个'国际汉学'？康达维（David Knechtges）、苏源熙（Haun Saussy）和我都作为'老外'，究竟有何共同'本质'？康达维在美国，一如许多前辈，走的

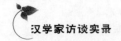

是国学路线，而且做得很好；苏源熙也同样值得钦佩，但他完全属于美国比较文学的世界；三人之中，我算是介于两者之间的人。因此，我并不代表汉学，只代表我自己。"

接着说明他之所以不用"汉学"术语的策略性考量，他说："我绝不会用汉学这个词来表达我的所作所为。在英语用语上，我终身用'中国文学研究'（Chinese Literary Studies），而不是'汉学'来自我表述。使用'中国文学研究'这个词，并不意味着我比那些使用'国学'或'汉学'术语者，对历史、经典或文字学的兴趣来得小。而是试图将'中国文学研究'从其他学术领域中分离出来。其原因只是战略性的，而非终极性的。"而他所要对抗的，就是把所有领域和类型的研究都不明就里地一律集中，将所有的一切都视为代表"中国研究"。他说："当我读到一些国学论著时，将文学中一切都视为服务于一个宏大叙事，特别是一个政治的、社会的叙事，但文学不总是这样运作的。文学有时是为了满足不同的需要。"

美国汉学家凯瑟琳·柯丽德访谈：
文学翻译与文化研究[*]

张义宏[**]

凯瑟琳·柯丽德（**Katherine Car-litz**），1943 年生，美国汉学家，1978 年毕业于芝加哥大学远东语言文化系，获得博士学位，曾任美国匹兹堡大学东亚语言文学系亚洲研究中心主任，中国文学研究顾问。研究领域主要包括《金瓶梅》、明清妇女史、明代思想史等，代表性著述有《〈金瓶梅〉中的双关语和隐语——评第二十七回》

凯瑟琳·柯丽德
（**Katherine Carlitz**）

《〈金瓶梅〉的结局》《晚明〈列女传〉妇女道德的社会价值》《明中期江南的祠堂、统治阶层特点及寡妇守节的流行》《明清帝国中的贞操和官僚：以归有光和张贞女为例》等。柯丽德在《金瓶梅》译者芮效卫指导下完成博士学位论文《戏曲在〈金瓶梅〉中的作用》，其所撰《〈金瓶梅〉的修辞》一书为英语世界首部《金瓶梅》研究学术专著，在国内《金瓶梅》研究领域亦有着广泛的影响。

---

[*] 本文根据 2014 年 3 月 8 日在美国匹兹堡大学与凯瑟琳·柯丽德教授的采访录音整理。
[**] 张义宏，陕西师范大学外国语学院讲师，研究方向为翻译理论与实践。

张义宏（以下简称"张"）：柯丽德教授，您好，我知道您前期的研究领域主要是明代文学，尤其是小说《金瓶梅》，能和我们分享一下你在《金瓶梅》研究上的经历吗？

柯丽德（以下简称"柯"）：的确，我的第一本书是关于《金瓶梅》的。我研究中国文学的前五六年里，主要集中在《金瓶梅》上，此后研究领域又延伸到戏剧与性别等方面。但是，后来的研究都是围绕《金瓶梅》而展开的，因此可以说无论是否撰写有关《金瓶梅》的研究，它仍然在我的研究中占有重要的地位。开始研究《金瓶梅》也是完全凭运气，我打算做中国叙事小说研究时，我的老师芮效卫教授正在芝加哥大学讲授中国白话小说的课程，他要求学生从头到尾阅读五大奇书中的一部，然后进行讨论，这样大概需要两年的时间。很幸运，我开始参加他的课程时他们刚刚完成《红楼梦》，于是我完成了《红楼梦》的最后40回阅读，便开始了《金瓶梅》的学习。如果我在那里再学习一年，我们也许会开始《水浒传》。如果不参加他的课，我也许会听说过《金瓶梅》，或者读一下，但是不会读得如此细致。因此，很幸运我作为研究生的生涯正好和芮效卫讲授《金瓶梅》碰到了一起。我完全同意芮效卫的观点，《金瓶梅》不但是中国文学的杰作，也是世界文学的杰作。很幸运，在合适的时机参加了他的课程，他精彩详细地介绍了《金瓶梅》这部作品，那就是我研究《金瓶梅》的开始。但是后来我又对小说和当时其他文学形式，如戏剧、诗歌、歌曲、宗教仪式、法律条款等事物之间的关系产生了兴趣。

张：《金瓶梅》是引起英语世界学者广泛关注的中国古典小说之一，出版了一定数量的学术研究成果，仅专题研究方面的专著就有10余部。据我所知，您的《〈金瓶梅〉的修辞》一书是第一部用英语写成的《金瓶梅》研究学术专著，您能否简要介绍一下这本书？

柯：我的博士学位论文完成于1978年，而专著出版于1986年，是在博士学位论文基础上的延伸。当我写博士学位论文的时候，有很多材料我还没有读到，因此无法进行全面的研究。我的论文是关于作品中戏剧的典引，如元杂剧、传奇、歌曲等其他文学样式在《金瓶梅》中的借用情况。我开始主要集中在戏剧，后来还包括宗教、叙事作品、歌曲和其他小说等。

张：很遗憾目前还没有见到该书的汉语译本。我希望将来这本书可以被译成汉语，这样国内有更多的读者可以通过汉语阅读这本书。

柯：原因在于当时印第安纳大学出版社并没有大量出版该书，出版的册数很少。这就是为什么芮效卫教授敦促我重新出版该书的原因。我找到了一些新的材料，可以丰富内容，因此我正在考虑再版的可能性，也许将来可以考虑这本书的汉语翻译问题。

张：国内《金瓶梅》的研究成果较多，但是很少在书名上冠以"修辞"这个术语，您能给我们解释一下《〈金瓶梅〉的修辞》中"修辞"这一词语的含义吗？

柯：是的，当我写这本书时，有一本很受欢迎的书，叫作《小说的修辞》，作者是维尼·布斯，这本书很有趣。芮效卫很喜欢这本书，我们经常在一起讨论。芮效卫认为我的书中包括对于《金瓶梅》中文学、宗教、歌曲等各种典引样式的分析，这些分析是这本书的基本特色，因此建议我将书名定为《〈金瓶梅〉的修辞》。在一定程度上，我认为书名引起了读者的期待，但是这本书完成之后我又转向其他方面的研究。芮效卫的一个博士研究生田爱竹（Indira Satyendra）同样做过《金瓶梅》方面的博士学位论文，我倒认为她可以使用这个书名。因为她谈到作品中的叙事技巧等方面内容，而我主要集中在作品中的典引对其他文类所产生的效果和影响，以及作者如何将文化编织进他的叙事作品。这就是书名的由来。

张：我的理解是"修辞"并未局限于语言表达层面，因为您也谈到了小说的主题。

柯：基本上是这样的，我所做的就是表明作者如何将不同的文学样式和本书联系起来，分析它如何有助于作者阐述他的观点。

张：《〈金瓶梅〉的修辞》这本书的题目还是比较独特的，它看似比较宽泛，实际上又比较明确具体，体现了您对这本书的独特认识，它也是这本书的最大价值所在。

柯：关键在于我是一个旁观者。我现在对中国了解得要多一点，这要好于过去我写那本书的时候。但是我永远不可能如同中国人知道的那样多，因此总是从局外人的视角看待问题，某种程度上虽是片面的，但是这也很有价值，因为我认为比较文学或者文学上的比较是很重要的。能够阅读另一种文化的文学是很了不起的，因为你的确学到了很多东西。最近，我正在和一群朋友阅读俄罗斯作家陀思妥耶夫斯基的作品《卡拉马佐夫兄弟》，我们阅读的是英语译本。我感觉我了解了俄罗斯当时所发生的一切，以前我很少知道这些。因此，我认为这本书使我知道俄罗斯人的思想，正如同阅读《金瓶梅》和《红楼梦》教给我懂得中国人如何思考；因为我通过阅读体验了中国人的做事方式，我的内心中充满了对于中国文化的向往。美国学者对明代的研究有着很长的历史，但是他们的研究主要集中在 20 世纪七八十年代。每个人都阅读明代王阳明的书籍，还有新儒学的转变，等等，但是现在已经很少有人继续做明代方面的研究，更多的人对于现代中国的研究产生了兴趣，还有很多人对民国时代感兴趣。那个时代很了不起，是很有魅力的时代，充满了变化。现在，你可以发现人们仍然撰写关于唐代、宋代，以及明清的学术成果，但是不会出现以前那样对小说和哲学家的大规模研究。我的意思是并不会有太多的人从事这方面的研究。

张：《金瓶梅》和《红楼梦》作为两部代表性的古典小说，在中国古典小说发展史上占有重要的地位，人们也总是将它们相提并论，您对此有何看法？

柯：我曾告诉你，当我参加芮效卫的课堂时，我们正在阅读《红楼梦》，然后开始在课堂上阅读《金瓶梅》。而在这之前的两年，芮效卫正埋头专门研究《红楼梦》，因此他对于《金瓶梅》书中程式化的套语非常敏感，我们对此谈论很多。关于两者的区别，这个问题我还没有认真地想过。我实际上了解《金瓶梅》比《红楼梦》更多。《红楼梦》里都是更好的人，宝黛之间的爱情以及其他人之间的爱情不可能在《金瓶梅》里看到。潘金莲不停地喊叫她是如何的爱西门庆，只是因为西门庆没有给她足够的关注。《金瓶梅》中的每一个人都是机会主义者，他们声称深爱某人，只是因为他们想要得到一些东西，但是《红楼梦》里的人物，虽然有时看起来也显得消极，但更多的是展现出积极的一面。你拿起《红楼梦》这本书，你会感到松一口气，毕竟还存在温柔的情感。

张：《金瓶梅》作者尽量将社会的真实图景呈现给读者，目的是给他们一些警告。西门庆的行为是大错特错的，他理应得到不好的下场。

柯：的确是这样，这本书的魅力在于它的真实性，因此应该要求搞政治的人都来读一下。

张：是的，20世纪60年代，毛泽东曾经要求中国政府官员读一下这本书。

柯：哦，我对此还不知道，太好了，很了不起。

张：《金瓶梅》与《红楼梦》具有相同之处，也存在很大的不同。《金瓶梅》中含有一定数量的性描写，因此国内的一些读者对于《金瓶梅》还存在很大的偏见。我觉得多数人都喜欢《红楼梦》，而不是《金瓶梅》。

柯：问题在于人们完整地阅读《红楼梦》，而不是《金瓶梅》。现在，如果他们在中国能够很容易得到完整版的书，并且认真地阅读，他们会很喜欢这本书。他们会意识到《金瓶梅》这种苍白描写视野背后的魅力所在。如果你喜欢阅读，《红楼梦》读起来自然令人愉快，但是在《金瓶梅》中，你会惊奇地发现人们是如此糟糕。在美国，任何出版社都可以出版书籍，读者也可以随意购买，但是在20世纪60年代，情况就完全不同。你知道有两本书曾经历过同样的命运：一本是劳伦斯的《查泰莱夫人的情人》，另一本是乔伊斯的《尤利西斯》，在当时的美国也买不到，而现在《金瓶梅》在美国的情况就大大不同了。

张：目前，中西学者在《金瓶梅》研究上取得了很高的成就，您认为他们在《金瓶梅》研究的视角上主要有哪些差异？

柯：就我对中国《金瓶梅》学术研究的了解而言，的确已经产生了很多研究成果。芮效卫翻译《金瓶梅》时就参照了很多这样的参考书，如《金瓶梅》的习俗、《金瓶梅》的饮食，等等。我想知道是否有人从法律或者其他的相关视角进行研究。但是当我在进行博士学位论文写作的时候，以及撰写这本专著的时候，如果我们看一看中国有关《金瓶梅》的文学评论，反反复复出现的就是《金瓶梅》中的性描写是否合适。当时我并没有发现有人对这本书予以严肃的思考。我实际需要的是阅读更多的当代中国的《金瓶梅》学术研究，但是20世纪80年代的情况并不是很好，我觉得中国人并不允许他们自己去欣赏这本书，人们总是纠结其中含有的性描写这个问题。这是一本好书吗？这并不是很明智的问题，但是我知道现在人们所做的一切比过去要好得多。我当时读过的很多评论是关于戏剧评论的，例如我认为徐朔方在明代传奇上的成就是很了不起的，人们也很喜欢阅读他的研究成果。我需要有人给我列出一个阅读清单，例如谁是好的评论家，哪些方面的《金瓶梅》评论是我应该阅读的。但是，当时这方面还很欠缺。

张：第二次世界大战以后，美国汉学发展迅速，产生了大量的中国研究学术成果，而美国是否出现过一些中国文学与文化，以及历史研究的中心？

柯：这通常取决于大学里任教的教师。当我攻读博士学位时，芝加哥大学有芮效卫，哈佛大学有韩南，哥伦比亚大学有夏志清，这些学者研究中国文学，但并不是真正意义上的中心。哈佛也有很有名的学者，当韩南退休后，他们又聘请了伊德维，他做了很多的翻译工作，他的翻译要多于学术分析，他是很出色的学者，但是现在他也退休了。我不知道他们是否又聘请了其他人。明尼苏达大学不但是明代小说和戏剧的研究中心，也是明代历史研究的中心，但是这些人也都退休了，现在的学者不是很多。你知道事情的规律就是这样，有的来了，有的走了，循环往复。

张：现在，让我们转向作品翻译这个话题。您除了从事《金瓶梅》的研究外，是否翻译过一些中国文学作品呢？

柯：我参与了一些中国文学作品的翻译工作，主要集中在现当代的作品，虽然数量不多，但是对我有很大的帮助。例如，1975年，我曾经和余国藩（Anthony C. Yu）合作翻译过中国台湾作家白先勇的小说《永远的尹雪艳》。为了保存原作的风格，我们采取了比较灵活的翻译方法，当时的翻译还算是比较成功的，出版后的口碑也不错。

张： 我相信芮效卫的《金瓶梅》英译本对于您的《金瓶梅》研究有着很大的影响，正如同您刚才所说，后来您致力于明清妇女与思想史的研究也是基于对《金瓶梅》的了解，想请您谈谈芮效卫在哪些方面影响了您的学术研究？

柯： 我前面说过，如果我当时没有在芝加哥大学参加芮效卫主讲的《金瓶梅》课程，我根本没有机会接触到这部伟大的作品，并进行深入的研究。这次我们到芝加哥大学和芮效卫教授进行访谈的时候，你也听到了他本人对于这部书的一些看法，尤其是对于作品中色情描写的观点，这是一个绕不过去的话题。芮效卫的观点是很独特的，这在国内外《金瓶梅》研究学界也很难得，而且影响了他的一大批学生。具体而言，当我和他学习《金瓶梅》这本书的时候，他对这本书中的性描写内容已经形成了明确的观点，这在很大程度上影响了我的个人情感。二三十年以前，那时我们在课堂上阅读这本书，芮效卫和其他一些学者感觉到他们必须同一种思想做斗争——这并不是一本很坏的书，这是一本非常有价值的书。他认为，一些著名的学者，例如夏志清觉得这并不是一本严肃的书，因为它只不过通过性描写内容提供给人们一些显而易见的现实材料而已，因此你不可能认真对待这本书。与结构紧凑、组织性较好的西方小说相比，夏志清根本不喜欢《金瓶梅》这部长篇小说，同时，他认为书中的性描写妨碍了这本书成为一部严肃的书。夏志清的观点也代表了中国国内一些人对于《金瓶梅》的态度。让我给你讲一个很有趣的事情，当我在中国参加学术会议或者访学的时候，我会遇见一些中国人，但是很多很多的中国人，如果我想使他们吓一大跳，我就会告诉他们我的博士学位论文是关于《金瓶梅》的，通常他们会给我投来吃惊的表情。但是在我们的课堂上，芮效卫持有完全不一样的观点，他并不认为《金瓶梅》中的性描写是刺激读者的性欲，他极力否认当时人们对这本书的普遍看法。当我们和他在课堂上讨论这本书的时候，他说色情读物是使读者在性的方面产生兴奋之感，读者因此产生一些性冲动，而《金瓶梅》这本书并非如此。他还具体提到，看看书中的性描写，人们死了，西门庆也死了。这就是腐败，现在我觉得我自己对于书中性描写内容上的看法与芮效卫所持观点并不相悖。《金瓶梅》中的性是很糟糕的，它给人们造成伤害，但是为什么每个人还在谈论《金瓶梅》是一本色情书？我不再这么认为，我认为书中的性并不是要使读者兴奋起来，而是要给读者提供一些警示。《金瓶梅》中也有大量有关食物的描写，如果读者读到这些食物的描写，就会感到饥饿，想得到一些食物；但是书中的性描写却是完全不同的。这本书的伟大之处在于呈现给读者生活的复杂性，如果你只关注了其中的一个方面，你可能就陷入了某种误区，从而做出错误的判断。

《金瓶梅》这部作品中人们在性行为过程中对彼此很残忍，因此芮效卫说你怎么能叫它色情小说呢？既然性被描述成残忍和令人不快的东西，有着不好的结局，那就意味着它不是色情小说。我不知道芮效卫将来还会说什么，或者有些新的发现，但是他在《金瓶梅》中性描写的态度是不会改变的。现在，我觉得《金瓶梅》是一部关于社会腐败的书，里面充满了感官享乐。人们为什么会腐败，他们竭力想得到本来不属于他们的美妙物质与感官享乐，他们根本不应该拥有这些东西。这就是腐败！你知道他不应该拥有这个大房子，六个太太，还有这些美味的食物。他通过贿赂某些人得到这一切。我们说我们想成为好人，道德高尚的人，但是很难不被这些感官享乐所诱惑。你很快会感觉到腐败或许是难以避免的，因为没有人能够经得起这些诱惑。我现在的感觉是书中对于性、金钱、服饰的描绘是如此细腻，作者想使你认识到他们是多么的享受，由此你会知道腐败其实是很复杂的，对这些诱惑说"不"并不容易。作者并不意味着给腐败提供借口。我感觉作者认为腐败糟糕透顶，人们之间互相残杀，人性坏到极点。他想给我们展示出作为人类，是多么的复杂和艰难。我们有时对此无能为力。如果你谈论全世界范围内的很多社会，中国并不是唯一有腐败问题的国家。我的国家有腐败，很多国家也有腐败，丑闻世界各地都可以见到，人们占有了本来不属于他们的资源，为了得到好处欺骗他人，谋杀他人攫取利益。这就是我为什么认为《金瓶梅》是世界文学的杰作。我十分赞同芮效卫，这本书向世界提出呼吁。如果你能读一下这本书，无论是汉语还是英语，或者任何好的翻译。你对人们如何从事腐败活动的图景就有所了解。我认为如果法国和非洲有人读了这本书，就会看看他们自己的政府官员是否像在《金瓶梅》里一样被贿赂。的确，我的国家也是这样。你知道人们已经被警告要远离诱惑和腐败，因为人类还没有被彻底改变，我不知道我的说法是不是太过分了。

张：《金瓶梅》是一部复杂的小说，作品解读形成了"众声喧哗"的局面。可以看出，芮效卫的《金瓶梅》译本以及他本人在《金瓶梅》上的研究对您有很大的帮助。您的一些观点是对于芮效卫《金瓶梅》研究的进一步深化。此外，我很想知道美国学者在课堂上是如何进行《金瓶梅》的教学的？想请您具体谈谈在芮效卫讲授《金瓶梅》课堂上的学习情况。

柯：这使我想起了我在芝加哥大学的研究生学习生活。实际上，在芮效卫的课堂上，我们这些研究生并不仅阅读《金瓶梅》，还需要阅读其他的中国古典长篇和短篇小说，如《红楼梦》《水浒传》《三国演义》《古今小说》等。我们还读过《聊斋志异》、杂剧和传奇。他不但给我们介绍了明代的小说，还有元杂剧。你知道，如果我们研究杂剧，就需要对元代和明代的杂剧有着全面的了解，因为文学作品的发展都经历了一个长期的过程，我们很难对作品做出孤立的阅读。因此，我们还需要阅读传奇等其他文学体裁，我们的阅读是成体系的。我记住的就是系统的阅读，阅读完整的作品。那时很多老师，尤其是美国的很多教授，在讲授文学课时，只要求学生从《水浒传》，或者从《西游记》中阅读 10 个章节，但是我们并没有这么做。因为芮效卫强烈感觉到，如果你不阅读整篇作品，你就不可能明白这些杰出的作品是如何产生的，以及不同作品之间有着怎样的相互关系。既然芮效卫用这种方式将我引入文学研究，因此无论是阅读《牡丹亭》，还是《宝剑记》，我都会完整地阅读。很显然，如果你不阅读整篇作品，你就不会明白戏剧是如何运行的，并弄清楚里面的人物都发生了什么事情。长篇小说也是这样，我们总是完整细致地阅读。我们首先要明白我们是美国人，那时候，美国大学里的中国学生不多，不像现在的中国文学课，或者中国文学的研究生课堂，你会看到很多中国学生，中国学生和美国学生一起分析研究作品。但是 20 世纪 70 年代并不是这样，偶尔会有从中国台湾来的学生，但是没有从中国大陆来的学生。我们是美国学生，和美国的教授一起研读中国文学作品。我们必须明白我们正在做什么，这是尤其重要的，因此我们读得很仔细。这并不令人感到奇怪，因为我们的老师是后来出版了《金瓶梅》五卷译本的芮效卫教授。你知道，他的翻译方法就是细致地翻译，准确地翻译，确保不是在解释，而是在不同语言之间进行语言和修辞上的准确翻译。当作品情节进一步展开的时候，我们会加以讨论，看看结构如何发展。虽然并不是总会这样，但是我们会看到作品如何构建，从而产生总体印象。我认为如果你的确阅读了整篇作品，然后才能集中于某一个章节的探讨。例如，我写作并出版了关于《金瓶梅》第二十七回的一篇文章，但是如果我没有阅读整部作品，我就不可能知道它是如何作为整体作品的一部分而存在的。

张：的确如此。芮效卫教授几乎用了毕生的精力从事《金瓶梅》的翻译工作，这种执着的精神尤其令人钦佩。从 1993 年《金瓶梅》英译本第一卷出版开始，至 2013 年《金瓶梅》译本第五卷全部出齐，这期间经历了整整 20 年的历程；而实际上芮效卫教授着手准备翻译的时间则更早，我记得 1985 年他的《金瓶梅》部分章节译文就开始在期刊上发表了。上次我们在芝加哥大学见到芮效卫教授的时候，他多次谈到您是鼓励他进行《金瓶梅》翻译的人，还对您表示了极大的感谢。作为他的学生，您对于芮效卫的《金瓶梅》翻译有何评价？

柯：关于芮效卫的《金瓶梅》英译本，我所能想起的唯一词语是"具有里程碑意义"。《金瓶梅》这部书本身就具有里程碑意义，它的翻译也同样具有里程碑意义，而且是有着里程碑意义的学术研究。现在我将具体谈谈我自己的学生对于芮效卫译本的印象。当我有幸在密歇根大学给研究生开设《金瓶梅》的研讨会上，我们阅读汉语文本，我试着用芮效卫的方式进行教学，从头至尾用汉语进行细致的文本阅读。在匹兹堡大学，我的学生是美国本科学生，我也开设过《金瓶梅》课程，我们使用埃杰顿的《金瓶梅》译本。你还记得上次我们拜访芮效卫时，你提到了归化译法与异化译法两种翻译策略。他说他不太认同归化译法，因为这就像我的学生所说的，他们没有得到另一种文化如何思考、感知和理解事物的意识。相反，《金瓶梅》的这种异化翻译，西方读者读起来也并不是很难。我的意思是和我一起阅读的这些西方读者，他们都是涉世未深的学生。他们是美国的本科生，他们真的很喜欢芮效卫的译文。这和色情描写没有关系，因为我们还没有读到那一部分。因此，他们真的对它十分着迷。我刚才说过两个里程碑意义，其中一个就是芮效卫的翻译以及他对读者的影响；另一个是译本属于学者型的翻译，因为书中的注释占了近三分之一的篇幅。你可以了解到当时中国社会的各种形态，以及中国小说写作特色的各方面。正如同你所说的，芮效卫的《金瓶梅》译本打开了了解中国文学和文化的一扇窗户。现在，我们已经有了他的《金瓶梅》译本作为资源，《金瓶梅》更多的学术研究成果应该被撰写出来，可以查找作品中各种典引的使用情况。我们可以知道中国一位 16 世纪末 17 世纪初的作家如何使用了所有这些典引。这给我们讲述了一个受到良好教育的中国人当时思想中的一切，是什么使其突发奇想，他们又是如何使用传统，这是《金瓶梅》以外的东西，却关系理解晚明意识的很重要的东西，晚明所使用的文化传统，这些你完全可以从芮效卫《金瓶梅》译本的注释中得到。芮效卫说过他的译本并非令普通读者望而却步，但是或许有人应该重新出版册数较少的不带注释的译本；因为普通读者不会对这些注释感兴趣，这样会大大节省他们的阅读时间。但是，他说目前他太累了，没有时间完成《金瓶梅》压缩英译本的任务，其他人想做可以来完成。我认为对于专治中国文学和历史的学者来说，芮效卫《金瓶梅》译本中的这些注释真的很了不起，他们是杰出的学术资源，应该好好地加以利用。我认为读者可以从他的《金瓶梅》翻译中得到两点好处，一是通过译本可以真正了解另一种文化的所谈所想；二是你得到了一些历史资源，告诉你 17 世纪晚期受过教育的一个人头脑里装着什么东西。

张：目前，《金瓶梅》一共产生了三个英语译本，米奥尔和埃杰顿的译本都出版于 1939 年，它们虽然各自具有鲜明的特色，但是毕竟出版的年代较早，译本中难免存在一定的不足，这也是芮效卫重译《金瓶梅》的主要原因。您对《金瓶梅》其他两个英译本有什么看法？

柯：任何译本都有其存在的价值，但是我从来没有读过米奥尔的译本，因为它只是一个压缩本，《金瓶梅》中的内容得到了大幅度的删减，虽然情节结构更加紧凑，更加适用于一般读者的阅读，却并不适用于作品的学术研究。此外，我最早接触的是《金瓶梅》词话本，而且多数是用汉语阅读，因此更不可能阅读米奥尔的《金瓶梅》译本。在我自己的《金瓶梅》教学课堂上，我也没有使用埃杰顿的译本，我们实际上是从《金瓶梅》汉语版本开始的。但偶尔也有这种情况，当我在课前准备不充分的时候，我会迅速地浏览一下埃杰顿的译文，或者有时看不懂原文的时候也会参照一下埃杰顿译文，因为它对于理解原文的内容的确很有帮助。但是，我们在课堂上没有选用埃杰顿译本，因为我想让我的学生体验一下这是一本大块头的书，也应该用同样大块头的译本进行阅读。埃杰顿的译本很容易得到，但是那时芮效卫已经开始进行《金瓶梅》的翻译工作，我记得我们已经拿到了作品开始的十二章，因此我们在课堂上主要阅读这十二章内容。如果在阅读过程中出现问题，我们会转到埃杰顿的译文。我的学生对于埃杰顿的译文感到有点失望，他们觉得当他们阅读芮效卫的译文，就如同看到了另一种文化如何思考，如何运转，又如何被放在了一起；但转到埃杰顿译文时，他们感觉一切是如此的熟悉，好像是关于中国人的一部英语小说。埃杰顿译文毕竟以崇祯本为底本，未能反映出词话本的全貌，如果要对《金瓶梅》的词话本有所了解，它的不足是显而易见的，而且埃杰顿译本中也省略了一些复杂的文化描写，未能反映出《金瓶梅》原书的全貌。总之，尽管埃杰顿译本对于初学者而言非常有帮助，但我不会坐下来一晚上都来阅读他的译文。我认为一晚上费力来读汉语原文会更加有意思。

张：我十分赞同您的观点，也感谢您给我们提供了您的学生对于埃杰顿和芮效卫译本看法的第一手资料。这实际上纠正了国内外个别学者提出的芮效卫《金瓶梅》译本只是针对专家学者的偏颇观点，而实际上芮效卫译本在普通读者中间也是有着一定的市场。顺便问一下，除了芮效卫教授，美国汉学界还有哪些人对您的学术研究产过重要影响？

柯：另一个对我影响很大的是历史学家何炳棣。他主要研究明代的社会流动性，后来人们对他的一些设想提出了异议。他提出用整体观点来看待科举制度，即它是如何塑造社会和社会化的期待，这对于澄清每个人的疑惑很有帮助，也是人们如何理解明代社会的关键。人们对他的结论抱有异议，但并非针对他的方法。然后在哥伦比亚大学，他们有研究道学和程朱理学的中心，看一看明代发生的一切，明代已经开始开放了。一般的知识分子变成什么样子呢？李开先可以自由表达，与王阳明有很大的关系。你知道李开先说了一些对他不利的东西。我不太清楚，但是我知道人们多是出于自己的利益去研究明代。李开先和王阳明都试图打破传统程朱理学的束缚，但是李开先本人并不认为他和王阳明有任何联系。如果我们从长远的视角回过头再看的话，情况却并非如此。

张：今天我们谈论了很多，主要包括您自己的学术经历，以及芮效卫《金瓶梅》译本的评价等方面内容。可以看出，文学翻译对您前期的《金瓶梅》研究，以及后来明清妇女史等方面的中国文化研究有着重要的影响，其中芮效卫的《金瓶梅》翻译对您的帮助是很明显的，而您自己也参与了部分文学作品的翻译工作。目前，为了让世界上更多的人了解中国文学与文化，您认为我们还应该做哪些方面的工作？

柯：尽管欧美的一些读者具备用汉语阅读原作的能力，但是多限于汉学家的层面。为了让更多的读者了解中国文化，文学作品的翻译当然必不可少，将来也可逐渐扩展到学术著作的翻译，这样才能进一步扩大中国文化的影响力。当然，这还需要很漫长的时间，并非能够在短期内完成。

张：我赞同您的观点，正如季美林先生所说的"翻译之为用大矣哉"！最后，谢谢您和我们分享了您的治学经历，我今天收获颇多。

柯：不客气，我也很高兴能够受到你的采访。

美国汉学家白雪丽访谈：让读者体验"另一种生命形式"的原著*

白　乐**

白雪丽
（Shelly Bryant）***

她来自美国南方小城，自 20 世纪 90 年代开始旅居新加坡，后长期往返于新加坡和中国。她将自己游走于不同文化之间的经历称为捕捉不同市器"声音"的方式。从对华文一字不识到娴熟掌握并成为职业翻译家，她有着常人未曾体验的特殊人生经历。如今，她把包括新加坡华文作品及中国作品在内的众多华文文学作品译成英文，并同时深耕于小说、散文写作与诗歌创作领域。她就是美国汉学家、翻译家、作家、诗人白雪丽（Shelly Bryant）。本报记者采访了白雪丽，聆听她眼中的跨国文化与人类共通文化，以及她对长期翻译不同作品所积累的独到心得体会。

一　"我对所有的文学追求都有强烈兴趣"

《中国社会科学报》：作为一位汉学家、翻译家、作家、诗人，您

＊　本文原载于《中国社会科学报》2023 年 9 月 15 日第 2736 期，收录于本书时有增补。
＊＊　白乐，《中国社会科学报》记者。
＊＊＊　白雪丽，美国汉学家、翻译家。双重国籍，另一国籍为新加坡。

具有多重职业身份。那么，您的这几个职业之间有何关联？这种多重身份是否赋予了您对于文化研究的别样认知？

白雪丽（以下简称"白"）：我的学术背景主要来源于文学领域，翻译是在我职业生涯的后期才开始接触并发展的。我相信这是一个人成为文学译者的更理想的方法——首先拥有一定的文学素养积累，然后再开始着手作品翻译，而非先从翻译入手，再培养文学兴趣。

此外，很多人给我贴上"中国观察家"的标签，用这些词来形容我都是有偏差的。

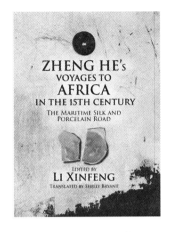

《郑和与非洲》英文版，
李新烽主编

我未曾接受诸如有关中国语言文化正统式的训练。我的中文大多数时候都是通过实际使用学会的——在交谈中通过耳朵聆听和嘴巴提问，以及得益于几个志同道合的朋友的耐心帮助。他们和我一起进行阅读并修改我的作品。我对中国文化的理解也是如此——我是通过生活在其中而不是通过正式的研究来了解它的，就好像它是我作为一个观察者站在一边并与之互动的某个对象一样。

从本质上讲，我并不赞同这样一种观点——即研究文化的最好方法是与文化保持一定的距离，并把它当作某种独立于我们之外的物体来观察。我认为文化的核心是人，而人本身参杂着很大的主观性，故而文化无法被真正客观、超脱地看待与审视。我们生活在文化之中，文化也生活在我们周围。自21岁大学毕业以来，我在新加坡和中国生活了30年。我并不是生活在一个与两国文化分离的"幻想的气泡"里，而是生活在大多数人所说的"当地生活方式"中。虽然我不是中国人，但我生活在中国文化中，它是我生活世界的一部分，我无法把它作为一个客观物体来研究，它已深深地与我的生活融为一体。当我搬到一个中国当地环境中时，我就会很自然地开始阅读中国文学作品。

我的一生就是文学的一生，我对所有的文学追求都有着强烈的兴趣，而我对文学的兴趣在于它的根本是人类文化。我从未把中国文学与英国文学或其他国家的文学研究分开来，因为它们都属于文学，在本质上是相通的。作为一个诗人和作家，我经常评论文学作品，组织文学分享和交流活动，深入参与文学社区的建设，帮助培训新兴作家和诗人。我的翻译工作是其中的一部分，应在这一背景下进行观察和剖析我的翻译经历。我对所有文学的兴趣在于它是人类文化。我不寻求"传播某国文化"。我不认为文化是一种可以传播的事物，尽管它是可以分享的事物。我一直喜欢分享好故事——分享喜欢的书籍、电影。对我而言，翻译也是这种"分享"欲望的延伸。分享人们彼此喜欢或认为有意义的故事将人与人紧密地联系在一起。这也是我翻译的目标——通过有意义的语言转化，分享并联结不同的文化。

《中国社会科学报》：您曾说过，白居易的《忆江南》激发了您对中国古典诗歌的兴趣，对吗？那么，具体而言，白居易及其诗歌作品对您的中国古诗阅读经历有何启发？

白：在众多中国诗人中，我的确很喜欢白居易作品，我也很喜欢白居易笔下的位于松江老城的醉白池花园，他与这里有着十分密切的联系。白居易所作的中国古诗《忆江南三首》是一位朋友曾经和我分享的一部作品。这可能是我早期读过的最易于理解的中国古典诗歌之一，但我不能确切地把它归功于我踏上中国古诗阅读与翻译道路的启蒙作品。

白居易作为中国古代著名诗人有很多我欣赏的地方，也许最让我欣赏的一点是他笔下诗歌的"平易近人"。据传闻他坚持让他的仆人也能够接触到他创作的诗歌。在他生活的那个时代，以他的身份地位能够做到这一点很不容易。仅这一点就足以让白居易的人格富有吸引力。与许多中国诗人追求晦涩艰深的文风不同，他的诗歌通俗易懂，这也给了我早期开始阅读中国诗歌的一些信心。许多面向外国读者的汉语学习材料以及关于中国诗歌的书籍往往强调中国诗歌晦涩难懂，是一种属于精英阶层的专利，仿佛中国诗歌笼罩在"中国五千年历史"的神秘感之中，因而高深莫测。这种描述并没有使中国诗歌更具吸引力，反而造成一种错觉，如果不是天时地利人和，就没有希望理解中国诗歌。我对这一问题持完全不同的看法。没有人天生就知道任何一种语言以及用这种语言书写的诗歌。语言和诗歌不是什么神秘的禁地。一个人要想读懂中国诗歌，就像了解中国其他领域的文化一样，只要不断涉猎相关知识，就可以做到深入透彻地理解。

可以说，白居易的作品以及他有关诗歌需"面向平民"的理论引起了我的情感和思想共鸣，也赋予了我作为一名读者的别样阅读体验。白居易认为，诗歌的目的在于传递和交流情感，而非遮蔽或阻隔情感。他的这一见解所引起的共鸣之深超越时空，可以说是跨世纪、跨语言、跨文化、跨大陆以及跨性别的。于我而言，阅读白居易的诗歌作品敲开了心灵的大门，不仅在知识层面上令人愉悦，而且在个人精神层面上也是如此。在我看来，这正是伟大文学作品的魅力所在——它能够在多个层面让人彻头彻尾地着迷。

《中国社会科学报》：白居易是唐代伟大的现实主义诗人。对于诗歌欣赏及其他文学作品阅读，您个人更偏好于哪种类型的风格——现实主义、浪漫主义，抑或是其他流派？请谈谈其中的理由。

白：作为作家，我对于诗歌和其他文学体裁的阅读偏好较为"折中"——很难根据写作流派或特定作家来确定我的"最爱"，而且我也不会将自己的写作局限于一种特定的形式或流派。我出版了几本十分小众的思辨性诗集（包括科幻诗歌），以及几本被认为更为"主流"的诗集。我还出版过一本短篇小说集和若干散文作品。如果你阅读我个人的诗歌、散文和小说作品，会发现其中涵盖的主题和体裁非常广泛。

这也在很大程度上反映了我的阅读品味——可能会有某些作品以特定方式引起我的内心共鸣，但我没有最喜爱的风格、流派或作家。一些作品的思想用现实主义的术语可以表达的更好，而另一些思想用浪漫主义的术语则能表达的更为生动。我认为较为重要的一点是，一部作品能否将形式和内容巧妙地合二为一。在我的文学作品阅读中，我真正喜欢看到的是一个与它所表达的形式完美契合的故事、概念或想法。例如，我在研究江南园林时常常重温三部中国作品，分别是陶渊明所作的《桃花源记》、曹雪芹的《红楼梦》和叶圣陶的《苏州园

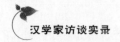

林》。这三部作品体现了有关园林美学的三种截然不同的观点：第一种是虚幻想象式的；第二种是现实主义式的；第三种是将两者以有趣的方式混合糅杂，以让游客获得"身临其境"的美感。每位作家都在自己擅长的体裁方面匠心独运，以自己独特的方式围绕"园林"主题展开叙事，从而共同塑造了读者对于中国园林的理解和体验。

二　原文的微妙性应在译文中得以延续

《中国社会科学报》：翻译绝不仅仅是简单的字词或文辞转换，它是糅杂背景知识、思维方式、文化差异等因素的多维体。因此，对于文学翻译而言，要同时实现"信"与"雅"的目标较为不易。一方面，译文应尽力保持原作的形式和风味；另一方面，译文必须有自身的特色与印记。您如何理解这一点？

白：如你所说，翻译从来不是简单地把词语由一种语言转换成另一种语言。两种语言之间本没有任何关联，然而，通过它们所共同指征的事物——人、地点、感情等生活中的元素，二者产生了共通之处。有时，为了指征同一事物，两种语言会采用不同的术语及形式来表达——也许以一种比另一种更为直接的方式。然而，如果译者过于执着于分析原著的语言特点，最终会陷入原著的语言表层"陷阱"之中，而忽略了原著所讲述的故事及其中蕴含的深层次哲理与思想。如果译者想在翻译过程中达到"忠实"于原文的目标，就必须认识到，我们的目的是在新的语言系统中以一种察觉不到原语言系统痕迹的方式再现原著中包含的元素，同时，也应意识到，著作中反映的情节、所暗含的意味、所体现的思想是翻译应当传达的重点目标。

文学译者翻译的不仅仅是文字，而是包括故事、诗歌、散文等体裁形式在内的整个文本。只译出文字含义的行为就如同为某首诗中的每个单词去查阅字典，然后自欺欺人地认为理解了这首诗的全部。事实上，仅将每个孤立的词语放置在一起并不能构成这首诗的完整意涵。相反，各个词语必须在语境中协同搭配，才可以形成有意义的诗歌内容——一些本可以出现但未出现的词语，也即"隐含"的词语也构成了诗歌语境的一部分，在翻译时也须加以考虑。理解并传达每个词语的字面意义，也即进行逐字翻译是译者在翻译工作前期应当做的准备工作，但这不能成为翻译的全部过程。翻译的下一步是去了解这些词语是如何协同工作的，然后用新的语言将这些词语用同样典雅的形式进行组合，使其产生与在源语言中同样的输出效果——不仅在字面上，而且在语言所达到的文采性与典雅度方面。

这意味着，原著中蕴含的优雅和美感也是构成其表达意义的重要部分，我们必须在新的语言系统中捕捉到这种优雅与美感。对于文学作品而言，缺失了"雅"的译文只是初级翻译，"信"也将无从谈起，因为剥离了"雅"即意味着违背了作品的"文学性"本质。"雅"是文学翻译所追求的准确或忠实的内在组成部分，也构成了原作阅读体验中不可或缺的一部分，因此未能捕捉并保留"雅"的译文也不能称之为遵循"信"的译文。我认为，如若一首诗在翻译过程中丢失了其原有的风味与诗意，便不能称之为准确的翻译。从这个意义而言，在文学翻译过程中，追求"雅"和"信"的目标二者可以同时并存并相互兼容，但这无疑对译者提出了更大的挑战。

同时，由于原文和译文之间的语言与文化差异，翻译过程中总会遇到一些难点，不存在一种万能的方法来应对这些挑战，特定篇章的语境决定了相应的翻译策略。作为一名译者，为应对这些挑战所能做的最好的准备就是在两种语言与文化的背景中收集广泛的知识和经验，并始终保持游走于不同类型文化之间的灵活态度。我认为，当一个译者遇到一个翻译难题时，最糟糕的事情就是认为可以一劳永逸地解决它。对于某一原文中的翻译难点，可能存在某个完美的翻译对策，然而在新的语境中，这种翻译对策就会彻底失灵。我想，作为一名译者，我最大的优点可能在于，除了已经确定的翻译对策之外，我总是乐于接受其他翻译对策，而且这一对策可能比我之前的翻译思路更好。在翻译工作中，要不断走出自己的思维或能力的"舒适区"。

《中国社会科学报》：您的研究方向也包括"读者接受"理论。从"读者接受"理论的角度，符合读者阅读心理及认知习惯的译文才能被称为好的译文。结合您自身的翻译经历，您如何看待这一点？

白：读者在阅读过程中可能会带着自己对作品的看法，这是一件好事，正是这种读者的个人见解会帮助其发掘到创作者本身可能忽略的作品意义。同样，我认为在文学翻译过程中，赋予读者充分的自主权及信任度十分重要。以我自己来说，作为一名诗人和作家，我十分尊重读者的阅读过程。我无意打扰，也不愿意试图告诉读者应当如何理解一个作品。而作为一名翻译家，我倾向于用另一种语言将原作品的内涵以一种原汁原味的方式呈现，并让读者通过自己的阅读体验来发现它的意义。我相信一个广阔的阅读空间所固有的力量及文学自身所具有的魅力能够传达什么是生命的意义，什么是共通的人性。这一理念源于我在写作实践中获得的体会，也延续到了我的翻译工作之中。

鉴于此，译作必须像原文一样细致入微，给读者留下足够的思考余地，让他们进入新的阅读空间，去重新体验"另一种生命形式"的原作。这也意味着译者不能介入原作者未曾介入的地方——在语句转换的过程中，译者必须抵制对原作进行"过度解释"的诱惑。一些译者出于更好地传达原文语义和风格的考虑，对于原作中的抽象概念及隐含意义用单独的句子或段落进行一定的注解与说明，添加译者自身的见解以扩展原文意义。这一做法看似有益于读者理解原作含义，却会改变原文内容与形式，并大大缩短读者的思考过程，从而剥夺了读者本应有的通过译本充分体验原作的机会。

对于我的这一观点，可以通过一则轶事来说明。我曾经参加过一个有关文学翻译的会议。当时，一位年长的教授向听众演示了一个翻译样例，并解释了为什么这是"他所见过的最忠实，甚至最完美的汉译英实例"。这位教授在翻译教学界比较资深，也长期从事翻译实践，我自然而然地对他的观点产生了兴趣，希望能从他那里得到一些启发。当他向我们展示中文原句时，我同意它的原句结构非常漂亮。我迫不及待地想看看译者是如何把它翻译成同样优美的英文的。然而，当英文翻译出现在屏幕上时，我以为这位尊敬的教授是在用开玩笑的幽默方式来吸引课堂听众。一个原本文字简洁、结构合理，由15—20个汉字组成的7个句子被渲染成一个笨拙冗长，在屏幕上跨越了将近8行的英文长句。整个句子读起来很费劲乏味，甚至痛苦。

不幸的是，教授并不是在开玩笑。他接着分析中文原句中的每一部分都是如何在英文中得以再现。他的分析和阐释细致入微，具体到了翻译的每一个细节。对我而言，该中文对应的英文译句简直糟糕透顶，堪称"翻译车祸现场"。我简直不敢相信这位教授认为它"忠实"，更不用说"完美"了。

这位教授对英文译文的分析当然也有正确的成分。正如他所指出的，译者确实分解了整个中文文本，将原句的细微之处例如隐喻和典故等的运用一一梳理，并将所有这些细节内容都同步反映在对应的英文版本之中。这种翻译思路及其涉及的工作量之大让我印象深刻，它反映了译者对于中文原文的严格遵循，以及可能花费数小时之久的研究和思考。译者对原文的阅读和阐释十分仔细，她的这种精神值得钦佩。然而，必须指出，这不是一个忠实的翻译。那位教授在屏幕上向听众展示的英文译文所代表的作品呈现了译者在翻译前半程所做的出色工作。当译者遇到一个十分微妙的、充满文化色彩的句子时，放慢翻译速度，仔细分解句子，尽可能多地梳理出其中包含的细节，并努力钻研如何将这些细节想方设法"挤进"目标语言之中无疑是值得花时间的。但梳理完毕之后，译者的重心就应当彻底转向目标语言，并努力寻求将所有的源语言信息浓缩成一个同样简洁、同样优美的新句子。纵然将文本进行详细分解是译者的一大任务，然而，在目标语言中以一种捕捉原文美感的方式重建原句是更重要的任务。这意味着让原文的简洁性与微妙性在译文中得以保留和延续。

汉语是一种富有冲击力的语言，倾向于在较小的空间内囊括大量密集的信息。成语即是一个很好的例子。一个成语往往将整个故事浓缩成四个字，以言简意赅的形式表达深刻隽永的道理。那么，在中译英时，努力让英文译文也同样保持紧凑和轻盈的风格尤为重要。英语句子不能用中文的思维方式来构造，将这些从中文句子中梳理出来的细节仍然以它们最初的形式保留是不可行的。相反，译者必须使用英语思维去构造一个与中文原文相呼应的新句子。如果中文句子紧凑，那么漫无边际、冗长繁琐的英文句子就"不忠实"。正是紧凑性赋予

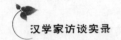

中文原文以美感，这种美感也应当在英文译文中得以相应的体现，并让读者在阅读过程中发挥想象的空间。若把原文隐含的细节都在译文中一一列出，不仅违背了原文的风格，也将剥夺读者想象的权力。

　　这位教授在讲座中向我们展示的这一翻译实例给我留下了深刻的印象，也常常被我当作一个有关翻译方法论的典型案例研究。我们不能把"拳击"变为"张开的手掌"进行拍打，从而失去原有的动作冲击力。相反，我们的目标应当是找到同样有力、尖锐的语言，既忠实于原文的含义，又忠实于原文的风格。这是我在自己的翻译实践中一直坚持的信念。

三　攻克翻译难关带来愉悦感

　　《中国社会科学报》：您最近完成了哪些以及正在完成哪些中国作品翻译？可否简要介绍下这些作品的内容及其带给您的思考？

　　白：我目前在从事的几个翻译项目包括：两本有关儿童的著作，作者分别来自厦门与北京；一本有关现代儒家哲学的学术著作；一本有关明清时期江南丝绸工业的学术著作；一系列来自中国大陆作家的短篇小说；以及两位新加坡文化奖章得主林高和希尼尔的诗集。每部作品的翻译都很独特也都有不同的挑战性，这正是我喜欢翻译的原因，我很乐于体验这种不同主题与风格的翻译作品带来的多样性。

　　我最近完成了华人女作家张翎的鼎力大作《余震》（*Aftershock*）的英文版翻译，目前正在编辑该作品的阶段。这部小说作为经典的灾难文学作品，可以用来例证我经常谈到的一个观点：在一些情况下文学和文化不能简单地被归入隶属于中国的文化或其他种族、国别的文化。张翎本人是中国大陆人，但已经在加拿大生活了30多年。小说中最早的场景发生在1976年唐山大地震期间，描述了唐山在瞬间变为一片废墟之后，一个幸存女孩儿32年的成长经历及情感困境。作品着重表现那场浩劫在亲历者内心深处造成的强烈"余震"，以及个体为之完成的自我精神救赎。作品所描绘的地点除了唐山，也包括上海、广州和多伦多。从文化上而言，它最适合被归类为属于人类的

"共通文化"。它深入探讨了灾难带来的重大创伤对个人、家庭和社会的长期深刻影响，并探讨了人类应对创伤尤其是发生在生命早期的创伤的种种方式。虽然这部小说的"中国性"占了很大成分，但我认为它所彰显的"人性"才是最根本的——这也是我在翻译过程中，深深被这部作品吸引的原因。

《中国社会科学报》：在您的英文译作当中，有两部译作可谓十分独特——中国社会科学院西亚非洲研究所所长、中国非洲研究院执行院长李新烽研究员所著的《非洲踏寻郑和路》（*China in Africa: in Zheng He's Footsteps*），及其主编的《郑和与非洲》（*Zheng He's Voyages to Africa in the 15th Century: the Maritime Silk and Porcelain Road*）。这两部著作的英文版分别由南非的出版社于 2018 年、2023 年出版。那么，可否谈谈您对这两部著作的翻译体会？

白：如我之前所述，形式与内容完美结合才能创造出优秀的作品。在翻译中，我认为这一点也至关重要——我们必须在译作中同步反映出这种形式与内容的完美结合，即使目标语言所使用的表达方式与原文有所不同。在翻译李新烽研究员的这两部有关郑和下西洋研究的著作时，我有幸以两种不同的形式处理一些相近的内容。在这两部著作中，作者都必须非常谨慎地如实报告他在实地工作过程中的发现。但不同的是，《非洲踏寻郑和路》围绕作者在非洲的探险历程和实地调研记录展开，因而呈现出了更强的叙事性；《郑和与非洲》采用了更为学究式的方法，李教授本人的非洲探险经历不再成为著作的重心。因此，这两本书带给我的阅读感受截然不同，可以说二者互为补充。即使二者的某些内容相似，用于传达这些内容的语言形式及其相关的分析方法也大不相同。于我而言，处理这两个不同的作品文本是一个有趣的翻译练习。

翻译《非洲踏寻郑和路》一书是一个十分有趣的经历。这本书涵盖了相当广泛的主题，这使得翻译过程具有很大的挑战性，也充满趣味。我很感谢李教授把该书的翻译工作委托给我，我很喜欢和他一起工作。一方面，书中涉及大量的研究材料，李教授对这些材料的严谨对待与充分论证是显而易见的。另一方面，他在书中所记录的内容不

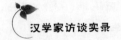

仅是学术性的、经过充分研究的，而且充满了冒险精神和对考古新发现的热情。在这本书中，我们可以清楚地感受到他在非洲踏寻郑和之路过程中对于郑和遗迹新发现的欣喜，这使得整本书读起来十分引人入胜。我在翻译过程中也尽力传达这一点，因为我认为作者对田野调查与实地探访的热情构成了读者阅读体验的重要组成部分。在翻译该书的过程中，我遇到了一些原文理解方面的"灰色地带"，这部分文字为翻译带来了一定的难度，但我很享受攻克这种翻译难关带来的愉悦感。

这本书中，除了客观挖掘并呈现有关郑和沉船的事实和数据，例如郑和舟师的编成状况和船型类别，也融入了基于这些事实和数据而进行的对当年郑和下西洋及其船队经历的推理，这些推理在一定程度上富有历史想象力。同时，李新烽研究员对其实地考察经历的叙述方式也不仅仅是严肃刻板的，而是形象立体的，其中糅杂了许多个人情感抒发与大量自然风光描写。在用英语语言书写的作品中，纪实作品与小说在体裁方面有着严格的区分，二者界限分明，前者几乎不给任何富有想象力的推理或抒发个人感受留下空间。然而，中文作品中，汉语语言本身的流动性，加上事实与推理、情感、景物可以在纪实作品中相混合的传统，允许客观事实报道有更多的灵活性。同时，在一般意义上的小说创作中，当作者书写他/她自己时，作者也会成为其正在书写的故事中的一个角色。《非洲踏寻郑和路》虽然是一部纪实类作品，但作者以一种类似于小说家对待故事情节和主要人物的方式来处理他所追寻的历史事件，而李新烽研究员自己也成为了"踏寻当年郑和船队足迹"这一故事中的主角。因此翻译这部作品带给我的感受与翻译小说十分类似。

《郑和与非洲》一书中有很多具有挑战性的词汇，尤其是中国古代历史名词及专业术语，这对于当代中文读者而言晦涩难懂。我不得不就这些名词及术语向李教授请教，他非常慷慨大方地花费时间予以相关知识的解答，我因此十分感激他的耐心帮助。他为这本书的写作做了很多学术研究，因此也很清楚书中专业的中文术语表达带给译者的挑战。

《中国社会科学报》：如之前所述，李新烽研究员为踏寻郑和在非洲遗留的足迹并探访郑和船队水手后裔不为人知的生活进行了大量实地考察。当他从西方记者口中得知肯尼亚帕泰岛有郑和后裔时，不顾危险上岛，六年来走遍了大半个非洲，足迹数十万里。同样，对于《余震》这样一部与真实历史经历如此紧密相关的小说，张翎也进行了实地调查以尽力还原当年唐山大地震事件的真实轮廓。那么您是否认为任何一种学术研究都不应仅仅停留于图书馆或课堂，而应辅以田野调查、现场发现或现实生活中的观察？这样才能获取最准确的信息，才能体验到最真实的感受。伟大的作品离不开生活。您如何看待这一点？

白：我完全同意伟大的作品应当与生活联系起来，这也符合我学习中国语言和文化的方式。实地考察可以极大地丰富学术作品。李新烽研究员为他的书所做的实地考察无疑是深入生活的，既有广度又有深度。他在非洲细致的考察经历使得郑和"舟师"当年在非洲遗留的许多踪迹"浮出水面"。随着这些淹没于历史的郑和船队踪迹重新"浮出水面"并得以为人所知，所谓"新殖民主义论"的错误言论在铁一般的事实面前不攻自破。他的这些实地考察提供了许多可供分析和思考中非关系的实证材料，为学界开辟了思考中非未来的新途径，并证明古代中非之间的友好往来可以作为当代双方合作与团结的典范。

与《非洲踏寻郑和路》以及《郑和与非洲》类似，张翎的小说《余震》深深植根于她对1976年唐山大地震的考察研究。但她为这部小说创作所做的调查显然与李新烽研究员为在非洲踏寻郑和船队足迹所做的考察大相径庭，不仅仅是因为我们距离唐山大地震并不像郑和时代那么遥远。我在翻译过程中，曾听张翎谈起她为揭开那场灾难面纱所做的"口述史"工作，这与李新烽研究员在非洲实地采访数百名人士以获取真实历史资料的思路相似——她努力地深入了解地震幸存者的个人经历，与那场灾难的许多亲历者们交谈并聆听他们的故事。亲历者和观察者的视角可以使得对个体疼痛的叙述方式更为丰满厚重。为更充分地了解唐山大地震的相关线索，她也阅读了所有能收

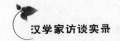

集到的国内外有关这一事件的真实资料与文字记载。如她所述："那个铁罐一样严密的年代成功地封锁了任何带有蛛丝马迹的照片。于是我和那段往事失去了直接的联系，我的想象力只能在一些文字构筑的狭小空间里艰难地匍匐。"

张翎的小说《余震》力求通过如实呈现她收集到的资料和数据，但这与《非洲踏寻郑和路》以及《郑和与非洲》所传达的是一种截然不同的真实，因为前者是通过虚构来表现真实。纵然小说中的一些故事情节是虚构的，但其传达的情感却是真实的。如果一个历史事件蕴含的情感真相及人物的内心世界在一部虚构的小说中能够被精巧捕捉并生动展现，我们就可以认为这部作品是成功的，即使其所记录的一些事件实际上并没有像叙述中所说的那样发生。

美国汉学家伊维德访谈：带中国古代说唱文学走向世界*

刘　翔** 朱　源***

伊维德（Wilt L. Idema）
伊维德（Wilt L. Idema），曾担任哈佛大学费正清研究中心主任和东亚与文明系主任，现为哈佛大学荣休教授（Professor of Chinese Literature, Emeritus）。伊维德是中国古代说唱文学在西方译介的集大成者，他的说唱文学译介不仅在数量上创历史之最，而且在种类上涵盖了中国说唱文学的主要门类，包括变文、宝卷、子弟书和弹词等主要说唱文学形式。伊维德迄今英译中国说唱文学十一部：中国民间传说五部（包括《孟姜女哭倒长城的十种版本》《化蝶：梁山伯与祝

　＊ 本文获中国国家留学基金的资助；大连外国语大学科研基金项目"民俗叙事视角下中国古代说唱文学译介研究"（项目编号：2018XJYB09），教育部人文社科规划基金项目"新时代政治话语翻译研究与国家语言能力建设"（项目编号：19YJA740021）的阶段性成果。原载于《中国翻译》2020年第2期，收录于本书时有所修订，原题为《带中国古代说唱文学走进世界文学舞台——汉学家伊维德访谈录》。

　＊＊ 刘翔，大连外国语大学多语种翻译研究中心研究员、英语学院讲师，研究方向为典籍英译。

　＊＊＊ 朱源，中国人民大学外国语学院教授、博士生导师，研究方向为典籍英译。

英台传说的四种版本及相关文献》和《木兰从军》等），宝卷三部（《自我救赎与孝道：观音及其侍者宝卷》等），包公说唱故事一部，地方民谣两部。2015 年被中国政府授予"中华图书特殊贡献奖"。

笔者在美国访学期间，于 2018 年 4 月在哈佛大学东亚与文明系采访了伊维德教授，访谈围绕其对中国古代说唱文学价值的阐释、译本中副文本的使用、多版本的翻译、说唱叙事无韵化的处理、合作翻译的模式、汉学研究和翻译间的关系，以及中国文学"走出去"等主题。

一　中国古代说唱文学价值的阐释

刘翔、朱源（以下简称"刘、朱"）：翻译可以说是一种"典型的价值创作活动"（刘晓晖、朱源，2017：85），您在西方世界里是中国古代说唱文学研究和译介的集大成者，不断发现说唱文学的价值，不但将这些在文学史中处于被遗忘的角落，进不了大雅之堂的文学形式成功写入《剑桥中国文学史》中，还将它们成功地译介给西方读者，让它们在世界文学舞台中重现异彩。那您认为中国古代说唱文学的价值有哪些呢？

伊维德（以下简称"伊"）：中国古代说唱文学是文学文本，它们首先具有文学价值。如果这些文本枯燥乏味，也不会引起我的阅读兴趣。我喜欢阅读和翻译它们，是因为这些文学作品具有可读性。说唱文学的故事性也是很多民间传说几百年来以说唱形式在民众间广为流传的重要原因。这些民间传说讲述的人物、故事和道德内涵引人入胜，并且激发起人们对美好生活的向往，比如《白蛇传》、木兰故事和梁祝故事在当代中国还很受读者欢迎，因为它们具有很强的文学价值。其次具有民俗文化价值，说唱文学能带读者走进精英文学通常所忽视的中国传统民俗文化。我并不是反对精英文化，中国具有博大的文化传统，我也曾经翻译过诗歌等中国经典文学作品。但如果西方读者认为中国传统文化只是杜甫、苏轼和《红楼梦》等精英文化，那就对中国文化的认识太片面和局限了。我喜欢说唱文学还有一个原因，是因为西方有非常深厚的说唱文学传统，叙事诗在西方文学中拥有很高的地位。如果你去读中国的历史散文、哲学散文和诗歌，会发现中国文学理论是建立在作品的真实性基础之上的。文学作品中历史需要真实，哲学需要真实，感情的表达也需要真实。而西方却拥有完全不同的诗学观念，当亚里士多德在定义文学的时候，文学首先是表现诸神和人类互动的戏剧和英雄史诗，必须是虚构的故事。而中西方对于经典文学有着完全不同的理解。在中国，经典文学最初是表现真实生活的历史散文、诸子散文和抒情诗；而说唱文学和戏剧在中国一直都被看作用来娱乐的俗文学。在西方，真正的文学作品是想象出来的，戏剧和史诗才被认为是经典文学作品。所以在欧洲中世纪，格律或者韵体叙事诗很受欢迎。在西方文学传统中，读者喜欢诗歌，会读叙事诗。我学过古希腊语和古拉丁语，在高中我们就会读《荷马史诗》整部作品或者部分章节。在荷兰中世纪文学中，也有一部非常伟大的叙事诗《列那狐的故事》（*Van den vos Reynaerde*）。很多学者说中国没有史诗，在早期可能是这样的。但是在明清时期，说唱文学使中国史诗的数目超过了同时期整个欧洲史诗的总和。由于中西方诗学的差异，在中国，长篇叙事诗被认为是用来娱乐的通俗文学，没有学术性。现在这种看法已经过时，学者对于说唱文学的认识正在改变，但是重视程度还远远不够。

二　民俗文化观——痴迷中国说唱文学的缘由

刘、朱：您选择译介包含原汁原味民俗文化的中国说唱文学作品，在翻译过程中不但注重作品的版本考证，而且采取深度翻译描述中国民俗文化，提供丰富的民俗背景和信息，重构中国古代丰富的民俗语境，对中国民俗事项进行阐释，最终为西方读者编织出中国民俗意义之网。那您在翻译过程中是否受到了文化人类学思想的影响呢？

伊：我在上大学期间，对当时中国社会科学和社会发展非常感兴

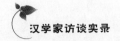

趣，所以选修了人类学课程。我们应该区分两种文化观：一种是理想中的文化和社会，社会应该变成的样子，这只是理想化的状态，是对精英文化的书写。而另一种是社会学和人类学视角下的文化。文化是对普通人日常生活的记录，是他们维持生计和抚养子女等日常生活的记录，是普通人的生活状态，这也是我的文化观。这种文化观是我对俗文学中的白话小说和更通俗的说唱文学、民谣和山歌感兴趣的原因。很长一段时间里，由于说唱文学不受中国学者的重视，这种俗文学的材料很难获取。中国的戏曲学院和文化站，为了将古代说唱故事改编成现代故事，成了唯一收集说唱文学的地方，但是它们所收藏的材料并没有公开出版。"文革"之后，很多人开始从事俗文学和口传文学的记录，每个县都编写了区域志，里面包括区域文化和区域音乐。因此，很多在"文革"中销声匿迹的说唱作品又重新出现在世人面前。我认为对说唱文学最好的保护并不是把作品重印 100 册或者 200 册，结果使这些书变得价格惊人。最好的办法就是将它们电子化免费放在互联网上，这样能使国内外真正喜欢说唱文学作品的人可以轻松获取。

三 说唱文学译本中副文本使用和叙事无韵化处理

刘、朱：您在每部译本中都提供了非常丰富的副文本，包括译本中的译序、导言、附录、注释和文献等，您认为在译本中，副文本具有什么样的作用呢？另外，您会在翻译时选择突出民间传说及其所记录文化的"多样性"和"地方性"，在译著中，将同一故事不同风格，创作于不同时期，来源于不同地域，面向不同地方读者群和记录不同地方民俗文化的多种版本，全面地译介给西方读者，比如孟姜女故事译本中您选择了十个不同的故事版本来翻译，这么做的目的是什么呢？

伊：我们换个角度想一下，如果把古英语文学作品翻译成汉语，中国读者能够轻松地理解原作的语境、文化、典故以及与其他文学作品的互文关系吗？答案肯定是否定的，中国读者需要副文本的帮助。所以把中国古代文学作品翻译成英语时，译者同样需要给西方读者提供帮助，这一点其实对很多现代文学作品也是适用的。比如，西方读者在阅读鲁迅文学作品时会产生很多疑问：为什么鲁迅在中国有如此重要影响？他为什么会创作这种题材的故事？他的故事表现了什么？当时中国处在什么样的社会历史背景？在译作中，我通过副文本来提供大量相关背景和信息帮助西方读者理解原文。在译本序言中，我会告诉读者翻译这部作品的目的；在致谢部分，我会向在翻译过程中曾经提供各种帮助的人表达感谢；在导言中，会向读者介绍说唱故事的发展和演变过程。我感兴趣的正是这些传说故事的演变过程：不同地域、时间、文体以及作者对故事叙述的影响。在俗文学丰富的宝库里，不同的文学形式会服务于不同的读者。因此在译本中，我会通过翻译多个故事版本来展示说唱文学的丰富性。比如，孟姜女故事在中国家喻户晓，但大家接触的可能只是对孟姜女故事的一种阐释方式。孟姜女的故事不只有一个版本，而是有成千上万个不同的地方版本。虽然这些不同版本的故事中都有共同之处，但是不同文学形式、地方和历史背景中的孟姜女故事都有差异。在中国，很多学者认为是"大同小异"，但是这些不同才是我感兴趣的地方。戏曲和长篇叙事诗中的孟姜女故事，或是宝卷和子弟书中的孟姜女故事相比会有不同吗？答案是肯定的，因为不同的文学形式承载着不同的功能，采用不同的叙事方式，并且服务于不同的读者。

刘、朱：您在翻译说唱文学中唱词的韵文诗句时，采用无韵化处理，但是在形式上做到和原文统一，请问您采用无韵化处理的原因是什么？

伊：中国的说唱文学通常采用七言诗体，每句都是七个汉字。当译者在翻译时可以选择同样的英语七音节诗体，但是由于这种诗体句长很短，不能表达汉语七言诗那么丰富的内容。译者也可以选择七音步诗来翻译，但是选择格律诗对于译者来说是非常大的挑战，因为需要译者非常熟悉英文的格律。关于翻译中的押韵，和汉语相比，英语中押韵是比较难的，而且译者还要确保英文中押韵的音落在重读音节

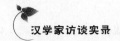

上。在 19 世纪，很多西方译者用韵体诗来翻译中国诗歌，但其实他们的翻译只能被看作对原文的改写。以理雅各为例，他在第一部《诗经》英译本中采用学术翻译的方式，用散文体来翻译《诗经》。但是之后，为了满足不同的读者需求，他采用韵体诗来重新翻译《诗经》。在英语世界中，自从阿瑟·韦利之后，很少有译者采用韵体诗来翻译中国古诗。阿瑟·韦利采用"跳跃韵律"的方式，每句中都具有相同的重音数，但是这种方法通常只适用汉语五言诗而不是七言诗。在说唱文学译本中，我通过排版的方式使译文中韵文部分的句长基本保持一致，并将"唱"的韵文和"说"的散文部分分开。我不反对译文中偶尔出现押韵，但是如果刻意通篇押韵，最后的翻译只能变成一种释意或者改写，而我想做的是翻译而不是再创作。有些译者想对原作进行再创作，当然没有问题，这只是译者的个人选择。但我认为译者不能影响原文，应该考虑清楚读者想从译本中获得什么，译者想让读者理解什么，怎么做才是最恰当的方式。另外，韵体诗翻译还有一个问题，韵体诗并不太受现代英美读者的欢迎，他们认为那是维多利亚甚至是更早时期的诗歌，是有些滑稽或过时的。

四　译者合作翻译模式以及汉学研究和翻译的关系

刘、朱：您曾经和多位美国学者合作翻译，比如和奚如谷（Stephen H. West）教授一起合作翻译了《西厢记》《战争、复仇和兄弟情：中国早期三国剧本》《杨家将：早期的四部戏剧》等作品，和格兰特（Beata Grant）教授一起合作翻译了《目连和黄氏女传说》《彤管：中华帝国时代的女性书写》，请问您是怎么和这些学者开展合作翻译的，您将来计划和中国学者一起合作从事中国古代说唱文学的翻译吗？

伊：从很早的时候，我就和美国学者，尤其是在中国戏剧和通俗文学领域有共同爱好的学者一起合作进行翻译。我和奚如谷教授合作过七个译本，和格兰特教授一起翻译过两部作品，和 Shiamin Kwa 教授合作翻译过一个译本。我们会对翻译任务进行分工，完成初稿之后，我们会校阅对方的初稿，把中文放在译文旁边逐字逐句地进行校对。我们很多时候修改的并不是语言错误，而是更换更地道的英文表达方式。合作翻译需要译者之间的沟通交流，尤其是在过去，大家需要坐在一起进行讨论。非常幸运的是，奚如谷教授曾多次去过欧洲，在来哈佛任教之前，我也在夏威夷大学、哈佛大学和加州大学伯克利分校做过访问学者，因此我们有很多见面的机会。对于时间紧迫的翻译任务，合作翻译可能并不是最好的方式，因为你需要翻译校对自己的初稿，校阅合作译者的初稿，然后双方坐在一起讨论修改译文。有时候还可能做第四轮修改，我有一部译作的初稿是在20世纪90年代就已经完成，过了15年再出版时，就需要对它重新校阅。合作翻译会促使我们去认真思考译文，每个译者都会从中获益。我到美国之后，自己的学术和翻译兴趣转到中国说唱文学，就主要是自己单独翻译了。

中西汉学家合作翻译是非常好的方法。我想西方汉学家非常乐意和中国学者合作把中国古代文学作品和学术著作直接翻译成英文。我认为最好通过一家知名的西方出版社来出版译本，可以利用他们全球的销售渠道。很多中国出版社则不具备这个优势，由于他们在全球的营销网点有限，译本很难走出中国而进入国际出版市场。和中国学者一起合作翻译需要机缘，需要遇到对说唱文学感兴趣同时英文功底好的中国学者。之前我在翻译闽南语说唱文学时，和中山大学一位闽南语的专家潘培忠曾有过一些很好的合作。我认识很多中国从事说唱文学研究的学者，他们的主要兴趣是在中国文学，而英文却是他们的短板。我听说在中国有些古代文学作品的翻译是先由古代汉语的研究专家把作品翻译成现代汉语，再交给大学英语教授翻译成英文，我很担心这样翻译出来的译本质量会受到影响。

刘、朱：作为一个汉学家，您在学术研究和翻译方面都取得了非常大的成就，您认为汉学学术研究和翻译的关系是什么样呢？

伊：我非常喜欢做翻译，因为它能够让我在阅读汉语原文时做到一丝不苟，而不是马马虎虎就行。如果你要翻译，就必须理解原文中

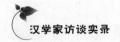

的每一句话，因为其中的每句话都是有作者意图的。不管作者是否姓氏不明，他们都是文本的所有者，文本中的每一部分都包含作者的创作意图，所以译者不能对文本进行随意改写或者再创造。译者需要对自己翻译的文本非常了解，需要弄清楚这是最早的版本还是已经被后人改编过，因为即使再小的改动也会对文本意义有影响。从这点来讲，我总是喜欢做翻译，因为它能够帮助我理解原文。另外，现代社会给我们提供了丰厚的物质条件，可以从事自己喜欢的工作。和社会中的其他工作相比，做学者是非常幸福的一件事，因此我们也需要去回馈社会。当然，学者回馈社会有不同的方式，你可以写学术报告、学术调查或学术文章，但是这些学术成果只有学术圈里的专业人士才能看到。而通过翻译我们可以走出学术圈，能够让更广泛的普通读者接触到中国文学。如果我们使用太多的学术术语，肯定会将读者拒之千里。而通过翻译，我们有更多的机会来面向更广泛的读者，这也是我喜欢翻译的原因。此外，我总是将学术研究和翻译结合在一起。如果你去看我的科研成果，就会看到在同一时期内我的翻译作品和学术研究都是相关的，它们是相辅相成的。

五 未来翻译计划和对中国文学 "走出去" 之所见

刘、朱：您对今后的说唱文学研究和翻译有什么建议？您最近在中国古代说唱文学翻译出版方面有哪些计划？

伊：当然我希望更多的学者能够开展说唱文学研究和译介工作。我也希望通过中国学者的努力，使更多的中国和国外读者接触到说唱文学文本。我最近刚翻译完一部关于《老鼠告猫》的说唱文学，在2020年年初就会出版，这些故事在1949年前的中国非常流行。这本书其中一章是讲中国文学尤其是经典文学中对于猫和老鼠的描述；还有一章是讲《西游记》中的老鼠精和五鼠闹东京的故事，这两个故事在中国妇孺皆知；还包括鲁迅作品中提到的老鼠嫁女的故事。关于"老鼠告状"的故事，我现在已经找到多达40个版本，我相信还有更多的版本有待发现。我现在正在翻译一本关于昆虫的说唱故事，我对这些故事非常感兴趣。在苏州地区，螳螂娶亲的故事非常流行，螳螂要迎娶新娘，结果新娘被别的昆虫绑架了，所以他们集合起来准备夺回新娘，还有蟋蟀或蚂蚱算命的故事，等等。

刘、朱：作为汉学家，您为中国古代说唱文学的译介做出了重要贡献。随着中国"文化走出去"战略的实施，记录、保存和蕴含深厚中国文化精髓的优秀文学作品被不断译介给世界各国的读者，为中华文化的对外传播，中国声音的传递，国家软实力的提高，国家形象的塑造起到了积极作用。您认为如何才能更好地让中国文学"走出去"呢？

伊：很多在本国深受喜欢的文学作品，并不一定受国外读者欢迎，因为这些作品中的文化或价值可能太具有地方局限性。在本国被认为是一般甚至二流的作家，他的作品在国外可能最为畅销。另外，每个国家对同一作品的接受度也不一样，比如，一个荷兰作家在德国受欢迎，可能在英语国家中就不被接受，或者这个作家的意大利语译本就远远不如法语译本受欢迎。从这个角度来说，一个成功的译本，并不仅是翻译质量过关，还要能够成功地吸引读者。和古代文学作品相比，中国当代文学作品中文化的差异对西方读者具有更大的挑战，因为他们很难理解作品中的政治术语和政治语境。莫言小说中很多内容对于西方读者来说很难理解，因为有的小说叙事跨越新中国五十多年历史，如果读者不了解那段历史很难理解小说内容。另外，莫言小说和很多中国小说一样，里面有非常复杂的人物关系。如果一部小说中，描写了一个村庄中七个家庭五代人的生活，对于大部分西方普通读者来说，都是很难理解的。而东西方读者都喜欢木兰故事，首先，因为无论是在哪种文化，子女都关心自己的父母，都能为父母做出了不起的事情；其次，无论是在东方还是西方，古代社会里都实行男女隔离和疏远，因此都有"女扮男装"的故事。东西方读者也喜欢《孔雀东南飞》，因为每种文化的人都能理解儿媳和婆婆很难相处，有的母亲会干涉儿子的婚姻，从而导致最终的爱情悲剧。此外，译者能够和国外的出版商进行合作，那么他的译本就更有可能被国外读者所接受。相反，如果只是在国内进行翻译和出版，那么这个译本在国外受欢迎的概率就会降低。霍克斯和企鹅出版社合作翻译《红楼梦》，他的译本很受西方读者的欢迎，很重要的原因就是企鹅出版社不但了解英语读者的需求，还能利用自己的全球营销网络来销售译本。杨宪益和戴乃迭的《红楼梦》译本质量也很好，但是由于当时是在中国国内出版，不但文字排版和封面设计有些过时，而且外国读者很难买到。因此从这个方面讲，国外的出版商更了解当地市场图书的设计、销售渠道和读者需求。

参考文献

[1] 刘翔、朱源：《伊维德说唱文学英译副文本的民俗叙事建构》，《外语与外语教学》2019 年第 6 期。

[2] 刘晓晖、朱源：《派屈克·韩南的翻译价值思维管窥——以晚清小说〈风月梦〉的英译为例》，《中国比较文学》2017 年第 1 期。

[3] Keulemans, Paize, "The Resurrected Skeleton: From Zhuangzi to Lu Xun", *Chinoperl*, No. 2, 2017.

美国汉学家魏莉莎访谈：
京剧剧本翻译思考[*]

黄庆欢[**]

魏莉莎（**Elizabeth Wichmann-Walczak**），生于 1951 年，美国夏威夷大学亚洲戏剧与表演系教授，精通汉语和京剧艺术，师承京剧梅派传人沈小梅。1980 年在南京演出京剧《贵妃醉酒》被誉为"洋贵妃"，1985 年至今已翻译和导演10 部英语京剧（《凤还巢》《白蛇传》《玉堂春》《沙家浜》《四郎探母》《秦香莲》《杨门女将》《穆桂英挂帅》《柜中缘》《三岔口》）并在夏威夷公演，社会反响强烈，获得观众高度认可。魏莉莎的学术成

魏莉莎（**Elizabeth Wichmann-Walczak**）

果还包括国际重要期刊上发表的多篇相关论文及英文专著 *Listening to Theatre-the Aural Dimension of Beijing Opera* （1991）。2019 年 12 月 6 日，获 2019 第七届"中华之光——传播中华文化年度人物"奖。

＊ 本文原载于《中国翻译》2019 年第 4 期，原题为《京剧剧本翻译实践与思考——魏莉莎教授访谈录》。

＊＊ 黄庆欢，浙江大学城市学院副教授，研究方向为传统戏曲跨文化传播。

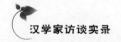

笔者于 2018 年年初在夏威夷大学访学期间多次就京剧剧本翻译问题采访了魏莉莎教授，以下是根据录音整理的访谈实录。

黄庆欢（以下简称"黄"）：京剧演员必须从小开始经过长期唱、念、做、打基本功训练才能走上舞台表演，这对于中国人用中文表演京剧已经是很难的事情了。请问您为什么要在夏威夷大学组织训练学生进行英语京剧的舞台演出呢？

魏莉莎（以下简称"魏"）：夏威夷大学的戏剧与舞蹈系以亚洲戏曲教学、实践和研究闻名于世。创立于 1923 年的亚洲戏曲项目（Asian Theatre Program）致力于对在校学生用英语语言进行亚洲戏剧的教学、研究和排演，是国际公认的世界范围内开展时间最长、运作力度最大、成果质量最高的一个项目。在夏威夷，有 60% 以上的居民是亚洲裔后代，其他为夏威夷本土居民及欧洲裔。自 1923 年亚洲戏剧就已经在夏威夷上演，这比美国本土任何时间都早，甚至比任何西方世界都早。由于这一独特地理原因，我们应该对夏威夷居民负责，当然就要有相应的戏剧文化，如亚洲戏、夏威夷本土戏曲以及欧洲戏曲等的表演。

作为中国戏曲的实践者，我认为我们在西方国家必须亲自演出戏曲，不是把戏曲作为一种异国风味，而是用身体去体验戏曲的独特美学特征和表演特色，这才是真正对戏曲的欣赏和尊重。夏威夷大学的大部分学生只能说英语而不能说亚洲国家的语言。如果给他们足够的时间，他们也能用中文表演戏曲，但令人信服的表演必须和表演者的情感和心理潜意识紧密联系。这些紧密联系与语言相关。很少有人用外语表演能和用母语表演一样好，即便他们的外语很流利。如果他们不懂外语，单纯模仿发音是无法表演好的。我们的项目是戏曲项目，我们的学生只有用他们的母语才能把他们学到的戏曲和表演技能灵活地运用于表演。我们请到中国的京剧艺术家对学生进行长达半年甚至一年的唱、念、做、打的训练，可以让学生全身心感受京剧的魅力。夏威夷大学的京剧训练工程不仅有利于京剧的海外传播，也使这些西方学生演员受益匪浅，这也是亚洲戏剧工程的主要目的。

黄：谈到戏曲翻译，长久以来，"京剧"被翻译成"Beijing Opera"，"戏曲"被翻译成"Chinese Theatre"。我看了您近年在国际期刊上发表的英语论文里将"京剧"和"戏曲"音译成"Jingju"和"Xiqu"，您能说说这样翻译的原因吗？

魏：刘厚生先生等中国艺术家协会的几位重要学者曾多次对我说，请别再把京剧翻译成"Beijing Opera"了，这是殖民话语，是对京剧的误解，也会误导西方观众和学者。西方的"Opera"是以"唱"为其最重要的特征，而以京剧为典型代表的中国戏曲是集话剧、歌剧、舞剧，甚至武术和杂技于一体的综合艺术形式，是以演员的"唱、念、做、打"为舞台表演特征的，"唱"当然也是其中的重要一部分。但也有许多戏里很少或者没有"唱"，更强调的是"念、做、打"，如《三岔口》和《柜中缘》等。我非常赞同他们的观点，所以承诺他们将"京剧"译成"Jingju"，同样将"戏曲"译成"Xiqu"，这样才能充分体现中国戏曲的独特性。就像日本的歌舞伎和能剧被音译为"Kabuki"和"Noh"一样，久而久之，英语世界也就熟悉并接受了。

黄：您1985年至今已翻译和导演了10部英语京剧，您的英译本和其他英译本尤其是中国国内的京剧英译本相比，有哪些独特性？您的英译本将什么时候出版发行？

魏：据我所知，中国国内的京剧剧本的翻译大多是简化了的纯语言维度的翻译，译文较少或者没有考虑唱词、韵白等的音乐性及演出维度。这样的翻译做起来当然更容易，但无法用于舞台演出，也不适合用于戏曲舞台或戏曲电视、电影的字幕。京剧唱词有固定句式、结构、十三辙、音乐板式、节奏和汉字独有的声调，京剧的京白和韵白在语言风格和声调上均有明显差异。而我们的翻译充分考虑到了京剧唱词及韵白的音乐美，结构上的形式美及语言文字的美。我认为我们的译文不仅可以用于舞台演出，同时也是舞台表演字幕、戏曲电影和电视字幕的上佳选择，还是海外学者京剧研究的比较好的素材。因为中国传统戏曲是以演员为中心的舞台表演艺术，演员在舞台上的唱、念、做、打是海外观众和学者对戏曲的主要兴趣所在。

中国文化部已经资助我们这 10 部英译本在夏威夷大学出版。目前我们正在总结、修改补充，争取尽快出版。

黄：戏曲翻译要考虑京剧的音乐性及表演维度，难度极大，对译者的要求极高。译者不仅需要精通汉语和英语，还要熟悉京剧的舞台表演等专业知识，所以很少有译者能胜任。您觉得这个难题有解决的办法吗？

魏：基于演出维度的戏曲翻译要兼顾戏曲的音乐美、形式美和语言美，这确实有难度，但不能因为难就不按照这个标准去翻译。如果我做京剧翻译达不到这个标准，我宁愿不去做。解决的办法当然有。我建议合作翻译：以中文为母语且懂英文的译者和以英语为母语且懂中文的译者合作，合作双方都必须精通京剧，最好达到能表演的程度，这样对京剧表演就有一种直觉，才能翻译出可表演的剧本。京剧翻译需要经验和兴趣。译者只要对京剧感兴趣，再经过一定的京剧表演的培训尤其是演唱的培训就能成为合格的译者。我的戏曲专业的学生就是经过培训之后参与合作翻译的。这是京剧翻译的最佳模式，我就是这么做的。这并不是我的首创，夏威夷大学的戏曲翻译都是这么做的。如 James Brandon 和他的日本妻子合作翻译日本歌舞伎。东南亚的戏剧翻译也是这么做的。

我们的京剧剧本翻译程序为由中国艺术家将唱腔和念白录制好，译者在逐字逐句翻译时，先听唱念录音，并由中国译者朗读唱词和解释唱词意思，包括字面意思、文本含义及文化内涵等；再根据原文唱词的结构、韵脚、旋律、配乐及汉字的发音和声调等翻译成相应英文。同时列出多种译文，在排练时与唱腔指导老师商榷选择哪一种译文。译文在舞台演出后根据观众的反应再进行修改和定稿。

黄：您谈到戏曲翻译要尽量做到"音乐美、形式美和语言美"，您在唱词的翻译上是如何达到这一标准的呢？

魏：京剧译者必须"心中有艺术家"，必须考虑京剧的音乐性及不同行当特有的唱念风格。唱词翻译在准确传达文本含义及文化内涵的同时，还要考虑唱词的结构、音节和押韵等特征。

关于结构：京剧唱词一般有固定的句式结构：一联两句，每句七字或十字。一句分三读（dòu）。七字句2—2—3结构，十字句3—3—4结构。在翻译时，如果使每一个读具有完整的意思和语言结构单位，一个英文单词必须放在同一个"读"里，不能拆分，否则不仅丢失原意，听起来也滑稽好笑。如"important"是三个音节，且重音在第二音节，所以适合放在七字句的第三读，不适合放在第一和第二读。同时，"important"的重音在第二音节，也必须和京剧音乐旋律的重音相匹配。

关于音节：一般一个汉字一个音节，而大部分英文词有两到多个音节。演唱要求一个汉字对应一个英文音节。但也有例外。在慢板和拖腔中，如果一个英文词中的一个音节被拖得太长，这个词听起来会很可笑，所以在很长的拖腔中会选择多个音节的单词。

关于押韵：京剧韵分为十三辙。汉语发音较少，同韵字较多，英语发音较多，同韵词较少。因此，我只考虑单词最后一个音节的韵，并尽量使用和中文韵相同的韵。"proclaim""grace""cakes"和"decade"都被认为是同韵词。这样就扩大了英文押韵的范围，增加了与中文韵同韵的英文词。很多京剧唱词都可以一韵到底，但英语译文无法做到。所以译文的韵比原文的韵更多样化一些，这样听起来更舒服自然。如果一味强调译文也一韵到底，译文听起来会很不自然。

同时，唱词翻译还要注意不同行当对韵母的要求。有一句京剧行话叫"旦爱一七（辙），怕发花（辙）""生爱发花，怕一七"。旦角用小嗓子演唱，善长发"i"音，就像英语里的"see"或"me"。老生和老旦用大嗓子唱，善长发"a"音，比如英语中的"heart"。翻译时要尽量用他们喜欢的韵母，尤其在字少腔多的时候更要考虑，否则听起来很别扭。当然最理想的就是选择和中文唱词相同或相近的韵母。

另外用英语唱京剧时，要强化韵母，弱化音节末尾的声母。所以我们演唱时把一个音节末尾的声母分到它后面那个音节的开头。比如按照英文语言学的方法，"traveller"应分成"trav - el - er"，而演唱时分成"tra - ve - ler"。这种方法使英语听起来更像京剧，但增加了观众的理解难度，因此剧场里会有唱词字幕。

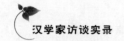

黄：韵白、京白翻译有什么不同的策略和方法吗？

魏：京白具有口语化、结构松散等特点。那么翻译时也要用更口语化的词汇，如缩略形式等。京白对字数和音节也没有太多限制，可以更灵活机动。而韵白更正式，结构严谨，所以翻译时要选择更正式的词汇，在音节数上也要与中文韵白的音节数相匹配。同时，演员在舞台表演中韵白发音方法也可以模仿中文韵白的发音方法，根据不同行当的用嗓特征来强调重音和抑扬顿挫，这样观众也能大致感受到京白和韵白的区别了。在舞台提示中，我用"speak"表示京白，用"recite"引出韵白，用"sing"标志唱词。

黄：京剧翻译要达到可唱、可念、可演的舞台演出要求，要考虑句式结构、押韵、中英音节的匹配等诸多因素，如此多的考虑因素给翻译造成了极大的困难，您在翻译中是不是得有所取舍或牺牲？例如牺牲一些文本含义的确定性和一些文化负载词的内涵呢？

魏：我热爱京剧，不愿意去牺牲京剧中的任何东西，中文里的双关、典故、风俗等文化内容我都要想方设法保留。所以，不存在牺牲的问题，只是时间的问题，很多难点你想着想着就会有解决的办法的。

例如，双关的翻译是比较难的，完全不能照字面进行直译，否则目的语观众会觉得莫名其妙，也根本不能体现双关的幽默效果。这就需要时间和耐心去反复思考。如《柜中缘》中玉莲和哥哥淘气的对话以及后来淘气与岳雷的对话：

玉莲：上天保佑我的舅舅，给我找一个知书明理的白面书生。

淘气：白面书生有什么意思，顶好给我来个白面馒头。

……

岳雷：这是不白之冤。

淘气：什么？你还不白？不白我妹妹就不把你藏在柜子里了。

我们的译文如下：

YULIAN：May Heaven bless my uncle，and help him find me a wise and polite *fair* faced young scholar.

TAOQI：But what good is a *fair* faced young scholar? I'd rather you gave me a *fairly* large plate of dumpling!

……

YUE LEI：This is not *fair*，

TAOQI：What? Not *fair*? If you didn't have a *fair* face，my sister wouldn't have hidden you in the trunk! [1]

此处"白面书生""白面馒头"和"不白之冤"构成的文字游戏不仅是双关，更是三关了。我们通过反复思考和讨论最终确定用"fair"来展现这一幽默效果，后来的舞台演出效果证明，观众是完全理解并能欣赏其中的幽默的。

黄：您觉得观众对您的京剧译文的接受度高吗？翻译效果如何检验？

魏：因为我们的译文是为了舞台演出，所以翻译效果的检验有两个方法：一是通过京剧艺术家。我们把译文读出来给中国京剧艺术家听，如果他们听了觉得在结构、音节及押韵方面都能满足演出功能就算通过，否则就要重新讨论修改。二是通过剧场的观众。在公开演出时，我们会密切关注观众的反应，看观众在观剧时的表情是否轻松愉悦，在双关和幽默的地方观众是否能领会并发出会心的笑声；同时，演出结束后通过问卷调查或现场采访等检验观众对剧目中诗化的唱词、文化典故、中国的风俗习惯等是否理解，再据此进行修改。

黄：有中国学者认为您以舞台演出为目的的"英语京剧"的翻译，已经不是对原来文字内容的简单英译，而是根据形式要求所做的一种变通式再创造，此译法虽然在戏剧效果上可以达到等效，却严重失真，易引起对原作的扭曲和误读[2]。您是怎么看待这一评论的？

魏：京剧剧目大多是老一辈艺人口口相传下来的，很多都没有固定的剧本。不同的艺术家对同一个剧本会根据自身条件、观众需求以及特定的时代而进行改编。所以京剧剧本并不是一成不变的。如《玉堂春》就有多种版本，不同的流派有不同的演法。梅兰芳也会根据观众的需求改编演出剧本，这是京剧长期以来的传统。例如我的老师沈小梅，她演过三小时的、两小时的，甚至一小时的《玉堂春》，还有从全本《玉堂春》里挑出来的折子戏。所以沈小梅老师来夏威夷大学指导《玉堂春》的排练时，也会根据夏威夷大学的学生演员的条件及我们的观众特点和需求对《玉堂春》进行取舍和再创造。这并不是对原作的扭曲和误读，而是遵循京剧的传统，始终考虑演员的自身条件和观众的需求确定演出剧本。之后的翻译是完全根据剧本进行的，无论是从音乐层面、语言层面还是文化层面都尽量保证京剧的特色及中国文化的原汁原味。有的剧本如《沙家浜》这个戏是有固定剧本的，那我们就完全照剧本进行翻译和排练。

总之，我要特别强调的是，京剧翻译如果单从文字层面进行翻译，不考虑译文的形式美和音乐美，就无法真正体现京剧作为舞台表演艺术的独特魅力。

参考文献

[1] *Treasure in the Chest*（《柜中缘》英译手稿），translated by Elizabeth Wichmann-Walczak and the students of THEA 763C, Keita Beni, Kevin Berg, Sharon Doyle, Yunshan Feng, Maseeh Ganjali, Xingyu Hai, Jackob Hofmann, Michelle Huynh, Kiana Rivera, Sarah Swilley, Rachel Uyeno, Jennifer Yoo, Qiao-er Zheng, University of Hawaii, 2017.

[2] 曹广涛：《基于演出视角的京剧英译与英语京剧》，《吉首大学学报》（社会科学版）2011年第6期。

英国汉学家韩斌访谈：我的
中国当代文学翻译之路 *

姜　红 **

韩斌（**Nicky Harman**），
英国著名翻译家。毕业于英国
利兹大学中文系，早期曾在英
国教授翻译课程。2000 年，
她推动英国帝国理工学院开设
技术翻译硕士学位，并在该校
教授翻译课程至 2011 年。自

韩斌（Nicky Harman）

其翻译的虹影小说《K》（后更名为《英国情人》）于 2002 年出
版后，韩斌又独立翻译或与他人合译多位中国名家作品，包括贾
平凹的《高兴》《极花》《秦腔》，韩东的《扎根》，严歌苓的
《金陵十三钗》等近 40 部作品。

韩斌如今全职翻译当代中国小说及非虚构类文学，偶尔也翻译诗
歌。在致力于向英语读者推广当代中国小说的同时，她还在英国非营
利性组织"纸托邦"（Paper Republic）工作，并担任该组织的董事之
一。此外，她在英国多地授课，培养译者。2013 年，韩斌获中国当

---
　* 原载于《中国社会科学报》2021 年 10 月 14 日第 2265 期，原题为《我的中国当代文
学翻译之路——访英国翻译家、中华图书特殊贡献奖得主韩斌》。
　** 姜红，《中国社会科学报》记者。

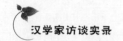

代优秀作品国际翻译大赛英语组一等奖；2015 年，获茅台杯人民文学奖翻译奖；2020 年，获第十四届中华图书特殊贡献奖。

2020 年 12 月，国家新闻出版署主办的纳入国家荣誉框架下的出版界最高涉外奖项——第十四届中华图书特殊贡献奖在北京揭晓。来自 15 个国家的 15 位作家、翻译家、出版家获奖，其中包括英国著名翻译家韩斌。

从虹影的《K》开始，韩斌已躬身翻译中国文学约二十载。贾平凹、严歌苓、韩东等众多当代中国作家的作品，经过她的翻译，进一步走向世界。韩斌的工作证明，即使存在语言和文化差异，但是文学作品中所体现出的对人类情感的普遍诉求，总是可以引起不同读者的共鸣。

近日，笔者对韩斌进行了专访，请她讲述翻译中国文学的经验和感悟。

一　与中文结缘：从零开始到全职翻译

《中国社会科学报》：据闻，您初次邂逅中国文学正值豆蔻年华，后来，在选择大学专业时，又在您一位叔叔的建议下选择学习中文。请具体讲讲您的这段经历。

韩斌（以下简称"韩"）：我在英格兰西南部的唐德赛村长大，我的父母在那里务农。12 岁时，我被送到威尔特郡（Wiltshire）南部的一所寄宿学校。我在那里挺孤独的，但是学校的一大亮点，就是提供了学习语言的绝佳机会。我的法语老师给了我很大启发，在那里我还学了意大利语和俄语。

我们学校没有中文课。事实上，当时全英国只有一所学校教中文。13 岁时，我患上了风湿热，所以休学几个月。我父母请了一位退休教师来辅导我。那位老师带来了一些关于丝绸之路的书，书中所讲的中亚和东亚立刻吸引了我。

1968 年，我本打算在大学学习法语和俄语，但是我的一位叔叔建议说，中文可谓后起之秀，有很好的前景。他的观点相当超前，尽管那时候我并没意识到这一点，但还是决定学习中文。当时牛津大学和剑桥大学教授古汉语，而专注于现代汉语的学校，只有利兹大学。不过，从零开始攻读中文学位是很艰难的。我们每天都要学一些汉字，自然也学习了中国的历史、政治、地理和文化。

《中国社会科学报》：在利兹大学学习中文期间，哪些老师对您的影响最大？他们对您后来走上翻译之路有什么帮助？

韩：在利兹大学，有两位老师对我影响很大，一位是欧文·拉铁摩尔（Owen Lattimore）教授，一位是詹纳尔〔WJF（Bill）Jenner〕老师。

那时候正值拉铁摩尔担任利兹大学中文系主任的最后几年。他虽已年近古稀，却口若悬河，语惊四座。每当他在讲台上讲述鞑靼人、蒙古人和汉人的故事，所有学生总是为之着迷。我记得他告诉我们，他多次旅行至那个地区，还喝过马奶。他几乎不用什么讲稿提示或参考资料就侃侃而谈，妙语连珠，出口成章，从一个话题讲到另一个话题，我们甚至都觉得他有时候完全跑题了……然而，在下课铃响前两分钟，他总是可以清晰地总结一整堂课的内容，从不拖堂。

詹纳尔是我的导师。我们那时候没有做过什么翻译，他也从来没有讲过他的译作。当然，我后来发现他是一位敏锐而出色的翻译家，曾完整地翻译了《西游记》，共四卷，我家里也有收藏。

我还记得读过他写的一篇关于翻译人物对话的文章，从那以后我就常常引用他的话——"对话必须听起来是自然的。必须让人觉得这就是人们会说的话！"其实，这一点对于任何翻译人员来说都是最大的挑战。

《中国社会科学报》：您是如何开始翻译当代中国文学的？

韩：大学毕业后，我从事过很多不同的工作，但是都跟中文或者翻译无关。大约在1998年，我遇到了当时就职于英国伦敦大学亚非学院的赵毅衡教授。赵毅衡请我翻译虹影当时新出的小说《K》。赵毅衡是很好的老师，他审阅了我翻译的每一章，但是又给了我自由发挥的空间，因此我学到了很多。2002年，马里昂·博亚尔斯出版社（Marion Boyars）出版了这本小说，英文名为 *K the Art of Love*。我的翻

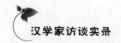
译生涯由此开启。

仅靠文学翻译，尤其是中文文学翻译而能维持生计者非常罕见。所以，一直到 2010 年，我除了翻译中文作品同时还教授技术翻译。2000 年，我推动帝国理工学院开设了技术翻译硕士学位。那是一门多语言课程，给了学生很好的体验，使他们有机会接触到用其他语言工作的学生。同学们发现，无论翻译的是何种语言，其实都面临同样的挑战。

不过，从 2010 年起，我决定专注于中国文学翻译，放弃技术翻译教学。

翻译工作有时候会让人觉得很孤独，但我很幸运，能与其他从事中英文翻译的译者取得联系，他们现在成了我的朋友和同事。这些主要是通过"纸托邦"（Paper Republic）实现的。"纸托邦"开张的时候仅仅是供英汉翻译人员使用的博客和数据库资源，而现在它已经是一个注册的非营利性组织，其使命是推广中国文学的英文翻译，并支持相关翻译人员。

今天的我们是一个小小的志愿者团队，但有着远大的抱负。我们专注于当代中国作家的新作品。近年来，我们推出的一个重大项目是"阅读纸托邦"（https：//paper-republic.org/pubs/read/），提供免费的在线中译英短篇小说和散文阅读，面向想要尝试了解中文小说最新英文译作的普通读者。

我们团队热衷于吸引读者阅读中国小说。就现实而言，我们无法在我们的网站上翻译并发布全篇的长篇小说，因此我们专注于短篇故事。

《中国社会科学报》："纸托邦"主要从事的是不求回报的工作，那么如何在非营利性与收益之间进行平衡呢？

韩：这是个好问题。我们是一个志愿者团队，除了自身的有偿工作之外，我们都竭尽所能做好"纸托邦"的工作。除了"纸托邦"之外，我作为翻译人员也从事其他的无偿工作。与大多数其他文学翻译人员一样，我努力将作家介绍给出版商——尽管文学经纪人做得比我要好得多——还有在小说出版后尽我所能进行宣传。

二 如何克服语言文化之差异

《中国社会科学报》：您是否打算翻译除了当代中国文学之外的中国文学？

韩：我也很希望能翻译一些中国古典文学作品，但是我没有这样的资质。我希望我能拥有这样的资质。即使是在今天这个时代，中国古典文学仍然可以深深地吸引西方读者。例如，朱莉娅·洛弗尔（Julia Lovell）最近就完成了《西游记》的精彩新译本（企鹅经典，2020年）。

洛弗尔的新译本篇幅大约是原著的四分之一。洛弗尔写道："肢体和语言的幽默感是这部小说的闪光点。"她的译本也做到了这一点。洛弗尔是这样描述其翻译过程的，"文学翻译者有双重责任：对原文要负责，对译文的读者也要负责。无论翻译何种语言，要同时满足两者都会有难度。而穿梭于16世纪的中国和21世纪的英语世界这两种时空相距遥远的文学、文化之间，挑战是艰巨的。有时，为了忠实于文本的整体基调，译者不得不牺牲技术和语言上的忠实度"。

她很谦虚，没有提及翻译这部作品的最大挑战之一——在英文译本中重现原文的幽默。而实际上她做得很成功。我乘坐伦敦的公交车阅读这个译本时，都会笑出声来。

古典题材，即使是当代作家所写，在翻译中也很有吸引力，比如说武侠类。最近，金庸的几部武侠小说的英文版问世，以安娜·霍姆伍德（Anna Holmwood，中文名郝玉青）翻译的《射雕英雄传》为开端。这部小说及其出色的翻译好评如潮。《纽约客》（*The New Yorker*）给了很多赞赏，其中包括作者的"叙事之神韵"和译者的"娴熟灵巧"。此外，《卫报》（*The Guardian*）等其他主流媒体评论版面都有所谈及。通常而言，小说译本是很难被他们选中的。

无论翻译与否，一部小说要成功通常需要巧妙的宣传，需要由有血有肉、善于交际的作者来提升它并推广给读者。事实上，在第一部译本问世之时，金庸年事已高，无法进行现场采访，所以大家没有什

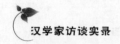

么机会看到他、倾听他。但是译者仍然大有可为，可以让这本书更加人性化。例如，霍姆伍德以生动的笔触讲述了将武侠小说翻译为英文的难处。不过，有时候奇迹真的会发生，而译本的畅销可以鼓舞我们所有译者。这样，我们的工作就有价值。

《中国社会科学报》：鉴于语言文化方面的巨大差异和障碍，您在翻译中国文学的时候如何克服这些困难？请举出一些实例。

韩：这里涉及两个问题，可以总结为第一，对阐述文化差异的文本进行翻译；第二，跨越文化鸿沟，在英文译本中为书中主角设定合适的口吻。

就第一个问题而言，我坚信读者有能力了解新事物，而且他们确实做到了。许多文化和历史概念几乎无须赘述，因为读者都有大致的了解，比如独生子女政策、抗日战争；以及中国文化中颜色的意义，如红色代表婚礼，白色代表葬礼等。

当然，西方读者不太可能与中国读者"接收"到完全相同的形象，只会对某些事情有大致的了解，而在小说的语境中，这或许已经足够了。当然，有的地方确实有必要向西方读者详加介绍。对此我们有很多办法，例如，通过作者或译者的前言进行说明。

有时，一些词语在翻译中无法找到完全对应的词，这也是个问题。这种情况经常发生在从当地乡土风情中汲取灵感的作家身上，例如贾平凹。地形特征的描述可能很难翻译，例如，有多个不同的词来描述黄土高原上的山川，而且它们可能跟我们所理解的山川有所不同。农具也是如此。在《秦腔》中，有四种不同的说法用来形容磨麦子或做豆浆的石磨或磨盘。当然，其中许多词对于中国其他地区的读者来说也不熟悉。

在英文翻译中为小说主人公找到合适的口吻，对译者而言可能更有难度，这涉及更广泛的文化问题。在贾平凹的小说《高兴》中，主人公刘高兴是一位进城务工的农民，有点像查理·卓别林塑造的人物。他跟密友们从头到尾常说脏话。在翻译他们对话的时候，需要跟中文原文保持一致的粗俗。在中国的城市或农村，穷人的生活是质朴的，译者就不能翻译得过于文雅。

所以，我必须在英文中为刘高兴找到合适的口吻，这是所有的翻译过程都会遇到的问题。译者如何做到这一点，是一个较难讲清楚的问题，但是，既然这部小说是第一人称口述体，找到合适的口吻尤其重要。刘高兴是第一人称叙述者，书中大部分内容要么是内心独白，要么是与其他进城的农民朋友间的对话。试想一下，将一个完全关于格拉斯哥（Glasgow）出租车司机的故事翻译成任何其他语言会是什么情景，为他找到自然的口吻是最有意思的挑战。

另一个困难是，我为刘高兴翻译的英国俚语，必须为适应美国出版商的要求而进行调整。有时我觉得有点力不从心——感觉我从中文翻译成英式英语，又从英式英语过渡到美式英语，我不希望本来的语气在编辑过程中被磨平。我努力想找到适合刘高兴这一人物的口吻，但是，由于我的一些英式表达显然无法为美国读者所接受，在编辑阶段我受到了一定的打击。

在《极花》中，贾平凹自己就谈到，为女主人公胡蝶找到合适的口吻是多么困难。胡蝶被拐卖到中国西北的一个偏远农村，被迫成为农民黑亮的媳妇。书中一开篇，胡蝶被关在窑洞里，而黑亮一家直到确定她不会逃跑，才把她放出来。

贾平凹这位中年男作家能够把胡蝶刻画得栩栩如生，而且给了她非常自然的口吻，我对此极为钦佩。他在小说后记中写道：

> 我开始写了，其实不是我在写，是我让那个可怜的叫着胡蝶的被拐卖来的女子在唠叨。她是个中学毕业生，似乎有文化，还有点小资意味，爱用一些成语，好像什么都知道，又什么都不知道，就那么在唠叨。
>
> 她是给谁唠叨？让我听着？让社会听着？这个小说，真是个小小的说话，不是我在小说，而是她在小说。……

《极花》对贾先生来说颇具挑战性。在他笔下，这个过程就像是腹语表演。我在翻译小说中的重要人物时，也喜欢以这样的方式思考人物的对话。

还有方言问题。贾平凹小说中方言的使用，即便是中国读者也觉得有难度。关于这点，跟我一起翻译《秦腔》的迪伦·列维·金（Dylan Levi King）写道："我想，对于不太了解中文语境下的方言的人们来说，一想到用方言写的小说，他们会联想到埃文·威尔什（Irvine Welsh）用苏格兰方言写作，或罗迪·道伊尔（Roddy Doyle）、马克·吐温（Mark Twain）、詹姆斯·乔伊斯（James Joyce）写的东西，又或者是类似于用粤语写的东西。他们会以为这样的文本与标准普通话相去甚远，不懂那种方言的人是读不懂的。然而，尽管陕西地区的口语与普通话可能无法互通，但落实到纸面上之后，二者本质上是同一种语言。"

贾平凹本人也说过，我们写作即使是使用方言，前提一定是别的地方人能理解呀！他本人常在上下文解释方言的意思，还有一些词汇，则很容易从字里行间猜出是什么意思。

难处不在于理解原文，而是在于如何将原文的特色在英文中也体现出来。迪伦引用了颇为赏识贾平凹的另一位译者尼克·斯坦伯（Nick Stember）的话——"我所担心的，不是我的中文不够好，而是我的英文不够好。"

《中国社会科学报》：虽然有语言、文化差异，但是文学所探讨的往往是人类共同关注的话题，这些话题会超越时空、文化的界限，从而引起不同读者的共鸣。

韩：归根结底，我认为不应当夸大中国文学作品中的文化差异。毕竟我们都是人，都身处于社会，都有自己的家人。

贾平凹的《极花》的西班牙语译本问世后，有评论者很受触动，因为看到了中国和墨西哥都面临类似的古老文明和现代文明之间的冲突。墨西哥《每日报》评论道："这部小说很值得注意……（作者）以娴熟的技巧厘清导致古今冲突的一些习俗……我们最好在阅读本书时记住，我们的生活与远东那个被关起来的年轻女孩有许多相似之处，并且不要忘记，在我们国家有很多被绑架或'失踪'的女性。"

《中国社会科学报》：您曾经提到，在您翻译的众多作品中，饶平如的《平如美棠：我俩的故事》给您留下最深的印象。这本书在中国也很受欢迎。它能得到人们的喜爱，是否因为它体现出对于人类情感和爱情的普遍诉求？

韩：我想，不只是因为这本书的主题所具有的普遍的吸引力，而且也是作者本人所展现出来的性格使然。

《平如美棠：我俩的故事》是一本优美的书，每一页都有作者饶平如手绘的漫画。数年前，该书中文版面世之后，饶平如以九十多岁高龄成为电视上的明星。

事实上，电视演播室里，他在一群着迷的年轻人面前表现自如，对于人生与爱侃侃而谈，都不需要有什么纸条提示。有一段视频我尤其喜欢，他在里面表演了口琴，还演唱了当年为未婚妻唱的爱情歌曲。他还表示，在他们那个年代，直接说"我爱你"不太合适。

可惜的是，由于年事已高，饶平如未能推出自己的回忆录，如今他已离世。但是，出版商还会邀请我在播客和博客上讲述这位可爱的老先生的故事。

三　提升中国文学知名度双方需加深理解

《中国社会科学报》：您如何在众多文学作品中选取要翻译的新书？

韩：主要有两种方式。要么是购买了版权的出版社委托我翻译，要么是我找到自己特别喜欢的作者或小说，再找出版社进行合作。比如，2003 年，我和丈夫去南京旅游，经朋友介绍认识了韩东。我读了他的第一部长篇小说《扎根》，很是喜欢。最终我在美国找到了一家出版社——夏威夷大学出版社，以"Banished!"为名出版了小说的英文译本。

我会定期访问中国，拜访中国作家，不过现在往往是出版商与我签约进行翻译，有时候作者也会直接跟我联系。

互联网和线上文学杂志也是很好的途径，可以了解很多作家及其作品。例如，《天南》杂志的创立者欧宁将很多作家介绍给我认识，而且我也很荣幸地翻译了他们的短篇故事，包括颜歌、巫昂、孙一圣、徐小斌等。后来，我还翻译了颜歌和徐小斌的中长篇小说。

能够一窥中国当代文学，并且通过翻译为西方出版商和读者打开一扇窗，我深感幸运。

我还想要谈一下合译的问题。我最近和迪伦·列维·金一起翻译贾平凹的《秦腔》。之前，我完全不认识迪伦，只知道他很喜欢这部小说，还试译了几章。当出版商亚马逊文化出版事业部（Amazon Crossing）要与我签约翻译这部小说的时候，我和他提议由我们两人一起翻译这部作品，征得出版商方面的同意。迪伦和我生活在不同的大陆，有着截然不同的人生经历。然而，我们的合作进展顺利。我们翻译完一些章节后会彼此交换、互相审阅，而且就相关的术语研究进行沟通。我觉得这样一来大大提高了译作的品质。

《中国社会科学报》： 您一直在努力提高女性作家的知名度。请您详细谈谈这个问题。

韩： 2020年年底，我在"纸托邦"网站上写道，不知什么原因，中国女作家的作品得到翻译的机会要比中国男作家少得多。"与去年（2019）相比，女作家所写的小说得到翻译的比例未见提高。在17部由作家个人独立完成的普通小说中，只有6部是女性所写。其他类别的数据分别是古典小说，没有任何女作家的作品得到翻译；科幻小说，两部中有一部的作者是女性；非小说类，6部中有3部作者为女性。最糟糕的是，尽管中国有很多优秀的女诗人，但是去年作品得到英译并出版的12位诗人中，只有1位是女性！"

不过，也有乐观的情况。入围2020年华威女性译著奖提名的5部翻译作品中，有两部中文作品的译作：娜塔莎·布鲁斯（Natascha Bruce，中文名陈思可）翻译的贺淑芳的《湖面如镜》（格兰塔出版社2019年版），以及我翻译的颜歌的《白马》（希望之路出版社2019年版），它们从132部译作中脱颖而出。尽管最终获胜者是妮诺·哈拉季什维利（Nino Haratischvili）的《第八个人生（为了布丽尔卡）》[*The Eighth Life* (*for Brilka*)]，由夏洛特·柯林斯（Charlotte Collins）和露丝·马丁（Ruth Martin）翻译自德文，书吏出版社（Scribe Publications）出版。

《中国社会科学报》： 中国哪些作家、文学体裁或主题特别受到英语世界读者的喜爱？

韩： 无论是儿童文学、青少年小说，还是古典题材的文学作品，涌现出的文坛新秀以及他们创作的新作似乎都很受欢迎，中国科幻小说也是如此。

我最近很愉快地翻译了黄蓓佳的两部小说：《我要做好孩子》和《野蜂飞舞》。在《我要做好孩子》中，11岁的主人公金铃正准备中考，故事讲述了她所面临的巨大压力。不知西方的小读者们会如何看待金铃海量的作业。这本小说很出色，如同其他许多中国文学作品一样，这本小说所描述的世界是大多数中国以外的人鲜有耳闻的。《野蜂飞舞》是一部讲述抗日战争时期中国西南部生活的小说，小说内容引人入胜、扣人心弦、感人至深。我觉得它会吸引众多年轻的西方读者。尽管译作还没有出版，但我对它寄予厚望。

《中国社会科学报》： 近些年来国际上对于中国文学的翻译增多了，您是否认为中国文学在翻译文学中的代表性仍然不足？

韩： 确实是这样的，这种情况令人沮丧。2020年，除了我前面提到的华威女性译著奖之外，中国文学的译作在2020年国际文学奖项中再次表现不佳，2020年布克国际文学奖和国际IMPAC都柏林文学奖均未有作品入围。

所有的译者都希望自己的书有读者，都在努力推广我们的译作，有时完全是无偿的，我们还会继续这样做。我希望能够有所进展，哪怕进展是缓慢的。

《中国社会科学报》： 对于提升中国文学的知名度和影响力，您有什么建议？

韩： 关于如何提高中国文学的知名度，我认为需要双方更多地了解彼此的读者。英语出版商需要更多地了解中国出版界，反之亦然。

举个例子，有英国出版商会向我询问中国最新的犯罪推理作家。他们想找到中国的丹·布朗（Dan Brown）或斯蒂格·拉森（Stieg Larsson）。然而，犯罪推理方面的作品在中国的规模不大。换句话说，他们有时是抱着先入之见来寻找作品的。而在中国方面，作者和出版商经常会告诉我某部小说在中国的销量或获奖情况。但这些数字不一定能左右西方出版商购买版权的决定。

此外，中国提供的翻译资助系统需要进一步简化，以便英国、美国、澳大利亚等国的出版商进行申请。这个问题我以前也提到过。总的来说，双方需要进一步加深理解。

英国汉学家蓝诗玲访谈：鲁迅小说英译面面观[*]

汪宝荣[**]

蓝诗玲（**Julia Lovell**），被誉为"新时代汉学家"，1975 年生于英国，剑桥大学现当代中国文学博士，现为伦敦大学伯克贝克学院（Birkbeck College）历史系教授。蓝诗玲集学者、译者、专栏作家、大学教师四个角色于一身[①]，但她最喜欢的是比较"自由、好玩"的翻译工作[②]。蓝诗玲于 1994 年入读剑桥大学中文系，1998 年到南京大学交换学习一个学期，此后又常在上海、

蓝诗玲（Julia Lovell）

---

[*] 原载于《编译论丛》2013 年第 1 期，收录本书时有所增补，原题为《鲁迅小说英译面面观：蓝诗玲访谈录》。

[**] 汪宝荣，杭州师范大学外国语学院特聘教授，研究方向为中国文学文化译介与传播、社会翻译学、中国翻译史、文学翻译批评、视听（影视）翻译、各类实用翻译等。

① 蓝诗玲还出版了《文化资本的政治：中国角逐诺贝尔文学奖》（*The Politics of Cultural Capital：China's Quest for a Nobel Prize in Literature*，2006）、《长城：中国对抗世界三千年》（*The Great Wall：China against the World，1000 BC-AD 2000*，2006）、《鸦片战争：毒品、梦想与中国之形成》（*The Opium War：Drugs，Dreams，and the Making of China*，2011）等专著，同时担任英国《卫报》《泰晤士报文学评论副刊》《经济学人》和美国《纽约时报》《华尔街日报》的专栏作家。

② 李梓新：《专访英国翻译家朱莉娅·拉佛尔：把鲁迅和张爱玲带进"企鹅经典"》，《外滩画报》2009 年 12 月 17 日第 366 期。

北京、南京等地短住数月，为她学好中文和日后从事中国文学翻译奠定了坚实的基础。她的主要译作有韩少功的《马桥词典》（*A Dictionary of Maqiao*，2003），朱文的《我爱美元》（*I Love Dollars and Other Stories of China*，2006）和《媒人、学徒与足球迷》（*The Matchmaker*，*the Apprentice*，*and the Football Fan*，2013），阎连科的《为人民服务》（*Serve the People*!，2008），并合译了薛欣然的《天葬》（*Sky Burial*：*An Epic Love Story of Tibet*，2005），张爱玲的《色，戒》（*Lust*，*Caution and Other Stories*，2007）等。她编译的《西游记》（*Monkey King*：*Journey to the West*）于 2021 年由企鹅出版社出版。

引　言

2009 年 11 月，企鹅出版社推出蓝诗玲翻译的《鲁迅小说全集》（*The Real Story of Ah-Q and Other Tales of China*），并收入"企鹅经典文库"。蓝译囊括鲁迅小说 34 篇（含文言小说《怀旧》），是第一个真正意义上的英文全译本。杨宪益、戴乃迭译本（以下简称"杨译"）（*The Complete Stories of Lu Xun*：*Call to Arms and Wandering*，1981；*Old Tales Retold*，1961），涵盖《呐喊》《彷徨》《故事新编》中的全部篇目，却独独遗漏了《怀旧》。美国学者莱尔（William Lyell）的译本（以下简称"莱译"）（*Diary of a Madman and Other Stories*，1990），囊括《呐喊》《彷徨》中的全部作品及《怀旧》，但未收《故事新编》。在世界更加关注中国的今天，蓝译的出版具有特别的意义。美国汉学家华志坚（Jeffrey Wasserstrom）指出，中国的国际影响与日俱增，外界应更多了解其文化成就；鲁迅小说"为外国读者破译一个民族的文化密码提供了线索"，因而是必读的。[①]

鲁迅小说关涉特定的中国历史背景，加之中西语言文化间的巨大

[①] Jeffrey Wasserstrom，"China's Orwell"，*Time International*（Asia Edition），No. 47，2009.

鸿沟，想把它们译成优雅可读的当代英文，绝非易事。同时，蓝诗玲面临的更大挑战是如何超越质量上乘、拥有大量读者的杨译和莱译。前者以"准确通顺"著称，后者以创造性再现鲁迅"文白夹杂"的风格及提供大量详尽的注释见长。① 从目前所见几篇书评看，蓝译获得了认可和好评。英国汉学家吴芳思（Frances Wood）指出，他眷念准确优雅的杨译，在比较蓝译和杨译后却欣喜地发现"两者同大于异"；"总体上蓝诗玲译得不赖，我们必须相信鲁迅会拥有一个新的读者群"（Wood，2020）。华志坚认为，在现有英译本中，"蓝译可说是最可读易懂的"，"为鲁迅享誉于华文世界之外提供了迄今为止最好的机会"（Wasserstrom，2009）。

2010 年夏，笔者赴伦敦大学亚非学院短期访学，围绕鲁迅作品英译与蓝诗玲进行了对谈。访谈涉及中国文学在当今西方文学生产场域中的地位及其传播与接受，以及蓝诗玲在翻译过程中遇到的各种困难及其决策和选择，揭示了中国文学在西方翻译、出版、传播和接受面临的挑战和机遇、过去和未来、问题与对策。

一　企鹅版本翻译出版缘起

汪宝荣（以下简称"汪"）： 这次翻译鲁迅小说，是你自行发起的还是企鹅出版社约请你翻译的？

蓝诗玲（以下简称"蓝"）： 可以说两者兼而有之。我个人觉得这件事很值得做，而企鹅出版社很愿意把一些现代中国名家名作列入"企鹅经典文库"出版，问我想不想翻译鲁迅小说。当时我想是重译鲁迅小说的时候了，因为鲁迅是现代中国的经典作家。另一个原因是读大学时我读过几篇鲁迅小说，包括《明天》《药》《阿 Q 正传》《孔乙己》等，当时我觉得这几篇作品很有震撼力。于是我就同意

---

① Kirk A. Denton, *Review of Diary of a Madman and Other Stories*, *Chinese Literature*: *Essays*, *Articles*, *Reviews*（*CLEAR*）, Vol. 15, 1993, pp. 174 – 176; Jon Kowallis, *Review of Diary of a Madman and Other Stories*, *China Quarterly*, No. 137, 1994, pp. 283 – 284.

了。之前我跟企鹅并不熟，也没有直接为他们译过东西。2006 年，哥伦比亚大学出版社出版了我翻译的朱文的《我爱美元》，后来企鹅出版社买下了这部书平装本的版权，我和企鹅出版社就慢慢熟悉起来了。①

汪：你主要从事现代中国历史和文化研究。鲁迅是公认的具有深邃思想、内心非常矛盾复杂的作家。鉴于这一点，鲁迅小说由一位鲁迅研究专家来翻译是否比较合适？

蓝：确实，鲁迅是一个思想非常复杂、深刻的作家，因此很多学者穷其一生研究鲁迅和鲁迅作品。我当然不是鲁迅研究专家，但我很喜欢鲁迅的作品，读过很多研究鲁迅的书。我想任何一个懂中文、有文学鉴赏力、了解中国历史的外国人都能翻译鲁迅的作品。企鹅出版社约请我翻译鲁迅小说，我很喜欢做。每个译者翻译时都有自己的侧重点，而我的目的很明确——让鲁迅走向更多的读者。

汪：你的意思是如果鲁迅小说英译本出自鲁迅研究专家之手，就会难以走向广大读者？之前出版的鲁迅作品英译本，尤其杨译和莱译，还在坊间流通，为什么企鹅出版社决定推出新译本？

蓝：翻译是个体行为，不同译者会采用不同手法。鲁迅研究专家知道很多有关作者和故事的细节，因此能够译得很出色；一般来说，他们的译本学术味较浓，适合专业读者而不是大众读者阅读。我想无论哪一种译者都能译好鲁迅小说，因为译者要对原文、译文读者及出版商负责，无论你是专家译者还是非专家译者，都有一大堆要求等着你。至于企鹅出版社决定推出新译本，我想主要有两个原因：一是语言在变，人们对语言的态度也与时俱进，因此有时重译是很重要的。当然，原有的鲁迅小说英译本都很好，它们是我翻译时参考的好榜样。二是出版商计划把现代中国名家名作列入"企鹅经典文库"出版。企鹅很有影响力，这个文库的市场销路不错。大多数英国人都知

---

① 2005 年 6 月 11 日，蓝诗玲在《卫报》上发表题为《大跃进》的评论文章，批评英国主流出版社对出版中国文学"草率粗心从事"，因而引起企鹅出版社的重视和对蓝本人的注意。参见覃江华《英国汉学家蓝诗玲翻译观论》，《长沙理工大学学报》（社会科学版）2010 年第 5 期。

道这个文库，买书时会受到文库选目的影响。但此前的鲁迅小说英译本要么由中国的外文出版社出版，要么由西方的学术出版社推出，难以触及普通读者群——就是那些不知鲁迅是谁的读者。如果你在学中国文学，知道鲁迅这个人，听过他的名字，就会找来他的作品的译文看。但如果你只是一个想读点中国小说的普通读者，就不会知道夏威夷大学出版社（莱译出版者）或中国的外文出版社（杨译出版者）。这次把鲁迅小说列入"企鹅经典文库"出版，中国文学就能进入西方书市的主流销售渠道。

汪：你事先想过翻译鲁迅小说的难度吗？

蓝：我知道会很难。后来，整个工程比我预计的耗时更长，因为企鹅出版社想出版一本有特色的书。起初我只想翻译鲁迅的部分小说，但出版商觉得如果能翻译、出版鲁迅小说全集会更有意思。最初与出版商洽谈时我没想到会是这么大的一本书，不过书出版后我很开心，因为把鲁迅小说全部译出，并且收录在一本书里整体出版，这还是第一次。

汪：你的译本主要针对哪些读者？这些读者把鲁迅小说当作社会历史文献还是文学作品来读？据你所知，这本书出版至今的销售情况如何？

蓝：我的这个译本主要针对那些对鲁迅感兴趣的英国、美国和澳洲受过教育的普通读者。人们捧读一部文学作品，都想对成书的那个历史时期有更多了解，这是很自然的。某些程度上可以说西方读者更感兴趣的是鲁迅小说能告知他们一段中国的历史（即清末民初）。但这个问题你得去问读者，因为你不能预测人们想从鲁迅小说里读出什么来。有的读者尽管在英国长大，但他们的生活经历比较特殊，会发现自己的家庭背景和鲁迅的有些相似，所以会被鲁迅吸引。读者的阅读期待和偏好各异，不能一概而论。我手头没有准确的销售数据，但据我所知这本书卖得不错，卖得比预期的好，让出版商很吃惊！目前我还没有听到读者抱怨我的译文。

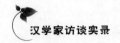

二 翻译与编辑过程回顾

汪：请说说你的翻译过程，以及译稿编辑修改的情况。

蓝：我用了大约六个月来翻译鲁迅小说，但差不多一年半后才提交译稿，因为当时我还有其他事情要做，包括写一本书①，为此我请了学术长假。同时做研究和翻译在时间上当然会有冲突，但译作不算研究成果，所以我得边做翻译边做研究。之前我没有译过鲁迅小说，所以这次我是从零开始的。企鹅出版社一开始定下了交稿期限，但后来允许我延期，因为我想请我的一位老师校阅译稿，比照原文看看我有没有译错。我请的是杜博妮教授（Bonnie McDougall）。她的校阅和润色棒极了，我对她很感激。此外，我还请我的两个中国朋友邱于芸和孙赛茵对照原文校阅我的译稿。我交译稿后，出版社指定了名叫 Sarah Coward 的文字编辑。她主要负责看稿子和提出格式、版面方面的改进意见。我的文字编辑很出色，帮我做了很多事，包括保证译文风格前后一致，对译稿中不够优美或读起来不通顺的英文提了不少改进建议。

汪：之前你译过朱文、韩少功和阎连科等人的作品，你觉得鲁迅的文字和这些当代作家有何不同？翻译鲁迅小说你感觉有压力吗？翻译过程中遇到的困难主要有哪些？

蓝：鲁迅在 20 世纪二三十年代写小说，朱文等人的作品则写于 90 年代或 2000 年后。成书时间不同，语言差别自然很大。鲁迅的文字有点"半白半文"的味道，我是说他写的白话文里面掺杂了不少文言。翻译鲁迅小说我觉得压力挺大的，因为不少人翻译过他的小说，人们会拿我的译文跟以前的译本比较。另外，鲁迅太有名了，每个人都觉得自己了解鲁迅。朱文或韩少功则不然，我是最早关注他们的译者之一，人们可以拿来比较的译本几乎没有。翻译鲁迅小说时我遇到的困难可以说俯拾即是。历史上，中国文化和西方文化各自演

---

① 指 2011 年出版的《鸦片战争：毒品、梦想与中国的涅槃》。

进，互不相干，语言方面也相去甚远。我发现最棘手的是鲁迅小说中出现的各种文学、历史典故。译者需借助灵活变通的手法，才能让读者明白它们的确切含义。此外，在理解原文方面我也遇到了不少困难，但我可以请教很多中国朋友，可以查阅参考书，同时参考以前的译本也能帮到我。

汪：你用的翻译底本是人民文学出版社 1981 年版《鲁迅全集》，为什么不用 2005 年新版本？

蓝：我问了杜博妮，她说 1981 年人民文学出版社出版的《鲁迅全集》很好，纠正了旧版中的一些错误。同时，这个版本容易找到，我想够用就行了。不过有时候我也参照 2005 年人民文学出版社出版的《鲁迅全集》。孙赛茵专门拿我的译文和 2005 年版的《鲁迅全集》对读，看看内容上有没有出入，但这种情况很少见。问题不在底本，而在我对原文的理解。我的理解能力有限，因此需要多方面的帮助。除了底本，我还依赖自己的专业知识或直觉，但我从不瞎猜。一旦发现自己在乱猜，我就向朋友求助。碰到原文中的疑难点，我会听取两三种意见，然后自己做决定。

汪：杨宪益、戴乃迭曾指出，鲁迅作品"比较遵守语法规则，比较容易翻译"，而许多中国现当代作品"不太合乎语法规则，且往往拐弯抹角"，因此他们翻译时不得不删削一些句子（Qian & Almberg，2001：20）。你翻译时是不是有同感？

蓝：翻译朱文、韩少功、阎连科等人的作品时，我觉得比较自由。因为这几位作者都在世，我可以直接问他们："我觉得原文这儿用英文表达须自由点，因为直译行不通。我能用一个字面上不很忠实但紧贴原文精神的法子吗？"他们会说："当然可以，翻译本身是一种再创造。"至于鲁迅，我不敢这样做，因为担心读者会有意见。再说，鲁迅早就去世了，我没法当面问他："鲁迅先生，请问我可以改动您的文字吗？"

汪：你在译本的"致谢"中说，"参阅鲁迅小说的先前译本，尤其杨译和莱译，使我获益甚多"。杨译和莱译在哪些方面对你有帮助？王际真翻译的《鲁迅小说选集》（*Ah Q and Others：Selected Stories of*

Lusin）于 1941 年由哥伦比亚大学出版社出版，也是一个颇受欢迎的重要译本。有学者指出，王际真追求译文的通顺，因而"习惯性地删略和重组句子"（Pollard，1973：375）。我发觉你的翻译路子和王际真有些相似。

蓝：杨译和莱译对我的帮助主要在原文的语言方面，有些地方我理解不透彻，它们能帮我弄明白。同时，看别人怎么译，不仅有趣，还能激发我的灵感。我的翻译路子跟他们的稍有不同，不过读别人的译文真的很有趣。但翻译时我不会参看杨译或莱译，那样做的话会受别人翻译风格的影响，太危险了。我没有参考王际真译本。这个译本我听说过，但没有读过。我觉得参考两个译本足够了。我翻译朱文、韩少功等人的作品时，可供参考的译本一个都没有。

三　翻译原则与策略反思

汪：在"译文说明"中，你指出自己试图"在总体上不牺牲语言准确性的前提下提升译文的通顺性"。但在翻译决策过程中，准确与通顺往往互相冲突，使译者左右为难。你在翻译时偏重哪一方面？你还提到自己"稍稍简化了原文中的几行文字"。这不是违背了准确原则吗？

蓝：对我来说准确与通顺同等重要。我的译文中对原文稍加简化的地方只有两三处，如《阿 Q 正传》的"序"。我是迫不得已，因为有些典故和引文过于专门，需要很长的脚注才能解释清楚。除这种情况外，我翻译时尽量忠于原文。

汪：你刚才说鲁迅小说中的文学、历史典故和引文最难翻译，你是怎么处理的？

蓝：一般情况下译者应该把这些内容解释给读者，但需要灵活变通。我不太喜欢在译文中用脚注。如果我发觉英文读者读到某处时需要注释的帮助，就在正文中直接插入一些解释性文字（即文内注释），我认为这样会让英文读者的阅读体验接近中文读者。中文读者无须解释，就知道典故或引文的含义；英文读者则需要注释的帮助，但他们在阅读时一般不愿意把书翻到后面去看尾注，甚至不想去看脚注。只有在相对不露痕迹的前提下我才用文内注释。如果某个典故或引文过于复杂，就需要文外注释。幸运的是，"企鹅经典文库"鼓励译者用尾注。因此，如果我想为某个典故或引文提供更多的背景知识，就会用尾注。

汪：美国学者邓腾克（Kirk A. Denton）指出，莱尔翻译时提供的大量脚注使鲁迅小说散发出一种"学术气息"，几乎成了"社会历史文献"（Denton，1993：175）。你处理原文蕴含的背景知识的手法是不是与莱译相反？英国汉学家霍克思（David Hawkes）认为，"读一本注释堆砌的小说，宛如戴着脚镣打网球"（Hawkes，1977：17—18）。你认同霍克思的观点吗？

蓝：我处理背景知识的手法与莱译不完全相反。我知道有时背景知识很重要，但我想让读者觉得他们可以把鲁迅小说当作文学作品来读，而且无须对中国研究很多年也能读懂鲁迅小说。我希望我的译本对鲁迅研究者有用，但我更希望不懂中文、不了解中国的普通读者也能轻松阅读。我认为原则上译者需要给读者自由。有的读者想把鲁迅小说当作文学作品而不是社会历史文献读，他们就有权利那样去读。考虑到这一点，我认为尾注是一个好办法。如果读者真想了解背景知识，自然会去看书末的尾注。

汪：鲁迅在小说中经常有意识地运用方言，尤其他家乡的方言，以取得特殊的文学表现效果。你懂绍兴方言吗？你认为文学方言值得译者特别关注吗？

蓝：我不懂绍兴方言，而且决定不把方言带进我的译文里。① 我认为方言很难翻译，因为它是最自然、最口语化的表达方式，一般来说，在译入语里找不到对等的表达方式。方言是独特的，处理方言时译者有多种选择，包括用一种英语方言（如威尔士语或伦敦土话）

---

① 参见汪宝荣《异域的体验——鲁迅小说中绍兴地域文化英译传播研究》，浙江大学出版社 2015 年版；汪宝荣《评〈阿 Q 正传〉中方言双关的英译》，《编译论丛》2010 年第 2 期。

对译。但我认为那样做问题很大，因为英文读者会以为鲁迅小说里的人物来自伦敦、威尔士或约克郡。我认为翻译方言得借助语域（Register），那样可以向读者暗示这些人是乡下人，不是城里人。一般情况下，我喜欢把方言译成标准英语。但翻译《马桥词典》的情形很特别：对作者有意运用的湖南方言，我严格按字面翻译；但文本主体还是译成了标准英语。总之，我觉得方言对译很难做，而且有风险，因此我不喜欢那样做。

汪：你说的是方言翻译的技巧层面，不过我认为有时问题出在译者不知道作者有意用了方言。如果鲁迅用方言别有用意（我发现很多情况下是这样的），我觉得可能的话译文应该告知读者鲁迅是在有意使用方言。

蓝：我不是绍兴人，鲁迅使用的绍兴方言我不可能都知道。但是，每个人都能从书中读出他们能读出的东西，这个译本就是我个人阅读鲁迅的结果。另一个译者可能会采用与我完全不同的译法。因此，我只能把一个我所理解的鲁迅呈现给读者。我刚才说过我的书主要是给普通英文读者看的。目前中国文学在西方还处于边缘地位，很难找到大量读者，很多中国作家和评论家却并不了解这一点。我的真正目的是让英语读者拥有一本流畅且比较好懂的书！我希望自己的译本成为权威版本，但我不想用太多的脚注分散读者的注意力。这本书能帮助读者了解清末民初的中国，但也可以当作故事来读，这就是我的初衷。译者的侧重点不同，译法自然不同；我的侧重点决定了我不会把方言带进译文。当然我知道自己本来可以做得更好。译者的背景会影响他们对方言翻译策略的选择。假如我是绍兴人，对家乡心怀依恋，侧重点就会不一样，我会关注鲁迅小说中的绍兴文化。

四 杨译与莱译比较

汪：杨译和莱译给你的总体印象是什么？你如何评价？比较喜欢哪个译本？

蓝：我认为它们都是很好的译作，但各有特点，莱尔偏重译文的口语化；而杨译的英文古典味稍浓一些。不过，译作是译者个人努力的成果，总会留下译者创造性的印记。这两个译本我都喜欢，但有的小说我觉得杨译较好，有的莱译稍佳，两者各有千秋。不过，总体上我喜欢杨译稍多一点。

汪：邓腾克指出，"长期以来，读者对杨氏夫妇生硬拘谨的译文语言表示失望，他们的英式英语译文使美国读者更加疏远了原本就让他们觉得陌生的鲁迅小说"（Denton，1993：174）。对此你怎么看？

蓝：这我可说不准，因为阅读是一种主观感受。再说，我对杨译太熟悉了，难以做出客观的评价。如果一定要我说自己的主观感受，我觉得杨译读起来仍然很不错，虽然相较于莱译，杨译本有点"古典味"。作为中国文学译者，我和杨宪益、戴乃迭遵循的语言原则很相似，因此我的翻译风格比较接近杨译，而不是莱译。

汪：杨宪益、戴乃迭用20世纪40年代的英式英语翻译鲁迅小说，且偏于直译，因此今天的读者读杨译本可能觉得有点生硬，但我发现杨译仍是迄今最贴近鲁迅小说意义和形式的译本。对杨氏夫妇来说，要做到译文准确一般不成问题，而且他们注重再现鲁迅简练、紧凑、犀利的行文风格。你认为译者应该尽量保留作者的写作风格吗？

蓝：译者当然要忠于原文的语气（Tone），那是风格的一部分。我认为鲁迅小说的风格可用一个词来概括——愤怒。那是一种有节制的愤怒。鲁迅作品给我的第一感触是他是一个非常愤怒的作家。因此，我在翻译他的小说时尽量再现自己读原作的这种强烈感受。

汪：杨译有多个版本，从20世纪50年代初的版本到1981年美国印第安纳大学出版社与外文社合作出版的《鲁迅小说全集》，其间，历经多次修订和增译，因此不同版本的译文有所不同，而1981年是最终版本。① 你参考的是外文社四卷本《鲁迅选集》（*Selected Works of Lu Hsun*，1956—1960），而不是1981年最终版，为什么？这套书的第一卷只收录了选自《呐喊》《彷徨》《故事新编》的18篇

---

① 参见汪宝荣《中国文学译介与传播模式研究：以英译现当代小说为中心》，浙江大学出版社2022年，第149—152页。

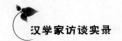

小说。

蓝：因为我手头刚好有这套书。我不需要参考所有小说的先前译文，只有在遇到语言理解难点时我才参考先前译本。另外，我还参考了杨氏夫妇翻译的单行本 *Old Tales Retold*（1961 年由外文社出版）。这是目前《故事新编》唯一的英文全译本。这个集子很少有人翻译，对它的研究也远不及《呐喊》《彷徨》，我想或许因为里面的作品水平参差不齐吧。鲁迅自己也说"不免时有油滑之处"。再者，鲁迅写这些"新编"小说的目的是借古讽今，引用了很多当时的政治话语，还讽刺挖苦了不少与他作对的人，这些内容难讨西方读者的喜欢。因此，在西方读者看来，有的故事很成功，有的则不太成功。

汪：莱尔翻译时提供了大量学术性注释，用以解释作品的写作意图、涉及的中国文化知识和各类典故等，并特意用美式英语翻译，翻译人物对话时甚至用美语俚语。莱尔相信这样可以吸引美国大众读者来读他的译本，但这些脚注为鲁迅小说平添了一种学术味，读起来很费力。这自然跟莱尔本人是鲁迅研究专家，他的译作又由大学出版社出版有关。你认为莱尔这样做可以赢取更多大众读者吗？

蓝：这取决于读者。至少我认识的很多人读文学作品时不喜欢老是去看脚注。莱译提供的脚注有的非常长（如《祝福》首页上的那条），简直会吓坏读者！这条脚注在暗示读者——除非你了解脚注涉及的中国文化知识，否则你就不能理解或欣赏这篇小说。我认为翻译鲁迅小说未必需要如此冗长的脚注，因为我觉得鲁迅是一个普适作家，他的作品主题有普适性，书写了人类共同的命运、生存困境和小人物的喜怒哀乐。不过，每个译者都有自己的做法，我不想妄加批评。我认为莱尔用心良苦，而且他的译文尤其注释对专业读者很有帮助，因此我钦佩他做出的努力。总之，译者有各自的翻译原则和侧重点，不同译本有不同的用处和适用群体。

五　蓝译实例讨论与商榷

汪：鲁迅以文字"简洁洗练"著称。细读你的译文后，我发觉你喜欢用大词，翻译风格有些华丽，与鲁迅的风格不太一致。我还发觉翻译时你喜欢压缩或重组句子，例如，《祝福》中有这样一句："冬季日短，又是雪天，夜色早已笼罩了全市镇。"你的译文"Another snowy winter's night fell early over the town"不仅删去"冬季日短"这层意思，而且"冬季""雪天""夜色"这三个原本分开的意象，被合并成了一个短语"Another snowy winter's night"。当然，译文非常流畅，读起来很棒。我们来看杨译："Winter days are short，and because it was snowing darkness had already enveloped the whole town。"相比之下，杨译确实有点拘谨，但我认为杨译更加忠实地再现了原作的风格。这个句子短小简练，颇有文言文的余韵，而你却做了压缩处理。

蓝：我不知道，我不能做出客观的判断，但我想这是英文文风演进的大势所趋。你的观察也许是对的，但译文有没有准确再现原作的风格，对普通英文读者没有用，因为他们没有读过原文，他们不是因为鲁迅的中文而喜欢他的小说，也没有理由喜欢他的原作的风格。我认为重要的是你得让他们相信鲁迅小说具有世界性的影响力，而且可以译成英文。我译过几位当代中国作家的小说，我发现自己的译文总比原文短一些，不像原文那么啰唆，而且一般情况下译文越短越好。特别是当代中国文学作品，行文往往冗长拖沓，要想译成优美可读的英文，就得把原文处理得更加经济俭省。

汪：你以《狂人日记》和《阿Q正传》的篇首为例，指出"在鲁迅用文言文与白话文构成文体对照的那些段落，我有意使自己的翻译风格变得夸张做作，不那么自然舒服"（Liu，2009），但这种细心周到的做法你好像没有贯彻始终。例如，《弟兄》中的汪月生故作高深，用了不少文言典故或成语，如"兄弟怡怡"（语出《论语·子路》），"鹡鸰在原"（语出《诗经·小雅》），"杳如黄鹤""五体投地"，等等。对这些古雅的词语你要么改译，要么删去，为什么？

蓝：它们在当代中文中也在用，而且中英文对习语和谚语的接受程度不同。上面这些习语用在中文中，人们一般可以接受，但如果用在英文中，听起来会相当陈腐、不自然。我读过珍妮·凯利（Jeanne Kelly）和茅国权（Nathan K. Mao）合译的钱锺书的小说《围城》，里面的很多成语先是直译，然后用脚注解释。中文成语是口语化的，可以说家喻户晓。英译时如果用直译加注的办法，效果会与原文正好相反。方言也面临同样的翻译难题：方言是纯粹的俚俗语，用在故事人物对话中很自然，但想要在译入语中找到对等的表达方式，我认为是很困难的。

汪：但汪月生的话语文白夹杂，我是说鲁迅有意用这种方式去写这个有些滑稽的小人物。

蓝：的确如此，但鲁迅只是粗略勾勒这个人物，因此汪月生不是一个形象鲜明的中心人物。《孔乙己》的情况则不同：孔乙己的"满口之乎者也"对角色塑造十分重要，因此我特意用古旧的英文去翻译。换言之，孔乙己是故事的主角，语域对照是塑造孔乙己这个人物形象的一种重要手段，因此必须在译文中再现这种差异。而汪月生在小说里只是一个配角，因此他说的文绉绉的话不需要严格按字面翻译。对《弟兄》来说，那样处理的代价太大了，会损害译文的流畅性。

汪：我对你处理某些翻译难点的手法还有疑问。鲁迅喜欢玩弄文字游戏，尤其谐音双关，这给译者提出了很大的挑战。你把谐音双关"叉麻酱"（谐指"搓麻将"）译作"moh-jang［*sic*］"。"［*sic*］"这个符号在这里有什么用处？

蓝：原文不是有拼写错误吗？我是说鲁迅写目不识丁的未庄人把"搓麻将"误作了"叉麻酱"。"sic"是拉丁词，意思是"原文如此"，它告诉读者前面那个词拼错了。不过我用它表示这里作者故意拼错了词。

汪：鲁迅确实喜欢用词语误用（Malapropism）的手法间接描写笔下人物的愚蒙无知。上面这个也可以看作词语误用的例子。我发现词语误用实例集中出现在《阿Q正传》中，又如把"崇祯皇帝"误作"崇正皇帝"，把"自由党"写成"柿油党"。这两组词在普通话中发音不同，但在绍兴方言中发音相同，因此我把它们叫作"方言双关"。你用什么办法告诉英文读者鲁迅故意写错这些词？

蓝：我觉得双关很难翻译。它们表面上挺相似，我想用普通话读出来也能产生幽默效果。但是，这对英文读者来说无关紧要，因为他们不懂中文。我认为重要的是提醒英文读者这是作者玩弄的文字游戏。

汪：我注意到你用脚注解释村民把"自由"（freedom）听成了"柿油"（persimmon oil），却把与"崇祯"谐音的"崇正"译作"the last emperor of the Ming［Dynasty］"，从而避开了翻译难题。另一例是《长明灯》中"梁武帝"被误作"梁五弟"。你没有译出"那灯不是梁五弟点起来的么？"这个句子，再次避开了双关翻译的难题。是不是漏译了？

蓝：这个句子我是故意删掉的，因为我想这儿如果直译就得用脚注，读者读起来会很费力。

汪：我发现有几个地方你可能译错了。例如，《阿Q正传》第九章"大团圆"写到阿Q画圆圈（画花押）而不圆，觉得很没有面子，但接着他想："孙子才画得很圆的圆圈呢"，于是马上就"释然"了。"孙子"在口语中经常用来骂人，因此这儿的"孙子"究竟是什么意思，不容易判定。人民文学出版社出版的《鲁迅全集》，无论是1981年版还是2005年版，都没有提供注解。幸好，1931年鲁迅特意为山上正义的《阿Q正传》日文译稿写了85条校释，其中第80条是"我孙子才画得很圆的圆圈呢"（鲁迅，2005：190）。可见这里的"孙子"不是骂人的话，而是应该解读为阿Q死到临头还不忘运用他的"精神胜利法"。遗憾的是，你把这个句子译成"Only idiots can draw perfect circles"，与杨宪益、戴乃迭的译文——"Only idiots can make perfect circles"——几乎一模一样。

蓝：这里的"孙子"不是"笨蛋"（Stupid Child）的意思吗？也就是说，"只有笨蛋才能画很圆的圆圈"。为了确定这个句子的意思，我特地请教了三个人，杜博妮还帮我向其他人求教，最后我采用了他们给我的答案。虽然我总是竭尽所能去找正确答案，但听你这么一说，我想这儿很可能是译错了。这本书如果有机会再版，我会更正这个错误。

参考文献

[1] Abrahamsen, Eric, *Interview: Julia Lovell*, 2009 - 11 - 10, http: //paper-republic. org/ericabrahamsen/interview-julia-lovell/.

[2] Denton, Kirk A. , "Review of Diary of a Madman and Other Stories", *Chinese Literature: Essays, Articles, Reviews (CLEAR)*, Vol. 15, 1993.

[3] Hawkes, David, "Preface Cao Xueqin", *The Story of the Stone*, Vol. Ⅱ: *The Crab-Flower Club*, trans. David Hawkes, London and New York: Penguin, 1977.

[4] Kowallis, Jon. , "Review of Diary of a Madman and Other Stories", *China Quarterly*, No. 137, 1994.

[5] Liu, Alice Xin, *Julia Lovell on Translating Lu Xun's Complete Fiction: "His is an Angry, Searing Vision of China"*, 2009 - 11 - 11, http: //danwei. tv/2009/11/julia-lovell-on-translating-lu-xuns-complete-fiction-his-is-an-angry-searing-vision-of-china/.

[6] Qian, Duoxiu & E. S-P. Almberg, "Interview with Yang Xianyi", *Translation Review*, No. 62, 2001, pp. 17 - 25.

[7] Pollard, D. E. , "Review of Anthology of Chinese Literature, Vol. Ⅱ: From the Fourteenth Century to the Present Day", *China Quarterly*, No. 54, 1973.

[8] Wasserstrom, Jeffrey, "China's Orwell", *Time International* (Asia Edition), No. 47, 2009.

[9] Wood, Frances, "Silent China", *Times Literary Supplement*, No. 24, 2010.

[10] 鲁迅:《致山上正义》, 载《鲁迅全集》第十四卷, 人民文学出版社 2005 年版。

[11] 汪宝荣:《评〈阿 Q 正传〉中方言双关的英译》,《编译论丛》2010 年第 2 期。

[12] 汪宝荣:《异域的体验——鲁迅小说中绍兴地域文化英译传播研究》, 浙江大学出版社 2015 年版。

[13] 汪宝荣:《中国文学译介与传播模式研究:以英译现当代小说为中心》, 浙江大学出版社 2022 年版。

英国汉学家闵福德访谈：
拿出"最好的中国"*

朱振武**

闵福德（**John Min-**
ford），当代享誉世界的
英国汉学家、翻译家，
澳大利亚国立大学荣休
教授。他翻译了《聊斋
志异》《易经》《孙子兵
法》《鹿鼎记》等众多
中国经典作品，其译本
在海外广受欢迎。其岳

闵福德（John Minford）

父霍克思也是著名的汉学家、翻译家。二人合译的《红楼梦》，
前八十回由霍克思负责，后四十回由闵福德负责。50 余年来，
闵福德致力于翻译、研究、阐释和传播中国文化，为中国文学、
中国文化在海外的传播做出了重要贡献。

2016 年 11 月，澳大利亚国立大学名誉中国研究教授闵福德因将
中国的经典《易经》从中文翻译至英文获澳大利亚国家级"卓越翻

＊ 原载于《东方翻译》2017 年第 1 期，收录于本书时有所修订。原题为《拿出"最好
的中国"——朱振武访谈闵福德》。
＊＊ 朱振武，上海师范大学教授，博士生导师，国家重点学科比较文学与世界文学学科
带头人。

译奖"（Medal for Excellence in Translation），该奖专门奖励在翻译领域有突出贡献的学者，表彰译者及其翻译工作在澳大利亚文化和学术话语中所起的重要作用。专家委员会认为闵德福的译本"是一个对中国早期经籍具有决定意义的译本。这也是作为文化中介的译者、学者的一个突出例证，既是学识力量的一种体现也是杰出的文学收获。闵德福在翻译中用富有思想性的、尊重原著的、灵活的方式挑战了他的工作，将一个意义重大的新的翻译文本贡献给了世界文学"①。同年 3 月，闵福德教授应朱振武教授邀请来到上海大学和上海师范大学讲学。从澳大利亚来华之前，朱教授就和其约好了这次访谈。访谈于两场讲座结束之后在上海师范大学外宾楼进行。在访谈过程中，朱振武教授问题独到，幽默风趣，闵福德教授谦和可亲，妙语连珠，两人相谈甚欢。现将长达两小时的访谈记录整理并发表，以飨读者。②

朱振武（以下简称"朱"）：闵福德教授您好，欢迎来到上海！十分感谢您在上海大学和上海师范大学为我们带来的两场精彩讲座。我之前看过您的不少作品，由书及人，对身为作者的您也产生了极大的兴趣，相信不少读者也是这样。尤为津津乐道的自然是您与汉语之间的不解之缘，不知您能否和大家分享一下其中的故事？

闵福德（以下简称"闵"）：我于 1946 年出生于英国伯明翰。由于父亲是一名外交官，因此我在很多国家都生活过。小时候，我就读于温彻斯特公学，学习拉丁语、希腊语和古典文学，之后考取了牛津大学中文系。当时选择中文是因为我在牛津大学时偶然将一枚大头针扔在了入学简介的"中文"两个字上，因此，我相信我与中文之间的缘分是早已注定的。从牛津大学毕业后，我就结婚了。我结婚时年

---

① 转引自国际汉学研究《恭贺闵福德教授获 2016 "卓越翻译奖"》，http：//www. sinologystudy. com/news. Asp？id = 529&fenlei = 19，2016 年 10 月 26 日。原文为 "Bids fair to become the definitive translation of this primary Chinese classic. An imposing example of the translator-scholar as cultural intermediary，it is both a tour de force of scholarship and a distinguished literary a-chievement. Minford adopts a thoughtful，original，flexible approach to the challenges of his task as translator，offering a significantly new interpretation of a piece of major world literature"。

② 本文访谈译者：陈菲，中华职业学校英语教师。

纪还很小，只有二十二岁。我觉得当时自己有些蒙昧，和心爱的人坠入爱河就决定马上结婚，随后有了两个孩子。五年后，也就是1973年，我的妻子在我们去非洲旅游时去世了。她当时只有二十五岁，就这样英年早逝留下了我和两个孩子。我成了一位没有工作的单亲爸爸并开始自己照顾孩子们，这样的情形一直持续了好几年。

朱：如您所说，学习汉语只是个偶然，不是您选择了汉语，而是汉语选中了您。想必随着研究的深入，您也在博大精深的汉语中发掘出了一个全新的世界吧！记得您在上海大学的讲座上，特意介绍了霍克思教授的生活、翻译及理念。那我们是否可以解读为霍克思教授对您的影响极其之大，甚至在一定程度上改变了您的生命呢？

闵：我是霍克思教授唯一的学生。他真的是一名非常优秀的译者，总是能给予他人鼓舞，而对我来说他更是一个特殊的存在，亦师亦友。作为译者，他成功的关键，同时也是影响他一生的重要元素，就是让自己活得有趣。翻译于他而言就是一种乐趣，因此他十分享受翻译，并从中获得了无穷的快乐。霍克思是一位非常有创造性的译者，喜爱在翻译中"化境"。化境是一种比喻，指的是有创造性地再创作，他在翻译《红楼梦》时就采用了化境的方法。我二十岁时在中国香港修学，寄宿在一个中国家庭。那家的一位老太太告诉我，如果你想把中文学精并了解中国人，就必须读一本书。言毕，她写下"红楼梦"三个字。当时我学习中文还不久，虽然会写"红"字，但"楼"和"梦"写起来还是很费劲。可我最终却被这本书的魅力给俘获了。回到牛津大学后，我和讲师们提出想要研究《红楼梦》。他们觉得我是在异想天开，并不想对我给予帮助，同时告诫我不要蚍蜉撼树，一旦陷入其中无法自拔甚至会改变我正常的命运轨迹。然而这些并没有让我放弃，后来我告诉了霍克思教授我想要翻译整部《红楼梦》的执念。我知道当时我只是个初出茅庐的学生，这实在是有些口出狂言，但霍克思却像有重大发现般看着我说："那我们一起翻译如何？我刚刚受邀为企鹅经典文库翻译《红楼梦》，不如你来翻译后四十回。"于是，宿命般地，我们开始合力翻译起这部作品。

朱：《红楼梦》前八十回由曹雪芹所作，而后四十回一般认为作者是高鹗。就像高鹗续写曹公的《红楼梦》，您追随着霍克思，这是否也可以理解为一种缘分？我很想知道你们在翻译时是如何合作的，又是如何保证两个人的译作风格一致的呢？

闵：我于 1970 年从牛津大学毕业，1977 年去往澳大利亚。其间的这几年时间里，我一直住在牛津大学校园外。那几年，我每周都会去一次霍克思家中，在他书房里向他诚心求教。他会和我一起阅读、翻译一些文章，并就翻译进行讨论。他会给我看他的译文并给我一份译文的复印件，让我反复推敲学习他的翻译。我是他的学徒，一生都追随着他。因此，我在学习翻译时基本上就是在模仿他的译作。他的要求很高，所以我必须努力使我的《红楼梦》译文和他的译作风格保持一致。一开始，我总是模仿不成功，我把翻译的前三章寄给出版社后都被退回了。出版社写信给我，信中评论十分消极刺耳，大致意思是你的译作不合格，因为翻译风格和霍克思的不同。因此，为了和霍克思的翻译风格保持一致，我必须加倍努力。1980 年，霍克思完成前八十回的翻译后写信给我说："约翰，我现在真是怅然若失，我能帮你翻译后四十回吗？"我回信道："恕难从命，大卫，这是属于我翻译的部分，不能给您。"有一天早晨我们坐在一间小办公室里，他对我说："我们一起看看你的翻译吧？"于是，我俩将译文翻至第八十六回的第一页。霍克思浏览之后，告诉我有些地方翻译得不妥，问我为什么不这样翻译或者为什么不那样翻译。于是，他修改了一整个上午，直到最后心满意足。我看过后说："大卫，这又回到了我原来的版本啊。"他回答道："天哪，还真是。"因此，从那以后我们再也没有这样折腾过了。到了那种境界后，我和他的思想已经合二为一，我的一生就此改变了。晚年时，霍克思又将所有的译文重读了一遍，我还清晰地记得他那时坐的位置。他坐在那里对我说："约翰，我认为我俩的译作结合得天衣无缝。"听完他的话，我内心的喜悦不言而喻。经历了多年的磨合之后，我俩的翻译风格终于在真正意义上达到了和谐。

朱：读者在读完《红楼梦》英译本后，几乎察觉不出是两个人的译作，因为译文在措辞和风格上太过一致，真是令人叹为观止。更令人感慨的是，作为先译者，霍克思教授也对您的译文很满意。除了和霍克思教授合译《红楼梦》，您还独立翻译了《聊斋志异》《易经》《鹿鼎记》等其他著作，您在翻译上的造诣着实让后辈们仰慕。听说您目前正在翻译《道德经》，可以说说您为什么选择翻译这部特殊的作品吗？

闵：《道德经》是我在牛津大学学习中文时的课本之一。我从那时起就一直很喜欢这部书。从牛津大学毕业多年后，企鹅出版社写信告知我，他们想出版一部新的《道德经》英译本，问我是否可以为他们推荐一位译者。那时我就想，也许我可以将霍克思推荐给他们，因为那时候他已经退休了，空闲时间较多。因此我找到霍克思，问他是否有意愿翻译《道德经》。但由于各种原因，霍克思没有同意。于是，我给出版社写信，告诉他们我自己很喜欢《道德经》，也许我可以尝试着翻译这部著作，出版社欣然同意了。这就是我翻译《道德经》的原因。其实，从《易经》到《道德经》是个再自然不过的选择，它们都包含道家思想的精髓。

朱：《道德经》作为中国古典文学宝库的一颗璀璨明珠，对中国古代政治、经济、哲学、文学、艺术、军事乃至中国人的民族性格和精神都产生了极大的影响。18世纪，《道德经》的拉丁文译本问世以后，这部奇书就被不断译成各种语言，老子的思想得以传播到国外，对世界文明产生了巨大影响。据统计，道德经的西译文本有六百多种，其中英译本就有二百多种。有些译本还取得了一些成就，如美国汉学家罗慕士（Moss Roberts）的译本就广受好评；英国传教士理雅各（James Legge）、英国汉学家和翻译家亚瑟·韦利（Arthur Waley）的译本也较权威。《道德经》之前已经有这么多译本，您是如何让自己的译本在众多译本中脱颖而出的呢？

闵：我的《道德经》译本在风格上有点类似于我翻译的《易经》，它像是《易经》英译本的续本。我想用同样的风格去翻译《道德经》，希望这部书能够对人们有所帮助，希望读者能从中体会到"kind"这个词。对我来说，"kind"可能是英语中最好的一个词语，它和"generous"有些相似。我希望读者能够在我的翻译中感受到"kind"和"generous"，感受到快乐。我不在乎在学术上能取得多高的成就，因为我想做一名"逍遥译者"，随心所欲。我不想被任何杂事困扰，只想专心致志翻译自己喜爱的书。我希望人们每天清晨能够读一页我翻译的《道德经》，并从中感受到愉悦，也希望人们在阅读这部书之后，能善待自己和身边的朋友。

朱：翻译中国古典文学作品难度不小，您几乎每次翻译一部中国文学巨著都要花费数十年时间。比如您翻译《鹿鼎记》用了十年，《易经》用了十二年，《聊斋志异》用了十四年。您曾经说过，"译者在翻译时经常遇到很多障碍，有时也会感觉不知所措"。我认为在翻译古典文学作品时更是如此。所以，我想您在翻译《道德经》的过程中肯定遇到了不少困难，不过天道酬勤，斩尽荆棘之后相信必是坦途。

闵：翻译这部书非常困难，甚至比翻译《易经》还难。因为这部书内容深奥，言辞优美，书中的语句读起来就像诗歌一般。若对句中的画面进行联想，甚至能把这些语句当作歌词吟唱出来。因此，我在翻译时也试图让我的译文带有音乐美，能被读者吟唱。只有这样，翻译这部书才不算浪费时间。为了做到这一点，我在提升母语水平上下了不少功夫。可以想象一下，《道德经》中的语句都极富节奏和音律，人们清晨起床阅读一页后，内心便趋于平和。我希望读者在阅读时有这样一种体验：如同在碧波微漾的海边款款而行，与大自然亲密接触，逐渐融为一体。那一刻，人们内心趋于极致的平和，任何紧张和压力都消失无踪了。这就是我翻译这部书想要达到的目的。

朱：期待您的《道德经》英译本，相信这部译作定能如您所说，能让读者的内心平静下来，与周围人事做到和谐共处。那么，您在翻译完《道德经》之后，是否还有其他翻译计划？

闵：我不打算再翻译类似的任何书籍了，因为翻译此类巨作耗时很长，很辛苦，而现在我想过更为"逍遥"的生活。但我仍会坚持翻译，接下来可能会翻译一些篇幅较短的小说。我之前翻译过《孙子兵法》（*The Art of War*），因此接下来我想出一部书，名为《中国的爱情艺术》（*Chinese Art of Love*）。这部书篇幅不会太长，其中包含的是有关中国人对爱情看法的诗歌和散文。这一定会是部很有意思、很受读者欢迎的书。

朱：人们在读书时必须带有一定的批判思维，要懂得"取其精华，去其糟粕"。阅读的过程实际上就是思考的过程，如果阅读只是读了文字但没有进行思考，那么就失去了它的意义。因为书中的观点也不一定都是正确的，通过批判性阅读，读者能够养成独立性和批判性思维，不容易被书中错误的观点影响。虽然您不是很喜欢《孙子兵法》这部书，但记得您曾经说过，《孙子兵法》是一本"生活之书"。那么，在您看来这部书有何价值呢？

闵：我在这本书的序言中提到过，《孙子兵法》就像是一部生活指南手册，中国有许多类似的书籍。例如：有些书籍教你养生，有些书籍用于处理人际关系，还有些书籍用于解决环境问题。而《孙子兵法》是一部从宏观和微观两种角度揭示自然、人类以及人际关系的书籍。从这个方面来说，这部书于人们而言价值非凡。有时候，人们不懂得从宏观角度看待事物，而《孙子兵法》却始终强调这一点。它教我们在匆忙做出决定或行动之前，学会纵观全局，不拘泥于事物的细节，专注其本质。当然，这部书着重讲述的是战争以及对战争的评点。但书中的许多内容都可在人们日常交流或产生冲突时得到应用。因此，这部书在某种程度上还是具有一定价值的。

朱：我知道您翻译的很多作品都是别人推荐的，像刚刚提到的《孙子兵法》，还有《鹿鼎记》以及您去年刚刚完成的《易经》等。那么，如果您想自己选择作品进行翻译，在选择时是否有什么原则呢？例如，葛浩文（Howard Goldblatt）曾经说过他在选择要翻译的书时，会看一些国外的书评。

闵：我对葛浩文十分熟悉，但我们是完全不同的两个人。他翻译速度极其之快，甚至可以在同一时间段翻译五部书，因此他的译作数不胜数。除此之外，他身边还有许多年轻的助理协助他翻译。但我在翻译时速度很慢，翻译完之后还要反复修改。我觉得选择优秀作品进行翻译是件挺困难的事情，有时候在选择时我也会犯错误。就拿《鹿鼎记》来说，刚开始翻译这部书时，我非常兴奋。而在翻译完整部书后，我心想，金庸写《鹿鼎记》只花了几年时间，我为什么要花如此长时间去翻译它？其实一直到现在，我也不知道自己到底应该翻译什么，什么才是最好的作品。别人偶尔会推荐一些作品给我，有时我会接受他们的提议，但大多时候都会婉拒。有时候，我会突然对某部作品产生极大的兴趣，那么我与这部作品以及书的作者冥冥之中一定有着一种"缘分"。在这种情况下，我会选择翻译这部作品。但说实话，要选出一部真正优秀的作品确实有一定困难。

朱：我们刚刚谈的是您如何翻译的作品，那么出版社呢，他们是怎样在众多中国文学作品中进行选择的呢？比如《聊斋志异》和王小波的作品，他们会如何抉择？

闵：不同出版社的标准不一样。我认识很多出版社，其中有一些出版社很不错，他们知道如何选择高质量作品；我也知道一些三流出版社，他们在选择作品时总是听从一些不好的建议。但优秀的出版社有时也会犯错，企鹅出版社在选择作品时就曾犯过非常严重的错误。当年，他们在我不知情的情况下斥巨资（约50万英镑）购买了三流书的版权并对其进行翻译。同理，他们若花巨款买下了王小波作品的版权并出版了其译作，销量一定不会太好。企鹅出版社是世界上最大的出版社之一，在纽约和伦敦都有大分社。伦敦分社相比纽约分社要明智得多，因为他们翻译的大多是优秀的文学作品。但在纽约，他们总是在选书时犯错，这是因为他们总考虑经济利益。当然，任何人站在出版社的角度考虑都会想着多挣一些钱。如果能出版好书，那无可厚非；但如果出版的都是劣质作品，销量必然不高。读者们都很聪明，他们想要买的是优秀的文学作品，而不是一些粗制滥造的书籍。好的出版社会注重作品的质量，因此也一定知道如何在《聊斋志异》和王小波的作品中进行抉择，三流出版社却不懂。

朱：看来不管是对您还是出版社而言，要选择真正优秀的作品并没有想象中那么简单。您在中国文学翻译的道路上已然行走了五十个年头，可以说翻译已经融入了您的生活，成了不可分割的一部分。那么，我们好奇的是，到底是什么动力支持着您在翻译的道路上坚持走了那么久呢？

闵：实际上，我最初的梦想是成为一名音乐家——具体来说是一名钢琴家——但这个愿望一直没有实现。不过这也算不上是遗憾，因为除了弹钢琴，我也很喜爱翻译。我在做翻译时非常享受，能够从中感受到无穷的快乐。翻译虽然辛苦，但当我完全沉浸在其中时，反而甘之如饴。其实并没有什么"动力"支持着我一直前行在翻译的道路上，因为它对我来说是很自然的事情。就像有人擅长赚钱，有人擅长种菜，有人擅长唱歌，有人擅长建房子。对我而言，翻译是最自然不过的事情，这是我应该做的。我不知道原因是什么，也许这就是我的命运。

朱：中国文学典籍外译的译者身份一般有两种：第一种是汉学家，第二种是中国译者，且以后者居多。您可能读过一些中国译者的译作，不知道您对中国译者和他们的译文评价如何？

闵：我认识中国一位很有名的翻译家——杨宪益。他经常和妻子戴乃迭合作翻译，就像是翻译组合。戴乃迭经常帮他校对，因此他总是能翻出很高水平的译文。在我看来，他们这样的夫妻组合翻译模式非常值得借鉴。我和他们夫妻二人关系都不错，他们善良可爱，文学造诣也都非常高。但是说实话，许多中国译者的译文质量都不是很高。

朱：相对于外国译者，中国译者在中国典籍外译时有时很难用合适的表达将原文内容传达给西方读者。遗憾的是，所有中国典籍外译的译者中，汉学家还是占少数。近些年，由于中国经济的蓬勃发展，对翻译人才的需求也越来越多，因此国内很多高校都开设了 MTI（翻译硕士）专业。您在中国教授过这个专业，能否说说您对它的看法？

闵：我在天津和香港的一些大学都教过翻译。在我看来，最好的教学方式就是鼓励学生们多阅读、多练笔。我反对任何翻译理论，因为学习太多翻译理论是在浪费时间。在 MTI 教学中，理论的唯一作用就是让这个专业看起来更加学术化，但实际上我们更需要做的是通过大量阅读和练习提高语言的表达能力。我在香港中文大学教授 MTI 时经常负责组织翻译研讨会，研讨会对 MTI 的学生来说非常重要，因为参会之后每个学生都要参与一个长期的翻译项目，并认真负责该项目。我自己会接管大约八名学生，每周都会与他们见面，这是我的教学模式。在我看来，这样的教学可以让学生们实实在在做翻译、做翻译案例研究，而不是空谈翻译理论。我很反感翻译理论，非常反对。除此之外，我还鼓励学生们广泛阅读各类书籍。很多人都认为阅读是在浪费时间，这样想就大错特错了，因为阅读对译者来说至关重要。我希望学生们能尽可能读更多书籍，中文和英文书都要有所涉猎。例如，大家可以读《红楼梦》，因为这部著作是世界文学宝库中一流的珍品。若想学习《红楼梦》的翻译，可以去读霍克思的译本，并利用汉英对照版进行学习，因为霍克思翻译的语言非常优美。学生们应该安安静静坐在图书馆或宿舍看书，而不是花太多时间在乘地铁和逛商场上。

朱：感谢您为我们的 MTI 教学提出的建议。我记得在上海的两次讲座中，您多次提到"化境"这个词。您能否具体给我们讲讲"化境"在翻译中的含义？

闵：昨天在上海大学的讲座上，我提到了"化境"这个词，这个词其实是一种比喻。在中国，某种青铜器被称作"鼎"，化境就像是制作鼎的过程：首先你要将金属熔化，然后再重铸它。这意味着你要先将金属熔化成另外一种物质，再把它铸成新的形状。于我而言，这是对翻译的最好比喻，因为在翻译中我们要懂得重组。译者翻译时就像是在履行合同，例如：来上海前我和香港某高校签了合同，答应在该校教授一个月课程。签署合同之后，你就务必去做一些事情，因为这是你的义务。在翻译书时，你和原书作者就像签订了合约，要履行合约中的职责。这就是严复提出的"信"，在翻译时要忠实原文，不能凭空捏造。另外，我认为严复翻译标准中的"达"也是翻译的关键。对我来说，化境和"达"也有很紧密的关系，你要把自己从合同的束缚中解放出来，在做到"信"的同时，也要让译文通顺易懂——虽然这有一定的难度。我教了很多年翻译，很清楚学生在翻译时的感受。我很想为学生，尤其是年轻人提供一些对他们翻译有帮助的建议，因为这对他们来说非常重要。

朱：虽然您说您在翻译时没有运用什么理论，但是在翻译实践中一定会有一些有效的翻译方法和策略，您能否分享一些给我们的年轻译者，帮助提升他们的译作水平？

闵：我经常对学生说的一件事就是，晨曦微露，你准备坐下来翻译时，要做的第一件事不是翻译，而是先腾出一些时间，沉下心来读一些好文章。我通常会读一些优美的英文小说、诗歌和散文，就像打开了水龙头一般，许许多多优美的句子不断在我脑海中流淌。要记住，翻译只是写作的一部分，我们首先要提高的是自己的写作能力。学习外语虽是必不可少的，但更需谨记的是，最终你是要用母语来进行翻译。因此，翻译家首先要让自己成为一名作家。那意味着要阅读大量书籍，阅读时还需带有批判思维，这样才能保证自己在阅读中吸收新知识。大量的阅读和笔记也促使我的翻译不断达到"化境"。我在阅读之后，会将书籍放置一旁，深吸一口气，慢慢吸收书中的内容，这点是从霍克思那里学会的。以前家中有个小厨师，一次她在煮饭时说，锅炉总是发出"咕嘟咕嘟咕嘟"的响声，它是在排空气。同理，你读过的文章也会在沉进大脑后发酵、转化，最终重新浮出大脑。若保持着这样的状态，让它在你的精神"丹田"中转化，最终就能转变成新的东西，这也意味着你的翻译成功了。和别人订立契约并非轻而易举，就像我和曹雪芹订立了契约，我和《易经》中的"神"订立了契约。一旦契约订立，你就不仅要吸收，还要将其释放出来。这有点像消化和吸收，也就是我所说的"化境"。这就是我的翻译方式。

朱：感谢您给我们分享的如此精彩的翻译心得。相信在您的指点下，大家对翻译会有更深的理解。随着全球化的发展，当今国内也有越来越多的人开始关心翻译事业。除了中国飞速的经济发展使得翻译人才的需求增多，中国作家莫言于 2012 年获得诺贝尔文学奖也使得人们更关注中国文学作品的外译。中国人都因莫言获奖感到无比自豪，由此对翻译的关注度也日益提高，中国文学"走出去"从此又能开启一个新的篇章。

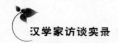

闵：我认识莫言，也认识他的译者葛浩文。我在香港公开大学任教的时候，学校推荐授予莫言荣誉博士学位。虽然中国人获得了诺贝尔文学奖，但我并不在乎谁获得了这个奖项，因为意义不大。莫言是山东人，单纯朴实。他的作品篇幅虽然都很长，但他遇到了个好"译者"，将他的作品进行了缩译。葛浩文翻译莫言作品耗时很短，因为他工作效率高，这一点在很大程度上促使了莫言获得诺贝尔奖。开个玩笑，也许莫言获得诺贝尔文学奖的另一个重要原因是评委会觉得是时候为中国人颁发这个奖项了。在我看来，其实沈从文也是个非常优秀的作家，他如果在世，或许这个奖项可以颁发给他。不幸的是，中国当今社会越来越缺少优秀的作家。说实话，我不希望人们太关注诺贝尔奖，这仅仅只是一个奖项而已。谁真正关心这个奖项呢？至少我不关心。但在中国，太多人将其看作一种证明。人们不应过于关注这个问题，而应更多关注中国的社会和文化，并不断提升自身的文化修养。

朱：虽然中国有很多文学著作已经被翻译成英文在国外出版，但是西方读者可能还是很难挑选到优秀的中国文学译作，您是否能为大家介绍一些能够获得较好译本的途径？

闵：先说说我自己的经验吧，我在挑选中国文学作品进行阅读之前，会先列出一个优秀中国文学译作清单。问题是国外有太多水平低下的译作，人们在书店阅读这些作品时，读完第一页就不再想翻到第二页了。但实际上国外还是有一些优秀译作的，国外读者若想了解优秀的中国文学，可以去买企鹅出版社出版的中国文学译作。比如它出版的《浮生六记》，这本书的译文语句非常优美；还有《西游记》的缩译本，翻译得也很不错；另外，一些唐代以后的诗歌也有很优秀的英译本。企鹅出版社出版了很多优秀的英译中国文学作品，最近还打算出版新的鲁迅小说英译本。但实际上，要想出版一部优秀的中国文学作品并非那么轻而易举，需要耗费大量时间。很少人能在短时间内将外国文学作品翻译成十分优秀的译作，因此鼓励译者提高翻译速度是不正确的。我个人更喜欢古典文学，因为我认为它们代表了"最好的中国"，具有永恒的价值。如果能选择一流文学作品进行翻译，为什么要翻译二流作品呢？其实，还有太多优秀的中国文学作品等待着我们去发掘和翻译。

朱：古典文学是现代文学的发展基础。"古典"在拉丁文中指的是"第一流"的意思。文学的发展，指的是在继承中创新。中国古典文学是华夏民族的精神瑰宝，当代文学要想发展和有所突破，都要根植于古典文学的土壤。您刚才提到，古典文学代表了"最好的中国"。那么，您能和我们具体谈谈什么才是"最好的中国"吗？它和中国古典文学有什么联系呢？

闵："最好的中国"是我的座右铭，如今我想要做的事情就是将"最好的中国"展现给整个世界。我想先和你聊聊这个座右铭的来源，这个概念是我母亲首次提出来的，但她和中国没有任何关系。为什么她会说出这句话呢？因为"China"除了指"中国"，还有"瓷器"的意思。母亲在家中的碗柜里放置了一套最好的瓷碗，如果有特殊的客人来到家中，她就会说："我认为我们应该把最好的瓷器（the best china）拿出来。"这样客人就会感觉自己受到了特殊的款待，因为他们使用的是最好的瓷碗。我喜欢用"最好的中国"这几个字来形容中国文化中最好的东西，比如文学、艺术、音乐、戏剧、美丽的山川河海和友善的中国人民。除此之外，老百姓的善良本性、生活习俗以及中国美食都属于"最好的中国"范畴。然而，虽然中国有着大量的文化瑰宝，中国政府也不断尝试着将中国文化推向世界，但很多时候人们并没有真正理解这几个字的含义。

朱：说到中国文学作品的外译，您可以说是译著等身，对中国文学"走出去"贡献很大。您翻译的作品大多是中国古典文学著作，那么我想知道，您是如何看待中国古典文学对于当下世界的意义呢？

闵：于我而言，中国文学不仅属于中国，也属于世界，属于整个人类社会。能够学习中文、翻译中国文学作品是我人生中一大幸事。因为世界上优秀的中国文学译作稀缺，还有很多反映了"最好的中国"的文学作品等待着人们去翻译。幸运的是，我在一生的翻译旅程中收获了很多快乐，在这个过程中，也学会了理解生活、理解自己。除此之外，优秀的文学作品还能使我们成为更加有趣的人，让我们的

生活更加多姿多彩，所以我很享受翻译这些作品的过程。我人生的大半时光都是与文学一起度过的，而它恰巧就是中国文学，因此并不是因为它属于中国我才喜欢。我不关心我喜欢的文化属于哪个国家，中国、日本或是非洲国家都一样，我只是想和全世界人民一起分享美好的东西而已。就拿《红楼梦》来说，虽然它是由中文写成的，但它是世界经典，是属于全人类的财产。我不喜欢有人说我是在推崇中国文化，因为我不是在为中国工作，只是在为传播美好的事物而努力。就像现在，有了《红楼梦》英译本，英语世界的人们就能够通过这部书在一定程度上了解中国人的想法，了解贾宝玉和林黛玉之间的感情，了解一种全新的生活方式。

朱：感谢您为中国文学"走出去"所做的努力。与中国文学一次偶然的相遇，就让您在中国文学的道路上走了几十个年头。作为一位汉学翻译研究五十载的优秀学者，您用您的毕生心血为汉学的传播做出了重要的贡献。您最后能为希望毕生致力于文学翻译的年轻译者提一些建议吗？

闵：我的建议是尽可能多地阅读，大量练习翻译。若想做好文学翻译，这是最重要的两件事情。译者应该大胆地去吸收文学作品中的精华，然后将其再创作出来。在这个过程中难免会遇到各种困难，因此在做翻译之前我们要努力增加自己的阅读量，让大量优美的词句在脑海中自由流淌。但要注意的是，一定要选择优秀的作者和作品，最好是中国古典文学作品——例如《红楼梦》。在古代，中国有着不计其数的优秀文学作品，我鼓励大家去阅读这些作品。除了阅读之外，我们还要经常练习翻译，要对翻译有足够的热情和耐心。在翻译文学作品时，要有持之以恒的精神和长远的眼光，不要把截止日期定在明天或者下周，也许我们可以试着制订一个长达十年的计划。这做起来的确有难度，因为除了翻译文学作品之外，我们还要赚钱谋生——对此我特别能感同身受。但若想将作品翻译好，我们必须有长期的规划，并在这期间不断修改译文。我们要将翻译文学作品作为整个人生规划中的一部分，并在翻译的过程中不断提升自身修养。

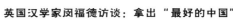

　　朱：谢谢您对我们的年轻译者提出的建议，也谢谢您五十年来为中国文学"走出去"做出的重要贡献。从您身上，我不仅看到了您对翻译与文学的坚持与热爱。相信越来越多的年轻人在您的影响下，会对文学翻译有一个新的认识，也会努力提升自身的学养。相信未来会有更多像您一样的翻译家和汉学家，向世界展示"最好的中国"！再次衷心感谢您！

英国汉学家米欧敏访谈：从晏子到麦家的翻译[*]

孙继成^{**}　*杨纪荣*^{***}

米欧敏（**Olivia Anna Rovsing Mil-burn**），1976 年生，英国汉学家、翻译家、韩国首尔国立大学（SNU）汉语教授。她先后就读于牛津大学、剑桥大学和伦敦大学亚非学院（SOAS），分别获得汉语专业学士、硕士和博士学位，主要从事中国早期历史的研究与教学工作，主要研究对象为吴越地区的历史研究，并撰写了《吴越之魅：〈越绝书〉译注》（2010）、《凭吊苏吴——古代吴国的文化建构》（2013）、《中国早期和中古期

米欧敏（Olivia Anna
Rovsing Milburn）

的都市化研究——地名词典中的苏州城》（2015）等专著。米欧敏还是茅盾文学奖得主麦家作品《解密》《暗算》和《风声》的英译者，也是中国先秦典籍《晏子春秋》全本的首位英译者。

　* 原载于《中国社会科学报》2019 年 2 月 14 日第 1632 期，原题为《从晏子到麦家"解密"中国文化——访英国汉学家、韩国首尔国立大学教授米欧敏》。

　** 孙继成，山东理工大学外国语学院副教授，研究方向为来华传教士、国际汉学和中国现当代文学英译。

　*** 杨纪荣，山东理工大学齐文化研究院讲师，研究方向为古籍整理、中国古代士人、齐地民俗。

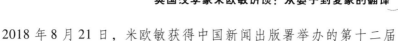

2018 年 8 月 21 日，米欧敏获得中国新闻出版署举办的第十二届中华图书青年成就奖。

她是位金发碧眼的英国女郎，却偏偏迷上了古代汉语；她是《晏子春秋》全本在西方世界的首位英译者，为中国典籍的外译再添新作；她慧眼识得麦家的小说《解密》，其英译本风靡全球，一举造就了国际出版界的"麦家神话"；她不是中国人，却被韩国首尔国立大学聘为汉语教授。她——英国汉学家、翻译家米欧敏教授。

她的"中国情结"是如何形成的？她如何走上了汉学研究和中国文学翻译之路？又如何从中国古代史的研究，成功跨界到中国当代文学作品的译介？古今之间、中英之间，她如何切换自如？带着这些问题，记者近日有幸采访了这位国际汉学界新秀。

一　熟读红楼识中国

《中国社会科学报》：请问你是什么时候开始学习汉语的？又是什么原因让你选择了汉语作为自己的终生志业？

米欧敏（以下简称"米"）：说来话长。还是在少女时期，有一天我碰巧翻阅了戴维·霍克思（David Hawkes，1923—2009）翻译的《红楼梦》第一卷。等我读完了曹雪芹的这一杰作，就对汉语产生了浓厚的兴趣，开始阅读有关中国的英语书籍，这一兴趣爱好也是我大学攻读汉语专业的主要原因。1994 年，18 岁的我进入牛津大学圣希尔达女子学院（St. Hilda's College），开始了汉语本科课程的学习。

《中国社会科学报》：在求学的不同时期，你修过哪些汉语课程？遇到过哪些著名的汉语教授？他们是如何指导你的汉语学习的？

米：牛津大学本科汉语课程一直都强调古代汉语的重要性，任何想要学习现代汉语（特别是口语）的学生，都必须在规定的时间里把文言文学好。这为我后来翻译中国典籍和进行汉学研究打下了较为坚实的语言基础。

因为《红楼梦》的影响，我对明清文学产生了浓厚的兴趣，但是，开始学习明清文学时，我发现自己不太喜欢教授这门课程的老师，而是更喜欢讲授"中国古代历史"和"中国古典文化"课程的那位教授，因为他讲得十分精彩，深受学生爱戴。我很幸运在本科阶段（1994—1998）就遇到了这位很棒的教授——罗伯特·查德（Robert L. Chard）博士。在大三和大四时，我选修了他的"古代汉语"课，成为连续两年选修这门特色课程的唯一一名本科生。让我感动的是，牛津大学仍然为我一个人单独开了这门课程，使我在两年的时间里享受了老师一对一的精心辅导。我跟着老师一起研读了《左传》《史记》《汉书》等中国典籍，收获良多。这让我感到自己在本科阶段的汉语学习十分精彩，也就在那个时候，我决定继续攻读汉语专业的更高学位。

1998—1999年，我在剑桥大学唐宁学院（Downing College）继续攻读汉语专业的硕士学位。我的硕士学位论文题目做起来非常困难，然而，这种艰难的求学经历对我也很受用，更加坚定了我继续攻读博士学位的决心，而且我觉得没有什么能够阻断我的汉学之路。2000—2003年，我在伦敦大学亚非学院继续求学，师从傅熊（Bernhard Fuehrer）教授，攻读汉语专业的博士学位。傅熊老师为人可亲可爱，指导学生得法有道，同样深受学生爱戴。我是他的第一个博士生，我们彼此都学到了很多东西。他给我提供了非常好的职业建议：选择中国的某个地域，刻苦钻研，就像你真正喜欢那里的食物一样，乐此不疲，你就能深入研究下去。傅熊教授的这一治学方法尽管比较感性，但也很明智，远比其他教授的告诫要简单易行。从伦敦大学毕业后，我一直都与傅熊教授保持着亦师亦友的亲密联系，我们还会定期互访。让我印象深刻的是，他对其他人的研究持有非常开放的包容态度，不断挑战自己，去开拓不同领域的科研项目。

《中国社会科学报》：在开始学习汉语之前，你对中国人的形象有何认识？无论是中国人的新形象，还是历史上的旧形象，你的认知有无变化或自我修正？

米：我不确定自己对中国人的形象有何特定的认知。我非常清楚中国是多么庞大和多元，所以试图认知中国人的形象这一话题似乎没什么意义。在我的成长过程中，我总是避免去做那些原型思维，因为它们显得过于刻板。我的父母都是大学教授，父亲教授阿拉伯语和土耳其语，母亲教授阿拉伯语和波斯语，而且我父亲在人类学方面的研究也很深入，所以我很小的时候就跟随父母走了很多路，见识过各种各样的人。我去中国参观过很多考古遗址和博物馆，中国给我的印象是那么强大和真实。历史上中国人的形象，都是些技艺高超的能工巧匠，中国古代的工匠，男男女女都很优秀，他们制作的艺术品是如此的精妙绝伦，无与伦比。这一现象十分有趣，特别是在看中国古代的艺术品时，如从河姆渡或良渚遗址发掘出来的艺术品，给人的这种感觉更加明显。

二　翻译晏子显功底

《中国社会科学报》：2016 年 1 月 14 日，你的英译本《晏子春秋》由欧洲著名出版社——博睿出版社（Brill）出版发行，这也是《晏子春秋》在西方世界的首部全译本。请问你为何对《晏子春秋》情有独钟？你又是从何时开始翻译《晏子春秋》的？用时多久才完成了这一英译本？你如何理解晏子这一历史人物？

米：中国先秦诸子典籍大多已被译成英语，然而，《晏子春秋》因各种原因而未有英语全译本。翻译《晏子春秋》的初衷缘自我在古代汉语方面的研究历程。我选择《晏子春秋》作为翻译项目，是因为我对晏婴的性格很感兴趣。他是一个经历过大灾大难的人。在面对战争、暗杀等极端困境时，他一直尽力去做正确的事情，并试图在家国之间寻求平衡，负起自己的责任。如果他在外边做错了事，那么他的家人就会面临危险，这种平衡对他而言并不容易。他犯了很多错误，但他已经尽力了。晏婴经历的这些苦难给人的印象十分深刻。

我翻译《晏子春秋》大约用了一年至一年半的时间，这很难说，因为我的翻译时断时续。《晏子春秋》中的一些故事非常个性化，与我们在其他中国古代典籍中读到的内容不大相同。晏婴作为公元前 6 世纪齐国的历史人物，生平资料较少，并且其真实性也难以考证。公元前 6 世纪下半叶，齐国公室式微，姜齐将由田齐政权取而代之，在此动荡的历史背景下，晏婴接任父亲晏弱的职务，出任齐国上大夫，历任齐灵公、庄公、景公三朝，辅政长达五十多年，以其政治远见的卓越、外交手段的灵活以及勤恳节俭、作风朴实的为人，为齐国的内政外交做出了突出贡献。晏婴的聪明机智和能言善辩，史上留名。

在我比较喜欢的《晏子春秋》的故事里，晏婴都有令人意想不到的智慧之举，他一直在挑战中国古代已有的行为方式，也一直挑战一些人的先入之见。晏婴还会向社会各界征求意见和建议，这些都是我喜欢他的原因。另外，我对晏婴谈及的爱情和婚姻故事也比较感兴趣。爱情和婚姻是我们生活的重要组成部分，这却是多数中国古代哲学家考虑不足的事情。例如，我们对孔子的妻子了解多少？对庄子的妻子了解多少？这些女性对自己丈夫思想的形成可能发挥了非常重要的作用，关于她们的这些记载都已失传不见。但是，在《晏子春秋》215 篇的史料和民间传说汇编中，就谈及了晏婴与妻子的关系，还涉及晏婴本人关于爱与性、结婚与离婚的个人看法。晏婴在故事中讲述了他自己是多么疼爱和信任自己的妻子，表明妻子对自己的生活是多么重要，有些故事还通过妻子的实践体现了晏婴的相关思想。这些都有助于我们理解晏婴为什么能够以其特有的方式来谈论婚姻的重要性，为现代人深入了解早期中国人的生活提供了独特的视角和难得的史料。

《中国社会科学报》：为了更好地理解文本，你曾收集过很多关于《晏子春秋》的评论和学术著作，请简单介绍一下相关情况。

米：我参考的关键文献是吴则虞的《晏子春秋集释》（1977），该书在文本梳理方面很是精彩，在文本含义的解释方面，它的参考价值却没那么大。王更生的《晏子春秋研究》（1976）对我理解《晏子春秋》也特别有用，它有助于我深入了解文本的含义，但他的文本有时候显得十分古怪。本来，《晏子春秋研究》的文本是按主题排列的，这有助于读者理解编者的编排意愿，而王更生在很多地方对文本做了改动，却没有给读者做出必要的解释与说明。

《中国社会科学报》：请介绍一下你所搜集到的《晏子春秋》早

期英语译文，这些译文与你的翻译与研究有何相关性？

米：在我的《晏子春秋》英译本完成之前，西方还没有一本完整的《晏子春秋》英语全译本。我之前所搜集到的《晏子春秋》的英译材料也多是节选译文，十分零散，这些英语译文对我翻译《晏子春秋》全书的帮助不是很大。后来，在我动手翻译《晏子春秋》时，就没有再过多地去参考这些译文，因为我担心自己会受到它们的负面影响。

但《晏子春秋》的现代白话文译本对我帮助很大，这个译本就是王更生的《晏子春秋今注今译》（1987）。另外，《晏子春秋》里的一些故事也曾被译成德语，据说艾施文·冯·利佩（Aschwin von Lippe）曾在 20 世纪 40 年代致力于完成一个德语的全译本，但是，他的这个全译本最终没有出版。

《中国社会科学报》：翻译《晏子春秋》时，你采用了怎样的翻译模式？

米：准确来说，我并没有什么固定的翻译模式可言。因为翻译《晏子春秋》这样的中国典籍，其翻译风格和翻译方法一般都由典籍本身的内容决定；在一定程度上，也是由译者对书中理解的具体内容及深度决定的。我对《晏子春秋》这一典籍与其他出土文献的内容（以及未经证实的文本）之间的关系也保持着浓厚的兴趣与足够的好奇。这种爱好与兴趣改变了我研读中国典籍的方式。我也做过其他古典汉语文献的翻译，但每次的翻译表达都会有所不同。我认为，译文中的这种不同也是必然之举，因为我们的译文要反映原文本的不同特质。

《中国社会科学报》：翻译《晏子春秋》的过程中，你感到最困难的部分是什么，又是如何处理的？

米：翻译《晏子春秋》的困难在于文本自身的意义不明，如果原作文本中的某些部分意义不清楚，那么译者理解起来就很困难。另外，《晏子春秋》也没有任何早期的评论可资参考，所以我们也不知道人们过去如何看待这本书，或者他们是如何解释书中的这些难解段落的。这种情况正好与《论语》截然相反，因为《论语》拥有太多

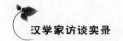

的评论可资参考，以至于译者往往不知究竟该遵循哪条解释。

《中国社会科学报》：在翻译《晏子春秋》过程中，你得到过哪些朋友的帮助？

米：在韩国首尔国立大学工作，有一些文献是自己无法获得的。因此，我就特别需要当时在伦敦工作的助理张贝贝的帮助。她现在就职于岳麓书社，致力于中华帝国的婚姻仪式的历史研究。当时我也很需要北京师范大学博士生卢克·汉布雷顿（Luke Hambleton）的帮助，他可以帮我查找到一些稀有的书籍，这对我的研究很有帮助。除此之外，香港浸会大学陈汉文教授和北京师范大学颜子楠教授对我的研究支持力度也很大。

三 "邂逅"麦家译名扬

《中国社会科学报》：你不但出色地完成了《晏子春秋》的英语译本，而且还翻译了中国当代著名作家麦家的代表作品，并在国际出版界形成了一种"麦家现象"。这种古今译作的切换，你是如何做到的？

米：这些都与我自己的汉语研究密不可分。当时我在韩国首尔国立大学工作，为了汉语教学的需要，我需要了解一些中国当代文学作品。因为我的专业是中国古典文献，早先对于中国当代文学所知不多，于是就决定补充一些相关内容。我在翻阅茅盾文学奖的获奖作品时，看到了麦家的《暗算》，读后我觉得这本书很有意思，也很喜欢麦家的文笔，就决定把它翻译成英文。后来我就开始关注麦家的其他作品。

《中国社会科学报》：在翻译过程中，你都采取了哪些翻译策略？

米：我是古代汉语教授，熟读过《春秋》《论语》，在翻译麦家的作品时，觉得小说的语言较好，内容也不难理解，翻译起来感觉也较轻松。我一般都会注意译文与原文保持基本的忠实，多从英语读者的阅读习惯思考，注意译文的地道与流畅，在译者、读者、作者之间进行多方思考，灵活应对。

《中国社会科学报》：你先后把麦家的《解密》《暗算》《风声》等作品译成了英文。《解密》英译本出版之后，又被译成三十多种文字，并在一百多个国家出版发行。请简要回顾一下当年翻译《解密》时的情景，哪些章节的翻译给你留下的印象比较深刻？

米：2010 年，我去上海看世博会，在机场候机时，碰巧看到了麦家的小说《解密》。因为我爷爷"二战"期间曾做过情报工作，熟悉密码解码，并与计算机之父阿兰·图灵（Alan Turing，1912—1954）共事过，所以我对《解密》这一书名就有一种自然的亲近感。我负责翻译了《解密》一书的上半部分，我很高兴能够完成书中的一些技术内容的译文，也就是那些谈论工程、密码学、数学等的内容。这对我来说是一大挑战，但这也是我要翻译此书的首要原因。这是正确翻译书中技术细节的良机，其中的挑战在于译文必须像汉语原文那样顺畅地嵌入故事。

《中国社会科学报》：请介绍一下你的合译者的情况。

米：与我一起合作翻译中国当代文学的是克里斯托弗·佩恩（Christopher Payne），他现在在曼彻斯特大学教授现代汉语。我认识佩恩好多年了，他原是我在伦敦大学亚非学院教过的学生。尽管我们是师生关系，但我们的年龄相差不大，属于同龄人。他在重返大学攻读博士学位之前，曾经工作过好几年。当我第一次翻译中国当代文学作品时，我担心自己的相关学养与知识储备不够，于是就邀请了佩恩和我一起参与翻译。我们现在已经合作翻译了麦家的作品《解密》和《暗算》。我们合作得很愉快，译本的效果也很好。他的兴趣主要集中在中国当代文学的先锋派研究。

《中国社会科学报》：在翻译《解密》时，你是如何理解荣金珍这个人物的？

米：《解密》的主人公荣金珍，在童年遭受过可怕的伤害，但他为人非常聪明。作为密码学专家，他的这一职业要求又加剧了已有的童年伤害。他最终疯掉了，这种结局丝毫也不令人奇怪，因为他的生活似乎就是故意这样设计的，总要使他的境况变得更坏更糟，才能符合故事情节的发展。我认为，在任何高度制度化的情况下，这都是一

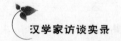

种风险，人们必须学着去适应。荣金珍的生活总是那么艰难，但书中的情景似乎并不需要他变得那么糟糕。

《中国社会科学报》：在谈及译者的作用时，麦家曾说过，"译者是麦家的父母"或"译者是麦家作品的母亲"，对译者给予了充分的肯定。对此，你是如何理解的？你又是如何处理学者和译者这两重身份的？

米：我听过麦家关于译者的这种说法，他也亲口对我说过这样的话。我想，在某种意义上说，译者是作者的父母或原作的父母，这种说法是对的。因为每当原作被翻译成新的语言，译者都会为原作注入新的生命活力。但是，如果原作者没有为译者提供任何可资翻译的内容，那么，译者可做的事情也就不多了。就我个人而言，我更喜欢把自己看成隐身的译者。我希望读者能够忽略我这个译者的存在，我想让译文的读者感觉到他们正在与原作者（麦家）做直接的沟通。同样，在自己的学术论文和著作中，我也不太喜欢使用"我想……""我要表明……""我认为……"等过度自我的字眼。我希望读者在阅读我的译作时能够自行发现事实真相，他们的阅读感受最好不要受到我这个译者的外在影响。

四　人工翻译胜 AI

《中国社会科学报》：目前，翻译软件技术比较发达，您在翻译过程中是否也借助了翻译软件？您如何评价目前的机器翻译？

米：机器翻译对于某些类型的文献翻译非常有用，尤其是对人们日常生活词汇的翻译比较准确，也容易理解。但目前的机器翻译对于中国古典文学的翻译作用不大，尤其是翻译中国古典诗歌时更是如此。因为诗歌中有许多历史典故，机器翻译对于文中的引经据典无计可施，望洋兴叹。

另外，机器翻译对汉语中的头韵现象或其他文体风格也无法做出相应的回应；对于中国古典文献的翻译，人工翻译仍然是无法替代、不可或缺的。我自己对机器翻译的使用仅限于用它检查文中是否遗漏了单词或句行。漏译是一个非常容易犯的错误，特别是对那些原文中有许多重复字段时更是如此。

对于我们的翻译研究而言，计算机数据库的搜索是一种数量十分惊人的可用资源。数据库的使用与开发使得我们某些类型的研究变得非常容易。但这种研究同样也存在着某种限制，因为任何数据库的成功搜索，都将取决于研究者对数据库中所要搜索的关键词的设定。在某种程度上，最具创意的研究将会超越数据库的这些制约参数的限制。早晚有一天，研究者必须去开发和阅读那些数据库中没有的文献资料。由此看来，在目前的机器翻译与数据库开发中，人工翻译仍然具有不可替代的作用。

《中国社会科学报》：自进入汉学界以来，你常来中国进行访学交流吗？你与其他汉学家如何保持联系？

米：为了与汉学界的朋友保持联系，及时跟踪中国学的研究动向，我的做法是每年至少去中国大陆一次，偶尔也会去中国台湾访学。我确实在尽力让自己能够明晓目前汉学界的最新研究动态，但是，我不太喜欢参加会议，主要是通过阅读其著作和文章来与同行保持学术上的必要联系。

《中国社会科学报》：你在首尔国立大学工作了多少年？都教授哪些课程？目前在研究的中国学项目都有哪些？

米：我已经在首尔国立大学工作近10年。我为他们教授一门本科课程"汉英翻译"；还有一门研究生课程，专门讲述中国学研究的西方学术方法；另外，还有普通的"中国历史"和"中国文化"课程。我目前的主要研究项目是关于唐代女皇武则天的历史地位，以及她在当时文献中的记载和之后的文献流传。你可以在首尔国立大学官网查到我的简历，我在简历上罗列了我的研究项目以及其他出版物的详细信息。

英国译者郝玉青访谈：谦卑
心态译"金庸"[*]

孙继成[**]

郝玉青（Anna Holmwood），译
者、文学经纪人，毕业于英国牛津大
学并有拥有当代中文研究硕士学历。
她先后从事版权销售及代理、文学翻
译及图书编辑等工作，与她合作过的
公司遍布伦敦、北京、中国台湾以及
整个北欧地区。在加入英国 DKW 文学
代理公司之前，郝玉青曾以文学经纪
人的身份效力于台北光磊国际版权公
司，除了代理西方文学进入大中华市
场外，她还把中国著名作家金庸的作

郝玉青（Anna
Holmwood）

品引介到西方世界——对文学的热爱使她乐于担当文学代理并为
之找到最适合的市场。她目前为金庸的《射雕英雄传》的译者，
也曾翻译过其他获奖小说，同时也是英国伦敦 Emerging Transla-
tors Network 创始人之一。她精通三国语言（英文、中文、瑞典
文），能够说一口流利的普通话。

---

   * 原载于香港《明报月刊》2018 年第 5 期，收录于本书时有所修订，原题为《郝玉青与她的〈射雕英雄传〉英译本》。

   ** 孙继成，山东理工大学外国语学院副教授，研究方向为来华传教士、国际汉学和中国现当代文学英译。

导语：金庸先生的武侠小说《射雕英雄传》深受读者的喜爱，在国内外的影响较大；但《射雕英雄传》进入西方读者的视野却定格在 2018 年 2 月 22 日。正是在这一天，《射雕英雄传》的英文版第一卷（*Legends of Condor Heroes：A Hero Born*）由英国麦克莱霍斯出版社（Maclehose Press）面向全球发行。瑞典裔英国译者郝玉青（Anna Holmwood）的名字也逐渐为译界所了解，本刊特约记者孙继成教授（山东理工大学翻译系）就郝玉青女士翻译《射雕英雄传》的过程做一专访，以飨读者。

孙继成（以下简称"孙"）：感谢您接受《明报月刊》的访谈，中国有句古语："英雄莫问出处"，既然您把金庸先生的《射雕英雄传》译成了英语，我们就反其道而行之，先问问英雄译者的出处，请您先介绍一下自己的家庭背景和教育背景吧。

郝玉青（以下简称"郝"）：我爸爸是英国人，妈妈是瑞典人。我在英国长大，后在牛津大学读历史专业。20 多岁时，我曾独自到中国游学，这次的游学激发了我学习汉语的兴趣，因为在这次旅行中，听不懂中国话，我自己感到十分遗憾。于是，回到欧洲后，我决心开始学习中文。

我先后花了三年的时间来专心学习汉语，先去了英国牛津大学中文专业学习，然后去中国台湾师范大学语言中心深造中文，最后又返回英国在伦敦大学亚非学院研读中国文学和历史并拥有当代中文研究的硕士学历。在学习汉语的过程中，我发现自己十分偏爱中国古典文学，特别是唐诗、宋词；汉语的文言文几乎令我痴迷，对屈原、李清照的诗词十分喜欢。我偏爱那些充满创造力和想象力的作品，这也许是我后来迷上金庸武侠小说的重要原因。

孙：您大约是在什么时候喜欢上了金庸先生的武侠小说？您阅读他的第一本作品是哪一部武侠小说？您阅读金庸先生的作品有何不一样的阅读感受？

郝：在台湾师范大学留学期间，我的好友推荐我读金庸先生的作品。我到了书店一看，满满一书架都是武侠小说，我记得我买下的第一本金庸作品是《鹿鼎记》。我认为，金庸的武侠小说是金庸先生自己对中国古典文学的一种传承，阅读过程有点像读《西游记》和《水浒传》一样生动有趣。我很欣赏金庸先生能够在虚构的武侠世界里灵活地表达自己的价值观。

孙：您在翻译《射雕英雄传》之前，曾经翻译过哪些汉英作品？您是否想过自己将来会做一名中英文化的译者？

郝：在伦敦大学亚非学院学习期间，我就开始接触中国文学的英译了。毕业后，我把翻译作为自己的职业，每天做的事都是阅读、翻译，以及向西方市场推介优秀的中国文学作品。我翻译的第一本当代长篇小说是《山楂树之恋》，此外还有不少短篇小说发表在纸托邦（Paper Republic）。

孙：我们在纸托邦网站上看到您近年来翻译了不少中国作品。请问您推荐中国文学作品的标准都有哪些？

郝：在作品样本的选段译文上，我认为每一本书都有它潜在的市场，翻译成英文可以让更多来自非英语系国家的编辑看见，进而将书本引介到不同语种的地区，为作品寻求更广阔的不同读者群。

孙：您翻译的《射雕英雄传》英文版第一卷定在2018年春节面向全球正式出版发行。选择这个时间点有何深意？

郝：翻译《射雕英雄传》对我而言，是迄今为止最难的一次翻译挑战。在春节期间出版发行《射雕英雄传》英译本第一卷，是想利用春节的欢庆气氛来嘉奖自己六年来的辛苦翻译，也算是一次仪式性的褒奖。

孙：请您描述一下翻译《射雕英雄传》六年来的心路历程，您遇到了哪些苦难与考验，又经历了哪些酸甜苦辣咸？

郝：2012年，我在中国从事过图书代理工作，曾向西方图书代理商推荐过《射雕英雄传》。我认为，翻译金庸的这本书是向英国出版界介绍中国武侠作品的绝佳方式，可以成为一个良好开端。代理商随后让我摘译了一段《射雕英雄传》作为样本，并开始寻找感兴趣的西方出版商。2013年，麦克莱霍斯出版社看中了我的翻译，买下图书版权，并计划把这本书分为四卷陆续翻译出版。我负责翻译第一卷和第三卷。2017 年年底，我还在忙于第一卷的最后润色和校对，同时我每天还要照顾年幼的儿子，忙得简直是天昏地暗。有时候，我就把这本译作看作自己的"二娃"，为了"孕育"它，就不得不牺牲一些陪伴"大娃"的时间。

孙：译本推出后，在中国翻译界出现了译本热议，对此您有何感想？

郝：如今，这本书出版面世，就像孩子出生后，脱离了母体，开始了它的独立生活。短时间内，我无法再做任何修改，只能学会放手，让孩子独自出去闯荡，同时心里为它祈祷，希望它好运长随。

孙：在翻译《射雕英雄传》的过程中，您都遇到了哪些困难，又是如何克服的？

郝：在长达六年的翻译过程中，我一直以"谦卑的心态"来翻译金庸先生的这部名作。金庸的小说涉及大量的历史背景、文化习俗、人物形象、食品、中药……单单是理解这些事物名称并准确翻译出来，就相当不容易。此外，如何翻译原著中虚构出来的那些盖世神功、无敌招式，也令我"头疼"不已。在我看来，最大的困难还不是这些，而是我深知金庸原著在读者心目中的地位，我必须"怀着一颗谦卑的心"来翻译它。一想到读者拿着我的译本与原著对比，我心里就十分紧张，让我在翻译中不敢有丝毫懈怠。

孙：网友对你把"雕"译成 Condor 颇有争议，你对此有何回应？

郝：我在翻译的过程中，不刻意追求"字字对应"的准确，而是更注重通顺易懂，希望达到"像金庸在用英文与读者讲话"的顺畅效果。在翻译中，最糟糕的莫过于你把每个字都翻译准确了，译作读起来却毫无生趣，这就完全丧失了文学翻译的意义。关于《射雕英雄传》的英文书名"Legends of Condor Heroes"，在网络上早就已经存在，人们在讨论这本书时也都引用了此译名。所以，在与编辑进行充分的交流与讨论后，我们决定沿用这个已有的译名，从而也避免给西方读者造成不必要的误解。

在《射雕英雄传》里，雕本身是一种非常有灵性的动物。虽然"Condor"是来自美洲的原生物种，但其体态及美感更加接近小说中

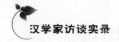

的雕，对西方读者来说，也许"Condor hero"念起来更有韵味，让读者可以更容易进入金庸的小说世界。我认为，小说是充满娱乐性、创造性的文学形式，用另一种语言来翻译小说，尤其是与汉语完全不同的语言来翻译，就要尽力再现和保留这些特性，这就需要译者具有一定的灵活性。金庸的作品里充满侠肝义胆、江湖情仇，也是全世界读者都喜欢的内容；现在许多西方人在练武术，也喜欢看功夫电影，这说明武侠小说在西方一定会有一群"核心"读者，我非常看好中国武侠小说在英文图书市场的前景。

对于文学翻译，我认为，译者的责任是"创造新的对话，激发新的兴趣和讨论"，因为一本译作的面世可能会使更多的相关作品得以翻译给其他国家的读者。另外，翻译永远不是终点，每本译作都是不同文化交流中的一环；我也知道翻译都是不完美的，总有些地方让人不同意或者不喜欢，翻译的争议是难以避免的，但我坚信——不翻译才是最大的缺失。

孙：对《射雕英雄传》中特有的中国文化词汇如"四字格""成语""专用名词"和"武术招数"，您是如何处理的？能否告诉读者您是如何确定"东邪""西毒""南帝""北丐""中神通"，"九阴真经""降龙十八掌"等词的翻译方法？有哪些难处和收获？

郝：在我的译本中基本是视其上下文对它们进行直译；对武术招式已有既定译法，但其意思晦涩难懂又需要解释的，我基本上都采取了意译的办法，让西方读者容易理解，即使读起来有些奇怪也无妨，因为这样可以尽量在译本中保存东方元素不会被过滤流失掉。能够让西方读者感到自己是在读金庸，而不是读郝玉青；西方读者关注的重点是金庸，而不是郝玉青翻译的金庸。

孙：您在阅读《射雕英雄传》时，最喜欢哪个角色？有哪个情节感动过你？您是否打算继续翻译《神雕侠侣》？出版社有无继续翻译的计划？

郝：在角色上，我最喜欢包惜弱，她的人物特性相当复杂，但绝不是非黑即白。一方面她是个传统而典型的好太太，另一方面也因为她"惜弱"的特性，造成了自己本身的矛盾。就像她救了受伤的敌

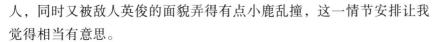

人，同时又被敌人英俊的面貌弄得有点小鹿乱撞，这一情节安排让我觉得相当有意思。

至于《神雕侠侣》的英译，我们目前还无暇兼顾，还是先做好《射雕英雄传》其他几卷的翻译出版吧。

孙：西方读者对《射雕英雄传》里的侠义世界有无认知基础？

郝：其实"侠"的文化跟传统西方是有联结的。从欧洲中古时期的骑士传奇到 19 世纪的小说如大仲马的《三个火枪手》，以及沃尔特·司各特的《伊凡霍》，乃至近期的奇幻文学，都有"侠"元素的存在。另外，金庸在《射雕英雄传》小说里创造了一个侠义的世界，在中国十分流行，读者很容易沉浸在他的小说描述中。虽然对西方读者来说这本书可能会有些陌生的地方，但《射雕英雄传》本身就是一部很会说故事的小说，而这些陌生的文化对西方读者就变成了一种新鲜感，乐于去阅读，去了解。另外，英国发行商在宣传中将这部译作称为"中国的《魔戒》"。在书店内，这部作品被置于"玄幻类文学作品"门类之下，从而也可看出其中的文化关联。

孙：您自己曾说过在翻译《射雕英雄传》的过程中，您很在意那些武术招式的翻译，希望读者不单读得顺畅，更重要的是还要打得流畅。您自己也学习中国武术？

郝：我自己十分喜欢中国武术，在翻译的过程中也会按照书中的招式描述进行比画。

孙：金庸的小说《雪山飞狐》《鹿鼎记》和《书剑恩仇录》已被译成英译本，您在翻译《射雕英雄传》的过程中是否读过？会不会进行译文比较，或做相关参考？

郝：已经有授权英译本的三部金庸小说是《书剑恩仇录》（*The Book & The Sword*），是由香港牛津大学出版社出版，把原文二卷缩减到一卷，译者是 Granham Earnshaw，他的本行是杂志编辑，用了 10 年的时间才译成此书；《雪山飞狐》（*Fox Volant of the Snowy Mountain*），是由香港中文大学出版社出版，莫锦屏（Olivia Mok）译，后来由其他出版社再版发行；《鹿鼎记》英译三卷本（原文五卷）由汉学家闵福德（John Minford）在香港理工大学任教期间组织翻译而成。

我非常尊敬这些译者，但在翻译的过程中，我会刻意避免去阅读他们的译作，因为翻译金庸小说是一个浩大的工程，我想用自己的方式去解读金庸的小说。

孙：看过您的微博，知道您早在 2012 年就向英国出版社推介过《射雕英雄传》，当时他们的反应如何？

郝：我在文学代理这个领域上有多年的经验，金庸是我一直想要推荐给西方读者的作者之一。当时有多家出版社对金庸的武侠小说表达出浓厚的兴趣，其中英国出版界的著名编辑 Christopher MacLehose 一口咬定地说："我一定要出版金庸的作品，没有人可以从我的手中抢走！"这让我非常开心。

孙：您对中文武侠小说在英语图书市场前景有何看法？

郝：很明显，中文武侠小说在英语图书市场是一个崭新的领域，具有很大的图书市场。因为好的故事都是跨国的，一本好的小说没有国界之分，肯定会通过翻译为世人所共享共有。

孙：希望《射雕英雄传》其他卷的译本能够尽快与读者见面，让我们共同期待！

郝：谢谢！

德国汉学家顾彬访谈：中国
经典的阐释与翻译*

刘　燕**

顾彬（**Wolfgang Kubin**），1945
年生于德国下萨克森州策勒市。他
是德国最为著名的汉学家之一，波
恩大学汉学系主任教授，德国最高
翻译奖"约翰·海因里希·沃斯奖"
获得者。致力于中国古典文学、中
国现当代文学和中国思想史研究。
1989 年起主编介绍亚洲文化的杂
志《东方向》及介绍中国人文科学的杂
志《袖珍汉学》。译有《论语》《老
子》《孟子》《庄子》等中国典籍，
也曾翻译鲁迅的散文，北岛、杨炼、
欧阳江河、王家新和翟永明等人的
诗歌。另著有德文版《中国诗歌史》《二十世纪中国文学史》

顾彬（Wolfgang Kubin）

---

* 北京外国语大学中国文化走出去协同创新中心重点项目"布拉格汉学学派对中国现
代文学的研究及其启示"（项目编号：CCSIC2017 – ZD01）之阶段性成果。原载于《北京第
二外国语学院学报》2018 年第 1 期，收录于本书时有所修订，原题为《中国哲学与文学的
阐释、翻译与交流之汉学路径——德国汉学家顾彬教授访谈》。

** 刘燕，北京第二外国语学院文学院（跨文化研究院）教授，研究方向为比较文学、
跨文化研究、国际汉学等。

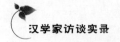

《鲁迅选集》六卷本等。

2017 年 4 月 11 日，北京第二外国语学院"北京对外文化传播研究基地"邀请德国汉学家顾彬（Wolfgang Kubin）教授，举办题为"中国文学与哲学的对外翻译与传播"的讲座。2017 年 10 月 31 日，顾彬教授再次来到北京第二外国语学院，作为"亚洲共同体——越境共存之亚洲文化遗产"系列讲座专家之一，举办"误读的重要性：德国汉学中的中国形象"的学术报告。此间，跨文化研究院刘燕教授就中国哲学与文学精神、中西文学中的忧郁主题、中国经典的翻译与传播、德国汉学的历史与特色、误解的重要性与理解的多元性等诸问题，与顾彬教授进行了多次深入的访谈与切磋。①

一　从多元视角理解中国文学

刘燕（以下简称"刘"）：顾彬教授，非常感谢您接受我的访谈。我发现，不少汉学家声称他们之所以走向汉学之路，是出于他们对中国文化的深厚感情，在人生的某个关键时刻，不由自主地爱上了它。您似乎也不例外，在年过"七十而从心所欲不逾矩"的年岁，您不断提及，"五十年来，我把自己全部的爱奉献给了中国文学"。可否谈谈，这是一种什么样的刻骨铭心的"爱"情？

顾彬（以下简称"顾"）：像两个情人一样，一见钟情。1966 年，我进入明斯特大学学习神学，准备毕业后当一名牧师。一首唐诗却改变了我的人生轨迹。有一次我参加学校举办的朗诵会，无意中读到了美国意象派诗人庞德（Ezra Pound）翻译的唐代诗人李白的《送孟浩然之广陵》，虽然这首诗是意象式的英译，但我的心还是被"孤帆远影碧空尽，唯见长江天际流"的诗情画意所惊叹。于是，我决定从哲学、神学、日耳曼文学转而学汉学。1968 年，我到维也纳大学改学中文及日本学。当然，内在原因是我自己觉得生活的意义是了解人是

---

① 本文得到了顾彬教授的亲自审核，深表感谢。

什么，我曾想通过神学了解人是什么，但在 20 世纪 60 年代德国大学中的神学，不一定能够回答我的问题。于是，我浏览了欧洲大量的哲学和文学，学习了一点在学校没学过的外语。最后，冥冥之中，我终于找到了心仪的汉学。

刘：在人生关键时刻毅然而然地做出抉择，您的经历对年轻学子们是一个很好的启示，即每个人应该找到终生倾慕的对象，最喜欢的研究领域。在当时的现实环境中，学习汉语找不到好工作，甚至无法养活自己。您的选择则被亲朋好友认为是一个疯狂之举。不过，我觉得您从神学、哲学转而研究汉学，这个治学背景非常重要，神学带给您的思维方式、治学方法、情感体验与想象力对您展开汉学研究产生了巨大的影响。您的汉学研究在方法论与情感上与众不同，往往充满着中西哲学和文化思想碰撞、交融之后的理性思辨、形而上感悟与艺术灵动。

顾：您说的有点儿道理。我的神学与哲学背景，让我思考问题时总是从"虚""原初"或"本质"的方面入手，德国人在研究历史、政治、文学上运用的方法与中国人不太一样。您读我的著作（已有中、英文译本）时，不难发现我提出的问题大多来自哲学、神学或日耳曼学，而不一定是文学。16 世纪西方宗教改革的一个很重要的问题就是如何阐释《圣经》。20 世纪 60 年代，德国哲学家伽达默尔（Hans-Georg Gadamer，1900—2002）提出了"阐释学"（Hermeneutics），对文学翻译与研究产生了深远的影响。又如，德国神学家、翻译家马丁·路德使用了通俗明白、流畅清晰的德语翻译《圣经》，其实就是以一种"可理解"的方式，让圣言为普通民众所聆听与阅读。所以即便谈到翻译问题，我也是把它放在语言哲学、阐释学的多元语境中加以认识的。

刘：谈到宗教（神学）与文学、哲学、翻译之间的关系，我对这一论题很有兴趣。我最近阅读了您的《中国诗歌史——从起始到皇朝的终结》一书，您非常强调古代中国文学的开端。您提出只有把《诗经》置于"早期的丰产崇拜和生命延续崇拜框架，具有宗教动力的渴望参与自然界创造性的和连续不断的发展时，我们才能完全理解它"。可见，您在阐释中国古典文学精神时，有一种介于神性（灵性、天）与世俗（人性、地）之间的张力或关系的认识，不知道我理解得对否？

顾：差不多是这样的。《诗经》与《楚辞》作为文字记录下来的歌谣，成为早期中国文明集体记忆的一个固定的组成部分。那些最古老的歌谣在宗庙里演唱，伴之以音乐，手舞足蹈。中国文学从一开始就被确定为权力机构的中心，诗人和统治者的密切关系构成"山盟海誓的集体"。这个集体通过一种宗教仪式而变得平易近人，富于变化，越来越世俗化。当然，这并非我个人的独见，葛兰言（Marcel Granet）、霍克斯（David Hawkes）、王靖献、程抱一等学者对这个问题都有论述。我认为早期人类的艺术表达形式与宗教的神秘感、仪式感是密不可分的，中国文学也不例外。

刘：那么，您认为是什么原因导致了中国后来的诗歌越来越世俗化？这与儒家在汉代占据至尊的地位有关吗？

顾：在屈原的时代，诗人并不是独立的个体，而是作为"觋"的身份，在神灵与人之间进行沟通。不过，自秦代以后，随着中国大一统的政权机构的形成，导致了通往天堂之路变得越来越窄，皇权为巩固自己的统治，开始将自己的神性强调到登峰造极的地步。宋朝是从贵族到官员、从宗教到儒教的时代，哲理代替了宗教，中国精神进一步世俗化，因此宋人再也写不出好诗，只写出了不错的词。

刘：在理解《楚辞》与《诗经》的区别时，您在《中国古代诗歌史——从史前到皇朝末年》中指出，"《楚辞》贯穿着一种被特别深刻地觉察到的、对人类的短暂、虚弱和软弱无能的感情"。这种忧伤、忧愁、哀诉、悲愁之声不同于《诗经》的集体之声，意味着诗人个性的某种凸显。后来的中国诗歌继承了这一深沉而厚重的楚骚传统，流淌着一股不绝不缕的郁、悲、愁、哀之情。我注意到，您一直喜欢探讨西方文学中的"忧郁"（Melancholy）主题，和与此相关的现代诗人的忧郁（Melancholic）情绪，您是否可以从中西比较文学或心理学的视角谈谈对此的看法？

顾：19世纪之前，中国文学中的"忧愁"（郁、悲、愁）与西方文学中的"忧郁"是不同的概念。"忧郁"这个词melancholia由两部分组成的：melan是"黑"的意思，cholia是"胆汁"的意思。从古希腊开始，人们就把忧郁与身体相联系。Melancholia（melancholy）与悲哀（Sadness）、忧郁症（Depression）不同。德语国家的文化是一种忧郁文化，它代表了一种现代性的忧郁。也就是说，忧郁是一个现代人应有的态度，是一种很好的态度。一个人如果不忧郁，无法成为一个好的诗人或文人，忧郁似乎与文化、学问、医术、文学难以分离。在汉朝之前，中国人并没有觉得生活悲哀。例如，孔子是不怕死的，但汉朝的诗人都怕死，为什么会发生这样的变化呢？我在《空山》《中国古典诗歌史》等书中，力图说明佛教传入中国后，诗歌才出现了悲哀的感觉，以及对于生死的深入思考。这一点日本汉学家吉川幸次郎也有所论述。中国古代诗歌虽有许多关于愁、悲的情感，与忧有关，但并不是现代意义上的忧郁，而是痛苦。唐朝的哲学家们把人的感情和时间、死亡联系起来，从李白诗歌中的"愁"，可以清楚地感觉到每个人都有自己的生命的时间，时间过了就不会再来。而我所谈的现代文学中的忧郁是一种现代忧郁（Modern Melancholy），是一种悲哀的、必要的生活态度。

刘：斯洛伐克汉学家高利克（Marián Gálik）先生曾与我提及，1992年4月21—23日他应邀参加您在波恩大学主持的"《红楼梦》200周年"国际研讨会，发言论文是《忧郁与忧郁症者》（*Melancholie and Melancholiker*）（论文后译为中文，题目是《论〈红楼梦〉与尼采文本中的忧郁主题》），讨论了尼采、保罗·雷与莎乐美之间的恋爱关系，并与《红楼梦》中两位忧郁的人物林黛玉与贾宝玉进行了对比。他认为曹雪芹是中国文学中第一个没有参照欧洲忧郁传统却创造了楚楚动人的忧郁形象的作家，与尼采在不同层面上有着类型学上的一致性，可以把他们视为早期精神分析学的代言人。您认同他的这种见解吗？

顾：与高利克先生一样，文学中的忧郁主题一直是我喜欢探究的话题，这可能与德国、奥地利、捷克、斯洛伐克等周边国家的文学传统有关。东西方对于人类的情感虽然有着完全不同的认知和表达方式，但在某些方面也可能不谋而合。二十多年前，在意大利举行过一次关于中国情感/情绪历史的会议，有个意大利的汉学家请我谈谈中国文学与忧郁的问题，我认为忧郁与抑郁症或臆想症（Hypochondriasis）还是有区别的。忧郁的人不需要大夫，而犯有抑郁症的人则需要看医生。在西方，现代性的忧郁是在文艺复兴时期才开始出现，它体现了一个真正的文人对待生活的态度。因为这个时候的人要从神父的束缚中摆脱出来，独立思考问题；即便是有些神父自己，也变得忧郁了。15 世纪德国神父罗曼诺·郭蒂尼（RomanoGuardini）写过一本流传甚广的书《忧郁的意义》，他认为我们之所以忧郁，是因为缺少上帝或者人的爱，忧郁使得我们和上帝分开了。这方面的相关论著还有莱佩尼斯（Wolf Lepenies）的《忧郁与团体》、伯顿（Robert Burton）的《忧郁的剖析》，等等。在中国，五四运动时期才出现了现代意义上的忧郁。在意大利的那次会议上，当时有个美国学者站起来反对我的看法：“不能说我们有忧郁，中国没有；应该说我们有，中国也有。”他试图劝我认同这样一种说法，即中国从《红楼梦》开始有了类似欧洲式的忧郁。我认为这其实涉及翻译的问题，中国古典文学中郁、悲、愁以及离愁别恨之类的感情，应该翻译为 sad，而不是 melancholy，它们之间有很大的区别。

刘：1995 年 7 月 1—6 日您在波恩大学组织了题为“忧郁与社团在中国”（Melancholy and Society in China）的国际会议，与会者讨论了传统中国文学和哲学中忧郁的起源、传统与现代文学中的忧郁，论文集为《痛苦的象征：在中国寻找忧郁》（*Symbols of Anguish：In Search of Melancholy In China*）。显然，五四运动之后的中国现代文学受到了西方文学的忧郁之风的影响，这与个人主义的兴起有关系。您提到过，要理解郁达夫小说中的忧郁，也可以尝试从另外一个视角来看。如何理解中国现代文学中这些被忽视的方面呢？

顾：我一直认为我们应区分传统中国的怨、愁、悲、哀等情感与现代西方的忧郁概念在本质上的不同。当然，我们可以从人类的情感方面，来讨论“忧郁”形成的根基、文化土壤。西方的忧郁与现代性是密切相关的。而中国五四运动之后的现代文学也与此一致。我不反对从各方面讨论郁达夫（包括鲁迅等作家）的中国现代小说，但是，如果我们可以从不同的视角来探讨他这个人或作品，可以丰富我们对中国现代文学的理解。郁达夫上过基督新教开办的学校，他的主人公有着精神和肉体的分离感，是矛盾的、分裂的，这在一定程度上受到了加尔文主义的影响，即精神压抑身体。他小说中的主人公与妓女发生关系后，总是感到巨大的罪恶感，自我折磨。郁达夫的小说充满矛盾心态（Ambivalence），人物是好是坏并不重要，而是很有意思的人，这就体现了现代文学的某种精神状态，塑造出了人物的多重个性。

刘： 您有关中西方文学中的忧郁主题、忧郁与神学和现代性关系的见解非常深刻。高利克先生提到过一个重要事件，顾城、谢烨夫妇有一段时间住在您柏林的公寓。1992 年 4 月 24 日，他第一次见到了顾城夫妇，他与顾城一起对《红楼梦》中的"忧郁"、林黛玉形象、女儿性等问题进行了讨论。我曾在高利克先生的家中看到几张你们和顾城夫妇一起参观柏林的克罗伊茨贝格（Kreuzberg）的历史墓园的照片，据说您最喜欢把到柏林访问的中国作家带去这个墓地，那时您是否预感到了顾城身上的抑郁症征兆？如何看待当代忧郁诗人与自杀的问题？

顾： 我们应该分清忧郁和抑郁症，忧郁在精神上是好的，而抑郁症是一种病，它需要一个大夫；另外，忧郁和悲伤也不一样。我认为忧郁是好的，可以帮助我们多了解自己。忧郁允许一个人多看、多感受、多理解。例如，它可以让我们更加理解一个女人的灵魂，或自然之美。但抑郁症是一种需要治疗的病症。顾城是一个病得很重的病人，一个悲剧的制造者。1992 年 3 月至 1993 年 4 月，顾城和谢烨接受德意志学术交流中心（DAAD）的邀请，参加了柏林的一个艺术家项目。1993 年，他们夫妻俩在我柏林的公寓一直住到了 8 月中旬，在回新西兰之前，发生了顾城对谢烨施暴的事。谢烨要求顾城去看心理医生，但奇怪的是当天没找到送顾城去精神病院的救护车。第二天，两人又和好了，决定一起回新西兰。后来，发生了那个令人震惊的悲剧，这是他们俩一直以来复杂关系的逻辑性后果。顾城是一个没

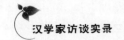

有学会承认任何原则的人。与朋友在一起时，他显得很有节制，但在家里就对妻子和孩子乱发脾气，为所欲为。他的绝对意志、唯我独尊、无我状态，以及幽灵似的存在，让他把自己变成了一个能决定生死的神。他的爱是一种让其他人为他的生活而服务的手段，只是为了他自己而存在。这是导致他悲剧的真正根源。我在我的一篇回忆录（《碎片——忆顾城、谢烨》）中谈到了这一点。

刘：您声称自己是"一个中欧人而不是真正的德国人"或"半个德国人"，因为您母亲是维也纳人，您从小在维也纳出生长大，这使得您与德国学者在气质与兴趣上有点儿不太一样，所以您喜欢讨论忧郁与颓废、生与死的问题，是吗？

顾：1945年前的奥地利人都认为自己是德国人，到了20世纪50年代之后，才有所谓的奥地利人的身份认同。维也纳是一个很特别的城市，它的德语保留了许多18世纪的词汇，这个城市被称为"死亡之都""忧郁之都"，维也纳人特别忧郁。这使我很早就对死亡问题产生了兴趣，我一直在思考它，我喜欢逛墓地，与死人交谈。我在波恩大学的每个学期都要与学生一起专门谈论不同文学与哲学中的死亡观。我认为只有关注这样的问题，我们才真正进入了哲学与文学的思考，进入一个民族的精神世界与灵魂深处。

二　德国汉学源流与波恩汉学派的研究特色

刘：2011年，您从波恩大学汉学系退休后，被聘为北京外国语大学的特聘教授，为中国学生开设了"汉学研究新视野""中西文化交流史研究"等课程，同时兼任汕头大学、中国海洋大学的讲座教授，在北京、汕头与青岛三地之间忙碌穿梭。《汉学研究新视野》是这些年的教学硕果，以简明扼要的方式总结了德国汉学的历史、发展、主要汉学家及其著作。汉学是从欧洲的立场来观察、研究中国，而任何科学的形成都受到观察者所处的历史传统、知识共同体、当下语境的影响。请您简单谈谈德国汉学的源流与特色，以及它与英、法、美等国汉学的主要差异。

顾：欧洲汉学至今有四百多年的历史。不过，德国出现第一代汉学家只有一百多年。1886 年，柏林大学设立了东方语言专业；第一位真正的汉学家是福兰阁（Otto Franke，1863—1946），汉堡大学的殖民学院于 1908 年建立，他在 1909 年被任命为汉学系主任，出版过 5 卷本《中华帝国史》。他的儿子傅吾康（Wolfgang Franke，1912—2007）也是战后汉堡学派的代表之一，主要研究东南亚华人的碑刻史籍，创办了《远东学报》（*Oriens Extremus*）。1945 年后，波恩大学重设东方语言专业。在长逾百年的历史中，这个专业培养了最早一批杰出的汉学家，他们不仅做学术翻译，而且为中国文学在德国的传播做出了重要的贡献。其中有佛尔克（Alfred Forke，1867—1944，戏剧）、库恩（Franz Kuhn，1884—1961，小说）、霍福民（Alfred Hoffmann，1911—1997，诗歌）、赖兴格尔（Florian Reissinger）和哈塞布拉特（Karin Hasselblat）等，后两位都是中国现当代文学的翻译者。德语汉学在文学史编纂和翻译方面的成果颇为丰硕，仅次于中国、日本和韩国，这是英语世界的汉学在数量上难以赶超的！总体上，德国汉学基本上比较散漫，汉学家们一般根据各自兴趣和性格去做研究，没有什么主流；而美国汉学则喜欢赶理论潮流，如东方主义、后殖民主义之类。此外，美国汉学家基本上不看德国汉学家的著作，这并非德语写作的缘故，即便使用英语写作，他们也不太关注。可能是美国人觉得德国汉学家的思想、思路太传统，受到形而上学的影响，像我这样热爱玄学的汉学家，他们一点也不喜欢。

刘：德国汉学家罗梅君（Mechthild Leutner）在她的《世界观·科学·社会：对批判性汉学的思考》一文中，认为对中国的学术研究是"两种社会转移的研究"，即"把中国的知识、信息和中国形象介绍到起点文化那里去。这种介绍不是单纯反映中国的特有现象并把它介绍到德国社会的简单行为，而是一个学者所完成的积极过程，一个挑选和评估、分类、构思和归纳的过程。同时，学者的出发点，他所确定的社会观、世界观和由此所决定的知识兴趣，及其论点有意无意地追求的社会作用，等等，对他如何进行研究都有决定性的意义。"您可以从这个方面，谈谈您个人的汉学求学之路，您的出发点、世界观和知识兴趣吗？如何从德国文化的起点（处境）来理解中国文化（文学）的内在精神，开展中德文学之间的对话？

顾：我的第一位古代汉语老师是司徒汉（Hans Stumpfeldt，1940— ），他是一位语言学家、训诂学家和历史学家，属于第二代德国汉学家，一辈子执着地研究汉朝，在2009年出版了一本《八十一首汉朝诗歌》。1967年，我在明斯特大学跟随他学习古代汉语，学习了差不多两年。他非常认真，办公室永远向学生敞开，我随时可以进去与他聊天。如果不是他耐心回答我所有的问题，也许我根本不会从神学转到汉学。我的汉学研究当然与我个人的兴趣、性情和知识兴趣有密切关系。例如，对于中国诗歌的关注，成为我一直以来的学术志趣，这与我自己也创作诗歌、写作有关吧！汉学家就是在进行"两种文化之间的转移"，一方面，我把中国悠久的文学、文化介绍给德国知识界，让中国文学成为"世界文学"的一部分；另一方面，我也通过对比研究，把德国的文化传统介绍给中国，我相信这有助于德国人、欧洲人与中国人之间的相互理解。在我看来，汉学家的角色就是中西文化之间的摆渡者或传道者，我愿意扮演这样一个角色，这赋予了我的生命以某种创造性的意义。学术应该跟艺术一样有创造性，要不然它是单调的。有些汉学家没有思想，很平庸无聊，其实他们可以放牛去，不必研究中国。

刘：捷克汉学家普实克（Jaroslav Průšek，1906—1980）是欧洲汉学对中国现代文学研究的最早开拓者，他在20世纪30年代就用捷克语翻译出版了鲁迅的小说《呐喊》。以他为中心而形成的"布拉格汉学派"（Prague Sinology），成为欧洲研究中国现代文学的根据地，出现了王和达（Oldřich Král，1930— ）、高利克（1933— ）、米列娜（Milena Doleželová-Velingerová，1932—2012）、安娜（Anna Doležalová-Vlčková，1935—1992）等研究中国现代文学的汉学家。布拉格汉学派与以陶德文（Rolf Trauzettel，1930— ）为代表的"波恩汉学派"（Bonne Sinology）有什么不同？柏林、波恩、布拉格、维也纳、莱顿、巴黎、苏黎世、布拉迪斯拉发等几个重要城市之间的汉学家各行其是，又彼此合作，交流频繁，是否有一个"欧洲汉学"，与美国汉学（中国学研究）形成一种抗衡力量？

顾：我前面说过，我跟随司徒汉学习的是古代汉语，那个时候德国的汉学系不开设现代汉语，在 20 世纪 70 年代初期和中期以前，他们认为只有古代中国才值得研究，所以没有人研究 1949 年以后的"红色中国"（即便有一些，也只是对中国台湾的研究），我所在的波恩大学也是如此。在这一点上，普实克的眼光是超前的（包括美国的中国学开拓者费正清），他于 1932 年来到中国留学，有机会学习现代汉语，结识了许多中国的现代作家和学者，如郑振铎、沈从文、郭沫若、茅盾、冰心、丁玲等。我在波鸿鲁尔大学遇见我的导师、唐诗研究专家霍福民（Alfred Hoffmanna，1911—1997），他是第一个告诉我应该学习现代汉语的老师，他与普实克一样，在 20 世纪的三四十年代来到了中国，与胡适等中国知识分子交往密切，所以他的现代汉语很不错。后来，他还"逼"我来中国留学。中德建交后，我在 1974—1975 年才有机会到北京语言学院学习现代汉语。我一辈子都要感谢霍福民老师，没有他，我的汉学道路走不了太远。我认为没有所谓的"欧洲汉学"，有的话也只是刚刚起步，而且分裂得很厉害。英国人脱欧，不看德语书，美国人也不看。他们的立场很有问题。再说，欧洲很大，是东欧、西欧，还是中欧、北欧？我觉得大部分的汉学家都是个人的学术，不过我与您前面提到的这几个中、东欧国家的汉学家交往比较密切，可以说我们有一个比较松散的欧洲汉学家"朋友圈"，比较重视对中国传统与现代的文化延续性的研究，可以与美国的中国学研究分庭抗争。我认为布拉格汉学派非常出色，很独特。在对中国现代文学的研究方面，围绕普实克形成了一种很有效的研究方法，成果显著，这得益于布拉格语言学派和结构主义理论的广泛影响，也与捷克斯洛伐克在一段时间属于社会主义国家有关。查理大学汉学系的许多学生在 20 世纪五六十年代有机会到中国访问或留学，得到了中国政府和文化部的大力支持，布拉格建立了欧洲第一个"鲁迅图书馆"，收藏了许多最新出版的中文图书资料。东德的汉学家也是如此，与新中国的交往比较方便。相比之下，西德对中国现代文化与文学的研究很晚，直到 70 年代末 80 年代初才开始涉及这个研究领

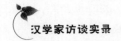

域。我于 1974 年到北京留学（美国人直到 1979 年才能到大陆留学），当时我对毛泽东思想很有兴趣。虽然起步有点晚，但德国对于中国当代文学的翻译与研究方面直追其他国家，成就特别大，在中国诗歌、女性文学的翻译研究方面，超过英、美、法等其他国家，遥遥领先。我们有德语版李白、杜甫诗歌全集，大部分的古代小说也有德译本，卫礼贤的《中国古代哲学译本》至今无人可比；而且我们在柏林、波恩的大学的汉学系特别重视培养中文译者，翻译家的地位很高，经常有获奖的机会。

刘：这种情况应该与德国重视翻译文学的传统有关，歌德首次提出了"世界文学"的概念，高度评价中国文学与哲学。高利克认为布拉格汉学派的地位在汉学界有点儿被抬得太高，使得"普实克成了一个传奇"。他反而称道慕尼黑大学的汉学中心在"二战"后非常活跃，完成的工作远远超过布拉格汉学派，硕果累累，如弗兰克（Herbert Franke）、施寒薇（1948—　）、鲍吾刚、瓦格纳（Rudaolf Wagner, 1941—　）、德博（Cunther Debon, 1921—2005）、闵道安（Achim Mittag, 1958—　）等。

顾：我不止一次说过，德国汉学的成果总是被许多人忽略，尤其是被美国汉学界忽略。美国汉学充满了意识形态（Ideology），急功近利，他们很少阅读德语的汉学论著，忽略历史、欧洲的历史、概念的历史，对于其他国家的研究不屑一顾，这个傲慢的心态很成问题。

刘：一些中国人认为中国不需要借鉴或研究海外关于中国的研究，外国人无法真正地了解中国。您是如何看待这个问题的？

顾："中国人一定理解中国吗？"我的答案是"不一定"。在对中国进行研究时，不同的汉学家塑造的往往是一个带有自己文化特色的中国形象，尽管有时这是一个错误的形象，却反映了关于自我认知与文化反思的需要。"误解"（Misunderstanding）恰恰是走向"理解"（Understanding）的重要过程，所有的理解都不是结果，而是一种开放的过程。中国学者对本土文化研究的悲剧在于中国人知道得太多。以李白研究为例，如果中国学者写了一百本关于李白的书，那么只看一本便足矣，因为他们笔下的李白形象往往是一样的。但是在海外，不同的研究者会提出与众不同的李白形象。汉学研究中所创造出的中国形象，问题不在于是对还是错，而是在于是否有趣，是否与他人不同。在对中国文化进行研究时，适当引入海外汉学家或翻译家的观点是非常有用的。例如，北京第二外国语学院从事甲骨文研究的专家常耀华教授告诉我，"民"在甲骨文中的字意是"把一根锥子刺在一只眼睛上，让其成为瞎子"，可能是战胜方把敌方的俘虏抓来后，刺瞎他们的眼睛，让他们没法逃走，成为奴隶，从事低贱的工作。后来"民"主要指的是平民、一群普通人。但在具体语境中，"人"与"民"有不同的意思。《论语》中出现的"人"指的是"贵族"，"民"指的是"下层的贵族，掌权者的外戚"。因此，在翻译的过程中，用英语"people"来翻译孔子说的"人"或"民"，是不太准确的，需要一一分辨。在我看来，中国文化想要很好地走出去，走出亚洲，走向世界，就有必要对海外汉学的研究成果有所了解。

三 翻译是主语，带我们去往神奇之地

刘：让我们转向有关中国文学与哲学的翻译与传播方面吧。翻译对于不同文化之间的交流一直是最核心、最关键的问题。请结合您长期以来对中国经典和现代文学的翻译经验，谈谈您的翻译观。

顾：我记得有个作家阿尔贝蒂（Raphael Alberti），在他的一本书中提到语言是"主语"，引领我们去往某一个神奇之地。伽达默尔也说过，除了语言，人什么都没有，什么都不是。也就是说，语言决定我们的精神、灵魂、思路等，每一种语言都给我们打开一个新的世界、一个更大的宇宙。语言多，天空多，大地更多。翻译理论与哲学密切相关，德国现当代哲学关注的理解与阐释问题，正是翻译的要义。我认为任何翻译都只是一个动态过程，没有答案和结果。语言并不是传递信息的工具，而是我们存在的房子，我们通过语言理解世界，我们掌握的语言越多，我们的世界越大。翻译建立在理解和了解文本的基础上，它是一个理解和阐释的过程，因此，翻译的过程性高于一切，它是一种再创造。有些译者总是使用字典做翻译，这是不够

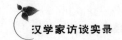

的，因为字典不可能收入所有的词汇，不同语言之间难以有词汇的一一对应。因此，我们在翻译的时候，最好把字典扔掉，组织一套自己的词汇。文字意义上的翻译不叫翻译，翻译的实质是两种文化和思想的对话，翻译的必要性正在于此。

刘：译者如何面对作者、文本，如何与之对话，并把语言中蕴含的意义表达在另外一种外语之中，让读者明白？如何成为一个好译者？

顾：人需要语言和语言发出的声音，听不到声音，我们是孤独的。外语是打开世界的一扇门，翻译是把某一种文化的声音传达到另一种文化。但文本的声音和意义是开放的，因此译者是自由的，译文也是开放的，需要不断重译。我经常说，阐释学为我们理解各种潜在的意义提供了理论依据，因此一个好的译者要对文本的内在意义有充分的理解，善于倾听作者与文本的内在声音，做好文本解读；一个好的译者要具备哲学思维，最好具有作家的写作经验，能够精通自己的母语。中国经典文学作品在创作之时经常被作家本人不断修正，且在当代语境下又具有了新的意义。虽然中国经典文学和哲学在德国有着比较全面的译介，例如《道德经》的德译本有了一百多种，但是，现在看来，任何译文都只是一种暂时的理解，需要重译。

刘：比起欧洲文化，中国的语言文字和文化传统决定了文本在翻译过程中，面临着巨大的挑战，无论是利玛窦、马礼逊、理雅各等传教士翻译家，还是像您这样的专业汉学家，在翻译中国经典的过程中，必须处理好母语与中文之间的对应（或不对应）关系，您是怎么解决翻译过程中出现的这个问题的？

顾：翻译是一个不断修正的过程，只要时间允许，我总是去修改自己以前的译作。没有完美的翻译，只有尽可能趋于完善的翻译。何况，译本在不断变化的语境中得到阐释。有时候，原本也是在变化的。例如，郁达夫的《沉沦》最初版本有许多德语词汇句子，可是后来的版本中，这些德语都不见了。巴金的《家》就有9个版本，哪一个是真正的《家》？因为巴金总是在修改，他害怕政治，所以基本上没有什么真正的《家》。老舍、沈从文、丁玲也总是在不同时期否认或改写自己的作品。因此，在译介中国文学和文化时，要根据译出语境和译入语境进行阐释。现在我正在为赫尔德出版社（Herder Verlag）主编一套 10 卷本德语版"中国古代思想经典文库"，包括《孔子》《老子》《庄子》《孟子》《列子》等，我正在翻译《韩非子》，我觉得他的文字太美了，翻译起来真是一种享受，我现在才找到了自己合适的翻译风格。如今的译者在年轻时做一点文学翻译，到后来，反而不再做了，很可惜。因为译者需要一个成熟的过程，无论是技巧还是对原作的理解力。好译者到了 50—80 岁，才是最佳年龄。对我而言，翻译不仅是一种艺术，也是一种安慰。当然，有时候，翻译也是很危险的，译者甚至要付出生命的代价。大家都可能知道拉什迪的小说《撒旦诗篇》，他的小说译者一个个被追杀，有几位已付出了生命的代价。

刘：是否可以有两个人的合作翻译，如一位中文译者与一位外文译者一起搭档，不是更容易互补吗？

顾：我是反对许多人同时去翻译一部文学作品的，但不反对两人合作。现在出现了一种自行车 Tandem，即两个人一起乘坐的自行车。翻译也可以这么合作。但我自己，宁愿一个人做翻译，尤其是诗歌，或许只有对诗歌有感觉的人，才能把诗翻译好。我在翻译中国当代诗歌的时候，例如，北岛的诗歌，发现他的诗歌与西班牙的洛尔迦和法国的波德莱尔非常相似。实际上，他和其他许多朦胧诗人在私底下阅读过当时被禁止阅读的灰皮书，受到了外国文学的影响。但在翻译杨炼的诗歌时，有些难，因为我找不到那种类似的感觉。我翻译的中国当代诗歌，已经成为德国文学的一部分。但我在翻译古代思想家丛书的过程中，特别有赖于一些学者和朋友的帮助，如北大的王锦民、华师的臧克和、清华的肖鹰，等等。

刘：如今我们身处于一个不同文化频繁往来的翻译时代，您提到德国文学得益于翻译文学，每年出版的文学读物中有 70% 是译作，可见德国读者特别渴望欣赏外国文化；在中国情况也一样，有人说翻译文学成为中国现代文学不可或缺的一个组成部分，促生了现代汉语的转型与中国现代文学的繁荣。

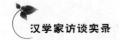

顾：这是真的。不过，与日本文学（特别是日本现当代文学）相反，中国文学在德国并没有一个固定而庞大的读者群，在其他欧美国家也是如此。德国小说家、汉学家库恩翻译了中国古典小说，他或许是第一个使中国文学成功变成世界文学的人。他的译本不仅在德国取得成功，也作为底本被译入其他语言，在国际上产生了巨大影响。就销售量、再版次数和语言转译而言，没有人能和库恩相比。如今葛浩文已间接成为他最有力的竞争者。作为中国现当代文学的美国翻译家，葛浩文是许多非美国出版社想要获得成功的标杆。凡是他翻译的英语书，很快就被译成德语，有的根据葛浩文的英语译作而非从汉语原文进行翻译；有的按照他的版本来润色；有的则盲目地选取他选的书目和偏爱的作家。最显著的例子就是葛浩文对 2012 年诺贝尔奖获得者莫言小说的翻译，他减缩了原作，把作品形式改为译者看来更好的形式。他的翻译策略非常高超，既不是逐字逐句的硬译，也不是整体内容的复述，而是成功地创造了来自中国的世界文学，成为德国图书市场上的样板。没有翻译，我们无法想象"世界文学"这个概念。

刘：在当代中国文学和文化的海外传播过程中，翻译起着举足轻重的作用。不过正如您所言，中国的文学作品和哲学书在"走出去"的过程中面临着各种挑战，事实上，有时候销售与阅读效果并不理想。我想您从一个翻译家与阅读者的角度，可否为中国文化与文学如何有效地"走出去"提供可行之道？

顾：是的，翻译对于一个民族文学的发展很有影响。比如说，为什么 17 世纪的英国文学如此发达？因为它在这个时期翻译最多。中国在五四运动后的一段时间现代文学发展特别快，也与大量翻译西方文学作品有关。奇怪的是，现在英国与美国反而不怎么翻译了，比德国的翻译作品少得多，英美两国的翻译作品仅仅占全部出版作品的 30%；而德国每年的翻译作品占比为 70%。在德语区，中国古典哲学似乎比中国文学更吸引德国读者，对《道德经》或《易经》的接受程度，胜过任何一部重要的中国纯文学作品，这是一个很难解释的现象……不是因为翻译质量的缘由，可能是精神上的某种亲和力。此外，中国当代女性文学的作品也比较受欢迎，这与德国的女性读者较多有关。目前，中国译者对外国的受众、市场了解不够，外国译者对中国文化理解不深，中外译者的母语水平都有待提高。中国出版行业对国外读者的需求不了解，不知道他们真正需要什么样的中国文学和文化。他们在设计图书封面方面，缺少创意。他们不明白书应该是轻的、美的、充满芬芳的香味。一个男人送一本漂亮的书给女友，这个女孩一定会被打动。中国学者想要向海外推广自己的文化，往往选择自己来翻译，却不了解海外读者的需求，达不到好的传播效果。对于西方来说，如果不能读到高质量的好译本，那么树立一个正确的中国形象也是很困难的。我认为，在此情况下，中国的学者或翻译家应当走出去了解海外到底需要什么，从外部来看看自己，同时也了解外部世界。只有各方相互商讨与协作，才能达到中国文化走出去的理想效果。

四　诵读文学经典，书写生命之气

刘：最近中国的电视台正在播放《中国诗词大会》《朗读者》之类的节目，引发中国民众和学生背诵古典诗词的热潮。20世纪新文化运动时期，胡适、陈独秀等倡导的新诗运动使得延续了两千多年的古体诗遭到压制，一百年之后，如今却迎来了古诗的回潮，这种情形多少有一点荒诞。您怎么看待中国当下这种传统文化复兴的现象？听说您很喜欢背诵文学作品？

顾：背诵与朗诵都与声音有关，但是它们又不一样。背诵是最好的学校，什么意思呢？我老了，不能再背诵，连我自己的诗我也只能朗诵。但是我小时候德国的老师们让我们背诵拉丁文的散文、古代希腊文的史诗、巴洛克时代的十四行诗。大学时我的古代汉语导师要求我们背孟子、王维、苏东坡的作品。我今天写诗，都是在古代希腊语文的节奏和唐诗的诗意下创作的。如果当时没有老师要求我们背诵古代经典，今天恐怕我无法成为一名德国和中国的作家。无论是理解诗还是写诗，我们都需要优秀的老师。书永远是我们的老师，不管是哪一个国家的书。德国著名的日耳曼文学家凯赛尔（Wolfgang Kayser,

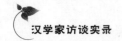

1906—1960）在 1946 年撰写了一本非常成功的小书《诗句入门》，迄今为止至少出版了 27 版，拥有许多读者。虽然当代人越来越少看诗，但是他们还是想知道诗行是什么。可是，从德国的高中学校来看，情况却越来越糟。我的女儿安娜是一名演员。20 世纪 90 年代末，她高中毕业时，连世界最有名的德语诗人都不清楚，更不要问她诗歌是什么。为什么这样呢？她的老师跟我五六十年代时的老师不一样。联邦德国在 1968 年以前是绝对保守的，1968 年后是绝对革命的。我们原来的价值被新的价值取代，而新的价值不再包括"古诗"。"古诗"的时代过去了，不要再看，不要再背。这种情况与中国有点儿类似。当代德文慢慢开始出现一些问题，很少人能即兴流畅、准确地做正式发言，连教授们口语中的错误也不少。我估计这种倾向跟不背经典文学有一定关系。我读书的时代学生通过背诵，掌握了美丽的词汇、有力的节奏、模范文章的形式。古典语言很严谨，当代语言却非常啰唆。我总是希望学生们多练习"古体诗"，练习生命之"气"。

刘：为什么背诵经典对于写作或者个人修养会产生这么重要的影响力？

顾：阅读和写作是一种记忆。记忆什么呢？记忆我们的古人与古代文化，让我们与他们成为好朋友，经常对话。通过背诵，我从小开始就把各种各样的著作内在化，成为自己的一部分。这些优秀的作品从 16 岁开始陪着我写作。我原来不会现代汉语，但"学好"了它以后，我开始用现代汉语写散文，我背诵了孔子、孟子、鲁迅、北岛等人的作品。背诵是眼睛、耳朵和记忆的事情。耳朵里留下了来自不同国家、不同文化、不同大师的声音。我的记忆在眼睛之中，是我的眼睛帮助我背诵。我是通过我的眼睛进行创作的。我原来写的诗歌都是自由诗，出版了十几本。最近我却写完了一本十四行诗集和一本叙事诗集。为什么突然从自由诗转到格律诗呢？可能几年前我想起了我20 世纪 60 年代初背诵的十四行诗和叙事诗。最近在波恩骑自行车去办公室和回家的路上，我经常吟咏以前背的诗："来是空言……"同时精神上随时准备要创作的诗句，到家后马上记下我的灵感。我还记得我第一次到荷兰莱顿开会的情景。这个城市很小，每天我无论到什么地方都喜欢走路。不过，我愿意走路最重要的原因是许多老房子的墙上写着古诗。我大概是第一次从墙壁上认真地看了莎士比亚的十四行诗。我看了又看，不想离开。回到波恩，我立刻买了莎士比亚的诗集，试试看能不能背诵。也许失败了，但我在90年代的尝试，引导我20年之后开始创作十四行诗。我一直强调，诗歌是爱、是爱情，一个不重视诗人的国家没有前途，一个不看诗歌的人不会对爱人说"我爱你"。

刘：在当代汉学家中，您是最具争议的一位，但毫无疑问，您对中国当代文学、作家的批评是真诚而刺耳的。2007年3月26日，在中国人民大学举办的第一届国际汉学大会"汉学视野下的20世纪中国文学"圆桌会上，我目睹了您与北京大学陈平原教授的争论，您指出，与现代文学相比，当代文学整体水平不高，是五粮液与二锅头的差别。陈教授则认为您"对当代中国文学的批评是哗众取宠，根本不值得认真对待"，"是一种大而化之的，凭感觉所说出来的话"，"中国作家也没有必要太在意"。当时在现场的高利克先生的说法倒很幽默："顾彬不是如基督教的'恶魔'，而是如《旧约》的'撒旦'，其目的是用他的批评观点帮助中国作家创作出更好的文学作品来。顾彬是歌德式的梅菲斯特，具有否定精神。"您如何看待自己作为梅菲斯特式的批判与否定角色？

顾：也许高利克先生说得很中肯，毕竟我们是老朋友，他比较了解我。我记得歌德在《浮士德》中说过："那种力量的一部分，不被理解，它通常会是坏的，却总是使好的那一部分生效。"一个真正的学者要尽可能持有客观的态度来看问题，不要带有自己的怒或爱。虽然我们很难做到这点，但要尽可能这么去做。比如说，我喜欢中国，但对于她做得不好的地方，我会指出来；对于做得好的地方，我会称赞。我希望自己为中国文学所做的一切努力，我的全部的爱，都是为了她变得更好。如果是这样，那么我不被理解，被人误解，也无所谓了。《诗经》中有句诗："知我者谓我心忧，不知我者谓我何求，悠悠苍天，此何人哉！"或许我就是这类人吧！

刘：从您身上，我真切感受到了您对中国文化的痴迷与优秀的中德文化的交融合一。据我所知，您是为数不多的可以用汉语进行创作的汉学家，最近北京出版社推出了您的两本近作，一本是关于反思西方汉学的《野蛮人来临：汉学何去何从？》，另一本是用汉语写作的散文随笔《一千瓶酒的英雄与一个酒壶的故事》。诗人王家新称赞您的"非母语创作"为自己创造了一个生命家园，是"一生中最炫目的一次创造和尝试"。您试着用汉语来和文学"谈恋爱"，这一场奇异的恋爱带给您的感觉与收获是什么？

顾：《野蛮人来临：汉学何去何从？》是我的一本德语文集，如今翻译为中文出版，我要感谢这些中文译者和编辑、出版社的大力帮助。这本书包括三部分：在第一部分"汉学与中国"中，我介绍了汉学的发展历程，以苏东坡为对象讨论了中国的"近代"问题，还探讨了尼采在中国的接受；在第二部分"语言的可能"中，谈论了世界的深邃与言语的深度问题，关于误解的重要性与翻译问题；在第三部分"怀疑与行动"中，讨论的方面比较玄思和诗意，如多弦的琴、漂流的符号、死亡的旅程、路的哲学，等等，代表了我对人生不同方面的感悟。第二本《一千瓶酒的英雄与一个酒壶的故事》是我近些年用中文写的散文集，我喜欢梁实秋和林语堂的散文，受到了他们的影响，但以前无法用中文写诗，那太难了，不过这几年我在中国工作，我的汉语水平大大提高了，在朋友们的鼓励下，我开始用汉语写作，这是一种非常奇妙的文学冒险。这本散文集的多数文章是我在中国生活的个人经验的记录，包括爱情、女人与记忆、语言与受伤的生命、悲哀中的快乐等。这本书的序是请王家新写的，因为我觉得他比较能够了解我的思想。

刘：刘小枫说过一句话："顾彬是有问题的，而且问题很大，都是他自己惹的祸。他体现了德国人的特点，喜欢说得绝对。"这也提示中国读者，顾彬提出的问题和顾彬作为一个问题，是我们必须正视和思考的对象。当我面对您的时候，就像面对无数的问题，因为您太爱质疑现成的答案，太喜欢提出一些当头棒喝的疑问，这对我们来说是一种警醒，一面反思的镜子。正如您曾经告诉我们的——与其说我们在找寻各种问题的答案，不如说我们在无止境的对话、争辩与理解的过程中。

顾：是的，德国人关注没有答案的问题，美国人关注有答案的问题，这是我们的不同。

刘：在我们的访谈结束之时，我希望或许能够代表许多热爱阅读您著作的读者，祝福您在中国工作的每一天，从悲哀中获得更多的快乐，千万不要过度"心忧"哈！

顾：谢谢你的访谈与祝福。我觉得自己是一个永远孤独的"忧郁者"，也可以说，"忧"就是我的"爱"的另一种呈现，爱是我的信仰。最后，我还想重复这句话："五十年来，我把自己全部的爱奉献给了中国文学。"

参考文献

[1] [德] 顾彬：《二十世纪中国文学史》，范劲译，华东师范大学出版社 2008 年版。

[2] [德] 顾彬：《中国诗歌史——从起始到皇朝的终结》，刁承俊译，华东师范大学出版社 2013 年版。

[3] [德] 顾彬著，李雪涛、熊英整理：《听顾彬讲汉学：汉学研究新视野》，广西师范大学出版社 2013 年版。

[4] [德] 顾彬著，曹娟主编：《野蛮人来临：汉学何去何从？》，曹卫东等译，北京出版社 2017 年版。

[5] [德] 顾彬著，张冰烨编：《一千瓶酒的英雄与一个酒壶的故事》，北京出版社 2017 年版。

[6] 季进：《另一种声音：海外汉学访谈录》，复旦大学出版社 2011 年版。

[7] 李雪涛著，阎纯德、吴志良主编：《误解的对话——德国汉学家的中国记忆》，新星出版社 2014 年版。

[8] [斯洛伐克] 马立安·高利克：《捷克与斯洛伐克汉学研究》，李玲等译，学苑出版社 2009 年版。

[9] [斯洛伐克] 马立安·高利克著，刘燕主编：《从歌德、尼采到里尔克：中德跨文化交流研究》，福建教育出版社 2017 年版。

[10] [德] 马汉茂、[德] 汉雅娜、张西平等主编：《德国汉学：历史、发展、人物与视角》，大象出版社 2005 年版。

法国汉学家雷米·马修访谈：
先秦文学的翻译与研究[*]

卢梦雅[**]

雷米·马修（Rémi Mathieu），1948 年生，法国当代汉学家、先秦文学翻译家，曾任法国国家科学研究院东亚文化研究中心主任，退休后荣获名誉研究主任称号；曾在法国里昂高等师范学院、巴黎七大、

雷米·马修（Rémi Mathieu）

加拿大蒙特利尔大学等高校主讲《中国古代神话》《古代文学》《古汉语》及中文教师资格考试的预备课程。主要译介和研究方向为中国古代思想体系、先秦诗歌和上古神话，发表过论文八十余篇，出版（译）著作近二十部，2017 年荣获国家新闻出版总署颁发的第十一届"中华图书特殊贡献奖"。

---

　* 本文系国家社科基金重大项目"法国国家图书馆所藏中文古籍的编目、复制与整理研究"（项目编号：17ZDA267）的阶段性成果。原载于《国际汉学》2021 年第 3 期，收录于本书时有所修订，原题为《先秦文学的翻译与研究——访法国汉学家雷米·马修》。
　** 卢梦雅，山东大学外国语学院法语系副教授、北京外国语大学中华文化国际传播研究院特约研究员，研究方向为法国汉学史、中法人文交流史。

2017 年 8 月，笔者有幸陪同马修教授参加了在人民大会堂举行的"中华图书特殊贡献奖"颁奖仪式，并一起参观了《国际汉学》编辑部。借此契机，笔者对马修教授进行了访谈，就马修教授四十多年的汉学研究之路，对儒家、道家、古典诗歌的翻译和理解，汉学在法国的教育和发展情况等话题展开了交流。

卢梦雅（下文简称"卢"）：马修先生，您好！感谢您接受我们的访问，首先祝贺您 2017 年获得了"中华图书特殊贡献奖"，在中国获得这样的荣誉，请问您有何感想？

雷米·马修（下文简称"马修"）：几年前，我获得所在单位法国国家科研院东亚文化研究中心（Centre de Recherches sur les Civilisations de l'Asie Orientale）的荣誉研究主任，那是法国学界对我汉学成绩的莫大肯定；"中华图书特殊贡献奖"是我第一次作为汉学家获得奖项，非常荣幸和自豪，尤其是该奖由中国官方机构颁发，也可以说是得到了中国学者的间接肯定。

卢：四十年如一日地从事汉学翻译和研究工作，您此次获奖实至名归。能否谈一谈，当初您为什么对汉语和中国产生兴趣？

马修：中国与希腊—拉丁文明一样，拥有世界上最悠久和丰富的文化。直到现在，我仍然对希腊、罗马的语言和文化非常着迷。众所周知，此两种文化是法语和文明的基础，也是不同欧洲文明的发源，因此我反复阅读那些缔造西方智慧的伟大作品。语言研究对于开辟我们之外的另一个世界非常重要。在不熟悉汉语之前，我们不会想到、感觉到或看到这个貌似独特的世界，却与我们拥有相同的词汇、相同的感觉、相同的想法。我从年轻时就钟爱中国的语言和古老文明，正是抱着这份热情，我才持续了多年的科研工作，直到现在仍然是我钻研的动力源泉；另一个动机是，许多欧洲人长期对中华文明的无知，我希望能够尽绵薄之力来传播中国文化尤其是中国的思想，帮助消除这种无知和一些西方人对中国文明的误解。

卢：是的，中西文明之间的隔阂首先源于缺乏对彼此的了解。在这方面，法国汉学前辈葛兰言（Marcel Granet，1884—1940）为欧洲

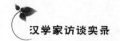

人认识、了解中国文明和思想贡献颇多，您也曾在讲座中表示自己对古代中国以及中国神话的兴趣很大程度上是来自葛兰言。我们知道您译注过《穆天子传》《山海经》《搜神记》等先秦文学①，在中国神话研究方面是当代西方汉学家中的翘楚，能否与我们谈一谈，您早年选择从这方面开始中国研究的旨趣是什么？

马修：因为我喜欢美妙的事物。中国文化并不仅仅是理性的——即使这是其表现形式中最显著的一面，我们常常忘记人类思想需要奇妙感，虽然这是孔子所谴责的。文学和宗教的想象力自古存在于古代文化中，首先出现在神话和诗歌中，然后是民间故事和传说，六朝、隋唐文学……尽管我对中国思想很感兴趣，但我非常重视如何理解中国人的心灵。在谢和耐（Jacques Gernet，1921—2018）教授的指导下，我进行了关于《穆天子传》的博士学位论文写作，这项课题决定了我后来对神话的研究旨趣。但是葛兰言的至伟之作《古代中国的舞蹈与传说》（Danses et Légendes de la Chine Ancienne）对我影响非常大，上学期间我反复阅读这本书。1994 年，这本书经过我的精心修订和注释后再版，是我的莫大荣幸②。葛兰言从宗教社会仪式的角度，将所有的神话传说碎片都看作能够证实这些仪式的起源和意义的一种证据。他还提出，从《史记》开始，史学家就使用这些传说故事进行历史编年的写作，对这些故事进行国家干预，对其神圣化；然而，

---

① 参见雷米·马修《〈穆天子传〉译注与批评》（Rémi Mathieu, *Le Mu Tianzi Zhuan. Traduction Annotée. Étude Critique*, Paris：Institut des Hautes Études Chinoises, 1979.）、《关于〈山海经〉的古代中国神话学和人种学研究》（Rémi Mathieu, *Étude Sur la Mythologie et l'ethnologie de la Chine Ancienne. Le Shanhai jing*, Paris：Institut des Hautes Études Chinoises, 1983）、《六朝时期中国文学中的鬼怪与神异——〈搜神记〉中的幻想和传闻》（Rémi Mathieu, *Démons et Merveilles Dans la Littérature Chinoise des Six Dynasties. Le Fantastique et l'anecdotique Dans le Soushen ji de Gan Bao*, Paris：You-Feng, 2000）。

② Marcel Granet, *Danses et légendes de la Chine Ancienne*, Paris, Presses Universitaires de France, 1994.［adjonction d'une Préface, d'*Errata*, de Commentaires, d'un Index bibliographique（pp. V—XXVI, 621—664）par Rémi Mathieu.］此外，马修先生还重订和再版了葛兰言的《中国文明》（Marcel Granet, *La Civilisation Chinoise*, Paris：Albin Michel, 1994）［adjonction d'une Postface, d'*Errata*, d'une Bibliographie additionnelle, d'un Index bibliographique des citations, pp. 475—480, 497—498, 509—571）］。

这样一些基于神话主题的历史，尽管不断被重写，人物或地点发生了改变，故事的结构却很少变化，具有"结构性"特征——从其中的一些农业主题内容可以看出这类历史记载实则来自民间。

卢：这也是为什么一些学者对葛兰言的方法论给予"历史结构主义"的评价，葛兰言在中西方神话学领域是革新研究方法的重要人物。

马修：对。列维·施特劳斯（Claude Lévi—Strauss，1908—2009）在《亲属关系的基本结构》（*Les Structures élémentaires de la parenté*）中特别强调了自己受益于葛兰言的中国家族研究，他的结构主义方法也得益于葛兰言。实际上，很多神话学专家，比如印度神话专家戴密微（Paul Demiéville，1894—1979）、印欧神话专家杜梅齐尔（Georges Dumezil，1898—1986）都声称受益于葛兰言。更大范围内，整个西方都广泛受益于葛兰言。因为在很长一段时间内，他是唯一，也是第一个，以学者的视野全面地看待中国。很多欧洲的读书人都是通过葛兰言或多或少去认识中国的。以前，在法国及欧洲其他国家的公立教学体系中，几乎不涉及对中国文化的教学，对欧洲来说，文明总是停止在地中海。幸好，汉语教学和汉学的发展使西方人意识到了另一个世界的存在，尽管同样是智慧的和想象中的，但至少理解了这个世界与基督教和伊斯兰世界有着极大区别。不过，自葛兰言以来，很多有趣的文献，如《博物志》《异物志》《搜神记》等在西方很少有人知道，因此也很少翻译。

卢：那么就您所知，中国神话传说在西方的研究现状如何？

马修：据我所知，中国神话学目前并不是法国研究人员或高校教师涉足较多的领域。法国学者在这方面的研究一般是为了更好地理解中国古代文学、社会和宗教，如法国国家科学院的徐鹏飞教授（Gilles Boileau）。但是，目前法国没有专门的学者专注于这一领域。另外，故事和传说方面的研究者，如精通唐宋奇幻文学的戴文琛教授（Vincent Durand—Dastès），并不把这些文学理解为"神话"，而是将其理解为"志怪"或"传奇"的文学体裁。但是美国汉学界的康儒博（Robert F. Campany）和肯尼斯·德沃斯金（Kenneth DeWoskin）

对六朝时期的志怪文学做了很多研究，英国的安妮·比莱尔（Anne Birell）花了大量时间研究《山海经》和中国古代神话，意大利的里卡多·弗拉卡索（Riccardo Fracasso）、西班牙的加布里埃尔·加西亚·诺布尔哈斯（Gabriel Garcia—Noblejas）也是这方面的优秀学者。

卢：《楚辞》《淮南子》《列子》等先秦文献也包含很多神话传说的内容，您对这些文本进行过大量的翻译和研究①，是否也是出于您对中国神话学的旨趣？

马修：是的。《楚辞》在当时应当是神话内容最为丰富的作品，但是这种神话叙事是以问猜的形式，所问事件并不完整，需要通过其他作品才能读懂——《山海经》有可能是《天问》的创作源头之一；晚些时候，《天问》又似乎启发了一些学者，像刘安在《淮南子》的《天文训》《精神训》中也提出了同样关于这些世界最初的知识的问题；战国末期的列子也可能受到启发。因此，我陆续翻译出来这几部中国早期作品，对文本及其传递出的中国人的思想进行研究。

《楚辞》反映了楚国神话的不同方面，《天问》是其中的一篇。相较于其他篇章，由于两个欧洲译本的出版——大卫·霍克斯（David Hawkes，1923—2009）的英文译本和我的法文译本，欧洲人对

---

① 马修先生关于《楚辞》著有《〈楚辞〉译注》（Rémi Mathieu, Chuci, Élégies de Chu, attribuées à QuYuan, Paris：Gallimard, 2004）、《屈原，中国第一位诗人，让哀歌永驻人心》（Rémi Mathieu, "Qu Yuan, Premier Poète Chinois, Immortalise l'élégie", L'Infini, n° 85, hiver 2003, pp. 53—69）、《远足，〈楚辞〉诗选》（Rémi Mathieu, "Randonnées Lointaines. Poème Extrait du Chu ci de Qu Yuan", L'Infini, n° 86, printemps 2004, pp. 111—125）、《解读〈楚辞〉中的问题》（Rémi Mathieu, "Note：Le Sujet Dans le Chu ci", Cahiers du centre Marcel Granet, Cahier 2, Paris：PUF, 2004, pp. 3 - 20）等；关于《淮南子》著有《帝国初期的神话与哲学——〈淮南子〉研究》（Charles Le Blanc et Rémi Mathieu, dir., Mythe et Philosophie à l'aube de la Chine Impériale. Études sur le Huainan zi, Montréal：Presses de l'Université de Montréal, 1992）、《道家哲学之〈淮南子〉》（Charles Le Blanc et Rémi Mathieu, dir. Philosophes Taoïstes, Tome II：Huainan zi, Paris：Gallimard, 2003）、《〈淮南子〉里的神话和历史》（Charles Le Blanc et Rémi Mathieu, éds., "Mythe et Histoire Dans le Huainan zi", Approches Critiques de la Mythologie Chinoise, Montréal：Presses de l'Université de Montréal, 2007, pp. 353—384）、《从〈淮南子〉谈对"道"的认识》（Rémi Mathieu, "Connaissance du dao. Approche de l'épistémologie du Huainan zi", Études asiatiques, LVI—1, 2002, pp. 49—92）、《列子》（Rémi Mathieu, Lie tseu. L'Authentique Classique de la Parfaite Vacuité, Paris：Entrelacs, 2012）等。

《天问》更为熟悉。《天问》没有区分神话还是历史，因为神话所述的内容毋庸置疑，而历史可以作为工具用来批判，用来伦理说教。因此，神话传说所反映的是集体信仰而非历史事件，是非正统的，不为儒家思想所容许，也就造成了很多历史文献中对历史叙事和神话叙事不做区分。但我们可以从这一作品中看出，在屈原生活的时代，人们开始对一些超现实主义的事件提出问题，当然还不是质疑，只是对其中的恰当性和逻辑性产生疑问，而《天问》正是这样一种从想象的、象征的思想向理性的、政治的思想转变过程的见证。

我研究《淮南子》当然也是因为这部作品具有神话色彩。《淮南子》与《山海经》一样，都是最丰富的神话文本。希腊哲学严格区分神话和逻辑，而中国人更多地认为，哲学思想建立在讲故事的基础上，而不是逻辑推理之上。在《淮南子》中，刘安便运用了当时众人皆知的神话传说和各种领域的知识，来作为其论证的一些部分。对于所有的中国古代思想家来说，社会的构成就像一个宇宙。为了帮助统治者从中提炼出一种可以采用的政治模式，必须回到社会最初的运转机制上，途径便是通过将之联系起来的神话。只有神话才能让人理解宇宙的构成和运行。

事实上，神话故事无法用于论证，什么都论证不了，它所表现的是对真实信仰的肯定以及对所涉及事件的肯定。很多时候，《淮南子》都用神话来填补无法论证、无法解释的空白，最明显的例子就是有好几章都涉及宇宙起源的问题。神话故事在这些哲学论证中，被作为一种无须论证的前提来使用——这是一种先入为主的论证模式，可将其比作西方哲学中的概念"公设"。因为论证需要前提，《淮南子》中的论证使用神话作为前提，而神话却是无法被论证的。因此，神话比论证有效，因为它根本不能被否决或反驳。中国人的很多古代知识都是建立在神话叙事之上的，古代中医也是如此，建立在汲取了很多上古神话象征的思想体系准则基础之上，而不是建立在当时不发达的解剖观察之上。

列子是一个非常出色的故事讲述者，采用了充满想象力的语言，并且和《庄子》一样，包含数十篇充满智慧的、短小精练的故事。

与我们的固有印象相反,《列子》并不仅是一部故事合集,还是一部理论著作,补充了老子的理论,更具体阐释了《道德经》中的一些观点,例如,试图对"道"的特征与性质进行解释说明。尤其令我感兴趣的是,《列子》中那些与《淮南子》《庄子》中对比性非常明显的神话。

卢:所以您在译注这些文本的同时,自然而然地开始了对道家思想的研究。

马修:是的。对这些文献的翻译让我进一步对道家产生了兴趣。我很喜欢这一思想流派,基本上可以说,道家是唯一乐于吸收神话故事的思想流派。这些神话故事与道家神奇的世界观不仅不相互排斥,二者更是协调相容。道家还有一种去"推翻"的精神——道家将其之前的学说无一例外地进行了批判。这种思想非常之大胆,与当时乃至今日的主流思想相违背。道家的批判力量使该学派在当时彰显出一种革新性,并且渗入各个知识领域——不存在真理,甚至不存在真实,因此不存在确定性。"道"的特性,就是我们对其无法言说,无法说出它是什么或不是什么,正所谓"道可道,非常道",不是吗?但是道家的重要成就,是它使这一源自"道"的世界变得具有逻辑。"道"这一理念本身在很多方面都预示着"理"。一切现象都是自然的,无关乎上天旨意或人为意志,我也很喜欢这一看法。但我不认为自己是道家"专家",因为所谓的"专家"会把道家置于其他学派之上,并且更重视这一学派。

卢:不过,我注意到您并非专注于道家典籍,同时也在翻译和研究儒家典籍,比如您出版了《孔子》《儒家思想》《大学》等译注。①

马修:这很好理解。比如,《淮南子》中的《修务训》和《泰族训》可被视为属于"儒家"系统,因此我需要对儒家有深入的研究。当然,自汉代起至20世纪初,儒家一直是中国的官方意识形态,每

---

① 《孔子》(Rémi Mathieu, *Confucius*, Paris: Entrelacs, 2006)、《儒家思想:孔子、孟子、荀子、曾子和子思》(Charles Le Blanc et Rémi Mathieu, éd. et trad. , *Philosophes Confucianistes*, Paris: Gallimard, 2009)。

个研究中国思想的学者都根本无法避开。《淮南子》是诸家学说的混合体，试图兼采众家之智慧，是当时的一部百科全书式著作。若要研究和翻译这部作品，需要很好地掌握汉代初期科学、哲学等诸多领域的知识。再者，很难想象一个研究古代中国的学者对儒学作品没有足够的了解。"子不语怪力乱神"也是个很有意思的问题，对孔子而言，神怪违背了理性和道德，因此，理解儒家学派关于神话故事的立场，十分重要。

卢：您曾经翻译过《道德经》，据说您现在着手对这部道家著作进行重译，可否谈谈是基于什么样的考虑？

马修：的确，我十年前翻译过《道德经》①，后来又有一家出版社想让我重译这部经典②，于是我重读古代、现代所有主要的评论，以重新审视这部经典。《道德经》是一部复杂隐晦的作品，所以有很多注本，较为著名的有王弼本、河上公本、相尔本。我更多参考了陈应鼓的注本，他汇集了不同时代的注疏并提出了自己的见解。十年来，我的个人观点也发生了变化，如果十年后我再有机会重译这部经典，想法肯定会不一样。《道德经》可能是最难理解的一篇经典作品，因此也最难翻译。作者本身就认为"道"是神秘的，因此他的语言表述要维护这种神秘感，甚至在表述其思想时也体现了这一点。如今，我对郭店楚的简版《道德经》进行了更为全面的研究，也促使我重新审视了自己几年前对这部作品的阐释。要试着回归现存最早的版本，才能确保原作者的思想得到了尊重。另外，在之前的译本中，我往往采取直译；如果重译，我认为需要进一步在译文中阐释作品的寓意，例如：第十章关于"天门"的翻译。我们可以将其译为"天之门"，与宇宙观对应；也可以将"门"理解为"开、开口"，"天"为"天上的、自然的"，因为道家思想认为，"自然的"就是

---

① 指雷米·马修基于新近考古发现版本（王弼版、马王堆版、郭店版）的译注：《老子〈道德经〉》［Rémi Mathieu, *Lao tseu. Le Daode jing*, Nouvelles traductions basées sur les plus récentes découvertes archéologiques（trois versions complètes：Wang Bi, Ma Wangdui, Guo Dian），Paris：Entrelacs, 2008］。

② 尚未出版。

"天上的"。因此"天门"可以被理解为"自然开口",即雌性生殖器,老子用其借喻孕育万物的"道",有开有合。在重译时,"天门"的翻译我做了调整,我认为这样更忠实于老子的思想。

卢:确实,翻译与研究密不可分。您此次以翻译家的身份获得"中华图书特殊贡献奖",说明您对先秦文学的翻译受到了中国学者的极大肯定。翻译是一项艰苦而吸引人的工作,诗歌似乎是最难翻译的一种体裁,您多年来的体会是这样吗?

马修:我确实喜欢翻译,通过文字的魔力从一个世界穿越到另一个世界。可以肯定的是,诗歌是最难翻译的,是真正的挑战!译者要尊重诗歌的意思,因为我们必须尊重文本的意义、发音、节奏、文章的精神,还要传递出作者暗含的信息。哲学和历史文本的翻译只需要关注意思,而诗歌的翻译要求则多种多样。比如,中国诗词有着自己的韵律,所以在翻译时我会试图找到适合其的韵律,因此,还要懂得运用法语的音韵。中文的诗行(如《诗经》)越短,法文的翻译就越难,因为译者要忠实于诗人的思想,还要尊重他每个用到极致的词。我们无法优先考虑某一翻译标准,因为内容和形式同等重要,一首好诗是两者的和谐组合,诗歌的翻译必须时刻考虑到这两方面的要求。

对于哲学翻译来说,工作则是完全不同的——其困难之处在于找到那些在西方思想中不存在的概念的法文术语。这时候,仅仅尊重中文文本是不够的,法国读者不了解其中提到的概念(例如:德、道、义、仁等),中国学者对这些概念的解读也各有不同。因此,在翻译工作中,我们还需要使法国读者理解文本内容和论证的推进。与希腊哲学相反,中国哲学并不对术语进行定义,这给我们科学地翻译中国哲学经典带来更多困难。无论如何,翻译过程确实令人着迷——如何使得一篇起初我们不理解(甚至往往古代注疏者都不明所以)的文本,翻译成能让一位现代法国读者理解领会的文字?这就像是隐藏在帷幔后的秘密,随着幕帘的升起而慢慢显现出来,或者至少明朗起来。

卢:您曾经主持翻译了长达一千六百页的《中国诗选》(*Antholo-*

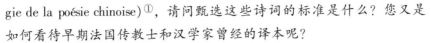

gie de la poésie chinoise)①，请问甄选这些诗词的标准是什么？您又是如何看待早期法国传教士和汉学家曾经的译本呢？

马修：19 世纪或者更早的汉学家只有非常少量的参考文献（几乎没有词典、没有索引，在西方也很难找），所以我不能对马若瑟（Joseph de Prémare，1666—1736）、顾赛芬（Seraphin Couvreur，1835—1919）等法国首批汉学家的工作进行评价。当然我非常钦佩葛兰言在《诗经》翻译中的成就。葛兰言虽然翻译的数量不多，但是译文质量精良，尊重诗歌的内容和形式。我们需要注意的是，译者的翻译受到其所处时代的限制，以及技术上和意识形态的双重限制。所以我们要考虑译者的时代。这一原则放诸四海皆准，同样适用于当代，适用于中国。大家可以对比一下 20 世纪 60 年代、80 年代与 21 世纪以来中国国内的国学研究，很难去"评判"。我们从这些变化中所能看到是思维和技术的发展，即科学和思想、思考方式的发展。

甄选这些诗歌的标准有很多。我们选取的诗歌首先，必须在中国人看来是"优秀的"或在美学方面至少是"有趣味"，或是某一作者、某一时代、某一主题、某一风格的代表作品。其次，译者必须愿意翻译这首诗，简单来说就是译者要喜欢这首诗。最后，还要考虑诗歌的译文使法国读者读起来舒服，尽管读者可能并不了解其作者、风格、主题和时代。我们需要让读者体会到读诗的乐趣，他们才会愿意去读，去体会其中的情感，才会对中国诗歌产生兴趣。所以诗歌的甄选在很大程度上还是受主观影响，我们选中某首诗歌，不会仅仅因为它被收录于某本中国诗选（当然这是进行首次筛选的一个重要参考）。我们很难舍弃那些中国文学史上的名篇名作（例如屈原、陶渊明、李白的诗作），可是也要考虑到上述规则。

卢：在文献翻译和神话研究过程中，您认为需要与中国学者或其他汉学家合作吗？就您自己的经历来说，具体是什么情况呢？

马修：20 世纪 80 年代，我在译注《山海经》时，曾与钟敬文（1903—2002）教授通过几次信，但可惜因为语言障碍没能进行合

---

① Rémi Mathieu, dir., *Anthologie de la Poésie Chinoise*, Paris: Gallimard, 2015.

作，因为我当时写的中文太糟糕了，而钟先生也不懂法文。我没能联系到袁珂（1916—2001）先生，在我还是个不知名的年轻学者时，袁老先生已经去世了。我一直十分欣赏他的作品，我应该读过袁珂几乎所有的大作，《中国神话传说词典》是我不离手的宝书，更不用说他的《中国神话传说》《中国古代神话》《中国神话》等。袁珂先生对神话的分析十分传统，他应该对西方（尤其是美国和法国）在神话学方面的研究了解不多，但无论如何，袁珂先生仍然是这个广阔领域里最好的学者之一。

我真正一起合作过的是加拿大蒙特利尔大学的中国哲学教授白光华（Charles le Blanc），他在道家思想领域卓有建树。我们认识大概三十年了。在《淮南子》的研究和法文翻译上，我们二人找到了共同的志趣——神话与哲学，于是决定一起完成这项重要的工作。我们每人组织了一个翻译团队，魁北克人和法国人各占一半。协调两个领导带领的两个团队一起工作不是件容易的事，需要在加拿大和法国组织研讨，并且在翻译技术上进行统一的训练。《淮南子》确实是一部非常难译的书，因为内容包括汉初不同领域的知识（如天文学、社会学、玄学、政治、中医、地理、历史、儒道思想、神话等），成果也是一本大部头的书。我们一开始没找到出版商，因为当时在西方没什么人知道《淮南子》。最终我们在加利马（Gallimard）出版社著名的"七星诗社"系列里出版了。与此同时，我与白光华不断组织学术研讨会，一起发表了若干关于中国神话的著作和文章。[①] 在此基础之上，我们几年之后在同一系列中出版了《儒家思想》（*Philosophes confucianistes*）。通过与白光华的长期合作，我有机会深入了解到一个与我的母语拥有相同语言的地区——魁北克。我曾多次去蒙特利尔大学授

---

① 如《令人不安的怪异》（Rémi Mathieu，"L'Inquiétante Étrangeté"，*Mythe et Philosophie à l'aube de la Chine Impériale*，Charles Le Blanc et Rémi Mathieu，éds.，Montréal-Paris：PUM-De Boccard，1992，pp. 15 – 26）、《世界的创造》（Rémi Mathieu，"Une Création du monde"，*op. cit.* pp. 69 – 87）、《古代中国的祭祀首领》（"Le Sacrifice du Chef Dans la Chine Ancienne"，*Tradition et Innovation en Chine et au Japon*，Ch. Le Blanc et A. Rocher éd...Paris，POF et Montréal：PUM，1996，pp. 3 – 40）等。

课和做讲座，结识了那里的学生、老师和居民。白光华教授也经常来法国讲授道家思想。因此，我们长期保持了良好的个人和工作关系，得以成功地实现了跨洋合作，共同出版了四部著作，其中两部以中国神话为主题①。

卢：找到好的合作伙伴真是学术生涯的一大幸事。那么您从事汉学四十多年来，法国的汉语教育和汉学研究有什么变化和发展？

马修：我所任教的巴黎第七大学和巴黎高等师范学院，现在仍然是非常重要且享有盛誉的高等教育机构。汉语和中国文明在这里享有一定的声望，在这里教授汉语和中国文明的老师也是如此。尽管中文系的学生明显比英语、历史学、心理学等专业的学生少，但是更有动力，因为我们的学生知道为什么做出这种特别的选择，来学习一种当时相对于西方来说偏僻而又令人兴奋的语言和文化。当然，和在中国一样，大多数学生对现代语言和当代问题，诸如经济学、政治学、历史和现代文学等感兴趣，很少有人学习古汉语。法国的本科生和硕士生中很少有人选择学习古典语言。的确，这种专业提供的工作机会很少，在欧洲和中国就业问题都是令人担忧的。虽然当我还是学生的时候，汉语只是一种"稀有"语言，但是近年来，汉语教学在法国非常成功，这是在教学方面发展最快的语言。

至于我年轻时法国汉学的情况，这个问题很难回答。到底什么是汉学？是研究中国还是研究汉语文本？我们通常所说的汉学与古典汉学相对应，也就是说与中国的语言和文学相对应。在研究程度上，我相信法国汉学处于有利的局面，与其他欧洲国家（英格兰、德国、比利时、俄罗斯、意大利、瑞士等）相比，法国具有相当的规模，且成果丰硕，地位至上，比如贝莱特（Les Belles Lettres）出版社这些年出版的各种汉学研究和译介。但法国是一个中等国家，人口和国家预算

---

① 《帝国初期的神话与哲学——〈淮南子〉研究》（Charles Le Blanc et Rémi Mathieu, éds., *Mythe et Philosophie à l'aube de la Chine Impériale. Études Sur le Huainan zi*, Montréal-Paris: PUM-De Boccard, 1992）和《中国神话学批判》（Charles Le Blanc et Rémi Mathieu, dir., *Approches Critiques de la Mythologie Chinoise*, Montréal: Presses de l'Université de Montréal, 2007）。

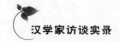

均为"中等"规模，只能进行与之对应的研究规模。与美国这一强大的经济大国不能相比，他们拥有庞大的科学团队，科研经费充足，许多华裔学者也居住在美国。尽管如此，隶属于众多研究和教学机构的法国汉学家，在其领域的专业期刊和专业文献大量发表。尽管我没有具体数据，但从西方汉学总体上说，目前法国汉学可能仅次于美国。当然，相比起中国和日本的汉学来说，我们的一个明显缺点是，属于一个曾经对远东一无所知的欧洲世界。但也正因如此，当我还是个孩子的时候，中国对我来说就像月球，我希望去月球上看到与我们欧洲人不同和相似的思想！

在法国，汉学研究主要是在各种国家研究机构的框架内进行的，例如法兰西公学院（Collège de France）、法国国家科学研究中心（Centre national de la recherche scientifique）、法国高等实践研究学院（École pratique des hautes études）或法国社会科学高等研究院（École des hautes études en sciences sociales）。在这些机构中，有一些团队由于起源于所谓的"精确"科学而不是"人文"科学，因此也称为"实验室"。这些团队专门研究特定领域，如古代文学、考古学、社会学、历史学、语言学……但是近几年来，国家倾向于将这些机构归纳为更大的、更复杂的集合体，从而聚集人力和财力。另外，一些高等教育单位如巴黎、里昂、艾克斯—马赛、雷恩、波尔多、斯特拉斯堡等地的大学，都设有中文系，也是汉学的教学和研究中心，甚至拥有专门的刊物。如今，汉学不再是一种"稀有"学科，经常出现在广播电视的文化节目中。中国的经济发展使其在国际舞台上占据了重要位置，促进了世界对中国文化方方面面的兴趣，但是愿意学习和研究古汉语和古代中国的学生仍然少之又少。

卢：然而一个新的趋势是，现在愿意研究中国传统文化的中国大学生越来越多了，甚至来自不同学科的大学生，越来越多地赴法国攻读古代中国研究的硕士、博士学位。这种现象一方面是中国人文化自信提升的表现，另一方面说明了海外汉学在中国日益成为显学，法国汉学的地位在中国得到了极大认可。

马：正因如此，我有充分的理由对中国文化研究保持乐观。随着中国在经济和政治世界中重要性的日益提高，这种形式迫使西方政府包括法国政府在内，大力支持高校和研究机构的汉学研究和学术交流，法国传统汉学也将在该领域保持高水平的学术产出。

卢：您最近在做什么研究和翻译工作呢？

马修：法国贝莱特出版社很快就要出版我翻译的《郭店竹简》，另外，我正在进行汉、法、拼音对照版的《诗经》和《〈庄子〉译注》的翻译，以及前面提到的《道德经》的重译工作，希望明年年底前能够出版。

卢：感谢您接受我们的访谈，最后能否用一句话总结一下您的学术生涯？

马修：我不想"总结"，因为只要我还有力气做研究、写文章，我的工作就不会结束。我希望自己还有很长时间可以研究中国古代思想和文化。但是既然你们问了这个问题，我会用《荀子》开篇的那句话来自我总结一下，那就是"学不可以已"！

中国非洲研究院文库

译路帆远

汉学家谈翻译 中

Sinologists on Craft of Translation

李新烽　白乐　○主编

中国社会科学出版社

中册目录

（作者排序不分先后）

澳大利亚汉学家杜博妮访谈：
道不离器，译论兼备[*]

李　翼[**]

杜博妮（Bonnie S. McDougall），1941 年出生于澳大利亚，英国籍。西方汉学界知名的现当代中国文学评论家、翻译家和翻译理论家。英国爱丁堡大学荣休教授，澳大利亚人文科学院院士，中国香港中文大学中国文化研究所特聘研究员。1980—1984 年在外文出版社工作，曾编译何其芳所著的散文和《画梦录》一诗，翻译了《毛泽东在延安文艺座谈会上的讲话》并撰写介绍和附录，等等。杜博妮在

杜博妮
(Bonnie S. McDougall)

中国工作期间，为研究和翻译当代中国文学积累了许多经验。2019 年，获得第十三届中华图书特殊贡献奖。

---

　* 教育部人文社科规划项目"平行语料库协助下的汉英翻译认知诗学研究"（项目编号：12YJA740049）的部分成果。本文原载于《外语教学》2017 年第 2 期，原题为《道不离器，译论兼备——澳大利亚汉学家杜博妮教授访谈录》。
　** 作者单位：上海交通大学外国语学院。

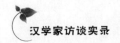

一 引言

杜博妮（Bonnie S. McDougall）是西方汉学界最为知名的现当代中国文学研究者和翻译家之一，毕生致力于现当代中国文学的研究、教学和翻译工作，主要研究著作有《20世纪的中国文学》《虚构的作者，想象的读者：二十世纪的当代中国文学》《中国人的隐私观念》《情书与当代中国隐私：鲁迅与许广平的亲密生活》等。在翻译领域，杜博妮是最早翻译当代中国文学作品的澳大利亚裔学者，译作涵盖了诗歌、小说、电影剧本等多种文学体裁，翻译对象包括北岛、何其芳、阿城、王安忆、萧乾、王蒙、西西、董启章等人。在进行翻译实践的同时，杜博妮对翻译及翻译理论也有自己的思考，是一位少有的道器不离、"既有译，又有论"的文学翻译家，其近年所著的《现代中国翻译地带：威权命令与礼物交换》堪称西方汉学界对中国文学英译研究的开山之作。

2016年6月，杜博妮教授应邀到上海交通大学外国语学院进行学术交流。在此期间，笔者就现当代中国文学作品英译的主题对她进行了专访，内容涉及其文学翻译实践、文学翻译理论以及中国文学"走出去"等具体问题。现将访谈整理成文，以飨读者，期望对翻译工作者们有一定的启迪与借鉴。

二 汉学研究与翻译实践

李翼（以下简称"李"）：杜博妮教授，您好，很荣幸有机会采访您！作为知名的现当代中国文学研究者、翻译家和翻译理论家，请问您是如何与中文结缘，并选择将中国文学研究作为毕生从事的事业的呢？

杜博妮（以下简称"杜"）：这要追溯到1958年1月，我当时被派到中国学习中文，大约一年后回到悉尼，之后进入悉尼大学学习中国文学。我们的课程非常丰富，主要关于中国古代文学，还有唐朝、宋朝、明朝的历史等，这些内容非常有意思。之前我没想过要获得这个专业的学位，只计划学一两年而已，但后来就迷上了，之后我这一辈子就交给中国文学了！

我研究中国文学深受我的导师 A. R. Davis 教授的影响。他是研究中国古代诗歌的著名学者。他鼓励我向中国文学研究这条路上发展，特别是建议我研究中国现当代文学，他认为这是一条更好的出路。

李：那您是怎么开始翻译中国文学作品的呢？

杜：我在本科阶段就开始做翻译，我的本科毕业论文是杜牧诗歌翻译。杜牧是 Davis 教授向我建议的，他本人研究杜甫诗歌，而杜牧又被称为"小杜"。硕士阶段我转向了现当代中国文学，主要研究和翻译何其芳的诗歌和散文。1977—1978 年我在哈佛访学期间，翻译过一些中国"文化大革命"时期的诗。1980 年我来到中国，在外文出版社任专职译员，那时我开始大量翻译中国小说，但大部头的长篇小说我当时涉及得较少，主要是王蒙、萧乾、郁达夫等人的短篇小说。

李：众所周知，在文学翻译之外，您在现当代中国文学研究方面也是累累硕果，著作等身。请问文学研究对您的文学翻译工作有何影响？二者关系如何？

杜：它们的联系非常紧密，但我还要加上一点：教学。在我的生活里，教学、研究和翻译密切结合，相互促进。我会选取一位作家的作品作为教学素材，并对它进行研究。有时我会先研究某部作品，然后将之翻译成英文，有时则会先进行翻译。比如我在翻译《两地书》时，我对这部作品有了些想法，之后就写了一些研究文章。所以说我的中国文学研究、教学和翻译是紧密联系在一起的。

李：您翻译过大量中国现当代文学作品，包括何其芳、北岛的诗歌，阿城、王安忆、萧乾、北岛、董启章等人的小说，还有鲁迅与许广平的通信，等等。除了出版社指定的作品外，您有自己的翻译选材标准吗？

杜：说到翻译选材，有一些作品是我的导师推荐的，比如我对杜牧和何其芳诗歌的翻译；还有一些是出版社指定的，比如阿城的"三王"系列是一家伦敦的出版公司让我翻译的；也有一些是来自朋友的介绍，如北岛和董启章的作品；以及有一些是我自己选的，在翻译何其芳诗歌时，我还翻译了卞之琳、李广田的不少诗。

当我接触到一部作品，如果它真的非常吸引我，那么接下来我会关注这个作家的其他作品，就像董启章的《地图集》，作者对历史很了解，书里有许多有趣又发人深省的观点。我喜欢这本书，希望将它介绍给英语读者。现在我和先生 Anders Hansson 正在合作翻译董启章的另外一部作品《梦华录》。

还有北岛的诗歌，写得很好，感情充沛、充满力量——"我不相信，天是蓝的"，他对不相信的事很清楚，可是他相信的是什么呢？他一直没有说出来，这让诗别具魅力。他的诗对我的影响很深，我翻译了不少。

李：那您比较喜欢翻译哪一类作品呢？

杜：20世纪80年代我主要翻译诗歌，这些年我转向了小说，因为我喜欢董启章的作品，而他主要写小说。也许以后我会再转向诗歌，这个说不准。我也喜欢鲁迅的杂文，还有他和许广平的信件，等等。但戏剧是例外，我不太翻译戏剧，因为我对口语化的语言表达不很在行。这方面我很佩服 Julia Lovell（蓝诗玲），她很擅长翻译小说中的口语体对话，比我翻译得好。

李：您太谦虚了。在您看来，从事文学翻译，译者应该具备哪些素养或条件呢？

杜：首先，必须有扎实的中英文功底；其次，建议翻译家要有合作者，有能和你讨论翻译的人，而且合作者最好和你在年龄、背景、经历或是性别上有所不同，这对翻译有很大好处；再次，要有对翻译比较了解的出版商；最后，要有好的读者，译者能从他们那里得到翻译作品的反馈，这一点非常重要。

对于译者，我还有一些建议。一是如果翻译的是一位在世作家的作品，那么译者非常有必要去作家的国度生活几年，多了解这个国家的社会、文化、习俗、人际关系等；二是翻译时最好不要过多依赖字典，避免把同一个字词翻译成相同的英文，因为在不同语境下词的意思是变化的；三是每部作品的翻译策略都应是独特的，不要固守一种；四是要大量阅读，不要迷信理论。

李：您从事中国文学作品英译工作已 51 年，请问您对翻译有什么感悟可以与我们分享吗？

杜：这是一件非常有意义的工作，你可以一辈子从事这项事业。翻译是一份辛苦的工作，但它是有回报的。如果作品挑选得好，你的翻译过程将会充满乐趣，当然也会有挑战。通过翻译，可以把优秀的作品传播得更远，会有更多国家的人阅读中国的文学，这真的是一件很棒的事情！

三　对文学翻译理论的思考

李：您曾经提到文学作品语言的首要功能是表达思想和感情，交际功能次之。而文学翻译也应是如此。您能具体谈谈您对文学翻译的看法吗？这对您的翻译有何影响？

杜：语言有很多功能，比如可以表达自己，可以用来和人交流，还可以把人区分开来，你说的是这种语言，我说的是那种语言。语言的表达功能对于文学作品非常重要，作家写作是为了表达他们的思想，翻译也应该这样。翻译过程是一个表达自我的过程，是译者对原作内容思考、感悟的一种外部表达。译者应该认识到这一点。译者是可以在其中发挥主动性的，我们应该更加自信。

李：能进一步谈谈您对译者的看法吗？您曾经将译者角色比作"剧本改编自小说的电影导演"（McDougall，2007：26），能具体解释下吗？您是怎么看待译者主体性的？

杜：首先要申明这个比喻不是我提出的，我只是借用别人的说法。电影导演的表演根植于原著小说，但同时自身也拥有充分的创作自由。与电影导演类似，译者也是集继承与创作于一身。但现在我觉得将译者比作"乐团的指挥"也许更加合适，就是说作曲家写了首乐曲，这个人指挥了，听上去很美，那个人也来指挥，曲子听起来和前面的不一样，但仍然悦耳。虽然是同一首曲子，但风格演绎得完全

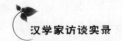

不同，听上去也没有高下之分。翻译也是这个道理，两个人翻译同一部作品，产生的译文给人不同的感受，可能都非常好，或者非常糟，或者一好一坏，这都是有可能的。翻译不应该是封闭的、唯一的。译者可以发挥能动性对文学作品做出自己的阐释。比如我在研究徐志摩的《再别康桥》时，看到网上有许多不同的英语译文，有的很好，有的一般。但不管怎样，这都是一个好现象。

至于译者的主体性，以前流行的说法是翻译是背叛、翻译是模仿，等等，这些早就该扔进历史的垃圾堆了。难道作曲家作了曲子，只有他自己有资格演奏吗？指挥应该隐身吗？好在如今有了很大转变，不管你是支持还是反对，对于译者都不再是以前的那些说法了，译者能够按照自己的情况在翻译中发挥能动性。

李：您翻译时有没有特定的翻译目的？

杜：我一般没有很明确的目的，我的一些翻译活动是出于对作品的欣赏，比如对董启章作品的翻译就是源于文学上的喜爱，我享受阅读的过程，所以翻译了他的作品。我也有考虑读者因素，我希望译文能被大多数读者接受，不要仅限于学术读者圈，因此我在翻译中往往不会添加脚注，频繁使用脚注很容易让读者分心。翻译中我没有特别考虑要用哪种翻译策略，想得太多只会让我的译文变得机械和生硬。我主要是听从自己的内心，发掘原文，回应原文。

李：您曾经提出翻译的"快乐原则"（Pleasure Principle）（McDougall，2007：22），认为翻译要考虑译文读者的感受，尤其要给大众读者带来阅读的乐趣，请问"快乐原则"是您翻译一贯遵循的原则吗？

杜：我的确非常重视读者因素。在翻译中译者也许出于一些原因，需要向原作负责、向作者负责，但无论怎样，译者都不能忽视读者，翻译时要考虑到他们；但是具体怎么处理需要依据作者、原作类型以及译者当时的情况来定，要具体情况具体分析。

另外，说到读者，我还想强调一点，就是信任读者，这也是"快乐原则"很重要的一点。有些人翻译喜欢过度明示，把原作的文学特质、含义和相关文化信息一股脑儿地传递给英语读者，这样做往往会产生相反的效果。译者应该信任读者的理解和判断能力，有些意思其实可以从上下文猜到。如果遇上读者不熟悉的，他们一般直接忽略掉，或者自己去上网查，他们知道该怎么处理。过度翻译会让译文不伦不类，原作的魅力也会打折扣。译者要信任读者，避免过度翻译。当然，这仅是我的个人观点。

李：您的意思是可以适当保留原文的陌生元素吗？

杜：是的，译者不要把读者当傻子，要相信他们。

李：您翻译过大量不同体裁的作品，如诗歌、小说、电影剧本等，您能简要谈谈翻译这些不同体裁作品时的体会吗？

杜：我可以结合我的翻译作品简要谈一下。翻译诗歌时，译者应尽可能兼顾对原诗内容和形式的忠实，但在具体的翻译活动中，诗歌自身特殊的文体特征又使这种理想境界的实现困难重重。因此，译者需要在语义和形式之间做出平衡，要抓住诗的精髓。比如我翻译朱湘的诗时，他的诗比较注重形式，诗的形式、风格要比字面的词重要，因此翻译中我特别注意把形式呈现出来，译得比较灵活，比如为了句法形式上的对应，"草"有时我会译成"tree"。而对于北岛的诗，我基本是逐字逐句地翻译，尽量直译，因为他的诗更重内容，很少押韵；而且他强调诗的现代性，而现代英语诗歌是不重韵律的；所以翻译时我更多地去营造一种口语化的节奏，而不是传统意义上的诗歌韵律。

小说翻译就复杂一些，译者要感受作品的风格，而且小说的语言一般较为宽泛和多样化，比如我翻译的阿城"三王"系列就有很多政治经济术语、方言俗语等；还有小说的叙事结构和对话的模式也要谨慎对待。我一般翻译小说时，初稿会偏直译，然后我会不断地演绎修改。

对于电影，我翻译得比较少。我记得有一次译过改编自蒋子龙的小说《乔厂长上任记》的电影字幕。开始他们只给了我台本作为参考，但这还不够，翻译字幕必须对着电影，手头要有能随时播放和暂停的设备，没有这个做不好字幕翻译。后来我还做过陈凯歌导演的《黄土地》的台本翻译，这个和字幕翻译很不同，有点类似戏剧翻

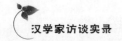

译。对于电影翻译，我们要注意抽象词汇的具体化和场景化，还有翻译的即时效果，这一点对于字幕翻译尤其重要。

谈到戏剧翻译，我前面说过我并不擅长。因为戏剧翻译要求译者能够自如地驾驭口语化语言，如人们是怎么随意聊天的、他们的语气又是怎样根据环境来变化的。我的语言比较正式，对英语口语的表达和转换掌握得不够好，而中国当代戏剧又往往涉及这些内容。

李：那您是怎么看待翻译作品的准确性、可读性和可接受性这几个问题的呢？

杜：我认为它们对于翻译来说都很重要，而且也并非不能共存。译者有许多责任，对作者负责，对原作所处的社会历史语境负责，对目的语读者负责，对目的语文化负责，对自己负责……怎么翻译要依据具体情况而定，就像我前面说的，要考虑你翻译的作家、作品特点、所处的环境，甚至你的心情，等等，许多因素都会影响到译者当时的策略。如果一直用一种方法、一种态度来翻译，那岂不是很乏味？就像作家也要经常想想是为谁创作、为什么创作、怎么创作一样，如果一直为一个目的、用一种方法写作，那也太可怕了。

我喜欢"直觉""灵活""反应""经验"这些词，因为它们表示我能适应发生的事情，我乐于做出改变、乐于去拥抱多样性，当然这也包括翻译中的多样性。

李：在《现代中国翻译地带》一书中，你提到对于中国的翻译活动要用"中国中心主义"视角来进行研究，反对随意套用西方的文学理论（McDougall，2011：2）。请问您是怎么看待中国的翻译活动的呢？

杜：我在书中提到的"中国中心主义"是指中国的翻译活动，具体来说，是20世纪80年代以及前后时期中国文学作品的英译活动。我写《现代中国翻译地带》的初衷是还没看到其他西方的翻译理论书籍有这方面的讨论。现在的翻译研究发展很快，但翻译话语主要还是"欧洲中心主义"。西方翻译研究不怎么关注中国的情况，中国本土的翻译研究也常常不假思索地用西方的翻译理论来描述中国的翻译活动，这是不合理的，我们要看到中国翻译实践的独特性，要加强这

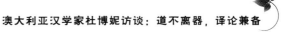

方面的研究。这算是我这本书的出发点吧，更多地介绍中国有别于西方的翻译活动。

四　对中国文学"走出去"的看法

李：在您看来，中国文学的英译由谁来充当主导译者更为合适？

杜：我认为译入语必须是译者的母语，也就是说汉英文学翻译应由英语母语者来承担，或是从小在英语国家生活的中国人。这样译者才能更了解英语读者的特点、表达习惯等。我翻译时一般还有合作的中国人，初稿完成后可以让他们来修改，当然也可以让懂中文的出版商或者课堂上的中国学生来看，有很多方法可以确保我对中文的理解是正确的。

李：您能介绍下现当代中国文学在国外的传播现状吗？存在什么问题？

杜：还不是很令人满意，中国文学作品的翻译量还比较小，而且有些作品的翻译质量一般，不太受西方读者的欢迎。我们应该思考怎样将优秀的翻译家和优秀的中国作家对接起来，怎样找到合适的出版机构，怎么才能让西方读者爱读中国文学。

为什么现当代中国文学会在国外遇冷？我认为首先，西方读者喜欢有争议性、批判性的文学作品有很大关系，而中国介绍到西方的批判性文学作品较少。其次，翻译上的问题，比如一些译作的语言偏离了外国读者的阅读习惯。最后，中国政府对中国文学对外译介的扶持力度还不够，应进一步加强。

李：是的，现在中国正在大力倡导中国文学"走出去"。那么从您的角度来看，如何能有效地改善现状，让中国文学和文化更快地"走出去"？

杜：我认为第一，中国政府要鼓励外国翻译家翻译中国文学作品，因为在我看来他们是最理想的译者。政府可以邀请外国翻译家、文学评论家来中国访问，与中国作家见面交流，同时设立更多的奖金、赞助等支持他们的翻译工作。商业机构可以招募更多的译者去翻译中国文学，委派更多的编辑去编辑作品，同时委托更多的出版商为其出版。第二，海内外的文学批评家和评论者可以更多地评价和宣传中国文学翻译。第三，鼓励中国作家学习英语、阅读英语文学作品。第四，开拓翻译研究的学术领域，如翻译家研究、翻译理论研究、翻译策略研究等也能促进翻译的发展，最终对中国文学的传播也有推动作用。

李：最后请您对中国现当代文学和现当代文学翻译说几句，您有什么想说的吗？

杜：我期待看到越来越多的中国优秀文学作品被翻译成外文，我期待中国当代文学更繁荣、更多样化、更有创造性、更有想象力！

参考文献

［1］McDougall，B. S.，*Translation Zones in Modern China*：*Authoritarian Command Versus Gift Exchange*，Amherst/New York：Cambria Press，2011.

［2］McDougall，B. S.，"Literary Translation：The Pleasure Principle"，《中国翻译》2007 年第 5 期。

波兰汉学家马丁访谈：漫步在古典中华与当代中国之间[*]

李怡楠^{**}

马丁（**Marcin Jacoby**），波兰知名汉学家、翻译家，著有《中国绘画中的复制和仿制研究》《华沙国家博物馆收藏的中国艺术品》《素颜中国》，主编有《中国过去与现在——中国学的新研究》（*China Past and Present. New Polish Papers in Chinese Studies*，2010），合编有《实验与艺术——古今波兰艺术与中国艺术交流》，翻译出版的中国典籍有《列子》《南华真经》《道德经》等。

马丁（**Marcin Jacoby**）

我同马丁相识，缘于中波人文交流活动。彼时他供职于波兰密茨凯维奇学院，这所学院直属于波兰政府文化与民族遗产部。在合作过程中，我发现马丁不仅潜心研究中国古典艺术、翻译中华经典，还致力于中波文化交流，热衷于向波兰推介当代中国。更可贵的是，马丁在古典中华与当代中国之间漫步颇为游刃有余。2017 年夏，马丁应

---

* 原载于《国际汉学》2018 年第 4 期，原题为《漫步在古典中华与当代中国之间"——波兰汉学家、中波文化交流的使者马丁访谈录》。

** 李怡楠，北京外国语大学欧洲语言文化学院讲师，研究方向为波兰文学、文学接受和跨文化研究。

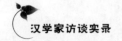

北京外国语大学欧洲语言文化学院邀请，为北外师生举办了题为"波兰文化域外传播与中波文化交流"的专题讲座，他对中华文明的深入了解和在中波文化交流领域的丰富经验引起了大家的强烈关注，也激发了我深入探究马丁这位汉学家的学术研究之路的想法。在马丁看来，中国古代绘画艺术博大精深，文人文化魅力无穷，老庄思想精妙有趣，翻译之旅可谓"历险"。与此同时，他运用毕生所学，发挥语言专长，勇于充当中波文化交流急先锋。他将瑰丽的古代中华文明和律动的当代中国社会立体呈现给波兰民众，下笔客观，让波兰人看到了充满活力又面临着种种挑战的新时代中国。

李怡楠（下文简称"李"）：近年来，随着中波两国双边关系迅速发展，在波兰学习汉语的热度也持续攀升。几乎每一位波兰的汉学家，包括汉语学习者，都可能曾被问过这样一个问题：你为什么学汉语？我也对此很好奇。那么，您对中国的兴趣缘何而起？学习汉语对您的人生规划产生了怎样的影响？

马丁（下文简称"马"）：我当时学习汉语的动机与当下汉语学习者的学习目的还是有些不同的。二十年前，在我开始学习汉语之时，波兰的就业市场尚无与中文相关的工作，波兰社会对中国也没有如今天这般的广泛兴趣。可以说，那时候学习汉语的人并不会因为学习了这门语言就能够获得更多的职业发展机会。因此，那时候人们看待汉语学习者，多数时候是带着些许猎奇目光的，会觉得他们很奇特，又颇为小众。记得我在学习应用语言学也就是翻译学的时候，我的一位老师得知我正在学习汉语，于是专门问我："你为什么不学习日语呢？"在那个年代，语言学家都知道日语，对日语感兴趣并学习、研究它；而对汉语则一无所知。

我决定学习汉语是源于我对中国文化的兴趣。这种兴趣自我记事起就产生了。先是在我八九岁的时候，我崇拜李小龙和中国功夫。此后，我开始阅读有关中国和中国哲学的书籍，并对道家思想产生了浓厚兴趣。到我 14 岁的时候，我开始练习武术，教我功夫的老师曾师从于中国山东烟台的师爷。这也是我人生中第一次真正意义上接触中国传统文化。直至我 22 岁的时候，我才最终下定决心——既然我这么喜欢中国功夫和文化，我就应该学会中文。后来，我获得了去中国台湾学习的奖学金。这样一来，我不仅拥有了学习语言的环境，同时还可以学习武术和书法。所以，自那时起我就下定决心要潜心研究汉学。

李：您的博士学位论文研究的是"中国绘画中的复制和仿制"，后来这篇论文以专著的形式在波兰出版，受到了学术界的充分肯定。这是您第一次系统性地对中国文化进行研究吗？您为什么会选择这样一个课题呢？

马：与那些相对狭窄、专业的课题相比，我个人更愿意尝试开放性研究。普遍性的文化现象同综合性的分析，是我更为感兴趣的领域。我的第一份工作是在华沙国家博物馆从事与中国藏品有关的收集和研究，通过那些馆藏的中国艺术品，我开始了解中国古代绘画艺术，学习同中国艺术相关的知识。我开始关注中国绘画传统中一些表面的或者真正的独一无二的现象。我在华沙大学东方学系汉语专业学习的时候，撰写的硕士学位论文是关于"中国古代绘画中的题款与题跋"的课题。我觉得，能够将绘画、书法和文学这三者结合起来并一同呈现于艺术作品，是非常有趣的现象。后来，我又陆续接触到了中国的文人文化。那时候，华沙国家博物馆的中国艺术品中有不少是赝品，我就在想，中国文人在绘画和收藏的过程中，是如何看待对此十分重要的、有关真实性的问题呢？这个问题一直萦绕在我的脑海之中，逐渐酝酿形成了我的博士学位论文课题。可以说，这个课题是我在博物馆的工作经历、学习中国文人文化的心得以及学习中国文学的体会三者的有机结合体。

李：在中国，有种观点认为，旧时仿名家所作的高品质赝品，虽然在当时是造假者牟利的产品，却也有相当一部分仿名家画作的高手的技艺非常高超，其绘画的水平也并非一般俗手可及；并且这些高手的伪作为旧裱，装裱亦考究，在近年来显现出特有的收藏价值。例如，明代的"苏州片"就是高手仿名家中的精品之作。北京故宫博物院古书画部的专家金运昌先生指出，千百年来，这一部分伪作在学术界往往被列入真迹，就是在鉴定工作中也是另眼看待的。而从文物保护的意义上说，纸绢寿命大约千余年，到寿终之时，保存得再好，也会自然消失。这种逼近原作的复制本，能取代原本的功能，有继承原本传世的历史意义。① 作为一个波兰汉学家，您又是如何看待这个问题的呢？

马：其实这个问题之中包含很多话题。首先，是艺术品的真实性的问题。和欧洲人一样，中国人对待这个问题是十分严肃的。一幅画作的真伪，对于收藏者来说，具有至关重要的意义，所以书画品鉴行当的发展很是迅速。一些人认为古代书画的真假问题，并没有今天这么重要。但是，如果我们研究中国文献，能看到这种结论是不对的。从古至今，中国的收藏家都会觉得真假问题是关键性问题。

其次，我们也必须承认，由于有了近乎临摹的仿造传统，我们今天才能欣赏到那些消弭于岁月之中的传世杰作，例如顾恺之的画作，还有王羲之的《兰亭序》。但是我们还是应当把复制品和赝品区分开来。赝品是具有欺骗性的，贩卖、有意制作赝品的人就是骗子。虽然有时候这样的人还是大艺术家，例如清代的王辉、20 世纪的张大千。然而，复制品也具有各种功能：训练、教育、为后世留下艺术遗产等。在这种情况下，最重要的就是临摹杰作的动机是什么，而并不是复制品本身。

诚然，有些伪造者的绘画技艺精湛，但是艺术看重的是创造力、创新性，而不是再造的本事。即使今天，有哪个人画 10 世纪的一位画家作品的水平超过了原作画家本人，也不能说这个人就比那位 10 世纪的画家出色。无论如何，仿制者不过是再造，而原作画家本人才是创作了独一无二的、只属于自己的艺术品。

至于谈到赝品的价值，我同意这个观点，即认为 15 世纪的赝品，如苏州片，是具有重要价值的，哪怕我们知道当时制作这些赝品的动机是具有欺骗性的。在今天，我们怀着骄傲的心情来展示这些作品，其中还有很多是属于精美的艺术品范畴的。只是，我们也必须将这些

---

① 中国字画网，http：//www. zihuawang. com/Article_ show. asp？id = 209。

作品的制作过程如实地记录下来。

李：书评家奥尔杰尔德·雅库博夫斯基（Olgierd Jakubowski）在评价您的这本专著时谈道："艺术品市场造假现象近年来成为波兰学界的热议话题，也有各种著述问世。该书分析了中国和欧洲的艺术家、艺术理论家在这个问题上的观点异同，乃是从国际视角为研究艺术品复制和仿制问题提供了一种观照。"① 那么您认为，中波两国艺术界在这个问题上最大的不同是什么？中国的经验有何借鉴意义？

马：我个人认为，当代中波两国学术界在这个问题上的态度区别并不大。只是中国的市场很大，又发展迅速；而波兰的市场较小，且相对稳定。中国的艺术品市场资本雄厚，这也就诱导发生更多的造假现象。此外，中国的拍卖行并不对拍品的真实性负责，这就使得情况更加复杂。长久以来，仿制者和赝品的存在，一直是中国和欧洲的艺术界都要面对的问题，直到现代才出现了相关的法律标准和明确的道德准则。我在书里提到，以前人们对这个问题的看法是不同的。中国有这样一种观点，只有收藏者才对艺术品的真实性负责，如果谁买到了赝品，只能说明他不懂艺术。所以，收藏家往往不惜重金聘请行家为他们鉴别真伪。当然我们也知道，行家也可能会出错。

我们说到这个问题的时候，也应该考虑到时代的因素。我们不能拿中国古代的收藏家同欧洲现代的收藏家做对比，也应该考虑到，由于所处时代不同而产生的特点和差别。比如，中国明代的艺术家对赝品的态度相对来说还是比较宽容的。而到了清代，文人绘画的理论特别是"戾家"理想普及化了，同时艺术市场有了很大发展，这就产生了一种很大的矛盾：一方面，赝品越来越多；另一方面，艺术收藏家和理论家又拒绝承认事实，干脆宁愿假装赝品的问题不存在，而很少提到赝品问题。

李：除了书画的复制和仿制问题，您对中国古代艺术也有所涉猎，在华沙国家博物馆供职的那段时间里，还曾经专门研究过中国艺术品，并出版了《华沙国家博物馆收藏的中国艺术品》一书。在您

---

① Gdańskie Studia Azji Wschodniej，2012/1.

看来，中国艺术又是如何呈现给波兰民众的？中国艺术在波兰民众眼中的形象同中国艺术的本来面貌有什么异同？

马：就在不久以前，波兰民众能认识并了解中国艺术品的机会还是少之又少的。虽然最近几年，来自中国的展览数量有所增多，而且我十分幸运地参与组织了其中几个展览；但是总体而言，波兰民众对中国历史和中华文明的成就知之甚少。相对有名的要数中国手工艺品，尤其是出自清末和现代的瓷器、丝绸、漆器和珐琅彩。而中国最珍贵的书法和绘画艺术，只有一部分爱好者和专家对其有所耳闻。造成这一现象是有多个原因的。首先，中国同波兰之间的文化交流，并不像波兰和西欧之间的交流那样频繁。其次，波兰博物馆的馆藏中，中国展品的数量很少。最后，中国艺术的某些领域，尤其是书法和绘画艺术，对于欧洲受众来说，还是很难领会其精妙的。这些艺术品，完全出自另一种审美传统，想要理解它们，必须有十足的理论准备。不认识汉字，不知道笔墨纸砚，不了解中国的文人文化，不懂得专业术语，比如"气韵"和"平淡"，欧洲人实在很难欣赏中国大家的艺术作品。因此，我认为首要任务就是普及基本知识。之前提到的有关华沙博物馆的馆藏目录的那本书，其作用也在于此，在这之前从没有人编写过华沙国家博物馆的中国绘画馆藏集。肩负着这样的使命，我举办过多次有关中国艺术的讲座和见面会。

普通的波兰人对中国文化知之甚少。他们常常无法区分出哪些作品是日本的，哪些是中国的，也从来没有学过有关东亚历史的知识。所以，需要从很基础的出发，向他们介绍中国文明，包括中国历史、艺术、文学等。很多人还是很好奇的，很愿意听，很愿意学习。我向他们介绍最多的还是中国的文人文化、中国文明在东亚地区的地位和影响力、中国文字的历史和影响、中国山水画的解读、中国书法的文化重要性，等等。大部分参加我讲座或活动的人，都是第一次接触到上述这些话题。

李：除了中国艺术，您还醉心于中国古典文学的翻译与研究。您直接根据中文古文翻译出了《南华真经》，又在塔杜施·热比科夫斯基（Tadeusz Bikowski，1930—1989）直译本（1987）的基础上改译

了《道德经》。从中可以看出，您对老庄多有研究，而这好像也是很
多波兰汉学家颇为感兴趣的领域。如果仅从数量上看，波兰汉学界翻
译、研究老庄的著述，要远多于对孔子及儒家思想的译介与研究。为
什么在波兰会出现这种现象呢？您认为对波兰人来说，老庄思想中哪
些元素是最有趣、最富含哲思的呢？您对老庄的关注，与波兰汉学界
的大趋势同流吗？

马：为回答这些问题，还是容我先讲讲非大趋势的东西吧！至于
为什么欧洲人经常并且十分喜欢翻译《老子》，答案其实很简单。因
为《老子》篇幅短小，语句优美，不需要过多的注释和解读。《庄
子》的篇幅虽然长了很多，而且意思相对更为难懂，但它也是世界文
学真正的瑰宝。这两部古籍之前都有过波兰语的译本，所以，可以
说，由我"头一次"带给波兰读者的中国古代典籍其实是《列子》，
这是我十多年前翻译并出版的寓言集作品。如果没有更宽泛的背景知
识，儒家著作对欧洲人来说，是难以理解的。这需要了解中国历史，
知道谁是尧、谁是舜；需要有最基本的概念，如"礼"和"义"，而
这两个概念在欧洲文化中完全不存在，根本读不到。这就是屏障，需
要打破的屏障。我对于中华思想的兴趣，实际上是从了解道家思想肇
始的，因为对我来说，它更容易理解。但是，我现在同样在其他典籍
中发现了巨大的价值和思想的魅力。我非常喜欢《论语》，也喜欢
《荀子》，现在正在做《战国策》和《吕氏春秋》的研究。说来也很
奇怪，最后这本书不仅在欧洲没有得到应有的重视，在中国也没有。
我想改变这一现状，最起码得在波兰努力推动。

我觉得，读中国先秦文学，能发现原汁原味的古代中国。《战国
策》让我们看到了中国战国时期的政治现状——谋略、变幻莫测的政
治局势、人的残忍和智慧，这部著作的内容实在是太丰富了。《吕氏
春秋》实际上是很棒的有关人力资源管理的参考书，也是古代知识的
宝库。《论语》里面的儒家思想，完全不像我们所知道的晚期"儒
教"，而是很富有人情味的思想，一些方面完全符合基督教的"爱他
人"的概念。中国古代文学很丰富，可以用一辈子去研究、去学习。
而我觉得尤为重要的是，应该看原来的文言版本，而不是白话翻译

本。因为白话本无法表达出原著文言文的美丽，文言文原本的味道被破坏掉了，这对我们深入理解这些作品造成了很大伤害。我很难过，当下很多年轻的中国人已经不看文言文了，也不认识繁体字，而这样会丢失自己文化的"根"。先秦文学就是中国文明的"本"，不能不重视。

李：19 世纪以来，《道德经》在西方的译本层出不穷，迄今已达数百个版本。早在 16—17 世纪，西方来华的传教士就开始介绍《道德经》。1823 年，法国汉学家雷慕沙（Jean-Pierre Abel Rémusat，1788—1832）刊出了论文《老子生平与思想》，选译了《道德经》的一些章句。① 1842 年，雷慕沙的学生儒莲（Stanislas Julien，1797—1873）公开出版了法文版《道德经》全译本。1910 年，波兰历史学家亚当·舍隆格夫斯基（Adam Szelagowski，1873—1961）第一次将《道德经》译成了波兰语（从德语版转译）。之后又有二十多位汉学家陆续直译、转译过《道德经》或是其片段，不少版本还附有译者的注释。您所改译的《道德经》，依托的是 1987 年塔杜施·热比科夫斯基的版本。同以往的那些版本相比，您这个改译本在形式和内容上有什么不同？您在理解、翻译《道德经》的过程中，遭遇过什么困惑？

马：波兰有一些爱好中国古代典籍的人。他们为《老子》设计了电脑插图，曾经请我去帮忙校对插图与文字是否匹配。他们所用的就是热比科夫斯基的译本。当我着手这项比对工作时，发现文案之中有许多需要修改之处。热比科夫斯基的译文很好，但是描述性过强。我是想重新回到艰涩神秘的原文，所以改译的版本没有标点符号，许多句子十分晦涩难懂。但我希望读者们受益于更加接近原文的译本，可以更为自由地对文章进行分析理解。

翻译上千年前的古籍，永远都会是一场大冒险，对文章的解读总要经过一系列推敲。翻译《老子》时，这样的选择和疑惑会少一些，但我在翻译《庄子》的过程中，有时确实十分困难，十分费神。可

---

① 李慧：《欧洲第一位"专业汉学家"雷慕沙》，《国际汉学》2015 年第 1 期。

以说，每一个片段都令我产生许多疑惑。我相信，如果我现在对这部著作再次进行翻译，译文还会不一样，而再过十年，又会是一个样。

比如《庄子》的"齐物论"，就是篇非常难翻译的文章。其实庄子自己解读的方法就是不统一的，学者也不知道怎么理解里面的片段。而为了翻译，我必须个人做出决定，不能避开问题。不理解，或是不确定怎么理解，还是要继续翻译！词典常常是没有用的，因为很多字句的最早出处就是《庄子》，你根本无从知道庄子的意思是什么，很多都是传统的解读方式，不知道对不对。

李：您在《南华真经》的译者序中写道："目前译介庄子的文本大约分为两类：一类是用寓言的形式，描述一些人们熟知抑或是想象中的形象，揭示其中包含的哲理，语言不乏机智幽默；另一类则是纯哲学式的说教，不含叙述成分。很多人认为《庄子》是中国文学中最具魅力的作品之一。"在您看来，您对《庄子》的翻译属于哪种风格？您所理解的《庄子》美在何处？

马：在我翻译的过程中，我尽可能地去寻找根基。我曾将自己的译文，同维托尔德·雅布翁斯基（Witold Jabłoński）教授编著的早期译文相比较。早期译本有些地方我认为翻译得有些随意，尤其是译者从南北朝时期道家思想的角度解读了许多文段。由此，我生发出他们没有完全翻译出原文，或者没有翻译出原文的多重含义，或有些含义过于多元化并且语义模糊的感觉。有些翻译作品是许多不同作者的文章合集，应该分别代表战国时期诸子百家思想的不同学术派别。试图把这些杂糅的作品解读成单一学派的思想统一的著作，我认为是错误的。

而我的目的是试图把《庄子》的内在矛盾、未尽之意和多元化都呈现给读者，因此我在自己的译文中也做了许多相关注解，其中包括我对某些词句或表达的理解、解释，抑或是我对此的疑问。一言以蔽之，我在翻译内容层面大部分停留在了"表面"。《庄子》是一部极尽瑰丽的作品，我竭尽所能地把其中浅显易懂和带有诗韵的优美片段以同样方式用波兰语展现出来。但是我也知道，我只能在一定程度上做到这一点。如果想要真正领悟个别片段的精妙之处，还得看原文，

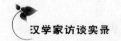

而且必须是古文原文，不是今译的白话文。也许这就是文学翻译的"不可实现性"吧！

李：我们熟知的波兰汉学家大致上可以分为两类，一类潜心于中国历史、文化等领域，从事文学翻译和研究；另一类则关注当代中国政治、经济与社会，并积极参与双边交流。您却是为数不多的"另类"，既对中国传统文化有系统研究，又能把握中国的时代脉搏，同时还是中波人文交流的急先锋。在您供职于密茨凯维奇学院的近十年间，组织、策划、协调了500余场中波文化交流活动，被中国人称为"中波文化的使者"。很多人说，您做中波交流工作之所以如此成功，在很大程度上得益于您对中国历史和当代社会的深入了解。您是如何看待自己的双重或多重身份的？又如何做到在古典与现代之间自由转换且游刃有余？

马：真是谬赞了。我不过是做了几件有趣的事，而我认为自己完全不足以与汉学家相提并论，尤其是当代汉学家。活在当今时代，我不仅能钻研两千年前的文学艺术，还能了解当代中国人和他们所生活的国家。当然，掌握汉语和对中国历史文化的了解确实帮了我很大的忙。熟悉我的人和朋友以及工作伙伴，都对我的志趣和中国文化造诣十分认同，这不仅便利了我的工作，同时也使得我与中国朋友彼此更加亲近，如此一来，我的汉学爱好也就找到了用武之地。但是我可能只把研究古汉语文学当作自己的兴趣，就像有些人喜欢造飞机，有些人爱收集邮票，而我就是喜欢读先秦文学。如果有人想出版我的翻译，那当然就更好了！

我很高兴刚好活在当下。如果早出生30年，可能我就没有机会去中国，也没有相关研究资料，什么都会变得很艰难。而当今世界对研究者来说确实非常方便，我不出门就可以浏览网上资料，在翻译时可以用先进的翻译软件工具来对照不同译文的片段，很方便找出汉字的不同用法。这同以前相比，简直是太方便了！

也有很多中国人问我，是如何看待当今中国的。他们认为，如果我喜欢古代中国文化，那么也应该很喜欢现在的中国。而在我看来，其实现代中国是很不一样的，我所研究的两千年前的中国文明，可能同现代中国不一定有任何共同点。相较而言，我个人还是感觉我在古代文学领域更加自在。

李：2014 年，波兰著名的《政治》周刊（Polityka）出版了一期"中国人的历史"（Historia Chińczyków）专刊，载有您撰写的四篇科普型学术文章，系统地介绍了中国的文学、艺术和建筑，并梳理了中波人文交流史。您提及中国人对历史的热爱体现在中国古代文学之中，也探讨了中国古代建筑艺术在当代中国城市化进程中面临的问题。那么，在您眼中，中国究竟是何样貌？

马：我个人不认为中国有什么固定的样貌。首先，这是一个疆域辽阔且不同地区差异巨大的国度。在中国，不管是乡村和大城市之间、西部城市同东部沿海地区之间，还是在老一辈和年轻一代之间都存在着巨大差异，不同地方的中国人的世界大不相同。

除此之外，我觉得，中国一直在找寻自身的新定位。这一新定位应该位于中国悠久历史的背景之下，在毛泽东主席领导的中国，以及被命名为"中国特色社会主义"的当代之后的某一点。这是一段有趣的时期，我相信社会转型时期马上就会结束。最后我还想说，每个人描述的中国都是不一样的。中国的政治家口中的中国是一个样子，电影里的演员、书中的角色所表现的中国又是一个样子，在海外的中国留学生所描绘的中国又是一个样子，从中国来的游客所说的中国又是另一个样子。对我们来说，中国经济和近年来中国的科技发展情况都是这样的。每个人都能拼出自己心目中的中国形象，每一个形象都或多或少是真实的，却又都不是完整的。

李：所以，您将自己多年积累著成《素颜中国》一书。我很喜欢这个书名，因为西方对中国的认知往往都像是蒙着一层神秘面纱，是"化了妆"的。无论是 18 世纪近代欧洲通过中国风展示具有高度文明的大帝国，还是 19 世纪欧洲视中国为野蛮落后的国家，抑或是当前西方世界惊叹于中国改革开放取得的巨大成就，甚至有惧怕中国崛起的种种"中国威胁论"，等等，都很可能不是全面而客观的认识。那么，您想介绍给波兰人的，是怎样的一个中国，换个角度来说，您觉得波兰社会对中国的认知有什么偏差？您是否希望自己的这部著作能

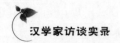

赋予中国新的形象？

马：我根本不打算如此影响读者。我只希望他们能形成自己对当代中国的观点，或者至少能关注一些之前不知道或没有注意到的事件。确实，关于中国近现代历史、政治和经济等方面有许多或多或少的误解。一来我想在一定程度上消除这些误解；二来我想让人们注意到这些问题及其解决是困难的这一事实，比如对于中国的民族问题、政治认同感以及快速发展所带来的种种社会矛盾。其中尤为令我感兴趣的话题还包括似乎中国在逐步恢复对1911年之前的帝国的认同感，以及中国人对传统文化遗产的关注度变得越来越高。我相信，如果不认识中国文字、不了解中国历史和文化，那么就不可能理解中国当下的变化进程。因此，在《素颜中国》这本书中，大部分篇幅都在描写中国的文化和对中国社会的观察。若用一句话来总结，那就是我的这本书不会令那些认为中国具有威胁性、是独裁帝国的人满意，同样也不会取悦一味夸赞中国发展模式的人。这本书只是某个人的眼界观察所得，进而提出并没有统一答案的问题，对中国没有吹嘘，也没有抹黑，只是尽力展现一个自然的中国。而若想展示这个国家的真实面貌，必须描画它的每条皱纹，那些不完美的地方，这也就是如你所说的"卸了妆"的中国。正如一千个人眼中有一千个哈姆雷特，不同的波兰读者在不同的期待视野之下，也会对中国产生不同的认识。重要的是，我们了解、接受这种认识上的差异的存在，并清楚地知道，这样的认识差异其实是可以共存的。

捷克汉学家王和达访谈：译介中国经典文学[*]

刘　燕[**]

王和达（Odrich Král，1930—2018），捷克汉学和比较文学教授、翻译家和汉学家。1930年9月13日出生于捷克首都布拉格。王和达长期从事中国古典文学、哲学和美术的翻译与研究，翻译了大量的中国经典作品。其《红楼梦》译本于1988年获得"文学优秀作品翻译奖"（布拉格），2003年获得纪念曹雪芹逝世240周年的"捷克文翻

王和达（Odrich Král）

译国际奖"（北京），2006年《庄子全集》译本获得"捷克最佳奖"。王和达于2010年荣获"捷克共和国国家特殊文化奖""捷克共和国科学社会社科特殊奖""捷克共和国国家终身文学翻译奖"，2017年8月又被授予"第十一届中华图书特殊贡献奖"

---

　　* 原载于《汉风》2018年第1期，收录于本书时有所修订，原题为《文学翻译：跨文化的对话、交流和整合——捷克汉学家王和达访谈》。

　　** 刘燕，北京第二外国语学院文学院（跨文化研究院）教授，研究方向为比较文学、跨文化研究、国际汉学等。

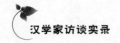

（北京）。①

一　命运的奇妙安排：汉学之路

刘燕（以下简称"刘"）：首先，祝贺您荣获2017年8月22日在北京颁发的"第十一届中华图书特殊贡献奖"。据我所知，这是2005年由中国出版界面向海外设立的最高奖项，主要授予在向海外介绍中国、推广中华文化和出版物等方面做出突出贡献的外籍及外裔中国籍作家、翻译家和出版家。对此，您有什么感想？

王和达（以下简称"王"）：我看重我的工作，我看重对其的每个评价，我很感谢中国授予我这个奖项，我希望我的捷克读者们也能感受到我激动的心情。因为这不仅是我的荣誉，也是捷克读者的荣誉；这不仅是对我翻译工作的认可，也是对捷克读者的致敬。

刘：我在查询您发表的译著书目文献时，发现译著之多、质量之高，前所未有，翻译了《易经》《道德经》《庄子》《心经》《六祖坛经》《孙子兵法》《文心雕龙》《儒林外史》《红楼梦》《苦瓜和尚画语录》《家》等方方面面的重要经典，许多译作多次再版，深受捷克读者的欢迎。现在，您的名字被越来越多的中国人所了解和敬仰。可否谈谈是什么契机让您选择了汉学之路？

王：不同于一些汉学家学习汉语是有目的的，对于我，这只是一种机缘巧合。最初，我本来想学习英文和比较文学，但出于政治原因，查理大学比较文学系的重要学者 Vaclav Cerny 突然成了一个不受欢迎的人。英语系说他们可以录取我，但我绝对不能从事比较文学研究。可能是命运的安排吧，当时英语系主任 Zdenek Vancura——曾把赛珍珠的英语译本《水浒传》（英译名 *All Men are Brothers*，《四海之内皆兄弟》，1933）翻译成捷克语，这本译著大受欢迎。那时，他恰

①　本篇访谈于2018年5月2日得到王和达教授的最终审核，特此致谢。感谢斯洛伐克东方研究所的高利克先生提供相关材料，感谢西南交通大学的唐均博士提供王和达的照片。十分遗憾的是，2018年6月21日，王和达教授在布拉格突然去世，令人扼腕叹息。希望本篇访谈可以表达我们对他老人家的深切缅怀之情，愿先生安息。

巧看到了我——一个年轻人在人生的道路上遇到困难，手足无措，他就对我说了一句改变我命运的话："如果你想做比较文学，就应该找到一个真正的有比较性的研究对象。"而他与汉学系的普实克是好朋友，他让我去找普实克。与普实克见面后他最终说，你要试试吗？我点头了，普实克录取了我。然后，我成了一名查理大学汉学和远东文化史专业的大学生，毕业后留校任教。

刘：对个人来说，这真是改变命运的时刻。成为布拉格汉学的奠基人普实克的学生，您很幸运。在他门下，您是怎么开始汉学研究的？他在您人生的道路上有哪些方面的影响呢？

王：当时所有想学中国文学的学生都去普实克教授门下听课，有历史课、阅读与读法课。那时候普实克教授专门研究中国现代文学，正是这个缘故，我最初理所当然地选择研究巴金的小说，尤其是他的《家》。巴金受到欧洲文学特别是法国批判现实主义的影响，他的写作方式是欧洲文学的方式，他的语言已经不属于纯粹的中国文学传统语言了，不过有人认为《家》是《红楼梦》的回音。我撰写毕业论文的时候开始翻译《家》，虽然硕士学位论文没要求，但我其实已经做了，因为翻译可以让人理解得更多。过了一年，我想读博士，于是又联系了普实克教授，他当时从查理大学转到科学院东方研究所担任所长，我就跟着他到东方研究所去做他的博士研究生。这时我逐渐对古典文学产生了兴趣，我告诉普实克我想要研究中国的长篇小说，普实克非常支持我，因为他自己是历史学家，对明清时期的民间话本文学很感兴趣。普实克对学生很好，因为他的推荐，我们在大学期间有机会去北京大学留学。这个留学经历对我来说很重要。

刘：普实克的另一位学生斯洛伐克汉学家高利克（Marián Gálik，1933— ）在其《捷克与斯洛伐克汉学研究》中谈道："没有普实克，可能就没有汉学界的布拉格学派；如果没有他，很可能截至1968年捷克斯洛伐克新汉学的发展也不会如此繁荣。""布拉格汉学派与此前苏联和捷克斯洛伐克的众学派有所不同。俄国的形式主义和捷克的结构主义都有自身的信条、文学研究方法和既定的学术研究目标。普实克除了在自己专攻的中世纪大众文学研究、叙事艺术方面

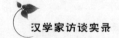

外，在其他方面都任学生自由发展。"另一位您的同窗校友米列娜（Milena Doleželová-Velingerová，1932—2012）以历史观与艺术观、马克思主义与结构主义之间的潜在张力概括了布拉格汉学派的研究特色。您认同他们的说法吗？您是如何评价普实克及其奠定的布拉格汉学派的？

王：这是事实。没有普实克，也就没有我们今天这些捷克、斯洛伐克的汉学家。作为一位杰出的汉学家和教育家，普实克对东欧汉学的发展呕心沥血，他的贡献有目共睹。作为我的导师、同事和朋友，我与他的关系十分密切。我始终觉得他是一个充满理想和创造性想象力、行动力的人，他性格热情，非常善于组织、协调管理各种事务。毫无疑问，没有他，就没有布拉格所谓的汉学派。我个人不太喜欢这个"派"字。我认为，布拉格汉学派是一个比较松散的学术共同体，受到很多影响，在方法上受到了俄罗斯形式主义、布拉格结构主义、语言学的影响，按照我的个人经验，主要传承的还是什克洛夫斯基（Viktor Šklovskij，1893—1984）、穆卡洛夫斯基（Jan Mukařovský，1891—1975）、雅克布森（Roman Jakobson，1898—1982）、沃季奇卡（Felix Vodička，1903—1972）等学者的理论与方法论。我的文学研究和翻译理论也体现了这样的倾向，我的兴趣所在不是故事的内容而是故事的写作方式；因为如果不能透彻地了解作品的写作方式，你就没有机会更好地了解作品的诗意。我选择研究《儒林外史》的原因是喜欢这个作品新颖的叙述方式。

刘：为什么您会对中国长篇小说感兴趣呢？

王：研究中国章回小说能对世界比较文学做出很大的贡献，因为中国章回小说与欧洲文学不同。我们都有律诗，但只有中国传统小说家有"律小说"。欧洲的长篇小说总是注重故事情节，往往会写得生动感人，而中国传统的长篇章回小说虽然也有故事情节，但这并不重要。如《儒林外史》完全没有明确的框架结构和故事情节，主要是每段的细情、章节和插曲。欧洲人原来完全不懂，在翻译中国小说的时候，他们总是在做一件非常糟糕的事情——不是真正地翻译，而是按照欧洲的小说传统，重新改写故事情节。例如，第一次翻译《红楼梦》时，译文没有 120 回，只有 50 回。在我开始研究中国古典章回小说的时候，选择《儒林外史》进行翻译，是因为我想恢复其原状，改变原来的翻译模式。小说译本在 1962 年就出版了，这也是我最早出版的译著。我的博士学位论文为《中国长篇小说艺术方法》，分析了中国章回小说的发展历程，在 1965 年才得以出版。

刘：在 1956—1957 年到北京大学中文系留学期间，您的导师是吴组缃教授（1908—1994），他亲自给你们这些留学生上课吗？可否谈谈您对当时中国的印象？

王：很幸运的是，我是 1956—1957 年到北京大学中文系留学的，这是中国开始"百花齐放、百家争鸣"的时期，社会氛围还是比较充满朝气的。得益于自由旅行政策，我们有非常多的机会多行多见多知。吴组缃是我的指导老师，不过他不到学校来给我们上课，我一般是去他家，一起见面聊天。为了写有关《儒林外史》的论文，我经常要到图书馆或书店收集一些资料。我那时还没有接触到《红楼梦》。很遗憾的是，当时北大对留学生的管理十分严格，我们无法接触到中国同学，学习汉语的机会很少。

刘：1958 年您从中国回到查理大学，获得了博士学位，并留校工作，您的主要任务是什么？

王：我在查理大学的哲学系教中国文学。除了教学，我还参与编写了一系列教材，一起主编了一本《查理大学亚洲现代文学的复兴和发展研究论文集》（1968）。此外，我与 Felix Vodicka 教授一同参加了"布拉格语言学会"（Prague Linguistic Circle），编辑出版了《文学世界》全集（1967，1992），与日本学家开展了"集体符号学研究项目"（1965）。总之，这些教学、合作经历对我后来的翻译与研究很有帮助。

二 全方位译介中国经典文学与哲学

刘：但在 1968 年后，由于当局认为您在政治立场上"不可靠"，您无法继续在大学任教了，又被禁止参加博士后的论文答辩。为了谋生，您甚至在货运站当过一段时间的工人。此后您调任捷克国家美术馆亚洲艺术馆工作，在此工作二十多年。我觉得这可谓不幸中的大幸！您不仅有机会接触到东方各国的绘画艺术，也逃避了当时的政治冲击，竟然在乱世中过上了一种中国文人式的隐居生活，全身心地投入中国作品的翻译与研究，硕果累累。时过境迁，您如何看待这一段不同寻常的人生经历？

　　王：这个时期对于我的国家来说真是一场灾难，"布拉格之春"（1968 年 8 月 21 日）后，捷克斯洛伐克的大部分汉学家失去了大学工作，布拉格的汉学学术圈四分五裂，连普实克本人也无法进行正常的研究。在此后的两年中，他与许多知识分子一样，受到怀疑，被清除出党，随后还被东方研究所解雇，列入"黑名单"，遭到各种残酷的迫害。同样因为政治原因，我在 1969 年被迫离开查理大学，既不能教学也不能发表作品。我的《文心雕龙》的捷译本送到了 Odeon 出版社，但在当时根本就不能出版。我在 1969 年就提交了博士后论文报告《文心雕龙：中国美学思想的描写》，但直到 21 年后，即 1990 年我才通过答辩，而《文心雕龙》的捷译本直到 2000 年才得以出版。也许因为我之前从事过中国美术方面的研究，捷克国家美术馆的收藏东方艺术和古文物部的创建人 L. 哈耶克（Lubor Hajek）读到了我翻译的东西，了解到我当时的情况，于是问我是否想去国家美术馆工作。这简直是雪中送炭，我居然有幸在美术馆所在的古老而美丽的赫卢博卡（Zbraslav）城堡工作。

　　刘：您的不幸遭遇让我想起了中国的著名现代作家沈从文，他也是在 20 世纪 60 年代之后被禁止创作、发表文学作品的。后来他去了北京故宫博物院工作，花费近二十年的时间编写了一本厚重的《中国古代服饰研究》。就此看来，风景优美、古老幽静的国家美术馆为您提供了庇护，您反倒有了充足的时间和幽静的空间，全心从事想要做的翻译工作了。在此期间，您还参与了一系列绘画、书法研究及策展工作，这对您后来的翻译应该有很大的促进作用吧？

　　王：的确如此。对我来说，这二十多年的生活有些类似中国古代文人的隐居。我们的国家美术馆策划了许多画廊的艺术展出，出版了不少画册。我本人负责编撰了《远东木版画、中国画论翻译》（1978）、《远东亚洲艺术：画、雕塑、版画，布拉格货架美术馆的藏画》（1979）、《十竹子廷：东方绘画教材与展廊》（1979）、《当代日本书法和绘画》（1986）等。因为我的周围到处是丰富多彩的亚洲艺术品，这大大开拓了我的眼界，让我对中国绘画的思想越来越感兴趣，开始翻译一系列与艺术有关的古代画论，后来陆续出版了《诗画书三才品》（包括司空图的《二十四诗品》、黄钺的《二十四画品》、杨景曾的《二十四书品》），以及石涛的《苦瓜和尚画语录》，等等，最近还出版了《墨迹，中国画论选集》。此外，我的空闲时间比较多，也不受复杂的国际关系的打扰，于是开始翻译《红楼梦》《肉蒲团》《西游补》等几部长篇小说。

刘：您还翻译、介绍了一些与佛教或道家道教有关的著作，这大大拓展了前辈翻译家只关注中国诗歌或短篇小说领域的局限。如《中国古文：道——翻译、论文和绘画选集》（1971）、《禅》（包括《心经》《六祖坛经》，1990）、《汉字：中国书法》（1992）、《中国哲学：历史透视》（2005）、《无门关》（2007）、《庄子》（2006）、朱熹的《理学，中庸》（2008）等；您翻译的《易经》分别在 1995 年、1996 年、1998 年、2008 年和 2016 年不断再版。我注意到，您是先从翻译中国现代文学开始，接着翻译古代传统长篇小说，然后逐渐转向翻译经典哲学、诗歌、诗论、画论、书论等。您当时为什么会逐渐选择翻译这类作品？在翻译中遇到了哪些困难？

王：我认为这些哲学或宗教经典都属于文学、文化的大背景，属于长篇小说的思想背景。我最初做如此选择是为了更全面地理解中国文化。另外，也存在一些捷克文化方面的原因。如果你真的想做翻译，也应该是比较全面的翻译。我开始时有一种想法，想做一种现在所称的"全译"（Full Translation），在译文中保留几乎所有原文的特色，而这种译文也需要一种能懂的读者，即文学诠释学所谓的"隐含的读者"（Implied Reader）。我意识到我应该了解和翻译一切当时读者所理解的事物，有关整个故事的气氛，起初是想要自己弄明白，后来是为了让读者了解整个故事中的生活世界；同时我会把翻译过程中

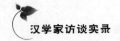

的理解、笔记放在译本的跋语、注释和后记中。翻译完《儒林外史》之后，20世纪60年代我开始编译一个选集——《中国古文：道——翻译、论文和绘画选集》，包括《道德经》和其他古典文学、哲学、美学的作品，主要是为了给读者介绍具有中国文学精神意识的特殊世界，提供一些中国故事的历史背景。在这本书里，我尝试翻译了一些诗歌，无意中把《道德经》也翻译了出来。因为那个精神的世界如果没有哲学，就不能存在。同时，关于中国精神的世界，不能缺少诗歌与诗话，所以我接着翻译了《文心雕龙》，并增加了关于画论的翻译；如果我们开始阅读中国诗歌，绘画当然是其中最重要的灵感，因为诗中有画，画中有诗。1994年、2005年这本书以《中国古文：无言之书》为书名再版。

刘：翻译是不同文学与文化交流的第一步。捷克对中国文化与文学，尤其是诗歌的翻译历史，可以追溯到首位汉学家鲁道夫·德沃夏克（Rudolf Dvocák，1860—1920），他在诗人兼翻译家符尔赫列支奇（Jaroslav Vrchlický，1853—1912）的帮助下，在1897年出版了《诗经》的捷克语节译本。捷克对中国伟大文学作品的翻译热情在19世纪末20世纪初"东方文艺复兴"（Oriental Renaissance）的时代氛围中达到高峰，尤其是极负盛名的翻译家博胡米尔·马瑟修斯（Bohumil Mathesius，1888—1952），他的汉诗捷译本优美流畅，赢得捷克读者的喜爱。不过也有一些汉学家质疑他的翻译不够忠实于原文，改写过度，有点像庞德。您如何评价马瑟修斯的翻译策略与风格？

王：马瑟修斯是把中国诗歌翻译为捷克语的泰斗。那些知道和了解中国诗歌的捷克人，大多数都是通过马瑟修斯的译本知道和了解的，其中也有普实克的功劳。捷克人民读着他的中文译诗，度过了第二次世界大战、冷战等艰难岁月。据说，那些被关押在纳粹集中营的犯人也能够把他翻译的中国诗歌记于心中。他对于捷克读者接受、了解中国文学有很大的影响力。有趣的是，与庞德一样，马瑟修斯并不懂汉语，在翻译过程中他主要参考的是德语、俄语或法语的中国诗歌译本。他最早的唐诗译本《红塔与绿壶》（1925）并不太成功，直到遇见了普实克，二人合作翻译了《中国古代诗词》

（1939）和《中国古代诗词新编》（1940），大获成功，在1925—1988年发行量高达25万册，这对于人口不多的国家来说，是一个奇迹。马瑟修斯是从欧洲文学的视角理解中国诗歌的，主要采取的是意译方式。为了让捷克语的译文更有诗韵，他往往会增加原诗中没有的词汇或人称，赋予诗更强烈的感情色彩，让诗更为主观。他的许多译诗变成了对中文诗的诠释或改写，有些更像是独立的创作。可以说，马瑟修斯是捷克语版中文诗的发明者。不过，他的翻译方法常常受到指责，但毫无疑问，他创造了一种独特的中文诗歌翻译风格，这些优美而动人的诗歌译本，深刻地影响了捷克读者对中国文学与文化的理解，至今还很受欢迎。

刘：普实克主张先翻译作品，再做汉学研究，他本人就非常重视翻译工作，他是最早把鲁迅的小说《呐喊》翻译为捷克语节译本（1937）的欧洲汉学家，他还翻译了《论语》（1940）、《话本小说选》（1954）、《玉观音》（1942）、《浮生六记》（1944）、《老残游记》（第一部1947，第二部1960）、《子夜》（1950）等。与马瑟修斯不同，普实克比较重视忠实于原文的"直译"。在您走向翻译的事业中，是否受到了您导师的翻译思想的影响？

王：我在写有关巴金的论文时，就开始翻译《家》了。写关于《儒林外史》和《文心雕龙》的论文的过程，也是把它们翻译成捷克语的过程。普实克的翻译实践为我们这些学生树立了一个好榜样。普实克认为，即使是直译，也可以达到艺术的效果。他在翻译鲁迅的作品时尽量忠实于原文，不做任何调整或阐释，同样散发出非常感人的艺术魅力。他特别重视古典文本形式的翻译与现代阐释形式的翻译之间的差别。1955年后，普实克组织捷克的汉学家和东方学家进行了有计划的翻译工作，这对整个国家的翻译政策产生了很大的影响。可以说，我的翻译事业，离不开这样一个重视外国文学翻译的良好环境，虽然这一过程在1968年后曾一度遭到摧毁，但普实克留下的精神依然激励着我们默默地从事翻译与汉学研究。

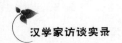

三　历时十五年，独译《红楼梦》

刘：您花费了 15 年的岁月，独自翻译《红楼梦》，这是一个前所未有的挑战。高利克先生认为这是您翻译的所有文学作品中"最伟大的业绩"。当时，您为什么会有这个想法？

王：我年轻时，胆子特别大，给 Odeon 出版社写了一封信，告诉他们除了《儒林外史》，我还想翻译《红楼梦》和《金瓶梅》。之所以有这个计划，是因为我认为这三部伟大的作品互相有联系，是一种不对称的三角形，从不同角度描写了中国社会。在此之前，Odeon 出版社已考虑出版《红楼梦》译本，我曾试着翻译了其中的两回，送给普实克过目，他读得很详细，提出了许多意见。他意识到我没有时间翻译，还问我是否想找个集体来一起翻译《红楼梦》，那时我们都没想到社会环境会有这么大的变化。到了赫卢博卡城堡工作后，我觉得可以独自翻译《红楼梦》了，家里到处放着《红楼梦》的各种版本、材料和翻译出的纸张。我的妻子爱娃（Eva）把那 15 年称为"我们跟一部小说在一起生活"的时光。她是我的第一读者，是一名非常优秀的编辑，也会帮我修改润色译文的语言。

刘：您在翻译《红楼梦》的过程中，是否参考了其他语种的译本？例如，霍克思（David Hawkes, 1923—2009）花费十年时间翻译的英语版《红楼梦》前三卷八十回在 1973 年出版，后两卷四十回是由霍克思的女婿闵福德（John Minford）在他的指导下完成的；中国译者杨宪益、戴乃迭夫妇的英译本《红楼梦》于 1978—1979 年在北京出版；法籍华裔翻译家李治华历时 27 年译就的法译本《红楼梦》，得到了他的法国妻子雅歌和法国老师铎尔孟（Andre d'Hormon，担任校阅工作）的帮助，在 1981 年版您几乎是举一人之力，完成了这项艰难的翻译工作，太不简单了。

王：其实，我翻译时，还不知道霍克思的英译本。我是后来才知道的，包括杨宪益夫妇的译本我当时也读不到。我翻译《红楼梦》时，手边仅有一个很老的德语版，但这不是严格意义上的译文，更像是臆造的。我看到的第一本世界上翻译得比较全的《红楼梦》是俄文译本。我翻译出第一卷之后等了许久，直至捷克国家政治气氛逐渐放松，Odeon出版社才将之出版。1986年出版的第一卷，首次印了1300册，全部售罄。到1988年，三卷才都出齐，并引起广泛的关注。这可以说是一次对他文化的发觉与发现。我自己也感到惊讶，感觉非常好。

刘：与霍克思的《红楼梦》译本一样，这是西方汉学史和翻译界的一件大事。您的《红楼梦》译本深受读者欢迎，译本中有许多序跋、注释、导读，内容十分丰富，有助于让捷克读者了解中国文化的相关历史背景。您的学生何德佳评价认为，"语言流畅，富有新意，使原著的水准得以保存"。1988年，Odeon出版社给您颁发了"文学优秀作品翻译奖"。2003年，您又获得了纪念曹雪芹逝世240周年的"捷克文翻译国际奖"（北京）。可否谈谈您翻译《红楼梦》的成功秘诀？您是如何找到适合这类小说的语言风格的？

王：翻译中国长篇小说也是重新寻找一种翻译语言的过程。在翻译《红楼梦》之前，我做了大量的准备工作，包括已翻译了《道德经》《文心雕龙》等许多不同内容的哲学和文学批评作品。我的博士后论文是研究《文心雕龙》的，这本书是中国最系统的文学理论著作，是用韵文形式写成的，当时我开始对文化符号学感兴趣，正好《文心雕龙》很适合这种从符号学理论出发的观察。我还翻译了六祖惠能的《六祖坛经》，所有的这些书，对我后来翻译《红楼梦》都非常有帮助。《红楼梦》是中国人生活的百科全书，哲学和宗教的意味很浓厚，既有佛教文化也有道家文化。在《红楼梦》里，描绘老太太时，便用的是《心经》的语言。如果读者未读过《心经》，便会看不懂这一部分。

刘：《红楼梦》是一本辞藻考究、充满暗喻并经常出现古诗词的鸿篇巨制，连中国读者阅读起来都不容易。那么，捷克语版《红楼梦》是如何保持原本的风味的？诗词部分的翻译，是如何传达的？

王：长期以来，欧洲译者在翻译中国小说时都会将作品的叙事结构加以改变，他们关心的并不是如何翻译一个作品，而是"重述"一个故事，以便让西方读者阅读起来更加顺利。包括中国的林语堂先生，在把中国小说翻译为英语的过程中，会以一种新的形式重写或灵活地对原文进行调整，他对《碾玉观音》的翻译，实际上是一种再创作，以便适合西方读者的阅读心理。我认为，中国传统小说的叙述方式与西方的不同，如果改变其叙事结构和写作方式，译本的文学艺术特质会受到损害，有时甚至会失去其原有的意义。我在翻译过程中，尽可能保留了《红楼梦》中的故事情节与诗歌形式。因为我与曹先生同样相信"假作真时真亦假"。

刘：在中国众多的文学名著中，其他国家的汉学家也就独自翻译某一两部长篇小说。在您数量巨大的译著面前，很少有汉学家能够与之相比。如今，年近九旬，您还在致力于十卷本的《金瓶梅》的翻译，进展如何？

王：开始翻译《金瓶梅》时我遇到了问题——需要找到最合适的语言。所以我先翻译了篇幅比较短的《肉蒲团》和《西游补》，包括标点符号在内，我都需要首先建立起一种新的语言。有时在 20 页中还能找到词语的感觉，但如果超过 100 页，我会迷失在翻译中。我在中国留学时，中国的出版社出版了许多以前不能出的书，那时我偶然间买到了董说的《西游补》。李渔的《肉蒲团》是一位德国朋友——汉学家 Helmut Martin 在 20 世纪六七十年代因为开玩笑而从远东把他的枕中书寄给我的。我借助这两本书去寻找合适的翻译语言，作为从《红楼梦》到《金瓶梅》之间的桥梁。曹雪芹读过《金瓶梅》，甚至在他写《红楼梦》时心里还想着《金瓶梅》。这几部作品写的都是深闺大宅里的生活故事，风格起点比较相似，终点也一样。我有专门的受众，他们是捷克读者。我感觉如果捷克翻译界没有《金瓶梅》的全译本，他们的眼界就好像不够完整。现在我的主要任务就是在家翻译十卷本的《金瓶梅》，每年出版一本，已经出版了七本。现在，我正在翻译第八卷，遇到的困难很多，多到几乎难以想象。

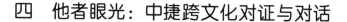

四 他者眼光：中捷跨文化对证与对话

刘：在20世纪60—80年代的特殊时期，通过考察中国传统的绘画和艺术品，翻译哲学、宗教、艺术、小说等文化经典，您的生活得以寄居在遥远的东方文化中，以审美的方式度过了艰难的岁月。高利克赞赏您"是一个鉴赏家，是具备对一件艺术品，特别是一件相当华丽的艺术品，或有关品位性问题发表批评性意见的特殊才能之人"。在中国的文化与艺术中，您似乎对道家、禅宗的思想传统情有独钟，这是否与您的个人心性与兴趣有关？您是如何认识道家和禅宗思想在中国文学与美学中的体现的？

王：我很欣赏道家的生活理想，它提供了生活中的其他可能性，给了我灵感，帮我理解人生。我非常幸运，因为友人偶然的帮助，我有机会与 Lubor Hajek 结识，与赫卢博卡城堡中的国家美术馆交了朋友。我对这种道家式的半隐居生活感到很亲切。赫卢博卡行宫位于布拉格的郊区，是一个中世纪的城堡，有点像陶渊明的世外桃源。当时，我像一位中国隐士一样住在城堡里面，感到很幸福，并不孤单。有时候一些画家、一帮好朋友，甚至某些读者，会来我这里，大家一起举办讨论会，探讨各种话题，消遣娱乐。我同意马瑟修斯的说法，中国抒情诗、绘画等艺术体现了"空"的美学精神，善于抓住转瞬即逝的片刻，捕捉细节，手法看起来简练、简洁，却充满着宇宙之气。就像我前面提到的，《道德经》《心经》《六祖坛经》等佛教、道家思想体现在《红楼梦》中，如果不懂中国的哲学与宗教，也就无法理解中国的诗歌、艺术。

刘：您在1990年后，重新回到查理大学；1993年，当了中文系和比较文学系的教授和系主任，并成立了比较文学研究中心，担任了多年的中心主任。在1997年，您又成立了蒋经国国际汉学研究中心，并在2006—2012年担任布拉格语言学协会会长。可以说，您是普实克汉学事业的出色继承者之一，并把查理大学的汉学与比较文学研究发扬光大。您不止一次提到，更喜欢把自己视为比较文学的学者，而不仅仅是汉学家或翻译家。这是您对当年无法进入英文系学习比较文学专业的一个补偿吗？您还认为汉学系应该向其他专业开放，向世界文学与比较文学开放。我觉得您的教育理念视野开阔，高瞻远瞩。

王：许多时候，我觉得自己更像是一个比较文学学家，这样我便实现了年轻时的理想。虽然 1949 年我未能被查理大学的比较文学系录取，但我一直跟随着国际比较文学的发展脚步。我认为捷克的比较文学应该与欧洲之外的比较文学有更多的联系与合作。世界已经不存在传统意义上的"东方学"的概念了，汉学也在发生变化。现在的汉学家，如果要从事文学或文学理论研究，就应该关注比较文学。因此，我非常支持各种方法论和跨学科的研究方法。如文学批评与语言学的联系就非常密切，查理大学的文学博士生不仅要学习亚非文学，也要学习哲学、语言学等课程。

刘：作为汉学家和翻译家，您的跨文化身份让你置身于东西方文明之间。当您从欧洲文化和文学背景突然来到中国文化和文学背景中，在两种迥异的语言之间进行转换，是否感到自己的思维范式、思想已不属于纯粹的欧洲传统，而是发生了微妙的改变？

王：是的，我的生活当然因为学习汉学而发生了彻底的改变，我认识了真正不同的中国人、中国文化，我喜欢差异的感觉。通过学习汉语，我意识到，如果你获得了不同的生活经验，然后会从另外的眼光、别人的角度来看待自己的生活。对有些事情就不会感到深信不疑，也会意识到有些问题会有完全不同的答案。中国使我的立场发生了许多变化，在考虑问题时可能会站在中间的立场。这是一种不同文化之间的对证。不过，我自己的文化对话并非完全出于汉学的角度，更多的是从比较文学的角度出发。

刘：在中国推行的"一带一路"倡议发展背景下，中国文化的海外传播离不开许多汉学家与翻译家的翻译工作。高利克评价您道："作为老师、翻译家和学者所进行的工作，都跟一系列努力联系在一起，即将中国文学、哲学和美学都放进捷克和欧洲框架内来进行对话。"半个多世纪以来，您是如何一直坚持凭借个人之力翻译大量中国经典的？您对中—捷文化的未来发展前景有何预见？是否可以给年青一代的汉学家、翻译家一些有益的忠告？

王：捷克读者对我翻译的中国经典的喜爱与热心阅读，成为我不懈工作的最大动力。在两种语言的转换中，"超以象外，得其寰中"是我追求的最高境界。在翻译过程中，我逐步体会到翻译的两个不同方面。一方面，文学翻译是无止境的阅读；另一方面，真正的文学翻译是跨文化的对话、信息交流和整合。翻译对我而言是一种不可替代的、深层的精读体验。现在，查理大学汉语系的大学生越来越多，同时，来布拉格留学的中国学生也越来越多。你告诉我，你工作的北京第二外国语学院已经开设了捷克语，这是一个好兆头。我期待越来越多的中国文学作品被翻译成捷克文，也期待更多优秀的捷克文学作品可以被中国读者看到。翻译作为桥梁，可以展示两国文化和文学的魅力。

刘：今年是您 88 岁高寿，我希望可以代表许多了解或希望了解您的中国朋友，祝福您"福如东海，寿比南山"。

王：谢谢你的祝福，如果我能活得更长一些，就能更多地看到这个激动人心的时代。

荷兰汉学家汉乐逸访谈：卞之琳作品翻译与研究[*]

易　彬[**]

汉乐逸（Lloyd Haft）

汉乐逸（**Lloyd Haft**），1946 年生于美国，诗人、学者、翻译家。1967 年开始学习中文；1968 年毕业于哈佛大学，随后到荷兰莱顿大学学习中文；1973 年获得硕士学位；1981 年以卞之琳诗歌研究获得博士学位。1973—2004 年，任教于莱顿大学中文系。其汉学著作有《中国现代诗人卞之琳之研究》（英文，1983）、《发现卞之琳：一位西方学者的探索之旅》（中译本，2010）、《中国十四行：诗形式之意义》（英文，2000）等。翻译方面，包括将荷语、汉语作品译为英语，亦包括将汉语、英语作品译为荷语。独译或合译的中国诗集有《杏殇》（孟郊诗选）、《死水和其他诗》（闻一多诗选）等。汉乐逸也是一位活跃的诗人，已出版诗集十种，以荷语诗歌为主。

2017 年 6—8 月，我于荷兰乌龟圻（Oegstgeest）汉乐逸先生寓所

---

　　[*] 原载于《新文学史料》2017 年第 4 期，收录于本书时有所修订，原题为《荷兰汉学家汉乐逸访谈录》。

　　[**] 易彬，中南大学文学与新闻传播学院教授、荷兰莱顿大学访问学者，主要从事中国现当代文学史、现代文学文献学、新诗、中外文学关系等研究。

对其分别进行了三次专访。本文是由这三次访谈整合而成的，以飨读者。

易彬（以下简称"易"）：请您简单谈谈在哈佛大学和莱顿大学学习中文的情况。

汉乐逸（以下简称"汉"）：1967 年夏，一位来自中国香港、说粤语的美丽女子让我着迷，我随后从哈佛燕京图书馆借到了赵元任先生的《粤语入门》，并且旁听了哈佛的汉语课。教课的是赵元任先生的女儿卞赵如兰女士。1968 年，我到荷兰莱顿大学继续学习汉语。莱顿有着更为古雅的汉学，但现代汉语教学当时才刚刚起步①，现代语言在学术界也不受重视。而且，很显然，那个时候我们也不可能去北京学习汉语。这对我们学习汉语，了解中国文学有很多障碍。1973 年，我在莱顿获得硕士学位。

易：现在看来，20 世纪 70 年代中后期，是荷兰汉学发生重要变化的时刻，社会政治层面的这些变化对您的研究有过影响吗？

汉：对我本人来说，没有什么影响。我后来的博士学位论文是写卞之琳。我最开始的时候是在许芥昱先生②的英语版《二十世纪中国诗》中读到卞之琳的作品的，后来搜集到了不少卞之琳的中文作品，还与许芥昱先生通信；并且翻译了卞之琳在新中国成立之后所写的五首作品，收入于许芥昱先生所编选的《中华人民共和国的文学》一书。我第一次到中国是 1979 年，那时我已经决定研究卞之琳，但当时中国刚刚实行改革开放，我担心卞之琳先生拒绝我的访问，只能说

---

① 资料记载，何四维（A. F. P. Hulsewé）担任教授后，莱顿大学汉学院的现代汉语教学与研究工作方才受到重视，"语言教学的现代方式直至 1968 年方才在莱顿开始"。参见[荷] 范登堡、韩云虹《荷兰之中国语言研究概况》，载石锋编《汉语研究在海外》，北京语言学院出版社 1995 年版，第 255 页。

② 许芥昱（Kai-yu Hsu，1922—1982），男，四川成都人，早年毕业于西南联合大学，后留学美国，1959 年获得斯坦福大学博士学位后，任教于旧金山州立大学。教学之余，他主要从事中国文学的译介工作，著述有《闻一多传》（1959）、《二十世纪的中国诗》（1963）、《周恩来传》（1968）、《中国的文艺界》（1975）、《中华人民共和国的文学》（1980）等。

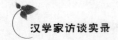

自己的研究课题是"外国文学在中国的情况",想了解他用诗体翻译莎士比亚戏剧的情况。当然,费尽周折和卞之琳见面之后,我问的都是他的诗歌。

易: 1979 年,您到中国,是以什么名义去的呢?待了多长时间?

汉: 当时是荷兰和中国政府之间的一个文化交流项目,为期三个月。在北京待了两个月,其他的地方待了一个月,还去过南京、上海、杭州、成都、重庆。当时,莱顿大学有学生在南京,我去南京的时候见了他们。去重庆,主要是想感受下它的环境。在第二次世界大战的时候,著名的荷兰外交家、汉学家高罗佩(Robert Hans van Gulik,1910—1967)就在重庆。中国城市给我印象最深的就是重庆,很喜欢那个地方,很悠闲。如果有机会,我想在那里住一年。

易: 当时除了卞之琳之外,还见到了哪些人呢?

汉: 诗人还有艾青、郑敏。我记得当时的接待单位是教育部,他们派高行健,带我去艾青家里。他当时和其他的中国人一样,穿着蓝色的衣服,真没有想到,后来会获得诺贝尔文学奖。当时也见到了一些学者、翻译家,比如在北京见到了北京大学教授杨周翰。他的英语非常道地,说起英语来就像英国人一样。我记得他当时说,希望有机会翻译出版古罗马维吉尔的《埃涅阿斯纪》,不知道后来情况怎么样?

易: 资料显示,杨周翰翻译了古罗马维吉尔的《埃涅阿斯纪》和奥德维的《变形记》。①

汉: 真不错,他实现了自己的想法,为他感到高兴。在北京我还见到了中国社会科学院的法国文学专家罗大冈。他用法语写过一些有关中国古典诗的文字。当时还知道赵萝蕤,不过没有机会见到她。后来在上海见到了复旦大学的林同济教授。在重庆,见到了一些大学教授。

易: 这些专家学者,您当时是如何联系到的呢?

汉: 诗人是我自己主动提出来想见的,专家是接待单位联系的。我虽然是一个外国人,但会中文,所以行动上还是很自由的,不需要人成天陪着我。我当时的项目是"外国文学在中国的情况",我跟接

---

① 两书均为人民文学出版社 1984 年版。

待单位说，很想认识一些这方面的专家。他们就给我介绍杨周翰、林同济和其他一些人。我对卞之琳翻译的诗体莎士比亚很感兴趣，他很讲究韵律。林同济的工作和卞之琳有点类似，也关注原文的音组、顿方面的情况。我不知道林同济翻译的莎士比亚有没有出版，他当时给了我一个翻译手稿，我现在还保存着。

易：1982 年，中国戏剧出版社出版了林同济翻译的《丹麦王子哈姆雷特的悲剧》。

汉：卞之琳给过我一本他翻译的《哈姆雷特》，他用铅笔标记了诗行中的顿。我后来在莱顿上课的时候，还用了卞之琳和林同济翻译的莎士比亚的材料，比如 "To be or not to be" 的问题，跟学生讲他们两人如何处理翻译的节奏。

易：卞之琳到莱顿参加您的博士学位论文答辩的情况，也请您说说。

汉：1981 年，我博士学位论文答辩的时候，我的朋友、荷兰商人万理士先生帮忙安排卞之琳先生来荷兰。他出席了答辩典礼，和其他的答辩委员一样，穿着黑色长袍、头戴博士帽，不过并没有提问或者发言。许芥昱先生也从美国飞过来，担任校外答辩委员。卞先生在荷兰住了五六天，每天都跟我讲论文的情况。凡是他认为讲得不太对的地方，他都指出来了；而且，也补充了很多材料。莱顿大学图书馆还能够借阅到我当时的博士学位论文稿。两年之后，1983 年出版的《中国现代诗人卞之琳之研究》（*Pien Chin-Lin：A Study in Modern Chinese Poetry*）就是在博士学位论文的基础之上修订完成的。2010 年外语教学与研究出版社的《发现卞之琳——一位西方学者的探索之旅》就是依据 1983 年的版本翻译出版的。

易：来荷兰之前，我搜索了各网络书店，发现此书都卖光了。

汉：这本书印得不多，大概只印了 1200 册。

易：与之相关的一个史料方面的问题：您与卞之琳先生有书信往来吗？如果有，那对卞之琳和新诗研究都是很珍贵的史料。

汉：书信肯定是有的，而且也留下来了，但一时之间还找不到。因为我的房子五年前整修了，东西存起来了，不便查找。西方研究界有个术语叫"Ego Document",就是说不是真正的文学作品,但也是由作者所写的文字,如书信、日记,也会被视为一个总体来研究。不过,这些材料里边可能也会涉及隐私或者其他方面的情况。卞之琳先生与我的通信,都是谈论诗歌,完全是可以公开的。以后有机会,我会找出来给你看。卞之琳方面,我还可以说一个情况,我虽然没有亲眼看到,但我是知道的,那就是朝鲜战争的时候,他出了一个集子——《翻一个浪头》。①在研究当中,我是故意没有去找这些诗,我觉得它们都是时代条件造成的,不会把它视为卞之琳的代表性作品。

易:国内有学者在编卞之琳集外文集,包括诗歌、小说、散文、文艺评论、书信、访谈以及部分研究资料,近期应该会出版。

汉:这个我很有兴趣。诗歌应该还有一些。我还记得他当年写了一部长篇小说《山山水水》,但后来只看到一些章节片段,不知道有没有收集到完整的。

易:按照卞之琳本人的说法,《山山水水》应该是被他自己烧毁了,目前能看到的残稿"远远不及全稿的十分之一"。②除卞之琳先生之外,您还多次提到了与许芥昱先生的交往。许芥昱先生致力于中国现代文学的翻译与研究,出版了很多成果,在海外有很好的知名度,您能否简单介绍下与他交往的情况?

汉:许芥昱先生编译的《二十世纪中国诗》在海外的影响非常大,对我也有非常大的启发。我最开始以为许芥昱是得到了什么基金会的一笔钱,可以花两年时间,所以不用理会别的什么事情,专门来编译这本书。但实际上,他的条件特别差。他在美国旧金山州立大学教书,每天都要开车上下班,路上的时间很长,他觉得路上这样浪费时间太可惜了,就想办法如何把开车在路上的时间也用在翻译上。他的做法是,每天将一首诗夹在汽车前挡玻璃的防晒板上,旁边放一个录音机,一边开车一边看诗,然后先做一个口头翻译,用录音机录下来,晚上

---

① 卞之琳:《翻一个浪头》,平明出版社 1951 年版。
② 卞之琳:《山山水水·卷头赘语》,载《卞之琳文集》,安徽教育出版社 2002 年版,第 263—264 页。

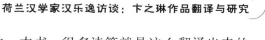

回家之后再整理。那么厚的一本书，很多诗篇就是这么翻译出来的。我从他的经验中也学到了一点，即如何在艰苦的环境之中来开展工作。

易：我注意到一些材料提到，许芥昱先生在新诗的翻译和资料整理方面有很多构想，但还没来得及实现就去世了。

汉：他太太后来写信告诉我，当时雨特别大，山洪暴发，很多房屋和人都被冲进大海。许芥昱先生原本已经跑出来了，但他的资料都还在房子里，他舍不得，又跑回去拿，结果不幸遇难了。许芥昱先生人特别好，非常宽容，他不会在那里说，你要怎么样，他会看你想要怎么做，然后鼓励你去做。他是卞之琳的学生，与卞之琳有很不错的交往，所以，他给我的灵感和帮助实在是非常之大。

易：从卞之琳到十四行到周梦蝶①，都是新诗研究，您所翻译的中文作品，大部分也都是新诗，很少关于古典诗歌方面的译作。我在图书馆只查到了《百首中国诗歌：十八位诗人 400—1400》② 和孟郊诗选《杏殇》③。孟郊诗歌的翻译，已经是 2003 年了。

汉：《百首中国诗歌：十八位诗人 400—1400》是丹·布朗霍斯特（Daan Bronkhorst）一个人翻译的，我只是写了序言。丹·布朗霍斯特就是《骆驼祥子》的译者。孟郊诗选《杏殇》是我一个人翻译的。我发现，中国学者在选孟郊诗的时候，很多都会选那种积极的诗歌。我不是这样，我翻译的是一些很悲哀的、很忧郁的文字，就像这个题目所显示的。你说到我的研究情况，我想先问问你，像我这样做研究的，在国内会被认为太死板吗？会被认为是老古董吗？花那么长的时间去研究新诗，研究十四行，研究周梦蝶。

易：我个人是这么来看，有的研究者热衷于追逐时髦，有的研究者埋头于某一领域的研究，用十年、二十年或者更长的时间去做同一

---

① 周梦蝶（1920—2014），原名周起述，生于河南，后去台湾，是台湾地区诗坛的传奇人物，诗集有《孤独国》《还魂草》《十三朵白菊花》《约会》《有一种鸟或人》等。

② Daan Bronkhorst, *Honderd Chinese Gedichten：Van Achttien Dichters Uit 400 Tot 1400*，Baarn：De Prom, 1985. 按：18 位诗人为陶渊明、王维、李白、杜甫、孟郊、白居易、柳宗元、元稹、李贺、杜牧、李商隐、李煜、梅尧臣、李清照、苏轼、杨万里、关汉卿、马致远。

③ Lloyd Haft, *Jonggestorven Abrikozen*，Amsterdam：Athenaeum-Polak & Van Gennep, 2003. 按：此书收入孟郊诗歌近 30 首，有后记（第 45—53 页）。

领域的研究，这样的"老古董"式做法，成果往往更为厚实。

汉：你这么看就好。

易：在《发现卞之琳》中，您概括了卞之琳一生的诗学道路，也谈到"诗歌是一种独特的语言"。卞之琳的诗学尝试，其诗歌写作，其关于格律（"顿"）等方面观点，也包括他在翻译英诗过程之中对于格律的追求，在后来的中国诗歌界始终没有得到太多的回响。您还出版过关于中国十四行诗的研究著作，但"十四行"与汉语诗歌也似乎始终难以融合。不知道您怎么看待这一现象？

汉：新诗后来的发展，特别是新时期以来的发展，形式方面的因素越来越淡化。回过头去看，新诗对于形式的考虑，主要还是时代方面的因素居多。20 世纪早期，汉语诗歌要不要形式，首先是一个问题。闻一多、卞之琳、何其芳、李广田等人，都是比较注重形式的。再后来，对于新诗形式的关注，和大学教育有很大的关系。冯至、郑敏等人的十四行诗写作，和西南联合大学有很大的关系，受到了外语诗很大的影响。新诗后来的发展，越来越多元化。顺带说一下，中文版《发现卞之琳》出版之后，我曾经将《中国十四行：诗形式之意义》推荐给同一家出版社，希望他们能够出版一个系列，但出版社没有接受。可能是他们觉得在中国没有人对十四行诗感兴趣吧！

易：我注意到您的新诗研究，从卞之琳到十四行诗再到周梦蝶，其中还是有明显的延续性的。

汉：都偏向于哲理，但卞之琳的诗歌更加注重诗的形式。许芥昱先生在书中将卞之琳、冯至列为"玄学派"诗人，很注重哲理的诗人。周梦蝶也可以算是这种类型。有一个有意思的现象，我研究的这些诗人，去访问的时候，语言都是特别难懂的。卞之琳是江苏海门人，周梦蝶的老家是河南，还有羊令野①的老家是安徽，他们说话都有很重的家乡口音，很难懂。去访问羊令野的时候，我带了一个朋友，请他帮忙将羊令野的话用普通话转述了一遍，否则我没有办法弄

---

① 羊令野（1923—1994），原名黄仲琮，生于安徽，后去台湾，为现代派著名诗人，有诗集《血的告示》《贝叶》、散文集《感情的画》等。

懂。羊令野比洛夫稍大，跟洛夫算是一个时代的，也都是从中国大陆跑到台湾地区的，台湾人称为"外省诗人"。羊令野有段时间名气很大，但总体上看，不算特别有名的诗人，他的一些诗歌我特别喜欢，如《贝叶》十三首诗，我将它翻译成了英语、荷兰语。他的书法也特别有名，我的客厅墙上的书法作品就是他写的——"汉唐传薪火乐逸耽诗书"。从羊令野的诗中，我获得了一些很有哲理的东西。《贝叶》那组诗有佛教的色彩，用佛教的语言来讲色情的东西。我把这组《贝叶》给瑞典的马悦然教授看了，他说这诗从头到尾都是在床上写的。诗歌的字眼都是佛教的，看上去是哲学方面的书，写的却是女人方面的事情。周梦蝶到我家的时候，也是我的太太苏桂枝老师来转述翻译。苏老师在戏剧方面很有研究，她当过一段时间的台湾豫剧团团长、台湾音乐馆馆长，对各种方言都比较熟，能听懂。有时候，周梦蝶讲一句话，我实在没有办法弄懂，苏老师就转述一番。刚才说到玄学，其实我个人对玄学方面的问题，不仅仅是学术方面的，也包括生活、思想层面，都特别喜欢，并喜欢去研究。说不定，跟我现在关注老子、《道德经》的研究，也是同一条线索。对孟郊的翻译，其实也可能跟这种倾向有关。不过，在我看来，孟郊的"玄"，不是思想的玄，而是感情的玄。

易：一般在研究卞之琳的时候，虽然也会谈到西方思潮的影响，但更多的时候还是会谈到中国古代哲学思潮的影响。我注意到，荷兰人对中国哲学似乎很感兴趣，施舟人教授翻译的《庄子》，据说卖得非常不错。

汉：施舟人教授翻译了《庄子》，之后还翻译了《道德经》，最近又翻译了孔子。他本来就是研究道教的，他最先翻译的是《庄子·内篇》，反响非常好；后来又翻译了"外篇"，合为一册出版，我们都觉得他翻译的《庄子》特别好，无话可说。① 他后来出版的《道德

---

① 施舟人（Kristofer Schipper, 1934—　），是享有国际盛誉的荷兰汉学家，曾任法国高等研究院特级教授、莱顿大学历史系教授、汉学院院长、荷兰皇家科学院院士等职，长期致力于中国古代思想史、文化史等领域的研究，尤擅中国道教研究，著述有《道体论》《道藏通考》等。2007 年，施译荷语版《庄子》出版后，在短短两个月之内，即印刷四次。

经》，已经不仅仅是翻译了，还找到了各种材料来进行解释，包括用禅宗的观点来解释。最新的作品则是《论语》的翻译。施舟人先生已经八十高龄了，还在坚持翻译和研究，精神非常可贵。施舟人先生特别让我有"人生如梦"之感。给他发邮件，可能根本就得不到他的回复，甚至他在什么地方，在做什么事情，都不知道；但是，说不定某一天，他又出版了一本什么著作，让你大吃一惊，真是非常特别的一个人。

易：在《发现卞之琳》一书中，您认为卞之琳"是 20 世纪影响力最持久、风格最独特的中国诗人之一"，但从您与伊维德教授合著的《中国文学导论》（*Chinese Letterkunde：Een Inleiding*）来看，占据更大篇幅的诗人是郭沫若、闻一多、徐志摩、冯至，均用单独的小节来论述；而且，卞之琳诗集也没有荷兰语单行本。这对卞之琳而言，是否有些不够公平？

汉：我现在已经不大记得当时这么处理，有没有什么特殊的原因。这本《中国文学导论》是 1985 年出版的，说是我和伊维德教授合著，实际上百分之九十的内容都是他写的。1996 年，这本书的荷兰版再版时，我记得当时手头上还有别的工作要做，所以，内容方面并没有太大的调整。1997 年的英语版对当代做了一些扩充，荷语版只写到 1980 年，英语版写到了 1990 年。

易：这本文学史的断代很有意思。国内的现代文学史，比较早的时候，是将五四新文化运动作为起点，后来上移到民国或者晚清时期的某个年份，但这本书将"1875 年"视为过渡时期，而且，伊维德教授谈到，还会对该书做进一步修订，会将 1875 年视为现代文学的起点年份。①

汉：现在看来，有个观念还是对的。比较早的时候，西方汉学界，不仅仅是荷兰，可能都高估了五四新文学的重要性。实际上，在当时，有很多延续了古典小说的写作，如被视为通俗文学的章回体小

---

① 吴锦华：《"1875 年是现代文学的起点"——哈佛大学伊维德教授访谈录》，《长江学术》2017 年第 2 期。

说。五四新文学的读者其实并非太多，更流行的是张恨水等人的小说。小说方面，其实还是可以找出一些受读者欢迎的例子，比如巴金、茅盾、沈从文的作品，但新诗确实是非常边缘的东西。我们曾经更关注新的文学，因为它更像是我们西方的文学。当时汉学界可能没有意识到所谓"新"只是一个表面上的东西。

易：这部文学史，从初版到再版，再到英文版的出版，这中间有十来年的时间距离，其中的文学史观念有一些变化吗？

汉：大体上是差不多的吧！

易：这部文学史的写法，跟一般的文学史还是有很大的不同，会花很大的篇幅去介绍各类背景与文化知识，包括"文学的概念""语言和写作，造纸和印刷，教育和扫盲"，等等。

汉：这是很特殊的写法。关于"文学"，有一种常见的分法，就是小说、散文、诗歌、戏剧。伊维德教授有一个观念，在西方社会，"文学"是非常专门的东西，数量是比较有限的。在古代中国，哲学的书，如四书五经、十三经之类，也可以说是文学作品。西方不会这么认为，会把它们当作哲学书。伊维德教授的观念对我来说也是一种启蒙。说起来，伊维德教授有一个观点，即中国文学不太注重想象（Imagination），而是注重"真人真事"。而现代的西方文学，更注重想象、虚构。

易：您参与过英语版四卷本《中国文学简介 1900—1949》（A Selective Guide to Chinese Literature，1900—1949）的编写工作，第三卷诗歌卷是您负责主编的。这套书有比较大的影响，目前国内有人已经和主编马悦然先生联系了，希望能将它翻译为中文。您能谈谈诗歌卷和全套书的情况吗？

汉：很高兴中国学者愿意翻译这套书。这套书当时是欧洲科学基金会（European Science Foundation）提供的经费。对我来说也是一次很特殊的机会。我所主编的诗歌卷是由很多作者合作完成的。除了西欧的作者外，还有来自苏联、波兰、斯洛伐克等共产主义国家的作者。诗歌卷是 1989 年出版的，那时候，这种合作是很难得的。我们当然是很希望和共产主义国家的作者合作的，但很多时候，他们会受到国内条件的限制。比如斯洛伐克的马利安·高利克（Marián Gálik），他知道的东西特别多，问题是他的文字需要他人来做英语翻译；但在那个时代，他们国家并不能由作者本人决定由谁来翻译，而是由国家来指定某个人来担任翻译者。被指定的那个人在政治方面是没有问题的，但英语水平并不一定就特别高。这样一来，高利克英语著作的水准在学术界就会受到影响。这是很可惜的事情。再如作者当中，也有来自苏联的。他的一些文字，我做了一些细微的修改，让表述变得比较中立，不带有太强的政治色彩。至于他们的英文，是自己翻译的还是找人翻译的，具体情况我就不清楚了。但我记得有一位苏联的作者，我们都喜欢他的研究，想跟他通信，不过，写了好些信都没有回复。后来，我认识了一位来自苏联的朋友，她说，一听到这个名字就知道他是犹太人，所以，可能是他工作的那个单位都很看不起他，连邮件都不交给他。我听到这个消息感到很震惊。这使我意识到，因为政治方面因素的限制，这些国家出来参加学术活动的学者，也就不一定是最好的学者。

易：这套书的时间点是 1900—1949 年，"1900"，是一个自然时间，还是一种文学史的阶段性时间呢？

汉：时间点是由主编马悦然决定的，安排在 1900 年，可能是想让小说卷和戏剧卷的编写更有弹性吧！

易：1988 年，您编选的《中国：一个国家的故事》（*China：Verhalen Van Een Land*）是一本很有意思的书，其中所收录的不仅仅是中国作家的作品，也包括若干曾旅行到中国的外国作者，能简单介绍下这本书的情况吗？

汉：那是一个"文学旅行者书库"系列，有十多种，每个国家一本。出版社最初的想法是，会有荷兰人到这些国家去旅游，编这样的书，可以让荷兰人了解到这些国家的情况。荷兰人喜欢阅读，度假的时候也会带着书，在火车上，在旅馆里，经常都会翻阅书籍。所以，这些书的开本比较小，便于携带，书里边的内容一般也都比较短小，可以十分钟看完一篇。这是很有意思的一套书，我编的中国卷，既收录了不同朝代的中国作家的作品，从贾谊、陶渊明，到李白、王维、沈复，再到鲁迅、沈从文、林语堂、卞之琳、北岛等；也收录了十多位曾经旅行到中国的外国作者，比如意大利的马可·波罗、美国的米勒等，其中有不少汉学家，翻译过很多中国文学作品。①

易：1993 年，许理和教授（Erik Zürcher）65 岁生日之际，您负责编选过一部名为《西方话语：中国文学语境中的西方文本》（*Words from the West：Western Texts in Chinese Literary Context*）的文集，里面所收录的论文多半是讨论中国文学语境与西方文本之间的关联的。这方面的议题，您能再介绍介绍吗？

汉：这里面的九篇论文都很有意思。包括贺麦晓（Michel Hockx）讨论徐玉诺的诗歌和叶圣陶的审美原则；杜威·佛克马（Douwe Fokkema）讨论张贤亮的小说；伊维德（Wilt Idema）讨论茅盾从英文转译的荷兰作家斯本霍夫（J. H. Speenhoff）的剧本《路易斯》；鲁克思（Klaas Ruitenbeek）讨论鲁迅翻译的《小约翰》，他翻译了鲁迅的全部小说，还写过中国传统建筑、鲁班经、高其佩等方面的著作；鹈饲邦子（Kuniko Ukai）讨论李贺诗歌；埃里·哈吉纳（Elly Hagenaar）讨论 20 世纪 30 年代早期的中国小说；柯雷（Maghiel van Crevel）讨论多多的诗歌；高柏（Koos Kuiper）讨论经由日本进入汉语的荷兰语借词（Loan-words）和译词（Loan-translations）；以及我自己所写的关于史蒂文斯的诗歌。这些解读方式和国内学者的解读都不太一样。

汉：除了我之外，您访问了哪些人，访问了高柏（Koos Kuiper）了吗？

易：我已经访问了哥舒玺思（Anne Sytske Keijser）、林恪（Mark Leenhouts）、施露（Annelous Stiggelbout）和郭玫媞（Mathilda Banfield）。接下来还会访问高柏、柯雷、贺麦晓（Michel Hockx）等人。

汉：高柏研究早期荷兰汉学，做得非常好。他的一千多页的研究

---

① 外国人士包括马可·波罗（Marco Polo，意大利）、西蒙·莱斯（Simon Leys，为比利时汉学家李克曼的笔名）、汉乐逸、特恩·德·弗里斯（Theun de Vries）、斯劳尔霍夫（J. Slauerhoff，荷兰）、顾彼德（Peter Goullart，俄罗斯）、丹·布朗霍斯特（荷兰）、吉恩·列维（Jean Levi，法国）、斯希尔贝克（Bert Schierbeek，荷兰）、米勒（Arthur Miller，美国）、阿尔贝托·莫拉维亚（Alberto Moravia，意大利）等。

文稿，分成两册出版。他的汉语普通话非常好，中国政府官员来和荷兰国王见面时，他曾担任翻译。他的广东话也非常好，可以给法庭做翻译。记得有一次，在南美洲附近的几个岛屿（原来是荷兰殖民地），一桩法律纠纷案需要懂广东话的翻译者，他们专门给高柏买了飞机票，请他过去办理这件事情。闽南话他也知道不少。

易：我注意到他的一些研究涉及汉语外来语方面的内容，没有想到他的语言能力这么强。从国内的一些报道来看，学界人士来莱顿大学汉学图书馆参观，经常会提到他的名字。高柏 20 世纪 80—90 年代翻译了很多中国当代小说，张洁、戴厚英、高晓声等，国内学界将他和司马翎（Rint Sybesma）视为当时"两位最多产的中文小说翻译家"。[1] 有意思的是，这两个人后来都没有继续从事翻译工作，而是都转向了研究工作。

汉：司马翎教授主要从事语言学研究。他很有意思，他会一种荷兰的少数民族语言——the Frisian Language。你注意 Sybesma 这个姓，字尾是"ma"，在荷兰凡是姓氏里有这个"ma"的，都和 Friesland 有关。Friesland 是荷兰北部的一个州，它的语言很像荷兰语，但你仔细去听，又不是百分之百懂。我记得他将闻一多的诗歌翻译成了那种语言，并且还发表过。

易：我查到您翻译的荷兰语版中国诗集，比较早的有 1981 年的闻一多的《死水和其他诗》，诗集当时还有再版。

汉：这本诗集共收录闻一多的十首诗歌，《死水》《也许》《大鼓师》《我要回来》《秋色》《游戏之祸》《你莫怨我》《奇迹》《口供》《初夏——夜底印象》。诗集是有再版，但实际上印数很小，第一版也就印了 200 册吧！

易：《交汇：中国 1919—1949 年诗五家》的情况呢？

汉：《交汇：中国 1919—1949 年诗五家》是 1983 年出版的，收录了闻一多、卞之琳、何其芳、李广田、臧克家五人的诗作。

---

① 生安锋：《王宁教授访谈录》，载《智性的考问——当代文化理论大家访谈集》，北京大学出版社 2010 年版，第 99 页。

易：我注意到，这两部诗集以及 1986 年马高明参加鹿特丹诗歌节的诗歌册①，都是您与 T. I. Ong-Oey 合译的，可否简单介绍下 T. I. Ong-Oey 的情况，此人后来还单独翻译了冯至的十四行集，但其相关信息难以查找。

汉：T. I. Ong-Oey 的中文名字叫黄俊英，她有中国血统，从印尼来的，也是莱顿大学中文系毕业的，后来在图书馆工作。她从小就讲荷兰语，荷兰语是非常地道的。

易：我查阅了莱顿大学图书馆的资料，中国诗人的荷兰语单行本诗集，当代诗人要更多一些，现代诗人只有闻一多的一本诗集和冯至的两本诗集②。他们的诗集在荷兰的反响如何呢？

汉：好像反响很平淡，并没有引起太多注意。

易：请您简单介绍下《苍茫时刻：中国当代诗选》一书。

汉：《苍茫时刻：中国当代诗选》是与鹿特丹国际诗歌节的合作，是柯雷和我合译的，于 1990 年出版，入选的都是诗歌节所邀请的诗人，包括顾城、多多、北岛、芒克、食指、雪迪、王家新、白桦、杨炼和琼柳；不过，我的印象当中，食指没有来过荷兰。③ 这些都是当时新近出现的诗人，都是柯雷所介绍的，他知道每个人的情况。

易：1985 年，鹿特丹国际诗歌节邀请了中国诗人北岛。您当时是北岛诗歌的译者，可以说，是将中国诗人引进诗歌节大舞台的重要人物。此后二十多年来，参加过鹿特丹诗歌节的中国大陆和台湾地区的诗人已有二十余位。能谈一谈您所接触、了解到的诗歌节的情况吗？

---

① 为中荷文对照本，中文稿部分基本上均为手稿影印，共 15 首，即《二十八岁》《失约》《风雨孤舟》《良心》《寻找》《无题》《酒的世界》《雨后，月光下的街道》《人与花朵》《海魂》《夜曲》《看不见的》《诚实》《猎物》《影子之歌》。

② 两部冯至诗集均为 1987 年，分别为伊维德所译的《北游》(*Reis Naar Het Noorden*) 和黄俊英 (T. I. Ong-Oey) 所译的《风向标：十四行诗》(*Als Een Windvaan：Sonnetten*)。前者收入诗歌 12 首，后者为中荷文对照本，底本为 1948 年香港版《十四行集》收入诗歌 27 首。

③ 根据食指年表 "1992 年" 条目的记载，食指收到了鹿特丹诗歌节的邀请，但 "因身体及其他原因" 未能成行，参见食指《食指的诗》，人民文学出版社 2000 年版，第 210 页。

汉：我查了下我历年来的著译目录，发现在 1984 年和 1994 年，都有郑敏的诗歌节信息，前一次是我和黄俊英翻译的，后一次是我个人翻译的。以此来看，老诗人郑敏曾经两次参加过鹿特丹诗歌节。[①] 比利时的万伊歌（Iege Vanwalle）因为这个缘故认识了她，后来还翻译了她的作品。万伊歌也做过很多中国诗歌的翻译工作，不过后来因为个人原因，没有继续翻译工作了。

易：国内刊物发表过一篇万伊歌写郑敏的论文。[②]

汉：你知道郑敏的近况吗？

易：最近（2017 年 6 月），97 岁高龄的郑敏刚刚获得了第六届"中坤国际诗歌奖"的"中国诗人奖"，很多媒体都有报道。

汉：1994 年，郑敏过来参加诗歌节的时候，年龄就已经很大了，听说心脏不是很好，医生劝她不要出国，但她还是来了。1985 年，年轻诗人北岛来参加诗歌节，这对中国诗歌来说，是一个大的突破。诗集是我翻译的。[③] 接下来几年，也是我给他们翻译的。再后来，我的学生柯雷、马苏菲做了大量的新诗翻译工作。我都记不清柯雷翻译了多少诗集，诗歌节的小册子翻译了很多，个人诗集也翻译了很多，北岛、多多的作品集很多。1992 年，也是一个大的突破，请了好多位中国诗人，我还保存了当时的资料。这个册子包括所有参加诗歌节的诗人的资料。你看，封面有一只猴子，1992 年是中国猴年。再看里边，用的不是"Chinese Poets"，而是用"Poets of the Chinese Language"。参加诗歌节的人有柏桦、顾城和他太太、洛夫、芒克、宋琳、童蔚（郑敏的女儿），还有王家新、翟永明。

易：我注意到，鹿特丹诗歌节之前会给诗人印小型诗集册。1985 年，北岛来的时候是精装本，之后是普通本。最近的这一次诗歌节，

---

① 莱顿大学图书馆保存了很多参加鹿特丹诗歌节的中国诗人的诗歌册页，但其中没有郑敏；查阅刘燕辑录的《郑敏年表》，载《郑敏文集》，北京师范大学出版社 2012 年版，第 943—945 页，有前来参加鹿特丹诗歌节的记载。

② ［比利时］万伊歌：《形式·意象·主题——郑敏与里尔克的诗学亲缘》，赵琦译，《诗探索》2006 年第 1 期。

③ 为中荷文对照本，部分中文诗为手稿影印件，收入诗歌 8 首，即《履历》《地铁车站》《这一步》《同谋》《古寺》《主人》《很多年》《八月的漫游者》。

没有给诗人印诗集册。据说是经费方面有问题。

汉：我们这里的出版事业，一直到十年之前，因为经济不太景气，图书出版不像从前那么容易。诗歌节也可能面临经费方面的问题。看起来，你对鹿特丹诗歌节的资料很感兴趣，它们有自己的网站，里边应该有很多资料可以查找。我给你的荷兰材料中，输入"Poetry International"，可以找到我翻译的诗人。

易：中国当代诗人和诗歌在荷兰的反响怎么样呢，能否介绍一些对于中国当代诗歌的评价？

汉：柯雷所翻译的诗集单行本，像北岛、多多的作品，销量还是不错的。不过，这也跟他们在这边待的时间比较长有关系。说到反响，一个非常现实的问题是，中国诗人在荷兰的影响，基本上是全靠翻译，有没有一个被翻译过来的诗集非常重要。只有被翻译了，才能被荷兰读者读到。柯雷所研究的很多诗人，我们其实都没法看到他们的作品。诗歌节印刷的小册子也不是正式的诗集，流传面很小。如果没有被翻译的诗集，一般的荷兰读者就没法读到他们的作品。读不到作品，就很难说反响了。

加拿大汉学家孙广仁访谈：中国文学译介与教学[*]

王 林[**]

孙广仁，本名格雷厄姆·桑德斯（Graham Sanders），加拿大多伦多大学东亚研究系副教授。1996 年于哈佛大学东亚语言与人文方向博士毕业，随后加入多伦多大学东亚研究系，任教至今，是多伦多大学东亚研究系中国古代文学研究的代表人物。主要研究方向为唐及唐以前诗歌、典籍翻译，以及《红楼梦》等中国文学经典的英译。著有《中国传统中的诗歌能力》（*Words Well Put：Visions of Poetic Competence in the Chinese Tradition*），《浮生六记》译本（*Six Records of A Life A-drift*），主要文章有《中国白话小说中的刑讯逼供及其叙事美学》

孙广仁（Graham Sanders）

---

* 2018 年国家留学基金项目（项目编号：201808420423）、湖北文理学院中国语言文学省级重点特色学科开放基金项目（项目编号：XK2020022）的科研成果。原载于《翻译研究与教学》2021 年第 1 期，原题为《中国文学译介与教学：加拿大汉学家孙广仁教授访谈录》。

** 王林，湖北文理学院外国语学院副教授，研究方向为文学翻译、文体学与叙事学、认知诗学。

（*Out With It*！*Torture and the Aesthetics of Narrative in Chinese Vernacular Stories*）等。

访谈按语：综合实力领跑加拿大的多伦多大学是北美汉学研究的重镇之一，该校东亚研究系的加拿大本土汉学家孙广仁（Graham Sanders）从事中国古代文学译介、教学和研究多年，为中国文学海外传播做出了重要贡献。为了解海外汉学家如何通过教学、研究和译介等活动推动中国文学的海外传播，2019 年 6 月，笔者利用在加拿大访学的机会如约专程赴多伦多大学拜会了孙广仁教授，并对之进行了访谈，就其中国文学译介、教学与研究以及中国文学课程教材选用等问题进行了充分的交流，获取了第一手资料；随后，笔者又多次就相关问题与孙广仁教授进行了电子邮件沟通确认。本文即依据访谈内容整理而成，以对孙广仁教授的中国文学研究、译介、教学以及课程教材选择等中国文学传播实践进行描写。

王林（下文简称"王"）：孙教授，您好！很荣幸能够见到您，谢谢您接受我的访谈。我们知道，您是北美地区具有一定影响力的汉学家之一，在中国古代文学研究领域造诣颇深，您的中国文学研究、译介和教学实践无疑推动了中国文学的海外传播。首先，能否谈谈您的中国文学追梦之旅？

孙广仁（下文简称"孙"）：谢谢您的来访。我是多伦多本地人，本科就读于多伦多大学，因当时选修中文课而对中国语言文学和文化产生兴趣。随着对中国文化的进一步了解，我更加着迷于其博大精深，于是后来我便转学中文专业。我修读了古代汉语、中国古典文学、历史、哲学等中国学课程，其间阅读了《史记》《汉书》《庄子》《孟子》等不少中国历史、哲学和文学著作，这些为我后来继续从事中国古典文学的学习和研究奠定了坚实的基础。后来我又到哈佛大学攻读中国文学博士学位，师从著名汉学家宇文所安（Steven Owen）教授，继续学习和研究中国古代文学，尤其是唐及唐以前的诗歌。我的博士学位论文《叙事诗：孟启（841—886 在世）与〈本事诗〉》（*Poetry in Narrative*：*Meng Qi*（*fl. 841—886*）*and True Stories of Poems*

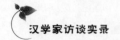

Pen-shi shi）（1996）便是有关唐朝诗人与诗歌的研究。同时，我还跟随美国汉学家韩南（Patrick Hanan）先生学习明清话本小说、四大奇书等文学样式。这些求学和研究经历为我走上中国文学教学、研究和译介之路奠定了扎实的基础。

王：您的研究兴趣聚焦于中国古典诗歌，可否谈谈您在这方面的主要研究？

孙：我对中国传统的有关诗歌能力（Poetic Competence）的话题和与诗歌创作有关的文人们的闲谈类文献有很大兴趣，于是对之潜心研究，相关主要研究成果包括专著《绝妙好辞：中国传统诗歌能力观》（*Words Well Put：Visions of Poetic Competence in the Chinese Tradition*，2006）和论文《我阅读据说是他吟唱他所写的：唐诗注解中的口述、写作和闲谈》（*I Read They Said He Sang What He Wrote：Orality，Writing and Gossip in Tang Poetry Anecdotes*，2013），等等。我的研究试图阐明中国诗歌传统中有关诗歌的鉴赏原则。

王：您的研究视角比较独特。我注意到海外汉学家在中国文学研究中甚至会关注到中国国内文学界所没有关注的话题，这构成中国文学海外接受和传播的别样风景。那么您目前正在进行的是什么研究呢？

孙：我目前正在进行的研究项目是唐代诗人孟郊的诗歌。孟郊的诗歌创作颇丰，虽然他在中国古代诗人中也许不那么有名，但是我们要知道，诸如《唐诗三百首》等一些诗歌选集在编撰中会受到多种因素的影响，有些诗人或者诗作可能被湮没了，而这些诗人或诗作本身其实是很有研究价值的。这个项目的研究成果最终将会在专门建立的网站上发布，成为孟郊诗歌研究的重要传播平台。

王：我很认同您的观点，历史上不少文学作品或文献遗漏在所谓经典之外，而这些作品或文献从某种角度上讲可能是很有价值的。我们不仅要关注经典，还要关注历史长河中那些因为种种原因没有机会被经典化的优秀作品。正如您的导师宇文所安所说，非经典作品也可能曾经是经典。五代以前（大约公元900年），孟郊曾被看作伟大的诗人（刘宛如，2018）。这也是为什么您对孟郊诗歌感兴趣的原因吧！

孙：是的。我们需要通过研究挖掘那些被遗忘在历史长河中的文学"珍珠"。比如我们知道一些女诗人的作品往往被遗忘，除了像李清照这样极少数女（诗）词人的作品被收入一些诗词选集从而被经典化外，其实还有一些有才华的女（诗）词人，但是当时被载入诗词选集的却很少。这应该有一些社会历史方面的原因，与女性在当时社会中的地位也有关系。除了家喻户晓的《游子吟》和《登科后》中的名句，孟郊还有不少优秀诗篇值得研究，后人可从他的不少诗作中了解到当时的社会状况。

王：文学研究在一定意义上说也是一种阐释和接受，您的孟郊诗歌研究无疑可促进其在海外的传播和接受。谈到中国文学的海外传播，自然绕不开中国文学的翻译，很多汉学家在从事中国文学教学与研究的同时也进行中国文学的翻译，我知道您也是如此，请您谈谈您的翻译工作。

孙：是的，我也翻译了一些中国文学作品。我重译了沈复的《浮生六记》（*Six Records of a Life Adrift*），2011 年由哈克特出版公司（Hackett Publishing Company）出版。此外，目前我正在进行唐代两部诗歌逸事选著《云溪友议》（范摅编撰，*Friendly Conversation at Misty Brook*）和《本事诗》（孟启撰，*Storied Poems*）的翻译工作。这两部书很有意思，其中记载了唐代一些诗人的逸闻故事，也收录了一些其他著书没有收录的优美诗歌，这些诗人及其诗歌因此得以流传下来，这是很珍贵的。我对闲谈文学很有兴趣，如前所述，我也研究过孟启的《本事诗》，研究当然有助于翻译实践，反过来说，对之进行翻译的过程也是再研究和再阐释的过程，可以帮我们更好地理解当时的诗人及诗歌创作。

王：是的，翻译的确是一个深入理解和阐释作品的过程。我们知道《浮生六记》之前还有林语堂译本，请问您为什么还要对之进行重译呢？您的翻译与林译本又有何不同呢？

孙：首先，我得承认，林语堂的译本整体而言翻译质量很不错，译文很优美，读起来是一种愉悦的体验。不过，因为林语堂译本产生于20世纪上半叶（1936），年代已经比较久远了，我认为时代的发展需要有新译本。其次，林语堂的译本对原作有删节，我认为这是个遗憾，而且译文时而也出现一些不够准确的地方，毕竟英语不是他的母语，这是可以理解的。最后，我之所以重译也是因为我比较喜欢这部作品。在新译本中我力图充分完整地再现原作，但在语言表达上更接近现代英语，因为现代英语更易为现代读者所理解和接受，我认为好的译本应尽可能地再现原作带给读者的阅读体验。为了便于英语世界的读者或者研究者理解这本中国名著，我在译本后面还附上了大量注释和附录，如原作中提及的历史人物、人物足迹、沈复生平年表、人物关系谱系等，比较详细，这可能与我作为文学研究者的职业习惯有关。

王：您是一位学者型译者，您的翻译态度严谨、可敬。我认为您的中国文学研究与译介实践一方面推动了中国文学的海外接受与传播，另一方面也为您通过教学传播中国文学奠定了基础。我发现，海外高校汉学家所开设的中国文学课程与其中国文学研究具有很大的相关性，将其研究兴趣或专长课程化是汉学家传播中国文学的重要形式。您的中国文学研究、译介与教学工作一定是密切相关的，请问您目前主要承担什么课程的教学？

孙：是的。因为我的研究兴趣和专长主要是中国古代文学，尤其是中国古典诗歌，多年来我主要承担本科生和研究生的古代汉语以及先秦至清代的中国文学概论等课程教学，同时专门为研究生开设了先秦至唐代文学相关课程。我开设的中国文学相关课程主要有"中国文学：先秦至唐""中国文学：宋代及清代""中国诗歌：Ⅰ""中国诗歌：Ⅱ""中华帝国时期的女性写作"等。此外，还给研究生开设了"东亚学批评方法"及"超越东方主义"等理论课程，在教学层次和难度上更高一些。

王：汉学家的中国文学教学受益面较广，可有效推动中国文学在大学生读者群体的传播，特别是那些可作为通识教育面向所有专业学生的课程教学。除了培养少数专门从事中国文学研究的研究生外，请问您面向本科生开设的中国文学课程的教学对象构成是什么样的呢？

另外，据您所知，学生选修中国文学课的动机主要有哪些呢？

孙：我目前是东亚研究系本科教学工作的协调人（Undergraduate Coordinator），又从事本科生的中国文学相关课程教学，对此比较了解。除了中文专业的学生，还有来自比较文学、历史、哲学，甚至数学等其他专业的本科生修读中国文学课程。如北美其他高校一样，多伦多大学非常重视对学生进行通识教育，要求本科生必须选修一定的通识教育学分，并允许学生在全校范围内选修自己感兴趣的课程。因此，选修中国文学课程的非中文专业学生中有一部分是为了完成学校规定的通识教育学分，也有一部分应该是对中国文学或文化感兴趣，或者想通过中国文学了解中国文化或社会，有的学生可能觉得学习中国文学对他们将来从事与中国有关的工作有用。无论动机如何，我认为修读中国文学课程都可能使学生对中国文学和文化产生兴趣，甚至使他们像我一样逐渐爱上中国文学和文化。

王：那么，修读中国文学课程的学生的族裔或者文化背景一般是什么样的呢？

孙：修读中国文学课程的本科生中90%以上是有中国文化背景的人，其中包含一部分中国留学生，也有不少华裔加拿大人。对有中国文化背景的人来说，选修该课程很可能是因为他们自认为母语文学课程相对容易拿到学分，毕竟他们具有一定的中国文学文化基础。不过，因为我的课程教学、所用教材以及考试等都是英文的，有些学生也会感到没那么容易。

王：我想，对于华裔加拿大学生来说，他们选修中国文学课程可能是出于对母国文学和文化的认知渴望。

孙：应该是这样的。据我了解，华裔加拿大学生的父母一般还是希望自己的孩子不要忘记自己母国的语言和文化，也希望他们通过学习更多地了解中国。

王：除了通过开设一些研究生课程培养新一代少数专攻中国文学的研究生外，我认为汉学家或学者针对本科生开设的中国文学课程受益面更广，能有力地推动中国文学在海外的传播。

孙：是的。一个导师每年培养的研究生一般也就两三个人，而一门课程教学可惠及的本科生则可以达到几十人甚至上百人，传播范围和影响当然更大。

王：您刚刚提到，您的教学和所用教材都是英文的，我对您选用什么教学材料很感兴趣，因为教材的选择决定着学习者对中国文学的认知，也影响着中国文学的传播方向或效果。正如江帆指出，"文学教材（文学史、文学概论、文学选集）的收录和改写是文学作品经典化过程中极为重要的一环，而跨文化的文学教材则在很大程度上决定了外国文学经典的生成方式"（江帆，2011：20—21）；王建开（2016）也指出，由汉学家翻译并入选《诺顿》等各种英美文学选集作为教材是中国诗歌海外传播的重要环节，选集类教材对中国诗歌在海外的经典化起到了更大的普及作用。显然，将英译中国文学选集用作教材可推进其在海外大学生读者群体的传播。请问您的中国文学本科课程选用的是什么教材？选用的原因是什么？

孙：我选用的教材主要是宇文所安教授主编和翻译的《中国文学选集：从起始到1911》（*An Anthology of Chinese Literature：Beginnings to 1911*）。选集本身的编译质量很重要，我之所以选用该选集作为课程教材，首先是因为该书年代跨越较大，对中国古代文学的编选在内容上较为丰富全面，题材也很广泛，涉及诗歌、小说、戏剧等文学样式，可以向学生展现较为广阔的中国古代文学图景；其次是很重要的一点，因为该选集中的文学作品均为宇文所安翻译，因而译作的语言叙述风格在整体上很一致，且译文质量非常高，不像有些英译文学选集，因由多个不同译者所译而存在译文质量层次及译文风格不一的问题，不利于学生对中国文学的阅读、认知和接受。

王：教材的选用受选集类教材的翻译及编选质量、教学对象等多种因素的影响。您从教学对象的阅读接受出发对于教学材料译文质量的考量与宇文所安的翻译观是一致的。宇文所安认为，决定翻译风格最主要的考量系乎读者，他在编译《中国文学选集：从起始到1911》时非常务实，主要根据课堂经验判断译文的效果，坚持在保证译文准确的同时使译文对青年学生来说具有可读性（刘宛如，2018）。因而，译文质量上乘、具有可读性使宇文所安编译的中国文学选集成为北美高校最为流行的三种英译中国文学选集之一（张振军，2016）。您的选择应该说也反映了您对宇文所安在中国文学研究和翻译方面的权威性的认同。

孙：是的。如前所述，我还开设了"中华帝国时期的女性写作"这门课程，我认为女性写作可以从女性的视角反映一个国家或民族在某个时代的生活经验和社会状况，如清代著名女词人吴藻的作品便是如此。这门课程的教材我选用的是美国汉学家伊维德和管佩达（Wilt L. Idema & Beata Grant）编译的中国女性文学选集——《彤管：中华帝国时代的女性书写》（*The Red Brush*：*Writing Women of Imperial China*），伊维德也是一位很著名的汉学家，他编译的中国文学选集的质量也是很高的。

王：除了英译选集类教材，您在教学中还会选用其他教学材料吗？比如说译作单行本？

孙：就我所开设的文学课程来说，《中国文学选集：从起始到1911》和《彤管：中华帝国时代的女性书写》这两部选集的内容已经非常丰富，足够教学了。当然我在教学中也会适当选取其他英译中国文学作品作为学生的阅读材料，不过，坦白讲，我通常会尽量选用母语为英语而非汉语的译者的译作。因为母语为汉语的译者的译文可能存在选词不当或错误或叙事行文不够地道等问题，不利于学生对中国文学的理解、欣赏和接受，这是我的看法。

王：是的。以海外汉学家译者为主的"译入"中国文学与以中国国内译者为主的"译出"中国文学不仅在翻译选材方面有所不同，更重要的是在译文质量或风格方面也存在一定差距。江帆指出，具有"经院式汉学家"身份的译者的译作更有望被选作高校教材（2011）；季进也认为，"以西方语言为母语的国外专业翻译家或汉学家，由他们自主选择、自主翻译的作品，可能更容易获得西方读者的青睐，争取更多的普通读者"（2017：24）。您在教学中对英译中国文学教材的选择倾向也进一步说明，您更青睐以英语为母语的汉学家编（译）的中国文学作品（选集）。

王：是的，选择教什么很重要，但译文的可读性和可接受性也非常重要，尤其对英语国家的大学生来说，阅读的愉悦可使他们继续留在中国文学课堂上，也可以使他们对中国文学产生更大的兴趣。

王：我了解到一些汉学家为了教学而进行中国文学作品的翻译，或者说他们编译中国文学就是为了将之作为课堂教学材料。因为您自己也翻译中国文学，已有译作问世，而且仍然在做一些翻译工作，请问您在教学中是否会将自己翻译的文学作品用于教学材料呢？

孙：是的，的确有汉学家这样做。对于我自己的译作，我可能会选取其中的某一两个章节扫描成 PDF 文档作为教学材料发给学生阅读，但我不会要求学生购买我自己翻译出版的中国文学作品作为教学材料，因为我不想赚取学生的钱。

王：我们知道，随着互联网的发展，现在有很多知名的文学翻译电子杂志或网站，比如"渐进线"（Asymptote）、"纸托邦"（Paper Republic）、"无国界文字"（Words Without Borders）等，里面登载了不少英译中国文学作品，其中也有一些知名作家的作品，请问您在教学中是否也会选用网上的中国文学译作呢？

孙：不，我一般还是倾向于选择已经出版的中国文学英译选集或译作单行本作为教材，因为我认为网络译作的质量还是不一定可靠。

王：您的教材选择具有一定的代表性，也说明以英语国家的汉学家或学者为编（译）者的"译入"中国文学更容易在海外高校精英阶层中得到接受和传播。有学者认为，可通过在海外孔子学院或高校中开设中国文学和文化类选修课程，为海外年轻读者提供中国文学启蒙教育，培养其对中国文学的兴趣（姜智芹，2014）。关于英译中国文学的海外传播，您的看法如何？

孙：据我了解，加拿大的普通读者对中国文学知之甚少，大学生在选修中国文学课之前也少有人阅读过中国文学作品。我认为英语国家高校是英译中国文学海外传播的重要阵地，如果英译中国文学能够作为教材进入海外高校课堂，那就在相当程度上表明其已经乘上了被海外精英阶层阅读和接受的列车，并可能因为大学生的阅读、接受以及参与中国文学的再生产、再传播过程而得到更为广泛的接受和传播。

王：我非常赞同您的看法。不列颠哥伦比亚大学（University of British Columbia）的梁丽芳教授（2013）指出，加拿大汉学经历了从20世纪初传教士汉学阶段到20世纪50年代专业汉学稳定发展阶段，至21世纪在中国古典文学、现当代文学和华文文学研究方面均取得了相当的成就，中国文学通过译介、教学与研究在加拿大得到了较好的传播。在我看来，海外汉学家的中国文学译介、教学与研究是推动中国文学海外传播的重要实践活动，是中国文学在海外经由"从精英到大众"的传播成长为世界文学的有效途径。孙教授，谢谢您对中国文学海外传播所做出的重要贡献，祝您一切顺利！

孙：也谢谢您的采访。

结语：海外汉学家的中国文学译介、教学与研究实践可有效推动中国文学的海外传播，其在教学中对英译中国文学教材的选用则关乎中国文学在海外高校大学生读者群体的传播效果。对加拿大汉学家孙广仁教授就其中国文学译介、研究与教学等传播实践的访谈表明，英语国家高校是中国文学海外译介与传播的重要阵地，而英译中国文学作品在海外高校的教材化是其经典化和扩大传播影响的有效途径；译文质量是英译中国文学被选作海外高校教材最重要的考量之一，以英语国家的汉学家或学者为编（译）者的英译中国文学选集更易在海外高校精英阶层中得到接受和传播。

参考文献

［1］季进、邓楚、许路：《众声喧哗的中国文学海外传播——季进教授访谈录》，《国际汉学》2016年第2期。

［2］江帆：《经典化过程对译者的筛选——从柳无忌〈中国文学概论〉对〈红楼梦〉英译本的选择谈起》，《中国比较文学》2011年第2期。

［3］姜智芹：《英语世界中国当代小说的译介与研究》，《国际汉学》2017年第4期。

［4］梁丽芳：《加拿大汉学：从古典到现当代与海外华人文学》，《华文文学》2013年第3期。

［5］刘宛如、Huang，H：《哈佛大学欧文·白璧德比较文学讲座教授及东亚系教授宇文所安"我是大学这个机构的仆役"》，http：//wenhui. whb. cn/zhuzhan/xueren/20181228/232981. html。

［6］王建开：《从本土古典到域外经典——英译中国诗歌融入英语（世界）文学之历程》，《翻译界》2016 年第 2 期。

［7］［美］张振军：《从三种英文本中国文学选集看苏轼作品在西方的传播与接受》，《中国苏轼研究》2016 年第 2 期。

墨西哥汉学家莉莉亚娜·阿索夫斯卡访谈：走进中国风景*

万　戴**

莉莉亚娜·阿索夫斯卡（Liljana Arsovska），墨西哥汉学家、翻译家，墨西哥学院亚非研究中心教授，生于前南斯拉夫（现马其顿共和国），后加入墨西哥国籍。她于1981—1985年在北京语言学院（现北京语言大学）学习汉语；后经继续深造，于2002年获该校比较文学与世界文学博士学位。莉莉亚娜投身于墨西哥汉语教学和中国现当代文学研究、译介超过30年，编写出版了拉丁美洲第一部供母语为西班牙语中文学习者使用的汉语语法教材——《实用汉语语法》（2011），翻译和主持翻译出版了《中国当代短篇小说选集》

莉莉亚娜·阿索夫斯卡
（Liljana Arsovska）

　　* 本文系中拉青年学术共同体（CECLA）"中拉人文交流口述史"系列成果之一。原载于《中国社会科学报》2019年8月15日第1757期，原题为《走进文学之窗里的中国风景——访墨西哥汉学家、翻译家莉莉亚娜·阿索夫斯卡教授》。
　　** 万戴，中央广播电视总台记者、中拉青年学术共同体研究员。

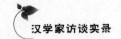

（2013）、《我不是潘金莲》（2015）、《一句顶一万句》（2014）、《我叫刘跃进》（2014）、《极花》（2018）等文学作品。2014年，她荣获"第八届中华图书特殊贡献奖"。

她出生于文明璀璨的巴尔干半岛，现在却生活在瑰丽魔幻的墨西哥城；她的母语既不是西班牙语，也不是汉语，却成为中墨两国国家元首、政府首脑会晤等重要双边活动的权威译员；她不是中国人，却在拉美高等学府教授汉语和中国文学；她将多部中国现当代文学作品译成西语出版，让墨西哥及拉美读者领略了中国文学、中国文化的魅力。她，就是拉丁美洲知名汉学家、翻译家，墨西哥学院亚非研究中心教授——莉莉亚娜·阿索夫斯卡。

她如何与中国结缘？又如何在墨西哥走上汉学研究和中国文学翻译之路？母语是马其顿语的她，为什么能在汉语和西班牙语之间切换自如？不久前，笔者通过社交网络，对这位传奇的女汉学家进行了采访。

一　18 岁出门远行　中国改变我的命运

万戴（以下简称"万"）： 您与中国的渊源很深，从学生时代就已经开始了。您是在怎样的时代背景下对中国产生兴趣的呢？

莉莉亚娜（以下简称"娜"）： 长话短说吧。我那时候是一名出色的学生，读高中时我的成绩很好。毕业后，马其顿（当时还是南斯拉夫联邦的组成国之一）政府给我提供了一份去国外学习的奖学金，可供选择的国家也很有趣：英国、中国和美国。

事实上我也不知道为什么，中国总是吸引着我。我必须承认那时我对中国一无所知。有关中国我唯一知道的就是毛泽东，他是20世纪最令人敬佩的领袖之一。在那个年代，全世界都对中国知之甚少，这就是中国引起我注意的原因之一。此外，我出生在一个社会主义国家，而中国也是一个社会主义国家，这是我想去中国的另一个原因。我对美国从来就没有兴趣，英国又太近了，而对中国仿佛就是世界尽头的那种感觉。

就这样，18 岁的我在 1981 年到了中国。学校的人来机场接我，他们带我上了一辆红旗轿车，车窗上还有帘子。我来到了北京语言学院（以下简称"北语"），它后来更名为北京语言大学。

万：一位年轻女孩，突然到了一个陌生的国度，是不是有些紧张和不适应？

娜：我得承认，一开始我有点……想象一下吧，没人能听懂你的话，突然间你无法和别人建立起有效沟通。我记得很清楚，那时在北语，外国留学生约有 1500 人，但来自西方国家的学生很少，甚至来自苏联的都不多。最初的几个月过得有点艰难。但是随着时间流逝，三四个月后，我有了一点汉语词汇的基础，生活就没那么困难了。作为学生，我有个特点——不怕犯错。因此，我会把当天学到的每个词汇都拿去实践操练。

当时，北语旁边就是五道口，但是 1981 年的五道口和现在的五道口完全是两个世界。我记得有个商店——只有这么一家商店，里面卖的衣服很少。我就去店里练习汉语。"这是什么？这是铅笔；那是什么？这是钢笔。这是蓝色的，这是红色的……"迄今为止，中华民族都是一个非常友善的民族，非常乐于帮助别人。我记得不管是商店里的店员还是街道上的行人，他们会怀着极大的耐心去听我错误的声调、错误的发音，给予我帮助和支持。

到了第二年和第三年，情况就大不相同了，我有了更多的自信。另外让我永生难忘的就是老师们的热情，他们犹如我的父母。比如，我因为冬天太冷，偷懒不想起床而没去上课。到了中午 12 点，老师就会来到我的宿舍，然后说："莉莉亚娜，你为什么没上课？我来给你辅导，我们今天做这个、那个……"想象一下，如果你这么被照顾、被关心，会是什么感受？我那时很年轻，并不觉得有多么思念我的父母，因为这些老师很好地代替了父母。我记得每年春节，老师都会在家里组织聚会，邀请学生去，然后教我们包饺子。老师的生活条件实际上并不是很富足，他们的住所很小，但是非常温暖，并且永远对外国学生敞开大门。我在中国待了 4 年，1981—1985 年，这段经

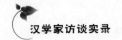

历对我来说非常有价值、非常宝贵。

万: 真是一段美好的经历。您在中国不仅学到了知识,还有了一段个人体验。您的命运发生了巨大的变化,对吧?

娜: 当然了!说到这儿我必须给您讲个故事。其实我是一个很开朗、很友善的人,所以我那时候就寻找跟外国人、中国人打交道的机会。学校里有很多中国男生和女生学英语、学西班牙语,我特别想找一个中国男友。但是,怎么说呢,可能是语言原因吧,也可能因为中国人那时对外国人并不是很放得开,我跟北语的中国同学建立关系就没那么容易。

但北语有很多外国留学生。在他们之中有一个非常有意思的墨西哥人小团队。您知道中国对墨西哥前总统路易斯·埃切维里亚·阿尔瓦雷斯是非常赞赏的,因为他曾在联合国大会上为中国伸张正义,并较早地和中国建立了外交关系。他当总统时成立了一所很有趣的学校,好像叫作第三世界研究学院(莉莉亚娜指的可能是"第三世界经济与社会研究中心"——作者注),他支持墨西哥的年轻人去中国,这非常有趣。尽管在 1981 年的北语,西方国家的学生不多,却有大约 30 名墨西哥学生。其中有一名青年叫罗贝尔托,他是墨西哥国立自治大学的医科生,受墨西哥政府资助前来中国,还拿到了一份中方的奖学金。他是来学习中医的。我们认识了,但我那时完全不懂西班牙语。刚开始的时候,我跟罗贝尔托的交流基本上是用汉语。我觉得这也是我学汉语学得比别人快一点的原因之一吧,因为我对用中文交流有很大的兴趣。

于是,手里拿着一本汉英西词典,我跟他就能磕磕巴巴地交流。罗贝尔托成了我那 4 年的男朋友,现在是我的丈夫和我两个孩子的父亲。就像您刚才提到的那样,中国之于我,无论是个人方面,还是工作方面,真的给了我一切。那段经历不仅让我在墨西哥有了家庭,还让我有了一个非常宝贵的语言工具——中文。

我现在生活在美洲大陆,虽身在墨西哥,却仍然和中国人共事,研究关于中国的东西以及属于中国的东西。我在私人生活和工作中所拥有的一切都要归功于中国。不热爱中国就是不热爱我自己,因为归根结底我是中国的产物。

万：您这种与中国之间无比深厚的关系，对您的孩子和家庭是如何产生影响的？

娜：我的丈夫是一名中医，他在北京中医药大学取得了博士学位。我有两个儿子，大儿子是律师，在墨西哥工作，会说一点中文，去过很多次中国；小儿子在北京语言大学读完了本科，之后去了对外经济贸易大学读研，拿到硕士学位以后去了福州，现在在厦门工作。他已经在中国待了7年，还有了一位中国女友。我感到难以置信，我问他："伊万，你什么时候回墨西哥？"他说："不回去了，妈妈。21世纪是用来待在中国的。"

二 借助多种语言研究中国是一种优势

万：您在中国的学习始于汉语，止于一篇写得很棒的有关《红楼梦》及中国古典文学的论文。为什么会选择《红楼梦》作为毕业论文的课题？

娜：我在马其顿上初中和高中时就很喜欢读书，一直觉得书是打开世界的一扇窗户。我之所以选择《红楼梦》，是因为一位女教授在中国文学课上谈到文学经典时，特别强调了这部小说。而在去中国之前，我甚至都不知道有这么一本书。我记得教授在讲这本书时非常细致、非常虔敬，她讲得是那么动人，以至于我对自己说，一定得读读这本书。于是我就用自己在北京学了三年的汉语水平开始读《红楼梦》，结果读起来异乎寻常的吃力，一页要读好多遍。我一趟趟地去找教授，让她为我讲述、解释。

对我来说，《红楼梦》不仅是一部文学作品，还是一本有关中国传统社会的百科全书，它包含着中国的两大基本构成：家和国。阅读《红楼梦》就是一个理解中国家庭是如何运转的过程。《红楼梦》里有很多人物：大姐、二姐、三姐、四丫鬟、母亲等，还有人物之间的关系、人与人之间的称呼。它向你讲述一切，解释一切。对于外国人来说，其感知能力和理解世界的方式不同，理解《红楼梦》一点都不容易。比如说，我花了好多年才明白，中国家庭的等级观念可以通过人与人之间的互相称呼来体现。比如，老三显然要服从老二和老大，却可以对老四和老五施加权威。但是在西方的个人主义文化中，就很难理解这点。这本书也向我们讲述了贾宝玉和林黛玉之间凄美的爱情故事，让我了解到中国人是如何处理他们的感情的，跟西方人的做法十分不同。这是中国人和西方人性情的另一种对比。

《红楼梦》是一部需要反复阅读的作品，因为每一遍阅读都会带给你不一样的认识、一种细微的不同。这是一部屹立在文学之巅的作品。把《红楼梦》翻译成任何一种外语都实属难事。之所以难，并不是因为语言，而是蕴含在作品中的文化差异。读中国古典文学作品时我会感到困难，但我很享受这个过程。我觉得中国的古文不仅优美，而且在语言学结构层面上很有象征感，这里面大有学问。

万：您是一名居住在墨西哥的欧洲学者，在您关于中国的研究中，个人经历和学术经历对您起了多大的帮助？

娜：就像您所说的那样，我的母语不是西班牙语也不是汉语，而是马其顿语。马其顿语并不属于罗曼语系，它跟汉语或西班牙语一点儿关系也没有。但我出生在一个社会主义国家，比起那些来自非社会主义国家的西半球的人们，我可以更好地理解中国。当我阅读中国文学作品时，我并不需要看很多注解；而对于西班牙人、墨西哥人、法国人来说，很多东西就需要向他们解释。有一天我突然意识到，我的个人阅历本身就是一种优势，它让我能够认识多个不同的世界：认识巴尔干半岛——我来自那儿；认识拉丁美洲——我在这里居住和工作了30多年；认识中国——我曾在那里待了整整4年，离开后还经常回去。

当然，西语不是我的母语，在墨西哥的最初几年，这确实是一个障碍。但是，凭借一股韧劲儿和不懈的努力，以及长期阅读西语、用西语工作，我现在觉得对西语运用得很自如，这让我在职业和学术生活中能做很多事情——教中文，研究汉语，把现代中国文学翻译成西班牙语。所以我认为，身为一个马其顿人，生活在墨西哥，借助多种语言研究中国是一种优势。

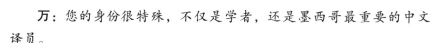

万：您的身份很特殊，不仅是学者，还是墨西哥最重要的中文译员。

娜：我是从口译开始做起的。1988年开始，我偶尔会做些同传和交传。到了1990年，时任中国国家主席杨尚昆来墨西哥进行国事访问，当时墨西哥会说汉语的人屈指可数。就这样，命运把我放在了这条道路上。

我承认自己第一次在这么重要的场合做翻译，紧张得要命，当时我也就翻译出了40%—50%的内容。然而，正是这独一无二的经历，使得我在之后的日子里，给迄今为止所有的墨西哥总统都做过翻译。我也曾有幸近距离地接触过中国各届国家主席、国务院总理以及很多国务委员等。在我30年的口译生涯中，墨西哥和中国之间的关系非常之好，墨西哥领导层对中国始终抱着一种赞赏的态度，直到现在两国关系都很不错，对于一个译员来说，这是非常幸运的。

三　汉语教学桃李芬芳　文学翻译激情澎湃

万：在很长一段时间里，您投身于汉语教学和语言研究工作，并且编写了拉丁美洲第一部供母语为西班牙语中文学习者使用的汉语语法教材——《实用汉语语法》，这是非常了不起的成就。对于汉语教学和研究，您有何深切的感受？

娜：我在墨西哥教汉语已经30多年，主要是教墨西哥学院的硕士研究生和博士生研究生，这是一段神奇的经历。我觉得研究一个国家、一个社会，语言已经不能说是一个必要的工具了，而是不可或缺的工具。

没错，我们确实能够通过英语、法语甚至西班牙语来了解中国。但是，当你去了解一个社会时，除了要知道人们是怎么描述这个社会的，还需要知道这个社会里的人如何看待自己和自身所处的环境。我很想知道中国人是怎么看待自己的历史、文化、政治和哲学的，是怎样用汉语来思考的。刚开始读中国哲学和文学著作时，我都是用英文读的，直到后来才能用中文阅读。但很快我就意识到，只有读中文版本才能明白中国人是怎么看待他们自己的。正因如此，我认为在墨西哥及拉丁美洲教中文非常重要。

我认识很多人，汉语说得很好，但是他们缺少对中国文化的了解，这是汉语的灵魂。汉语有着 3000 年的历史——我指的是书面汉语——您想象一下它在这么久的时间里所产生的丰富内涵以及它所具有的表现力。当然，要用我们只有一次的生命去学习一门演变了 3000 年的语言，是个很有野心的举动。然而，就像我经常说的那样，我会始终努力去学习，生命不息，学习不止。

万： 您曾表示，这些年来，将中国文学作品翻译成西班牙语的工作，让您感到一种无法言说的快乐。

娜： 是的。有一天我意识到我读了很多中国文学作品，尤其是读了很多小说，但是由于我的母语不是西班牙语，多年来我都在犹豫要不要从事文字翻译工作。后来有一天，我坐下来，开始尝试把王蒙的短篇小说《坚硬的稀粥》翻译成西语，我很喜欢这篇小说，它很好地展现出改革开放初期中国社会的巨大变化以及存在的矛盾冲突，很有意思，也很搞笑。我对自己说："好，我要把它翻译出来。"我把译文拿给墨西哥学院的几个同事看，他们问我为什么不出版这篇小说——我生活的激情就此开始。这是迄今为止最让我激情澎湃的事情——文学翻译。

我也喜欢口译，但我更喜欢文学翻译。让我来告诉您为什么吧！我觉得口译会随风而逝——当然，它也有些许回响，会造成某些改变，有助于双边交流，也确实很重要。但是文学翻译则是用西语为墨西哥及拉丁美洲读者打开了许多扇窗户，让人们看到了别样的中国风景。

我经常会思考，一个简单纯粹的墨西哥人，学生也好，从业人员也罢，他们通过何种途径去了解中国？我不觉得他们会一头埋进国际货币基金组织所提供的有关中国经济增长的数据去研究中国。我不是说这些数据没意思，而是觉得它不如一本好的小说有意思。小说除了向你描述中国、展示中国，还让你看到一门美丽的语言，向你介绍一些活生生的人物，你读着读着，就会突然意识到中国人和我们并无不同，跟我们一样思考着同样的事情，用同样的方式去爱、去恨、去承受痛苦。尽管如此，我并不想说两者之间不存在显著的文化差异。我在把中国当代文学翻译成西语时就感觉到了这种差异。

万：那么您是如何处理这种文化差异，并从中找到一个平衡点的？

娜：因为我跟中国打交道打了30多年，很多东西对我来说是显而易见的。然而在出版之前，当我把译文给我那些不了解中国，和中国毫无关系的同事或朋友看的时候，他们提出了很多有趣的问题；因此我意识到，在翻译的过程中，有些东西比语言要难得多，这就是文化差异。

我们以旗袍为例，中国的旗袍非常精美，但是怎么把它翻译成西班牙语，是将其翻译成"中国服装"，还是"一件……样子的服装"，需不需脚注；再如中山装，怎么翻才能让那些不知道中山装的人看懂，是译成"毛装"，还是译成"孙中山的服装"；还有成语、谚语、歇后语和许多来源于中国古典文化的表达形式如何处理，是用文学性的语言去翻译，还是用西方相近的概念来代替，如何解释这些西方思想体系中没有的理念；等等。总之，我被这种文化差异吸引住了。有时候我在电脑前就像个疯子一样，面对这些难题，我异常激动，想着如何去解决它们。有时候我会想，应该简化，不应该在阅读中给读者制造这么多困难；但是接着我又会想到，读者有权利认识中国，有权利了解中国的不同之处，而我有义务让他们去接近中国，而不是尝试着让中国变得像墨西哥；恰恰相反，我要夸大这些差异。尽管有时我会为了阅读的流畅性和美感，为了故事本身而牺牲掉一些文化差异，但是我觉得世界有权利去了解那些让中国成为中国的东西。

四 培养中国文学的西语读者之必要性

万：在您看来，哪类中国小说及作品最受墨西哥读者的青睐呢？

娜：这个问题很重要。我正在就此话题写一篇文章，讲的就是培养中国文学作品的西语读者之必要性。当然这个过程不会那么快，毕竟读者已经习惯了某种类型的书写方式和某种描绘事物、讲述事物的方式。因此，对于中国当代文学乃至古典文学，拉美读者接受它们不会像接受同种文化、语言和宗教氛围的文学那么容易，不管全球化有多普遍。

我们来讲讲刘震云，如今他的小说被翻译成西班牙语出版，卖得不错，很受读者欢迎。那么问题来了，他的一部名为《我不是潘金莲》的小说，我们现在按字面意义把它翻译成西语。一个西语国家的人走进书店，然后看到《我不是潘金莲》这本书。要是你，你买吗？你不会买。因为不知道潘金莲是谁。

万：是的，这确实是个问题。不过您处理得挺好，把"我不是潘金莲"译成"Yo no soy una mujerzuela"，意思是"我不是一个水性杨花的女人"。

娜：这就是我所说的培养读者。用什么方法去培养呢？用一部小说或用一系列的小说去培养。令人欣慰的是，我们已经开始出版直接从中文翻成西班牙语的作品，我们必须做的事情就是好好给这些书做推广。针对具体的作品，最好能有一场小型的座谈会。同时还有不定期的关于中国当代文学、关于文学的不同趋势、关于作家的探讨，甚至是对中国社会问题进行探讨的小型座谈会。我认为，是时候让学术界、译者、社会学者、外交官等所有人一起为一项工作而努力了，即在墨西哥、在拉丁美洲，培养中国文学的西语读者，让翻译成西语的中国小说能够成为一本包含丰富知识的中国之书，同时也成为一本在阅读中可以体味美学和语言学之魅力的奇妙之书。

万：您不仅是一位译者，还是一位培养译者的导师。给年轻译者上课是怎样的一种经历？

娜：事实上笔译是非常复杂的。比如，我有一个墨西哥学生，汉语水平很高，但是他的西语非常糟糕。很多人误以为只要学了汉语，就能做翻译，事实上不是这样的。我还有几个学生，他们是很优秀的墨西哥语言学家，在墨西哥国立自治大学读了文科，西语水平炉火纯青，但是他们的汉语水平还不够高。我很喜欢和他们共事。我特别喜欢西语好的人。我在将汉语翻译成西语时，必须兼顾西语的美感，要让西语读者感受到这种美。因为归根结底我们翻译的是文学，你不能把它翻译成一份报告，你必须赋予译文那种美学的修饰，以及语言所具有的美感。所以，当我跟我的学生一起处理汉西翻译时，我总是强调两点：一是了解相关知识，二是对汉语的掌控。除此之外，还有一点我会反复强调：不仅要正确使用西语，还要美丽地展现西语。

万：在中国当代文学的西语译介方面，您觉得还有哪些工作要做？

娜：我们还有很长的路要走，要做的工作无穷无尽。这就好像追着野兔子跑一样，你永远赶不上它，因为你翻完一部小说，市场上又会冒出 100 部新的作品。我刚读完贾平凹的最新小说《极花》，我特别喜欢贾平凹这个作家，他的这本书已在墨西哥出版。

我会继续专注于中国当代文学的研究。我们有一个团队，同事们研究的内容都很有趣。比如我现在有四五个学生，他们不仅汉语水平高，西语也很好，有很强的文学表达能力。我们个个都很兴奋，手头有满满的工作。我们研究方方，她是个美女作家。我们研究阿来、麦家，还有徐则臣等人。我们会尽量选择一流作家来研究，以及那些讲述更多个人经历的作家。我觉得文学有两种话题，一种话题基本是写个人，另一种是写集体。我这样说可能有点简单化，那些重要而有价值的个人经历也是能够反映集体生活的。比如贾平凹的《极花》，里面讲的既不是贾平凹的问题，也不是莉莉亚娜的问题，而是一个有关中国发展的问题。1980 年，中国近 90% 的人口是农村人口，10% 是城市人口。到了 2017 年，中国城乡人口比例各为 50%。您想象一下中国在人口层面上发生的变化。贾平凹用一种巧妙的方式讲述了中国的城市化进程，以及在这种境况下农村所经历的一系列问题。我很喜欢这样的小说，因为它们不仅帮助西语读者享受了一部优美的文学作品，还让他们了解到一个中国式的问题。

在全球化进程中，借助文学让中国走近墨西哥，这就是我们要做的事情。

日本翻译家谷川毅访谈：磨砺文字、创新视角、完善形象[*]

张　元^{**}

谷川毅（たにかわ　つよし），日本翻译家、名古屋经济大学教授，中国当代文学杂志《火锅子》（国际华语文学界最具影响力的综合性文艺杂志之一）主编。1994年创办《火锅子》杂志，致力于介绍中国文化和中国文学艺术。译著《年月日》（阎连科著）获得第三届日本推特翻译大奖。

谷川毅
（たにかわ　つよし）

一　中国文学作品在日本出版行业中的现状

张元（以下简称"张"）：谷川老师，您好！非常感谢您百忙之中接受我的采访，并且分享您对中国文学作品在日本的出版、受容等情况的看法，以及您的翻译思想等方面的见解。我们了解到您的译作

* 本文为张元主持的教育部人文社会科学项目"跨文化语境下中国当代小说在日本的译介与批评"（项目编号：17YJC740124）的阶段性研究成果。原载于中国文化译研网，收录于本书时有所修订，原题为《"磨砺文字、创新视角，完善形象的努力是非常重要的——翻译家谷川毅访谈录"》。

** 张元，广东财经大学外国语学院讲师，主要研究方向为日本语言与文化。

大多都很受欢迎，社会反响较大，除了译作本身的高质量之外，是否和您与出版社之间良好的沟通技巧和合作方式有关呢？能否分享一下译作出版前、出版中以及出版后，每一个不同的阶段您是如何操作的？

谷川毅（以下简称"谷川"）：实际上，我并非同出版社保持紧密的联系。初次和出版社接触是因为我翻译闫连科的《为人民服务》一书，我的朋友田原和日本的文艺春秋社比较熟悉，所以经由他的介绍，文艺春秋社出版了我的翻译作品。基本上我的书籍很多都是借由田原的介绍进行出版的，我自己较少与出版社推介，只是在翻译闫连科《年月日》时，是我自己主动向日本的河出书房推介的，但他们对此并非十分感兴趣。于是，我又去询问日本的白水社的出版意见，他们表示很有兴趣，因此出版了此书的日文版。之所以去白水社推介，也是因为我与白水社的编辑认识，我们关系并不密切，只是曾经在大阪有过几面之缘，就试着拜托了他。译作的出版实际上要看出版社，出版社的规模不同，理念不同，出版的作品也是很不一样的，有的是出版社负责出版的；也有的是作者自费出版的。但一般在日本正规的大型出版社是不接受自费出版。我算是比较幸运的，译作都是经由出版社认可而出版的。那么出版前，还是要做一些准备工作的。首先是准备好已经完稿的译著，而不只是写一个大纲或是部分译作。其次是把译作交给编辑审阅，如果有兴趣出版，再由编辑提交到编审会议上讨论，如能得到认可，那么就可以安排具体出版事宜。出版社根据我提供的翻译原稿，确定了体裁、排版等具体问题后，再根据排版的模板进行校对工作。校对是一个重要的环节，我合作过的无论是哪一家出版社都有非常专业的校对人员，可以说在日语方面都非常专业。他们与编辑合作，对我的日语进行彻底的核对。他们找出了很多词汇、汉字等错误，尤其日语有各种不同的表记方式，比如汉字、平假名、片假名；再如同一个作品中，需要对词汇的用法、汉字的用法进行统一。因此，如果不认真校对，那么会出现很多文本问题。同时，在帮我出版译作的出版社里有会汉语的专业人员，他们会对照原文，对我的译文中比较难以理解的地方、表达不太清晰的地方跟我进

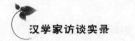

段。校对的时间长短会根据作品的长短而定，一般需要2—3
个月。这部分工作完成以后，我需要负责的部分就结束了，剩下的工作就是出版社的负责人员做最终确认，进行出版发行等相关工作了。至于出版后是否协助宣传的问题，其实并没有什么特别需要协助的。因为是译作者，所谓签名售书的活动是没有的；但如果原作者来日本宣传，那么我会参加签名会，帮助原作者进行交流宣传工作。另外，也没有说自己去主动在媒体上施加影响等。应该说，我还是比较幸运的，我翻译的作品出版后，得到了很多书评家的欣赏，所以在《昴》《文学界》等文学类报纸杂志或杂志的书评栏目都有很多关于我译作的介绍，为我赢得了一定的关注度。

张：您希望在哪个阶段获得帮助呢？

谷川：考虑到当下日本出版界的现状，文学类书籍，尤其是海外文学的读者少之又少，其所涉及的市场也是很小，导致很多优秀的海外作品很难出版。所以，希望能对有翻译价值的书籍出版提供一些资金支持。另外，希望在译著出版后，能得到一些帮助或支持赞助，以便举办必要的宣传活动。

张：如果有机会，谷川先生是否愿意翻译一些其他作家的作品呢？

谷川：当然愿意。如果有其他有趣并且自己有兴趣的作品，我还是非常愿意去尝试的，并不只限定某一个作家作品。因为即便是自己喜欢的作品，当中也会有不太喜欢的章节，我只是非常享受翻译的过程。就目前而言，我非常认同阎连科那些"充满土味"的作品，比起最近都市题材的作品，"充满土味"的作品中所凝缩的民族性非常打动我，所以很喜欢。

张：您曾经说过《受活》这部作品在日本的成功译介"这一切不能归功于我一个，这本书的责编也是最大的功劳者"，可以看出日本的文艺编辑在出版过程中起到了很大的作用。而《光明日报》（胡燕春，2014年12月8日）曾有一文指出，"从出版机制来看，奥凯恩、白亚仁等认为，较之西方国家的文学编辑而言，中国的文学编辑

· 78 ·

尚难发挥其应有作用，这是制约中国当代文学发展与传播的痼疾之一"。因此，请问您对"文艺编辑应有的作用"是如何理解的呢？

谷川：编辑的作用是很大的。上面已经提到过，仅靠我个人是无法提供无愧于日本读者的作品的。离开编辑及校对人员的专业支持，出版这样一本书的难度是无法想象的。所以我非常感谢出版社的编辑人员。以出版《年月日》的白水社为例，该社有懂中文的编辑，他们会将原作与译作一一对照检查。比如"这里漏了一段""这里，语义是不是译得不准确"等问题，他们会仔细地寻找并与我逐一确认，因此最后的作品的呈现真的是离不开他们的帮助和支持。您刚才引用的这段话中所提到的"作用"，到底是指哪方面的作用，文中并没有详细地说明，所以不方便评论。但据我个人了解，可能还是因为中国的审查制度比较严格，所以需要编辑人员做出一定的判断，即该作品是否符合出版要求。然而，审查标准又是编辑人员无法左右的事情。确切地讲什么是"编辑所应有的作用"，我认为，如果编辑认为该作品有出版价值，就会尽一切所能促成该书的出版。在目前的审查制度下，中国的编辑人员可能在最初阶段就缺乏努力，疏于主动争取，以促成部分有争议，但有价值的作品进行出版。其中有些编辑可能认为，"反正争取了也没用，干脆算了，多一事不如少一事"。不去争取就放弃，我个人觉得还是有些遗憾。

张：去年，在日本的推特上看到了原来专门出版学术书籍的勉诚出版社右翼化（ネトウヨ）的新闻，不少学者都表达了震惊和反思。认为文学出版行业凋零，不得不借用爱国主题，以试图振兴自身经营状况，既让人遗憾又提醒人们思考将来文学的走向。您对这种现象有何看法？对于从事汉语言文学的人来说有什么影响？

谷川：日本现在确实是有这种倾向。打上"厌中厌韩"的旗号，书就卖得好。应该说它们带来的影响还是比较大的，在这种趋势下，现在日本对于中国和韩国的印象不好。所以，即使想宣传中国文学中非常有趣、非常出色的作品，在这种氛围下一般的日本人也可能因此而选择不读。这种影响很大，中国一做点什么事情，似乎就会有负面评论，这种情况并不少见。对于我来说，能做的就只有翻译。

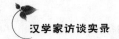

二　关于中国现代文学在日本的读者接受情况

张：我在进行中国现代文学读者接受情况调查时发现，中国今年出版的比较新的相关推理、科幻小说，相较中国著名作家作品，这类小说在日本的读者群体似乎要多一些。这一点从评论数可以看出，比如『折りたたみ北京』，读者大都认为是反映现代中国神髓，反映了当下时代，当下社会的科幻作品。还比如陈浩基的《13·67》的推理小说也受到很多读者的欢迎，认为"文章的结构很好""惊叹于高水平的作品内容""与历史融合的高水平推理小说"等。对于此种现象，您是如何认为的？您是否认为这是中国当代文学走向海外，认识中国的一个更好的先行窗口呢？

谷川：这些年轻作家做了他们应有的努力，也得到了众多好评，这是令人欣喜的事情。不过，我认为，这些作家作品中的一些比较粗糙的地方，比如如何对待自己的文字，自己是如何看待这个世界，从何种角度去切入这个故事，等等，还需要更下功夫才行。因为作家是读者的代言人，文字的表现力会使读者有共鸣，发出感叹——"对对，我想说的就是这个"，相信这也是读者阅读作品时感到愉悦的原因之一。但如果他们能够认真地去磨炼文笔，相信会有更多的、更好的作品问世吧！

张：去年我做了一个小型随机采访的问卷调查，主题是以日本人为对象的中国现代小说在日接受情况调查。调查对象是日本人，年龄从十几岁到六十几岁各 10 人或 15 人，总共 70 人。调查的范围比较小，但我认为在某种程度上反映了一定的接受情况。从调查结果来看，大致可以归纳为以下结果。第一，不愿意阅读中国书籍最大的理由是没有渠道了解中国当代小说，也看不到相关的书评或介绍，更不了解如何获取这些信息。其次的理由是中国当代小说中的题材多是黑暗、沉重的，很难读下去。其中有一位十几岁的男性学生回答，参加了这个问卷才知道中国也有现代小说。第二，如果有机会阅读中国当代小说，希望读到的小说类型依次是科幻小说和推理小说（29 票）、纪实小说（20 票）、纯文学（17 票）、青春小说（4 票）。第三，通过对同一中国作品的不同日译本的比较，读者普遍倾向日语流利自然的译本。其中重视忠实度的读者年龄多在 50 岁以上。第四，提到中国文学，首先浮现在眼前的是古典文学和鲁迅文学。第五，对中国现代文学的印象很多与电影或游戏的推广密切相关。第六，希望阅读的文学作品按国别来列举依次是日本文学、欧美文学、中国文学以及其他国别文学。第七，提到中国的关键词有红高粱、莫言、受活、成龙、《三国志》、《水浒传》、三重门、魔幻现实主义、武侠小说、儒教思想、鲁迅、残雪、"一带一路"、习近平、《白鹿原》。

在这些结果中，我对第一项和第二项尤其感兴趣。特别是第二项，从网络上读者的评价数量来看，比起现代中国著名小说家的作品，中国的推理小说、科幻小说的读者呈逐渐增多的趋势，同时也得到了很多好评。我想或许是因为比起沉重题材，与现代生活距离较远的题材，体现了对于同一星空或宇宙下的新颖观点更能引起共鸣吧！对于以上结果，您有何看法呢？

谷川：确实如你所说。科幻小说、推理小说能够在日本获得这般程度的推介确实是值得感激的事情。从这些小说开始推介确实是不错的出发点。让大家觉得，原来中国也有这么有趣的科幻作品，读后会觉得中国这么有趣吗，如果能够让大家这样想其实也算一种好事情。

张：就像日本文化在世界的推广，日本漫画起了很重要的作用一样，中国现代小说也可以从有趣的题材开始推介，让读者自发地去阅读是非常重要的。

谷川：是的，我认同你的说法。我也认为日本人能够较轻松地接受的东西，应该也是从这里入手好一些吧！读了之后觉得"中国不是很有趣吗"，如能这样想，那么从这里开始也许读者的想法就会多少发生一些改变。从"讨厌中国"到"中国也不坏"或许会成为可能。说实话到这种程度我觉得就够了，并不一定让人都喜欢中国文学才是成功，只要大家认识到中国也是有好的作品，激发起对中国的兴趣，进而希望阅读中国作品，期望了解中国文学的人慢慢增长就足够了。我认为这一点是比较重要的。至于是纯文学还是推理小说，抑或是科

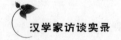

幻小说受欢迎都不重要，最主要是大家能够愿意阅读中国作品才是最关键的。

三　翻译家谷川毅的翻译理念

张：译作面世时，肯定会有各种各样的声音，有来自评论家的也有来自普通读者的；有赞美也有异议。那么面对这些声音，比如，美国的汉学家葛浩文在 2015 年时曾说过，"希望学者'能从更宽广的视角''宏观式'地评论其译作，而不是他所谓的某些'来者不善'的肤浅'检查'"。那么对此您是如何认为呢？您觉得什么样的评价是有价值的呢？

谷川：我觉得这是比较奢侈的想法。只不过需要注意的是，探讨翻译，如果只是去一味地寻找错误、不好的地方，那是没有穷尽的。因为翻译实际上是因人而异的，是比较主观的东西，所以我觉得他的想法没有问题。当然，允许学者从更宽广的视角来看待，也有必要发现值得商榷的地方。这对于译者来说肯定是不好受的，并且我也会有面对批评时，心里不舒服的感觉，这是人之常情。不过最近，我已经开始试着去接受这些不同的声音，就像你之前说的，无论是哪种译本都是有价值的，不管是从研究意义方面，还是从提高译者水平方面。比如阎连科的日译者有我和泉京鹿，虽然翻译的作品不同，但可以从翻译的角度进行一下研究。

张：您从事翻译初期到现在，在翻译思想或方法上是否有一些变化，如果有，那么体现在哪方面呢？

谷川：我感觉没有什么变化。我始终还是希望尽可能让读者容易读懂，读起来流畅，这一点没有任何改变。因为我觉得易懂、自然流畅的文章是最基本的，当然是在尊重原作的基础上，即首先是原作，而后在不背离原作的基础上尽可能自然流畅是我的翻译思想吧！

张：关于语音表现的差异，中国的翻译理论家许力生提到，"对于文学作品来说，语音不是纯粹的'物质外壳'，而是整个表达的重要构成部分"。语音的舒缓与高亢表达着不同的心境与含义，借助语音表现风格主要体现在押韵和节奏上。日语中的拟声拟态词非常丰富，语音的表达也都很有独特性，对于译作的美学感受也是非常重要的成分之一。有读者在网站上评论，特别对书中的各种感官的词汇运用做了热情洋溢地发自肺腑地解读，从评价中能够感受到阅读该书时所受到的冲击和感动。能够达到这种效果说明您在运用五感的拟声拟态词上非常精准到位。您对此是如何看待的呢？请问您在处理文学作品中的类似问题时，是如何处理的？是否会利用各自的语音优势进行协调、取舍和变通？

谷川：首先我觉得阎连科的作品中拟声拟态词也是比较独特的，相信即使是中国人读他的作品应该也有类似的感觉吧！我在翻译成日语时确实下了一番功夫，因为阎连科作品中的拟声拟态词不方便译成常规的、非常普通的拟声拟态词。在翻译的过程中，首先是阅读原作，体会原作给自己的感受，进一步想象；其次是用自己本身拥有的语感去寻找最为贴合的词汇。因为日语本身是拥有极其丰富的拟声拟态词的一种语言，所以在任何方面都可以用其来表达。大家读日本漫画的时候会有体会，经常出现很多拟声拟态词。但因为原作的拟声拟态词是一种比较独特的音响，所以在日语中我也希望有一点不一样的感觉，来达到这种原作所带来的音响氛围；比如形容玉米生长的那个拟声拟态词时，我确实下了一番功夫。翻译《年月日》时，我们学校附近正好有一片正在生长的玉米田。我就实际去看了几次，每次去都感到玉米的生长速度非常快。我曾想象假如夜里去玉米旁边仔细聆听，或许能听到枝叶生长的声音，所以就用了那个形容词。有读者能够注意并感受到这一点，我觉得很开心。

张：译文的节奏感也是影响读者接受度的一个非常重要的元素。在衡量读者接受现状时，购书网站上读者评论的内容经常能够从侧面反映出译文的质量。虽然评价难免主观，但还是会在一定程度上客观地反映译文被接受情况。所以我也查阅了一下相关的评论内容。一般来说，在这类译本中读者大多会倾向于评论小说内容及其观点，如果译文有很突出的特点时，在评论中就会专门提及译文的作用。谷川老师的译文在亚马逊的读者中有很多类似的评价：「第一回の翻訳大賞

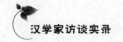

は、『カステラ』がとったが、こちらでもおかしくないと思っていた。今後この作家に期待したい。ほかの方も書いておられたが後半に入ってぐんぐん読み進めることができ、良い読書体験であった」（『愉楽』）、「散文詩のような美しい訳にまずいかれました」「翻訳が良くなければとても読めないタイプの小説だろうと思うので、素晴らしい日本語で読めたことに感謝する。」「中国の民話のような、詩のような、リズミカルな文章で、一気に読める中篇小説です。」（『年月日』）

相较其他的译者，对于您作品中的正面的积极的评价较多，尤其是《年月日》这部作品，被誉为"散文诗"般的优美和流畅。能达到这种水平足以说明译文的节奏感是非常好的。请问您是否为了保持译文的节奏感在标点、词汇的选择等方面非常注重？或是除此之外，还在哪些地方进行了特别的处理？

谷川：符号基本是尊重原作，只不过逗号是遵循日语的节奏感来翻译的。比如东京大学的藤井省三教授基本上是尊重原作的逗号来进行翻译，这是一种翻译方法。翻译学上重视这一点的人也很多。不过我想原作中的逗号是反映作家本身的节奏感的，特别是一些中国作家气息绵长的较多，一句话中的逗号非常多。但是如果按照原样进行翻译，那么会令读者很不舒服。所以我会在一些地方切断一下，根据文章的前后文进行适当的调整，原则上改动不多。

四　对于想要从事翻译行业的人的建议

张：最后，您能否为那些准备从事中日翻译工作者提供一些意见或建议？

谷川：我想还是多阅读吧。如果将来想要从事翻译工作，我相信大量地阅读各国家优秀作家的作品肯定会有很大帮助。通过阅读，你可以接触到很多的不同的表达方式，而翻译在某种意义上恰恰是产生新的词汇、产生新的表达方式的场所。因此，喜欢阅读外国文学的读者，想必是因为喜欢翻译作品中的异国情调和表达的情怀吧，他们会产生"虽然是日语，但是竟然可以用这种排列、用这种方式来表达"的感受。因此，我建议尽可能地阅读包括母语在内的、从过去到现在、世界各国的、自己未曾了解的文学作品，相信不会有任何损失。同时，保持对语言的兴趣，对世界抱有好奇心，如歌曲、诗歌等，多去发现，多去接触，这期间所得到的感受或知识，会在不经意间沉淀于你的内心，在翻译类似内容时，想必会大有用处。最后需要扪心自问，自己是否真的热爱翻译这个行业。从事这个行业是否有所谓的"钱"途，这点当然很重要，不过更重要的还是做翻译时是否拥有愉悦心。从我个人的体验来说，翻译很辛苦，也未必给我带来多大的经济效益，但是翻译本身给我带来很多的快乐和能量。当经过反复的思索终于找到一个非常契合的表达方式时，内心充满愉悦，这种成就感一直激励我在翻译的道路上越走越远。

张：您荣获了推特翻译作品大奖，很多人认为您的译作，比如阎连科的《年月日》日语版语言更富有感染力，节奏感也更强，文字生动优雅，您是否自己尝试过创作？

谷川：我并非擅长写作，但不排斥写作。在编辑文学杂志《火锅子》的时候，需要在开篇部分写一篇编者按语，类似散文性质的文章。我非常享受这种写作过程，但自己去创作一个故事对我来说是很难的。我想这与个人的天赋还是密不可分的。人们常说作家的创作是从无到有，而翻译是从有形到他形，从本质上我想还是有很大不同的。很多作家、漫画家或是剧作家在谈话中会提到在他们小时候都非常喜欢说话，擅长编故事，如中国的莫言、日本很有名的剧作家，都属于这一类人，这种创作的才能应该还是与生俱来的。我自认是没有这种潜质的。之所以喜欢翻译，最重要的一点也是因为翻译可以慢慢地思考最恰当的表达方式，这点比较适合我。

日本汉学家岸阳子访谈：以翻译促进中日深层次文化交流[*]

刘成才^{**}

岸阳子（きしようこ），1934
年生，1957 年本科毕业于东京外
国语大学中国语专业，1965 年博
士毕业于东京都立大学人文学部
中国文学科，师从著名学者竹内
好。她曾任教于东京大学、早稻
田大学，现为早稻田大学名誉教
授、北京大学日本研究中心客座
研究员，专攻中国现代文学。
1994 年获日本翻译家协会第 30

岸阳子（きしようこ）

回翻译出版文化奖，系日本著名中国现代文学研究家、翻译家，
为中日文化交流做出重要贡献，在中日学界享有盛誉。主要学术
著作有《知识青年作家群的文学》《中国知识人的百年》《女
性——她的自立》等，主要译著有《庄子》《黑骏马》《盖棺》
《湮灭》《王满堂》《灾祸过后》等。

＊ 江苏高校哲学社会科学研究重点项目"中国当代文学对日本的影响研究"（项目编
号：2017ZDIXM135）的成果。原载于《社会科学论坛》2019 年第 3 期，收录于本书时有所
修订，原题为《以翻译促进中日深层次文化交流——著名汉学家、早稻田大学岸阳子教授
访谈录》。

＊＊ 刘成才，南通大学文学院副教授，主要从事中国现当代文学史与中日文学交流研究。

刘成才（以下简称"刘"）：尊敬的岸阳子教授，非常感谢您接受访谈。您翻译过张承志的《黑骏马》、陈建功的《盖棺》等中国当代文学作品，出版了《知识青年作家群的文学》《中国知识人的百年》等中国现代文学研究专著，获得了日本翻译出版文化大奖，以及从事中国现当代文学研究六十多年，为中日文学交流做出了重要贡献。我在日本访学的研究课题是"中国当代文学在日本的翻译与传播研究"，您是中国当代文学在日本翻译与交流的亲身经历者及代表性翻译家与研究学者，所以，冒昧请求对您进行学术访谈，以更深入地了解您的学术经历与研究成就。

岸阳子（以下简称"岸"）：你客气了！非常高兴我在中国现当代文学翻译与研究领域的一点成就能够对你的研究课题有所帮助，我非常愿意和你就翻译与研究中国现代文学过程中的经验与遇到的问题进行交流。

刘：您是 1957 年本科毕业于东京外国语大学中国语专业的，那时中日两国尚未正式建交，两国之间的交流也很少，您当时为什么会选择中国语专业？

岸：我和中国有着非常深的渊源，选择中国语作为自己毕生从事的专业是再自然不过的。我父亲是日本选拔派驻到当时东北的高官，但他因为不满当时日本对东北的占领与侵略，把全部心思与精力用于学习中国文化。1934 年，我出生于中国东北的沈阳，受父亲的影响，从小对中国文化非常感兴趣。日本战败后，我回到日本读书，高中就读于东京都里西高，开始阅读鲁迅与老舍的文学作品，对中国现代文学产生了浓厚的兴趣，所以大学报考的是东京外国语大学的中国语专业。因为日本刚战败不久，中日两国的关系尚未恢复，当时学习中国语专业的学生很少，我是东京外国语大学中国语专业第一个女生，很多人当时非常不理解，但我的父母非常支持我，他们一直对中国的感情很深。

刘：本科毕业后，您曾经到中国香港新亚书院学习中文，当时为什么会选择去中国香港学习中文？

岸：我本科毕业后考入东京都立大学中国文学部攻读硕士学位，

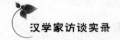

当时非常想去中国学习中国文化，但那时候中日两国尚未建交，不能派遣留学生，于是我就申请了哈佛奖学金，选择去中国香港学习，当年我也是全亚洲第一个获得哈佛奖学金并到中国香港的新亚书院也就是现在的香港中文大学学习的女生。我当时的中文基础不好，在新亚书院学习非常辛苦，给我们讲授中国文化课程的是钱穆先生，钱穆先生对中国文化的研究非常精深，再加上他有比较浓重的无锡口音，我在课堂上的学习非常艰难。但钱穆先生对学生非常亲切和蔼，有不懂的地方随时可以向他请教，对我学习中国文化帮助很大。更重要的，在中国香港能够接触到很多书籍，我在新亚书院学习期间，就阅读了马克思、毛泽东、埃德加·斯诺、史沫特莱等人的书，以及很多中国现代作家的文学作品，可以说，新亚书院的学习，更加坚定了我研究中国文学的信心。

刘：您当时在东京都立大学中国文学部攻读修士与博士课程时的导师是谁？对您的学习有什么帮助？

岸：我的导师是大家非常熟悉的竹内好先生，可惜的是，1960年，为抗议当时的日本政府通过新安保条约，竹内老师辞去了东京都立大学中国文学教授的职务。我一直都和竹内好老师保持联系，经常向他请教问题，一直到他去世前，还时常在电话里和他讨论研究问题。竹内好老师从东京都立大学辞职后，我转到了著名中国文学研究学者松枝茂夫教授门下。

刘：您的博士学位论文研究的是《庄子》，当时为什么会选择《庄子》作为自己博士学位论文的研究对象？

岸：其实研究《庄子》不是我主动选择的。竹内好老师一直不满于当时日本学界对中国文化与中国文学的研究，特别是京都学派的研究，批判他们把中国学与当时日本所面临的思想问题互相分开的研究方法，更不满他们固守传统回避现实中国的研究路径，试图建立新的中国学，当然也包括对中国经典的重新翻译。所以，竹内好老师和松枝茂夫老师组织了一些博士生重新翻译中国传统经典，当时正好我有事情外出了，等我回来的时候，要翻译的一些书已经被别人选择了，只剩下最难翻译的《庄子》，没办法，我只好选择翻译《庄子》。博士学位论文本来想研究闻一多的庄子研究，但因为要翻译《庄子》，再研究别的课题，在攻读博士学位期间很难完成，所以博士学位论文就研究了《庄子》。我翻译的《庄子》由日本著名的出版社德间书店出版，被收入德间文库，是日本第一部全译本，至今已经重版过很多次，销量很好，也能够看出日本读者对中国传统文化的热爱。

刘：除了翻译研究《庄子》，您也研究过其他中国古代经典，如中国古诗、孟尝君、武则天、王国维等，后来为什么会把主要精力投向中国现当代文学研究？

岸：这可能与我这一代学者研究的志向有关吧！与现在大学年轻的研究者主要从书本上了解中国不同，我与和我同一代的中国文学研究者更关心的还是同时代的中国。日本的中国现当代文学研究者总体上可以划分为四代，竹内好老师那一辈人属于开创者，他们的主要特点是通过研究中国文学解决自己思想上遇到的困境。丸山升、伊藤虎丸、木山英雄等人，还有我，是第二代学者，我们大体上都是属于第一代学者的学生。我们开始研究中国现当代文学的时候，中日两国尚未建交，所以有较强的学术使命感，希望通过自己的研究让日本读者更了解中国，所以很多人会选择中国现当代文学作为自己毕生研究的对象。与此同时，我们这一代学者与中国交往也较多，很多学者为了深入地研究，通过多种途径前往中国旅游、参观，特别是中日建交之后。我们一家人和中国的渊源都很深。我的丈夫安藤彦太郎是早稻田大学教授，兼任中国学部主任，参与创办中国研究所与中国语学研究会，主要研究中国经济和近代历史。1976 年 5 月到 1978 年 10 月，他应邀到中国参加《毛泽东选集》五卷本的翻译工作，自己翻译了第一卷至第三卷，并应中国中央编译局的邀请，担任《毛泽东选集》日译本的定稿工作，后又担任中华人民共和国第十一届全国人民代表大会以及第五届全国人民代表大会的翻译工作。我跟随丈夫去中国任专家时，儿子安藤润一郎才 6 岁，他在北京大学幼教中心学习，对中国文化也很热爱。长大后，润一郎在东京大学跟随著名学者滨下武志教授攻读博士学位，博士学位论文研究的对象是日本在北京的民族政策。我们家的客厅中央挂着郭沫若亲手书写的毛主席

"实事求是"这句话，所以我的研究也多从"实事求是"出发。要想更了解当代中国，那研究中国现当代文学，特别是中国当代文学，显然是更加"实事求是"的学术选择。

刘：您的研究对象中，有许广平、关露、梅娘、张洁、叶广芩、残雪、王安忆、蒋子丹等众多女作家，还有《昭和时期日本女作家的中国观》《女性——她的自立》等著作，这是否和您身为女性学者有关？

岸：当然，身为女性学者，自然会特别关注女性作家，你刚才提到我关注过武则天，我最佩服的就是武则天对男权社会的反抗。不知道你有没有注意，你刚才提到我研究过的这些女性作家，她们都有一个共同之处，那就是对传统女性命运的反抗。我关注她们的文学，首先关注的是她们的精神与品格，身为女性，她们用文学反抗命运对女性的既定安排，这是难能可贵的，所以我的研究中一直充满着强烈的女性自主意识。中国现当代文学中还有很多著名女作家，是中国的现代给她们提供了机遇，我想，这才是最值得研究的现象。

刘：冒昧问一下，您是否有女权主义的思想？

岸：可以这么说吧！除了我研究过很多中国现当代文学中的女作家之外，不知你有没有注意过一个现象，我的姓和我丈夫的姓不一致，这在日本很罕见。很多日本女性结婚后要改成夫家的姓，我一直用我自己的姓，在我的理解中，姓氏的自主性，是一个人自主性的体现。

刘：您的研究对象中有一个非常特殊的作家群体，那就是伪满时期中国东北的女作家；如梅娘、吴瑛、田琳、左蒂等人，您为什么会重点关注这一女性作家群的文学？

岸：这首先和我出生在伪满时的东北有关。1991年9月，我在长春参加"第一次东北沦陷时期文学国际研讨会"，遇到了著名作家梅娘和但娣，她们都是伪满时期中国东北著名的女作家；特别是梅娘，当时非常受读者喜爱，在1942年"读者最喜爱的女作家"评选中和张爱玲平分秋色，有"南玲北梅"的赞誉。但时至今日，不但读者不认识她们，甚至专业的研究者也不提她们，文学史中更没有她们的名字，好像她们从来不曾出现在历史当中，正如但娣在研讨会上悲愤地指出的："新中国成立以后的'中国现代文学史'一概不提东北沦陷时期的文学。难道当时在日本统治之下的中国文学，全部都是汉奸文学吗？""这是对我们沦陷时期的作家的侮辱！"这种有意识的忽视是不公平的，她们在日本殖民统治之下，不但要忍受侵略者的残酷压迫，还要忍受男权社会传统思想和制度的剥削，而她们的文学则是对这双重压迫与剥削的控诉与反抗，我们的历史如果忽略了这些个人生存的真实，就会变得很无情，很单薄，很无趣。因此，出生在伪满时期东北地区的我，特别是作为女性学者，有责任，更有义务，研究她们的文学与人生，不只是了解中国知识分子在现代时期的反抗与苦恼，更是为了抵抗"现代"对我们的简化，为单一的历史叙述补充丰富的生命经历。同时，更希望日本的年轻人能够了解这段历史，加深年轻人对这段历史的认识。

刘：在您的翻译与研究中，中国当代文学是非常重要的部分，您在中国当代文学的翻译与研究中，关注的重点是什么？

岸：你应该留意过我翻译和研究的当代作家，有张承志、陈建功、韩少功、蒋子丹、王安忆、洪峰、张洁、残雪等，他们除了是20世纪80年代中国当代文学代表作家之外，还有一个共同的身份，那就是他们都曾经有过上山下乡插队的经历，都曾经是知识青年。虽然上山下乡打断了他们正常的人生与生活，但他们都把这份独特的经历转化为文学的滋养，把苦难当成生活对他们的磨难，反而取得了很高的文学成就。如陈建功的《盖棺》、张承志的《黑骏马》、韩少功的《马桥词典》、洪峰的《湮灭》，等等，都是80年代中国当代文学的代表性作品。实际上，我关注知识青年作家不仅是因为他们的文学成就，更是因为他们对命运的反抗。我认为，这才是中国现代文学一百多年来最珍贵的一点，在我的学术著作《中国知识分子的百年——文学的视角》中，我强调的也是中国知识分子对命运的反抗，对一切压迫势力的反抗，我想，这才是现代的真正内涵。

刘：您翻译过的中国现当代文学作品有三十多部（篇），您翻译的张承志的小说《黑骏马》和陈建功的小说《盖棺》，1994 年出版后获日本翻译家协会第 30 回日本翻译出版文化奖，您感觉在翻译中最困难的是什么？

岸：从我个人的翻译经验来说，如何理解与传达中国文学中独特的情感与故事是最困难的。这一百多年来中国跌宕起伏的命运变迁，是以前任何时代都未曾有过的，中国现当代文学正是这一百多年来中国命运的象征，中国知识分子在投身拯救民族命运的过程中用文学来表现自己内心的情感，这种情感经历是古代文学未曾表现过的。由于战后日本的发展，很多年轻的日本人对自己国家曾经的侵略行为已经没有记忆了，所以他们对中国现当代文学中的情感与故事很难理解，如何向日本读者传达中国文学中的这种独特的情感与故事，是我在翻译时首先要考虑的。因为没有理解便难以真正地阅读，没有阅读就更没有了解，这两者是互相作用的。

刘：您认为一个优秀的翻译家，最应该具备的能力和品格是什么？

岸：我认为一个优秀的翻译家，首先，应该真正理解中国文化魅力的细微之处，这样在翻译的时候，才能把中国现当代文学独特的魅力介绍给日本读者。比如，在我翻译的韩少功、贾平凹、陈建功、张承志等人的文学中，有很多方言，这是仅仅通过中文学习所难以理解的，还必须熟悉区域文化，才能理解文学中方言的含义，这就要求翻译者要到中国生活较长一段时间，真正地深入中国人的日常生活，才能对中国文化的最深层魅力有所体悟。有时读一些年轻译者翻译的文学作品，一读就知道翻译者没有在中国生活的经历，所学习的只是一些书面的汉语，对文学作品的翻译只是文字意思的转译，读者丝毫体会不到文学的乐趣，严格来说，这种翻译算不上真正的翻译。我在翻译张承志、陈建功、韩少功等人的小说的时候，为了准确理解一个方言词语的含义，通常会和周围朋友、作家进行多次交流，还会去他们文学中所描写的地区生活，对不同词语含义的细微差别力求精确，这样，翻译的时候才能准确。其次，一个优秀的翻译家还应该深刻理解自己民族文化与语言的魅力，具有较深的生活阅历，才能把要翻译的文学在自己民族文化中找到最贴切的对应语言，不然翻译者做的就是鲁迅所批评的"硬译"，这种翻译对文学来说不但没有帮助，反而会破坏读者阅读的兴趣。

刘：所以，优秀的翻译不只是文化的转译，实际上是一次文化的再创造，翻译家的贡献丝毫不少于作家的贡献。

岸：可以这么说。在很多时候，翻译家要付出的努力，可能会比作家还要多，不只是时间与精力，还会付出经济上的成本，只是读者通常看不到翻译家的贡献。1995年我写过一篇文章为《翻译害怕的事》，发表在当时的《早稻田文学》上，得到很多翻译家的共鸣。其实，翻译是收获与付出最不相对应的劳动，很多翻译家辛辛苦苦付出了时间成本与精力成本，最后出版时可能没有任何收入。所以，日本翻译中国文化与文学的翻译家，特别是翻译中国现当代文学的翻译家，绝大多数都是大学教授。因为大学教授有稳定的工资收入，不用为生活发愁，翻译多与自己的研究相结合，翻译的水平都很高，这也是日本的中国现当代文学翻译学术性一直很高的主要原因。当然，也有一些职业的翻译家，依靠翻译为生，所翻译的作品主要是中国流行的文学作品；但因为翻译工作的回报实在很少，很多职业的翻译家其实也是出于对中国现当代文学的热爱，翻译之外他们还要从事其他工作，他们更让人尊敬。

刘：您曾经多次到中国参加汉学家文学翻译国际研讨会，与世界各国的汉学家及翻译家都非常熟悉，从汉学家的角度来看，您认为日本学者对中国现当代文学的翻译与研究，总体上在世界上的水平如何？

岸：日本学界的中国现当代文学研究，从竹内好、武田泰淳、松枝茂夫那一代学者开创起，到现在历经四代学者的努力，取得的成就是非常大的。可以说，日本学者对中国现当代文学的翻译与研究，在世界上是除了中国之外最为深入的，成就也是最高的。你手上是我参与组织创办的《中国现代小说》季刊的目录，我翻译的贾平凹、洪峰、陈建功、张承志等人的短篇小说都发表在这个杂志上，浏览一下杂志的目录你会发现，很多小说几乎都是刚在中国的杂志上发表就被翻译成日文，可见日本学者翻译与研究的及时性。更重要的是，很多中国当代作家在刚开始发表作品的时候还没有多少名气，但日本学者已经给予他们很高的学术评价，并基于自己的学术判断认为他们一定会取得更高的成就，成为中国当代文学具有代表性的作家。例如，莫言、残雪、余华，还有我翻译与研究的张承志、贾平凹、韩少功等作家，从世界范围来看，几乎都是日本学者先发现了他们文学的价值与意义，并给予学术性的关注。还有一点，杂志目录里有很多在中国现当代文学史中根本没有提及、研究者也根本不会关注的作家作品，日本学者也把他们的作品翻译成日文，并加以研究，这表现了日本学者独立的学术判断。

刘：欧美汉学界与中国学术界有很多学者批评中国现当代文学；特别是批评中国当代文学，认为中国作家的创作成就不高，没有多少文学价值。从日本翻译家与研究学者的角度来看，您如何评价中国现当代文学？

岸：我也了解一些对中国现当代文学的批评，在我看来，欧美汉学界的批评多是出于傲慢与自大，他们更多地还是以欧美文学的标准来评判中国现当代文学；而中国学界类似的批评则是出于盲从与自卑，他们的知识系统更多地来自欧美，所以认为中国现当代文学必须符合欧美文学的评价标准。中国现当代文学是一百多年来中国艰难历程的记录，更是多少代中国人民血泪的结晶，从来没有哪一个民族与国家的文学像中国现当代文学这样与国家民族的命运结合得如此紧密，作为专业的研究者，轻率地用没有价值来评判中国现当代文学，至少在学术态度上是极为轻率的。我认为，中国现当代文学最为可贵的是继承了中国文学传统中的文学与社会、人生的血脉相连，也正因这一品质，中国现当代文学是与生命相关的活生生的文学，从文学中能够读到人的生命的跃动，这是我在其他国家与民族文学中很少见到的。

刘：在您看来，中国现代文学在日本的翻译与研究，对促进两国之间的文化交流有什么作用？

岸：中日两国有着非常悠久的历史文化渊源，两国之间的文化交流也非常深入，本应该成为互相促进发展的友好邻邦。可惜的是，现代以来，由于日本发展的偏颇，对中国人民造成很大的灾难，伤害了两国人民的民族感情。但即便如此，由于文化的相近，两国之间的文化交流依然是其他国家无法比拟的，而文学在其中起到了至关重要的作用。你到日本访学，应该去过神保町的书店吧，特别是在很多旧书店里，摆放了很多中国文学书，成为日本人民了解中国的途径与窗口，甚至很多文学作品被选进日本的中学教材，更改变了日本人的生活。我在北京大学担任客座教授时，发现中国读者对日本的了解更多的是通过日本文学，特别是以村上春树为代表的日本都市文学与青春文学对中国读者的影响很广泛，也影响了很多中国作家的写作方式。我感觉，中国现当代文学在两国的文化交流中应该起到更重要的作用，扮演更重要的角色，如果两国人民能够更多地阅读彼此的文学，那么肯定会减少很多误会与冲突，两国之间的关系也会更加友善。

刘：所以，才更需要像您这样对中国文化与文学非常熟悉也非常热爱的汉学家翻译更多的中国现当代文学作品给日本读者。

岸：非常惭愧，我在中国现当代文学翻译与研究上做得还不够，希望更多的年轻学者翻译中日两国优秀的文学作品，让更多的读者阅读。其实，两国之间的文化交流也不一定局限于文学领域，1995年，我在北京大学做客座教授时，因为住在北京的友谊宾馆，所以与日本饭店协会联系，每年组织友谊宾馆的人员到日本学习饭店管理与酒店文化，起到了很好的作用。所以，两国人民应该在很多领域互相学习，深入了解。

刘：您最近在忙什么工作，现在有没有正在翻译的中国现当代文学作品？

岸：最近正在翻译韩少功的《马桥词典》，翻译即将结束，已经与出版社签订了出版合同，年内有望出版。另外，我现在正忙于"日中友好岸关子奖"的评选，这个奖是以我母亲的名义设立的。我母亲在中国东北生活的时间很长，对中国的感情也很深，她去世的时候给我们留下1000万日元遗产。我把这笔钱捐给了日中友好会馆，成立

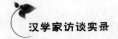

了基金会，设立了这个奖，专门奖励从中国东北到日本留学攻读修士学位的学生，被称为"姥姥的奖赏"。迄今已经举办了四届，今年是第五届，评委中有早稻田大学的前任校长、东京大学教授等人，他们都非常热爱中国文化，因此都不要报酬。

刘：非常感谢姥姥对中国的热爱！更感谢您为中国当代文学在日本的翻译与传播做出的巨大贡献。

日本汉学家滨田麻矢访谈：
张爱玲小说翻译心得

张　元[*]

滨田麻矢（はまだ まや），
1969 年生于日本兵库县。1997
年京都大学研究生院文学研究
专业博士毕业。历任京都大学
人文科学研究所助手，神户大
学文学部专任讲师、助教授、
准教授，2018 年升任教授一职。
主要研究中国现代文学，获得
过日本中国学会奖以及第 10 回
太田胜洪纪念中国学术研究奖。
共主持研究课题 11 项，著书 18

滨田麻矢（はまだ まや）

部，译著多部，其中『中国が愛を知ったころ 張愛玲短篇選』
（岩波书店，2017）为第四次日本翻译大赏入围作品，译作风格
广受读者好评，其中文小说译作能够在由西方作品译作主导的日
本图书市场中脱颖而出，足见其译笔功力之深厚。

张元（以下简称"张"）：滨田老师，非常感谢您百忙之中接受
我的采访，同时也祝贺您得到了日本推特翻译奖的提名！在日本英译

---

* 张元，广东财经大学外国语学院讲师，主要研究方向为日本语言与文化。

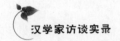

本独占江山的背景下，您的中译本杀出重围并获得提名可喜可贺，也想借此机会请教关于您在中国小说翻译方面的问题。首先，在您从事中国文学翻译的过程中是否有哪些转折点或是非常重要的时期？

滨田麻矢（以下简称"滨田"）：我是 20 世纪 80 年代上的大学，本来是希望学习古典文学的，尤其对六朝文学很有兴趣。但在上大学期间，我又想要学习一些现代文学，因为对同时代的中国我真的了解甚少，所以想通过文学了解现代中国的现状。当时我已经学习了一年的汉语，但是当时汉语水平有限，因此主要是看翻译的很多作品。当时日本翻译的中国现代文学大都是茅盾、曹禺、老舍等元老级的人物。但是看到他们的作品时，我老实说不是太有趣，离我自己的生活比较远。之后又找了一些"文化大革命"时期的作品，所谓地下文学。那个时候（之所以看这类书，）也出于想了解关于反抗的文学潮流，之后发现他们所主张的内容我有同感，但是从审美角度，还是不太契合。正当我烦恼继续哪方面研究的时候，遇到了张爱玲的小说，由此发现这就是我想读的书，也由此开始了张爱玲的研究生涯。

张：当一部译作面世时，肯定会有各种各样的声音，有来自评论家的，有来自普通读者的，可能有赞美，也可能有异议，那么面对这些声音，比如，美国的汉学家葛浩文在 2015 年时曾说过，"希望学者'能从更宽广的视角''宏观式'地评论其译作，而不是他所谓的某些'来者不善'的肤浅'检查'"。那么对此您是如何认为的呢？您觉得什么样的评价是有价值的呢？

滨田：我翻译的张爱玲的小说还是反响比较大的，赞赏的居多，还没有遇到一些所谓"来着不善"的检查或是批评。但在推特上看到过有人评论说我没有翻译张爱玲最重要的作品，为什么要翻译晚期的作品等质疑。我也在推特上一一进行了回答。比如《金锁记》《倾城之恋》等已经有过翻译版本，所以我特意选择了从未有过日译版的作品。此外，所谓的"张迷"们都不太看好张爱玲晚期的作品，所以我特意加了几篇早期放到我的译本里面，但我个人比较喜欢晚期的作品。这种批评（张迷们的评论）可能在中国才有，因为日本的读者很多都不知道张爱玲这位作家，我希望读者能够从译本中看到张爱玲整体的文学风格的特点及演变。

提到何种评价对我比较有价值？比如，有人指出我把美国的地名翻译错了等，这类的评价对我来说是很宝贵的。还有比较让我欣慰的是，很多不会中文的日本读者通过我的译文能够抓住原文的精髓，写下的读书感受也是对我很有价值的。

张：曾经做过一个小型的问卷调查，70%的人回答不阅读中国文学，15%的人回答阅读中国古典文学，10%的人回答中国现代文学几乎就限于鲁迅的作品，另外5%的人回答如果有优秀的中国现当代文学，有意愿阅读，但没有了解的途径，相关书评很少，不知道如何获取相关信息。对此，您怎么看呢？

滨田：我的能力也比较有限，不过也听说过最近韩国现代文学比较流行，这种现象可能是近两三年开始兴起的，之后出版了很多韩国作家的作品，在社会上也是有了很大的反响。所以我觉得最关键的可能还是要先多出版相关图书，先有实物让读者看到，才会再关注吧！

张：是的，在日期间我也曾逛过几家书店，发现没有多少类似关于中国文学的推介。在书店店头排列的书籍，挂牌推荐的大都是反映克服失眠、关注精神心理、复兴日本等方面的书籍。

滨田：对，现在人们大都精神压力大，更愿意寻找马上能够提供帮助的心灵鸡汤类的书籍吧！

张：在做上述小型问卷调查之前，我曾试图联系一家调查公司，公司接洽的人员对此调查表示不乐观，原因是大部分的人只读杂志，在读书的这部分人群中又多倾向于读推理小说、科幻小说、时代小说、网络轻小说等，阅读文学性较高的书籍的人少之又少，更遑论阅读中国当代文学作品了。对于调查公司的说法，您是否有同感呢？您觉得原因是什么呢？

滨田：我去年让学生看了中国的科幻小说，很有趣，学生反映比较好。但有一个问题是很多中国科幻作品是从英语版翻译到日语版的，翻译者也都是英美科幻领域的，因此读的是英文科幻感的小说。当然及川茜老师翻译的中国科幻小说是从中文直接翻译成日文的。所以说翻译风格是很不同的，前者是英美科幻风，后者是中文翻译风。

张：您在译作出版之后，一般通过哪种渠道进行书籍的宣传？比如纸版书评，相关读书网站书评，线上线下的推介，或者配合出版社进行宣传？

滨田：我这本书出版方是岩波书店，文艺书如何宣传是最有效果的，他们的责任编辑是非常专业和认真的。比如封面的选择都非常慎重，没有他们的帮助肯定是达不到这样的效果的。

张：中国和日本是属于两种不同的意识形态的，因此译者在翻译的过程中可能会面临一些选择。比如是站在原作的立场上，尽可能如实地再现其对世界的认识和美的塑造呢，还是站在本土文化的立场上，对原作进行改写，以迎合译文读者的审美情趣呢？是否存在上述现象？如果有，是基于什么原则进行调整的呢？

滨田：基本上没有进行改写的部分。比如有些书籍前面会写上"书中也许会有影响您情绪的内容请知悉并谅解"等内容，可能是跟编辑的要求相关。作为译者，基本是尊重原作内容的。

张：去年在日本的推特上，看到了原来专门出版学术书籍的勉诚出版社正在右翼化（ネトウヨ）的新闻，不少学者都表达了震惊和反思。认为文学出版行业凋零，不得不借用爱国主题以试图振兴自身经营状况，让人遗憾，也让人反思今后文学的走向。又比如据说如果有赞颂安倍首相的书籍，安倍首相的资金管理团队就会买爆市面上的该类书籍，被购入书店在当月畅销榜上位于前位。您对这种现象有何看法？对于从事汉语言文学的人来说有什么影响？

滨田：日本出版会有这种营销手段。比如在神户三宫的淳久书店是最大的书店，听说如果在那里买30本以上的书，就会是当月的畅销书了。有很多人是这样营销的。

张：主流审美取向一般会影响译者风格，主要表现为译者在翻译过程中所采取的直接影响译者风格的主流审美取向，如翻译标准、翻译策略、翻译方法及其他语言、文化因素等。

您在译者后记里介绍了您与张爱玲作品结缘的经历，不能与这些作品相契合是与自身的个人审美取向相关的。那么您的这种个人审美取向是否有形或无形地受到主流审美取向的影响呢？

滨田：我上大学的时候是 20 世纪 80 年代，教我们现代文学的老先生可以说都是左翼，当时日本左翼的学者才会对中国现代小说感兴趣，所以他们翻译的小说也都是左翼小说。对于这些小说，我能够理解其中的含义和故事，但讲到相关某某"主义"的部分，我就不是很感兴趣。特别是描写抗日战争、革命等话题的作品，题材离我很遥远，不太感兴趣。所以确实我在选择翻译作品时主要还是受我自身的审美取向的影响更大一些。

张：在翻译方法中，直译、意译是两种不同的主流审美取向。您的译作应该是直译与意译兼用的结果。在翻译的过程中有没有一些印象深刻的例子，您是如何解决的？比如在处理语句语篇的基本结构、词语的表达方式、语义成分的逻辑关系、语篇里句子的主体顺序、实义语词的增减等方面。

滨田：有很多例子，其中最伤脑筋的是张爱玲的行文，句子很长，如果一味直译，日本读者可能不好接受，需要进行断句。所以我采取的方法是，尊重原作进行翻译，之后再针对翻译初稿进行朗读较对与调整。此外还有服饰和颜色的部分比较费神。不过现在是网络时代，比起以前方便很多。当然也有不太明白的地方，比如《同学少年》，第 161 页第四行司徒华这个人到底是哪国人的问题困扰我很久。原文中并没有明确的交代，从文本来看其实这一人物可以是外国人也可以是华人，对于这个问题我烦恼了很久。中国台湾版的原文是"她"，我曾经去美国看到过张爱玲的手稿，手稿中写的是"他"。又比如通过原文第 43 页里的内容及其他地方的内容做了一些判断。张爱玲的晚期作品中经常省略一些主语或者代名词，比如他是谁，是哪国人等，有很多让人费解的地方。所以在翻译成日语时需要特别注意。日语的特点之一，即省略主语较多，但为了语义补偿，日语中会用到性别用语或是一些语言表达方式，使读者方便由此进行主语的判断。但张爱玲作品中省略的部分有些令人费解，需要对原文理解到位，所以还需要再进一步去理解完善吧！

张：在翻译策略中有归化与异化两种代表着不同主流审美取向。采用归化策略的译者，其风格的突出特征是语言的表现以目的语的语言表现为标准；异质的文化特征在目的语中进行同化，以目的语的文化形象出现，采用异化翻译策略的译者，其风格的突出特征是在目的语中尽量保存原语的语言表现特征和文化色彩。

比如您在译作中对于人物的人名翻译，您似乎倾向于用原文名称是吗？比如在《第一炉香》中，您使用了原文的名称"薇龍""梁太太"；在《金锁记》中，您沿用了"九老太爷"的名称。但其他译者在翻译张爱玲其他作品时有些是归化，有些是异化，比如上田版的《倾城之恋》中是异化，用的是"三爷""三奶奶"。而藤井版是归化，用的是"三旦那""四奥樣"，但会话中的又用了异化"六小姐"，对此您是如何认为的？对此您是否有一些原则？

滨田：称呼的问题确实也比较伤脑筋。比如翻译《第一炉香》时，我曾经考虑过翻译成"梁夫人"，但考虑之后还是选择了原文的名称"梁太太"。因为中文相关亲戚称呼非常复杂，日语中是不能完全覆盖的。但是名词读音也是音读注音，如薇龙（びりゅう），个人不太喜欢用片假名来标注。

张：一般认为译者的翻译思想不是一成不变的，有时是受所处不同时代主流翻译思想的影响，有时是译者本身随着对翻译认识的提高而不断修正，从而导致译者不同时期翻译风格上的差异。您在翻译初期到现在是否有一些翻译思想的变化？

滨田：初期的话，我所需要面对的问题是是否能够正确理解原文，而现在我把努力的重点放在了日语的自然表达上。因为自己阅读，或是论文里面的引用是不用太过于强调文学性的。但是出版文学译本，还是要关注译文是否符合日语自然性，文体是否优美等问题。

张：翻译的目的性主要表现为原文的目的性、发起人的目的性、赞助人的目的性以及译者的目的性。而所有的目的的实现最终都有赖于接受者的接受效果。您在出版译作时是否有来自出版社的修改要求？这些要求大都有哪些类别？比如语言润色、意识形态影响、预设读者接受程度的影响，等等。是否有与这些相关人的目的不一致的时候？如果有，倾向于如何处理呢？

滨田：出版社在意识形态上并没有什么修改要求，但在译文的内容上，比如服装等细节需要我再三确认，有时候在看着表述可能不是很明白的情况下，就需要再解释清楚。比如第一炉香里有一个女佣的服装、一些植物的翻译，等等。对于它们的处理方法，现在出版社比较倾向于尽量不加注解，尽可能在译文中处理掉。总之就是比较有异国风格的风物要处理清楚。另外，主要是反映在一些排版字体等细节上，如对于人称的书写方式，因为日文有三种书写方式，前文用了汉字，后文用了平假名，那么就要求进行统一。再如一些补助动词的表记，现在的规范是需要用假名，而不是汉字标注，比如てくる。总之还是语言方面的一些细节要求比较多。

张： 在选择文学作品时，译者本身是否有自己的政治、文化、经济方面的目的？比如20世纪二三十年代主要代表人物林纾、严复、周作人、周树人、苏曼殊等，他们在选择书目时都有着明显的目的性，呼吁国人发愤图强，启智明心。这些限于弱势文化群体在引进强势文化群体时经常存在的现象。而对于位于相对优势文化圈的您来说，在选择中国现代作品时，是抱着什么想法来进行翻译创作的呢？

滨田： 现在已经不会有什么译者来启蒙读者了，我只是想介绍中国文学里面美好的作品，这个时候并没有想到所谓优劣之分。

张： 关于语音表现的差异，中国的翻译理论家许力生谈道："对于文学作品来说，语音不是纯粹的'物质外壳'，而是整个表达的重要构成部分。"语音的舒缓与高亢表达着不同的心境与含义，借助语音表现风格主要体现在押韵和节奏上。日语中的拟声拟态词非常丰富，语音的表达也都很有独特性，对于译作的美学感受也是非常重要的成分之一。比如有读者在另一位译者的译文后面这样写道：

　　この擬態語、擬音語の選択が、美しく華麗に読めるものかどうか。人が「ブツブツ悪態を」つき、胡弓が「キィーキイー」鳴り、「私はブスッとして」立ち、若い人々が「キャーキャー」声を上げ、「イチャイチャし」ており、レールは「キラキラ……グニャグニャ……フニャフニャ……」し、トラックは「ゴーゴーと」走る。この、定型化してつまらないうえに、美

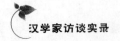

しくない音声は何だろうか？ 一方には、愛玲が原文に用いているであろう漢語的な締まった語句が出てくるのだから、両者のあいだで均衡が取れないことおびただしい。

您对此是如何看的呢？请问您在处理文学作品中的这些地方时，是如何处理的？是否会利用两种语言各自的语音优势进行协调、取舍和变通？

滨田：你举的例子比较有趣，例子中的内容如果现在让我来翻译，我应该不会用这些拟声词来表达或翻译张爱玲的作品。因为这些拟声拟态词会有比较现代的感觉，有些仿佛网络投稿般的感觉。如果是我翻译，应该会用"不機嫌に"来替换。"キーキー"这个词汇所带的语感很多人都有这种体会，就像有人用手指划玻璃的感觉，读者读起来应该很不舒服，或者说对于原文二胡演奏的声音产生了一些错觉。

另一个很有趣的现象是，日语中描述乐器的拟声词是很少的，当然漫画中可以用这些拟声词，但是在文学作品中不建议使用这些拟声词。如果想要翻译出声音样态，有时可以在译文中用描述语音的汉字来代替，如"轰轰"等。就像日本的小说家三岛由纪夫，他曾说过不喜欢用拟声拟态词来表述小说作品。他认为用这样的拟声词来写小说的是很女人味的，感觉相对幼稚一些。如果说在日本最擅长用拟声拟态词的近代文学作家，我认为应该是宫泽贤治。他创造了很多很有美感的全新的拟声拟态词，比如在他的童话作品中，描述河里的水豹笑了，创造了"かぷかぷと笑う"等，这样的拟态词是很形象的。一般日本读者看到这里都会很自然地联想出这种感觉。但是也只属于宫泽贤治，我们在翻译作品时一般是不好借用的。

张：有人说语言间词义的固有差异主要表现为一词在一语言中有意义，而在另一语言中不存在；一词在一语言中的意义在另一语言中只有部分重叠；一词在一语言中有多种意义，而在另一语言中只有一种意义；一词在一语言中有一种意义，而在另一语言中有多种意义；等等，这种种差异使译者在确定用词时难以取舍。

您在翻译过程中是否有遇到过这种现象？是如何处理的？比如梁太太家的阳台是比较重要的位置，薇龙常常在这里想心事，也是发现乔琪奸情，发生故事转折的地方。您在译文中使用了"バルコニー"。据字典解释「ベランダとは、建物の外に張り出した屋根付きのところのこと。広さにもよるが、屋根があるため、雨の日でも洗濯物を干すことができる。バルコニーとは、2階以上の室外に張り出した屋根のない手すり付きのところのこと。...ベランダとバルコニーの違いは、屋根の有無」。实际上文本中并没有介绍阳台是有檐无檐，文中只出现过这样一句话"她静静地靠在百叶门上，那阳台如果是个乌漆小茶托，她就是茶托上镶嵌的罗钿的花"。那么对于"阳台"这一词汇选择时，您是如何考虑的呢？

滨田： 当时翻译时倒是没有考虑这个问题，只是从我的语感上，"バルコニー"在日语的语感上比较漂亮，而且面积略大一些。比如我们公寓晒衣服的生活阳台是用"ベランダ"这一词汇，"バルコニー"给人的感觉是一种观景阳台，可以喝茶看风景，所以我根据原文梁太太香港豪宅的氛围选择了这个词汇。确实在有很多语义都可以进行对应的情况下是要费一番工夫，最终的决定应该说还是取决于对原文的理解和原文氛围以及风格的照应吧！

张： 又比如您对于成语的译法，灵活多变，非常形象生动，请问有无定式，还是根据前后文脉进行归化或异化的处理，抑或是另辟蹊径进行解释？也就是说是按照什么原则来进行翻译的呢？

滨田： 最好选择惯用的说法，一般我会选择归化的译法。比如梁太太在劝乔琪娶薇龙时，说的"谁知道你倒这么舒坦——皇上不急，急煞了太监"，译文中为「まさかあなたがこんなにゆったり構えているとはねえ。お坊ちゃんは芋の煮えたも御存じないというわけね」。又如梁夫人在发现自己调教已久的薇龙被乔琪坐享其成以后，非常生气，文中写道"梁太太赔了夫人又折兵"，译文中为归化译法「鴨にネギを背負わせて贈ってしまったようなものでした」。主要是便于读者更好地理解语义。但也有一些地方我会用异化的形式，比如在薇龙决定是否回老家时的心情，"她躺在床上滚来滚去，心里像油煎似的"，译文中为「心は油で煮られるようでした」，采用的是异化法。因为这种说法虽然不是日语的惯用语，但是直译出来读者都是可以体会到的，所以选择了异化法。综合来说，我还是以语义表达是否顺畅作为归化和异化的主要选择原则。

张：日语中的独特之处——性别语的翻译非常地道、生动，无论是男性用语还是女性用语的运用，既符合人物性格也符合语言习惯，请问您是如何做到的？

滨田：关于性别语，这是日语中比较独特的地方之一。对于它的正确翻译，主要还是平时的积累，当然我也会有针对性地大量阅读与原作同时代或是相近年代的小说，重点考察小说中人物会话是用什么样的性别语。比如谷崎润一郎的小说是我经常阅读的文本，当然他的小说中会用到很多关西话，虽然不能直接照用，但有时会借鉴小说中人物会话的感觉。再如平时我也比较喜欢宫本百合子的小说，会吸收一些关于爱情方面的男女情话的语言表达。

张：不同年代的语言词汇是如何转换的？比如与梁太太的旧欢司徒吃饭后下车时，梁太太没带雨斗篷，译文中译为「雨合羽」，这里指过去涂上桐油的纸斗篷，词语非常具有年代感，体现了时代特色。您是通过什么方法来处理这些词汇的呢？

滨田：例子中的"雨合羽"这个词现在在日常生活中确实不太用了，应该属于年代词汇。这个词虽然不太常用，但是大家看了都会明白它指的是雨披的意思，像这样既不影响语义的表达，又能够反映一定的年代感的词汇是我比较倾向使用的。也就是说，对于反映时代特征的词汇选择，我更倾向于，选择大家能够看得懂的年代词汇，避免使用大家都看不懂的年代词这一原则。

张：张爱玲小说中的比喻在烘托人物心理、凸显作品意境方面起到很关键的作用。但语言间不同文化对于这类意象联想意义问题会有很多差异，相同的意向常常带来不同的联想意义。那么您在语言间转换时采取的是何种方式？

滨田：张爱玲的比喻确实非常出彩，现在马上想到的例子是《倾城之恋》小说的开头，女主人公薇龙第一次来到梁太太的家里，看到房间里有一盆仙人掌，开了一朵黄色的花。此处张爱玲将此景用了"像蛇吐信子"的比喻，可以说这个比喻非常形象，通过这个比喻表达出梁太太这个地方不太正常。当翻译这类比喻时，一般我采用的翻译方法也是和成语类似，如果用异化的方式大家都很明白，那么会沿用原文的说法，比如西太后这个词，描写很厉害的老太太，一说大家都能明白，那就沿用这个比喻。如果不是，那么会做一定的归化处理。

张：译者的语言能力是译者的双语综合表达能力以及基于其语言认知能力对蕴含于语言中的各种相关知识的理解能力和表达能力。滨田老师的翻译作品在这方面非常突出，特别是对不同阶层、不同性别、不同职业、不同年代的日译用词丰富贴切，句子结构富于变化，逻辑关系清晰。可以说全篇行文流畅洗练，生动准确，因此被读者推选为推特文学大奖前十位的翻译作品。那么为了理解原作的精神气质，人物性格，以及整个作品所处的时代和文化背景，您在译作前需要做哪些准备或研究？

滨田：首先非常感谢这些读者和专家的评论。确实就像专家的评论中说的那样，对于服饰、器具类的翻译比较费工夫。比如在翻译"喇叭袖"这一词语时，我考虑了日语的很多词汇，比如「ラッパ袖」或者「膨らんだ袖」等，但最后我还是决定用直译的方法。还有，其实我个人不太喜欢"ギザギザ"这种拟态词，但因为比较形象地表达出服装的样态，所以最后定稿时还是选择了这类词汇。总而言之，对于翻译者来说，自身语言能力确实是非常重要的，不过反复琢磨、不断尝试的努力过程仍然是磨炼翻译技巧必不可少的环节。

张：是否会在翻译时遇到以下两种情况：一是原语中所涉及的专有名词、特定称谓，而在目标语中无对应；二是原语作品中涉及的风俗、礼仪、典故、音乐、美术等，以及生活方式、社交方式、各种制度，甚至是日常生活的点滴，如目标语对应缺失。您一般如何处理？

滨田：对于这类专有名词、特定称谓或风俗、典故等，我确实是有了一定的了解之后才着手翻译的。首先之前也提到过我的大学毕业论文就是相关张爱玲作品研究的，至今已有二十多年的研究经历。在写论文时，我就做过很多相关的调研，通过实地的调研考察，阅读历史书籍，以及反映当时生活的电影、小说等来侧写上海人的生活、当时上海的历史等。那么这些前期的准备对于原作的理解和翻译肯定是非常有助益的。

张：您是否认为和作者有类似的生活体验会对原作的理解更到位？

滨田：也许吧！不过我曾经翻译过很多的作品，比如马来西亚作家的作品等，虽然没有类似的生活体验，也不敢说对原作的理解非常到位，但是如果是我感兴趣的作品，我还是会去挑战，实际上翻译出来的效果还是较好的。当然兴趣是最好的老师，我始终还是比较倾向于选择我感兴趣的或是有过相关研究的作品进行翻译创作。

张：您是否认为作家和译者同性别在翻译作品时更有利？

滨田：我不觉得同性别在翻译作品时更有利，主要还是看对翻译的原本是否有兴趣，或是有过研究，那么对原文的理解就会更加到位，翻译起来也会更加得心应手。

张：非常感谢滨田老师对于翻译方面细致真诚的分享！再次感谢您！

日本汉学家饭塚容访谈：要创作出饱含思想的作品[*]

张　元^{**}

饭塚容（Iizuka Yutori），1954 年生于北海道札幌，现任日本中央大学文学部教授，日本汉学家，中国现当代文学、戏剧研究家、翻译家。2018 年获中国作家协会"中国文学之友"称号，2011 年获中华图书特殊贡献奖。共翻

饭塚容（Iizuka Yutori）

译 40 余位中国当代作家的作品，主要论著有《中国的"新剧"与日本》《中国当代作家的探索》《中国当代话剧与日本》等。为中国当代文学在日本传播与研究做出了重要贡献，在中日学界与翻译界享有盛誉。

一　中国文学作品在日本的译介现状

张元（以下简称"张"）：非常感谢您在百忙之中接受我的采访。

---

* 本文为张元主持的教育部人文社会科学项目"跨文化语境下中国当代小说在日本的译介与批评"（项目编号：17YJC740124）的阶段性研究成果。原载于中国文化译研网，收录于本书时有所修订，原题为《要创作出饱含思想、看法的作品——特贡奖得主饭塚容访谈录》。

** 张元，广东财经大学外国语学院讲师，主要研究方向为日本语言与文化。

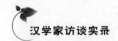

这次访谈内容主要想针对两方面的问题，一是关于中国当代小说在日本的译介和受容情况；二是关于您的一些翻译理念，希望能够得到您的一些想法和见解。首先是关于新时代年轻作家的作品，我在进行中国现代文学读者接受情况的问卷调查时发现，中国今年出版的比较新的相关推理、科幻小说在日本的读者群体中相较中国著名作家作品似乎要多一些。这一点从评论数可以看出，比如『折りたたみ北京』，读者大都认为是反映了现代中国神髓，反映了当下时代、当下社会的科幻作品；还比如陈浩基的《13·67》的推理小说也受到很多读者的欢迎，认为"文章的结构很好""惊叹于高水平的作品内容""与历史融合的高水平推理小说"等。对于此种现象，您是如何认为的？您是否认为这是中国当代文学走向海外，认识中国的一个更好的先行窗口？

饭塚容（以下简称"饭塚"）：请问问卷调查是针对什么人进行的呢？是学生吗？

张：主要是普通日本人，从十多岁到六十多岁，职业也各有不同。

饭塚：到六十多岁吗？那这个问卷调查很不容易吧！实际上在这次采访之前，有好几个人也在做类似的研究，也曾经委托我以中文系的学生为对象做一个问卷调查。而通过那个问卷可以看出很多中文系的学生都很少读中国现代文学作品。因此我现在在课上让学生起码读十部不同作家的作品，哪怕是短篇作品也好，现在我们系的学生们也慢慢开始涉猎一些现代文学作品了。但是一般人确实没怎么读过类似的书籍。我想可能曾经对中国文学感兴趣的人也都渐渐老去，所以你的调查结果中提到有的年轻人甚至都不知道中国还有现代文学这个问题应该说是很普遍的。如果提到年轻人的关注点在哪里，确实如你所说，大都集中在科幻小说、推理小说上，那么以此为切入点进行介绍中国现代文学的想法是不错的。我们也有类似的想法，因此 2017 年 12 月，在日本中央大学召开了关于"SF 与亚洲的未来"相关的研讨会，也邀请了中国的青年作家郝景芳，以及韩国的一位科幻女性作家来日交流。我自己也觉得郝景芳的故事是相当有趣的。这几年，中国掀起了科幻小说热潮。比如说郝景芳之前的刘慈欣在世界范围内受到了很大的关注。究其原因，我觉得是华裔美国作家刘宇昆的影响力起了很大的作用。在刘慈欣、郝景芳等成为热点以前，刘宇昆的《手中纸，心中爱》（*The Paper Menagerie*）（日译名『紙の動物園』）在日本引起了关注，同时在美国也同样获得了很高的评价。之后刘宇昆介绍并翻译了中国的优秀科幻作品，于是在美国得到了广泛的关注，之后传至日本。郝景芳大致也是这样一个译介的过程，只不过最近出了郝景芳的短篇小说集，不是由英译转日译，而是中文转日译。之前大都是中国的作品英译后取得了反响之后才会再转译成日语进行出版，这种途径应该说在很长一段时间内都会存在。直接从中国翻译过来并在日本得到很高评价是很难的。当然郝景芳的作品是非常有趣的，比如《折叠北京》虽然是短篇作品，但在日本有很多读者。虽然是科幻小说，但是反映了当下中国现代社会。《折叠北京》中所提到的三个阶层，按理说在中国是不应该有很大差距的，但实际上不仅有，而且差距越来越大，底层的人越来越难于上升至上游阶层等，读来引人深思。

张：我想是不是也因为与 20 世纪六七十年代作家的作品不同，郝景芳作品中所描写的背景、生活等与日本当下的年轻人很相似，所以他们对此也比较感兴趣呢？

饭塚：也许是这样的。只不过在前年的研讨会上也有各种各样的声音。日本的科幻作家中也有做评论的人，认为对于中国科幻小说，普通读者阅读的角度与真正科幻小说迷们的阅读角度还是有区别的。即对科幻小说本身感兴趣，还是对科幻小说的背景感兴趣，这些问题还需要再讨论和分析。

张：也就是说，到底是欣赏科幻小说本身的构成多一点呢，还是希望从中想了解中国的社会现状多一点呢，是需要再分析这个意思吗？

饭塚：对，我想应该是不同的。比如郝景芳后来写的长篇小说《生于1984》非常有趣。但我最初读的时候并没认为是科幻小说。最后的部分确实有科幻性的地方，但我想郝景芳可能也不是那么拘泥于科幻小说来写的吧！所以作为读者也可以不必非要界定于科幻小说来读。前面提到的刘宇昆的作品其实也有这种倾向。刘宇昆虽然被称为科幻作家，但就其作品而言，不仅是优秀的科幻小说，也是非常优秀的文学作品。也因此得到广泛的世界性关注和好评。当然刘宇昆算作中国的作家吗？当然并不是，包括哈金等作家，应该说算是海外华人作家。因此中国的作家作品将来会如何还要拭目以待。今后也许还有类似《三体》这样的优秀作品问世，不过期待这些科幻类作品会引起极大的反响并能够超越以往作品这种事情应该说还是比较困难的吧！

实际上，我们曾经介绍过韩寒、郭敬明等当代青年作家的作品，但在日本并没有引起很大关注。其原因可能是对于当时的中国年轻人的一些想法可能是比较新颖、独特的，但对于日本来说这并不稀奇，而且日本还有质量更好、水准更高的青春小说，娱乐性更强的推理小说等可供阅读，所以并没有什么人特别需要阅读来自中国的翻译小说了。

张：您是否能对中国的年轻作家提供一些建议？

饭塚：我并不能为他们提供什么建议，只是我想如果能够有更多的交流会更有利于他们的成长吧！现在中国的年轻人读了很多的日本作品，但是也希望日本年轻人能够阅读中国作品的想法应该说还是不太现实。不过青年作家之间的交流机会越来越多，所以可以借此机会增进交流对双方都有好处。

张：您曾在『中国现代小説の二十年』中最后部分写道：

ところで、日本の読者はどうなのだろう。小説を通して中国のことを知りたいという人は、一昔前より減ってきている気がする。多様な中国文学を良質の翻訳で提供し、新たな読者を開拓していく努力を続けなければならない。

我深以为然，2018年10月曾经在日本做过一个微型问卷调查，70%的人回答不阅读中国文学；15%的人回答阅读中国古典文学；

10% 的人回答中国现代文学几乎就限于鲁迅的作品；另外 5% 的人回答如果有优秀的中国现当代文学，有意愿阅读，但没有了解的途径，相关书评很少，不知道如何获取相关信息。对此，您如何评价？有什么解决方法吗？

饭塚：我或是我这一代人主要阅读的是生于 20 世纪 50 年代的作家作品，比如铁凝、王安忆、莫言、闫连科，以及生于 20 世纪 60 年代的毕飞宇、余华、苏童等。现在"70 后""80 后"作家作品也都日趋成熟，特别是"80 后"作家的作品最初感觉不太成熟，但经过淘汰之后留下来的作品还是有非常优秀的，期待今后多介绍一些这样的作品给日本的读者。

张：您在相关中国文化文学方面的杂志上发表了很多书评，可以说您一直致力于推介中国文学的活动。那么从实际效果来看，您觉得书评是一个非常有效的推介方式吗？有过成功的例子吗？

饭塚：以前确实有过这种说法。特别是在《朝日新闻》《读卖新闻》等报纸的专栏上出书评，对于销售量有很大的影响。但是最近可能有了一些变化。首先这些报纸的书评栏不太愿意登载相关中国文学的书评。这跟当下的环境氛围有关，比如 20 世纪 90 年代如果我有这方面的需要，几乎会登载。当时的书评委员有专门负责这类工作的，他们对于中国出版的小说有兴趣；但现在基本不太理会了。社会氛围的变化还是比较大的。现在很多人都不读报纸了，因此报纸书评栏的影响力在不断地减弱。很多网络上也有一些书评，比如 SNS、推特等，传播的途径也都在变化。最典型的例子就是闫连科的《受活》这部作品的日文版得到了推特文学奖。所以我想随着时代的变化，原有的传播途径也在不断变化。

二 关于翻译家饭塚容的翻译理念

张：译作面世时，肯定会有各种各样的声音，有来自评论家的，有来自普通读者的，可能有赞美，也会有异议，比如，面对这些声音，美国的汉学家葛浩文在 2015 年时曾说过"希望学者'能从更宽

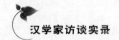

广的视角''宏观式'地评论其译作,而不是他所谓的某些'来者不善'的肤浅'检查'"。那么对此您是如何认为的呢?从您的读者评价,专家评论来看,赞美表扬居多,偶有批评,对此您觉得什么样的评价是有价值的呢?

饭塚:葛浩文所说的事我还是比较了解的。葛浩文是属于将中国的很多作家作品用很快的速度介绍到国外的翻译家。因此,与原文对比可能有很多有出入的地方,比如省略、缩写等。专家或者研究者看到他的翻译就会有诸多批判。但是他应该是将中国文学介绍到英语圈做出最高贡献的人。所以对此他希望能用更宽广的视角来看待他的翻译。这个非常能够理解。我们这里很多时候是同行互相评价的情况居多,这种时候持批评态度去评论的还是比较少见的。所以对我来讲,希望更多其他领域的人用完全崭新的角度来阅读中国文学,之后再进行评价或者写书评等,这是非常必要且重要的。实际上也曾有过这样的例子。不仅是研究中国文学的人,研究其他文学的作家、社会学者、新闻记者等,他们在阅读了中国文学以后是如何认为的,如何评论的,我觉得这是非常有价值的看法。像张老师这样从研究者角度进行翻译学、翻译的分析等研究,在国外也才开始不久,还属于比较新的学科,关于中国文学的翻译还少有人进行研究,我也期待并欢迎这些研究成果的出现。

张:您曾经翻译过很多中国作家的作品,比如余华、闫连科、苏童、毕飞宇、铁凝、王安忆、韩东等,哪部作品是您个人比较喜欢,觉得最与个人的价值观、美学意识相契合的呢?在翻译这些不同作家作品时,您是否有特别注意这些不同的地方进行不同的处理呢?如果有,能否举一个具体的例子?

饭塚:我想应该是余华吧!一方面翻译他的作品非常多,另一方面他也是我喜欢的作家,与我心意相通的作家。只不过余华的有些作品,我还是有一些距离感,并没有翻译。比如初期作品中有相当暴力、残酷的内容。这些内容与日本人的普遍的美意识或者说感性上有一些不符,所以没有翻译出来,除去这些作品,我还是最喜欢余华的作品。

张：一般认为译者的翻译思想不是一成不变的，有时是受到所处不同时代主流翻译思想的影响，有时是译者本身随着对翻译认识的提高而不断修正，从而导致译者不同时期翻译风格上的差异。您从翻译初期到现在是否有一些翻译思想的变化？

饭塚：原来我比较重视日语的自然流畅度，基本属于意译居多。但当我参与《现代中国小说》的编委会后，受到老师重视原文理念的影响，也逐渐磨炼翻译技巧，在尊重原文的基础上追求日语的自然流畅的译法是我现在主要的翻译思想。

张：翻译的目的性主要表现为原文的目的性、发起人的目的性、赞助人的目的性以及译者的目的性。而所有的目的的实现最终都有赖于接受者的接受效果。您在出版译作时是否有来自出版社的修改要求？这些要求大都有哪些类别？比如语言润色、意识形态影响、预设读者接受程度的影响等。是否有与这些相关人的目的不一致的时候？如果有，倾向于如何处理呢？

饭塚：关于内容方面的修改基本上是没有的。最苦恼的还是小说题目的翻译。比如《碧奴》翻译成日语版时也是《碧奴》，但《推拿》翻译成日语时就变成了『ブラインインドマッサージ』，为什么这样翻呢？主要是如果只翻译成「マッサージ」，有些无趣，但如果用日语中的汉字加上"盲人"两字，又觉得不够时髦。因为故事的背景是发生在城市，所以最后决定用英语的和音来确定最后的题目。再比如《活着》的日语版名称是『活きる』，日语中表达活着经常用「生きる」，但在这里我活用了"活"这个汉字，同时也与原作有呼应之感，所以最后选择使用了「活きる」这一单词。《大浴女》使用了原作的名称，但为了更好理解，加了一个副标题「水浴する女たち」。像这样，相关题目的标题，出版社有时会提供一些意见。比如原来的题目不够潇洒、土味十足等，为了宣传的目的，有时会让我考虑一下。

张：在选择文学作品时，译者本身是否有自己的政治、文化、经济方面的目的？比如20世纪二三十年代主要代表人物林纾、严复、周作人、周树人、苏曼殊等，他们在选择书目时都有着明显的目的

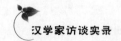

性，呼吁国人发愤图强，启智明心等。但这些限于弱势文化群体在引进强势文化群体时经常存在的现象。而对于位于相对优势文化圈的您来说，在选择中国现代作品时，是抱着什么想法来进行翻译创作的呢？

饭塚：我并没有考虑过优势文化、弱势文化这些。如果说中国是弱势文化，日本其实也是弱势文化。放眼世界，从诺贝尔文学奖来看就可以知道，日本有两人获奖，中国有一人，而韩国没有人获奖。在世界文学的领域里，无论是日本还是中国都属于弱势群体。我希望能够向日本读者介绍中国人的生活、思维方式，中国社会的存在方式，还有艺术上的一些作品，等等。

张：中国有学者研究过毕飞宇和苏童作品风格的异同，谈道："（1）在意义表达和词汇丰富度上，苏童要高于毕飞宇（2）在语气强烈度和叙事性上，苏童远高于毕飞宇，苏童的作品运用了大量的自由式直接引语，即省略了引导标点符号或者引导句的直接引语，是标点符号的'陌生化'。"您在翻译这两位作家的作品时，是否感到有差异，在翻译手法上有没有特别区别和注意的地方？同时，译文的节奏感也是影响读者接受的一个非常重要的元素。请问您是否为了保持译文的节奏感在标点、词汇的选择等方面非常注重？或是除此之外，还在哪些地方进行了特别的处理？

饭塚：标点符号方面确实做了一些处理。因为如果是照原文翻译，一部分内容非常不好理解，所以我基本上采取用逗号隔开的方式进行翻译。当然不同译者对此有不同的处理方法。比如东京大学原教授藤井省三基本上是完全按照鲁迅的句读进行翻译的。再回到刚才的问题，你提到的苏童和毕飞宇的风格特色问题。我感觉这两位也是属于不同风格的作家。实际见面的感觉也是这样的。苏童似乎要内向一些，而毕飞宇要外向一些，我想这种风格也多少会体现在作品中。我在翻译他们的作品时，一个比较直观的感受是，苏童的作品有一种湿意，潮潮的感觉；而毕飞宇的文章是干燥的、爽朗的。

说到节奏感，最需要注意的应该是句末的处理方法。如果翻译得不好，句末就会是「した」与「した」的连用，使文章整体显得非常单调平板，缺乏韵律。所以日语当中文末的表达方式的处理是非常重要的。

代名词的译法也是重要的一环。特别是第三人称尽量不要过多使用，能够隐藏就隐藏起来。因为日语中原本在日常会话中是不说第三人称的。如果文章中过多出现，那么翻译腔就非常明显了。除了第三人称以外，还有第一人称也是如此。

张：确实如此。您在翻译余华《活着》这部作品时，您有时就删掉了原文中的部分句子中的"我"，但也保留了一些，在维持了原文的排比的节奏以外，确保了日文的流畅自然性。

饭塚：是这样的。还有比喻表现也是这样的。因为原文中有很多比喻表现，如果直译，就会「～ように」与「～ように」，这样一来就太过单调，需要好好想一下才行。我的做法基本上是确保日语的自然性来翻译的。但因为有些比喻是比较有中国特色的，也会对这部分表达灵活运用。并非所有都用日语本身固有的比喻表达来置换。那样也会觉得很奇怪，因为明明是中国的情节，怎么到处都是日语的表达。

最后想提到的一点就是主语的省略，还有汉语词的减少等地方吧。

张：原语作品中涉及的风俗、礼仪、典故、音乐、美术等，以及生活方式、社交方式、各种制度，甚至是日常生活的点滴，如目标语对应缺失，您一般如何处理？

饭塚：因为日本读者大都了解中国的古典，所以英译本中需要的一些注解等在日译本中就不太必要了。举《推拿》的例子来说，《琵琶行》中的"半抱琵琶"该如何理解？也许没有这方面知识的中国人可能也不好想象，对于普通的日本读者来说了解这种意境也是比较困难的。小说中的原文是"它能每一样东西都处在半抱琵琶的状态之中"，如果直译，会很难理解。因此我将这种意境和语义直接翻译到句子中，即「白居易の詩に詠われた美女のような恥じらいを感じさせる」而并没有加上注释。原来还想过「琵琶を抱える」这种译法。但还是加上了"白居易"这个解释，因为提起白居易，日本人都了解。在具体提到白居易诗中的美女弹奏琵琶的样子，相信日本读者从

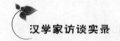

以往的经验中是可以想象出来的，所以定稿中用了这种表达方式。也就是说，一般需要加注释的地方，看看能不能用其他方法既能表达出原义，又能使读者想象出其氛围的方法是我比较赞成的。

张：您是否认为作家和译者同性别在翻译作品时更有利？

饭塚：我翻译过铁凝的书，王安忆的书，基本上并没有觉得有什么不同或阻碍。我觉得女性作家的作品翻译起来一样是很顺利的，由男性来翻译女性作家的作品没有任何问题。比如日本男性作家在很多作品中是运用女性的视角来叙述故事的。尤其是高中时我特别喜欢的作家太宰治。他的《斜阳》就是从女性角度描写的。所以说这方面没有任何问题。我尤其喜欢太宰治的女性词汇，也因为有这样的读书经验，所以在后来翻译女性作品时自认完全可以胜任。那么女性用语到底如何更好地翻译，这是一个很难的问题。学术上还有专门的研究领域。比如女性用语也存在一个历史变迁，所以在某种程度上说其反映了古老的价值观。只是在翻译小说中出现的女性形象和实际的女性形象还是有不同的。文学作品中的词汇和日常生活中使用的词汇也是不同的。但是「わよ」和「でしょう」等这种语尾表达又涉及日语的性别语问题，所以还需要做一个"分拣"工作。只是在日常生活中，特别是年轻女性使用男性用语也是很常见的现象了。那么到底应该如何翻译，具体还是要看小说。比如张爱玲小说中的女性，在翻译时出现了现在的词汇，确实会让读者觉得很混乱，变得有些分裂，给人土不土洋不洋的感觉。所以小说背景的不同，需要考虑到词汇的运用。

韩国汉学家崔溶澈访谈：中国古代小说的传播与译介[*]

马君毅[**]

崔溶澈（최용철），韩国
著名学者，中国古代小说研究
专家，主要研究领域为中国古
代小说、中韩比较文学。曾任
高丽大学中国学研究所所长、
韩国中国小说学会会长、中国
语文研究会会长、东方文学研
究会会长、东亚比较文化国际

崔溶澈（최용철）

会议会长，现为韩国红楼梦研究会会长、高丽大学中文系教授。
著有《〈红楼梦〉在韩国的传播与翻译》（2007）、《红色楼阁的
梦：正看〈红楼梦〉》（2009）、《四大奇书与中国文化》（2018）
等学术著作，并将《红楼梦》《剪灯新话》《剪灯余话》等中国
古代小说译介到韩国。

2017年11月，笔者在高丽大学访学之时，有幸对崔溶澈教授进
行了专访。此次访谈围绕中国古代小说在韩国的传播、译介与研究展

---

* 原载于《国际汉学》2020年第4期，收录于本书时有所修订，原题为《中国古代小
说在韩国的传播、译介与研究——韩国汉学家崔溶澈教授访谈录》。

** 马君毅，云南大学文学院助理研究员，主要研究方向为明清文学。

开，讨论了中国古代小说在古代朝鲜的传播与影响、中国古代小说在韩国译介与研究的历程与现状等话题。

马君毅（以下简称"马"）： 崔教授您好！十分感谢您接受我的邀请，就中国古代小说在韩国的传播、译介与研究这一话题做一次访谈。自古以来，朝鲜就是中国唇齿相依的友好邻邦，两国在政治、经济、文化等诸多领域都有紧密的联系与频繁的交流。中华文化与儒家思想更是在古代朝鲜广泛传播，并产生了深刻的影响。作为中华文化的重要组成部分，中国古代文学在古代的朝鲜半岛也得到了广泛的传播，对朝鲜古代文学产生了巨大的影响。这种影响突出地体现为不仅朝鲜文人善用汉语创作诗文，甚至连一些闺中佳丽也颇工于此。① 请您谈一谈中国古代文学何以对朝鲜古代文学产生这般影响？另外，具体就小说来看，中国古代小说对朝鲜古代小说又产生了什么样的影响？

崔溶澈（以下简称"崔"）： 中国古代文学对朝鲜古代文学的影响是广泛而深远的，这主要体现在诗文方面。坦白地说，自三国时期②，朝鲜半岛就开始使用汉字。至统一新罗时期③，唐朝文化不断传入朝鲜半岛，产生了尤为显著的影响。在此之前，在朝鲜半岛的文化构成中，原生文化的成分还比较多，无论是在人名、地名，还是国家典章制度等方面，都保有不少原生文化的成分，比如，国王不称为"王"，而称为"麻立干"（머리간）。在接受唐朝文化之后，朝鲜半岛逐渐汉化，到了高丽时期，汉化程度已经比较深了。

至高丽末年，"朱子学"进入朝鲜半岛，继之而兴的朝鲜王朝以宋明理学治国，甚至固执地保持儒家思想，汉化程度非常高，所以朝鲜文人在进行文学创作的时候，都是以中国文学为典范的。在诗歌方

---

① 参见张伯伟主编《朝鲜时代女性诗文集全编》，凤凰出版社2011年版。
② 指朝鲜的三国时期（公元前57年至公元668年），即高句丽、新罗、百济分据朝鲜半岛的时代。
③ 公元668年至公元901年为朝鲜历史上的统一新罗时期。公元668年，新罗联合唐朝，灭高句丽与百济，统一朝鲜半岛，史称统一新罗。

面，楚辞、陶诗、杜诗等成为朝鲜文人竞相研习的对象。尤其是杜诗，对朝鲜文人的影响最为深远。一方面，杜甫是伟大的爱国诗人，朝鲜文人学习杜甫"一饭未尝忘君"的忠君之情；另一方面，杜诗格律严谨，讲究炼字炼句，是格律诗的典范，故他们将杜诗视作学诗的轨则。正祖国王曾下诏精选杜甫诗五百首和陆游诗五百首，将其合编为《杜陆千选》，编纂此书的目的，不仅是让朝鲜文人学习作诗的技巧，更为关键的是让朝鲜文人从中学习杜、陆二人的爱国精神。在文章方面，唐宋八大家的古文在朝鲜半岛的影响很大，因为他们的文章不仅文笔优美，情感真挚，具有极高的文学价值，而且谋篇布局合理严谨，行文用语凝练得当，所以被朝鲜文人士大夫视作学习汉文的"教科书"。比如，成均馆和各地乡校无不将《千字文》《明心宝鉴》《古文真宝》《通鉴节要》及唐宋八大家文、杜诗等作为学习的重要科目。可见，中国古代文学作品对朝鲜文人士大夫阶层的影响是很大的。

虽然在朝鲜王朝初期，世宗大王创制朝鲜谚文，从此朝鲜民族有了自己的语言文字，但谚文并未成为必学科目。因此，文人士大夫都不太使用谚文，基本只有妇女和译官两个群体经常使用。妇女出于日常生活的需要，用谚文写书信，也以其创作小说；译官则是由于工作内容的要求，用谚文翻译中文典籍，以供不懂汉语的人阅读。唐传奇、"四大奇书"、《红楼梦》等中国古代小说就是译官应宫嫔们的要求，译成谚文，从而成为她们排忧解闷的读物。也就是说，因为朝鲜文人士大夫全都使用汉字写作，并深受中国古典诗文的影响，所以中国古代文学对朝鲜上层社会的影响是显著而深远的。

至于小说，其影响力稍逊于诗文，而且对于朝鲜文人而言，白话小说的影响又比文言小说要小。朝鲜文人尤为钟爱文言小说，其中《太平广记》与《剪灯新话》最受欢迎，影响颇大。《太平广记》内容丰富，包罗万象，但因卷帙浩繁，难以悉数通览，故在朝鲜王朝初年出现了 50 卷的选本《太平广记详节》。《剪灯新话》对朝鲜古代小说的影响尤为显著，朝鲜古代小说中的经典作品《金鳌新话》就直接受其影响。或许是因为《剪灯新话》篇幅较短，全书仅有 21 篇，易于传播，所以朝鲜半岛几乎各大城市都曾出版过。此外，比较流行的还有《三国演义》，其中的一些故事情节依靠说书者（传奇叟）的表演而广为流传，为人们所熟知。

但是，中国古代白话通俗小说在朝鲜的影响是比较有限的。因为朝鲜文人学习、使用的是文言文，对白话文非常陌生，只有译官和少部分文人能够准确无误地看懂白话文。因此，白话文通俗小说需要改写成文言文，才能供更多的朝鲜文人阅读。例如，有一部名为《唉蔗》的书，现藏于韩国国立中央图书馆，其中包含几十篇文言故事，细绎其内容，全都是"三言二拍"中的故事。有一位中国台湾地区的学者初步研究后，认为该书是"三言二拍"的原本，声称是先有了这些文言故事，之后才由文言文改写成白话文的。但王国良教授和其他几位学者经过考证，认为事实正好相反，实际上，是懂白话文的朝鲜人将"三言二拍"中的某些故事改写为文言文，并编入此书的。这与中国的情况正好相反，冯梦龙和凌濛初等都是将原来的文言故事改为白话。

朝鲜著名的通俗小说《春香传》也是一例。它最早是民间故事，没有写定的文本。后于18世纪中期被人用汉文诗歌的方式记录下来，之后逐步分为两派，其一是以谚文书写的说唱文学"盘索里"（판소리）；其二是以汉文文言书写的文言小说。由此可见，朝鲜文人主要以汉文文言为阅读和书写的工具，这就是白话通俗小说对朝鲜古代小说影响较小的原因之一。另外，在正祖时代，小说被列入禁止带入朝鲜的杂书，这对清代小说进入朝鲜半岛产生了巨大的障碍，像《儒林外史》《儿女英雄传》等清代小说都没能传入朝鲜。

总的来说，中国古代文学对朝鲜古代文学的影响更多的还是在诗文方面，小说的影响远没有诗文广泛和深入。

马：众所周知，在数量繁多的中国古代小说作品中，瞿祐的《剪灯新话》并不算是佼佼者，难以归入一流小说的行列，但如您所说，《剪灯新话》却在朝鲜半岛广为流传，直接催生了朝鲜古代小说名著《金鳌新话》，产生了十分深远的影响。可以说，在中、朝古代小说史上，《剪灯新话》的地位是不对等的。是什么原因导致了这一现象呢？

崔：站在中国文学史或中国小说史的立场来看，《剪灯新话》是在唐传奇与《聊斋志异》之间起承接作用的小说。它产生于明朝初年，与唐宋传奇最大的不同，就在于它的故事大多是根据新近发生的事件，即元明之际江浙一带战乱中的故事创作而成的，这是前所未有的。

如前所述，对于朝鲜人来说，学习汉文一般是看"四书""五经"、《千字文》《古文真宝》和唐宋八大家的文章。然而，这些书籍的内容都比较深奥，而且都是些过去的事情。所以朝鲜人想了解同时代中国人的生活，就要看明朝人创作的作品，并学习明朝人使用的语言。然而，明朝实行海禁政策，仅朝贡使节能够前往中国北京，在朝贡后必须按规定时间立即回国。朝鲜王朝曾多次向明王朝提出派遣留学生赴华学习的请求，但都被拒绝了。在此背景下，由明代文人创作的、描写明代社会生活及历史史事的文学作品成为朝鲜人了解中国、学习中文的工具之一。而"四大奇书"（除《三国演义》之外）和"三言二拍"都是白话文，之前说过白话文对于朝鲜士大夫来说是很难读懂的，所以与其看"四大奇书"和"三言二拍"，还不如看《剪灯新话》。由此，《剪灯新话》就具有了两种功能：一是作为文学作品的审美功能，二是作为汉语教材的教育功能。而作为汉语学习的教材，《剪灯新话》有两方面的优势：一方面，《剪灯新话》是文言故事集，较"四书""五经"等经典更加生动有趣，更能激发学习者的兴趣；另一方面，《剪灯新话》中的不少故事以元末明初的史事为背景，具有一定的认知价值，能让朝鲜人进一步了解中国。实际上，在一部名为《训世评话》的汉语学习教程中，就有几篇取自《剪灯新话》。

由此可见，《剪灯新话》之所以在朝鲜产生如此巨大的影响，很大程度上是因为它已经成为朝鲜人的汉语教科书。而随着《剪灯新话》的广泛传播，便有朝鲜文人对其进行模仿，进而影响了朝鲜古代小说的创作。

马：在两国的文化交流过程中，影响往往是双向的。拿造纸术来说，它虽是中国古代四大发明之一，并从中国传入朝鲜，但朝鲜半岛出产的高丽纸却成为贡纸，回传中国，并在清乾隆时期成为中国人仿制的对象。中国古代小说对朝鲜古代小说是有相当影响的，那么，朝鲜古代小说是否存在传入中国并对中国古代小说创作产生影响的情况呢？

崔：这个情况不太多。不过值得注意的是"九云"系列小说，即《九云梦》《九云楼》和《九云记》。《九云梦》是朝鲜显宗、肃宗时期著名的闾巷文人金万重（1637—1692）所作，共十六回，讲述了杨少游与八位才貌双全的佳人之间的一段段缠绵悱恻的爱情故事。《九云楼》和《九云记》则是《九云梦》的两种改写本，三者间有着非常密切而又十分复杂的关系。仅从目前掌握的资料来看，学术界对《九云楼》与《九云记》的关系及其国籍依然难以得出定论。

如今，韩国学者普遍认为《九云楼》是比《九云记》更早的本子。丁奎福教授曾发表过《〈九云梦〉与〈九云记〉之比较研究》一文，他在文中指出，在朝鲜译官金进洙（1797—1865）的《碧芦集》中有首诗的注释以及评文里就提到了《九云楼》。① 按照金进洙的诗注来看，应该是他在清朝道光年间出使中国时看到了《九云楼》，而且他看到的是在中国刊印的刻本，所以起码在 19 世纪中期之前，《九云楼》在中国是有流传的。因此，金进洙看到的《九云楼》极有可能是由中国文人将《九云梦》改写后在中国刊行的本子。后来，在韩国岭南大学又找到一部手抄本《九云记》，共九册，三十五回，其内容与《九云梦》大同小异，只是在分回上由《九云梦》的十六回增多到三十五回。目前，学界对于《九云记》的国籍存在较大争议，一些学者认为《九云记》是朝鲜汉文小说，也有一部分学者认为它应当属于中国古代小说。

另外，1884 年，深受《剪灯新话》影响而创作的朝鲜汉文小说《金鳌新话》在日本出版，朝鲜人李树廷（1842—1886）在跋文中曾称《金鳌新话》和《九云梦》是两部非常出名的传奇小说，但是

---

① 金进洙的《碧芦前集》卷一中有以"燕京杂咏"为总题的一首七绝："墨鸢裴虎迄无休，篇休丛残尽刻舟。岂但梅花空集句，九云梦幻九云楼。"诗后有一条关于"九云梦"的注释："我东小说《九云梦》，增演己意，如杨少游系杨震，贾春云系贾充，他皆仿此，皆写像于卷首，如圣叹四大书，著为十册，改名曰《九云楼》。自序曰：余官西省也，于舟中得见《九云梦》，即朝鲜人所撰也。事有可采，而朝鲜不娴于稗官野史之书，故改撰云。"参见韩国奎章阁藏本《闾巷文学丛书》第 5 辑影印本《碧芦集》。

《九云梦》十册曾经在清朝出版过，而《金鳌新话》从来没人出版过，所以现在出版《金鳌新话》是很有意义的。① 可见，李树廷是见过刻于中国的十卷本《九云梦》的，但李树廷所说的《九云梦》十卷刻本直到今天，都没在中国找到。

总之，"九云"系列小说存在诸多的疑点，体现着中、朝两国书籍环流的现象，至今仍是一个难解的谜题，有待进一步解决。《九云梦》是一部文学成就颇高的作品，我认为可以将《红楼梦》《九云梦》和《源氏物语》三部东亚文化圈中的小说巨著进行比较研究，这个课题将会非常有意义。

马：如您所说，《剪灯新话》不仅曾经被朝鲜人当作汉语教科书，而且深深影响了朝鲜古代小说名著《金鳌新话》，它在中、朝文化交流中的重要性不言而喻。请您介绍一下《剪灯新话》在韩国的传播与译介情况。

崔：《剪灯新话》在韩国流传的历史非常悠久。明朝永乐年间，《剪灯新话》和《剪灯余话》的合刻本问世，此后不久，该书便传入朝鲜半岛。朝鲜世宗大王曾敕命编撰《龙飞御天歌》，在该书注释中已引用了《剪灯余话》的部分内容。此后，特别喜欢稗说的朝鲜国王燕山君特地命令燕行使节到中国购买《剪灯新话》《剪灯余话》等书。到了朝鲜中期，林芑、尹春年为《剪灯新话》作注，编成《剪灯新话句解》，在朝廷下属的校书馆刊行。该书是第一部由朝鲜人注释、刊印的中国小说注解本，在朝鲜王朝覆灭以前于朝鲜半岛广泛流行，甚至流传到了日本。

因为古代朝鲜文人的汉文功底普遍颇为深厚，能够直接阅读中国文言文小说，所以在朝鲜王朝前期，并未出现《剪灯新话》的谚文

---

① 李树廷的《金鳌新话·跋》："朝鲜固多小说，然皆有根据，盖野史之类。其传奇之作甚稀，仅有梅月堂《金鳌新话》、金春泽《九云梦》数种而已。……惟《金鳌新话》，只有誊本，以梅月堂有重名于世。……此书为日本大冢氏收藏，已二百二十余年，书之古可知矣。今上于梓，以寿其传，乃如大冢氏，重其人也，读此者，宜致思焉。大朝鲜开国四百九十三年，甲申之秋，汉阳李树廷识。"参见陈文新、[韩]闵宽东《韩国所见中国古代小说史料》，武汉大学出版社2011年版，第132页。

译本。直到朝鲜王朝中后期，宫廷妃嫔及贵族妇女喜读中国古代小说，为方便她们阅读，《剪灯新话》才逐渐被翻译为谚文。根据有关记载，朝鲜时代既有选取某些篇章进行部分翻译的选译本，如择取《剪灯新话》中《绿衣人传》进行翻译的译本，也有对整部作品进行全面翻译的全译本，此类译本目前有两种，即首尔大学藏本与檀国大学藏本，但二者均有残缺。此外，在文人阶层中还流行一种较为特殊的译本——《悬吐剪灯新话》。所谓悬吐，是指在汉文原著的句读部分加入韩文助词，既便于朗诵阅读，又可帮助理解，这也是朝鲜一种独特的翻译方式。

韩国建国后，翻译家、学者对《剪灯新话》的兴趣有增无减，《剪灯新话》已经出版了好几种译本，如尹泰荣译本（1950）、李炳赫译本（1968）、李庆善译本（1971）、郑容秀句解译注本（2003）等。

我对《剪灯新话》也有着浓厚的兴趣，曾翻译过《剪灯新话》《剪灯余话》和《觅灯因话》，并将其合订为《剪灯三种》（上册《剪灯新话》《觅灯因话》，下册《剪灯余话》），于2005年由韩国SOMYUNG（召命）出版社出版。我的这部译本不仅对《剪灯新话》《剪灯余话》《觅灯因话》进行了全面的翻译，而且对《剪灯新话句解》中的序跋和题记，如朝鲜林苣《句解跋》、朝鲜尹春年《题注解剪灯新话后》、日本林罗山《题记》等内容，也进行了翻译。

马：您前面提到在朝鲜时代就已经出现了《剪灯新话》的谚文译本，那么现当代韩国学者为什么要重译《剪灯新话》，您觉得这些重译本有何功用与影响，又有哪些不足？

崔：在朝鲜时代，所有的谚文译本都是传统的、古典的，这是由当时人们所使用的语言决定的。进入20世纪后，才出现了现代意义上的译本，与朝鲜时代相比，此时期的韩语已经发生了较大的变化。因此，为满足读者的需要，20世纪初至20世纪70年代，涌现出多部《剪灯新话》的谚文译本。然而，这些译本存在着明显的不足，比如有的并非全译本，内容不完整；有的在语言表述上不够准确；还有的文笔虽佳，学术严谨性却不足。20世纪80年代以来，韩国的"中国学"研究开始重视中国古代文学作品的版本问题，而恰在此时，一部在版本、校勘、注释等方面都颇为严谨、完备的《剪灯新话》全新校注本（周楞伽校注本）在中国出版，再加上这一时期的韩国学界热衷于研究东亚汉籍，《剪灯新话》作为一部在朝鲜半岛具有重大影响的汉籍，其研究热度可谓与日俱增。因此，韩国学界盼望有更加严谨、完备的《剪灯新话》新译本问世。可以说，我翻译的《剪灯三种》就是在此背景下应运而生的。

20 世纪末到 21 世纪初，东亚各国学界都开始认识到东亚汉籍的重要性，并提倡研究东亚汉籍，而东亚汉文小说研究又是其中的重要组成部分。东亚汉文小说，包括朝鲜、日本、越南的古典汉文小说，大部分是文言文小说，深受《剪灯新话》和《剪灯余话》的影响。因此，研究《剪灯新话》有助于东亚汉文小说研究的深入。对于韩国学者来说，《剪灯新话》译本能够为其研究提供莫大的便利，所以质量更好、更严谨的重译本有利于韩国学界对《剪灯新话》乃至东亚汉文小说展开研究，同时有助于中国古代小说在韩国社会的传播与普及。

下面，我再谈一下这些现当代重译本的不足。20 世纪 50 年代出版的尹泰荣译本并非全译本，只有上册，共 11 篇，这是因为朝鲜战争的爆发导致后册无法继续出版。李炳赫译本最初是在地方报刊《庆南每日新闻》上连载的，直到 2002 年才结集重新出版，但该译本不够严谨，学术性不强。1971 年，李庆善译本由乙酉文化社出版，此译本普及最广，影响最大。不过，由于当时尚未发现奎章阁所藏的《剪灯新话》早期版本，也没有输入中国出版的新校注本，所以该译本是根据《悬吐剪灯新话》翻译的。到了 21 世纪，学界才开始重视底本的版本问题，所以郑容秀以奎章阁所藏《剪灯新话句解》为底本，出版了新的译注本。

我在研究明清小说时，特别关注《剪灯新话》和《剪灯余话》。自朝鲜王朝初年，《剪灯余话》就与《剪灯新话》一起流传入朝鲜，并影响到朝鲜文学，但是《剪灯余话》从未出现过谚文全译本。因此，我以周楞伽校注的《剪灯新话（外二种）》做底本，进行全面翻译，并加入较为详细的注释和解说。我的译本最终在 2005 年出版，也是目前韩国唯一一部"剪灯三话"的完整翻译、注释本。当然，在翻译过程中，我吸收了谚文翻译、悬吐翻译以及前辈学者的早期经验。

马：如今，韩国是东亚地区的发达国家之一，韩国民众在各方面无不深受西方文化的影响。在此背景下，中国古代小说在韩国传播与接受的状况是什么样的呢？

崔：现在的情况比较复杂，因为有些人喜欢西方小说，也有些人喜欢现代科幻小说，当然还是有一大批人喜欢中国古典小说。其中《三国演义》最受欢迎，它也是在韩国出版及印刷次数最多的中国古代小说。据说，首尔大学的入学考试试题中，曾经有题目涉及《三国演义》，所以想要考上首尔大学，就必须读《三国演义》，于是家长就买《三国演义》给子女阅读。虽然这个事情只是一时传闻，并不一定真实，但《三国演义》基本上每家都有。除《三国演义》之外，《水浒传》《西游记》和《金瓶梅》也是家喻户晓，拥有众多读者。因为它们与《三国演义》并称"四大奇书"，出版社在出版发行时，往往将"四大奇书"作为一套书，所以读者在购买《三国演义》时，就顺带把其他三部也买了。再有就是《红楼梦》，但《红楼梦》在韩国的知名度并不是很高，读者群体也比较有限。总的来说，最受韩国读者喜爱的中国古代小说无疑是《三国演义》。

马：您刚才提到《红楼梦》在韩国的知名度和受欢迎程度不及《三国演义》，但我们都知道，《红楼梦》一般被认为是中国古代小说的巅峰，代表了中国古代小说的最高水平。为何《红楼梦》在韩国遭受如此冷遇呢？

崔：关于这个问题，我也思考过很久。我认为，首先，是《红楼梦》传入朝鲜半岛的时间比较晚。《红楼梦》程刻本刊印出版时，正值朝鲜正祖时期。正祖认为小说、戏曲、小品文是坏人心术的杂书，于是明令禁止任何人从中国携带此类书籍进入朝鲜，这为《红楼梦》在朝鲜的传播造成了巨大的阻碍。直到 19 世纪末年，第一部《红楼梦》谚文译本即乐善斋本的出现才真正让朝鲜人读到了《红楼梦》。但读者群体仅限于宫廷之内，民间是无法读到的，所以影响不大。

　　其次，《红楼梦》的故事情节难以获得韩国人的认同。《红楼梦》以贾宝玉、林黛玉和薛宝钗之间的爱情故事为主线，而这几个人物之间都是有亲缘关系的。在韩国人的伦理观念中，近亲婚恋是不道德的。况且，宝玉、黛玉、宝钗三人在谈恋爱时都还未成年。换句话说，《红楼梦》描写的是具有亲缘关系的未成年人之间的爱情故事，这更是有违韩国人的道德观。因此，在这个意义上说，《红楼梦》与韩国人的伦理观背道而驰，令韩国读者难以接受。

　　最后，《红楼梦》篇幅很长，而且故事缺乏传奇性、故事性，没有扣人心弦、跌宕起伏、引人入胜的情节。这使不少读者仅读了一部分，便觉得索然无味，就没有坚持读下去了。对这一情况，我深有体会。我与高旻喜教授共同翻译的《红楼梦》韩文全译本一共有六册，唯独第一册卖得最多，之后的几册都很难卖出去。因为韩国读者连第一册都看不完，又怎么会买第二册呢？鉴于此，我想换种形式向韩国读者介绍《红楼梦》。我们都知道，中国有许多短小精悍的故事，这样的小故事便于传播，它们能够让读者一点一点地接受，并逐步激发他们的阅读兴趣。所以，我打算把《红楼梦》的故事拆分成一个一个的小故事，按人物编排，如贾宝玉的故事、袭人的故事、晴雯的故事等。然后，把这些故事编辑成册，分别出版出来，让韩国读者按人物来读，让他们一点点地接触《红楼梦》，由此逐渐进入《红楼梦》的世界。

　　马：请您介绍一下中国古代小说研究在韩国的发展历程及韩国学者的研究兴趣。

　　崔：1989年，我们成立了中国小说研究会，后来改为中国小说学会。学会成立后，我们一方面关注保存在韩国的中、朝两国古代小说文献的问题，另一方面将中国的相关研究动态和成果介绍给韩国的学者与学生。学会还创办了《中国小说研究会报》，它刚刚发行了第100号。1990年3月初创时，第1号还只是薄薄的一小册，而现在已经是厚厚的一大本了。这个学会在成立之初曾在韩国的中国学研究界引起了轰动，因为此前从来没有这样一个专门的中国小说研究会，之前都是中文学会、中国学会，文史哲放在一起的，而中国小说研究会主要研究中国古代小说，后来逐渐延伸至中国现当代小说。总之，它是韩国第一个以中国小说为主要研究对象的专业学会，还创办了专业的学术期刊，这些都是前所未有的。可以说，在中国小说学会成立后，韩国的中国古代小说研究日益兴盛。

韩国的中国古代小说研究者的研究兴趣主要集中在以下四个方面。其一，中、韩两国流传的小说文献的异同。比如，韩国刊印流传的《剪灯新话》与中国的版本就不一样。该书在朝鲜印行时，由原来的四卷本变成两卷本，而且加了注释、句解，主要是注明典故、人名、年号、地名，因此成为东方小说中最早的注释本。其二，研究中国已经亡佚而现存于韩国的小说文献。《型世言》就是一个典型的例子。《型世言》是明末陆人龙的白话短篇话本小说集，共 40 篇，于 20 世纪 80 年代末在韩国奎章阁被发现，引起了中、韩古代小说研究界的轰动。它的发现为中国古代小说研究提供了新的材料，许多学者从不同角度对此书进行讨论，成果丰硕，大大推动了中国古代小说研究的发展。其三，中、韩两国古代小说的比较研究。我就曾仔细研究过《剪灯新话》与《金鳌新话》二者间的关系，并在中、韩两国的学术刊物上都发表过相关论文。此外，中国古代小说对韩国古代小说的影响研究也是一个非常重要的热门话题，出现了许多高质量的研究成果。其四，翻译中国古代小说，进而研究翻译方法和理论。中、韩两国在语言和文化上都存在着巨大的差异，这使得中国古代小说的翻译困难重重。我与高旻喜教授曾将《红楼梦》120 回全部翻译成韩文，前 80 回的翻译是由我承担的。在翻译的过程中，我对如何翻译中国古代小说形成了一些自己的看法，便将这些想法写成了论文。

马：韩国的中国古代小说研究者是该领域不可或缺的重要学术力量，他们的研究成果一直受到中国学者的重视。请您介绍一下中国古代小说在韩国的研究现状。

崔：总的来说，现在研究者还是比较多的，关注的领域也比较广泛。但与以前相比，中国古典文学的研究者正逐渐减少。如今，韩国的各大学基本都设有中文系。在各大高校的中文系中，研究语言学、现代汉语的学者人数最多，其次是研究中国现当代文学的学者，研究中国古典文学的学者人数最少，而且人数越来越少。在这些中国古典文学研究者中，研究中国古代小说的学者算是比较多的，他们对中国古代小说的各方面都有所关注。

首先，韩国学者非常重视中国古代小说的译介。将中国古代小说翻译成韩文是我们研究中一项十分重要的工作，近年来也取得了可喜的成绩，涌现出一大批成果。比如，延世大学的金长焕教授将《太平广记》全部译成韩文，接下来准备翻译《太平御览》。又如，全南大学李腾渊教授对冯梦龙的《情史》进行了译介，书稿已经完成，即将出版发行。再如，"三言二拍"长久以来一直没能完整地翻译出来，先前的译本都只是选择其中的一部分来翻译，所以现在也有学者在从事"三言二拍"的翻译工作，他们要将其全部翻译成韩文。其实，《型世言》也是现在亟待翻译的一部中国古代小说，我已经翻译了一部分，但是还没翻译完。此外，还有一些学者正在翻译清代的小说以及小说研究的有关资料。除了小说作品的译介外，韩国学者对中国古代小说史的翻译也十分关心。近年来，赵宽熙教授就将鲁迅的《中国小说史略》翻译过来，并参考了多部中外学者编著的中国小说史著作，在书中加入了很多注释。但非常遗憾的是，韩国学者编写的中国小说史很少，可能仅徐敬浩、全寅初两位先生写过。

其次，传教士汉文小说的研究是近些年来较为前沿且热门的课题。在韩国学者中，以崇实大学的吴淳邦教授为代表。他自己就是一名基督徒，而且多年来一直从事传教士汉文小说的发掘与整理工作，取得了十分丰硕的成果。目前，传教士汉文小说是西方学者较为关注的话题，因为这是以往中国小说史中没有提到的，此类作品是西方人用汉文写的小说，我认为这个课题很有深入研究的空间和价值。巴黎第七大学的陈庆浩教授打算在越南汉文小说和韩国汉文小说整理出版后，开始整理传教士汉文小说。

在此，需要特别一提的是韩国汉文小说集成项目。这一项目大概是在 1987 年由陈庆浩教授提议的。当时，韩国的学者都觉得这是不可能完成的任务。因为韩国汉文小说的数量太过庞大，没办法搜全，而且除《九云梦》《春香传》外，汉文小说也很少刊刻出版，绝大多

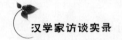

数都是抄本，这些抄本的版本是非常复杂的。因此，这项工作难度非常大，要克服很多困难。不过我和我校国文系的张孝铉教授齐心协力，积极推动韩国汉文小说集成的编纂工作。到目前为止，这个项目已经做了近十五年。后来，该项目转到上海师范大学，由孙逊、赵维国两位教授主管，成为高丽大学与上海师范大学共同执行的大型古籍整理项目。这一项庞大的工程现已接近尾声，即将由上海古籍出版社出版。韩国汉文小说集成的出版可为学界提供不少新材料，届时可以成为新的学术增长点。

再次，韩国学者最近对小说插图的研究颇为关注。虽然韩国所藏的小说插图较少，但藏于其国立中央图书馆的《中国小说绘模本》收录了128幅小说插图，而且它们都来源于中国古代小说的版本，十分珍贵。这为研究中国古代小说插图的流传和刊印提供了丰富的资料，颇具研究价值。

最后，我还想谈一谈韩国学界在中国古代小说翻译与研究方面存在的不足。最为突出的问题是，我们的翻译和研究总是集中在几部著名的小说上，重复的现象比较多，同一部作品有好几种不同的译本和研究著作。之所以如此，我认为或许有两方面的原因：其一，韩国的很多译者并非学者，而是作家，他们的中文水平十分有限。在此情况下，他们更乐意翻译较为知名的中国古代小说，因为翻译过程中可以参考日文译本。其二，翻译中国古代小说的成果最终是出版社出版的译本，而商业效益一直是出版社考虑的首要问题。因此，许多出版社只愿意出版如"四大奇书"、《红楼梦》这样的名著，其他知名度较低的中国古代小说就算被翻译出来，也很少有出版社愿意将其出版。对此，我认为或许可以借鉴日本的做法，让学术界和出版界联手。优先选拔一批具备学术实力的学者，让他们每人承担一部分中国古代小说的翻译工作，并有计划地进行。待翻译工作接近尾声时，再由政府和出版社出资，将这些成果作为文化项目进行出版。如此，便可以扩大中国古代小说的翻译范围。

马：非常感谢您接受我的采访，在此向您表示最诚挚的感谢！

崔：谢谢！我很高兴接受你的采访。

韩国汉学家金泰成访谈：
翻译牵动文学命脉*

程　熙

　　金泰成（김태성），1959 年出生于韩国首尔，毕业于韩国外国语大学中文系，获文学博士学位。韩国著名翻译家，韩国汉声文化研究所所长，曾任教于湖西大学等多所高校的中国学系所，负责《人民文学》韩文版翻译工作兼任编辑总监，获第十届"中华图书特殊贡献奖"

金泰成（김태성）

奖项。多年来，一直潜心从事中国当代作品的翻译工作，已出版一百多部中文图书的韩文版译作，涉及中国哲学、历史、政治、当代文学与艺术等多个领域，最具代表性的译作有铁凝的《无雨之城》、刘震云的《一句顶一万句》、舒婷的《致橡树》、北岛的《城门开》、林贤治的《鲁迅评传》、梁文道的《我执》、朱天文的《荒人手记》、唐诺的《阅读的故事》，等等。

　　程熙（以下简称"程"）：您长期以来在介绍中国，翻译和出版中国图书，促进中外文化交流方面做出突出贡献，在韩国翻译界和出

　　* 原载于《汉风》辑刊第二辑，原题为《翻译牵动文学命脉——访韩国著名翻译家金泰成》。

版界发挥着重要作用。您个人翻译作品的数量已逾百本，差不多以平均每年5—6本译作的速度翻译出来，并获得第十届"中华图书特殊贡献奖"奖项。我们很想了解，您是如何理解翻译和文学翻译工作的？一个好的译者，应该具备什么样的精神和素养？

金泰成（以下简称"金"）：美国诗人和文学评论家埃兹拉·庞德（Ezra Pound）曾经说过，"翻译是第二次创作"，这在某种程度上承认了翻译工作的艰难与不易。但是我并不完全赞同这个观点。我认为，即便是添加适当的修饰词汇或内容，翻译也不是创作，也不该成为创作。创作就是创作，而翻译永远只能是翻译。从本质上讲，翻译是一个修辞转换过程。所谓修辞，是指融合了一种语言所蕴含的文化、思维、历史记忆和表达方式等一系列因素的语言系统之和。翻译就是将不同修辞体系表述文本中所包含的形象、思想、主题以及行文风格最大限度地以另一种语言展现出来。翻译工作不是以"创作"为中心，而是以"转换"的完整性和准确性为前提。如果没有这个前提，翻译只会成为歪曲的文本，造成读者阅读的障碍，是对原作的一种"损伤"。

当然，这并不表明翻译过程中不存在缺失的成分。借助柏拉图的模仿学说，可以把翻译喻为"对原作的模仿"。原作（对应模仿理论中"诗歌"要素）是对自然的模仿，翻译则是对原作的模仿。诗歌在模仿自然的过程中存在失真的部分，同样，翻译过程中也会出现破坏原作的情况。究其原因，每一种语言都有其自身的基质，有其他语言无法取代和替换的特质与韵味。然而，翻译也不应成为一项"因噎废食"的工作，同样应该警惕那种将翻译的必然缺失当作借口，把翻译看作"文本的任意转换"，从而造成对原文的不合理歪曲与破坏。

进一步讲，我认为翻译是解释学的一种方法论。瓦尔特·本雅明（Walter Benjamin）在《译者的任务》（*The Task of the Translator*，1921）①

---

① Walter Benjamin, Marcus Bullock, Michael W. Jennings, eds., "The Task of the Translator", 1921, *Walter Benjamin Selected Writings*, Vol. 1, 1931 – 1926, Harvard University Press, 2002, pp. 253 – 263.

一文中提出"可译性"的概念，因此，可以说不存在不可翻译的文本，只是涉及译文"贴合度"的问题。翻译最本质也是最高超的境界为对原文"既不改变也不损伤"，即用另一种修辞系统原原本本、完完整整地转达给读者。但是每一种语言都是一套各具特色、不可替代的修辞系统，完全不受损的、理想状态下的完美翻译是根本不存在的。但是，不可"替代"不代表不可"转译"。

比如中国古典诗歌中的押韵，中国古代人特定生活经验和历史文化中所创造的典故与成语，在翻译为其他语言的时候，会发生不同程度的转换变形与韵味淡化，在一定程度上无法避免译文的损伤。尽管如此，如何将原文与译文之间的差异最小化，才是翻译家所需要完成的一项最重要的任务。举个例子，有的韩国译者把中国的"豆浆和油条"翻译为"豆乳和油炸饼"，那韩国读者是如何理解这两种食物的呢？很多韩国读者认为，原来中国与韩国生活方式相同，也吃这些东西。中国的"豆浆油条"与韩国的"豆乳油炸饼"虽然是大同小异的食物，但是其饮食的时间、地点、制作方法以及文化含义是截然不同的。这就是对原词的歪曲和误解，会损伤"豆浆和油条"所包含的生活方式和文化含义。这类无法在译文的落地国找到相对应实物的词语，应该直接采用拼音注释的方式，对词语进行注音，再对其进行人文、社会、地理等方面的延伸性阐释。韩国读者对中国文学作品的阅读期待，不是为了寻找中国与韩国的相似点，而是为了看到与己相异的中国社会与生活方式。因此，在翻译的"可译性"基础上，尽可能缩小语际书写的差异是翻译家的使命和义务。

翻译是一种服务。译者服务于作家，也服务于读者。翻译对于文学而言，就像是"文学的女仆"。如果一个庞大的家族只有主人没有女仆，生活将会很难有序地维持下去。一种具有丰富矿藏的文学，如果没有译者和翻译工作的服务，就无法充分发挥其巨大的内蕴和影响力。译者的原则就是为作品提供优质的服务。"女仆"的责任感和使命感应该是译者自发而感的。作为一名合格的译者，应该具有熟练的双语甚至多语的技能，丰富的人文地理知识，以及高标准严要求的翻译态度，同时，也应对原作所属国家抱有喜爱之情，努力提高译文的

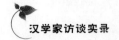

品质与可读性。没有这种意识与职业操守的人，绝对做不好翻译，也绝对不能做翻译。

程：我们知道，您不仅在翻译领域卓有成就，而且在韩国出版界也占有一席之地，曾推介和促成中国两百余部作品在韩出版与发行，并积极发挥着自己独到的见解和广泛的行业影响力。作为资深翻译家，您认为在当前以商业利益为风向标的出版市场环境下，翻译是否能够免受其染指？或者译者如何更好地发挥自己在出版环节乃至图书市场的话语权和影响力？

金：举个韩国的例子，目前占据韩国国外文学图书市场主体的是西方文学与日本文学，形成这一局面的原因不仅是文学作品的品质，同时与出版界长期以来形成的出版传统、读者市场偏好息息相关。过去一百年，韩国因受以西方文化为中心的全球化（19世纪末至20世纪范畴内的"全球化"）与日本殖民统治的影响，韩国文化长期以来被西欧文化、日本文化、日本式西欧文化（脱亚入欧之后的亚西欧文化）所支配，出版界也不例外。改变这种出版与阅读偏向的最佳办法之一，就是让翻译不再仅为一个独立的翻译环节，而是形成在翻译、出版、阅读三者之间能够多向互动的良性循环系统。只有这样，翻译才能更大限度地发挥其在整个出版界乃至阅读界所产生的影响力。

21世纪初，韩国出现一股日本小说的阅读热，这也表现了韩国在政治上抵制日本文化的传统的逐渐消除与民族主义思想的衰退。这些社会文化变革使一些翻译家开始翻译日本优秀作品，因而滋养出一批追求新质文化滋养和热爱日本文学的读者群体，快速形成了不亚于当时西方文学的广大日本文学市场。相比之下，韩国出版界的中国当代文学市场还不够成熟，究其原因，一是翻译质量不够好；二是没有形成翻译、出版、阅读和市场拓展等一系列的良性循环运作系统。坦白来讲，目前控制出版系统的不是艺术性而是市场性。从通俗和实际的层面来看，一个高质量的翻译作品所产生的市场效应和读者反映，会让出版社在一定程度上更加重视译者的意见和观点，更加尊重译者的遴选标准和推介的作品，这样一来，译者在出版系统内就会更有话语权与影响力，由此而产生第二效应（Synergy）。文学翻译在本质上是对文学的一种服务，好的文学翻译就是要驱逐那些"鱼目混珠"的作品，更好地以文学去沟通世界。翻译家的话语权与影响力，向外应该是更广泛地影响出版界和阅读市场，向内应该加强自己的翻译技能与人文素养，提高翻译作品的质量。

程：翻译作为文化交流的必要手段，不仅是转换文字形式，更是一种文化建构方式。您认为，跨文化语际的翻译工作是如何在全球化潮流中发挥起更宏观意义上的社会文化价值的呢？

金：韩国几大综合类出版社一直保持着出版世界经典文学丛书的传统，并在整体上呈现出倾向欧美文学的偏好。韩国最大的熊津出版社在所出版的"企鹅古典系列"丛书108册中，包括欧洲文学作品80本，北美文学作品22本，亚洲文学作品4本，其他地区文学作品2本；在民音出版社所出版的"世界文学全集"丛书232本中，包括欧洲文学作品153本，北美文学作品44本（均为美国作品），亚洲文学作品17本，拉美文学作品13本，其他地区文学作品仅5本；在文学村出版社的"世界文学全集"110本中，包括欧洲地区文学作品68本，北美文学作品18本，亚洲文学作品15本（除莫言的《十三步》之外，其余均为日本文学作品），拉美文学作品9本。这组数据表明欧美文学依然占据韩国读者的主流文学阅读市场，同时也意味着韩国人的精神世界仍旧被欧美文学所控制。韩国这种"文化偏食"现象，是基于20世纪的全球化所形成的局面。19世纪末至20世纪初，席卷世界的全球化也称为"西化"，不同于我们当下的"全球化"概念。对于当时的亚洲地区来讲，"西化"意味着"文明"，通过西化我们才能克服落后、蛮夷的生存状态，才能成为国际社会的成员之一。这种全盘西化的结果之一就是使西方文化霸权在韩国文化市场畅通无阻。韩国社会中存在的对西方文学的"文化偏食"现象，在短时间内是无法扭转和改变的。有些学者提出要用东亚文化来克服欧美文学霸权的弊端，这种想法过于意识形态化，同样也是帝国主义和文化霸权的一种变形。

解决这一问题的策略之一需要重新理解我们当下所说的"全球

化"。现在的"全球化"是双向性或多向性的,与过去的不可同日而语。在当下全球化（Globalization）的过程中,地方化（Localization）或本土化也在同步进行,可以说两者是一个硬币的两面,在结构上不可分离。过去全球化的核心力量主要来自西方,由发达的欧美国家垄断世界;而当下全球化的动力则来自世界各方,虽然有几支突出力量的存在,但是各方都承担着一定的分量与地位,在相互制约中渐趋一种和谐共处的状态。每个民族和国家通过与国际的双向交流与合作,共同推进与形成一种更为成熟的文化全球化格局。文学翻译不仅将成为文化全球化形成过程中最有价值的一种介质,也是摆脱西方文化霸权的有效实践方法之一。

2010—2014 年,韩国仁川文化财团每年 4 月都会举办"AALA"（Asia，Africa，Latin America，亚非拉）文学论坛,其目的是将亚洲、非洲和拉美地区的作家聚集一堂,共话各地区文化发展与国际推广事宜,推进非西方国家的文学合作与交流,以努力填补和促成更为综合、全面与平衡的世界文学格局。我与大陆地区的刘震云、毕飞宇、阎连科、王安忆、迟子建,台湾地区的朱天文、李昂等诸位中国作家一同,连续五年参加了该文学论坛活动,感到非常有意义。但是,这种高屋建瓴式的一年一度的文学论坛交流会,更多的意义是对理想型文化全球化格局的设想与探讨,其中许多话语层面的论述与共议也还需要落实于具体的翻译工作和出版合作,将宏观的文化构想与微观的文化实践工作结合起来,促进各地区读者之间的交流与理解,由此才能改变"文化偏食"的现象,实现真正的文化全球化景象。

程:我们知道,您从大学开始便学习汉语和中国文学,一直到取得文学博士学位,之后留在高校继续从事中国文学与汉语教育方面的工作。一直以来,您在任教期间也坚持进行翻译工作。近几年,您开始脱离学院体制,专注于进行文学翻译工作,促成您这一转变的动机或机遇是什么?

金:每个国家对中国当代文学的接受情况不同。在韩国,几乎每所大学都有中文系,发表许多关于中国文学的研究论文与成果,国家也会对研究所需要的相关经费给予一定的资助。但是问题在于，这些研究成果与广大读者往往处于一种隔绝的状态。这些没有广大的读者群、只为学院化生产而撰写的论文，在某种程度上也是一种"知识的浪费"。有关当代中国及其文学的经验和知识被"关"在了大学之中——大学内的很多学者大批量生产学理性与高质量的论文，大学外的读者群却依然对中国当代文学懵懂无知，缺乏对当代中国的了解与熟知。专业性的学术研究固然重要，但是当前中国当代文学作品在韩推广的最大障碍还是缺乏大众化的书写。大众化书写是连接广大韩国读者与中国当代文学最快捷的方式，而翻译则是最具代表性的大众化写作之一，也是可与中国文学携手同行的最为轻松愉快的方式。这也是我为什么要走出学院而专注于翻译事业的重要原因之一。

程：您在翻译的过程中，一定会感受到中韩文学事实上存在的差异，您是如何看待这种差异性，及其在两国文学翻译、文化交流中的意义的？

金：法国哲学家德里达（Jacques Derrida）曾说，"翻译是在自我与他者之间的一种差异性游戏"，而任何翻译都会源自跨文化交流的需要。对中韩文化之间固有的差异的认识，是我从事文学翻译，进行中韩文化交流工作的一个出发点。文学既是民族的，又是世界的。通过文学之"镜"了解和认识中国，给了韩国读者一次很好地反观自我的机会，同时，也可以借此而镜鉴中国当代文学的精髓与表达方式。与韩国文学相比，中国当代文学最具能量之处，就是"讲故事"（Story Telling）的方式与传统。中国是一个地大物博、人口稠密、历史悠久的国家，众多的人口与悠久的历史这两大资源为"讲故事"源源不断地输入异彩多姿的营养和能量。中国"讲故事"的叙事传统主要源于古代所谓的"俗文学"（元明清时期的戏曲、说唱文本以及小说等）。不过这种"讲故事"的传统与西方的叙事传统有所不同，比如在西方学者的眼中，作为"四大奇书"之一的《三国演义》并不能称为小说。20 世纪 60 年代美国哈佛大学教授毕晓普（John L. Bishop）便曾在《中国小说的几点局限》（Some Limitation of Chinese Fiction，1956)① 一文中批判过中国的小说叙事方式，他认为，第一，中国小说因为出自说书人的"话本"或"章回体小说"，缺乏对细节性描写的追求；第二，对故事情节与作品的整体结构的考虑不够精细，这也影响了听众或读者的反应与接受；第三，中国小说主要追求读者所喜爱的通俗与愉悦相关的主题，因而题材过于官能化，偏向于日常世俗层面的展示；第四，人物形象过多，心理描写太少，因而造成人物塑造过于扁平化；等等。面对毕晓普所提及的这些中国小说的"局限"，我反而认为这是中国小说"讲故事"传统中非常重要的正面特质。毕晓普所定义的小说大抵依托的是西方小说美学的标准，因而他并没有充分认识到中西文化的差异性。这种评判标准最大的不足就在于，以西方小说的美学标准来评判中国小说。在韩国，《三国演义》比《圣经》更为畅销，甚至有的出版社当年收益的百分之八十全靠《三国演义》一本书的销量，这是西方人很难想象和理解的。不管其美学结构形式如何，中国"讲故事"的传统则是非常贴合广大韩国读者的接受习惯的。中国著名作家莫言在获得诺贝尔文学奖时，委员会给他的颁奖词——"将魔幻现实主义与民间故事、历史与当代社会融合在一起"，从而也肯定了中国小说中非常丰富的对民间生活、社会话题和历史经验的重视，以这些作为"讲故事"的素材。刘再复教授也曾强调，中国过去一百年的历史动荡和大苦大难、改革开放以后日新月异的社会变化，以及对这种变化与历史的反思，均已成为中国当代小说重要的题材来源，并构成了中国当代文学的重要特殊优势。

王德威（David Wang）对中国文学的价值有过一个评述，"在泪与笑之间，小说曾负载着革命与建国等使命，也绝不轻忽风花雪月、饮食男女的重要性。小说的天地兼容并蓄、众声喧哗。比起历史政治论述中的中国，小说所反映的中国或许更真切实在些"②。这也印证

---

① John L. Bishop, "Some Limitation of Chinese Fiction", *The Far Eastern Quarterly*, Vol. 15, No. 2, February, 1956, pp. 239 – 247.

② 王德威：《想象中国的方法：历史·小说·叙事》，生活·读书·新知三联书店 2003 年版，第 1 页。

了阿尔贝·加缪的说法："我们的人生并不是以理论来被记忆的，而是以风景来记忆的。"我翻译中国当代文学作品，一个层面上是为了推广与传播中国文学，另一个层面上也是为韩国读者开拓出另一片异彩纷呈的文学花园，为韩国的文学发展提供镜鉴性的文本。韩国作家和读者可以借此倾听中国文学中讲的是"什么样的故事"，同时学习中国作家是通过"如何讲故事"来完成自己的思想表达的。经过四十多年的改革开放和全球化浪潮的冲击，中国当代文学已从社会主义初级阶段的现实主义美学立场转变为现在既有自己特色又善于吸收其他民族优秀文学特质的民族性与国际化相融合的美学格调。其中，"乡土主义"和"革命浪漫主义"也都是具有中国特色的文论概念。极具民族特色的表达方式和书写策略已经成为中国当代作家讲好"中国故事"的核心能量。

比如说，我翻译作品最多的两个中国作家分别是刘震云和阎连科，刘震云的作品已翻译四本，阎连科的作品已翻译六本，即将出版的还有两者的《一句顶一万句》和《风雅颂》。两个作家虽然同为河南人，但两者讲话口音的差异比韩国与朝鲜两地还要大，他们的文学观和美学立场也不尽相同。刘震云的小说主要关注饮食和语言交流的问题，是关于"口"的主题，由此绘成中国农村生活的一幅卷轴图，并在其中寄寓对人生普世价值的深刻思考。刘震云的叙事策略是"中国式的幽默"，让人忍俊不禁，同时又感到非常沉重。相比之下，阎连科的小说叙事则呈现出另一种特质。他擅长运用对偶、反复、夸张、暗喻等修辞技巧，同时又以优美的语言、奇特的比兴构成如马克·夏卡尔（Marc Chagall）画作般奇幻的世界，由此而展开自己的批判与思考。中国的每一个作家都有自己独特的叙事策略和书写方式，这些都是韩国作家可以通过翻译作品感受到的，并可在其中汲取营养的。

程：中韩两国间文化交流的渊源由来已久，历史与文化上的同源性是否对翻译工作有很大的帮助？目前中国当代文学在韩国图书市场面临的现状和困境是什么？

金：朝鲜第四代国王世宗大王李祹与其子第五代国王文宗大王李

珣于 1443 年进行了《训民正音》一书的编纂工作,创制了朝鲜语文字,该书于 1446 年农历九月上旬正式出版与发布使用。《训民正音·序》曰:"国之语音,异乎中国,与文字不相流通。故愚民,有所欲言,而终不得伸其情者多矣。予为此悯然,新制二十八字,欲使人人易习便于日用耳。"[①] 由此可见,世宗大王创造韩文最重要的目的之一就是实现与汉语更为通畅的交流。这也是象征中国文化与韩国文化同根亲缘的重要标志。

汉语与韩语之间的亲缘性与同根性,一方面使韩语相比其他语言能够更容易转译中文,在更大程度上保留原文的意旨和韵味;另一方面也因为"同源性",会因此产生"同词异义类"的误译。古韩语中与汉语同型的词语占百分之七十以上,同时也存在很多同词异义的词汇。比如"深刻"一词,在汉语中表示感受事物的程度很深或对事物的理解很透彻和深入;在韩语中则表示某个事物的负面影响很严重。那些因缺乏对中国文化和汉字的透彻理解,仅为追求翻译和出版的速度而随意进行直译的翻译作品,无疑会破坏中国小说中的绝妙意趣与深度内涵。这种现象正蔓延在韩国的中文译作市场中,并造成了不良的效果,比如在韩国"Yes 24"大型图书网售平台上就有许多这类译作销售,读者则常因翻译质量而对中国小说产生排斥心理和负面评价。这种翻译无论是对原作还是译作、对作家还是译者,都无疑是一种自残行为。正是因为这些不良译作的存在,使得中国当代文学在韩国市场上的通行并不是十分畅达。中国当代文学想要在韩国推广与传播,目前最迫切的任务是需要培养和发掘一批语言过关并具有丰富人文知识内涵及强烈使命感和责任感的译者。

除了译者自身的素养要求之外,出版界也应该充分重视译者在整个出版环节中的重要地位,不能简单地把翻译当作一个媒介,而是使译者在翻译、出版、市场循环结构中成为一个双向影响的积极因子。出版社在遵循读者的市场需求之外,也应把优秀译者的审判标准视为图书市场的风向标之一。有了如此健康、良性的合作结构和发展模

---

① 韩国国立国语院:《训民正音》,世界图书出版公司 2008 年版,第 1 页。

式，译者才能更好地担当起"文学女仆"的角色。

有关中国文学作品在韩的推广与传播工作，遇到的另一个困境是目前所翻译的作家作品多集中于 20 世纪五六十年代，而缺乏对多层次作家和多元化作品的推介。关于这一点，阎连科曾表示，20 世纪三四十年代出生的作家，因为年龄因素而无法快速、真切地参与当下中国的现实与变化，他们代表的是中国当代文学辉煌的昨天；20 世纪八九十年代出生的作家比较年轻，是计划生育政策下"独生子女"的一代，他们在物质方面富足却又贫穷到找不到精神的出路和归途。因此，20 世纪五六十年代与七十年代的作家便很自然地成了韩国中文图书市场中的主流作家。但是，一个国家的全貌应该是由不同年龄层、不同阶层、不同领域的人共同构成的，中国当代文学的全景也应该呈现出其多层次与多样性，而不应局限于某一年龄层作家的作品。因此，韩国译者和出版界在着眼于中国文学作品讲述"什么样的故事""如何讲述"的问题之外，也应该考虑如何呈现中国故事的多元化和丰富性。中国当代文学在韩国的继续推介与传播，也离不开中韩两国的互携与共持。

突尼斯汉学家芙蓉访谈：翻译打开了我作为汉学研究者的视野[*]

白 乐[**]

突尼斯汉学家芙蓉（Samah Mohamed Abdelkader）[***]

位于非洲北端的突尼斯拥有非洲、阿拉伯、地中海文明三重特性，其著名的古城遗址迦太基曾为盛极一时的贸易帝国，创造了厚重而富于传奇色彩的历史。同为文明古国，中突两国自 1964 年建交以来保持了长期的友好交往，多领域的务实合作在新时代蓬勃发展。近日，本报记者采访了突尼斯汉学家、翻译家、出版人芙蓉（Samah Mohamed Abdelkader）。生在埃及，结缘于中国，而后生活、工作于突尼斯的特殊人生经历，赋予她多重文化视野。长期以来，芙蓉笔耕不辍，将自己大量的时间与精力奉献于中国作品的翻译与研究。同时，作为出版人的她，致力于中国图书在突尼斯及整个地中海沿岸地区阿拉伯语系国家的推广与传播事业。在采访中，芙蓉畅谈自己对中国文化的情怀与挚爱、翻译中国作品的心得与感悟、中国图书在突尼斯的出版传播情况，以及近年来举办的国际活动在推

---

　* 本文原载于《中国社会科学报》2023 年 4 月 7 日第 2626 期，原题为《中国作品对阿拉伯读者极具吸引力》，收录于本书时有增补。

　** 白乐，《中国社会科学报》记者。

　*** 芙蓉，双重国籍，另一国籍为埃及。

动中突双方文明交流互鉴中的作用。

一　向阿拉伯世界读者讲述中国故事

《中国社会科学报》：可否请您讲述一下您结缘中国并倾心于中国文化的故事？是什么样的想法和契机促使您从事汉学研究？

芙蓉：作为汉学家和翻译家，我与中国缘分颇深。高中毕业后，我在父亲的鼓励与期盼下选择学习汉语。现在想来，父亲在许多年以前便深具先见之明与长远眼光，他很早就预料到中国这一伟大的"东方之龙"必定会在未来腾飞于世界。我听从父亲的建议，1999年起正式学习汉语。刚开始接触这门语言，我发现它与之前学过的西方语言完全不同，富有自身的语言特色，因而比较难学。随着语言学习的不断深入，我对汉语产生了极大的兴趣，逐渐体会到了它的奥妙，也不断从中获得巨大的满足感与成就感。我试图跨过语言的鸿沟，揭开中国这一古老国度的神秘面纱，感知其悠久灿烂的文明。

2008年，我第一次来到中国。在这之前，我对中国的认识仅停留于书本之上，那时我只是觉得这个国家的社会文化很先进，生活在这片疆土上的人民很热情。后来，我在北京度过了难忘的6年时光，这段长期的生活经历让我和中国朋友们结下了深厚的友谊。我也在中国认识了同为汉学家的我的丈夫哈利德，婚后我们一起在中国学习、工作和生活。中国文化是东方文化，我所在的国家突尼斯属于中东地区，两个国家的文化同属东方文化，因而有许多相近之处。于我而言，中国文化有着别样的亲近感，十分易于接受。这么多年致力于中国语言研究，翻译审定中国书籍和作品，以及参加各类中文学术会

《郑和与非洲》（阿拉伯语版），李新烽主编

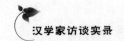

议，我愈加感受到中国这一国度特有的迷人之处。

2014 年，我们决定离开北京回国生活。虽然对这个城市依依不舍，但我相信，离开这片土地不代表我与之疏远，反而在内心深处变得更为密切。我深知，那是一种难以割舍的"中国情结"。回国后，我们发现突尼斯国内的书店很少出售有关中国的图书，后来通过与当地同胞交流才知道，他们其实对中国图书很感兴趣，可惜由于语言障碍等原因，中国的图书市场始终处于空缺状态。

自此，我萌生了一个想法：通过自己的行动在突尼斯当地推广中国图书并传播中国文化。这一愿望随着时间的流逝愈加坚定。中国人民有许多良好的品质，如诚实守信、勤奋努力、严于自律等值得我们学习，我深以为自己有责任把中国的优良传统讲述给祖国同胞听。此后，我在大学担任汉语老师，为学生们勾勒中国的风俗样貌及当代生活的亮丽风景。2016 年，我们夫妇二人合作创办了突尼斯东方知识出版社，致力于以面向中国图书为主的翻译出版事业，向突尼斯及整个阿拉伯世界的读者讲述中国故事。在过去近 7 年的时间里，我们引进并翻译出版了大量中国本土书籍，在阿拉伯国家的不同国际书展上展出了多种优秀的中国作品，深受当地读者欢迎。

二　翻译成为融通中阿文化的桥梁

《中国社会科学报》：在您的汉学研究经历中，翻译可谓起到了融通中阿文化的"桥梁"作用。请介绍一下您曾翻译过哪些中国作品，有何翻译心得。翻译的本质是一种"极致还原"，不仅包括对原文字词、语句、篇章含义的"还原"，也包括对原文语气、意味、神韵的"还原"。中国学者钱锺书将翻译的最高境界比喻为"化境"。您如何看待这一点？

芙蓉：的确，翻译打开了我作为汉学研究者的视野，不断丰富着我对中国的认知。我翻译的书籍所涉学科很广，涵盖历史、文化、经济、政治、国际关系等。从类别而言，除了学术著作，也包括汉语教材、汉语词典、人物传记等。这些译作当中，在学界较为人熟知的是中国社会科学院西亚非洲研究所所长、中国非洲研究院执行院长李新烽主编的《郑和与非洲》（阿拉伯语版）。此外，我也翻译过中国外交部原副部长、中国人民大学重阳金融研究院高级研究员何亚非所著的《选择：中国与全球治理》，以及《马云与阿里巴巴》《任正非与华为》《董明珠与格力》等有关中国著名企业家传记的书籍。

至于翻译心得，首先毋庸置疑的是，一名出色的翻译家需具备深厚的语言功底，娴熟掌握两种语言的转换技巧。例如，汉语与阿拉伯语分属汉藏语系和闪含语系两大不同语系，风格迥异，有着各自不同的语法系统。阿拉伯语有大量的形态，词法涵盖的内容十分丰富，依赖严格意义上的形态变化，也有很丰富的性、格、数的变化；而汉语是一种典型的孤立语，形态很少，甚至可以说没有严格意义上的形态，故词法研究的内容有限，主要依赖虚词、语序等其他语法手段来表达语句意义和关系，语序变化对语义有很大影响。

翻译的终极目的在于"给作品以另一种形式的精准复原"。这种追求两种文本"极高相似度"的复原不仅需要"译意"，也需要"译味""译境"，对于人文类作品尤为如此。钱锺书先生的"化境"之说可谓十分形象，要通过语言的阶梯抵达这一至高境界，从而赋予译作意境之美，译者应对原作中所传递的人类共通情感有着敏锐洞察力，能够自如地处理原作的叙述手法、艺术特征、创作视角，呈现原作的内在思想及其体现的一国价值观、文化传统、民族地方色彩等。

但"精准复原"不意味着对原文亦步亦趋。一方面，译者要最大程度地保留和尊重原著的语言风格；另一方面，也需运用适合"目标语言"的表达方式。努力找到二者的最佳平衡点是一大挑战，但有经验的译者会在不失原文风格的情况下找寻到符合读者阅读习惯的叙述方式。对于这一点，我初涉翻译领域时也无法做到游刃有余，但随着翻译作品的日渐增多及经验的不断积累，如今已形成一套自己的心得体会。于我而言，翻译蕴藏着无穷的乐趣，每一部译著都见证着我在漫漫译路上成长的点点滴滴。

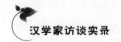

三　郑和时代奠定中国与非洲和平友谊的历史基础

《中国社会科学报》：您提到《郑和与非洲》这本书，作为把这本学术著作翻译为阿拉伯语的译者，可否介绍一下该书的翻译过程？

芙蓉：2019年，中国社会科学出版社和突尼斯东方知识出版社签署了《郑和与非洲》（阿拉伯语版）的翻译出版合作协议，随后，突尼斯东方知识出版社正式启动了对该书的翻译工作。我和我的翻译团队历经三年多的努力，其间克服了疫情带来的种种不利影响，完成了该书的翻译工作，并于2022年5月正式出版。出版后，该书在突尼斯东方知识书店上架展示，2022年9月在约旦国际书展上展出，受到了当地读者的热烈欢迎与一致好评。此后，我们于2023年2月在突尼斯国家书展上展示了该书。

这部专著呈现了中国与非洲源远流长的和平交往历史，还原了中国明朝航海家郑和及其船队四次访问阿拉伯世界及非洲东海岸的历史事实。其可贵之处在于，除了传统的书斋式研究，该书也基于丰富的实地考察经历。作者运用现场材料考证、长期田野调查的方法，通过自己在非洲多年实地调研获取的大量宝贵的第一手资料，不仅在理论层面，更在实践层面证实了中非关系的性质与近代殖民国家对非洲的奴役关系截然不同。书中列举了郑和船队后裔形成的"中国村"、遍布东非的考古遗物展示的"中国印记"、世代传承沿袭下来的"中国医术"等，总结归纳了一系列确凿的历史事实。这些事实证明中国是最早到达非洲的国家，但绝不是为了占领土地，抑或有其他殖民企图，而是出于经济、文化交流的目的。可见，中国与非洲和平友谊的深厚历史基础早在郑和时代就已形成。

我对书中许多翔实的细节分析也印象深刻。翻译这本书后我才知道，原来早在明朝初年，中国的造船技术就已登峰造极，达到了当时世界一流水平。这本书通过论述郑和宝船的构造技术、分析郑和舟师的编成状况和船型类别，得出"明朝集中国历代舟船科技之大成"的结论。无论是优良的船舶装备、完善的远程通信系统，还是有力的航海后勤保障，都展示了郑和时代中国极为先进的航海技术。我十分庆幸能够接触到这一著作，并通过翻译这部著作向阿拉伯读者介绍郑和船队远航非洲的历史壮举及中非关系的友好渊源。

《中国社会科学报》：对于《郑和与非洲》一书中涉及的大量中国明朝历史知识，您在翻译过程中是如何处理的？是否遇到一些难点与障碍？

芙蓉：的确，翻译了这么多不同类型的中国书籍，我认为中国历史类书籍的翻译难度最大。因为历史类书籍往往专业艰深，这要求翻译家必须熟知中国历史，并在翻译过程仍然保持学术钻研的精神，去探究和对比中国的往昔与今朝。《郑和与非洲》即是这样一部具有翻译挑战性的作品。

对我而言，翻译该书的一大难点和障碍是古代文言文翻译。书中有不少古文，起初我试图通过反复阅读原句，从中获取并体会其深层次的涵义，但最后发现仍然无法顺畅理解原意，后来还是请中国朋友先用简明现代汉语向我解释了古文的语义，我才恍然大悟，然后在阿拉伯语中找到合适的表达方式将其译出。例如，文中有一处"盖民尺一尺，仅官尺八寸故也"。这句的释义为：民间的一尺约为官家的八寸。其中，"盖"用在句首，相当于"推想""大概"，但我起初把"盖"误解为了"盖过""超过"的意思，因而百思不得其解。

再如，文中有《明史》中的一段记载："麻林，去中国绝远。永乐十三年遣使贡麒麟。将至，礼部尚书吕震请表贺。帝曰：'往儒臣进《五经四书大全》，请上表，朕许之，以此书有益于治也。麟之有无，何所损益？其已之。'已而麻林与诸蕃使者以麟及天马、神鹿诸物进，帝御奉天门受之。百僚稽首称贺，帝曰：'此皇考厚德所致，亦赖卿等翊赞，故远人毕来。继自今益秉德，迪朕不逮。'"这段话理解起来有很大难度，中国朋友为我提供的白话文解释为："麻林国，距离中国甚远。永乐十三年的时候，麻林国派使者进贡献上麒麟。将到之时，礼部尚书吕震请示上表庆贺。朱棣皇帝说：以前，有文官进献《五经四书大全》，请示上表庆贺，我予以批准，因为这部书有助于治国理政。有无麒麟，对国家有什么益处和弊处呢？不久，麻林与

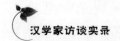

各番国使者以麒麟和天马、神鹿等进献，皇帝亲临奉天门迎接。百官叩头祝贺，皇帝说：'这是皇家祖先的厚德所致，当然也依靠于你们的辅佐，所以远在他方的人都来进献。从今往后更要继续遵循和保持美德。'读了白话文解释后，我才吃透了原文，然后将其译出。

其实，在翻译《长城史话》一书时，我也遇到过一些有关中国历史方面的翻译难点。例如，中国古代王朝的每一位君主在其统治年间都有不同的年号。刚开始翻译这本书时，我错把一位皇帝在位期间的年号当作另一位皇帝的，后来通过梳理中国历朝历代的皇帝在位顺序及其相应年号，我最终才得以精准无误地译出，并针对此在文中加上了一些内容注释。翻译过程中会遇到不少类似的情况，对于中国文化中特有的但阿拉伯文化中不存在的因素，译者一定要多加解释以方便读者理解这种文化偏差。

我最近在审定一本由他人担任译者的从汉语译为阿拉伯语的教材，词语表中包含"蜜蜂"这个词，但译者错把它翻译成了"蜂蜜"的意思。这两个词汉字完全一样，但顺序不一样，就组合成了不同的语义，这也正是汉语语言有趣的地方，翻译时需要仔细辨别原文含义。

《中国社会科学报》：除了以上译著，您最近在翻译或审定哪些中国作品？这些作品的闪光点是什么？

芙蓉：我最近在审定中国科幻小说家星河的《北京小子》译著，这部作品是当代中国和中国人民生活的真实写照，书中涉及的现代科学知识吸引了大批青年读者。星河以其独特的写作风格在国内外屡获大奖，审定这部译著让我更深入地了解了北京城的历史文化。我个人很喜欢中国当代作家及其文学作品，通过这些作品可以透视中国社会的方方面面。

中国优秀作家李娟的《遥远的向日葵地》也是我十分喜爱的当代中国作品。在中国新疆阿勒泰戈壁草原的乌伦古河南岸，有着李娟母亲多年前承包耕种的一片贫瘠土地。李娟用她细腻、明亮的笔调，记录了在这里劳作的人们朴素而迥异的生活细节。书中的文字令人意犹未尽，作者刻画的不只是母亲和边地人民的坚忍辛劳，更是他们内心的期冀与执着，也表达了对环境的担忧和对生存的疑虑。阿拉伯读者通过阅读这一作品，可以细细品味中国独特的自然风景和质朴的乡土生活。我希望今后能够有机会翻译并审定更多类似的中国当代文学优秀作品。

四　生动呈现中国人民的生活和思想

《中国社会科学报》：作为国际出版人，请介绍一下哪些类别的中国作品更受阿语世界的青睐，您所在的出版社与中国合作的进展如何。

芙蓉：作为出版人，我们在挑选作品时，首先要充分满足市场需求。通过与当地读者交流、市场调研等方式，去了解他们对哪些类别的中国作品更感兴趣，同时尽量挑选较为知名的作者及影响力较大的、有代表性的作品，尤其关注这些作品是否能够生动地呈现出中国社会的真实风貌及中国人民的生活和思想。

东方知识出版社与突尼斯的政府部门、著名院校和私立文化出版单位有着长期合作，也与来自中国、埃及、沙特阿拉伯、摩洛哥、阿尔及利亚等国的多个出版社建立了良好的合作关系。中国合作方除了此前提到的中国社会科学出版社，也包括人民出版社、中华书局、中国图书进出口（集团）有限公司、中译出版社、高等教育出版社、中国人民大学出版社、中国大百科全书出版社等。我们也与中国驻突尼斯大使馆文化处以及迦太基大学孔子学院有着长期合作，包括举办不同类型的文化活动、合作出版教材等。

在过去的一年里，我们与中国图书进出口（集团）有限公司及中国作家协会联合成立了"中国文学读者俱乐部—突尼斯站"，2022 年6 月和 11 月成功举办了两场文学沙龙，受到了突尼斯读者的热烈欢迎。2022 年 9 月，我们与北京文联等单位合作举办了"世界阅读北京—突尼斯站"文学沙龙，参会人员与中国作家在线上开展了积极交流。他们一致表示，中国文学与西方文学有着完全不同的特质，希望可以阅读更多的中国文学作品。

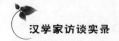

2023 年，我们计划于每月底举办一场文化活动，包括但不限于文学沙龙、学术讲座、作品讨论会、中国节日庆祝及中国民俗体验等，让当地读者身临其境地感受并认知中国特有的文化传统。

《中国社会科学报》：出版市场是展示一国文化的窗口，也是不同国家文明交流互鉴的平台。从中阿文明交流的视角来看，突尼斯读者如何看待中国图书？

芙蓉：近年来，突尼斯在政治与财政领域接连陷入困境，这与世界很多国家的情形类似。三年来的新冠疫情对我们的翻译出版工作造成了很大阻碍，对书籍营销及市场拓展也有消极影响，一些原计划在不同国家举办的书展推迟甚至被取消。近年来，突尼斯出版商联盟在积极讨论怎样克服后疫情时代出版工作面临的困难和挑战。东方知识出版社作为突尼斯出版商联盟成员之一，也在致力于推动图书出版恢复到疫情前的良好状态。2023 年，东方知识出版社将参加一些重要的国际书展，也将出版大量的中国图书，包括阿拉伯语版的《习近平讲故事》《中国道路与中国道理》《故宫史话》《破解中国经济十大难题》《中国对外开放 40 年》等。

近年来，中国持续加强与非洲国家在不同领域的合作。突尼斯作为"一带一路"共建国家，虽与中国相隔遥远，但在很多领域合作项目的助力下，双方的距离正在不断拉近。如今，我十分欣慰地看到突尼斯及阿拉伯读者对中国图书愈加喜爱——这是文化相遇与碰撞的结果。我认为，中国作品对于当地读者极具吸引力，且影响力越来越大。

海外译介传播

《儒林外史》在英语世界的传播与
经典化建构[*]

《儒林外史》在英语世界的传播与经典化建构[*]

张义宏[**]

《儒林外史》"在英语世界姗姗来迟"，但并不意味着作品始终受到英语世界的冷遇。相反，它以"后来者居上"的姿态成为英语世界中国古典小说译介与研究的热点之一。作品先后历经英译译介、文学史录述、文本研究等，跨文化的文学书写形式在英语世界得到广泛传播，同时也经历了中国文学作品在英语世界中从缺席到出场直至经典化的整个建构过程。

一　英语译介与传播

文学作品在他者文化中的流传与接受往往始于作品从本族语到外语的译介过程，它为异域文化中的普通读者与研究者提供了最为直接的阅读依据。与大多数古典小说一样，《儒林外史》在英语世界中的译介包含节译与全译等不同形式，而多种形式的英语译介合力构成了作品在英语世界中经典化建构的前提条件。

《儒林外史》的节译本初现于1939年，随后40年间成为译介的重要时期。国内外出版的期刊与中国文学作品选读类著述成为刊登节译文的主要阵地。葛传椝所译的《儒林外史》第1回片段译文《学

---

　*　原载于《中国社会科学报》2019年2月18日第1634期。

　**　张义宏，陕西师范大学外国语学院讲师，研究方向为翻译理论与实践。

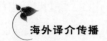

士的故事》（1939），刊载于美国芝加哥大学出版社出版的《英文杂志》，它是目前所知《儒林外史》最早的片段译文。徐诚斌所译的《儒林外史》第 55 回译文《四位奇人》（1940），刊登在《天下月刊》杂志。高克毅（George Kao）的《中国智慧与幽默》（1946）一书收录了王际真所译的《儒林外史》第 2 回和第 3 回的译文，取名《两学士中举》。杨宪益与戴乃迭译出《儒林外史》前 7 回的内容，取名《儒林的生活》（1954），刊登在《中国文学》期刊，后收入其《儒林外史》全译本。《人民中国》期刊（1955）刊登了《儒林外史》第 3 回译文，取名《范进中举》，译者不详。杨宪益与戴乃迭合译的《儒林外史》（1957）全译本是英语世界《儒林外史》传播史上的大事，是目前唯一的英语全译本，且译本质量为人称道。赖明的《中国文学史》（1964）中收录了著者所译的《儒林外史》中两个片段译文，分别取自原书的第 4 回与第 48 回。蔡楚父子（Ch'u Chai, Winberg Chai）的《中国文学宝库》（1965）一书收录了他们翻译的《儒林外史》第 51 回前半部分的译文。张心沧编译的《中国文学：通俗小说与戏剧》（1973）一书收录了《儒林外史》第 31—32 回的译文，题为《慷慨大方的青年贤者》。

二　文学史类著述的重要作用

文学史类著述是文学作品经典化建构的重要途径之一。它一方面影响普通读者对于作品的接受情况，另一方面会阻滞或促进作品在学术界的认可程度。一部文学经典作品是否能够被纳入文学史的书写范畴，不仅有赖于既有文学史书写的传统经验，而且在很大程度上取决于文学史著述者对于文学作品的认知与理解程度。

英语世界中虽然早在 1901 年就出版了翟里斯（Herbert A. Giles）的《中国文学史》，但直到冯沅君的《中国古典文学简史》（1958）一书才提到了《儒林外史》中的反封建思想，以及对于科举制度的批判等内容。陈绶颐的《中国文学史述》（1961）从题材、语言以及内容三个方面肯定了《儒林外史》在中国文学发展史上的重要地位。

赖明的《中国文学史》（1964）除了收录《儒林外史》的片段译文外，还对吴敬梓的身世进行了简要介绍。蔡楚父子的《中国文学宝库》（1965）一书对吴敬梓的身世与作品创作主题做了简要介绍。柳无忌在《中国文学导论》（1966）一书中提到作为讽刺小说的《儒林外史》对于官僚的虚伪与人类弱点等方面的辛辣讽刺。柳存仁的《伦敦两个图书馆所见中国通俗小说》（1967）重在考察《儒林外史》的版本情况。恒安石（Arthur W. Hummel）编写的《清代名人传略》（1970）对吴敬梓的身世和《儒林外史》的版本流传有着简要的介绍。杨力宇在《中国古典小说》（1978）一书中，除了对《儒林外史》的英语译介与研究进行梳理外，还对《儒林外史》的情节结构、人物塑造、艺术成就、写作特色等内容有着简要的论述。贝瑞编写的《中国古典小说：英语书目笺注》（1988）一书对于《儒林外史》做了较为详细的阐述，主要包括作品的讽刺艺术、人物刻画、作者身世、创作目的、宗教立场、版本流传、结构特征等内容。陈家宁编写的《中国古典小说精选》（1990）一书收录了杨宪益夫妇所译的《儒林外史》第2—3回译文。译文前有编者本人对于《儒林外史》十分简要的介绍。

三　文学价值逐渐受到肯定

英语世界《儒林外史》的文本研究肇始于20世纪30年代末，至今经历了发轫期、繁荣期、深化期、平缓期四个阶段，而在研究内容上则涵盖了作者身份考察与作品写作背景、叙事结构、写作手法、文本评点，以及文化层面的研究等多个方面。简而言之，英语世界《儒林外史》之"经典文本"的确立经历了从一般性介绍到多个视角加以阐释的逐步深化过程。

1939—1958年是《儒林外史》研究的发轫期。该阶段的《儒林外史》研究寥若晨星，为数不多的研究成果侧重于作家吴敬梓的身世、作品的思想内容和写作风格等一般性介绍与品评，而有关《儒林外史》的深入研究却付之阙如。徐诚斌在发表《儒林外史》片段译文的同时，还对《儒林外史》的创作背景与写作主旨等内容做了简要说明。海陶玮（James R. Hightower）的《中国文学论题》（1953）一书谈及了《儒林外史》的写作特点。吴组缃的《吴敬梓的现实主义》（1954）一文介绍了《儒林外史》产生的时代背景、吴敬梓个人身世，以及《儒林外史》的艺术特色等内容。

1959—1978 年是《儒林外史》研究的繁荣期，也是硕果累累的一段时期。《儒林外史》的思想主题与写作艺术等方面的内容得到了全方位的探讨，同时关于吴敬梓和作品研究的博士学位论文与专著也相继出现，为下一时期《儒林外史》研究的纵深化方向发展打下了基础。考察《儒林外史》产生的社会背景对于理解作者的写作动机与作品思想主旨具有重要作用，与之相关的论述主要包括何炳棣的《明清社会史论》（1962）、张仲礼的《中国绅士——关于其在 19 世纪中国社会中作用的研究》（1961，1967）、傅吾康（Wolfgang Franke）的《中国科举制度的改革与废除》（1968）、日本学者宫崎市定（Ichisada Miyazaki）的《中国的考试地狱：明清时期之科举考试》（1976）等。《儒林外史》的写作手法与艺术风格是研究的重心。该方面的研究论文主要有捷克汉学家克拉尔（Oldrich Kral）的《中国古典小说〈儒林外史〉的若干艺术手法》（1964）、黄宗泰（Timothy Chung-tai Wong）的博士学位论文《讽刺与中国小说批评的论争：〈儒林外史〉研究》（1975）以及专著《吴敬梓》（1978）、科尔曼（John D Coleman）的《领悟与否：〈儒林外史〉、〈老残游记〉及清代儒家传统的衰退》（1976）。此外，英语世界中的一些专著虽然没有以《儒林外史》为研究对象，但对《儒林外史》的写作艺术多有涉及。《儒林外史》的"片段式"叙事结构使其历来饱受争议，毁之者认为作品"结构松散"，缺乏统一连贯的情节结构；誉之者则称作者精心设局，别出心裁，以另类方式将作品巧妙地黏合在一起。对《儒林外史》的叙事结构持批判观点的文章有柳无忌的《中国文学史》（1966）与夏志清的《中国古典小说导论》（1968）。与此相对，多数学者表现出对《儒林外史》叙事结构合理性的辩护，主要论文有威尔斯的《论〈儒林外史〉》（1971）、林顺夫的《〈儒林外史〉中的礼与叙事结构》（1977）、高友工的《中国叙事传统中的抒情境界：读〈红楼梦〉与〈儒林外史〉》（1977）等。

1979—1998年是《儒林外史》研究的深化期，具体表现在对作品写作背景与写作技巧等问题上有了更为深入的探讨。白保罗（F. R. Brandauer）的论文《现实主义、讽刺艺术与〈儒林外史〉》（1989），史罗普（Zbigniew Slupski）的两篇论文《〈儒林外史〉结构上的三个层次》（1989）与《论〈儒林外史〉中某些段落的真实性》（1991），以及专著《近代中国的异议：〈儒林外史〉与清代的社会批评》（1981）继续在《儒林外史》的写作艺术问题上向前推进，并在一定程度上深入作品产生的社会历史层面。陆大伟（David Rolston）的《儒林外史》"卧闲草堂评点"研究构成了《儒林外史》经典化的重要一环，同时对于英语世界《儒林外史》作家与作品的深入解读起到了重要作用，主要体现在其博士学位论文《理论与实践：小说、小说批评以及〈儒林外史〉的创作》（1988）与专著《中国传统小说与小说评点：字里行间的阅读与写作》（1997）中。另外，陆大伟编写的《如何阅读中国小说》（1990）一书在英语世界影响广泛。黄卫总（Martin W. Huang）对《儒林外史》的研究视野开阔，能将作品置于其产生的社会历史环境中加以分析，主要包括博士学位论文《中国抒情传统的困境与清代文学小说》（1991），专著《文人与自我的再呈现：中国十八世纪小说中的自传倾向》（1995），以及论文《仿效与发明：〈儒林外史〉中自我表现的负担》（1998）等。周祖炎的论文《阴阳两极互补：吴敬梓〈儒林外史〉中性别观念的关键》（1994）以性别理论视角审视吴敬梓世界中的男女性别关系。商伟《礼、礼的手册、孔子世界的危机：〈儒林外史〉阐释》（1998）一文侧重于《儒林外史》中"礼"的表现形式的研究。

1999—2018年是《儒林外史》研究的平缓期，表现为研究成果呈现出渐微之势。这一时期虽然偶见对于《儒林外史》的论述，但多是从其他视角旁涉《儒林外史》中的写作手法的。吴燕娜的论文《明清时期中国讽刺小说文体之再审视》（1999）和专著《善意的讽刺和17世纪中国小说〈醒世姻缘传〉》（1999）多次讨论到《儒林外

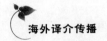

史》中的讽刺艺术。可喜的是，商伟的专著《礼与十八世纪的文化转折——〈儒林外史〉研究》（2003）成为这个阶段耀眼的明星，出版后受到广泛关注。该书以作品中反映出的儒礼的独特叙事方式为研究核心，试图重新估量《儒林外史》在中国思想发展史上的经典地位。斯定文的论文《野心的丛林、欲望的花园：〈儒林外史〉与九青的命运》（2014）重在分析吴敬梓的创作心态，而沃德（Frances Wood）编写的《中国的伟大著作：从古至今》（2017）一书对于吴敬梓的个人身世与清朝的科举制度做了简要介绍。

　　《儒林外史》在英语世界中的传播虽然起步较晚，但从 1939 年到 2018 年的历史轨迹中可见，《儒林外史》经历了由华裔学者到与英语世界本土学者共同参与的文本经典化的建构过程。作品的思想与艺术价值在得到充分挖掘的同时，它的文学成就也得到了英语世界的肯定。可以说，《儒林外史》在英语世界的传播与经典化建构，对于中国传统文化"走出去"有一定的示范意义。

《孙子兵法》在英语世界的译介[*]

《孙子兵法》在英语世界的译介 [*]

唐　瑭　董晓波[**]

2500 多年来，《孙子兵法》在世界各地广为流传。截至 2014 年，已有英、俄、日、法、德、西班牙等 40 多种外文译本问世，其中应用最为广泛、影响最为深远的当属《孙子兵法》的英译本。

一　译介历程历经四个时期

受地理环境、历史背景等因素的影响，《孙子兵法》最先传入日本，而其英译的历程一直到近代才得以开启，大致可以分为四个阶段。

萌芽期：20 世纪初期。1905 年，由英国皇家野炮兵上尉卡尔斯·罗普翻译的首部英文版《孙子兵法》在日本东京出版，开创了《孙子兵法》英译的先河。罗普的译本是在日文译本"十三篇"的基础上二度翻译得来的，所以不管是准确度还是完整度都有缺失，在风格上也偏向于"日式"。1908 年，在吸取前作经验教训之后，罗普以《孙子兵法》的中文版本为原本对其进行了二次翻译，并将其命名为《兵书——远东兵学经典》。综览全书，这部译作没有过多"日式风格"，并且增加了吴起兵法和英文索引，相较前作内容更加丰富。但由于语言和理解的障碍，罗普的译作仍有不少错误之处，所以不能算

---

　* 原载于《中国社会科学报》2018 年 9 月 26 日第 1544 期。
　** 作者单位：南京师范大学外国语学院。

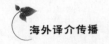

是成功的译作。

1910 年，英国汉学家和翻译家翟林奈选择以清代《孙子十家注》为原本对其进行英译，书名为《孙子兵法——世界最古老的军事著作》。翟林奈的译本行文流畅，逻辑严谨，且比较准确地传递出原作的兵学理论和哲学思想，因而被后人奉为《孙子兵法》的经典译作，对促进《孙子兵法》在英语世界的广泛传播有不容忽视的作用。

发展期：20 世纪 40 年代至 70 年代。这是《孙子兵法》英译历程的快速发展期，先后共有 6 个英译本问世。第一部是由马切尔·考克斯于 1943 年出版的《孙子的战争原理》。跟随其后的是 1944 年萨德勒的英译本。由于质量欠佳，这两部作品并没有引起太大反响。1945 年，郑麐翻译的名为《孙子兵法——约写成于公元前 510 年的军事指南》在重庆发表，这也是第一部由中国人自行翻译的《孙子兵法》，对促进中西方文化交流具有重大意义。1963 年，葛振先翻译的《孙子兵法》在中国台湾地区出版。同年，塞缪尔·格里菲思的《孙子的战争艺术》在伦敦、牛津、纽约发售。格里菲思本身有着良好的汉语功底，且对《孙子兵法》有着透彻的研究，所以他的译本拥有极高的完整度，一经发行就获得极高赞誉。《孙子的战争艺术》在当年还被联合国教科文组织纳入《中国代表作丛书》，并成为后来转译他国文字最多的英译本，多次出版发行，是影响最为深远的《孙子兵法》英译本。1969 年，唐文长编译的《孙子重编：中英对照本》发表，这是第二部由中国人译著的《孙子兵法》英译本。

繁荣期：20 世纪 70 年代初至 90 年代中期。1972 年尼克松访华开启了中美两国关系改善和发展的新纪元。中美交流的增多使得《孙子兵法》的英译进入繁荣阶段，无论是研究人员、研究领域还是研究成果都有重大突破。1981 年，美籍英国作家詹姆斯·克拉维尔重新编辑出版了翟译本，鉴于其对《孙子兵法》颇具人文色彩的通俗解释和精心编辑，使得该书一经问世即成为发行最为广泛的《孙子兵法》普及读物。1987 年，纽约斯特林出版公司出版了陶汉章将军所著的《孙子兵法概论》英译本《孙子战争艺术》，被列为"20 世纪 80 年代最为畅销的军事理论书籍"之一。1993 年共有三部《孙子兵法》英译本问世。第一部是汉学家罗杰·埃姆斯（中文名为安乐哲）以我国西汉年间简本《孙子》为原本翻译，出版时名为《孙子兵法：第一个含有银雀山新发现竹简本的英译本》。值得一提的是，该译本是最早以汉简为原本进行翻译的译作之一。第二部是拉夫尔·索耶尔出版的《古代中国的七部军事经典》，该书的原本是《五经七书》，《孙子兵法》是其中一章。第三部是 J. H. 黄翻译的《孙子兵法新译》。

鼎盛期：20 世纪 90 年代中期迄今。20 世纪 90 年代后，《孙子兵法》的英译达到高潮，除了传统意义上的文本翻译，人们还将其与军事领域之外的其他领域结合，用以指导人们的生活实践。这个时期比较重要的译作有这样几部：第一部是 1999 年加里·加利亚尔迪译著的《兵法：孙子之言》，因其译文之流畅、语言之精美，自出版后便成为各大网站的畅销书，并在 2003 年获得"独立出版商多元文化非小说类图书奖"。第二部是 2002 年著名汉学家约翰·闵福德出版的《孙子兵法》译作，由于其多年研究中国文化，所以这部译作很大程度上做到了忠实于原文。第三部是 2002 年由美国丹玛翻译小组出版的《孙子兵法》英译本，他们在翻译过程中力求保存原文的韵律格调。为弥补其内容上的缺失，他们还在文后附上注释汇总以方便读者理解。此后，汉学家梅维恒、作家卡伦·麦克里迪等人也相继出版了其作品。

二 译介特点受时代影响

《孙子兵法》的英译历程跨越一个多世纪，从最开始鲜为人知到现在享誉海外，其翻译和传播历程呈现出鲜明的时代特点，具体表现在译介主体、译介目的、译介内容、译介途径和译介方法方面。

译介主体由单一走向多元。美国军官以及汉学家是早期翻译《孙子兵法》的主要力量。20 世纪 40 年代至 70 年代，《孙子兵法》的英译迎来小高潮，除了美国本土的军事将领和汉学家，一部分华人译者也参与进《孙子兵法》的译介过程，如郑麐、葛振先等人。此后，华人学者一直是推进《孙子兵法》对外传播的重要力量之一。70 年

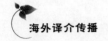

代后，中美关系缓和促进了《孙子兵法》在美国的传播，如作家詹姆斯·克拉维尔以及一些专家学者也纷纷出版其译作。到21世纪，人们开始不断挖掘分析《孙子兵法》的当代价值，一部分探讨《孙子兵法》在非军事领域应用的著作开始进入人们的视野，译者的身份也越发多样，多人共译或不同领域人才合作翻译的现象不断出现。

译介目的因译者而异。不同的译者翻译同一作品想实现的目的各不相同。罗普发现《孙子兵法》在日俄战争中对日作战的指导作用，遂决定将其引进西方。翟林奈决定翻译《孙子兵法》，一是源于对中国文化本身的热爱，二是他认为罗普的译文有不少不足之处。格里菲思多年研究反游击战的战略方针，为此他对毛泽东的游击战理论做过深入研究，并发现其思想就来源于《孙子兵法》。又如托马斯·克里利在1988年出版的译作对《孙子兵法》与中国道家的关系做了探讨，目的是传达其背后的哲学思想。克里利一直热衷研究中国古代佛学和哲学，并陆续翻译了多部禅宗经典，他强调《孙子兵法》是一部具有"丰富人文内涵"的书籍，认为其不仅是一部军事著作，还是一部哲学书籍，因而他在书中对《孙子兵法》背后的哲学内涵做了诸多探讨。

译介内容各有特色却大同小异。尽管译者选择的原本各有千秋，但它们大多都可以归属《十家注》系统、《武经七书》本系统以及竹简本三大类，同一系统下的版本遣词造句上或相差万里，但内容大致相当，因而大同小异。

译介效果与大国关系和时代诉求相关。《孙子兵法》的几次翻译热潮都同当时的政治环境密不可分。"二战"结束后不久，美苏争霸期间，美国先后发动了朝鲜战争和越南战争，但这两次战争都以美国失败而告终。战败的现实迫使美国人思考其军事理论的局限性。在当时，美国总统尼克松、美国著名战略理论家约翰·柯林斯等人分别引用《孙子兵法》分析战败原因，一股"孙子热潮"随之而来。塞缪尔·格里菲思的《孙子的战争艺术》是这一时期著名的译作。此后，中美交流的增多推动了《孙子兵法》在英语世界的传播。进入21世纪，和平与发展成为时代的主题，随着西方世界对《孙子兵法》的解读、研究和应用逐步深入，人们不仅关注其军事价值，还将目光投向其背后蕴藏的哲学道理，很多《孙子兵法》与其他领域相结合的译著应运而生。

译介方法由"归化"转向"异化"。随着时代的发展，国外的译者逐渐意识到凸显译文"中国"风味，并最大限度地再现原文审美特质和文化意蕴的重要性，所以翻译的策略也逐渐从"归化"转向"异化"。最显著的例子是丹玛翻译小组的《孙子兵法》译本。在翻译时，作者采取逐字直译的策略，在语言风格上也尽力再现原文风格。正如序言中作者所言，是希望通过这种方式让读者在反复诵读之中将声、形、意都引入脑海，体会原文的优美绵长。简而言之，由"归化"向"异化"的转变体现出译者思想的变化，但不管出于何种目的，译者如何在保证可读性的前提下，使读者能够最大限度体会原文的文化精髓和文本特征是他们在翻译时应该考虑的重点。

透视园林版昆曲《浮生六记》英译[*]

朱 玲^{**}

自 2018 年七夕首演以来，新编园林版昆曲《浮生六记》以其独特的艺术展现方式和浸入式的感官体验，受到多方关注和好评。创作团队聘请英国汉学家郭冉（Kim Hunter Gordon）翻译的英文字幕，为吸引海外观众，帮助作品走上国际舞台提供了较大的帮助。

一 原作和译作均受海外关注

《浮生六记》是清代文学家沈复的自传体散文，写于清嘉庆十三年（1808），在清代笔记体文学中占有相当重要的位置。该书以作者夫妇的生活为主线，描写了二人充满情趣的居家生活以及他们在各地游历时的所见所闻。《浮生六记》是沈复在其妻子芸娘去世后，为表达生死隔离之思而写的作品，原有《闺房记乐》《闲情记趣》《坎坷记愁》《浪游记快》《中山记历》《养生记道》六卷，流传下来的仅有前四卷。《浮生六记》曾先后被译成英、德、法、丹麦、瑞典、日、马来等多国文字，其英译本有 4 个，分别为中国译者林语堂 1935 年译本、英国译者马士李（Shirly M. Black）1960 年译本、美国译者

 * 本文系江苏省社会科学基金项目"'中国文化走出去'战略下的昆曲翻译研究"（项目编号：16YSC004）、国家社科基金艺术学重大项目"新中国成立 70 周年中国戏曲史（江苏卷）"（项目编号：19ZD05）的阶段性成果。原载于《中国社会科学报》2020 年 9 月 7 日第 2005 期。
 ** 朱玲，苏州大学跨文化研究中心讲师，近十几年来从事昆剧翻译与对外传播研究。

白伦（Leonard Pratt）和中国译者江素惠夫妇合作的 1983 年译本、加拿大译者孙广仁（Graham Sanders）2011 年译本。

园林版昆曲《浮生六记》的剧本是以沈复的原作为基础，由周眠改编而成的，在呈现形式上，由入选世界文化遗产名录的苏州园林和入选世界非物质文化遗产名录的昆曲"双遗联袂"，因其独特的浸入式体验方式受到多方面好评。《浮生六记》的演出地点为剧中故事发生地之一——苏州沧浪亭，演出并不固定于园中一景，而是让观众随人物剧情移步换景，这种实景浸入式体验和在剧场里静坐观看演出完全不同，使得观众的代入感、参与感倍增。它不仅吸引了海内外观众的关注，还登上了法国阿维尼翁戏剧节的舞台。因制作初衷和演出时空的限制，作品并未纳入原著所有故事情节，仅以沈复夫妇的生活为主线，抽取其中一部分，将他们志趣相投、柴米相依的深情娓娓道来，在诗文唱酬、烹茶理水、裁花取势、挥毫品鉴等日常生活场景中，展现出充满情趣和雅致的苏式生活方式与文化特色。

园林版昆曲《浮生六记》自编创之初就特别注重多层次、多渠道、多模式的宣传推广，尤其是对外传播。其中最重要的一点就是在演出现场多个地点都安装了能够显示汉英对照字幕的装置。负责英文字幕翻译工作的郭冉来自英国的苏格兰地区，母语为英语，从小喜爱戏剧，了解汉语和中国文化。他不仅正在从事昆曲研究工作，还学过昆曲清唱和表演，翻译过十多部昆曲作品。郭冉对原作的专业性审视和在译作中的独特表达令其字幕译文别具风貌。我们可以从物质与器物、行为与制度这两个角度来分析郭冉的译文，透视西方人眼中的中国文化。

二 事物名称翻译重在便于理解

园林版昆曲《浮生六记》的剧本择取了原作中的若干片段来呈现四季场景，除了序幕，全剧分"春盏""夏灯""秋兴""冬雪""春再"五部分。中国人认为饮食应该符合时令，有"不时不食"之说。剧中涉及的苏州特色饮食数量很多，对于食物名称的翻译，译者主要

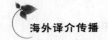

采取了直译的方法，即用英语中对应或近似的食物来表达。如将"蘸玫瑰酱的白水粽"译为"a glutinous rice dumpling dipped in rose sauce"，将"桂花酒酿圆子"译为"osmanthis-flavoured fermented glutinous rice dumplings"等。这种译法既具有直观性，又与演出场景相吻合，符合字幕翻译的情境性特征。同时也说明在饮食文化方面，尽管中西方烹饪方式、花样口味等有所差别，但英语世界的人们对中国饮食中的常见食材并不陌生，英语中有相同或相似的表达，这样翻译他们是比较容易理解和接受的。

清中叶的苏杭一带，工商业发达，经济文化繁荣，人口流动性增强，自明代以降积淀的文化素养和市隐传统，共同造就了一个虽对仕途怀有期待，却又不弃山水怀抱的士人群体。苏州风景优美，当地士人的娱乐方式之一就是寻友结伴出游。《浮生六记》剧中描写到，某日沈复欲邀三五友人一同游湖赏花，却又担忧在外"未免要吃些冷酒冷饭"，芸娘便雇了一个"骆驼担子"以化解难题。骆驼担子是两头高耸、形似骆驼峰的小吃担，苏州人还管它叫"两间半"。骆驼担子的一头有灶，灶上有锅，备有柴火，随时随地可以生火做饭；另一头是装满吃食、碗筷和各种佐料的小抽屉。这种具有江南特色的小吃担在当时的长三角地区很流行。但许多外国人甚至部分中国人并未见过骆驼担子，更不清楚它的功能，如果按照字面意思直译为"camel stand"，人们将难以理解。郭冉将其译作"camel stand and portable stove"（骆驼担子和便携式炉灶），这里添加的"portable stove"（便携式炉灶）是关键信息，因为有了它才能给饮食加热，也才能体现芸娘的聪慧之处。这种译法展现了译者对苏州历史和当时苏州人日常生活的了解，以及对剧本要点的把握。

笔者认为，在翻译这种某一地域所特有的生活物品时，直译并添加和突出关键信息的方法是可取的，有助于观众理解剧情。但有个小问题值得商榷："portable stove"（便携式炉灶）本就是"camel stand"（骆驼担子）的一部分，在两者间用"and"连接却让人觉得它们是两个不同的物品，译作"camel stand with portable stove"（带便携式炉灶的骆驼担子）或许更准确些。

三　借用代表性词语介绍礼仪习俗

　　沈复夫妇经常携手同游，苏州的沧浪亭、虎丘、醋库巷、仓米巷、万年桥等地方都留下了他们的足迹，这在女性受到严格约束的封建社会并不容易，剧中的相关描写却在细微处闪现出了现代性的光芒。如有一次沈复鼓励妻子陪他一起出门观灯，这显然有违封建社会的礼仪要求和行为规范，芸娘需要女扮男装方可出行。这里有一段唱词：唱喏个男儿礼遍，谁去也静女其姿，谁来也花家木兰，安辨这小足儿焉。郭冉是这样翻译的："Practicing the bows between men. She, who comes as a handsome lady. Leaves as a living Mulan. How will they ever notice my little bound feet?"众所周知，在封建社会男性和女性行礼的方式是不同的，为了在外出时不被人发现自己的女性身份，芸娘在外要行"男儿礼"。郭冉在此处将"男儿礼"译作了"bow"（鞠躬）。虽然封建社会有着复杂的礼仪规范，"男儿礼"不止鞠躬一种，古代人鞠躬的姿势也与现代不同，但是英语世界的观众往往并不了解这些，翻译得过于复杂可能会引起误解，所以译者在此选择以一种常见行礼方式代替其他所有。"缠足"是古代的一种陋习，令许多妇女深受其害。译者并未将戏文中的"小足儿"照直译作"little feet"（小脚），而是添加了关键信息，译作"little bound feet"（缠小脚），可以帮助观众更好地理解这个词背后的含义。

　　此外，在翻译"谁来也花家木兰"时，译者选择了直接使用"a living Mulan"的译法。这或许是因为，近年来在一些影视作品的影响下，花木兰女扮男装替父从军的故事已经广为英语世界的人们所了解，所以这样翻译可以帮助观众更好地理解芸娘女扮男装和丈夫一起外出的故事情节。由此我们也可以看出，现代大众传媒对文化传播的影响不容小觑。

　　园林版昆曲《浮生六记》所着力描绘的沈复与芸娘的生活，正是那个时代江南特别是苏州普通人生活的缩影，其中所体现的精神世

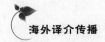

界、生活趣味及人物性格，均带有鲜明的文化印记。它的英文字幕不仅可以帮助外国观众理解剧情，而且因其所展示的文化特色吸引了更多注意。同时，字幕的译文也是一面镜子，我们可以对照从汉语原作到英语译作的变化，探知部分英语国家民众对中华文化的了解程度。

《颜氏家训》英译本传播及其影响[*]

彭 靖[**]

以家训齐家、教子是中国传统文化的一个显著特色，也是日本、朝鲜等国在吸收中国文化过程中积极借鉴的内容之一。在中国的家训史上，《颜氏家训》占有非常重要的地位，这部书共 7 卷 20 篇，其内容丰富、语言平实，涉及日常生活中的诸多方面。《颜氏家训》不仅在东亚国家产生过广泛影响，在英语世界也有一定的影响力，其英译本受到国外汉学界的关注，也有许多中外学者参与过《颜氏家训》的英译。

一 《颜氏家训》的英译与出版

20 世纪 30 年代中期，已经在燕京大学历史系获得硕士学位的邓嗣禹留校任讲师，协助美国汉学家博晨光（Lucius Chapin Porter）讲授中英翻译课程，并时常与外教进行团队教学。在讲课之余，他和博晨光一起开始了《颜氏家训》的英译工作。他们不仅以《颜氏家训》英译本作为课题，申请到了燕京大学当时仅有的两个项目之一的司徒雷登研究项目基金，还共同讨论翻译《颜氏家训》的技巧和修辞方

＊ 本文系国家出版基金"邓嗣禹全集"（基金办〔2019〕7 号）的阶段性成果。原载于《中国社会科学报》2021 年 1 月 25 日第 2097 期。
＊＊ 彭靖，香港国际商学院客座教授、中国传记文学学会会员、"天一讲堂"特邀嘉宾，曾任中国产业转移投资促进会副秘书长。近年主要从事东方管理理论、科举制度、美国汉学家研究。

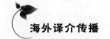

法，并合作进行了部分章节的翻译工作。1937 年，邓嗣禹得到了赴美国国会图书馆协助美国汉学家、时任美国国会图书馆东方部主任恒慕义（Arthur William Hummel）编写两卷本《清代名人传略》的机会。彼时已是卢沟桥事变爆发前夕，在迫不得已的情况下，邓嗣禹将尚未完成的手稿交给了博晨光，起身前往美国。这项翻译工作便暂时搁浅了。

1943 年，已经 63 岁的博晨光被日军逮捕入狱，并带到山东潍县的一个集中营关押起来，直到 1945 年年底才被释放。经历过这次磨难，博晨光的身体状况急剧恶化，精力也不如从前。经过与他协商，邓嗣禹决定独自承担翻译工作，博晨光则负责撰写前言。

1946 年，邓嗣禹回到国内。久别重逢的邓博二人在讲课之余，再次开始了《颜氏家训》的翻译工作。令人遗憾的是，直至 1958 年博晨光在美国去世，翻译工作也未能完成，由其为《颜氏家训》英译本撰写前言的计划更未能实现。这之后，邓嗣禹独立承担起了有关翻译的工作。1966 年，《颜氏家训》英译本在荷兰博睿学术出版社出版，这是《颜氏家训》最早的英译本。为了感谢博晨光对该书翻译工作的支持，缅怀二人共同合作的美好时光，邓嗣禹在书的封页上写道"这本书专为怀念博晨光，1880—1958"。

为了帮助西方读者更好地理解《颜氏家训》的内容，体现原著的价值，《颜氏家训》英译本增加了长篇引言，译者在其中介绍了家训在中国的地位和作用、《颜氏家训》的写作背景、颜之推的个人经历介绍、颜之推在社会和教育问题方面的观点看法、《颜氏家训》作为哲学学习研究素材的综合优势、《颜氏家训》与佛教和儒家学说的关系等。

此后，邓嗣禹根据读者的要求，为了帮助西方读者理解书中的缩写词，同时方便查找书中的相关资料，在原著的基础上，另外增加了缩写词列表、参考书目提要，补充了索引等内容，将译本由原来的228 页增加到 245 页，并于 1968 年、1969 年两次再版。目前所知，1966 年的版本仅收藏于中国台湾，1969 年的版本仅收藏在澳大利亚维多利亚国家图书馆（增加到 250 页）。中外读者了解和查阅更多的是 1968 年的版本。

二　受到学界关注

  《颜氏家训》英译本 1968 年版问世之后，受到了欧美汉学界的较大关注。德国汉学家田宇利（Ulrich Theobald）在其网站上介绍了这本书。英国历史学家史怀梅（Naonmi Standen）所著的《忠贞不贰？辽代的越境之举》一书也参考了《颜氏家训》。不过对这本书最感兴趣的，或当推美国斯坦福大学东亚系资深教授丁爱博（Albert E. Dien）。他不仅对此书进行了全面评价，还发表了相关研究成果。1973 年，丁爱博在《美国东方社会》杂志上，以《〈颜氏家训〉评论》为题，发表书评表示："《颜氏家训》英译本本身很好阅读，值得高度赞赏。……灵活的形式足以让他（颜之推）有足够的广度及广泛的话题，留下许多有关他本人与时代的非常有趣、有价值的信息。这个译本是近年出现的，有关《颜氏家训》与作者的系列研究之一。邓嗣禹的译本将非常有助于未来的六朝研究。"

  1976 年，丁爱博出版了英译本《观我生赋：颜之推传记》。该书是丁爱博博士学位论文的一部分，包括"颜氏家庭与职业""文学活动""结论"以及"传记"四部分，是当时研究《颜氏家训》最完备的资料之一，得到了多位学者的高度评价。

  1995 年，丁爱博在南京参加魏晋南北朝文学国际学术讨论会时发表了题为《评〈颜氏家训〉第九章：〈文章〉篇》的论文。他在这篇论文中，对《颜氏家训》中的文学问题，包括文体论、作家创作、写作技巧等进行了探讨。他用西方分析理论阐释了《颜氏家训》的文学理论特点，认为在《颜氏家训》中"点缀其中的逸闻逸事令文章生色不少，这也表现出颜氏创作向生活实际、现实主义贴近的努力"。同年，他还在 *Cahiers d'extreme-Asie* 杂志第 8 卷发表了《死亡的教诲：颜之推的案例》一文。在这篇文章里，丁爱博利用他的考古学专长，以当时的考古学证据对比分析了《颜氏家训》"终制篇"提到的随葬品。在考察了汉魏六朝古墓中的棺椁、七星板、封蜡、弩爪、

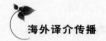

玉猪、锡人等物后，它表示"《颜氏家训》让我好奇的是，它那份清单（'终制篇'里所列清单）一定有所遗漏。举例说，它根本就没提及我们希望在某个高官墓冢中发现的某些物品，诸如端砚、官符以及印章等"。

2000 年，他又在 *Asia Major* 第 13 卷第 1 期上发表了《一位六世纪父亲关于文学的忠告：〈颜氏家训〉第九章评论》一文，继续对《颜氏家训》第九章内容进行了研究与评论。

2010 年夏，83 岁的丁爱博再次应邀到北京师范大学举办讲座，并接受了有关学者的专访。访谈者提出了许多问题，包括为什么对颜之推这个人物有如此浓厚的兴趣，为什么重视《颜氏家训》等历史文献。丁爱博回答说，他曾经写过关于颜之推的论文，认为颜之推的经历非常特殊，《颜氏家训》更是提供了大量关于六朝的史料。在他看来，像《颜氏家训》一样的非正史类文献是非常重要的，人们可以通过此类文献了解一些正史上没有或者着墨不多的信息，例如古代某一时期的风俗习惯、不同地域之间的关系、某一地区的历史等，这些信息可以有效地为学者提供帮助。《颜氏家训》里面保留了大量关于南北朝民间生活习俗的内容，很多都是在别的史料中看不到的。因此他认为，研究魏晋南北朝历史，绝对不能忽视《颜氏家训》这样的书籍。

《孔雀东南飞》英语世界译介探析*

万　菊**

　　《孔雀东南飞》（原题《古诗为焦仲卿妻作》），是中国文学史上第一部长篇叙事诗。最早见于南朝陈国徐陵编的《玉台新咏》卷一。全文 365 行，每行 5 个字，《孔雀东南飞》在古代文学史上具有举足轻重的地位，与北朝乐府民歌《木兰诗》并称"乐府双璧"，构成了中国古代叙事诗的重要篇章。作为乐府诗巅峰之作，《孔雀东南飞》受到古今中外诸多学者的关注，其在英语世界的译介始于 20 世纪中期，迄今已有 13 种英译版本。译者多以汉学家、翻译家、诗人、教育家为主。

一　海外译介起步较早

　　16 世纪，以传教士为代表的西人来华后，中国古籍的西方译介便开始出现。作为了解中国文化的重要窗口，中国文学作品历来为来华西人学者所重视。自 20 世纪起，《孔雀东南飞》被西方学者多次译成英语。其中，英国汉学家阿瑟·韦利最早将《孔雀东南飞》译成英语介绍给西方国家。1946 年，伦敦乔治·艾伦与昂温出版社出版了韦利编撰的《中国诗选》一书，此书收录了其《孔雀东南飞》译本。该译本很受英语读者欢迎，在此后近 40 年间出版再印刷了 7 次。

---

　　* 原载于《中国社会科学报》2022 年 6 月 20 日第 2430 期。
　　** 万菊，兰州交通大学外国语学院研究生。

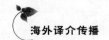

2000 年，《中国诗选》由美国爱荷华州米尼奥拉城的多佛出版社再次出版。阿瑟·韦利毕生致力于汉学文化研究，出版了大量的译著。他的译本《孔雀东南飞》颇具代表性，也对随后的国外译本有一定启发意义。

20 世纪中期第二个译本的贡献者是澳大利亚汉学家傅乐山。1966 年，英国汉学家阿瑟·韦利逝世，为纪念阿瑟·韦利，次年傅乐山和美国爱荷华州立大学教授程曦，将汉魏晋南北朝时期的中国160 余首诗歌合作编译成《汉魏六朝诗选》，其中傅乐山的《孔雀东南飞》英译本也收录其中。

20 世纪下半叶，美国汉学研究蓬勃发展，《孔雀东南飞》的译介依旧活跃。1984 年，哥伦比亚大学出版社出版了美国著名翻译家、汉学家华兹生的译著《哥伦比亚中国诗歌选集：从早期到十三世纪》。华兹生所译的《孔雀东南飞》也被收录其中。三年后，该书由哥伦比亚大学出版社再版。华兹生是一名杰出的译者，他精通诗歌翻译，并向英语世界引介中国古典文学。与其他版本相比，华兹生的《孔雀东南飞》译本更倾向使用连词和时间副词，更符合英语的表达方式和英语国家读者的思维方式，使翻译后的诗歌更顺畅。2000 年，英国汉学家闵福德和中国作家刘绍铭合编的《中国古典文学英译选集》一书再次收录华兹生的《孔雀东南飞》译本。1995 年，由美国汉学家安妮·比勒尔编撰的《中国爱情诗选：玉台新咏》在英国伦敦由企鹅出版社出版，其中也收录了华兹生的译作《焦仲卿妻》。

21 世纪的第一个英译本来自英国学者保尔·怀特，其译本《孔雀东南飞》于 2003 年由新世界出版社出版发行。该书是英汉对照版并配有黑白插图，此外，与其他版本不同的是，该书原汉语版是由中国学者徐飞在忠于原著的前提下对《孔雀东南飞》加以改编并赋予其新的内容编撰而成的。2005 年，由美国现代诗人托尼·巴恩斯通和中国学者周平共同编撰的《中国诗歌三千年英文选译》在美国纽约出版，其中就收录了这两位译者的《古诗为焦仲卿妻作》的译作。他们译本的最大特点是运用重复词语，是唯一一个将中文重读词翻译成英文重读词，以使原诗和译诗保持一致的译本。至此，国外译者翻译出版的《孔雀东南飞》译本告一段落。

二 国内译介形式多样

《孔雀东南飞》的国内译介活动发端于 1988 年。中国翻译家许渊冲将这首诗首次翻译成英语，其译名为《焦仲卿妻》。该译本首次收录在许渊冲编撰的《中诗英韵探胜——从〈诗经〉到〈西厢记〉》一书中。1994 年，新世界出版社出版了由许渊冲编译的《中国古诗词六百首》一书，其英译本《孔雀东南飞》也被收录其中。两年后，许渊冲编撰《汉魏六朝诗一百五十首》，由北京大学出版社出版，其《孔雀东南飞》英译本又被收录其中。2009 年年初，中国出版集团中国对外翻译出版公司重新整理、收集了从两汉至隋八百多年间的诗歌，许渊冲译本再次被收录。

国内《孔雀东南飞》的译介不仅仅局限于专著。1996 年第五期《外语与外语教学》第 33—43 页登载了我国著名英语教育家、翻译家、大连外国语学院原院长汪榕培的《古诗为焦仲卿妻作》译本，这也是《孔雀东南飞》英译本第一次以学术文章的形式出现。1998 年，湖南人民出版社出版由汪榕培编撰的《汉英对照中国古典名著丛书·汉魏六朝诗三百首》一书，此书也同样收录了其《孔雀东南飞》英译本。同年 9 月，由湖南人民出版社出版的汪榕培编撰的《孔雀东南飞·木兰辞》一书中再次收录了其《孔雀东南飞》英译本，与众不同的是这一版本出现了黑白绘本。汪译本重押韵和形式，以诗译诗。2008 年，汪榕培选取反映汉魏六朝人民生活的诗歌，以余冠英的《乐府诗选》为蓝本，并对其加以增删编译成《英译乐府诗精华》。该图书由上海外语教育出版社出版，隶属外研社中国文化汉外对照丛书。汪榕培的《孔雀东南飞》英译本也被再次收录其中。

2001 年，中国著名翻译家、诗人杨宪益和他的妻子戴乃迭所编著的由外文出版社出版的"古诗苑汉英译丛"中的英译诗集《乐府》收录了两位学者的英译本《孔雀东南飞》，且附有精美插图。天津外国语大学教授、翻译家赵彦春的英译本《孔雀东南飞》收录于其在

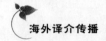

2007 年由青岛出版社出版的《翻译诗学散论》一书中。我国诗人、翻译家黄福海的英译本《孔雀东南飞》由上海人民美术出版社于2010 年出版，该书汉英对照，并附彩色绘图，诗歌和绘画在叙事中相得益彰，由诗入画，诗画互参。一般来说，中国诗歌与绘画在审美意象上本就相通，因此为便于国外读者理解中国诗歌和绘画的审美精神，上海人民美术出版社为此译本特精选了四位优秀的中国当代画家，分别是中央美术学院中国画学院院长唐勇力、国家一级美术师萧玉田、杭州画院的国家一级美术师吴声和画家于水。最新一版的《孔雀东南飞》译本由河北师范大学李正栓教授提供，这一译本收录于2013 年湖南出版社出版的《乐府诗选》。

　　《孔雀东南飞》的英语译介迄今已跨越近百年，对《孔雀东南飞》在英语世界的译介梳理一定程度上也促进了英语世界对该诗的深入研究。

《老残游记》译本在英语世界的传播[*]

冯智娇[**] 李孝英[***]

《老残游记》是晚清小说家刘鹗（1857—1909）的代表作，包括初集、二集和外编，是晚清"四大谴责小说"之一。《老残游记》被联合国教科文组织认定为"世界文学名著"，其英语译介已有近百年历史，国内外版本众多，形成了丰硕的研究成果。

一 《老残游记》的英语译介历程

1929 年，英国汉学家亚瑟·韦利（Arthur Waley）在《亚洲》杂志发表了《歌女》一文，该文系《老残游记》初集二回"王小玉说书"片段节译，开启了这部小说在英语世界的漫长旅行。

20 世纪 30—40 年代，国内掀起了《老残游记》英语译介热潮。1935 年，林语堂在《中国图书评论》上发表了《中国的加里–库契》一文，亦为"王小玉说书"片段节译。1936 年，林语堂出版了《老残游记》二集的节译本《泰山的尼姑》，这一译本后收录于林语堂1951 年版的《寡妇，尼姑与歌妓：英译重编传奇小说》一书。1939年，林疑今和葛德纯的英文全译本《行医见闻》一书由商务印书馆出版面世。

* 原载于《中国社会科学报》2021 年 11 月 22 日第 2292 期。
** 冯智娇，西南交通大学外国语学院博士生。
*** 李孝英，西南交通大学外国语学院教授，博士生导师。

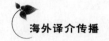

1947 年，杨宪益与戴乃迭夫妇在南京独立出版社出版了《颓废先生》一书，随后更名为《遗弃先生》和《颓废先生：郊游记》，分别于 1948 年和 1961 年在伦敦乔治艾伦 – 昂温出版社和中国香港复兴出版社出版。因杨译本删减初集原文第九至第十一回全部内容及第十六至第二十回关于谋杀案的部分内容而饱受英语世界学者诟病。2005 年，杨宪益译本入选"熊猫丛书"，由外文出版社出版。

1939 年，时任燕京大学教授谢迪克（Harold Ernest Shadick）在《燕京学报》上发表了《老残游记：一部社会小说》的研究长文，其中包含小说初集十一个章回的零散节译。1952 年，谢迪克的《老残游记》全译本在康奈尔大学出版社出版，并分别于 1966 年（康奈尔大学出版社）、1974 年（格林伍德出版社）和 1990 年（哥伦比亚大学出版社）在美国再版，其受欢迎程度可见一斑。谢迪克的全译本还入选了《大中华文库》系列丛书，分别于 2005 年和 2015 年在译林出版社出版。

1989 年，美籍华裔汉学家黄宗泰（Timothy C. Wong）发表二集的节译本《老残游记二集：第七至九回》。2017 年，国内学者耿智和萧立明的《老残游记》全译本在湖南大学出版社出版。

二　《老残游记》在英语世界的研究

尽管《老残游记》英译本众多，但其在英语世界的传播与影响较大程度上始于谢迪克译本的诞生，相关研究也从谢迪克译本评介深入小说本体研究，并逐渐扩展到比较文学与比较哲学研究领域。

第一，谢迪克译本评介。谢迪克译本自诞生以来，受到国内外学者的广泛关注。谢迪克以呈现原语文化为旨归，采用异化翻译策略，辅以长达 40 页的详尽注疏，使译本兼具文学可读性和学术研究性双重特征，为《老残游记》在英语世界的相关研究提供了翔实的文献资料。

英国汉学家亨利·麦克拉维（Henry Mcaleavy）、意大利汉学家兰侨第（Lionello Lanciotti）、黄宗泰等学者均撰文推介该译本。一方面肯定了谢迪克在保留中国文学文化精髓与迎合西方读者审美旨趣等方面做出的努力，另一方面也指出谢迪克译本存在语言生硬、流畅度不够等问题。但瑕不掩瑜，谢迪克译本至今仍是英语世界学者开启《老残游记》研究之门的"钥匙"。

第二，小说本体研究。英语世界的《老残游记》本体研究聚焦于小说的文学定位、原本考辨以及文学价值研究等维度。首先，国内外学者对《老残游记》的文学定位截然不同，这为后世学者研究《老残游记》提供了多元的学术视角。其次，因晚清民国时期图书版权管理混乱，出现了"鱼目混珠"的小说翻版，引发了英语世界学者的一股原本考辨热，如华裔学者马幼垣（Ma Yau-Woon）与国内学者刘厚醇关于《老残游记》二集原本的论争，黄宗泰对初集原本的考证等。最后，小说文学价值研究视角多元，成果丰硕，如人物形象研究、小说虚拟与现实的关联研究、作者创作动机研究等。其中，最具代表性的成果是夏志清的《老残游记新论》，探讨了小说的艺术成就和政治意义，是英语世界《老残游记》研究的里程碑，开启了《老残游记》的超文本研究视角。

第三，比较文学与比较哲学研究视野。刘鹗是晚清民间儒学"太古学派"弟子，其倡导的哲学理念为儒家的"经世致用"思想、道家的"内敛平衡"立场、佛家的"慈悲救世"情怀，是一种游走于"入世"与"出世"间的"仕"与"隐"的哲学态度。《老残游记》是中国传统小说与西方小说的杂糅，是刘鹗将西方小说元素融入中国传统小说创作的大胆尝试。此外，《老残游记》亦是中国传统哲学与西方哲学交流与碰撞的文学范本，是文学领域的哲学研究和哲学领域的文学研究典范。

三　研究视角的转向

20世纪90年代后，英语世界学者突破了《老残游记》译本评介与小说本体研究藩篱，转向比较文学与比较哲学研究领域。中国传统哲学与西方哲学之融通与交流成为英语世界《老残游记》研究的热

点方向。诸多汉学家如萨进德（Stuart H. Sargent）、魏纶（William Philip F.），以及华裔学者黄宗泰、夏志清、林顺夫（Shuen-Fu Lin）、李欧梵（Lee，Leo Ou-Fan）、邝兆江（Luke S. K. Kwong）等都是这一领域的佼佼者。

从比较文学研究而言，通过对《老残游记》进行历时与共时的分析，发现刘鹗在传承中国人道主义精神与接受西方科技文明时的矛盾，揭示《老残游记》被誉为"人的文学"的精神实质。在比较哲学研究层面，《老残游记》饱含西方自由主义思想但又极具传统东方主义色彩，与汉学家狄百瑞（Theodore de Bary）所著的《中国的自由主义传统》和《东亚文明：五个阶段的对话》的哲学理念虽有共性，但又极具时代性和民族性等个性化品质。英语世界学者对《老残游记》研究的哲学转向，一方面表明中国古代哲学在"他者"语境中焕发出新的活力与生命力；另一方面也是英语世界读者在"物欲横流"的金钱世界借助东方哲学智慧构筑精神家园，寻求心灵慰藉的具体体现。

《老残游记》在英语世界的传播案例为中国文学的海外传播提供了新思路。首先，应加强海外汉学家与中国文学翻译家的协同合作，深入解读中国文化精神基因，赋予译本在异域语境中以吸引力和感召力。其次，加大与海外出版社的合作力度，扩大海外阅读群体，提升中国文学的国际影响力。最后，找准中西文化语境的相融相通之关键点，主推蕴含哲学义理的文学作品，迎合目标读者的阅读期待。总之，在中国文学外译和传播过程中，我们应牢固树立文化自信，坚守文化精髓，为构建全球化语境下的中国文学话语体系，促进世界各民族文学文化交流做出更大贡献。

《三国演义》在德语世界的译介与接受*

张　雄**

　　罗贯中所著的《三国演义》作为中国历史上出现最早、流传最广、集民间传说与文人创作之大成的章回体古典长篇历史小说，不仅在中国及其周边国家有着极大的影响力，而且在西方世界也声名远播。从1689年湖南文山日译本算起，《三国演义》的海外译介已有三百余年的历史，其译文涉及拉丁语、英语、法语、德语、荷兰语、俄语、波兰语、越南语、朝鲜语等多种语言。

　　在德语世界，《三国演义》被早期德国汉学界视为"十才子书"第一位，被看作中国版的"史诗"。据考证，德国多家博物馆都收藏有珍贵的《三国演义》古本。《三国演义》在德国学界的地位可见一斑。

　　据现有研究，《三国演义》在德语世界的译介始于1894年，经历了改译、节译、选译到全译的过程。1894年，德国汉学家顾路柏（Wilhelm Grube）在《北京东方学会会刊》第4期发表了基于《三国演义》第91回"祭泸水汉相班师"的改译文《祭祀死者的仪礼》，并在其1902年出版的《中国文学史》一书中收入了《三国演义》前九回的摘译文。格莱纳（Leo Greiner）选译了《三国演义》中的五个故事，并将其编入1913年出版的《中国小说与故事》。鲁德尔斯贝格

　　* 原载于《中国社会科学报》2021年4月26日第2154期。
　　** 张雄，山东大学翻译学院威海校区西方语言系讲师、主任，研究方向为外语教学法（混合式教学、网络教学）、外语教育技术、机辅翻译（德汉、汉德）、德国文化等。

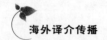

（Hans Rudelsberger）和卫礼贤各翻译了《三国演义》中的一个故事，并收入他们各自编纂的《中国小说》和《中国民间故事集》。格林（Irmgard Grimm）选译的三个故事与库恩（Franz Kuhn）选译的四个故事分别发表于 1938 年和 1939 年的两期《中国学》（Sinica）杂志上。库恩此前已经翻译过《好逑传》《金瓶梅》《红楼梦》《水浒传》和《子夜》等经典中国文学作品。对于《三国演义》，他先是在《中国学》杂志上陆续翻译发表了《权臣董卓之死》《拜访卧龙》《过檀溪》和《王位被迫迁徙》等几个章节。之后，又以《十三层佛牙塔》为名翻译出版了《三国演义》前九回故事的选译。1940 年，库恩将《三国演义》前三十八回合成二十章译出，并第一次以《三国志》（Die drei Reiche：San kwo tschi）为名出版。库恩译本在德语世界影响巨大，其后多次分别以《桃园结义兄弟》和《三国志》为名重印再版。德国、奥地利和瑞士的很多大学和图书馆都收藏有多个版本的库恩译本。

自 1940 年库恩版《三国演义》德语译本出版后，在 70 多年的时间里，德语世界再未有更全的《三国演义》译本出版。直到 2016 年，署名为 Xinyue Shi 的译者翻译了《三国演义》全 120 回，分两卷在德国亚马逊网站以《三国演义》为书名独立出版。2017 年，德国汉学家尹芳夏（Eva Schestag）也在柏林费舍尔出版社（Fischer）推出了两卷本的《三国演义》全译本。

Xinyue Shi 的译本相对忠实于原文，偏于直译。在译文中对一些传统中国文化元素和地理历史概念进行了大量的注释，注释中还夹有部分汉语。但据检索发现，该译本迄今未有图书馆收藏，也无书店在售，译者介绍、书评和推介信息也未见到，影响很小，传播渠道也极其有限。这可能和德国读者在选书的时候，比较在意出版社的名气和作者身份的传统有关。

相比之下，尹芳夏的全译本由始建于 1886 年、位于柏林的德国知名出版社费舍尔出版社出版。一经推出，就在德语世界和中国得到了广泛的关注，被视为"首个《三国演义》德语全译本"。尹芳夏携该译本应邀出席了 2017 年的法兰克福国际书展，并作为访谈嘉宾参加了中国驻法兰克福总领馆组织的"对话总领事"活动。与《三国演义》其他译本相比,尹译本的传播渠道非常广泛,可在德国、奥地利、瑞士各大书店和网上直接购买或订购。通过世界图书馆目录检索平台(OCLC Worldcat)检索发现,至少已有几十家德国、奥地利和瑞士的图书馆收藏了该译本。德国影响力较大的西德意志电台(WDR)就《三国演义》的德译工作对尹芳夏进行了采访。访谈中,她谈及自己在长达六年的翻译过程中的种种思索与感悟,例如如何处理文中不断出现的诗句,如何看待书中的女性角色,如何将古代语言和文化用现代表现手法充分表达出来,书中的军事策略和战斗情景对译者有何影响,这一历史小说对中国文化的意义,等等。德意志广播电台、《法兰克福汇报》《法兰克福日报》《新苏黎世报》《星期日世界报》等德语媒体也都发表了对这套译本的评介。评论家认为,这样一部多达80余万字、包含数千个人物和数百场战斗场景的鸿篇巨制,"不仅是一部翻译作品,更是一部辉煌的出版成果,对很多中国文学的爱好者来说,它早该出现了",它"打开了小说宝库中一扇至今隐藏的大门"。评论家甚至将该书的思想内涵与儒家传统思想进行对比分析。

迄今为止,中国古典四大名著中,《红楼梦》《西游记》和《三国演义》都已经有了德语选译、节译和全译本,《水浒传》也有不少章节故事被译成德语发表出版。其他中国文学艺术作品也都被译成德语,甚至被搬上舞台和荧屏,做成游戏或相关文化产品展示给德语世界的受众。这些译介工作为德语世界的读者和研究者了解中国文学、历史、社会文化、民俗、思维观念、价值观等提供了更多便利和可能性,为讲好中国故事,为中国文化走出国门,走向世界拓宽了道路,促进了中华民族与德语世界各民族的文化沟通和交流。但对比德国文学作品在中国的译介传播和研究状况,优秀的中华民族文化成果在德语世界的译介和研究还有很多工作可做,期待更多的译介研究成果被发现,新的成果不断涌现,将中国文化更好地传播到世界各地。

《牡丹亭》在法语世界的译介与传播[*]

刘　曦^{**}　王大智^{***}

　　明万历年间，汤显祖于临川玉茗堂创作《牡丹亭还魂记》（以下简称《牡丹亭》）。该剧甫一问世即家传户诵，"几令《西厢》减价"。而早在清顺治年间，《牡丹亭》便已东传到了日本，在当地也颇受时人推崇。与《牡丹亭》的"东行记"相比，这部中国传奇的"西游记"可谓姗姗来迟。在其诞生后的三百多年时间里，这部剧作在法语世界几乎没有得到任何译介，直至20世纪上半叶《牡丹亭》方才进入法语读者的视野。在此后的近百年中，译者持续接力，研究者深度解读，精彩演出交相辉映，中法文化机构通力合作，最终使得《牡丹亭》在法语世界从边缘走向中心，成为经典之作。

一　译介肇始

　　1932年，中国学者徐仲年编写的《中国诗文选》（*Anthologie de la littérature chinoise：Des origines à nos jours*）在巴黎出版，书中按诗歌、小说、戏曲、哲学、历史五类，介绍并选译了先秦至民国初年的部分典籍。关于戏曲，徐仲年梳理了其起源和发展情况，将其分为北剧、南戏加以论述。在南戏部分，徐仲年不仅概述了《牡丹亭》的

---

　　* 原载于《中国社会科学报》2022年9月19日第2494期。
　　** 刘曦，大连外国语大学法语学院讲师、硕士生导师，研究方向为翻译学、法语文学。
　　*** 王大智，大连外国语大学法语学院教授、硕士生导师，大连市第二批领军人才，大连外国语大学多语种翻译研究中心副主任；主要研究方向为翻译学、法语文学。

创作背景、情节脉络，而且将第十出《惊梦》中的片段译为法语，由此开启了《牡丹亭》在法语世界的译介之旅。

《牡丹亭》这一法译本虽未引起时人太多关注，却为观察文化接触与文学译介的关联提供了一个窗口。徐仲年之所以编写《中国诗文选》一书，与其在里昂中法大学的求学经历息息相关。这所中法合作高校培养和造就了一批将中国文学译介至法语世界的优秀译者，除徐仲年外，还包括将《红楼梦》首次完整译成法语的李治华、将鲁迅作品首次译介至法语世界的敬隐渔，以及戴望舒、罗大冈、沈宝基等诗人、学者。在里昂中法大学校方以及罗曼·罗兰、艾田蒲等法国文化名流的鼓励与协助下，他们积极地向法语世界展示中国文学的魅力。

二　影响逐步扩大

此后，《牡丹亭》在法国的译介与传播沉寂了一段时间。1986年，江苏省昆剧院应"巴黎秋季艺术节"之邀赴法国演出《牡丹亭》，具体剧目包括《游园》《惊梦》《寻梦》《写真》《离魂》五出。主办方专门制作了长达100余页的图文并茂、印刷精良的节目手册，既有普及之意，又具推广之效。节目手册中的昆曲部分由法国汉学家谭霞客（Jacques Dars）执笔。在《文雅之源》（*Aux sources du raffinement*）一文中，谭霞客介绍了昆曲的起源、发展、艺术特征、演出概况、影响及传承，点评了《牡丹亭》的剧情、人物及其独特神韵。为方便观众理解，谭霞客还对当时演出的《牡丹亭》曲目进行了简短节译。

此次演出系《牡丹亭》在法国舞台的首次亮相，得到观众与戏剧界的广泛好评，在一定程度上促进了《牡丹亭》乃至昆曲在法语世界的传播。在此之后，不仅江苏省昆剧院在欧洲展开数次巡演，并且带动了其他剧团、演员赴法国演出。例如，1994年11月，昆曲演员华文漪、高蕙兰、陈美兰于巴黎圆点剧场（Théatre du Rond-Point）演出了《牡丹亭》折子戏。此次演出被录成了光盘，另附介绍手册，

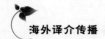

其中包括演出中曲词宾白的法语译文，译文由法国音乐家皮埃尔·波瓦（Pierre Bois）参照英译本转译改写而成。虽然此时的法国观众仍然未能欣赏到《牡丹亭》的全貌，但这些演出、手册无疑在一定程度上扩大了《牡丹亭》在法语世界的影响。

三　经典地位得以确立和延续

1999 年 11 月 26 日至 12 月 5 日，陈士争版《牡丹亭》唱响巴黎，成为当年"巴黎秋季艺术节"的重要演出剧目。为帮助观众理解剧情，主办方邀请法国汉学家雷威安（André Lévy）将《牡丹亭》全本译为法文，并为演出全程配备法文字幕。为了再现这部"天下第一情戏"的魅力与意蕴，雷威安深入考察了汤显祖的艺术风格以及《牡丹亭》涉及的诗词典故、历史渊源，查阅了大量文献资料。巴黎交错音出版社出版了雷威安所译《牡丹亭》全译本。全书共 412 页，附 16 页彩图，包括化妆排练剧照、演出剧照、舞台模型、《纳书楹曲谱》书影等。除此之外，雷威安另作序言，阐述中国戏曲的发展演变、汤显祖的生平及其创作情况，并介绍了《牡丹亭》的艺术价值。经由演员的精彩演绎与雷威安的生花译笔，《牡丹亭》演出与法译本出版成为当时法国轰动一时的文化盛事，在很大程度上推动了《牡丹亭》乃至昆曲在法语世界的译介与传播。

此后在译介方面，虽未再次出现《牡丹亭》全译本，但不乏新的节译本、选译本出现。例如，法国汉学家班文干（Jacques Pimpaneau）在 2004 年出版的《中国古典文学选》（*Anthologie de la littérature chinoise classique*）一书中，其中收录并节译《惊梦》一折。2007 年，雷威安又将汤显祖的另一代表作《邯郸记》全本译成法语。至此，法语读者得以领略"临川四梦"中的"二梦"。

在研究方面，进入 21 世纪后，太阳剧社、巴黎第八大学、贝桑松大学等知名机构、高校多次组织以《牡丹亭》和昆曲为主题的研讨会，相关研究成果结集出版，进一步促进了中法学者在戏曲方面的交流。

演出方面，在中法文化机构的共同推动下，北方昆曲剧院、上海昆剧团、江苏省昆剧院、江苏省苏州昆剧院等院团多次赴法演出，使法国观众能够身临其境地感受《牡丹亭》的丽词俊音。值得一提的是，2013 年，在巴黎著名的夏特莱剧院（le Théatre Chatelet）上演了中日艺术家合作版《牡丹亭》，两国艺术家珠联璧合的表演使这一传奇经典焕发出独特的美感，得到法国各界的广泛好评。此外，形式多样的讲座、演讲、示范，以及立足于媒介融合时代的线上演出、短视频等文化产品进一步推动了《牡丹亭》的再传播、再解读与再创作，成为《牡丹亭》海外传播的新力量。至此，《牡丹亭》以"姹紫嫣红开遍"的传播方式确立并延续在法语世界的经典地位，完成从边缘到中心的"突围"。

汤显祖隽秀典雅的词文、流丽幽远的曲韵、浪漫缱绻的剧情成就了《牡丹亭》这部常演不衰的经典，也征服了法语世界的读者和观众，使这部中国传奇在异域继续流光溢彩、熠熠生辉。《牡丹亭》在法语世界的百年经典化历程，既源于法语国家对中华文明的向往，也离不开译者、表演者、研究者、文化机构的通力合作，为当代中国的对外文化传播提供了诸多有益经验。在人类文明交流互鉴、美美与共的旗帜下，随着中国文化不断地"走出去""走进去"，可以相信，《牡丹亭》及其他中国文化产品在海外的译介与传播，将会揭开新的篇章，焕发出新的光彩。

法译本《论语导读》的创新意义与时代价值[*]

吕　颖[**]

2020 年 11 月 4 日，首部《论语导读》法译本正式入藏中国国家图书馆。该书是 2019 年 3 月 24 日法国总统马克龙在尼斯会见中国国家主席习近平时所赠送的国礼，也是国家图书馆入藏的首部完整的欧洲启蒙时代的外文著作手稿。《论语导读》的译者为法国医生、哲学家、探险家弗朗索瓦·贝尼耶（François Bernier），该手稿仅两份存世，其中一份之前藏于法国阿瑟纳尔国家图书馆，现藏于中国国家图书馆；另一份藏于法国国立吉美亚洲艺术博物馆。

一　译文形式各有侧重

《论语》作为我国传统文化的经典著作，早在 17 世纪就已传入欧洲。1687 年，法国巴黎出版了首部拉丁文本的《中国哲学家孔子》，是由耶稣会士柏应理（Philippe Couplet）、恩理格（Christian Herd-trich）、殷铎泽（Prospero Intorcetta）、鲁日满（François de Rouge-mont）在之前百余年间耶稣会士译作的基础上编译而成的。该书的面世在欧洲引起了强烈反响，之后根据该版本又出版了其他语种的改编本或节译本，其中最早的版本有法兰西学院院士路易·库辛（Louis

---

　*　原载于《中国社会科学报》2021 年 8 月 5 日第 2223 期。
　**　吕颖，南开大学外国语学院法语系副教授，主要从事法国汉学、中法关系史研究。

Cousin）的《中国哲学家孔子的道德箴言》、法国传教士西蒙·富歇（Simon Foucher）的《关于孔子道德的信札》以及在伦敦出版的英译本《中国哲学家孔子的道德》。其实在这几部作品发表之前，贝尼耶于1687年就已经完成了《中国哲学家孔子》的法文全译本《论语导读》，其全名为《孔子或君王之道，包括中国古代皇帝和官员政治统治特有的道德原则》。但遗憾的是，同年贝尼耶因中风去世，该部译著的出版工作便被搁置下来。

对比这四部作品，仅从书名上就可以看出它们之间的差异。与原拉丁文题目《中国哲学家孔子》相比，富歇的《关于孔子道德的信札》和英译本《中国哲学家孔子的道德》、库辛的《中国哲学家孔子的道德箴言》都强调了孔子在道德层面的影响，同时后两者还保留了拉丁文本中孔子作为哲学家的一面。而贝尼耶的《孔子或君王之道，包括中国古代皇帝和官员政治统治特有的道德原则》完全改变了对孔子的定位，强调的是孔子思想的科学性和在国家政治中的作用。在贝尼耶的笔下，孔子成为一个代表理性和科学政治的符号与典范。从内容上看，《中国哲学家孔子》由导言、《大学》《中庸》《论语》三部分的拉丁文译本和一些附录组成。库辛的书准确地说不是对拉丁文本的再译，而只是一个评述，用天主教的理论去阐释孔子学说和孔子其人。富歇的书则更加简短，全书只有29页，包括前言和《大学》《中庸》《论语》的一些节选翻译以及后记。英译本则是对富歇法译本的完全对译。贝尼耶的法译本包括译者撰写的一份导言《告读者》以及《大学》《中庸》《论语》的法文全译稿，是这些转译作品中内容最完备、最翔实的一部。

二 《论语导读》专注儒家思想本身

译者对译著的命名可以反映出译者翻译的初衷。《中国哲学家孔子》是在华耶稣会士为礼仪之争中所采取的"适应政策"进行辩护之作。而作为哲学家的贝尼耶推崇古希腊伊壁鸠鲁（Epicurus）的原子学说，某种程度上称得上是一位唯物主义者。某些学者认为贝尼耶

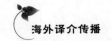

曾希望服侍于国王左右，但近十年的国外生活已使他与当时法国的政治和社会脱节。仕途上的失败使他只能在精神层面幻想自己能辅佐国王。所以他翻译《论语导读》是希望能用中国的智慧来培育欧洲年轻君王的政治智慧和道德。正如他在序言中所坦陈的："因为我真诚地热爱着我的国王和我的祖国，所以我认为这些伟人或许能成为我们年轻君主的向导和楷模。很不幸，我们的君主们在一种傲慢、蛮横、吹毛求疵的教育方式下长大，这种方式非常普遍且非常有害。相反，具备这些道德的伟人们能够激发出他们的爱、温和、高尚、纯朴、仁慈和善行，而且不会使他们疏离他们与生俱来的威严与崇高。这些终有一天会为国家的利益和他们信徒的荣誉带来巨大的益处，而这些信徒也必然会被所有的人尊重、推崇和爱戴。"

不同的翻译目的也导致不同的译本在结构和内容上存在较大的差异。首先，贝尼耶将拉丁文本中《大学》和《中庸》的内容进行了重组，以使文章的表述更为流畅，而对《论语》的翻译，则基本上是采用线性的方式。在《论语》的译文中，贝尼耶保留了对话的方式，但将大部分的直接引语改为间接引语。叙述有时是从译者的角度，有时是从暗含的某个人物的角度，从而在某种程度上形成了一种复调的效果。他用中国先贤的格言来揭示法国社会的问题，唤起人们对仁德治国、礼法治国、礼乐治国等问题的思考。

其次，贝尼耶在法译本中删减了拉丁文本中的大量注疏。《中国哲学家孔子》以张居正的《四书直解》为底本，并用朱熹《四书章句集注》做补充，因为耶稣会士们认为前者更符合先秦儒家的思想。在翻译过程中，耶稣会士不仅保留了这些中国学者的注解，还补充了自己依据《书经》《诗经》等经籍而撰写的大量释义，以便西方读者更好地理解儒家思想和基督教精神的和谐统一，更加支持耶稣会士们所采取的"适应政策"。这两类注解分别用正体和斜体呈现，以示区别。而贝尼耶只保留了那些在他看来对于理解不可或缺的条目，也无正体和斜体之分，其目的是使读者更加专注于儒家思想本身，专注于法国的王公贵族们可汲取的精神食粮。

在17世纪以传教士为创作主体的汉学作品中，贝尼耶的这部译著具有很强的创新意义，因为它从世俗的角度出发，首次将儒学与稳定国家政治的理念联结在一起。2015 年《论语导读》由费林出版社在巴黎首次刊行，法国国家科学研究院研究员陶西格（Sylvie Taussig）为之撰写引言，并为译文添加了必要的注释，中山大学哲学系教授梅谦立（Thierry Meynard）为之撰写评论，从而给世人更多了解这部译作的机会。2020 年年底，《论语导读》的手稿入藏中国国家图书馆，这部译著经过三百年的流转，终于抵达了它最初想要探索和发现的国度。这部稀世之珍见证了中法文化源远流长的交流史，展现了不同文明的相互启迪与共同发展。

俄罗斯《论语》译介历经百年发展[*]

——从节译到全译 由简译到详译

刘丽芬[**] 赵 洁[***]

列夫·托尔斯泰曾在其《论孔子的著作》一文中这样写道："中国人是世界上最爱好和平的民族，他们不想占有别人的东西，也不好战。"作为儒家学派的创始人，孔子思想的影响遍及世界多国，不仅中世纪时的日本、韩国、越南深受儒家文化的影响，而且孔子也是欧洲教育思想争论的人物，成为欧洲文化不可分割的财富。如今，孔子的"仁""礼""义"等许多思想仍影响着中国乃至世界。作为儒家经典著作之一的《论语》更是被译成多种文字，1687年首次被译成拉丁语，1828年首次被译成英语，在俄罗斯的翻译则始于1729年，至今已有285年历史，不计研究儒学的专著或论文中所出现的部分《论语》译文，仅译本至少有17个。有变译，有全译，有逐字逐句的翻译，有宏观的叙事性翻译以及作为文学作品的翻译。其译介过程大致分为三个时期：帝俄时期、苏联时期和俄罗斯时期。

———————————

* 本文系"黑龙江省高校哲学社会科学学术创新团队建设计划"（项目编号：TD201201）和教育部人文社科重点研究基地重大项目（项目编号：14JJD740010）的研究成果之一。原载于《中国社会科学报》2014年12月24日第684期。

** 刘丽芬，广东外语外贸大学西语学院教授、广东外语外贸大学云山杰出学者，研究方向为对比语言学、应用语言学、翻译学。

*** 赵洁，黑龙江大学俄语学院教授，主要从事俄语语言文学的教学和研究，研究方向为俄语修辞学。

一 传教士掀起"中国风" 沙俄汉学家首推《论语》译介

17世纪末18世纪初，欧洲出现了前所未有的"中国热"，受其影响，在18世纪的俄国形成了"中国风"。1715年，彼得一世向中国派遣第一届俄国东正教传教团，其实质是收集情报以配合沙俄对中国的扩张。此间驻京东正教传教团开始接触《论语》，有团员译了《四书解》。该团培养的首位汉学家罗索欣指导其学生沃尔科夫于1729年翻译了"四书"（包括《论语》），手稿保存至今，沃尔科夫因此成为"四书"的第一位俄译者。1820—1821年俄罗斯汉学奠基人之一比丘林翻译了完整的"四书"及朱熹为"四书"所做的注释，手稿现藏于俄罗斯科学院东方写本研究所和鞑靼斯坦国家档案馆；1863年第十届传教团修士司祭西维洛夫翻译了"四书"、《诗经》和《尚书》，未出版。19世纪下半叶，俄国迎来了第一次译介中国文化典籍热潮，标志性和领军人物系汉学家瓦西里耶夫，他于1868年翻译了《论语》并编入《中国文选》第二卷。此后，由于俄国官僚体制僵化，俄国汉学发展相对滞缓，《论语》译介处于停滞状态。1895—1917年，国际局势动荡不安，俄国汉学因此受到一定制约，影响了《论语》的译介，但此间仍有俄罗斯儒学研究奠基人波波夫的《论语》（1910）译本出版，此译本系俄罗斯汉学史上第一个系统的《论语》译本。

二 《论语》译介发展与中苏关系紧密相连

1917年十月革命后，这一时期的汉学研究以马列主义为理论基础，中国革命成为最具现实意义的研究内容，中国传统文化的研究则退居次要地位。20世纪30年代苏联学术界大批判大清洗，苏联汉学研究遭遇重创。1941年爆发的卫国战争使一批汉学家走上前线，汉学中心列宁格勒也被德军围困，苏联汉学研究几乎陷入停顿，《论

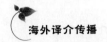

语》俄译也进入了长时间的停滞。1949 年，中苏建交，苏联开始重视对中国的研究，这一时期儒学研究获得了进一步发展。《论语》译本有汉学家、苏联科学院院士康拉德的《论语选》，于 1959 年收入《中国文学选》。进入 20 世纪 60 年代中期，中苏交恶，儒学研究又跌入低谷。20 世纪 70 年代，日本以及亚洲四小龙经济迅猛发展，纷纷宣告其成功的部分原因是奉行了儒学；从 1978 年开始，中国实行改革开放，成绩斐然，令世界瞩目，苏联因此掀起对儒学研究的第二次浪潮。

三　俄罗斯重拾儒学研究　《论语》译介再掀高潮

1991 年苏联解体，进入俄罗斯时代，学术氛围变得较为自由。但叶利钦政权的"休克疗法"给俄罗斯造成了新的经济社会危机，而传统儒家文化圈中国、韩国、日本等东亚国家和地区经济发展迅速，一定程度上促使俄罗斯政治、经济精英重新将目光转向中国，关注儒学，俄罗斯汉学家开始重拾对儒学的研究，以期从中汲取对俄罗斯社会、经济发展有益的思想。因此，《论语》的翻译、研究与传播在俄罗斯迎来了新的高潮。而最值得一提的是，有"莫斯科的孔夫子"之称的贝列罗莫夫的《论语》（1998）全译本，系俄罗斯学术界最完善、最系统的译本。

此外，还有研究儒学专著或论文中所出现的部分《论语》译文以及《论语》合集。1999 年，圣彼得堡晶体出版社出版了《论语》俄译本合集，收入了自瓦西里耶夫以来的所有俄译本，展示了发展一百多年的《论语》俄译史历程。2004 年，俄罗斯孔子基金会与俄罗斯科学院东方文学出版公司联合出版了俄文版《儒家的〈四书〉》，系俄罗斯迄今第一部完整的"四书"版本，是俄罗斯东方学史上熟稔儒家"四书"的俄罗斯历代汉学家翻译及研究结果的首次结集。该书于 2004 年 10 月 25 日由俄罗斯总统普京作为国礼赠送给时任中国国家主席胡锦涛。

作为儒家思想精髓的《论语》在俄罗斯的译介经历了一个开始—

高潮—低谷—高潮的变化过程，由节译到全译，由简译到详译，甚至一并翻译原文的注疏，使其在俄罗斯的影响逐渐扩大。帝俄时期以传教士为主的汉学家为《论语》在俄国的传播做出了开创性的贡献；苏联时期汉学家的成果为俄罗斯《论语》的翻译与研究高潮的到来奠定了基础；俄罗斯时期极为关注孔子有关治国安邦的学说，出现了研究与译介《论语》的又一次高潮。孔子思想中的"中庸之道""己所不欲、勿施于人""仁者爱人"等对当今俄罗斯的发展以及全人类解决困惑，应对挑战，建设和谐社会、和谐世界，以及实现人的身心和谐都具有巨大的启示意义。

唐诗经典俄译与传播考略[*]

唐诗经典俄译与传播考略 *

顾俊玲^{**}

　　唐诗被视为中国古代诗歌的最高成就，李白、杜甫、王维等几位唐代诗人的诗已超越时代和国界，成为各国人民共同的精神财富。俄语唐诗译介比英译、法译等迟了近百年，且最早的译本也是从英语、法语等语言的译本转译而来的。直到俄语汉学家成长起来后，才开始对唐诗展开有计划、大规模的译介与研究。

　　俄语唐诗经典译介，以对唐代著名诗人及其作品的翻译与研究为主。《全唐诗》收录了 2000 多位诗人总计近 5 万首作品，但俄语译介的多是在中国知名度较高的几位诗人的诗歌，如李白、杜甫、白居易、王维、孟浩然。苏联时期发行量最大的 1987 年版的《唐诗集》仅收录 54 位诗人的 610 首作品。俄语翻译的"唐诗三百首"并非我们国内通行的《唐诗三百首》，而是 1960 年出版的《李白、王维、杜甫诗三百首》。除了唐诗合集外，李白、杜甫、王维、白居易都有俄译本专集，其中白居易诗集译本有 6 种之多，1978 年版的《白居易诗集》是白居易作品俄文版中收录诗歌最全的一部。此外，《星》《外国文学》等俄语杂志也常零星地刊登唐诗的译文。

　　迄今为止，已有研究李白、杜甫、白居易、王维、司空图、孟浩然的俄语专著出版。此外，20 世纪七八十年代苏联汉学家在《远东

---

　　* 本文系河南省哲学社会科学规划项目"唐诗经典俄译与传播研究"（项目编号：2019BWX023）的阶段性成果。原载于《中国社会科学报》2019 年 9 月 9 日第 1774 期。

　　** 顾俊玲，郑州大学外国语与国际关系学院副教授，研究方向为翻译学、外语教育、俄罗斯学。

文学研究的理论问题》《亚非人民》等刊物、论文集中发表唐诗研究论文 140 多篇,占同期苏联汉学家中国古典文学研究论著总数的近四分之一。(夏康达等《二十世纪国外中国文学研究》)这些论文研究的热点多集中于唐诗经典。

在俄罗斯,从事唐诗翻译的主要是两类人,一类是汉学家,如叶戈里耶夫、阿列克谢耶夫、舒茨基、瓦西里耶夫、艾德林、李谢维奇;另一类是诗人和作家,如阿赫玛托娃、吉多维奇、古米廖夫、托洛普采夫。汉学家以翻译促进研究或以研究带动翻译,是唐诗俄译与传播的主体力量。诗人和作家通常与汉学家合作翻译,或基于汉学家译述的素材进行再创作。因诗人和作家的唐诗译本既符合俄语诗的规范,又不偏离原诗之意,所以更具可读性,也更受读者欢迎。例如,阿赫玛托娃既是著名诗人,同时也翻译唐诗。诗人的文学才华和对语言的敏感,使她翻译的唐诗广受好评。

唐诗经典俄语译本印刷量大,销售状况良好,在当地得到广泛传播。费德林编选的 1956 年版的《中国古典诗歌集(唐代)》、郭沫若和费德林编选的 1957 年版的《中国诗歌集》第二卷,第一次印刷均为 35000 册,传播均很广。1987 年俄文版的《唐诗集》印刷 5 万册,很快即售罄。吉多维奇所译的《李白抒情诗选》(1956)、苏联东方文献出版社发行的《唐诗三人集》(1960)一上市即售罄,并均在出版后第二年再版。俄罗斯文学出版社 1993 年出版了巴斯曼诺夫翻译的中国古代女性诗人诗集,即《相会与别离》,其中收录唐代晁采、薛涛、鱼玄机等人的作品,总发行量达 3 万余册。

李白、杜甫是读者十分喜爱的诗人,他们的诗歌在俄语翻译的各种中国古诗集中都是必不可少的部分,数量也常居首位。1987 年版的《唐诗集》收录杜诗 62 首,基本包括杜甫各阶段和各种题材的诗歌。吉多维奇是李白、杜甫诗歌的主要译者,他翻译了《杜甫诗集》(1955,1962)、《杜甫抒情诗集》(1967)和《李白抒情诗选》(1956,1957)。

此外,从一些事件也可窥见文化界对李白、杜甫的喜爱。1984 年 12 月,第五届"莫斯科之秋"音乐节演出了苏联作曲家根据杜甫

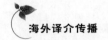

诗歌编写的合唱组曲《四川悲歌》，其中有《茅屋为秋风所破歌》《梦李白》等22首诗。马祖毅等著的《汉籍外译史》提到，1986年4月，在苏联一场音乐会上，音乐家们演奏了为李白诗歌谱写的乐曲。2002年，中国驻俄使馆与中俄友好、和平与发展委员会及俄罗斯科学院等机构在莫斯科举行了纪念李白诞辰1300周年的活动。同年，俄罗斯汉学界还推出了托洛普采夫编的《书说太白——李白：生平与创作》一书，其中包括李白生平与创作的介绍、对李白及其诗歌的评点、学界李白研究综述、李白诗歌新译、李白相关史迹的追寻等（参见徐志啸《中国古代文学在欧洲》）。

此外，唐诗经典译本在东欧其他国家也有传播。如在匈牙利，1959年，汉学家佐尔丹·弗兰尼奥编译的《中国诗选》出版，译有李白等人的诗；1961年，汉学家巴尔纳巴斯·宗喀尔等译的《李太白诗选》出版；1976年，由德麦尼等人合译的《李太白诗选》出版。此外，《杜甫诗选》《白居易诗选》《唐诗三百首》等俄语译本在匈牙利各大城市销售情况也较好。又如，捷克汉学家马尔塔·吕萨瓦翻译的《李白诗选》译注本于1976年出版。再如，罗马尼亚汉学家也积极译介李白、王维和杜甫等诗人的作品。1978年，罗马尼亚汉学家韦什库和伊夫·马尔丁诺维奇联合翻译出版了《唐代三诗人：李白、王维与杜甫》一书。

进入21世纪，新媒体迅速发展，对中国诗歌高度关注的俄罗斯青年主要来自莫斯科、圣彼得堡等经济文化发达地区，多数人年龄在20岁以上，受过高等教育，或是语言文学专业在读学生，或为诗歌爱好者。因此，还需采取积极措施，促进唐诗在俄罗斯的传播。

促进唐诗在俄罗斯的广泛传播需多方共同努力。新媒体时代，唐诗传播模式可以更加多样化。例如，可以充分利用中国古诗词适于歌唱的特点，把诗歌音乐化、通俗化，并通过音乐剧、史诗舞剧巡演传播；也可以通过互联网、电视、电脑、手机等载体进行视觉、听觉传播；中国文化爱好者及俄语译者也可以借助自媒体平台进行文化交流与互动传播。此外，通过文化外译立项来支持唐诗俄语翻译，加强对唐诗经典俄译史的梳理和研究，均可促进唐诗俄语译本的传播。

汉学家推动中华文化在 19 世纪俄国的传播[*]

李伟丽^{**}

中俄两国间的文化交流源远流长，从 17 世纪初开始，俄国多次派遣使团和商队来华。1715—1864 年，俄国涌现出了以尼基塔·雅科夫列维奇·比丘林、瓦西里·帕夫洛维奇·瓦西里耶夫（又名"王西里"）、彼得·伊万诺维奇·卡法罗夫为代表的许多优秀汉学家，这些汉学家及其作品共同推动了 19 世纪时期中华文化在俄国的传播。

一　儒家和史学典籍受重视

18 世纪初，受当时西欧盛行的"中国热"影响，俄国的彼得一世开始关注中华文化，后来的女皇伊丽莎白一世和叶卡捷琳娜二世也提倡学习中华文化，建造具有中国风格的建筑。与此同时，学者们对中国文化典籍的翻译和研究，促使汉学在俄国得以真正萌芽和发展，也进一步推动了中华文化在俄国的传播。

当时，许多俄国汉学家参与了中文典籍的俄译工作。1750 年前后，雅科夫·沃尔科夫在其老师伊拉里昂·卡利诺维奇·罗索欣的指

---

　*　原载于《中国社会科学报》2022 年 9 月 19 日第 2494 期。

　**　李伟丽，中国社会科学院历史研究院古代研究所助理研究员，研究方向为中俄关系史、俄国汉学史。

导下，最先将《四书》译成了俄语，令人遗憾的是这一译本没有获得出版。阿列克谢·列昂季耶夫翻译的《大学》和《中庸》先后于1780年和1784年出版，这是儒家经典第一次在俄国面市。

在这一时期的儒家经典俄译本中，比丘林的翻译稿影响最大，他不仅翻译了"四书"的内容，还翻译了朱熹为"四书"作的全部注释。但比丘林的"四书"翻译稿最终只有《大学》和《中庸》的译本于1823年在圣彼得堡出版，其对于《论语》和《孟子》的翻译稿未能出版。比丘林还翻译了《资治通鉴纲目》《大清一统志》《西藏志》等诸多文献。此外，他的三卷本《古代中亚各民族资料汇编》中有许多内容来自中国古代典籍，主要包括《史记》《汉书》《后汉书》《宋书》《梁书》《陈书》《魏书》《隋书》等。比丘林对《史记》等中国史学典籍的翻译和引用，在推动其他俄国学者研究中国历史，加深对中国的了解等方面发挥了一定的作用。

1868年，瓦西里耶夫选译了《论语》，并将其收入圣彼得堡大学出版的《汉语文选第二卷》。瓦西里耶夫当时担任圣彼得堡大学东方系汉语教研室主任一职，在他的推动下，《论语》成为当时俄国汉学专业学生的必读书目，也是汉语专业四年级学生的必修课。至此，《论语》开始在俄国学界广泛传播。瓦西里耶夫还撰写了《东方宗教：儒、释、道》一书，综合考察并介绍了儒、释、道三家产生的社会历史背景、发展情况以及影响等。此外，他综合自己在中国语言文字、古典文献、地理、律法等方面的研究成果，先后于1880年和1888年在圣彼得堡出版了《中国文献史》和《中国文献史资料》，这两本书都被圣彼得堡大学东方系作为教材使用，影响了许多学生。

卡法罗夫曾在北京生活31年之久，比较熟悉中国历史文化和鸦片战争之前的中国社会。他译注了《长春真人西游记》《元朝秘史》《圣武亲征录》（也作《皇帝圣武亲征录》），对俄国的蒙古学研究做出了重要贡献。卡法罗夫在翻译《元朝秘史》的过程中参考了《元史》《辽史》《金史》等资料，译本中有600多条注释，这增强了译本的学术性，为后来者研究蒙古历史提供了便利。《圣武亲征录》"是一部失传已久的蒙古文史籍的汉译本"，卡法罗夫将其译为俄文，

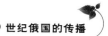

以《中国有关成吉思汗的古老传说》为题，于 1872 年发表在《东方文集》上。与《元朝秘史》译本一样，《中国有关成吉思汗的古老传说》译本里也包含大量注释。

后来，汉学家波波夫也加入了"四书"俄译者的行列。1904 年，他翻译出版的《中国哲学家孟子》成为俄国汉学史上第一个《孟子》译本。1910 年，波波夫又出版了《孔子及其弟子等人语录》。在这本书中，波波夫不仅通过注释发表自己的观点，而且将中国古代注疏家对《论语》的注疏与见解标注其中。波波夫的《论语》译本译文简洁易懂、表达准确，深受学界欢迎，2004 年还曾由莫斯科、圣彼得堡等地的出版社再版。

二 中国文学作品渐为俄学者所知晓

19 世纪前后，不仅儒家和史学类典籍被译介到了俄国，部分中国文学作品也被翻译成俄语并出版，其中影响较大的主要是小说，包括《玉娇梨》《好逑传》《红楼梦》第一回、《施公案——中国福尔摩斯》《白蛇传》等。

在中国文学作品的俄译方面，瓦西里耶夫再次发挥了重要作用，他不仅翻译了《聊斋志异》中的《阿宝》《水莽草》《毛狐》等五部短篇小说，而且在《中国文献史》一书中专门用两个章节介绍中国文学，其中第十四章"中国人的美文学"提到了《文选》《诗经》等作品，介绍了"赋"这一体例；第十五章"民间文学：戏曲、小说、章回小说"介绍了《西厢记》《红楼梦》《三国演义》等作品。瓦西里耶夫非常欣赏《红楼梦》，认为《红楼梦》是最优秀的中国小说，可以帮助读者了解中国人的生活。瓦西里耶夫和波波夫一起将中国文学作品带入了俄国高校的课堂，他们为圣彼得堡大学东方系的高年级学生讲解《红楼梦》等小说，加深了学生对中国和中国文化的了解。

当时的俄国汉学家已经注意到了《诗经》。1852 年，《莫斯科人》杂志第一期以《孔夫子的诗》为题刊登了米哈伊尔·米哈伊洛夫翻译的出自《诗经》的《羔裘》。1855 年，德米特里·西维洛夫出版了

《诗经》的俄译版，这是第一个由俄国人翻译出版的《诗经》译本。米哈伊洛夫、M. 麦查洛娃等人翻译的《燕燕》《羔裘》等 5 首出自《诗经》的诗作还曾先后发表在《国民教育部杂志》1861 年第 2 期、《诗集》（柏林 1862 年版、圣彼得堡 1890 年版）和《诗歌中的中国、日本》（1896）中。

此外，瓦西里耶夫所著《中国文献史》也包含《诗经》中数十首诗歌的译文，并做了详细讲解，还给予《诗经》很高的评价，认为《诗经》是真正的民间诗歌。瓦西里耶夫的教学讲稿被汇集成《中国文学史资料》和《中国文学史纲要》两本书出版，其中《中国文学史资料》的第三卷包含对《诗经》的翻译和注释，与《中国文学史纲要》相配合，对《诗经》进行了深入讲解。在瓦西里耶夫的带动下，教学成为《诗经》在俄传播的重要途径之一。

其他中国文学作品也有被译成俄文并出版。"三言二拍"在 18 世纪时就传到了俄国，但其最初的俄译本多由英译本、德译本或法译本转译而来。1810 年出版的俄国《儿童之友》杂志第 11 期包含《中国逸事故事集》（也译作《中国的笑话》），其中收录了《今古奇观》中的《夸妙术丹客提金》（选编自《初刻拍案惊奇》）一文的俄语译文，这是第一篇直接从汉语原著翻译为俄语的"三言二拍"小说，标志着俄国汉学家真正意识到了"三言二拍"的文学价值。

自 18 世纪后半叶至 20 世纪初，俄国学界关于中华文化的翻译和研究工作一直持续未断，一代又一代的汉学家在中国文化典籍的翻译和著述上奉献了自己的力量，其丰硕的翻译和研究成果令世界汉学界瞩目，不仅推动了中华文化在俄国的传播，而且使俄国人民能够更好地了解中国，促进了两国间的文化交流。

中国古典文学在俄罗斯的译介与研究[*]

信　娜[**]

中国古典文学自 18 世纪进入沙俄，《大学》《中庸》《易经》等典籍部分片段相继被译成俄语，中国典籍俄译学派初创。19 世纪末，沙俄的文学研究领域中出现"中国主题"，中国古典文学研究成为该时期汉学研究的独立学科。20 世纪，苏联形成了中国古典文学研究学派。经过一代又一代汉学家的努力，中国古典文学已被俄语读者熟知，成为俄罗斯汉学研究的重要组成部分。

一　积极探索中国神话

俄罗斯第一部有关中国神话研究的专著，同时也是世界上第一部有关中国神话研究的专著，是格奥尔基耶夫斯基的《中国人的神话世界观及神话》（1892）。20 世纪 60 年代，受中国及西方学者对神话浓厚研究兴趣的影响，苏联汉学界开始了对中国神话的积极探索。费德林在《中国神话主题的独特性》一文中，将中国的创世神话、英雄神话等主题介绍给了俄语读者。李谢维奇认为中国神话是一种完整的文化现象，并尝试对其进行结构重构。思乔夫于 1977 年发表了题为《作为宇宙符号系统之一的中国装饰》的论文，认为中国神话具有宇宙起源的符号象征性，并探讨了神话元素在中国装饰中的作用。1979

　　[*] 原载于《中国社会科学报》2019 年 4 月 8 日第 1668 期。
　　[**] 信娜，黑龙江大学俄罗斯语言文学与文化研究中心副教授。

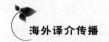

年，李福清出版的专著《从神话到章回小说》，开启了苏联对中国神话文学的系统研究。从此，神话文学成为苏联汉学领域中最重要的一部分，苏联学者普遍使用民族学方法对中国神话进行整体性、系统性研究。

二　对比研究民间文学

民间文学与神话联系密切，俄罗斯对中国神话的研究促进了其对中国民间文学的研究。俄罗斯学者普遍认为，中国民间文学是中国文学的重要组成部分，民间文学与文学的关系研究是确定文学主题及形象历史阶段性的基础，在此基础上可以将中国中世纪文学视为文学发展的特殊阶段。中国民间文学在苏联的译介与研究始于 20 世纪 50 年代，研究兴趣主要集中于民间文学体裁、书面文学与民间文学的起源及关系，以及中国民间文学的俄译问题，其中以李福清的研究最具代表性。

1957 年，李福清发表了题为《中国民间故事的民族性研究》的论文，对中国与苏联的民间故事进行了对比研究。1970 年，他再次撰写题为《中国的历史叙事诗及民间文学传统（〈三国演义〉的口头及书面版本)》的论文，对小说《三国演义》与已有的民间故事进行对比研究，并论证了小说中的哪一部分内容是从历史或其他典籍中借用的，哪一部分内容是小说作者及说书人创作的。20 世纪 90 年代，李福清收集了中国台湾地区原住民神话及传说，并用中文撰写了专著《神话与鬼话：台湾原住民神话故事比较研究》。此外，他还记录了中国蒙古族乌力格尔讲述的内容，研究中国古典小说在内蒙古地区的传播状况，并撰写题为《西游记及民间传说》的论文，对《西游记》中有关达斡尔族的传说进行了深入分析。

三　考证翻译传记散文

20 世纪 60 年代，苏联汉学家开始对中国古代散文进行翻译与研

究。初期，苏联汉学家主要是对传记散文进行历史考证，如司马迁的
《史记》的翻译与研究，后逐渐涉及其他散文形式，如传奇、杂
纂等。

中国传奇在苏联的研究始于波兹涅耶娃，其副博士学位论文题为
《元稹"莺莺传"》。由索罗金编著的《诗歌及无情节散文》，被收入
三卷本的《世界文学史》（1985）。古萨洛夫在专著《韩愈道家思想
研究》中详细分析了韩愈的思想及其散文。齐别罗维奇对中国杂纂的
特殊形式进行研究，并发表了题为《中国格言杂纂的体裁》（1969）
论文。遗憾的是，苏联汉学家对无情节散文的研究并不多，尽管这些
体裁（如信函、铭文、传记、游记等）在中国文学家的传统观念中
被视为散文的重要组成部分。

四 分析注解诗歌典籍

俄罗斯对中国诗歌的研究始于 19 世纪末期的《诗经》研究，即
从沙俄汉学家瓦西里耶夫的《〈中国文学〉第三卷附注：〈诗经〉的
翻译及注解》（1882）的面世算起。1948 年，苏联汉学家阿列克谢耶
夫撰写了题为《中国典籍〈诗经〉俄译本前言》的论文，高度评价
了《诗经》的巨大文学价值。什图金完整翻译了《诗经》，并于 1957
年出版，后记为费德林所撰写，同时出版了缩略本，由康拉德作序，
什图金撰写后记，阐明《诗经》的翻译原则。之后《诗经》的相关
研究成果陆续出现，如《〈诗经〉及其在中国文学中的地位》（费德
林，1958）、《〈诗经〉重复诗行注解》（瓦赫京，1971）、《〈诗经〉
的伟大序章》（李谢维奇，1974）。

自 20 世纪后半叶以来，苏联的《诗经》研究中出现了新的概念，
目的是将《诗经》置于典籍及传统注释的语境进行研究，抑或是从
神话或民俗学的角度进行研究。谢列布里亚科夫曾研究过屈原的作
品，并出版译著《屈原·诗歌》（1954），之后又出版《关于屈原及
楚辞》（1969）一书，对屈原的诗歌作品进行了研究。休茨基尝试对
汉朝乐府诗进行翻译与分析，主要研究对象为《孔雀东南飞》。艾德

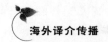

林在其专著《陶渊明及其诗》（1969）中充分描写了俄译陶渊明诗歌中的译者形象，力争通过诗歌文本构建中国诗人的形象。

五 系统探究小说体裁

苏联汉学家帕纳秀克、孟列夫、戈雷金娜、苏霍鲁科夫、李福清、李谢维奇等对中国 3—6 世纪文学的翻译，说明苏联早已开始了对中国志怪小说的研究。如果中国文学只将"志怪小说"视为文学进程中出现的一种体裁，苏联学者则借助俄罗斯的民间文学学将其定义为"神话故事"。戈雷金娜详细研究了中国的志怪小说，为更好地分析志怪小说的文本、内容及主题，作者还参考了婚丧嫁娶等中国民间风俗的有关资料。

苏联学者对中国小说研究的另一方向为"笔记小说"。1980 年，费什曼出版的专著《17—18 世纪中国的三位短篇小说家：蒲松龄、纪昀、袁枚》，对"笔记"这一体裁进行了研究，并采用统计法，对比分析了三位短篇小说家的作品，从民族信仰角度对其内容进行了重构。

话本的研究始于 20 世纪 60 年代，主要集中于话本文本的分析以及话本创建理论研究。热洛霍夫采夫的专著《话本：中国中世纪城市小说》是话本研究的早期成果。作者介绍了中国 17 世纪主要的话本作品，并将其与沙俄同时代的小说进行了对比研究。华克生出版了中国话本小说的译文集，并研究了中国 16—17 世纪的话本及拟话本小说的体裁特征。为更好地界定、研究中国小说，苏联学者创建了一系列术语，如史诗小说（《西游记》）、家族小说（《红楼梦》）、道德小说（《金瓶梅》）、历史小说（《三国演义》）等，术语的创建扩大了俄罗斯学者对"小说"这一体裁的认识。

六 全景反映戏剧美学

俄罗斯研究的第一部中国戏剧著作为孟列夫的《中国经典戏剧的

变革》（1959），谢列布里亚科夫、索罗金、马林诺夫斯基都曾翻译并出版过中国戏剧作品。其中，索罗金编著的《13—14世纪的中国经典戏剧：起源、结构、形象、内容》（1979）一书，对中国13—14世纪的戏剧进行了详细的研究，首次研究了杂曲的体裁问题，还描写了戏剧的基本行当，并据此分析了戏剧的162种主题。根据已有传统，书后附戏剧术语及作者名、戏剧名索引，大大促进了中国戏剧在俄罗斯的研究。马林诺夫斯基的系列论文及著作《中国传统戏剧杂曲（14—17世纪）概论》，对中国14—17世纪的戏剧文学进行了全景式描写。谢罗娃出版的专著《〈明心鉴〉：黄旛绰及中国经典戏剧艺术》（1979）及《李调元戏剧观》（1983），提出了中国戏剧研究的美学观，代表了苏联文化学研究的新方向。

从阿列克谢耶夫时代以来，俄罗斯就有将中国文学研究与翻译相结合的传统并延续至今。俄罗斯汉学家的翻译实践促进了中国古典文学在俄罗斯的深入研究，推动了中国古典文学在俄罗斯的翻译与传播。俄罗斯汉学家一直致力于在文学学一般理论的研究中寻求中国（古典）文学乃至中国文化的特性，形成了别具一格的中国（古典）文学研究学派。

从三个维度看中国当代文学在俄罗斯的译述[*]

侯　影[**]

21 世纪以来，在中国和俄罗斯两国政府的支持下，中国当代文学作品已被陆续译介到俄罗斯，走入俄语读者的阅读世界。反观中国当代文学在俄罗斯的传播及接受效果，"翻译＋讲述"相结合的方式更利于俄语读者的理解与认知，具体包括译前策划译述内容、译中融入译述话语、译后拓展译述活动三个维度。

一　译前：策划译述内容

近年来，讲述中国故事成为文学艺术、新闻传播、公共外交等领域的热点话题，亦为相关领域的工作提供了指引。若通过讲述的方式让中国当代文学在海外流行起来，首要任务是确定翻译书目。自2013 年起，中国和俄罗斯两国政府、作协、出版社以及汉学家多方共同策划中俄文学互译出版项目，关于中国当代文学的讲述活动率先在学术领域开启。民族叙事、地方叙事、个人叙事类作品的大量出版，改变甚至重塑了中国当代文学在俄罗斯的固有形象。规模化出版提升了中国文学作品在俄罗斯的影响力。

[*] 本文系国家社科基金重大项目"中国翻译理论发展史研究"（项目编号：20&ZD312）的阶段性成果。原载于《中国社会科学报》2022 年 11 月 28 日第 2539 期。
[**] 侯影，中南财经政法大学外国语学院讲师，研究方向为文学翻译及理论。

　　在国际上获得大奖的作家成为中国当代文学俄译的首选，其作品也更易于俄语读者接受。莫言、刘震云、余华、毕飞宇等作家的作品已被陆续译介到俄罗斯。此外，译界还甄选了多种文学体裁，比如儿童文学、动物文学、港台文学来展现中国文学的多样性。儿童文学作家曹文轩已有 12 本单行本作品在俄罗斯出版，位居俄罗斯译介中国作家作品数量榜首。值得一提的是，2021 年共有 7 部儿童文学作品被译成俄语。《狼王梦》《家犬往事》《黑焰》等动物文学作品日益受到俄罗斯汉学翻译家的关注。港台文学在俄罗斯也得到了译介，《炒饭狙击手》《房思琪的初恋乐园》《复眼人》以及《黑水》等作品受到俄罗斯读者的关注。各地作协成为中国当代文学译介与传播不可忽视的力量。由于各省作协的参与，中俄双方策划了一系列地域主题的文集，如上海、广西、广东、贵州、陕西、安徽 6 个省（区、市）的文集。地理空间成为展示当代中国的重要视角，地方叙事文集如同一张地域名片，塑造了中国形象，激发了读者的文化想象空间。

　　中国当代文学在俄罗斯的译介已初见成效。仅 2021 年就有《酒国》《我不是潘金莲》《三体》《茧》4 部作品获得俄罗斯亚斯纳亚·波良纳文学大奖。如果说前三部作品因获得国际大奖而在俄罗斯得到认可，那么张悦然的《茧》获奖则与其在我国国内销售火爆、网络热议的情况分不开。由此可见，国内外获奖的作品在一定程度上迎合了俄语读者的阅读趣味与需求，并逐渐得到俄语学界和读者的认可，这为中国当代文学走入俄罗斯大众奠定了基础。

二　译中：融入译述话语

　　俄罗斯汉学家、中俄文学出版项目俄方负责人罗季奥诺夫多次谈道："当下很多俄罗斯读者还不知道中国文学，更不知道中国文学近年来发生的变化。"在读者深入阅读译本之前，译本的标题、封面、内容提要、序言、后记等副文本对读者起着重要的引导作用，甚至影响后续的阅读感受和体验。也正是副文本为译者以及出版社提供了进

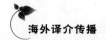

一步的讲述空间，具体表现在以下三方面。

一是保留原作陌生化的文化意象，同时进行注释。如刘震云的《我不是潘金莲》标题的翻译，英语译文为《我没有杀我的丈夫》（*I Did Not Kill My Husband*），德语译文为《中国式离婚》（*Scheidung auf Chinesisch*），西班牙语译文为《我不是坏女人》（*Yo no soy una mujerzuela*），而俄语译文的题目中保留了潘金莲的文化意象，采用了直译方法。尊重原作是俄罗斯译者一贯坚持的翻译原则。同时，译者会在陌生化的文化意象之后加上注释，采用"直译＋注释"的"厚翻译"策略。

二是简要介绍中国文学描写的中国以及中国人，彰显中国精神。2017 年出版的《世道：广东作家文集》的内容简要中写道："该文集展示了中国人的习惯性思维方式和传统生活方式与改革挑战、新城市生活诱惑和全球化威胁的碰撞，以及充满坎坷、希望和挫折的心路历程，描述了中国人民为生存、为中国梦而奋斗的过程，是当代中国新文学的真实反映。"此外，2007 年出版的《当代中国小说散文选集》直接以"中国蜕变"为题，旨在展示中国文学新的现实。

三是向读者介绍中国文学书写的是人类共同关注的话题。中国当代文学涵盖许多东方哲学的精华，如生死之辩。"生前死后"这一主题曾经两次作为文集标题：首先是 1997 年出版的著作《生前死后：中国市井小说集》，其中收录了陆文夫、张洁、莫言等作家的作品。其次是 2021 年继续以此为题出版的文集，收录了中俄各 8 篇短篇小说。善恶之辩也符合俄罗斯人的文化和精神传统，2013 年出版的贵州作家文集，以欧阳黔森的作品《白多黑少》为标题，"白"与"黑"对应的俄语译文是"善"与"恶"。以"生死""黑白"（善恶）这种哲学命题展开两国人民的跨文化对话，更容易引发俄语读者的共情。

三 译后：拓展译述活动

美国传播学者沃尔特·费希尔认为，讲故事是最古老、最普遍的交流形式之一，社会行动需要以讲故事的方式来进行意义传递与解释。这意味着，翻译固然是当代文学海外传播的关键因素，但仍需更多讲述活动。因此，中国文学艺术要真正走出国门，不仅需要翻译者、研究者，还需要讲述者、倾听者。

俄罗斯汉学家会定期就中国文学作品的翻译选材、翻译策略等问题举行座谈，并提供中国文学的阅读书单。通过该项活动，可使中国文学的影响力由点扩展至面，获得更多读者。此外，他们还听取文学评论家的意见。俄罗斯著名文学评论家加琳娜·尤泽福维奇从国际视野出发，建议在汉学圈内扩大中国文学的影响力，并发挥汉学家的介绍与引导作用，向其他语种学习，注重培养中国文学爱好者。在俄罗斯，中国作家的声音被越来越多地听到，如刘震云、刘慈欣、东西、张学东曾就自身的创作过程、作品内容以及读者感兴趣的问题，与各自作品的主要译者、读者以及出版社进行了互动。除了网络、报纸等传播渠道外，汉学家自身的宣传也十分频繁。罗季奥诺夫多次做客俄罗斯"METRO"电台，推动中国当代文学的传播。罗季奥诺夫介绍了中国当代文学作品在俄罗斯的最新译作，向俄语读者推荐《生死疲劳》《我不是潘金莲》《活着》以及《我要做个好孩子》等当代文学作品。伴随着中国当代文学作品的经典化，未来会有更多当代文学作品的讲述活动。

毋庸置疑，当代俄罗斯汉学家已经成为讲述中国文学故事的中坚力量。他们既在自身学术圈内，又同出版社、文学评论家等一道，通过网络、报纸、广播等多种渠道讲述"中国故事"，让中国故事从书面转向"活"的讲述，推动中国文学"动"起来，使文本生命得以传承与延续。此举扩大了中国文学的影响力，成为中国文学"译述"路径中关键的一步。俄罗斯汉学家与出版社立足于作品中深入"中国"现实的部分，满足了俄语读者对中国当代文学的阅读期待，同时为读者提供了阅读的动力源泉。用这种温和的方式展示当代中国文学的价值，激发中俄两国人民情感的共鸣，进而营造两国人民的共情氛围。

可以看出，当代俄罗斯译者已探索出一条综合考虑译前、译中、

译后的三维互动译述路径。未来，还应细化译述路径，将更多融合民族性与普适性、反映中国历史与文化的作品译介出去，强化译介行动力。译介主体应充分利用副文本空间，适量融入讲述话语，力求引起俄语读者的共鸣。各方还要借势文坛以及社会上重大且具有影响力的事件，推广中国文学，讲好中国故事。

《易经》在西班牙语地区影响经久不衰[*]

吕霄霄^{**}

《易经》约成书于殷商之际，战国时即被列为经典。《易经》事实上集合了《连山》《归藏》和《周易》，但《连山》和《归藏》均已失传，现存于世的只有《周易》，所以如今人们所说的《易经》一般就是指《周易》。《易经》被译介到西班牙语世界后，受到学术界和文学界的广泛关注。其在西班牙语地区的传播经历了传教士和汉学家翻译与研究、启发文学创作、出版社推广三个阶段，覆盖西班牙、墨西哥、阿根廷、哥伦比亚、厄瓜多尔等多个国家。

据不完全统计，目前《易经》的西班牙语译本及相关出版物有五十多种，其在西班牙语地区的影响经久不衰，既影响了文学家、艺术家的创作，又受到普通读者的欢迎。

一 《易经》在西班牙语地区的译介

西班牙最早关于《易经》的古籍收藏可以追溯到 1574 年左右，目前西班牙皇家历史学院图书馆、国家图书馆等收藏有《监本易经》《易解》《易经大全》等多部古籍。传教士在最初将《易经》译介到西班牙语地区的过程中发挥了重要作用，西班牙耶稣会传教士、汉学家庞迪我的《天主实义续篇》（1617 年抄本）曾提到《易经》。

　＊　原载于《中国社会科学报》2022 年 10 月 24 日第 2514 期。

＊＊　吕霄霄，常州大学外国语学院西班牙语系主任，曾在西班牙担任多家孔子学院院长。

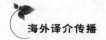

德国汉学家卫礼贤曾追随中国近代音韵学家劳乃宣研读《易经》，并将其译为德语于 1924 年在德国出版。20 世纪 70 年代，长期居住在阿根廷的翻译家大卫·沃格尔曼以这一版本为基础，翻译出版了《易经》的西班牙文版。这部共有 819 页的译作，一经面世便在西班牙语地区受到广泛欢迎，曾再版 30 余次。译本保留了德语版中卫礼贤和荣格的序言，增加了译者本人给出的译文介绍和 79 条注释。应沃格尔曼的邀请，阿根廷知名诗人、小说家、翻译家豪尔赫·路易斯·博尔赫斯还撰写了一首诗作为译本的序言，称《易经》为"过去未来之书、时间之书、永恒之书"。

另一部多次再版的西班牙语全译本《易经》，是由米尔科·劳尔综合参考英国汉学家理雅各、蒲乐道等人的英译本，转译而成的。该译本于 1971 年由西班牙巴塞罗那巴拉尔出版社首次出版，1978 年再版，后又于 1983 年和 1990 年在西班牙马德里阿卡尔出版社两次再版。

20 世纪 80 年代出现了第一个直接由汉语翻译成西班牙语的《易经》版本，是由西班牙翻译家、汉学家杜善牧翻译的。杜善牧曾在中国生活多年，精通汉语并研读过大量中国哲学典籍，曾将《庄子》《诗经》《道德经》等多部典籍翻译成西班牙语出版，取得了较好的反响。他的译文简单易懂，重视对内容的表达，并试图将中国古代的哲学思想与西方哲学联系起来。2013 年秘鲁汉学家高旺民在利马也出版了《易经》西班牙语版，这一版本的特点主要是在每卦卦辞之后对卦象加以详细解释，其中包括卦的组成、组合和动爻以及其在阴阳理论体系中的含义等内容。高旺民不仅翻译了周易的文本，而且结合其对《易经》的研究成果，用西班牙语为读者详细解读了每一段词句的含义。而 2017 年西班牙汉学家加夫列尔·加西亚－诺夫莱哈斯·桑切斯－森达尔出版的中语—西班牙语直译本《易经》则主要翻译了《经》的部分。此外，还有一些《易经》的西班牙语转译本和节译本。

二 《易经》传播影响文学创作

随着《易经》在西班牙语地区的广泛传播，西班牙、墨西哥、阿

根廷、哥伦比亚等国的文学创作也受到了《易经》的影响。

《易经》对西班牙语诗歌的影响主要体现在诗人对卦象、卦爻辞的理解和阐释方面。1964 年，西班牙小说家、诗人赫苏斯·费雷洛出版了诗集《黄河》，封面是第 40 卦（解卦）的卦象。诗集大获成功，在一年之内印刷了 4 次。1997 年，马德里自治大学中国语言文学教授、诗人碧拉尔·贡萨莱斯出版的诗集《变化》，用诗歌重新诠释了《易经》的 64 卦。2008 年，西班牙诗人米拉格罗斯·萨尔瓦多和葛洛丽亚·利玛合著的诗集《龙与月》以《易经》的 64 卦为题，表达了各自对卦象的理解与感悟。

一些以西班牙语作为创作语言的小说家将《易经》中的哲学思想引入了自己的作品，力图借此指导人们在困境中寻求希望。博尔赫斯的小说《小径分岔的花园》体现出"一切皆流，一切皆变"的辩证思想。墨西哥小说家、诗人、剧作家萨尔瓦多·埃利松多年研读《易经》，并建议读者带着易学思维阅读自己的作品。阿根廷作家奥斯卡·路易斯·里吉罗利撰写的小说《十翼：易经和犯罪》，讲述了一位精通易理的华人老者指导侄女及侄女的男友利用《易经》与黑帮斗争的故事。此外，在多部西班牙语小说中还出现了使用《易经》占卜的情节。例如，哥伦比亚作家劳拉·雷斯特雷的小说《谵妄》（2011）和《甜蜜伴侣》（2016），乌拉圭作家马里奥·莱夫雷罗的日记体小说《发光的小说》（2005 年出版，2019 年翻译成中文出版），墨西哥作家乔治·沃尔皮的《犯罪小说》，等等。

随着《易经》在西班牙语地区的广泛深入传播，相关出版物不断增加，不仅涉及哲学、宗教学、历史学、心理学等学科，还关涉商务管理、行政管理等实用领域。近年来又有 10 余部与《易经》相关的西班牙语作品出版，包括《易经奥义》（2019）、《道之神谕：易经新启明》（2019）、《易经：心》（2020）、《对话易经》（2021）等。

综上所述，《易经》本身所具有的智慧性和哲理性以及中外学者、翻译家在研究和译介《易经》方面所做的努力，推动了《易经》在西班牙语地区的传播，使其在西班牙语地区产生了持续、广泛的影响。

聊斋志趣之东学西渐[*]

——《聊斋志异》在西班牙语世界的译介

宓　田^{**}

聊斋故事文采斐然，又不失浪漫主义的奇思，一经刊行便引得人们竞相传阅，乃至漂洋过海，被译成各国语言，成为翻译版本语种最多的中国古典小说。

《聊斋志异》在西方的译介发轫于 19 世纪中叶，与其在东亚文化圈的传播相比，滞后了近一个世纪，但发展迅猛，在西方诸国都有所流布。起初，多是侨居在华的传教士或外交官将《聊斋志异》翻译成西方语言，作品多刊登在其侨居地发行的报刊上，例如《亚洲杂志》《中国总论》等。1880 年，翟理斯选译了《聊斋志异》中的 164 则故事，是英语世界中的首个选译本。他选译的《聊斋志异》一经出版，便受到广泛好评，其翻译也被西方其他语言的译者所借鉴。1955 年，卢多维科·尼古拉·迪·儒拉将《聊斋志异》翻译成了意大利语，是西方世界的首个全译本。20 世纪 90 年代初，瑞士太平出版社出版了由戈特弗里德·罗泽尔翻译的首部《聊斋志异》德语全译本。此外，在法国和俄国等国均有《聊斋志异》的选译本出版。

在西班牙语世界中，《聊斋志异》的第一部选译本是 1941 年由巴塞罗那的亚特兰蒂斯出版社出版的《奇异故事》。《奇异故事》一书是译者参考了翟理斯的英语译本，间接译成西班牙语的，共译了《崂

原载于《中国社会科学报》2021 年 4 月 26 日第 2154 期。

^{**} 宓田，南开大学外国语学院西班牙语系讲师，研究方向为翻译与跨文化研究。

218 ·

山道士》《聂小倩》等 10 篇故事。译者主要采用归化的翻译手法，对译文进行了一些改写，使之更好地被目的语读者所接受。同样在翟理斯英译本的基础上，间接翻译成西班牙语的是卡门·萨尔瓦多的选译本。该书出版于 1982 年，译者仅选译了《褚遂良》《聂小倩》等 4 篇聊斋故事。

1985 年，马德里著名的同盟出版社出版了由劳拉·阿莉西亚·罗韦塔与劳雷亚诺·拉米雷斯合译的《聊斋志异》选译本。该版本是西班牙语世界第一部由汉语直译而来的译本，选用了乾隆年间的铸雪斋抄本为底本，共选译了 105 篇故事。译者们在前言中不仅详细介绍了蒲松龄的生平和《聊斋志异》的创作发生过程、主题与叙事结构，还提纲挈领地介绍了中国文学的发展史。在谈及翻译策略时，译者们尽量保持了原文的完整结构，只删减了一些内容重复的段落。他们采用直译的方法，避免过多地使用标注。此外，译者们还在译本的最后补充介绍了中国的科举制、清朝的中央和地方政府，另附加了三篇中国的故事传说。该译本一经出版，便引起了广泛的关注。

2004 年，定居西班牙的古巴作家罗兰多·桑切斯·梅希亚斯选译了《画皮》《白莲教》等 21 篇聊斋故事，将译本命名为《神奇的中国故事选》。同年，加泰罗尼亚作家、学者阿尔弗雷德·萨尔加塔在他的《文学故事导论：38 则故事》一书中，按照作家的生活年代排列，选取了蒲松龄的一篇《凤阳士人》故事，与爱伦·坡、契诃夫、欧·亨利、卡夫卡等作家的作品一道用以举例，意图构建"文学故事"这一概念。

2014 年，外文出版社发行了中西对照版的《聊斋志异选》。该版本以张友鹤的点校本为底本，共选取了 216 则故事，分成四卷，是"大中华文库"系列丛书之一。该书由古巴译者玛丽亚·特蕾莎·奥尔特加翻译，奥尔加·玛尔塔·佩雷斯润色，两人共同合作而成，她们还一起译有《唐宋文选》等作品。

近来，长期旅居阿根廷的华人苏珊娜·刘和巴勃罗·钟一直从事汉语教学工作，他们翻译出版了一系列中国古典名著，并于 2017 年在阿根廷发行了《聊斋志异》的西班牙语译本。他们选取了《崂山

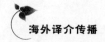

道士》《香玉》等9篇故事，在译文中加入了较多的个人解读，意在普及中国文化，以令西班牙语世界的读者更易接受异域的"鬼狐"故事。2020年，西班牙人贡萨洛·卢克·马苏埃洛斯选译了14篇聊斋故事，与1992年的《虎客人》西班牙语译本选取的故事完全重合，也许是考虑到《画皮》系列电影在西班牙有一定的辨识度，故以此命名该译本，并在译文中补充了许多细节和心理描写，进行了更多的改写。

纵观《聊斋志异》在西班牙语世界的译介史，虽比起它初跨国门的时间滞后了近两个世纪，但西班牙语版本纷呈，译者身份多元，作品持续更新，且由于西班牙语的天然优势，作品覆盖地域较广。初期的《聊斋志异》西班牙语译本多为从英语译本转译而来的间接译本，译者对原文的改动较大。而后，西班牙语世界的汉学家和作家在充分认识到它的文学价值和魅力的基础上，自发地将其引介给西班牙语读者，并且尽可能地呈现原文的特点。近来，随着"中华文化走出去"战略的推动和中国软实力的不断提升，中国的出版社和中国译者也为聊斋故事的西传起到了极大的推动作用。和西方其他国家《聊斋志异》的译介相比，西班牙语世界至今还没有全译本，且各个译本选择的故事重复率高，聊斋学的研究也未成规模。但相信随着该语译本的不断流传，中国影视剧的跨国输出，以及双方交流的不断深入，会有更多的西班牙语读者想要走进那些看似奇谲荒诞，实则情真意切的聊斋故事。

《易经》在西方翻译与诠释的流派[*]

杨 平^{**}

一 引言

　　自古以来，《易经》一直被当作群经之首，大道之源。它不仅是中国古代最为重要的文化典籍，还对西方文化产生了重大影响。自17世纪以来，《易经》被翻译并传播到了西方世界，引起了西方学者的广泛关注和高度评价。摩尔（Moore，2002：XIII）指出，如果一本书的重要性可以用读者的数量、评注的多少、版本和译本的总量，以及对人们生活所产生的影响来衡量，显然只有两部著作可以相提并论，那就是《圣经》和《易经》。史华兹（Schwartz，1985：390）认为，《易经》包含中国文化的精华，向我们提供了把握"中国心灵"最隐秘之处的钥匙。司马富（Smith，2008：XI）强调，《易经》不仅是中国历史而且是世界历史上最重要的文献之一，特别值得西方更好地理解。

　　西方诠释学（Hermeneutics）是由对《圣经》的注释发展而来的，后又超越解经、注释的层次，演变为以理解作为哲学思考的学问。自20世纪后期以来，西方诠释学被引入国内并影响深远。由于《易经》卦象符号的隐晦象征性以及文字系统的简约含糊性，古今中

　　* 浙江省高校重大人文社科项目攻关计划"英美汉学界中国文化经典传播与影响研究"（项目编号：2013GH009）。原载于《上海外国语大学学报》2017年第3期。

　　** 杨平，浙江外国语学院英语语言文化学院教授、翻译研究所所长，杭州市规范公共外语标识工作专家委员会委员；研究方向为典籍翻译。

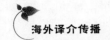

外出现了丰富多彩、流派纷呈的诠释。尽管《易经》传播到西方只有三百多年的历史，但是西方有关《易经》研究的作品层出不穷。海克尔等人（Hacker et al.，2002）编写过一部《〈易经〉文献书目提要》，列举了自1950年以来西方用英语写作的有关《易经》的502部译本、专著和学位论文，以及486篇期刊论文、评论和书评，还有59种相关的软件、音像和占卜设施。

有关《易经》在西方的翻译与诠释，中外学者进行了一些研究。如成中英（2008）对《易经》在欧美的研究概况，做了具体详细的介绍。杨平（2015）对《易经》在西方的翻译与传播，分成四个阶段进行了考察和评述；杨平（2013）又论述了耶稣会传教士对《易经》的索隐法诠释，分析其诠释动机、方法、理据以及意义；杨平（2012）还揭示了以《论语》《易经》为代表的中国哲学典籍翻译的误区，提出了中国哲学的文化还原翻译方法。赵娟（2011）截取西方易学的三种重要研究路径，对其发展历史和具有代表性的论著进行了概述。司马富（Smith，2012）介绍了《易经》在中国的起源、发展和演变以及在东亚和西方的传播轨迹。本文借助诠释学的理论，利用最新的易学研究成果，对《易经》在西方翻译与诠释的流派进行梳理和分析，以总结西方《易经》研究的路径和特色，探讨其成就和不足，从而为未来的易学研究提供参考和借鉴。

二 《易经》在西方翻译与诠释的流派

早在17世纪初期，欧洲来华传教士就对《易经》产生了兴趣并进行了研究，他们率先将它翻译成拉丁语并传播到欧洲，引起较大的反响。随后欧美各国汉学家及其他世俗学者也纷纷加入翻译和诠释工作，至20世纪形成高潮。休茨基（Shchutskii，1980：55）指出，1930年前，欧洲汉学的《易经》研究显示出众多不同的特质：占卜指南、哲学著作、箴言集锦、百科全书、诠释词典、历史文书等。林理彰（Lynn，1994：8）认为，不存在唯一的一部《易经》，有多少个不同的评注就有多少个不同的版本。《易经》的诠释涉及作者、文

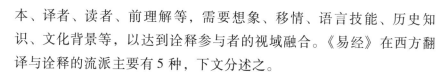

本、译者、读者、前理解等，需要想象、移情、语言技能、历史知识、文化背景等，以达到诠释参与者的视域融合。《易经》在西方翻译与诠释的流派主要有 5 种，下文分述之。

宗教诠释

三百多年前，一些耶稣会传教士来到中国，试图通过强调《圣经》和儒家经典的契合来赢得皈依，《易经》自然成为他们传教的工具。利玛窦宣称《易经》里的"太极"就是基督教里的上帝，古老的中国人已经知道这个唯一真正的上帝（Collani，2007：235）。以白晋、傅圣泽、马若瑟为首的索隐派对《易经》进行了索隐法诠释，试图在该书里找到基督教人物和事件的印证（杨平，2013）。麦格基相信《易经》是从大洪水中拯救出来的一部书籍，是由诺亚子孙带到中国的，是《圣经》人物宁录及其后代在巴别塔之前所完成的（Smith，2012：183）。理雅各把《易经》及其他中国经典里的"帝"或"上帝"都翻译成 God，认为二者表达的是同一概念（Legge，1964：XXVIII）。傅圣泽宣称卦十三"同人"所讲的就是人类的堕落以及耶稣的降临，卦五十九"涣"预示着末日来临时天国王朝的实现（Rutt，1996：63）。

柏应理等传教士翻译"谦"卦，强调其基督教寓意，指出其下部"艮"代表着大山破土而出直插云霄——高尚和德行的象征。而高山之基在于其上"坤"（即地球），即内在的谦逊——谦逊暗藏珍宝，为整个人类带来了果实（Couplet，1687：XLIX－LIIJ）。雷孝思把"谦"卦解释为谦逊、恭顺，深入灵魂深处，智者终于得到所思之物（Regis，1834/39：443—445），其基督教伦理内涵不言而喻。白晋认为"谦"卦所指的是圣人即救世主耶稣基督。上帝痛恨骄傲者但是喜爱谦虚者，通过其圣子道成肉身并死于十字架上来卑贱自己（Collani，2007：275）。

Aleister Crowley 认为，《易经》的结构与犹太神秘教义（Kabbala）的结构相似，《易经》里的"道"完全对等于犹太神秘教义里的"唯一"（Ain）或"虚无"（Nothingness），"阳"和"阴"相当于印

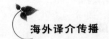

度教里的男性和女性生殖器像，八卦代表男女生殖器、太阳和月亮以及土、气、火、水四种希腊成分（Cornelius, 1998：19）。Murphy（1970：21）呼吁读者"攀登东方智慧之梯，一直向着上帝前进"。为此他在译文里给每一个卦爻辞提供基督教解读并大量引用《圣经》里的话语，平均每卦达到八个之多。

McCaffree（1982：428—432）借用索隐派解经，试图证明：第一，某些汉字是专为《易经》设计的；第二，《易经》与《圣经》在事件的发展顺序一致；第三，一些《圣经》人物能够在《易经》里找到印迹；第四，《圣经》里也有卦象结构；第五，周朝先人就是早期以色列人；第六，《易经》印证了《圣经》预言；第七，《易经》成为《圣经》的学习指南。总之，《易经》显示上帝造人的神圣意图，也就完成了《摩西五经》的目标。McCaffree（1982：86）还说，《易经》第十卦"履"意为"行走"，暗指"行为规范"，正是指《圣经》"十诫"。

李正勇（Lee, 1996）也用索隐法解读《易经》，如把乾卦与上帝对等起来，认为圣父就是潜龙，是所有创造的根源。他提出《易经》的上、下经等同于《旧约》《新约》，卦象等同于耶稣基督，卦辞等同于福音布道的主题，爻辞等同于福音布道的具体内容（Lee, 1994：20—24）。他还在译文里插入了很多评注，试图调和《易经》与《圣经》的教义。

历史诠释

历史化《易经》，亦即从它与特殊的时代、人物、事件形成的各种关系里把握其意义，重点考察其早期作者、写作年代、历史背景、原始意义、成书过程及发展演变等。卫礼贤对文王、孔子等人与《易经》的关系进行过深入的探讨，也对宋明时期程朱一派的多家易说进行过系统的研究（Wilhelm, 1968：XLVII - LXII）。休茨基对中国和日本近古以来涉及《易经》的作者和成书过程的大量文献进行了梳理，以确定经、传的成书年代（Shchutskii, 1980）。苏德恺（Smith, 1990：VII）等人考察了苏轼、邵雍、程颐、朱熹的易学研究成就并试图呈现宋代思想界共有的学术思潮和研究方法。司马富（Smith，2012：4—5）发现，《易经》大约在 3000 年前以六十四卦形式作为占卜文本显示雏形，在公元前 8—9 世纪的周朝获得卦爻辞，在公元前 3 世纪加上了《十翼》，并于公元前 136 年成为钦定的《五经》之首。

理雅各在翻译《易经》时试图恢复其历史本义，强调前十卦最早是文王和周公构建古代中国新的社会秩序的历史记录。"屯"表示周朝兴起前的混乱状态，文王作"屯"卦以表达自己拨乱反正的抱负。"蒙"象征"蒙昧幼稚"，表示文王建立新的政治秩序的决心。"需"字面义为"等待"，特指文王渡过黄河进攻商朝皇宫之前的历史时期。"讼"和"师"代表商周两国的军事对峙和战争行动。"比""小畜""履"记载了文王及周公取得军事胜利之后建立新政权的业绩。所以，这十卦就是一些短篇历史故事，讲述了周朝的兴盛历史，读者应该从此角度来理解《易经》乃至中国历史（Legge，1964：63—76）。

20 世纪 80 年代出现了两篇试图确定周朝《易经》原义的博士学位论文。一是夏含夷（Shaughnessy，1983）的《〈周易〉的编纂》，对商周卜筮的方法做了诠释，并对《易经》卦爻辞基本结构做了分析；二是昆斯特（Kunst，1985）的《原始〈易经〉》，对《易经》的起源和早期历史进行了探讨，并对其结构和文本进行了解读。夏含夷认为《易经》是在西周后期即公元前 9 世纪后二十年出现的，是由一名或多名编者编纂而成的。昆斯特认为《易经》是西周的作品，是指导占卜的一系列注解，最早是口头相传，后来演变成书面的卦爻辞。

以上两部博士学位论文都没有正式出版，而唯一系统重构《易经》原义并且正式出版的译本是若特（Rutt，1996）的《周易》。他像昆斯特一样也试图去除文本里的儒家因素，着力寻求古代的原始意义。海克尔（Hacker，2002：119）认为，与深受宋朝注疏影响的卫礼贤和理雅各的译本不同，若特利用最新的语文学成果来翻译，注意保留该文本在青铜器时代所理解的原义，从而呈现完全不同的《周易》形象，表明它最早是一部为皇室或贵族所使用的占卜宝典，主要涉及战争、俘虏以及祭事。

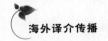

　　夏含夷的《易经》译本是马王堆帛书文本的首部英文译本，反映了公元前221年秦帝国建立前后100年的独特诠释流派。他指出，马王堆本包含很多借字和其他非传统词汇，显示出与通行本有着很大的句法差异，二者的组织结构也大不相同。关于卦序不同的问题，他认为通行本应该远远早于马王堆本（Shaughnessy，1996：16—18）。林理彰译本（Lynn，1994）反映了公元3世纪王弼的重要视域，该视域取代以往的种种解读，统领《易经》解释学达七百年之久，建立了一直沿用到12世纪的《易经》诠释原则。

　　闵福德的《易经》译本分成两部分，其一是"智慧之书"（Book of Wisdom），用传统方式解读《易经》；其二是"卜卦"（Oracle），回归《易经》最初的用途——青铜时代的占卜手册。如"孚"一般理解为"诚"（Sincerity），所以卦六十一"中孚"，闵福德在第一部分译为Good Faith。而20世纪一系列的考古发现，使得"孚"的原始意义得以呈现。该字为象形字，意为"战场上所捕获"，所以他在第二部分译成Captives。"亨"最早是指"祭祀"（Sacrifice），他在第二部分译成Sacrifice Received。但是后来引申为祖先或者鬼神收到祭祀以后的愉快结果，所以他在第一部分译成"好运"（Fortune）。"贞"最早是指占卜，后来才被附上"坚定"（Steadfastness）、"守正"（Perseverance）之意。闵福德（Minford，2014：XXVII）指出，以上三例说明文本从卜筮到智慧之书的演变过程，那些言简意赅的占卜话语逐渐演变成道德教化语言。

哲学诠释

　　《易经》正是中国哲学的起源，其"通变"思想就是中国哲学发展的源泉。《易经》的思维方式是动态的、辩证的、互动的、综合的，代表了中国哲学思维的基本模式。廖名春（2004：6）指出，中国哲学的许多问题是以易学研究的形式展开的，不懂易学就不懂中国哲学。比如太极、乾坤、阴阳、道器、理气、形而上和形而下、象数、言意和神化等中国哲学最重要的范畴，都出自易学。《易经》经文本身就包含不少朴素的哲学思想，加上《十翼》以后就更加具备深刻的伦理和形上哲学内涵，包括关联性思维、人道主义宇宙观以及

天、地、人统一的世界观。

司马富（Smith，1998）认为，《易经》非常清晰地表明中国人构建世界和解释世界的方式，六十四卦象征着宇宙变化的意象和结构，可以从中洞悉中国人长期固有的认知模式、逻辑形式、论证风格、美学观念和道德取向。休茨基（Shchutskii，1980：3）发现，《易经》是探讨几乎所有中国古代哲学家的最基本的起点，要分析每一个哲学派别，都必须首先对《易经》做出分析。卜德（Bodde，1950）指出，不少卦爻辞里面包含丰富的哲学内容，如卦十一（九三）："无平不陂，无往不复"，还有其变与不变的思想、无为或有为的概念等都是哲学的思考。李正勇（Lee，1994：12）断言，《易经》正是一部饱含东方智慧的哲理之书，占卜只是其中很小的一部分。成中英（2008：846）认为，《易经》是中国最早的古代哲学著作，其哲学内涵非常丰富，能够从宇宙论、方法论等角度进行多层次的发挥，将隐藏在其中的哲学理念发掘出来。成中英（2006A）提出易经哲学，进而阐明易之五义——变易、不易、简易、交易、和易，并在此基础上彰显周易哲学中以变化的创造性为中心的宇宙本体论或本体宇宙论体系，可名之为易的本体宇宙论。

早在19世纪初，黑格尔就对《易经》进行过哲学评论，但是他没有将《易经》哲学与西方哲学平等看待，所以这样的评论还是很表象的。到了20世纪上半叶，卫礼贤和荣格对《易经》哲学思想做了较为深入的阐释。荣格提出"同时性思想"（Synchronicity）作为《易经》哲学的最基本原理，并认为这是与支配西方哲学和科学的"因果性思想"同样具有基本意义的原理（成中英，2008：845）。卫礼贤认为，《易经》和《易传》都包含中国古代哲学智慧的源泉，儒家和道家都可以在此找到根源（Wilhelm，1968：XLVII）。他指出，《易经》哲学首先是变化之观，关系阴阳两种自然力量的互动和转换，从而产生了大千世界和万事万物的变迁，所以宇宙得以产生和延续，事物得以变化和发展（Wilhelm，1968：LIV-LVI）。例如，他对"乾""坤""屯""蒙"都进行了哲学化的解读，使之成为人生的向导和指南。成中英（2008：840）认为，卫礼贤译本充满了德国哲学的思辨精神，注重对《易经》的理解和对中国古代哲学思想的解释。译者不仅注重《易经》思想内容的系统性，其译解方式本身也比较有系统性，还用哲学语言译解《易经》的哲学思想。

随着近代以来西方哲学的兴起，通过《易经》来进行哲学的比较研究，用它来充实、融合、发展东西方哲学，已经成为哲学诠释的发展趋势。20世纪下半期以来，《易经》被提到主流哲学高度并与西方哲学进行对比研究。一方面，通过西方哲学的概念和范畴来理解和诠释《易经》，如唐力权（1991）将《易经》与怀海特哲学进行系统的比较；成中英（Cheng，1977）将怀海特哲学与卦象、太极图进行多方面的比较。另一方面，成中英等人试图用《易经》来诠释和批判西方哲学，尤其是用《易经》对海德格尔的哲学进行分析和解读。

科学诠释

当被问及为什么像中国这样一个如此聪慧的民族却没有发展出科学时，荣格回答说，"这肯定是一个错觉。因为中国的确有一种'科学'，其'标准著作'就是《易经》"（卫礼贤、荣格，1993：143）。李约瑟的《中国的科学与文明》集中论述《易经》及与《易经》相关的易学史问题的是第二卷《科学思想史》。此外，在第三卷的数学分册、天文学分册，第四卷的物理学分册，第五卷的论述中国炼丹术和化学的部分，第七卷社会背景，都涉及《易经》或易学问题。他特别提出莱布尼茨关于邵雍对《易经》六十四卦所做排列的看法，指出这种解说涉及对宋易的阴阳递进的卦图与莱布尼茨二进位数理的对应性意义如何解释的问题。在今天看来，李约瑟是从比较科学史的角度阐释《易经》的开拓者（杨宏声，1994）。

华人学者沈仲涛、薛学潜、丁超五、刘子华等人分别提出过《易经》与现代科学（如数学、量子力学、相对论、生物学、天文学等）的关系问题。沈仲涛的几部英文译著在西方影响很大，如《〈易经〉的符号》（Sung，1934）、《〈易经〉汉英对照本》（Sung，1969）都是用现代自然科学的立场来诠释《易经》的，充分揭示了这部古老经典中的现代科学意义，认为《易经》隐藏着很多数学和科学奥秘，每一个卦都是一个代数和几何公式。类似的作品还有薛学潜的《易与物质波量子力学》《超相对论》，丁超五的《科学的易》，刘子华在法国巴黎大学完成的博士学位论文《八卦宇宙论与现代天文》，等等。

20 世纪上半期，《易经》开始被西方学术界普遍认为是具有科学意义的著作，而不是单纯的占卜经典。20 世纪下半期，《易经》的自然科学研究课题逐步确立，物理学里的相对论和量子论，宇宙论里的宇宙起源和演变等现代科学所关注的问题可以用古老的易学原理加以揭示。生化科学家在 DNA 的基本结构中发现了《易经》象数模式的内核，从而将其结构与六十四卦联系起来。西方将《易经》研究成果应用于现代自然科学，用《易经》哲学来发现和印证现代科学，成为易学发展在科学领域里的重大突破。

Schönberger（1979）宣称，《易经》六十四卦与 Dna 惊人地相似。Tchen（1983）断言，《易经》里包含 DNA 原理。Capra（1975）指出，量子物理学与东方哲学有着契合，Wu Jing-Nuan 译本（Wu，1991）里用现代科技语汇来描述《易经》，如把"易"与数字符号以及模拟波相提并论。其他重要的科学诠释《易经》的作品还有《易经的内部结构：转化之书》（Govinda，1981）和《DNA 与〈易经〉：生命之道》（Yan，1991）等。

应用诠释

经典诠释从根本上应该以实用与应用为取向，目的是从古代文本中获得有关宇宙理解、政治决策、生活指南等方面的向导（Ng，2008）。自 20 世纪下半期以来，西方对《易经》的兴趣从学术界延伸到全民社会，研究的重心不再局限于宗教、哲学的理论探讨，而扩展到《易经》实用价值的介绍和推广，包括卜筮、预测术以及管理、决策和战略等。易学与心理学、中医、建筑、养生等领域里的应用价值也得到越来越多的肯定和研究。

《易经》最原始的卜筮功能一直是一些西方学者关注的焦点，如 Blofeld（1965）的译本名为《易经：附有实用占卜指南的新译本》，详细说明了如何占卜，并且描述了自己的占卜经历，目的是使英语读者知道如何用它来趋利避凶。Palmer（1986）等人的《算命者易经》

在后页宣称是"第一部全新诠释","比以往任何译本都更加接近原文"。第三章提供了三种算命方法：十二根蓍草、三枚铜钱、八枚铜钱。另外，涉及卜筮的重要译本还有 Douglas（1971）的《如何咨询易经》和 Huang（1998）的《完整易经》，等等。

20 世纪 80 年代一些海外易学专家提出管理易理论，通过《易经》来发展管理科学，研究管理者的行为、决策、组织、领导、协调、沟通等能力。Sadler（1996）在《管理之易经》里宣称，本书的主要目的是在管理决策方面来对卦象进行诠释。成中英提出"C 理论"管理学概念，"C"指中国（China）的《易经》（Change）的创造性（Creativity）。他认为，《易经》哲学是一个理想管理系统的基础，其"阴阳对立、两级一体的宇宙模型、创造性的辩证思维、'观'的认识论、感应价值论，再加上一整套成熟的预测决策方法，这些都为管理提供了有益的启示"（成中英，2006B：15）。闵建蜀（Mun，2006）出版了《来自易经的中国领导智慧》一书，提供了《易经》的英语译文，目的是指导商业活动。

依据现代心理学和精神分析理论解说《易经》，可以说是当代英语世界中《易经》翻译者和研究者的共同学术立场。荣格借助集体潜意识的理论来解读《易经》，将其推广为具有普遍理论意义的文化心理学研究。他特别强调"同时性"，是指宇宙间、人世间事情发生的同时性，说明许多同时发生的相关事物是有密切联系的。这样，对《易经》符号所代表事物的主客观配合加以心理学的说明，就明显地把《易经》的主客观配合作为一条具有普遍性的原理提出来（成中英，2008：841）。在荣格心理分析的启发下，很多西方学者利用《易经》进行心理治疗或解梦。

《易经》的"天人合一"思想和阴阳、五行、八卦等概念一直被用于中医。当今，中医、中药以及人体科学因其实用价值而受到国内外学者的关注。Shima（1992）的《医学易经》是当今一部少有的从医学角度解读《易经》的著作。Twicken（2011）的《易经针灸》利用河图、洛书、八卦来探究针灸，并提出六种平衡针灸方法。

三 结语

伽达默尔认为，理解总是不同，诠释定会各异。理解者决不能游离于其诠释形式的历史关联之外，其诠释本身也会融合在诠释对象之中（Gadamer，1975：273）。闵福德（Minford，2014：XXVIII）宣称，《易经》的任何翻译语言都不可能产生完美的译本，不同的读者、注家和译者都有不同的解读。顾明栋（Gu，2005）指出，《易经》是一部开放的作品，任何政治观点、宗教信仰、道德标准的人士都可以利用和操纵它。

古往今来，无论在国内还是在海外，《易经》的翻译与诠释一直是丰富多彩、流派纷呈的。《易经》在西方的翻译与诠释主要从宗教、历史、哲学、科学、应用等领域展开，把它当成宗教典籍、历史文献、哲学宝藏、科学著作、占卜指南等对象来研究与诠释，展现了多种的诠释流派和解读模式。本文论述了西方一些主要的《易经》诠释流派，但是由于篇幅所限，还有艺术、文学、美学、兵法、语言学、经济学等诠释路径尚未深究。《易经》的任何语言、任何流派的翻译与诠释都不可能有定本，都是永无止境的探求过程。不同时代、不同地区、不同流派的诠释者都会产生不同的诠释，而每种诠释都有其合理性与合法性。《易经》在当代西方的翻译与诠释更加表现出开放性和多元化的特色，更加彰显其现实意义和应用价值。

参考文献

［1］ Blofeld，J.，*I Ching，The Book Of Changes：A New Translation of the Ancient Chinese Text With Detailed Instructions for its Practical Use in Divination*，New York：E. P. Duttonp，1965.

［2］ Bodde，D.，"The I Ching Or Book of Changes"，The Richard Wilhelm Translation Rendered into English by Cary Baynes，*Journal of the American Oriental Society*，No. 70，1950，pp. 326 – 329.

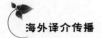

[3] Capra, F. , *The Tao of Physics*: *An Exploration of the Parallels Between Modern Physics And Eastern Mysticism*, Berkley, California: Shambhala Publications, 1975.

[4] Cheng, Chung-Ying, "Chinese Philosophy and Symbolic Reference", *Philosophy East and West*, Vol. 27, No. 3, 1977.

[5] Collani, C. , "The First Encounter of the West with the Yijing", *Monumenta Serica*, No. 55, 2007.

[6] Cornelius, E. & M. Cornelius, "Yi King-a Beastly Book of Changes", *Red Flame*, No. 5, 1998.

[7] Couplet, P. , *Confucius Sinarum Philosophus*, Paris: Apud Danielem Horthemels, 1687.

[8] Douglas, A. , *How to Consult the I Ching*, New York: Berkeley Medallion Books, 1971.

[9] Gadamer, Hans-Georg, *Truth And Method*, London: Sheed and Ward, 1975.

[10] Govinda, A. , *The Inner Structure of the I Ching*: *The Book of Transformations*, San Francisco: Wheel Wright Press, 1981.

[11] Gu, Ming Dong, "The Zhouyi (Book of Changes) As an Open Classic: A Semiotic Analysis of Its System of Representation", Philosophy East&West, Vol. 55, No. 22, 2005.

[12] Hacker, E. , Moore, S. & L. Patsco, *I Ching*: *An Annotated Bibliography*, New York: Routledge, 2002.

[13] Huang, A. , *The Complete I Ching*, Rochester Vermont: Inner Traditions, 1998.

[14] Kunst, R. , *The Original Yi Jing*: *A Text, Phonetic Transcription, Translation, and Indexes, with Sample, Glosses*, Berkeley: University of California, 1985.

[15] Lee, Jung Young, *Embracing Changes*: *Postmodern Interpretations of the I Ching From a Christian Perspective*, Scranton: University of Scranton Press, 1994.

[16] Lee, Jung Young, *The Trinity in Asian Perspective*, Nashville: Abingdon Press, 1996.

[17] Legge, J. , *I Ching*: *Book of Changes*, Secaucus, N. J. : The Citadel Press, 1964.

[18] Lynn, R. , *The Classic of Changes*: *A New Translation of the I Ching as Interpre-*

ted by Wang Bi, New York：Columbia University Press，1994

［19］Mc Caffree，J.，*Bible and I Ching Relationships*，Hong Kong：South Sky Book Co.，1982.

［20］Minford，J.，*I Ching：The Essential Translation of the Ancient Chinese Oracle and Book of Wisdom*，New York：Viking，2014.

［21］Moore，S. & L. Patsco，*I Ching：An Annotated Bibliography*，New York：Routledge，2002.

［22］Mun，Kin Chok，*Chinese Leadership Wisdom from the Book of Change*，Hong Kong：The Chinese University Press，2006.

［23］Murphy，J.，*Secrets of the I Ching*，New York：Penguin Group，1970.

［24］Ng，On-cho，"The Yi Jing and Its Commentaries"，*Journal of Chinese Philosophy*，Vol. 35，No. 2，2008.

［25］Palmer，M.，Ho，K. & J. O'Brien，*The Fortune Tellers'I Ching*，New York：Ballantine Books，1986.

［26］Regis，J. Y-King，*Aantiquissimus Sinarum Liber Quem Ex Latina Interpretatione*，Stuttgartiae Et Tubingae：J. G. Cottae，1834/39.

［27］Rutt，R.，*The Book of Changes（Zhouyi）*，Richmond，Surrey：Curzon Press，1996.

［28］Sadler，W.，*The I Ching of Management：An Age-old Study for New Age Managers*，Atlanta，Georgia：Humanics Publishing Group，1996.

［29］Schönberger，M.，*The I Ching & The Genetic Code*，New York：Asi Publishers，Inc.，1979.

［30］Schwartz，B.，*The World of Thought in Ancient China*，Cambridge，Ma：The Belknap Press of Harvard University Press，1985.

［31］Shaughnessy，E.，*The Composition of the Zhouyi*，Stanford，California：Stanford University，1983.

［32］Shaughnessy，E.，*I Ching：The Classic of Change*，New York：Ballantine Books，1996.

［33］Shchutskii，I.，*Researches on The I Ching*，trans. W. Mac Donald et al.，London：Routledge，1980.

［34］Shima，M.，*The Medical I Ching：Oracle of the Healer Within*，Boulder，Co.：Blue Poppy Press，1992.

［35］Smith, K., Bol, P., Adler J. et al., *Sung Dynasty Uses of the I Ching*, Princeton, New Jersey: Princeton University Press, 1990.

［36］Smith, R., "The Languages of the Yi Jing and the Representation of Reality", *The Oracle: The Journal of Yi Jing Studies*, No. 2, 1998.

［37］Smith, R., *Fathoming the Cosmos and Ordering the World: The Yi Jing (I-Ching, or Classic of Changes) and Its Evolution in China*, Charlottesville: University Press of Virginia, 2008.

［38］Smith, R., *The I Ching: A Biography*, Princeton, New Jersey: Princeton University Press, 2012.

［39］Sung, Z. D., *The Symbols of Yi Jing or the Symbols of the Chinese Logic of Changes*, China Modern Education Co., 1934.

［40］Sung, Z. D., *The Text of Yi Jing (and Its Appendixes) Chinese Original with English Translation*, New York: Paragon Book Reprint Corp., 1969.

［41］Tchen, Ni-kia, "The Chinese DNA In I-Ching", *Chinese Culture*, Vol. 24, No. 3, 1983.

［42］Twicken, D., *I Ching Acupuncture-the Balance Method: Clinical Applications of the Ba Gua and I Ching*, London: Jessica Kingsley Publishers, 2011.

［43］Wilhelm, R., *The I Ching or Book of Changes*, 3rd ed., trans. Cary. F. Baynes, London: Penguine Book, 1968.

［44］Wu, Jing-nuan, Yi Jing, Washington, D. C.: The Taoist Center, 1991.

［45］Yan, J., *Dna and The I Ching: The Tao of Life*, Berkeley, CA: North Atlantic Books, 1991.

［46］成中英：《易学本体论》，北京大学出版社 2006A 年版。

［47］成中英：《C 理论：中国管理哲学》，中国人民大学出版社 2006B 年版。

［48］成中英：《欧美〈易经〉研究总论》，载中华易学大辞典编辑委员会《中华易学大辞典》下，上海古籍出版社 2008 年版。

［49］廖名春：《〈周易〉经传十五讲》，北京大学出版社 2004 年版。

［50］唐力权：《〈周易〉与怀海特之间——场有哲学序论》，辽宁大学出版社 1991 年版。

［51］［德］卫礼贤、［瑞士］荣格：《金华养生密旨与分析心理学》，通山译，东方出版社 1993 年版。

［52］杨宏声：《二十世纪西方〈易经〉研究的进展》，《学术月刊》1994 年第

11 期。

［53］杨平：《论中国哲学的翻译》，《外国语》2012 年第 6 期。

［54］杨平：《耶稣会传教士〈易经〉的索隐法诠释》，《周易研究》2013 年第 4 期。

［55］杨平：《〈易经〉在西方的翻译与传播》，《外语教学与研究》2015 年第 6 期。

［56］赵娟：《问题与视角：西方易学的三种研究路径》，《周易研究》2011 年第 4 期。

西语译本推动《文心雕龙》海外传播[*]

张志智^{**}

《文心雕龙》是中国古代南朝文学理论家刘勰创作的文学理论著作。作为中国现存最早的一部文章学论著,《文心雕龙》既总结了先秦以降的文学创作经验,又继承和发扬了前人的文学理论遗产,提出了自己的见解,形成了完整的理论体系,其诞生在中国文学理论批评史上具有重要意义。《文心雕龙》被译介到西班牙语地区的时间不长,却为西班牙语读者打开了了解中国文学理论的窗口。

一 《文心雕龙》的西语译介

谈及《文心雕龙》在西班牙语地区的译介,离不开一个名字,那就是西班牙格拉纳达大学教授、汉学家阿丽西亚·雷林科·埃莱达。雷林科热爱中国文化,曾翻译过《西厢记》《牡丹亭》等多部中国古典文学、戏剧作品,她先是撰写了以《通往中国古典文学的诗论:〈文心雕龙〉》为题的博士学位论文,后来又以这篇论文为基础,在西班牙格拉纳达由科玛雷斯出版社出版了《文心雕龙》的西班牙语

---

* 本文系教育部人文社会科学研究青年基金项目"中国西班牙语学习者在跨文化交际中的话轮转换方式的多模态研究"(项目编号:16YJC740096)、广东省基础研究重大项目及应用研究重大项目(社会科学类)"国外'龙学'文献整理与研究"(项目编号:2017WZDXM009)的阶段性成果。原载于《中国社会科学报》2022年5月16日第2406期。

** 张志智,广东外语外贸大学西方语言文化学院西班牙语系讲师,研究方向为企业跨文化管理、跨文化交际、西班牙语语言学、西班牙语翻译理论与实践。

译本。

雷林科的博士学位论文分两卷，上卷约 300 页，为《文心雕龙》的历史介绍及相关研究成果，下卷为《文心雕龙》西班牙语译本及注释。其最初的博士学位论文选题为"西班牙黄金世纪诗歌和中国唐代诗歌中的比喻研究"。然而，在阅读文献时，她为《文心雕龙》所折服，并试图通过阅读《文心雕龙》英译本进一步了解这部巨著，结果却发现英译本有时无法很好地帮助其理解原文。雷林科认为，这可能是因为她与其他译者理解经典文本的方式不同，也可能是受其自身英语水平的影响。但无论如何她需要一个自己的译本，于是开始尝试进行翻译，将全书由汉语直接译为西班牙语。

科玛雷斯出版社出版的《文心雕龙》西班牙语译本开篇为雷林科所做前言，来自其博士学位论文研究内容。随后是《文心雕龙》全书译文。译文部分直接按章划分，共五十章。最后是人名术语表、引用作品目录、引用作品的西班牙语译本目录等。

雷林科的《文心雕龙》译本既忠实于原著，又考虑到受众对中国文化的了解程度，通过大量注释、附录等方式传递原文内容。例如，为方便读者理解，译者采用脚注方式，为读者提供详细的注解信息。在脚注中，译者对人名、地名、中国特有的文化现象，如中医药词汇、诗词特点等进行解释。大部分情况下，一章附有几十条脚注。脚注最多的是"时序第四十五"，附有六十九条脚注。译本使用拼音来表达相关汉字，只有当某个汉字的书写对理解文本起到决定性作用时，才在译文中使用繁体字。在翻译人名时，雷林科多使用拼音音译，只有个别人名采用意译。例如，在翻译"黄帝"时，雷林科使用了"Amarillo"（该词在西班牙语中有"黄颜色"之意）一词，但她也在人名术语表中进行了解释："Emperador. Huangdi"（帝王，黄帝）。有一些中国古代人物在西班牙语地区已经广为人知，有传统译名，因此，雷林科在其译本中沿用了以往的译法。如在西班牙语地区，人们通常将"孔子"译为"Confucio"，雷林科也采用了这一译法。有些人物在书中被以多种形式多次提及，雷林科便在人名术语表中详细列出其各种称呼的拼音，并做出简介。例如，老子在书中被称

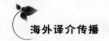

为"Lao""Lao Dan""Laozi"等，雷林科在人名术语表中将这些对老子的称呼一一列出，说明所指之人，并介绍了老子的生平。她不仅介绍了老子的情况，还在人名术语表中介绍了《文心雕龙》中出现的大多数人物的生卒年、字号、职业、身份、生平经历等。在引用作品目录中，雷林科介绍了《文心雕龙》原书引用的重要作品。为方便读者进一步扩展阅读，书末还介绍了《文心雕龙》提到的书籍的西班牙语译本，详细列出了这些译本的作者、书名、译者、出版地、出版社及出版年份等。

二 《文心雕龙》在西语地区的研究现状

《文心雕龙》在西班牙语地区的传播较大程度上始于雷林科，相关研究也多以其译本为基础展开。在雷林科的带动下，近年来，西班牙语地区的《文心雕龙》研究得以蓬勃发展。

第一，针对译本，进行评价。雷林科的译本在翻译界广受好评，许多西班牙语地区的学者将其作为翻译典范进行介绍。例如，西班牙学者尼科拉斯·A.康波思·普拉萨和埃米利奥·奥尔特加·阿尔霍尼亚在他们撰写的《语言学与翻译学概况》一书中提到，在其译作中，雷林科考虑到译作受众是对中国文化和文学了解不多或全无了解的人，因此选择通过一篇涉及历史的前言，展现作者及原作所处的语境，并通过译注说明了为何选择某种译法。此外，她还借助文末的人名术语表及引用作品目录帮助读者理解这部作品。

第二，围绕原著，系统研究。雷林科对《文心雕龙》在中国文学理论史中的地位做出高度肯定，认为《文心雕龙》是一部试图通过一个文本，分析一套完整理论的诗论著作，探讨了文学的起源、写作的基本原则以及基本的修辞手段等。在雷林科的影响下，一批青年学者在其作品中介绍了刘勰所处时代及此前的时代，阐述了当时的政治、宗教对文学和文人的影响，还对刘勰出生前的中国文学理论发展情况，刘勰的家族、家世、生平经历、其他作品，《文心雕龙》的写作形式（骈文）、结构，中国古代对该书的评价，等等，进行了探讨。

第三，深入细节，微观分析。西班牙语地区的一些学者研究了《文心雕龙》中的细节。例如，西班牙奥维尔多大学哲学系博士胡安·坎特拉斯·祖比艾塔以《文心雕龙》中的论述为参考，探讨了中国古代对"书写"的定义及其社会地位等问题。

三 扩大《文心雕龙》的影响

雷林科译本作为一部直接由汉语翻译为西班牙语，完整地向西班牙语读者介绍《文心雕龙》的作品，在西班牙语地区产生了重要影响。该译本不仅在翻译界受到好评，还是西班牙语地区学者研究《文心雕龙》或中国古典文学、文学传统的重要参考书，不少大学将其作为研究中国文学的参考书目。该译本带动西班牙语地区青年学人对中国文学、文化展开研究。《文心雕龙》西班牙语译本的出版，进一步引发西班牙语地区读者对中国文学、文化的关注，间接推动西班牙语地区的出版社出版了不少与东亚研究有关的作品，包括中国学者及海外汉学家的学术专著、中国文学作品译著等。另外，由于一些西方学者通晓多种语言，翻译、研究时常借鉴不同语言的译本，因此，雷林科的译介活动不仅对《文心雕龙》在西班牙语世界的传播起到重要的推动作用，同时也为该书其他语种的翻译、研究提供了参考。

总体而言，《文心雕龙》的传播案例为中国学术作品的海外推广提供了不同的思路。我们可以邀请知华、友华的海外汉学名家翻译中国经典学术作品并由国外知名出版社出版。当然，中国译者也可以积极参与其中并发挥自己的特长。在此过程中，中外学者、译者可以共同研究探讨相关问题，在各类媒体上发表自己的观点、成果，激发国外读者的兴趣，力争通过国内外相关人员和出版机构的合作，促进中国学术作品在海外的出版、传播。

《红楼梦》翻译与研究在韩国[*]

金寿铁[**]

中国古典长篇小说四大名著《水浒传》《三国演义》《西游记》《红楼梦》不仅是中国宝贵的文化遗产，它们在韩国也有很大的影响力。其中《红楼梦》尤为受到韩国学界的重视。韩国学者认为，《红楼梦》是世界文学史上重要的经典作品，其问世 200 余年来，影响效应持续存在。无论是过去还是现在，它都潜移默化地敦促人们不断追求生命的意义和人性的尊严。因此，《红楼梦》始终是现在进行时。

一　译介历史悠久成果较多

韩国学界翻译研究《红楼梦》的历史较长。1884 年前后，朝鲜王朝末期高宗年间以译官李钟泰为代表的一批学士翻译的《红楼梦》和数种续书，成为全世界最早的全文对照翻译本《红楼梦》，即乐善斋本《红楼梦》。这部全译本具有很高的学术和文学普及价值，译者在书中用韩语字母注明了中文原文每个字的汉语读音。许多研究《红楼梦》的学者和近代汉语专家，特别是对清末官话感兴趣的韩国学者都很重视乐善斋本《红楼梦》。

乐善斋本《红楼梦》问世后，韩国又出现了十多种《红楼梦》

---

　　* 原载于《中国社会科学报》2019 年 6 月 3 日 1705 期。

　　** 金寿铁，吉林省社会科学院哲学与文化研究所研究员，研究方向为德国哲学、科学技术哲学、国外马克思主义。

韩译本。这些韩译本既有以单行本形式刊行的，也有以报刊连载形式刊行的。20世纪10—30年代、50年代和90年代，《红楼梦》韩译本都曾在各种报章上连载。即使在朝鲜半岛被日本殖民统治时期，小说家、学者梁建植和红学家张志暎仍分别翻译出版了《红楼梦》韩译本，他们的译本在《红楼梦》韩译的历史上占有特别重要的位置。在翻译过程中，这两位学者本着"信达雅"的原则，不仅运用了在当时较为新颖的翻译形式，还把原文意思完整、准确、流畅地翻译了出来。尤其值得一提的是，张志暎翻译的《红楼梦》韩译本分别在《朝鲜日报》和《中央日报》连载，在当时的朝鲜半岛引发了红学热潮。作为著名的韩文学者，他年轻时曾在官立汉语学校兼修汉语，后来还曾编纂过各种汉语教材。他特别爱好中国文学，曾进行过专门研究，因此在翻译《红楼梦》时可谓游刃有余。在翻译过程中，他尽量使用现代韩国语的翻译文体，并对报章文体进行创新，对此后《红楼梦》的韩译乃至韩语的发展都产生了影响。

20世纪90年代以后，韩国有多种《红楼梦》全译本和改写本面世。其中，高丽大学中国学教授崔溶澈与翰林大学中国学教授高旼喜历时九年合译的《红楼梦》全译本（共6卷，韩国罗南出版社2009年版），被誉为韩国《红楼梦》全译本中的典范。这两位译者不仅中韩双语功底雄厚扎实，还非常熟悉中国古典文学作品。他们一方面，凭借数十年的《红楼梦》研究经验，解决了已有《红楼梦》韩译本中存在的各种疑难问题；另一方面，集中吸纳了以中国学界为代表的国际红学界的最新研究成果。

据统计，近年来韩国红学研究人员积累了大量的成果，出版了众多有关《红楼梦》的书籍，其中包括29种现代译本、5本专业期刊和书籍、1本字典、1本通识教育书籍、1本出版于其他国家的《红楼梦》韩译本集、朝鲜王朝时期对于《红楼梦》续书的不同版本译作等。此外，还有350多篇关于《红楼梦》的论文。

2015年"韩国《红楼梦》研究会"（Korean Association of Hong Lou Meng Studies）成立，可以说是韩国《红楼梦》研究新的里程碑。该研究会成立后编纂出版了《翻译出版版本、词典以及〈红楼梦〉

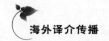
海外译介传播

专家研究资料》《研究课题多样性与积极性比较研究》《与中国红学的互动与交流》《韩国红学史的发现与呈现研究资料》等多部资料汇编。

　　韩国学界还曾多次举办与《红楼梦》研究有关的学术和文化交流活动。例如，2017年6月在韩国首尔中国文化中心举办了首届"中韩红学家对话——2017《红楼梦》国际学术研讨会"。来自中国、韩国和美国的二十多位红学家、《红楼梦》翻译家以及近百名《红楼梦》爱好者参加了此次会议，其中包括来自韩国高丽大学、全南大学、庆熙大学、翰林大学、庆北大学、延世大学、东国大学、水原大学等高校的多位中青年学者。与会学者围绕《红楼梦在韩国大众传播方案》《何谓情？从〈情天宝鉴〉到〈情僧录〉的脉络异同》《以"互相主体性"和"共存"的视角看〈红楼梦〉之情》《〈红楼梦〉人物的人格面具》等主题进行了发言和讨论。此类活动为《红楼梦》研究者提供了交流的平台，促进了在《红楼梦》相关文献、翻译和传播等领域的研究。

二　突出人道主义与女权色彩

　　韩国学界认为，《红楼梦》在主题上聚焦于"人"，努力探索人生的价值和意义，深入刻画了生命和人性的尊严，是一部杰出的人道主义作品。在此意义上，韩国学术思想界也认为，曹雪芹是可以与但丁、莎士比亚、雨果、托尔斯泰、陀思妥耶夫斯基等西方文豪相媲美的伟大的人道主义者。在伦理学上，"人道主义"是指一种道德价值观和道德原则。它提倡人的价值和尊严，维护人的需要和利益，强调人的地位和作用。文学家们和艺术家们一直在利用艺术想象力和表现力来丰富多样地展现人道主义精神，因此它可以产生强烈的吸引力和持久的感染力。"人道主义"在许多文学作品中都表现为人物是如何奋力抵抗社会对人性的扭曲和压迫的。正如曹雪芹在撰写《红楼梦》时所做的那样。书中通过描写发生在人物身上的一系列故事，展现出了即使在封建时代的重重压制下，人们仍然在努力追求个性和解放，

· 242 ·

充分体现了人对尊严的渴望，表现出追求平等自由的思想。虽然受当时社会历史条件的限制，这些人物的内心追求是无法实现的"幻想"，"红楼"的故事最终成了悲剧性的泡影；但是这样的人生悲剧和追求仍然弥足珍贵，可以化作永恒的记忆和无尽的思念，成为鼓励人们追求未来美好生活的一种伟大动力。因此，韩国学界普遍认为，《红楼梦》是足以点燃心灵火炬的伟大作品。在此意义上，崔溶澈完全赞同"《红楼梦》是人之书，是发现人的书，是人们在人之中发现人的书"的观点。他认为，《红楼梦》对人的感情世界进行了精微细致的描述，称得上是一部人生的教科书。而通过与自身情况相映照，不同的读者也会得到不同的感悟。《红楼梦》或者可以成为我们灵魂的安憩之所，进入《红楼梦》的迷宫，我们或许会领悟到人生的真谛，也能或多或少地领会到人与人之间的交往之道。这个迷宫既深且远，但是我们能在苦痛中体味深深的感动。

韩国学界还认为，《红楼梦》是一部歌颂女性，描绘她们的爱与梦的作品。《红楼梦》以知性且富于魅力的东方女性为中心，从爱与美的视角诠释并塑造了众多可敬可爱、令人耳目一新的女性形象。书中的男主人公贾宝玉是地地道道的"女权主义者"，是封建社会的叛逆者。他极度厌恶封建仕宦道路，敢于挑战所谓"男尊女卑、立身扬名"的封建教义。书中的主要女性角色则大多数具有良好的教养和广博的学识。在这里，女主人公没有被描绘为男性的附属品，或衬托男性的辅助角色。恰恰相反，《红楼梦》本身就是一个新的乌托邦，它由弱小女性组成，并且这些女性能够独立创造她们自己的世界。"红楼"是这些女性们青春绽放的温馨花园。然而正如崔溶澈所认为的那样，红楼之梦并不是希望之梦，而是像泡沫一样消解的青春幻梦，在一切坍塌之后，遗存的只是白茫茫的"干净"大地。

纯粹从学术研究的角度来看，尽管已经取得了一定的成就，但与中国和欧美的红学研究相比，韩国的红学研究起步较晚，并且在理论观点创新方面也存在不足，相关研究过分依赖中国的研究资料。凡此种种都表明，韩国对《红楼梦》的译介传播和红学研究今后仍有进一步充实、提升和拓展的空间。

鲁迅作品译介在韩国[*]

金寿铁^{**}

对于韩国人民来说，鲁迅的名字是熟悉的、亲切的。这不仅是因为他们重视鲁迅的文学成就，更是因为他们重视鲁迅的精神。20 世纪 20—30 年代，日本殖民统治时期，韩国抵抗运动家、诗人吴相淳和李陆史等人曾多次拜访鲁迅，聆听先生的教诲，并一起交流对文学和人生的感悟。韩国独立运动家金九与鲁迅也有过不少交往。两人曾在北京、上海等地多次会面，共叙文学艺术人生与文化情怀，并讨论朝鲜半岛的独立运动以及鲁迅作品在韩国的翻译情况。时至今日，韩国仍然还有许多研究和喜爱鲁迅作品的人。

一 鲁迅研究在韩国受到重视

韩国的鲁迅研究机构和学术团体大都设在高等院校的东亚研究所、中国现代文学研究所等研究部门。韩信大学、崇实大学、全南大学、朝鲜大学、梨花女子大学、韩国外国语大学等多所高校都有一流专家学者常年从事鲁迅研究。值得一提的是，有两个鲁迅研究团体在韩国颇负盛名，一个是韩国鲁迅研究会，另一个是国际鲁迅研究会。

韩国鲁迅研究会的宗旨是强化和激活具有国际性影响的鲁迅思想

＊ 原载于《中国社会科学报》2018 年 9 月 17 日第 1538 期。

＊＊ 金寿铁，吉林省社会科学院哲学与文化研究所研究员，研究方向为德国哲学、科学技术哲学、国外马克思主义。

和文学的研究，加强国际学术界的交流，为促进韩国的中国现代文学研究做贡献。该研究会会刊《韩国鲁迅研究》杂志于 2001 年 9 月创刊，面向全球征稿，通用文字为韩语、汉语、英语，每年 4 月 30 日、10 月 30 日刊行两次。

2011 年 9 月，国际鲁迅研究会在鲁迅故乡绍兴成立，会员由来自全球 20 多个国家的鲁迅研究学者组成，现任会长为韩国外国语大学教授朴宰雨。自成立以来，该研究会曾在中国、韩国、德国、奥地利、印度、美国等国成功举办过国际论坛，论坛主题包括"世界鲁迅与鲁迅世界：媒介、翻译与现代性书写""鲁迅：东西方科学文化的对话""鲁迅：在传统与世界之间""知识的迁移：鲁迅和欧洲文化"等。2017 年 12 月 19 日，该研究会在韩国外国语大学举办了"第三届韩中鲁迅研究对话会"。来自中韩两国多所高校的鲁迅研究人员齐聚一堂，各抒己见，发表了丰富多样的鲁迅研究成果。

此外，在这次对话会上，还举行了丛书《中国鲁迅研究名家精选集》韩语版出版纪念仪式。这套丛书 2013 年在中国出版，反响良好。丛书作者包括孙玉石、钱理群、王富仁、杨义等 10 位从事鲁迅研究的著名学者，全面展示了近年来中国鲁迅研究的代表性成果。丛书韩语版的出版推动了韩国鲁迅研究进入新阶段，为韩国相关研究注入了新的活力，开辟了新的视野。

凭借一大批研究机构和学术团体，韩国关于鲁迅的出版物也呈现出蒸蒸日上的景象。据统计，1934—2018 年韩国共出版关于鲁迅的单行本书籍 790 余本，其中包含韩语 639 本、中语 138 本、日语 18 本、德语 1 本。1992—2018 年韩国学术杂志共发表关于鲁迅的论文 250 余篇，其中韩语 222 篇、中语 5 篇、英语 2 篇。1980—2018 年韩国学生共提交关于鲁迅的硕士、博士学位论文 66 篇，其中硕士学位论文 49 篇，博士学位论文 17 篇。

二　鲁迅作品韩译由来已久

鲁迅的作品大都聚焦描写贫苦农民或者普通百姓，他对小人物悲

惨命运的深切同情以及对封建愚昧性和落后性的辛辣讽刺，给韩国读者留下了深刻印象。尤其是，鲁迅作品中的反封建思想和人道主义思想引起了韩国人民的广泛关注和强烈共鸣。先生在世时，韩国文学界就已着手翻译他的作品。韩国诗人、翻译家柳树人（又名柳絮，柳基石）是最早翻译介绍鲁迅作品的。1927 年 8 月韩国《东光》杂志率先刊载了柳树人翻译的《狂人日记》。1929 年 1 月开辟社出版的《中国短篇小说集》收入了韩国小说家、翻译家梁白华翻译的短篇小说《头发的故事》。1930 年 1 月 4 日至 2 月 16 日韩国《朝鲜日报》连载了梁白华翻译的《阿 Q 正传》。同年 3 月 27 日至 4 月 10 日，《中外日报》连载了韩国学者丁来东翻译的《伤逝》（韩文标题为《爱人之死》）。1936 年 10 月鲁迅逝世后，《朝鲜日报》连续五天刊载了李陆史写的《鲁迅追悼文》。之后不久，韩国杂志《朝光》发表了李陆史翻译的《故乡》。

由此可见，在被日本殖民统治期间，韩国所翻译介绍的鲁迅作品大都是短篇小说。朝鲜半岛光复后，鲁迅小说的韩语单行本陆续问世，1946 年汉城出版社首次刊行了由韩国小说家金光洲、李容珪合译的《鲁迅短篇小说集》（全 3 卷）；1963 年精研社出版了韩国汉学家李家源翻译的《鲁迅小说选》；1974 年大洋书籍出版了韩国学者张基槿编著的《鲁迅和他的小说》；1974 年三中堂和东西文化社分别出版了韩国汉学家成元庆翻译的《阿 Q 正传》和李家源翻译的《阿 Q 正传·狂人日记》；1986 年韩民族社出版了韩国学者金时准翻译的《鲁迅小说全集》；1999 年智永社出版了韩国仁济大学教授俞炳台翻译的《花边文学》，善学社先后出版了韩国梨花女子大学教授洪昔杓翻译的《坟》（2001）、《汉文学史纲要》（2003）、《华盖集·华盖集续篇》（2005）；等等。

这一时期，韩国对鲁迅作品的翻译从小说逐渐扩展到了散文和杂文。1983 年青史社以《鲁迅先生》为题，出版了韩国学者朴炳泰翻译的鲁迅与许广平的部分往来书信。1987 年日月书斋出版了韩国檀国大学教授韩武熙翻译的《鲁迅文集》（全 6 卷）。《鲁迅文集》出版后，韩国又陆续出版了一些鲁迅的杂文和书信集。这些涵盖了小说、杂文、书信等各体裁的译作,为韩国学界翻译《鲁迅全集》打下了坚实的基础,提供了必要的保障。

三 《鲁迅全集》韩语版让读者全面了解鲁迅

2010—2015 年,韩国陆续出版了由 13 位汉学家历时数年共同编译的 20 卷本《鲁迅全集》。这部韩语版全集以中国人民文学出版社出版的 1981 年版和 2005 年版《鲁迅全集》为基础,囊括了鲁迅小说、散文、杂文、书信、日记等全部作品。这是继中语版、日语版、德语版、法语版《鲁迅全集》之后,又一部具有权威性的外文版《鲁迅全集》。

考虑到鲁迅创作时的历史境况和语言脉络,这部韩语版全集根据国内外最新鲁迅研究成果,重新整理注释,并增加了新的内容。特别是,这部全集收入了韩国之前未曾完整翻译的《热风》《伪自由书》《准风月谈》等杂文集。在谈到这部全集的意义时,编辑委员会委员、韩信大学教授刘世钟强调,在这之前,由于缺少韩语版全集,韩国存在片面接受鲁迅的倾向。例如,一般教育图书市场把鲁迅介绍为单纯的文学家,而民主化人士则把鲁迅看作单纯的革命家。通过《鲁迅全集》,韩国读者不仅可以了解鲁迅作品的历史时代背景,还可以全面了解韩国人之前不甚了解的作为画家和诗人的鲁迅的面貌。

如同中国学术思想界一样,韩国学术思想界也一致把鲁迅视为中国现代文学的重要代表人物之一和世界性的文学巨匠。鲁迅的文学创作不仅早已成为中华民族珍贵的思想文化经典,也已成为受到韩国人民和学界重视的有益的精神食粮和宝贵的思想遗产。正如鲁迅在《无题》一诗中所言,"心事浩茫连广宇,于无声处听惊雷"。鲁迅的文学创作极大地促进了中华民族的精神觉醒,也给韩国人民带来宝贵的思想启迪。在韩语版《鲁迅全集》的"序言"中,编译委员会表示,鲁迅的作品已成为人类的经典,鲁迅毕生与围绕自身的一切邪恶势力进行了殊死的斗争,而这种斗争是以朝向生命与平等的人道主义信念和平民意识为思想基础的。

浅议《清文启蒙》在欧洲的流布[*]

王晓艳　王继红[**]

《满汉字清文启蒙》（以下简称《清文启蒙》）初版于 1730 年，是清代旗人舞格编写的满语教科书。该书共分四卷，分别为卷一《满汉十二字头单字联字指南》《切韵清字》《满洲外单字》《满洲外联字》《清字切韵法》《异施清字》《清书运笔先后》、卷二《兼汉满套话》、卷三《清文助语虚字》、卷四《清字辨似》《清字解似》。其内容丰富，包括会话练习、语法词汇讲解、文字书写等内容，对清代历史、满语史、汉语史和早期北京官话研究等都具有重要价值。

18 世纪初，以《清文启蒙》为代表的满汉双语教材中的语言教学模式与异质文化吸引了欧洲知识分子的目光。为了使《清文启蒙》能够适应当地文化环境，欧洲学者对其进行翻译、借用和改编，使该书成为域外了解中国文化的重要途径之一。通过研究《清文启蒙》在欧洲的传播、接受与影响，可以进一步了解欧洲人眼中的中国。

一　在俄国得到广泛使用

俄国是欧洲最早翻译《清文启蒙》并将其应用于教学的国家。自 1715 年开始，相继有十八届俄国驻华东正教团到达北京，按照规定，

---

[*] 本文系北京外国语大学"双一流"建设重大（点）标志性项目"互文视角下的近代国际中文教材改编与中国古代经典文献传播研究"（项目编号：2022SYLZD048）的阶段性成果。原载于《中国社会科学报》2022 年 10 月 24 日第 2514 期。

[**] 作者单位：北京外国语大学中国语言文学学院。

教团成员均须学习汉语和满语，这也使得他们中的许多人成为汉学和满学人才。在其努力下，以《清文启蒙》为代表的满汉双语教材在俄国得到了广泛且有效的使用。

俄国学者注重《清文启蒙》满语文本的译介、释读与借用，其对《清文启蒙》的使用具有鲜明的文本性和语文性特点。第二届俄国驻华东正教团成员伊拉里昂·罗索欣是俄国满学的奠基人，他在驻华期间将《清文启蒙》译为俄语，首次将《清文启蒙》引入俄国。回到俄国后在彼得堡科学院任教的罗索欣，还经常使用《清文启蒙》翻译本进行语法教学。

除罗索欣外，还有其他一些俄国学者进一步解读了《清文启蒙》，编纂了语言教材和教辅读物，而《清文启蒙》也一直被作为教材持续使用。1780 年，第七届俄国驻华东正教团成员安东·格里戈里耶维奇·弗拉德金利用《清文启蒙》等满语蒙学材料编写了教材《俄国学生满文初识》《俄国学生满文文法初识》《清文学习指南》。19 世纪中期，第十届俄国驻华东正教团成员约瑟夫·米哈依洛维奇·沃依采霍夫斯基在喀山大学教授满语期间编写了《〈清文启蒙〉满文分析》等教材，并将《清文启蒙》作为教材，在阅读课上讲解满语语法知识。1851 年，第十二届俄国驻华东正教团成员瓦西里·帕夫洛维奇·瓦西里耶夫代替去世的沃依采霍夫斯基担任喀山大学汉语教师。为了帮助学生学习满语，瓦西里耶夫于 1863 年编写了《满语入门读本》，该书第二部分"口语样本"用例选取了满语教材《一百条》中的 17 个对话与《清文启蒙》中的 40 个对话。1879 年，时任圣彼得堡大学东方学院满语语言学教授的第十三届俄国驻华东正教团成员伊万·扎哈罗夫在参考《清文启蒙》《三合便览》《清文备考》等满语教材基础上，依照拉丁语语法规则和术语编写了其力作《满语语法》。

二　汉语部分受法国汉学家重视

法国是海外汉学研究重镇之一。《清文启蒙》的汉语部分尤其受法国汉学家的关注，其在法国的传播某种程度上也是法国汉学研究传

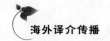

统演进的写照。法国汉学家雷慕沙及其弟子儒莲在翻译《清文启蒙》和推广汉语学习方面做出了突出贡献。

雷慕沙是法国汉学研究先驱之一。1820 年，雷慕沙在《鞑靼语研究》一书中介绍了《清文启蒙》中的虚词语法与口语会话内容，特别指出该书具有双语对照的特点，并选取重点满语词汇对其用法进行了再说明和再阐释。

儒莲继承了雷慕沙的衣钵，在汉学研究上卓有成就。他在法兰西学院汉语学科教授汉语时，将《清文启蒙》卷二《兼汉满套话》的对话部分作为教材长期使用，并选取卷二旁译汉语部分汇编为汉语教材《日常口头话》。从书中注明"儒莲随后将出版《千字文》和《三字经》，并为初学者提供所有单词的翻译、注释和中法对照"来看，《日常口头话》是为了满足中高级汉语学习者的阅读需求而作的。

以雷慕沙为代表的法国汉学家虽未真正踏上中国的土地，但是从其对《清文启蒙》价值、地位的评价及将其作为教科书使用来看，他们善于吸收和借鉴中国的学术成果，在文献学上具有较高的敏锐度。雷慕沙的汉学思想被其弟子继承和延续，对法国汉学发展产生了重要影响。

三　英国和意大利学者关注满语语法

满语为黏着语，其构词方式、表现形态与印欧语系语言有较多相似之处，因此，以讲解满语语法知识为主要内容的《清文启蒙》卷三《清文助语虚字》也受到欧洲学者的广泛关注。

意大利汉学家安特尔莫·塞韦里尼师从儒莲，学成后回到意大利继续从事汉学研究。1866 年，为促进汉语口语普通话和方言的研究，塞韦里尼在《日常口头话》基础上添加意大利语的直译和意译，形成了汉—意语际翻译对照文本。

英国汉学家伟烈亚力和意大利学者乔瓦尼·霍夫曼研究了《清文启蒙》中的语法观念，分别编写了《清文启蒙》（英语版）和《〈清文启蒙〉语法汇总》，尝试用英语和意大利语中的语法规则提取满语语法规律，并参照对比语言学理论和研究方法，采用多语对照的方式表现语言的异同，以期帮助学生掌握满语的词位规则和内在逻辑。但他们对《清文启蒙》中语法的翻译与阐释有所不同。以满语虚词 – i 为例，伟烈亚力直接将其语法属性定性为属格助词和所有格助词；而霍夫曼没有勉强将其套入西方语言学的传统框架，而是相对含蓄地表示 – i 可以对应意大利语中的属格和工具格。

四 学术价值逐渐获得认可

19 世纪前期，欧洲学者主要关注的是《清文启蒙》的翻译以及教材价值，未能对满语与印欧语系语言进行系统性的对比研究。19 世纪中期之后，欧洲学者逐渐认识到《清文启蒙》的语言研究学术价值，这一转变对于增加其满语认识深度至关重要。

《清文启蒙》在欧洲不同时期不同地区的流布各有侧重，这并非偶然，是因为双语文献具有动态且持续的文化传播效应。《清文启蒙》以双语形式呈现，集文字书写、官话练习、语法教学等功能于一体，展现了当时中国的风俗文化。早期，为学习满语，欧洲各国学者及其他相关人士主要将《清文启蒙》当作教材使用，汉语主要发挥辅助理解教学内容的作用。后来，《清文启蒙》的汉语部分也逐渐受到汉学家的重视，转而成为翻译和教学的主体。与此同时，由于满语是阿尔泰语系满—通古斯语族的代表性语言，有大量可供对比参照的地方，所以其语法研究价值也受到了学者的重视，因此《清文启蒙》满文部分也是欧洲学者研究满语语言类型学、比较语言学的重要历史文献资料。

《清文启蒙》的域外传播是异质文化和语言相遇并接受的过程，它以教科书的形式与不同国家和地区的人对话，通过合理的改编和翻译得以为当地人所接受，这种方式进一步扩大了以《清文启蒙》为代表的双语文献的传播范围，使其获得了在教材层面（甚至超越教材层面）的另一种存在形式和意义，在中外文化、学术交流中发挥了独特的作用。

唐传奇的百年域外译介历程[*]

张莉莉^{**}

中国文化西传的历史源远流长，早在两千多年前，张骞出使西域开辟了丝绸之路。这既是一条贸易之路，也是一条文明古道，就此打开了中西文明交往的大门。18—19 世纪，中国古代文学作品引起了西方汉学家的浓厚兴趣，如《今古奇观》《红楼梦》《好逑传》《玉娇梨》等明清小说被来华的传教士翻译成西方语言传入欧洲。这批传教士成为中国传统文化的研究者，一部分人甚至成为汉学研究的先驱。20 世纪前，西方汉学家对中国小说的翻译大多出于传教和文化交流的目的。而归属于中国小说大家庭的唐传奇是在 20 世纪初才进入英语世界，纵览唐传奇的百年英译历程，它经历了三个不同的译介时期并呈现出迥异的译介面貌。

一 唐传奇早期英译以《莺莺传》为主

从 20 世纪初到 50 年代末，唐传奇在英美汉学界的传播和接受处于不成熟时期，主要以译介为主，侧重部分单篇传奇文的翻译，尤以《莺莺传》最受关注，共有 5 个译本，其中 3 名译者为非华裔、2 名

———————

  * 本文系湖南省社科基金项目（项目编号：17WLH32）、湖南省教育厅优秀青年项目（项目编号：18B490）的阶段性成果。原载于《中国社会科学报》2022 年 6 月 20 日第 2430 期。

  ** 张莉莉，副教授、文学博士、怀化学院文学与新闻传播学院副院长，研究方向为比较文学、欧美文学、海外汉学。

译者为华裔。目前已知的最早被翻译成英语的唐传奇译作是 1919 年英国汉学家阿瑟·韦利翻译的《莺莺传》，收录在他编撰的《中国文学译作》中，韦利翻译的目的不是呈现中国文学的整体概貌，只是根据自己的文学喜好按照时间先后顺序翻译作品，对于《莺莺传》，他采取直译方式，省略了部分情节。后在 1929 年又被卡洛·德·福纳罗连同他自己翻译的《莺莺传》译本收录在《中国的十日谈》一书中。韦利的《莺莺传》译本不断入选各种英译中国文学选集，由此打开了一扇西方读者接触了解唐传奇的窗户，也确立了《莺莺传》在英语世界的文学经典地位。

明确将唐传奇纳入小说范畴的西方译者是英国学者爱德华兹，她在 1938 年出版的《中国唐代散文文学》，是这一时期最重要的唐传奇译著。该书收录的 79 个故事中，唐传奇的重要作品均列其中，包括《莺莺传》，这也是迄今为止最全面的唐传奇译本。《莺莺传》除了上面已提到的韦利、福纳罗和爱德华兹的译本外，还出现了两个译本。T. Y. Leo 的《莺莺传》译本题为《西厢记：中国八世纪的故事》，文中插入了九幅精美插图，以图文并茂的方式介绍了故事的梗概，但有部分情节弃之未译，如最后崔莺莺写给张生的两首诗，只翻译了第二首。任教于美国哥伦比亚大学的华裔学者王际真的《莺莺传》英译本诞生于 1944 年，被选入他编选的译文集《中国传统小说》。这一译本内容相对完整，但也省略了杨巨源的《崔娘诗》和"河南元稹亦续生《会真诗》三十韵"具体的诗歌内容。对西方读者而言，这种弃之不译的做法似乎不妨碍对整个故事的理解，但如果将原文中插入的诗文翻译出来，其实更有利于读者判断当时人们对张生抛弃莺莺的态度，从而更好地理解故事的主题。该译本的特色之处在于全文有 15 处注释，主要是为了照顾西方读者，解释文中出现的地点、年份以及人物行为等。

二　唐传奇英译步入繁盛期

英语世界的唐传奇译介在 20 世纪六七十年代处于蓬勃发展期，

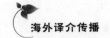

以美国汉学界为主要阵地。比较著名的唐传奇如《任氏传》《柳毅传》《李娃传》《南柯太守传》等作品产生了多个译本。1964年出版的专著《金匣：两千年的中国小说》是根据德国汉学家鲍吾刚和傅海波的德译本转译为英语的。该书共收录了46篇中国故事，多为短篇，时间跨度为战国时期到清代，包括唐传奇8篇，分别是《任氏传》《莺莺传》《南柯太守传》《李娃传》《虬髯客传》《红线》《奇男子传》《霍小玉传》。译者在翻译中完全放弃了故事中引用的诗文，原因是虽然他们能够理解原文中的重要情节，却很少有人能像阿瑟·韦利那样懂诗，并且能够译出诗歌的意蕴。

1965年，翟氏父子合编的《中国文学珍宝》在纽约出版。译者在序言中声明这本书是为了向西方门外汉介绍中国古代和现代文学，译者将中国文学分为散文、小说和戏剧三类，并将收录作品的时间延伸至现代。其中第五章为"唐代的传奇故事"，分别翻译了《霍小玉传》《任氏传》《无双传》《南柯太守传》《虬髯客传》等作品。译者将自己的翻译归结为直译，意在更接近源文本。不过译者也感到遗憾，由于中英语言的根本性差异，任何翻译，无论做得多好，都始终达不到原文本的那种风味。

三　唐传奇英译的多向度发展阶段

1983年英国华裔学者张心沧出版的《中国文学3：神怪小说》，包括七篇唐传奇，分别是《任氏传》《离魂记》《庐江冯媪传》，以及《续玄怪录》中的《薛伟》《李卫公靖》《张逢》和《张老》，每一篇译作前都有一篇分析该作品的小论文，可以说这是一部翻译和研究并重的专著。作者在序言中还介绍了30多篇唐传奇，大多都是关于鬼神故事的，虽然虚幻是唐传奇故事的主旨，但是张心沧指出，唐传奇的作者们往往更倾向于表现真实，有意或无意地把作品当作历史传记来写。

进入21世纪以来，唐传奇在英语世界的传播、影响和研究进入多向度、多层次的缓慢发展阶段。研究者积极阐释唐传奇文本，以开阔的视野和通达的识见,推动着唐传奇在异域文化语境下蓬勃生长。
这一时期的唐传奇英译选本主要有两部:一部是 2000 年英国汉学家
闵福德和刘绍铭编选的《中国古典文学英译选集》,其中选入了不同
译者的 9 篇唐传奇故事,分别是《枕中记》《任氏传》《离魂记》《柳
毅传》《莺莺传》《虬髯客传》《订婚店》《杜子春》《河间传》。编者
考虑到原本中的文化韵味在翻译中会不可避免地流失,所以在书中增
加了根据题目和故事内容而来的书法、绘画、传统的木刻插图、印章
和拓印等。这也体现了该书的与众不同,散发着浓郁的中国传统文化
风味。另一部是 2010 年美国汉学家倪豪士(William. H. Nienhauser)
主编的《唐代故事阅读指南》,其中翻译了 6 部唐传奇作品,包括
《红线》《杜子春》《枕中记》《南柯太守传》《虬髯客传》《霍小玉
传》。这些译本都是极为详尽的注释本,目的是便于读者对唐传奇有
更为深入的了解。

　　唐传奇的英译历史较长,翻译群体呈多元化态势,尽管西方本土
汉学家贡献了多种英译本,但译介对象极为不均衡,以《莺莺传》
《李娃传》《霍小玉传》等名篇为主,还有很多唐传奇作品并未纳入
译者视野。随着中国传统文化"走出去"战略的实施和推动,相信
会有更多的唐传奇作品被西方读者所认知和欣赏。

汤显祖戏剧百年英语译介*

张　玲**

汤显祖是中国明代戏剧家、文学家、思想家。他的《紫钗记》《牡丹亭》《南柯记》《邯郸记》和《紫箫记》是中国古典文学的杰出作品，这五部戏剧之间互相联系，形成一个艺术整体。其中，《牡丹亭》在思想内容和艺术成就方面达到了古典戏剧创作的巅峰。迄今，汤显祖戏剧的英文译介经历了八十多年的历程，成为国外人士了解中国古典戏剧和中国文化的一个重要切入点。

一　《牡丹亭》的英语译介

1939 年，由南京中山文化教育馆和上海别发洋行发行的《天下月刊》4 月号刊载了英国汉学家哈罗德·阿克顿的《春香闹学》英译文。该译文源自《牡丹亭》京剧改写本，是汤显祖戏剧第一次被翻译成英语。译者使用了较多直译、异化的方法和策略，使汤剧首次引起了英语读者的关注和兴趣，是汤剧英语译介的开端。

1960 年，我国对外发行的刊物《中国文学》第一期刊载了杨宪益、戴乃迭夫妇翻译的《牡丹亭》中的 11 出。这是中国译者首次英译《牡丹亭》，也是中西译者合作的译本。该译本再现了《牡丹亭》

＊　原载于《中国社会科学报》2022 年 7 月 20 日第 2452 期。
＊＊　张玲，副教授、苏州大学外国语学院翻译研究所副所长、中国英汉语比较研究会典籍翻译专业委员会理事会理事，主要研究方向为中国典籍英译。

的主要剧情，使英语读者第一次全面了解《牡丹亭》的面貌。译文既忠实于原文又不过于死板，富有灵活性又不过分强调创作性。

1965 年，美国阿普尔顿世纪出版社出版了美国华裔汉学家翟楚和翟文伯主编的《中国文学瑰宝》，其中收录了他们翻译的《牡丹亭》中的 3 出。该译文在借鉴杨、戴夫妇译文的同时进行了修改和增补，译文灵活又不失趣味性。

1972 年，美国树丛出版社公司出版了美国汉学家白之主编的《中国文学选集》第二卷，其中收录了他翻译的《牡丹亭》中的 4 出。1980 年，美国印第安纳大学出版社出版了白之翻译的《牡丹亭》全译本。这是第一个《牡丹亭》全译本，带动了英语国家关于汤剧以及中国古典戏剧的文学研究、表演和文化交流活动，使《牡丹亭》在更广泛的层面取得了译介效果。白之通过翻译解读中国文学，译文力图再现和保留语言文化的差异。当异化或直译可能对英语读者带来理解困难的时候，往往采用文内注或脚注。当异化或异化加注使译文过于冗长的时候也不排斥使用归化词，以适应读者的阅读习惯。

1973 年，爱丁堡大学出版社出版了英国华裔汉学家张心沧编纂的《中国文学：通俗小说和戏剧》，其中收录了他翻译的《牡丹亭》中的 4 出。该译本对于中国古典文学进入英国读者视野起了重要作用。张译较多采用意译、归化和交际翻译的方法与策略，在做到对等、自然的同时力求贴切。为了达到"自然"，译者在词汇、句法、语义、文化等层面均采用了一定的灵活处理，译文读来如行云流水般流畅。

1994 年，北京旅游教育出版社出版了中国学者张光前翻译的《牡丹亭》全译本。张光前是第一位翻译《牡丹亭》的国内译者，其译本也是国内第一个全译本。译文较多地使用了素体诗格式，并尽量在节奏和韵律方面保持协调，在自然、流畅、易懂的前提下再现原文的意思和内涵。

1996 年，美国诺顿出版公司出版了美国汉学家宇文所安编著的《中国文学选集》，其中收录了他翻译的《牡丹亭》中的 3 出和《作者题词》。与白之相似的是，宇文所安的翻译是他文学批评和解析的一部分。为了给西方求异的社会文化心理结构提供东方的思想架构，

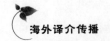

译者较多采用异化策略保留原文的内涵和风格。同时，他比白之更多地考量了英语读者的理解和接受，因而译文具有更多归化元素。

2000 年，上海外语教育出版社以及湖南人民出版社、外文出版社出版了汪榕培翻译的《牡丹亭》全译本，该译本被收入国家重大出版工程《大中华文库》，是第一个《牡丹亭》韵体译本，也是目前唯一的版权输出到国外出版社的《牡丹亭》译本。译文在不影响英语读者理解的前提下，体现原著文字的优美。在翻译唱词和诗句的时候，以抑扬格为基本格式，采用了多种不同的韵式。译者灵活使用了直译、直译加解释、有策略地再创作（包括根据剧情略做调整、使用英语的相应表达方式）等方法和策略，力求再现中国文化的精华。译文风格既有古色古香的味道，又符合当代英语的规范。

2009 年，北京外文出版社出版了美国华裔学者汪班主编的《悲欢集》，其中收录了他翻译的《牡丹亭》中的 4 出。为了保证文化信息和情感的充分性，译文或对原文字面意思进行增益和扩充，或放弃原文的形式进行阐释。

2009 年，中国对外翻译出版公司和中国出版集团共同出版了中国学者许渊冲和许明翻译的《牡丹亭》译本。该译本包括《牡丹亭》中的 22 出，并对原文内容进行了删减和重组。该译本翻译策略和翻译目的高度一致，即创造美、传播美。译文践行了译者许渊冲本人提出的"三美"翻译思想，凸显了中英语言文化的差异，灵活再现了原作的音美、意美和形美。

2021 年，商务印书馆出版了黄必康英译的《牡丹亭》全译本，这是目前《牡丹亭》的最新译本。译文仿拟莎士比亚经典戏剧，运用了莎剧特有台词和表达方式，韵律优美，忠实原作文学细节和审美意象。译文以读者为导向，采用了以英语读者为指向的翻译策略。

二 《汤显祖戏剧全集》英语版

《牡丹亭》以外的所有汤剧英译者都是国内学者，包括汪榕培和张光前。2003 年，外语教学与研究出版社出版了汪榕培翻译的《邯郸记》。2006 年，外语教学与研究出版社出版了张光前翻译的《南柯记》。2009 年，花城出版社出版了汪榕培主持英译的《紫钗记》。以上三个译本均被收入《大中华文库》。2012 年，上海外语教育出版社出版了汪榕培主持英译的《南柯记》。2013 年，上海外语教育出版社出版了汪榕培主持英译的《紫箫记》。这两个译本被收入《中国文化汉外对照丛书》。

2014 年，上海外语教育出版社出版了汪榕培主编的《汤显祖戏剧全集》（英语版）。其中收入了汪榕培英译的所有汤显祖戏剧译本，是目前唯一一部汤显祖戏剧全集的英译本。2017 年，该全集的版权被授予英国布鲁姆斯伯里出版公司，并于 2018 年由该出版社再次出版并在全球发行。该全集的译介从 20 世纪 90 年代开始，花费了近 20 年的时间。译文力求在语言形式、文化、内涵和文学价值等方面保持中国特色，再现汉语文化的"异质性"，彰显中国文化和语言身份，体现了译者汪榕培本人倡导的"中国英语"的运用。同时，汪译本《汤显祖戏剧全集》践行了其本人提出的"传神达意"的翻译思想。"传神达意"翻译思想继承了中国传统画论、古典文论、传统美学的精华，既有创新和发展，又有对中西方治学思维的兼收并蓄，体现了译者构建中国特色翻译话语体系的努力。

由上可见，迄今汤显祖戏剧英译者的文化身份多样，所处的社会文化、时代背景不同，翻译目的、翻译策略也不尽相同，但他们都对中国文化和文学抱着热爱、欣赏的态度，对汤剧的译介投入了极大的热情。值得关注的是，国内译者的汤剧英译版本总数量、译者对原文理解的优势以及对作品的阐释，对于汤剧的译介有着不可替代的作用和贡献。

目前海外收藏汤显祖戏剧英译本的图书馆包括一流的公共图书馆、国家级图书馆、具有世界影响力的大学图书馆，并在几乎所有销售网络都有供应。汤剧的英文译介使国外受众更多地了解、欣赏、重新审视中国古典戏剧、中国文学和文化，拓展了国外汉学研究视野以及比较文学研究，推动了中西方在文化、教育、艺术、旅游、经济等领域的交流和合作。

剧本旅行与文化传播：
《西厢记》的海外译介[*]

鲍晓英^{**}

《西厢记》译介到海外已有 300 多年历史。300 多年来，《西厢记》先后被翻译为多种语言，收录到多部著名中国文学史和戏剧史著作以及文学和戏剧选集，得到了海外学者深入研究和高度评价，甚至被搬上戏剧舞台，这些都表明《西厢记》在国外备受推崇。

一　外译版本众多

戏剧翻译是文化传播的重要途径，莎士比亚戏剧在全球深入人心就是力证。在海外，《西厢记》英语译本多达 23 种，非英语译本达 55 种，包括日语、韩语、泰语、越南语、阿拉伯语、俄语、拉丁语、意大利语、西班牙语、德语、法语等。最早翻译《西厢记》的是 18 世纪末日本的冈岛咏舟，他将《西厢记》翻译为日语，开启了《西厢记》海外传播之旅。1811 年，朝鲜文艺史巨匠金正喜把《西厢记》翻译成朝鲜语，之后朝鲜先后出现了《待月西厢记》《悬吐注解西厢记》等数种译本。

1838 年，法国汉学家和翻译家巴赞在其《中国戏剧》一书中首

　*　本文系国家社科基金重大项目"中国特色对外话语体系在英语世界的译介和传播研究（2014—2019）"（项目编号：19ZDA338）的阶段性成果。原载于《中国社会科学报》2021 年 4 月 26 日第 2154 期。
　**　鲍晓英，上海外国语大学继续教育学院教授，研究方向为英语口笔译理论与实践。

次向欧洲读者介绍了《西厢记》，这是《西厢记》迈向欧洲的第一步。在法国，最早的全译本是由汉学家儒莲于 1872 年翻译的，题为《〈西厢记〉：十六幕喜剧》，儒莲是向法国推介中国戏剧作品的先驱；其后出现的德比西 1891 年版的译本和苏利埃·德·莫朗 1912 年版的译本均为《西厢记》节译本；1928 年，苏利埃·德·莫朗翻译出版了另一个《西厢记》全译本，题为《热恋的少女——中国十三世纪的爱情故事》。在德国，在《西厢记》之前，其故事来源的《莺莺传》被德国翻译家弗朗士·白奈译为德语，题为《崔小姐》；1909年，德国汉学家威廉·格鲁贝在其所著的《中国文学史》中首次评介了《西厢记》；1926 年，德国著名汉学家洪涛生翻译了《西厢记》，并将德语《莺莺传》附录在《西厢记》译文后，该译本在西方颇负盛名。1916 年，意大利兰恰诺出版社出版了转译自儒莲法译本的意大利语版《西厢记》，题为《〈西厢记〉：十六幕喜剧》。俄语译本有明希科夫翻译的《西厢记》《崔莺莺待月西厢》。拉丁语译本由晁德莅翻译，并收录其编著的《中国文化教程》。

在英语世界，1898 年，美国汉学家乔治·坎德林编译的《中国小说》中摘译评介了《西厢记》，这是《西厢记》第一次出现在英语世界；1935 年，由伦敦梅休因出版社出版的熊式一翻译的《西厢记》，是英语世界第一个完整的《西厢记》译本，该译本得到了广泛称赞；1936 年，美国汉学家亨利·哈特出版了《西厢记》另一个全译本，题为《〈西厢记〉：一出中世纪戏剧》，影响较大；1972 年，美国哥伦比亚大学教授亨利·威尔斯翻译了《西厢记》，他认为《西厢记》在情节、人物性格以及诗词上都堪称杰作；1984 年，被称为"欧洲汉学传统的继承人、英国唯一的中国戏剧研究专家"的杜威廉翻译了《西厢记》，题为《西厢记：中国最著名的戏剧》；1991 年，美国汉学家奚如谷翻译出版了《西厢记》，题为《月与琴：西厢记》。

二 译著得到广泛传播

《西厢记》的翻译大大促进了它的传播，不同译本被众多海外文

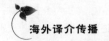

学戏剧史著和选集收录，其中有近 20 部是英语世界汉学家编写的最具影响力和传播力度的著作，文学史著和文学选集包括汉学家翟理斯的《中国文学史》、梅维恒的《哥伦比亚中国文学史》和《哥伦比亚简明中国传统文学选集》等；戏剧选集包括汉学家伊维德与奚如谷编译的《僧侣、强盗、情人和不朽者：11 个早期中国戏剧》和《中国戏剧文献 1100—1450》、杜威廉的《中国古今八剧》等。海外还涌现出许多专门研究《西厢记》的成果，如夏志清编写的《〈西厢记〉导读》，伊维德、奚如谷编写的《〈西厢记〉——月色琴音西厢记》等。

《西厢记》及由其改编的各类演出活动也在许多国家纷纷呈现，如 1927 年由侯曜导演的改编自《西厢记》的同名电影在法国巴黎上映。《西厢记》对海外许多作家的创作也产生了很大影响，一批模仿《西厢记》的剧本体裁的剧作也应运而生，如朝鲜剧作家创作的《东厢记》《春香传》等。

随着《西厢记》的传播，海外对《西厢记》有了更多的了解。熊式一翻译的《西厢记》成为英美各大学中文系与亚洲研究所的教材，哥伦比亚大学更是向联合国教科文组织基金会申请经费，把它印成大学丛书；日本戏剧学家河竹登志夫在《戏剧概论》中将《西厢记》、古希腊索福克勒斯的《俄狄浦斯王》和印度迦梨陀娑的《沙恭达罗》并列为世界三大古典名剧；《法国大百科全书》评价《西厢记》说，"13 世纪中国戏剧家王实甫的《西厢记》是元曲篇幅最长的浪漫主义的杰作，是爱情的诗篇，整个故事自始至终贯穿着一对情人的悲欢离合，充满了迷人的情趣"。

中国古典戏剧是中国传统文化的瑰宝，是流传百年的经典"中国故事"，蕴含着深厚的中华民族文化，承载着博大精深的中国文化精神，展示着独特的中国艺术魅力。除了《西厢记》，《牡丹亭》《赵氏孤儿》《窦娥冤》《桃花扇》等中国戏剧典籍也在海外得到了译介和传播，使得世界对中国戏剧艺术和中国传统文化有了更多的了解和更深的认识，成为向世界"讲述中国故事"、传播中国文化的有效途径。

《尚书》的翻译与海外传播[*]

陆振慧^{**}

《尚书》不仅影响中国，也影响世界。自六朝始，《尚书》已传播到域外。在朝鲜半岛和日本，《尚书》一直都是古代最重要的"政治教科书"。而随着16世纪开始的"地理大发现"，"寻找契丹"成为西方"百年航海史的灵魂"，以耶稣会士入华为标志，中国和欧洲真正开始了思想文化意义上的交流。

中国古代文化典籍中所包含的人类共同的价值观和意义，第一次在欧亚大陆的两端同时彰显出来。《尚书》因在中国政治史、思想史、文化史和学术史上的隆尊地位，率先吸引了西方探究中国的目光，成为最早被译介到西方的典籍之一。《尚书》西传亦有许多鲜明的特点值得我们关注。

一　《尚书》被翻译成了西方几种主要语言

首先是欧洲古典语言拉丁语译本。明末来华的法国耶稣会士金尼阁将包括《尚书》在内的《五经》翻译成拉丁语，于天启年间（1626）在杭州刊印，书名为 *Pentabilion Sinense*，并附有解释，一般认为该译本"是我国经籍最早之西文译本"。遗憾的是，这个译本未能流传下来。不过《尚书》还是有拉丁语版本的，由19世纪著名汉

---

　*　原载于《中国社会科学报》2018年10月19日第1556期。

　**　陆振慧，扬州大学外国语学院副教授，研究方向为典籍翻译、英汉对比、语篇分析。

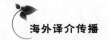

学家顾塞芬翻译的。顾塞芬用法语和拉丁语同时翻译了多部儒家典籍，其中就有《尚书》（1897）。除了拉丁语和法语，《尚书》还有英语、德语和俄语版本。

二　《尚书》在同一语种内有多个版本

不仅一个国家同时代许多学者竞相翻译，而且随着时代的变迁不断有人推出新的译本。比如，17—18 世纪，法国较有名的译者有巴多明（Dominique Parrenin）、宋君荣（Antione Gaubil）、刘应（Claude de Visdelou）和马若瑟（Joseph de Prémare）等。19 世纪，英国来华新教传教士、汉学家麦都思（W. H. Medhurst）和理雅各（James Legge）分别于 1848 年和 1865 年出版了《尚书》的英译本；20 世纪，英国汉学家欧德（W. G. Old）和瑞典汉学家高本汉（B. Karlgren）又分别于 1904 年和 1950 年推出了新的《尚书》英译本。比丘林（N. Ya. Bichurin）和另一位俄罗斯著名汉学家西韦洛夫（D. P. Sivillov）分别于 1822 年和 1841 年推出了规模较大的《尚书》俄语译本，等等。

三　有些译本已达到了较高的翻译和学术水平

宋君荣的法语《尚书》译本由法国汉学家德经（M. de Guignes）编辑，于 1770 年在巴黎出版。其采用的底本是"康熙年间的孔安国古文《尚书》的满文译本"，内容"包括译文、注释以及编者添加的补注、插图和中国上古三皇简史"，译文附有宋君荣关于书中上古天文学的研究论文——《〈书经〉中的天文学》，卷首是马若瑟写的《尚书之前时代与中国神话研究》一文。该法语译本面世后获得了很高的评价，被认为是当时法国"为数有限的真正严肃的译文"。

马若瑟选译的《书经》被杜赫德（Jean-Baptiste Du Halde）收入欧洲汉学"三大名著"之一《中华帝国全志》，此书在 1741—1774 年有英语、德语、俄语版本面世，在欧洲产生了很大的影响。于是有了以马若瑟法语《尚书》选译本为底本的《尚书》英语、德语、俄语选译本。

当然，在西方影响最为深远的，非理雅各 1865 年三卷中的《尚书》译本（*The Shoo King or the Book of Historical Documents*）莫属，译本出版后即在西方引起轰动，至今被奉为"标准译本"。英国汉学家艾约瑟（John Edkins）评论说："任何评论家想要挑出理雅各的毛病，就首先得挑出中国一流注疏家的毛病，因为我们面前的《中国经典》正是中国人经书的本来面目。"理雅各的翻译理念和翻译方法深得学界认可，其翻译模式和学术风格对其他中国经典翻译的学者有着重要的影响。

瑞典汉学家高本汉英译的今文《尚书》28 篇（*The Book of Documents*）也是一部质量上乘之作。译本采用汉语与英语对照排印，每句汉语和译文都分别标有阿拉伯数字序号，清晰地依次逐句对应。译者在前言中指出，其译本与理雅各和顾塞芬的之所以有很大的不同，是因为原文本语言古奥难懂，常有一些段落，从语法上可以有相当宽泛的不同理解，因此每一次新的翻译不可避免地将成为文本诠释的一次新的尝试。

四　当代汉学家不断推出风格各异的《尚书》新译本

很多人认为，任何人想了解中国文化的历史根源，都必须读《尚书》。比如英格兰当代汉学家彭马田（Martin Giles Palmer）就说，"我认为《尚书》是一本非常重要的书，它是中国最早的史书，它向西方揭示了中国历史从尧、舜、禹到夏、商，再到今天的连续性。除非你读《尚书》，否则我不认为你能理解今天的中国"。所以，他继翻译了《庄子》《易经》等多部中国典籍之后，又于 2014 年出版了《尚书》的英语全译本，并将书冠名为 The Most Venerable Book（"最庄严或最值得尊敬的书"）。与理雅各等人的厚重风格不同，彭马田的译本中没有训诂、考证等内容，也不附中文原文和文内注释，整部书呈现出讲故事的风格。据译者本人说，该译本"销量不错"。这给了我们一个启示——原来即使是正统、严肃、连中国文豪都感叹"佶屈聱牙"的作品，也是可以用轻松愉快的讲故事的方式进行传播的。

俄罗斯在2014年也推出一个《尚书》俄语全译本。该书由俄罗斯科学院远东研究所发行，是一部鸿篇巨制，共1149页。与以往译本不同的是，这部新的《尚书》俄译本非常注重吸收《尚书》学研究新成果。比如，在注释方面，除了传统的权威注疏，该译本精心选取了3部体现现当代学者较高水平的《尚书》注译，分别是钱宗武、江灏合著的《今古文尚书全译》，屈万里的《尚书今注今译》和李民、王健合著的《尚书译注》。

这三部著作均包含文言原文、相关评析以及现代白话译文。译者注意到"当考证原文与特定主题所持观点有所不同时，则必须在传统文献与现代评论间作出抉择……至于原文本身内容的不一致之处与不适切的用语，则另于注释中加以说明"。不难看出，这又是一个典型的学术型译本。其实，对于研究者来说，复杂、冗长的注释从来不是"累赘"，反而是译本的价值所在。

通过以上对《尚书》在海外翻译与传播的简要回顾，可以看出，《尚书》这一古老的经典具有巨大而永恒的魅力。

我国到目前为止，仅有两位学者在20世纪90年代将《尚书》翻译成了英语。但平心而论，这两部《尚书》译本并不令人满意。一方面，译本没有提供必要的注解或补充说明，不利于典籍的理解；另一方面，译者本人对原著的理解也比较肤浅甚至有不少错误。然而，这并不表明我们今后不能在《尚书》翻译和传播方面有所作为。相反，我们可以通过更加努力而获得成功。

凡有志于从事《尚书》翻译的学者，一方面可以请教汉语界专家，特别是《尚书》学专家，另一方面可以认真研究已有的《尚书》优秀翻译成果；同时我们可以针对西方不同的读者，推出不同层次、不同形式的译本。此外，中外学者可以强强联合，如当年的理雅各与王韬。若真能如此，则打造《尚书》翻译新经典就不会没有实现之可能。

　　文化创新和文化传播是时代的重要主题。一个民族的传统文化是以经典为载体的，经典的域外传译是文化传播最为有效的手段，是不同民族相互了解的重要基础。翻译是文明的延续和扩展，任何文化想要延续，都要不断地被翻译。中国古代典籍，正是凭借广义和狭义的翻译而使其生命不断延续的。

《茶经》译介推动中国茶文化走向世界*

袁梦瑶　董晓波**

"茶"是中华文化的主要象征物之一，早在西汉时期，茶与茶文化的外传就开始了。唐代陆羽的《茶经》，不仅推动了茶文化在中国的发展，在海外也产生了广泛的影响。研究茶文化在古代的对外传播以及《茶经》的译介历史，或可为我们在当代讲好中国故事，传播中华文化提供借鉴。

一　《茶经》影响范围广泛

中国是世界上最早大规模种植茶叶，并形成饮茶之道的国家。唐代是我国古代经济政治和文化发展的鼎盛时期，茶文化及其综合体系得以形成，《茶经》便在这个时期问世。《茶经》分三卷十节，其内容丰富，文字优美，为中国"茶学""茶道"的形成奠定了基础。此书问世后在海外得到了广泛传播。

日本受《茶经》影响最早也最为深远。《茶经》正式传入日本始于南宋时期。12世纪中期，日本僧人荣西两次来华，将茶籽和许多茶文化相关文献及典籍带回了日本，其中包括《茶经》手抄本。在近现代日本，茶道之风盛行，越来越多的学者开始研究茶文化。江户时

*　本文系江苏高校哲学社会科学重点项目"面向'一带一路'的我国翻译政策研究"（项目编号：2017ZDIXM110）的阶段性成果。原载于《中国社会科学报》2019年3月25日第1659期。

**　作者单位：南京师范大学外国语学院。

代日本开始对《茶经》进行翻刻，其中最流行的是郑思刊本的覆刻。1774 年，日本的大典禅师对《茶经》加以训点，并用片假名混杂汉字详注，撰写了《茶经详说》一书。日本近代《茶经》研究者首推诸冈存，其研究成果以《茶圣陆羽传》《陆羽与茶经》《茶经评译》和《茶经评释外编》四部著述为代表。当代研究者的主要代表人物为布目潮渢，他对《茶经》进行了精校，还在他的《中国茶书全集》中刊载了八种版本的《茶经》，包括几种罕见的孤本。

《茶经》在韩国的传播始于近几十年。崔凡述的《韩国之茶道》一书收录了《茶经》中的几个章节。后来，金云学首次将《茶经》全书译为韩语，并与明代郑思版本的《茶经》一起放在了《韩国之茶文化》一书的附录之首，增进了韩国对中国茶文化历史的认知。

茶叶通过陆路西传的历史久远，汉代时通过丝绸之路西传的珍贵物品中就包括丝绸和茶叶。唐代时中原一带饮茶之风盛行，到中国进行贸易活动的西亚地区阿拉伯人成了茶文化西传的重要载体。他们在中国大量购买丝绸、瓷器的同时也常常带回茶叶，茶风、茶俗随之在西亚的部分地区迅速兴起，其影响不仅到达北欧和西欧，甚至远至非洲。

《茶经》流传至欧洲的时间相对较晚，直至 17 世纪之后才在欧洲有了一定的影响。《茶经》也被陆续译为英语、德语、法语、意大利语等多种西方文字。意大利是较早研究中国茶的欧洲国家。1559 年，威尼斯著名作家詹巴迪斯塔·拉摩晓（Giambattis Taramusio）的《茶之摘记》《中国茶摘记》《旅行札记》三本重要著作出版，里面便有对《茶经》的记载。当代威尼斯学者马克·塞雷萨（Marco Ceresa）于 1991 年出版了《茶经》的意大利语译本，这个译本是目前西方最全的《茶经》译本，其第一版面市后很快即售罄，可见欧洲社会对《茶经》的热情之高。

二 从译介信息到平等文化交流

在不同的历史阶段，人们译介《茶经》的目的也有所不同，由单

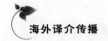

纯传递与茶器、茶叶及制茶等相关的物质信息，转向了传播中华优秀传统文化。

在相当长一段时间内，《茶经》英文译本主要有两种：一种是英国人弗朗西斯·罗斯·卡朋特（Francis Ross Carpenter）所译的《茶事》，这是节译本，其中略去了许多与茶文化相关的典故传说和历史人物；另一种是美国人威廉·乌克斯（William Ukers）所译的《茶的经典》，这个版本目前更为流行，而且被收录于《不列颠百科全书》（又称《英国大百科全书》），配有精美插图，通俗易懂，但部分学者认为这个译本不属于严谨的学术作品。乌克斯后来又编著了《茶叶全书》，于 1935 年出版。这部书开篇便称："《茶经》是中国学者陆羽著述的第一部完全关于茶叶的书籍，当时的中国农家以及世界有关者，具受其惠。"其中许多内容也直接来源于《茶经》且全文收录了此书。

由于对中华文化了解有限，乌克斯只是介绍了《茶经》各章节的梗概，没有将原著中蕴含的历史渊源和文化内涵详细介绍出来，因而无法完整地传达《茶经》的神韵。而美国作家詹姆斯·诺伍德·普拉特（James Norwood Pratt）在 21 世纪初发表的一系列文章，不仅成为向当代以英语为母语的人们介绍《茶经》的重要作品，而且将对中国茶文化典籍的译介提升到了更高的精神层面。同期由国内学者翻译的《茶经》英译本也非常注重对中国文化象征的翻译，极大程度地保留了原文的神韵，有助于不断清晰和深化非汉语母语者对于中华文化的认识。此时关于中国茶文化典籍翻译策略的思辨已经上升为是否具有自觉的文化平等对话意识，翻译茶典籍的目的是进行平等的文化交流，更好地传播中华优秀传统文化。

此外，由于现今保留的有参考价值的茶文化典籍，大多数都已时代久远，其部分信息随着社会的发展，已失去现实意义，不具有时代性和实用性；因此在翻译茶文化典籍，包括《茶经》的过程中，为使茶文化的传播更加高效，中外译者在不同程度上采用了异化为主、归化为辅的译介方法。

三 促进中外文化交流融合

《茶经》与中国茶文化对海外的影响，不仅体现为它促进了其他国家对中国茶的研究兴趣，并融入了接受国日常的风俗习惯，而且体现为它深深影响了文艺的题材和审美趣味。

《茶经》流传欧美后，不仅出现了许多模仿它而写成的茶文化专著，而且各国结合自己的文化习俗形成了"变异"的茶道。这种"变异"展现了跨文化交流中十分有趣的融通，同时也体现出中国传统文化在"他者"眼中的形象。比如17—18世纪的英、法等国在茶具方面喜欢用中国的陶瓷器皿，认为使用锡壶、铁壶或不锈钢茶壶是缺乏教养的表现。这种风气与那个时代英国整体的"中国风"是相呼应的，中国成为欧洲文化的"理想国"，中国茶道作为风雅的象征，融入了欧洲的绅士精神。19世纪，英国人开始尝试在红茶中加入玫瑰、薄荷、柠檬等，有时还会加些鲜奶和糖，这与同期浪漫主义的流行密切相关。

《茶经》在海外被广泛翻译、传播和研究，促进了中国茶文化海外影响力的形成。国外文艺作品里大量出现的与中国茶有关的内容，直接反映不同时代各国对中国传统文化的接受程度。17—18世纪时，随着饮茶之风在英国宫廷和民间的兴起，出现了许多与茶有关的诗歌，被称为"茶诗"。19世纪时，英国的浪漫主义诗人对中国茶更是推崇备至。雪莱的《为中国的泪水——绿茶女神所感动》一诗富含浪漫派的东方神韵且不乏禅意。拜伦、济慈和柯尔律治等人亦均有赞美中国茶的佳作。另外，画家纳撒尼尔·霍恩（Nathaniel Hone）的《饮茶图》和爱德华·爱德华兹（Edward Edwards）的茶风俗画也是这一时期文艺作品中展现茶风的代表。

西方汉学家对《三字经》翻译、仿写与推广[*]

李海英^{**}

　　《三字经》作为重要的童蒙识字课本，在宋代以后的中国知识体系中，一直占有极为特殊的地位。也正是基于这一点，明清以来的西方汉学家对《三字经》表现出浓厚的兴趣，他们积极翻译、借用这一中国人熟悉的文本，中为西用，推陈出新，在《三字经》的版本发展史上留下了极有特色的一笔。尤其是晚清以后，众多的译本、仿本，面向瞽叟的重新排印本，等等，纷纷出现。这批经过西方人加工的《三字经》，不仅具有一定的文献价值，也给重新检视这段历史的人们留下无穷的回味。

一　译本众多　体系完整

　　根据目前见到的资料，欧洲人当中最早翻译《三字经》的是意大利人、耶稣会士罗明坚。他自 1581 年开始将《三字经》译为拉丁语，并将其寄回意大利。此后，意大利汉学家、天主教士晁德莅（Angelo Zottoli）在所编写的五册本拉丁语著作《中国文学课程》（Cursus Litteraturae Sinicae）的第二册中收录了《三字经》。《中国文学课程》中

---

　　* 本文系国家社科基金项目"基督新教来华传教士汉语研究著述考"（项目编号：14BZJ022）的阶段性研究成果。原载于《中国社会科学报》2018 年 12 月 18 日第 1598 期。
　　** 李海英，山东师范大学文学院教授，主要从事汉语言文字学、汉语国际教育和对外汉语教学等方向的教学、研究工作。

的《三字经》出版时间为 1879 年（根据翟理斯 1910 年《三字经》
英译本序言），距离罗明坚翻译拉丁语《三字经》约有两百年的时
间。因为很少有人见过罗明坚的版本，二者之间是否有传承关系，就
无从得知了。

此后，根据翻译所采用的语言，又出现了俄语、英语两个译本。
俄语版《三字经》最早出自俄国汉学家罗索欣之手，后来又有列昂
节夫的译本。当然，俄语译本中影响最大的是著名汉学家比丘林的译
本。在当时的俄国，比丘林所译的《三字经》成为"俄国人阅读中
文翻译本的指南"和流行读物。

在各种译本中，英译本的体系较为复杂，参与翻译者的国别也最
多。其中，全文为英语且无汉语参照的译本有五个。最早的全英语译
本作者是新教传教士、英国人马礼逊。1812 年，他在伦敦出版全英
语版《中国春秋》，其中包括《三字经》。美国人裨治文在其所主持
的《中国丛报》上刊发了不带中文内容的《三字经》（载于《中国丛
报》第 4 册，1835 年第 3 期）全英语版译文。此后，全部采用英语
的译本还有在伦敦出版的马兰译本（1856）、在上海出版的翟理斯译
本（1873）以及欧德理译本（1892）。

在以上五个全英语译本中，欧德理的译本主要用于教学，有学者
认为其比较简单，且价值有限。在我们看来，采用全英语的方式介绍
《三字经》，其受众为母语是英语的外国人，这对于向西方传递中国
的传统文化，是大有裨益的。

除了全英语译本外，还有大量的汉英对照译本。汉英对照译本按
时间的先后，主要有以下四种：第一，詹金斯（Jenkins）的英汉对照
译本，于 1860 年在伦敦出版；第二，美国汉学家富善之子付路德的
《三字经注解》本（1865）；第三，法国著名汉学家儒莲的《三字经》
译本，其中使用了汉语、拉丁语和英语，于 1864 年在巴黎出版，
1872 年再版；第四，翟理斯的 1910 年译本，与德国汉学家穆麟德
（Paul Georg Von Mohendorff）《汉语著述手册》中所记载的"无中文
对照"的情形不同，其中有添加汉语对照的内容，应该是在 1873 年
纯英语译本的基础上修改的结果。

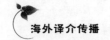

在现有的四种汉英对照译本中，尤以翟理斯的 1910 年译本学术价值最高。翟理斯在序言中梳理了《三字经》欧洲译本的变化过程，涉及 6 种译本，按照时间先后顺序，列举了裨治文英译本（1835）、儒莲英译本（1864）、翟理斯自己的两个版本（1873，1910）、晁德莅的拉丁语译本（1879）、欧德理英译本（1892）。此外，翟理斯还增加了六种汉语补足本，其作者包括王相、贺兴思等。他还指出，王相所补充的内容，晁德莅和欧德理都没有加以翻译。翟理斯对于中国国内流传的《三字经》、明清以后的增补内容，以及《三字经》在西方的流传等情形关注较多，极为熟悉该书的流传过程。可以说，他是当时英美汉学家中的"《三字经》通"。

此外，关于德语译本有德国著名汉学家尉礼贤所译的《三字经》（1902），最初发表在《远东》杂志上（1902 年第 2 期），次年（1903）在《德亚瞭望》杂志上再版，内容也有增补。

总的来说，在明清西方汉学家的《三字经》译本中，以英译本最多，参与翻译的汉学家分别隶属于英国、法国、美国等不同国家。从目前来看，西译本采用的语言至少有拉丁语、俄语、英语、德语四种。其中拉丁语译本有 2 种，俄语译本有 2 种，英语译本有 9 种，德语译本有 1 种。

二 仿作出现用于儿童启蒙

作为一种朗朗上口、通俗易记的文体，《三字经》的特点是雅俗共赏，简洁明快。千百年来，经过文人士子的长期加工，《三字经》从形式到内容，所携带的文化价值，其他的中文著作往往难以匹敌。对于这一点，明清时期的西方汉学家十分清楚。比如，英国人马礼逊认为在所有的童蒙教材中，《三字经》是最好的。美国传教士米怜也对《三字经》大加褒扬，表示在家中教育子女就用了《三字经》。也正是基于对《三字经》家喻户晓的样板作用的认同，英国汉学家麦都思于 1823 年创作了基督教仿本《三字经》。如果说《三字经》的众多外语译本是在向西方介绍中国，那么 1823 年麦都思创作的基督教仿本《三字经》，则是对中国启蒙读物的有意借用，也是对自己以往传教方式的一种补充。

自麦都思仿本《三字经》面世之后，因其易于传诵，大量的以基督教教义为宣传内容的《三字经》体仿本应运而生。比如，哈佛燕京图书馆就藏有多种基督教仿本《三字经》，早年曾将其制成缩微胶片，后广为流通，目前耶鲁大学等地也有收藏。从哈佛燕京图书馆的收藏目录中看，基督教仿本《三字经》至少有 12 种。基督教仿本《三字经》最初是以幼童基督教启蒙课本的形象出现的，后来其幼童启蒙教化功能减弱，向普通民众宣教的作用日益突出。

麦都思等创作的基督教仿本《三字经》，在一段时间内曾较为活跃，但在后来被认为不适宜作为传播基督教的工具。原因正如美国著名历史学家费正清所说："仿作一部基督教《三字经》，尽管显示出以中国式的手段去接近中国人的传教策略，然而最终证明还是无法僭替原本《三字经》。"也就是说，以基督教小册子作为替代《三字经》的初级读物，在儿童启蒙教育中所起的作用难以尽如人意。

三 创制盲文读本《三字经》

明清时期，在西方翻译出版的众多《三字经》读本中，穆瑞的瞽叟读本独树一帜，它既表现了当时西方人对于《三字经》的强烈认同感，也表现出晚清来华汉学家开启民智的良好愿望。

1870 年，苏格兰圣经公会传教士威廉·穆瑞（William Hill Murray）来华，他四处走动，派发《圣经》，因而能广泛接触到中国盲人。这些人的际遇给他以深深触动，从而使之萌生了创制盲文的念头。经过不断试验，汉语盲字终于在 1879 年前后定型。这是中国历史上第一套盲文，又叫"康熙盲字"。穆瑞等人用这套盲文编拟了中国盲人识字课本，以及盲文版本的《三字经》，其编制时间应该在1879 年前后。

明清时期西方汉学家对《三字经》的翻译、仿写和推广，使得这

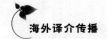

一中国传统儿童启蒙读本在传播过程中呈现出丰富化、多样化的特点，也反映了《三字经》在这一时期，尤其是晚清之后逐渐走向西方，走向世界的传播历程。而《三字经》在国内特殊人群中的传播，西方汉学家也发挥了一定的作用。

《格萨尔》史诗在海外的翻译与传播[*]

王 艳^{**}

《格萨尔》是迄今世界上篇幅最长、流传最广的活形态史诗，至今以口耳相承的方式在青藏高原上流传，被誉为"东方的荷马史诗""古代藏族社会的百科全书""民族精神标本的展览馆"。《格萨尔》是关于藏族古代英雄格萨尔（Gesar）神圣业绩的宏大叙事，史诗以韵散兼行的方式讲述了英雄格萨尔一生的神圣功业，以独特的串珠结构，将许多古老的神话、传说、故事、歌谣、谚语和谜语等口头文学，融汇为气势恢宏、内涵丰富的"超级故事"，经过一代代说唱艺人的不断创编和广泛传唱，形成了规模浩大的史诗演述传统。① 在文化研究领域，"旅行"隐喻着各种类型的转换和变迁，《格萨尔》史诗在海外的传播像是一次文本的旅行，如同爱德华·赛义德（Edward W. Said，1935—2003）提出的"理论旅行"（Traveling Theory）② 一

* 国家民委中青年英才计划（〔2018〕98 号）资助；国家社科基金西部项目"《格萨尔》史诗在多民族文化中的传播和影响研究"（项目编号：17XZW041）的阶段性成果。原载于《国际汉学》2020 年第 4 期。

** 王艳，西北民族大学新闻传播学院副教授、兼任西北民族大学文学遗产与文化认同研究所研究人员、中国文学人类学研究会理事，研究方向为中国少数民族文学、民俗学。

① 朝戈金、尹虎彬、巴莫曲布嫫：《中国史诗传统：文化多样性与民族精神的"博物馆"·代序》，《国际博物馆》（中文版）2010 年第 1 期。

② "理论旅行"是著名东方学家爱德华·赛义德提出的概念，他认为观念和理论从一种文化向另一种文化移动，从一种情境向另一种情境旅行，其情形是相当复杂的。我们应该弄清楚这些观念或理论从此时此地向彼时彼地的移动是加强了还是削弱了自身的力量，一定历史时期和民族文化的理论进入另一时期或环境会发生什么变化。参见 Edward W. Said，"'Traveling Theory' in the World"，*the Text and the Critic*，London：Faber and Faber，1984，pp. 226 –227。

样,《格萨尔》史诗穿越时空被翻译成多种文字在海外"旅行",从一个文本到另一个文本,从一种文化到另一种文化,每到一个国家都与当地的文学、文化相融合产生出新的文本,这不仅是文本的旅行,也是文化的旅行。

1716 年,北京木刻版(蒙语版)《格斯尔》的出版开启了史诗的"文本旅行"。《格萨尔》被翻译成蒙语、俄语、德语、法语、英语等多种文字在海外传播,三百年来一直是海外汉学界研究中国文化与文学的热点。在近几十年的研究中,以任乃强、刘立千、王沂暖、王兴先、降边嘉措、杨恩洪、角巴东主等人为核心的民族学家、藏学家倾向于《格萨尔》史诗的搜集、整理、翻译和出版,汉译本(包括科学本和文学本)、口述本成果累累。① 而以扎西东珠、王治国、李连荣、王景迁、弋睿仙等人为中心的翻译学家关注的是《格萨尔》史诗的翻译以及在英语世界的传播,从对《格萨尔》史诗域内域外的翻译梳理,学者提出了史诗传播的三条路线,即"欧洲汉学的域外关注、北美汉学的现代解读与中华大地的本土阐发"。② 以往学者的研究都以语言学、翻译学为切入点,重点关注民族文学典籍的民译、汉译和外译,探讨史诗翻译的标准、审美和规范等问题,忽视了《格萨尔》史诗作为一部"活形态"的文学文本,包含藏学、文学、人类学、历史学、诗学等多重意象。本文将拓深这一研究,将目光投向海

---

① 任乃强:《"藏三国"的初步介绍》,《边政公论》1944 年第 4—6 合期;刘立千:《格萨尔王传》,西藏人民出版社 1986 年版;王沂暖、华甲:《格萨尔王·贵德分章本》,甘肃人民出版社 1981 年版;王兴先:《格萨尔文库》,甘肃民族出版社 1996 年版;降边嘉措、吴伟:《格萨尔王全传》上、中、下,宝文堂书店 1987 年版;角巴东主:《格萨尔王传》,高等教育出版社 2011 年版;《〈格萨尔〉艺人桑珠说唱本丛书》(藏译汉本),西藏藏文古籍出版社 2010—2019 年版。国内关于《格萨尔》史诗的汉译、民译、外译、回译的文本很多,中国社会科学院出版的精选本、西藏社科院出版的说唱本、青海文联出版的精选本,以及 2018 年 10 月西北民族大学格萨尔研究院在上海古籍出版社出版的 30 册《格萨尔文库》都是近年来重要的研究成果。

② 扎西东珠、何罗哲、曼秀·仁青道吉等:《〈格萨尔〉文学翻译论》,人民出版社 2012 年版;王治国:《集体记忆的千年传唱:〈格萨尔〉翻译与传播研究》,民族出版社 2018 年版;李连荣:《国外学者对〈格萨尔〉的搜集与研究》,《西藏研究》2003 年第 3 期;于静、王景迁:《〈格萨尔〉史诗当代传播研究》,人民出版社 2015 年版。

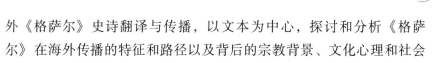

外《格萨尔》史诗翻译与传播，以文本为中心，探讨和分析《格萨尔》在海外传播的特征和路径以及背后的宗教背景、文化心理和社会土壤。

一　东方学派：信仰连接的文本

据目前所见的资料，国外对《格萨（斯）尔》的发掘、翻译和研究是从蒙语本入手的。[①] 1776 年，德国博物学家帕拉斯（P. S. Pallas，1741—1811）在圣彼得堡出版的《在俄国神奇的旅行》（*Reisen durch verchiedene Provinzen des russischen Reiches*）一书中，记载了西伯利亚买卖城的格斯尔汗庙。在《蒙古历史文献的收集》一书中首次向读者介绍了《格斯尔》，并对史诗的演述方式及祈祷经文做了相关论述。[②] 帕拉斯成为《格斯尔》史诗域外翻译的奠基者，他对《格斯尔》史诗的介绍是基于游记式的猎奇与描述，并非学术史意义上的探讨与研究，却拉开了西方世界研究东方史诗的帷幕。最初《格萨尔》为世人所关注是因为元明清以来，随着藏传佛教传入蒙古地区，藏族人民对民族英雄格萨尔王的崇拜与赞颂也逐渐植入蒙古人民的心里，与此同时，蒙古的统治者和贵族受到汉族儒释道的影响，对战神、保护神、武财神三神合一的关帝非常信仰。由此，出现了一种奇怪的宗教文化现象，在蒙藏地区称关帝庙为格斯尔庙，称关帝为格斯尔汗，即"格萨尔拉康即关帝庙，格萨尔即关云长"[③]。据史料记载，早在明崇祯三年（1630），有人根据一个青海

---

① 藏语《格萨尔》与蒙语《格斯尔》同源异流，藏族称为"格萨尔"，蒙古族称为"格斯尔"。《格萨尔》发源于藏区，传播到蒙古地区后才引起了国外的旅行家、传教士的关注，开启了《格萨尔》史诗的"文本旅行"，所以蒙译是《格萨尔》史诗最早的译介。据不完全统计，现已有蒙语、俄语、德语、法语、英语、印度语、拉丁语、土耳其语、列普夏语、西班牙语、日语等十几种语言文字的译本流传于世。

② 转引自［法］石泰安《西藏史诗和说唱艺人》，耿昇译，中国藏学出版社 2012 年版，第 24 页。

③ 加央平措：《关帝信仰与格萨尔崇拜：以藏传佛教为视域的文化现象解析》，社会科学文献出版社 2016 年版，第 2 页。

说书人的叙述，把部分《格萨尔》的内容译为蒙语版《英雄格斯尔可汗》。①《格萨尔》史诗随着藏传佛教的传播流传到蒙古地区，与当地的文化传统相结合形成了蒙古人的《格斯尔》。1716 年（清康熙五十五年），在康熙诏令印制的北京蒙语版中，其汉语简称《三国志》，"关帝戴上风靡藏区、独一无二的完美英雄——格萨尔的面具、以格萨尔的称谓流传至今"②。这种融合了汉、满、蒙、藏各民族宗教信仰的文化景观引起了俄罗斯学者、蒙古学者的关注，通过他们的译介，不同版本的《格萨尔》逐渐流传到西方，并引出对该作族属、宗教及体裁的讨论。

1839 年，俄国学者雅科夫·施密特（I. J. Schmidt，1779—1847）在俄国皇家科学院的资助下刊印了 1716 年北京木刻版（蒙语本）《格斯尔》，并翻译成德语，在圣彼得堡出版了德语版《功勋卓绝的圣者格斯尔王》（*Die Thaten Bogda Gesser Chan's*），全书共七章，对英雄诞生、赛马称王、降妖伏魔、地狱救母等故事均做了译述。此书是《格萨尔》在国外最早的译本，也是学术史意义上关于《格萨尔》最早的研究，欧洲东方学者通过这本书了解了这部史诗。1957 年，蒙古国著名文学家、翻译家、诗人策·达姆丁苏荣（Ts. Damdinsuren，1908—1986）在莫斯科出版了他的副博士学位论文，题为《格萨尔传的历史源流》，探讨了格萨尔的起源、身份与历史、民族归属、人民性，以及英雄主题特征等问题，批驳了格萨尔是关帝、成吉思汗、恺撒的错误论断。对这些重要问题的研究与回应，有效地廓清了认知的迷雾，并从学理的层面给予了解答，他对《格萨尔》史诗的相关研究代表着东方学派的最高水平。后来，他在《格斯尔的故事的三个特征》一书中对藏文本、布里亚特本、卫拉特本三种文本进行了对比研究，并从马克思主义观点出发，阐述了格斯尔故事

① 王恒涛、尕玛多吉：《"格萨尔"研究最早始于明代》，《光明日报》2014 年 1 月 30 日第 007 版。

② 加央平措：《关帝信仰与格萨尔崇拜：以藏传佛教为视域的文化现象解析》，社会科学文献出版社 2016 年版，第 44 页。

的人民性和历史性。①

对藏文本的译介研究晚于蒙古文本，俄国民俗学家波塔宁（G. N. Potanin，1835—1920）于 1876—1899 年先后 23 次到西藏、青海藏区探险考察，搜集藏文手抄本。1883 年，《漫谈西部蒙古》一书在圣彼得堡出版，书中叙述了格萨尔的故事，并错误地认为格萨尔王就是成吉思汗。1893 年，俄罗斯地理学会出版了他与妻子波塔宁娜合著的《中国唐古特——西藏地区与中部蒙古》，书中对蒙古文和藏文《格萨尔》做了简单的介绍。后来他们又发表了多篇论文探讨格萨尔王的族源，并与欧洲的史诗做对比，引起了外国学者的关注。② 1905 年，德国传教士弗兰克（A. H. Francke，1870—1930）在拉达克（藏西北地区）记录了用拉达克方言演述的《格萨尔》，出版了《格萨尔王传奇：一个下拉达克版本》（*A Lower Ladakhi Version of the Kesar Saga*），该书共七章，有藏文原文、英语摘要，还附有介绍文章。这个译本向国外学界展示了《格萨尔》史诗以活形态的方式广泛流行于藏区。③ 以苏联为核心的俄罗斯藏学是国际藏学的重要组成部分，自彼得一世（Peter I，1672—1725）时代起，俄罗斯就通过传教士、探险家搜集藏文典籍，形成了数量庞大的藏文文献储备，同时也涌现了一批优秀的学者和作品，如席夫内尔的《鞑靼的英雄史诗》（1859）、科津（S. A. Kozin）的《格萨尔王传——关于格萨尔王征战四方斩妖除魔的英雄传说》（1935）、尤·罗列赫的《格萨尔汗的宝剑》（1936）和《岭·格萨尔王史诗》（1942）、霍莫诺夫的《布里亚特英雄史诗〈格斯尔〉》（1976）。不丹王国也信仰藏传佛教，格萨尔王的故事一直在民间流传，20 世纪 60 年代在联合国教科文组织的支持下，由国家图书馆主持，不丹用藏文出版了 33 部《格萨尔》，印

---

① 策·达姆丁苏荣：《格斯尔的故事的三个特征》，白歌乐译，内蒙古人民出版社1958 年版。

② 张晓梅：《俄罗斯对藏文史籍的翻译及其藏学研究》，博士学位论文，中央民族大学，2012 年，第 100—101 页。

③ 扎西东珠、何罗哲、曼秀·仁青道吉等：《〈格萨尔〉文学翻译论》，人民出版社2012 年版，第 99 页。

度出版了 45 部，还专门邀请了著名藏学家石泰安（R. A. Stein，1911—1999）写导言，这是迄今为止国外规模最大的一次《格萨尔》出版工作。①

二 西欧学派：回到声音的文本

法国曾有两位著名的藏学家大卫·妮尔（Alexandra David-Néel，1868—1969）和石泰安，他们用生命在藏区行走和书写，对中国尤其是西藏充满着无限的热爱、崇敬和向往；他们的足迹遍布藏区，搜集整理了很多弥足珍贵的第一手材料；他们都精通藏语，能身临其境地听史诗艺人演唱，能深入藏文化内部展开田野调查和学术研究。在国际藏学界，他们代表着西方世界研究《格萨尔》史诗的最高水平，也正是因为他们的研究，使得《格萨尔》史诗为世人所知。

大卫·妮尔被称为"具有'黄种人心灵'的法国藏学家"②，曾在法国掀起了"大卫·妮尔热"③。她毕生致力于西藏及藏边社会的探险和研究，曾在藏区生活长达 23 年，以田野调查为基础，回到史诗演述的现场，在史诗演述的过程中记录、研究、翻译了当地广为流传的《格萨尔》史诗。大卫·妮尔在玉树探险考察时听到一名说唱艺人的演唱，请她的义子喇嘛庸登记录下来，后来又研究不同《格萨尔》版本和不同说唱艺人的表演，在《格萨尔》史诗各种不同版本的故事情节中做出选择，于 1931 年在巴黎出版了法语版《岭·格萨尔王的超人一生》（*The Superhuman Life of Gesar of Ling*）一书，1934

---

① 李连荣：《百年"格萨尔学"的发展历程》，《西北民族研究》2017 年第 3 期，第 73 页。

② 周永健：《大卫-妮尔：具有"黄种人心灵"的法国藏学家》，《中国民族报》2012 年 11 月 23 日第 007 版。

③ 大卫·妮尔是神话般的女藏学家，她的照片和事迹刊登在当时各大报刊，新闻媒体争相报道她，甚至连上层社会举办的沙龙也在议论她。1924 年，妮尔回到法国时受到女英雄一般的热烈欢迎，形成了一股"大卫·妮尔热"。

年该书被翻译成英语，2015 年被译为俄语在莫斯科出版。① 全书分为
14 个章节，讲述了格萨尔王英雄诞生、赛马称王、降妖伏魔、霍岭
大战、姜岭大战、门岭大战、返回天界的传奇故事。序言部分用 47
页来叙述她在藏区搜集整理这部史诗的过程，也谈了她对该史诗的认
识和评价，是西方学者对《格萨尔》史诗最早系统的研究之一。② 西
方世界通过这本章回体的编译本了解了《格萨尔》史诗，后来对
《格萨尔》史诗的翻译和研究也都是以此为底本的。

　　1959 年，法国著名藏学家石泰安的博士学位论文《西藏史诗和
说唱艺人》(*Recherches sur l'épopée et ie barde au Tibet*) 在法国出版，全
书洋洋洒洒 70 多万字，被奉为 "当代格萨尔史诗研究的高度概括总
结性著作……代表着当代有关这一内容研究的最高权威"③，它也成
为石泰安的成名之作，奠定了他在国际藏学界的泰斗地位。石泰安师
从法国著名汉学家葛兰言 (Marcel Granet，1884—1940)，能熟练地
应用藏、汉两种语言文字，从书中引述的冗长的多种语言文字著作目
录便可见一斑。他以极其精深详细的文献资料和深入细致的田野考察
为基础，旁征博引，对《格萨尔》史诗在世界范围内的研究现状、
起源和内容、历史演变及社会背景、绘本文本及口传本、有关的藏汉
文古籍文献及风物遗迹、说唱艺人、格萨尔王的英雄特征等内容做了
详细而精深的论述，无论是理论的深度还是涉猎的广度，至今都无人
能及。石泰安先后出版了《格萨尔生平的藏族画卷》(*L'epopee tibe-
taine de Gesar dans sa version lamaique de Ling*，1956)、《西藏的文明》
(*Tibetan Civilazation*，1962) 等著作，都涉及《格萨尔》史诗的研究。

　　德国著名蒙古学学者瓦尔特·海希西 (Walther Heissig，1913—
2005) 在 1940—1946 年多次深入内蒙古地区进行实地考察，收集了

---

① Alexandra David-Neel，*Lama Yongden*，*The Superhuman Life of Gesar of Ling. Foreword by Chogyam Trungpa*，translated with the Collaboration of Violet Sydney. Boston，London：Shambhala，1987.

② 耿昇：《法国女藏学家大卫·妮尔传》，《中国边疆史地研究》1991 年第 2 期。

③ ［法］石泰安：《西藏史诗和说唱艺人》，耿昇译，中国藏学出版社 2012 年版，第 6 页。

大量蒙古文手稿。他早期专注于蒙古文献资料和蒙古历史文化的研究，后来对蒙古文学产生了浓厚的兴趣，多次举办国际蒙古史诗学术研讨会，推动了《格斯尔》史诗的研究。1965 年，自西藏安多地区搜集《格萨尔》史诗返回德国的学者赫尔曼斯（M. Hermanns）出版了《西藏的民族史诗〈格萨尔〉》（*Tibetan National Epic of Gesar*）一书，特别对"霍岭大战"进行了探讨，依据西藏与突厥之间的战争历史，得出了史诗可能产生于公元前 5 世纪至公元 3 世纪的观点。① 1977 年，法国学者艾尔费（M. Helffer）从音乐学的角度切入，以"曲调""套曲""通用调"等，研究《格萨尔》史诗中"赛马称王"的诗辞和曲调内涵，在瑞士日内瓦出版了《藏族〈格萨尔·赛马篇〉歌曲研究》一书。② 2011 年，格雷戈里·福格斯（Gregory Forgues）博士以《格萨尔》史诗为研究对象，完成了他在维也纳大学的博士学位论文《格萨尔实践材料研究》（*Materials for the Study Gesar Practices*），论文以知识考古的方法系统梳理了《格萨尔》仪式的历史文献，翻译了部分格萨尔史诗中的唱词和曲调并对其语义进行了分析，把格萨尔仪式分为三个层次，探讨了《格萨尔》史诗从神话传说演变为精神信仰的文化和精神基础。③ 此外，胡默尔（Siegbert Hummel）、卢道夫·卡舍夫斯基（R. Kaschewsky）和白玛茨仁（Pema Tsering）等人也对《格萨尔》史诗的母题、内容、结构等进行了深入的探讨和研究，做出了卓越的贡献。④

三　北美学派：走向大众的文本

第二次世界大战后，随着北美汉学的崛起以及藏传佛教在北美的

① Siegbert Hummel, *Eurasian Mythology in the tibetan Epic of Gesar*, translated in English by Guido Vogliotti, New Delhi: The Library of Tibetan Works and Archives, 1998, pp. 82 – 85.

② ［法］艾尔费（M. Helffer）：《藏族〈格萨尔·赛马篇〉歌曲研究》，陈宗详、王建民、方浚川译，四川民族出版社 2004 年版，第 6 页。

③ Gregory Forgues, *Materials for the Study Gesar Practices*, University of Vienna, 2011.

④ 中国社会科学院少数民族文学研究所：《民族文学译丛》第 1 辑，中国社会科学院少数民族文学研究所编印（内部刊印）1983 年版。

传播，《格萨尔》史诗因兼具现代汉学与藏传佛教双重特质而被关注，研究中心从西欧转移至北美。1927 年，艾达·泽特林（Ida Zeit-lin）在纽约出版了最早的英语版本《格斯尔可汗：西藏的传说》（*Gessar Khan：A Legend of Tibet*），全书共九章，包括《格萨尔》史诗的主要故事情节。该书翻译的底本是施密特 1839 年德语本《功勋卓绝的圣者格斯尔王》，同时参考了本杰明·伯格曼（Benjamin Berg-mann）于卡尔梅克人中发现并翻译的部分《少年格斯尔》（Little Gesser）资料，是一个故事述译本。①

1991 年，华莱斯·扎拉（Walace Zara）的《格萨尔王的奇遇》（*Gesar！The Wondrous Adventures of King Gesar*）② 出版，此译本是上述《格斯尔可汗》的现代英语版，用现代英语重述了格萨尔王的故事，语言通俗流畅，适合当代读者阅读，受到普遍欢迎。1996 年，美国作家道格拉斯·潘尼克（Douglas J. Penick）应作曲家彼得·莱伯森（Peter Lieberson）的邀请，为其歌剧《格萨尔王》（*King Gesar*）撰写了一部歌剧本《格萨尔王战歌》（*The Warrior Song of King Gesar*）。作者介绍说："与《亚瑟王传奇》和荷马史诗《伊利亚特》的传统一样，这是一部史诗般的传奇故事，讲述的是藏族战神格萨尔王的传奇故事。"③ 潘尼克以大卫·妮尔 1981 年出版的《岭·格萨尔王的超人一生》英译本、艾达·泽特林 1927 年出版的《格斯尔可汗》的英译本为母本重述史诗，全书共八章，故事梗概与大卫·妮尔的版本如出一辙，讲述了从天界诞生、赛马称王、降妖伏魔、霍岭大战、姜岭大战、门岭之战到返回天界的传奇故事。④ 与以往不同的是，潘尼克写作此书的初衷是创作歌剧，目的是供舞台演出，他并没有拘泥于原文，而是在原文

① Ida Zeitlin, *Gessar Khan：A Legend of Tibet*, New York：George H. Doran Company, 1927, p. 5.

② Walace Zara, *Gesar！The Wondrous Adventures of King Gesar*, Illustrations by Julia Witwer, Berkeley California USA：Dharma Publishing, 1991.

③ Douglas J. Penick, *The Warrior Song of King Gesar*, Boston：Wisdom Publications, 1996.

④ Douglas J. Penick, *The Warrior Song of King Gesar*, Boston：Wisdom Publications, 1996, p. 139.

的基础上进行了二度创作，把史诗翻译成了歌剧化的散体诗歌。① 1995
年，罗宾·布鲁克斯·科恩曼（Robin Brooks Kornman，1947—2007）
博士完成了他的博士学位论文《"岭·格萨尔王传"佛教版本的比较
研究》（*A Comparative Study of Buddhist Version of the "Epic of Gesar of
Ling"*），他把《格萨尔》视为一部文学作品来探讨，全文分为六章，
通过西方亚里士多德式诗学的文学批评传统对《格萨尔》史诗和
《伊利亚特》做了比较研究。② 这是继石泰安之后，国外研究《格萨
尔》史诗最为重要的著作。

2009 年，中国著名作家阿来"重述神话"③ 之《格萨尔王》④ 出
版，同时被翻译成六种文字在二十余国同步出版。2013 年，伦敦坎
农格特出版社出版了《格萨尔王》的英译本 *The Song of King Gesar*，⑤
由美国著名汉学家、翻译家葛浩文先生（Howard Goldblatt）和夫人林
丽君（Sylvia Li-chun Lin）女士翻译。坎农格特的执行编辑诺拉·泊金
斯（Norah Perkins）称："阿来的神话开启了一扇通往西藏的窗户，这
片土地令全世界的人们心驰神往。"⑥ 阿来以小说的形式重写了这部
卷帙浩繁的史诗，尽管这种面向大众的重述饱受争议，英译本也存
在着内容删减、段落调整、文化现象浅化处理的情况⑦，但不可否认
的是，这是迄今为止流传最广、影响最大的《格萨尔》文本。

2011 年，罗宾·科恩曼（Robin Kornman）、喇嘛卓南（Lama

---

① 宋婷、王治国：《〈格萨尔〉史诗在北美的跨界传播——以 Douglas Penick 英译本为
例》，《西北民族大学学报》（哲学社会科学版）2015 年第 6 期。

② Robin Brooks Kornman, *A Comparative Study of Buddhist Version of the "Epic of Gesar of
Ling"*, Princeton：Princeton University，1995，p. 2.

③ "重述神话"是 2005 年由英国坎农格特出版社（Canongate Books）著名出版人杰
米·拜恩（Jamie Byng）发起的邀请世界各国著名作家进行基于神话题材的小说创作活动，
它不是对神话传统进行学术研究，也不是简单地改写和再现，而是根据自己的想象和风格
创作，并赋予神话新的意义。该项目涉及 25 个国家和地区，被称为"小诺贝尔丛书"。

④ 阿来：《格萨尔王》，重庆出版社 2009 年版。

⑤ Alai, *The Song of King Gesar*, Translated by Howard Goldblatt and Sylvia Li-chun Lin,
Edinburgh：Canongate Books Ltd.，2013.

⑥ http：//www. chinadaily. com. cn/zgrbjx/2011 - 10/28/content_ 13991474. htm，访问
日期：2011 年 10 月 28 日。

⑦ 弋睿仙：《葛浩文版〈格萨尔王〉英译本特点研究》，《民族翻译》2018 年第 3 期。

Chonam）和桑杰·卡卓（Sangye Khandro）合作翻译了《岭·格萨尔王》（1—3 部），英译本全名为 The Epic of Gesar of Ling：Gesar's Magical Birth，Early Years，and Coronation as King[1]，由香巴拉出版社（Shambhala Publications）在波士顿和伦敦同时出版，又于 2013 年和 2015 年再版。根据"前言"和"导言"的介绍，科恩曼等人的译本参照的是由德格林葱木刻本而来的印刷体文本，正文以部本（Volumes）的形式，涵盖了德格林葱三部木刻本的主要内容，与"天界卜箜""英雄诞生""赛马称王"的主要情节相对应。译者"源本对照、以诗译诗"，是迄今为止第一个，也是唯一一个直接从藏文文本翻译为英语的《格萨尔》史诗。还有一些学者如乔治·菲茨·赫伯特（George Fitz Herbert）一直关注格萨尔史诗的英雄母题、英雄形象，认为史诗母题的重构和人物形象的变化反映了丝绸之路上多重信仰的交叉影响。[2] 哈佛大学的卡伦·索恩伯（Karen L. Thornber）把《格萨尔》史诗纳入世界文学的图景，认为它是活形态的、无与伦比的文学作品。[3] 另外，值得一提的是，王国振等人翻译的《格萨尔王》（King Gesar）[4] 是在中华典籍走向世界的文化背景下产生的，促进了国内格萨尔学和海外汉学的对话、互动、互证。[5]

四　结语

《格萨尔》史诗以中国青藏高原为源头，东至云南、四川、青海、

---

[1]　Robin Kornman, Lama Chonam, Sangye Khandro, *The Epic of Gesar of Ling：Gesar's Magical Birth，Early Years，and Coronation as King*, Boston：Shambhala, 2013.

[2]　George Fitz Herbert, "Constitutional Mythologies and Entangled Cultures in the Tibeto-Mongolian Gesar Epic：The Motif of Gesar's Celestial Descent", *Journal of American Folklore*, Vol. 129, No. 513, Summer 2016, pp. 297 – 326.

[3]　Karen L. Thornber, "The Many Scripts of the Chinese Scriptworld, the Epic of King Gesar, and World Literature", *Journal of World Literature*, 2016, pp. 212 – 225.

[4]　降边嘉措、吴伟：《格萨尔王》（*King Gesar*），王国振、朱咏梅、汉佳译，五洲传播出版社 2009 年版。

[5]　王治国：《海外汉学视域下〈格萨尔〉史诗翻译》，《山东外语教学》2012 年第 3 期。

甘肃等地，南至阿富汗、巴基斯坦、印度、尼泊尔、不丹，西至吉尔吉斯斯坦、哈萨克斯坦，北至蒙古国及俄罗斯等国家和地区，形成了一个跨文化、跨族群、跨地域、跨语言的文学文本，成为跨国界流传的鸿篇巨制。① 在青藏高原上，每一寸土地都流传着格萨尔王的传奇故事，都浸润在《格萨尔》史诗中。在"藏学热"的推动下，《格萨尔》史诗的传播伴随着藏传佛教的东传和西渐，以及海外汉学中心的转移。在东方，《格萨尔》的"文本旅行"以藏传佛教信仰为基石，史诗流传到不丹、印度、尼泊尔、巴基斯坦及中国蒙古族聚居的地区后，很快被当地人民群众接受，并融入当地的文化传统，虔诚的人们传唱千年，不绝于耳。格萨尔说唱艺人至今活跃在民间，与当地民众的宗教信仰和游牧生活习俗密切相关，受藏传佛教、地缘环境和生活习惯的影响，共同的信仰、语言、习俗使《格萨尔》以文本和口传并行的方式一直流传在民间。在西欧，《格萨尔》史诗曾是藏学界研究的热点，法国有着一脉相承的藏学传统，早期的藏学家如伯希和（Paul Pelliot，1878—1945）、古伯察（Evariste Huc，1813—1860）、图齐（Giuseppe Tucci，1894—1984）等人都曾到过中国探险，出版了大量的藏学研究著作。法国著名藏学家石泰安和大卫·妮尔的事迹和著作影响了一代又一代藏学家，他们精通藏语，回到史诗演述的现场记录活形态的史诗，对《格萨尔》的研究和传播做出了巨大的贡献。在北美，《格萨尔》史诗被视为与源自古希腊文明的《荷马史诗》、印度文明的《摩诃婆罗多》和《罗摩衍那》、欧洲文明的《贝奥武夫》《罗兰之歌》一样并驾齐驱的人类文明的源泉。格萨尔王的英雄事迹与美国英雄主义精神相契合，《格萨尔》所体现的理想追求与美国精神世界的需求相一致，《格萨尔》史诗对自由思想的歌颂和寻找精神家园的渴望与美国人所追求的自由相契合。② 基督教文化的衰落给藏传佛教的传播让出了舞台，藏传佛教生死轮回的理论以及丰

① 王艳：《跨族群文化共存——〈格萨尔〉史诗的多民族传播和比较》，载《中外文化与文论》第35辑，四川大学出版社2017年版，第276页。

② 王治国：《北美藏学与〈格萨尔〉域外传播的语境解析》，《西藏研究》2016年第4期。

富的宗教文化内涵解答了他们萦绕已久的心头之谜。① 在美国经历了心灵的失落、人性的丧失、气候的变化以及突如其来的灾难之后，美国人比以往任何时候都更需要格萨尔王的慈悲、智慧和强大的能量，《格萨尔》史诗以小说、诗歌等现代文本形式走向大众，被赋予了深刻的文化内涵和精神寄托。

---

① 黄维忠：《佛光西渐——藏传佛教大趋势》，青海人民出版社 1997 年版，第 2 页。

古词译介与经典重构：美国
李清照词的翻译出版[*]

季淑凤[**]

　　李清照以其卓越的易安词博得中国古词史上的"词宗"地位，并于近代传入西方国家。在美国，李清照以其词的译本最多、译者最众、研究最盛与入选经典文学选集最勤而位居"最受美国社会重视与读者欢迎的'十大中国古代词人'之首"。李清照词在美国缘何备受青睐，又是如何译介传播，怎样出版发行，并最终重构了文学经典地位的呢？作为域外传播的成功个案，美国的李清照词翻译出版对于当前中国文化"走出去"战略的实施，有何启示意义？在翻译出版的视角下，笔者拟对此做一次系统的梳理与探讨。

一　阅读诉求与"易安"东来：
李清照词进入美国的原因

　　李清照词能够成功"登陆"美国，这与美国读者的文学阅读诉求密不可分。纵观百年美国李清照词的出版传播史，可以发现，美国的诗学传统、社会思潮以及词学研究是"易安"东来的主要原因。

　　20世纪初至今的美国诗学传统呼唤"婉约词宗"李清照进入美

　　* 本文为教育部人文社会科学研究青年基金项目"旅行与赋形：美国李清照词英译研究"（项目编号：12YJC740038）的阶段性成果。原载于《出版科学》2015年第6期。
　　** 季淑凤，淮北师范大学外国语学院副教授，主要从事翻译学与英语教学研究。

国诗歌创作与阅读的视野。20 世纪初，为了改变美国诗歌因袭过于浓重的英国"维多利亚诗风"而令读者失去诗歌阅读兴趣的状况，庞德（Pound）、洛威尔（Lowell）等"意象派"桂冠诗人发起了"新诗运动"（New Poetry Movement）。出于诗歌创作"标新立异"，或曰开创崭新美国"诗风"的需要，该运动的宗旨定为"学习、仿拟中国古典诗歌"，倡导"（美国诗坛）在今后的至少百年之内都将从中国古典诗歌中寻找动力，如同'文艺复兴运动'从希腊汲取原动力一样"。因此，引领一代词坛风尚，主张"词别是一家"的李清照契合了美国诗坛全新的诗学风尚。易安词口语化的叙述、细腻的情感抒发、清新的意境与音乐性的韵律均深刻地影响了数代美国诗人的诗歌创作。事实上，李清照词婉约柔美的词风与美国当代抒情诗歌有"异曲同工"之妙。美籍词学家孙康宜将其一语道破："易安词是音乐的文学样式，主抒情，重感性，工修辞，其'曲尽其妙'之境完全合乎美国抒情诗（Lyric）百转千回的诗风。"李清照词固有的文学艺术魅力吸引着广大美国诗歌读者，并使他们陶醉于阅读的愉悦之中。

第二次世界大战以后，美国女性主义社会思潮的勃兴促使女词人李清照与异域读者相遇。此次女性主义思潮以追求妇女平等、反抗性别歧视与压迫为特征，体现了美国战后女性为取得社会公平地位与性别认同而进行的不懈努力，赢得了广泛的社会理解与认可。美国人将这场社会文化运动演变为一次世界性的妇女解放革命，并从外国女性历史中寻求、发掘人类普遍存在的深层女性意识。李清照作为中国古代男权社会中罕见的才女，其词作中桀骜不驯而又率真执着的女性独立意识正是美国民众急欲通过文学阅读获得的精神支持。李清照独特的女性人格魅力及其词作中的女性觉醒，为其跨越太平洋，走进女权兴盛的美国搭建了桥梁。

当代美国汉学学术旨趣的词学指向又加速了李清照词"美国之旅"的进程。20 世纪 50 年代至今的美国是世界汉学的中心，大批美国本土与华裔汉学家将学术重心汇聚在词学研究中，使之成为一门显学。譬如，在美国缅因州召开的第一届"国际词学研讨会"（1990）上，关涉李清照词研究的论文多达 6 篇。迄今为止，美国汉学家从女

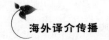

性主义、结构主义、比较文化等角度对李清照词进行了全方位的研究。对于美国词学研究者而言，李清照词的译介不可或缺，因为"无易安词翻译，则无李清照文学研究可言"。汉学家客观上推动了李清照词在美国的传播。

由此可见，文化对外译介须有"受众意识"，首要任务是明确外国读者的阅读诉求。"在文化交流中，首先有一个读者到底喜欢不喜欢、需要不需要的问题。"在中国文化图书对外翻译出版之前，要充分调查研究境外读者群体，正确分析、预见他们的阅读习惯、接受心态及文化传统。李清照成功进入美国读者视野，正因其适应了后者的文学阅读心理，即诗人读者、大众读者与学术读者阅读李清照词的求知、求异及文化体认心理，满足了他们的阅读"期待视野"。因此，李清照词找到了她最热心的美国读者。质而言之，译文读者的阅读诉求是一切翻译出版活动的动力与旨归，也决定了翻译出版的选材。否则，中国单方面地将自己认为优秀的文化典籍"送出去"，无疑是盲目的"一厢情愿"，即使在域外翻译出版并进入图书市场，也无法赢得广泛的读者群，更无法真正实现文化"走进去"，达不到理想的文化传播效果。

二 译者群体与古词译介：李清照词在美国的翻译

译者群体的文化身份与翻译策略关系李清照词在美国的有效传播，因为中国文学典籍的"海外翻译与出版发行是一种极为复杂多变的跨文化行为"。在跨文化的翻译活动中，译者群体不仅要扮演"信使"的角色，完成文学文本的语言转换工作，更要作为"使节"在两种不同的文化之间斡旋，进行跨文化的协商。译者能否成为跨文化间的"摆渡者"，其决定性因素即译者群体的核心议题是谁来翻译，如何翻译。

据笔者统计，美国李清照词翻译出版的译者群体主要来自美国、中国、英国、加拿大，见表1。

表1	美国李清照词翻译出版的译者群体情况				
美国		中国		英国	加拿大
本土	华裔	大陆	台湾		
1	10	4	1	1	1

在美国翻译出版李清照词的翻译家共有 28 人。美国译者占主流，共计21 人，占75%。其中，美国本土译者与华裔译者各占二分之一。本土译者中既有雷克斯罗斯（Rexroth）、托尼·巴恩斯通（Tony Barnstone）、大卫·辛顿（David Hinton）等当代著名诗人，又有伯顿·沃森（Burton Watson）、宇文所安（Stephen Owen）、朱莉·兰多（Julie Landau）等国际知名汉学家；华裔译者中既有欧阳桢、许芥昱、罗郁正等权威中国文学研究者，又有方秀洁、余宝琳、许芥昱等北美词学名家。中国译者地缘分布均匀，大陆有学者型文学翻译家谢婉莹（冰心）、王椒升，以及诗人翻译家钟玲、何赵婉贞，台湾地区有美国文学教授、诗人胡品清。另外，英国汉学家、翻译家约翰·闵福德（John Minford）、加拿大华裔词学家叶嘉莹也有李清照词的译作在美国翻译出版。出于不同文化身份的考量，译者群体采取的李清照词翻译策略亦呈现出差异性。身为汉学家、词学家、大学教授的译者采取较为忠实的异化翻译策略，而身为诗人的译者倾向于较为注重创意的归化翻译策略，前者是"学术翻译"，后者是"创意翻译"。

值得注意的是，近一半的美国译者是华裔汉学家、词学家。他们浸淫于美国文化，却同时延续了中国文化的"血脉"并致力于中国文学研究。"离散"文化背景赋予了他们传播"民族根性"文学的历史使命——以母语英语译介作为"精神母体"的中国文学。他们译介的李清照词比美国汉学界的本土学者更易于保存"易安词"的艺术特征。例如，汉学翻译家许芥昱英译的《临江仙》便是典型的"学术英译"，其上阕译为：

Deep, deep the courtyard——how deep!

Cloudy windows and misty bowers are always closed.

...

As spring returns to the trees of Nanking,

In that ancient metropolis, people are growing old.

在许芥昱异化翻译策略主导下，原词词意以及文学特色得以忠实传递。许芥昱近乎"字对字"（word-for-word）的英译，如首句"庭院（Courtyard）深（Deep）深（Deep）深（Deep）几许（How）云（Cloudy）窗（Windows）雾（Misty）阁（Bowers）常（Always）扃（Closed）"，尽力保存原词句法特征的同时，却能按照当代英语语法规则进行整合，调整译文词序，辅以必要的系动词，使之成为以地道英语阐释的古词，消弭了不谙汉语的美国读者的阅读障碍。原词三个叠词"深、深、深"（Deep）亦被忠实地译出，还原了李清照善用叠词复韵增强意境与音乐性的艺术特质。"春归秣陵树，人老建康城"含有典故性历史信息，"秣陵"与"建康"均指秦代与三国、南朝时期的南京，译者以英语世界广为接受的威妥玛拼法，首先直接音译为"Nan King"，继而泛指为"那座古都"（that ancient metropolis），减少了直译加冗长注释而破坏译文再现原词整体艺术性的危险。

与以中国古典文学、词学研究为目的而进行的学术翻译不同，美国诗人翻译家中流行着创意翻译中国诗歌的传统，将诗歌创作的天赋融入翻译，体现了译者的诗学文化观念与创作取向。譬如，雷克斯罗斯与钟玲均为当代颇具女性意识的著名诗人，在创意翻译的归化策略视域中，雷、钟合译的李清照词体现出西方女性意蕴，被赋予了美国女性主义解读的元素，正如《行香子·七夕》下阕的译文：

Once a year the Cowboy and Weaving Girl meet. Imagine the year-long bitterness of their parting. Now suddenly in the mist of their love-making The wind blows first clear and then rain.

两位诗人译者笔下的闺怨词作被改写为色情诗歌。"牛郎织女，莫是离中"是女词人状写夫妻分别、相见不易的经历，而雷、钟增译为"一年的分别之苦，相会于性爱"（Love-Making），并以中国古代神话"（巫山）云雨"（Mist Rain）中男欢女爱的隐喻加以衬托。两位诗人译者的"爱情—情欲—性爱"诗歌翻译模式正体现了他们力图借助译介而彰显的女性意识，希冀着男女性爱平等的女性解放与自然回归。这种"改写"的译文如英诗一般通顺优美。

美国李清照词译者的文化身份及衍生的翻译策略对于中国文化"走出去"的启示意义主要为以下两点。

一方面，多元文化身份的译者群体共同译介"走向世界"的中国文化。仅仅依靠单一文化背景的中国译者或者外国译者均无法将中国文化成功译介出去，因为不同的域外读者群体有不同的阅读期待。只有多元文化身份的译者群体构成一股合力，根据不同译介服务对象，采取不同的翻译策略，才能最大限度地满足不同领域读者的阅读需求。异化的学术翻译与归化的创意翻译不是矛盾对立面，其本质是"'文化异化、语言归化'的辩证统一体，两者适度融合的翻译策略更有利于推动中国文化走向世界"。所以，中国文化"走出去"的推介队伍不但要吸收外国身兼汉学家、诗人、评论家等职的译者，更要拓宽中国大陆、港澳台地区学者型译者的国际视野，寻求不同知识背景的中外译者合作翻译的模式。主编文化外译杂志《译丛》21年的香港学者孔慧怡颇有感触地认为，"合译是传播中国文化的有效方式，对译作在目的语国家的立足有突破性影响"。事实证明，雷克斯罗斯与钟玲、巴恩斯通与周萍的李清照合译本的影响力一直位居前列。

另一方面，中国文化多种海外翻译版本应该"和而不同"。面对同一部原著，不同译者发挥主体性，翻译策略相异，产生的译本则不尽相同。翻译批评也不应再坚持"对与错"二元对立的标准，而应呈现出多元化。李清照词的美国译文（本）多达数十种，在图书市场并行不悖，分别拥有不同的读者，各自积极地发挥着文化传播作用，共同构成了一种和谐共生的译作存在生态。以往，创意翻译的李清照词倍受注重"原文—译文"校勘的汉学界所诟病。具有悖论意味的是，当前的美国汉学家"反而把这些创意翻译版本视为优美的英文诗歌加以评析，施以'背书'，协助其成为经典"。

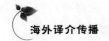

三　编辑出版与经典重构：李清照词在美国的传播

李清照词英译版本在美国的编辑出版主要有两条路径：一是中国古典诗歌译集与论著中的若干李清照词作选译；二是词人词作的英译选集与全集。主要出版信息统计见表2，以便洞察其编辑出版的三个显著特点。

表2　　　　　　　　　李清照词在美国的翻译出版情况

出版路径	译著名称	译者	年份（年）	出版来源	数量（首）
李词选译译著	《论李清照词》	许芥昱	1962	美国语协会刊	17
	《圣朝汉诗150首》	克沃科	1980	北点出版社	21
	《春外集：宋词》	朱莉·兰多	1994	哥伦比亚大学出版社	15
	《女性汉诗选集》	欧阳桢	1999	斯坦福大学出版社	22
李词英译选集全集	《论易安词的编译》	谢婉莹	1926	威尔斯利学院出版社	25
	《李清照生平与词》	何赵婉贞	1965	西东大学出版社	43
	《李清照评传》	胡品清	1966	特怀恩出版社	54
	《李清照诗词全集》	雷克思罗斯，钟玲	1979	新方向出版社	50
	《梅花：李清照词集》	詹姆斯·克莱尔	1984	卡罗莱纳·瑞恩出版社	55
	《李清照词译集》	王椒升	1989	宾夕法尼亚大学出版社	55
	《黄花瘦：李清照传》	魏娇	2010	姜邮出版公司	28

第一，李清照的文学研究与词作译介相结合，论中有译，著译结合，相得益彰。这种译作编辑形式将译者的研究成果与翻译实践融合起来，有利于美国读者对李清照传奇身世的了解，便于对其词的深刻

认读。即使在名为李清照"词集""词选"的译本中，译者均附有长篇题跋性解说，将李清照词的艺术特色及词学见解告知读者，提高了读者的阅读效果，也"以此为重要纽带，将作者、译者、出版商和读者紧密地联系起来"。

第二，李清照词译著的编撰突破常规，新颖而富有中国情趣，对美国读者具有极大吸引力。雷克斯罗斯、詹姆斯·克莱尔（James Cryer）等译者也是编辑出版名家，亲自参与李清照词翻译图书的编辑出版工作。按照雷克斯罗斯的意见，《李清照诗词全集》的目录编辑并非传统的"编年体"，而是根据词作的主题编为"芳华""闺怨""离乡""悼夫""政治""玄秘"与"余生"七个篇章。该书的书封设计与装帧具有强大的"推销力"。封面印有李清照的仕女图，边侧印有书法家储旷福（音）的行书"帘卷西风、人比黄花瘦"，渲染了中国文化色彩；封底则是对词坛宗主李清照及译者成就的简述。克莱尔将李清照词中最常见的"梅花"意象作为书名，又将李清照词的6幅汉字书法作品、16帧中国画编入其中，相映成趣，中国文化气息浓郁。

第三，美国出版李清照词的重镇，是具备中国文学研究传统的高校出版社与重视中国文化的商业出版社。李清照词的文学价值及影响成为这些出版机构进行学术探索与文化传播的重心。

在出版发行领域，某位作家的作品是否入选权威文学选集，是检验其文学经典地位最直接有效的方法。作为文学翻译的李清照词美国译文（本）更不例外。文学翻译能否成为经典之作，上升为翻译文学，依赖于编译对象文本"处于不同地理文化语境中仍能保持活力的两个'法宝'：容纳性与开放性。穿越时空，翻译文本仍能容纳多种阐释，即有成为经典的可能"。而李清照词在美国翻译出版的不同版本正具备了这种"容纳性"与"开放性"。那么，她是否成功入选权威文学选集而在异国重构了经典地位呢？笔者以表3的统计数据做出了说明。

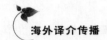

表3　　　　　　　　李清照词在美国入选权威文学选集情况

文学选集名称	年份（年）	主编	译者	数量（首）
	1975	柳无忌	欧阳桢	13
	1994	梅维恒	王椒升	10
	1965	白芝	克沃科、许芥昱	8
	2006	杰罗姆·西顿	克莱尔	7
	1995	宇文所安		4
	1984	伯顿·沃森		4

上述 6 部文学选集的出版时间始于 20 世纪 60 年代，讫于 21 世纪初，分别是当代美国每个年代中的权威之作。除了柳无忌是华裔汉学家之外，其他 5 位文学选集主编均为美国汉学界本土名宿。他们的中国文学选集编撰基本不曾受到中国学界的影响，而是另有遴选规则。多数情况下，他们的遴选标准与中国国内学界迥然不同。这也反证了李清照词得以入选 6 部权威文学选集，主要是美国地域的文学审美标准使然。《葵晔集：三千年中国诗歌选集》一俟印行即被美国各大高校选作中国文学的经典教材，首版销量超过 17000 册，并于 1976 年、1983 年、1990 年、1998 年再版，在美国的影响力至今未被超越。梅维恒（Victor H. Mair）的《哥伦比亚中国古典文学选集》是著名的"亚洲经典译丛"丛书之一，该集以 400 余篇译文勾勒出中国古典文学的概貌，李清照词以王椒升的 10 首译文位居中国古代作家之首。西里尔·白芝（Cyril Birch）的《中国文学选集》是首部录入宋词的美国文学选集，分别选入克沃科及许芥昱的李清照词译文 5 首和 3 首。该集以其精湛的编译与严谨的论述而受到美国"亚洲协会"的赞助，列入联合国教科文组织的"中国文学译丛"丛书，确立了它在美国学界及文学教育界的权威性与指导性。因学术背景近似的缘故，杰罗姆·西顿（Jerome P. Seaton）编撰的《香巴拉中国诗歌选集》收录了克莱尔英译的 7 首李清照词，于 4 位中国词人之中数量最多。宇文所安以一人之力编辑、翻译了《诺顿中国文学选集》，含 4 首李清照词，是著名的"诺顿文学选集"丛书之一，该选集不仅是

美国高校中国文学的指定书目，更是汉学界的权威选本，被公认为"是一部具有里程碑意义的英译中国古典文学选集"。此外，伯顿·沃森编译的《哥伦比亚中国诗歌选集》含有编者自译的李清照词 4 首，该集以史料翔实与译文优美著称，是 20 世纪中国诗歌英译文本的典范。

李清照词在美国的编辑出版与经典重构之路对于中国文化对外翻译出版有何启迪意义？首先，重视美国高校出版社与垂青中国文化的出版机构的作用。美国若干高校具有汉学学脉，其附属出版社侧重中国文化精品的编辑出版，以推动汉学研究成果的流传，实现高校出版社坚守的"学术乃天下之公器"的宗旨。此外在美国商业出版社中也不乏中国文化的倾慕者，如新方向出版社（New Directions Press）、姜邮出版社（Ginger Post Press）、香巴拉出版社（Shambhala Press）等全美闻名的出版社，它们的重点出版选题集中于中国文化，尤其聚焦于文学与哲学典籍。毋庸置疑，这两类出版机构均将中国文化的"内核"作为图书出版"引进来"的重要内容，这正是中国文化图书"走出去"的理想域外出版方式，对"中国文化在世界中的地位、影响力及正面形象塑造都有重要意义"。这也为中国出版社寻求海外联合出版提供了契机。例如，录有 8 首李清照词译文的《汉诗金库》与《汉诗银库》由香港中文大学出版社与美国独特的"袖珍出版发行公司"共同出版刊行，后者致力于促进图书与读者的快速直接阅读，提高了文化图书的传播速度与效率。

其次，关注译评、纳入丛书等助推中国文化域外经典化的关键因素。来自目的语国家权威图书评价机构与评论家、翻译家、汉学家对中国文化译本的积极评价，主导着异域文化中与译作相关的舆论，影响甚至决定了读者的阅读理解与价值评断，并最终确定了译作的接受度与流布度。李清照词在美国的译本一经出版，便引起读书界的广泛关注与评论。"以中国文学研究作为办刊核心内容的权威英文期刊"的美国老牌学术杂志《中国文学》《当代世界文学》集中刊登了汉学家荣芝英，文学评论家斯图亚特·沙金特（Stuart Sargent）、彼得·金（Peter Dragin）、鲍尔·卓斯曼（Paul Dresman），中国文学教授朱

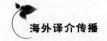

迪·李（Jude Lee）关于雷克斯罗斯、克莱尔与王椒升等李清照词译本的译评。在刊物与评论者双重资深学术声望的作用下，译评"激发了读者的阅读热情，激活了译作（李清照词）在美国的生命"，客观上提高了李清照词在美国读书界的影响。中国文化能够进入经典文学选集，也得益于译本列入经典系列丛书梓行。编辑出版一套译作丛书的导向性促进了其经典地位的生成。胡品清的《李清照评传》属于美国"特怀恩世界名家丛书"，这套学术性强、影响力大的丛书的出版初衷即将李清照作为中国古典文学的代表者与其他国别的文学名家一道介绍给美国读者。

四　结语

美国的李清照词翻译出版模式是中国文化"走出去"的一个成功个案。在其烛照下，可以洞见美国读者的李清照词阅读诉求，对中国文化外译的选材具有指导意义；李清照词译者群体的文化身份及翻译策略，启发着中国文化外译译者队伍的多元化构成与介于归化、异化之间的杂糅翻译策略；李清照词在美国的编辑出版与经典化再生之路，深刻地投射出中国文化图书海外出版机构的针对性选择策略，以及国际译评、大型系列丛书发行对于中国文化的积极推动作用。

李白诗歌英译传播中华文化[*]

吕文澎^{**}　陈　蕾^{***}

在唐诗璀璨的星河中，李白的诗歌（以下简称"李诗"）是一颗光彩夺目的明珠，不仅中国文人与读者痴迷其中，许多国外学者亦对其怀有极高的研究兴趣。李诗英译有 200 余年的历史，大部分为选译本，鲜见全译本；在译诗技法上，散体居多，诗体较少。不同译者群体的译文各有千秋，他们在文化"交游"中，为李诗在西方的传播与接受找到了不同的突破口。

一　李诗英译的三个阶段

虽然有关诗歌可译性的争论一直存在，但是翻译诗歌的努力从未间断。自 18 世纪中叶开始，李诗英译活动赓续不断，延续至今。通过对中外译本的系统爬梳，笔者将李诗英译史划分为三个阶段。

第一阶段为 20 世纪初期之前，是李诗英译的早期阶段。16 世纪末，随着传教士来华，中外文化的碰撞催生了较多的汉诗英译作品。

　＊ 本文系国家社科基金重点项目"李白诗歌全集英译及译本对比研究"（项目编号：17AZD040）、2020 年甘肃省高等院校外语教师发展研究项目"网络实践共同体对甘肃省高校英语教师科研领导力发展的影响研究"的阶段性成果。原载于《中国社会科学报》2022年 3 月 14 日第 2366 期。

　＊＊ 吕文澎，西北师范大学外国语学院副教授，研究方向为应用语言学、翻译学、英语语言文学。

　＊＊＊ 陈　蕾，西北师范大学外国语学院副教授，研究方向为二语习得、英语教师培养、多元文化教育。

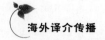

中国学者王丽娜认为，最早将李诗译为英语的是英国政治家、诗人索姆·詹尼斯（Soame Jenyns）。之后，又有德庇时（John Francis Davis）、理雅各（James J. Legge）、罗伯特·道格拉斯（Robert Douglas）、赫伯特·艾伦·翟理斯（Herbert Allen Giles）等英国传教士、外交官和汉学家尝试翻译李诗。德庇时曾译《赠汪伦》和《晓晴》。道格拉斯曾译《登金陵凤凰台》，并将译作发表在其所著的《中国》（China）一书中，书中附有原诗的拼音，供外国读者吟诵。

这一时期，李诗英译者多为英国人。译者未将李诗作为一个独立对象来研究，而是将其作为中国文化典籍或唐代文学的一部分，所译李诗数量不多，研究深度不足。译者受中西方文化差异影响，常出现误读现象，存在对诗歌本义的理解偏差。大部分译者受西方诗歌创作趋势影响，采用了散体形式翻译，译文难以再现原诗的音韵美。

第二阶段为20世纪前半叶，这一时期，李诗翻译进入了一个新的层次，逐渐形成了一些翻译准则。彼时，美国开始在世界舞台上扮演新的角色，在政治、经济和文化方面日趋活跃，也出现了一些代表性李诗译者。包括美国诗人埃兹拉·庞德（Ezra Pound）、艾米·洛威尔（Amy Lowell）、威特·宾纳（Witter Bynner）等。此外，英国汉学家阿瑟·威利（Arthur Waley）和日本翻译家小畑薰良等人的贡献也不容忽视。

庞德是当时以自由体英译中国诗歌的代表，是中国古诗走入美国诗坛的引领者之一。其译著《华夏集》（Cathay）和《五年间》（Lustra）分别收录了7首和12首李诗。他突破了格律的束缚，以传达原作的意境为重，使得其译文受到西方读者的喜爱。当时，深受西方学术界好评的还有宾纳等人合译的《群玉山头：唐诗三百首》（The Jade Mountain：a Chinese Anthology, Being Three Hundred Poems of the T'ang Dynasty）。该书收录了27首李诗，同样采用了散体意译法。威利的译著中涉及李诗的有《汉诗选译》（More Translations from the Chinese）和《汉诗选译170首》（A Hundred and Seventy Chinese Poems）。他还在刊载于伦敦版《亚洲季刊评论》的《诗人李白》（The Poet Li Po）一文中列举了23首李诗译文。日本学者小畑薰良在美留学期间出版了英文本《李白诗集》(*The Works of Li Po, the Chinese Poet*)。他同庞德一样,采用散体意译方式,不拘泥于形式和韵律,其译文旨在向读者传达原诗中所含的思想感情。《李白诗集》在欧美数度再版,至今依然吸引和影响着无数读者。

这一时期,李诗美国译者的译作在数量和质量上都开始超越其英国同行,译者群体从传教士、外交官发展到专业译者、诗人等,其成因或在于美国蓬勃开展的新诗运动。该运动在高潮时曾以中国古诗为武器,试图摆脱英国诗歌传统的束缚。

第三阶段为20世纪中后期,这一阶段特别是20世纪末以来,国内译者开始在汉诗英译上发力,不仅涌现出大量译者,而且产生了传播效果上乘的译本,为西方读者了解中国古典诗歌做出了巨大贡献。代表性译者有翁显良、许渊冲等。翁显良主张用自由体表达中国诗歌所蕴藏的意象。翁显良在其所著专集《古诗英译》(含李诗)中,将汉诗英译的理论运用于实践,选译的诗歌时间跨度大、种类多,是一本富有特色的汉诗英译佳作。许渊冲认为汉诗英译,既要工整押韵,又要境界全出,力求完美。他致力于把唐诗、宋词等译为英语韵文,提出"三美"理论,并将其运用于翻译实践,尤其是诗歌翻译。

近年来,越来越多的中国译者参与李诗英译,通过译本努力向西方读者介绍李诗,其贡献不仅在于翻译实践,还在于翻译理论。2020年10月,上海大学外国语学院教授赵彦春译著的《李白诗歌全集英译》由上海大学出版社出版。该书收录李白存世诗歌1052首,共8卷。在书中,赵彦春以其创立的翻译学归结论为基础,向读者和其他译者展示了关联参数在翻译过程中的具体运用及效果,为读者整体分析评价译作提供了指标框架。

二 诗体散体各不同

总体而言,国外李诗译本以散体、选译为主,国内李诗译本以诗体、选译为主。在诗歌翻译中一直存在诗体与散体之争,争论的焦点在于译文中是否应保留原诗的韵律。以译者行为批评理论考察可知,诗体译者偏向于语言人，彰显了语言性；散体译者偏向于社会人，其社会性更为突出；两类译者彼此相连，只是侧重不同。扬州大学外国语学院教授周领顺认为，译者对原文的定位、译者对读者的定位（包括译入与译出）、译者对自己的定位，乃至译者对译文的定位都直接影响译文的走势，几个"定位"之间彼此关联。这些都是出于务实的需要，所以，也会有相应务实的态度与手段，即使对偏于"求真"的文学型文本而言，同样要保持较大的自由度。

前文提到的部分译者将李诗译为散体，甚至有译者将散体译为诗体。原因或在于文学型文本通俗化程度较高，故而译者介入的成分也就较多。对于译者而言，为了求取最佳语境效果甚至市场效果而部分偏离"忠实"是常见现象，这是从动态的人本视角看待问题。

纵观李诗英译史，笔者认为，虽译者众多，译本纷呈，但也存在不足与问题。第一，在选诗数量上，绝大部分译本所涵盖的李诗篇目有限，且重译、复译现象明显。第二，在译诗质量上，由于译者身份、译诗目的、译诗理念等不尽相同，现有译诗在质量上参差不齐。第三，在译诗技法上，诗体/韵体/格律体、散体/自由体均有所见，译界未就其译法达成共识，以至译者们各行其是，创造出随心所欲乃至良莠不齐的译本。

根据李诗英译者的身份特点，可将其分为传教士或外交官、汉学家或英美学者、诗人和华人学者四类群体，其译文各有千秋。传教士或外交官群体译诗时常将汉诗格律进行本土归化，汉学家或英美学者群体侧重李诗意义和精神的再现，诗人群体偏重译诗的审美追求，华人学者则更多关注李诗对中华文化元素的传达。以上国内外译者在文化"交游"（社会交往）中，为李诗在英语国家的传播与接受找到了不同的突破口，使诗仙远游，诗魂传播。通过中外译者的不断追求与努力，外国读者对李白及其诗歌有了更多的认识，同时，李诗对于世界文化的影响也越来越大。这对于中华优秀传统文化的国际传播产生了积极而深远的影响。李诗英译不仅可以助力中国古典文学的广泛传播和研究，而且在一定程度上丰富了英语文学，促进了中西方文化交融与文明互鉴。

中国海洋典籍的译介与传播[*]

岳　峰^{**}　陈泽予^{***}

岳　峰^{**}　陈泽予^{***}

　　与国学典籍的海外传播相比，我们还没有系统的海洋经典的域外输出。但据林广云、王赟与邵小森等学者的调研数据显示：有 28 个国家、2097 家图书馆馆藏《山海经》，31 个国家、1756 家图书馆馆藏《大唐西域记》，33 个国家、2161 家图书馆馆藏《佛国记》。这三本地理学科著作现在都归为海洋典籍，显然中国海洋典籍在海外有传播基础。我们可以粗略地对比大中华文库四大名著译本的情况，根据吕剑兰的调查，收藏《三国演义》《红楼梦》《西游记》《水浒传》英译本的美国图书馆数量分别仅为 76 家、70 家、68 家、64 家。可见，我们有传播中国海洋故事的文化资源。

　　传统学术并没有针对海洋典籍的定义，现在相关论述多把有一定内容涉及海洋的典籍定义为海洋典籍，被归为此类的文献以地理学著作与游记居多，没有相关海洋的专论。我们以法国人高第的《中国学书目》、袁同礼的《西文汉学书目》与王尔敏的《中国文献西译书目》，以及哈佛大学燕京图书馆 1976 年影印本、美国国会图书馆的检索为主，大致可探析中国相关海洋典籍文献国际传播的状况。

　　《楚辞》已有英语、法语、德语、意大利语、俄语、罗马尼亚语、

---

　　* 本文系福建省社科基金重大项目"中国共产党百年奋斗的宝贵经验研究"（项目编号：FJ2021Z040）的阶段性成果。原载于《中国社会科学报》2022 年 3 月 4 日第 2360 期。

　　** 岳峰，福建师范大学外国语学院翻译系教授，博士生导师，研究方向为翻译学。

　　*** 陈泽予，福建师范大学外国语学院研究生。

土耳其语等译文,在《天问》与《远游》中有相关海洋文化的内容。《山海经》是中国古代典籍中讲海洋最多的著作。其节译本在1888年便有出现,全译本有三本。西方神话研究学者常常以《山海经》为蓝本,引经据典。《山海经》在不同国家流行的原因不同。在日本被其民众所追捧是因为契合日本的鬼怪文化,基于《山海经》,日本文化中产生了标志性的鬼怪形象。翻译过《山海经》这一系列的译者有英国汉学家翟林奈、法国汉学家康德谟、德国汉学家古恩赤、日本汉学家泽田瑞穗等;研究并出版专著的译者有英国汉学家倭纳、美国汉学家康儒博、日本的康井福顺与宫泽正顺等。

魏晋南北朝时期,张华的《博物志》分类记载了山川地理、飞禽走兽、人物传记、神话古史、神仙方术等方面内容。《博物志》实为继《山海经》后的又一部包罗万象的奇书,填补了中国自古无博物类书籍的空白。法籍华人张馥蕊曾将其翻译成法语。《法显传》又名《历游天竺记》《昔道人法显从长安行西至天竺传》《释法显行传》《历游天竺记传》《佛国记》等,这部书是研究中国与印度、巴基斯坦等国的交通和历史的重要史料。1816年,德国人克拉普罗特在中国得到此书,并带回欧洲。1836年,法国汉学家佩尔·阿贝尔·雷穆萨就此出版了法译本《法显:佛国记》,此书开始流传于欧洲。随后,英国人比尔、翟理斯、理雅各均有英译本出版;1923年,翟理斯又出版了新译本。英文全译本先后出现过七部。对于《佛国记》的相关研究,有苏联学者奥西波夫于1948年出版的《十世纪前印度简史》,日本学者足立喜六的《法显传考证》,印度史学家恩·克·辛哈、阿·克·班纳吉的《印度通史》,巴基斯坦学者M.卡比尔的《巴基斯坦简史》,斯里兰卡史学家尼古拉斯、帕拉纳维达纳的《锡兰简明史》,印度尼西亚学者萨努西·巴尼的《印度尼西亚史》,等等。第一个翻译《佛国记》的中国译者是李荣熙,于1957年出版了英译本。北魏郦道元的《水经注》,据文献记录海外版本多达33种。

隋唐五代时期的《大唐西域记》,曾在日本流行,在法会上日本僧人会吟诵,讲授,引用此书。1857年该书有了法译本,1884年有了英译本。1912 年、1936 年、1942 年、1972 年，日本均有关于此书的有分量的研究专著或译著出现。1961 年，"大唐西域记研究会"在龙谷大学成立。义净的《大唐西域求法高僧传》在 1894 年由法国学者沙畹在巴黎出版法译本，书中有沙畹自己的注解，这是该书目前所见最早的西文译本。此外，该书还有俄语、英语与日语的译本。英国学者比尔、杜特分别于 1911 年和 1962 年节译了该书，1986 年，印度学者拉蒂卡·拉希里全译了此书。在东亚，日本学者于 1940 年、1942 年翻译了该书，印度尼西亚语的《大唐西域求法高僧传》是英译本的转译本。2018 年，美国夏威夷大学学者 Tasen Sen 的译著详细介绍了书中的部分内容。

两宋时期，赵汝适的《诸蕃志》上卷记海外诸国的风土人情，下卷记海外诸国物产资源，是研究宋代海外交通的重要文献。《诸蕃志》记载了东自日本，西至东非索马里、北非摩洛哥及地中海东岸中世纪诸国的风土物产，并记有自中国沿海至海外各国的里程及所需日月，内容丰富而具体。该书在 19 世纪引起西方学者的注意。德国汉学家夏德 1870 年来华，在华 20 余年，曾研究该书，后与美国汉学家柔克义历时 6 年完成了翻译。译著内容反映了 12—13 世纪中国和阿拉伯的贸易情况。1912 年 12 月 29 日，《纽约时报》用了将近一整个版面报道并高度评价该译本。1930 年，中国学者冯承钧校注《诸蕃志》时还参考了这部译著。

元朝时期，李志常的《长春真人西游记》主要记载了长春真人丘处机西行的经过，广受西方学者关注。1866 年，巴拉第·卡法罗夫将该书译为俄语。此后，1867 年，法国人鲍梯出版了法语译本。1887 年，俄驻北京使馆医生贝勒士奈德所译的英译本在伦敦出版。北京大学所藏为该版本 1910 年的重印版，水平甚高，是中国学者注解《长春真人西游记》的重要参考书之一。1931 年，阿瑟·戴维·韦利出版了英译本。周达观的《真腊风土记》是一部介绍位于柬埔寨地区的古国真腊历史、文化的中国古籍，海外影响比较明显。据侯松统计，《真腊风土记》已有法语译本 3 部、英语译本 4 部，德语、日语、韩语、泰语、柬埔寨语、越南语、西班牙语、意大利语、希伯来

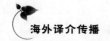

语译本各 1 部。1819 年，法国汉学家雷穆沙出版了法译本。1902 年，汉学家伯希重译《真腊风土记》。1918 年，戈岱司撰《真腊风土记补注》。1931 年，中国学者冯承钧将戈岱司的法语版《真腊风土记补注》翻译成汉语，再次引起中国学界对此书的重视。1933 年，戈岱司再撰《真腊风土记再补注》；1951 年《增订本真腊风土记笺注》出版，这是戴密微与戈岱司整理伯希遗作的成果。法国汉学家在该领域一直领先。日本学者在 1936 年出了译著，1972 年有研究著作出版。1967 年，纪尔曼出版了英译本。1971 年，李添丁出版柬埔寨文译本，并在后面的两年里两次重印。另外，杂剧作品《张生煮海》中的哪吒、龙女等海洋神话人物形象，也曾引起德国学者艾伯华的研究兴趣。

明朝相关文献的海外传播较少。清朝时期《海录》口述者谢清高曾在清朝初年随西洋商船游历世界各地，成为清代最早放眼看世界的人之一，书中提出了一些独到见解，对中西文化交流史的研究有较为重要的参考价值。汉学家裨治文在《中国丛报》1840 年第 9 卷第 1 期介绍了该书，评价甚高，称为"所见过的最好的航行书"。魏源的《海国图志》于 1851 年传入日本，先后出现了 23 种翻刻本。1845 年，该书传入朝鲜，被称为奇书，对朝鲜的社会变革也有较大的作用。《镜花缘》是清代文人李汝珍创作的长篇小说，小说前半部分描写了唐敖、多九公等人乘船在海外游历的故事。《镜花缘》在日韩较为流行，1840 年洪羲福用古朝鲜语全译《镜花缘》，2012 年现代韩语版本出版。1946—2020 年，日本的相关研究论著有 24 项。在欧美，翟里斯、埃塞尔·安德鲁斯、戴乃迭、白芝等人翻译过此书。《靖海氛记》在国内已失传，但英译本仍在。

综上所述，中国相关海洋文献的翻译史以外国人为主导，有"墙内开花墙外香"的现象。从学科的角度看，海洋文献中的地理学著作远高于数学、农学等其他学科。中国海洋典籍在新时代得到了充分的重视，当下，中国国力逐渐强大，中国特色大国外交彰显了大国担当。2013 年 10 月，习近平主席在印度尼西亚访问时提出共建"21 世纪海上丝绸之路"的倡议。他指出，当前，以海洋为载体和纽带的市场、技术、信息、文化等合作日益紧密，中国提出共建 21 世纪海上丝绸之路倡议，是希望促进海上互联互通和各领域务实合作，推动蓝色经济发展，推动海洋文化交融，共同增进海洋福祉。新时代，我们需要讲好中国海洋故事。

西安地方文化在阿拉伯国家的
译介与传播*

李 茜**

中阿双方友好往来始于西汉张骞出使西域，穿越欧亚大陆的古代丝绸之路连接了中阿，双方交往在唐朝末期达到顶峰。2016 年，国家主席习近平在阿拉伯国家联盟总部发表题为《共同开创中阿关系的美好未来》的重要讲话中指出，"中华文明与阿拉伯文明各成体系、各具特色，但都包含有人类发展进步所积淀的共同理念和共同追求，都重视中道平和、忠恕宽容、自我约束等价值观念。我们应该开展文明对话，倡导包容互鉴，一起挖掘民族文化传统中积极处世之道同当今时代的共鸣点"，并提出"丝路书香"、中阿典籍互译等具体倡议。

西安素有"十三朝古都"美誉，历史文化悠久，旅游景点多，文化发展繁荣，是古丝绸之路的起点、中华文明重要发祥地、世界文化交流与交融之地，也曾是域外人民了解华夏文明的窗口和途径。作为"一带一路"的新起点，历史又一次选择了西安，赋予其新的使命。推进西安文化在阿拉伯国家的传播，充分展现、塑造立体多元的西安形象，传播其优秀历史文化，对于阿拉伯地区人民了解西安文化，推动中国与"一带一路"沿线阿拉伯国家"民心相通"产生积极影响，

　＊　本文系西安市社科规划基金项目"西安地方文化在阿拉伯国家的译介与研究"（项目编号：22YZ529）、西北工业大学中央高校基本科研业务费项目"中国在中东形象传播及中东媒体对我国舆情分析研究"（项目编号：G2022KY05101）的阶段性成果。原载于《中国社会科学报》2022 年 11 月 28 日第 2539 期。
　＊＊　李茜，西北工业大学外国语学院教授，研究方向为阿拉伯文化、中东区域国别研究。

有利于促进中华文明与阿拉伯文明的交往与融合。

一　古代长安的阿拉伯语译介

中阿友谊源远流长，一些阿拉伯国家的史学家、地理学家、商人等都曾到过中国，并记载了其行记，其中不乏对古代长安的记述。中世纪史学家马苏第的阿拉伯语纪传体史书《黄金草原》中提道"西安府的皇宫，西安府是这些地方中比较大的城市之一"。10世纪末阿拉伯编年体史学家泰伯里的《历代民族与帝王史》第四卷谈到唐朝与波斯的交往。

阿拉伯史学家苏莱曼的著作《苏莱曼东游记》（后由穆根来等人译成《中国印度见闻录》），用近三分之一的篇幅，记述了中国唐朝的政治、经济、文化和风土人情，文内提到了中国国土辽阔，人民勤劳，京城长安繁华，丝绸和陶瓷工艺精湛，文化发达以及尊重穆斯林的风俗习惯等，是第一部作者根据自己见闻记述中国情况的游记。

二　现代西安文化的阿拉伯语译介

近现代以来，随着中阿友好交往的推进，中国与阿拉伯学者先后将一些中国的汉语诗歌、文学作品以及文化习俗类著作翻译为阿拉伯语。其翻译模式大多是由精通汉语的阿拉伯人将汉语翻译成阿拉伯语，充分利用其阿拉伯语母语优势，加上对汉语、中国文化的理解，使文化意义与价值传递更有效。

《唐宋诗词选读》阿语版由叙利亚文学家萨拉马·奥贝德整理翻译，先后于1981年和1982年在杂志上发表，随后于1983年在北京首次出版，共翻译了中国古代15位诗人的74首诗词。该书将中国文化和唐长安文化传递到阿拉伯国家，促进了中阿间的文化交流。

人民网阿语版于2010年发表埃及人法伊萨撰写的文章《中阿关系的过去与现在》，提到2000多年前的古丝绸之路将中国与阿拉伯国家紧密联系在一起，并多次强调长安在古代中阿文化交流与贸易往来

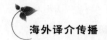

中曾发挥过重要作用。2011 年，孙燕京、曹大为著，译谷翻译的《中国历史》（阿拉伯文）中提到古代长安十三朝古都的历史。阿拉伯国家的"阿拉伯旅行者"网站上一篇名为《中国西安及其最著名的景点》的文章，介绍了西安兵马俑、西安城墙、西安清真大寺、陕西省博物馆、西安半坡博物馆等景点。

近五年，随着中国文化"走出去"战略的日趋成熟，更多中国经典著作被阿拉伯人翻译成阿语，在阿拉伯世界传播。由伊斯拉翻译、希克迈特文化集团出版的《中国历史十五讲》（阿拉伯语）于 2018 年在阿尔及利亚成功举办新书发布会，从历史和文明的角度向阿拉伯世界介绍了中国，并提及长安。2017 年，朱祖希的《美丽陕西》由埃及人穆罕默德·贝吉·哈迪翻译为阿拉伯语。2019 年，齐明敏和张洪义翻译、黎巴嫩阿拉伯思想出版社发行的《唐宋诗词选》阿拉伯语版出版，通过翻译唐诗宋词将古代长安文化带进了阿拉伯世界。

文学是文化的重要体现形式。陕西译协 2013 年发起"陕西文学走向世界计划"，翻译语种涉及阿拉伯语。陕西译协将依托"文学、文化译介出版基地"组织《陕北民歌经典》的阿拉伯语翻译工作。2021 年，《贾平凹散文选》由西北大学埃及籍博士研究生米哈德·穆萨翻译为阿拉伯语，对中阿文化交流有着深远影响和重要意义。《中国传统文化》中阿对照版也由穆萨翻译成阿拉伯语，2022 年在约旦、摩洛哥书展公开发行，译者对西安文化有真实体验，译文流畅优美，通俗易懂。

三　西安文化在阿拉伯国家译介与传播现状

自 2000 年我国提出"走出去"战略，国内学术界对我国文化、文学作品的译介和传播予以密切关注，开展了大量研究。但由于历史原因，长期以来国内学界对文学作品的译介传播研究只关注美国、英国、俄罗斯、日本等国，极少涉及阿拉伯国家。西安文化的对外译介与传播大多依托英语、法语、日语、韩语等，阿拉伯语版本的翻译成果较少，在阿拉伯国家流传较广的有西安景点、贾平凹散文选、唐诗宋词、中国历史、中国传统文化习俗、古代游记等主题相关作品的阿语版。

随着中阿经典及文化作品互译的推进，双方学者开始进行更深层次的研究工作。郭筠教授在《中世纪阿拉伯地理古籍中的"中国"称谓考辨》一文中引用了陈春晓的《中古穆斯林文献中的"中国"称谓》，文中明确提出阿拉伯古籍中有"中国之路"的说法（代指丝绸之路），自10世纪后，阿拉伯地理学家对"中国"的理解和使用产生了新的认识，"'秦之秦''马秦之秦''秦和马秦''上秦、中秦和下秦''内秦和外秦'等衍生名称屡见于阿拉伯文献中"。此研究填补了古代长安文化与秦文化在阿拉伯国家传播的空白。

埃及当代汉学家哈桑·拉杰布·哈桑·阿卜杜·拉比希著有《中国古代文学中浪漫主义诗人李白的研究》。拉比希是埃及艾因·夏姆斯大学教授、苏伊士运河大学孔子学院阿方院长，为中埃教育文化交流做出了突出贡献。2016年12月，沙特费萨尔国王伊斯兰学术研究中心发表题为《中国游历阿拉伯世界的首次记载》的研究报告，提到唐代旅行家杜环及其撰写的《经行记》等内容。由此可见，古代长安在中国与阿拉伯国家友好往来中起到了重要作用。

古代长安在阿拉伯书籍中的形象构建和汉唐文化、古丝绸之路密切相关，现当代西安文化、文学相关作品的阿拉伯语译本研究较少，仍处于起步阶段，海外传播效果有限。阿拉伯国家以阿拉伯语译本为基础，对陕西作家作品的研究是空白的，亟待中国精通阿拉伯语的学者及阿拉伯国家的汉学家进行深入研究。

在文化"走出去"战略的指导下，对西安文学作品及西安文化多语种翻译与传播的研究，为西安文化与文学作品外译，尤其是阿拉伯语外译积累了经验，具有一定的学术理论价值，也有助于促进西安地方文化对外翻译的规范化与文本多样化。在"一带一路"倡议中，也可以充分利用新媒体和多样化的传播方式，加强西安文化在阿拉伯国家的传播，打破文化的排他性，将地域特点突出的西安文化用阿拉伯语体现出来，并实现中阿文化的对译和中阿文明交融，切实传播西安文化，构建良好的西安与中国形象。

译路帆远 下

汉学家谈翻译

Sinologists on Craft of Translation

李新烽　白乐 ○主编

中国社会科学出版社

下册目录

（作者排序不分先后）

汉学家译本评述

 汉学家译本评述

雅俗共赏，贯通中西

——西蒙·利斯《论语》英译本特色评鉴[*]

陶友兰[**]

一 引言

《论语》的英译已经有三百多年的历史，译者身份各不相同，主要有西方传教士、西方汉学家、海内外华人等。有研究指出，西方汉学家们在《论语》翻译中显示出西方哲学化的特点，"他们不加分析地套用渗透西方思想内涵的语言，使他们所翻译的中国哲学思想充满了不属于中国世界观本身的内容。这种西方中心主义和文化霸权主义思想一直主导着 20世纪中期以前大部分时期的《论语》英译，翻译成了西方为我所用、任意宰割的工具，也成了西方实现其'东方主义'的一个印证"。

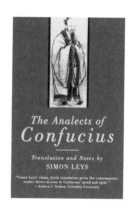

西蒙·利斯英译的
《论语》

（杨平，2011：144）笔者认为，这种观点颇有些以偏概全。首先，任何一种翻译都会打上译者的烙印，受到他们自己前见的影响，与译

---

* 本文系 2018—2019 年富布莱特项目"《论语》英译本在美国学界的接受和传播"的研究成果。原载于《亚太跨学科翻译研究》2018 年第 2 期，收录于本书时有修订。

** 陶友兰，复旦大学外文学院教授，研究方向为典籍英译研究、翻译教育与教材研究、翻译技术。

者自身的文化语境、价值观念、学术背景和所处的意识形态都有很大的关联，"从一种语言和文化转换到另一种不同语言和文化，我们肯定会使用依赖于西方传统的语汇"（道森，1993：xxvii）。因此，"某种程度的偏离，甚至译文带上某些外国色彩，应当均属不可避免之列"（崔永禄，2011：3）。其次，西方现代译者大多没有宗教或意识形态的偏见，他们的兴趣来自作品本身①。汉学家作为典籍英译的译者，具有很多得天独厚的优势，在翻译过程中，他们"通晓自己的母语，知道怎么更好地表达"（马悦然，Goran Malmqvist，转引自王洁，2004）。从阿瑟·韦利（Arthur Waley）到庞德（Ezra Pound）、道森（Raymond Dawson）、西蒙·利斯（Simon Leys）、安乐哲（Roger T. Ames）、爱德华·斯林格伦德（Edward Slingerland）、华兹生（Burton Watson），他们对待典籍英译都抱着非常认真的态度，不是随心所欲，率尔操觚。所以，我们对汉学家的典籍英译译本应该进行具体的分析，在指出他们翻译中"过度诠释或简化""文化利用""理解失误"等不足之处时，也应从文本分析的角度考察其翻译策略，分析这些译本如何大大地推动了中华文化在英语世界的传播和接受，如何促进了中西文化的交流。

汉学家翻译的译本主要是由西方出版的，注重思想性、学术性。为了力求全面传达《论语》要义，译者往往添加很多学术性的注解。这样的作品有利于学术研究，但对普通读者缺乏吸引力。想让更多的英语读者接受，译者必须考虑到英语读者的思维方式和阅读期待，在语言表达上考虑周全，尤其是对富有文化内涵和哲理思辨的《论语》英译，须在理解的基础上尽量把东方哲学的"差异性"和"陌生感"有效传达给西方读者。西蒙·利斯的《论语》英译本兼顾了学术性和通俗化，译文通顺流畅，"译文的风格简洁、优美"（Spence，1997），用词地道，在注释中旁征博引，贯通中西，表达出他对自己参悟的儒家思想本质的诠释。

----

① Eugene Chen Eoyang, *The Transparent Eye*：*Reflections on Translation*，*Chinese Literature*，*and Comparative Poetics*，Honolulu：University of Hawaii Press，1993，p. 106.

二 西蒙·利斯及其《论语》英译本

西蒙·利斯（Simon Leys，1935— ）是皮埃尔·李克曼斯（Pierre Ryckmans）的笔名，是著名澳大利亚籍的比利时汉学家、小说家、翻译家和文化评论家。1966 年，他就从欧洲来到中国，在香港大学艺术学院任教，醉心于研究艺术和文学。后来，他移居澳洲，在堪培拉大学教授中国文学，现任澳大利亚人文学院院士和比利时皇家法语文学学院委员。1987 年，法国规模最大、历史最悠久的伽利玛（Gallimard）家族出版社出版了利斯以自己的原名翻译的《论语》法译本，在当时的欧洲轰动一时，被誉为"具有决定意义的译本"（Claude Roy，1987）①，法国著名汉学家安田朴（Rene Etiemble）先生为其作序，称赞该译本"让孔夫子的思想永不磨灭"（Rene Etiemble，1987）。1997 年出版的《论语》英语版和 1998 年出版的《论语》西班牙语版都是以他的法译本为基础的。

利斯对《论语》有着很高的评价，宣称"世界历史上还没有一本书像这个薄薄的小册子一样，如此长久地对芸芸众生产生如此巨大的影响。如果谁忽视这本书，谁就会失去唯一这把开启中国大门的钥匙"（1997：xvii）。与《论语》译本采用的传统形式不同，利斯将他的注释和评论放入了后面的"注解"一章——尽管注解这一章与译文的长度几乎一样。除译文和注释，还有前言、引言和索引。利斯是在精心研究的基础上进行翻译的，尤其是他的译文注释中引用了 93 位西方文化名人的语录，包括柏拉图（Plato）、帕斯卡（Pascal）、司汤达（Stendhal）、尼采（Nietzsche）、马可·奥勒利乌斯（Marcus Aurelius）、康德（Kant）、叶芝（Yeats）、赫拉克利特（Heraclitus）等，是一个中西文化比较的产物。该译本由美国诺顿公司于 1997 年出版。

在前言中，西蒙·利斯解释了自己翻译的缘由和目的。作为从事

---

① *Le Monde*，November，27，1987.

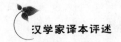

汉学研究长达30年的一名汉学家，他选择在译本上署自己的笔名西蒙·利斯，因为他觉得自己的译本主要是"作家型"翻译，不仅是针对学者同人，而且首要是针对非专业人士——那些希望扩大自己的文化视野而又不能直接阅读原著的读者。他认为，经常引用的诸多英语译本，或优雅有余、准确不足，或准确有余、表达不足；而他则希望站在以前译者"巨人的肩膀"上，做到融"学识和文采"（reconcile learning with literature）于一体。与众不同的是，他没有将《论语》看成经典著作，而是作为现代作品来欣赏。他"可以不带偏见地看待这部著作，好像是全新的作品"（1997：xvii）。

利斯在翻译过程中，参考了杨伯峻和钱穆等人的不同注释，还有韦利和刘殿爵先生的译本，其译本是被广泛誉为质量较高的一个版本。美国汉学家、史学家史景迁（Jonathan Spence）指出利斯的翻译清晰而优美，目的是使《论语》既成为不朽之作，也对解决我们当前困境有着现实的意义。利斯为了体现《论语》对现代社会的意义，其翻译加入了主观诠释。法国汉学家程艾蓝（Anne Cheng）①对比了利斯的法译本和英译本，指出利斯应该对两个译本进行比较并说明不同的做法，同时也积极肯定了利斯的《论语》译本采取的近现代视角解读，评说他的译文风格简练，采取近似翻译法，而不是传统意义上精确、忠实的译法，有时对一些文化背景知识的细节进行改动，或者让意思变得相对模糊（Cheng，2000：567）。中国社会科学院周发祥研究员曾撰文指出，"利斯旁征博引、贯通中西的做法代表着西方汉学研究的一种深化。对西方读者而言，这样做可借以近喻远、以易解难之便使他们得以容易地接触并理解中国文化；对中国读者而言，这样做则使我们同样得以深入理解中国文化的同时，也得以更深刻地把握中国传统文化的世界意义和现实意义"。中国学者杨平（2011）评论说利斯采取的是一种古为今用、中为西用的翻译原则，他强调《论语》的现代性，目的在于用孔子学说疗治西方社会的弊病或补救西方社会的缺陷，强调儒家学说的现代意义和普遍价值。

---

① 法国汉学家，1981年翻译出版了《论语》法译本。

三 西蒙·利斯译本特色评鉴

西蒙·利斯一开始就指出他翻译《论语》的目的是首先面向一般读者，从遣词、造句、语篇关联和文化专有项的处理上都进行了仔细斟酌，力求把 2500 年以前的孔子智慧浅显易懂地传达给今天的美国读者，以便能够更加清醒地认识当今的社会现实。

（一）选词精准，简洁生动

【例 1】

【原文】子曰：君子不重则不威，学则不固。主忠信，**无友不如己者**，过则勿惮改。（《论语》1：8，黑体为作者所加，以下同）

【译文】The Master said："A gentleman who lacks gravity has no authority and his learning will remain shallow. A gentleman puts loyalty and faithfulness foremost；**he does not befriend his moral inferiors**. When he commits a fault，he is not afraid to amend his ways." (Leys，1997：4)

对"无友不如己者"的理解一直有争议。一般都理解为"不要跟不如自己的人交朋友"，这似乎显得很势利，有悖于儒家思想。但是，利斯在这里加了一个词"moral"，意思是不和在道德上不如自己的人做朋友，言之成理。而且，"交友"用了一个词"befriend"，简洁到位。

【例 2】

【原文】子贡问曰："孔文子何以谓之文也？"子曰："敏而好学，**不耻下问**，是以谓之文也。"（《论语》5：15）

【译文】Zigong asked："why was Kong-the-Civilized called 'civilized'？"The Master said，"Because he had an agile mind，was fond of learning，and **was not ashamed to seek enlightenment from his inferiors**"(Leys，1997：21).

"不耻下问"意思是"谦虚下问，不以为耻"，很多译文都把"问"译成"ask"，例如，"to ask and learn of his inferiors"（James

Legge)，"to ask those of a lower status"（Ames and Rosemond），"to ask questions of his inferiors"（Burton Watson），"to ask questions of anyone beneath him"（David Li）。当然，这些译文都没有错，可是不能传达原文"本着谦虚的态度请教他人"的内涵，而利斯用了"seek enlightenment from his inferiors"就很好地体现了"问"的目的，是寻求一种"启发、启示"，译出了其中的"意"。正如奈达所言，"翻译就是翻译意义"。而且，此句把句尾"是以谓之文也"略去不译，在句首加了一个"because"，前后因果关系明确，就不用再重复了，非常简练。

【例3】

【原文】孔子曰："吾党之**直**者异于是，父为子隐，子为父隐，**直**在其中矣。"（《论语》13：18）

【译文】Confucius said："Among my people，**men of integrity** do things differently：a father covers up for his son，a son covers up for his father-and there is **integrity** in what they do."（Leys，1997：63）

该句中的"直"有不同译法，如理雅各、韦利、道森都译成 upright，刘殿爵译成 straight，华兹生译成 honesty，而利斯译成了 integrity。利斯在注释中做了详细解释，他认为儒家伦理讲究亲情，其人文主义的根本就在于维护家庭，忠实于朋友、家人之间的个人关系。同时，他也指出，特别是面临公私冲突时，孔子的这个言论很容易受到批判，与中国法家（特别是韩非子）所提倡的极权主义国家思想相背。但是，孔子提到的"父为子隐，子为父隐"与英国小说家、散文家福斯特（E. M. Forster）提倡的"从个人关系出发""宁可背叛国家，不背叛朋友"的理念不谋而合。通过横向与纵向对比，利斯向读者揭示了一个人之常情——父子相隐既与人相合，故直即在其中。"利斯欲申此儒家之谊，故以 integrity 一词当之"（柳存仁，1999：287）。美国学者史景迁认为，利斯用字语意稍强，可谓"轻推读者使之按照自己设定方向前行"（pushes the reader—gently one admits—in the direction Leys would like him to go）（Spencer，1997：5）。柳存仁先生指出，利斯"此处之质信、忠实，似尚非谓必须亦步亦趋，于子句上与诸贤竞爽，而在发挥其对真实儒家之观察、认识，与此种理解对其个人因感发而起之共鸣作用。其了解有深入一层之意义"（1999：286）。

【例4】

【原文】子谓子夏曰："汝为君子儒，无为小人儒。"（《论语》6：13）

【译文a】The Master said to Zixia："Be a **noble scholar**, not a **vulgar pedant**."（Leys，1997：26）

"儒"一般指的是受过教育的人，相当于今天说的"知识分子"，致力于政治管理或者教书从艺。但在孔子时代是指什么意思呢？很多译文译成"scholar"或者不译，并且把"君子"和"小人"当作形容词来修饰"儒"。例如：

【译文b】You should be **a noble scholar**. Don't be **a petty man scholar**.（Watson，2007：44）

【译文c】Be **a gentleman *ru***, not **a petty *ru***.（Lau，2008：93）

而利斯在注释中解释了"儒"的古代和现代含义，并很灵活地译成两个词组"a noble scholar"（高尚的学者），"a vulgar pedant"（迂腐的学究），较好地概括了"君子儒""小人儒"的概念。在理解原文（字）的基础上，灵活诠释原文的意思，是利斯译本的特色之一。

总而言之，在词汇选择和措辞方面，利斯采用的翻译策略是"释义法"，即解释词语的内涵意义。主要表现为添加词语进行解释或灵活变通给出"联想意义"；对一些核心概念，首先以现代英语中对应的词语翻译，但补充大篇幅注释来阐述，如"君子 gentleman"（p.105），"仁 humanity"（p.130），"士 scholar"（pp.132—133），"孝 filial piety"（p.134），"礼 rite/ritual"（p.175）。从这些注释中可以看出，利斯对中国古代文化非常精通，体现了汉学家作为典籍英译者的优势。这样的译法也很符合读者的需求。如果只是一般读者，对《论语》只做一般了解，只读前面100页的正文即可，译文通俗易懂；如果是研究型读者，他们需要理解文字背后的文化背景和更多关联信息，就可以继续阅读后面107页的详细注释，对中西文化的共性和差

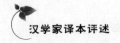

异做更多了解。

（二）句型简洁，以意驭形

《论语》的句子短小精练，言简意赅。利斯在译文中比较好地再现了这种风格，以小句为主，甚至顺着原文的顺序，简明扼要地传达原文旨意。

【例5】

【原文】子曰：吾与回言终日，不违，如愚。退而省其私，亦足以发。回也不愚。（《论语》2：9）

【译文】The Master said："I can talk all day to Yan Hui—he never raises any objection，he looks stupid. **Yet**，observe him when he is on his own：his actions fully reflect what he learned. **Oh no**，Hui is not stupid！"（Leys，1997：7）

该译文基本上是顺着原文的顺序翻译的，句式简短，娓娓道来。中间加了一个"yet"，表明前后的转折关系。特别是加了一个口语化的表达"Oh no"，加强了语气，突出了孔子对自己前面猜测的否定，对颜回的表现感到惊喜。

【例6】

【原文】林放问礼之本。子曰："大哉问！礼，**与其奢也，宁俭，与其易也，宁戚**。"（《论语》3：4）

【译文 a】Lin Fang asked："What is the root of ritual？" The Master said："Big question！**In ceremonies，prefer simplicity to lavishness；in funerals，prefer grief to morality**. "（Leys，1997：10）

林放询问礼的本质何在，确实是个很大的问题。但是孔子非常简洁地用了13个字来回答。译成英文时，利斯非常巧妙地运用了词组prefer...to，把隐含其中的道理说得很清楚：在一般礼仪上，宁可朴素节约而不铺张浪费；在丧礼上，悲哀比礼仪更重要。相比较而言，刘殿爵先生的译文比较冗长。

【译文 b】Lin Fang asked about the basis of the rites. The Master said："A noble question indeed！With the rites，it is better to err on the side of frugality than on the side of extravagance；in mourning，it is better to err on the side of grief than on the side of indifference.” （D. C. Lau，2008：31）

【例7】

【原文】子曰：“然，有是言也。**不曰坚乎，磨而不磷**；不曰白乎，涅而不缁。吾岂匏瓜也哉？焉能系而不食？”（《论语》17：7）

【译文】The Master said：“Indeed，I said that. **And yet what resists grinding is truly strong，what resists black dye is truly white**. Am I a bitter gourd，good only to hang as decoration，but unfit to be eaten?” （Leys，1997：86）

对句中黑体字部分，大部分译者都按字面意思直译。而利斯则独辟蹊径，将原文无主句化为以“what”开头的英文句式，从反面视角来理解原文，“磨而不磷”就是“抗磨的”，“涅而不缁”就是“难以染成黑色的”，并且加了一个词“truly”，不仅读起来十分顺畅，而且把原文的强调语气也传达出来了，可谓“化”在其中。后面的两句话并成一句，形容词短语作后置定语，说明匏瓜的功能。形象生动的比喻跃然纸上。

【例8】

【原文】问管仲。曰：“人也。夺伯氏骈邑三百，**饭疏食，没齿，无怨言**。”（《论语》14：9）

【译文】“And what about Guan Zhong?”

“What a man！At Pian，he took three hundred households from the fief of Bo. The latter，**though reduced to eating coarse food till the end of his days，could never bring himself to utter one word of complaint against him**.”（Leys，1997：67）

这句话意思是说管仲是个人才。他即使剥夺了伯氏三百户的采地，使伯氏只能吃粗粮，可伯氏到死都没有怨恨的话。译文中把后面三个小句按照逻辑关系重组成一句话，不仅精练，而且主从关系明显，意思明确。

从句法层面看来，利斯把握得最为灵活，或顺句操作，偶尔添加词语，以使语义通顺；或巧妙挪用英文句式，化繁为简，略去原文中重复的部分，保留原文短句形式的同时而不失去原文的语义；或通过非谓语动词形式，添加介词、连词，把两个乃至三个短句合为一句，符合英语的行文规范。

（三）厘清逻辑，连贯成篇

翻译中最大的挑战就是译文要合乎逻辑，"岂有此理必有误"（钱歌川语）。典籍英译更是如此，"古汉语行文简练，块状结构更为突出，因而句子的内在层次和逻辑关系更要译者心领神会后，才有可能传达出隐含着的诸如主从、连接、递进等句、篇内各成分之间的固有关系"（何刚强，2005：18）。

【例9】

【原文】子曰："群居终日①，言不及义②，好行小慧③，难矣哉④！"（《论语》15：17）

【译文】The Master said, "**I cannot abide these people**④ who are capable of spending a whole day together ①in a display of wits ③without ever hitting upon one single truth. ②"（Leys，1997：76）

原文意思是有这样一群人，难以教导：他们整天待在一起，不说有道理的话，喜欢耍小聪明。利斯对原文的语序重新安排，干脆把"难矣哉"译成言外之意"我不能忍受这些人"，然后用一个定语从句把"这些人的行为"连在一起，并通过现在分词、介词结构等串成了一个句子，主从分明，一气呵成，体现了译者较强的逻辑推理能力和组句能力。

【例10】

【原文】孔子曰："见善如不及，见不善如探汤。**吾见其人矣，吾闻其语矣**。"（《论语》16：11）

【译文】Confucius said："'Thirst for goodness; recoil from evil'：**I have heard this saying, and I have seen it practiced.** "（Leys，1997：83）

孔子在这里想表达的意思是看见善良，就努力追求，好像赶不上似的；而遇见邪恶，使劲避开，好像将手伸进沸水里。其中的逻辑应该是先听到这样的话，然后才见到有人是如何做到这样的，所以，译者认为原文逻辑有误，在译文里将其顺序进行了改正，并且把"见到这样的人"意译为"看到这句话被人所实践"，从而让读者明白文字背后的含义。

【例11】

【原文】 孔子谓季氏："八佾舞于庭，**是可忍也，孰不可忍也**！"（《论语》3：1）

【译文】 The head of the Ji Family used eight rows of dancers in the ceremonies of his ancestral temple. Confucius commented：" **If he is capable of that，what will he not be capable of**?"（Leys，1997：10）

这句话是说季氏在自己家里举行只有天子才能用的八佾仪式。利斯在注释里指出，如今这句话已经成为一中国成语，意为"这个都能忍了，还有什么不可以忍呢？"很多西方译者的译文都按照这个意思去翻译的。其实，这里的"忍"在古汉语里还有一层意思是"敢于""厚着脸皮去做"。而孔子当时无力也无权反对或谴责季氏的这种不恰当的行为，他只是给出道德上的评判而已。所以，在这里的意思应该是"他连这件事都做得出来，还有什么他不能做呢？"这样的推理不仅需要译者通晓一些汉字的古汉语意思，而且需要根据上下文语境和历史背景进行深入思考和推敲。

【例12】

【原文】 子路曰："桓公杀公子纠，召忽死之，管仲不死。曰：未仁乎？"（《论语》14：16）

【译文】 Zilu said："When Duke Huan killed Prince Jiu，**one of the Prince's tutors**，Shao Hu，died with him，**but the other**，Guan Zhong，chose to live. Should we say that Guan Zhong's human quality was deficient?"（Leys，1997：68）

这里如果不加入黑体字，说明召忽和管仲的身份以及他们与公子纠之间的关系，一般英美读者可能就不能理解。利斯译本中像这样为读者考虑，把原文中隐含的逻辑关系挑明，直接在文中加词说明背景

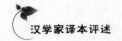

的译文还有很多，值得典籍英译译者借鉴。

（四）归化简化，促进交流

如何准确地翻译《论语》中的文化专有项一直是对译者的一大挑战。对于富有文化含义的词语或概念，要么采用归化策略，更多地靠近译文读者；要么采用异化策略，保留原文化中的"异质"，靠近原文的作者。作为汉学家的利斯，更多地采用了归化策略：对一些具有鲜明中国古代文化特色且无法在西方文化中找到对应的事物，采用西方的概念对应了中国特色的事物，然后在注释中进一步说明翻译策略并补充信息，有助于扫除西方读者的理解障碍，同时又消除了其陌生感，达到促进儒学传播，提升文化交流的主要目的。

【例13】

【原文】子见齐衰者、冕衣裳者与瞽者，见之，虽少必作，过之，**必趋**。（《论语》9：10）

【译文】Whenever the Master saw someone in mourning, or in ceremonial dress, or when he saw a blind man, even one younger than he was, he always stood up, **or respectfully moved aside**. （Leys，1997：40）

原文里讲到古代中国文化里表示尊敬的方式，就是在经过别人身边时，快走几步，以示敬意。在利斯的译文里，他把这种尊敬的方式归化为"很尊敬的让到一旁"，比较符合现代社会的礼仪，容易为读者所接受。虽然西方读者可能失去了了解中国古代表示尊敬的方式，但是不影响他们理解孔子的谦虚和为人恭敬的品德。

【例14】

【原文】虽疏食菜羹，**必祭**，必齐如也。（《论语》10：11）

【译文 a】However coarse the fare, one should **pray** before every meal, and pray devoutly. （Leys，1997：46）

【译文 b】Even when a meal consisted only of coarse rice and vegetable broth, he invariably **made an offering** from them and invariably did so solemnly. （Lau，2008：171）

这句是讲孔子非常尊敬祖先，即使吃的是糙米饭小菜汤，吃之前也要从中拿出来一些，放在食器之间，祭最初发明饮食的人。这是中国古代文化祭祀的一种方式，表示后人不忘祖先之恩。例如刘殿爵先生的译文就完全保留了这些因素，但是西方读者可能不明白为什么要这样做。而利斯则将其改头换面，用了基督教中的饭前祷告祝谢的方式（pray）来翻译，感谢上帝的施予和恩典。虽然形式不一样，但是传达的意思是一致的。英文读者很容易理解和接受，但也有可能让他们误认为中国古人饭前也会有祷告这一习惯。

利斯译本另一个特色是对人名的翻译一律进行简化，"一以贯之"，一个人统一用一个名字，因为中国人名有各种称呼，父母、老师、上级领导和同事之间称呼的名字各不相同。所以，为了避免混乱，利斯在注释里都一一注明此人的身份，"字"等信息，帮助读者明白书中人物的身份。

（五）考证溯源，别裁创译

经典复译要出彩在于新的译本是否有所创新，要么是在理解原文上有新解，要么在英文表达上有更地道的对应词语。利斯译本可谓在这两方面都有一些惊喜的突破。

【例15】

【原文】子夏曰："仕而优则学，学而优则仕。"（《论语》19：13）

【译文 a】Zixia said："Leisure from politics should be devoted to learning. Leisure from learning should be devoted to politics."（Leys，1997：96）

根据杨伯峻的解释，此处的原文意思是"做官了，有余力便去学习；学习了，有余力便去做官"。大部分译文都是根据这个解释来翻译的，例如华兹生和刘殿爵先生的译文：

【译文 b】Zixia said, Hold public office, and if you have time left over, study. Study, and if you have time left over, hold public office.（Watson，2007：135）

【译文 c】Zi-xia said："when a man in office finds that he can more than cope with his duties, then he studies; when a student finds that he can more than cope with his studies, then he takes office. " (Lau, 2008: 357)

但是利斯在注释里却做出另一番解释:"优"一般被解释为"余力"(left-over energy),其实用"leisure"来翻译更合适,因为这个词有语文学和哲学上的渊源。"优"这一概念和古希腊词语 schole 相似,用来描述一个人属于他自己时的状态,可以自由地处理自己的事情。〔古希腊词语 schole 不仅指休息、休闲,而且指如何利用闲暇来研究和学习,甚至延伸到学习研究的地方(书房还是学校)。这就是英语单词 school 通过古代法语和拉丁语,从 schole 派生出来的。〕

根据孔子的见解,政治和文化是闲暇的产物,所以作为独自拥有自由时间的君子应该承担起责任——从政和学习。古希腊也有同样的理念,如在一次与柏拉图的对话中,苏格拉底就问道,"我们是奴隶,还是拥有闲暇?"英国古典主义学家伯纳德·劳克斯也评论道,"闲暇是被看作幸福生活不可缺少的一个条件,也是自由人的特征。正如一句希腊谚语所说,'奴隶,没有闲暇——这就是其定义'。"在欧洲文化中,也有对闲暇的积极论述。例如赛缪尔·约翰森就说,"所有的知识上的进步都源自闲暇"。尼采就曾撰文大肆批评由于美国的影响破坏了欧洲"优雅的闲暇"(Civilized Leisure)。由此,利斯感叹今天的社会,一方面,有人诅咒大规模的失业带来的强制性"闲暇";另一方面,教育精英们在抱怨自己受制于无休止地工作,其人文职业都变成了毫无意义的挣钱机器。

从这句译文和解释中,我们可以看到利斯的人文主义思想以及对孔子思想理解的精当;同时也说明,典籍英译,译者有时需要考证,不仅要考证原文的含义,而且要考证译文用词的词源和其折射的文化。

【例 16】

【原文】子路闻之喜。子曰:"由也好勇过我,**无所取材**。"(《论语》5:7)

【译文】Hearing this, Zilu was overjoyed. The Master said, "Zilu is

bolder than I. Still, **where would we get the timber for our craft**?"
(Leys，1997：20)

这句中对"材"的解释引起很多异议。利斯花了三页的篇幅来阐释对这句话的理解，体现了典籍英译译者"翻译和研究相结合"的精神。

他一开始就提出自己的理解和其他的为众人所接受的阐释都不一样，至少他认为自己的理解是紧跟原文的字词的。他总结了"材"的三种理解：第一种把"材"理解为"裁"，意思是"to cut""to judge"，译成"zilu lacks judgment"，如 He does not exercise his judgment upon matters（Legge）；第二种理解成"材"，即"材料"（material，引申为人才 human material，talent），译成 Zilu is impossibly foolhardy—it seems that I never get the right sort of people，例如 You is the sort of person who surpasses me in love of courage，but there is no point in his having acquired such talents（Dawson）；He sets far too much store by feats of physical daring. It seems as though I should never get the right sort of people（Waley）；第三种理解成通假字"哉"，表示感叹，译成 Zilu is impossibly foolhardy，and that's not something worth extolling！

而利斯自己别出心裁，把"材"直接理解为乘桴所需之木材：Still，where would we get the timber for our craft?

根据杨伯峻的解释，这句话的意思是"这就没有什么可取的呀！"但是这与本章节的主旨不合，因为《公冶长篇》的主旨是孔子称赞学生和说明其该如何看待学生。根据前后内容的排列，本章孔子不应该对子路有所批评，更不可能全面否定。因此，认为"材"同"哉"，"子路没有什么可取的"就可以排除了，在意思上我们就难以接受，而且与孔子的品行以及对学生的态度格格不入。孔子从来没有这样全面否定学生，对于子路一直比较喜欢，只不过经常提醒他不要过于简单，遇事要多思考，要懂得运用智慧。从前后语言的连接看，当是孔子和子路之间的对话，前后语言是连贯的。

"无所取材"是孔子带有调侃的语言，是师生之间很轻松很幽默的对话。全句通释则为，孔子说："我的政治主张不能推行，就乘坐木排，到海上漂流去吧。跟随我的，大概就是子路吧？"子路听说后，很高兴。孔子说："仲由啊！你在勇敢方面超过我，**可惜没有地方获取制造桴的材料啊！**"因此，利斯的译文比较合乎常理，要传达出这样的画面：圣人乘坐高桅横帆之舟，在波涛汹涌的大海上前行，把有关理性的信息，带给依然是迷信的奴隶的人们（利斯，1997：140）。史景迁（Spence，1997）在评价该句的翻译时说：

Not only is "timber for our craft" an unusual reading, followed by none of the other major translations, but Leys also quotes at length in his notes from Joseph Needham's great study of Chinese technology so as to reinforce his interpretation of a more muscular Confucianism than we are used to, in which "the picture of the sage's tall lug-sail breasting the waves of a stormy sea to bring the message of rational social order to men… has a real sublimity".

难能可贵的是，利斯还进一步分析了为什么人们对此句有错误的理解，原因之一是人们都把中国古代文人描述成文弱书生，只会吟诗作画，不会任何户外活动或野蛮的剧烈运动。其实，这是一种偏见，早在孔子时代所说的"六艺"，其中就有射、御等运动。另外一个原因是以前的注疏者都以为孔子在这里是说着玩的，是在应急状态下，乘一叶扁舟（Raft）出海，毫无希望地在海上漂流。利斯指出，这是因为他们忽视了中国航海技术的先进，于是他援引了著名汉学家李约瑟的《中国科技史》中关于中国古代的航海技术章节，指出西方航海家（如哥伦布、麦哲伦一直到库克）的船只和宋明时期的船舶比起来非常原始。这一节论述不仅再现了中国古代文化的辉煌，而且从一定程度上教育了西方文化中心主义者，让他们在了解的基础上更多尊重中华文化。

在英语译文表达上，利斯也是不落窠臼，勇于创新的。例如，对一些比喻的译法，他就在注释里说明自己采取意译的办法，改换喻体，以英美人熟悉的意象进行翻译，以求易懂。正如雷蒙得·道森所言，"应该以跨文化交际为目的，努力让本土读者感觉《论语》的晓畅易懂"（1993：xxvii）。下面三例就很好地展现了译者的英语功力和灵活变通的翻译能力。

【例 17】

【原文】南宫适问于孔子曰："羿善射，奡荡舟，俱不得其死然，禹稷**耕稼**，而有天下。"（《论语》14：5）

【译文】Nangong Kuo asked Confucius，saying："Yi was a good archer，and Ao **a good sailor**：neither died a natural death. Yu and Ji **drove a plough**：they inherited the world. "（Leys，1997：66）

【例 18】

【原文】子曰："譬如为山，未成一篑，止，吾止也。**譬如平地，虽覆一篑**，进，吾往也。"（《论语》9：19）

【译文】The Master said："It is like the building of a mound：if you stop before the last basket of earth，it remains forever unfinished. **It is like the filling of a ditch**：once **you have tipped in the first basket**，you only need to carry on in order to progress. "（Leys，1997：41）

【例 19】

【原文】子曰："色厉而内荏，譬诸小人，其犹穿窬之盗也与？"（《论语》17：12）

【译文】The Master said："A coward who assumes fierce looks is—**to borrow a crude image—like a cutpurse who sneaks over a wall**. "（Leys，1997：87）

同时，利斯擅长学习，经常吸收精彩的句子，采用前人优秀的译文。例如在翻译"夫达也者，**质直而好义**，察言而观色，虑以下人"（To attain perception，a man must **be cut from straight timber and love justice**，examine men's words and observe their expressions，and bear in mind the necessity of deferring to others）（Leys，1997：58）时，他就说，前半句是忍不住借用康德生动的描述的（"out of timber so crooked as that from which man is made，nothing entirely straight can be built. "），而后半句是沿用了韦利的译文，因为他觉得这句的优雅和精确无法再

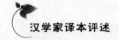

提高了。该译本中还有 5 处借用韦利的译文（如 4.8；7.20，12.20，13.21；15.28），4 处批评韦利的译文（3.5；3.12；4.3；14.25）；1 处借用刘殿爵先生的译文（9.8），1 处评价刘先生的译文（15.26）。这种实事求是的交代体现了译者对前人的尊重，给复译典籍的译者做了一个很好的榜样。

四　利斯译本问题

尽管利斯的《论语》译本被广泛誉为质量较高的版本，但是也有一些值得商榷之处，主要表现在对部分原文的误读、表达上的语意不明和原文形象缺失等方面。

（一）　理解有误

作为汉学家，利斯有很深的中文造诣，但是，通读他的译本，也发现有些明显误读的地方，现摘取两例。

【例 20】

【原文】夫子循循然**善诱人**，博我以文，约我以礼。（《论语》9：11）

【译文】Step by step, our Master really knows **how to entrap people**. He stimulates me with literature, he restrains me with ritual. （Leys，1997：40）

此处"循循然善诱人"意思是老师善于有步骤地诱导我们，教育我们，可是利斯的译文用了"entrap"一词，把原文的赞美之词变成了贬义的谴责了。根据《剑桥国际英语词典》，entrap 的意思是"通过欺骗来抓住某人或说服某人去做某事"（to catch someone or persuade someone to do something by deceiving them），所以用在此处不妥。安乐哲的译文是"the Master is good at drawing me forward a step at a time"（p.128）。刘殿爵先生的译文是"the Master is good at leading one on step by step"（p.147）。

【例 21】

【原文】子曰："默而识之，学而不厌，诲人不倦，**何有于我哉?**"（《论语》7：2）

【译文】The Master said："To store up knowledge in silence, to remain forever hungry for learning, teach others without tiring—**all this comes to me naturally**."（Leys，1997：29）

"何有于我哉?"的意思是"这些事情我都做到了哪些呢?"是孔夫子谦虚的自问。而利斯把问句直接译成了肯定句，意思是"这一切对我来说都很自然"，使孔子显得有些自满自负，与原文孔子谦谦君子的谦卑形象不符。

（二）表述不清

翻译的最终目的是让译语读者读懂，通晓原文所要表达的意义。所以，除了选词造句要格外讲究以外，甚至在语法上细节也要小心处理。

【例 22】

【原文】子曰："巧言乱德，小不忍则乱大谋。"（《论语》15：27）

【译文 a】The Master said，"Clever talk ruins virtue. **Small impatiences** ruin great plans"（Leys，1997：77）.

这句话是孔子教导学生应该怎样做人做事，所以"巧言"和"小不忍"是孔子告诫学生不要做的事情，其实是一种假设，用将来时态会更能表明这种关系。而且，"小不忍"直接译成"small impatience"，指代不明。例如刘殿爵先生的译文：

【译文 b】The Master said，"artful words **will** ruin one's virtue；**the lack of self-restraint in small matters will** bring ruin to great plans".（Lau，2008：291）

（三）意象缺失或不对应

【例 23】

【原文】君子不器。（《论语》2：12）

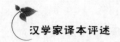

【译文】A gentleman is not a **pot**.（Leys，1997：7）

原文意思是君子不是器具，不是只会某些技能的、片面狭隘的工具，不是仅仅被动接受知识，而是应具备广泛的才能，做个通才，强调儒家人文主义的通识教育。而英语中的单词"pot"无法传递如此丰富的含义。尽管利斯对此句的理解做了很长的解释，强调中国古代儒家人文主义的通才培养理念，科举时代选拔的人才都是样样精通的，能文能武，尽管他提出杜蕴德（S. W. Durrant）把"不"理解成"非"，"器"理解成动词是不对的，但是他最后也没有提出一个更好的译文，只是说如果把"器"理解成"utensil, tool"，可以译成"A gentleman does not let himself be manipulated"（p. 116），这似乎离原文的意思更远了。

还有其他不对应的概念，如把"执鞭之士"（official holding the whip）译成了"janitor"（看门人，管理员 VII：12）；"圣人"译成了"sage""saint"；"夷狄"译成了"nations of China"，造成时空错位。

由于利斯该译本很多地方采用归化的策略，意译的地方比较多，所以原文中有些生动的形象没有很好地得到再现，有些遗憾。例如：

【例24】

【原文】斗屑之人，何足算也。（《论语》13：20）

【译文】"Alas! These **puny creatures** are not even worth mentioning!"（Leys，1997：64）

【例25】

【原文】执圭，鞠躬如也，如不胜。**上如揖，下如授，勃如战色，足缩缩，如有循**。（《论语》10：5）

【译文】When holding **the jade tablet**, he bowed as if bending under its weight. He placed **his upper hand** as for **a salute**, and **his lower hand** as for **an offering**. His expression reflected awe, he walked in short steps following **a narrow path**.（Leys，1997：45）

【例26】

【原文】子曰："凤鸟不至，河不出图，吾已矣夫！"（《论语》9：9）

【**译文 a**】The Master said："The Phoenix does not come，the River brings forth no chart. It is all over for me！"

例 24 中的"斗筲之人"，例 25 中的"圭""揖""授""足缩缩"，例 26 中的"凤鸟""河图"等意象，在译文里都没有了古汉语里的韵味。对于"凤鸟""河图"，尽管作者也在注释里进行了解释，但是不如安乐哲的译法更能展现原文的意象。

【**译文 b**】The Master said，"**The auspicious phoenix** does not appear；**the Yellow River** does not **yield up its magical chart**. All is lost with me"（Ames and Rosemont，1998：128）.

五　结语

在《论语》的外译过程中，只有利斯一人把《论语》译成了三种外语——法语（1987）、英语（1997）、西班牙语（1998），足以见得他对《论语》的喜爱和其外语功底之强。他的英译本最大特色就是用词简练，句型简洁，文体清新易懂，旨在通俗性、大众化，像是孔子站在读者的身边娓娓道来，"这是一个大家的孔子"（Cheang，2000：577）。西方学者郑文君（Cheang，2000：577）评价说，利斯在英语读者和译文之间创造了一种默契，让读者在共同的人性基础之上和书中的人物相遇。同时，在注释里，把孔子和西方的思想家、作家、警言作者放在一起，谈古论今，用他们的话来阐述同样深刻的道理，这样，利斯也让西方的传统在共同人性的基础上和孔子相逢。因此，该译本较好地沟通了读者和译本之间的互动，促进了中西文化的交流。

可是，无论译者多么努力，"在国外，尤其是在西方发达国家，远未形成像我们国家这样的对外来文化、文学有着强烈需求的接受环境，这就要求我们在进行中译外工作时，必须考虑如何在国外，尤其在西方发达国家培育中国文学和文化的受众和良好的接受环境"（谢天振，2013：7）。途径之一就是投其所好，译出让英语读者能够接受的作品。当初中国引进西方文化和典籍时走过的一条接受之路就是先

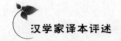

接受意译作品，再追求直译作品。如今，很多西方人开始学习、理解中国文化，也会经历一个类似的阶段。也许，要在西方普及经典作品，意译不失为值得推荐的好方法，如本书的"作家型翻译"就是一个成功的典范。

利斯的译本受欢迎，还因为"利斯喜欢借题发挥，阐述如今中国通俗文化和社会文化中仍然流行的那些理念"（Cheang，2000：579)，例如通识教育、科技与文化、修身养性、交友之道、家庭亲情和爱国之情、孝顺长辈、上下级之间关系等。而这些问题在英语文化国家同样存在，所以能够引起读者的共鸣。

柳存仁（1999）从文字训诂的角度分析利斯译本后认为，典籍翻译，"若多参前贤注疏，及不同时代论着之业绩，博闻而敏求之，则义理（思想）、考据（文字训诂）之功，可以思过半矣"（1999：301)。

参考文献

[1] 何刚强：《瑕瑜分明，得失可鉴——从 Arthur Waley 的译本悟〈论语〉的英译之道》，《上海翻译》2005 年第 4 期。

[2] 柳存仁：《百年来之英译〈论语〉其一——读西门·李新译〈论语〉国际汉学》第四辑，大象出版社 1999 年版。

[3] 王勇：《〈论语〉英译简史》，《潍坊学院学报》2011 年第 11 期。

[4] 谢天振：《换个视角看翻译——从莫言获诺贝尔文学奖》，《东方翻译》2013 年第 1 期。

[5] 阎纯德：《汉学和汉学研究》，载张西平编《他乡有夫子——汉学研究导论》上，外语教学与研究出版社 2005 年版。

[6] 杨伯峻：《论语译注》，中华书局 1980 年版。

[7] 杨平：《中西文化交流视域下的〈论语〉英译研究》，光明日报出版社 2011 年版。

[8] 周发祥：《西人读孔今犹新——西蒙·利斯〈论语〉译本评介》，载阎纯德《汉学研究》八，中华书局 2004 年版。

[9] Alice, W. Cheng, "The Master's Voice: On Reading, Translating and Interpreting the 'Analects' of Confucius", *The Review of Politics*, Vol. 62, No. 3,

2000，pp. 563 – 581.

[10] Ames，Roger T. & Henry Rosemont，Jr. trans.，*The Analects of Confucius*：*A Philosophical Translation*，New York：The Random House Publishing Group，1998.

[11] Dawson，Raymond，*Confucius*：*The Analects*，New York：Hill and Wang，1982.

[12] Lau，D. C.，trans.，*Confucius*：*The Analects*，Beijing：Zhonghua Book Company，2008.

[13] Leys，Simon，trans.，*The Analects of Confucius*，New York：W. W. Norton & Company，1997.

[14] Spence，Jonathan，"What Confucius Said"，*New York Review of Books*，April 10，1997.

[15] Waley，Arthur，trans.，*The Analects of Confucius*，New York：Vintage Books，1938.

[16] Watson，Burton，trans.，*The Analects of Confucius*，New York：Columbia University Press，2007.

《聊斋志异》英译的误读与阐释[*]

——英国汉学家翟理斯[**]的中国文学译介

《聊斋志异》翟理思
英译本

　　题记：翟理斯的《聊斋志异》英译本因误读过多而长期受到国内翻译学者的诟病，但仔细研读其译本，我们发现翟理斯在整体忠实原著的同时，对目标读者不熟悉的部分中国语言文化现象进行了整合和重构，通过有意误读打通了中英语言文化间的重重壁垒，从而做到了更深层次的忠实，极大地提高了译本的接受效果，也给后世的中国文学英译以一定启示。翟理斯的"误读"在彼时英国社会语境下具有合理性，其得失对当下中国文学走出去也具有借鉴意义。

　　* 原载于《东方翻译》2017年第3期，原文题目为《文学外译的误读与阐释——以翟理斯的〈聊斋志异〉英译为例》，收录于本书时有修订。

　　** 翟理斯虽然早在1935年就已经去世，但他与当代日益繁盛的中国文学外译的关系十分密切，我们在讨论中国文学的对外传播时也往往会以他为参照，故将之纳入考量。

　　*** 朱振武，博士，二级教授，博导，作家，翻译家，上海师范大学比较文学与世界文学国家重点学科负责人，上海市世界文学多样性与文明互鉴创新团队负责人，国家重大项目"非洲英语文学史"首席专家和国家重点项目"汉学家中国文学英译的策略与问题"首席专家。

　　**** 杨世祥，上海外国语大学英语文学文化与翻译博士生。

　　《聊斋志异》（以下简称《聊斋》）这部写鬼写妖的奇书可谓尽人皆知，国内如此，域外亦然。仅以英语世界而论，《聊斋》就有包括全译本和节译本在内的近 20 个译本，其中以翟理斯①（Herbert A. Giles，1845—1935）的《聊斋志异选》（*Strange Stories from a Chinese Studio*，1880）读者最众，流传最广，影响最大。以改编形式收入各种选集的单篇故事更是数不胜数。② 无论是达官显贵，还是市井妇孺，对这一来自中国的"奇异故事"（Strange Stories）都耳熟能详。近百年来，《聊斋》始终是西方汉学界最为关注的作品之一。

　　与《聊斋》在英语世界的声名远扬相对应的，则是其译者翟理斯的门庭冷落。以翟理斯为代表的一批翻译家，为《聊斋》这部中国文学名著的"走出去"以及在西方语境的经典化做出了不可磨灭的贡献，而在当下众声喧哗的翻译学界，关于翟理斯的研究可谓冷冷清清。屈指可数的几篇研究《聊斋》翟译本的论文几乎无一例外都对其颇有微词，乃至口诛笔伐。究其原因，无非翟译本中出现的大量"误读"，忤逆了被译界一贯奉为圭臬的"忠实"原则。有论者称"翟理斯对原文的改动非常之大，是名副其实的改写"，以此指责翟译本未能忠实传达中国文化。还有论者认为翟理斯为了迎合欧洲读者的阅读期待，对蒲松龄寄于文本中的思想意识讳莫如深，扭曲了《聊斋》作为"孤愤之书"的固有文本形象，使译本充斥着东方异域国度的魔幻色彩和野蛮落后，"隐含着服务于西方帝国扩张的意

---

　　① 关于 Herbert A. Giles 的汉名，目前中文学界尚无统一说法。中国社会科学院近代史研究所翻译室编撰的《近代来华外国人名词典》中作翟理思，也有研究者依据晚清外交官曾纪泽的《出使英法俄国日记》作翟尔斯。此外，还有翟里斯、翟利士等多种说法。但在翟理斯的译著《古文选珍》（*Gems of Chinese Literature*，1883）的中文序言，作者落款为"岁在奎未春孟翟理斯耀山氏识"；《皇家亚洲文会北中国分会杂志》（*Journal of the North China Branch of the Royal Asiatic Society*）上刊登的翟理斯讣告上也使用了"翟理斯"。因此，可推断其汉名应为翟理斯。笔者在搜集关于翟理斯的研究成果时，将上述几个汉名均作为关键词进行检索，以确保不致遗漏。
　　② 关于《聊斋志异》在英语世界的译介与传播情况，可参见朱振武、杨世祥发表于《蒲松龄研究》2015 年第 1 期上的《〈聊斋志异〉在英语世界的百年传播（1842—1949）》与 2016 年第 1 期上的《建国后〈聊斋志异〉在英语世界的传播及其启示》。

识形态"①。事实上,文学翻译是戴着枷锁的舞蹈,而译者身负的枷锁不仅仅是跨越语言障碍进行美学重构的困难,更是跨越不同文化与思维方式之间的鸿沟的困难。优秀的译文既要忠实又要创造,产生"误读"在所难免,在翟理斯等文人气质浓厚、重视译文美学价值的翻译家身上更是如此。随着现代译学的演进与发展,翻译研究者越来越注意到翻译不仅仅是语言文字层面的转换,更是始终受到文化语境等超文本因素的制约。"翻译不是在真空中产生的,也不是在真空中被接受的。"② 翻译文学中出现的误读背后有其深厚的文化与历史背景,因此我们在进行翻译评论时,也应将其置于相应的历史和文化语境进行考察,发掘其误读产生的根源所在。实际上,翟理斯的"误读"迥异于真正的错误解读,是其对源语文本的文化意向、典故修辞等各种文化信息的能动处理,与当时英国的社会语境、他个人的文人气质及追求接收效果的翻译目的的紧密相关,是其深思熟虑的结果。正是通过对原语文本这种大胆的"误读"式的叛逆与重构,翟理斯照顾到了 19 世纪末 20 世纪初英国读者的审美趣味,促成了《聊斋》在西方世界的广泛传播并使之成为翻译文学的经典。

一　能指符号的逐意转换

中英两国分居亚欧大陆的东西两侧,地理、历史和文化的差异导致汉英两种语言在语词、语法结构和思维模式上出入较大,而《聊斋》所使用的古朴典雅的文言语言与英语文法的差异更是不啻天渊。蒲松龄的作品是古代中国文化的厚重积淀,各种文言语汇、习语等具有中国文化特色的词语如何转化才能为读者所接受,成为摆在译者面前的难题。在《聊斋》的翻译中,翟理斯始终秉承便于读者接受的翻译策略,并不追求字面意义上的简单对等和机械一致,换言之,即

---

① 曾婳颖:《〈聊斋志异〉还是〈来自一个中国书斋的奇异故事〉》,《广东外语外贸大学学报》2010 年第 2 期。

② Susan Bassnett, Andre Lefevere, *Constructing Cultures*: *Essays on Literary Translation*. Shanghai: Shanghai Foreign Language Education Press, 2001, p. 3.

没有逐字（word by word）翻译，而是逐意（thought by thought）翻译，较多地使用"释译"的翻译方法，用英语中最为贴切的表达，对原文的语言信息进行解释和重构，有意"误读"，"得其意"而"忘其言"，使译文更为流畅可读。

【例1】

【原文】莲曰："病入膏肓，实无救法。姑来永诀，以明非妒。"①

【译文】"When the disease has reached such a pitch as this，" replied Lien-hsiang，"there is very little to be done. I merely came to bid you fare-well，and to clear up your doubts about my jealousy."②

"病入膏肓"典出《左传·成公十年》："疾不可为也，在肓之上，膏之下，攻之不可，达之不及，药不至焉，不可为也。"③ 古人以心尖脂肪为膏，心脏与隔膜之间为肓，膏肓之间，药力不达，病入膏肓即无药可救。若将"膏肓"照字面译出，英语普通读者显然难以理解陌生的中医药理，只会觉得不知所云。翟理斯使用"释译"的方法，将含有中医文化特色的词语进行转换和解释，译出了成语的深层含义。当然，这里我们也不难看出，除了"病入膏肓"运用了释译法外，其他译文都是非常忠实于原文的。

【例2】

【原文】生追出，提抱以归，身轻若刍灵。（蒲松龄，1962：227）

【译文】Sang ran after her and carried her back in his arms，finding her no heavier than so much straw.（Giles，1926：111）

"刍灵"也是一个具有鲜明中国传统文化特色的词汇，指用茅草扎成的人马，为古人送葬之物。《礼记·檀弓下》记载："涂车刍灵，

---

① 蒲松龄：《聊斋志异会校会注会评本》，中华书局 1962 年版，第 224 页。本文中《聊斋志异》的引文均出自此版本，以下引用随文标明页码，不再一一详注。

② Herbert A. Giles，tran.，*Strange Stories from a Chinese Studio*，Shanghai：Kelly & Walsh，1926，p. 109. 翟理斯《聊斋》译本初版于 1880 年，出版商为 T. 德拉律出版社（Thos. de la Rue），本文所引用之英译文均出自 1926 年由上海别发洋行（Kelly & Walsh）出版的修订本，以下引用随文标明页码，不再逐一详注。

③ （晋）杜预注，（唐）孔颖达疏：《春秋左传正义》，北京大学出版社 1999 年版，第 743 页。

自古有之，明器之道也。"此处郑玄注云："刍灵，束茅为人马，谓之灵者，神之类。"① 另有清人孙希旦集解云："涂车刍灵，皆送葬之物也。"即使是当今的中国人，除古典文学学者外，也鲜人有知刍灵为何物，更遑论和中国文化隔阂极深的异域读者。翟理斯以稻草代替刍灵，看似忤逆了"忠实"，对中国文化信息有所舍弃，但实则做到了对读者的"忠实"，提高了译文在目标语读者中的可接受性。

【例3】

【原文】不图虚有其表！以貌取人，毋乃为天下笑乎！（蒲松龄，1962：1590）

【译文】Alas, your qualifications are on the outside; should I not thus be a laughing-stock to all?（Giles, 1926：204）

"虚有其表""以貌取人"和"为天下笑"都是使用频率很高的汉语成语，但要简洁明了地向英语读者传达其含义委实不易。翟理斯并未逐词直译以求表面的"忠实"，而是使用释译的策略，以两个地道的名词短语取代读者所陌生的汉语成语，既得其意，又做到了行文简洁流畅，不赘一词。类似的佳译在翟译《聊斋》中俯拾皆是。如将"小学诗礼"译为"not to neglect her studies"（Giles, 1926：73）。诗礼指《诗经》和《礼记》，后泛指教育修身。若直接翻译，势必要向英语读者解释两部汉文化经典为何物，影响译文的可读性。翟理斯以"studies"代替"诗礼"一词，忘其言而得其意，不失为合适的翻译策略。

"得意忘言"的运用还表现为译者对书名的翻译。一般认为，"聊斋"是蒲松龄的书斋，而"聊"字又有多重解读，可解做"言谈"，蒲松龄好友、清初文坛领袖王士禛即将聊字释为"姑妄言之"。②"聊"又有"姑且"和"寄托"意。因此，"聊斋"可以解读为蒲松龄于百无"聊"赖之中，"聊"狐谈鬼，"聊"以自娱，"聊"

---

① （汉）郑玄：《礼记正义》，上海古籍出版社1990年版，第179页。
② 王士禛赠蒲松龄诗《戏书蒲生〈聊斋志异〉卷后》云："姑妄言之姑听之，豆棚瓜架雨如丝。料应厌作人间语，爱听秋坟鬼唱时。"将"聊"字解读为"姑妄言之"。

表寸心之书斋。显然不可能有一个与之对应的英语词语能完全传达出"聊"字的丰富蕴意。翟理斯在标题译名的选择上也颇费一番周折，可谓"一名之立，旬月踟蹰"。在翟理斯之前，美国传教士卫三畏（Samuel W. Williams，1812—1884）和英国外交官梅辉立（William F. Mayers，1831—1878）曾向英语世界介绍过《聊斋》，分别将书名译为 *Pastimes of the Study* 和 *The Record of Marvels，or Tales of Genii*；而翟理斯先后予以否定，认为二者过于狭隘，《聊斋》一书包罗万象，远远不只是书斋中的"消遣"或对"精灵鬼怪""异事奇谭"的记述。对于翟理斯而言，他译《聊斋》是为了"增加我们对中国这一庞大帝国之礼仪风俗和社会面貌的了解"（Giles，1926：xiv）。基于自己的翻译目的，翟理斯没有将题目逐字对译或音译，而是将更为宏大的"中国"字样引入题目，译为 *Strange Stories from a Chinese Studio*，凸显出译者传播中国文化的目的。当代英国汉学家、曾与霍克思（David Hawkes）合作翻译《红楼梦》的闵福德（John Minford），对翟理斯的《聊斋》译名颇为赏识，他将自己的《聊斋》译本命名为 *Strange Tales from a Chinese Studio*，与翟译本仅一字之差。

需要指出的是，虽然翟理斯在处理具有中国文化特色的词语时多用释译，但他在不影响行文流畅时也会使用字面对等的直译，如"牛鬼蛇神，长爪郎吟而成癖"①，翟理斯处理"of ox-headed devils and serpent Gods，he of the long-nails never wearied to tell"（Giles，1926：xiii），并在文下添加注释，对牛鬼蛇神和"长爪郎"李贺进行解释，忠实地再现了汉语词语传达的文化信息，保留了源语异质文化的语言特色，也为读者送上了来自东方的异域风情，将中国文化的独特魅力引入英国，从而为外国读者带来全新的阅读体验。

这种"得意忘言"、多用释译的翻译策略一直贯穿翟理斯翻译生涯的始末，在《三字经》的英译中就可见端倪，如将"人之初，性

---

① "长爪郎"指李贺，李商隐《李长吉小传》载"长吉细瘦，通眉，长指爪"，因此李贺有"长爪郎"之称；其诗风奇谲幻诞，杜牧《李长吉诗序》云"鲸呿鳌掷，牛鬼蛇神，不足为其虚荒诞幻也"。蒲松龄自序云"牛鬼蛇神，长爪郎吟而成癖"，是取典李贺以自喻。

本善，性相近，习相远"译为"Men at their birth/ are naturally good/ their natures are much the same/ their habits become widely different"①。翟理斯将这一用词凝练、言简意赅的蒙学经典释译为平实质朴的文字，虽然在神、意、韵上都与原文有一定距离，但毕竟有效地传达了主要信息，"经受住了时间的考验"，对后世译者的影响较大。的确，正如有学者认为的，翟理斯《三字经》译本语言平淡，丧失了原文的整饬感、节奏感和韵律感，但由于翟理斯的《三字经》译本在当时是做汉语教材之用，其翻译目的决定了译文要承担解字识文的任务，成为学习者理解语义的工具，因此对其语言张力和文学色彩不宜苛求。

释译的翻译方法被很多西方翻译家广为运用，如葛浩文（Howard Goldblatt）将《师傅越来越幽默》的标题翻译为 *Shifu，You'll Do Anything for a Laugh*②，不拘泥于文本表层含义的直译，而是准确地把握了原文的精髓和意味，易表存真，意表皆出。又如葛浩文将"扭转乾坤"译为"reverse the course of events"，将"造孽还是积德"译为"（he was）a Sinner or a Saint"，霍克思将"得陇望蜀"译为"one conquest breeds appetite for another"，避开了"乾坤""造孽""积德""陇蜀"等深奥的中国传统文化信息，利用创造性误读对原文信息进行整合重构，为读者清除了阅读障碍，深得"得意忘言"的精义。

"得意忘言"语出《庄子》："言者所以在意，得意而忘言。"③钱锺书先生在《管锥编·周易正义》中论述体用之名时，对与"用"相对应之"质""形""能""力""体"等等内涵的不同语词一一遣幽发微，并指出"异名同义，所贵得意忘言"④。在翻译活动中，这种"得意忘言"的深层忠实尤为重要。文学翻译是两种文学和文

① Herbert A. Giles, tran., *Elementary Chinese*：*San Tsu Ching*，Shanghai：Kelly & Walsh，1918，p. 1.

② Goldblatt H.，tran.，*Shifu，You'll Do Anything for a Laugh*，New York：Arcade Publishing，2011，p. 1.

③ （战国）庄周：《庄子集解》，（清）王先谦集解，中华书局1987年版，第244页。

④ 钱锺书：《管锥编》，生活·读书·新知三联书店2000年版，第19页。

化传统相互作用的结果，中外各民族在文化传统、思维方式和语言结构之间的差别之大毋庸讳言。作为语言的艺术和文化的载体，文学作品经过转换之后，其"文学性"必发生微妙的转变。译者在将原著转化为目的语时，不可能将原文本的民族文学特色和作者的个人特色悉数传达，而只能通过各种翻译策略，将原文本的文学文化传统以个人特色融入译作，使译文的语言达到译入语之文学语言的审美标准，为读者真实传达文本之意。翟理斯对原文本的艰涩处进行解释性翻译，看似失落了中国文化，实则凿通了汉英语言间的壁垒，为读者提供了便利，也增进了译文的可接受性。

二　文化意象的异质重构

众所周知，由于生存环境、宗教传说、历史传统和思维模式的差异，每个民族都在历史的进程中形成了自己固有的文化传统，产生了一系列独特的文化意象。它们重复出现于文艺作品中，具有约定俗成的文化含义，甚至带有深远的联想意蕴，成为民族的文化符号。文化意象在文艺审美中的作用几乎不言自明，《周易·系辞》中就有"立象以尽意"[1] 之言，"象"与"意"在中华文化系统中是交融共生的统一关系，不能正确领会意象的指涉意义，作品的理解与审美也就无从谈起。"文化发展在历史进程中所形成的特定文化标示性词语是翻译进程的主要障碍之一"[2]，翻译中很容易导致意义的歪曲与失落，给读者造成阅读障碍。文化意象翻译的困难，主要在于理解"象""言"和"意"的关系。魏人王弼的《周易略例》中对象、意和言的辩证关系做出了精辟的阐释。

言生于象，故可寻言以观象；象生于意，故可寻象以观意。

---

① 宋祚胤：《周易注译》，岳麓书社 2001 年版，第 342 页。
② 朱振武、杨世祥：《文化"走出去"语境下中国文学英译的误读与重构——以莫言小说〈师傅越来越幽默〉的英译为例》，《中国翻译》2015 年第 1 期。

意以象尽，象以言着。故言者所以明象，得象而忘言；象者，所以存意，得意而忘象。……存言者，非得象者也；存象者，非得意者也。象生于意而存象焉，则所存者乃非其象也；言生于象而存言焉，则所存者乃非其言也。[①]

　　在跨文化的翻译活动中，由于语言和文化的差异，如果按照字面含义对文化意象进行直译，就会导致意象的歪曲与失落。如因"柳"与"留"字音似，故而古人有折柳送别的传统。在中国文化语境下，"柳"字氤氲着离情别绪，如果"存象"，将柳译为 willow，英语世界读者势必无法领会其中深远的文化意义，以致"忘意"，违背了翻译的宗旨。在经学家看来，"言生于象，象生于意"，象与言都是意的载体，阐释经典的过程中最重要的是把握"象"与"言"的背后所蕴含的意义，"象"与"言"只是理解"意"的途径和工具。在进行翻译时，重要的是把握意象的"意"，并以目标语语境中的"象"与"言"对之进行重构。对文化意象进行翻译时，翟理斯往往采用意象替代的创造性误读方式，以英语语境中已有的与之相通或相近的意象替代读者所不易理解的汉语意象，"立他象以尽原意"，达到翻译的跨文化交流目的。

　　【例4】

　　【原文】生意友人之复戏也，启门延入，则倾国之姝。（蒲松龄，1962：220）

　　【译文】And Sang, thinking their friends were at their old tricks, opened it at once, and asked her to walk in. She did so; and he beheld to his astonishment a perfect Helen for beauty. （Giles，1926：106）

　　"倾城之姝"典出《诗经·大雅·瞻卬》中的"哲妇倾城"句。周幽王宠幸绝代佳人褒姒而荒废朝政，最终导致亡国，其中的"倾城"一词在中国文化中自此与女性结缘。又据《汉书·外戚传》载，汉武帝的乐官李延年为了向武帝举荐妹妹，向武帝献歌："北方有佳

----

　　① （魏）王弼著，楼烈宇校释：《王弼集校释》，中华书局1980年版，第19页。

人，绝世而独立。一顾倾人城，再顾倾人国。宁不知倾城与倾国？佳人难再得！"此后"倾城"二字频繁地出现于中国古代诗文作品中，形容女子美貌绝伦，如唐白居易诗《李夫人》："人非木石皆有情，不如不遇倾城色。"如果逐字直译，对此典故一无所知的英语读者只会觉得不知所云。翟理斯在这里巧妙地移花接木，取典荷马史诗中倾覆特洛伊城的美女海伦，表达了原文中同样的内容。

【例5】

【原文】生叹曰："羁旅之人，谁作曹丘者？"（蒲松龄，1962：58）

【译文】"Alas!" Said Kung, "Who will play the Maecenas to a distressed wayfarer like myself?"（Giles，1926：22）

"曹丘"一词也属于中国的文化典故，典出《史记·季布栾布列传》。曹丘是汉初楚地人，他逢人便宣传"得黄金百斤，不如得季布一诺"，因此季布信守诺言之名天下尽知。后世遂以曹丘作为引荐者的代称。对于英语世界读者而言，曹丘无疑是陌生的，因此翟理斯以梅塞纳斯（Maecenas）替换曹丘。梅塞纳斯是罗马帝国皇帝奥古斯都（Gaius Octavius Augustus）的王储，以乐于资助诗人和艺术家闻名于世，大诗人维吉尔（Virgil Maro）和贺拉斯（Horace 或 Quintus Horatius Flaccus）都曾蒙他提携，他的名字在西方是文学艺术赞助者的代名词。引荐人曹丘与赞助者梅塞纳斯虽一中一外，但对于荡堕无依、羁旅天涯的落魄书生来说，二者之间大同小异，几乎对等。

【例6】

【原文】生曰："我癖于曲蘖，而人以为痴；卿，我鲍叔也，如不见疑，当为糟丘之良友。"（蒲松龄，1962：217）

【译文】"Oh," replied Ch'e, "I am not averse to liquor myself; in fact they say I'm too much given to it. You shall play Pythias to my Damon; and if you have no objection, we'll be a pair of bottle-and-glass chums"（Giles，1926：104）.

鲍管之交是中文语境下与"伯牙子期，高山流水"齐名的友情典范。《史记·管晏列传》载，鲍叔牙欣赏管仲的德行与才干，并向齐桓公推荐时为阶下囚的管仲为相，管仲也以之为莫逆，曾感叹："生我者父母，知我者鲍子也！"后世遂以"鲍叔"作为知己的代言词。蒲松龄借用管鲍的典故形容车生与狐妖的知交。翟理斯用古希腊罗马传说中的皮西厄斯（Pythias）和达蒙（Damon）来替换"管鲍"的意象。皮西厄斯因触犯国王而被判死刑，他希望临刑前返乡探望父母亲朋，他的挚友达蒙挺身而出，愿意代皮西厄斯服刑受押。刑期到来，即将处决达蒙之际，皮西厄斯如期归还。国王被他们的友情和信义感动，赦免了皮西厄斯。古罗马著名演说家西塞罗（Marcus Tullius Cicero）曾把皮西厄斯和达蒙誉为莫逆知交的典范。1564 年英国剧作家爱德华兹（Richard Edwards）据此传说创作了《达蒙与皮西厄斯》（*Damon and Pythias*）一剧，歌颂了二人真挚深厚的友谊，这一故事随之在英国家喻户晓。翟理斯将管鲍之交替换为西方语境中生死之交的典故，在做到忠实原文意义的同时，将源语意象转化为目的语读者耳熟能详的人物形态，提高了译本的可读性。

以英语语境中的文化意象替换读者所不熟悉的中国典故，对原文进行"有意误读"的重构，是翟理斯的惯用手法，在翟译《聊斋志异选》中俯拾皆是，不胜枚举。如翟理斯将《聊斋》首篇《考城隍》的标题翻译为 *Examination for the Guardian Angel*，以西方宗教中的"守城天使"替换中国的城隍。此外，他还在四个故事的标题翻译中直接使用了西方典故，分别为《太原狱》（*Another Solomon*）、《折狱》（*A Chinese Solomon*）、《孙必振》（*A Chinese Jonah*）和《贾奉雉》（*A Rip van Winkle*）。意象替换也是其他西方汉学家常用的翻译策略之一，如霍克思将《红楼梦》第五回的曲词《虚花悟》之末句"闻说道，西方宝树唤婆娑，上结着长生果"译为"Yet this I know is true：In paradise there grows a precious tree，which bears the fruit of immortality"①，以基督文化背景中的 paradise 和 fruit of immortality 替换佛道概念"西方"和"长生果"，同样暗示惜春日后心灰意懒，看破红尘，

① David Hawks and John Minford，trans. ，*The Story of the Stone*，London：Penguin Books Ltd. ，1986，p. 143.

逃避现实而"独卧青灯古佛旁"的悲情。通过替换意象，译者跨越了文化语境，另立他象以尽原意，弥合了由于文化传统、宗教传说等差异带来的理解困难，符合西方读者的审美情趣，让英语世界读者一看即懂。

三　意识形态的适当把控

《聊斋》不仅是一部蕴含着丰富中华文化信息的狐鬼小说集，也是一部情欲之书，亲狎缱绻的露骨描写随处可见。中国传统的儒家文化持"温柔敦厚"的教化观，强调节制情欲。虽然蒲松龄语子所不语，搜狐谈鬼，汇集成编，但是他自幼接受的教育和社会意识的影响仍然约束着他的性情和意志，使他"不得不把热烈的追求和渴望隐埋在心里深处，只能通过文学创作自觉不自觉地有所表达"。那种"隐藏在深处、欲说不便、欲罢不能的原发性需求"，也即情欲，只能通过"非现实的、幻化的构思方式和表现手法"① 投射于作者的创作之中，成为《聊斋》性描写的滥觞。而翟理斯所处的维多利亚时代由于清教禁欲主义盛行，所以他的《聊斋》译本非常"干净"。他对原文中的性描写、偶有出现的生殖器官甚至青楼、厕所等"不洁场所"都进行了比较彻底的删改，尽量用委婉的方式表达，对原文内容显然进行了有意误读和"洁化"。在《莲香》等篇目的翻译中，这种"洁化处理"表现得淋漓尽致。

【例7】

【原文】惊问所来，曰："妾莲香，西家妓女。"埠上青楼故多，信之。息烛登床，绸缪甚至。自此三五日辄一至。（蒲松龄，1962：220）

【译文】Asking her whence she came, she replied that her name was Lien-hsiang, and that she lived not very far off, adding that she had long been anxious to make his acquaintance. After that she used to drop in every

---

① 朱振武：《〈聊斋志异〉的创作心理论略》，《文学评论》2001 年第 3 期。

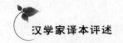

now and again for a chat. (Giles, 1926：106)

《莲香》是《聊斋》中的名篇，写桑生与狐女莲香、鬼女李氏的"三角恋"故事。桑生是作者"本我"在作品中的投射，身为落魄书生，得莲、李二女垂青，愿荐枕席。文中旖旎缠绵处不少。在蒲松龄的原文中，莲香自称西家妓女，夜适桑生书斋与之欢好；而在翟理斯的译文中，妓女、青楼的字样均被修饰，二人"息烛登床，绸缪甚至"的亲狎描写也被译者从略。不仅如此，李女与桑生欢好时"罗襦衿解，俨然处子"、李女的表白心迹"妾为情缘，葳蕤之质，一朝失守。不嫌鄙陋，愿常侍枕席"、莲香照顾桑生时"夜夜同衾偎生；生欲与合，辄止之"等语，在翟译本中尽付阙如。如此一来，桑生与莲香、李女就变成了友人关系，原文"三角恋"的故事线索也丧失了本来面貌，变成一个令人费解的人鬼狐互为知交、隔世重逢的故事。类似的情况不仅出现在《莲香》一文中，翟理斯对《聊斋》中所有的性描写都进行了彻底的改写，如《画壁》中：

【例8】

【原文】女回首，举手中花，遥遥作招状，乃趋之。舍内寂无人，遽拥之，亦不甚拒，遂与狎好。既而闭户去，嘱勿咳……（蒲松龄，1962：15）

【译文】But the young lady, looking back, waved the flowers she had in her hand as though beckoning him to come on. He accordingly entered and found nobody else within. Then they fell on their knees and worshiped heaven and earth together, and rose up as men and wife, after which the bride went away, bidding Mr. Chu keep quiet until she came back. (Giles, 1926：7)

原著中两人幽会私通的场景，被翟理斯处理为男女对拜天地结为夫妻的仪式，对比原文乍一读来，令人啼笑皆非。又如《胡氏》中：

【例9】

【原文】主人适登厕，俄见狐兵张弓挟矢而至，乱射之，集矢于臀。（蒲松龄，1962：303）

【译文】The foxes, however, soon reappeared, armed with bows and

arrows, and succeeded in shooting the master of the house in the back.
(Giles, 1926：158)

原文中的"登厕"在译本中被删去，"臀"也被修改为"背"
（back），如此等等，不一而足。翟理斯对原文中性爱情欲描写的删改
是国内论者最为诟病的一点。但如果把这种"不忠实"的"误读"
置于19世纪末英国的社会语境，就会发现翟理斯的深层考虑。

翟理斯所处时代的英国，清教禁欲主义占统治地位，对"性"的
话题讳莫如深，男女之间必须恪守严苛的行为规范，不能有丝毫逾
矩。清教的伦理道德规范作为一种传统已经内化到译者的潜意识，作
为一种"集体无意识"支配着他的翻译行为。所以翟理斯才会在称
赞蒲松龄文笔典雅优美的同时，认为《聊斋》故事中"有大不宜于
当世者，其文低俗粗鄙，颇似18世纪本国庸俗小说家之貌"（Giles,
1926：xxi）。所谓"大不宜与当世"的"低俗粗鄙"之文，自然是指
维多利亚社会认为"有伤风化"的情欲文字。翟理斯选择删改原作
中的性描写，是译者本人的意识形态与接受语境社会意识形态相互作
用的结果，是"因道害文"的体现。虽然这样使译文和原文的"主
题思想不符"，"削弱了原作的思想和批判力度"①，但从实际的接受
效果上看，这样的翻译策略在当时的语境下不失为明智之举。同一时
期，劳伦斯的小说《查莱特夫人的情人》因其色情描写而受到猛烈
的抨击和批评，一度遭官方查禁30余年。如果翟理斯将《聊斋》中
的情欲描写照实译出，其结果可想而知。事实上，不仅仅是中国文学
西渐，就连莎士比亚作品东传的过程中也出现过类似的案例。前辈翻
译家方平先生评介谢天振先生的《译介学》时，就曾指出朱生豪译
《罗密欧与朱丽叶》中的一处"误读"。

他要借你做牵引相思的桥梁，可是我却要做一个独守空闺的
怨女而死去。

---

① 余苏凌：《翟理斯英译〈聊斋志异〉的道德和诗学取向》，《天津大学学报》（社会
科学版）2011年第5期。

　　方平先生指出译文中的矛盾所在——思想本身即可自由飞翔，何须软梯中作津梁呢？

　　莎翁的原文如下：

He made you a highway to my bed；
/ But I, a maid, die maiden-widowed.

方平先生的译文如下：

他本来要你做捷径，登上我的床，
/可怜我这处女，活守寡，到死是处女。①

　　原来软梯并非"牵引相思的桥梁"，而是"登上闺床的捷径"，但在中国的语境下，幽会欢合的大家闺秀又怎能说出"登上我的床"这样直白的话呢？因此，在传统礼教文化的约束下，朱生豪将"床"改为得体得多的"相思"，顾不得因而产生了不经推敲的语病。

　　而随着时代语境的变迁，当代翻译家往往采用与翟理斯截然相反的翻译策略，对汉语原著中的性描写进行修饰增润，形成了另一种"误读"，如葛浩文译的莫言小说中多存在这种现象。莫言本人对此也予以认同："因为我知道，一个美国人在性描写方面，总是比一个中国人更有经验。"②无论是当年翟理斯的谨小慎微，还是如今葛浩文的刻意渲染，实则都以译本的接受为目的，都反映了彼时社会意识形态对翻译行为的制约。

　　除对性爱描写的删除外，翟译本的另一个特色是删去了文后的评论性文字"异史氏曰"。"异史氏曰"是蒲松龄以司马迁自寓，效仿《史记》中的"太史公曰"而写的评论性文字，对故事的现实意义进

----

　　① 方平：《翻译文学：争取承认的文学——喜读谢天振教授新著〈译介学〉》，《中国比较文学》1999 年第 2 期。剧中朱丽叶盼着夜色降临，将一条软梯置于窗前，让罗密欧在流亡之前能爬进她的闺房与之缠绵一晚。朱译中的"他"和莎翁原文中的 He 均指软梯。
　　② 莫言：《我在美国出版的三本书》，《小说界》2000 年第 5 期。

行总结，起到了升华全文的作用。《聊斋志异》共有故事 491 篇，其中 194 篇有"异史氏曰"，翟理斯选译的 164 篇故事中，也有 67 篇有"异史氏曰"。翟理斯删去了 62 篇故事的"异史氏曰"，余下的 5 篇中"异史氏曰"也多被大幅删减。这一翻译策略首先是由于翟理斯本人出身文人世家，追求文笔优雅，不喜直接的说教，而是寓教于文，让读者自己领悟；其次是这种做法是为了使译文符合当时英国小说的主流叙事模式。维多利亚时期的小说家已经摒弃了菲尔丁（Henry Fielding）所惯用的"插入性评论"，亨利·詹姆斯（Henry James）更是"提出了'作者隐身'的主张，对作者或叙述者在各种场合'插话'指导或讨好读者的做法，提出了尖锐批评"①。《聊斋志异》后加入评论性文字与英国主流诗学主张不符，更与读者的阅读习惯相悖，故翟理斯选择删去。对此有学者已做过详细论述，但对之持否定态度，认为如此一来"使故事的深层意义和作者意图难以彰显，削弱了故事的现实意义和道德警示意义"②。

其实，仔细分析当时英国的文学态势，我们会发现翟理斯做法的合理内涵。翟理斯所处的 19 世纪末 20 世纪初是英国文学自足的时期，仅以小说而论，就有狄更斯、乔治·艾略特、萨克雷、勃朗特姐妹、盖斯凯尔夫人等文学巨匠笔耕不辍，佳作累累，哈葛德、柯南·道尔等通俗小说家也以惊险刺激的冒险和侦探小说获得了大批读者的青睐。民众对翻译过来的外国文学的需求并不高。换言之，翻译文学处于"文学多元系统"的边缘地位。在此情况下，翻译文学要想在本国文学作品占主导的文学系统中获得接受，翻译策略就要强调其"可接受性"，往往"套用本国文学中现成的二级模式"③。对原文本进行一定的修删，使之符合接受语境的主流诗学范式，是翻译文学处

① 余苏凌：《翟理斯英译〈聊斋志异〉的道德和诗学取向》，《天津大学学报》（社会科学版）2011 年第 5 期。
② 余苏凌：《翟理斯英译〈聊斋志异〉的道德和诗学取向》，《天津大学学报》（社会科学版）2011 年第 5 期。
③ ［以色列］伊塔马·埃文－佐哈尔：《多元系统论》，张南峰译，《中国翻译》2002 年第 4 期。

于边缘地位时的一般规律，有利于译本的接受。翟理斯的翻译策略在当时的语境下是合理且明智的。在英语世界对中国的了解少之又少时，若盲目追求译介内容的全面和深度，只会适得其反，损害译本的接受情况。根据接受美学的观点，文本是解释的产物，而不是解释的客体，换言之，没有读者的参与和解读，文本就只能是废纸一堆。在翻译文学的语境下，译作必须在目标语境中得以接受并阐释，才有存在的价值。若做到了"忠实"但无人问津，翻译过去又何用之有？

四 结语

清季以降，中国系统地了解、学习西方文化已有百年历史，而西方对中国文化的需求并不迫切。时至今日，西方对中国较为全面深入的了解还只是刚刚起步，翟理斯时代的英语世界对中国更是所知甚少。异域文化进入本土文化的早期，必然处于从属、依附的边缘地位，如佛教最初传入中国时往往采用"格义类比"等方法援引道家思想解释佛经著作，译经大师鸠摩罗什甚至还采用道家的名词术语"有""无""无为""有为"来表达佛家的思想。[①] 早期的文学翻译往往带有大幅度的删节改编，如严复、林纾时期的译者公然宣称"译者宜参以己见，当笔则笔，当削则削耳"[②]，梁启超等人更是祭出可以随意增改删的"豪杰译"大纛。因此，以"不忠实"之语诟病翟理斯的译本显然是有失公允的。翟理斯在中国文学尚未进入西方主流世界的19世纪，筚路蓝缕，将中国古典文学的瑰宝引入英语世界，既为中国文学走出去做出先驱贡献，又丰富了英国文学传统中的翻译文学经典，将中国特质文化融入英语文化，其贡献不容忽视。正如美国东方学家贝特霍尔德·劳费尔（Berthold Laufer）所说，"即使翟理斯教授只留下此一本译著，我们也要向他致以永久的谢忱"[③]。他的

---

① 冯友兰：《中国哲学简史》，江苏文艺出版社2010年版，第224页。
② 谢天振：《译介学》，上海外语教育出版社1999年版，第63页。
③ Berthold Laufer, "Reviewed Work（s）: Strange Stories from a Chinese Studio by Herbert A. Giles", *The Journal of American Folklore*, Vol. 39, 1926, p. 90.

译本固然有"误读"的成分，但恰恰通过有意"误读"，忘言而得意，立象以尽意，因道而易文，凿通了汉英语言、文化和审美习惯上的壁垒，做到了深层次的忠实，使《聊斋》融入了彼时英国的社会语境，在异域焕发出新的生机。

经历了一个多世纪风雨飘摇的洗礼和如火如荼的发展，中国走上了崛起复兴之路，中学西渐也走过了 19 世纪末 20 世纪初的开创期，向更全面、系统、深入的方向发展。"文化强国"和"文学文化走出去"战略的提出，更为中国文学的外译和中外文学的交流提供了契机。向世界呈现源远流长的中华文学文化、助力"文化中国梦"成为翻译界和外译机构的首要目标。而同时我们也应该看到，虽然百年之间中外文学交流取得了长足进步，但在当下世界的多元文化系统中，相对于如日中天的西方文化，中国文化仍处于相对边缘弱势地位。在这种语境下，"着眼于'准确性''可读性'与'可接受性'的翻译策略应成为翻译界的共识"①。翟理斯的翻译策略以接受为中心，促进了中华文化的西传，让连绵千年的中华文化在异域焕发新姿，为中国文学"走出去"做出了杰出的先驱贡献。但同时，由于个人性情和时代语境的约束，翟理斯的翻译也有思想、风格不尽忠实的缺憾，需要当下译界研究与反思。作为最早成功"走出去"的中国文学作品，翟理斯的《聊斋》译本仍有深刻的借鉴意义，译界和国家外译机构唯有取其所长，弃其不足，才能推动中国文学真正地走出去。

---

① 胡安江：《中国文学"走出去"之译者模式及翻译策略研究——以美国汉学家葛浩文为例》，《中国翻译》2010 年第 6 期。

阿瑟·韦利的《九歌》译介特色[*]

严晓江^{**}

　　《九歌》是《楚辞》中最具神奇瑰丽色彩的一组抒情诗,也是研究屈原浪漫主义创作风格和现实主义思想的重要篇章。英国著名汉学家、诗人翻译家阿瑟·韦利(Arthur Waley, 1889—1966)首次对其进行了系统翻译,1955 年出版了著作《九歌:中国古代巫文化研究》(*The Nine Songs: A Study of Shamanism in Ancient China*)。这部研究性译著开创了中国古典诗歌英译的新模式,在《楚辞》翻译史和西方汉学史上产生了广泛而深远的影响。韦利运用人类学的方法,以《九歌》为材料追溯中国古代巫文化,突出了《九歌》译介的民俗风貌和宗教内涵。韦利尊重中国文化,但也存在某些曲解和误读,翻译过程中富含创造性成分,译文兼具学术性和通俗性。分析韦利的翻译策略和特色对正确理解《九歌》英译的经典地位至关重要。

一　跳跃韵律　无韵译诗

　　韦利遵循英语诗学规范,体现在译诗的韵律方面。英语诗歌讲究音节,单词由一个或多个音节组成;汉语诗歌注重平仄,一个汉字对应一个音节。诗中有乐,乐中有诗,《九歌》与音乐结合得相当紧

　　* 原载于《中国社会科学报》2016 年 9 月 19 日第 1052 期。
　　** 严晓江,南通大学外国语学院教授,研究方向为翻译学与比较文学,商务印书馆出版的专著《〈楚辞〉英译的中国传统翻译诗学观研究》获江苏省第十五届哲学社会科学优秀成果奖一等奖。

密，适宜歌咏吟诵。将《九歌》的韵律与节奏移入讲究轻重律的译诗并不合适。因此，必须借鉴英语诗歌的表现形式，使译诗也能产生独特的音美效果。基于多年来积累的汉诗英译实践经验，韦利打破了传统英语诗歌讲究格律和押韵的固有模式，创造性地使用跳跃韵律（Sprung Rhythm），并以无韵体翻译，来表现原文跌宕起伏的音美感觉，这是对《九歌》英译的大胆尝试。跳跃韵律由 19 世纪英国诗人杰拉尔德·曼利·霍普金斯（Gerard Manley Hopkins）首创，主要特点是强调重读音节，各诗行重读音节数固定，位置相对灵活，节奏铿锵分明。

使用跳跃韵律体现了韦利"以目标语文化为导向"的翻译理念。他从英语世界读者的认知语境和阅读习惯出发，以一种特殊的语言形式传播中国文化。《湘夫人》一诗中有以下诗句："袅袅兮秋风，洞庭波兮木叶下。"韦利是这样翻译的："Nao, nao blows the autumn wind，// makes waves on Tung-t'ing, brings down the leaves from the trees."译文不拘泥于原文句式，诗行长短不一，黑体字母是重读音节，读起来抑扬顿挫。其中，"袅袅"形象地描绘了秋风吹拂、枯叶飘旋起落的样貌。拟声词"Nao, nao"模拟出秋风的声音，渲染了洞庭湖清秋萧瑟凄凉的气氛，映衬了主人公孤独彷徨、悱恻沉郁之情。由于人们对韵律美的感受相似，跳跃韵律能够起到功能对等的效果。韦利注重诗意和神韵，用跳跃韵律以神统形，平实、简洁的现代英语使《九歌》更容易被理解和接受。

二　文化探源　凸显民俗

韦利博采众长，精研《九歌》，在互文参照中探究《九歌》与中国巫文化的关系。译本除了正文，还包括前言、导论、附录、脚注、尾注以及每首诗歌的评论等副文本，这些阐释性文字是辅助读者深刻理解原文的重要材料。韦利从纵向与横向两方面入手，参考经、史、子、集等文献，分析中国巫文化的内在渊源和发展脉络；同时考察日本、韩国、印度、西亚等中国周边国家和地区的宗教活动，推论异域

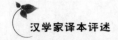

文化对中国巫文化的影响。韦利认为"巫"是沟通凡人和神灵的媒介，人神相和是巫文化的重要特征，并且呈现明显的地域色彩。楚人信鬼好祀，重神厚巫，《九歌》中人与神之间的情感微妙复杂。在楚国巫文化盛行的氛围中，屈原以丰富的想象创造出一个奇谲的虚幻世界，通过求神问巫反复表明自己的优秀德行和美政理想。韦利侧重《九歌》的巫文化溯源，但是在传递思想价值和道德境界等方面存在淡化现象，某些翻译往往难以透彻地再现诗人的创作意旨和原文的政治隐喻意义。

大卫·霍克思《九辩》英译析评[*]

严晓江[**]

在先秦辞赋创作中，通常屈、宋并称，但后人对宋玉的生平事迹知之甚少。宋玉是仅次于屈原的楚地辞赋大家，其代表作《九辩》堪称中国文学史上悲秋之作的滥觞。这首长篇抒情诗沿袭了《离骚》抒情写志的风格，在写作手法等方面进行了一些重要创新，呈现骚体向赋体过渡的某些特征。诗人将一个贫士在深秋时节离乡游宦、惆怅彷徨的心境刻画得淋漓尽致，引发了历代不少落魄失意、怀才不遇的文人雅士的共鸣。《离骚》《九辩》等作品被收录在《楚辞》中，西方汉学家和中国翻译家都翻译过《楚辞》的若干篇目，但有关《九辩》的英译以及研究的深度和广度显然不如《离骚》。《离骚》诞生于南楚巫文化与战国士文化的转折时期，《九辩》创作于楚辞文化的衰落阶段。"楚辞在失去它的文化母体之后，宋玉以他的《九辩》为楚辞在新的文化环境中的生存与发展开辟了一条新路，这就是《九辩》的特殊价值。"[①] 英国著名汉学家大卫·霍克思（David Hawkes，1923—2009）以汉代王逸《楚辞章句》所辑篇目为底本进行了翻译，1959 年出版了《楚辞：南方之歌——古代中国文学选集》，1985 年出

---

* 本文系作者参研的国家社科基金重大项目"东亚楚辞文献的发掘、整理与研究"（项目编号：13&ZD112）的阶段性成果，同时得到江苏省 2014 年度高校"青蓝工程"资助以及南通大学"拔尖人才"基金资助。原载于《国际汉学家》2017 年第 1 期。

** 严晓江，南通大学外国语学院教授，研究方向为翻译学与比较文学，商务印书馆出版的专著《〈楚辞〉英译的中国传统翻译诗学观研究》获江苏省第十五届哲学社会科学优秀成果奖一等奖。

① 陈桐生：《重评〈九辩〉》，《中州学刊》1996 年第 5 期。

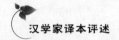

版了修订本《南方之歌——屈原及中国古代其他诗人诗歌选集》，这是欧洲首部完整的《楚辞》英译本，其中包括《九辩》英译文。从这篇英译文特征的碎片中，可以透视霍克思《楚辞》全译本的基本风貌。

一　信守忠实原则，尊重中国文化

译者作为原文欣赏者和译文创作者，必须忠实地再现作者意图和文本内容。忠实并不是亦步亦趋地翻译，而是契合原文的艺术性特征。对文化专有项的处理最能反映译者的文化态度。文化专有项是民族文化遗产不可或缺的组成部分，也是保持原文异质性的核心要素之一。下面以人名翻译和植物翻译为例，分析霍克思如何凸显文化差异性，保留中国文化色彩。

（一）使用音译加注表达富含典故的人名

《九辩》中的一些重要历史人物，诸如申包胥、伯乐、尧舜、宁戚、桓公等人都是宋玉借古讽今的对象。人名翻译不仅是符号转换，还具有传递民族文化信息的功能，应兼顾读音和意义。霍克思凭借丰富的历史背景知识和深厚的汉学修养，参照历代学者的注疏和考据，去粗存精，对人名的历史渊源进行注释，以便目标语读者更加深入地了解相关典故。

【例1】

【原文】窃美申包胥之气盛兮，

恐时世之不固。

【译文】I love the great spirit of Shen Bao-xu,

But fear this present age's unstead fastness. ①

这是诗人暗自赞美楚国大夫申包胥既看重友情更忠诚国家的气概

---

① David Hawkes, *The Songs of the South*：*An Ancient Chinese Anthology of Poems by Qu Yuan and Other Poets*, Penguin Books Ltd. , Harmondsworth, Middlesex, England, 1985, p. 214.

时发出的感叹。宋玉一生主要活动于楚顷襄王时期,他想效法申包胥,为拯救楚国挺身而出。但是,他又认为时世变迁,这种想法只是一厢情愿而已。霍克思用汉语拼音"Shen Bao-xu"翻译人名,并在文后注释中讲述"哭秦庭"的典故:申包胥的昔日好友伍子胥凭借吴国兵力攻打楚国,郢都危在旦夕,申包胥便在秦国城墙外哭了七天七夜,终于感动秦王发兵救楚。① 该阐释突出了申包胥不顾个人安危,大胆向秦王进谏以报效楚国的大义之举。姓名是个人的指称符号和社会符号,与本民族的文化习俗以及历史传统有很大关系。音译与文外加注既可以保留汉语语音特色,又可以揭示其所负载的特殊含义。

【例2】

【原文】无伯乐之善相兮,

今谁使乎誉之。

【译文】But now there is no Bo Le with his good eye for a horse,

Who could be found to judge his worth?②

宋玉虽然有过一段仕途顺利的时光,但很快就遭受排挤。他将这种变化归咎于未被贤明君主赏识,自己的出众才华被埋没了。诗人以齐桓公慧眼识才的例子进行今昔对比,认为如今再也无人能有"伯乐相马"的本领。霍克思仍用汉语拼音"Bo Le"翻译人名,并在文后注释中讲述该典故:伯乐是传说中管理马匹的神仙以及善于识马的人。一天,伯乐看到一匹马拉着盐车在陡坡上艰难行进。待他走近时,马突然昂首嘶鸣。伯乐立即从声音中判断,这匹马英勇骁战,用于拉车实在可惜。③ 深层文化翻译应为表层语言符号提供诠释,"因此我们在语际转换时需要采用一些技术——艺术手段才能达致审美再

---

① David Hawkes, *The Songs of the South*:*An Ancient Chinese Anthology of Poems by Qu Yuan and Other Poets*, Penguin Books Ltd. , Harmondsworth, Middlesex, England, 1985, p. 218.

② David Hawkes, *The Songs of the South*:*An Ancient Chinese Anthology of Poems by Qu Yuan and Other Poets*, Penguin Books Ltd. , Harmondsworth, Middlesex, England, 1985, p. 217.

③ David Hawkes, *The Songs of the South*:*An Ancient Chinese Anthology of Poems by Qu Yuan and Other Poets*, Penguin Books Ltd. , Harmondsworth, Middlesex, England, 1985, p. 218.

现的效果。其中之一是所谓'诠释性铺垫'……"① 文外注释既方便普通读者了解原文的思想内涵，又适合学者进一步深入研究，同时也丰富了译文的文化信息。

（二）使用音译加直译或者直译表达具有隐喻意义的植物

宋玉唯恐年华流逝而仕途不顺，面对萧瑟秋景，消沉绝望，自然景物成了他抒发情志的载体，荷、蕙、梧楸等草木被赋予了丰富情感。"隐喻性实质上就是语言诗性的根源。在诗人不能用透明而清澈的语言直抒胸臆时，就会自觉地借助语言的隐喻性来进行诗性表述。诗人们致力于表达内心情感，却始终摆脱不了对外在物质的指涉。"② 这些草木是言、象、意的结合体。霍克思旨在引导目标语读者因言取象、由象悟意，使他们头脑中出现的形象以及产生的联想接近于源语读者的阅读感受。

【例3】

【原文】白露既下百草兮，

奄离披此梧楸。

【译文】The white dew has fallen on the hundred flowers,

The tong and catalpa trees will soon grow thin and bare. ③

宋玉所处的时代，君王昏庸，权臣枉法。在强秦不断进攻下，楚国风雨飘摇，濒临灭亡。内忧外患正是诗人悲秋之作产生的历史背景。汉语拼音"tong"表示"梧桐"，其根深叶茂，雌雄同株。雨落梧桐，催人哀愁。"catalpa trees"是指"楸树"，其树冠茂密，枝干挺拔，材貌双全，俗称"木王"。衰黄的树叶纷纷飘离了梧桐和楸树枝头，秋之萧条与悲秋心境彼此映照。恩斯特·奥古思特·格特

---

① 刘宓庆：《文化翻译探索——兼评 David Hawkes 译屈原〈天问〉》，载张柏然、许钧主编《面向 21 世纪的译学研究》，商务印书馆 2002 年版，第 491 页。

② 刘华文：《翻译：寻找另一处精神家园》，《南京大学学报》（哲学·人文科学·社会科学）2001 年第 4 期。

③ David Hawkes, *The Songs of the South：An Ancient Chinese Anthology of Poems by Qu Yuan and Other Poets*, Penguin Books Ltd., Harmondsworth, Middlesex, England, 1985, p. 210.

（Ernst-August Gutt）认为，任何言语交际都是以认知关联为基础的。翻译是一个对源语进行阐释的动态明示过程，评判译文标准的实质是最佳关联性的传递问题。最佳关联性就是话语理解时付出有效努力之后所获得的语境效果。① 虽然中西文化语境不同，但是目标语读者可以根据知识经验推测这些枯败草木所引起的联想，体验诗人坎坷境遇与凄清秋景之间的关系。

【例4】

【原文】以为君独服此惠兮，

羌无以异于众芳。

【译文】I had thought that my lord would only wear these orchids,

But he treated them no differently from any other flower. ②

宋玉曾在朝廷谋职，有过君臣和谐共处的时光，因此被迫背井离乡后还一直对楚王心存希望。没想到楚王将高雅的"惠"视同普通花草，也就是将自己看作平庸之辈。"惠"用"orchids"来表达，喻指脱俗、清廉、忠贞等美好品质。植物隐喻是利用表里双层语义这一模式，使审美主体与审美客体之间保持了一定心理距离。翻译中的适当留白可以激发读者的想象力。人类经验的共通性使得某些植物意象具有互文性特征，"orchids"给目标语读者带来与源语读者相似的联想，"惠"的芳香特点与君子的高洁人格紧密相关。霍克思体物入神，直译架构了客观物象和主观情感之间的关联，比较客观地保存了言外之意所依附的对象，有助于了解原文意象的审美渊源。

二　倾向交际翻译，注重读者接受

文化协商和审美折中是文学翻译的两种属性。译者必须兼顾作者和读者，根据翻译目的选择具体翻译方法。彼得·纽马克（Peter Ne-

---

① Ernst August Gutt, *Translation and Relevance*：*Cognition and Context*，Shanghai：Shanghai Foreign Language Education Press，2004，pp. 190 – 191.

② David Hawkes, *The Songs of the South*：*An Ancient Chinese Anthology of Poems by Qu Yuan and Other Poets*，Penguin Books Ltd. ，Harmondsworth，Middlesex，England，1985，p. 211.

wmark）指出，交际翻译试图使读者阅读译文所产生的效果尽可能地接近源语读者阅读原文所产生的效果。① 翻译的交际功能要求译文具有忠实于原文的可读性。霍克思兼顾中西文化传统和审美旨趣，参照作者意图和目标语读者的认知语境传递信息。

（一）使用直接转换打通中西方社会文化的相似之处

不同民族的社会文化各具特色，但也有一些交叉现象。译者作为文化传播者，既要充分尊重源语文化，又要善于发现异质文化中的共性部分。如果两种文化在某一方面具有相似性，那么就可以在另一种文化中找到相对应的表达。在这种情况下，霍克思运用直接转换，实现社会文化信息交际的功能对等。

【例 5】

【原文】太公九十乃显荣兮，

诚未遇其匹合。

【译文】Duke Tai was ninety years old before he was honoured,

Simply because, before that, he had never met his match. ②

宋玉没有高贵的出身背景和显赫的家世渊源，也没有与黑暗势力竭力抗争的勇气，他对姜太公、申包胥等先贤的丰功伟绩十分钦慕，对自己仕途未能显荣而哀叹，由此联想到姜太公由于未遇明君，直到九十岁才扬名显赫时深有感触。"太公"用"Duke Tai"表达，因为在封建制度下，西方的爵位等级与中国的爵位等级相似，分为公、侯、伯、子、男五等。霍克思在注释中加以说明：姜太公，吕氏，名望，字子牙，年轻时当过屠夫，但始终勤奋钻研治国安邦之道，可是70 岁时还是默默无闻。后来周文王慧眼独具，封他为"太师"。姜太公是周武王克纣的谋划者，也是齐国兵圣以及中国武祖。③ 目标语读

---

① 方梦之：《译学辞典》，上海外语教育出版社 2004 年，第 91 页。

② David Hawkes, *The Songs of the South*：*An Ancient Chinese Anthology of Poems by Qu Yuan and Other Poets*, Penguin Books Ltd. , Harmondsworth, Middlesex, England, 1985, p. 212.

③ David Hawkes, *The Songs of the South*：*An Ancient Chinese Anthology of Poems by Qu Yuan and Other Poets*, Penguin Books Ltd. , Harmondsworth, Middlesex, England, 1985, p. 218.

者由此可以感受"才人迟暮"的落寞和无奈之情。霍克思明晰的"读者意识"使他以中国文化为依归，同时注重挖掘中西方文化在某些方面的相通成分。

（二）使用间接转换迎合目标语读者的认知语境

翻译就是要用最恰切、自然的对等语再现原文信息，而译文的形成又受源语和目标语文化语境的双重制约。原文的语言特征、文化意蕴、美学因素映射于译者的头脑，他们根据自己的知识视野、文化取向、想象视域等对原文文本进行一定改写。霍克思兼顾作者、读者与文本三个要素，适当借用目标语读者熟悉的概念，达到跨文化交际的目的。

【例6】

【原文】窃慕诗人之遗风兮，

愿托志乎素餐。

【译文】I love the spirit of that old poet：

I should like to take as my motto what he said of the "bread of idleness".①

宋玉刚正不阿，洁身自好。面对政治腐败、黑白颠倒的楚国心生忧患，面对奸臣当道、君王无能的状况束手无策。既然建功立业十分渺茫，诗人只有独善其身，愿以简朴的生活方式寄托心志，体现了对个体生命价值的追求。"素餐"用"bread of idleness"表达，意思是"活命粮"。面包是西方人的主食，霍克思抓住了与诗人意图相对应的最佳关联。译文虽然表达地道，但中国的饮食文化色彩已经淡化。翻译的目的是保留异质文化因素，增进不同文化之间的相互了解。如果仅仅满足于表达意思，而忽视美学内涵和文化差异，就会造成文化误解。目标语读者对中国文化的了解和接受是一个渐进过程，一些表达方式在习以为常之后就会逐渐融入自身词汇系统。

---

① David Hawkes, *The Songs of the South：An Ancient Chinese Anthology of Poems by Qu Yuan and Other Poets*, Penguin Books Ltd, Harmondsworth, Middlesex, England, 1985, p. 214.

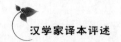

（三）以西方宗教概念比附中国宗教概念

西方汉学家的归化策略虽然能减轻一些阅读负担，但同时制约了原汁原味的中国文化的传播。译者的文化先结构和互文参照或多或少会对翻译产生干扰。霍克思自觉或不自觉地将自己的思想、情感倾注在翻译过程中，用主体文化思维对原文进行阐释，这是偏向于西方文化而对原文进行的改写。对渗透着中华民族宗教信仰的词语，以异化翻译保留中国文化特征更加合适。

【例7】

【原文】属雷师之阗阗兮，

通飞廉之衙衙。

【译文】With rumblings the Lord of Thunder shall bring up the rear,
And the rushing Wind God shall lead the way. ①

《九辩》辞藻丰富，叠字、连绵词的运用较为普遍。宋玉在与君王疏远、效忠无望的情况下，展开丰富想象遨游天界，以求精神超脱，并且为祈祷楚王安然无恙奠定基调。他将起伏变化的情感融合在一种恢宏气势中，任凭自己的思绪号令神奇之物——雷师咚咚敲鼓紧随在后，风伯走在前面开辟道路。霍克思用"Wind God"表达"飞廉"（风伯），这是与基督教有关的形象，目标语读者会以为中国文化里也有西方宗教中的上帝、天国，从而模糊了中西文化差异。宗教译名涉及基督教和中国宗教的概念问题。在注重考虑目标语读者接受心理的同时，应以不违背源语文化的民族性为前提。诸如此类的概念可采取音译加注以突出中国宗教文化特色。

三　遵循英语规范，确保意义优先

在语言形式层面上，译者应考虑英语诗学规范和形合特点。吉

① David Hawkes, *The Songs of the South；An Ancient Chinese Anthology of Poems by Qu Yuan and Other Poets*, Penguin Books Ltd. , Harmondsworth, Middlesex, England, 1985, p. 217.

恩·图里（Gideon Toury）提出预规范和操作规范的问题。预规范是由特定历史时期目标语文化的翻译政策决定的，操作规范是针对翻译过程本身所做的实际决策。[①] 霍克思遵循预规范和操作规范，在某些情况下，翻译表层之失也获得了深层之得，这正是操作规范在翻译实践中的调节功能。

（一）突出诗眼，以虚译实营构意境

诗的意境与诗眼密切相关。"诗而有眼的焦点结构的形成，在于诗人对句式和用字的精审选择，以及对词性、语义的微妙变异和发掘，在以往未可能之处发现了或实现了新的可能。"[②] 诗眼并不一定是华美辞藻，却能在表现诗人的思想和情感时令人震撼。汉语和英语属于不同语系，有各自显化或隐化的方式。霍克思在深刻理解原文内涵的基础上，以提取关键词进行显化翻译，营造诗眼的特殊效果。对于原文中一些写实的表达，则采用模糊化翻译铸情染意。

【例8】

【原文】坎廪兮贫士失职而志不平。

廓落兮羁旅而无友生；

惆怅兮而私自怜。

【译文】Afflicted：the poor esquire has lost his office and his heart rebels；

Desolate：on his long journey he rests with never a friend；

Melancholy：he nurses a private sorrow. [③]

以上诗句是《九辩》的点睛之笔，奠定了"羁旅悲秋"的氛围。宋玉在寒冷的秋风中离乡远行，草木枯槁，大雁南飞，自怜自叹——仕途无望人生凄凉，天涯孤旅无处依归，思念故友怅然若失。诗人的

---

① Gideon Toury，*Descriptive Translation Studies and Beyond*，Shanghai：Shanghai Foreign Language Education Press，2004，p. 58.

② 杨义：《李杜诗学》，北京出版社2001年版，第776页。

③ David Hawkes，*The Songs of the South：An Ancient Chinese Anthology of Poems by Qu Yuan and Other Poets*，Penguin Books Ltd，Harmondsworth，Middlesex，England，1985，p. 209.

一切哀怨都因朝廷不再任用自己而引发，他没有倾诉的对象，任凭思绪纵横驰骋。"兮"字用于句中，每句诗被分成两段，前后词语长短的不同形成了散文式的句式，与诗人郁闷忧愁的心绪交相辉映。显化翻译的审美价值在于形象鲜明、情感浓郁。霍克思将三个关键词 "afflicted"（悲哀）"desolate"（落寞）"melancholy"（郁闷）放在各诗行之首，突出了诗眼，又仿佛是原文"兮"字产生的间隔效果，意思更加直接明晰，加深了低徊凄婉的气氛，突出了贫士失职、悲秋怜己的主题。

【例9】

【原文】岂不郁陶而思君兮？

君之门以九重。

【译文】How should I not think anxiously of my lord?

But nine gates, gate within gate, divide me from him. [①]

宋玉自恃才智不凡，在政治上却屡屡遭挫，离开朝廷后流放荒野。他憧憬着圣君贤臣遇合的理想，抒发了思君怨君、报国无门的愤慨——满腔悲愤怎能不深切思念君王？君王的层层大门却无情阻挡。数字不仅表示数量的基本意义，而且具有夸张、象征、比喻等修辞功能，其模糊语义常被用以抒情、状景、显势。自古以来，中国文化中的"九"就是单数的极数，含有多、大、远、深、高等意义。原文数字"九"是实数，霍克思进行了模糊化处理，用"gate within gate"表达"九重大门"，简洁明快，音韵流畅，形式整齐，呈现了君臣相见何其艰难的情景。数字具有实指功能和虚指功能。实指性数字只需要直译，虚指性数字需要改译形成一种隐美风格和夸张效果。

（二）采用无韵诗体达意传情

屈原创造的骚体赋，其基本用韵还是与诗体较为接近的。宋玉在继承骚体赋的基础上加以创新，大量吸收散文句式，使赋形成了散文

---

① David Hawkes, *The Songs of the South: An Ancient Chinese Anthology of Poems by Qu Yuan and Other Poets*, Penguin Books Ltd., Harmondsworth, Middlesex, England, 1985, p. 212.

体式的模式。这种参差错落的散文句式，在《九辩》中已开始萌发。①《九辩》用韵宽松灵活，骈散兼俱，为诗人铺陈复杂的情感提供了自由空间。霍克思将原文的诗学要素进行取舍，借用英语的诗学要素，从诗行的排列、语气、节奏等层面加以整合，以保证意义恰切表达以及语法合乎规范。

【例10】

【原文】惟其纷糅而将落兮，

恨其失时而无当。

擥骍辔而下节兮，

聊逍遥以相伴。

【译文】I think of the rich profusion soon to fall,

And grieve that I missed the time when I might have met my master.

Seizing the reins, I slowed down the pace of my horses,

Thinking to find some pleasure in idle wandering. ②

春秋战国时期士人建功立业的风尚对宋玉产生了很大影响。这一时期战争连绵不断，社会动荡不安，未来难以预测。诗人希望在仕途上继续有所进取，但无法把握自己的命运，矛盾之情油然而生，于是在孤寂的旅途中感慨万分——落叶和衰草相混杂啊，怅恨失去美好时光。抓住缰绳放下马鞭啊，缓缓前行暂且忘忧。本着意义优先传递的原则，霍克思并不拘泥于音韵之美。原文第二行的"当"和第四行的"羊"押韵，译文用词通俗而且不押韵。综观全文，原文不押韵之处，译文也不押韵，但诗行长短大致相当，形式上体现了诗体的某些特征。客观地说，借用英语诗歌的形式，采用韵体译诗更能体现诗情、诗境、诗味。译者可采取某些变通手法，做到原文押韵处译文也押韵，但不照搬原文的韵式。

---

① 高国藩：《论宋玉赋及其艺术特色》，《盐城师专学报》（人文社会科学版）1997年第2期。

② David Hawkes, *The Songs of the South: An Ancient Chinese Anthology of Poems by Qu Yuan and Other Poets*, Penguin Books Ltd., Harmondsworth, Middlesex, England, 1985, p. 211.

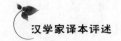

（三）舍形存意打造整体效果

《九辩》句式多变，语气词"兮"字的位置也不固定，全文韵律节奏相当灵活。开头的十几句诗行具有散文化倾向，其他部分基本沿用了《离骚》的句式。其中，严整的对偶句音韵和谐，结构对称，言简义丰。意美是音美和形美的基础，再现意美是翻译的基本要求。霍克思不刻意追求对仗工整，而是利用英语诗歌的语法特点来表达对偶结构的美感，以此美代替彼美。

【例 11】

【原文】谓骐骥兮安归？

谓凤凰兮安栖？

【译文】What of the fine steed? Where is he to turn?

What of the phoenix? Where is he to rest?①

宋玉在对现实的批判中十分关注楚国命运，但更多的则是揭露统治者昏庸腐败、混淆是非的情形，并把自己比作骐骥和凤凰：骏马啊，应当奔向何处？凤凰啊，应当栖息何处？原文是工整的对偶，"兮"字位于句中，形成三二节奏，朗朗上口。霍克思立足于传递基本语义信息，他打破原文结构，将译文重组为四个疑问句，两组"What"和"Where"押头韵，渲染了诗人悲伤忧愁，孤苦伶仃，仿佛浮萍飘零四方的心境。原文的对偶结构虽然没有保留，但译文重构了音乐美、视觉美以及意境美的感觉。诗歌翻译不排斥形似，但不能机械移植原文的形式，译者应充分发挥译语优势尽可能恰切表达基本内容。

四 结语

宋玉的《九辩》在楚辞发展史中是继《离骚》之后的又一篇力

---

① David Hawkes, *The Songs of the South: An Ancient Chinese Anthology of Poems by Qu Yuan and Other Poets*, Penguin Books Ltd., Harmondsworth, Middlesex, England, 1985, p. 213.

作。发端于《楚辞》的悲秋文学经过一脉相承的演变，成为中国文学的一大派别。霍克思跨越了时空距离和文化藩篱进行审美移情，注重保留中国文化特色和民族性特征，同时兼顾目标语读者的期待视野和阅读习惯，使用通俗流畅的现代英语诠释了《九辩》的思想内涵和艺术价值。霍克思曾在北京大学攻读研究生，专门研究中国古典文学，后来担任英国牛津大学汉学教授，对《楚辞》情有独钟。精湛的译笔与他广博的学识、严谨的考证精神、知难而上的勇气密不可分。尤其是他提供的详细注释和导读文字，体现出典籍英译的学术性特征。瑕不掩瑜，虽然霍克思的《九辩》英译文还存在一些淡化原文深层含义之处以及过度阐释的情况，但他为在英语世界传播中国文学经典，弘扬中华传统文化做出了重要贡献。

从白话译本到浅文理译本[*]

——对施约瑟两个《雅歌》中译本的比较研究

刘　燕[**]

　　近两个世纪以来,《雅歌》(又译《所罗门歌》)的汉译经历了近百年的漫长历程,其翻译主体既有传教士也有后来的女性译者。他们依据希伯来语、拉丁语、英语等版本,使用过文言(深文理, High Wenli)、浅文言(浅文理, Easy Wenli)、白话(Vernacular)、方言(Dialect)和现代汉语(Modern Chinese)等语体;采纳直译(Literal Translation)、意译(Literary Translation)、编译(Compilation)或某种程度上的文学改写(Rewriting);亦有从古诗体(五言)到散文体再到新诗体的文学化渐进过程,体现

施约瑟

了圣经文本翻译的调适性、可变性与再塑性,同时也在历史的流变中谱写了一曲中西文化/文学/语言彼此交融与回应的爱之赞歌。

　　在中国,对《雅歌》的翻译是一个极具魅力的挑战,这不仅因为

---

　　[*]　原载于《基督教文学学刊》2017 年第 38 辑,收录于本书时有增补。

　　[**]　刘燕,北京第二外国语学院文学院(跨文化研究院)教授,研究方向为比较文学、跨文化研究、国际汉学等。

它是一部用词优雅、想象丰富、直抒胸臆的爱情诗（文学性），也是一部把男女之炽烈爱情升华为圣爱的信仰之诗（宗教性）。不过，为数众多的《雅歌》中译本，如许地山译本（1921）、吴曙天译本（1930）、陈梦家译本（1932）、吕振中译本（1970）等，皆不同程度地得益于 1919 年版的《圣经和合本》（*Chinese Union Version*），而后者的翻译底版则可追溯到此前的各种《圣经》中译本，尤其是施约瑟（S. I. J. Schereschewsky，1831—1906）从希伯来语直接翻译为汉语的《北京官话旧约圣经》（1874）与《旧新约圣经》（浅文理，1902）。"在圣经和合译本出现之前，施约瑟的旧约官话本与北京翻译委员会的新约官话译本，显然是使用最广的中文圣经。"① 施约瑟的两个《圣经》中译本在圣经汉译史上具有划时代的意义，被誉为"40 年来无竞争对手"②。G. H. 斯蒂文斯（George H. Stevens）便称："施约瑟的《圣经》中译本意义一如威克里夫译本与马丁·路德译本之于英国人和德国人。"③

本文比较了施约瑟《北京官话旧约圣经》（1874）与《新旧约圣经》（浅文理，1902）中的两个《雅歌》片段，旨在探究其圣经译本的翻译策略与跨语体、跨文化特征，主要涉及四方面：第一，凸显翻译主体的多重文化身份与语言训练对于圣经翻译的主导作用；第二，强调读者需求决定了译者对译入语的选择，如文体、风格、修辞、注释等；第三，探讨施约瑟的翻译特色，如译本中的注释、解经法，融合了犹太拉比的"米德拉什"（Midrash）④ 传统与中国经典注疏传统，以此作为阐释规范；第四，中文圣经翻译不仅是一个跨语体、跨文化的处境化进程，也是日趋世俗化、调适化和本土化的历史过程。

---

① ［以色列］伊爱莲：《施约瑟传——犹太裔主教与中文圣经》，胡聪贤译，圣经资源中心 2013 年版，第 334 页。

② Marshall Broomhall, *The Bible in China*, *British and Foreign Bible Society*, *1934*, p. 82.

③ George H. Steven, *Jewish Christian Leaders*, London：Oliphants, 1966, p. 61.

④ 米德拉什或密德拉西，英语为 Midrash，希伯来语为מדרש，即解释、阐述之意。犹太教讲解《圣经旧约》的布道书卷。公元 2 世纪已具雏形，6—10 世纪成书。全书按《圣经旧约》各卷的顺序编定，对之进行通俗的解释与阐述；每篇可有单独名称，如《出埃及记》的米德拉什。

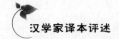

20 世纪 70 年代至今不断涌现的《圣经》新译本显明了圣典翻译与阐释的多元维度。

一 施约瑟：多重文化身份的圣经译者

译者的主体身份对于翻译活动往往举足轻重，其出身、职业、家庭、信仰、文化、教育、学识乃至语言训练、身心状况等方面有助于我们理解译者的翻译原则、策略及追求的最终效果。施约瑟（Samuel Isaac Joseph Schereschewsky，又名 Shi Joseph）被美国圣公会的同人海克斯（John Hykes）誉为与马丁·路德相提并论的"译经王子"（Prince of Bible translators），大英圣书公会（British and Foreign Bible Society）称为"世界最伟大的圣经翻译者之一"，格雷伍斯（Frederick R Graves）赞赏他是"世界英雄之一"（one of the world's heroes）。① 当我们考究施约瑟在中文圣经翻译方面做出的伟大贡献时，其特殊的多重身份亦引人注目。

施约瑟是一位出生在俄罗斯帝国统治下立陶宛小镇陶罗根（Tauroggen）的美籍犹太人，幼时父母双亡，由同父异母的兄长抚养。他从小接触到希伯来语和俄语，聪慧好学，具有特殊而敏感的语言天赋，家人希望他成为一名拉比。16 岁时他离家就读于乌克兰的日托米尔拉比学校（Rabbinical School of Zhitomir）。当时以解放犹太人，接受西方文化的犹太启蒙运动（Haskala）风靡欧洲，到此地传播福音的伦敦基督教犹太人传道会（The London Society for Promoting Christianity among the Jews）把《旧约》《新约》翻译成意第绪语，吸引了一些像施约瑟这样的年轻犹太人。1852 年，施约瑟前往德国的布雷斯劳（今弗罗茨瓦夫）大学（Breslau University）攻读东方语言课程，他结识了伦敦传道会成员、犹太基督徒纽曼博士（Dr. H. C. Neumann，1778—1865），接触到当时德国的现代圣经批评学。1854 年 6 月，施约瑟前往美国纽约，深受犹太裔传教士里拉德博士

---

① *American Church Mission*, District of Shanghai, 23 November 1906.

（M. G. R. Lederer）的影响，在一个逾越节晚上接受浸礼，皈依基督教。后来他就读于宾夕法尼亚州阿勒格尼市的西方神学院（Western Theological Seminary in Allegheny City, Pennsylvania），两年后转往纽约的圣公会总神学院（the Episcopal General Theological Seminary in New York），并于1859年7月被授以执事（Deacon）职位。

不久，他以美国圣公会海外传教士的身份前往中国上海，在航行途中开始学习汉语。1859年12月，施约瑟抵达美国圣公会总部所在地上海，刻苦学习汉语，并在内地进行了两次远游，体验到不同的地方方言。他很快意识到只有北方方言的覆盖面最广。1862年，他来到大清帝国的政治中心北京，在刚成立不久的美国公使馆担任翻译。在此后的12年（1862—1874）中，他任职于"北京译经委员会"（The Peking Translation Committee），该委员会由英美两国的五位新教传教士组成，除施约瑟外，其余四位分别是美国人丁韪良（W. A. P. Martin，1827—1916，他断续参与译经工作）和白汉理（Henry Blodget，1825—1903），英国人包约翰（John S. Burdon，d. 1907）和艾约瑟（Joseph Edkins，1823—1905），他们都在中国生活多年，精通汉语，于1862—1863年陆续聚集北京，筹划把《圣经》翻译为北京官话。鉴于施约瑟精通希伯来语和具有犹太文化背景，他被北京译经委员会指派把希伯来语《旧约》翻译成北京官话。在1864年写给美国国外布道团会员会（American Foreign Committee of the Board of Mission）的信中，施约瑟解释了汉译《圣经》的重要性，提倡把《圣经》翻译为满洲方言（即北京官话），因为它适用于四分之三的国土，实际上是全中国的官员、商人和文人之间的通用语。①

当时通行中国的圣经译本是深文理译本（High Wenli Version），如最早的马什曼（J. marshman）译本（1822）、马礼逊（R. Morrison）的《神天圣书》（1823）、委办译本（Delegates' Verison，1852）、裨治文（E. C. Bridgman）的《新旧约全书》（1864）、"高德"（J. Coddard）

① James Muller, *Apostle of China: Samuel Isaac Joseph Schereschewsky 1931-1906*, New York: Morehouse Pub. Co. , 1937, p. 66.

的《圣经新旧遗诏全书》（1868）等，另有仅供东南局部地区使用的方言译本（如广东话、厦门话、客家话和吴语等），但没有一本是北方方言的译本。随着中西双方的不断接触和时局的发展，情况逐渐得以改变，"早期中文圣经主要是文理译本，对象是受过教育的中国人。然而，中国教会信徒日益增多，由于教育水平大多不高的关系，在阅读文理译本时感到困难，以致对官话译本的需求渐增"①。北方方言作为"官话"，既是大清帝国的官方权威语言，也是大部分北方普通老百姓使用的语言，具有无可比拟的重要性。施约瑟认为，"官话就是正式语言的意思，它不但是通俗文学所使用的语言，也是自宋代以来，一些哲学及形而上学著作所使用的语言"②。他对于独自承担把《旧约》译成北京官话的任务，充满信心，"其他翻译者告诉我，将《旧约》圣经翻译成人口最多的帝国口语，是特别委托给我的责任。一直到这项工作做完为止，我应该将它看作是我在这个国家的使命"③。1874 年 12 月，在上海美华圣经公会（American Bible Society）的资助下，历时十多年完成的第一个北京官话《施约瑟旧约圣经》出版（由日本京都美华书院印制）；1878 年，该译本与 1872 年出版的《北京官话新约圣经》合并成《北京官话旧新约圣经》，作为英美两国传教士和圣经公会共同合作的硕果。这个译本具有划时代的意义，成为 1919 年《和合本圣经》出版之前通行最广、最受中国信徒欢迎的官话译本，并为此后的中文圣经翻译提供了出色的模板。

1877 年，施约瑟被任命为上海教区第三任主教（Bishop）。1881 年，在武汉视察之时，积劳成疾的他不幸中风，导致身体瘫痪。1882—1895 年，他在英国剑桥、瑞士日内瓦、美国等地养病，虽饱受病痛折磨，却依然在轮椅中坚持用两个手指翻译，不但继续修订北

---

① 蔡锦图：《中文圣经翻译的历史回顾和研究》，《圣经文学研究》2011 年第 1 期。
② 施约瑟致 Denison 函，转引自［以色列］伊爱莲《施约瑟传——犹太裔主教与中文圣经》，胡聪贤译，圣经资源中心 2013 年版，第 161 页。
③ 施约瑟致 Denison 函，转引自［以色列］伊爱莲《施约瑟传——犹太裔主教与中文圣经》，胡聪贤译，圣经资源中心 2013 年版，第 161 页。

京官话《旧新约圣经》，还将其翻译成浅文理（Easy Wenli Version）。对于外国传教士而言，"19 世纪末期，可以说是文言文圣经从深文理向浅文理过渡的中间阶段。以前只有深文理圣经译本的出现，是意料之中的事。对中国人而言，浅显的白话只用于日常生活的口语，而不运用于文字表达中。对传统文化和文字颇为自负的文人来说，他们更不会接受用这种浅显语言写成的书"①。英国传教士杨格非（John Griffith）描绘了一种被称为"浅文理"的语言形式，它既像官话一样容易明白，又具有更广泛通用而同时被知识分子接受的优点。② 在1890 年上海举行的中国传教士代表大会后，施约瑟拒绝了该译经委员会的邀请，并独自开始了浅文理圣经的翻译工作，以残疾之身完成了《和合本圣经》的翻译——这项事业需要翻译团队花费 18 年才能完成，堪称世界圣经翻译史上的一个奇迹。修订版《北京官话圣经》、浅文理《旧新约全书》（又称《施约瑟浅文理二指版圣经》）分别于 1899 年、1902 年在东京印行（1913 年、1922 年再版）。1910 年由施约瑟修订的《浅文理串珠圣经》（Reference Bible）出版，但他本人却无缘见到，于 1906 年 10 月 14 日在东京去世，并葬于此地。

犹太身份、多种语言天赋和多元文化的熏陶、训练有素的犹太—基督教神学背景、崇高的使徒品德和曲折的人生磨砺使得施约瑟成为一名出色的圣经翻译家。他属于犹太教改信基督徒的犹太裔美国人，在俄国统治下的立陶宛、波兰、德国、美国、中国、英国、法国、瑞士、日本等各国接受教育或工作居留，这有助于他以平等、同情的态度对待异国文化和不同人群；他具有罕见的语言天赋，掌握了希伯来语、意第绪语、俄语、德语、波兰语、希腊语、英语、法语、汉语、蒙古语等 13 种语言，受到了犹太教—基督教文化、德国的启蒙文化、盎格鲁－撒克逊的英美文化、中国传统文化等多元文化的熏染，视野

---

① Marshall Broomhall, *The Bible in China*, *British and Foreign Bible Society*, p. 50.
② *Records of General Conference of the Protestant Missionaries of China*, Shanghai：American Presbyterian Mission Press, 1878, p. 221.

开阔；此外，他信仰虔诚，品德高尚，意志坚定，谦卑专一，具有热诚奉献的精神和透彻的分析能力。更难能可贵的是，施约瑟在半身不遂、艰难困窘的恶劣环境下，依然倾心《圣经》的翻译与修订工作。其伟业正如美国圣公会代表史蒂芬牧师（W. B. Stevens）在纪念施约瑟的悼文中的高度评价，"世界上最伟大的英雄所达至的最伟大的成就，当拿来与施约瑟主教所作的相比时，都会变得渺小，……因为他使圣经用中文来向人说话，把福音传遍了半个地球"①。

二 从白话到浅文理：两个《雅歌》中译本的比较

与利玛窦等天主教的传教策略一致，施约瑟认为在中国传教的目的是建立"中国的基督教"（Chinese Christianity），传教士应该尊重中国人的风俗习惯，体悟文化传统、古典文学（如诗词、通俗白话小说和历史哲学）。在 1860 年的一份报告书中，施约瑟声称："若要与中国知识分子沟通，传教士们必须在讲述时引经据典，唯有如此，才能以中国人的思维模式，表达自己的心灵和精神层面。……应该在向中国人讲道时，像是一名中国人。"② 他认为中国地域辽阔，方言多种多样，汉语的书面语与口语面对的是不同的阅读对象，如果使用形式多样、风格迥异的"合适的文体"（the appropriate style）来翻译《圣经》，则有助于基督教在不同民众中的传播。施约瑟专注于北京官话和浅文理圣经两个译本的工作，目的是使用"合适的文体"面对不同的中国读者，更好地传播福音。施约瑟乃是唯一一个用白话和浅文理两种语体独自汉译圣经的译者。

以下分别是《北京官话旧约圣经》（1874）和浅文理《旧新约全

---

① A Feast for Samuel Schereschewsky, Dan Graves, MSL；Church History Timeline.

② "Report of S. I. J. Schereschewsky"，转引自［以色列］伊爱莲《施约瑟传——犹太裔主教与中文圣经》，胡聪贤译，圣经资源中心 2013 年版，第 226 页。

书》（1902）① 两个译本中的《雅歌》（又名《所罗门歌》）第一章：

　　白话版：这是所罗门所作的歌中的雅歌、愿他与我接吻、因你的爱情胜于酒醴。你的膏、香味甚美、你的名如倾出的香膏、因此众女子都爱慕你。愿你引导我、我们速速随在你后、王携带我进入宫殿、我们也仍因你欢欣喜悦、称赞你的爱情胜于美酒、他们都诚诚实实爱慕你。耶路撒冷的众女子、我颜色虽黑、却仍秀美、我虽如基达的帷幕、却仍似所罗门的帐幔、我受日晒、颜色微黑、休要藐视我、我同母的兄弟向我发怒、使我看守葡萄园、我自己的葡萄园、却没有看守。我心所爱的、请你告诉我、你在何处放羊、午间在何方使羊歇息、免得我在你同伴的羊群中来往游行。女子中至美丽的、你若不知道、只管跟随羊群踪迹、将你的绵羊羔放在牧人的帐幕旁。我的佳偶、我看你如法老辇上的骏马。你脸有珠串妆饰、你颈戴珍珠项圈、甚为美观。我要为你作金串、嵌上银星。王正作席时、我的那珥达发其香味。我看我所亲爱的、如没药香囊常在我怀中。我看我所亲爱的、如古珀露花生在隐基底葡萄园中。我的佳偶、你甚美丽、你甚美丽、你眼犹如鸽眼。我的良人、你也俊美、也甚可爱、我们床榻也青绿。我们房屋的栋梁都是香柏、我们护墙的花板都是松木。

　　浅文理版：此所罗门之歌中歌也、惟愿与我接吻、尔眷爱之情、胜于酒醴、尔之膏、馨香甚美、尔名如香膏倾注于外、故众女爱尔、愿尔引我、我侪趋于尔后、王携我入其宫室、我侪因尔欢欣喜悦、念尔眷爱之情、胜于酒醴、彼众诚然爱尔、耶路撒冷众女乎、我颜虽黑、容乃秀美、虽如基达之幕、仍似所罗门之幔、我受日暴、色虽微黑、毋藐视我、昔同母之兄弟怒我、使我

————————

　　① 本文引用《北京官话旧约圣经》（1874）之《雅歌》由伊爱莲提供给作者，特此致谢她的帮助。浅文理版《旧新约全书》（上海大美国圣经会，1913）。台湾橄榄出版社据此推出影印版（2005）。圣约翰科技大学校长杨敦和在影印版序中言：“只可惜后来由于中国战乱不已，加以年代久远，这一部巨著竟然失散零落，除了大英图书馆保存了一套之外，全球已不剩几部完整的版本了。”

守葡萄园、我之葡萄园、反不得守、我心所爱者、请尔告我、尔于何所牧羊、亭午在何方使羊憩息、免我在尔同伴之群中、往来游行、女中最丽者、如尔不知、则随群羊之迹、以山羊之羔、牧于牧人之幕旁、我之佳偶、我视尔如法老驾车之骏马、尔脸饰以璎珞、尔项垂以珠串、甚为美观、我侪为尔作金璎珞、嵌以银星、王坐席间、我之那珥达发其馨香、我所亲爱者、我视如没药香囊、恒在我怀中、我所亲爱者、我视如古珀露花、生于隐基底葡萄园中、我之佳偶、尔甚美丽、尔甚美丽、尔眼犹如鸽眼、我之良人、尔亦俊美、亦甚可爱、我侪之床、亦青亦绿、我室之梁、制以柏香木、饰墙之板、制以柏木。

通过比较《雅歌》两个译本在读者对象、文体、风格与注释等方面的差异，可以探寻施约瑟的圣经翻译策略与效果。

（一）以读者为导向的翻译目标

学者蔡锦图博士指出："西方基督新教的传统（尤其是 18 世纪宣教热潮涌现之后）认为，圣经具有自我展现福音信仰的功能。当圣经在人面前展开，因着圣灵的工作，可以让人心开启，从而领受福音的信息，生命得到改变。所以，把圣经翻译为福音对象可以理解的语言，往往是传教士在传扬福音地区中最重要的工作之一。"① 施约瑟很早就意识到圣经的翻译是为日常生活中的中国读者提供易于阅读与理解、发问与讨论的译本。其官话（白话）版与浅文理版圣经可以满足不同的阅读对象，前者服务于文化水平较低的普通读者（或给不识字的文盲听见）；后者服务于知识修养层次高雅的士大夫或精英人士。通过对比以上两段译文，我们清楚地看到，官话版《雅歌》的遣词造句口语化，通俗易懂，情感浓烈，富于浪漫抒情色彩；相比之下，浅文理版《雅歌》面对的读者大多是讲究文辞的精英人士，使

---

① 蔡锦图编注：《遗珠拾穗：清末民初基督新教圣经选辑》，橄榄出版有限公司 2014年版，编注者序第 1 页。

用了书面语,力求典雅,情感含蓄敦厚。如用"眷爱"代替"爱慕","牧养"代替"放羊","日暴"代替"日晒","憩息"代替"歇息"等。希伯来语版《雅歌》的主要诗体是排比和头韵,没有使用韵脚,这与中文诗善用谐音字、排比、对偶等修辞手法较为接近。

在《雅歌》中,施约瑟的两个译本都使用了大量的排比和对偶句式,尽力保留原文优美典雅的诗意风格。瑞士汉学家冯铁(Raoul David Findeisen)指出:"在大多数情况下,他们(中国译者)可采用历史悠久的词汇,而无须填补词典的空白,不像欧洲后文艺复兴时期的翻译家,他们要把圣经翻译成新兴的未来民族语言。……汉语诗歌和散文写作传统中具有丰富的排比运用,以及一套相对受限的音节,完全适合用来对调希伯来语《雅歌》的艺术手法。"[①] 这似乎从另一个角度说明汉语与希伯来语在抒情表意、修辞上的接近反倒有助于《圣经旧约》的翻译,尤其是那些富有诗意的篇章。施约瑟熟悉中国古典文学尤其是白话文学,对如何区别使用文言文与白话文运筹帷幄。从以上的译文中,我们看到了清晰而不晦涩、优美而动人的翻译风格,这充分证明了施约瑟不仅熟悉希伯来语圣经原文、经义解释,以及如何把它们转化成新的汉语语法;而且充分考虑到了汉语之美,不同读者的阅读需求。

(二) 采纳风格各异的语体形式

这两个译本皆采用地道的归化语言。官话版《雅歌》力求让普通的中国老百姓理解接受,采用的是北京官话,追求口语化,富有节奏,适合朗诵,喜用四字成语,如"诚诚实实"。浅文理版《雅歌》文白交加,单音词代替了双音词,如"幕"代替"帷幕","幔"代替"帐幔","守"代替"看守","告"代替"告诉","丽"代替"美丽"等。在人称代词上,用文言文的"尔"代替"你";"彼众"

---

① Raoul David Findeisen, "God Was Their Soul 'Love, Women Their Bodies' Two Chinese Versions of the Song of Songs (1930/32)", in *Talking Literature*: *Essays on Chinese and Biblical Writings and Their Interaction*, Harrassowitz Verlag, Wiesbaden, 2013, pp. 133 – 134.

代替"他们";"我侪"代替"我们"。在连接词或虚词上,用"之"或"者"字代替"的","故"代替"因此","于"代替"在","亦"代替"也"。同时,"之""亦""惟"等文言表达赋予了《雅歌》诗意色彩。在句法结构上,官话版突出主语"我",语法完整,接近日常口语;浅文理版更为简约,往往省略主语,切合文言文的书面表达方式。例如,官话版"我同母的兄弟向我发怒"转换为浅文理版为"昔同母之兄弟怒我",后者省略了主语之代名词"我的",用一个"怒"字代替了"向……发怒"。概言之,施约瑟发明了一套浅文理替代白话的语法规则,适用于整本的圣经语汇的转换。

(三) 塑造诗意化的语言风格

施约瑟十分尊重中国丰富浩瀚的文学传统,对汉语保持高度的敏感。为了让中国人接受并理解圣经,他深知经文的翻译要尽可能符合中国的文学标准,达到善与雅的统一。《雅歌》作为《旧约》中风格最抒情、情感最热烈的一部,其译文最能体现译者的文学修养。在翻译过程中,施约瑟小心翼翼地选择让受众容易接受、了解的语言形式,根据汉字蕴含的文意为宗教意念赋形,追求精练典雅的文学效果。如浅文理版用"馨香"代替"香味","诚然"代替"诚诚实实","念尔"代替"称赞你","宫室"代替"宫殿","引我"代替"引导我","酒霖"代替"美酒"等,前者在字句上优美、紧凑与精练,富于节奏韵律;又如浅文理版大量使用成语或惯用语、对偶句,如"我之良人、尔亦俊美、亦甚可爱、我侪之床、亦青亦绿""尔眷爱之情、愈于酒霖、尔之膏、馨香甚美",这深得《诗经》、汉乐府、唐诗宋词等古典文学的精髓。在个别词语的翻译上,浅文理版更为精准,如《雅歌》1:8用"山羊之羔"代替了"绵羊羔",切合对"goat"的翻译(和合本翻译为"把你的山羊羔牧放在牧人帐篷的旁边")。又如,对于地理、物质、日常生活的专用名词,施约瑟采用"音译法""合成词",既有效地传达了原文的韵律,又为汉语增添了不少新词,如"没药"(myrrh)、"那珥达"(Nard,和合本译为"哪哒")、隐基底(En Gedi)、书拉密(Shulammite)、所罗门(Solomon)、沙仑(Sharon)、香草山(Spiceladen Mountain）等特殊词汇或音译新词极大丰富了现代汉语，促进了汉语白话句法的变革以及欧化的表达方式。

（四）使用标点、字体、序号与注释

施约瑟的圣经译本皆为传统的文言文竖版排列。官话版《雅歌》采用顿号和句号，字体较大，旁边用"一二三"等序号标明每一章的节数。浅文理《雅歌》一律采用顿号而无句号，除每行旁边用"一二三"等序号标明每一章的节数，还用"甲乙丙丁"等标明脚注次序，便于读者查询《雅歌》与其他圣经章节的关联。正文顶部是顶注（教会的神学释义），正文夹有旁注和文中注，所有这些注释构成了文本间的循环阐释，帮助读者研读圣经，尤其是浅文理版本的文白相夹的典雅语体、大量的注释与参考，有助于社会精英深究圣经义理。这些注释好似填平两种不同文化沟壑之间的砂石或沙土，使得彼此沟通的道路变得便捷平坦，从而减少基督教与中国传统文化之间的摩擦或冲突。当然，施约瑟在寻求目标语言中的合适词语时，第一时间可能不太容易发现两者之间的语义差异；而随着他对汉语和中国文化的理解的加深，对各种圣经版本资料更加熟稔，他便对译本不断修正、补充和完善。

浅文理译本除了语体风格上的整体转变和在注释上的殚精竭虑外，对圣经汉译贡献巨大。遗憾的是，《和合本圣经》虽借鉴了施约瑟译本的硕果，却删去了许多注释和参考标示，而且伴随其权威地位的确立，它逐渐遮蔽了施约瑟的开拓之功。

三　《圣经》的中国化：施约瑟的翻译策略

译者既要关切自身与他者的文化，又要了解译文所面对的读者群及其需求。为了更好地传播福音，传教士在翻译圣经时要考虑译入国语言的文化背景和读者需求。施约瑟主张传教士为本土文化服务，不能破坏中国"民族特色"，不可在中国特性之外强加任何"外国特性"，而且要极力避免使中国人"脱离自己的社会和公民表达方式，脱离他们念兹在兹的政治体"，"不要让他改换服装、事物、习惯和

习俗，疏离家庭关系，违背公民义务……应完整无缺地保留其本土身份……"① 他的两个圣经译本充分地体现了汉语传达"神旨"的"可译性"（Translatability）、调适性（Suitability）与可读性（Readablity），而且激发了中西文化在圣经诠释上的对话性。

（一）可译性：忠于原始文本的意译

圣经翻译实质上关涉不同文化之间的交流和互释，其目标是尽可能让预期的读者理解原文。乔治·斯坦纳（George Steiner）认为，"翻译的原理为源语言的信息经过转化而成为目的语"②。故依据何种版本的《圣经》之"源语言"，对于"目的语"的翻译与理解尤为关键；对于所进入文化的适应是由福音的可译性决定的。虽然译者力图准确地翻译原文，但是语言能力、意识形态、教义认知、宗教团队、不同层次的预期读者往往左右着他们对圣经的诠释和翻译。由此可知，施约瑟对《和合本圣经》翻译小组持怀疑态度的原因。施约瑟曾多次婉拒 1890 年中国基督教传教士代表大会邀请他参与官话版本和浅文理圣经版本翻译的工作，声称新译者们的希伯来语、希腊语和汉语的水平不可能超过他本人和北京译经委员会成员，不能指望新译本会超过自己的译本，故只需修订已有的译本，而无须重译。③ 事实证明，《和合本圣经》的确得益于施约瑟的译本，译经后面存在着不同国家传教势力之间的对抗与话语争夺权。④ 最近的圣经翻译研究亦

---

① "Consecration of the Missionary Bishop of Shanghai", *Spirit of Missions*, No. 42, December 1877, p. 672.

② George Steiner, *After Babel*, *Aspects of Language and Translation*, London: Oxford University Press, 1975, p. 28.

③ James Muller, *Apostle of China*: *Samuel Isaac Joseph Schereschewsky 1931 – 1906*, Morehouse Pub. Co. , 1937, pp. 226 – 227.

④ 在 1890 年 9 月上海举行的基督教传教士大会上，官话修订委员会的报告拐弯抹角地提及将以施约瑟的北京官话译本为蓝本进行修订。1919 年《和合本圣经》获得独尊地位，逐渐取代了施约瑟的圣经译本，被视为最具权威的白话文《圣经》，这体现了英国圣经公会与美国圣经公会之间的较量与平衡。施约瑟毫不隐晦地说："我认为要再翻译一个新官话译本的提案，主要原因是出于民族本位的与名称上的嫉妒。"（转引自［以色列］伊爱莲《施约瑟传——犹太裔主教与中文圣经》，胡聪贤译，圣经资源中心 2013 年版，第 210 页）

表明，那些依据英语圣经版本翻译汉语圣经的译文，可能容易引发一些关键性的错误，从而导致不同文化之间的误读。例如，《圣经》中的"tannin"，希伯来语的原意为"海怪"，希腊语本、七十子本与英语钦定本翻译为"dragon"，汉语依此译为"龙"，这导致了"一种压迫性的基督教观念：圣经中的上帝长期与中国文化争战，制裁着中国文化和宗教的罪恶"①。遗憾的是，可能是受到前期译本的影响，这种"误译"连施约瑟本人也没有避免。从总体上看，比起《和合本圣经》，施约瑟译本的权威性与可靠性在于其依据希伯来语原本和希腊语原本，例如，用"夏娃"翻译希伯来语的"Hava"（英语 Eva）；根据具体语境用"国""地"或"地方"翻译希伯来语的"eretz"（英语 land /country）；用"割礼"翻译西伯来语的"circumcised"，巧妙地避免了直译为"割去包皮"的尴尬之语。

《圣经》翻译研究专家尤金·奈达（Eugene Nida）提出了翻译的"动态（功能）对等原则"（dynamic or functional equivalence），强调"信息在译入语使用者中的可交流与可理解性"，翻译意味着交流，取决于听或看译文的人能了解到什么。② 施约瑟的翻译策略与奈达可谓异曲同工，他坚持翻译者对于翻译的原文和译入国的文化、习俗必须非常熟悉，才能找到二种文化、语言上适合的对等表达。在 1874 年版的《官话旧约圣经》序言中，施约瑟明确提出，"译以官话，书中定义悉照原本不敢增减一字。无非曰译者易也，易字画而已，读者勿以浅显而藐视之"③。此处所谓的"不敢增减一字"强调了对原文内蕴的忠实而非表面的字义，既尊重原文又以汉语的承受程度为限。在翻译过程中，施约瑟并不拘泥于字面义，而是特别注重汉语的表达

---

① 李炽昌、叶洛夫、孟振华：《多神与一神之张力：圣经翻译处境化的商榷》，《深圳大学学报》（人文社会科学版）2013 年第 1 期。该文还指出"从'dragon'的翻译来看，施约瑟比之前诸如 1852 年的委办译本等版本使用了更多的'龙'字"。可见，施约瑟也沿袭了前人对"龙"的译名。

② J. O. Zetzsche, "The Bible in China", *The History of the Union Version or the Culmination of Protestant Missionary Bible Translation in China*, Sankt Augustin：Monumenta Serica Institute, 1999, p. 349.

③ ［美］施约瑟译：《官话旧约圣经》，上海美华圣经公会 1874 年版，例言。

方式，"按字面义译成中文是错误的翻译，不符合语言惯用法。翻译应该是恰到好处，不拘于表面文字；其风格清澈明了，且合乎目标语的习惯用语"①。因此，施约瑟提出了一套忠于原文的可译性与可解性的意译原则："他坚信在不直译的情况下仍可能忠实于原文，而且重现圣经的风格和诗情，这一点尤其重要。因此，维护诗歌和散文之间的差异，这也是译者义不容辞的责任。"② 在希伯来文经文具有暗示性意涵时，施约瑟往往避免照字直译，而采用符合惯用语法的更明白易懂的诗意表达方式。如《雅歌》5：6 中的句子为 "My soul failed when he spoke"（希伯来语 nafshi yatsah be'dabro），施约瑟翻译为成语"神不守舍"。施约瑟在翻译中忠实而清晰地重现了原文的内涵，巧用与之对等的中文词汇或惯用句式；一旦没有对等词汇，他便根据希伯来语的原文发音，新造汉语词汇，并赋予其特殊的趣味与表述，这形成了施约瑟自成一体的圣经诗意风格。

（二）可读性：多样的翻译语体与风格

　　成功的翻译是以读者接受为导向，在新的文化语境中获得接纳与传播。译者既要关切其自身的文化特色，又要了解译入国的读者群及其所关注的问题。与北京译经委员会和后来的和合本圣经翻译团队等许多 19 世纪后半叶的在华传教士一样，施约瑟之所以重视白话、各种方言和不同的汉语语体，是因为随着对中国文化的深入理解和传教方式的改变，普通中国读者而非仅仅是精英人士成为福音的主要阅读者。在翻译《雅歌》（《旧约》）的过程中，施约瑟使用多种的语体、风格、修辞、注释，正是为了满足文化层次不同的信徒和接受者对《圣经》的阅读需求。试比较以下《雅歌》8：6—7 中最著名的一段翻译。

---

① S. I. J. Schereschewsky, "Translation of the Scriptures into Chinese", *in Records of the General Conference of the Protestant Missionaries of China*, Shanghai：American Presbyterian Mission Press, 1890, pp. 41 – 42.

② S. I. J. Schereschewsky, "Translation of the Scriptures into Chinese", in *Records of the General Conference of the Protestant Missionaries of China*, Shanghai：American Presbyterian Mission Press, 1890, pp. 41 – 42.

官话版：求你将我放在你心、如你带的印、如你臂上带的印、因为爱心坚强、至死不息、爱的切情极其固结、入墓难消、爱情甚急、犹如大火、仿佛烈焰。大水不能熄灭爱情，江河也不能冲没，人虽将家中所有的财宝要换爱情，也必被人藐视。

浅文理版：愿尔怀我于心如佩印、如佩印于臂、因爱强如死、由爱而生之妒心、酷如示阿勒（示阿勒有译黄泉有译阴府有译坟墓）、爱情之烈、如火如巨焰（因爱强如死由爱而生之妒心酷如示阿勒、爱情之烈如火如巨焰或作因爱情坚强至死不息、爱情极其固结入墓难消、爱情甚急如大火如烈焰）、大水不能灭之、江河不能冲之、人虽以家之全业易爱、亦必被藐视。

和合本：求你将我放在心上如印记，带在你臂上如戳记；因为爱情如死之坚强；嫉恨如阴间之残忍；所发的电光，是火焰的电光，是耶和华的烈焰。爱情众水不能息灭，大水也不能淹没。若有人拿家中所有的财宝要换爱情，就全被藐视。

在以上引文中，官话版和和合本直接使用了"墓""阴间"；浅文理版则依据希伯来语中的"Sheol"，采用音译翻译为"示阿勒"，同时用文中注的方式，对该词加以注释，专门解释了爱情之强度与"示阿勒"之间的关系。对于那些意欲钻研《雅歌》修辞与隐喻的高层次读者，这些注释非常有帮助，它令人联想中国爱情诗有"共赴黄泉路"的类似修辞手法。和合本的翻译不同限度地借鉴了施约瑟译本，如最后一句"被藐视"的翻译。

郭沫若认为，"一部《新旧约全书》不知道有多少译本，单是我们中国所有的便有文言、有官话、有甬白、有苏白、更有注音字母的。他们广来翻译，唯恐其不普及，唯恐一般人难以接近，基督之所以能传播世界，这种通俗化的办法实在是最有力的因素"①。可见，《圣经》汉译本越来越走向通俗化或世俗化，从文言文、浅文理、官话再到现代汉语。在翻译《雅歌》时，施约瑟必须克服中西文化的

---

① 郭沫若：《沫若文集》第10卷，人民文学出版社1986年版，第56页。

巨大差异（不同于中国本土的翻译家），考虑中国读者在感情上的接受（爱情抒情诗）与信仰上的理解（基督教释经法），以及中国深厚久远、优秀的古典文学与文化根基（如古典诗词、通俗白话小说和儒佛道禅思想）。在这个过程中，他力求让圣经"中国化"，让译文"本色化"。诚如丁韪良所言，其圣经译本是"译者一生的冠冕之作"。①

（三）注释的可解性：多元的阐释空间

译者在发挥主体性的同时，译入语传统文化和语言必定规范制约着译者对翻译活动的理解和翻译的决策过程。施约瑟的两个译本都特别强调导读（Guides）、注释（Notes）和参考（References），这得益于施约瑟所具有的犹太拉比"米德拉什"释经训练，体现了译者在翻译过程中的主观努力和意识形态的操控。因此，施约瑟的犹太身份和释经训练，在他从事的中文译经道路上，不仅不是绊脚石，反而是其他人罕有的特殊助力。对于施约瑟而言，注释一方面有助于规范译文、读者、译者之间的理解框架，另一方面提供了一个译者与读者、读者与经文之间展开对话与批评的多元阐释空间，通过"或作""或译"的方式，译者标明了翻译与阐释的多种可能性。施约瑟后期用"神""上帝"或"天主"三个译名翻译"God/Lord"，体现了这一点。

比起官话版，浅文理版的注释或索引更多，在排版上增加了三处：一是位于顶注和正文之间标明了节数，二是正文中添加了大量的文中注，三是添加了底注。浅文理译本中的大量文中注，其目的是避免接受者对某些重要字句、专门术语（地理、人物、生活用品、历史文化等特殊名词）、特殊意象与象征意蕴等方面理解的陌生、尴尬情形或文化误解，使得其内容更为充实、资料更全面、论证更充分。浅文理版《雅歌》中的文中注可分为几类：第一，具备了词典的某些解释功能，以便读者理解上一个词或句子的相关意义，如《雅歌》

---

① W. A. P. Martin, "Notes on Schereschewsky's Bible in Chinese", *The Chinese Recorder and Missionary Journal*, Vol. 34, No. 3, 1903, pp. 148 – 149.

1：4 中的"念尔眷爱之情胜于酒醴"，在"念"字下面，文中注为"念或作称赞"。在此，"称赞"是对"念"的进一步解释或替换。官话版《雅歌》1：4 的翻译正是如此："称赞你的爱情胜于美酒"。第二，具有进一步的阐释功能，规定了对某些文本的理解。如浅文理版《雅歌》1：4："彼众诚然爱尔"，文中注为"彼众诚然爱尔或作丽人恋爱尔者亦其宜也"。"亦其宜也"是译者对原文中"爱情"之魅力的一种补充说明。第三，具有扩展或说明的功能，在使用汉语时，进一步补充希伯来语原文之意。如浅文理版《雅歌》2：3 中的"我喜坐其荫下、以其果之味为甘"，文中注为"以其果之味为甘原文作其果甘于我上颚"。《雅歌》2：4 中的"引导我入宴所、披我以宠爱"，文中注为"披我以宠爱或作宠爱我如以旗遮蔽我"。在此，"或作"等标明了译文与原文的差异。读者通过阅读文中注，理解了原文中不可传达或模糊的地方。第四，对希伯来特殊地名、人名或计量单位等特殊语境加以说明，避免了读者误读。如浅文理版《雅歌》8：12 中的"尔得一千""守者可得二百"，文中注说明"舍克勒"（Shekel）是以色列当时的计量单位（官话版则无注），有助于中国读者避免将其混同于中国的"千"，进而熟悉圣经的历史语境。又如，浅文理版《雅歌》6：12 中的"我之爱情使我如民长之车"，这个句子读起来令人困惑。文中注为读者提供了某种解惑之径，为"使我如民长之车或作使我如亚米拿达之车"。读者由此得知，"亚米拿达"（Amminadab）是《创世记》中记载的一个重要人物，他是犹大的后代，亚兰的儿子，作为王子和族长，其车坚固无比。再如，浅文理版《雅歌》3：17 中的文中注为"层峦叠嶂之山或作比特之山"（the hill of Bether），此处指出了爱情故事发生地之具体山名，有助于读者更好地置身于以色列当时的地理环境，感同身受。而官话版《雅歌》却没提供有关叙述场景、人物与大量比喻所蕴含的希伯来历史与文化知识。由此可见，注释成为施约瑟译本的重要特征与翻译特色。1910 年出版的《浅文理串珠本圣经》则把这种阐释特色发扬光大。

《雅歌》中译本的注解不仅提供了对爱情诗所蕴含的隐喻的启示性解读，回避了译文可能导致的误解，而且弥补了源本语言（希伯来语）与目标语言（汉语）之间语法的模糊性和弹性，在规范限制与开放自由之间提供了对圣典的多元阐释。在译文的顶部导读中，我们可以找到权威教会对《雅歌》每一章节的神学阐释。官话版第一章顶注为"此歌之义奥秘，所言之良友佳人系暗指救主与教会。教会深慕救主，自认有瑕，求引至群中，救主谕之往牧者之慕，主颇悦之，许以恩宠，救主夸教会，教会颂救主"。浅文理版的顶注大致一致，只是省略了"求引至群中，救主谕之往牧者之慕"这一句，显得更为简洁。个别地方的修辞略有修正，如官话版《雅歌》第五章顶注为"救主颇爱教会召其随从、教会切慕救主以致病膏、教会历赞救主之诸美"，浅文理版则删去了"以致病膏"几个字，措辞更显典雅。显然，这些导读是为了给基督徒读者提供经文的神学阐释。对于那些非基督徒读者而言，这些导读或注释可以被忽略，《雅歌》可以直接被视为世俗的爱情诗。可见，施约瑟不知不觉地把犹太教的"塔木德"传统与中国古籍的注疏传统进行了恰如其分的结合。

四　施约瑟圣经翻译的中犹跨文化对话

英国翻译家苏珊·巴斯奈特（Susan Bassnett）认为，翻译是一种改写，受文化、文学、诗学和意识形态的操控，故《圣经》翻译史就是一部"缩微了的西方文化史"。① 神学家拉明·桑纳（Lamin San-neh）指出，翻译是教会的胎记和传教的基准，他十分强调"基督教的本土语言性"及"福音的可译性"："可翻译与否，是以文化的共存性为前提，并且设定语言是多元的，这样才能翻译出神的话语来。"② 由此而言，《圣经》汉译史亦是一部自唐代以来近千年的中西方文化交流史的缩微版。在 19—20 世纪，《圣经》在中国被大规模地翻译、传播与阅读，印证了东西方文化在近二百年中不断适应、开放、

---

① Susan Bassnett, *Translation Studies*, London, New York, 1991, p. 46.

② Lamin Sanneh, *Translation the Message: The Missionary Impact on Culture*, Maryknoll, New York: Orbis, 1989, p. 205.

对话、融合、再创的极其缓慢而复杂的进程。施约瑟恰逢其时，其圣经翻译的独特性体现在以下几方面：一是多元化的文化身份与出色的语言天赋，二是具有开放与包容的博大胸襟，三是善于与中国学者（包括参与的同工）之间保持密切合作和持续的学术性对话，四是尊重中国文化和语言的悠久传统，五是强调基督教的中国化、本土化与圣经的可译性、可读性，六是体现了中西方文化的调适性和对话性。

W. 巴恩斯通（Willis Barnstone）认为，"翻译并不是镜子，也不是模仿复制。它是另一种创造（Creation）。当然，每一个译本都拥有原本的形式与内容，但它变成了一个新文本（a new text）"①。通过翻译，圣经文本从一种文化语境进入另一种文化语境，在被译入语中，新文本既植根于原本又使之变得可以阅读，福音生命得以更新并获得全面发展。在把《旧约》翻译为白话和浅文理的过程中，施约瑟深悟犹太文化、欧洲基督教文化与中国儒家文化，具有跨文化的认知方式与理解他者的同情心，能在高雅的文言文与通俗的白话文之间游刃有余，其不同风格的译本满足了不同文化层次的中国信众、读者之需求。

自 19 世纪以来，新教徒开始的中译《圣经》成为近二百年的宏伟大业，承接了 6—7 世纪玄奘西天（印度）取经并组织佛经翻译的第一次大规模中印文化交流，促进了中西方文明的交流，推动了中国现代文明和现代文学的形塑。早在 1920 年，周作人已预言，最早用来翻译欧洲文学的国语将"与中国新文学的前途有极大的关系"②。包括周作人、鲁迅、许地山、茅盾、郭沫若、郁达夫、徐志摩、王独清、冰心等在内的许多中国现代文学的开拓者都与《圣经》尤其是《雅歌》结下了不解之缘。《雅歌》被（多次、重复）翻译的过程正是它不断被诠释、再创作和融化的过程，它对传统中国走向现代化、男女平等、个性解放和新文学（自由体爱情诗）之建构起到了不可估量的激发作用，正如朱自清所言："近世基督圣经的官话翻译，也

---

① Willis Barnstone, *The Poetic of Translation*, *History*, *Theory*, *Practice*, New Haven-London, 1993, pp. 261 – 62.

② 周作人:《圣书与中国文学》，最初发表于 1921 年《小说月报》12 卷 1 号，后载《艺术与生活》，岳麓书社 1989 年版，第 45 页。

增富了我们的语言，如五四运动后有人所指出的，《旧约》的《雅歌》尤其是美妙的诗。"① 而施约瑟两个不同语体与风格的圣经译本成为中文圣经的标杆之一，为中国现代文学和现代汉语注入了源源不断的"活水的泉源"（《耶利米书》17：13）。美国圣公会高度评价施约瑟的贡献："作为一位从事圣经翻译工作的人，他在译经方面的影响，比他作为一位主教的影响来得深远。中国的基督徒将会存着感谢上帝的心，永不遗忘这位被上帝从软弱变为刚强的伟大学者——他已经适当地和正确地为圣经的中文翻译工作奠定下基础。"②

在中国从事圣经翻译的神圣使命赋予了既是犹太人又是基督徒的施约瑟以存在的意义和生命的价值，或者正是在中国、在汉语圣经中，四处漂泊、身份游移的施约瑟最终找到了心灵的皈依和伟大使命的栖息地。同属犹太人的以色列汉学家伊爱莲洞察到其中深藏的奥秘——"他知道自己一生必定处于这两种文化之间，而当时他已不再驻足于自己的文化中，于是希望精通中文的语言和书写，其实是一种表达归属的方式"③。在中国的古老之门被迫向外打开的年代，施约瑟徙居中国，通过翻译圣经、传播福音与筹办大学，开启了希伯来（以色列）—中国两个古老民族的跨文化交流与合作。如今，当我们打开汉语版圣经译本时，应铭记施约瑟的翻译硕果以及对中西文化交流做出的卓越贡献，并让这份长期被湮没、被遗忘的珍贵遗产得到"光与真理"的照亮。④

---

① 朱自清：《新诗杂话》，安徽文艺出版社 1999 年版，第 69 页。

② Samuel Isaac Joseph Schereschewsky，Scholar，translator，bishop，patron saint of the Anglican Mailing List Cyberparish，参见 http：//www. stsams. org/photo/SIJSbio. html。

③ ［以色列］伊爱莲：《施约瑟传——犹太裔主教与中文圣经》，胡聪贤译，圣经资源中心 2013 年版，第 226 页。

④ 1873 年，施约瑟与包约翰协力，历时三年翻译出版甘立宗派官话本《公祷书》(*Prayer Book*)；他还把福音书翻译为蒙古语。1879 年施约瑟在上海将圣公会下属的两所学校培雅书院和度恩书院合并为圣约翰书院（St. John's College），1905 年改名为中国第一所近代意义上的大学圣约翰大学（St. John's University，上海华东政法大学等校之前身），首创校训"光与真理"（Light and Truth），如华东政法大学校园中的"怀施堂"（现名"韬奋楼"）即为纪念施约瑟而建。1952 年，历时 73 年的圣约翰大学在大陆被拆散，其复校为 1967 年 10 月台湾新埔工专（2005 年改名为圣约翰科技大学），美国渥克兰圣公会救主堂特地赠送施约瑟《旧新约圣经》（1913）祝贺，如今这本施版《圣经》成为该校镇校之宝。

参考文献

外文文献

［1］ Broomhall, Marshall, *The Bible in China*, British and Foreign Bible Society, 1934.

［2］ Barnstone, Willis, *The Poetic of Translation*, *History*, *Theory*, *Practice*, New Haven-London, 1993.

［3］ Bassnett, Susan, *Translation Studies*, London and New York, 1991.

［4］ Findeisen, Raoul David, "God Was Their Soul 'Love, Women Their Bodies' Two Chinese Versions of the Song of Songs（1930/32）", in *Talking Literature*：*Essays on Chinese and Biblical Writings and Their Interaction*, Harrassowitz Verlag, Wiesbaden, 2013.

［5］ Muller, James, *Apostle of China*：*Samuel Isaac Joseph Schereschewsky* 1931 - 1906, New York：Morehouse Pub Co. , 1937.

［6］ Steven, George H. , *Jewish Christian Leaders*, London：Oliphants, 1966.

［7］ Sanneh, Lamin, *Translation the Message*：*The Missionary Impact on Culture*, Maryknoll, New York：Orbis, 1989.

［8］ Zetzsche, J. O. , "*The Bible in China*", *The History of the Union Version or the Culmination of Protestant Missionary Bible Translation in China*, Sankt Augustin：Monumenta Serica Institute, 1999.

中文文献

［1］ 蔡锦图：《中文圣经翻译的历史回顾和研究》，《圣经文学研究》2011 年第 1 期。

［2］ 蔡锦图编注：《遗珠拾穗：清末民初基督新教圣经选辑》，橄榄出版有限公司 2014 年版。

［3］ 郭沫若：《沫若文集》第 10 卷，人民文学出版社 1986 年版。

［4］ 李炽昌、叶洛夫、孟振华：《多神与一神之张力：圣经翻译处境化的商榷》，《深圳大学学报》（人文社会科学版）2013 年第 1 期。

［5］ ［美］施约瑟译：《官话旧约圣经》，上海美华圣经公会 1874 年版。

［6］ ［美］施约瑟译：《旧新约圣经》（浅文理版），上海大美国圣经会 1913 年版。

［7］ ［以色列］伊爱莲：《施约瑟传——犹太裔主教与中文圣经》，胡聪贤译，圣

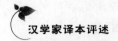

经资源中心 2013 年版。

［8］周作人：《圣书与中国文学》，最初发表于 1921 年 12 卷 1 号《小说月报》，
　　又载《艺术与生活》，岳麓书社 1989 年版。

［9］朱自清：《新诗杂话》，安徽文艺出版社 1999 年版。

卫礼贤与《易经》研究[*]

李伟荣[**]

一 引言

卫礼贤（Richard Wilhelm，1873—1930）对中国文化的研究是从儒家学说切入的，虽然他后来涉猎的领域十分广泛，对道家学说、中国佛教、《易经》与中国哲学、中国文学与艺术、中国文化史、中国思想史等都颇有研究，但儒家学说始终是他关注的焦点，也是他取得辉煌成就的领域。以儒家文化为主线，以其他思想文化领域为辅助，卫礼贤形成了自己独到的中国文化观。这一文化观的最突出特征是，与当时占主流的欧洲中心论、欧洲优越论不同，他对中国文化给予了积极的肯定和高度的评价，不仅肯定这一文化在中国和整个东亚文化圈的历史与现实意义，

卫礼贤英译的《易经》

* 本文受湖南省社科基金项目（项目编号：15YBA093）资助。原载于《汉学研究》2020 年秋冬卷（总第 29 集），收录于本书时有增补。
** 李伟荣，文学博士，湖南大学岳麓书院教授，中国比较文学学会理事，湖南省孔子学会常务理事。主要研究方向为中国文化对外传播、西方易学研究。

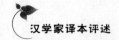

而且承认它对欧洲乃至整个西方世界的启示与借鉴价值，字里行间流露出对中国文化的崇敬与热爱（蒋锐，2007：11—36）。卫礼贤对中德文化交流最大的贡献在于他对中国典籍的翻译。他先后将《论语》《孟子》《大学》《中庸》《家语》《礼记》《易经》《吕氏春秋》《道德经》《列子》《庄子》等涉及儒、道等中国文化的最根本的经典译成德语。

在西方的《易经》译本中，没有哪部译本获得了如卫礼贤译本那样享有如此巨大的国际影响。它以英语、法语、意大利语、荷兰语、西班牙语（西班牙语译本就有墨西哥、阿根廷和西班牙三国版本）、丹麦语、瑞典语和葡萄牙语等多国语言做了全译或节译。1990 年在皮特哥茨出版的波兰语文本也是根据卫礼贤的德译本转译的（胜雅律，2009：850）。20 世纪 70 年代，《易经》英译本甚至成了美国嬉皮士运动的神书。

李雪涛评论说，"从实际影响来看，卫礼贤（或为尉礼贤）一生最大的成就无疑是他的《易经》德文译本，这部花费了他近十年心血的译本奠定了他在德语学术界的声誉。他对《易经》的翻译和阐释，直到今天依然在广泛传播，并且得到了学术界的认可。从这个译本移译至英文的《易经》（后来同时在美国和英国出版）为他赢得了国际名声"（李雪涛，2010：54）。

二 卫礼贤的著作

据不完全统计，卫礼贤一生出版的专著有二十四种，译著十四种，在报刊发表文章二百四十七篇（据 *Sinica*，1930 年第 5 卷第 2 期），他还主编过杂志八种。例如 1925—1927 年主编的插图版《中德季刊》（*Chinesische Blätter Für Wissenschaft und Kunst*）。

卫礼贤的著作可分为三大类。

第一类是普及型的著作。如为中国人学德语编写的《德华读本》（青岛，1902）、《德华教科书》（青岛，1903，曾再版）、《德华教科书——单字、文法、翻译》（青岛，1904，后再版）、《德文入门》

（青岛，1904，后再版五次）等；为德国人学汉语编写的《最重要的中国字——注音释义》（青岛，1909）、《统一中国文字释音计划》（青岛，1909）等。

第二类是将中国典籍译为德语，其中有些又转译为英语，使中国文化走向世界。郑寿麟说："在青岛的时候，渐渐翻译中国典籍，在德国耶拿（Jena）城得到德得列书局出版销售。当时德国人对中国还犹知甚浅。"他译了儒家经典《论语》《孟子》《礼记》，另译有《易经》《道德经》《冲虚真经》《南华真经》《吕氏春秋》等。

第三类是对中国文化介绍的著述，其中有《孔子生平与事业》（斯图加特，1925）、《孔子与儒学》（柏林，1928）、《中国文学》（柏林，1926）、《中国文化的历史》（伦敦，1928）、《东亚——中国文化之变迁》（勃兰登堡，1928）、《中国哲学》（柏林，1929）、《中国经济心理学》（1929），以及《中国之土地与自然》《崂山》《大战时青岛最困难的日子》等。由于他的许多著作又被译成英语，然后又从英语转译为其他国家的语言，所以他自然就成了世界知名的汉学家。

卫礼贤不到六十岁就去世了，尽管他生命短暂，但是一生勤奋，专心于著述和翻译，因此留下了大量的译作和著作。他在长达三十年的时间里，孜孜不倦地进行着中国经典的翻译，从设计选题、研读原文、挑选注本，到一步步试译，求教中国学者，再到润色和修改，直至译著最终出版，有时一部著作从翻译到出版，周期可能长达二十年之久（徐若楠，2018：358）。

卫礼贤翻译中国经典，大致始于1902年前后。这一年，上海《远东》（*Ferner Osten*）杂志刊登了他翻译的《三字经》，这是他首次发表译作。在他翻译出版的作品中，最著名的是他与迪德里希斯出版社（Eugen Diederichs Verlag）合作的《中国宗教与哲学》（*Religion und Philosophie China*）系列译著（徐若楠，2018：63）。卫礼贤最初的计划是通过组建团队大规模地推动译介活动，一是为了将德国重要的文学作品译成汉语，二是为了将中国的重要作品译成德语（徐若楠，2018：67—69）。到1930年，虽然卫礼贤与迪德里希斯出版社计划翻译的书目几经调整，但是最终他完成的《中国宗教和哲学》丛书出版计划（Neuer Anlageplan der Sammlung *Religion and Philosophie Chinas*）的完整目录如下：

1a. 《尚书》中真实的部分

1b. 《诗经》中宗教的部分

1c. 《易经》

1d. 孔子《春秋》

2. 《孔子》

3. 《礼记》

4. 《孟子》

5a. 《墨子》选译

《荀子》选译

《韩非子》选译

5b. 《吕氏春秋》

6. 宋代哲学选译

7. 《老子》

8a. 《列子》

8b. 《庄子》

9. 《淮南子》和道家玄学选译

10. 佛教内容

整体而言，卫礼贤《中国宗教和哲学》源流丛书共十卷，涵盖中国儒、释、道三大流派，以先古宗教及哲学为开端，以儒家经典及学说为正宗，同时兼顾其他学派的重要著述，可谓相当全面地介绍了中国的堵多宗教和哲学（徐若楠，2018：70—79）。

卫礼贤有关中国典籍和文化的译作和著作主要包括以下几部。

1905 年，《大学》（*Die Grosse Wissenschaft*）（1905，1930）；

1910 年，《孔夫子：论语》（*Kungfutse Gespräche*［*Lun Yü*］）（Jena：Diederichs）；

1911 年，《道德经》（*Tao Te King*，*das Buch vom Sinn und Leben*）（1911，1923）；

1911 年，《列子：太虚真经》（*Liä Dsi，das wahre Buch vom quellenden Urgrund*）；

1912 年，《庄子：南华真经》（*Dschuang Dsi，Das Wahre Buch vom Südlichen Blütenland*）；

1914 年，《中国民间故事集》（*Chinesische Volksmarchen*）；

1916 年，《孟子》（*Mong Dsi*）；

1922 年，《中国的人生箴言》（*Chinesische Lebensweisheit*）；

1924 年，《易经》（*I Ging：Das Buch der Wandlungen*）；

1925 年，《中国心灵》（*Die Seele Chinas*）；

1925 年，《老子与道教》（*Laotse und der Taoismus*）；

1927 年，《中国文学史》（*Die Chinesische Literatur*）；

1928 年，《孔子和儒学》（*Kungtse und der Konfuzianismus*）；

1928 年，《中国文化的历史》（*Geschichte der Chinesischen Kultur*）；

1928 年，《吕氏春秋》（*Frühling und Herbst des Lü Bu We*）；

1929 年，《中国哲学》（*Chinesische Philosophie：Eine Einführung*）；

1929 年，《太乙金华宗旨》（*Das Geheimnis Der Goldenen Blüte*）；

1930 年，《中庸》（*Mass und Mitte*）；

1930 年，《礼记》（*Li Gi：Das Buch der Sitte des Älteren und Jüngeren Dai*）；

1930 年，《中国经济心理》（*Chinesische Wirtschaftspsychologie*）；

1939 年，《孝经》（*Das Buch der Ehrfürcht*）。

三 卫礼贤德译《易经》与劳乃宣的作用

值得指出的是，与理雅各的情况比较类似，卫礼贤在翻译《易经》时也借重了中国学者的帮助。理雅各主要借重王韬的经学素养，而卫礼贤则主要借重的是劳乃宣（1843—1921）的经学素养。

卫礼贤是通过周馥（1837—1921）这一中介而得以认识劳乃宣的。周馥，字务山，号兰溪，安徽建德（今东至县）人，曾于 1902—1904 年任山东巡抚。周馥曾建议卫礼贤说：

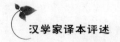

你们欧洲人总是只在中国文化的外围使劲，你们之中没有谁理解其真正的意义和确实的深度。其中的原因在于，你们从来没有得到过真正的中国学者们的帮助。你们所认作老师的是已经被解了职的乡村私塾先生，他们仅仅了解表面的东西。因此在你们欧洲有关中国的论述大都是愚不可及的东西，这也没有什么值得奇怪的。如果我给您找到一位真正能根植于中国精神的老师，他会引导您进入中国精神的深处，不知您意下如何？这样您就能翻译一些东西，其余的自己来写，中国也就不会不断地在世界面前蒙羞了。(Richard Wilhelm, 2009: 183—194)

这段话至少有两层意思值得我们注意：第一，即便是像卫礼贤这样的西方学者或传教士，如果没有一位真正的中国学者给予帮助，也无法真正理解中国精神的深刻之处，只了解中国文化的浅层和表面；第二，如果有真正的中国学者之助，那么卫礼贤就可以将中国精神的深刻之处理解透，而且能够将其翻译到国外，让外国人真正理解中国，而不至让中国在世界面前蒙羞。

周馥向卫礼贤所推荐的真正的中国学者就是劳乃宣。劳乃宣(1843—1921)，字季瑄，号玉初，又名矩斋，晚名韧叟，河北省广平府（今河北省永年县广府镇）人，中国近代音韵学家，拼音文字提倡者。《清史稿》（卷四百七十二，列传二百五十九）有其本传（张立胜，2010：1）。

卫礼贤便高兴地接受了周馥的建议，决定拜劳乃宣为师，研读并翻译代表中国精神的中国典籍。对于卫礼贤聘请劳乃宣来青岛主持卫礼贤组织的"尊孔文社"一事，劳乃宣在其《自订年谱》中有说明。

> 癸丑（即1913年——引者注）七十一岁
> 春……山东青岛为德国租借地。国变后，中国遗老多往居之。德人尉礼贤[1]笃志中国孔孟之道，讲求经学，故设书院于岛境有年。与吾国诸寓公立尊孔文社，浼周玉山制军来函，见招主持社事。适馆授餐，情意优渥。日与尉君讲论经义，诸寓公子

弟，亦有来受业者。（劳乃宣，1978：4）

正是在这一背景下，卫礼贤真正开始了研读和翻译包括《易经》在内的中国典籍。劳乃宣建议卫礼贤首先研读和翻译《易经》。劳乃宣认为，《易经》尽管不容易，但也绝不像通常大家所认为的那样不可理解。

> 事实是，最近这一活传统几近消亡。不过他（指劳乃宣——引者注）还有一位依然能接续上古老传统的老师，劳氏家族与孔子后代是近亲。他拥有一束采自孔墓的神圣的蓍草，并通晓如何借助这些来占卜未来的艺术，而这在中国也几乎不为人知了。因此选择了《易经》这本书来予以讲授。（Richard Wilhelm，2009：184）

关于劳乃宣帮助卫礼贤翻译《易经》的全过程，在卫礼贤著的《中国灵魂》一书中做了详细叙述。

> 他先用汉语解释经文，我则笔录；然后我将经文译成德语。在此基础之上，我不看原书而将我译成德文的经文回译成汉语，再由他来比较我是否注意到了所有的细节。之后再对德文本的文体进行润色，并讨论文体的细节。最后，我再对译文进行三到四次修改，并加上最重要的注疏。就这样经过不断的修改，这个译本才得以完善。（Richard Wilhelm，2009：184）

因此徐若楠指出，尽管是与劳乃宣合作翻译《易经》，但是自始至终，卫礼贤都牢牢掌控着翻译的主导权，同时分工明确，使得他们之间的翻译合作十分富有成效（徐若楠，2018：358）。

劳乃宣的《自订年谱》中对他与卫礼贤翻译《易经》一事也有相关记载。

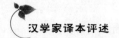

甲寅（1914 年——引者注）七十二岁

青岛……战事起，迁济南小住。又迁曲阜赁屋寄居……

……

丁巳（1917 年——引者注）七十五岁

……五月，奉复辟之旨，简授法部尚书，具疏以衰老请开缺，俾以闲散备咨询，未达而变作。曲阜令蓝君告以得见逮之牍，劝出走。又移家青岛，居礼贤书院，复与尉君理讲经旧业……

……

庚申（1920 年——引者注）七十八岁

在青岛……尉君以欧洲战事毕，回国一行，期明年来。（劳乃宣，1978：48—52）

　　我们从劳乃宣的《自订年谱》中的一些记载可以得知，1913 年，也就是劳乃宣《自订年谱》中提到的癸丑年，劳乃宣举家移居青岛，如图 1 所示。主要任务有两个：一是主持尊孔文社事宜，二是帮助卫礼贤翻译《易经》。但是，时隔一年左右欧洲爆发第一次世界大战，波及中国。于是劳乃宣逃到了济南和曲阜等地躲避战火。1917 年，劳乃宣又返回青岛，继续与卫礼贤合译《易经》，一直到 1921 年去世。这段时间劳乃宣主要生活在青岛，与卫礼贤一起研读和翻译《易经》。到 1921 年，大体上已完成《易经》的翻译。

　　另外，需要特别说明的是，卫礼贤完成《易经》的翻译，劳乃宣起到了非常重要的作用，但是仅仅有劳乃宣一个人的帮助还不够。在《易经》德译本的完成过程中，还有几个非常重要的因素，一是迪德里希斯出版社的支持，二是劳乃宣过世后李泰棻（1896—1972）的帮助。

　　李泰棻著有《西洋大历史》（1917）、《史学研究法大纲》（1920）、《中国史纲》（1922）、《西周史徵》（1927）和《方志学》（1935）等，在史学、经学、方志学和金石学等方面均有一定造诣。1921 年 7 月，劳乃宣在青岛病逝，那时候《易经》德译的工作基本

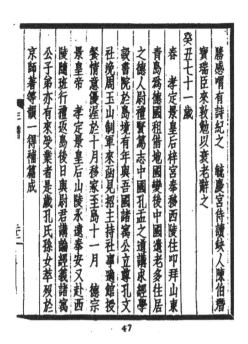

《韧庵老人自订年谱》（近代中国史料丛刊一辑）
书影（劳乃宣，1967：47）

已结束，但是后期的编辑和修改依然颇为费神（徐若楠，2018：121）。因此，卫礼贤还需要相关学者在他翻译《易经》时给予他一定的帮助。1923 年年初，卫礼贤结识了年轻的北京大学教授李泰棻，此后在李泰棻的协助下，卫礼贤于当年 7 月完成了《易经》德译的修改工作（徐若楠，2018：92、122）。

四　卫礼贤德译《易经》的底本问题

蔡郁焄在博士学位论文《卫礼贤、卫德明父子〈易〉学研究》中指出，有关卫礼贤《易经》译本采用的底本：一是俄国医学家舒茨基（Юлиан Константинович Шуцкий，1897—1938）主张来自朱熹的《周易本义》；二是郭汉城主张《御制日讲易经解义》参考得多，而非通常认为的《御纂周易折中》；三是德国汉学家郝爱礼

（Erich Hauer）不认为卫礼贤以《御制日讲易经解义》作为翻译底本；四是康达维（David R. Knechtges）主张卫礼贤兼采《御纂周易折中》和《御纂周易述义》[2]作为翻译底本；五是蔡郁焄经过考察，主张卫礼贤以《周易本义》和《御纂周易折中》"卦主"的说法为主（蔡郁焄，2014：91、118—121）。

不过，从德国汉学家魏汉茂（Hartmut Walravens）和 Thomas Zim-mer 所编辑的 *Richard Wilhelm*（1873—1930）：*Missionar in China und Vermittler chinesischen Geistesgutes* 一书来看，似乎蔡郁焄所做的结论有可商榷之处。下面是该书第 201—235 页所列卫礼贤藏《易经》相关书籍（格式为：档案原始编号，著作名称，著作名称德文，著作者，出版地，出版时间和书中页码）。

编号 4，《读易汇参》（*Zum Verstündnis des I Ging*），和瑛著，易简书室（I Giën Schu Schy），1823 年，第 201 页。

编号 17，《易经通注》（*Kommentare zum I Ging*），曹本荣著，1886 年，第 201 页。

编号 76，《周易遵程》（*Erläuterung des I Ging nach der Tehorie der Tscheng-Schule*），石印著，1890 年，第 205 页。

编号 77，《周易介》（*Erläuterung zum I Ging*），单维宇著，半山亭（Ban Schan Ting），1816 年，第 205 页。

编号 214，《御纂周易折中》（*Kaiserl. Ausgabe der Kommentare zu I Ging*），李光地等著，1715 年，第 214 页。

编号 221，《易箴》（*Sprüche aus dem Buch der Wanglungen*），吴佩孚著，黄嗣艾刊（Huang Si Ai），1926 年，第 214 页。

编号 222，《周易大义》（*Grundbedeutung des I Ging*），吴开生著，文学社，1923 年，第 214 页。

编号 247，《奇门阐易》（*Die "Ki-Men"-Lehre im Buch der Wand-lungen*），韦汝霖著，北京白衣庵，1927 年，第 216 页。

编号 248，《周易》（*Buch der Wandlungen*），恭亲王手书，1914 年，第 216 页。

编号 249，《手传说卦辑义》（*Bedeutung der Ba-gua in Schy Ds-*

chuan），黄福著，永盛书馆，1922 年，第 216 页。

编号 250，《易楔》（*Erläuterung zum I Ging*），杭辛斋著，研几学社，1924 年，第 216 页。

编号 251，《周易恒解》（*Kommentar zum I Ging*），刘沅著，道德社，1918 年，第 216 页。

编号 252， 《易理汇参臆言》（*Hypothese über die "Technik der Wandlungen"*），周馥著，华新印刷局，1921 年，第 216 页。

编号 253，《参同契集注》（*Kommentar zu "Tsan Tung Ki"*），仇兆鳌著，洪熙揆，1708 年，第 216 页。

编号 254，《理数合解》（*Über "Li" u. "Schu"*），北海老人著，乐善堂，1895 年，第 217 页。

编号 256，《卜筮正宗》（*Die Hauptrichtung der Orakel-lehre*），王洪绪著，北京文成堂，1904 年，第 217 页。

编号 349，《学易笔谈》（*Gespräche über die Lehre von der Wandlungen*），杭辛斋著，研几学社，1922 年，第 223 页。

编号 350，《易教偶得》（*Neueaus der Lehre von der Wandlungen*），杭辛斋著，研几学社，1922 年，第 223 页。

编号 351， 《愚一录易说订》（*Neues aus dem Buch der Wandlungen*），杭辛斋著，研几学社，1922 年，第 223 页。

编号 356，《章实斋文史通义》（*Kompendium über Literature & Geschichte*），章学诚著，江左书林，1924 年，第 224 页。

编号 361，《监本易经》（*Buch der Wandlungen*），上海广益书局，1910 年，第 224 页。

编号 414，《易类》（*Bücher über die Lehre der Wandlungen*），作者不详，出版地不详，第 227 页。

编号 415，《易经次序大略》（*Reihenfolge der Kapitel ders Buchs der Wandlungen*），作者不详，出版地不详，第 227 页。

编号 504，《周易费氏学》（*I Ging aus der Fe-schule*），马其昶著，亚东图书馆，1904 年，第 235 页。

从上述藏书来看，无法清晰地判断出卫礼贤翻译《易经》时的底本到底是哪一本。是朱熹的《周易本义》，还是《御纂周易折中》，抑或是《御制日讲易经解义》，至少从藏书看不出卫礼贤使用了这三部书。

五　卫礼贤德译《易经》与贝恩斯夫人英语转译

卫礼贤本为传教士，但是有感于西方文化本身的不足，来到中国后，深深为中国文化所吸引，认为以《易经》等为代表的中国文化正是医治（纠正）西方文化之偏的良药，所以矢志不渝地翻译中国文化，并撰写相关论著。其中，《易经》的德译便是他最优秀的翻译成果之一。

卫礼贤的德译《易经》体例如下。

一是"前言"（Vorrede）。

二是"导论"（Einleitung），其中包括三部分：

Ⅰ.《易经》的应用（Der Gebrauch des Buchs der Wandlungen）。

a）占筮之书（Das Orakelbuch）；

b）智慧之书（Das Weisheitsbuch）。

Ⅱ.《易经》的历史（Die Geschichte des Buchs der Wandlungen）。

Ⅲ. 翻译说明（Die Anordnung der Übersetzung）。

三是《易经》本经（Der Text）。

英译本由贝恩斯（Cary F. Baynes）将卫礼贤的德译本转译为英语，有荣格（Karl Gustav Jung，1875—1961）写的前言和卫礼贤儿子卫德明（Hellmut Wilhelm，1905—1990）写的序。英译本也由三卷构成。

卷一：《易经》本经（Book Ⅰ：The Text），像中文《周易》一样，分上下经两部分。

卷二：其他材料（Book Ⅱ：The Material），包括"导论"（Introduction），其中有《说卦》和《象传》；第一部分：A. 基本原则（Underlying Principles）、B. 详尽的讨论（Detailed Discussion）；第二部分由 12 章构成；第三部分是"卦序"（The Structure of the Hexagrams），共 7 节。

卷三：注疏（Book Ⅲ：The Commentaries），按中文《周易》的上下经分为两部分。

四是附录和索引。

卫礼贤的 1924 年版《易经》德译本是全译本，包括《易经》本经和《易传》。第 1 版印了 3000 册，1937 年第 2 版印至 5000 册，1950 年第 3 版印至 8000 册，1951 年印数至 1.1 万册，1956 年达至 1.5 万册，1971 年至 3.2 万册，1983 年为 8.7 万册，到 1990 年印数高达 12.2 万册。1956 年迪德里希斯出版社[3]在杜塞尔多夫及科隆两地印行一种袖珍本，书名为《易经、经文及资料》。从 1973 年起以"迪德里希斯黄本丛书"名义发行，由慕尼黑的汉学教授鲍吾刚（Wolfgang Bauer，1930— ）作序（1990 年第 14 版）。这一袖珍本收录了卫礼贤 1924 年版全译本的前两篇，第三篇"传"并未列入。卫礼贤 1924 年版全译本尚有下列几种节写本：鲁道夫·冯·德利乌斯（Rudolf von Delius）的《永恒的中国：精神的象征》，德雷斯登，1926 年；巴克斯·贝姆（Bill Behm）的《中国的占卜书易经》（*Das Chinesische Orakelbuch：I Ging*），克拉根福，1940 年；慕尼黑/柏林，1955 年新版；马里奥·舒柏特（Mario Schubert）的《易经、变易之书》，苏黎世，1949 年，（胜雅律，2009：850）。

贝恩斯夫人（Cary Fink Baynes，1883— ）将卫礼贤的《易经》德译转译为《易经》英译，1950 年出版。重要的是，我们要记住，这是转译（translation of a translation）。贝恩斯是荣格的一个美国学生，在 20 世纪 20 年代和 30 年代，她与丈夫贝恩斯（Helton Godwin Baynes）一起翻译了几部荣格的著作。1931 年，她又翻译出版了卫礼贤德译的《太极金花宗旨》，英译名为 *The Secret of the Golden Flower*，这部书论述的是 17 世纪的中国瑜伽，荣格给这部译著写了《前言》（Preface）。卫礼贤德译的《易经》在西方世界之所以有如此大影响，贝恩斯夫人译笔的贴切（Felicity）也是一个主要原因。她引入了理雅各的"三画卦"（trigram，即经卦）和"六画卦"（hexagram，即别卦），并使这两个术语得以普及。在德语中，卫礼贤遵循"卦"的汉

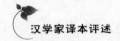

语用法，而将"三画卦"和"六画卦"均译为德语"zeichen"，而"zeichen"在德语中则表示"符号"（Sign）之意。

荣格请她翻译卫礼贤的德译《易经》，得到卫礼贤的热切赞同。早在1930年之前，她就开始翻译卫礼贤的德译《易经》了，但是她的翻译工作时断时续。直到1949年才最终得以完成，1950年在纽约出版，1951年在伦敦出版。伦敦版本的版式尤其讲究，但是《易经》经文拆分后被重编入三部分，很多材料重复了，与不同来源的注疏笨重地交织在一起，编排非常复杂。因此李约瑟将卫礼贤的德译《易经》视为"一部汉学迷宫……完全属于不知所云"（department of utter confusion）。

1967年，贝恩斯夫人与卫礼贤的儿子卫德明（Hellmut Wilhelm，1905—1990）合作编纂了第3版（最方便的版本）。卫德明当时是一位美国汉学家，是一位受人尊敬的《易经》评论者，他按他父亲的传统对《易经》进行评论。他清楚他父亲的《易经》译本完成后对中国这方面的后续研究，考虑改变《易经》材料非常（Bafflingly）复杂的编排，但是最终无心篡改卫礼贤的德译《易经》。

贝恩斯夫人转译的《易经》英译本存在一些译得不如意的段落，这是因为卫礼贤德译本就没有将原文意思完整译出。例如，贝恩斯夫人将《易经·解卦》中"解而拇"译为"Deliver yourself from your great toe"[4]和《易经·大有卦·象传》中的文字"匪其彭无咎，明辩晢也"译为"the danger of repeated return is，in its essential meaning，deliverance from blame"。这种译文确实使人不知所云。不过，席文等人却认为卫礼贤和贝恩斯夫人的翻译不错，至少比蒲乐道的好多了（Nathan Sivin，1966：294）。

六 卫礼贤、卫德明父子易学研究特点

《周易》内容艰深晦涩，翻译极其不易，但卫礼贤、卫德明父子薪火相传，子承父业，对《周易》从翻译到研究，均做出重大的贡献。现今英语世界最通行的《周易》译本之一，是卫礼贤德译本

（1924年第一次出版）的英译。[5]在英译本中，有著名心理学家荣格为之作序，这篇序文已经成为中西文化交流史上具有重要影响的文献。

卫礼贤的小儿子卫德明继承了他父亲易学研究的衣钵，发展了他父亲的易学思想。一方面，贝恩斯夫人在将卫礼贤的德译《易经》转移为英语时得到了卫德明多方面的帮助，在编辑其译本时，卫德明对她的帮助也很大，而且卫德明还撰写了英译本第3版的"序言"；另一方面，卫德明也撰写了多篇易学论文和著作，其中影响最大的可能就是其著作《易经八讲》（*Change，Eight Lectures on the I Ching*）和《〈易经〉中的天、地、人》（*Heaven，Earth and Man in the Book of Changes*）。

对比研究卫礼贤、卫德明父子的易学研究，我们大体上可以得出他们的易学研究具有以下三个特点。

其一，比较忠实地继承中国的传统易学（尤其是义理派易学）思想，弘扬义理派将易学与当代生活紧密结合的传统，坚持认为易学史是对现代人直接有益的活传统，而不是文化博物馆的古董。在20世纪20年代，卫礼贤曾在北京大学任教，在当时，"整理国故"与"疑古派"的思潮有很大的影响。在包括《周易》经传断代等一系列问题上，卫礼贤更多地接近传统，与疑古思潮有一定的距离。必须指出，山东名儒劳乃宣（1843—1921）对卫礼贤的影响是不可忽视的。

其二，卫礼贤对《周易》的解读，并不仅仅是书斋式易学研究的结果，还体现出卫礼贤对当时欧洲文化命运（特别是20世纪20年代后期的德国）等重大时代问题的思考，这些思考是在与同时代的荣格、黑塞等人的讨论与碰撞中产生的。因此，卫礼贤的《周易》翻译与研究，是欧洲知识分子为了拯救自身文明与民族国家的命运所做努力的一部分。

其三，将卫礼贤、卫德明父子的研究与传统易学进行比较，可以发现，它们经得起学术史的考验。这说明，尽管东西方在易学研究上存在一定的差别，但真正有价值的研究，却能够超越语言文化的界限，具有沟通对立，推动不同文明进行友好对话的功能，并在对于特

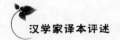

殊性与差异性的精细阐发中，打破古今中外的隔阂，通达透视人类共
同意义世界的崇高境界。

七　卫礼贤《易经》译本的世界影响

胜雅律（Harro von Senger）认为卫礼贤的译著此后之所以取得如
此影响，首先应归功于瑞士心理学家荣格和德国作家黑塞（Hermann
Hesse，1877—1962）（胜雅律，2009：851）。一方面，荣格的德裔
女学生、心理学家贝恩斯之所以会将卫礼贤德译《易经》转译为英
语，是因为荣格认为她有能力将如此重要的文本翻译成英语，而且这
一工作值得去做。另一方面，荣格在认识卫礼贤之前就已熟悉理雅各
所译的英译本《易经》，认为理雅各的这一译本"不大可用"，对于
西方人了解这部高深莫测的书几无可为；而卫礼贤的德译本则准确得
多，卫礼贤殚精竭虑为理解《易经》的象征意义铺平了道路。因为
卫礼贤抓住了《易经》的活生生的意义，从而使他的译本达到的深
度是关于中国哲学的任何单纯的学院知识所永远望尘莫及的（陆杨，
1998：94）。贝恩斯的英译本被收入"万神殿丛书"，1950 年以两卷
本在纽约出版，73 岁高龄的荣格为该译本撰写了序言。这一序言充
分体现了荣格的易学观，对该译本在西方世界的传播起到了非常重大
的作用。据相关资料，尽管后来另有约 15 种《易经》英译本问世，
但卫礼贤—贝恩斯所译的《易经》迄今以各种版本在全球发行了近一
百万册（胜雅律，2009：851）。荣格的易学观还体现为他将易学思
想运用于心理学，发明了"同时性原则"这一概念（Young Woon
Ko，2011：100—140），从而让易学思想在西方更加深入人心。

德国作家赫尔曼·黑塞是 20 世纪的著名作家，曾获诺贝尔奖文
学奖。他对于中国古典经籍非常感兴趣，阅读过多种典籍并将其中的
一些思想运用于自己的创作，例如《论语》《庄子》等。不过，黑塞
最感兴趣并对其创作具有持续影响的典籍主要还是《易经》。他为
《易经》的预卜力量及图像所吸引，对此做了数十年的研究。在第二
次世界大战前，他为卫礼贤的 1924 年版译本写了一篇十分有意义的

评论文章。这篇文章发表于 1925 年 9 月 30 日的《新评论》(*Neue Rundschau*)。黑塞认为《易经》是一本最古老的智慧和巫术之书,他对此做了深入的研究,并在其文学创作中参考应用,这可从其晚年的小说《玻璃球游戏》一书中窥见(1943 年出版);在这方面他开拓了一个广阔的天地。黑塞对《易经》的理解对 20 世纪 60 年代的一代青年,从美国的旧金山到荷兰的阿姆斯特丹,都产生了深远的影响(胜雅律,2009:851)。王建斌也指出,卫礼贤毕其一生,致力于中国典籍的德译及中西方的思想交流、精神互鉴。他的译作深深影响了黑塞、荣格等众多欧洲的知识分子(王建斌,2018)。

在使西方广大学者知道《易经》这本书方面,应归功于卫礼贤。在德译本中,他把"歌德和孔子相提并论"。卫礼贤以艺术家兼诗人的笔法,对原著中词义丰富的汉语,找出恰当的德语来解释。然而,正如评论所述,卫礼贤并不总是用同一个德语词来翻译汉语某一词汇。有时他的译文过于精缜,使汉语原文中的很多含义反而被摒弃了。还有,他的译文是依宋代理学的路子来翻译的,这只代表诸多《易经》传统中的一种解释。卫礼贤理解《易经》主要是根据"十翼",即《易传》,而不是根据《易经》的本经,因此基本上并不能反映《易经》经文核心部分的真正原义。这些都是其不足之处。因此,在西方,由卫礼贤译本传播而形成对《易经》的理解,就不无偏误之处了(胜雅律,2009:851)。

卫礼贤经由译介中国经典和论说中国文化所产生的影响,真可谓深远。且不论这种影响在广义的西方世界是如何流传的,仅就其时的德国语境来对他得思想史略加考察,著名德国作家、诺贝尔奖文学奖得主黑塞即对其评价甚高。

　　卫礼贤是先驱和典范,是合东西方于一身,集静与动在一体的太和至人。他曾在中国数十年潜心研究古老的中华智慧,曾与中国学苑英才交换心得,不过他既未丧失自己的基督信仰和打着上瓦本图林根家乡烙印的德国本色,也未忘记耶稣、柏拉图和歌德,更没有丧失和忘记他那要有所作为的西方式雄心。他从不回

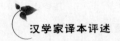

避欧洲的任何问题，不逃避现实生活的召唤，不受苦思冥想抑或
美学至上的寂静无为主义的蛊惑，而是循序渐进，终于使两个古
老而伟大的思想相交相融，使中国与欧洲、阳与阴、知与行、动
与静有机结合起来。所以才会产生他那优美动人的语言，就像由
他翻译的《易经》那样——歌德和孔夫子同时娓娓而谈，所以他
才能对东西方这么多高品位的人产生如此魅力，所以他的脸上才
会带着智慧而和蔼、机敏而谐谑的微笑。　　（Hermann Hesse,
1974：320—323）

　　除《易经》译文，卫礼贤还著有其他一些有关《易经》的论文
和著作，其中最著名的是《易经讲稿：持恒与应变》（*Lectures on the I
Ching：Constancy and Change*）。尽管我们通过他的德译《易经》也可
以窥见他的易学观，但那毕竟不是他本人的著作，他的易学观在表达
时经常受到多方面的限制。

　　而《易经讲稿：持恒与应变》（*Lectures on the I Ching：Constancy
and Change*）这本书则比较集中地反映了他的易学观。这本书中的四
篇文章分别是他于 1926—1929 年在法兰克福所做的四组讲座，论题
分别是"对立与友谊的政治学""艺术精神""变化中的恒定""中
国人关于死的概念"。在这些讲座中，卫礼贤从《易经》中选取了一
些文献予以讲解和引申，发挥他所要论述的那些主题。卫礼贤明确表
示，他从事这一研究的目标有两个：一是向现代西方人传达中国传统
文化的内容与价值，二是揭示《易经》中所包含的普遍适用的智慧
（Richard Wilhelm, 1979：43—44）。

八　结语

　　彭吉蒂（Birgit Linder）指出，卫礼贤是一位赴华新教传教士，但
他将一生中的大部分时间都用来翻译哲学文本。即便儒学在 19—20
世纪之交日渐式微，卫礼贤还是翻译了《论语》《列子》《孟子》
《易经》《礼记》《吕氏春秋》《老子》和《庄子》等。卫礼贤的译文

质量颇高（彭吉蒂，2011：45）。根据鲍吾刚的判断，这些译文取得如此之高的成就，是因为它们填补了"一战"后人们在精神上的空白，这堪比歌德在两个世纪前重燃对中国的兴趣时的体验。译文的成功也得益于他无可指摘而又富于穿透力的语言，这种语言既适用于传教士的工作，又符合西方—基督教的用语习惯。

为了纪念自己的祖父，卫礼贤的孙女贝蒂娜（Betina Wilhelm）从 2008 年开始筹划拍摄一部以卫礼贤为主角的纪录片。[6]该纪录片于 2011 年完成拍摄，片名为《变易的智慧：卫礼贤与〈易经〉》（*Wisdom of Changes-Richard Wilhelm and The I Ching*）。[7]

卫礼贤在中德文化交流中，一直有着非常重要的地位和作用。在中国文化复兴的伟大时期，重新检视卫礼贤与以《易经》为代表的中国文化，具有非常重要的意义。

注释

[1] Richard Wilhelm 给自己取的中国姓名，先是尉礼贤，后因嫌"尉"与"军事"有关，所以改为"卫"，后来即以卫礼贤行世。参见周一良《毕竟是书生》，北京十月文艺出版社 1998 年，第 6 页。

[2] 清傅恒、来保、孙嘉淦等奉敕撰。嘉淦（1683—1753），字锡公，号懿斋。兴县人。康熙五十二年（1713）进士，历史部尚书、协办大学士。著有《孙文定公文集》等多种著作。是书凡卦爻四卷，象传一卷，象传二卷，系辞传二卷，文言传、说卦传、序卦传、杂卦传共一卷。以多推阐御纂《周易折中》之蕴，故赐名曰述义。所解皆融今群言，摘取精要，不罗列姓名，亦不驳辩得失，而随文诠释，简括宏深，以实用为本，大旨谓《易》因人事以立象，故不涉虚渺之说与术数之学。其观象多取于互体，尤能发明古义。其版本有乾隆二十年（1755）刊本、山大图藏、《四库全书》本。

[3] 作家刘心武将其翻译为"德得利出版社"，他曾在一篇小文中介绍过这一出版社及其翻译出版卫礼贤《易经》翻译的情况，详情参见刘心武《一篇小序的由来》，《读书》，1985 年第 6 期。

[4] "deliver"在此的英语解释是"free from harm or evil"，汉语则表示"免遭……（危害）"之意；而这里的英语，用汉语表达的话，大意是"将你本人从自己的脚趾大拇指中脱离开来"。卫礼贤对"解而拇"的德译是"Be-

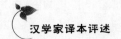

freie dich von deiner groβen Zehe", 汉语意思类似于 "摆脱你的脚趾大拇指"。 两相比较,德语和英语的意思是近似的。德译文参见 Richard Wilhelm, *I Ging*: *Das Buch der Wandlungen*, Jena, 1924, p. 179。

[5] 1950 年波林根基金会出版公司出版,参见贝恩斯英译, *The I Ching or Book of Changes*, Wilhelm/Baynes, Bollingen Foundation Inc., New York。1967 年起, 改由普林斯顿大学出版社出版。

[6] Peggy Kames, "Der Sinologe Richard Wilhelm im Film-Bettina Wilhelm und ihr Projekt 'Wandlungen'", http://www.de-cn.net/mag/flm/de3515038.htm, accessed on April 4, 2012.

[7] Martina Bölck, "Richard Wilhelm und das *I Ging* im Film", http://www.de-cn.net/mag/flm/de8494841.htm, accessed on April 4, 2012.

参考文献

[1] Hermann Hesse, "Ein Mittler zwischen China und Europa", in *Die Weltwoche 24*, April 27, 1956, Zürich, in Adrian Hisia (Hg.), *Hermann Hesse und China*: *Darstellung*, *Materialien und Interpretation*, Frankfurt: Suhrkamp, 1974, pp. 320 – 323.

[2] *I Ging*, *Das Buch der Wandlungen*, Aus dem Chinesischen verdeutscht und erleutert von Richard Wilhelm, Jena: Diederichs, 1924.

[3] Nathan Sivin, "A Review on The Book of Change by John Blofeld", *Harvard Journal of Asiatic Studies*, Vol. 26, 1966, p. 294.

[4] Richard Wilhelm, *Die Seele Chinas*, Wiesbaden: marixverlag, 2009.

[5] Richard Wilhelm, *Lectures on the I Ching*: *Constancy and Change* (Bollingen Series XIX: 2), trans. Irene Eber, Princeton: Princeton University Press, 1979, pp. 43 – 44.

[6] Young Woon Ko, *Jung on Synchronicity and Yijing*: *A Critical Approach*, Cambridge Scholars Publishing, 2011, pp. 100 – 140.

[7] Hartmut Walravens and Thomas Zimmer, eds., *Richard Wilhelm (1873 – 1930)*: *Missionar in China und Vermittler chinesischen Geistesgutes*, Nettetal: Steyler Verlag. 2008.

[8] 蔡郁焄:《卫礼贤、卫德明父子〈易〉学研究》,博士学位论文,台湾师范大学,2014 年。

［9］蒋锐：《卫礼贤论中国文化》，参见蒋锐编译《东方之光——卫礼贤论中国文化》，外语教学与研究出版社 2007 年版。

［10］劳乃宣著，沈云龙主编：《韧庵老人自订年谱》，文海出版社 1967 年版。

［11］劳乃宣著，王云五主编：《清劳韧叟先生乃宣自订年谱》，（台北）商务印书馆 1978 年版。

［12］李雪涛：《〈易经〉德译过程与佛典汉译的译场制度》，《读书》2010 年第 12 期。

［13］陆扬：《荣格释〈易经〉》，《中国比较文学》1998 年第 3 期。

［14］［德］彭吉蒂：《德译中国：文学接受、经典文本及德国汉学的历史》，参见耿幼壮、杨慧林主编《世界汉学》第 7 卷，中国人民大学出版社 2011 年版。

［15］［瑞士］胜雅律：《德语国家〈易经〉研究概况》，载《中华易学大辞典》编委会编《中华易学大辞典》下，上海古籍出版社 2009 年版。

［16］王建斌：《序》，参见徐若楠《中西经典的会通：卫礼贤翻译思想研究》，上海译文出版社 2018 年版。

［17］徐若楠：《中西经典的会通：卫礼贤翻译思想研究》，上海译文出版社 2018 年版。

［18］张立胜：《县令·幕僚·学者·遗老——多维视角下的劳乃宣研究》，博士学位论文，北京师范大学，2010 年。

汉学家闵福德与《易经》研究[*]

李伟荣[**]

2014 年 10 月 30 日，世界知名汉学家闵福德（John Minford, 1946—　）译就的《易经》，由企鹅出版社旗下的维京出版社（Viking）出版，收入企鹅经典丛书（*Penguin Classics*）。该书于 2015 年 12 月又推出了豪华精装版（Penguin Classics Deluxe Edition）。由于译者与出版社均名闻全球，这一译本的出版很可能将在英语世界甚至西方世界再次掀起一股《易经》热。本文在评介汉学家闵福德的汉学成就及翻译思想时，尝试引入新近出炉的《易经》译本进行微观评估与分析，希望以此引起国内外汉学专家及易学研究者的共同关注与探讨。

闵福德英译的
《易经》

一　闵福德的主要汉学成就及翻译《易经》的缘起

作为著名的翻译家和汉学家，闵福德的主要成就是将包括中国典籍在内的中国文化介绍并翻译到英语世界，具体表现在以下四个方面。

　＊ 本文系国家社科基金一般项目"英语世界的《易经》研究"（项目编号：12BWW011）的成果。原载于《中国文化研究》2016 年第 2 期，收录于本书时有增补。

　＊＊ 李伟荣，文学博士，湖南大学岳麓书院教授，中国比较文学学会理事，湖南省孔子学会常务理事。主要研究方向为中国文化对外传播、西方易学研究。

（一）典籍英译

闵福德曾翻译《红楼梦》后四十回（后两卷），前八十回（前三卷）由其业师暨岳父、国际著名汉学家霍克思教授翻译，收入企鹅经典丛书，共分五卷。该译本因为出版社的不同凡响和首译者霍克思教授的杰出汉学成就，为青年闵福德带来了极大的学术声誉。1999 年，闵福德应企鹅出版社邀请复译《孙子兵法》，该书被列入《企鹅经典丛书》并于 2002 年出版。他还选译了《聊斋志异》中 481 则故事中的 104 则，书名沿用翟理斯（Herbert A. Giles）的英文译名 *Strange Tales from a Chinese Studio*。1991 年，闵福德开始翻译《聊斋志异》，历时 15 年，收入企鹅经典丛书，2006 年出版。据卢静介绍，该译本的汉语对照本主要选择了张友鹤的《聊斋志异》会注会校会评本和朱其楷的全新注本《聊斋志异》；另外闵福德译本前有长篇的序言、译本后有《聊斋志异》译文、术语表、长达 63 页的注释以及对于研究《聊斋志异》的学者颇具价值的参考文献。① 2014 年 10 月底，他在企鹅出版社出版了《易经》（收入企鹅经典丛书），目前又接受了企鹅出版社的邀约，正在翻译《道德经》。

（二）现代作品英译及译审

闵福德在现代作品方面译有金庸的武侠名著《鹿鼎记》（*The Deer and the Cauldron*）②，该书第一卷、第二卷、第三卷分别于 1997 年、1999 年和 2002 年在牛津大学出版社出版；闵福德夫妇还审订了恩沙（Graham Earnshaw）费时 10 年而译就的金庸武侠名著《书剑恩仇录》（*The Book and the Sword*），并于 2005 年在牛津大学出版社出版；他翻译了梁秉钧（也斯）的短篇小说选《岛和大陆：短篇小说选》（*Islands*

---

① 卢静：《历时与共时视阈下的译者风格研究》，博士学位论文，上海外国语大学，2013 年，第 69 页。

② 据刘绍铭介绍，闵福德翻译《鹿鼎记》始于 1994 年，其幕后推手是其业师暨岳父霍克思教授。参见刘绍铭《〈鹿鼎记〉英译漫谈》，载王秋桂编《金庸小说国际学术研讨会论文集》，（台北）远流出版事业股份有限公司 1999 年版。

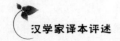

and Continents：*Short Stories*），于 2007 年在香港中文大学出版社出版。

（三）编选和编译各类文选

闵福德与柳存仁合编的《中国的中产阶级小说：清代至民初言情小说》（*Chinese Middlebrow Fiction*：*from the Ch'ing and Early Republican Eras*），于 1984 年在香港中文大学出版社出版；与宋淇合编的《山上的树：中国新诗选》（*Trees on the Mountain*：*An Anthology of New Chinese Writing*），于 1984 年在香港中文大学出版社出版；与白杰明（Geremie R. Barmé）编译的《火种》（*Seeds of Fire*：*Chinese Voices of Conscience*），于 1987 年由纽约的 Hill & Wang 出版公司出版；与庞秉钧和高尔登（Séan Golden）编译的《中国现代诗一百首》，于 1987 年在香港商务印书馆出版，该选本于 2008 年在中国对外翻译出版公司再版，标题改为《中国现代诗选》（英汉对照）；与黄兆杰（Siu-kit Wong）合编的霍克思关于中国文学的选集《古典、现代与人文：中国文学论集》（*Classical*，*Modern And Humane*：*Essays in Chinese Literature*），于 1987 年在香港中文大学出版社出版；与刘绍铭（Joseph. S. M. Lau）合编的《含英咀华集》（*Classical Chinese Literature*：*From Antiquity to the Tang Dynasty*）第一卷，于 2000 年在哥伦比亚大学出版社出版，被誉为"海外中国古典文学英译作品的百科全书"。① 闵福德翻译的《中国民间故事》（*Favorite Folktales of China*），该书由著名民间文学研究专家、民俗学家钟敬文作序，著名连环画画家贺友直等插图，1983 年由新世界出版社出版；翻译的侯一民的画集《同一个月亮 同一个心：古代寓言诗画三十幅》（*One Moon One Heart*：*Thirty Ancient Chinese Fables*），该画集由刘征题诗，2009 年在纽约的 M. James Fine Arts 出版社出版。

---

① Cyril Birch，"Preface"，in John Minford and Joseph S. M. Lau，eds. *Classical Chinese Literature*：*From Antiquity to the Tang Dynasty*，Hong Kong：The Chinese University Press，2000，p. xli.

（四）散见于各种刊物或选集中的翻译作品或著述

闵福德翻译的缪越的文章《论词》（*The Chinese Lyric*），于 1980 年被收入由宋淇主编的《无乐之歌：中国词选》（*Song Without Music：Chinese Tz'u Poetry*）；编辑并英译杨宗翰校注的《梦乡谈易》（*Mengxiang Discoursing on the I Ching*）①；在欧阳桢（Eugene Chen Eoyang）和林耀福合编并出版于 1995 年的《翻译中国文学》（*Translating Chinese Literature*）中回顾他翻译《红楼梦》的经历并撰写文章 *Pieces of Eight：Reflections on Translating The Story of the Stone*；翻译"津门杂记外编初稿"（*Draft Sketches from a Tientsin Journal，1980—1982*），并于 2010 年 3 月发表在 *China Heritage Quarterly* 第 2 期上。另外，作为文学翻译期刊《中国文学》（*Chinese Literature*）、香港《译丛》（*Renditions*）和台湾笔会季刊（*The Chinese Pen*）资深的翻译家和译审，闵福德长期为这三家期刊提供翻译文学作品并审评其他学者的译稿。

由上文可知，闵福德翻译与研究中国传统经典文化的成果极其丰富。近年来，尤为值得关注的便是他对《易经》的研究与翻译。

闵福德从接触《易经》到最后翻译《易经》包括许多因缘，其中有四件事值得提及，那就是早期接触《易经》、受企鹅出版社邀请翻译《易经》、试译《易经》和相关文献，以及参与大型国际翻译合作项目《五经》。了解闵福德的翻译缘起及《易经》研究背景对于我们进行中国文化对外传播具有典型的借鉴意义。

他接触《易经》，最早是在澳大利亚国立大学师从柳存仁②教授

---

① Yang Tsung-han（杨宗翰）trans and annotated, John Minford with Rachel May eds., "Mengxiang Discoursing on the *I Ching*", in *Tracks in the Snow*（《鸿雪姻缘图记》）-Episode 44 from an *Autobiographical Memoir* by the Manchu Bannerman author Wanggiyan Lin-ch'ing（完颜麟庆），*China Heritage Quarterly*, No. 21, March 2010. See http：//www. chinaheritagequarterly. org/scholarship. php? searchterm = 021 _ lincing. inc&issue = 021, accessed December 1, 2014.

② 闵福德提到柳存仁是他学习《易经》的老师，也是他的朋友。参见 John Minford, *I Ching：The Essential Translation of the Ancient Chinese Oracle and Book of Wisdom*, NY：Viking, 2014，p. 3。

时，柳存仁教授曾引用《易经》内的字句鼓励闵福德；而且闵福德认为《易经》是一本非常奇特的书，过去四十年来，他面对一些重大决定时都会参考它，以此了解自己的处境，并思考未来的方向。①

闵福德自己坦言，是企鹅出版社主动邀请他翻译《易经》的，那时他刚刚完成《孙子兵法》的翻译并出版。据管黎明介绍，2002 年《孙子兵法》英译本出版时，有人在采访时提到《易经》，结果出版社很快就向他发出邀约，希望他能翻译一部完整的《易经》，将这部中国经典呈现给西方读者，于是双方就签订了翻译合同，这部作品的翻译持续了整整 12 年。②

试译《易经》和相关文献的经历为闵福德正式翻译《易经》夯实了基础，他在 2009 年撰写文章 "嘉 The Triumph：A Heritage of Sorts" 时便翻译了《易经》中的"离卦"。③ 在香港中文大学担任《译丛》编辑期间，他协助杨宗翰整理其校注并英译了《鸿雪姻缘图记》，其中就涉及《易经》的内容，具体指的是他 2010 年发表于《中国遗产季刊》（*China Heritage Quarterly*）总第 21 期上的《梦乡谈易》（*Mengxiang Discoursing on the I Ching*）一文。

二　闵福德英译《易经》的翻译思想及其策略

在闵福德的《易经》英译本出版之前，国内外已经出版的英译本有一百多种，如果加上其他语种，预计有几百种之多。在亚洲，《易

---

① 参见《闵福德的中国文化情》，http：//www. ouhk. edu. hk/wcsprd/Satellite? pagename = OUHK/tcGenericPage2010&c = C_ ETPU&cid = 191155146600&lang = chi&BODY = tc-GenericPage，accessed on November 28，2014。

② 管黎明：《汉学家闵福德翻译出版英文〈易经〉》，美国《侨报》（*The China Press*）2014 年 11 月 14 日，http：//ny. usqiaobao. com/spotlight/2014/11 – 15/58960. html，2014 年 11 月 28 日。

③ John Minford，"嘉 The Triumph：A Heritage of Sorts"，*China Heritage Quarterly*，No. 19，September 2009.

经》主要传播至日本①、韩国、朝鲜②、越南、新加坡等国。而在西方，则主要传播至英国、法国、德国、俄国、美国、意大利、奥地利、葡萄牙等国。西方《易经》翻译史和研究史，肇始于法国耶稣会传教士金尼阁（P. Niclaus Trigaut，1577—1628），其后辈柏应理（Philippe Couplet，1623—1693）汇编了《中国哲人孔子》（也称《西方四书直解》）。此外，莱布尼兹（Gottfried Wilhelm Leibniz，1646—1716）、雷孝思（Jean Baptisde Régis，1664—1738）、麦丽芝（Canon Thomas R. H. McClatchie，1812—1885）③、理雅各（James Legge，1815—1897）、卫礼贤（Richard Wilehlm，1873—1930）、荣格（Karl G. Jung，1875—1961）、辜理霭（Richard Allan Kunst，1943— ）和司马富（Richard J. Smith，1944— ）、夏含夷（Edward Shaughnessy，1952— ）等众多学者都为《易经》在西方的传播与接受做出了贡献。④

尽管西方有如此多的《易经》译本和研究著作出现，但是闵福德的《易经》译本自有其自身的意义。通过细读闵福德的《易经》英译本，发现闵福德的翻译思想可以归纳为"忠实原著，贴近读者"，而其翻译策略则主要可概括为追溯本义、秉承直译、充分发挥译者主体性。

（一）追溯本义

追溯本义主要体现在两个方面。一是针对《易经》通行本和《周易》古经，采用不同的翻译，以突出其本义。对于卦名的翻译，《易经》通行本中的第一卦为"乾"卦，表示"天"之义，所以译为

---

① ［日］长谷部英一：《日本〈易经〉研究概况》，参见《中华易学大辞典》编辑委员会编《中华易学大辞典》下，上海古籍出版社 2008 年版，第 891—901 页。

② 杨宏声：《朝鲜半岛〈易经〉研究概况》，参见《中华易学大辞典》下，第 882—890 页。

③ 李伟荣：《麦丽芝牧师与英语世界第一部〈易经〉译本：一个历史视角》，《中外文化与文论》，2013 年第 3 期。

④ 参见李伟荣《英语世界的〈易经〉研究》，中国社会科学出版社 2016 年版。

"Heaven"①；而《周易》古经中则为"靰"，表示"日出"②，所以闵福德译为"Sun Rising"③。闵福德还提到，翻译时，由于古汉语本身内在具有含混的本质，所以每个表示卦名的字符均有多重解读的可能性，可以表示很多事物，例如第一卦可以分别指代星群（Asterism）、天和太阳，而在马王堆的帛书《易经》里这一卦则是"键"，一般有"bolt"或"linchpin"之义。闵福德继续指出，正是《易经》可以同时表示许多不同事物，这种多变性，是古汉语具有很强的模糊性的早期表现，很多个世纪以来中国哲学和诗学传统据此而得以演进。④

二是考索西方学者翻译《易经》关键词的源流，还其本义。以"元亨利贞"四字为例。"元"这一字符，甲骨文写成"𣅀"或"𣅀"，闵福德将其阐释为"一个有头之人"，所以可以翻译为"great"（大）或"Supreme"（至高无上），并指出理雅各将其翻译为"Great and Originating"（大而始）。颇具争议的是第二个字"亨"，现在很多人认为本质上它就是"享"，或者与之息息相关，表示"Sacrificial Offering"（祭品）之义。闵福德指出，高本汉认为这两者同源，甲骨文写成"曾"，像祭祖或占筮的庙宇，其重要性在商周时期无论如何强调都不过分；霍克思也注意到商代礼仪中动物作为祭品的规模和重要性；同时，闵福德也注意到了中国古代历史上义理学派的注疏者（宋代新儒家程颐和朱熹时代到达顶峰）将"亨/享"注释为"统"，因此西方易学家将其翻译为"connecting""getting through""penetrating""accomplishing to completion"，由此而得出"success"（成功）或"Fortune"（亨通）这样的解释和翻译，由此一来，这（两）个字

---

① John Minford, *I Ching*: *The Essential Translation of the Ancient Chinese Oracle and Book of Wisdom*, NY: Viking, 2014, p. 9.

② ［瑞典］高本汉：《汉文典》，潘悟云等编译，上海辞书出版社 1997 年版，第72页。

③ John Minford, *I Ching*: *The Essential Translation of the Ancient Chinese Oracle and Book of Wisdom*, NY: Viking, 2014, p. 505.

④ John Minford, *I Ching*: *The Essential Translation of the Ancient Chinese Oracle and Book of Wisdom*, NY: Viking, 2014, p. 509.

所指的祭品和礼仪的维度便逐渐消失。18 世纪耶稣会士便紧紧遵循这种阐释，因此他们用拉丁语 penetrans 来翻译"亨"字；19 世纪的英国新教传教士、翻译家理雅各因此将其翻译为"penetrating"；卫礼贤及其追随者将其分别翻译为"Gelingen"（德语）、"success"和"réussite"（法语），均表示"成功"；而闵福德本人则将"亨/享"翻译为"Fortune"（亨通）或"Sacrifice Received"（接受到的祭品）。通过同样的方式，闵福德分别辨析了"利"和"贞"的意义，从而将"利"翻译为"Profits"或"Profitable"；而将"贞"翻译为"Steadfast"（坚固）或"Augury"（占卜）和"Divination"（占筮）。①

（二）秉承直译

在具体的翻译中，闵福德的基本翻译策略是直译，因为他信奉四海之内"人同此心，心同此理"，并将此作为自己的翻译信条。②尽管翻译时他通篇采用直译的方法，不过也偶有无法直译之处。遇到这种情况，闵福德则对此进行说明，或引用中外易学家的论述来佐证自己翻译的恰当，或是直接对此进行诠释，根本目的是让西方读者能够较好地理解他所翻译的《易经》。笔者试从以下两种情况予以说明。

1. 关于专有名词的翻译

对于专有名词，闵福德提供了《词汇表》，一方面给出了专有名词的翻译，另一方面提供了对这些专有名词的说明和解释③，读者在阅读中遇到不明确之处，可以方便地得到关于这些专有名词的翻译和解释，有利于读者更好地理解中国传统文化，这是西方学者较为常用

---

① John Minford，*I Ching*：*The Essential Translation of the Ancient Chinese Oracle and Book of Wisdom*，NY：Viking，2014，pp. 505 – 507.

② John Minford，*I Ching*：*The Essential Translation of the Ancient Chinese Oracle and Book of Wisdom*，NY：Viking，2014，pp. xxi – xxix.

③ John Minford，*I Ching*：*The Essential Translation of the Ancient Chinese Oracle and Book of Wisdom*，NY：Viking，2014，pp. 795 – 815.

的一种处理方法。同时，闵福德在翻译中国传统经典中的一些著作时，没有采取通用的现代汉语拼音或威妥玛式拼法，而是对此进行了翻译，例如将《庄子》翻译为 *Book of Master Zhuang*，将《管子》翻译为 *Book of Master Guan*，他将"老子"翻译为"Taoist Laozi"（Master Lao，the Old Master，sometimes written Lao Tzu）[①]，不但表明了"老子"的身份，而且将"老子"的文化内涵以及以前的译名都标识出来了。此外，闵福德对于富含意蕴的专有名词进行辨析，例如"龙"，他分别引述了朱熹、王夫之、庄子、《说文解字》、巫鸿、管子、闵建蜀等中国学者或著作中的相关论述；西方学者如理雅各、于连（François Jullien）和卫礼贤等基本上接受了中国学者的观念，而罗伯特·拉格利（Robert Ragley）则认为中国考古文献几乎将所有想象出来的动物都看作龙。《管子》认为龙生活在水中，有着水的五种颜色，是一种精灵，可以变小，小到蚕或毛虫那么小，也可以变大，大到覆盖整个世界；上能飞到云端，而下能潜到深渊；并且能够不时变化，上天入地，想到哪里就能到哪里。闵福德指出，这显然跟西方的龙完全不一样，因为西方的龙能够喷火，而且很邪恶，所以圣乔治（St. George）才要将其杀死。[②] 在此基础上，闵福德顺势将龙脉（Dragon Veins）、龙穴（Dragon Hollows）和龙的传人（Heirs of the Dragon）等概念传授给西方读者。[③] 再如"孚"的翻译，因为《易经》早期注疏者将其解释为"诚"或"真"，所以中外学者和读者都按这种方式理解，将"孚"翻译为"sincerity"；卫礼贤将第六十一卦的卦名"中孚"译为"Innere Wahrheit"（贝恩斯将其英译为"Inner Truth"）。而闵福德指出，这样翻译是按《圣经》理解而来的，他在译文的第一部分《智慧之书》大致都遵循这种理解，并且采用

---

① John Minford，*I Ching：The Essential Translation of the Ancient Chinese Oracle and Book of Wisdom*，NY：Viking，2014，pp. 15 – 16.

② John Minford，*I Ching：The Essential Translation of the Ancient Chinese Oracle and Book of Wisdom*，NY：Viking，2014，p. 15.

③ John Minford，*I Ching：The Essential Translation of the Ancient Chinese Oracle and Book of Wisdom*，NY：Viking，2014，p. 16.

"Good Faith"来译这一基本概念；不过，郭沫若经过研究曾首次指出"孚"原指战俘或战利品，受其影响，闵福德在译文的第二部分《占筮之书》将"孚"译为"Captives"。①

2. 关于《易经》经传的翻译

表1为闵福德《乾》卦《文言》英汉对照。

表1 《乾》卦《文言》英汉对照

The Master said:	子曰：
He possesses Dragon Power, But stays concealed.	龙德而隐者
He does not change For the World's sake, Does not crave success or fame.	不易乎世 不成乎名
He eschews the World. Neither oppressed by solitude, Nor saddened by neglect,	遯世无闷 不见世而无闷
In joy he Acts,	乐则行之
In sorrow stands aside.	忧则违之
He is never uprooted.	确乎不可拔
This is the Hidden Dragon	潜龙也
In lowly place;	下也
This is Yang Energy Concealed in the deep.	阳气潜藏
The True Gentleman acts From Perfection of Inner Strength.	君子以成德为行
His Actions are then visible daily.	日可见其行也

① John Minford, *I Ching*: *The Essential Translation of the Ancient Chinese Oracle and Book of Wisdom*, NY: Viking, 2014, xxvii, 803 – 804.

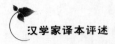
续表

The Master said:	子曰:
Here he is Concealed, He is Not yet visible,	隐而未见
His conduct is not yet Perfected.	行而未成
He does not Act.	是以君子弗"用"也

从表 1 可以清楚地看出，闵福德基本是直译，他将原文的意思全部都翻译出来了。值得注意的是，闵福德没有按中文原文排列，而是将他的翻译排列成类似于诗行的模样。这样做的基本考虑，笔者认为是便于突出中文的构造结构，并且也便于译者强调他翻译时的重点。如:

【例1】

【原文】龙德而隐者。

【译文】He possesses Dragon Power,

But stays concealed.

这里，闵福德添加了英文中所需的主语"He"，而"龙德"则翻译成首字母都大写的"Dragon Power"。对闵福德而言，"德"就是 Power 或 Strength，而且都是内在的，所以他将"德"译为"Inner Strength"或"Inner Power"，是自我修养的结果，是道的显现或道的力量。① 至于"He"具体指代什么人或什么事物，从翻译中看不出来。另外，从其排列来看，这样的排列正好将"龙德"和"隐者"分成两行，读者读起来也就一目了然。

---

① John Minford, *I Ching*: *The Essential Translation of the Ancient Chinese Oracle and Book of Wisdom*, NY: Viking, 2014, p. 806.

（三） 充分发挥译者主体性

闵福德在翻译时，并非完全按照中文原文来进行翻译，而是有选择性地进行，这样既使译文更为简洁，又让读者读到密切相关的材料，而直接忽略掉闵福德认为不相关的材料。例如，《乾卦·文言》阐释"潜龙勿用"时，闵福德并未按通行本来翻译，而是将与"潜龙勿用"的话语全部集中在一起，所以就成了"（初九曰：'潜龙勿用'，何谓也，）子曰：龙德而隐者也，不易乎世，不成乎名，遁世无闷，不见世而无闷，乐则行之，忧则违之，确乎其不可拔，潜龙也。（潜龙勿用，）下也。（潜龙勿用，）阳气潜藏。君子以成德为行，日可见之行也，（潜之为言也，）隐而未见，行而未成，是以君子弗用也"①。而括号中的文字，闵福德就没有翻译出来，也许是为了使文气更通畅而更像英语。这是闵福德《易经》翻译的一大特点。

在表 1 中，闵福德将"下也"翻译为"In lowly place"，其中"lowly"作形容词，表示"low or inferior in station or quality"或"inferior in rank or status"，即"地位低的"，与"low"相比，显得更古雅，用来翻译《易经》这样的文本，确实是非常恰当的。我们通览全书的翻译时，也可以看到闵福德有时候在英语译文之后还借用前辈译者的拉丁语译文，以使其文本显得很古雅。

闵福德在《易经》英译本中将自己对《易经》的理解加入其中，用他自己名字的首字母缩写 JM 标识出来，与古今中外易学家的诠释融为一体，这既表明了自己的易学思想，也便于读者对比阅读其他学者的易学思想，从而使《易经》这一本古老的中国经典焕发出新的特质。这一做法，颇为类似于中国经典的传统注疏。详情可见表 2。

---

① 刘大均、林忠军译注：《周易经传白话解》，上海古籍出版社 2006 年版，第 315—319 页。

表2　　　　　　　　闵福德的注疏与《易经》的传统注疏之比较

闵福德注疏	《易经》传统注疏
Yang Line in Yin Place. The deep, writes Cheng Yi, is the Dragon's natural place of repose. Leaping into the deep at an opportune moment, the Dragon finds rest. . . Advance is possible, comments Zhu Xi, but not necessary. . . . The Leader, writes Professor Mun, is at a crossroads and needs to make a decision whether he should move forward or not, in a calm and balanced manner, without being impulsive. JM: Tao Yuanming in his poem "Rhapsody on Scholars out of Their Time," drew on the imagery of these lines: Hidden Dragon, Leaping Dragon:	本义　"或"者，疑而未定之辞。"跃"者，无所缘而绝于地，特未飞尔。…… 程传　"渊"，龙之所安也。"或"，疑辞，谓非必也。"跃"，不"跃"，唯及时以就安耳。圣人制动，无不时也，舜之历试时也。 集说　干氏宝曰，"跃"者，暂起之言。孔氏颖达曰，"或"，疑也。"跃"，跳跃也。言九四阳气渐进，似若龙体欲飞，犹疑或也。跃于在渊，未即飞也。 程氏迵曰，…… 李氏过曰，……
All is Ordained. . . The Enlightened Man's Vision Bids him eschew office, Bids him Retreat to his farm. ①	林氏希元曰，…… 又曰，…… 陈氏琛曰，……②

　　从表2左栏可以看出，闵福德翻译了乾卦第四爻的《文言》部分的相关内容之后，进行了诠释。首先，他引用了程颐、朱熹（均为《易经》诠释中宋易的代表人物）的相关诠释与发明；接着引用了闵建蜀（Mun Kin Chok，他将中国传统哲理尤其是《易经》应用于现代管理）的诠释和发挥，闵建蜀认为作为一位领导，在紧要关头必须冷静而非冲动地做出继续与否的决定；最后的 JM 指他自己，即 John Minford 的首字母缩写，这里可以看出他自己是结合或者是说借助陶渊明的一首诗歌来理解或让读者理解这一爻的意义的。此处闵福德征

　　① John Minford, *I Ching*: *The Essential Translation of the Ancient Chinese Oracle and Book of Wisdom*, NY: Viking, 2014, pp. 20 – 21.

　　② （清）李光地纂、刘大均整理:《周易折中》，巴蜀书社 2010 年版，第 19 页。

引的是陶渊明的《感士不遇赋》（*Rhapsody on Scholars out of Their Time*）中的一段："靡潜跃之非分……彼达人之善觉，乃逃禄而归耕。"这里的种种诠释和发挥均与《文言》中的相应部分非常切合："子曰：上下无常，非为邪也；进退无恒，非离群也。君子进德修业，欲及时也。故无咎。"

表 2 的右栏则是《周易折中》中就"乾卦"第四爻爻辞的注疏，分别是朱熹的《周易本义》、程颐的《伊川易传》、俞琰的《周易集说》以及程迥、李过、林希元和陈琛等对乾卦第四爻的诠释。

从表 2 两栏各位易学家的易学诠释的排列情况看，英语与汉语的情况非常类似。由此可见闵福德对中国传统注疏的认同与践行。这样处理的好处就在于，便于著者将各种不同的观点并置在一起，方便读者去甄别，同时著者也可以较好地将自己的意见插入文本，让读者明确著者对此问题的思考和观点。跟《周易折中》中所引述的易学阐释不同，闵福德的诠释和发挥更为确定，而且其应用性更强，这对于西方读者而言应该更有帮助。

综而论之，闵福德英译《易经》的翻译思想有以下三个主要特点：一是贴近原著，方便各类读者的阅读。因为这本书提供了各种各样的信息，包括全书开篇有一篇导论，而书中的两个部分"智慧之书"（Book of Wisdom）与"青铜时代的占筮"（Bronze Age Oracle）前也有两篇导论，解释如何占卜，解释伏羲卦序、六十四卦表、分类的详注书目、中国和西方对《易经》进行注疏和研究的学者列表，等等。因此，阿德勒（Joseph A. Adler）认为，任何对《易经》有特殊兴趣或对中国文化有着兴趣的读者，都能从本书中获益良多。[①] 二是闵福德的《易经》英译不同于理雅各和卫礼贤的翻译，因为他们俩都有中国学者做助手，都反映了宋代程朱学派的思想，卫礼贤更是带着浓重的德国理想主义和荣格心理学的色彩；也不同于孔理蔼（Richard A. Kunst）和夏含夷（Edward L. Shaughnessy）专注于周朝

---

① Joseph A. Adler, A Review on "John Minford, trans., I Ching（Yijing）：The Book of Change", *Dao：A Journal of Comparative Philosophy*, Vol. 14, No. 1, 2015, pp. 151 – 152.

《易经》原文的做法；更不同于林理彰（Richard J. Lynn）只翻译《易经王弼注》的方法；他认为《易经》既是一部"智慧之书"，也是一部"青铜时代的占筮"，同时也是一种游戏，所以他的翻译采取上述方法，将全书分为两部分，而且兼采中国学者和西方学者的解释与注疏。① 三是信奉"信、达、雅"，追求"化境"。刘绍铭曾指出，闵福德认为严复的"信、达、雅"三律，扼要切实，永不会过时；若要补充，或可从钱锺书说，再加一律——"化"。② 与以前的翻译一样，闵福德在翻译《易经》时同样信奉"信、达、雅"，追求"化境"。

三　闵福德的易学思想内涵

作为资深的中国文化译者，闵福德的易学思想主要在具体的翻译实践、译本的《绪论》、相关评论和内容的编排上得以体现。笔者通过对闵福德《易经》新译本的考察和相关资料的研读，总结梳理出闵福德的以下五点易学思想内涵。

（一）《易经》本为卜筮之书，后来才成为智慧之书

闵福德开宗明义地指出，中国典籍《易经》的根源就在于古代的占卜；③ 而且在《导论》部分，他专门设置了"从占筮到智慧之书"（"From Oracle to Book of Wisdom"）一节，阐述《易经》如何从远古的占筮经过《十翼》等注疏而逐渐成为中华民族的核心典籍，并且指出阅读或者引用《易经》能够触及中国人的心灵，而《易经》中的阴阳、道、孚和修养等，一直到 20 世纪都几乎占据了每个中国思

---

① John Minford, *I Ching：The Essential Translation of the Ancient Chinese Oracle and Book of Wisdom*, NY：Viking, 2014, p. 4.

② 刘绍铭：《〈鹿鼎记〉英译漫谈》，载《文字不是东西》，江苏教育出版社 2006 年版，第 220 页。

③ John Minford, *I Ching：The Essential Translation of the Ancient Chinese Oracle and Book of Wisdom*, NY：Viking, 2014, pp. xii – xviii.

想家的头脑。①尽管如此，闵福德在全书的编排上却并非如此，而是相反：第一部分是翻译并诠释作为《智慧之书》的《易经》，而第二部分才是作为《青铜时代的占筮》的《易经》。

（二）还《周易》古经以本来面目

闵福德指出，这部书的第二部分将回溯到更早的时期，那时候还没有儒家、道家、新儒家和其他任何哲学诠释，这主要反映在本书的第一部分；将注释都从《周易》古经中剥离开了，只翻译并诠释"象传"和"爻辞"。由此一来，现代读者便可以直接接触未经修饰的意象和象征。《周易》古经诞生之时，正是（先民）占筮、献祭和萨满依然活跃之时，直接质问宇宙。因此，他认为《周易》古经能够提供现代读者—咨询者（reader-consultant）一种见识古人如何看待并体验这个世界的潜在可能，而且极少数书能够做到这一点。基于此，如果要参考其他材料的时候，闵福德坚持主要使用早期的材料，例如《诗经》和《楚辞》等；为了掌握《周易》古经的读音，他主要参考著名瑞典汉学家高本汉的著作《汉文典》（*Grammatica Serica Recensa*）。②为了与通行本相区别，闵福德特意请友人、中国台湾艺术大学廖新田教授为他撰写了《周易》古经的六十四卦卦名。根据闵福德参考过高本汉的巨著《汉文典》可以推断，他认定《周易》古经的第一卦卦名是"倝"，读音为"gan"（按照韦氏拼音，则拼为"kan"），表示"日出"之义。③

通行本《易经》与《周易》古经第一卦的比较，如图1所示。

从图1可以看到，通行本《易经》的第一卦与《周易》古经的第一卦从字形和意义上都是不同的，前者代表"天"，而后者只是象

① John Minford, *I Ching：The Essential Translation of the Ancient Chinese Oracle and Book of Wisdom*, NY：Viking, 2014, pp. ix–xvii.

② John Minford, *I Ching：The Essential Translation of the Ancient Chinese Oracle and Book of Wisdom*, NY：Viking, 2014, p. 501.

③ ［瑞典］高本汉：《汉文典》，潘悟云等编译，上海辞书出版社1997年版，第72页。

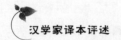

图1　通行本《易经》与《周易》古经第一卦的比较①

征"日出";而且"象辞"也不一样,前者是"元亨利贞",而后者是"元享利贞"。将后来的注疏剥离了之后,闵福德认为"贞"就是"贞问"或"占卜"之意,所以他将其译为"augury"或"divination",从而还《周易》古经以本来面目。

（三）《易经》是文学之源

闵福德指出,《易经》经文具有诗意这一方面被忽略。事实上,《易经》正是一部文学作品,是中国文学传统最早也是最深的源泉之一,常常被引用和提及。跟《诗经》一样,《易经》最早的文本包含口头的、程式化的材料,那时候文字、文字—魔术和文字—音乐之间紧密相连。②闵福德的这种认识,是受了辜理蔼（Richard Allan Kunst）的影响。辜理蔼注意到了《易经》中一些词汇的重复性和程

---

① John Minford, *I Ching: The Essential Translation of the Ancient Chinese Oracle and Book of Wisdom*, NY: Viking, 2014, p. 9, 505.

② John Minford, *I Ching: The Essential Translation of the Ancient Chinese Oracle and Book of Wisdom*, NY: Viking, 2014, p. 511.

式化性质，而且他还注意到《易经》如果用古音来诵读，很多现在听起来不押韵的在古代是押韵的，例如音"yu"（如"羽""雨"）与"ye"（如"野"）押韵，音"yuan"（如"渊"）和"shen"（如"身"）押韵。① 由于这种原因，闵福德在翻译这一类句子的时候，他倾向于保留原来的韵脚。如：

【例2】

【原文】鸢飞戾天，鱼跃于渊。

【译文】Falcons fly

In the sky；

Fish leap

In the deep.

正因为如此，他将"或跃在渊"翻译为以下形式，具体可参见表3。

表3　　　　　　乾卦第四爻爻辞"或跃在渊"的翻译

Yang in Fourth Place	Nine in Fourth Place
He leaps Into the deep, *In profundis.* No harm, *Nullum malum.* ②	Leaps In the deep. No harm. ③

从以上文字的翻译来看，我们可以深切地感受到闵福德对于《易经》文学方面特质的保留，这是他易学思想的表现之一。

---

① Richard Alan Kunst, The Original *Yijing*：A Text, Phonetc Transcription, Translation, and Indexes, with Sample Glosses, Ph. D. dissertation, University of California at Berkeley, 1985, p. 72.

② John Minford, *I Ching*：The Essential Translation of the Ancient Chinese Oracle and Book of Wisdom, NY：Viking, 2014, pp. 19 – 20.

③ John Minford, *I Ching*：The Essential Translation of the Ancient Chinese Oracle and Book of Wisdom, NY：Viking, 2014, p. 510.

（四）综采多家，推崇《易理阐真》

闵福德对于易学的理解并不执于一家一派，而是综采多家，什么最有助于读者理解，便采用哪种解释。① 他明确表示，历史上有无数易学家的注释（Exgesis），但是他并未蹈袭任何派别的注释，而是采用随文注疏（Running Commentary）的方式，将所有有助于当代读者理解的注释都汇集在一起。这一点与林理彰只采用王弼的注释是完全不一样的。当然，因为全真派道士刘一明（号悟元子，1733—1821）的诠释对他很有启发，所以节选了很多刘一明的注疏。② 闵福德服膺的既不是理雅各和卫礼贤推崇的宋易（以朱熹为代表的），也不是林理彰追随的汉易（以王弼为代表），而是清代刘一明的全真易。③

（五）强调《易经》的实用性

通观闵福德的《易经》英译本全书，可以看到他特别强调《易经》的实用性。这主要表现在书中的两个部分："如何用《易经》占卜"（How to Concult the *I Ching*）和"致谢"（Acknowledgements）中。

在"如何用《易经》占卜"部分，闵福德贞问自己翻译《易经》是否及时？通过八个步骤予以解释：提出问题（The Question）、得到卦（Arriving at the Hexagram）、注意这一卦及其结构的问题（What to Notice about the Hexagram and Its Structure）、解读这一卦（How to Read the Hexagram）、注意由这一卦而得到的变卦及其结构的问题（What to Notice about the Second Hexagram and Its Structure）、解读得到的变卦（How to Read the Second Hexagram）、关于这两个卦（Contemplating of the Hexagrams）、得出结论（Conclusion）。

---

① John Minford, *I Ching*：*The Essential Translation of the Ancient Chinese Oracle and Book of Wisdom*, NY：Viking, 2014, pp. xvii – xviii.

② John Minford, *I Ching*：*The Essential Translation of the Ancient Chinese Oracle and Book of Wisdom*, NY：Viking, 2014, p. xvii.

③ John Minford, *I Ching*：*The Essential Translation of the Ancient Chinese Oracle and Book of Wisdom*, NY：Viking, 2014, pp. xvii – xviii, xxi – xxiv.

而在"致谢"中，可以清楚地看到，《易经》的精髓已经深入闵福德的深层文化结构，例如他非常自如地将君子（True Gentleman）、孚（Good Faith）、诚（Sincerity）、既济（Completion）、应（Resonance）、未济（Incompletion）、利见大人（It certainly Profited me to see shi Great Man）、贞（Steadfast 或 Steadfastly）、厉（Danger）、德（Inner Strength）和凶（Inauspicious）等易学核心语汇和思想都融入了自己的"致谢"。

四　结语

毫无疑问，闵福德新推出的《易经》是一部相当成功的译本，必将引起世界范围内的"《易经》热"乃至"中国文化热"。闵福德所译的《易经》之所以能有如此高的成就，当然有多方面的原因，其荦荦大者可归结为以下四点。

第一，他高超的汉语水平，以及完美的母语能力，是这一成功的必要保证。正如李欧梵所说，"从霍教授的译笔中我悟出一个道理：翻译中国文学古典名著，非但中文要好，'汉学'训练到家，而且英文也要好，甚至更好！英国的译界前辈卫理（Arthur Waley）即是一例，他并非汉学家，所以对中文原典的了解或有瑕疵，但他的英文绝对一流"①。

第二，严格的汉学训练为闵福德翻译《易经》提供了坚实的语言基础。从 18 岁在牛津大学开始学习汉语，到跟霍克思教授一起翻译《红楼梦》，再到翻译如《孙子兵法》《聊斋志异》等中国优秀典籍，闵福德的汉学英译水平逐步得到了提升。

第三，对古今中外易学著作非常熟稔。从闵福德的《易经》译本中我们可以发现，闵福德对于古今中外的易学著作和《易经》译本非常熟悉，并且有精深的理解。

第四，有柳存仁这样一位非常专业的古典文学专家做自己的老师

---

① 李欧梵：《大江东去——杂忆两位翻译大师》，《苹果日报》2011 年 8 月 28 日。

和朋友。正如理雅各翻译《易经》时仰仗王韬，卫礼贤翻译《易经》时与劳乃宣学易，霍克思到中国来通过与一位河北老人学习《红楼梦》来学习汉语一样，柳存仁对于闵福德翻译《易经》也是非常重要的。

闵福德的中国典籍翻译实践对于中国文化对外传播无疑是一个相当成功的范例，具有深刻的启发意义。这也从一个侧面说明，中国文化要真正"走出去"，除了翻译本身这一内部要素必须予以充分关注之外，也要特别重视翻译合作与人才培养等提升中国文化国际影响力外部路径。[①] 所谓"汝果欲学诗，工夫在诗外"，此之谓也。

---

① 李伟荣：《中国文化"走出去"的外部路径研究——兼论中国文化国际影响力》，《中国文化研究》2015 年第 3 期。

夏含夷与易学研究[*]

——兼及典籍翻译与中国文化国际影响力之间的辩证关系

李伟荣[**]

一 引言

雷文德（Geoffrey Redmond）于 2017 年出版译著《易经》（*The I Ching* [*Book of Changes*]: *A Critical Translation of the Ancient Text*）。该译著中，随处可见他对美国著名易学家、中国史学家夏含夷（Edward L. Shaughnessy, 1952— ）易学著作的征引。譬如，该书注释有言，对于王家台秦简、上博楚简和马王堆帛书的重要性，可以参考夏含夷的著作《出土〈易经〉：新出土竹简〈易经〉与相关文本》和译著《易经》（Geoffrey

夏含夷英译的《易经》

* 本文系国家社科基金一般项目"英语世界的《易经》研究"（项目编号：12BWW011）和中国翻译研究院重点项目"中国传统经典文化对外翻译与国际传播调研报告"（项目编号：2016B12）的阶段性成果。原载于《外语学刊》2020 年第 4 期，收录于本书时有增补。

** 李伟荣，文学博士，湖南大学岳麓书院教授，中国比较文学学会理事，湖南省孔子学会常务理事。主要研究方向为中国文化对外传播、西方易学研究。

Redmond，xviii）。雷文德是美国生物医学研究专家，研读《易经》多年，与美国华裔易学家和中国史专家韩子奇曾合著《讲授〈易经〉》（*Teaching the I Ching*［*Book of Changes*］）一书，还独自出版《易经》译著。他之所以如此推崇夏含夷，是因为夏含夷的易学研究和易学论著水平很高，在国际易学界享有很高盛誉。

　　夏含夷的主要研究范围是周代文化史，从西周甲骨文和铜器铭文到战国竹帛写本，尤其擅长对周代出土文字资料的解读和诠释；同时，夏含夷还对传世文献，尤其是《周易》《尚书》和《诗经》非常感兴趣，提倡将出土文字资料和传世文献相互诠释、相互印证（夏含夷，2020：330—351）。他的著作主要涉及两大部分。一是中国古代文化史著作，主要包括《西周史料》（*Sources of Western Zhou History*：*Inscribed Bronze Vessels*，1992）、《孔子之前：中国经典研究》（*Before Confucius*：*Studies in the Creation of the Chinese Classics*，1997）、《古史异观》（2005）、《重写中国早期文献》（*Rewriting Early Chinese Texts*，2006）、《中国智慧》（*Chinese Wisdom*：*Sayings from the Classical Masters*，2010）、《兴与象：中国古代文化史论集》（2012）、《海外夷坚志：古史异观二集》（2016）、《三代损益记：夏商周文化史研究》（2020）和《古史新声：〈剑桥中国上古史〉的编撰与反响》（2020）等。二是有关《易经》研究，共有三部著作，一是博士学位论文《〈周易〉的编纂》（*The Composition of the Zhouyi*，1983），未出版；二是《易经》英译（*I Ching*：*the Classic of Changes*，1996）；三是散见于学术刊物的易学论文，具代表性的主要有《试论上博〈周易〉的卦序》《从出土文字数据看〈周易〉的编纂》《阜阳周易和占筮指南的形成》等，这些论文以《出土〈易经〉：新近出土〈易经〉抄本及相关文本》（*Unearthing the Changes*：*Recently Discovered Manuscripts of the Yi Jing*［*I Ching*］*and Related Texts*）为题积集，于2014年在哥伦比亚大学出版社出版。

　　本文拟探讨夏含夷与易学研究之间的种种问题，这些问题对于中国文化如何"走出去"具有很强的启示意义。

二 夏含夷研究《易经》的学术准备

夏含夷易学研究的学术准备主要体现在两方面，一是他求学时学习到《易经》并一直关注中国易学的发展以及与《易经》相关的考古进展；二是他与中国当代易学家和西方中国思想史专家的直接学术交往。

夏含夷的易学研究渊源始于1974年大学毕业后到中国台湾师从爱新觉罗毓鋆读《周易》《老子》和《庄子》等"三玄"，研习中国古代思想史。"三玄"中，他觉得《周易》本经最有意思。1978年回美国，师从倪德卫（David S. Nivison，1923—2014），于是决定撰写与《周易》相关的博士学位论文。但是，因倪德卫当时对甲骨文着迷，所以读博的第一年夏含夷开始阅读甲骨卜辞。在研读甲骨卜辞的过程中，夏含夷发现贞卜与《周易》有联系。由此，他的研究兴趣又从哲学转到历史和语言问题的研究上，并且开始认识到历史和语言问题可能比纯粹的哲学问题更有意思。后来，他的博士学位论文还是做有关《周易》的研究，不过已从哲学问题转到历史问题，主要研究《易》的起源及初始意义，阐述商周卜筮方法，分析《周易》卦爻辞的基本构造（Shaughnessy，1983）。他的博士学位论文一直没有出版，主要原因是他自己觉得未能通读《周易》创作时期的文字史料（夏含夷，2005：1—3）。尽管他的研究兴趣时有转变，但是他坚持认为，研究中国古代文化史应该秉承王国维倡导的"二重证据法"，重视传世文献和出土文献，认为传世文献和出土文字资料应该具有平等重要的学术价值（夏含夷，2005：4）。

夏含夷与国内史学界、易学界、简帛研究和中国古文字研究界等方面的学术交往非常密切，其中首推他与爱新觉罗毓鋆的学术交往。因为夏含夷跟随毓鋆学习《易经》数年，是毓鋆近百洋弟子中的佼佼者；洋弟子跟随毓鋆学习，一字一句都要理解（许仁图，2014：101—104），这一学习方法后来直接用于他的研究和翻译，如夏含夷翻译的帛书《易经》便是一字一句对应翻译的（Shaughnessy，1996：38—279）。

其次是他与张政烺的学术交往比较多。张政烺的研究，尤其是张政烺在帛书《易经》和数字卦方面的研究对夏含夷的易学研究具有重要的启示意义。张政烺有关易学研究的文章共有 6 篇，其中 3 篇与帛书《易经》有关，3 篇与数字卦有关，他身后更是留下一部《马王堆帛书〈周易〉经传校读》，由他的学生、北京大学历史系教授李零整理出版。张政烺的易学研究成果开启国际易学研究的新篇章，夏含夷的易学研究也深受他的影响。夏含夷与张政烺的学术交往始于 20世纪 80 年代前后，二人同时参加多次关于西周和古文字学的会议，如 1982 年 9 月在美国檀香山召开的"商文化国际讨论会"，1984 年10 月在河南省安阳召开的"全国商史学术讨论会"等。1980 年张政烺的学术论文《试释周初青铜器铭文中的易卦》在《考古学报》第 4期发表，Jeffrey R. Ching、日本宫崎国际学院的戴思客（Scott Davis）、乔治城大学的罗凤鸣（Susan R. Weld）、加拿大麦吉尔大学的叶山（Robin D. S. Yates）等学者联合将张政烺这篇文章翻译为英语，发表在美国学术刊物《古代中国》（*Early China*）1980 年和 1981 年的合刊总第 6 期上。夏含夷对张政烺的这一研究极为重视，夏含夷的博士学位论文直接征引张政烺的这一成果（Shaughnessy，1983：364）。

夏含夷同时也与李学勤、裘锡圭、程章灿、陈松长、陈鼓应和李零等国内著名学者保持着深度联系。这些学者大部分都被他请到芝加哥大学东亚系从事过合作研究或开设相关课程。譬如，陈松长就被邀请到芝加哥大学开设有关简帛和马王堆汉墓出土文物等方面的课程，夏含夷也与其有过深入的学术交流。① 另外，夏含夷每年都到中国参加学术会议，与国内史学界、易学界、简帛研究和古文字学研究界的专家有着较多学术交往。这一切都让夏含夷及时了解国内的研究动态和考古新发现，其翻译和研究著述受益良多。

国外学者中，他认为吉德炜（David N. Keightly）、鲁惟一（Michael Loewe）和倪德卫对他学术上的帮助是最大的。他的专著《出土〈易经〉》直接题献给这三位学者，并引述《论语》中的名言"三人

---

① 2017 年 10 月，湖南大学岳麓书院的一次会议结束后，笔者与陈松长教授交流时，谈及夏含夷以及他在芝加哥大学开课的情况。

行必有我师焉"用以指明三人对其学术上的贡献（Shaughnessy,
2014：v）。其中，中国古代史、甲骨文和金文专家倪德卫是他的博士
导师；吉德炜虽是加州大学伯克利分校的甲骨文专家，却一起上过倪
德卫开设的金文课，算是同学，也是研究同道；鲁惟一是他学术上的
合作伙伴，曾共同主编《剑桥中国古代史》（*The Cambridge History of
Ancient China：From the Origins of Civilization to 221 BC*）。

这两方面都极大地帮助夏含夷及时掌握中国古代史、易学、简帛研
究和古文字研究方面的学术动态，加深他与这些杰出学者的直接交流，
尤其是出土文献对他深入研究相关问题提供了多方面的帮助；因为夏含
夷的一大研究兴趣就是利用出土文献来解决传世文献上的某些老问题。

三　夏含夷与马王堆帛书《易经》

夏含夷对《易经》的兴趣是一贯的，始终都醉心于《易经》的
研究（李伟荣，2016：93—94），这从《古史异观》"自序"中就可
见一斑。在中国台湾师从爱新觉罗毓鋆学习"三玄"时，他最喜欢
的是《周易》；回到美国进入斯坦福大学师从倪德卫攻读博士学位时，
本打算继续研究《周易》，不过倪德卫只对中国古文字学如甲骨文和金文
等感兴趣，故只好跟倪德卫学习和研究甲骨卜辞等历史和语言问题，从
而发现甲骨卜辞与《周易》研究颇有关联；最后，博士学位论文选择研
究易的起源以及原初意义，阐述商周卜筮的方法，分析《周易》卦爻辞
的基本构造，研究方向从哲学转向了历史（夏含夷，2005：1—3）。

博士学位论文完成后，夏含夷从西周铜器铭文开始，用了多年时
间专门研究与铜器有关的各类问题，出版于1991年的《西周史料》
对铜器，特别是铭文做过综合分析（夏含夷，2005：3），奠定了夏
含夷在西周史研究方面的国际地位。可以说，1985—1995年他用力
最勤的是西周史，但并未放弃对古文献的兴趣（夏含夷，2005：3），
所以他一直关注国内新近出土的文物，如1973年马王堆汉墓帛书
《易经》等的出土、战国秦汉简帛的出土，等等。但是，这些材料没
有及时公开发表，虽然他一直关注，却无法及时获取权威的资料，所

以无法对其进行深入研究。直到 1992 年，有朋友到中国开会，给他带回《马王堆汉墓文物》一书。概述发表了完整的六十四卦卦爻辞和《系辞》。1994 年《道家文化研究》第三辑发表"马王堆帛书专号"（Shaughnessy，1996：ix - x），首次公布廖名春和陈松长整理的古佚易说"帛书《二三子问》《易之义》《要〈释文〉》"（廖名春、陈松长，1994：424—435），并公布陈松长重新整理的《帛书〈系辞〉释文》（陈松长，1994：416—423）。

夏含夷深入研究帛书《易经》是在帛书《易经》出版后，出版社邀请他来翻译。据夏含夷自述，尽管他当时并未专门研究易学，但是由于他对此一直关注，所以受邀翻译帛书《易经》时，他很有兴趣。此外，真正开始翻译时，他也注意到其他与《易经》相关的出土材料，如王家台的《归藏》和阜阳易等（夏含夷，2005：4）。对于这些材料的研究，再加上他对马王堆帛书易和上海简帛易等的研究，构成 2014 年出版的专著《出土〈易经〉》的主要内容。

四　夏含夷的翻译及其思想

夏含夷的翻译思想集中体现在翻译实践中，而他的翻译实践主要就是帛书《易经》英译，有关翻译思想主要集中以下两方面：第一，遵循学术翻译，采取直译加注的方式；第二，以通行本《诗经》与《易经》为基础结合出土文物而拟重构卦爻辞。

（一）遵循学术翻译采取直译加注的方式

夏含夷对于《周易》①部分的翻译，采用直译的方式，基本体例如下：左边的一页包括帛书《周易》和通行本《周易》，都包括卦画、卦名、卦序、卦辞、爻位和爻辞；右边的一页是帛书《周易》

---

① 一般而言，夏含夷视六十四卦及其挂爻辞为《周易》，而视《周易》及《易传》为《易经》，参见 Shaughnessy，Edward L.，"Marriage，Divorce，and Revolution：Reading between the Lines of the *Book of Changes*"，*The Journal of Asian Studies*，No. 3，1992，p. 587。

的英译，顺序依次是卦序、卦名、卦画、卦辞、爻位、爻辞。对于《易传》部分，夏含夷也采用直译的方式，但未将帛书本和通行本加以对照，只是将帛书本翻译出来。对于有不同理解的文辞，则书后用注释形式加以解释，试举两例说明。

由表1可见，夏含夷基本遵循直译的方式。翻译时，最重要的参考资料便是通行本《易经》（也称传世本），如果出土的帛书《易经》本身在意义上是自洽的，那么他就按帛书《易经》原文翻译；如果在意义上无法自洽，或意义不完整，那么他便会参考通行本，并按通行本翻译；必要时，他将在书后以注解形式对一些差异加以辨析和说明。譬如，在"键卦"中，他做了九处注释：键、享、浸、泥、鯩、翡、尚、抗和迵，因为这九处与通行本不一样，却有意义，这对读者更好地认识古本《易经》很有价值。

表1　　夏含夷"键卦"原文与英译（Shaughnessy，1996：38—39）

中文	英译文
键1 键元享利贞 初九浸龙勿用 九二见龙在田利见大人 九三君子终日键ゝ夕泥若厉无咎 九四或鯩在渊无咎 九五翆龙在天利见大人 尚九抗龙有悔 迵九见群龙无首吉	1. *JIAN*，"THE KEY" The Key：Primary reception；beneficial to determine. Initial Nine Submersed dragon do not use. Nine in the Second： Appearing dragon in the fields； beneficial to see the great man. Nine in the Third： The gentleman throughout the day is so initiating； at night he is ashen as if in danger； there is no trouble. Nine in the fourth： And now jumping in the depths； there is no trouble. Nine in the fifth： Flying dragon in the heavens； beneficial to see the great man. Elevated Nine： Resisting dragon； there is regret. Unified Nine： See the flock of dragons without heads； auspicious.
乾1 乾元亨利贞 初九潜龙勿用 九二见龙在田利见大人 九三君子终日乾乾夕惕若厉无咎 九四或跃在渊无咎 九五飞龙在天利见大人 上九亢龙有悔 用九见群龙无首吉	

夏含夷曾经表示，对于中国上古史，我们既有新的问题，也发现新的资料，这些新发现的资料能影响我们对一些问题的看法，反过来，我们对这些问题的看法也能影响我们对这些资料的理解和诠释。因为在中国古代，文本还没有固定下来的情况下，抄写者也是作注者，作注者也是抄写者，两者会混在一起；抄写者在抄写的过程中，对经文会有自己的解释，某个字应该是什么意思，他会按照自己的家法来抄写，就可以影响经文（黄晓峰，2013：35）。类似意见同样可在夏含夷帛书《易经》译本的"翻译原则"中看到。

夏含夷在"翻译原则"中提到，翻译中国早期写本时必须时刻注意"语音通假"问题。因为写本中满是有意义的同音字符，但在具体的语境中这些"标准"意义却明显毫无意义，如果译者坚持按写本的原样译出，也就是说他认为每个字符代表标准书写系统中习见的一个字，那么译者肯定无法很好甚至公正地处理这一文本；而且，语音通假的可能存在并未赋予译者任意改变这一文本的权力。这两方面就要求译者调和这两个极端而达至"中庸之道"，如此他才可能按誊写者的意图来再现这一文本（Shaughnessy，1996：30）。

夏含夷指出，帛书《易经》便如此，因为帛书有其对应的通行本《易经》，所以人们只要将帛书《易经》和通行本《易经》一对照，便会马上发现对应字符是否匹配。如果匹配，尽管不确定，但我们完全可以假设：这一字符代表通常与其有着紧密关联的字符；如果不匹配，译者就得从不同的字符（意义）中加以选择，甚至再三阅读才能确定。夏含夷借助通行本《乾卦》的"飞龙在天"和帛书本《键卦》的"罪龙在天"为例加以说明，帛书本"罪龙在天"中的"罪"就是通行本"飞龙在天"中的"飞"（Shaughnessy，1996：30—31）。

从表 2 的右栏可以看到夏含夷的翻译是完全依赖李镜池的文本及解释的，所以"鸿"（译为 the wild goose）的运动轨迹是 depths→slope→land→tree→mound→hill，是一步步从最低处向最高处运动的，完全符合我们观察事物的先后和思维的逻辑顺序；还可以看到的一点是，这两段译文都整饬得像《诗经》中的诗歌，一唱三叹，韵味无穷。

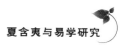

表2   夏含夷《渐卦》译文比较

1992 年版（Shaughnessy，1992：590）	1996 年版（Shaughnessy，1996：157）
53 Jian：the woman returns：auspicious；beneficial to divine. 53/1 The wild goose advances to the mountain stream： the little child has difficulties； danger；no harm. 53/2 The wild goose advances to the large rock： Drinking and eating merrily； auspicious. 53/3 The wild goose advances to the land： The husband is on campaign but does not return， The wife is pregnant but does not give birth. 53/4 The wild goose advances to the tree： And now gains its perch； no harm. 53/5 The wild goose advances to the hillock： The wife for three years is not pregnant； In the end nothing overcomes it. 53/6 The wild goose advances to the hill： Its feathers can be used as insignia； auspicious.	60 JIAN，"ADVANCING" Advancing：For the maiden to return is auspicious；beneficial to determine. Initial Six： The wild goose advances to the depths： for the little son dangerous； there are words； there is no trouble. Six in the Second： The wild goose advances to the slope： Wine and food so overflowing； auspicious. Nine in the Third： The wild goose advances to the land： [The husband campaigns but does not] return， the wife is pregnant but does not [give birth]； inauspicious； beneficial to have that which robs. Six in the Fourth： The wild goose advances to the tree： perhaps getting what the robbers rejected there is no trouble. Nine in the Fifth： The wild goose advances to the mound： The wife for three years does not get pregnant； in the end nothing overcomes it； auspicious. Elevated Nine： The wild goose advances to the land： its feathers can be used to be emblems； auspicious.

    对于通行本《渐卦》，我们在理解时总是感到困惑的是通行本的九三爻和上九爻是一样的，从认知的角度说，这是很不合理的。因此很多易学家均就此加以解说，见表3。如李镜池（1981：106）认为，"阿"原讹为"陆"。因"路"不但与九三爻犯复，且不叶韵。故江永、王引之、俞越均说是阿之讹。阿、仪，古为韵。《诗·皇矣》："我陵我阿。"陵阿相次，可作旁证。据改。《说文》："阿，大陵也。"

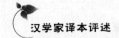

其他学者也认为通行本中的"陆"不对，应该是另外一个字。黄沛荣认同江永《群经补义》中的说法，"陆当作阿。大陵曰阿，九五为陵，则上九宜为阿。阿、仪相叶，《菁菁者莪》是也"（黄沛荣，2008：155—156）。夏含夷也认为这里的"陆"当为"阿"（Shaughnessy，1983：192—193；夏含夷，2016：92）。高亨（2008：331）认为，上九爻的"陆"当为"陂"，形近而误。"陂"与"仪"为韵。陂，水池。仪，一种舞具，用鸟羽编成。鸿进于池塘，易于射获，可用其羽为舞具，自人言之，则吉（自鸿言之，则不吉）。夏含夷则直接吸收李镜池的解释（Shaughnessy，1992：593），这就是为何他最初把"陆"直接译为 hill 的原因。但是，因翻译帛书《易经》时，他秉承直译的原则，且帛书《易经》与通行本《易经》在这方面是相同的，故他直接将《渐卦》上九爻中的"陆"翻译为 land.

表3	渐卦比较	
李镜池 （1981：105—106）	通行本 （Shaughnessy，1996：156）	马王堆帛书 （Shaughnessy，1996：156）
渐（卦五十三）	渐 53	渐 60
渐。女归吉。利贞。	渐女归吉利贞	渐女归吉利贞
初六：鸿渐于干	初六鸿渐于干	初六鴋渐于渊
六二：鸿渐于磐	六二鸿渐于磐	六二鴋渐于坂
九三：鸿渐于陆	九三鸿渐于陆	九三鴋渐于陆
六四：鸿渐于木	六四鸿渐于木	六四鴋渐于木
九五：鸿渐于陵	九五鸿渐于陵	九五鴋渐于陵
上九：鸿渐于阿	上九鸿渐于陆	上九鴋渐于陆

（二）以通行本《诗经》与《易经》为基础结合出土文物拟重构卦爻辞

夏含夷认为，《诗经》与《易经》不仅在形式上有相似之处，且《诗经》中的"兴"与《易经》中的"象"（也就是繇辞）也起着类似作用。《诗经》的"兴"和《易经》的"象"在西周宇宙论中起着同样的知识作用，而这一作用与占卜也有密切关系（夏含夷，2012：2—17）。《易经》体式上的特点为大量押韵，几乎所有的卦爻辞都用韵，可韵式并不规则，常为异调相叶，文句又或整或散，参差错落；此外，还使用不少迭词、迭音词与双声迭韵词（周锡，2016：26），这一点与《诗经》渊源颇深。在处理这一类翻译时，最典型的例子是夏含夷对《同人》卦的探索。

夏含夷最初认为，《周易》并未经过完整的编辑。夏含夷指出，如果经过完整的编辑，那么我们大概可以设想这些征兆应该像"鸿渐于陆"那样启发"夫征不复，妇孕不育"的反应（夏含夷，2012：7）。他以《同人》卦为例来说明他的观点。

> 同人於野亨利涉大川利君子貞
> 初九同人於門無咎
> 六二同人于宗吝
> 九三伏戎於莽升其高陵三歲不興
> 九四乘其墉弗克攻吉
> 九五同人先號咷而後笑大師克相遇
> 上九同人於郊無悔

夏含夷认为，《同人》卦辞和爻辞集中在"同人于某"的句型，但多像"《蛊》九二：干母之蛊。不可贞"片段不完整的辞。唯有《同人》卦九三"伏戎於莽，升其高陵，三歲不興"一个爻辞是典型的三句话的繇辞。然而，也有一些片段的爻辞似乎是从繇辞后面两句话留下来的，诸如九四"乘其墉，弗克攻。吉"。基于繇辞的形式，我们大概可以设想这个爻辞原来读作"同人于宗：乘其墉，弗克攻"。同样，九五"同人，先號咷而后笑。大師克相遇"第一句的"同人"看起来应该是"同人于郊"的断片（夏含夷，2012：7—8），这是夏含夷所做的一个推测。按他的推测，《同人》卦应该是这样的：

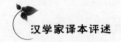

同人於野亨利涉大川利君子貞

初九同人於門無咎

六二同人于宗吝

九三同人于某伏戎於莽升其高陵三歲不興

九四同人于某乘其墉弗克攻吉

九五同人于某先號啕而後笑大師克相遇

上九同人於郊無悔

但是，这样的卦爻辞还是不整饬，只是"同人于某"这一结构回环往复的出现。夏含夷认为，经过完整编辑的每一则爻辞应该包括完整的三部分。每一条爻辞的核心由三个押韵的句子组成，基本构成方式为第一句形容某一现象，后面两个句子说到人间世的相关之事情，最后则附有"吉""凶""贞吝"之类的占辞（夏含夷，2012：7）。夏含夷的这一推测，大致由 1977 年安徽省阜阳双古堆发掘的西汉初年汝阴侯夏侯竈墓中阜阳《易》得以印证。阜阳汉《易》并不完整，属于《同人》卦的共有 11 片，可以隶定如下。

53 號：同人於野亨

54 號：□君子之貞

55 號：•六二同人於宗吝卜子産不孝吏

56 號：三伏戎於□

57 號：興卜有罪者兇

58 號：戰鬥敵强不得志卜病者不死乃癈•九四乘高唐弗克

59 號：有爲不成•九五同

60 號：人先號

61 號：後笑大師

62 號：相遇卜繫囚

63 號：九同人於鄗無悔卜居官法免（韩自强，2004：52—53）

尽管阜阳汉《易》并不完整，若仔细研究也能看到一些典型特点：第一，阜阳汉《易》与通行本非常接近；第二，每一条卦辞和爻辞后面都至少有一条筮占辞，而有些则有多条筮占辞（夏含夷，

2001：12），如九三爻辞的"卜有罪者凶、戰鬥敵强不得志、卜病者不死乃瘳"（夏含夷，2001：12）。

总体上，夏含夷的帛书《易经》翻译建基于他自己精深的学术研究上，尤其是他熟谙西周史料和文献，所以他的帛书《易经》翻译既能准确又能贴近中国典籍的注疏传统；再加上其他出土文献也可以帮助他在翻译时纠正通行本中可能存在的一些讹误，这就使得他的帛书《易经》翻译具有很高的学术价值。但是，智者千虑，也偶有失误。试举他翻译《系辞》中的一例来予以说明。

键（乾）以易（知），川（坤）以閒（简）能。（夏含夷，1996：188）

"The Key" through change （knows），"The Flow" through the crack is capable. （夏含夷，1996：188）

上述译文无疑简洁有力，且是一以贯之的"直译"。不过，他把"易"翻译为change，与传统注疏不完全一致，与现当代的易学解释也不完全吻合。高亨解释为此易字乃平易之易，平易犹平常也。此知字当读为智，智犹巧也。天创始万物，可谓巧矣；然其应时而变化，皆有规律，不是神秘，而是平常。天以平常为巧，故曰："乾以易知。"地养成万物，可谓能矣；然其顺天以生育，亦有规律，不是复杂，而是简单。地以简单成其能，故曰："地以简能"（高亨，1979：506）。黄寿祺、张善文则解释为"乾的作为以平易为人所知，坤的作为以简约见其功能"（黄寿祺、张善文，2001：528）。对这一句话，卫礼贤的译文为 The Creative knows through the easy. The Receptive can do things through the simple （Wilhelm，1950：591）；林理彰的译文为 Qian through ease provides mastery over things，and Kun through simplicity provides capacity （Lynn，1994：122）。我们认为，卫礼贤和林理彰的翻译都要更为贴近原文。

五　余论：典籍翻译与中国文化国际影响力

夏含夷对《易经》的研究是多方面的，有对《周易》各本（如王家台本、阜阳本、上博本和马王堆本）的评价；有对早期经文解读的进一步修正、拓展、深化，如《再论周原卜辞由字与周代卜笠性质诸问题》《再说〈系辞〉乾专直，坤翁辟》；有对研究方法的探讨，重塑学术视点，如《简论阅读习惯——以上博〈周易〉菉为例》《重写儒家经典：谈谈古代写本文化中抄写的诠释作用》等；也有对《周易》成书问题的探讨，如博士学位论文《〈周易〉的编纂》，以及《〈系辞传〉的编纂》等。不管夏含夷对《易经》的研究如何多元，但是他的学术兴趣或方法却始终如一——利用出土文献来解决传世文献上的某一老问题，或利用传世文献来解读出土文献所提出的新问题（夏含夷，2012：1）。

综观夏含夷的易学翻译和研究，可以看出他之所以能够在国际易学界、史学界和文字学界享有很高的学术盛誉，与他在中国古代文化史、古文字学、考古学、文献学（包括传世文献和出土文献）、经学（如《周易》《诗经》《尚书》《道德经》《庄子》）等方面的努力是分不开的；跟他及时向相关领域的专家请教学习的态度是分不开的，尤其是作为一位美国学者，他一直关注我国出土文献的进展，随时更新自己的研究，这种精益求精、锲而不舍的学术钻研精神值得我们借鉴。

通过把代表中国传统文化精髓的典籍翻译过去，并进而经典化，是推进中国文化国际影响力的一条有效途径，其中合适的译者非常关键，一些国际知名的汉学家完全可以胜任这一翻译的任务，而且我们也应该聘请这些精通中国学问的汉学家来担当翻译的职责（贾洪伟，2017：112；李伟荣，2015：46）。《红楼梦》《西游记》《金瓶梅》和帛书《易经》之所以能够在英语世界逐渐经典化而为世界各国人们所知，就是因为有霍克思（David Hawkes）、余国藩、芮效卫（David Tod Roy）和夏含夷这样国际知名学者将其翻译到了英语世界。同时，上述提及的经典和儒学经典、道家经典等中国典籍一道，是中国传统文化的载体，传播至海外，成为世界文化的一部分，一方面丰富了世界文化的内涵，另一方面能够让更多人了解中国文化。由此可见，典籍翻译对于中国文化的国际影响力具有举足轻重的地位。

参考文献

[1] 高亨:《周易大传今注》,齐鲁书社 1979 年版。

[2] 韩自强:《阜阳汉简〈周易〉研究》,上海古籍出版社 2004 年版。

[3] 黄沛荣:《文献整理与经典诠释——以〈易经〉研究为例》,参见李学勤、朱伯崑等著,廖名春选编《周易二十讲》,华夏出版社 2008 年版。

[4] 黄寿祺、张善文:《周易译注》,上海古籍出版社 2001 年版。

[5] 李伟荣:《中国文化"走出去"的外部路径研究——兼论中国文化国际影响力》,《中国文化研究》2015 年第 3 期。

[6] 李伟荣:《20 世纪中期以来〈易经〉在英语世界的译介与传播》,《燕山大学学报》(哲学社会版)2016 年第 3 期。

[7] 贾洪伟:《中华文化典籍外译的推进路径研究》,《外语学刊》2017 年第 4 期。

[8] [美]夏含夷:《古史异观》,上海古籍出版社 2005 年版。

[9] [美]夏含夷:《从出土文献资料看〈周易〉的编纂》,载郑吉雄主编《周易经传文献新诠》,台大出版中心 2010 年版。

[10] [美]夏含夷:《"兴"与"象":简论占卜和诗歌的关系及其对〈诗经〉和〈周易〉的形成之影响》,载《兴与象:中国古代文化史论集》,上海古籍出版社 2012 年版。

[11] [美]夏含夷:《海外夷坚志:古史异观二集》,张淑一、蒋文、莫福权译,上海古籍出版社 2016 年版。

[12] [美]夏含夷编:《古史新声:〈剑桥中国上古史〉的编撰与反响》,生活·读书·新知三联书店 2020 年版。

[13] 许仁图:《一代大儒爱新觉罗·毓鋆》,上海三联书店 2014 年版。

[14] 周锡:《〈易经〉的语言形式与著作年代——兼论西周礼乐文化对中国韵文艺术发展的影响》,载《易经详解与应用》,东方出版中心 2016 年版。

[15] Shaughnessy, Edward L., The Composition of the Zhouyi, Unpublished Ph. D. dissertation, Stanford University, 1983.

[16] Shaughnessy, Edward L., "Marriage, Divorce, and Revolution: Reading between the Lines of the Book of Changes", *The Journal of Asian Studies*, No. 3, 1992.

[17] Shaughnessy, Edward L., *I Ching: The Classic of Changes, the First English*

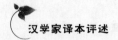

Translation of the Newly Discovered Second Century B. C. Mawangdui Texts, *Classics of Ancient China*, New York: Ballantine Books, 1996.

[18] Shaughnessy, Edward L. , "The Fuyang *Zhou Yi* and the Making of a Divination Manual", *Asia Major*, No. 1, 2003.

[19] Shaughnessy, Edward L. , *Unearthing the Changes*: *Recently Discovered Manuscripts of the Yi Jing* (*I Ching*) *and Related Texts*, NY: Columbia University Press, 2014.

[20] Redmond, Geoffrey, *The I Ching* (*Book of Changes*): *A Critical Translation of the Ancient Text*, London & New York: Bloomsbury Academic, 2017.

[21] Lynn, Richard John, *The Classic of Changes*: *A New Translation of the I Ching as Interpreted by Wang Bi*, New York: Columbia University Press, 1994.

[22] Wilhelm, Richard, *The I Ching or Book of Changes*, tr. by Cary F. Baynes, New Haven: Princeton University Press, 1950.

美国汉学家艾思柯译介《红楼梦》研究[*]

王烟朦[**]　　许明武[***]

一　引言

2004 年，美国比较文学学会前会长达姆罗什（David Damrosch）等人将《红楼梦》收入世界文学权威读本之一《朗曼世界文学选集》（*Longman Anthology of World Literature*），"标志着英美语境下的'世界文学经典'体系对《红楼梦》的初步认同"（江帆，2014：229）。而"翻译是所有非通用语言文学作品突破地域属性、在国际文坛赢得一席之地的必由之路"（刘亚猛、朱纯深，2015：5）。毋庸置疑，此前出版问世的英译本（文）也是《红楼梦》这部中国民族文学成为世界文学经典的重要"推手"。

鲜为人知的是，1923 年，美国汉学家佛罗伦斯·艾思柯夫人（Florence Ayscough，1875—1942）在《中国科学美术杂志》（*The China Journal of Science and Arts*）上介绍和翻译了《红楼梦》。她引用和参考《红楼梦》英国驻澳门副领事乔利（H. Bencraft Joly）的英译本，并选择性地重译了两副对联和一首"红诗"。《红楼梦》后四十回的英译者闵福德（John Minford）强调，"哪怕仅仅是一页译作，也

---

　*　原载于《红楼梦学刊》2018 年第 5 期。

　**　王烟朦，华中科技大学外国语学院讲师、硕士生导师，研究方向为翻译学。澳大利亚 Macquarie University 访问学者。

　***　许明武，华中科技大学外国语学院教授、院长、博士生导师，研究方向为翻译学。国家精品课程"英汉互译"负责人，湖北名师，享受国务院特殊津贴。

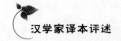

能从中读出许多信息,其中保存的是两种文化在历史瞬间的一种对话"(葛锐,2012:246)。是以,本文拟介绍《中国科学美术杂志》和艾思柯的中国文化情缘,进而具体考察其译介,以期对《红楼梦》英译史进行补遗。

二 《中国科学美术杂志》及汉学家艾思柯

《中国科学美术杂志》于 1923 年由加拿大籍汉学家福开森(John Calvin Ferguson)等人在上海创办,后更名为《中国杂志》(*The China Journal*),1941 年被占领上海租界的日军强行取缔;该刊主要刊登有关中国的生物、地理、园艺、旅游、历史、文学和社会等方面的文章,面向国际发行,撰稿人主要是侨民,也向辜鸿铭等中国学者约稿和征稿,成为民国时期欧美了解中国的最重要的综合性汉学杂志之一,在海内外都颇有影响力(李天纲,2015)。

艾思柯出生在上海,九岁时随父母返回美国受业于马萨诸塞州的昆西女子学校。她于 1895 年和英国商人弗朗西斯·艾思柯(Francis Ayscough)成婚,后在中国生活近 40 载。1935 年,艾思柯移居芝加哥,被聘为芝加哥大学终身讲习教师。她自号"爱诗客",是英国皇家亚洲文会北华支会的名誉会员,研究领域涉及中国历史、文化、社会和文学等,著有《中国女性的今昔》(*Chinese Women, Yesterday And Today*)、《中国镜像》(*A Chinese Mirror*)、《有益的中国书目》(*Friendly Books on Far Cathay*)和《炮竹之乡》(*Firecracker Land: Pictures of the Chinese World for Younger Reader*)等作品。恰如胡适所言,艾思柯有力地向西方阐释了中国诗歌,对杜甫诗歌的翻译是她帮助西方了解中国文化的最大贡献(郝稷,2009:35)。1919 年,她和美国意象派女诗人艾米·罗威尔(Amy Lowell)翻译的 11 幅中国字画诗发表在国际著名杂志《诗歌》(*Poetry*)上。1921 年,她们和艾思柯的中文老师农劲荪合译的《松花笺》(*Fir-flower Tablets: Poems* translated from the Chinese）在美国出版。[①]"中国古典格律诗，自新诗运动起，译成英语时大都译成自由诗，这已成了惯例。"（赵毅衡，2003：203）20 世纪初，意象主义诗歌盛行于英美文坛。罗威尔是意象派主干，诗歌理论上倾向于诗行字数不受限制和不受音韵控制的自由体诗。《松花笺》因而采用较为自由的韵律。关于汉字的构造特点，艾思柯谈道：

> 汉字是表意或者说是图画文字。这些笔画奇妙地组成我们称为的汉字，实际上是通过独立的象形文字再现完整的思想。复杂的汉字在构造上并非一气呵成，而是由简单的汉字组合而成。简单的汉字又有其意义和用法。当把它们组合起来时，每个字都会影响复杂的汉字的读音或意义。……因此，要把握诗人在一首诗中的全部意图，就要学会分析汉字的结构。（Ayscough & Lowell，1922：lxxxvii—lxxxviii）

基于这种认识，她和罗威尔发明了"拆字法"，即"将单个汉字加以拆解，厘析各组字偏旁的意象特质，进而赋予其以诗性言说"（任增强，2015：262），并将之运用于《松花笺》。"拆字法"在一定程度上使得译文冗赘啰唆，受到不少汉学家的非难，但喜爱者不计其数。由于对诗人杜甫格外仰慕，她又先后独撰了《诗人杜甫传记》（*Tu Fu：The Autobiography of A Chinese Poet*）和《诗人、江湖客杜甫的漂泊》（*Travels of a Chinese Poet：Tu Fu，Guest of River and Lakes*），涵盖杜甫的生平事迹的介绍和用"拆字法"翻译的四百多首杜诗译文，标志着杜甫诗歌开始真正地进入西方读者的视野。

综上所述，艾思柯在华出生，大半生都生活在中国，热爱中国文化而研究中国文化并颇有建树；不同于以往翻译《红楼梦》的大多

---

① 艾思柯在农劲荪的帮助下将诗粗略地译成英语，标出每个字的字面意义和诗歌的韵律、节奏以及相关的背景知识或典故，然后寄给美国的罗威尔进行翻译加工和再创造；罗完成后寄回中国，艾思柯再次对照原诗审定，最后由罗威尔定稿。参见 Ayscough & Lowell（1922：v - x）。

数传教士、外交官和汉学家，她是第一位在第一份专门研究中国的汉学杂志上翻译《红楼梦》的美国（女）汉学家，其译介《红楼梦》的出发点不可置否。此后，王良志和王际真等美籍华裔汉学家才登上《红楼梦》的英译舞台。而这段《红楼梦》英译史为什么一直处于"沉寂"状态？究其原因，一方面，新中国成立后，中国人开始形成强烈的"民族国家"观念，《中国科学美术杂志》因为带有"殖民地色彩"而在停刊后的七十余年鲜被问津（李天纲，2015：54）；另一方面，艾氏的研究领域广泛，诗歌翻译的极大成就遮蔽和湮没了这一行为。

三　艾思柯译介《红楼梦》述评

《中国科学美术杂志》在创刊年的第一期至第四期连载艾思柯的文章《中国人的园林观》（*The Chinese idea of a garden*）。第三期是对《红楼梦》的译介，篇幅长七页。由是观之，研究中国园林艺术是艾思柯译介《红楼梦》的直接原因。但在第一期文章中，她提出"想要掌握中国哲学知识，就必须了解中国园林"（Ayscough，1923a：15）。因此，其译介《红楼梦》的深层次动机是考察中国人的哲学观。

（一）艾思柯对《红楼梦》的"介"

《红楼梦》在 19 世纪多是出于语言学习的实用目的而被翻译，"'译'与'介'基本上是各行其是，互不相干，呈现特殊的'零互动'现象"（江帆，2014：217）。1928 年，哈德逊（Elfrida Hudson）在《中国杂志》（更名后的《中国科学美术杂志》）上首次完整地编译了宝黛钗三者之间的爱情，但也未倾注笔墨介绍或点评《红楼梦》。艾思柯则开篇评价和阐述道：

> 通俗小说《红楼梦》描写的中国园林可能最负盛名，也最为
> 生动形象。一百二十回故事记叙了豪门贾家的过往，府邸主人的

儿子宝玉是位才子和故事的男主人公。贾家的一个女儿被加封为妃，地位仅次于皇后。按照礼节，晋升的妃子要回家探望双亲。为了迎接省亲，原来的园子被扩建和重新装修。这个故事为了解中国古人的家庭生活提供了极好的视角。1892 年，已故的英国驻澳门副领事乔利翻译的《红楼梦》由香港别发洋行出版，其中包括这个故事的译文，深受读者喜爱。（Ayscough，1923b：236）

艾思柯肯定了《红楼梦》的园艺价值，简述小说主题和修建省亲别墅大观园的原因更是有助于下文呈现第十六回大观园始建至十八回元妃省亲回銮的译文，为目的语读者理解译文提供背景信息。她的"介"是为了与"译"有机地衔接起来，取得与"译"的良性互动。然而，她对小说主题的理解较为浅显（描写贾府家庭琐事），甚至有所偏颇，罔顾作者、创作背景和版本差异，四大家族简化为贾家，女主人公黛玉和宝钗也未出现。究其原因，19 世纪至 20 世纪初，汉学家多将儒家经典视为文学主流，小说这类叙事作品被置于诗学系统的底层。他们"对叙事类作品的关注又偏重于成名日久（产生于明代及明代之前）的古典作品"（江帆，2014：46）。早在 1885 年，英国汉学家翟里斯（Herbert Giles）评价《红楼梦》"达到了中国小说发展的顶峰"（葛锐，2012：256）。尽管如此，《红楼梦》在当时算是较晚出现的作品，小说的文学性没有得到广泛的认可，其文学地位直到 1929 年才第一次在英译文本中得到确认（江帆，2014：61）。

（二）艾思柯对《红楼梦》的"译"

《红楼梦》第十六回至第十八回并非平铺直叙大观园及内部景观，而是穿插与大观园无直接关联的情节和"看似"不相关的人物，铺陈游园和省亲归园背景。诚如林语堂在其《红楼梦》英译本的前言中指出，"原著让无关紧要的人物登场，让不言自明的诸般杂事及松松垮垮的小故事在笔下生花，以悠哉乐哉的笔调记述随处可见的日常琐碎，也许对于深谙书中题材与人物、对此倍感亲切的中国人而言能津津乐道其中妙处，但对于欧美人来说，是无法耐着性子读下去的"

（宋丹，2017：623）。《中国科学美术杂志》的撰稿人和"靠市场自我维持"（李天纲，2015：49）的发行方式表明刊物要以英语读者为导向。深谙此理的艾思柯因而在多处以删减浓缩的减译方式仿译出主要信息。这种做法既能确保语境的连贯性，又能凸显其文章主旨，防止"次要"内容与大观园概况本末倒置。例如：

【例1】

【艾译】It was proposed that the various members of the family should visit the garden and that the young Pao-yü should write temporary scrolls. This plan met with general approval and they proceeded to the garden gate.（Ayscough，1923b：237）

【例2】

【艾译】Various poems written by Pao-yü and others were submitted to the lady who，while she admired them all，considered the following，being the complimentary to the Emperor，whose virtue had brought about prosperity and peace，as the most beautiful：—（Ayscough，1923b：242）

门客提议游园题匾，宝玉因与众人撞见而被贾政喊上，以试其才。例1并未拘泥于原文形式和句法，述出大意，略去门客的名字以及他们和贾政的对话。贾元春游园后令宝玉和迎春、探春、李纨等人应景作诗。例2删繁就简，从十首诗中选取一首，同时尽可能地减少人名的出现。艾氏在前文音译宝玉的名字后再意译加上注解"Precious Jade"（Ayscough，1923：236）。由此可以推测，如果出现烦琐的细节和诸多人名，可能要向读者解释复杂的人物关系和名字内涵，增加阅读负荷。然而，她对人物关系的把握和内容的理解不够准确，如认为游园和宝玉题匾是由贾氏家族成员提议；门客与宝玉是同辈相称，她又误将他们附和宝玉的情节仿译为"His uncles admired those suggested by Pao-yü..."（Ayscough，1923b：238）

《红楼梦》成为高山仰止的作品的原因之一在于曹雪芹融合了各类文学表现形式，如诗词曲赋，在人物塑造、情节发展和情感表达等方面发挥了重要的作用。艾氏在文中保留了第十七回宝玉所做的两副七言对联和第十八回的一首五言律诗《杏帘在望》，但她没有借用乔利译文，而是进行重译。对联"是富有诗意的特殊对偶语句"（张小波等，2009：67）。《中国人的园林观》发表时，《松花笺》也已经出版，艾思柯还"按年代顺序翻译了三百七十六首杜诗"（郝稷，2009：33）。此外，20 世纪 30 年代以前，诗歌被奉为仅次于儒家经典的中国主流文学。就《红楼梦》而言，其中的诗歌的魅力远比情节和人物艺术更受重视，1830 年，英国驻华外交官德庇时（John Francis Davis）就认真翻译了《红楼梦》中的两首《西江月》，对小说则简要带过。因此，对中国古诗的喜爱和当时的主流诗学促使她重译文章中出现的对联和诗。

逐行翻译是将"原文所有单词的基本内涵都被译出"；直译是指"原文词语的基本意义被翻译出来，脱离语境，但符合目标语的句法结构"（Newmark，2001：63）。乔利在其《红楼梦》译本前言中表示，"译文难免存在缺点，不仅在散文方面，所译诗更是显得拙劣。为了防止原文的内涵有所损失，音律的保存就不够注意。但如果译文能给现在和将来学习中文的学生提供一些帮助，我就很满足了"（Joly，2010）。显而易见，乔利翻译《红楼梦》是为了帮助在华的外国人士学习汉语。因此，其译文以直译为主，夹杂逐行翻译的痕迹；固守原文字面意思，亦步亦趋，没有重视上下文语境，并将添加的原文没有的字词置于括号内（江帆，2014：52—57）。艾氏提到"《红楼梦》乔利先生译本中的中文白话文翻译极好，我因为欣赏而进行了引用"（Werner，1927：175）。问世于 19 世纪的乔利译本是彼时唯一流通的单行本，她的评价表明该译本的影响在 20 世纪 20 年代仍未完全消退，其翻译的《红楼梦》对联和诗也会不可避免地受到影响。相比之下，艾思柯是中国通和汉学家，对原文的理解更到位，译文的可读性亦略胜乔译一筹。与此同时，诗歌翻译的经历促使她无形之中延续先前的方式翻译《红楼梦》中的对联和诗，即用自由诗体和"拆字法"译法，以迎合当时的文学主流和受众需求。然而，艾思柯并没有在英美大学接受过系统的教育，不是"红学"人士，也没有深入考究《红楼梦》。她翻译的许多中国诗也是在农劲荪的帮助下完成的，其汉语水平使《松花笺》的"译错之处仍常可发现"（丰华瞻，1983：

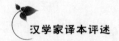

122）。因而，其译文不可避免地带有一些不足和一定的局限性。

【例3】

【原文】绕堤柳借三篙翠，隔岸花分一脉香。（曹雪芹，1979：190）

【乔译】The willows, which enclose the shore, the green borrow from three bamboos;

On banks apart, the flowers asunder grow, yet one perfume they give.（Joly, 2010：259）

【艾译】The willows on the winding causeway, and three green bamboo boat-poles exchange their kingfisher colour—

The flowers on the opposite banks, tho' divided, are of one scent.（Ayscough, 1923b：238）

《红楼梦》中的诗和对联主要表现为视象美、音象美和意象美（张小波等，2009）。上联写水的澄碧像是借了岸边柳树的绿，下联写水质好似分得了对岸花的香气，构成一幅极富诗意的园林画面。首先，乔译两联不对仗工整，两联字数不一；艾译对应"绕堤柳"和"隔岸花"，后半句的句法和词性大相径庭。其次，就平仄节奏的再现而言，二人所译的音节均参差不齐，节奏感没有通过押韵再现。再者，原文借柳树和花反衬溪水。乔利没有挖掘深层次的意义，并将"篙"简单地理解成bamboo。艾思柯将"篙"拆为green、bamboo和boat-pole，比乔译更加准确；"翠"被解析为羽和翠，即鸟羽毛的绿。"拆字法"的确有损原文的隽洁和含蓄之美，但营造出的意象却更鲜明。scent也比perfume贴切，强调自然的香气。与此同时，她误将"绕"译成形容词winding与"堤"搭配；"隔岸"被片面地理解成水域两岸（Opposite）。译文也没有把握原文不著一"水"字的技巧。

【例4】

【原文】宝鼎茶闲烟尚绿，幽窗棋罢指犹凉。（曹雪芹，1979：191）

【乔译】In the precious tripod kettle, tea is brewed, but green is still the smoke!

O'er is the game of chess by the still window, but the fingers are yet cold. (Joly, 2010: 261)

【艾译】Tea from the rare tripod-cauldron is consumed, but the dark smoke still rises;

Chess by the quiet window is ended, but the fingers are still cold (from holding the stone pieces). (Ayscough, 1923b: 239)

宝鼎不煮茶了，屋里还飘着绿色的气；幽静的窗下已停止下棋，手指还觉得有凉意。绿是竹的遮映所致，凉意也是因为竹的阴凉，映射出"竹窗对弈，人生几何"的闲情逸致。乔译前半句没有再现工整感，后半句的"烟尚绿"和"指犹凉"字数相同；两联音节和韵律处理待提升；kettle 和 chess 是西方读者所熟悉的文化意象，无实际意义的"宝"字被亦步亦趋地译出。译文传递了字面意义，是对表层景物的描写。艾译上下联字数相同，考虑到对仗而效仿乔利的做法将增添的信息置于括号内；两联音节不等，但连用 still 一定程度上可以弥补汉语节奏的丢失。在意象方面，"鼎"字是由象形文字"鼎"演变而来，艾氏增译 tripod 突出了鼎的形状，cauldron 体现的是中国元素，dark 暗示了竹子映衬的暗色，与霍克思（David Hawkes）所译的 "By the darkening window the fingers are still cold after the game of Go"（Hawkes, 1973: 332）有异曲同工之妙。但其理解的"闲"和"幽"片面，文化负载词"棋"的翻译不及霍译的"the game of Go"恰当。

【例5】

【原文】杏帘招客饮，在望有山庄。菱荇鹅儿水，桑榆燕子梁。

一畦春韭熟，十里稻花香。盛世无饥馁，何须耕织忙。（曹雪芹，1979: 211）

【乔译】The apricot tree sign to drink wayfarers doth invite;

A farm located on a hill, lo! yonder strikes the sight!

And water caltrops, golden lotus, geese, as well as flows,

And mulberry and elm trees which afford rest to swallows.

That wide extent of spring leeks with verdure covers the ground;

And o'er ten li the paddy blossom fragrance doth abound.

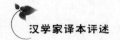

In days of plenty there's a lack of dearth and of distress,

And what need then is there to plough and weave with such briskness?
（Joly，2010：294—295）

【艾译】The "Apricot Blossom Flag" beckons me to drink,

I look far-off and see hills with hamlets on their sides—

On the pool covered with the red-fruited calthrope and green waterplants, geese are floating.

The mulberry trees and elms furnish beams where the swallows build.

For fifty *mou* the land stretches before me —leek-green, the colour of spring.

For ten *li* the scent from the ripening rice-fields impregnates the air.

It is a prosperous Age！there is no hunger no want—

Why then be thus urgent with the weaving of cloth, and the ploughing of fields？（Ayscough，1923b：242）

此诗是提到大观园内一处仿造的农家山庄，通过眼前的实物和想象来歌颂太平盛世，字里行间交织着主观情感和客观景物，烘托出欢快愉悦的氛围。原诗为五言八句律诗，颔联全是名词。二人都没有呼应首联头两字与诗名，所译颔联的词性也不对称。原诗颔联和颈联平仄相对，偶数句押平声韵 ang。乔译诗行音节数统一为14，韵脚形式是 AABBCCDD，其中五行的第一个词是以元音 a 开头；艾译诗行的音节和韵脚自由。"杏帘""忙"和"盛世"的翻译有待改进，"山庄"的翻译也有误。caltrops、leeks 和古英语词（doth 和 lo）迎合了西方读者的认知，音译 li 却未提供容易理解的语境。艾思柯仿照乔译的"菱荇"和"韭"，错误地拆译了"山庄"。"杏"字被析出部首"口"；"荇"的部首"艹"成为译文中的 green，"耕"由"耒"和"田（fields）"组成，"织"被分为"丝（cloth）"和"织"。艾译首联的 I 和 me 符合英语重形合的需要，将隐含的"我"与大自然融为一体。斜体音译 *li* 和 *mou* 与 land 和 fields 搭配运用的是适度的陌生化手法，增强了审美效果。整体上，艾译夹杂着东方情调与西方元素，比乔译的画面感强，引人入胜。在原书中，"篱外山坡之下，有一土

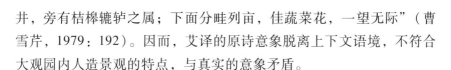

井，旁有桔槔辘轳之属；下面分畦列亩，佳蔬菜花，一望无际"（曹雪芹，1979：192）。因而，艾译的原诗意象脱离上下文语境，不符合大观园内人造景观的特点，与真实的意象矛盾。

四　余论

对中国文化情有独钟的美国汉学家艾思柯于1923年在《中国科学美术杂志》上用七页的篇幅对《红楼梦》进行了译介，且其中多是引用乔利的《红楼梦》译文。1925年，她再次撰文讨论中文白话文的翻译，其间提到她和罗威尔坚持认为乔译是"蹩脚的英语"和"完美的中文"（Werner，1927：175）的结合，仍值得赞扬和推崇。显然，《红楼梦》在1923年仍是处于汉语学习素材的阶段，实用主义的翻译就占据上风，其文学魅力和审美价值并没有受到艾思柯等汉学家的足够重视，抑或得到中肯的评价。值得肯定的是，她推动了《红楼梦》"译"与"介"的统一，注重其中的文学形式对联和诗歌，并根据受众和英美的主流诗学创造性地运用"拆字法"重译了这些内容。她首次肯定《红楼梦》的园林艺术研究价值，更是开启了对原作的多维度艺术进行研究的先河。1927年，英国汉学家文仁亭（Edward Chalmers Werner）在《中国杂志》上对艾思柯的观点提出商榷。他对比威妥玛（Thomas Francis Wade）和乔利的《红楼梦》译文，首次否定了乔译的可读性和流畅性，强调"出色的译文应当是优美的英语和最佳的汉语的体现方式"（Werner，1927：175），表明"从学习汉语的角度对《红楼梦》进行译介的时代已经过去"（江帆，2014：152）。因此，从可循的资料看，艾思柯的译介是《红楼梦》被正式作为文学经典翻译前的最后尝试，为之后文学地位的逐步接受与认可起到了推波助澜的作用。

参考文献

［1］Ayscough，F.，"The Chinese Idea of a Garden"，*The China Journal of Science and Arts*，No. 1，1923a.

[2] Ayscough, F., "The Chinese Idea of a Garden", *The China Journal of Science and Arts*, No. 3, 1923b.

[3] Ayscough, F. & A. Lowell, *Fir-flower Tablets: Poems Translated from the Chinese*, London: Constable & Co. Limited, 1922.

[4] Hawkes, D., *The Story of the Stone I*, London: Penguin Books, 1973.

[5] Joly, H. B., *The Dream of the Red Chamber*, Vermont: Tuttle Publishing, 2010.

[6] Newmark, P., *Approaches to Translation*, Shanghai: Shanghai Foreign Language Education Press, 2001.

[7] Werner, E. T. C., "The Translation of Chinese", *The China Journal*, No. 4, 1927.

[8] (清) 曹雪芹:《红楼梦》,人民文学出版社 1979 年版。

[9] 丰华瞻:《艾米·洛厄尔与中国诗》,《外国文学研究》1983 年第 4 期。

[10] [美] 葛锐著、李晶译:《道阻且长:〈红楼梦〉英译史的几点思考》,《红楼梦学刊》2012 年第 2 期。

[11] 郝稷:《艾思柯的中国情缘及杜甫翻译》,《书屋》2009 年第 12 期。

[12] 江帆:《他乡的石头记——〈红楼梦〉百年英译史研究》,南开大学出版社 2014 年版。

[13] 李天纲:《〈中国科学美术杂志〉研究》上,《上海文化》2015 年第 7 期。

[14] 刘亚猛、朱纯深:《国际译评与中国文学在域外的"活跃存在"》,《中国翻译》2015 年第 1 期。

[15] 任增强:《〈松花笺〉"拆字法"的生成与审美诉求——以"三犬之风"为中心》,《中南大学学报》(社会科学版) 2015 年第 3 期。

[16] 宋丹:《论林语堂翻译〈红楼梦〉的六大选择》,《外语教学与研究》2017 年第 4 期。

[17] 张小波、张映先:《语言形象再现的文类冲突——以〈红楼梦〉对联翻译为例》,《解放军外国语学院学报》2009 年第 3 期。

[18] 赵毅衡:《诗神远游——中国如何改变了美国现代诗》,上海译文出版社 2003 年版。

霍克思英译《红楼梦》中诗体押韵策略研究[*]

冯全功[**]

一 引言

诗歌翻译是一个长盛不衰的话题，尤其是诗歌的押韵问题。原诗有韵，译诗到底有没有必要押韵，不同的翻译家有不同的观点与实践。在中国古典诗歌英译史中，翟理斯（Herbert A. Giles）是韵体派的代表，韦利（Arthur D. Waley）则是素体派的代表。主张素体翻译的人一般认为诗歌的韵律为某种语言所特有，根本无法用另一种语言翻译，并且诗歌中的意义已经微妙曲折，难以把握，用素体直译尚且困难，若以韵语翻译，意味着会给译者再加上一个押韵的桎梏，必定导致因韵害意的后果（吴伏生，2012：117）。因韵害意也许是素体派认为韵体派最易犯的"毛病"。然而，诗歌毕竟是诗歌，押韵似可视为诗歌的本质特征之一，尤其是中国古典诗歌。辜正坤（2003：48）认为"判断一首诗是否是诗的第一要素是其外部形式特征，即分行或押韵"。在中国古典诗歌英译中，许渊冲、汪榕培等继承了翟理斯的韵体传统，取得了较大的成绩。李白的《秋浦歌》——"白发三千丈，缘愁似个长。不知明镜里，何处得秋霜?"被翟理斯译为

* 本文为浙江省哲学社会科学规划项目"跨学科视域下的翻译修辞学研究"（项目编号为：15NDJC138YB）和中央高校基本科研业务费专项基金资助项目的阶段性成果。原载于《外语与翻译》2015 年第 4 期。

** 冯全功，浙江大学外国语言文化与国际交流学院副教授，硕士生导师。

"My whitening hair would make a long long rope, / Yet could not fathom all my depth of woe; / Though how it within a mirror's scope, / To sprinkle autumn frosts, I do not know. "。其采取的韵脚为 ABAB，其中 "白发三千丈，缘愁似个长" 的译文明显脱离了原文的语义，但也正如吕叔湘（2002：19）在《中诗英译比录》序中所言，"比原来意义略进一步，而不足为病"。此可谓诗歌翻译中的 "创造性叛逆"，译诗本身的艺术性似乎并不逊于原诗，若直译李白的《秋浦歌》，效果可想而知。素体派强调语义忠实，韵体派为了押韵需要，意象变换与语义变通往往更加明显，这似乎可认为是求真与求美的较量。求真与求美到底谁更重要，有必要辩证看待，不宜一概而论，尤其是中国古典诗歌的对外译介，中国古典小说中的诗歌翻译更是如此。

中国古典小说往往充斥着大量诗歌，这在《红楼梦》中表现得尤为突出。常言道，《红楼梦》"文备众体"，"众体" 之中当属诗体最为引人注目，发人深省。蔡义江（2010：1）曾言，小说仅 "以诗而论，有五绝、七绝、五律、七律、排律、歌行、骚体，有咏怀诗、咏物诗、怀古诗、即事诗、即景诗、谜语诗、打油诗，有限题的、限韵的、限诗体的、同题分咏的、分题合咏的，有应制体、联句体、拟古体，有拟初唐《春江花月夜》之格的，有仿中晚唐《长恨歌》、《击瓯歌》之体的，有师《离骚》、《招魂》等作而大胆创新的……" 这些诗歌都是小说的有机组成部分，发挥着多重作用，或建构故事情节，或暗示人物命运，或影射人物性格，或揭示小说主题，或揭露时弊陋俗，或渲染环境氛围等。当然，若宽泛而言，《红楼梦》中的诗体还应包括词、曲、赋、诔、对联、歌谣、酒令、骈文等。这些诗体本身基本上都是押韵的，译者又是如何处理的呢？笔者发现，霍克思（David Hawkes）与闵福德（John Minford）英译的《红楼梦》（以下简称霍译）中的诗体基本上也都是严格押韵的，本文旨在对霍译诗体的押韵策略进行探索，对之进行分类，分析押韵的利弊得失。如有必要，则参照《红楼梦》的其他英译本。值得说明的是，本文的霍译诗体采取宽泛意义上的诗体，主要形式标记便是分行与押韵，尤其是前者。霍译《红楼梦》诗体不仅包括对原诗体的再现，还包括从原文中散体转换而来的诗体。赵长江、李正栓（2011）曾以霍译《红楼梦》为例，专门探讨过汉语散体向英语诗体的转换。这也是霍译《红楼梦》的特色之一。本文对霍译诗体押韵策略的探讨也会根据需要援引一些从散体转化而来的诗体。

二 霍译诗体押韵策略之一：据意寻韵

据意寻韵是霍译诗体的主导押韵策略，也是诗歌翻译韵体派的通常做法。所谓据意寻韵是指根据原诗的意义寻找合适的韵脚，一般对原诗的意义不做太大的改动，基本上没有明显的语义偏离。有时原文中的意象即使被更改或抛弃了，只要符合原文的深层意义，也可视为较小的语义偏离。《好了歌》每四小句的押韵模式为 AABA 的形式，如："世人都晓神仙好，惟有功名忘不了！古今将相在何方？荒冢一堆草没了。／世人都晓神仙好，只有金银忘不了！终朝只恨聚无多，及到多时眼闭了。／世人都晓神仙好，只有娇妻忘不了！君生日日说恩情，君死又随人去了。／世人都晓神仙好，只有儿孙忘不了！痴心父母古来多，孝顺子孙谁见了？"（曹雪芹、高鹗，1974：11）整首诗歌，音韵和谐，朗朗上口，可歌可颂，颇有味道。霍译把《好了歌》译为"Won-Done Song"，won 与 done 的语义与好与了也非常接近，并且整首诗歌的韵脚模仿原诗，每四小句都是 won，done，—，one（everyone），如："Men all know that salvation should be won，／But with ambition won't have done，have done.／Where are the famous ones of days gone by? In grassy graves they lie now，every one."（Hawkes，Vol.1，1973：63）译诗基本上再现了原诗的韵律与节奏，也颇有民歌之风。

更重要的是，《好了歌》有机地融入小说，尤其是"好了"二字，与紧接着的人物话语密切相关。跛足道人唱完《好了歌》之后，原文有这么一段：士隐听了，便迎上来道："你满口说些什么？——只听见些'好了''好了'。"那道人笑道："你若果听见'好了'二字，还算你明白：可知世上万般，好便是了，了便是好；若不了，便不好；若要好，须是了。——我这歌儿便叫《好了歌》。"（曹雪芹、高鹗，1974：12）。霍译："Shi-yin approached the Taoist and questioned him. 'What is all this you are saying? All I can make out is a lot of "won" and "done".' / 'If you can make out "won" and "done"', replied the Taoist with a smile, 'you may be said to have understood; for in all the affairs of this world what is won is done, and what is done is won; for whoever has not yet done has not yet won, and in order to have won, one must first have done. I shall call my song the "Won-Done Song"'."（Hawkes, Vol. 1, 1973：64）由此可见，译者用 won 与 done 译好与了的深思熟虑，译诗基本上再现了原诗的艺术特征（如歌名统帅全诗格律），与甄士隐和跛足道人的对话也圆融一体，没有任何斧凿的之痕。《红楼梦》的其他译者对《好了歌》的翻译很多也押韵，但与下面的人物对话未能实现无缝衔接，如杨译、乔译、邦译等。王际真的编译本把《好了歌》译为 "Forget and be free"，也基本上实现了与下文的无缝衔接，但译名语义偏离较大，蕴含似乎没有霍译那么丰富，并且诗体翻译的韵脚也没有那么整齐（详见 Chi-Chen Wang, 1958：13—14）。可见小说中的诗体翻译不仅要考虑诗歌本身的审美要素（如意美、音美、形美），还要注意其与上下文以及整部小说的有机关联。

诗歌翻译毕竟不是字对字的直译，据意寻韵有时也会出现一些细微的语义偏离。小说开篇有一顽石偈，如："无才可去补苍天，枉入红尘若许年；此系身前身后事，倩谁记去作奇传？"（曹雪芹、高鹗，1974：2）霍译："Found unfit to repair the azure sky / Long years a foolish mortal man was I. My life in both worlds on this stone is writ: / Pray who will copy out and publish it?"（Hawkes, Vol. 1, 1973：49）原诗的押韵模式为 AABA，中国的七言绝句基本上都是如此押韵的，霍译的韵脚变为 AABB，遵循了英诗的常规押韵模式，颇为自然。原诗中"枉"与"奇"的语义虽有所损耗，但也无伤大雅。再如小说引《南华经》中的"巧者劳而智者忧，无能者无所求，蔬食而遨游，泛若不系之舟"（曹雪芹、高鹗，1974：255），霍译为 "The cunning waste their pains, / the wise men vex their brains; / But the simpleton, who seeks no pains, / With belly full, he wanders free / As drifting boat upon the sea"（Hawkes, Vol. 1, 1973：439）。押韵模式为 AAABB，在英语诗歌中似乎也比较罕见。译文与原文的语义也基本上比较对应，虽然也有一定的偏差，如把"蔬食"译为"With belly full"等。

甄士隐的《好了歌注》，文字并不整齐，犹如诗体与散曲的杂合，但一韵到底（如床、场、霜、莺、谤、丧、梁、扛、长、乡、裳等），与《好了歌》相映生辉。由于《好了歌注》是小说主题与人物命运的高度概括，霍译对语义基本上没有太大的改动，且严格押韵，韵脚依次为 AABBCCDDEEFFGGHHIIJJKKLLMMNN，这种造诣也是据意寻韵的结果。其中，"歌注"的前两句为"陋室空床，当年笏满床；衰草枯杨，曾为歌舞场"（曹雪芹、高鹗，1974：12），霍译为"Mean hovels and abandoned halls / Where courtiers once paid daily calls；/ Bleaks haunts where weeds and willows scarcely thrive / Were once with mirth and revelry alive"（Hawkes, Vol. 1, 1973：64）。霍译的"paid daily calls""weeds and willows scarcely thrive""with mirth and revelry alive"对原文的表层语义都有所变通，但保留了深层语义，这种语义变通显然是为了押韵需要，也可归为据意寻韵的范畴，尤其是整体观照时。另外，霍译把原文中的"杨"的意象置换为"willows"也颇得其妙，不仅与前面的"where""weeds"构成头韵，似乎还有暗示荣宁二府（大观园）的作用，所谓"花柳繁华地"，并且小说还有"柳叶渚边嗔莺叱燕"的情节。

《金陵十二钗判词》以及《红楼梦曲子》的英译也遵循据意寻韵的原则，基本上也都是严格押韵的。如描写晴雯的："霁月难逢，彩云易散。心比天高，身为下贱。风流灵巧招人怨。寿夭多因诽谤生，多情公子空牵念。"（曹雪芹、高鹗，1974：57）霍译的押韵模式为 AABBCCC，语义上也没有太大的差别。其中第一句的译文："Seldom the moon shines in a cloudless sky, / And days of brightness all too soon pass by."（Hawkes, Vol. 1, 1973：132）"彩云易散"的英译也有一定的语义偏离，但整体上还是比较忠实的。值得注意的是，霍克思把晴雯的名字译为 Skybright，细心的读者应该能从这两句译文中（sky、 brightness）读出判词所暗示的人物。《判词》中的五言或七言绝句也都有韵脚，或 AABA，或 ABCB，译文的押韵形式为 AABB 或 ABCB，多为随需设韵，与原文的押韵模式并无严格的对应。《红楼梦曲子》的最后一首《飞鸟各投林》，霍译的押韵模式 ABABCCDDEEFFGG，颇有英语十四行诗的味道。霍译其他曲子也基本上是严格押韵的，如《终身误》的韵脚为 ABABCCDDEFEE，《分骨肉》韵脚为 AABBCCD-DEFE，《虚花悟》的韵脚为 AABBCCDDCCCEEFFGG，《晚韶华》的韵脚为 AABBCCDEDEFGFGHIHIJJ，多为双行韵和隔行韵的交叉运用，偶尔也有其他格局。由于这些判词或曲子都涉及人物命运或小说主题，在小说中占有重要地位，译者在语义上还是比较忠实的，基本上没有出现因韵害意的现象。

　　小说中还有一些诗性话语本身是不押韵的，霍译却对之进行了押韵处理，如描述娇杏的"偶因一回顾，便为人上人"（曹雪芹、高鹗，1974：15），霍译为"Sometimes by Chance，/ A look or a glance / May one's fortune advance"（Hawkes，Vol. 1，1973：68）。两行诗句变成了三行，并且行行押韵，保留了原文的语义，与小说的情节也颇为吻合。这种译法就属于上文所谓把原文散体转换为译文诗体的现象。类此译法还有把秦氏说的"月满则亏，水满则溢"译为"The full moon smaller grows，/ Full water overflows"；把叙述话语"苍苔露冷，花径风寒"译为"Chill was the green moss pearled with dew / And chill was the wind in the avenue"；等等。再如把香菱说的"一三五不论，二四六分明"译为"For one，three and five / You need not strive；/ But two，four and six / You must firmly fix"；把宝玉说的"我就是个'多愁多病身'，你就是那'倾国倾城貌'"译为"How can I，full of sickness and of woe，/ Withstand that face which kingdoms could o'erthrow"；等等。原文无韵，译文据意添韵，平添了一分音乐美感。

　　小说中还有很多押韵或不押韵的诗性话语，霍译都做了押韵处理，如"绿叶成荫子满枝"（And in among the green leaves now / The young fruit hangs from every bough）；"若共你多情小姐同鸳帐，怎舍得叫你叠被铺床"（If with your amorous mistress I should wed，/ 'Tis you, sweet maid, must make our bridal bed）；"花魂点点无情绪，鸟梦痴痴何处惊"（Tears filled each flower and grief their hearts perturbed, / And silly birds were from their nests disturbed）；"三春去后诸芳尽，各自须寻各自门"（When the Three Springs have gone, the flowering time will end, / And each one for himself as best he may must fend）；"这鸭头不是那丫头，头上那讨桂花油"（This little duck can't with those little ducks compare; / This one is quite bald, but they all have a fine head of hair）；"玉在匮中求善价，钗于奁内待时飞"（The jewel in the casket bides till one shall come to buy. / The jade pin in the drawer hides, waiting its time to fly）；"意态由来画不成，当时枉杀毛延寿"（What brush could ever capture a beauty's breathing grace? / The painter did not merit death who botched that lovely face）；"南面而坐，北面而朝，象忧亦忧，象喜亦喜"（Southward you stare, / He'll northward glare. / Grieve, and he's sad. / Laugh, and he's glad）；"幽僻处，可有人行？点苍苔，白露泠泠"（A place remote, where footsteps seldom pass, / And dew still glistens on the untrodden grass）；等等。这些都是据意寻韵的现象，音美甚至比原文更胜一筹。

三 霍译诗体押韵策略之二：因韵设意

除了据意寻韵之外，霍译诗体也经常采取因韵设意的策略。所谓因韵设意是指为了诗歌押韵的需要对原文的语义进行适当调整，有较为明显的语义偏离。小说中的诗歌，有时候审美大于意义，在意义本身不那么重要的情况下，如与小说主题与人物命运等没有太大的关联时，因韵改意不仅是允许的，也是值得鼓励的。学界对诗歌翻译中为了押韵而改变语义的现象往往冠以"因韵害意"的帽子，并加以否定。笔者觉得对此应辩证看待，尤其是具体问题具体分析，不能一概而论。意义本身是复杂的，有表层与深层之分，失表层之意有可能得深层之意，如上文翟理斯对"白发三千丈，缘愁似个长"的英译。小说中的诗歌翻译更是如此，有时意义要让位于作者的整体艺术设计，语义的准确性也就显得没那么重要了。如刘姥姥说："老刘，老刘，食量大如牛：吃个老母猪，不抬头！"（曹雪芹、高鹗，1974：489）霍译："My name it is Liu, / I'm a trencherman true; / I can eat a whole sow / With her little pigs too."（Hawkes, Vol. 2, 1977：288）原文也有一定的韵律美感，但押韵并不规则，颇有打油诗的味道。霍译第二行和第四行押韵（true, too），语义偏离非常明显（I can eat a whole sow / With her little pigs too），但语用效果也变得更加突出。霍译添加的"With her little pigs too"显然是为了押韵需要，属于典型的因韵设意现象，可谓诗歌翻译中的"创造性叛逆"。

　　霍译诗体因韵设意的现象在小说第二十八回中的"女儿诗"中表现得最为明显，"女儿诗"是宝玉临时创设的酒令，即要说出"悲""愁""喜""乐"四个字，并说出"女儿"来，还要注明这四个字的缘故。如锦香院云儿的："女儿悲，将来终身倚靠谁？女儿愁，妈妈打骂何时休？女儿喜，情郎不舍还家里；女儿诗歌女儿乐，住了箫管弄弦索。"（曹雪芹、高鹗，1974：335）霍译："The girl's upset: / Not knowing how the future's to be met － － － / The girl looks glum: / Nothing but blows and hard words from her Mum － － － / The girl feels blest: / Her young man's rich and beautifully dressed. /The girl's content: / She's been performing in a big event."（Hawkes, 1977：56—57, vol. 2）霍克思把"悲""愁""喜""乐"分别译为"upset""glum""blest""content"，并且与紧接着的下一句（四个字的缘故）严格押韵，虽然原文的韵脚也未必那么整齐。为了押韵，霍译对原文语义的改变还是比较明显的，如把"情郎不舍还家里"译为"Her young man's rich and beautifully dressed"，把"住了箫管弄弦索"泛化为"She's been performing in a big event"。这些语义偏离共同为一个大格局服务，那就是五首"女儿诗"全部押韵，并且是同韵，首句皆为"The girl's upset""The girl looks glum""The girl feels blest""The girl's content"。宝玉的韵脚为"yet""drum""best""spent"，冯紫英的韵脚为"debt""slum""breast""event"，薛蟠的韵脚为"marmoset""bum""rest""vent"，蒋玉菡的韵脚为"forget""crumb""crest" "gent"。换言之，五首"女儿诗"的翻译都严格遵循 AABBCCDD 的韵脚。很多具体诗句的翻译也没有严格按照原来的语义，变通很大，如把"儿夫染病在垂危"译为"Her husband's ill and she's in debt"，把"无钱去打桂花油"译为"So short of cash she can't afford a crumb"，把"绣房钻出个大马猴"译为"His dad's a baboon with a big red bum"，把"私向花园掏蟋蟀"译为"Waiting a certain pleasurable event"，把"秋千架上春衫薄"译为"Long summer days in pleasant pastimes spent"，等等。但霍译对个别暗含人物命运的诗句还是十分谨慎的，基本上保留了原文的意义，如把蒋玉菡的"女儿乐，夫唱妇随真和合"（暗示他与袭人后来结为夫妇）译为"The girl's content：/ She's married to a perfect gent"等。霍译为了押韵，部分措辞不免有泛化倾向，形象性不如原文，如"a certain pleasurable even""in pleasant pastimes spent"等，但这也无伤大雅。值得说明的是，霍译诗体中的因韵设意现象都是基于据意寻韵的，尤其是对某一具体诗歌的翻译而言。

小说第一回贾雨村口占的"对月寓怀诗"，原诗如："时逢三五便团圆，满把晴光护玉栏。天上一轮才捧出，人间万姓仰头看。"（曹雪芹、高鹗，1974：9）霍译："In thrice five nights her perfect O is made, / Whose cold light bathes each marble balustrade. / As her bright wheel starts on its starry ways, / On earth ten thousand heads look up and gaze."（Hawkes，Vol. 1，1973：60）霍译的押韵模式还是常用的 AABB。时值中秋节，中秋节又称团圆节，诗中的"团圆"可能兼有月变圆与人团圆之意，霍克思舍弃了深层的人团圆之意，创造性地用"her perfect O is made"表达原诗中的月圆之意，以与下面的"balustrade"押韵。"天上一轮"也就是天上一轮明月的意思，并且"一轮"是一种概念隐喻，所谓天上的圆月像一个轮子，霍译直接把"一轮"具体化为"her bright wheel"，并且添加"starts on its starry ways"很好地延续了译文的隐喻，并与下面的"gaze"押韵，妙趣横生，浑然天成。这样的因韵设意虽与表层意义相差较大，但与深层意义还是比较接近的。

　　第三回描写贾宝玉的两首《西江月》时霍译也都是押韵的，韵脚皆为 AABBCCDD。其中，第二首的开头为"富贵不知乐业，贫穷难耐凄凉"（曹雪芹、高鹗，1974：36），霍译为"Prosperous, he could not play his part with grace, / Nor, poor, bear hardship with a smiling face"（Hawkes, Vol. 1, 1973：102）。霍译添加的"with a smiling face"也是因韵设意的典型，不但无损于刻画宝玉的形象，反而使之更加生动，更具艺术性与文学性。第五回中的"春梦随云散，飞花逐水流"（曹雪芹、高鹗，1973：54），霍译为"Spring's dream-time will like drifting clouds disperse, / Its flowers snatched by a flood none can reverse"（Hawkes, Vol. 1, 1973：128）。这里"作者是借仙子的唱词，对将来大观园众儿女风流云散、花飞水逝的命运先作预言"（蔡义江，2010：38）。霍译的"none can reverse"也是因与首联押韵需要而添加的，与整首诗的象征意义（众女儿的命运）也颇为吻合，所谓"洲迷聚窟，何来却死之香？海失灵槎，不获回生之药"。霍译的《警幻仙姑赋》也基本上是严格押韵的，其中也出现了部分因韵设意的现象，如"其素若何：春梅绽雪；其洁若何：秋蕙披霜"（曹雪芹、高鹗，1974：55），霍译为"Her purity I can best show / In plum-trees flowering in the snow; / Her chastity I shall recall / In orchids white at first frost-fall"（Hawkes, Vol. 1, 1973：129）。其中的"I can best show"与"I shall recall"也都是因韵添加的内容，但此处把"I"置于行文之中，总觉有点格格不入，这也许是英汉语言差异所导致的无奈选择。第十八回惜春的诗句"山水横拖千里外，楼台高起五云中"（曹雪芹、高鹗，1974：209），霍译为"The garden's landscape far and wide outspreads; / High in the clouds its buildings raise their heads"（Hawkes, Vol. 1, 1973：366）。其中的"raise their heads"也是因押韵需要而添加的意象，颇为得体，也为译诗平添了些许灵性。

　　小说第八回有作者对宝钗的一句评论："罕言寡语，人谓装愚；安分随时，自云'守拙'。"（曹雪芹、高鹗，1974：96）霍译："to some her studied taciturnity / Might seem to savour of duplicity; / but she herself saw in conformity / the means of guarding her simplicity."

（Hawkes，Vol. 1，1973：188）霍译此例亦属于散体向诗体的转换，原文不押韵，译文押韵，阴韵似乎带有一定的讽刺意味。霍译添加的"studied"有"故意的、造作的"之意，非常符合宝钗遵循封建礼教的行为特征，并与下面的"duplicity"（口是心非、表里不一）形成呼应。其中"duplicity"与原文的"装愚"并不对应，也可认为是译者因韵设意的结果，与小说情节及宝钗的性格特征似乎并不冲突。其他韵脚（taciturnity、conformity、simplicity）更多的是据意寻韵，由此可见，据意寻韵与因韵设意是相辅相成的押韵策略。宝钗金锁正反面上的吉谶"不离不弃，芳龄永继"被霍克思译为"Ne'er leave me，ne'er abandon me：/ And years of health shall be your fee"（Hawkes，Vol. 1，1973：190）。其中的"fee"也是为了和"me"押韵而添加的意义，并无妨深层意义的传达。这和通灵宝玉上的吉谶"莫失莫忘，仙寿恒昌"的英译"Mislay me not，forget me not，/ And hale old age shall be your lot"（Hawkes，Vol. 1，1973：189）都有因韵设意的痕迹，并且两者对应工整，朗朗上口，从形式与意义上看都是"一对儿"。

第十五回宝玉引古诗所说的"谁知盘中餐，粒粒皆辛苦"（曹雪芹、高鹗，1974：167），霍译为"Each grain of rice we ever ate / Cost someone else a drop of sweat"（Hawkes，Vol. 1，1973：292）。原句并不押韵（此系李绅"悯农"诗中的颈联与尾联，原诗还是押韵的），霍译则押韵，并且把"辛苦"具象化（a drop of sweat），也很容易让读者联想到原诗的颔联"汗滴禾下土"，也可把此类译法归在因韵设意的范畴。第二十八回的"花影不离身左右，鸟声只在耳东西"（曹雪芹、高鹗，1974：326），宝玉偶听到黛玉的《葬花辞》，思来想去，正在独自悲伤，此为作者的叙述评论。霍译："Flowers in my eyes and bird-song in my ears / Augment my loss and mock my bitter tears."（Hawkes，Vol. 2，1977：42）译文的后半句完全是译者根据情节添加的内容，不仅与前半句押韵，也渲染了宝玉的悲伤情感，可谓一箭双雕。

第二十二回神秀说的"身是菩提树，心如明镜台：时时勤拂拭，

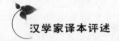

莫使有尘埃"（曹雪芹、高鹗，1974：257），霍译为"Our body like the Bo-tree is, / Our mind's a mirror bright. / Then keep it clean and free from dust, / So it reflects the light"（Hawkes, Vol. 1, 1973：442）。霍译的最后一句（So it reflects the light）明显是添加的，以与颈联押韵，同时也传达了原诗的深层含义。但添加部分似乎与下文惠能的诗稍显脱节（译文为 No real Bo-tree the body is, / The mind no mirror bright. / Since of the pair none's really there, / On what could dust alight），尤其是整体观照时，惠能的诗未能对添加部分进行"解构"。第二十二回探春作了一首谜语诗，如："阶下儿童仰面时，清明妆点最堪宜。游丝一断浑无力，莫向东风怨别离。"（曹雪芹、高鹗，1974：260）霍译："In spring the little boys look up and stare / To see me ride so proudly in the air. / My strength all goes when once the bond is parted, / And on the wind I drift off broken-hearted."（Hawkes, Vol. 1, 1973：448）霍译的押韵模式依旧是 AABB，译文也远非字面直译，尤其是颔联与尾联，语义偏离较大，尾联还巧妙地把原诗中的人物视角置换为物（风筝）的视角，很大程度上强化了谜语的象征性，与探春的命运颇为吻合，"proudly""broken-hearted"等添加的措辞也非常符合小说的故事情节，探春理家时发号施令，巾帼不让须眉，远嫁时又有"清明涕泣江边望，千里东风一梦遥"之说。

四　霍译诗体押韵策略之三：改情创韵

据意寻韵与因韵设意的策略在其他《红楼梦》英译本中也有不同程度的表现，尤其是据意寻韵，改情创韵则是霍译《红楼梦》诗歌翻译的独特押韵策略。所谓改情创韵是指因押韵需要适度地改变了小说的故事情节，从而使诗歌与小说的叙事内容有机地融为一体，再现原文的艺术性。《红楼梦》是一部诗性小说，大多诗歌与前后叙事内容密切相关，若想不露痕迹地与原文同样押韵，稍微改变一下故事情节也许是一种明智的选择。

霍译第三十七回的《咏白海棠》便是典型一例。《咏白海棠》为限韵的七言律诗。有关设韵，小说中有这么一段内容：迎春掩了诗，又向一个小丫头道："你随口说个字来。"那丫头正倚门站着，便说了个"门"字，迎春笑道："就是'门'字韵，'十三元'了。起头一个韵定要'门'字。"说着又要了韵牌匣子过来，抽出"十三元"一屉，又命那丫头随手拿四块。那丫头便拿了"盆""魂""痕""昏"四块来。（曹雪芹、高鹗，1974：448）。霍译："She closed the book again and turned to a little maid who was leaning in the doorway looking on. / 'Give us a word', she said. 'Any word'. / 'Door', said the girl. / 'That means the first line must end with "door"', said Ying-chun. She turned again to the girl：'Another one'. / 'Pot', said the girl. / 'Right, "pot"', said Ying-chun, and going over to a little nest of drawers in which rhyme-cards were kept, she pulled out one of them and asked the maid to select two cards from it at random. These turned out to be the cards for 'not' and 'spot'. / 'Now', she said to the girl, 'pick any card out of any drawer. Just one'. / The girl pulled out another drawer and picked out the card for 'day'. / 'All right', said Ying-chun. 'That means that your first line must end in "door", your second in "pot", your fourth in "not", your sixth in "spot", and the rhyming couplet in the seventh and eighth lines must end in "day"'." （Hawkes, Vol. 2, 1977：221）对比原文和译文不难发现，为了创设韵脚霍译对情节的改动还是很大的，体现出极大的创造性。

先看一下黛玉的《咏白海涛》，如："半卷湘帘半掩门，碾冰为土玉为盆。偷来梨蕊三分白，借得梅花一缕魂。月窟仙人缝缟袂，秋闺怨女拭啼痕。娇羞默默同谁诉，倦倚西风夜已昏。"（曹雪芹、高鹗，1974：449）霍译："Beside the half-raised blind, the half-closed door, / Crushed ice for earth and white jade for the pot, / Three parts of whiteness from the pear-tree stolen, / One part from plum for scent（which pear has not）− − − / Moon − maidens stitched them with white silken thread, / And virgins' tears the new-made flowers did spot, / Which now, like bashful maids that no word say, / Lean languid on the breeze at close of day. "（Hawkes，Vol. 2，1977：224）由此可见，原诗遵循了原文的设韵规则，译诗遵循了译文的设韵规则，不同的规则却产生了同样的艺术效果。译文的押韵模式为 ABCBDBEE，完全符合译者设定的新规则，语义也没有较大的偏离。其他五首《咏白海棠》（探春、宝钗、宝玉各一首，再加上后文湘云的两首）的英译也严格遵循同样的规则，即第一句以"door"结尾，第二、四、六句分别以"pot""not""spot"结尾，最后一句以"day"结尾，并且与前一句（第七句）押韵，其中第七句的韵脚分别为"Away""pray""sway""stay""away"。由于各自的诗在一定程度上反映了各自的性格甚至命运，霍译整体上还算比较忠实，但也有一些"创造性叛逆"，尤其是第三句与第四句（原文与译文的韵脚分别为"魂"与"not"，两者很难对应），出现了因韵设意的现象，如把宝钗的"胭脂洗出秋阶影，冰雪招来露砌魂"译为"The carmine hue their summer sister wore / These snowy autumn blossoms envy not"，把湘云的"自是霜娥偏爱冷，非关倩女欲离魂"译为"From which a wondrous white Frost Maiden grew，/ Who，loving cold，all other things loves not"，等等。这些语义偏离可能会影响对具体人物的象征性刻画，不如原文那么内涵丰富，却是译文艺术整体的有机组成部分，所谓"大行不顾细谨，大礼不辞小让"。对比杨译可发现，杨译虽也押韵（每首隔句押韵，韵脚各不相同），但与原文的押韵规则有所冲突，叙事内容与诗歌韵脚严重脱节，远非霍译那样浑然一体。

再看第四十九回与第五十回的"即景联句"诗。第四十九回回末有宝玉湘云二人忙看时，只见题目是"'即景联句'，五言排律一首，限'二萧'韵"（曹雪芹、高鹗，1974：616）。霍译为，"Bao-yu and Xiang-yun，who had not yet seen it，quickly went over to look. This is what it said：/ Theme：The Snow / Form：linked pentameters / Rhyme：Eyes"（Hawkes，Vol. 2，1977：487）。其中，"二萧"韵是指《平水韵部》中下平韵的第二韵，以"萧"字为首，在其后的联诗中众人将"二萧"韵几乎用尽。霍译这里创造性地把"二萧"韵转化为"Eyes"，一定程度上也是对原文情节的改变。第五十回的整个排律，霍译都是隔句押韵，且与"eyes"同韵，韵律格局如同原诗，如前四句：Last night the north wind blew the whole night through – – – / Today outside my door the snow still flies. / On mud and dirt its pure white flakes fall down – – – / And powered jade the whole earth beautifies. （Hawkes, Vol. 2，1977：489）"即景联句"译文中所用的其他同韵词还包括 crystallize、testifies、revivifies、petrifies、lies、disguise、purifies、sanctifies、harmonize、liquefies、good-byes、supplies、terrifies、rise、improvise、plies、defies、despise、cries、incise、dies、exorcise、exercize、unties、eyes、tantalize、mystifies、sighs、skies、neutralize、dries、baptize、eulogize。译诗押韵如此，又毫不重复，可见译者功力之深。译文中也有一些因韵设意的现象，如把"无风仍脉脉，不雨亦潇潇"译为"The wind has dropped, but snow still wetly falls – – – / And frequent drips the passer – by baptize"等。杨译的"即景联句"也是隔句押韵，一韵到底，但韵脚略有重复，并且与前文"二萧"韵的翻译毫不相关。第五十回还有三首"咏红梅花"之诗，韵脚依次依"红""梅""花"，霍译对情节没有变动，译诗的韵脚依次依"red"（sped、bed、outspread），"plum"（numb、Elysium、come），"flower"（hour、bower、Tower），几近浑然天成，令人叹为观止。由此可见，除非必要，霍译对情节也是不肯妄加改动的，一切皆以原文艺术性传达为宗旨，同时照顾诗歌的象征性与思想性。

霍译还有一处典型的改情创韵，即第七十六回的黛湘联诗（包括妙玉续诗，五言排律形式）。原文是这样设韵的：湘云道"什么韵？"黛玉笑道："咱们数这个栏杆上的直棍，这头到那头为止，他是第几根，就是第几韵。"湘云笑道："这倒别致！"于是二人起身，便从头数至尽头，止得十三根。湘云道："偏又是'十三元'了！"（曹雪芹、高鹗，1974：993）霍译："'What rhyme?' said Xiang-yun. / 'We could use a number for a rhyme', said Dai-yu. 'Let's count the uprights in the railing as far as that angle over there. Whatever the number is shall be our rhyme.' / 'That's a very ingenious idea', said Xiang-yun. / The two girls got up and walked along the railings to count. It turned out that there

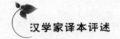

were exactly eight posts from one angle of the railing to the next. / 'Hmn', said Xiang-yun. 'Eight. I wonder how far we shall get with that rhyme.' " (Hawkes, Vol. 3, 1980：516）霍译把原文中的十三根直棍改为八根，把"十三元"韵改为"eight"，上下文浑然一体，不露任何斧凿之痕，真可谓匠心独运。《咏白海棠》也是"十三元"韵，不同的情节，不同的变通，体现出很大的灵活性。该联诗（包括妙玉的续诗）共七十句，隔句押韵，合三十五韵，霍译的韵脚依次为 emulate、pulsate、celebrate、scintillate、eight、gestate、inebriate、promulgate、rotate、illuminate、adjudicate、gate、terminate、desolate、pernoctate、congregate、inflate、emigrate、freight、inanimate、annihilate、state、coagulate、abate、mate、serrate、perambulate、pullulate、accumulate、ululate、investigate、anticipate、irritate、communicate、debate。译文语义虽有点艰涩（原文对现代读者又何尝不是如此），诗脉却更为连贯，据意寻韵，因韵创意，一韵到底，非常人所能及。该联诗杨译同样是隔句押韵，但并不是一韵到底，且与前文的叙事内容有所脱节，这也许与杨译的"直译"有关，所谓"必须非常忠实于原文"（杨宪益、文明国，2010：6）。然而，文学翻译毕竟是文学翻译，有时灵活变通也许更能传达原文的艺术性与文学性，提升译文作为独立文本的价值。"穷则变，变则通，通则久"，译者与译文莫不如此，霍译的押韵策略便是明证。

五 结语

《红楼梦》中几乎所有的诗歌都是小说的有机组成部分，远非可有可无的点缀，与前后语境、故事情节、人物性格、小说主题等有割舍不断的关系。翻译时在充分传达原诗内容的同时（尤其是主要诗歌），还要注意再现原诗的音韵美感。霍译《红楼梦》中的诗体（包括从原文散体转化而来的）基本上都是严格押韵的，有时即使原文没有押韵，译文也会做押韵处理。本文总结了霍译诗体押韵的三大策略，即据意寻韵、因韵设意与改情创韵，其中以据意寻韵为主，同时辅以因韵设意与改情创韵。三者并不是严格分开的，往往是你中有我、我中有你的关系，只是在具体诗歌（诗句）翻译中的凸显度不同而已。由于竭力贯彻据意寻韵的策略，霍译极少有因押韵导致原诗中重要信息的扭曲与耗损。对于一些相对"次要"的诗歌（诗句），如第二十八回的"女儿诗"，第七十六回的"黛湘联诗"，等等，为了传达原诗的整体艺术美（尤其是音美方面）以及与小说前后语境的关联性，霍译也往往采取因韵设意或改情创韵的策略，体现出很大的创造性，艺术性似乎也不再原作之下。《红楼梦》中的诗歌翻译比单纯的诗歌翻译更为复杂，更具挑战性。霍译诗体能够押韵如此，并与小说的内容情节圆融调和，再现甚至强化原文的音韵美感，语义灵活变通而又不失整体忠实，可谓"看似寻常最奇崛，成如容易却艰辛"，堪称霍译《红楼梦》的一大艺术特色。

参考文献

［1］Hawkes，D.，*The Story of the Stone*，tran.，Vol. 1 – 3，London：Penguin Group，1973、1977、1980.

［2］Wang，Chi-Chen，*Dream of the Red Chamber*，tran. and adapted，New York：Anchor Books，1958.

［3］（清）曹雪芹、（清）高鹗：《〈红楼梦〉（底本为程乙本）》，人民文学出版社 1974 年版。

［4］蔡义江：《红楼梦诗词曲赋鉴赏》，中华书局 2010 年版。

［5］辜正坤：《中西诗比较鉴赏与翻译理论》，清华大学出版社 2003 年版。

［6］吕叔湘：《中诗英译比录》，中华书局 2002 年版。

［7］吴伏生：《汉诗英译研究：理雅各、翟理斯、韦利、庞德》，学苑出版社 2012 年版。

［8］杨宪益、文明国编：《杨宪益对话集：从〈离骚〉开始，翻译整个中国》，人民日报出版社 2010 年版。

［9］赵长江、李正栓：《汉语散体译为英语诗体转换研究——以霍译〈红楼梦〉为例》，《中国外语》2011 年第 2 期。

乔利《红楼梦》回目英译风格研究

——兼与三个全译本回目英译对比[*]

季淑凤^{**}

  《红楼梦》作为中国古典章回小说的扛鼎之作，其艺术成就向来为人们所称道，单是其回目就有着夺人的艺术魅力，堪称古典小说的典范。小说回目作为每一章的题目，是该章回的精华所在，好的回目能够起到提纲挈领、纲举目张的作用。俞平伯曾赞道，"即以回目言之，笔墨寥寥每含深意，其暗示读者正如画龙点睛破壁飞去也，岂仅综括事实已耶"，足可见《红楼梦》回目的艺术水准。《红楼梦》整部小说采用了八言回目的形式，上下两句八字对仗，整齐划一而又富于变化，呈现独特的美感，确立了"八言回目在中国古典小说回目形态中可与七言回目分庭抗礼的地位"。回目在古典章回体小说中的地位不言而喻，也是古典小说区别于现代小说的一大文体特征。在把《红楼梦》译为其他语言时，如何将《红楼梦》回目这一独特形式传递出去，同时又能再现其艺术魅力，这是翻译时必须面对的问题。因此，《红楼梦》回目的翻译研究是学者们历来都较为关注的一个热点。然而，迄今为止的相关著述大多聚焦于三个120回的全译本，即杨宪益与戴乃迭（Gladys B. Tayler）译本（以下简称杨译本）、霍克

  * 本文系安徽省哲学社会科学规划项目"乔利《红楼梦》译介研究：从语言教辅到经典译著"（项目编号：AHSKQ2018D103）的成果。原载于《重庆第二师范学院学报》2021年第3期。
  ** 季淑凤，淮北师范大学外国语学院/信息学院（校聘）副教授，北京外国语大学国际中国文化研究院访问学者，主要研究方向为中国文学对外译介与海外传播。

思（David Hawkes）与闵福德（John Minford）译本（以下简称霍译本）及邦斯尔（Bramwell Seaton Bonsall）译本（以下简称邦译本），而对在此之前的节译本关注较少。19世纪末由亨利·班柯拉夫特·乔利（Henry Bencraft Joly）翻译的第一本具有全译性质的56回译本（以下简称乔译本）在《红楼梦》翻译史上具有承上启下的作用，却一直为学界所忽视，研究该版本回目翻译的文献著作屈指可数。仅王沛、郭红在语音修辞视域下将乔译本与杨译本、霍译本进行对比，分析了三个译本如何再现《红楼梦》原回目的"音乐美"。王沛还继续对上述三个译本的回目从语形修辞视角剖析了译者所进行的形式和内容的转化。冯全功对照三个全译本和乔译本，对回目中人物评价词的英译进行了探析。几位学者的研究大多从某一个微观视角切入，挖掘乔译本在回目的语音修辞、语形修辞以及人物评价词所呈现的特点，但依然有"只见树木不见森林之感"，难以对乔译本回目的全貌形成一个总体的认识。因此，本文从乔译本回目的章回体例、选字措辞、委婉语、典故四个维度入手，兼与三个全译本对比分析，以求将乔利的译者风格更加完整地呈现出来。

一　章回目录体例

《红楼梦》原文120回，其回目一般是以上下两句平行居中的形式出现在章回正文的前面，下面以原文第3回为例，通过与《红楼梦》三个全译本的对比来呈现乔译本体例的特点。

【例1】

【原文】托内兄如海荐西宾，接外孙贾母惜孤女。（第3回）

【乔译】Chapter Ⅲ.

Lin Ju-hai appeals to his brother-in-law, chia cheng, recommending Yue-ts'un, his daughter's tutor, to his consideration./Dowager lady chia sends to fetch her granddaughter, out of commiseration for her being a motherless child.

【邦译】Chapter ⅲ.

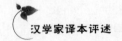

Asking his brother-in-law for favour，Ju-hai recommends a visitor from the west. /Receiving her grand-daughter, the dowager has pity on the motherless girl.

【杨译】Chapter 3

Lin Ruhai Recommends a Tutor to His Brother-in-law/the Lady Dowager Sends for Her Motherless Grand-Daughter.

【霍译】Chapter 3

Lin Ru-hai recommends a private tutor to his brother-in-law；/And old lady Jia extends a compassionate welcome to the motherless child.

由例 1 可见，乔译本和邦译本回目体制极为相似，都采用罗马拼音进行章节编号，人名采用威妥玛拼音进行标注，仅句首字母和专有名词首字母大写，每回分上下两句进行排列，上下句中间用句点分开，每句以句号结句；只是在句子长度上乔译本要远远大于邦译本。

霍译本和杨译本比较相似，章节编号都采用阿拉伯数字，人名采用汉语拼音进行音译，每回分上下两句平行排列；但在大小写和标点符号的使用上存在差异。霍译本仅句首字母和专有名词首字母大写，杨译本中每个实义词首字母均大写。标点符号方面，霍译本前后两句之间用分号隔开，并用"AND"连接上下两句，而杨译本中前后两句之间没有标点符号，两个译本句末都没有标点符号。

英文回目的长度也是考察译者回目体例翻译的一个指标。就乔译本的 56 回来看，译文句子数量与原文大致保持一致，个别回目出现了分句译法，如第 9 回、第 18 回、第 34 回都存在将一句分为两句的断句现象，使译文句子数量比原文增多。这种现象在邦译本中也存在，据赵朝永统计，邦译本"英译文中回目句子数为 281 个，比原文多出 41 句"。霍译本和杨译本译文句子的数量与原文保持一致，都是 240 句。"就句子数量和句子长度而言，邦译本要远远高出另外两个译本"，而乔译本的句子显然比邦译本又要长些。其差异原因主要在于乔译本试图通过补充词汇和增加句长的方式，一字不漏地传递原文的信息。出于实用功能的目的，几个译本在翻译策略上都体现了一个由隐到显、由虚到实的过程，但乔译本的显化处理最为明显，不遗余力地将每个隐含信息呈现在读者面前。

二 选字措辞

中国古代作家向来注重锤炼字词，《红楼梦》更是如此，在其回目中体现得非常明显。古典小说的回目主要用来概括和呼应小说的文本内容，在字数和体例都受到较多限制的情况下，必须做到凝练概括，以少胜多。《红楼梦》回目的处理处处都体现出其语言艺术的魅力，尤其是其中一些关键词的重复出现显得别致巧妙、新意盎然，颇具艺术感染力。

【例2】

【原文】金兰契互剖金兰语 风雨夕闷制风雨词（第45回）

【乔译】Friends interchange words of friendship. /Daiyu feels dull on a windy and rainy evening, and indites verses on wind and rain.

【邦译】An agreement of close friendship opens out words of close friendship. /In the melancholy of a windy and rainy evening is composed a poem of wind and rain.

【杨译】Two Girls Pledge Friendship after a Heart-to-heart Talk/a Plaintive Poem is Written One Windy, Rainy Evening.

【霍译】Sisterly understanding finds expression in words of sisterly frankness; /And autumnal pluviousness is celebrated in verses of autumnal melancholy.

"金兰"原指朋友间感情投合，后来用作结拜为兄弟姐妹的代称。此回目中"金兰""风雨"分别重复出现两次，形成工整对仗的偶联，读起来抑扬顿挫，富有节奏感。邦译本和乔译本对该回目的处理比较相似。上句乔译本用了同源词"friends""friendship"来处理前后出现的两个"金兰"，邦译本重复用了"friendship"一词。下句两者都用了"windy and rainy""wind and rain"来再现两个"风雨"，基本达到了词语重叠再现的美感。只是乔译本上下两句译文长度相差颇大，原文的形式美有所缺失。杨译本采用意译的方式，将原文的深层含义提炼出来，但没有照顾到原文由于重复修辞所带来的形式美感。霍译本分别用两个"sisterly""autumnal"来呼应原文，而且点明事情发生的时间是秋天，上下两句字数基本相同，既将原文的深层含义译出，又照顾到原语的形式美感，比其他三个译本略胜一筹。

《红楼梦》回目中善用人物评价词，这些人物评价词对于描写人物外貌特征，刻画人物性格具有画龙点睛之效。据冯全功统计，"120回目中，一字评价词共有 46 处……一字评价词并不限于概括人物的性格与外貌特征，还包括很多对人物行为的评价"。

【例 3】

【原文】王熙凤毒设相思局（第 12 回）

【乔译】Wang Hsi feng maliciously lays a trap for Jia Rui, under pretence that his affection is reciprocated.

【邦译】Wang Hsi feng makes an assignation with evil intent.

【杨译】Xifeng Sets a Vicious Trap for a Lover.

【霍译】Wang Xi feng sets a trap for her admirer.

该回目中，贾瑞见了凤姐起了淫心，意图不轨，王熙凤设计害死贾瑞。作者巧用一个"毒"字来修饰动词"设"，一方面揭示了王熙凤的心机和毒辣的手段，另一方面表达了作者对王熙凤的批判，可见"毒"字称得上一字千金。"毒设相思局"这一典型情节将人物的性格特征刻画得入木三分。乔译本恪守原文词序，译文与原文一一对应，用"maliciously"来修饰"lays"，再现了凤姐的这一阴险行径，并进一步使原文隐含的信息显性化，便于读者清晰地掌握该章回的故事梗概。邦译本和杨译本都没有按照原文词序对动词"设"进行修饰，而是进行了一定的转换。邦译本用介词短语"with evil intent"作为后置定语来修饰"assignation"，传达了王熙凤的邪恶目的，基本上达意，却使凸显人物这一行为动作的韵味有所丢失。杨译本则用"sets a vicious trap"来对译"毒设相思局"，虽形式上不能与原文完全对应，但内容上贴近原意，语言简洁凝练，在塑造人物形象方面与原文有异曲同工之妙。霍译本忽视了这一关键词在刻画人物行为中的作用，采用了省译法，没有译出"毒"的对应词，因此大大削弱了

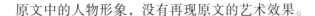

原文中的人物形象，没有再现原文的艺术效果。

三　委婉语

委婉语是人类社会一种普遍的语言文化现象，在交际中起着"润滑剂"的作用，因而深受各国人民的喜爱。在《红楼梦》中，曹雪芹以其精湛的语言驾驭技术，将委婉语运用于精妙之处，在作品中出现了众多"怨而不怒""灵动避犯"的委婉语。委婉语种类繁多，限于篇幅，我们仅以死亡、性事两类委婉语为例，来考察乔译本委婉语翻译的风貌特征。

（一）死亡委婉语

死亡是人类世界最重要的禁忌，英汉语都存在大量的死亡委婉语。《红楼梦》一书是"悲剧中的悲剧"，作品中存在形式多样、表达效果各异的委婉语，仅回目中就有多处关于死亡的委婉语，乔译本对这类现象是如何处理的呢？

【例4】

【原文】贾夫人仙逝扬州城（第2回）

【乔译】The spirit of mrs. Chia Shihyin departs from the town of Yang-chou.

【邦译】Madam chia departs from Yangchou to join the immortals.

【杨译】Lady Jia Dies in the City of Yangzhou.

【霍译】a daughter of the Jias ends her days in Yangchow city.

汉语文化受道教文化和佛教文化的深远影响，许多委婉语都来自宗教文化，原文中"仙逝"就是道教中对死亡的一种委婉说法，是指"登仙而去，像仙人一样离开人间"。四个译本在处理时方法各异。杨译本采用直译的方式，简单地用"dies"一词来翻译"仙逝"，没有传达原文的委婉含义。其他三种译文都采用了委婉说法，但方式各有不同，霍译本和乔译本分别译为"ends her days""departs"，都采用英语国家熟悉的语言进行了委婉处理，但是原文的宗教信息有所丢失。邦译本在乔译本的基础上译为"departs... to join the immortals"，再现了原文的宗教文化色彩，在此例处理中似乎更胜一筹。

【例5】

【原文】秦鲸卿夭逝黄泉路（第16回）

【乔译】Ch'in Ching-ch'ing departs, in the prime of life, by the yellow spring road.

【邦译】Ch'in Ching-ch'ing departs early on the road to the yellow springs.

【杨译】Qin Zhong Dying before His Time Sets off for the Nether Regions.

【霍译】And Qin Zhong is summoned for premature departure on the journey into night.

第16回"夭逝黄泉路"中"夭逝"一词表露出作者对秦钟之死的惋惜之情。在例5中，杨译本依然采用较为直接的翻译方式，委婉色彩损失。其余三个译本采用了委婉的方式进行翻译，霍译本采用了目的语读者熟悉的语言表达方式，译为"summoned for premature departure on the journey into night"，能被目的语读者所接受。邦译本和乔译本的处理较为相似，"夭逝"都采用了委婉表达，但是"黄泉路"这一文化负载词直译为"the yellow spring road""the yellow springs"，在未加注释的情况下，读者未必能领略到其指代"人死后所居住的地方"这一深层文化信息。

总体而言，邦译本和乔译本在死亡委婉语的处理上存在诸多相似之处，在忠实传达原文信息的基础上，尽量再现原文的委婉色彩；霍译本在考虑目的语读者接受的基础上，巧妙运用译入语言进行委婉处理，实现了译文与原文的功能对等；杨译本的处理使委婉程度大大降低。

（二）性事委婉语

性爱是人类正常的生理现象。孟子曾说"食色，性也"。然而由于封建礼教对人的束缚，人们在涉及性爱方面的内容时，要么避而不谈，要么采用相对委婉和隐含的表达方式。《红楼梦》书中有多处对风花雪月、男欢女爱等性话题的描写，但是除了刻画人物的需要，一般都比较含蓄隐微，点到为止。

【例6】

【原文】贾宝玉初试云雨情（第6回）

【乔译】Chia Paoyu reaps his first experience in licentious love.

【邦译】 chia paoyu for the first time makes trial of the emotion of clouds and rain.

【杨译】Baoyu has His First Taste of Love.

【霍译】Jia Baoyu conducts his first experiment in the art of love.

"云雨"一词出自《唐高赋》，传说楚怀王曾游高唐，梦与巫山神女相会，神女临去时说自己"旦为朝云，暮为行雨"。后世用这种朦胧含蓄的说法"云雨"来代替"性爱"。该回目主要描述贾宝玉游太虚幻境，警幻仙姑授之云雨之事，梦醒后与袭人同领仙姑所授之事——性爱。此处乔译本译为"licentious love"，"licentious"（淫荡的、淫乱的）一词使原文含蓄的朦胧美消失。实际上，袭人是宝玉的通房丫头，是"贾母将她与了宝玉的"，所以宝玉与袭人有性事活动亦不为越理。此处应是译者对源语文化了解不足而造成的误译。值得注意的是，对于同样的修辞手段，乔译本采取了多样化的处理方式，在第5回正文中，警幻"秘授以云雨之事"译为"the mysteries of licentious love"，而第6回正文中警幻所授云雨之情，译为"the mysteries of love"。相比回目中的翻译，第6回正文里的译法显得委婉含蓄，与原文的风格更加契合。邦译本直译为"the emotion of clouds and rain"，基本契合原文的含蓄委婉风格，但是在不加注释的情况下，外国读者可能会因不清楚其背后的文化背景而对"云"和"雨"产生理解上的问题。杨译本和霍译本分别译为"first taste of love""the art of love"，一方面明示了原文隐含的信息，另一方面保留了委婉的说法，与原文"云雨"一词所传递的含蓄美好的表达风格比较契合。

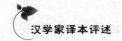

四　典故

典故是一个民族文化之精髓、智慧之结晶，是文学作品中常见的一种语言现象。《辞海》将其解释为"诗文中引用的古代故事和有来历出处的词语"。曹雪芹才气过人，博学多识，对中国的文学文化典故了如指掌。因此，《红楼梦》不仅正文中的典故随处可见，而且"在回目上，作者也善用典故，使之内容更加丰富深刻，语言概括力更强"。回目中巧妙运用典故固然能彰显作品的语言艺术魅力，然而由于目的语读者缺乏与原文读者共同的文化认知，典故所蕴含的深厚的中国传统文化底蕴和象征意义可能会给目的语读者造成理解上的困难。因此，《红楼梦》回目中的典故也是翻译工作中的一个难点——既要传递典故的历史文化内涵，又要便于读者接受，同时还要兼顾章回体小说回目的体例和形式。

【例7】

【原文】王熙凤效戏彩斑衣（第54回）

【乔译】Wang Hsifeng imitates in just (the dutiful son), by getting herself up in gaudy theatrical clothes.

【邦译】Wang Hsifeng imitates the atrical ornaments and stage costumes.

【杨译】Xifeng Clowns to Amuse Her Elders.

【霍译】Wang Xifeng emulates the filial antics of lao laizi.

该回目采用了老莱子"戏彩娱亲"的历史典故，说的是七十多岁的老莱子非常孝顺，为取悦年迈的父母，经常穿彩衣，做婴儿的动作。本回中王熙凤故意引贾母发笑，于是自谓"效戏彩斑衣"。乔译本中不仅将其字面意思展现出来，还通过添加括号注释的形式，将模仿的对象"the dutiful son"补充出来，使译文符合英语表达的规范，同时也将该典故所蕴含的信息补充进来，降低了读者理解的难度。不过，乔译本采用补译方式，其结果是句子长度大大增加，远远超过了其他几个译本。邦译本显然没有弄清典故背后所蕴含的深层文化信息，只按照字面意思直译为"imitates the atrical ornaments and stage costumes"，与英语表达习惯不符，有硬译之嫌，属于文化信息缺失而造成的误译。杨译本基本采用了意译的方式，将事件的大体梗概表达出来，使读者通过回目便能大致了解本章节所关涉的内容。霍译本在熟稔中国传统文化的基础上，直接点出了"老莱子"的故事及其背后隐含的信息，无论就形式还是传达信息而言，都不失为佳译。

【例8】

【原文】情切切良宵花解语（第19回）

【乔译】In the vehemence of her feelings, Hua（Xiren）on a quiet evening admonishes baoyu.

【邦译】Feelings very ardent. on a fine night a flower gives an explanation.

【杨译】An Eloquent Maid Offers Earnest Advice One Fine Night.

【霍译】A very earnest young woman offers counsel by night.

"花解语"典故出自《开元天宝遗事》，据说唐玄宗与皇亲国戚一起欣赏太液池中盛开的数千枝白莲花时，指着杨贵妃对左右的人说："争如我解语花。"后世人常用此来比喻美人。该回目中的"花"特指"花袭人"。乔译本采用音译的方式，将"花"译为"Hua"，为了让读者清晰地了解本章回所讲述的内容，将省略的"Xiren"（袭人）补充出来，但又采用括号的形式，以示读者这是译者补充的内容。这种译法避免了目的语读者因不了解中国传统文化而造成的阅读上的困难。邦译本采用直译的方式，"a flower gives an explanation"，这种翻译方式带来的问题极大。一则，"a flower"是泛指花朵，与原文的特指"袭人"完全不能对应。二则，"a flower"直接作主语，目的语读者在不了解中国文化的情况下，很难产生与中国读者相同的语义联想，原文的雅趣无法再现。三则，该回目译文被人为地划分为两小句，造成前后语境和逻辑上的割裂，更不利于读者理解和接受，因此该译文无论从形式上还是内容上都与原文相差甚远。杨译本和霍译本都能准确理解原文的深层意义并成功地将花的谐音意表达出来，而且都采用了"earnest"一词，再现了袭人规劝宝玉的情真意切。两个

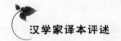

译文形式上对仗工整，语言言简意赅，再现了原文独特之韵致及微妙之幽意，不失为佳译。

五　结语

通过对《红楼梦》四个译本前 56 个回目语言风格的个案分析，我们可以得出结论：乔译本和邦译本的回目体制和文体特点较为相似，都采用了直译手法，译文和结构都紧扣原文，力图将原文全部信息译出，这也与学界之前的评价相吻合，"力求密合原文，无所删汰"。两者译文句子较长，较大限度上改变了汉语古典章回体小说回目的体例风格。但是二者又不完全相同，相较邦译本，乔译本无论在结构、内容还是词序等细节方面更加忠实于原文。而且与邦译本"逐词对译"的翻译策略不同的是，乔译本较注重锤炼字词，尽力保留原文的委婉语以及挖掘典故的文化蕴意，不仅将字面信息翻译出来，还进一步挖掘背后的深层文化信息，使所隐含的信息最大限度地显性化，以便目的语读者清晰地理解该回目的主要内容，因此在四个译本中，乔译本的句子最长。后世学者将其诟病为"冗长拖沓"之弊，却也凸显了语言资料的"辅助性"特征。由于《红楼梦》使用的语言是北京官话，因此成为 19 世纪西方人在华学习汉语的重要学习材料。乔利翻译的《红楼梦》是以协助来华西人学习汉语为旨归，"作为一部语言学习的辅助性资料，这样的翻译方法原本无可厚非"。杨译本回目体制风格与霍译本较为相似，但在句子长度、翻译策略等方面都存在差异。杨译本采用了异化的翻译策略，将原文基本信息概括出来，语言简短凝练，句子较短，在形式上较贴近原文，更能展现章回体小说回目的形式美感，但有时译文过于直白，原文的委婉含蓄韵味有所丢失。霍译本中将直译和意译相结合，更加贴近目的语读者的阅读习惯，句子比杨译本要长，但比其他两个译本要短；回目的上下句之间统一用"AND"进行连接，工整对仗，再现了回目的形式美感。在注重小说回目形式的同时，霍译本还注重保留原文委婉语的内敛含蓄，在中国传统文化典故的处理上也更加巧妙，再现了中国文化的意象之美；但在字词的锤炼方面，也偶有疏漏，造成原文形象刻画的弱化。

乔利在来到中国学习汉语短短几年后，便开始尝试翻译《红楼梦》，面对这座对于西方人来说不可逾越的高山，在诸多历史文化知识储备不足的情况下，误读误译也散见其译本之中。例如第 2 回的回目"贾夫人仙逝扬州城"乔译为"the spirit of mrs. chia shih-yin departs from the town of yang chou"，这里的"贾夫人"指代的是林黛玉的母亲贾敏，乔氏在这里错当成"甄士隐夫人"，这属于未能理解人物关系而造成的误译。类似的误译还出现在第 24 回的回目翻译中，"痴女儿遗帕惹相思"中"痴女儿"指小红对贾芸的痴情，乔译为"the foolish girl"（愚蠢的女孩），使人物形象遭到了扭曲，不利于传递原文的意象。当然，面对《红楼梦》这样一部语言艺术的巅峰之作，后世专业的翻译家都难以全部再现原文的艺术魅力，都或多或少地存在不足和缺憾。19 世纪的乔利在没有前人译文可以参照的情况下，首次尝试全译《红楼梦》实属勇气可嘉，不可求全责备。乔译本首次以单行本的形式发行，虽然只有 56 回，在《红楼梦》英译历史上却具有重要的里程碑意义，其首译之功不可磨灭。

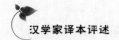
汉学家译本评述

参考文献

［1］俞平伯：《俞平伯论红楼梦》，上海古籍出版社 1988 年版。

［2］赵文增：《谈谈〈红楼梦〉的回目》，《红楼梦学刊》1988 年第 3 期。

［3］王沛、郭红：《语音修辞格视域下〈红楼梦〉回目翻译研究》，《西安文理学院学报》（社会科学版）2010 年第 3 期。

［4］王沛：《〈红楼梦〉回目中语形修辞格及其翻译研究》，《唐都学刊》2011 年第 4 期。

［5］冯全功：《〈红楼梦〉回目中人物评价词英译探析》，《外国语文研究》2016 年第 6 期。

［6］（清）曹雪芹、（清）高鹗著，（清）廉评：《双清仙馆本·新评绣像红楼梦全传》，北京图书馆出版社 2004 年版。

［7］Joly H. B. , Hung Lou Meng or the Dream of the Red Chamber, a Chinese Novel：Book I. Hong Kong：Kelly&Walsh，1892.

［8］Bonsall B. S. , The Red Chamber Dream （Manuscript），Hong Kong：Hong Kong University Libraries，1950.

［9］Yang H. , Yang G. , A Dream of Red Mansions：Volume Ⅵ. Beijing：Foreign Languages Press，1978.

［10］Hawkes D. , Minford J. , The Story of the Stone：Volume I , Harmondsworth：Penguin，1973.

［11］赵朝永：《基于语料库的邦译本〈红楼梦〉译者风格研究》，上海外国语大学 2014 年版。

［12］Joly H. B. , Hung Lou Meng or the Dream Of the Red Chamber, a Chinese Novel：Book Ⅱ , Hong Kong：Kelly&Walsh，1893.

［13］Hawkes D. , Minford J. , The Story of the Stone：Volume Ⅱ , Harmondsworth：Penguin，1977.

［14］刘永良：《〈红楼梦〉回目语言探美》，《红楼梦学刊》1998 年第 3 期。

［15］Hawkes D. , Minford J. , The Story of the Stone：Volume Ⅲ , Harmondsworth：Penguin，1980.

［16］吴宓（余生）：《王际真英译节本〈红楼梦〉述评》，《大公报·文学副刊》1929 年 6 月 17 日。

［17］季淑凤：《H. B. 乔利与〈红楼梦〉翻译：一位晚清英国外交官的文学英译》，《中国文化研究》2019 年第 2 期。

蓝诗玲的《西游记》新译[*]

朱明胜[**]

随着社会发展、语言变化，经典文学作品的外译也应随之更新，以适应社会需求。英国汉学家、翻译家蓝诗玲（Julia Lovell）于 2021 年 2 月在企鹅公司出版了中国古典长篇小说《西游记》的节译本《猴王：西游记》（*Monkey King：Journey to the West*）。该译本是继李提摩太、海伦·海斯、阿瑟·韦利、乔治·瑟内尔的节译本和詹纳尔、余国藩全译本之后的最新译本。译者除了选择原著中其他节译本所共同选用的猴王故事、唐僧身世、龙王游地府、刘全进瓜、收四徒等回目之外，又选用了百回

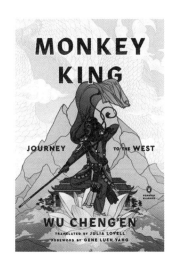

蓝诗玲新译的《西游记》

本《西游记》故事中的三打白骨精、黄袍怪、子母河、红孩儿、女儿国、蝎子精、三借芭蕉扇等女性和孩童作为主人公的回目，与其他节译本在所选内容上有较大差异，因此在故事情节方面，该译本与其他节译本相互补充，共同促进西游故事在西方的传播。

---

  * 本文系国家社科基金项目"《西游记》在英语国家的接受与影响研究"（项目编号：17BWW025）的阶段性成果。原载于《中国社会科学报》2021 年 4 月 26 日第 2154 期。

  ** 朱明胜，南通大学外国语学院高级英语教研室教授，研究方向为翻译理论与实践、比较文学。

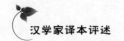

一　翻译的缘起

　　蓝诗玲之所以选择《西游记》进行英译，除了该著作在文学史上的重要地位之外，还与其教学的需求和社会对新译本要求等因素有关。

　　第一，文学因素。蓝诗玲选择《西游记》进行翻译是因为该书集中了炫目的打斗和对现实生活的启示。小说描述了人类社会生活的方方面面，书中的一些神灵和妖怪尽管外表狰狞，但在许多方面都像普通人一样。尽管书中人物的性格并不完美，人物形象却非常丰满。该小说在中国和海外有各种艺术形式的改编，如戏剧、音乐剧、电视连续剧和电影等。在英国，以华裔导演陈士争改编的舞台剧《猴王：西游记》最为著名，在曼彻斯特首演后，又在纽约林肯艺术中心多次演出并获得极大成功。

　　第二，版本更新和教学需求。首先，语言随着社会的发展而变化，读者渴望新的英译版本。从1913年李提摩太的译本到20世纪80年代余国藩的全译本，《西游记》在英语世界的翻译经历了近70年时间，时代进步和语言的更新召唤着新的译本。其次，蓝诗玲在与同行交流后发现，那些学习世界文学的学生渴望有一部全新译本进行研读。

　　第三，译者因素。蓝诗玲最初接触到的亚洲文学即为《西游记》，她最先看到的是日本改编拍摄的电视连续剧，大学时期她又阅读了阿瑟·韦利的简译本和余国藩的全译本，被该小说的内容所吸引，特别是其中所含有的精神因素以及所涉及中国社会和宗教等方面的内容。

二　受到媒体和评论家的关注

　　蓝诗玲的《猴王：西游记》出版后，受到读者好评。出版界、众多作家、海外汉学家和海外华人学者对蓝诗玲译本也都给予高度评价。多家杂志对该译本发表书评，其中《外交政策》杂志认为该译本"给人带来快乐和愉悦：这部真正有趣的故事实至名归……中国猴王孙悟空就像英语世界中的罗宾汉和阿瑟王"；在线美国女性杂志《喧嚣》写道，"这是一部最伟大的小说《西游记》全新译本……其中奇妙的冒险情节吸引着读者，世世代代影响着人们的创造性和想象力"；美国《出版者周刊》评价说，里面充满了冒险和变化……蓝诗玲出色地对原著进行节译，抓住了中国虚构小说和诗文的精髓，那些喜欢奇异冒险和荒谬情节故事的读者将从这个荒诞不经的寓言故事中获得愉悦；美国《书目杂志》则认为该译本不仅能够满足那些对阅读中国经典文学感兴趣的读者，还能迎合喜欢奇幻小说的读者。

在英美文艺界，作家、评论家对该译本好评如潮。美国作家、麻省理工学院教授、《波士顿评论》小说栏目编辑朱诺·迪亚斯评价说，"该书为世界文学中的不朽作品，也是迄今为止最为逗趣、最具有颠覆性的讽刺作品之一"；著名作家、科幻小说《悖论绑定》的作者彼得·克莱纳斯评价说，"（该译本）是（《西游记》）的奇妙重述，可以与尼尔·盖曼的《北欧众神》相媲美。猴王故事如此有趣，我对该故事极度着迷"；英国艺术史学家柯律格评价说，"猴王作为中国文学中最具影响的人物之一，应该可以通过他的冒险经历来增加许多新读者和粉丝"；英国汉学家、翻译家闵福德认为，"猴王是所有中国文学作品中最令人难忘的人物之一，受到老少读者的喜爱。这是一部极佳的译本，语言通顺，用词精确，我非常喜欢阅读该译本。我认为该译本能成功地把该小说内容传达给现代英语读者，有助于西方读者在这个重要时刻了解中国文化的全貌"。

华裔作家也对其英译本给予推介。《纽约时报》畅销书华裔作家陆希未评价说，"我孩提时代花了大部分时间来阅读这部令人迷恋、恶作剧者孙悟空的冒险故事。这部不朽经典名著令人兴奋的新译本将为未来的读者带来快乐"；美籍华裔作家李翊云认为新译本的出版让人兴奋，这部16世纪超级英雄冒险故事富有想象，充满恶作剧，令人振奋，含有永恒主题，适合各个年龄段的读者。

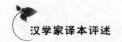

三 汉学家助力宣传中国文化

　　蓝诗玲主动外译《西游记》并在文学课上讲解，反映出该作品在世界文学中的重要地位。她使用地道的现代英语进行表达，有利于西方读者接受。译者和评论家给予该作品极高的评价，更能引起读者阅读兴趣，扩大了传播的影响力。该小说以喜剧冒险的叙事结构、辉煌而又独出心裁的细节来展示明代中国社会、政治和宗教的复杂关系，以及中国人向国外学习先进文明和佛教智慧所经历的艰辛而又漫长的旅程，深刻地颠覆和改变了西方人对于中国文化的认知。在新时期中国文学"走出去"的背景下，该译本对于宣传中国优秀文学作品，介绍中国文化具有特殊的现实意义。

理雅各对孔子"德政"思想的关联性读解[*]

理雅各对孔子"德政"思想的关联性读解[*]

李丽琴[**]

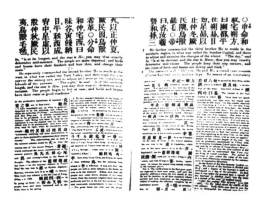

理雅各翻译的儒学经典

作为中西文化交流史上较为典型的诠释学事件,传教士的翻译活动历来为学界所关注。在诸多译著中,英国近代著名汉学家理雅各(James Legge)对中国古代典籍的翻译,至今仍被认为是中国古代经典的标准译本并备受推重。他在翻译过程中恪守"非同一般地忠实于原文"的原则,大量参较历代经典注疏,力图在译文中保持原文所指的意义。在其教育背景和工作经历的影响下,理雅各的译作具备基督

* 原载于《中国社会科学报》2021 年 1 月 25 日第 2097 期。

** 李丽琴,中国人民大学国际学院(苏州研究院)副教授,研究方向为中国传统文化与中西文化比较研究。

教释经学和中国古代经典注疏传统的关联性（Correlation）。考察其中围绕某些关键词而联结形成的文本网络，可以切入西方学者对中国文化的理解和接受，探寻实现中国文化与西方文化相"亲和"（Intercultural Affinity）的通道。在笔者看来，理雅各借助西方概念工具，将孔子"德政"思想中的关键词"挪用"到译文的过程，正是中西方文化接触和思想碰撞后所激发的相似的价值理想在不同的文化中得以凸显的案例。

孔子的"德政"思想集中体现为《论语》中对"为政以德"及相应的关于"为政"方式的论述。在此，"德政"意为执政者经由修身获得内在的"美德"或者"德行"，以身作则，并以此感化百姓，使之服从自己，从而使自己的政策和政令得以贯彻执行。因此，理雅各将其译为"to govern by virtue"而不是"rule of morality"（德治）。理雅各认为，这一原则要求执政者本人的执政能力与其自身的道德水平成正比。他从此种理解出发，在其所翻译的《论语》英译本的学术序言及相关章节的注释中对孔子的"德政"思想进行了读解。

一 以本土概念译解"德政"

人们一般认为，《论语》中关涉"为政"问题的讨论，是孔子在政治实践和行政举措等为政方法方面，给予不同层次的"执政者"的指点，这里的"执政者"既包括国君本人，也包括协助国君处理各项事务的士卿大夫。理雅各分别以 prince, ruler, the doer of government, his ministers and officers, the followers of government 区分属于不同层级的天子、诸侯和士卿大夫。但在论及"为政以德"时，却以"有权威者"（all in authority）指称"执政者"，认为尽管从其所拥有的权力和地位来看，这些执政者之间存在层级差异，但他们都拥有实施统治和管理政事的权力。理雅各还特意用加了引号标注的"the powers that be"（TPTB）指称"执政者"，这说明他认为可以将其看作一个习语，特指《新约·罗马书》13：1 之中的"凡掌权的"（the

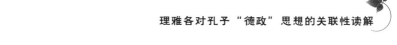

authority of the higher powers)。

而"authority"(权威)一词本源于拉丁语的"auctoritas",该词的词根是动词"augere",意思是"增加"或"使之丰富"。在基督教伦理学中,"权威"可以被解释为"协助属下的人并使之富裕";而负责任地行使权威,则被视为"权威的正当使命"。理雅各将"执政者"统一归类为"在上且有权威者",代表着他认为这一部分人在一定程度上因具备某种特殊的领导才能而获得了个人权威,或利用社会赋予他的管理地位、统治职能而拥有职位(社会)权威。正是由于相较于普通百姓而言具有某些方面的优越性,为政者可以为了让他人或社会获益,而向人们提出某些要求。在其权力范围内,即便为政者的职位是不正当获取的或其本人是无能的(inadequate or unworthy),基督教伦理学仍然在其所具有的职务权威层面要求人们服从。理雅各以"all in authority"为"执政者"命名,在西方的文化背景下,确立了政治行为主体在政治关系和权力行使方面的层级关系的正当性,也在位次和名分上为"德政"提供了西方人可以理解的正当性与合法性。

二　美德带来令人敬服的榜样力量

在对《论语》"为政以德"章的注释中,理雅各认为该章的主旨在于说明"美德对统治者的影响"(the influence of virtue in a ruler),并借用北宋学者邢昺的观点来解释"德",即"德者,得也,物得以生谓之德"(what creatures get at their birth is called their virtue)。在此,"德"与"得"同音通假,意指于一事中"获得"或"成功",在政治正当性的层面关联于君王的人格,为儒家立德政获得"天命"和祖先神力的支持。在《诗经》和《礼记》等文献中,"天命"与文王之德相连,均是在理性化和道德化的内在之"德"的层面,反思人的执政得失。

而理雅各选择将"德"翻译成"virtue",是因为其源自拉丁语中的"virtus"一词,"virtus"的词义之一是"强大的力量"(Puis-

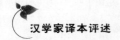

sance）。这与意大利政治思想家和历史学家马基雅维利的《君王论》中论述君王美德的"virtu"一词相对应，指一种使人敬服并敬畏的力量。在这一意义上，"王德"，即来自君王的精神或道德的支配力或超凡魅力，保证了君王的德化之治："譬如北辰，居其所而众星拱之。"由此，"德"被解释为"为政以德"中执政者的道德力量，它可以自上而下地产生影响，即可化民成俗，使百姓日迁善而不自知，最终实现垂拱而治、百姓自治。

此外，在引用《孟子·梁惠王上》"天下莫不与也"章关于百姓与为政者关系的论述时，理雅各以"牧者"（shepherd of men）代指"为政者"。他在此将牧者与羊群、君王与百姓的关系比附为禾苗与阳光雨露之间的关系，认为禾苗生长仰赖于雨露滋润，在自然的进程中，君子怀德养民也应如同"草上之风，必偃"；而就像羊群对牧者的信任与跟随一样，对政治权力的运用也应以一种不易被察觉的德化方式自然而行。

三 认同合理性 怀疑可能性

在翻译《论语·卫灵公》篇和论及舜何以能够实现无为而治时，理雅各提出"恭谨严正的圣人形象"（grave and sage example）对于实现垂拱而治具有重要意义，认为执政者的个人品格所具有的道德榜样力量，可以在"己正"的基础上，产生"正人"的效果。而在翻译《论语·子路》篇"政者，正也。子帅以正，孰敢不正？"一章时，理雅各将"正"翻译为"rectify"，强调执政者为政即意味着先"正身"后"正人"，居上位者是否能够以身作则，政治运行是否合乎某些道德要求，直接关系治理活动的成败。

此外，在为其所翻译的《论语》英译本撰写学术序言时，理雅各论及孔子的为政观，并援引《论语·颜渊》中孔子答季康子问政的三个案例，说明了为政者"身正"或"贪婪"各会产生何种影响。他特别指出，孔子所强调的上位者的示范作用及影响力问题，其实也是对家庭乃至教会的要求。为了对此予以说明，理雅各引用了《圣经》经文表示"作监督（Bishop）的，必须无可指责（Blameless）"，并以"主教"（Bishop）作为"监督"（Overseer）的意义为例，说明了上位者的道德表率作用。理雅各认为，在"监督"层面，"bishop"意为"监护"和"在上看管"。《圣经》经文明确要求教会的牧长必须严格自律，无任何可以被人批评的把柄，必须是"无可指责的"（Blameless）。

理雅各认为，孔子关于上行下效的论述绝非虚言。他联系当时英国的具体情况，批评政府尤其是军队不重视榜样的力量。例如，英国资产阶级革命期间，克伦威尔提出议会两院全体议员应"为了公共利益而抑制自己和自己的私人利益"，并促使英国议会通过了《自抑法》（Self-denying Ordinance），将议会成员排除在文官和军事职位之外。克伦威尔却最终以中将身份获得了"新模范军"的实际指挥权，成为《自抑法》下唯一一个在军队和议会中都有职务的人。这导致《自抑法》在英国备受嘲讽和争议。理雅各认为这一事件体现了执政者个人美德的重要性。

值得注意的是，虽然理雅各肯定了孔子提出的"为政以德"的合理性，但他也对孔子为政观中伦理道德独立存在的可能性问题，表示了相当程度的怀疑。理雅各认为，孔子虽然以德论政，但对于为政者个人德行的培养之道，却只以《中庸》中的"齐明盛服，非礼不动，所以修身也"论之，这种德行培养方式是有缺陷的。理雅各之所以会有这样的想法，一方面是因为在他看来"齐明盛服，非礼不动"过于强调外在和表面的形式。即便这样做确实能够让人心生敬畏，但要达至正身诚意的境界，绝非人力所能及。另一方面是因为这种将斋戒时的净心虔诚与着装的庄重整齐相提并论，并且在程度上不予区分、一以视之的做法，对西方人而言是一件很奇怪的事。此外，理雅各尤为不解的是，为什么孔子没有特别重视人性中固有之"恶"的倾向对人之美善追求的干扰和拦阻，只是乐观地相信"君子之德风"的道德感召力。

作为一位真正的"他者"，理雅各通过英译中国经典和联系中西方文化概念系统中的相似概念，在某种程度上缩小了中国古典哲思与

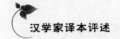

西方"他异性"思想和文化之间的距离，使得看似全然相反的两极转化为可以对话的搭档，在其独特的比较视域中，"为政以德"这一相似的公共性诉求，在东西方两种思想传统中均得以显现；而他提出的孔子"德政"思想过于理想化的问题，也能激发我们的思考，这对于不同文化思想传统之间的相互理解，具有一定的借鉴价值。

英国汉学界的"玄奘"[*]

——纪念英国汉学家理雅各诞辰200周年

李 真[**]

理雅各担任了中国境内第一份中文铅印出版刊物《遐迩贯珍》的编辑工作

在19世纪英国汉学确立与发展的过程中，来华传教士和外交官发挥了重要的作用。他们通过对中国的亲身接触和实地考察，翻译中国经典，撰写汉学著作，充当了中英文化交流的先锋，为19世纪后半叶英国汉学的全面繁荣奠定了基础。19世纪后半叶，英国汉学开始有了一定的突破和发展，诞生了三位著名汉学家，理雅各（James

　*　原载于《中国社会科学报》2015年4月29日第732期。
　**　李真，北京外国语大学国际中国文化研究院副教授，研究方向为海外汉学。

Legge)、德庇时（John Davis）和翟里斯（Herbert Giles）以各自独树一帜的学术建树为英国汉学获得世界的认可做出了巨大的贡献，被誉为"19世纪英国汉学三大星座"。他们严谨的治学精神和丰硕的学术成果，在汉学领域独领风骚。其中，作为西方汉学史上最重要的汉学家之一，理雅各把中国的"四书""五经"等经典翻译成英语，并出版一系列著作，推动了中国文学文化在英语国家的传播，在西方世界产生了巨大影响。

一　为学数十载推动中西文化交流

理雅各是为英国汉学赢得国际声誉的第一人，他的成就标志着英国汉学从萌芽进入发展期的一个新高度。他是伦敦会传教士，出生于苏格兰一个富庶的商人家庭，自小便聪慧过人，勤奋好学，有着极强的语言天赋和记忆力。1831年，他以第一名成绩考入阿伯丁皇家学院，并获得学院奖学金，四年后因表现出众又再获最高奖学金，以一人之力获得两项大奖是该校前所未有的，少年理雅各由此声名鹊起。1835年，他从阿伯丁皇家学院毕业，熟练掌握希腊语、拉丁语、数学、哲学等多门知识，这些都为他今后的汉学研究奠定了良好的基础。理雅各于1838年加入伦敦会，被派往马六甲传教。在启程前，他在伦敦大学学院学习汉语，投身于当时伦敦能找到的最好的汉学学者基德门下。1839年，理雅各以基督教传教士身份前往远东，任职于马六甲英华书院（Anglo-Chinese College）。在这里，他努力布道传教，兼管书院教育和报纸印刷的相关事宜，同时也开启了自己数十年的汉学研究生涯。理雅各于1841年获纽约大学名誉神学博士，并担任了英华书院院长一职。1843年，英华书院迁至中国香港。此后30余年，除三次回英国处理事务外，理雅各一直在香港居住。在这里，理雅各开始了他关于中国古代典籍的译介工作，并从1861年开始陆续出版《中国经典》（*The Chinese Classics*）系列译著。1873年理雅各返英，1876年就任牛津大学汉学讲座首任教授，在此授课长达21年，开创了牛津大学的汉学研究传统。在牛津任教期间，理雅各仍然笔耕不辍，继续修订完善已经出版的《中国经典》各卷。1897 年，理雅各病逝于牛津，享年 82 岁。

在中国香港的数十年里，理雅各不仅积极传布教务，而且投身于香港的教育制度改革、新闻出版事业和社会公益事业，成为一名慈善牧师、勤奋学者、教育家，以及公益事业推行者。他担任了中国境内第一份中文铅印出版刊物《遐迩贯珍》的编辑工作，其办报理念和创新意识促进了中国报业走向近代化的进程。此外，他还推动了宗教教育向世俗化教育的转向，改革了香港教育制度，推行了更符合社会发展的课程设置，因此也被誉为"香港教育之父"。

二　理氏译本为中国典籍研究把脉

理雅各的最高成就在于他对中国学术的深入研究，以及对中国古代典籍的翻译。理雅各认为，西方人要想了解中国必须从"十三经"入手，因为这是中国几千年传统文化的精髓，也是中国伦理道德的基础。为了更好地传教，他决定向西方译介中国的经典。他曾说："此项工作是必要的，因为这样才能使世界上其他地方的人们了解这个伟大的帝国，我们的传教士才能有充分的智慧获得长久可靠的结果。我认为将孔子的著作译文与注释全部出版会大大促进未来的传教工作。"他最初是以传教为目的开始了解和研究中国语言及文化体系，却最终成就了中西方文化交流的伟业。

作为近代第一个系统翻译介绍中国古代经典的外国翻译家，理雅各从 1847 年拟订翻译计划开始直到 1897 年去世，在中国学者王韬的帮助下，历经半个世纪，孜孜不倦地从事着这项伟大而又艰巨的工程，翻译出版了数十部中国文化典籍，包括儒家、道家和佛教的诸多经典作品。译著中不仅包括严谨简洁的译文，还包括研究性的导言和翔实的注解，故理氏译本一出，轰动了当时西方汉学界，一时无人能出其右。东方学家、语言学家缪勒主持编撰的大型丛书《东方圣书》（*The Sacred Books of the East*），共 51 卷，其中也收录了理雅各翻译的《易经》《礼记》《道德经》《庄子》《太上感应篇》等译著。可以说，

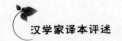

《中国经典》与《东方圣书》里中国经典的翻译成为理雅各一生汉学成就中的两座丰碑。

在翻译中国经典的过程中，理雅各得到了不少中西学者的帮助，除了他的合作伙伴王韬，还包括何进善、黄胜、罗祥等华人，以及湛约翰、合信等西方汉学家。他们或答疑解经，或助译部分章节，或共同探讨中国文化，在不同程度上给予译书不少帮助。其中，理雅各与王韬的合作历时十余年，两人成为挚交好友，配合默契，相得益彰。王韬为理雅各广泛收集各家评注和诠释，提供《皇清经解校堪记》作为参考，并协助其引经据典、答疑解惑，深得理雅各赞赏。他曾说"王韬之助大矣"，又言"他为我提供了一个图书馆，藏书丰富"。另外，王韬本人与传教士多年交游，为理雅各的为人和学识所折服。合作译经及前往欧洲的游历对王韬自身也产生了影响，并促使其成为中国近代有名的改良思想家。因此，理雅各与王韬两位中西学者在翻译中国经典上的成功合作成就了中英文化交流史上的一段佳话。

在翻译中，理雅各的原则是坚持参考官学，博采众长。他精选了上百种最有价值的参考文献，取其精华，平衡各家注释，力图保持不偏不倚的客观态度。王韬曾说理雅各"其言经也，不主一家，不专一说，博采旁涉，务极其通，大抵取材于孔、郑而折衷于程、朱，于汉、宋之学，两无偏袒"。因此，理氏译本早已超出了单纯的文学翻译，而是力求在纷繁浩大的书海中为西方读者整理一条阅读理解中国古代经籍的线索和脉络。

理氏译本的另一大特色是忠实原著，强调直译，反对意译，风格平实。为尽量传达原文精神，有时难免会牺牲语言文字的流畅，于是"忠实为主，典雅次之"成为理氏译本遭受某些批评的原因。然而仔细阅读他的译本，我们也可发现其在努力贴近原文的基础上，亦尽可能地注意翻译语言的优美押韵。以《诗经》的翻译为例，他在英译时采用了英诗的格式来还原中诗的韵律和意境，力求兼顾中国古代诗歌的语言特点，这种努力亦实属不易。

理雅各不仅仅是单纯的翻译，而是在译介中加入了自己多年研究中国典籍的心得，属于"学者型"翻译。每个译本都附有长篇序言和详细注解，以便读者在阅读中国经典的同时还能补充百科全书式的背景知识，他认为这些知识可以拓展学习者视野，为今后的进一步研究打下基础。

三 理氏研究开创近代西方汉学新纪元

理雅各关于中国经典的系列译著开创了近代西方汉学的新纪元，为国际汉学界提供了非常珍贵的研究材料，促进了中国古代文明的优秀成果走向世界。理氏的英译本虽历经百余年，仍被奉为中国古代经典的标准译本，成为西方了解中国文化和文明的基石。英国汉学家翟里斯曾说："理雅各所翻译的《中国经典》，在汉学研究方面乃是一种空前的贡献。他的那些译作将长期为人民所铭记和钻研。"翟里斯的儿子翟林奈也曾评价理氏的译介工作，"五十余年来，使得英国读者皆能博览孔子经典者，吾人不能不感激理雅各氏不朽之作也"。

理雅各的学术译介与研究结束了西方学者对中国文献业余水平的研究，走向了专业化的道路。由于其杰出成就，他成为 1876 年获得西方汉学研究最高荣誉奖——儒莲汉籍国际翻译奖的第一人，并与法国的顾赛芬、德国的卫礼贤并称为"汉籍欧译三大师"。理雅各在汉学领域特别是汉籍翻译方面取得了突出成就，被中国学者称为"英国汉学界的'玄奘'"是当之无愧的。2015 年恰逢理雅各诞辰 200 周年，在中国大陆、中国香港以及他的家乡爱丁堡的多个研究机构都将举行国际学术研讨会，隆重纪念这位伟大的汉学家对中西方文化交流所做出的卓越贡献。

中国文学翻译和研究名家西利尔·白之[*]

余　晴　葛桂录^{**}

西利尔·白之（Cyril Birch，1925—2018）是饮誉世界的中国文学专家与翻译家，专攻中国话本小说、古典戏曲及 20 世纪中国现当代文学。尤其是他对明清戏曲的研究，执西方汉学界之牛耳。

白之生于英国兰开夏郡，并在英国完成了所有阶段的学习，毕业后供职于母校伦敦大学亚非学院长达 12 年（1948—1960）之久。白之在英国为自己一生的汉学生涯打下了坚实基础，欧洲汉学对白之有着十分深远的学术影响。白之的汉学生涯恰好见证了英国完整的汉学专业时代，他是一位较为典型

西利尔·白之编译的
《中国文学选集》第一卷

的成长于英国、由学院式汉学逐步向专业汉学过渡的汉学家，并成为《斯卡伯勒报告》第一批受益学者之一。无论其身处英国还是美国，他始终以英国第一代专业汉学家的身份，亲历了英国汉学专业发展流变历程。在漫长的译研路上，白之始终恪守以学术为本位的原则，所有汉学成果均由发自内心地热爱中国文化而取得。

在 1960 年移居美国之前，白之作为英国少数几位中国话本小说

---

　*　原载于《中国社会科学报》2020 年 8 月 19 日第 1992 期。

　**　作者单位：福建师范大学文学院。

研究专家，首开中国古典戏剧研究新局面。其博士学位论文《古今小说考》是英国第一部关于《古今小说》（又称《喻世明言》）的专著（内含小说的译文、论文长达 499 页）；1958 年刊行的《明代短篇小说选》使其成为最早将中国神仙志怪小说翻译到西方的人。移居美国之后，白之继续发扬敢为人先的学术精神，其编译的《中国文学选集》第一卷（1965）和《中国文学选集》第二卷（1972）是将中国最具代表性的经典文本汇集并译介成英语的选本文集，成为许多美国大学的指定教材，后被联合国教科文组织收录进中国代表著作系列。他还是第一位将《牡丹亭》进行全本译介的汉学家，其《牡丹亭》全译本（1980）的译介水准被学界视为无人能出其右，对中国古典文学在海外的传播发挥了重大作用。他编撰的《中国文学流派研究》（1974）对中国文学史研究产生了深远的影响。他与哈罗德·阿克顿、陈世骧合译的《桃花扇》（1976）为西方读者呈现了最优秀的英译本。其晚期译作《明代精英戏剧选集》（1995）被列入《亚洲经典翻译系列丛书》，学界视其为"欧美汉学史上首部较为详细地介绍中国明代古典戏剧的著作"。白之的《娇红记》全译本（2001）首次为西方读者揭开了"为爱而死"的主题。除此之外，他还选译过《水浒传》《红楼梦》《西游记》《镜花缘》等其他诸多中国文学经典。从中国元明巨制到 20 世纪新文学，白之皆予以专文探究。

白之在毕生挚爱的中国文学研究和翻译领域笔耕不辍，浸淫于斯，在西方汉学史上具有代表性意义。20 世纪的中国，文学创作在历经社会动荡的洗礼与淬炼之后，开辟出一条崭新的道路，在文学形式与创作技巧等方面均取得了累累硕果。面对中国文学的林林总总，白之始终表现出极高的学术旨趣，无不竭力研究，可谓穷尽毕生之力。

白之作为学术主体，是中西方文学文化双向阐发，以及互识、互鉴、互补的极好范例，很好地响应了"将汉学的发展演变放在各国社会与思想文化变迁的大背景中去考察"（李学勤语）的学术呼吁。尤为值得注意的是，他作为一名兼具欧美双重学术背景的汉学家，且受日本汉学影响，其学术个性是基于民族历史、个人成长环境及其本人对文学审美的追求等因素共同铸造而成的，也由此决定了他在世界汉学中不可替代的价值及意义。

白之的汉学评论与译研致力于跨文化的比较视域和方法创新。自20世纪40年代白之选择汉语作为自己专业的那一刻起，他便与汉学结下了不解之缘。他一生写下不少书评，多刊于《亚洲研究》《伦敦大学亚非学院学报》《美国东方学会会刊》《中国季刊》等有着重大影响力的海外汉学研究刊物。其评述往往精练、客观公允，并能适时提出建设性学术建议。他十分重视对海内外汉学研究学术前沿的把握，及时向西方世界评介中国优秀汉学著作，为促进中国文化的传播打开了另一扇重要窗口。

纵观其汉学生涯，白之坚持译研结合，在跨文化的比较视域下，始终以文学为中心来开展汉学译研活动。白之十分看重研究方法的创新与运用。其译研所涉领域广博，从唐诗宋词到元杂剧，从明传奇到清代小说，再到中国现当代作家作品，他均有独到见解。

首先，从其译研内容上看，以中国文学为基础，主要涉及明清白话小说研究，代表作有《明代短篇小说选》等译著，以及被西方学界视为首篇从结构形式角度切入、系统研究中国白话小说的《话本小说的形式特点》等著述。在中国古典戏剧研究方面，代表作则有《牡丹亭》全译本、《桃花扇》合译本、《明代精英戏剧选集》选译本、《娇红记》全译本等译著，以及《元明戏剧的翻译与移植：困难与可能性》等论文。在中国现当代文学研究方面，代表作有《"五四"时期的小说》等文章。

其次，从方法论上看，白之作为专业汉学家有着与前辈学者不尽相同的研究路径。他的研究在西方传统文献方法的基础上，注重从思想比较视野阐释学术文献的意义，实现了对前辈学者史迹考察研究范式的转向。值得关注的是，白之在中国文学研究过程中，综合借助文献学、人类学、社会学等跨学科研究方法，对中外学者也不啻为一大启发。

1960年，白之携妻带子移居美国，供职于加利福尼亚大学伯克利分校，直至1990年荣休。荣休之后，他继续任该校荣誉教授，虽退出教学一线，实际上是退而不休，继续进行汉学研究。经修改完善的《中国神话传说》（2000）及《明代精英戏剧选集》《娇红记》全译本（2001）等译著皆是其晚年力作。

白之长期活跃于汉学教育教学一线，诲人不倦。其为人为学对英语汉学界的学术思想，抑或对众多汉学新秀的精神涵养，都起到了积极的激发和影响作用。

2018年10月30日，94岁的白之在英国安然离世。纵观其一生的汉学之路，从中国古典文学到中国新文学，皆是他几十年如一日的译研对象，其各类汉学研究成果及长期坚守的一线教学活动，为中国文学与文化在英语世界的传播做出了杰出贡献。

美国汉学家华兹生的诗歌翻译思想评析*

林嘉新**

华兹生是中国文学译介史上的重要翻译家，提出过许多颇具启发性与学术性的翻译思想。本文着手于学术思想史的渊源，全面解析其翻译思想的谱系与内涵，并辅以翻译案例检视其"译言译行"的一致性。研究发现华兹生的诗歌翻译思想具有强烈的读者意识，体察了译诗艺术性、可读性与阐释性等接受语境的当下性问题，同时不失对译诗文献功能的观照。在实践中，华兹生践行了其译诗理念，其译诗不仅较好地传递了中国古典文化，也获得了良好的接受效果。对其诗

华兹生译《杜甫诗选》

歌翻译思想的研究不仅能丰富文学翻译思想史的谱系，也有助于我们进一步厘清中国文学对外译介规律的迷思。

华兹生（Burton Watson）是当代美国英译汉诗传统下的代表性人物，也是继韦利（Arthur Waley）之后，译介中国古诗到英语世界最多的翻译家之一，在美国译坛占有重要席位。他虽未明确提出系统性与学

---

 * 本文受广东省普通高校人文社会科学重点研究基地广东外语外贸大学翻译学研究中心资助。原载于《复旦外国语言文学论丛》2017年第1期。

 ** 林嘉新，广东外语外贸大学翻译学研究中心研究员，研究方向为比较文学翻译研究、中外文学关系与海外中国学。

术性的翻译理论，但其翻译思想兼容并蓄、融会贯通、浑然一体，具有独特的学术价值与启示意义。近年来，国内翻译界也逐渐认识到了华兹生译介中国典籍的意义与价值，对其翻译地位的认识与译本质量的评价也显著提升，研究也越发多样化。然而，当前研究主要聚焦于华兹生少数译本的翻译批评上，虽对其翻译思想（理念或理论）略有提及，但囿于片面化的、主观化的阐发，其中还不乏有误读曲解之处。故有必要从学术思想史的角度，对其文学翻译思想进行系统性、体系化的全面研究，并辅之以翻译案例，检验其"译言译行"的一致性。

一 以读者为核心的译诗理念与翻译目的

华兹生翻译思想的核心是为读者而译。他所译的中国诗歌选集几乎均属于"东方经典著作译丛"，该丛书旨在为美国大学提供一部入门级的教材或阅读书目，并非只针对专家学者而译。他声称其翻译"旨在让其中（中国典籍）最著名、最有影响的篇目以浅显易懂的形式呈现出来"（Balcom，2005：8）。对"浅显易懂"的译文之观照集中体现了华兹生对接受性与可读性等读者问题的重视。华兹生也曾作出这样的解释，"我所有翻译活动的目的在于，尽可能使用易于理解的方式让英语读者阅读亚洲文明的思想与文学著作，因此我对那些故意使读者与译文产生距离的翻译方法丝毫不感兴趣"（Watson，2001：7）。在翻译中，他也践行这种主张，"在译文中从来不使用古老的英语（说法），我却总喜欢选择使用表达最清楚、听起来最舒耳的尽可能符合现代英语的翻译"（Watson，2011b：16）。

华兹生译诗思想中的读者意识与其翻译目的有直接关系。"二战"后，美国政府出于国际战略与区域形势的考虑，对亚洲国家（尤其是中、日、韩三国）的兴趣陡增。为研究亚太政策，美国政府还开辟了专门的资金渠道，招募、培养亚洲研究学者。在此背景下，大型翻译项目"东方经典著作译丛"得以启动。该项目得到了美国教育基金会、福特基金会和哥伦比亚大学出版社等多家机构的资助，译著卷帙浩繁，入选的亚洲典籍多达几百部，包括中国、日本、韩国在内多国的作品。

华兹生不仅是参与该项目的主要译者，而且作为编委会主要成员参与了该项目实施策略的决策。在 1970 年的《寒山》再版前言中，该项目的主持人狄百瑞便开宗明义地对该项目的翻译目的做了说明，"我们（狄百瑞和华兹生）的意图（虽然）是提供基于学术研究的译本，但希望它是为大众读者，而不仅仅是为专业人士而译"（Watson，1970：5）。

二 译诗的诗学取向与当代美国诗歌艺术性

华兹生译诗思想表现出对当代美国诗歌艺术性的重视，主张译诗应当符合其所在时代语境诗学标准与审美传统。这具体表现为华兹生对当代美国诗歌诗学理念融会贯通，并有意使其译诗具备当代美国诗歌的特点。他提出，英译汉语诗时应"先仔细地看看英语的诗歌，特别是美国诗的状况"（Watson，2011a：6）。

华兹生阅读了大量的当代美国诗歌，敏锐地感知当代诗歌、诗学和语言的变化。"就诗歌翻译而言，我发现，最好的做法是尽可能多地阅读优秀的美国当代诗歌（contemporary American poetry），因为当代美语是我希望在诗歌翻译中使用的语言风格。"（Balcom，2005：9）为使其译诗符合美国当代诗歌的诗学标准和审美传统，华兹生与当代美国诗人，如凯格、科尔曼、斯奈德、金斯堡等人保持了密切的联系①，与庞德也有通信往来②。华兹生早年曾受教于两位美国当代

---

① 凯格（Joanne Kyger，1934— ），美国诗人，曾与斯奈德有过段短暂婚姻关系，后离异。其诗作受到了佛禅思想的影响，与"黑山派""旧金山诗歌文艺复兴"与"垮掉派"等文学团体有较大渊源。科尔曼（Cid Sidney Corman，1924—2004），美国诗人、译者兼编辑，是 20 世纪后半叶美国诗歌史上的重要人物，与"黑山派""垮掉派""客体派"诗人交往密切。金斯堡（Allen Ginsberg，1926—1997），美国诗人，"垮掉派"诗人的代表人物，他自称在形式和精神上师承惠特曼，神秘气氛上得之于布莱克。

② 据华兹生自述，"我已经翻译了小部分《玉台新咏》中的中国古代诗歌，并将这些译作寄给埃兹拉·庞德，请他指点。我是在翻译了一篇他和吉川小次郎的日文访谈文章后，开始与庞德保持通信往来的。吉川是我在日本京都大学的老师，他在 1954 年访美期间，与庞德在圣伊丽莎白医院会面。庞德友善地回复了我。他没有点评我的译作（他说，每一代人必定有自己的批评家），不过他向我推荐了几个可将这些译作交付出版的地方"（Balcom，2005：8—9）。

诗人——科尔曼与金斯堡，他将此二人给予他诗歌翻译的建议归结为两点，"译诗需简洁，还得听上去有趣"（Watson，2001：4）。因两位诗人在美国本土化诗歌运动曾扮演过重要角色，其诗作也具有"反学院"① 的文学特点，二人对华兹生译诗的建议实质上应和了美国本土派诗歌的诗学标准和审美传统。如在翻译苏轼的《过永乐文长老已卒》时，华兹生刻意省略了部分原诗对仗的翻译，以凸显译诗作为英语诗歌的诗性，见表1。

表1

原诗	译诗
《过永乐文长老已卒》 初惊鹤瘦不可识， 旋觉云归无处寻。 三过门间老病死， 一弹指顷去来今。 存亡惯见浑无泪， 乡井难忘尚有心。 欲向钱塘访圆泽， 葛洪川畔待秋深。	**Visiting Yung-lo Temple，I Learn that the Old Priest Wen Has Died**（1074） The last visit alarmed me-stork-thin，I hardly knew him； Suddenly I learn he's gone with the clouds，no looking for him now. In the course of three visits，old age，sickness，death； In a snap of a finger，past，present，future. Now here，now gone-I've seen it so often I barely shed a tear， But my old home's hard to forget；he stick in my thoughts. I must hurry to Ch'ien-t'ang，look for Yüan-tse； By the banks of Ko-hung River I'll wait as autumn deepens.

　　《过永乐文长老已卒》是苏轼所作的一首七律，颔联、颈联均为工整对仗。译诗中，华兹生仅将颔联翻译成了英语的平行结构，In the course of three visits 与 In a snap of a finger，old age 与 past，sickness 与 present，death 与 future 形成了完整对应，以英语平行结构展现了原诗的对仗修辞，却未将颔联的对仗译出，其目的正是避免平行结构过多而造成译诗生硬牵强。② 由于对仗翻译的取舍得当，译诗表现了自由诗的自由成章和朴实自然，丝毫不显得生硬牵强。

---

　　① 详见张子清（1992）的相关论述。

　　② 在英诗中，平行结构（对仗）频繁使用平行结构会产生重复之感，平行结构也常被英语散文等篇幅较长的文体所使用（Sopher，1982）；加之，平行结构较为正式严谨，与自由诗的创作理念与语言风格等相去甚远，因此此类结构甚少被当代英诗所使用，里奇也称"在当今我们所身处的时代，（诗歌中）使用平行结构所需要的理由比其他时代都更为强烈"（Leech，1969：86）。

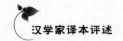

三 译诗可读性与口语体的使用

华兹生的译诗思想强调了译诗的可读性，他主张用当代美语翻译中国古诗，力求语言的通顺流畅、通俗易懂，因而他摒弃古雅用语、拒绝方言或地域性的表达以及避免影响流畅阅读的笺注方法。

华兹生主张译诗应采用地道通顺的英语进行表达，对王际真提出的"自然流畅"的译诗主张颇为推崇，他认为"仅仅把汉语的意义翻译出来是远远不够的，译文还应该读起来像是自然、地道的英语"（Watson，1995：199）。基于此，华兹生的译诗思想强调了译诗用语当下化的问题。他认为翻译面向的是同时代读者，自然应使用同时代的语言来进行翻译，"翻译更新换代的速度很快，因此根本没必要在翻译时故意使用过时的语言"（Watson，2001：6）。

在经历了"意象派"新诗运动之后，美国诗歌翻译逐渐摒弃了维多利亚时代诗歌的古雅遗风，译诗语言的时代性已深入人心。华兹生也认为，自己的翻译工作是在延续庞德和韦利未竟的事业，其译诗不仅曾受教于此二人，更遵循了二者的译诗理念。"在我翻译中国诗歌过程中，庞德和韦利对我有很大的影响，尤其是韦利。我从没机会见过他，但我把自己的译作《汉魏六朝赋选》献给他作为对他的纪念。"（Balcom，2005：9）华兹生同时也拒绝使用方言或地域性表达。"（原文）对话应当被翻译成听起来令人信服的英语口语，但绝不能让译文听起来像是任何一种英语方言或是地方性表达。"（Watson，2001：2）因此，华兹生的译诗甚少出现俚语与方言。这种口语体译诗有时以会话建构的方式来实现，因为他们认为，"对现实世界的中国式的直接忧患意识也必须用直接、会话式的方式再现出来"（Weinberger，2003：xxv）。在此我们以华兹生所译的寒山诗《妾在邯郸住》为例做一个分析，见表2。

表2

原诗	译诗
妾在邯郸住， 歌声亦抑扬。 赖我安居处， 此曲旧来长。 既醉莫言归， 留连日未央。 儿家寝宿处， 绣被满银床。	"Han-tan is my home," she said, "And the lilt of the place is in my songs. Living here so long I know all the tunes handed down. You're drunk? Don't say you're going home! Stay! The sun hasn't reached its height. In my bedroom is an embroidered quilt So big it covers all my sliver bed!"

华兹生译诗在多处增补了人称代词 you、I、she 和物主代词 my，有意营造了译诗"对话性"的表达方式。原诗全文八句话，皆为主人翁（歌姬）一人隐性自陈，仅在第三句出现了一个人称代词"我"，其他各句均未出现人称代词，均为隐性人称陈述。在译诗中，华兹生在"妾在邯郸住"前添加了第三人称 she 代表"隐性述者"——歌姬，以此与原诗作者（寒山）区别开来；在"歌声"前添加了 my，补充了"此曲旧来长"的人称 I，表现出对话开展的直陈表述；其后又补充出了"既醉莫言归"主语 you，虽对话的对象 You 一言不发，但由于对话关系的缘故，其意图性跃然纸上。虽然译文中分别出现了 you、I、she，但所指并不混乱，读者从问答结构中可以清楚识别陈述者（I）、发话对象（You）和陈述者（作者）的会话关系。

译诗整篇采用直接引语的方式，凸显了对话的真实性，使原诗含蓄、晦涩的陈述方式变得直接、明晰。原诗没有出现明确的人称表述，因此未出现明显的直接叙述，而是采用了一种模糊叙述人称的间接叙述策略，间接引语拉大了读者与叙述事件之间的时空感，因此难以寻觅会话的真实性与直接性。而译诗除第一句中的 she said 外，整首采用直接引语的方式表述，表现出会话发生的即时性，让读者有如临其境之感，表现出对话的真实性与直接性。

译诗第5、6句中加入了设问—应答的会话结构，使隐含的人物对话关系进一步明晰。原诗第 5、6 句并未出现问答形式，而采用直接陈述的方式叙述，因此也就不存在明显的直接会话特点。译诗不仅添加会话方 You，明确了诗文的人物对话关系，而且原诗通过 You're drunk? 发问，用 Don't say you're going home! 与 Stay! 作答，再有 The sun hasn't reached its height 阐明缘由，构成了一场完整的直接会话场景。

尽管刘若愚对华兹生译诗所采取的通俗语言（尤其是口语体）的做法颇为不满①，认为这样会极大地影响译诗的文学性，但正是使用通俗化、日常化、口语化的译诗用语才使中国古诗得以跨越语言的藩篱，为英语世界普通读者所接受。美国汉学家白牧之（E. Bruce Brooks）与白妙子（A. Taeko Brooks）教授也称"华兹生的译文具有众所周知、备受公认的优点，即翻译用语平易口语化，内容通顺连贯，以至于几乎不需要解释"（Brooks，2009：165），其"英译的特点是文笔通俗化，不加注释，突出可读性，适合普通大众"（王建开，2016：10）。

四　译诗阐释性与选目的文化过滤

华兹生还从阅读的角度观照了翻译的阐释性问题，凸显了华兹生对诗歌翻译活动的开放性态度。华兹生认为文学复译具有时代阐释性，并从阅读的角度重新定义了文学名著，而非将其视作一套永恒不变的经。"众所周知，文学名著是指那些在任何时代都值得被任何年龄段的读者所阅读的作品。但由于文学传统与语言都一直处于不断变化的状态，学者或作家都必须不断地工作，以推出外国文学作品的新译本，抑或重新认定他们所处时代的文学巨匠，并给予其作品新的诠释。"（Watson，1955：245）该定义以"阅读"为标准判断"文学名

---

① 参见 Liu, James J. Y., "Book Review: Su Tung-p'o: Selections from a Sung Dynasty Poet by Burton Watson", *Journal of the American Oriental Society*, Vol. 86, No. 2, 1966, pp. 252 –254。

著",摒弃了以往对文学品质静态性的价值判断,重塑了文学作品经典地位的动态性。

翻译不是译文与原文一成不变的一一对应,任何形式的翻译都会使原文的形式、意义和效果发生变形。故文学翻译应是"译者运用解释项书写下的一种阐释,是源语及源文化与译入语及其文化之间调适的结果。这是把原文变形为译文的方法"(Venuti,2010:74—75)。华兹生也认为,"我们应该提醒读者,当他们在阅读早期中国作品译本时,他们并非在阅读一篇毫无争议、再现原作意义的译文,而仅是多种潜在理解中的一种解读"(Watson,1962:12)。华兹生对翻译阐释性的强调恰好呼应了韦努蒂的"翻译阐释论"的观点,强调了文本的开放性与复译的语境性。同时,华兹生的论说与实践也为文学跨文化(国)传播中的"他国化"① 现象与比较文学译介学中的文学变异现象提供了翻译学的旁证与支持。

鉴于此,华兹生通过译诗选目,对中国古典诗人及其名下诗文进行了语境化阐释。如他选译寒山、苏轼与陆游诗歌的意图较为清晰明确,通过传递原诗的各种意象,营造出诗人(诗文)山水禅意、静籁雅居、闲适生活的审美旨趣,其笔下的寒山、苏轼与陆游均被赋予了这种"生态性"选目意图。显然,寒山、苏轼与陆游的诗歌创作并不是"生态性"可以完全概括的,甚至这种"生态性"具有一定的文化误导性,并不符合诗人的主要创作意蕴。华兹生选译的寒山诗包括俗世诗、讽喻诗、厌世诗、归隐诗与佛禅诗,但寒山诗的主题未必有他划分的那么清楚,其人物形象与人生履历是否真实本身也成疑。华兹生的选目将寒山及其名下的诗文脸谱化与人格化,目的在于描述其从世俗人归诚为僧侣的过程。其选译苏轼诗也有类似的情况,重点选录了苏轼的禅诗与山水诗,甚少选录其他主题;但苏轼的文学创作维度十分壮阔,前期作品主要反映了政治忧患、针砭时弊与人生

---

① 曹顺庆等认为,"文学'他国化'是指一国文学在传播到他国后,经过文化过滤、译介、接受之后的一种更为深层次的变异,传播国文学本身的文化规则和文学话语在根本上被接受国所同化,从而成为他国文学和文化的一部分"(2011:113)。

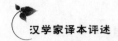

豪迈，后期作品转向了对人生与大自然的体悟思考。华兹生的译诗选目显然有意过滤掉了前期苏诗批判政治与社会现实等严肃主题，使苏轼表现出山水佛禅、悠然自得的审美意趣，遮蔽了苏轼忧国忧民、心系家国的政治情怀。陆游诗歌创作的主体是爱国诗，雄奇奔放、沉郁悲壮、气吞胡虏的艺术风格贯穿了其创作生涯，也是诗人的基本文学气质。他选译陆游诗也明显有悖于陆游整体诗歌创作风格与维度，其选目极力观照了诗人晚年所做的闲适诗与田园诗，爱国诗仅仅选录了不足十首，其目的在于塑造一个怡然自得、田园为乐、寓情山水的"陆放翁"。

经过华兹生的折射性翻译诗学阐释，译本中的诗人形象与艺术风格均发生了变异现象，寒山、苏轼与陆游的创作维度、诗艺风格都被脸谱化与简单化，呈现与源文化不同的文学面貌，成为译者在接受文化语境下的新阐释。

五　文献意识与译诗充分性

华兹生的译诗思想具有较强的文献意识，观照了译诗充分性。其译诗思想中对翻译充分性问题的考虑同样也是由其翻译目的所决定的。他所译的中国诗歌选集基本隶属"东方经典著作译丛"，其作为教材的使用目的，与作为学术参考资料的使用目的决定了其译诗必须展现汉语诗歌的形式特点、创作技法与审美旨趣，具有翻译充分性。基于此，华兹生特别观照了译诗的内容忠实、原诗形式等问题。

首先，华兹生强调译诗必须在内容上忠实于原诗，尤其强调了翻译中国古诗意象的准确性。他认为，"自《诗经》开始，自然意象就一直在中国文学中扮演重要作用"（Watson，1971：122），"诗歌中意象的精确与清晰是中国诗歌最让人印象深刻之所在"（Watson，2001：5）。他尤其强调译诗应对中国诗歌中的意象进行准确传递。"在翻译的过程中，诗歌意象的有效传达应当是被优先考虑的。当处理亚洲诗歌时，译者必然会碰上许多无法直接在英语中对等的意象，如衣着、食物或植物意象。译者可能遍寻合适的英文表达，抑或对其加注解释。但是，简单忽视原诗中的意象而用与之略微相似的西方食物或植物名称加以替代是绝对不可取的"（Watson，2001：4—5）。他也明确反对舍去语义而直接使用音译的方法，或使用专业词汇，如拉丁语。"仅仅根据汉语词汇的现代读音用罗马字母进行翻译，难以让译诗留下深刻印象，也无法将原诗的意象清晰地传递给读者……同时，仅仅出现在书本中的拉丁词汇对于读者的理解是毫无助益的。"（Watson，2001：5）他主张通过实地考察或深入了解意象在原文中的意义，在正确理解意象的基础上，用意义最贴近原诗意象的英语日常词汇，尽量准确表达其内涵。

在翻译杜甫的《初月》时，华兹生译诗也表现出对原诗内容与语义的高度忠实，见表3。

表3

原诗	王红公译诗	华兹生译诗
《初月》 光细弦岂上， 影斜轮未安。 微升古塞外， 已隐暮云端。 河汉不改色， 关山空自寒。 庭前有白露， 暗满菊花团。	NEW MOON The bright, thin, new moon appears, Tipped askew in the heavens. It no sooner shines over The ruined fortress than the Evening clouds overwhelm it. The Milky Way shines unchanging Over the freezing mountains Of the border. White frost covers The garden. The chrysanthemums Clot and freeze in the night.	New Moon Frail rays of the crescent newly risen, slanting beams only a fraction of the full circle, barely lifted above the old fort, already hidden in slivers of evening cloud. Stars of the River of Heaven keep their hue unchanged, barrier mountains, untouched, cold as before. In the courtyard white dew forms, moisture imperceptibly drenching the chrysanthemums.

王红公的译诗在内容与语义上与原诗差异较大，首联"弦岂上"（月弦初现）被译为 new moon appears（新月出现），影斜轮未安（月影疏斜，月轮不正）被译为 Tipped askew in the heavens（天空中的月亮歪了），原诗中的隐喻与比喻全部被省去，语义也有所损失，显得十分直白。颈联"不改色"本指银河没有改变颜色，隐喻杜甫的气节不变，王红公将其译为 shines unchanging（照耀不变）与原诗语义

差距甚远。尾联"白露"被译为 White frost（白霜），意象出现了明显误译，也导致了译者对最后语句的翻译出现了差错，暗满菊花团（白色的露水悄悄地盈满了菊花团）被译为 The chrysanthemums Clot and freeze in the night.（菊花团簇，在夜晚结冻），与原诗意境相去甚远。

华兹生的译诗十分忠实于原诗的语义与内容。首联 Frail rays of the crescent newly risen，slanting beams only a fraction of the full circle 将原诗对新月出现，月影浮动的情景完全展现出来了，crescent（弦月）比 moon（月亮）也更贴近原诗意象；a fraction of the full circle（全圆的小部分）展现了"轮未安"所指的新月初现的月轮光影。"不改色"被译成 their hue unchanged（光影色调不变），"白露"被译成 white dew（白色的露水）都十分忠实于原文语义与内容，最后一句 moisture imperceptibly drenching the chrysanthemums（露水不知不觉地浸润了菊花团）将原诗那种菊花团凝露的缓慢过程描写得极为生动。

其次，华兹生的译诗思想观照了中国古诗的韵律、诗节、语序的翻译问题，主张译诗要适度保留原诗形式特征，但也绝不拘泥于亦步亦趋的模仿。

在翻译中国古诗时，华兹生主张依照逐行翻译的方法，译诗诗节划分也遵照原诗，在语序上尽可能地与汉语诗行顺序保持一致，其目的在于彰显原诗的语言、诗行与诗节特点，以适度展现原诗的异质性面貌。他认为"中国的诗歌，即使是中国古诗，在它们被介绍到英语世界时，对于他们（读者）都是新鲜的、是清新的"（Watson，2011a：6），因此译诗完全没有必要通过改变以获取新鲜感。此外，"由于中国诗歌的词序与英语诗歌十分近似，诗行在表达上相当具体，译者在翻译时通常会受其引导，甚至受制于原诗"（Watson，2001：6），因此改变原诗行文顺序的做法还有可能会使译文生硬拗口、佶屈聱牙，他提倡适当模仿汉语原诗形式。

在对韵律形式的翻译上，华兹生主张舍弃尾韵而采用无韵诗的做法；但对某些可以翻译的韵律形式，可以适当保留。正如他所言，"当今的美国诗歌中几乎没有了押韵的形式，事实上，苛求生硬的押韵被认为是诗歌表现的厚腻、不自然、多余，甚至敌意"（Watson，2011a：6）。在翻译杜甫的诗《春望》时，华兹生强调了在自由体中译出原诗的平仄节奏，译诗采用自由体，在某些诗行第二个单词后加逗号做顿，仿拟原诗节奏，见表4。

表4

原诗	译诗
《春望》 国破山河在， 城春草木深。 感时花溅泪， 恨别鸟惊心。 烽火连三月， 家书抵万金。 白头搔更短， 浑欲不胜簪。	Spring Prospect The nation shattered，mountains and rivers remains； City in spring，grass and trees burgeoning Feeling the times，blossoms draw tears； Hating separation，birds alarm the heart. Beacon fires three months in succession， A letter from home worth ten thousand in gold White hairs，fewer for the scratching， Soon too few to hold a hairpin up.

杜甫的《春望》的体裁是五言律诗。华兹生译诗并无明显的韵脚，也难看出其他押韵手段的痕迹；但译诗的第1、2、3、4、7句中，第二个单词（the 不算）之后加逗号做顿，仿拟原诗节奏①。但英文诗歌节奏由轻重或重轻音步所掌控，其音步的基本形式为抑扬格或扬抑格，除语法要求或其他特殊目的外，一般不会轻易在诗行中使用"加逗做顿"进行节奏划分，而且此诗中这种做法出现的频次极高，八句诗中有五句采用原诗节奏，使得原诗的节奏在译诗中更加凸显。

六　结语

综上所述，华兹生的文学翻译思想具有强烈的读者意识，体察

---

① 但事实上，译诗节奏主要还是由音步体现，"加逗作顿"是译者为体现原诗节奏刻意为之。英国著名学者帕特里奇也称"英语自由诗的格律是可以被标出的，但这种做法并无实际价值；自由诗的形式具有不确定性，因为诗歌中的创造性原则总是以不同方式被隐藏起来了"。详见 Partridge，A. C.，*The Language of Modern Poetry：Yeats，Eliot，Auden*，London：Andre Deutsch，1976，p. 13。

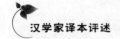

了译诗艺术性、可读性与阐释性等翻译接受性问题，同时不失对译诗文献功能的观照，强调了译诗语义忠实性与形式异质性等翻译充分性问题。在实践中，他也践行了所奉行的翻译理念，使中美诗学展开了差异性与同质性并存的跨文化诗学对话，既保证了译诗作为美国翻译文学的诗性，也使得中国古诗作为文化"他者"在美国本土传统中得到充分尊重与理解，有效弥合了译诗文学性与文献性的裂痕。

华兹生的诗歌翻译思想对其译诗实践及接受效果也产生了深远影响。正如美国汉学家柯夏智所言，"隐匿于华兹生质朴的译诗诗行之下的不仅是其作为学者的多年学术积淀，也是对当代美国习语的内化恪守"（Klein，2014：57），"其过人之处就在于译诗弥合了诗歌与学术的分裂"（Klein，2014：58）。同时华兹生的译诗也被多次收录进《诺顿世界文学选集》《贝德福德世界文学选集》，多数译作也进入了美国大学课堂，充当教材使用，"堪称当代中国古诗英译之典范"（冯正斌等，2015：104），其"译作为在英语世界建构中国古诗的传统，实现英译汉诗经典化等具有极为重要的意义"（朱徽，2009：203）。总之，华兹生的文学翻译思想具有独特的学术价值与典范意义，为中国文化外译战略的制定提供了重要启示。

参考文献

［1］Balcom，J.，"An Interview with Burton Watson"，*Translation Review*，Vol. 70，No. 1，2005.

［2］Brooks，B. & T. Brooks，"Book Review：The Analects of Confucius by Burton Watson"，*The China Reviews*，Vol. 9，No. 1，2009.

［3］Klein，L.，"Not Altogether an Illusion：Translation and Translucence in the Work of Burton Watson"，*World Literature Today*，Vol. 88，No. 3－4，2014.

［4］Leech，G. N.，*A Linguistic Guide to English Poetry*，London：Longmans，1969.

［5］Liu，J. J. Y.，"Book Review：Su Tung-p'o：Selections from a Sung Dynasty Poet by Burton Watson"，*Journal of the American Oriental Society*，Vol. 86，No. 2，1966.

［6］Partridge，A. C.，*The Language of Modern Poetry：Yeats，Eliot，Auden*，London：Andre Deutsch，1976.

［7］Rexroth，K.，*One Hundred Poems from the Chinese*，New York：New Directions Publishing，1956.

［8］Sopher，H.，"Parallelism in Modern English Prose"，*English Studies*，No. 1，1982.

［9］Watson，B.，"Some New Japanese Translations of Chinese Literature"，*The Far Eastern Quarterly*，Vol. 14，No. 2，1955.

［10］Watson，B.，*Early Chinese Literature*，New York：Columbia University Press，1962.

［11］Watson，B.，*Su Tung-p'o：Selections from a Sung Dynasty Poet*，New York：Columbia University Press，1965/ 2nd edition by New York：Columbia University Press，1977.

［12］Watson，B.，*Cold Mountain：100 Poems by the T'ang Poet Han-shan.* 2nd ed.，New York：Columbia University Press，1970.

［13］Watson，B.，*Chinese Lyricism：Shih Poetry from the Second to the Twelfth Century*，New York：Columbia University Press，1971.

［14］Watson，B.，*The Pleasures of Translating*，2001，http：//www. keene-center. org/download_ files/Watson_ Burton_ 2001sen. pdf，2014 – 09 – 28.

［15］Watson，B.，*The Selected Poems of Du Fu*，New York：Columbia University Press，2002.

［16］Weinberger，E.，*The New Directions Anthology of Classical Chinese Poetry*，New York：New Directions Pub. Corp，2003.

［17］Venuti，L.，*Translation，Empiricism，Ethics，Profession*，No. 1，2010.

［18］曹顺庆、郑宇：《翻译文学与文学的"他国化"》，《外国文学研究》2011年第 6 期。

［19］冯正斌、林嘉新：《华兹生汉诗英译的译介策略及启示》，《外语教学》2015 年第 5 期。

［20］［美］华兹生：《论中国古典诗词之英译》，《译苑》2011 年第 3 期。

［21］［美］华兹生：《我在过去三十五年的翻译生涯》，《译苑》2011 年第 3 期。

［22］王建开：《从本土古典到域外经典——英译中国诗歌融入英语（世界）文学之历程》，《翻译界》2016 年第 2 期。

［23］张子清：《美国学院派诗人及其劲敌》，《求是学刊》1992 年第 5 期。

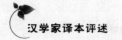

［24］ 赵毅衡：《诗神远游——中国如何改变了美国现代诗》，上海译文出版社2003 年版。

［25］ 朱徽：《中国诗歌在英语世界：英美译家汉诗翻译研究》，上海外语教育出版社 2009 年版。

弗莱彻：筚路蓝缕译唐诗*

严晓江**

唐诗是中国古典诗歌的高峰，也是中国传统文化的珍品。自 19 世纪起，一些西方汉学家开始译介唐诗。其中，英国外交官弗莱彻（W. J. B. Fletcher，1879—1933）是最早出版唐诗英译专集的译者。20 世纪 20 年代前后，上海商务印书馆首次出版弗莱彻的《英译唐诗选集》（*Gems of Chinese Verse*）以及《英译唐诗选续集》（*More Gems of Chinese Poetry*），而后这两部译著在英语世界多次再版，其精华本《英译唐诗精选》（*Selected Chinese Poems Translated into English Verse*）于 2019 年由中国画报出版社发行。弗莱彻的唐诗英译专集堪称唐诗西传史上的里程碑，对中国古典文学融入世界文学宝库具有重要历史价值和现实意义。

弗莱彻《英译唐诗选集》

---

* 本文系 2019 年度"江苏社科英才"资助课题系列成果之一。原载于《中国社会科学报》2019 年 10 月 14 日第 1792 期。

** 严晓江，南通大学外国语学院教授，研究方向为翻译学与比较文学，商务印书馆出版的专著《〈楚辞〉英译的中国传统翻译诗学观研究》获江苏省第十五届哲学社会科学优秀成果奖一等奖。

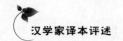

一 以尊崇和虔诚态度仰视唐诗

20世纪初期，中国文学、文化在西方世界处于边缘状态。在这样的历史背景下，弗莱彻钟情于唐诗，并将其作为一个整体译介，首次较为系统地向英美读者展示这一独特的中国古典文学艺术，体现了他对中国传统文化的深切热爱，正如他在译著题词"致大唐"（Dedication：to Tatung）中所言："我的心从未如此激动，我的胸膛从未如此充满激情，我知晓的艺术或许从来没有带来这些古代思想的精华。"可见，弗莱彻最为看重的是唐诗中渗透的中华文明思想精华，那种生存智慧、德本精神、人文情怀对于当时西方社会出现的环境恶化、道德滑坡、拜金主义等种种弊端来说，发人深省。

弗莱彻从1908年开始在中国工作和生活，时间长达20余年，潜心学习中国古典文学，对唐诗的鉴赏眼光有其独到之处，这主要体现为选译篇目契合中国的主流诗学观和价值观。弗莱彻十分钦佩"诗仙"李白和"诗圣"杜甫。在他看来，李白诗歌折射出熔铸在中国人骨子里坚韧不拔、昂扬奋发的生生气脉；杜甫诗歌集中体现了中华民族仁爱、刚毅、自强、包容的文化品格。在其英译的280余首唐诗中，李白和杜甫诗歌分别占53首和75首，正文之前还附上了译者创作的小诗"致李白和杜甫"（To Li Po and Tu Fu）。弗莱彻突破时空藩篱，与千年之前中国伟大的浪漫主义诗人和现实主义诗人神魂相交，感悟其人格风范和艺术造诣，他对李白、杜甫诗歌的重点译介大大推进了中国主流诗人走入英语世界的进程。

二 以格律体和"戏剧独白诗"形式重构唐诗

弗莱彻的唐诗英译主要涉及古体诗、绝句、律诗。他充分考虑英美大众读者的阅读习惯和接受心理，借用维多利亚时期常见的格律体诗歌形式重构唐诗，使唐诗的音乐美得以体现。陈子昂的古体诗《登幽州台歌》抒发诗人生不逢时、怀才不遇之情："前不见古人，后不见来者。念天地之悠悠，独怆然而涕下。"原诗句式长短参差，抑扬顿挫。译诗形成"AABB"的尾韵形式，前两句的"see"和"me"押韵，闭合音节显得急促，契合诗人那种因看不见古之贤君、望不见后世明主而生发的愤懑之气。后两句的"I"和"cry"押韵，音节相对舒缓，仿佛诗人的长吁短叹，一种慷慨悲凉之感油然而生。孟浩然的五言绝句《宿建德江》刻画舟宿暮愁、明月伴人的意境："移舟泊烟渚，日暮客愁新。野旷天低树，江清月近人。"绝句不要求押韵，但每行字数一致。译诗形成"ABBA"的尾韵形式，第一、四句的"tired"和"side"押韵，第二、三句的"back"和"black"押韵，每行的音节数相同，呼应原诗的每行五个汉字。杜甫的七言律诗《蜀相》表达诗人对诸葛亮才德的崇敬以及功业未竟的感慨："丞相祠堂何处寻？锦官城外柏森森。映阶碧草自春色，隔叶黄鹂空好音。三顾频烦天下计，两朝开济老臣心。出师未捷身先死，长使英雄泪满襟。"律诗固定为八句，讲究平仄、对仗和押韵。译诗也为八句，每行音节数趋同，结构工整。前四句的"K'ung-ming""dim""spring""him"以及后四句的"great""fate""twain""rain"形成"ababcdcd"的尾韵，节奏铿锵，朗朗上口。弗莱彻是早期西方汉学家中倡导韵体译诗的代表人物之一，但他并不拘泥于原诗韵律，而是遵循英语诗歌特点，使读者产生亲和感和认同感。

此外，弗莱彻借用维多利亚时期盛行的"戏剧独白诗"形式，展示说话人的心理状态和个性特征，营造身临其境之感。崔颢的五言乐府《长干行》描述人生当中萍水相逢的一幕："君家何处住，妾住在横塘。停船暂借问，或恐是同乡。家临九江水，来去九江侧。同是长干人，自小不相识。"原诗以第三人称"君"和"妾"落笔，仿佛一曲男女声对唱。译诗则使用第一人称和第二人称，以直接引语呈现人物独白，声态并作。"Oh, pray you, Sir, where do you dwell?"首句是一个泛舟水上的姑娘偶然听到邻船男子乡音之后的问话："公子，请问您住哪儿呀？"姑娘急于停船搭讪，可见其内心孤寂、渴望遇到同乡，同时也为这样的偶遇暗暗惊喜。"But you did I never yet know."末句是男子朴实、含蓄的应答："我与你从小并不认识啊"，暗含今日幸会、相逢恨晚之意，中国古人内敛蕴藉的情感溢于言表。可见，

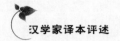

这种口语化的独白有助于产生闻其声而知其人的效果。

三 以意象并置和心物合一再现唐诗

唐诗意象组合的灵活性折射出中国古诗的奥妙之处。弗莱彻沿用意象并置，使译诗凝练、直观。李白的《月下独酌》是饮酒题材的千古名篇，首句"花间一壶酒"被译为"One pot of wine amid the flowers"，译者选择相应名词及辅助手段，体现原诗物我互为的特点，浓缩的信息量超出单个意象之和。杜甫的《登高》被誉为"古今七律之冠"，首联中的"风急天高猿啸哀"描摹诗人登临高处、秋风萧瑟、猿声哀鸣的景象。"风急天高"用"The wind so fresh，the sky so high"表达，保留了原文结构，"the wind"和"the sky"这两个意象串起秋日登高之景，引发读者的想象。后置形容词"so fresh"和"so high"增添了节奏感，并且由景至情，情景交融。"意象并置"在很大程度上与英美意象派诗歌相得益彰。

唐诗往往将物赋予人的情感，体现了"天人合一"的运思方式。弗莱彻深得"物触心感"之要义。李白的《送友人》情深意切，"孤蓬万里征"一句道出了依依惜别的惆怅。"孤蓬"喻指游子的漂泊之旅，该词被译为"your lone sail"，用"lone"修饰"sail"，既是对独自远行的客观描绘，又是主客双方孤寂落寞心情的体现。今日一别，友人就像那随风起落的蓬草飘到万里之外去了。弗莱彻将"落日故人情"译为"Yon sinking sun recalls departed days"，勾勒了一轮红日缓缓西沉，似乎不愿离开的情景。无灵主语"Yon sinking sun"与有灵动词"recalls"搭配，是将人的恋旧、思念、祝福之情倾注于落日。物及于心、心深入物的美学体验给英美诗歌注入了中国古诗的新鲜元素。

作为唐诗英译专集的滥觞之作，弗莱彻译本标志着英语世界的唐诗译介从起步阶段逐步向纵深阶段发展。虽然译者在典故考证与文化阐释等方面或多或少淡化了中国文化色彩，但总体而言，弗莱彻通过多元化探索使唐诗跨越中华疆土，这对当今中国古诗对外传播依然有积极的参考价值。

走向世界文学的宇文所安唐诗译本研究[*]

魏家海[**]

一 引言

"世界文学"具有演变性、实践性、阶段性、层次性和建构性，"世界文学"的动态生成演化过程，也是西方文学在世界文学中所占主导地位逐步下降，其他非西方文学逐步上升的过程。对非英语文学而言，翻译是走向世界文学的重要手段，翻译文学的经典是世界文学日益重要的组成部分。唐诗翻译是汉学家宇文所安为西方读者"代言"唐诗的方式之一，他的唐诗研究著作《韩愈与孟郊的诗》《初唐诗》《盛唐诗》《晚唐》与译文集《中国文学选集》和《杜甫诗》全集等，英译了大量的唐诗，为唐诗在英语世界的传播做出了重要贡献。学界以往对宇文所安的唐诗翻译研究主要集中在翻译思想和翻译策略方面，很少上升到世界文学的高度。本文从世界文学的基本标准出发，主要以《中国文学选集》为例，分析宇文所安的唐诗译文的世界文学建构特征，以期为中国文学走进世界文学提供某些借鉴和思考。

---

* 本文为教育部人文社科规划项目"宇文所安的唐诗英译研究"（项目编号：12YJA740075）成果。原载于《外国语文研究》2019 年第 6 期。

** 魏家海，华中师范大学外国语学院教授，博士生导师，主要从事文学翻译和典籍翻译研究。

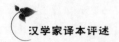

二 "世界文学"的基本标准

虽然民族文学成为"世界文学"的标准还有争议，中西方学者分别提出了不同的"世界文学"标准①，但也有一些共识。

（一）民族文学精神价值的可通约性

民族文学成为世界文学的前提是文学作品精神价值的可通约性，它是不同民族精神价值共情与共鸣的前提。特定时代的文学作品中的公平、正义、刚毅、豪爽、崇高、仁爱、善良、爱情、友谊、英雄、道德、文明、和平和幸福等主题是各民族文学普遍尊崇的价值观，具有文学审美体验的可通约性，而仇杀、内斗、邪恶、血腥、残忍、恐怖、破坏等主题都是各民族普遍反对和不喜欢的内容，这样的文学很难被不同民族的读者欣赏。

（二）翻译的跨语言和跨国界的媒介作用

翻译是文学跨越语言障碍和国家边界的重要手段。尽管不同时代的"世界文学"概念具有不同的含义，但是，越来越多的学者认识到翻译是民族文学，特别是弱势国家的民族文学走向"世界文学"的重要途径，没有翻译，这些处于弱势地位的民族文学是不能成为世界文学的。跨越民族语言是"世界文学"的典型特征，翻译的中介作用至今一点都没过时，翻译成为一种写作方式。大卫·达姆罗什（David Damrosch）强调翻译在世界文学形成过程中的重要作用，他认为"世界文学是在翻译中获得的写作"（Damrosch，What is World Literature，288）。所谓翻译作为"写作"实质上是翻译的跨文化、跨民族和跨国界的世界性功能。

---

① 参见 David Damrosch，*How to Read World Literature*，Malden：Wiley-Blackwell，2009；王宁《"世界文学"：从乌托邦想象到审美现实》，《探索与争鸣》2010 年第 7 期；张隆溪《文学经典与世界文学》，《二十一世纪》2015 年第 10 期。

英语作为强势语言，英语作品无须翻译就可能成为世界文学，但民族文学译为英语才能迈向世界文学，往往是无奈之举。尽管米勒对翻译可能造成"单一的主语言"和"单一的国家学术文化"感到担忧，但并不否认翻译对文学的世界性发挥的作用。王宁也有类似的观点。毕竟未经翻译的西方经典作品，不能完全归为世界文学，至少不代表世界文学的全部。

（三）翻译文学的经典化

翻译文学的经典化是世界文学的必要途径。不同国家和民族都有文学经典，西方经典在世界上流传已有长久的历史，但非西方的语言和文学若非翻译几乎没有经典化的机会，非西方的有价值的所谓"小语种"和"小传统"文学在西方文学界广泛接受和流传的翻译文学经典，便成了名副其实的"世界文学"。处于弱势地位的中国文学如果不借助西方的经典化模式的运作，包括世界（特别是西方）公认的著名出版社的出版和世界文学选集的收录，也不能成为公认的世界经典。

（四）翻译文学经典的广泛阅读

世界文学也是一种阅读方式，"大多数文学是在翻译中流通的"（Damrosch, to Read World Literature, 65）。绝大部分读者只有通过阅读译文才能了解其他民族和国家文学作品现象将长期存在。达姆罗什认为"世界文学"是一种"流通和阅读的模式，这种模式既适应于个别作品，也适应于用来建构经典和发现类似新作品实物材料的阅读"（Damrosch, What is World Literature, 5），也是一种"参与超越我们自身范围之外的世界之中"（297）的阅读。这种动态的"世界文学"阅读方式是文学在"文学性的间性"中获得的新鲜营养的途径，是有效的国际传播方式，"给我们带来拓展超出我们自身边界的文学与文化视域"（Damrosch, How to Read World Literature, 46）。特别是作为各类世界文学教材的流通和阅读，是文学保持经典地位的重要途径，也是保持其"常读常新"姿态的方式。此外，文学译作的

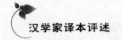

国际评论是一种高级形式的阅读，有助于认识其文学和文化价值，扩大在域外的研究和传播，有助于走进世界文学的深处。

三　宇文所安唐诗译本的世界文学特征

（一）唐诗经典的可传播性

宇文所安对唐诗的研究和翻译，不完全是因为他的兴趣所然，还因为他认识到唐诗的"世界性"的精神价值有其自身的传播潜力，这不仅对他产生了强大的吸引力，而且对美国学界和社会文化都是有益的，可以经世致用。他甚至希望给美国总统讲解唐诗，以解释唐诗里的普遍人性和精神追求。宇文所安通过翻译和研究，使唐诗与世界诗歌相遇，并成为世界诗歌的一部分。宇文所安对唐诗翻译选材的取舍有自己的标准，对唐诗精品标准也有自己的见解，对唐诗的"世界文学"价值有自己的价值判断。

宇文所安的唐诗研究专著里除有大量的唐诗译文，他还以一人之力，历经十多年为美国大学生翻译编纂了长达 1200 多页的通识教材《中国文学选集：从初始到 1911 年》（以下简称《选集》），于 1996 年在美国著名的诺顿出版社出版发行，该教材成为美国各大学东亚研究或中文系普遍选用的教材，从中可以看出宇文所安对中国文学作品版图的刻意安排，使美国大学生对中国文学的脉络有一个粗线条的了解。《选集》共分六大部分，其中唐代文学是第三部分（包括唐诗和传奇），共计 179 页，而唐诗就占 156 页之多，共收录唐诗 235 首，主要是盛唐诗和中晚唐诗，初唐诗甚少。其中，十一位主要诗人的译诗数量有 216 首，占所选唐诗的 91.9%。这些唐诗主要出自名家之手，但也有一些并非名篇。杜甫的诗歌最多，共 78 首；王维的诗歌其次，共 38 首；李白居第三，共 21 首；超过 10 首以上的诗人共计 8 人；此外，寒山诗有 5 首。尽管如此，《选集》中的唐诗通过诺顿出版社出版后直接经典化，成为"世界文学"的一部分，尽管《选集》属于中级层次的"世界文学"经典。

宇文所安选取这些唐诗经典，基本上代表了中国文学的伟大传统和永恒的经典遗产，具有世界性的文学价值。因为唐诗中有人类普遍的价值——人与大自然的对话、人与人之间的交流、友谊、宗教、善良、美好、和平、文明、人性和文学性等，这些主题是人类文学的共同财富，其人文价值观具有普适性和可通约性，唐诗自身有其可传播性。

（二）无韵化译诗的世界趋势

宇文所安的译诗虽然没有完全再现唐诗的意义和美学价值，但译文具有当代英语诗歌的特性，由于英语在世界文学上的特殊地位，当代英诗美学的基本特性大体上顺应了世界诗歌的美学特征，译诗在很大程度上契合了当代世界的诗歌发展趋势。

1. 自由体形式的翻译转换

（1）以音乐性补偿代替格律

宇文所安在唐诗翻译中并没有使用严格的英语音韵格律，基本上没有翻译唐诗的尾韵，但是这顺应了现代英语诗歌的发展潮流，以自由体来体现英语的现代性，冲破了传统英诗拘泥于格律的藩篱。他在接受中国学者访谈时说，中国古诗英译不必强求押韵，因为现代美国诗也不求押韵，且几乎所有押韵的现代诗都是反讽的，读起来总是会产生别扭的感觉，中国古诗翻成押韵的现代英语在美国大概很少有读者（钱锡生、季进，66）。他不用尾韵，并非因为他不会用韵，而是为了避免韵律诗被认为是打油诗的趋向，消除译诗的滑稽性，用当代英美所喜闻乐见的自由诗开启唐诗英译本的阅读模式，以自由体的形式来满足当代英语世界读者的期待视域，译诗非模拟原诗的格律形态，也非完全是美国现代诗歌形式，达到"椭圆形折射"即为成功之作，重在再现唐诗的意义和思想情感。

不过，自由体译诗尽管没有严格的韵律和节奏，但也有某些方面的音乐性，通过诗歌的其他音韵形式进行补偿，以获得较松散的音韵效果。宇文所安翻译唐诗时，往往以多种语音修辞和句法修辞形式来弥补或再造原诗的音韵美，实际上寻求的是功能对等的效果。例如，他在翻译李贺的《贵公子夜阑曲》时，使用了押头韵 smoke 和 sandalwood 暗示烟雾的缥缈不定，用押头韵 wind、wave、waist 和 white 暗示水的波纹弯曲起伏，带有丰富的联想意义，头韵修辞作为英语诗歌的特效语音修辞，是对原诗尾韵和格律的有效补偿，形成了新的节奏感。这种非格律化的唐诗翻译体现了同国际诗歌当下模式接轨的趋势，呈现了世界诗歌自由体表达丰富情感的总体态势，从而形成当代国外读者愿意接受的美学形式。宇文所安的自由体翻译以英语读者的审美偏好为方向，立足于当代诗歌的样式和现实，不拘泥于唐诗自有的形态，而以有所变异的音韵效果求得译诗的和谐美。

（2）以句式意义节奏代替音节节奏

翻译中诗句的形式结构既有移植也有变异。唐诗以五言诗和七言诗为基本形式，而唐诗的七言诗，特别是七言绝句和七言律诗，写景、抒情、叙事和议论在诗中相互交融，紧密渗透，音韵格律工整严格，把唐诗的艺术形式和思想情感推向了完美的高度。七言绝句的音节节奏通常可以划分为"二—二—二—一"式和"二—二—一—一—二"式，七言律诗的音节节奏较复杂，学界多有争论，但大致可以划分为"二—二—三"式和"四—三"式，两种不同节奏的交替选择是"七律最为本色的特征之一"（蔡宗奇，141）。但是，意义节奏不一定同音节节奏保持一致，在唐诗律诗翻译中，意义节奏比音节节奏更重要，诗歌翻译既注重形式又注重意义，对意义进行操作转换，音节节奏起到弥补的作用。

宇文所安在翻译唐诗七言绝句的过程中，一般把原诗的节奏转换为"四—三"式，每行译文构成跨行连续的两部分，且第二行行首缩进两个字母以示区别；但在具体的操作中，每行译文的上半行的节奏的处理实际上是"二—二"式，有时在两个上半行中间使用了逗号分隔。例如，王翰的《凉州词》中的"葡萄美酒夜光杯"译为"Sweet wine, of the grape, /cup of phosphorescent jade"；有时并不使用逗号，如"欲饮琵琶马上催"译为"At the point of drinking, mandolins play/ on horseback, urging us on"，这种形式的变异是特殊的自由体。

对仗句的转换也是移植之中有变异。律诗中的对仗（对偶）是诗歌对称美的重要标志，也是汉诗的句法构建的独特性之所在。王力指出，"对仗是律诗的必要条件"（王力，142）。一般而言，律诗在颔联（第三句和第四句）和颈联（第五句和第六句）对仗，但也有不少例外，对仗的种类是多种多样的。这种美学上的对称是汉民族的求工整心态的体现，"在心理上避免了抑制过程的产生"（胡曙中，414）。汉语中的对偶包括"正对"与"反对"，意义呈并列关系，但英语中的对偶只是"反对"，所以在翻译中，汉语的对偶很难完全译为相应的形式，通常转换成相应的语法关系对应的形式，或者只译出意义，不顾及对应。如王维《观猎》中的对仗句"草枯鹰眼疾，雪尽马蹄轻"被译为 The plants stripped bare, the hawk's eye keen, / where the snow is gone, horse hooves movelight，译文中，"the plants"对"the snow"，名词；"stripped bare"对"is gone"，属于谓语词对谓语词；"the hawk's eye"对"horse hooves"，属于名词；"keen"对"move light"是形容词对动词加形容词。

2. 意象翻译的阐释性

宗教、神话、寓言和传说意象都是非真实性和虚幻性的意象，非常具有神秘性和想象性，留给了读者以审美想象的空间，以体验想象世界的图景，挖掘文化意象背后的生存环境、自我形象、思维方式、原始意识、民族意识、传统意识和价值观念等。宇文所安对唐诗中的幻象典故背后的意象进行跨文化的阐释，把中国特殊的文化形态传播于西方文化体系，经过读者和研究者的阅读和接受，可以形成文化的互识和互释，在西方读者"以他种文化为镜，更好地认识自己"（乐黛云，119）的基础上，至少在客观上也传递了中国文化的能量。例如，李商隐的《霜月》有云："青女素娥俱耐冷，月中霜里斗婵娟。"宇文所安英译：

The Blue Woman, the Pale Maid

both put up with the cold,

in moonlight and in the frost they hold

a contest of beauty and grace. (Owen, 314)

诗中的绝代美女饱含宵寒露冷的严峻考验，争奇斗艳，以展美姿。"青女"是古代神话中主霜雪的女神，美艳绝伦，为历代文人墨客所敬仰。"素娥"即嫦娥，传说中住在广寒宫中的月中女神，美貌非凡。宇文所安将"青女"译为"Blue Woman"（悲伤的女人），将"素娥"译为"Pale Maid"（面色苍白的少女），表面上是中西色彩内容蕴含的文化联想意义不对应，但受到语境的干涉，诗中的"婵娟"译为"beauty and grace"（美丽高雅），且"斗"翻译成"hold a contest of"（举办大赛），是跨文化的阐释翻译，从语境中的"选美大赛"可以明显排除 Blue Woman 和 Pale Maid 的负面联想，消除了英语色彩词的负迁移现象，"剧情"发生了反转，直接向西方读者展示中国神话中的美女形象。这种阐释翻译抓住了当代英语读者的娱乐化心理，便于接受。宇文所安的唐诗翻译策略有利于国际读者的接受和传播。

3. 译诗语言的当代性

宇文所安唐诗翻译的英语语言风格总体趋向平实、简朴和通俗，语言的处理面向非汉学家，主要迎合青年学生和中国古典诗歌的一般爱好者，诗句一般比较简短，无论是五言诗译为一行英语诗句，还是七言诗译为跨行连续句，都不冗长，比较接地气；但这种通俗化翻译以避免打油诗语言的俗套为界限，平实的语言蕴含着不同诗人特有的美学气质。唐诗中的器物、风物和概念尽量用美国英语现有的对应方式表达，例如唐诗中的动物、花草、度量单位和抽象概念等，大都使用了归化的语言，这种惯习不仅凸显了译者的风格，而且满足了读者的期待视野，减少了同译诗语境的距离，译语适应了英语文学的场域，成为英语文学的文化资本。一旦译诗语言的美学价值受到英语读者的广泛认可，唐诗译文便向世界文学走近了一步。

（三）经典译诗阅读中的文学选读和世界文学选集编选

经典文学阅读也是衡量文学是否是世界文学的重要标准。达姆罗什（Damrosch, What is World Literature? 281）指出，世界文学的定义包括三个方面：第一，"国家文学的椭圆性折射"；第二，"翻译中获得的作品"；第三，"不是固定的文本经典，而是独立于我们时空世界的阅读形式"。在这三个方面中，"椭圆性折射"是译诗的变异性，既不是十足的原诗，也不是纯粹的西方文学，"翻译中获得的作品"是在跨民族、跨国界的翻译中文学的流通和延伸，而"文本经典"作为跨时空的"阅读形式"是实现世界文学的关键一环，如果没有广泛阅读便没有传播。世界文学的"经典性"并非一成不变，而是具有流动性和与时俱进性，不同的经典编纂者在不同的时代关注点不同，世界文学的经典译作的筛选也有较大地区别，所以阅读成了检验经典生命力的试金石。不过，有时没有列入经典中的译作读者范围和阅读量却很大，且持续的时间很长，也可能视为经典。

宇文所安的译作《中国文学选集》直接进入经典作为通识选修教材，读者面向广大的大学生和对中国文学有兴趣的知识分子，读者范围较广，这些学生的专业方向也很多样化，反而拓展了读者群。这部教材的译文经过译者十多年的反复修改和试验，在英语世界发行量很高，选用作为教材的大学也很多，很受师生的欢迎。宇文所安的唐诗译文被收录于多家权威的世界文学经典选集，如英语版《诺顿世界杰作选集》收录了 37 首，其中，王维 10 首，李白 10 首，杜甫 8 首，寒山 9 首。最新版的英语版《诺顿世界文学选集》共收录唐诗译作 32 首，其中有宇文所安唐诗译作 12 首（李白 6 首，杜甫 3 首，白居易 3 首）① 把唐诗的经典化推向了高级层次，客观上加大了唐诗的传播力度。这些收录的唐诗毫无疑问是高度经典化的世界文学的组成部分，其诗歌的特性具有世界文学的特征。

（四）国际译评对译诗传播的推动作用

民族文学经过翻译、流通、经典化和阅读环节后，只有通过国际学术界专业人士的译评和推介，才能保持在国际上的持续关注性。批评家在国际刊物上发表的译作书评对学术研究具有重要的指导意义，并直接影响读者的选择和接受，继而影响译作的发行、流通和阅读。批评家的评论是一把双刃剑，既可以把译作捧红，也可以贬斥到让译

---

① See Martin Puchner and Suzanne Akbari, *The Norton Anthology of World Literature*, Vol. B, New York: W. W. Norton & Company, 2012.

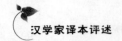

作无人问津。西方批评家的译评，尤其是在《纽约时报》的读书专栏和主要读书网站上的评论，往往可以决定译作的命运。

宇文所安的译作不仅受到一些权威专家在各类期刊上发表的书评的好评，而且受到亚马逊网站网友的喜爱和美国读书网站 Goodreads 的好评。这些意见有利于他的唐诗译作的继续经典化，持续经受读者的检验，对他的译作的世界文学化有重要的促进作用。西方评论家"涉华国际译评"方面的正面评价事关包括唐诗在内的中国文学成为世界文学的重要条件。刘亚猛说，"中国文学作品英译除非赢得英语读书界有影响书评家的正面评析及解读，几无可能在英美读书话语网络中引起广泛兴趣及议论"。宇文所安的唐诗译诗在世界上的影响力除他自己高质量的译文和崇高学术声望之外，作为"意见领袖"评论家的评价功不可没。

总之，"世界文学"的建构实践具有筛选性和跨民族性，是一个动态的过程，受到建构者的国际文学视野、话语模式、审美方式、文学鉴赏力、文学发展的需要和意识形态等因素的制约。建构者的身份也可能很复杂，包括翻译家、出版机构、评论家、重要的文学奖评审结构（如诺贝尔奖文学奖评审委员会）和有国际影响力的读者群等，甚至翻译家本人也可能参与建构。因此，从民族文学到世界文学的建构过程需要跨越语言、国家或民族、文化、学科等障碍，把国别文学中的精品通过筛选、翻译、出版、传播、流通、阅读、评论等纳入国际文学界的循环，成为国际上有持久影响力的文学。

四　结论

宇文所安的唐诗译文在不同文选中所占的比例并不相同，即世界性成分不同。宇文所安唐诗翻译的世界文学的建构对当下的中国文学外译有重要启示，中国文学"走出去"一定要选择优秀的译者（尤其是西方优秀的译者）翻译西方所需的作品，一定要挑选具有世界性文学价值的作品，在国外著名的大型出版社出版发行，进入主流发行渠道，力争让更多的读者阅读，加快图书的循环周期，甚至出版电子版在网络媒体上传播。著名汉学家作为中国文学翻译的代言人，具有"天时""地利""人和"的优势，中国译者难以行使"代言人"的功能。因此，鼓励西方学术界的精英主动翻译，对中国文学和文化的外译和传播更有利。

但需要指出的是，即使像宇文所安这样的汉学家把中国文学翻译建构成为世界文学的一部分，本质上是为了满足他们自己的学术研究需要和西方文学的需要，而不是主动为了把中国文学推向世界文学。对中国文学而言，仍然存在着"世界文学的理想与实践之间无法弥合的巨大落差"（曹顺庆、齐思原，2017：149）。

参考文献

［1］蔡宗奇：《七言律诗节奏、句法、结构新论》，《学术月刊》2017 年第 2 期。

［2］曹顺庆、齐思原：《争议中的"世界文学"——对"世界文学"概念的反思》，《文艺争鸣》2017 年第 6 期。

［3］胡曙中：《英汉修辞比较研究》，上海外语教育出版社 1997 年版。

［4］乐黛云：《比较文学和比较文化十讲》，复旦大学出版社 2004 年版。

［5］刘亚猛、朱纯深：《国际译评与中国文学在域外的"活跃存在"》，《中国翻译》2015 年第 1 期。

［6］钱锡生、季进：《探寻中国文学的"迷楼"——宇文所安教授访谈录》，《文艺研究》2010 年第 9 期。

［7］王力：《汉语诗律学》，上海教育出版社 1979 年版。

［8］王宁：《"世界文学"：从乌托邦想象到审美现实》，《探索与争鸣》2010 年第 7 期。

［9］Damrosch, David, *What is World Literature?* Princeton & Oxford：Princeton UP, 2003.

［10］Damrosch, David, *How to Read World Literature*, Malden：Wiley-Blackwell, 2009.

［11］Owen, Stephen, *An Anthology of Chinese Literature*, *Beginnings to 1911*, New York & London：W. W. Norton & Company, 1996.

小畑薰良：语浅情深译李白[*]

严晓江^{**}

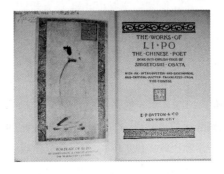

小畑薰良英译的《李白诗集》

　　自 18 世纪以来，李白诗歌不断被译成英语。最早进行系统译介的是日本学者小畑薰良（Shigeyoshi Obata），其《李白诗集》（*The Works of Li Po, the Chinese Poet*）英译本于 1922 年在纽约出版。这是李白诗歌首次以英语专集出版。该译本经修订后在美国、英国、日本等国多次重印发行，至今仍然影响甚广。小畑的母语是日语，他却呕心沥血用英语译介李白，并且大受欢迎，体现出该译本独特的历史价值和现实意义。

　　* 本文系江苏社科英才资助项目"古诗英译的中国传统文化价值传承研究"（项目编号：2020042）系列成果之一。原载于《中国社会科学报》2020 年 8 月 18 日第 2232 期。
　　** 严晓江，南通大学外国语学院教授，研究方向为翻译学与比较文学，商务印书馆出版的专著《〈楚辞〉英译的中国传统翻译诗学观研究》获江苏省第十五届哲学社会科学优秀成果奖一等奖。

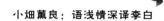

小畑不仅十分崇敬"诗仙"李白，而且以世界眼光看待这位著名诗人，认为李白既是中国的，也是世界的。在小畑看来，让西方读者了解和喜爱李白诗歌，是其翻译使命和责任担当。他从小热爱中国古典文学，谙熟李白诗歌。1907—1925 年留学美国并任职的经历，更加促使他形成海纳百川的心态。当时正值英美意象派诗歌运动兴起，庞德的中国古诗英译本《华夏集》（*Cathay*）1915 年出版后引起轰动，在美国掀起中国古诗翻译热潮。鉴于此，小畑更加坚定了译介李白诗歌的决心。小畑敏锐的目光、宏阔的视野、精心的翻译等因素，促成《李白诗集》英译本在美国面世。

一　翻译与研究融为一体

小畑非常尊重中国文化，将李白诗歌英译置于唐朝的历史语境。他采用深度翻译策略，将翻译和研究融为一体，以便西方读者更加客观、翔实、深入地了解李白其人其文。该译本不是单纯的英译集，而是以 124 首译诗为主体，其中包括 8 首由杜甫等人创作的与李白有关的诗歌以及 3 篇节译的李白传记。另外还附加序言、导读、注释、参考文献、索引等资料，体裁涉及乐府、歌行、律诗、绝句、古风。小畑详细说明了译介李白诗歌的来龙去脉以及自己的翻译诗学观，并且介绍了李白诗歌创作的时代背景和风格特征等内容。这些副文本有助于深化西方读者对李白及其诗歌艺术的理解，也体现出小畑译研并举的厚实功底。

针对某些西方学者过多渲染李白诗歌放浪形骸的主题，小畑进行了适度纠偏。小畑指出李白是代表盛唐文化的诗人，其人生历程同盛唐的国运息息相关。李白胸怀理想，关注社稷，藐视权贵，折射出中国古代正直文人兼济天下的志向。例如《早发白帝城》就洋溢着诗人历尽艰难险阻、重获自由之后油然而生的豪情。此外，李白狂放不羁的性情中交织着忧患意识，《将进酒》一文中饱含人生苦短、功业难成之叹。但是，这种惆怅又常常被诗人超逸、旷达、乐观的心态化解，从而吟咏出"天生我材必有用"的千古佳句。小畑这些切实、

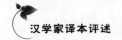

精要的分析有助于客观勾勒李白形象。

二　呈现散体意译风格

　　中国古诗言约意深。小畑觉得以英语格律诗翻译李白诗歌会因形、因韵害意，因此可用散体译出原诗意旨。七言律诗《登金陵凤凰台》充满雄浑博大之气，其中"三山半落青天外，二水中分白鹭洲"对仗工整，营造出宏阔的时空氛围，被译成"I see the three peaks hang aloft as though half-dropt from the sky，// And the river divide in two streams，holding the White Heron Island between"，译诗虽然舍弃对偶结构，但形象地传达了"三山"和"二水"的雄奇气势。小畑以"我"观物，添加主语"I"，遵循了英语的形合特征。五言绝句《劳劳亭》表达离别之苦，其中"天下伤心处，劳劳送客亭"被译成"Here friends come，sorrowing，to say farewell，// O Lao-lao Ting，tavern where every heart must ache"，小畑自由断句，重组语序，并且添加叹词"O"，强化了移情于景之感。"劳劳亭"是古人的送别场所，"Lao-lao Ting"是音译，同时用"tavern"进一步解释，该词含有"酒馆、小客栈"之意，契合在亭中"酒菜饯行"的情境。这样的惜别场景也能唤起西方读者的共鸣。译诗既保留了民俗特点，又勾连了中西方文化的情感共性。

　　李白的山水诗往往渗透着道家思想的超然洒脱之境。七言绝句《山中问答》赞美隐逸生活："问余何意栖碧山，笑而不答心自闲。桃花流水窅然去，别有天地非人间。""心自闲"被意译成"My soul is serene"，衬托出诗人山居心境的悠闲自在。"桃花流水"指代桃花源，该典故被删译，小畑以"The peach trees are in flower，and the water flows on"说明万物荣衰都是自然规律。"Another heaven and earth belonging to no man"意指桃花源是宛如仙境的理想社会，反映了李白高蹈出世的老庄理想。五言绝句《独坐敬亭山》体现出遗世独立、物我交融的境界："众鸟高飞尽，孤云独去闲。相看两不厌，只有敬亭山。""众鸟"和"孤云"隐喻俗人和隐士，分别被译成"flocks of birds" 和 "a solitary drift of cloud"，形成喧嚣与清静的鲜明对比。诗人就像那孤云，此刻悠然独坐，久久凝望着神秘的敬亭山，觉得敬亭山似乎也正深情对望。"We never grow tired of each other" 保留了原诗拟人化的手法，人与山互为知音，两不相厌。这种心态折射出"天地与我并生，万物与我为一"的理念。寻找心灵的诗意栖居，通过观照自然，体悟心性，这正是"道法自然"思想带给西方读者的新鲜体验和独特认知。

小畑薰良是向英语世界译介李白的开创者，《李白诗集》英译本平朴自然，情真意切。虽然译诗还存在某些理解不当和误译之处，但小畑以全球视野、坚忍毅力以及精湛译笔彰显了李白诗歌的价值和意义。在当今中国文化"走出去"的形势下，小畑的成功翻译为中国古诗乃至中国优秀传统文化的西传提供了翻译媒介、翻译文体、翻译策略、翻译批评等方面的多元化参照。

雷米·马修论古汉语的法语翻译[*]

雷米·马修^{**}（Rémi Mathieu）/文　卢梦雅^{***}/译

对一个欧洲汉学家来说，从事中国古代文学研究是一种巨大的乐趣。因为通过发掘作者的意图和用来传达信息的文字，可以让我们直接触及中国古代文化的核心。我享受这种乐趣已经四十年了，一直致力于了解和帮助法国人了解中国汉前的文学、哲学、历史和神话。

我研究的第一个文献是《穆天子传》①，即我的博士学位论文，接着花了八年时间翻译并试图理解《山海经》②，之后还研究了《国语》《博物志》《搜神记》以及六朝神话作品③。近年来，我把大量的

　＊　该文是根据法国汉学家雷米·马修教授于 2013 年应刘宗迪教授邀请在山东大学进行学术交流期间，为外国语学院法语系准备的一场讲座整理而成的。

　＊＊　雷米·马修，1948 年生，毕业于巴黎东方语言学院俄语和汉语语言文化专业。自 1973 年起，一直在法国国家科学研究中心从事中国古代文学研究工作，在法国汉学界具有很高的影响力，获第十一届"中华图书特殊贡献奖"。

　＊＊＊　卢梦雅，山东大学外国语学院法语系副教授、北京外国语大学中华文化国际传播研究院特约研究员，研究方向为法国汉学史、中法人文交流史。

① 《〈穆天子传〉译注与批评》（Rémi Mathieu, *Le Mu tianzi zhuan. Traduction annotée. Étude critique*, Paris：Institut des Hautes Études Chinoises, 1979）。

② 《关于〈山海经〉的古代中国神话学和人种学研究》（Rémi Mathieu, *Étude sur la mythologie et l'ethnologie de la Chine ancienne. Le Shanhai jing*, Paris：Institut des Hautes Études Chinoises, 1983）。

③ 《〈国语〉译注》（*Guoyu. Propos sur les principautés. I-Zhouyu*, par A. d'Hormon, complément par Rémi MATHIEU, Paris, Institut des Hautes Études Chinoises, 1985）；《干宝思想的研究——〈搜神记〉译介》（*À la Recherche des esprits de Gan Bao*, présenté et traduit, sous la direction de Rémi Mathieu, Paris, Gallimard, 1992）；《六朝时期中国文学中的鬼怪与神异——〈搜神记〉中的幻想和传闻》（Rémi Mathieu, *Démons et merveilles dans la littérature chinoise des Six Dynasties. Le fantastique et l'anecdotique dans le Soushen ji de Gan Bao*, Paris：You-Feng, 2000）。

时间和精力投入道教作家身上，我对他们的著述产生了极大的兴趣，例如《老子》的各种版本（王弼、马王堆、郭店）①、《淮南子》（参见我与加拿大学者白光华一起完成的译注）②，以及我最近出版的《列子》③。我和白光华还出版了《孔子》《孟子》《荀子》，以及其他儒家经典《中庸》《大学》《孝经》的完整译注。④ 近年来，我和法国同事一直在筹备《中国诗选》，涵盖了从文学源头到现代的中国诗歌，篇幅超过 1200 页。⑤ 这意味着我有一半的时间和一半以上的生命都在与古汉语打交道。这个前提是理解古汉语，首先是热爱它，正如孔子所说："之乎者也，不乎者也，知之者不如好之者，好之者不如乐之者！"

当然，翻译古文不仅是一种乐趣，也困难重重。你们一定觉得，一个西方人对古汉语的看法很有趣。其实我们对汉语的研究也会促使我们反思自己语言的特殊性，但是我们都不会经常察觉古汉语之独特，以及是如何容易或难以被理解进而为他人翻译的。这就是我今天在讲座中要与大家分享的内容。

---

① 《老子〈道德经〉》［Rémi Mathieu, *Lao tseu. Le Daode jing*, Nouvelles traductions basées sur les plus récentes découvertes archéologiques（trois versions complètes：Wang Bi, Mawangdui, Guodian）, Paris：Entrelacs, 2008］。

② 《帝国初期的神话与哲学——〈淮南子〉研究》（Charles Le Blanc et Rémi Mathieu, dir. *Mythe et philosophie à l'aube de la Chine impériale. Études sur le Huainan zi*, Montréal：Presses de l'Université de Montréal, 1992）；《道家哲学之〈淮南子〉》（Charles Le Blanc et Rémi Mathieu dir. , *Philosophes taoïstes*, tome Ⅱ：Huainan zi, Paris：Gallimard, 2003）；《〈淮南子〉里的神话和历史》（Charles Le Blanc et Rémi Mathieu, éds. , "*Mythe et histoire dans le Huainan zi*", *Approches critiques de la mythologie chinoise*, Montréal：Presses de l'Université de Montréal, 2007, pp. 353 – 384）；《从〈淮南子〉谈对"道"的认识》（Rémi Mathieu, "Connaissance du dao. Approche de l'épistémologie du Huainan zi", *Études asiatiques*, LVI—1, 2002, pp. 49 – 92）。

③ 《列子》（Rémi Mathieu, *Lie tseu. L'Authentique Classique de la Parfaite Vacuité*, Paris：Entrelacs, 2012）。

④ 《孔子》（Rémi Mathieu, *Confucius*, Paris：Entrelacs, 2006）；《儒家思想：孔子、孟子、荀子、曾子和子思》（Charles Le Blanc et Rémi Mathieu, éds. et trans. , *Philosophes confucianistes*, Paris：Gallimard, 2009）。

⑤ Rémi Mathieu, dir. *Anthologie de la poésie chinoise*, Paris：Gallimard, 2015.

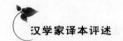

一 关于汉语的几个特点

将汉语译成法语有两个困难：语言障碍和文化障碍。

法语属于所谓的印欧语系语言。像西班牙语、意大利语和罗马尼亚语一样，是一种拉丁语，因此是多音节的，灵活而单调的。和大多数欧洲语言一样，法语用拉丁字母书写（希腊语和俄语除外）。这意味着它与汉语没有任何共同之处，汉语是用汉字书写的。这两个完全不相干的语言世界，只有在翻译中才能相遇。

在翻译中国古典文献时，主要的语言障碍是精确度问题，即术语的表达。文言文的丰富性和弱点在于，一个字的功能由它在句子中的位置决定，它可以是名词、形容词、动词或副词，取决于作者的具体使用。

在拉丁语言中，情况并非如此，动词就是动词，它总是有一个动词的形式（词形是变化的，会根据主语变化，甚至有时根据主语的性别和数量而变）；对于大多数欧洲语言，尤其是俄语，情况是这样的。但是对于英语来说，情况就不太一样了，名词的变化是根据阳性还是阴性，单数还是复数。这种区别在古汉语中并不存在，甚至在现代汉语中也不存在，只有少数罕见的例外。

这就是让可能正在学习法语或其他拉丁语言，以及俄语等斯拉夫语、德语和荷兰语等日耳曼语的中国人感到困惑的原因。为什么一个名词及其形容词是"阳性"的而不是"阴性"的？中国人很难记住法语中的"桌子"是阴性的，"床"是阳性的。特别是学习者会更专注于物体的图像而不是名称。现在，没有理由说"桌子"应该是阴性的，只是它源于拉丁语的 tabula，是阴性的，而"床"这个词来自拉丁语的 lectus，是阳性的。在希腊语和梵语中也是这样，因为在拉丁语系中名词有性别之分，这意味着事物的世界被分为两种或三种性别，对它们的表述也是如此。汉语不是这样，词是中性的，物体也是中性的，除非有象征性意义（但那时这些词作为实际物体是中性的，而不是作为名词，比如"帨"和"弧"，在中国古代象征着女孩和男孩）。因此，将一个名词和一个形容词翻译成法语，意味着要为用来指定一个对象、一个东西的词语选择一个性别，而这些东西在汉语中没有性别。

在古汉语中，动词没有屈折变化，不像法语那样根据主语、时态、语态、数、性别等而变化。当我们在古文句子中选择一个主语时（当然这并不总是显而易见的，中国注释者有时也会对指定动词的主语犹豫不决），必须为它选择一个时态，因为在法语中，动词不能没有时态和语态。在古汉语中不存在这种精确性，但是对于欧洲语言来说是必要的，因而促使译文给出一种原文中缺失的精确性；不过，中国注释者往往不觉得有必要给出这种有悖于其语言本性的添加。

比如在《生民》这首诗的标题中，"生民"的主语是什么？是姜嫄，所有注释都是这样写的。但是当你读到这首诗时，会有疑问，不是上帝"生（周代）民"的吗？标题没有说明，但译者必须说明，这样读者才会读明白。例如，对这首诗第一句"厥初生民，时维姜嫄"，程俊英的翻译是"周族祖先谁所生"，金启华的翻译是"当初生出这个人……"袁愈安的翻译是"周族的起源……"可以看到，古文的简明性并不仅仅困扰着法语翻译者，中文译者也经常发明（创造）原文中没有的词。① 在翻译中，人们必须用目的语言的特性来表达原语言的精神。在法语中，人们不能翻译成"生民"（因为"生"在这里显然是一个动词），而是"民生"，在某种程度上"民生"的"生"是一个名词。这种术语的倒置在古汉语中相当常见，所以这样的译文不会背叛原文，法国读者听起来也会感觉不错。

除了古文中名词的性以及动词的时态和主语之外，将文言翻译成法语的主要问题是术语的定义。古代汉语和古代哲学一样，并不重视定义，因为一个词的含义会根据句子中、作品中的上下文或根据作者、时期和地区而变化。因此，词义不是一个可以系统地处理的问题，而是一个可以根据上下文处理的问题。这一点可以从早期的汉语

---

① 几年前，我在研究《天问》时发现，郭沫若对文本的注释比译文还多，这让我印象深刻。如果像郭沫若这样的大学者这样做，其他人应该怎么做？

字典中看出来，事实上也不算是字典，而是提供对应字的词汇表，如《尔雅》和《说文解字》。《说文解字》的作者许慎，通过提出字源学，实际上向前迈出了一大步。不可否认，这些词义在我们今天看来有点不可思议，但优点在于提出了意义的起源问题。许多语源学或解释都是基于同音异义词，这些同音异义词提供了更多关于作者思想的信息，而不是有关术语的确切含义。

我们知道，"德"被理解和解释为"得"，至少可以说，是对这个在中国哲学和道德中非常有价值的术语的狭义理解。西方的词汇学和哲学并不是这样的。在希腊传统中，术语在使用前都会被定义，例如亚里士多德在其关于形而上学的论文中就是如此。这两种传统，这两种做法在翻译过程中往往会相遇，特别是在哲学文本的背景下。通常情况下，中国的哲学概念在西方哲学中是未知的，因此需要对其进行定义，以便被法国读者正确翻译和理解。

习惯上，用一个法语术语来翻译一个汉语术语，这样读者就会明白这是同一个概念，即使它被应用在另一个语境中；但这是一个非常困难的挑战。我们来看儒家思想中的"仁"，这个字对孔子的弟子来说是个谜，因为它是一个新概念，不为他们所知。在《论语》的七个段落中，不同人物都在问孔子什么叫"仁"；而每次孔子的回答都不一样，这取决于是谁问的问题。① 请注意，樊迟问了他三次问题，可见，不同的答案并没有给他带来足够的启迪！其中只有一个答案是有意义的，即"做人就是爱别人"，仁，爱仁，爱人。

---

① 参见《论语》，包括樊迟、颜渊、仲弓、司马耕、子贡、子张（6 – 22）"樊迟……问仁。（子）曰：'仁者先难而后获，可谓仁矣。'"（12 – 22）"樊迟问仁。子曰：'爱人。'"（13 – 19）"樊迟问仁。子曰：'居处恭，执事敬，与人忠。虽之夷狄，不可弃也。'"（12 – 1）"颜渊问仁。子曰：'克己复礼为仁。一日克己复礼，天下归仁焉。为仁由己，而由人乎哉？'颜渊曰：'请问其目。'子曰：'非礼勿视，非礼勿听，非礼勿言，非礼勿动。'"（12 – 1）"仲弓问仁。子曰：'出门如见大宾，使民如承大祭。己所不欲，勿施于人。在邦无怨，在家无怨。'"（12 – 3）"司马牛问仁。子曰：'仁者，其言也讱。'曰：'其言也讱，斯谓之仁已乎？'子曰：'为之难，言之得无讱乎？'"（15 – 10）子贡问为仁。子曰：'工欲善其事，必先利其器。居是邦也，事其大夫之贤者，友其士之仁者。'"（17 – 5）"子张问仁于孔子。孔子曰：'能行五者于天下为仁矣。''请问之。'曰：'恭，宽，信，敏，惠。恭则不侮，宽则得众，信则人任焉，敏则有功，惠则足以使人。'"

但是，现在这种仁的概念在欧洲哲学中并不存在。如何将一个包含如此多不同概念的术语翻译成一个法语词汇？我们一般选择"人性"（Humanité）、"人类"（Humain），以及动词"显示人道"（Faire preuve D'humanité），因为我们找不到更好的词。但是人文主义在西方仅指在基督教的框架内于欧洲文艺复兴时期诞生的运动，这一思潮开始思考人在世界的地位，而不仅仅是人类与上帝的关系。但这与儒家的"仁"相去甚远。

再比如 dao（道），译者难以翻译，只能译为"道路"（Voie），但这往往是不恰当的。在法语解释中，最常见的处理是保留 dao 的原音。但是，当这个词的所指并非作为赋予众生生命和能量的一般原则或力量时，是无法翻译的；这时候 dao 可以表"方法，手段"，甚至还有动词"说"的意思，如著名的《老子》第一节有"道可道，非恒道也"，都不能按照上面两种情况一概而论。

这一困难是 17 世纪初传教士在先秦文献中首先发现的。他们写道，中国文人似乎并不为经典中不精确的词义所困扰，但他们由于习惯于拉丁语的学术研究，在呈现这些术语的确切含义时有很大困难。在研究经典的现代汉语译本时，我们观察到中国作者也遇到了这个问题，但他们避之不谈。他们采取不译的办法，只是重复了一遍文言中的词，仿佛读者和他们自己都知道它的意思。现在，中国读者理解古代语言的词语时，通常会赋予其现代含义，就好像这种语言两千年来都没有发生过演变。这是我在学术实践中经常看到的现象。法语译者没有这样的选择，我们必须找到一个几乎可以用来翻译同一个汉语术语的术语，这在哲学文本中是非常困难的。

我想到了另一个例子，关于"伪"的翻译。这个词意思是人造的，虚假的。在《荀子》中，这是一个极其实用的概念（他在作品中使用了 45 次，特别是在第二十三章《性恶》中），指的是人所获得的一切，是他对自己和对外物作用的结果；与先天的相对立，意味着不是人天生拥有的、自发的。我们知道荀子的中心论点——人性本恶，"性恶"。他以这个著名的论说作为第二十三章的开始。"人之性恶，其善者伪也。"（唐代杨倞的注释说，伪，为也。这也是中国古代训诂家的一般意见，他们在同音词中看到了一个术语的简单解释，这种评论更被清代郝懿行批评为简单主义。）因此，在《荀子》中，"伪"是使人伟大的原因，使人上升到文化、道德和人性的高度，所谓文、义、仁。老子的情况正好相反。在第十八章中，老子将旨在赋予洞察力和知识/智慧专称为"大伪"，即慧智；正如他将儒家的仁义做法称为"大弃其道"，他认为这是抛弃天然自发性而支持文人和宫廷的人为性。庄子也有同样的态度，他猛烈抨击社会文化，特别是礼教的"伪"（列子的情况则不那么明显，他只用了五次这个术语，几乎都是在第七章第一节，这一章被认为是后来的篡伪，归于杨朱学说）。请注意，孔子在《论语》中没有使用这个词，可能是因为他还没有考虑到自然和文化是矛盾的还是互补的，因为在孔子看来，性，也就是人性，问题还没有解决。因此，如果译者尊重原文并希望被读者很好地理解，就必须使译文适应文化背景。

二　关于中国文化的一些特征

现在来谈谈古汉语翻译的第二类问题，关乎中国文化的特点。

如果说语言学问题在哲学领域相当重要，那么文化问题当然也不可忽视，在文学领域也许更明显。因为，如果在哲学领域，译者可以多做解释说明（关于概念、观念、术语、思想的含义……），在文学领域，词与物一样重要。物的响声、颜色、长度、轻重，尤其是象征意义，在很大程度上和它的本义一样重要。让我们先看一些简单情况，那些与植物、动物等，即中国有而欧洲没有（至少不存在于法国）的无论是否有生命的事物的名称。

植物的情况就是这样，许多中国的物种对我们来说是未知的。因此，在《楚辞》和《诗经》中，有相当数量的花木品种，其名称在法国和法语中都不存在。我们只能通过科学术语的拉丁语对应物来了解，这并不适合文学翻译（例如诗歌或有节奏的散文"赋"）。不过，花和动物在中国的诗歌中具有相当大的象征意义，而且根据不同背景意义有所不同，如唐朝和宋朝的诗歌。因此，有必要找到一个忠实于其原始中文名称的法语名称，在科学上是正确的，如果可能，可以在西方人的想象中唤起同样的形象。这往往没有那么简单，而且经常是不可能的。

例如，在《楚辞》中，注释常常建议将"荪"读作"荃"，可以理解为"orchis/orchidée"（荃，兰花），或"iris"（溪荪，鸢尾），或"lis des marais"（泽生百合）（我就不说拉丁语术语了）。在《楚辞》的几个部分，主要是在《九歌》和《九章》中，荪和荃指的是楚王，被屈原又爱又恨的君主。有时，这个名称是用来指他去楚国的旅途中遇到的花，有时明确指的是统治者。在法国，百合花恰好是国王之花〔当你在一幅法国古画中看到国王所穿的斗篷时，会发现在蓝底上装饰着金色的三瓣百合花。加拿大法语区的魁北克省旗上也使用了这一图式。然而，这个词在法语中有两个拼法：lis 指的是花，lys 更优雅，指的是皇室的标识（从 12 世纪，特别是 13 世纪的圣路易，到 1793 年被斩首的路易十六）〕；白色意味着纯洁，指基督的母亲圣母玛利亚。因此，我选择将汉语术语有时译为"orchis"（兰花），有时译为"lis"（百合），有时译为"lys"（百合），在后一种情况下，指的是屈原先是崇敬后又抨击的君主。

在众多例子中，还有一个关于花的例子，就是我前几天引用的李清照的诗《醉花阴》："人比黄花瘦。"黄花，指萱草，这个词没有法国人知道，除非是植物学家。如果我说"黄花"，不会让人联想到什么；如果我说它是"菊"的一种，指 11 月初在亡灵节之际放在坟墓上的一种花。还有一种牵牛花在法语中是"belle-d'un-jour"，因为据说这种美丽的花朵只能绽放一天，花很脆弱，很细，但很美，就像李清照的自我描述那样。

我们可以看到，花名的翻译不仅是一个美学或科学问题，还触及构成一个民族想象力基础的象征主义。而这一点，如果没有批判性说明（那些注释），是无法转译出来的。因为不存在没有想象力的文学文本。以文字向读者暗示形象的能力自《诗经》序言起，就被中国文学理论家解释为"兴"，指的是文字的唤起能力。这是使一种语言变得丰富的原因，也使语言成为承载一个民族想象力的独特工具，这

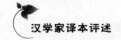

就是语言的独特性和"不可译"的原因。

在诗歌翻译中，另一个存在问题的文化元素是节奏。古汉语喜欢用简洁的句子表达，这样可以避免虚词造成的长度；在诗歌中更是如此，很多虚字都被去掉。法语喜欢长句子，在这些句子中，名词与形容词、副词等词性能细化思想，进一步阐明思想。这就是为什么法译本中的篇幅一般是中国文献原文的两倍。因此，中文文本的节奏很短，这是由于语言结构所致，也是因为自《诗经》以来，严格规定了短句在诗赋中的使用。

因此在诗歌这个领域，翻译的问题确实更加复杂。因为中国古典诗歌的一般节奏先是四言，然后是五言，最后才是七言或以上的诗句。然而，法国古典诗歌传统上有十音节，特别是十二音节的诗句。如果在汉语诗中，五言句对应五个词，那么在法语翻译中，就要对应一到两倍的法语词。因此，为了使法译本忠实于中文文本，必须有大约两倍的篇幅，而且必须符合法语诗句的习惯。对法国古典诗人来说，最理想的诗句是十二音节诗（称为亚历山大体，源自12世纪一首献给亚历山大的诗）。因此，可以将中国的四言诗（如《诗经》）翻译成法语八音节诗，将中国的五言诗（如《楚辞》或汉族的《古诗十九首》）翻译成法语十音节诗，将中国的六言诗翻译成法语亚历山大诗，等等。这至少是我与法国同事在着手出版的《中国诗选》中试图采取的解决方案。法国读者对亚历山大体感到"舒适"，认为这是一种民族诗歌，通过其节奏为他们所熟悉；这是一种利用法国形式使中国诗歌的内容被接受的方法，通过提供一种法国人熟悉的节奏来理解中国诗歌。

韵律是中国文化的另一要求，在法国诗歌中也有，显然有其他特点，因为法语没有音调。但法语有长或短的音节，就像中国诗歌具有短或长的音调一样。当然，为中国诗歌寻找法语韵律是非常困难的，因为我们必须尊重意思的表达，然后考虑节奏。当我完成意思的表达后，会试着把中国的押韵诗句翻译成法国的押韵诗句，因为我知道法国的押韵总是在诗句的末尾，而不是像中国的押韵有时在中间。以下是《古诗十九首》第一首诗中的一个简单例子。即使你们一句法语都听不懂，也可以听一下译文的音乐感和诗句的节奏。

Et nous marchons encore et nous marchons toujours,

D'avec vous me voilà séparé chaque jour ;

L'un de l'autre éloignés, à plus de mille lieues,

Chacun se trouvant sur une berge des cieux.

Le chemin est ardu et il est encore long,

Quand saurons-nous jamais si nous nous reverrons ?

Or, le coursier des Hu aime un vent boréal,

L'oiseau des Yue niche en arbre méridional.

Chaque jour l'un l'autre nous éloigne un peu plus,

Tous les jours ma ceinture lâche tant et plus.

Quand un flottant nuage voile un soleil clair,

Le voyageur dès lors ne regarde en arrière.

Penser à vous m'a fait peu à peu décliner,

Mes années et mes mois sous peu vont s'achever.

Mais laissons tout cela, mieux vaut n'en plus parler ;

Efforçons-nous plutôt de nous alimenter !

（行行重行行，与君生别离。

相去万余里，各在天一涯。

道路阻且长，会面安可知。

胡马依北风，越鸟巢南枝。

相去日已远，衣带日已缓。

浮云蔽白日，游子不顾反。

思君令人老，岁月忽已晚。

弃捐勿复道，努力加餐饭。）

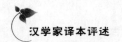

三　结语

　　以上就是我想要说明的复杂的翻译工作，及其所涉及的目的语言和源语言的结构。就古汉语（文言文）和当代法语而言，很难在两种语言之间建立起一座桥梁。若要在两个没有共同点的文化体系之间架起一座桥梁，尤其是在想象和象征领域，更是难上加难。月亮无疑是中国诗歌中常见的形象，但它在西方诗歌中往往意义不大，特别是在法语中，月亮除了作为周期性流逝的时间和改变人们情绪的象征，没有非常实际的意义，却是中国人想象的中心。

　　翻译，比技术或美学问题更重要的是，在古典汉语中，意味着从一个世界的概念到另一个世界的概念，每个概念都意味着关于人、关于上帝、关于众生之间关系的特定观念。因为一个词的主要意义与其说是为了命名，不如说是为了唤起想象，这也正是难以翻译之处。

埃兹拉·庞德与他的"中国梦"

高　博*

一　庞德其人简介

埃兹拉·庞德（Ezra Pound，1885—1972）是 20 世纪西方诗坛巨星之一，是英美意象主义现代派诗歌（Imagism）的创始人。他发现并培养了诸如艾略特（T. S. Eliot）、乔伊斯（James Joyce）、海明威（Ernest Hemingway）、劳伦斯（D. H. Lawrence）、泰戈尔（Rabindranath Tagore）等一大批作家和诗人。此外，他还翻译了《大学》《论语》《中庸》《诗经》等多部儒家经典，并出版了译诗集《华夏集》（Cathy），把中国文化介绍到西

埃兹拉·庞德所译中国古典
诗歌文集《华夏集》

方。但是他还曾极其狂热地宣传过法西斯主义和反动落后的经济理论（高博，2020a）。

庞德在西方文坛赫赫有名，但我国对他的介绍和研究近几年来才逐渐增多。庞德 1885 年出生于美国爱达荷州的海利，15 岁考进宾夕法尼亚大学，1906 年获硕士学位，有广博的语言知识。1908 年他乘

* 高博，南开大学滨海学院公共外语教研室讲师，研究方向为比较文学译介学、文化传播。

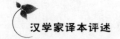

船赴欧，并定居伦敦。1920年他离开伦敦去往巴黎。4年之后他对巴黎产生厌倦情绪，遂迁居意大利的拉帕洛。第二次世界大战爆发后，他在罗马电台每周为墨索里尼的法西斯政权做宣传，攻击美国的作战政策，因而被指控犯有叛国罪。1945年美军将他逮捕，关押在比萨拘留营中，同年送回美国受审。后因他精神失常被送进圣伊丽莎白精神病院，在那里度过了12个春秋。1958年，由于美国文艺界一些著名人士的呼吁和斡旋，艾森豪威尔政府撤销了对他的控告。庞德获释后回到意大利居住，1972年病逝于威尼斯。

庞德才华横溢、精力非凡，一生出版了至少70本书，发表了数百篇文章。自1908年在威尼斯自费出版第一部诗集《灯光熄灭之时》（*A Lume Spento*）起，他连续不断地创作，诗歌、散文、译作等作品从他的笔下源源流出。诗集《面具》（*Personae*）使他获得了一定声誉。《诗章》（*Cantos*）是他的毕生之作。他从1915年开始创作这部宏伟的现代史诗，以"诗章"的形式分批发表。这部长诗共117章，涉及文学、艺术、建筑、神话、经济等多个领域，内容极其庞杂，其中心思想是描述"高利贷"（暗指近代金融资本）为万恶之源。此外，值得一提的是，他在《诗章》中还大量引用了孔子的哲学。

纵观庞德一生的文学生涯，中国文化，尤其是中国古典文化对他产生过重要影响。甚至可以说，"庞德之所以取得如此瞩目的成就，主要原因是他几乎倾尽一生对中国文化的学习、翻译、吸收与创造"（张西平，2015：302）。本文的主旨即在于考察庞德与中国文化的关系，重点描述了庞德对于中国古典文学的译介与借鉴情况，并对其所译作品的性质做出研判。

二　庞德对中国古典文学的译介与借鉴

（一）庞德对中国古典诗歌的译介

有论者曾经指出，"庞德是在1908年抵达伦敦之后就注意到中国，不过那时他对中国的了解与绝大多数的美国知识分子一样，只有模糊的概念"（Qian，2008：18）。庞德重新发现中国的关键事件是他获得了旅日东方学学者费诺洛萨（Ernest Fenollosa）的私人手稿。在这部手稿中保存有大量有关中国古诗的笔记，其中附有每首诗的汉语原文、日语读音以及每个字的英语释义，但缺乏英译。庞德从这本笔记中挑选出 19 首古诗加以整理和翻译，并以《华夏集》为名于 1915 年 4 月出版。该诗集付梓以后，在英语世界引起了极大反响。它的出版立刻在英美诗坛掀起了翻译中国古诗的热潮，甚至它使中国古诗一度淹没了英美诗坛。《华夏集》之所以造成如此轰动，主要原因是这部诗集不仅蕴含了中国古典诗歌的美学特点，而且融入了庞德个人的现代主义诗学创作理念。详细而言，庞德在诗集中对中国古诗采取了"边译边创"的译介方式，他的译诗主要是在理解原诗的基础上进行的诗歌再创作。据此可以说，《华夏集》并非严格意义上的诗歌译著，它在更大程度上可被视为中国古典诗歌在英语世界的"涅槃重生"（高博，2020b）。

具体来说，在创译《华夏集》的过程中，庞德主要从三个方面对中国古诗加以重塑。

第一，对中国古典诗歌形式进行模仿。诚如前文所述，《华夏集》的主要成就在于庞德对于中国古典诗歌所做的"现代化改造"，其目的是为他所处的时代提供一种具有刺激作用的新的自由体诗。也正是在这一过程中，庞德深化了对中国古诗的认识。他逐渐领悟到中国古诗独特的诗性品质，并开始有意尝试模仿中国古诗的形式特征，作为他刺激新诗的手段。譬如，庞德将《送友人》中的诗句"浮云游子意，落日故人情"翻译为"Mind like floating wind cloud, Sunset like parting of old acquaintances"。不难看出，译诗在句法形式的处理方面与原诗神形兼似，严丝合缝。具体来说，庞德在译诗时使用的方法是尽量还原汉诗的句法构式，他刻意省略掉部分英语语法成分，意在模糊译诗中意义间的逻辑联系（如使用无冠词的句式及省略谓语动词），以借此营造出与原诗相似的美学效果。这样的译文作为英语诗歌是相当奇特的，它"简洁含蓄，超越了传统英诗中的时空限制，在一定程度上再现了中国古典诗歌那种将个人一时的体验转化为普遍恒常经验的诗意境界"（朱徽，2010：158）。由上可见，通过翻译，庞

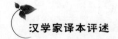

德创造性地借鉴了中国古诗的语言结构形式，其译诗也因此能够在英语世界展现出全新的生命姿态。

　　第二，对中国古典诗歌意象加以演化。庞德是 20 世纪初期英美意象主义诗歌运动的发起者和主要倡导者。早在 1913 年，他就发表了《意象主义者的几条禁律》(*A Few Don'ts by an Imagist*)，该文随即成为意象派诗歌创作的重要纲领。在庞德看来，诗歌的基本要素就是"意象"。所谓"意象"指的是"能够在刹那间呈现出来的理智和情感的复合体"（吴其尧，2008：26）。这个定义包含内外两个层面，内层是"意"，是诗人主体理智与感情的复合体；外层是"象"，是一种物象的呈现，两者缺一不可。详细而论，庞德主张，以鲜明、坚实和凝练的意象来统一内在情思与外在物象。诗歌创作的要求是依凭直觉去捕捉和营造一种主观契合、心物交融、精神与物质相统一的审美意象系统，以此来展现诗人的思想感受和心态意绪。此外，他还特别强调，"诗人应遵循意象的准确性，并使用清晰精准的语言"（Kenner，1951：97）。在此不难发现，庞德秉持的意象主义诗学理念与中国古典诗歌的美学传统有着不谋而合的"共场"。众所周知，中国古诗亦十分重视意象，并把意象作为诗歌的基本肌质。因此，在创译《华夏集》时，庞德特别注重突出原有意象，甚至他不惜以"误读"为代价演化出更多新奇的意象。例如，庞德把"故人西辞黄鹤楼，烟花三月下扬州"译作"Ko-jin goes west from Ko-Kaku-ro, the smoke flowers are blurred over the river"。在该例中，原诗的"烟花三月"是用来描述诗中主人公送别老友的时间，庞德直接忽略了此意，他刻意将"烟花"拆解为"smoke"和"flower"两个意象并构成意象叠加，以此来展现他的诗学技巧。另外，还需要指出的是，庞德并未按照常规将"故人"和"黄鹤楼"翻译为"old friends"或"Yellow Crane Tower"，而是按照其日语发音将它们音译为"Ko-jin"和"Ko-Kaku-ro"。这样的翻译处理对于西方的普通读者来说，势必不知所云，但这恰恰达到了庞德所要追求的"现代派"美学效果，即"诗歌要让读者感受到一种清晰的隔离感，给他们以巨大的想象空间"（Pound，1960：16）。

第三，对中国古典诗歌节奏重新构建。音乐性是庞德极为重视的诗歌元素。在他看来，"诗歌不仅应该作为书面文字呈诸于人的视觉，还应作为吟诵歌唱的材料诉诸于人的听觉"（高博，2017）。然而，庞德对于当时维多利亚时期呆板僵化的诗歌节奏表现得相当反感。他主张摒弃传统英诗华而不实的诗歌韵律，转而追求能够表达与诗歌情感完全一致的"崭新的节奏"。基于这样的认识，在创译《华夏集》时，庞德将中国古诗几乎全部翻译成有韵或无韵的自由体诗。但是，这样的自由体诗并不意味着庞德摒弃了诗歌节奏，恰恰相反，它是一种精心安排的，具有特殊节奏结构的自由体诗。这种特殊结构称为"短语节奏"。"短语节奏与语义的展开相对应，也就是说，节奏单元划分大致与意群的划分相对应，短语往往与朗读时自然语调的呼吸群相一致，也与语句的意义联系方式相一致。故而，它比英语传统的切割词汇的音部节奏来的自然"（赵毅衡，2013：271）。概言之，庞德的短语节奏不再刻意因律凑韵，它去除了译诗中一些不必要的成分，同时增强了诗歌情感表达的灵动性。例如，庞德将《送元二使安西》英译如下：

【例1】

【原文】渭城朝雨浥轻尘，

客舍青青柳色新。

劝君更尽一杯酒，

西出阳关无故人。

【庞译】Light rain is/ on the light dust,

The willows of/ the inn-yard

Will be going/ greener/ and greener

But you，sir/ had better/ take wine/ ere your departure；

For you will have/ no friends/ about you

When you come/ to the Gate/ of Go.

例诗原文共四行，庞德将其译为六行。从整体上看，译诗的节奏多是由两个或三个短语交替组成。其中，第一行和第二行均由两个短语节奏构成，第三行由三个短语节奏构成，其间的"greener"一词重复两次，形成头韵，同时还与第一行中"light"的复用形成呼应。第四行运用的是四短语节奏，它似乎是第一行和第二行节奏的累加，这句诗特别长，仿佛是诗人向友人劝酒时生发出的长长的感喟。诗歌的五六两行再次使用三短语节奏，这两行末尾的"you"和"Go"形成尾韵，诗的末行"Gate"和"Go"又生成头韵。据此可知，庞德在短短的六行诗中使用了为数不同的短语节奏。这些短语交替使用，使译诗节奏跌宕起伏，音韵多变，从而使该诗的韵律与诗歌的情感紧密相连，浑然一体。

（二）庞德对中国古籍的译介

1. 庞德对《四书》的译介

西方世界步入 20 世纪之后，现代资本主义工业社会的各种矛盾日益激化，人与社会、人与自然、人与人、人与自我的关系出现尖锐的冲突和畸形的脱节。在这样的背景下，庞德作为一名诗人，同时也作为一名焦虑者和批判者，他将注意力转向了东方，"希冀能够在那里找到一剂疗救弥漫于他四周病痛的解药，一个能够建立与腐朽的西方文明相对的理想社会模式"（吴其尧，2008：201）。庞德在这种目的的指导下有意识地接近中国文化，先后翻译了儒家经典《大学》《中庸》《论语》和部分《孟子》。此时庞德对汉语尚不通透，他的翻译更多凭借前人的译本，主要是法国汉学家波蒂埃（M. G.. Pauthier）的法译本《四书》（*Les Quartre Livres de Philosophie Morale et Politique de La Chine*）以及理雅各（James Legge）的英译本《中国经典》（*Chinese Classics*）。然而，庞德似乎看不起英译本的儒家经典，甚至将其形容为"丢脸"。庞德看不起先前的译本是有原因的，首先，他把自己当作向英语世界，特别是向美国真正阐释儒家思想的第一人；其次，他觉得以往的译本不合他意，与他对儒家思想的理解不符。鉴于上述理由，庞德认为儒家经典需要有新的译本，而这个译本能够将他自己对儒家思想的理解及对现实政治的不满和期望表达出来。也正由于此，庞德在译介《四书》时加入了大量自己的见解及主张，亦即为孔子披上了"庞氏外衣"。例如：

【例2】

【原文】所谓诚其意者，

毋自欺也。

如恶恶臭，

如好好色，

此之谓自谦。

【庞译】Finding the precise word for the inarticulate heart tone

means not to oneself,

a sin the case of hating a bad smell

or loving a beautiful person,

also called respecting one's own nose.

but to an organic order.

【例2】原文出自《大学》第三章。文中"诚其意"指的是"使意念真诚"，这是儒家思想中重要的道德观念。所谓使自己的意念真诚，就是不要自欺。但是庞德的译文却变成了"为不可言说的心声寻找精确的词语"（Finding the precise word for the inarticulate heart tone），这与庞德对《论语》中"正名"的理解如出一辙。他认为"正名"就是要精确地使用语言，而"精确地使用语言"，在庞德看来就是革除弊政，完善统治的基础。从该例来看，庞德的译文与真正的儒家思想相距甚远，他的翻译完全是建立在自己的主观理解和政治需求之上的。再比如：

【例3】

【原文】子曰："道之以政，齐之以刑，民免而无耻；

道之以德，齐之以礼，有耻且格。"

【庞译】He said: if in governing you try to keep things leveled off in order by punishments,

the people will, shamelessly, dodge.

Governing then by looking straight into their heart

and then acting on it（on conscience）,

and keeping order by rites,

their sense of shame will bring them not only to an external conformity but to an organic order.

杨伯峻曾引用《礼记·缁衣篇》对【例3】中的"有耻且格"进行解释为"夫民，教之以德，齐之以礼，则民有格心；教之以政，齐之以刑，则民有遁心"（杨伯峻，2006：10）。这句话可以看作对孔子此言的最早注释，较为可信。此处，"格心"与"遁心"相对成文，"遁"即逃避，逃避的反面应该是亲近、归服、向往。庞德将"格"译为"an organic order"，强调的是"秩序"，显然有悖于原意。不仅如此，他还把"何为则民服"翻译成"how to keep people in order（如何使人民有秩序）"，如此等等。这些都是将他自己的"秩序"观念强加于孔子思想的做法。庞德正是以这种特殊的方式诠释着他心目中的儒家思想和中国文化。

2. 庞德对《诗经》的译介

庞德翻译完成的最后一部中国古籍是《诗经》。然而，他与《诗经》的最早接触却可追溯到1914年，其时引导他对中国感兴趣的厄普沃德（Allen Upward）推荐的由翟理斯（Herbert Giles）所著的《中国文学史》（*Histroy of Chinese Literature*）以及费诺洛萨笔记中都记载有《诗经》中的诗歌。庞德1915年出版的《华夏集》中首篇诗歌 *Song of the Bowmen of Shu* 就是译自《小雅·采薇》，不过没有任何史料证明庞德其时对《诗经》有了整体性认识或已获得《诗经》的任何全译本。庞德阅读的首部《诗经》全译本应该是詹宁斯（William Jennings）的英译本，此后在1920年，他又研读了传教士孙璋（Alexandre de La charme）用拉丁语翻译的《诗经》。1937年，庞德从他的日本友人北园客卫那里得到了四卷本中文版《诗经》，但并未即刻翻译。他先是去研究汉语和中国历史，并继续撰写《诗章》。1945年庞德因叛国罪被美军逮捕，同年联邦法院以患有精神病为由对他免于起诉，并送他到圣伊丽莎白精神病院进行治疗，直至1958年获释。就是在圣伊丽莎白医院这十几年间，庞德完成了《诗经》翻译，他的译本于1954年由哈佛大学出版社出版。在此需要指出的是，与前译汉籍有所不同，庞德在翻译《诗经》时已具备了更加成熟的条件。

首先，他拥有了更多的参考资料；更为重要的是，庞德自身的汉语水平也有了很大提高，此时他可以借助英汉词典阅读原版《诗经》，查阅汉字的读音；再者，众多庞德的探访者中亦有中国学者为他研习《诗经》提供了帮助。① 由此可以说，"相较于其他汉籍，庞德对于《诗经》的理解应该更加准确深刻"（高博，2020c）。

庞德翻译《诗经》时所采用的方法，与创译《华夏集》和其他中国古籍相比，此时的庞德基本通晓汉语，他的译文不再是对原诗的再创造，而是力求忠实原文，传达原诗的风格及韵味，译诗行文流畅，节奏感强，富有诗意。例如：

【例4】

【原文】常棣之华，鄂不韡韡。凡今之人，莫如兄弟。

死丧之威，兄弟孔怀。原隰裒矣，兄弟求矣。

脊令在原，兄弟急难。每有良朋，况也永叹。

兄弟阋于墙，外御其务。每有良朋，烝也无戎。

【庞译】Splendour recurrent

in cherry-wood,

in all the world there is

nothing like brotherhood.

Brothers meet

in death and sorrow;

broken line, battle heat

Brothers stand by;

In a pitch they collaborate

as the ling bird's vertebrae

---

① 庞德在翻译《诗经》的过程中，得到了华人学者方志彤（Achilles Fang）的鼎力相助。此外，他还得到过一位在华盛顿天主教大学求学的孙姓（Veronica Sun）中国女生的帮助。

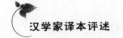

when friends of either

protractedly just sigh.

Wrangle at home, unite outside

when friends of either are ready of course

to help either with anything

"short of brute force."

【例4】诗句出自《小雅·常棣》。这是周人宴会兄弟时歌唱兄弟亲情的诗，其背后反映出的是中国古代社会对于家庭关系和谐的注重。该诗一共八章，每章四句，本例节选的是诗歌的前四章。来看庞德的译文：先从形式上看，译诗亦分为四节，每节四行，达到了与原文高度的一致；再从内容上看，庞德非常重视原诗"兄友弟恭"的题旨并重点予以阐发。具体而言，首先，庞德以法语"Fraternitas"（兄弟情义）为诗题，直接点出了诗旨。其次，通过精心选择使用诸如"stand-by""collaborate"与"unite"等表示"团结"的词汇，译诗鲜明地揭示出原诗中所蕴含的精神实质。但需要说明的是，在该例中，庞德也对原文进行了一定的改动。例如，他对原诗第三节"脊令在原，兄弟急难"一句中的"兴喻"表达方式做了明晰化处理，以此来贴近西方读者的阅读期待。这样的翻译虽然有"误译"之嫌，却并没有偏离诗旨，而是以更加通俗易懂的方式传达出原诗的内涵。

最后还需指出的是，鉴于《诗经》在理解上有较大难度，庞德在译文中还采用了添加题注和脚注，对同一首诗作两种不同的翻译等方式来弥补表意的不足与译文难以传达的内容，以帮助读者理解译诗。另外，与其他西方译者形成显著区别的是，为了体现《诗经》"四言诗"的源语特色，庞德甚至在个别的诗篇中尝试以每句四个单词的方式进行对译（如《周颂·执竞》），这也反映出他试图在形式上再现《诗经》风格的努力。

（三）庞德在《诗章》中对儒道思想的借鉴

不同于其他西方汉学家止步于对中国典籍文本的译介和研究，作为"诗人译者"的庞德在其原创诗歌中还频繁地借鉴来自中国古代经典著述中的伦理观念及美学思想，其中尤以儒、道两家为甚。这在他的代表作《诗章》里体现得十分明显。

1.《诗章》中对儒家伦理的借鉴

"长篇《诗章》有一个明显的中国文化维度。这个维度的建构是以孔子形象开始，也以孔子形象和儒家思想最为突出。"（陶乃侃，2006：148）详细来说，庞德早在1915年起草《诗章》的前三首诗时就提到过孔子，并将之与文艺复兴时期的伟大思想家但丁并举。他赞赏孔子"从自己做起"的观点，认为这是具有普世意义的处世态度，值得效仿。这些印象都是庞德在研读《四书》时所得，自此萦绕庞德脑海，从未离去。此外，庞德在1923年写给母亲的一封信中也曾谈到他在写一首关于孔子的诗章，还谈到他对孔子伦理的看法，"孔子的伦理非常新颖，它与基督教的说教不同。基督教总是教人'要先关照邻居的事，再做自己的事'，而孔子却教人'一切先从自己做起'"（Carpenter，1988：420）。通过二者的比较，庞德形成了自己对孔子思想的总体印象就是"从自己开始，创造完美"（started from himself and made perfection）。庞德对孔子思想的理解如此准确，竟与我国学者章太炎对中国哲学的总结不谋而合，"儒、道、名、法，变易万端，原其根极，唯'依自不依他'一语"（姜义华，2015：244）。

庞德对儒家伦理的借鉴在《第13诗章》当中表现得最为显眼。该章可以看作"庞德用儒家伦理为他的现代史诗建构起一个他所说的'主干伦理'（the backbone moral）主题线索的起点"（陶乃侃，2006：149）。具体来说，《第13诗章》化用了大量出自《论语》《中庸》和《大学》的经典名句，其目的在于塑造一位能够代表中国伦理与哲学思想的历史人物——孔子。在庞德眼中，孔子既是关心治国的哲人，又是身体力行道义的绅士。

《第13诗章》的前半部分由《论语》组成，在这一部分中，庞德设计了一种庄严的背景来介绍孔子，在诗歌结构上他遵循了《论语》的手法，以夫子和弟子的问答来刻画孔子。《第 13 诗章》的后半部分，庞德转向《大学》和《中庸》，探讨了儒家伦理和治国的关系，这也是该篇诗章的重点所在。详细而论，"作为诗人的庞德首先期望的是一个好的国君，同时也是一个能慷慨赞助艺术家的富有之人"（陶乃侃，2006：154）。庞德这一愿望使得他像中国古代儒生一样主张国家应由圣贤君王治理，主张用道德的力量来治理国家。这就是庞德在读《大学》时对儒家三纲之一"明明德"的感悟。显然，他已经领会到儒家"修身""齐家"与"治国"的内在联系，正如他在诗中所言：

【例 5】

【原文】孔子讲过，还在竹简上写下：

假如一个人内心没有法度

他就不能以法度感化身边之人；

他的家人也不会按适当的法度办事；

假如一个亲王内心没有法度

他就不能在他的城邦里推行法度。

孔子讲了两个"治"

和"悌"

而对死后的生活只字未提。

【译文】And Kung said, and wrote on the bo leaves:

If a man have no order within him

He cannot spread order about him;

His family will act with due order;

And if the prince have not order with him

He cannot put order in his dominions.

And Kung gave two words "order"

And "brotherly deference"

And said nothing of the life after death.

【例 5】一诗的灵感来自《大学》中"明明德"一段。整首诗强调了儒家伦理与治国安邦的关系。分析诗中的具体内容可以看出，根据庞德的理解，儒家伦理的核心是"修身"，它应该作为"齐家"和"治国"的前提。这样的认知准确地把握住了儒家伦理的本质内涵，即家庭、国家和个人的完善皆是由个人的"修身"开始的。正因为有了这样的领悟，庞德在诗句中特别引用了"治"和"悌"二字作为该诗的"诗眼"。"治"是指伦理与治国的关系，"悌"则是指伦理与齐家的关系，而能够实现这种关系的社会模式也正是庞德孜孜以求的"理想的国家"（高博，2019）。

2. 《诗章》中对道家美学的借鉴

关于庞德对道家思想的借鉴，主要体现在《第 49 诗章》（亦名《七湖诗章》）的创作当中。具体而言，我们知道道家十分推崇"以物观物"的美感经验。所谓"以物观物"也就是避免用人的主观思想来主宰物象形义。这在中国传统的山水画中表现得尤其明显。例如，"在山水画中，画家经常制造自我虚位，留下'画中之空'作为一种负面的空间，一种冥寂沉思的状态，任万物素朴而宏丽地兴现"（叶威廉，2006：20）。类似于山水画里引发的自由浮动的印记活动，中国古诗也可以避免固定在一种偏狭的、由作者主观宰制、指引、定向的立场。诗人通过视角的调整变得非常灵活，可以让物像或事件保持它们多重空间与时间的延展。具体到语言使用上，中国古诗往往利用"空间切断"和"语法切断"的方式来引发出并时性（如罗列意象、不同时间事物的同时发生、并列）和凸显视觉性等效果，而这也恰恰是像英语这样的印欧语言所无法做到的。然而，庞德在创作《诗章》时却借鉴了道家的美学思想，他的诗歌无不散发出浓厚的道家韵味。例如：

【例6】

【原文】雨；空阔的河；远行，

冻结的云里的火，暮色中的大雨

茅屋檐下有一盏灯。

芦苇沉重，垂首；

竹林细语仿佛哭泣。

【译文】Rain; empty river; a voyage,

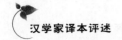

Fire from frozen cloud，heavy rain in the twilight

Under the cabin roof was one lantern.

The reeds are heavy；bent；

And the booms speak as if weeping.

【例6】是《七湖诗章》中的其中一首诗歌，其结构形式不禁让我们联想起我国元代诗人马致远的《天净沙·秋思》，其断断续续，以意群为单位陈列出一组意象并进行叠加，完成了"语法切断"与"空间切断"的并行，使整体诗歌孕育出一种"以物观物，不涉思迹干预，任物自然、自发、自成的美学意味"（叶威廉，2002：65）。另外，值得指出的是，庞德此处的革新之举对后辈诗人影响极深。迄今，这种颇具道家思域的创作手法在英美现当代诗歌当中屡见不鲜。譬如，现代派诗人瓦特森（Roderick Watson）就曾利用庞德诗中的"语法切断"技巧，他认为"这种技法有意给读者留下了充分的想象时间和空间"；雷克斯罗斯（Kenneth Rexroth）受庞德启发，将一连串意象加以并置以营造一种氛围、一个借物言情的意境、一个供读者自己体验的审美空间。这与电影艺术中的"蒙太奇"手法如出一辙，即利用几个镜头的同时或连续闪现以重叠各镜头的内容，产生一种综合的美学效果。总之，在现代西方诗学中，这种将诗歌意象叠加的目的，是产生一种类似于道家美学所追求的审美境界——意境，它既源自诗中客观的意象排列，也出自读者自身的审美经验。

三　对庞德所译中国文学作品性质的研判

通过以上论述可以说，"庞德是20世纪中国古代文化在西方影响的典型代表"（高博，2018）。然而，对于这样一位热衷于传播中国文化的西方使者，我国学界在对他进行肯定的同时也存在着诸多质疑。质疑者通常采用"东方主义"视角，指出"庞德是一位顽固的西方中心主义者，他所翻译的中国文学作品符合东方主义的所有标准"（罗坚，2009）。笔者认为，东方主义批评虽不乏一些合理之处，但也存在明显不足。"它过分夸大了意识形态在庞德中国知识生产中所发挥的作用，而忽视了其知识产出背后的'文化无意识'问题"（高博，2017）。鉴于此，先就庞译中国文学作品的东方主义批评提出质疑，然后再从"汉学主义"角度出发对其进行重新检视，以期能够做出更为客观公正的评价。

（一）对庞译中国文学作品的东方主义批评

"自本世纪初以来，中国的庞德研究就流行着一种东方主义视角。"（张景华，2013）批评者认为庞德翻译的中国文学产品不仅篡改了中国文化，而且贬低了中国形象。譬如，区鉷、李春长（2006）以庞德的《华夏集》为例，指出"这部诗集描绘了一个空虚失落的荒原中国，它反映出的是现代东方主义捏造的中国形象并有意或无意地为西方的侵略提供了论据"。刘心莲（2001）认为，庞德对中国文化始终持有文化霸权主义心态。"他眼中的中国文化并不具有西方文化所具有的平等地位，而是一种可以任意支配，变形，移用，背叛的文化。这种心态已经构成了'东方学'这一话语形式。"（刘心莲，2001）朱谷强（2009）则进一步指出，庞德翻译中国文学的目的在于"更好地充实帝国文化，为帝国的政治和文化服务"。其中，对庞德东方主义批评最为深刻的当属罗坚。通过分析庞德对汉字的误用以及对儒家思想的误释，罗坚得出结论，"庞德是一位东方主义者，他对中国文化的态度充分表现出隐藏在他背后的西方中心主义意识。这种意识与东方主义息息相通，它渗透在庞德翻译的每个角落"（罗坚，2009）。笔者认为，利用东方主义视角对庞德中国文学翻译作品的批评虽不乏一些合理之处，但在学理上也存在着明显的偏颇，这主要表现在两方面：首先，它没有考虑到其理论自身的适用范围；其次，没有考虑到庞德所处时代的具体语境，以及他对中国文化所持有的总体态度。以下我们将围绕这两方面进行详细论述。

（二）对庞译中国文学作品东方主义批评的质疑

1. 关于东方主义理论的适用范围

东方主义理论是由萨义德（Edward W. Said）在他的《东方学》

（*Orientalism*）一书中提出的。在该书中，萨义德对"东方"的研究地域进行了严格的限定。

> 我将这一已经受到限定（但仍然过于宽泛）的问题再次限定到英、法、美对阿拉伯和伊斯兰世界的经历上……做此限定之后，东方有相当大的一部分——印度、日本、中国以及其他远东地区似乎被排除在外，这并不是因为这些地区过去不重要（它们显然一直都很重要），而是因为在讨论欧洲在近东或伊斯兰的经历时可以完全不考虑其在远东的经历。（萨义德，1999：22）

通过以上论述明显可以看出，萨义德东方主义理论中的"东方"范围包括的是阿拉伯和近东伊斯兰地区，而身在远东的中国并不属于东方主义的研究对象。这一方面与萨义德本人亚裔巴勒斯坦人的身份有关，另一方面与中国特殊的历史和国情有关。作为后殖民理论中的有机组成部分，"东方主义理论主要研究的是殖民时期之'后'宗主国与殖民地之间的文化话语权利的关系"（祝朝伟，2006）。然而，从历史上看，中国从未被完全殖民过，它只是在一段时期内处于半殖民地半封建社会。也就是说，旧中国从来就不是一个真正意义上的殖民地国家。因此，将具有强烈后殖民意识形态的东方主义理论强加在非殖民性的中国知识生产研究之上不免会产生生搬硬套之嫌。由此可见，利用东方主义理论来检视庞译中国文学，其立论本身就存在着先天性的不足。

2. 关于庞德所处的时代语境以及他对中国文化的态度

东方主义学者对庞德的批判主要来自对其翻译的中国文学作品的评价。他们认为，"庞译中的错译、误译比比皆是，这些错误故意地扭曲了中国文化"（刘心莲，2001）。笔者认为，这样的批评不乏有失公允之处。首先，从庞德个人来看，"他是在1936年之后才开始认真学习汉语的，但他的汉语能力直到最后也不怎么样"（蒋洪新，2014：164）。庞氏译文大多是根据马礼逊（Robert Morrison）的《华英词典》（*A Dictionary of the Chinese Language*），和参照其他西语译本完成的。对于这样一个缺乏汉语知识的人，我们很难想象他翻译过来的中国文学作品不会出现错误。显然，这种由于语言能力的缺陷而产生的误译并不足以说明庞德是在故意扭曲中国文化。其次，从当时的文学风尚来看，20世纪初正值欧美现代主义文学蓬勃发展的时期，"文学实验"是这一时期的主旋律，"它要求文学翻译采取新的策略，这种策略不仅要适用于诗歌翻译，还能适用于诗歌创作"（张景华，2013）。庞德迎合并发展了这种新的文学风尚，"他将翻译视为一种创造性活动，同时也视为对原作的一种批评"（Cheadle，1997：93）。这说明在庞德看来，翻译更像是对诗人的一种语言训练，是为诗歌艺术提供更多的创作模式。由此可以看出，庞德译诗的目的不仅在于传递信息，更重要的是在于为诗歌创作提供灵感。因此，单纯地以忠实性原则为依据批判庞德的翻译篡改了中国文化，继而认定他具有东方主义倾向，这样的判断是片面的，因为它忽视了庞氏译文中的文学创作倾向。

用东方主义话语批判庞德的另一条依据是有关他对待中国文化的态度。批评者通常将庞德对待中国文化的态度描述为"自以为是""居高临下"，并借此指责庞德故意贬低、歪曲，甚至妖魔化中国形象。显然，这样的批判是建立在"西优中劣"的理论预设之上的。那么，在庞德眼中，西方文化真的比中国文化优越吗？答案是否定的。这一点可以从庞德的作品和谈话中得到充分体现。例如，在根据费诺洛萨手稿整理出来的《作为诗歌媒介的中国文字》（*The Chinese Written Character as a Medium for Poetry*）一文中，庞德明确地谴责了英美帝国主义对待中国傲慢的态度，"我们面临的任务不是攻破其堡垒、开拓其市场，而是研究和同情其伟大的人文精神和理想"（蒋洪新、李春长，2014：347）。在其平生巨著《诗章》当中，庞德更是把中国文化当作西方文化对自身进行反思的"另一个自我"。甚至当庞德被问及自己的信仰是什么的时候，他的回答是《大学》。由此可见，庞德是一位对中国文化充满热爱并推崇备至的西方文人，他不但没有妖魔化中国，反而对中国文化充满了乌托邦式的羡慕和景仰。

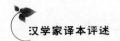

（三）汉学主义视角下对庞译中国文学作品的再批评

1. 汉学主义的内涵

"汉学主义"（Sinologism）是一个由国内外中国学者提出的有关汉学、中西研究和中国知识生产的文化批评理论。[①] 其研究对象是中国知识生产中出现的一般性问题，目的是揭示导致中西研究中误识和误读现象发生的工作法则和内在逻辑。具体来讲，汉学主义是指一套"以独特的认识论和方法论做中国学问的综合体系"（顾明栋，2011）。它既是一个知识系统，又是知识生产的一种实践理论。"前者主要包括了中西方研究中偏离中国文明实际情况而产生的纷繁复杂的现象，而后者则涉及全世界，尤其是西方在生产关于中国文明的知识时所采用的有问题的认识论和方法论。从整体上看，它作为一个知识系统，是建立在西方为中心的种种观点、概念、理论、方法和范式构成的总体基础之上的，其理论核心是以认识论和方法论的他者殖民为中心的一种隐性的知性化意识形态。"（顾明栋，2015a：77）汉学主义的理论基础由两个概念结合而成，其一是"文化无意识"，其二是"知识的异化"（顾明栋，2014）。所谓"文化无意识"指的是"一种由不可见的力量操纵的文化心理结构，它无意识地影响、塑造并控制着人类生活总的文化活动"（顾明栋，2015a：53）。需要指出的是，这里的无意识是一个动态的发展过程，它并非完全的无意识，而是"经过教化或者经过培养后的无意识"（顾明栋，2015a：54）。由于文化无意识的作用，从事中国知识生产的学者和汉学家们没有自觉认识到其学术研究的主观性，这就导致了汉学主义和汉学主义化的产生。汉学主义和汉学主义化作为知性商品，偏离了汉学，"它们并不是真正的汉学和中国学，而是汉学、中国知识和知识生产的异化"（顾明栋，2013）。

---

① 顾明栋教授是汉学主义理论的主要创立者和倡导者。他就职于达拉斯德州大学和扬州大学，任中国文学和比较文学教授。他是英国《泰晤士报》世界大学排名学术声誉评议人之一，美国《诺顿理论与批评选集》（*Norton Anthology of Theory and Criticism*）特别顾问，曾负责推选中国第一位文艺理论家进入世界权威的文论选。

2. 对庞译中国文学作品的汉学主义再批评

在利用东方主义理论对庞德中国文学翻译产品的分析当中，"对《华夏集》的批评可以说最多、最集中，也最具代表性"（张景华 2013）。据此，本节拟再以《华夏集》为例，从汉学主义视角对其进行重新审视。

首先，我们从《华夏集》的书名来做分析。"华夏"一词最早出现在柏朗·嘉宾（John of Plano Carpini）所著的《蒙古行记》（*History of the Mongols*），书中用 Cathy 来指契丹人。后来，马可·波罗（Marco Polo）来到中国并完成了《马可·波罗游记》（*The Travels of Marco Polo*）。在该游记中，马可·波罗将中国描述为一个繁荣富庶、近似天堂的国家。这个国家由两个部分组成：北方的"契丹"（Catai）和南方的"蛮子"（Mangi）。游记传回欧洲后引起了巨大反响，它被译成多国文字，相互传抄。在游记的传播过程中，Catai 被译成多种形式，最终统一简化为 Cathy。此后，Cathy 一词便逐渐演变成了欧洲人对中国的统称。与此同时，Cathy 也成为欧洲人心目当中令人向往的圣地。庞德以 Cathy 为他的首部中国诗集命名，可见，他对中国文化充满了浪漫主义式的倾慕。然而，这种倾慕并非出于庞德对中国的客观了解，它更多地反映了庞德对当时西方社会的不满情绪。具体来讲，《华夏集》创作之时正值第一次世界大战。庞德目睹了战争给人类社会带来的深重灾难，这种灾难与中华大地上安逸富足的生活形成了强烈对比。在此，"华夏"成为庞德躲避现实的"他者"。诗集的作用不在于赞美中国，而在于表现庞德对当时西方社会的不满与期待。据此可以看出，《华夏集》体现出了明显的汉学主义浪漫维度，它虽对中国文化充满敬意，但其本质是为西方服务的。

其次，来看《华夏集》的选辑问题。《华夏集》是庞德从费诺罗萨遗稿中摘译而成的中国古典诗歌文集。费氏遗稿共存有 150 余首中国古诗，而庞德只选译了其中的 19 首。这一事实必然引起对庞德选诗的主导思想和选诗原则的关注。东方主义视角认为，庞德选辑的《华夏集》勾勒出的中国形象"正好需要西方的注意、重构，甚至拯救"（区鉷、李春长，2006）。这样的批判充满了明显的政治性和意

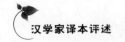

识形态性。与此不同，汉学主义视角并不具有那么强烈的政治批判性，它更多关注的是《华夏集》的文学属性。具体来说，汉学主义视角从《华夏集》的文本研究入手，其最终目的在于揭示庞德自身的知识结构与《华夏集》选辑背后的深层逻辑关系。限于篇幅，仅以《华夏集》中《采薇》一诗为例来做具体分析。《采薇》是庞德选入《华夏集》的第一首诗歌，可见庞德对其重视的程度。那么，究竟是《采薇》的什么诗质吸引了庞德？笔者认为，这个问题的答案与庞德的诗学观有着密切关系。作为英美现代主义诗歌改革的先驱者之一，庞德除了提倡意象概念，还特别强调诗歌写作的散文价值（Prose Value）。早在 1914 年，他就指出，"作为一个'批评运动'，1912 年到 1914 年的意象主义开始把诗歌提高到散文的水平"（Pound，1971：47）。1915 年，他再次把这个观念当作革新现代派诗歌的重要内容加以强调。他提出，"诗要写得像散文那样好，不应该有书面语，少来些释义，没有倒装"（Markin，1985：23）。需要说明的是，庞德在这里所说的散文其实指的是欧洲的优秀小说。譬如，他借用福楼拜（Gustave Flaubert）的"用词精准"和司汤达（Stendhal）的"散文是更高的艺术"等批评话语来提倡新的写诗标准，其目的是用散文式的写作方式来对抗那种用语俗套、修辞夸张的后维多利亚诗风。总之，在庞德看来，"优秀的诗人应该像散文家，他想怎么说，就怎么说。他要说得完全、直白、简朴。他要用最少的词语来言说"（陶乃侃，2006：77）。

《采薇》出自《诗经·小雅》。这首诗整体风格简洁明净，表达具体客观，不夸张，无藻饰。就中国文学传统而言，该诗属于早期民间的口头文学。"口头文学语言大多处于发展阶段，尚不成熟，有些文词的使用甚至显得'幼稚'、'笨拙'。"（陆侃如、冯沅君，1935：65）《采薇》简朴的诗质完全符合了庞德好诗的标准，能够用来示范他的散文价值，此其一。其二，《采薇》的散文价值还体现在它的史实性上。庞德一贯重视历史对社会的推动作用。在他看来，历史能够对所有时代同时产生意义，因此，"我们应该学会从真实的历史中去发掘对现代社会产生影响的相关因素"（Pound，1971：38）。庞德把

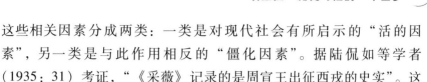

这些相关因素分成两类：一类是对现代社会有所启示的"活的因素"，另一类是与此作用相反的"僵化因素"。据陆侃如等学者（1935：31）考证，"《采薇》记录的是周宣王出征西戎的史实"。这一段真实的历史无疑为庞德提供了"活的因素"。他借此题材对原诗进行演绎。译诗主要描绘了战争给社会带来的创伤以及给亲友造成的离别，而这一主题恰好与庞德当时的反战思想不谋而合。

通过以上分析可以看出，《华夏集》实际上是庞德根据自身的诗学原则来进行选辑的。具体来说，是庞德对诗歌"散文价值"的追求决定了他对中国古诗的兴趣、了解和翻译。对庞德而言，散文价值的传统来源于西方，它早已根植于庞德的知识结构体系，左右着庞德对诗歌的理解和评价，继而形成了庞德诗学的"文化无意识"。可以说，《华夏集》正是在这种文化无意识的操纵下所形成的特定产物，它折射出的不是中国诗歌在异域文学系统中的对等物，而是"被异化了的中国知识"；它的目的不是在于传播中国文化，而是在于革新西方诗学。

综上所述，与东方主义观点一致，汉学主义认同庞德在一定程度上持有西方中心主义意识。这表现在两者均承认庞德翻译中国文学的根本目的在于为西方文化服务。但是，与东方主义截然不同的是，汉学主义理论强调学术不应纠缠于政治和意识形态，而是要注重尽可能客观、公正、科学地生产知识和学术。具体来说，汉学主义视角对庞译中国文学作品的批评是根据文化无意识的规则而运行的，这一规则往往是深藏不露的。"而东方主义的政治批判具有即时性、当下性、现实性和意识形态性，因而它是无法穿透无意识的逻辑的。"（顾明栋，2015b）总之，汉学主义视角下对庞译中国文学作品进行的批评由于深入其文化无意识层面，注意挖掘表象下的内在逻辑，强调学术研究的相对中立性，警示政治和意识形态对学术研究的过度干扰，因此，与东方主义相比，其结论能够更加客观、公正地揭示出庞德中国文学翻译作品的本质属性。

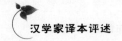

四 结语

　　庞德一生从未踏足过中国，他对中国文化的接受也夹杂着大量的主观理解和想象。可以说，庞德笔下的中国并非实际的中国，而是他"梦中的中国"，它既真实又朦胧，既古老又现代。然而，不可否认的是，像庞德这样能够把中国文化翻译出来并且融入于自己伟大著作中的西方学者兼诗人，极为罕见。他把世界文化知识都看成他思想的组成部分，而没有像其他西方学者那样看低东方文化，实为难能可贵。这也正如他自己在《诗章》中所表述的那样，"杏花/从东方吹到西方/而我一直努力不让花凋落"。总之，不管庞德最后做得是否成功，但他的付出确实值得我们称颂。

参考文献

[1] Carpenter, Humphrey, *To Write Paradise*：*Style and Error in Pound's Canto*, New Heaven and London：Yale University Press, 1984.

[2] Cheadle, Mary, *Ezra Pound's Confucian Translations*, Michigan：The University of Michigan Press, 1997.

[3] Kenner, Hugh, *The Poetry of Ezra Pound*, New York：New Directions, 1951.

[4] Markin, Pyron, *Pound's Cantos*, Sydney：Georgr Allen& Unwin, 1985.

[5] Pound, Ezra, *ABC of Reading*, New York：New Directions, 1960.

[6] Pound, Ezra, *Make it New*, New Heaven：Yale University Press, 1971.

[7] Qian, Zhaoming, *Ezra Pound's Chinese Friends*：*Stories in Letters*, New York：Oxford University Press, 2008.

[8] 高博：《"求异存同"：翻译社会学视域下庞德〈诗经〉译本再解读》，《复旦外国语言文学论丛》2017 年第 1 期。

[9] 高博：《东方主义还是汉学主义——埃兹拉·庞德中国文学翻译产品的性质之辩》，《东方翻译》2017 年第 6 期。

[10] 高博：《从"仿中国诗"（1914）到〈诗经〉（1954）——埃兹拉·庞德对中国传统诗论"兴"的译介》，《中国比较文学》2018 年第 3 期。

[11] 高博：《从"走出去"到"走进去"：埃兹拉·庞德对中国古籍的译介与借

鉴》,《中国社会科学报》2019 年 11 月 19 日第 3 版。

[12] 高博:《一面是巨人,一面是婴孩——埃兹拉·庞德的双面人生》,《世界文化》2020 年第 12 期。

[13] 高博:《〈华夏集〉:中国古典诗歌在英语世界的"涅槃重生"》,《中华读书报》2020 年 3 月 4 日第 20 版。

[14] 高博:《由"革新诗学"到"改造社会"——埃兹拉·庞德汉籍英译中的译者行为历时考辩》,《外国语文研究》2020 年第 4 期。

[15] 顾明栋:《汉学主义:中国知识生产的方法论之批判》,《清华大学学报》(哲学社会版)2011 年第 2 期。

[16] 顾明栋:《汉学是被异化的知识》,《探索与争鸣》2013 年第 2 期。

[17] 顾明栋:《为"汉学主义"理论一辩——与赵稀方、严绍璗、张博先生商榷》,《探索与争鸣》2014 年第 10 期。

[18] 顾明栋:《汉学主义——东方主义与后殖民主义的替代理论》,商务印书馆 2015 年版。

[19] 顾明栋:《后殖民理论的缺陷与汉学主义的替代理论》,《浙江大学学报》(人文社会科学版)2015 年第 1 期。

[20] 蒋洪新:《庞德研究》,上海外语教育出版社 2014 年版。

[21] 蒋洪新、李春长:《庞德研究文集》,译林出版社 2014 年版。

[22] 姜义华编:《中国近代思想家文库——章太炎卷》,中国人民大学出版社 2015 年版。

[23] 刘心莲:《理解抑或误解?——美国诗人庞德与中国之关系的重新思考》,《外国文学》2001 年第 6 期。

[24] 罗坚:《西方中心主义的变奏——重评庞德的中国文化态度》,《湖南师范大学社会科学学报》2009 年第 2 期。

[25] 陆侃如、冯沅君:《中国诗史》,商务印书馆 1935 年版。

[26] 区鉷、李春长:《庞德〈神州集〉中的东方主义研究》,《中山大学学报》(社会科学版)2006 年第 3 期。

[27] [美]爱德华·W. 萨义德:《东方学》,王宇根译,生活·读书·新知三联书店 1999 年版。

[28] 陶乃侃:《庞德与中国文化》,首都师范大学出版社 2006 年版。

[29] 吴其尧:《庞德与中国文化——兼论外国文学在中国文化现代化中的作用》,上海外语教育出版社 2008 年版。

［30］杨伯峻：《论语译注》，中华书局 2006 年版。

［31］叶威廉：《道家美学与西方文化》，北京大学出版社 2002 年版。

［32］叶威廉：《庞德与潇湘八景》，岳麓书社 2006 年版。

［33］张景华：《庞德的翻译是东方主义吗？——兼论〈神州集〉的创造性翻译》，《中国翻译》2013 年第 5 期。

［34］张西平：《20 世纪中国古代文化经典在域外的传播与影响研究》，经济科学出版社 2015 年版。

［35］赵毅衡：《诗神远游——中国如何改变了美国现代诗》，四川文艺出版社 2013 年版。

［36］祝朝伟：《庞德翻译研究中东方主义视角的质疑》，《西华师范大学学报》（社会科学版）2006 年第 2 期。

［37］朱谷强：《庞德的一种东方主义》，《疯狂英语》（教师版）2009 年第 4 期。

［38］朱徽：《中西诗艺比较研究》，四川大学出版社 2010 年版。

瑞典汉学家扬·米尔达：向西方讲述中国故事[*]

王建宏　刘运杰^{**}

扬·米尔达（Jan Myrdal）是瑞典作家、评论家和政治活动家。他一生著作等身，心系中国，至今已发表二百多部（篇）评析和介绍中国社会主义建设的著述，其中以1962—1994年5次采访延安南郊柳林村，撰写的《来自中国农村的报告》系列论著尤为著名，至今已被翻译成多种文字，畅销各国，成为西方社会了解中国社会的必读书目之一。

一　瑞典最叛逆的作家

扬·米尔达1927年生于瑞典首都斯德哥尔摩近郊罗姆马（Bromma）一个高级知识分子家庭。父亲冈纳·米尔达（Gunnar Myrdal）是瑞典学派和新制度学派及发展经济学的主要代表人物之一，同时也是社会学家和政治家。母亲阿尔瓦·米尔达（Alva Myrdal）是瑞典女政治家，曾任瑞典驻印度大使和瑞典教育部部长，在联合国教科文组织担任高职。他的父母分别获得1974年诺贝尔经济学奖与1982年诺贝尔和平奖，这在诺奖史上是非常罕见的。

---

　* 本文系陕西省教育厅重点项目"集体记忆中的农业合作化运动——对延安市柳林村的历史学考察"（项目编号：17JZ082）的阶段性成果。原载于《中国社会科学报》2019年9月2日第1769期。
　** 作者单位：延安大学历史系。

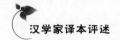

扬·米尔达对社会主义革命的关注，在其青少年时期已经初见端倪。他曾阅读过关于法国大革命及左翼作家的著作，深受马列主义的熏陶。加之同时期欧洲反法西斯运动和瑞典工人运动如火如荼地开展，他开始积极投身于瑞典进步运动。1944 年，17 岁的扬·米尔达从学校退学，担任瑞典共产党党报记者、特约通讯员，之后又加入瑞典共产党。

1958 年起，扬·米尔达先后游历了阿富汗、伊朗、柬埔寨、印度等 20 多个国家，倡导反殖民主义、反帝国主义，关注第三世界问题、民族解放斗争，他谴责美国发动越南战争是霸权主义行为。1967 年，他在瑞典组织创办了左翼评论杂志《文化前哨》，并长期担任责任编辑，宣传左翼思想。1968 年，他出版的《一个不忠的欧洲人的自白》（*Confessions of a Disloyal European*）一书，毫不隐讳地描述了他在美国和瑞典度过的艰难的童年岁月，反思自我和揭露社会的不公，被《纽约时报》评选为 1968 年"十大杰出书籍"之一。

扬·米尔达最近的一次国外旅行是在 2010 年 1 月，年逾八旬的他深入印度中部的丛林，在印共的游击区生活了两周，采访了印共毛派的领导人。于 2012 年出版《红星照耀印度》（*Red Star Over India*）一书，阐述了他对印度局势的看法。由于他的观点热烈激进、直中要害，被西方称为"瑞典最叛逆的作家"。瑞典作家伊瓦·鲁·约翰逊甚至称赞"扬·米尔达是瑞典最好的作家"，"每当他出国旅行时，瑞典就会变得沉默"，"他很勇敢，是一个现实主义者，一个卫道士"。

二 出版多篇有关中国的著作

扬·米尔达早年阅读过斯诺、韩素音等人关于中国的著述，对中国革命的成功表现出极大的兴趣，期望切身体验和观察新兴的社会主义中国的状况。

1962 年春，扬·米尔达和摄影师妻子甘·凯丝丽（Gun Kessle）获得访华签证，这是他们首次踏上中国的土地，在访问了内蒙古、云

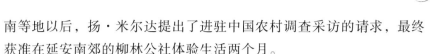

南等地以后，扬·米尔达提出了进驻中国农村调查采访的请求，最终获准在延安南郊的柳林公社体验生活两个月。

柳林村是公社化运动时期有名的"农业示范村"，村支书李有华曾被评为省级、全国农业劳动模范。提到选择柳林村的缘由，扬·米尔达在《来自中国农村的报告》序言中写道，"柳林是一个典型的陕北村庄，在中央红军到达陕北之前就开始了共产主义实践，进行集体农业合作的最早试点"。可以说，柳林村是当时农业体制改革的"样板"村。

1962 年 8 月初，扬·米尔达夫妇在两名翻译人员的陪同下经西安抵达延安，受到热情接待。他们通过村支书李有华和翻译的帮助，得以与柳林村村民顺利访谈。在两个月时间内，扬·米尔达主要负责采访，甘·凯丝丽负责拍摄照片，他们从早上 8 点工作至下午 6 点，共采访了 50 户人家，近百位村民。至今，柳林村上了年纪的村民，对扬·米尔达此次来访仍然记忆犹新，时隔半个多世纪，他们第一次从扬·米尔达的书中看到自己和老一辈人的照片和文字，感慨万千。9 月中旬，扬·米尔达夫妇离开柳林村抵京，受到了毛泽东等领导人的接见，并应邀参加了国庆节的天安门观礼。这次中国之行长达 9 个月，扬·米尔达称"探访乡村和农民革命是作为中国旅程最重要的部分"。

1963 年，《来自中国农村的报告》的瑞典语文本于斯德哥尔摩首次出版。这本描述社会主义中国农村的著作，立即在西方社会引起巨大反响，随后被陆续译成英、法、德、日等二十多种语言。1965 年英译本出版后，西方各大媒体对该书纷纷做了评论，评论家们在《卫报》《芝加哥论坛报》上发表文章，对该书赞誉有加。其中，埃德加·斯诺在《新共和》杂志上评论道："从三十多个人的自述中，人们了解了村子里几乎每个人的历史。没有一个人是国家的重要人物、党的伟大人物或是长征的老兵。然而，当他们开始回忆个人生活经历的时候，对于国情的呈现确实提供了一个有趣的新视角。"

《来自中国农村的报告》一书的成功，为扬·米尔达赢得了广泛的社会声誉，使他迅速跻身于瑞典著名汉学家之列，并于 1968 年当选瑞中友好协会主席。之后，他又以协会主席的身份多次访华，其中在 1969 年、1975 年、1978 年、1982 年、1994 年专程对柳林村进行回访，出版了《回到中国农村》（*Return to that Chinese Village*）、《柳林的盛宴》（*En Fest I Liu Lin*）等一批反映柳林村的著作。值得一提的是，1978 年 6 月 10—20 日，他来华时，还带领拍摄团队为柳林村拍摄了一部长达 45 分钟的彩色纪录片。后来，这部纪录片在瑞典国家电视台播出，成为今天我们了解改革开放之前陕北农村的珍贵影像。扬·米尔达对延安柳林村持续关注长达 20 年，完整地记录了公社化时期到改革开放时期陕北农村的变迁历程。这一系列反映中国社会主义农村发展变迁的论著，不仅在西方绝无仅有，在中国也是非常难得一见。

除柳林村以外，扬·米尔达的足迹遍布新疆、甘肃、陕西、四川、重庆、浙江、安徽等省区，出版了《华夏之游》（*Chinese Journey*）、《丝绸之路》（*The Silk Road*）、《中国实录：1975—1978》（*China Notebook：1975—1978*）等多部介绍中国的书籍。此外，他还做了不少关于中国的演讲。由于他对中瑞关系的突出贡献，1993 年，南开大学授予其荣誉博士学位。

三　笔耕不辍　心系中国

扬·米尔达现居瑞典哈兰省的海滨城市瓦尔贝里，今年已 92 岁高龄，但依然笔耕不辍，经常在社交平台上发表评论。

我们通过电子邮件与他取得了联系，他非常高兴，热情地回信告知我们，他收藏的 5 万册书籍和档案全部保存在瓦尔贝里市中心的一栋四层楼的扬·米尔达图书馆，目前该馆由扬·米尔达协会管理。他的妻子甘·凯丝丽于 2007 年去世后，当年拍摄的照片和胶片交由斯德哥尔摩的远东文物博物馆收藏。他的女儿伊娃·米尔达是考古学家，在该馆任职。扬·米尔达表示，希望通过合适的渠道将自己搜集的资料捐赠给延安老区，以便让更多的人从事这项研究。

美国汉学家威廉·莱尔的
中国现当代文学译介观[*]

郑周林^{**}　黄　勤^{***}

一　引言

当下，中国文化"走出去"已成为国家战略。在此语境下，特别是受益于莫言问鼎诺贝尔奖文学奖的辐射效应，作为中国文化重要部分的中国文学如何"走出去"迎来了研究热潮。纵观中国翻译史可以看到，几百年来，海外汉学家以其学识与热情，致力于汉学研究乃至翻译事业，推动中国文化与文学走入异域国度。因此，学界对海外汉学家的关注日渐增多。以汉学家的译介实践与观念为切入点审视中国文学"走出去"的研究，不失为一条有益和可行的探索路径。本文拟通过简略梳理美国汉学家威廉·莱尔（William A. Lyell，1930—2005）的中国文学译介实践，结合副文本及相关研究材料，总结他的中国文学译介观，以期为译者研究以及中国文学外译提供一个历史观照。

二　威廉·莱尔的中国文学译介实践

威廉·莱尔是美国知名的汉学家、译者与鲁迅研究学者。20 世

---

 * 本文系湖南省教育厅科学研究项目"汉学视域下中国现当代文学译者威廉·莱尔研究"（项目编号：18C0612）的成果。原载于《外国语文研究》2019 年第 5 期。

 ** 郑周林，湖南工商大学外国语学院讲师，研究方向为文学翻译史、译者研究。

 *** 黄勤，华中科技大学外国语学院教授，研究方向为文学翻译。

纪 60—70 年代在汉学重镇芝加哥大学接受过中国古典哲学与中国文学教育，乃与中国文学研究及翻译结下深厚的情结。他生前长期任教于斯坦福大学，取得了较大的成就，结集出版著译共计有 6 部：其一，专著 1 部，即 *Lu Hsün's Vision of Reality*；其二，语言读本 1 部，即 *A Lu Hsün Reader*，中文书名为《鲁迅小说集》；其三，独译译著 3 部，分别是 *Cat Country：A Satirical Novel of China in the 1930's*（老舍著《猫城记》），*Shanghai Express：A Thirties Novel*（张恨水著《平沪通车》），*Diary of a Madman and Other Stories*（鲁迅著《呐喊》《彷徨》《怀旧》）；其四，合译 1 部，即 *Blades of Grass：The Stories of Lao She*（老舍短篇小说选集）。

除了独译译著，莱尔还英译过老舍、鲁迅的一些小说，发表或附录在不同的学术载体。其中，英译鲁迅小说的作品及载体如下：第一，"Remembrances of the Past"（Huai-chiu）《怀旧》，最初出现在他的博士学位论文附录部分，后又选入著作 *Lu Hsün's Vision of Reality*；第二，"Some Rabbits and A Cat"（T'u ho mao）《兔和猫》，最初紧随"Remembrances of the Past"这一文后面，收入在他的著作 *Lu Hsün's Vision of Reality*；第三，"Brothers"《兄弟》也曾刊于香港中文大学期刊《译丛》（*Rendition*）1973 年创刊号。上述英译鲁迅小说最后都选入译集 *Diary of a Madman and Other Stories*。

英译老舍小说的作品及载体如下：第一，"Neighbors"《邻居》，收入由柳无忌（Wu-chi Liu）主编的 *K'uei Hsing：A Repository of Asian Literature in Translation*，1974；第二，"An Old Established Name"《老字号》，刊于香港中文大学期刊《译丛》（*Renditions*）1978 年第 10 期，曾收录于 *The Columbia Anthology of Modern Chinese Literature* 这一文学选集；第三，"An Old Man's Romance"（《老年的浪漫》，刊于香港中文大学的期刊《译丛》（*Renditions*）1978 年第 10 期。上述英译老舍小说最后都选入译集 *Blades of Grass：The Stories of Lao She*。

莱尔也曾译过其他中国作家的作品。莱尔曾于 1980 年发表译作 "Li Tzu-ch'eng：A Fork in the Road Requires A Decision"（姚雪垠著《李自成》节选版），收录于许芥昱（Kai-yu Hsu）主编的 *Literature of the People's Republic of China*。莱尔还曾于 1994 年在美国杂志 *Two Lines：A Journal of Translation* 的创刊号上发表译作 "Cooper"（徐卓呆著《箍》）。另外，退休之后，他在加州大学圣塔芭芭拉校区台湾研究中心主办的刊物 *Taiwan Literature English Translation Series*（《台湾文学英译丛刊》）第 7—10 期连续发表 6 篇译文，即 "Eyes of the Traveler"（张让著《旅人的眼睛》）、"March Madness"（廖鸿基著《三月三让三》）、"Auntie Tiger"（娄子匡著《虎姑婆》）、"The Duck King"（王诗琅著《鸭母王》）、"The Turkeys and the Peacocks"（郑清文著《火鸡密使》《夜袭火鸡城》）、"Children's Literature and I"（郑清文著《童话和我》）。

三　威廉·莱尔的文学译介观

莱尔翻译过诸多中国文学作品，但未曾撰写专门的翻译理论著作。尽管如此，还是很有必要对其散落在译本或是著述的有关话语予以钩沉索隐，比如正文本、副文本、意识形态、诗学等参数，分门别类归纳诸如文本选择、翻译目的、翻译策略等内容，从而勾勒出他的翻译观念。

（一）文本选择

就大体而言，文学译者面临的首个问题就是如何选择合适的原文文本，即"译什么"。梁启超（46）曾在《变法通义·论译书》中陈词："故今日而言译书，当首立三义：一曰，择当译之本；二曰，定公译之例；三曰，善能译之才。"他的这番言论点明了"译什么"对于译者的重要性，可谓"抓住了译事之根本"（许钧 156）。对于莱尔译介观的考察，首先要关注的是他的文本选择观，这些可以从他的译介实践以及著述中窥见。

首先，莱尔注重文本类型的多样化。除了鲁迅与老舍的讽刺性小说，莱尔还对其他中国作家的作品也表现出兴趣，如对通俗小说、儿童文学、历史小说、民间文学等都有过译介，曾在一些场合陈述过喜

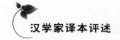

好的理由。例如，时任中国社会科学院文学研究所副所长、鲁迅研究专家马良春记得他在斯坦福大学访问莱尔办公室的情景，了解到莱尔正在翻译鲁迅的短篇小说，也听了莱尔的其他计划，回国后转述莱尔说过的话，"我的兴趣不仅在鲁迅，对中国现代很多作家都有兴趣。我翻译路翎的小说，又很喜欢柳青的作品，柳青笔下的中间人物很生动"（马良春 53）。事实上，莱尔研究过路翎的作品，1980 年参加在巴黎举办的"中国抗战时期文学国际研讨会"，提交过论文"Lu Ling's Wartime Novel：Hungry Guo Su-e"（《路翎抗战时期小说〈饥饿的郭素娥〉》），这篇论文后来收集在会议论文集，1982 年在巴黎出版发行。另外，他于 1978 年向柏林自由大学东亚研究所举办的"中国当代文学讨论会"提交了论文"The Early Fiction of Yao Xueyin"（《姚雪垠的早期小说》），后来选入德国汉学家顾彬（Wolfgang Kubin）和瓦格纳（Rudolf G Wagner）编著的《论中国现代文学和文学批评》（*Essays in Modern Chinese Literature and Literary Criticism*：*Papers of the Berlin Conference*，1978），为此，他便着手翻译了姚雪垠小说《李自成》第一卷第十九章的部分内容，这些举动可谓"研译结合"的极好注脚。

其次，莱尔珍视体现研究新成果的底本。这一特征在鲁迅小说英译的底本选择事项上尤为明显。从鲁迅小说作品在莱尔的博士学位论文、专著里所涉及的底本来看，除了《怀旧》这一篇文言小说，其他小说的底本都是人民文学出版社 1961 年版的《鲁迅全集》，而莱尔译著 *Diary of a Madman and Other Stories* 的底本（除了《怀旧》）依托于 1981 年出版的《鲁迅全集》。1981 年 8 月，美国加州举办题为"鲁迅及其遗产"的研讨会，包括李欧梵、许芥昱、葛浩文、莱尔、戈宝权等 30 多位学者参加此次研讨会，讨论了 18 篇论文，其中就有主题涉及鲁迅作品的翻译。戈宝权用英语介绍中国大陆的鲁迅出版情况，并展示人民文学出版社新近出版的《鲁迅全集》（葛浩文 107）。或许是这次研讨会让莱尔了解到鲁迅研究进展以及鲁迅作品的出版情况，从而以 1981 年版《鲁迅全集》作为译介的底本。莱尔珍视这一底本，原因之一就是这个版本提供了丰赡的尾注，反映了当时最新的鲁迅研究成果，成为学术型翻译的重要参考资料，无疑加深了他对鲁迅及其作品的理解。另外，在翻译的过程中，他还不忘向鲁迅研究机构的人员请教，进行学术互动。例如，莱尔就曾向北京鲁迅博物馆的工作人员彭小苓请教，听她介绍绍兴及周边地区的婴儿取名传统，而彭小苓曾介绍过莱尔的专著，并翻译了莱尔写给北京鲁迅博物馆的一封信（Lu 377；彭小苓 18）。

再次，莱尔极为看重反映中国国民性的题材，尤其是反映传统与现代的冲突。具体来说，他所选择的小说里面，主要人物或者角色基本上都处于社会底层，相对而言也多是无足轻重，并且在人性方面都有或多或少的缺陷。对于这里面的缺陷，莱尔看得比较透彻。在其翻译鲁迅小说的译本 *Diary of a Madman and Other Stories* 的绪言部分，莱尔为读者呈现了鲁迅对于中国国民性缺陷的疑问，并分析了一些鲁迅小说中的人物的性格缺陷：缺乏爱心、缺乏同情心、缺乏诚信等。如在《孔乙己》里，咸亨酒店的食客对因偷书而已被打断腿的孔乙己持续嘲弄；在最为著名以及最受欢迎的作品《阿Q正传》里面，鲁迅意图要总结中国人的心理弱点（Lu xxxi – xxxvi）。在莱尔翻译老舍的《猫城记》里，莱尔对这部小说的创作背景做了介绍，对老舍小说的讽喻特色也做了展示，对于故事里各色"猫人"无法摆脱各种人性缺陷给予了断言（Lao，Cat Country xxxv – xliii）。在另一部译集 *Blades of Grass：The Stories of Lao She* 的原作底本里，小说人物呈现的性格丑陋之处也是随处可见。如《开市大吉》里的几个人合伙开了名为"大众医院"的医院，这些所谓的医生不择手段，坑蒙拐骗，赚取了巨额收入。虽然治死了几个患者，也使一些患者变得疯癫，但是人们对这些所谓的医者还是感恩戴德。在张恨水的原作《平沪通车》中，主人公胡子云在北平开往上海的特别快车里邂逅女郎柳絮春，被后者的美貌所诱惑，进而失财，最终甚至落魄，下场可谓非常凄惨。小说里面的人物心理阴暗，故事的讲述会使人误以为中国无处不无骗子，无处不无陷阱。即使他所选择翻译的儿童文学体裁，也就是中国台湾本土作家郑清文的《火鸡与孔雀》，文章里面也是存在着中国人熟悉的讽喻。《火鸡与孔雀》是由《火鸡密使》与《夜袭火鸡城》两篇关联性极强的作品合并而来的，与郑清文的散文集《燕心果》中的其他作品一样，"阐述他心中的情，以及对人性的态度"（周锦 1573）。

最后，莱尔对文本的选择具有很大自主权，彰显出极强的译者主体性。在中国翻译机构里的译者，由于受官方的主导，原文的选材和译文受到严格把关，译者主体性几无发挥的可能。相较而言，莱尔在题材的选取上有着自由，体现出自我的诗学取向或者个人意识形态。以翻译老舍的小说为例，莱尔忽略新中国成立以后的老舍著述，径直翻译老舍以往的长篇著作，如《猫城记》，原因是他看到了这部小说的艺术特质以及作者的遭遇，尤其当他听闻老舍含冤而死的消息，他内心激发同情与抗议（Lao，Cat Country xxii – xxiii，xli）。在选择老舍短篇小说的问题上，他坚持以小说的趣味性作为指引（Lao，Blades of Grass 281）。他选择鲁迅小说作为翻译的对象，则与他的秉性有关。寇志明（89）对莱尔及家人的信仰有过总结，认为"跟鲁迅一样，他们反对法西斯主义者历来所靠的偏见和民族仇恨"。在对待有过翻译的文本，莱尔既不回避对以往版本的评价，也对原文给予重新阐述。例如，对于为何要重新翻译《怀旧》，莱尔（Lyell，The Short Story Theatre of Lu Hsun vi）在其博士学位论文里就提到 1938 年中国译者冯余声的英译版本，评价说冯的版本删除了很多重要信息，没有很好地反映鲁迅小说中的措辞特点。

（二）翻译目的

译者的翻译实践作为一种人类行为，本身都存在着一定的目的，比如有为宗教的，有为科学的，也有为文化传播的，等等。翻译目的既表现出层级的特点，也是多向度、多元的，存在多种与翻译选择以及翻译目的相关的主要变量（范祥涛 45）。比如，20 世纪初中国境内自然科学教科书的翻译，其翻译目的可以分为最高目的、中间层次目的、基本目的等，主要的制约变量有社会文化、翻译发起者、译者等，翻译目的可以表述为科学救国、教育救国、为学校提供教科书、赢得政治地位等（45）。莱尔的翻译行为也不例外，具有相应的目的性。

从翻译的最高目的来说，主要还是体现在对待文化与社会变革的方面。作为一种跨文化、跨语际的交流载体，翻译兼具文化交流或者批判的作用。如果说严复、梁启超、鲁迅等人投身翻译的最高目的是构建中国的现代性，或者说中国现阶段传播优秀文化体现出文化自觉的目的（罗选民 2、98），那么，身为外国人的莱尔所做的翻译，其所体现的目的则是对中国这一文化他者的尊重。冷战时期，在美国，从事中国现当代文学研究与翻译的形势十分严峻。莱尔同时代的美国汉学家西里尔·白之（Cyril Birch）对此认识很深，他曾有一次劝阻好友许芥昱不要选择中国近现代文学的介绍与研究，"在欧美，中国近、现代文学向来是被轻视的，多数汉学家都不愿问津，甚至认为只有不懂中国古典文学的才去干这类没出息的事"（许光璜、郑继宗 273）。在这种艰难的情势下，旅居海外的华人传播中国文学可以说是一种文化自觉的表现，而像莱尔这样的本土人士来译介异域的中国文学，则可以说是尊重异域文化，尤其在美国学界还没有出现后殖民主义反思思潮的情况下，这种精神更加难能可贵。莱尔的翻译是尊重文化他者的差异，将中国的这种相对弱势文化译入西方的强势文化场域，旨在传播中华文化，加深两种文化的沟通与交流。这种翻译目的的实现就在于他秉持了文化翻译的态度，在很多地方体现了深度翻译的特点，以直译加注释，或者在正文内颇多阐释，而深得学人以及普通读者关注中国特有的文化现象。

翻译目的或者翻译动机，既"可以是强大而明确的，也可以是微弱而隐约的"（许钧 158）。这一论述可以适用于我们对莱尔其他层级翻译目的的探析。莱尔的其他翻译目的也是可以通过行为本身推断出来，或者需要从其著译觅得，比如那些散见于绪言或者后记里面的话语或者观点。在其《猫城记》英译本中，莱尔以一个读者的身份揭示了《猫城记》的价值，肯定了这部讽刺小说的意义，认为老舍的这部小说不仅具有文学价值，而且具有浓厚的社会文献价值，在于其记录中国了 20 世纪 30 年代早期的社会生活（Lao, Cat Country xli）。莱尔的上述关于阅读老舍小说的话语，也适用于解读为他对《猫城记》的翻译目的，即他要将这部小说的所蕴含的语言特色与社会隐喻传递给英语国家的读者。

莱尔也有为论文或者专著的观点提供论据的目的。这些目的体现在其博士学位论文以及学术专著的译文之中，涉及的译文有的包含在正文当中，有的放在附录里面，旨在为学术同人提供观察其学术视角的重要文本。例如，他在《鲁迅的现实观》第 89 页评论鲁迅旅日期间所作的文言论文时，翻译引述了日本学者今村与志雄（Imamura Yoshio）对于鲁迅《文化偏至论》所做的观点。在其论文 Lu Ling's Wartime Novel：Hungry Guo Su-e 里，莱尔对路翎的语言艺术表示非常羡慕，因而在论述自己的观点时，翻译路翎作品中的文字作为自己的论据。莱尔也会就其翻译的文本给出说明，在莱尔所译鲁迅小说集的 Diary of a Madman and Other Stories 绪言里面，莱尔对自己的翻译目的有过阐述，他尝试过用英语介绍鲁迅的风格，重构鲁迅小说的阅读体验，其翻译的目的就是展示鲁迅小说的风格（Lu xl）。事实上，他"基于对鲁迅本人性格、经历、思想及写作特点的充分理解"（张慧玉 93），也展现了自己独特的翻译风格。

在微观层面，莱尔的一些翻译方法体现出基本目的，例如注释法与添加标题法就很能体现莱尔为读者着想的目的。在莱尔自己的《猫城记》英译本前言中，莱尔提到自己在一些章节中提供脚注，目的是使读者熟悉老舍在小说中讽喻中国社会的各方面。另外，老舍的原文的各个章节没有标题，而莱尔的英译本为这些章节添加了标题，是为了那些读完这些小说的读者可以快速找到特定的章节（Lao, Cat Country vii）。在 Diary of a Madman and Other Stories 这一译著中，莱尔对自己为译文提供注释的翻译行为也表明了翻译目的，"译者应该要为读者提供充分的数据信息，确保他们对文本获得与译者基本相同的理解或者误解。其次，译者应该设法为其译本赢得尽可能多的读者，除了那些已经熟悉中国历史与文化的读者，另外一些读者群也应尽可能争取过来"（Lu xlii）。在解释自己英译徐卓呆作品《箍》第一段为什么将所有单词字母大写时，莱尔明确地指出了其目的所在，"第一段如此翻译，是要展示中文原文的传统样式，即所有的象形文字大小

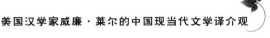

一样，没有分段，只有一个标点符号，也就是句号"（Xu 93）。

（三）翻译策略

莱尔的总体翻译策略很难说是偏向归化还是偏向异化。事实上，根据对莱尔译介鲁迅小说的研究，朱振武、谢泽鹏（70）认为莱尔的"目的明确，策略灵活"。莱尔在英译鲁迅小说集的译者导言中指出，"我选择用英语来介绍鲁迅的风格而不是其他中国现代作家的风格，就在于鲁迅和他自己的风格是不可分离的。我试图重建阅读鲁迅的中文作品时的体验，常对自己说：'如果他的母语是美国英语，那他就这个事情会如何表达'"（Lu xl.）。从这段话推断可知，莱尔自己还是想用地道的美国英语翻译鲁迅的作品，这种策略可以视为归化策略。他的这一倾向或许来源于他对其他译者的观察。莱尔曾在评论 Jeremy Ingalls 翻译的历史话剧 The Malice of Empire（《清宫怨》）时，对剧本的原文与英语进行了比较，发现译者在总体上采取的是意译的方法，将原文中的角色置于异域语境的舞台，就好像他们的母语是英语而不是汉语似的，很显然这是因为 Ingalls 译本最重要的关切点是将其产生为一个可供舞台表演的剧本（Lyell，"A Book Review of The Malice of Empire" 318）。我们再来说另一种倾向，这种倾向主要是从一些副文本里体现出来的。莱尔作为一个受过多年学术训练的学者，喜欢学术性的翻译方式，即他喜欢用译者序跋介绍原文作者、作品，使用大量的脚注或者尾注来介绍源语所体现的异国文化。那么，从这个意义上说，他的翻译策略又是偏向异化的。

关于翻译策略的具体实施，他钟情释意翻译（Interpretive Translation）。释意翻译的说法最早出现于莱尔的著作《鲁迅的现实观》正文之后的附录部分，具体来说就是第一篇鲁迅作品《怀旧》英译本之后的后记。对于什么是 interpretive translation，莱尔英译鲁迅小说《怀旧》的两个版本给出了不同的说法，一种说法是他"会尽量为英文读者补足那些原文读者可以自行补齐的内容"（Lyell，Lu Hsün's Vision of Reality，327—328）；另一种说法则是"通过显化的手段，彰显原文读者无须帮助就能明白的隐含内容"（Lu 3）。比较莱尔《怀

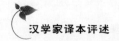

旧》的两个翻译版本（1976 年版与 1990 年版），可以发现两个版本的异同之处。从共同点来看，两个版本都是全译本，这一点莱尔自己在注释里提到过，并指出冯余声译本删节部分最重要的内容是叙事者对天演论的评价（Lyell, Lu Hsün's Vision of Reality 328；Lu 3）。差异方面则有两点：首先，从题目来看，1976 年版为 "Remembrances of the Past"（Huai-chiu），1990 年版为 *Remembrances of the Past*，1976 年版的题目中多了一个威妥玛式拼音，这对于想要找寻原文的人来说提供了方便。其次，从副文本的角度来看，1990 年的版本除了交代底本情况，还提供了 10 条注释。归根结底，释意翻译旨在 "努力再现作者的独特风格，时常采用灵活自由的诠释、增益译法，借助大量脚注为读者提供中国历史文化背景知识"（汪宝荣 59）。

他很注重保留源语的异质性与完整性，从而有利于读者理解原文的全景。莱尔在版本的选择上很有讲究，一般会在他的译者前言、序跋、脚注里有所交代。例如，关于老舍《猫城记》汉语底本，莱尔在其译本前言的第一段就交代了原文底本的信息，莱尔表明自己译作所依托的原文出自老舍创作的《猫城记》，出版年份为 1949 年，位列晨光出版公司文学丛书第 14 种。他这样做，可以为那些想要逐字逐句双语对照的读者和研究者提供了文献检索的便利。这一选择有多个可能的解释。一方面，这是莱尔接受学术训练形成的译者惯习，他的翻译行为受到学术场域有关学术规范的影响。另一方面，他将版本底本交代清楚，因为当时老舍在中国大陆受到批判，《猫城记》的出版受到了牵连，说明他的翻译底本没有受到任何的修改，反映了原貌。美国译者葛浩文曾对莱尔的这一译作给予了很高的评价，"这是一本生动、合乎语言习惯和忠实于原文的中国小说译著"（霍华德·戈德布拉特、李汝仪 120）。而反观之前的美国学者詹姆斯·迪尤（James E. Dew）翻译过的《猫城记》，其译本呈现就出现了偏差，或者说是故意造成偏差。译者在其英译本中译者直接说明译文只有原文的三分之二（Lao City of Cats viii），很明显迪尤对原作的选择是按 "政治他者" 的目的予以选择，忽略底本的完整性，把它变成了一个新闻体裁，从而偏离了老舍的底本。

四　结语

综上所述，我们发现莱尔的译介观大体上具有以下特点：一是在翻译选材上，莱尔注重文本类型的多样化，喜欢用研究成果丰富的原文底本，偏爱反映中国国民性的题材；二是在翻译目的上，莱尔持有尊重异域文化的个人意识形态，喜好通过序跋、注释等方式达成传递中国文化的翻译目的；三是在翻译策略上，莱尔既坚持内容完整性的实现，也关注"本位效果"的达成，比如译语表达的本土化、读者的反应、译作在译语文化的接受等。莱尔之所以有上述思想观念，与中国现当代文学在当时美国升温有关，莱尔所在的斯坦福大学藏有大量中国图书与期刊，莱尔有条件接触到中国现当代文学的现状，有时候还能与中国作家书信往来或者在场交流。

尽管莱尔主要译介的是中国现代文学，与当下力倡的当代文学译介有所疏离，但是莱尔的译介历程与观念并非毫无借鉴意义。中国文学相对于西方而言还是一种外来的文学，有着自身的发展道路、逻辑与诗学。汉学家的翻译观会指引自身的译介实践，影响他们的文化态度——译者对于异质文化是否尊崇或者贬斥。对于尊崇异质的汉学家而言，他们热爱中国文化，对中国文化与文学怀有认同的心态，尊重文化的异质性，不厌其烦地通过文内外注释、译者序跋等手段，如实地阐述中国文化，能够避免外国读者产生偏见。不可忽视的是，汉学家们"在了解中国文化、外文创作功力和市场认知方面占有优势"（谭业升 102）。诚然，当下中国文学"走出去"的效果还不是很理想，一些翻译存在"误译"或者"曲解"的地方，对此我们不必操之过急，也无须焦虑不安，只因"文化交流需要一个过程"（谢天振 11）。

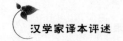

参考文献

［1］范祥涛：《翻译层次性目的的多维描写》，《外语教学》2003 年第 2 期。

［2］冯亦代：《漫步纽约》，百花文艺出版社 1985 年版。

［3］顾钧：《〈怀旧〉的三个英译本》，《鲁迅研究月刊》2014 年第 3 期。

［4］梁启超：《梁启超：论译书》，载张品兴主编《梁启超全集》第 1 卷，北京出版社 1999 年版。

［5］罗选民：《翻译与中国现代性》，清华大学出版社 2017 年版。

［6］马良春：《国外研究鲁迅和中国现代文学漫谈》，载《惝惝集》，海峡文艺出版社 1986 年版。

［7］彭小苓：《美国威廉·A. 莱伊尔的鲁迅研究简介》，《鲁迅研究动态》1982 年第 2 期。

［8］舒乙：《漫飞》，载梦晨编《世界文化之旅丛书美洲之旅》，国际文化出版公司 1999 年版。

［9］谭业升：《美国汉学家陶忘机的中国小说翻译观》，《外语学刊》2018 年第 6 期。

［10］寇志明：《纪念美国鲁迅研究专家威廉·莱尔》，《鲁迅研究月刊》2006 年第 7 期。

［11］汪宝荣：《异域的体验——鲁迅小说中绍兴地域文化英译传播研究》，浙江大学出版社 2015 年版。

［12］谢天振：《从文化外译的视角看翻译的重新定义——兼谈围绕中国文化"走出去"的几个认识误区》，《东方翻译》2016 年第 4 期。

［13］许光瓒、郑继宗：《传播中国文化于欧美的许芥昱》，载四川省政协文史资料研究委员会、四川省文史馆编《四川近现代文化人物》，四川人民出版社 1989 年版。

［14］许钧：《翻译论》，译林出版社 2014 年版。

［15］张慧玉：《对比分析莱尔与杨戴夫妇的翻译风格：以〈阿 Q 正传〉中的口头语描写翻译为例》，《外国语文研究》2017 年第 3 期。

［16］周锦：《中国现代文学作品书名大辞典》（三），（台北）智燕出版社 1986 年版。

［17］朱振武、谢泽鹏：《文学外译贵在灵活——威廉·莱尔译介鲁迅小说的当下

启示》，《当代外语研究》2017 年第 4 期。

[18] ［美］霍华德·戈德布拉特：《评沃勒·兰伯尔的〈老舍与中国革命〉一书及小威廉·A. 莱尔的〈猫城记〉译本》，李汝仪译，《徐州师范学院学报》（哲学社会科学版）1985 年第 1 期。

[19] ［美］葛浩文：《葛浩文文集：论中国文学》，现代出版社 2014 年版。

[20] Lao, She, *Cat Country*: *A Satirical Novel of China in the 1930's*, tran. William A. Lyell, Columbus: Ohio State UP, 1970.

[21] Lao, She, *Blades of Grass*: *The Stories of Lao She*, trans. William A. Lyell and Sarah Weiming Chen, Honolulu: University of Hawai'i Press, 1999.

[22] Lao, She, *City of Cats*, tran. James E. Dew, Ann Arbor: Center for Chinese Studies, University of Michigan 1964.

[23] Lao, She, *Lu*, *Xun. Diary of a Madman and Other Stories*, tran. William A. Lyell, Honolulu: University of Hawai'i Press, 1990.

[24] Lyell, William A. , "A Book Review of The Malice of Empire", *Literature East & West*, No. 2, 1971.

[25] Lyell, William A. , *The Short Story Theatre of Lu Hsun*, Chicago: Chicago University, 1971.

[26] Lyell, William A. , *Lu Hsun's Vision of R eality*, Berkeley: University of California Press, 1976.

加拿大汉学家杜迈可的中国文学译介[*]

朱振武^{**}　王　颖^{***}

一　引言

　　杜迈可（Michael S. Duke，1940—　），著名汉学家、翻译家，有人根据其英语读音，译为杜迈可。他于 1975 年毕业于美国加州大学伯克利分校（University of California，Berkeley）。在校期间，杜迈可主攻中国古代文学，尤以研究陆游的诗见长。自 20 世纪 80 年代起，他逐渐将研究重心转向中国当代文学，并陆续发表了大量的专著和论著，以自己独到的视角阐释了对中国文学的见解。在翻译领域，他翻译了多部名家名作，如巴金的散文《怀念萧珊》（*Remembering Xiao Shan*）、苏童的小说集《大红灯笼高高挂：三个中篇》（*Raise the Red Lantern：Three Novellas*）等。

　　从学生时代初识汉学，到 20 世纪 80—90 年代论著等身和随后的译介成名，再到退休后佳作频传，杜迈可倾注毕生精力专注汉学研究，为推动中国文学与文化在英语国家的传播付出了不懈努力。

---

　　* 原载于《燕山大学学报》（哲学社会科学版）2016 年第 2 期，原文题目为《杜迈可对中国文学"走出去"的译介贡献》，收录于本书时有修订。

　　** 朱振武，博士，二级教授，博导，作家，翻译家，上海师范大学比较文学与世界文学国家重点学科负责人，上海市世界文学多样性与文明互鉴创新团队负责人，国家重大项目"非洲英语文学史"首席专家和国家重点项目"汉学家中国文学英译的策略与问题"首席专家。

　　*** 王颖，上海大学翻译专业硕士。

二　初入汉学门，论著竟等身

　　杜迈可 1940 年出生于美国，1975 年毕业于美国加州大学伯克利分校，获得中国语言与文学博士（Doctorate in Chinese）学位。在校攻读期间，他的主要研究方向为中国古代文学，博士学位论文为《陆游》（Lu You）①，论文编辑成书后，于 1977 年出版。② 该论文对陆游的作品进行了详细的品读与赏析，具有自己独到的见解，给读者提供了新的阅读视角。

　　1982 年，杜迈可从美国来到加拿大英属哥伦比亚大学，接任美国的胡志德（Theodore Huters，1946—　　）③ 教授在该校的岗位，担任亚洲研究系的中国文学教授，教授中国现当代文学。他执教数十载，培养出一批又一批热爱汉学的学生，使越来越多英语国家的人们了解到中国的文学与文化。1998 年，在英属哥伦比亚大学，杜迈可指导李天明④完成了《对鲁迅散文诗集〈野草〉的主题研究》这一论文。"论文概括了《野草》的思想和艺术价值，并推崇这部宏伟的诗集代表了鲁迅写作生涯的一个创作高峰，同时是二十世纪现代中国文学的一个伟大成就。"⑤ 退休之后，杜迈可获得"英属哥伦比亚大学中国文学与比较文学荣誉退休教授"称号。怀着对汉学极大的热情，他潜心钻研，退休之后仍继续着汉学研究与翻译事业。

　　杜迈可非常肯定中国文学的艺术与价值。20 世纪 80 年代，西方社会对中国缺乏了解，当时有些评论家认为西方之所以吹捧中国新时

---

　　① Micheal S. Duke, Lu You, Boston：Twayne Publishers，1977.
　　② 梁丽芳：《加拿大汉学：从古典到现当代海外华人文学》，《华文文学》2013 年第 3 期。
　　③ 胡志德，美国汉学家，加州大学洛杉矶校区东亚语言文化系教授、副系主任。1969 年在斯坦福大学获政治学学士学位；1972 年、1977 年分别获得斯坦福大学硕士学位、博士学位。胡志德九岁起移居中国香港，四年之后回到美国上学，在斯坦福大学三年级时开始学习汉语。
　　④ ［加拿大］李天明著有《难以直说的苦衷：鲁迅〈野草〉探秘》等作品。
　　⑤ 周令飞主编：《鲁迅社会影响调查报告》，人民日报出版社 2011 年版，第 266 页。

期的文学家，注重的是其政治和社会方面的影响力而不是艺术上的优点，这无意中低估了中国文学的价值。这一观点与杜迈可的见解背道而驰。因此，作为反驳，杜迈可在他编选的《当代中国文学：后毛泽东时期的小说和诗歌》（*Contemporary Chinese Literature：An Anthology of Post-Mao Fiction and Poetry*）中挑选了一批不同寻常的作品，试图彰显中国文学作品的价值与艺术。由于当时文学作品受政治因素影响较多，而"朦胧诗"恰好又是比较自由的诗体，可以脱离政治因素的影响，充分展现文学的价值与魅力，因此他还在选集中收入了"朦胧诗"派最重要的诗人北岛的诗歌。有些作品还包含之前尚未涉及的宗教和个人主题。

在西方汉学界，杜迈可是一位较早从古代文学转向中国当代文学领域研究的学者。他从早期对陆游的宋诗研究转向对中国当代文学的研究，编著、翻译、发表过许多极具影响力的中国当代文学作品与研究成果，对中国当代文学的翻译与研究做出了巨大的贡献。[①] 1985 年，杜迈可的英语专著《繁荣与竞争：后毛泽东时代的中国文学》（*Blooming and Contending：Chinese Literature in the Post-Mao Era*）[②] 面世，该书由印第安纳大学出版社出版，其目的是显示中国文学的价值。美国汉学家金介甫（Jeffrey C. Kinkley，1948—　）认为这是其第一部，也是十年来唯一一部专论后毛泽东时代[③]文学作品的专著。[④] 这部著作主要论述了从 1977 年年末至 1984 年春这一时期的中国当代文学现状，他认为真正的中国当代文学从 1977 年开始展开，具有极强的艺术价值。

凭借对中国当代文学的热忱，杜迈可主编或参编过多部专著。刘江凯在《认同与"延异"：中国当代文学的海外接受》一书中谈道：

---

① 刘江凯：《认同与"延异"：中国当代文学的海外接受》，北京大学出版社 2012 年版，第 177 页。

② Micheal S. Duke, *Blooming and Contending：Chinese Literature in the Post-Mao Era*, Bloomington：Indiana University Press，1985.

③ 后毛泽东时代，在杜迈可所撰论文中指的是从 1976 年 9 月 9 日毛泽东去世开始一直到现在的时期。

④ ［美］金介甫：《中国文学（一九四九——九九九）的英译本出版情况述评》，《当代作家评论》2006 年第 3 期。

　　杜迈可主编或参与编辑过多本中国当代文学书籍，有三本在西方很有影响，按照出版时间顺序分别是：1985 年纽约夏普出版社出版的《当代中国文学：后毛泽东时期的小说和诗歌》（*Contemporary Chinese Literature：An Anthology of Post-Mao Fiction and Poetry*）。这本书只有 137 页，开篇是杜迈可的《后毛时期的中国文学："批判现实主义"的回归》（*Chinese Literature in the Post—Mao Era：The Return of "Critical Real-ism"*）一文。所选作品分为荒废（Ruins）、历史（History）、个人的世界（A World of Their Own）、追求光明和真理的知青（Intellectual Youth in Quest of Light and Truth）、妇女的过去与现在（Women Then and Now）、制度（The System）、边缘生活（Marginal Lives）七部分。从所选作家作品中可以看出，编者想努力全面地呈现当时中国文学的面貌，并特意编选了一些超出当时主流文学的作品，如涉及了宗教和个人的主题等。另一本是夏普出版社 1989 年出版的《当代中国女作家的评价》（*Modern Chinese Women Writers：Critical Appraisals*）。全书约 290 页，论述了被认为是最优秀中国当代女作家的作品，包括大陆、台湾及海外华文作家作品。这些作品一方面见证了中国当代妇女写作的质量，同时也试图阐明中国妇女生活的复杂问题。第三本是夏普出版社 1991 年版《当代中国小说大观：大陆、台湾和香港的短篇和中篇小说》（*Worlds of Modern Chinese Fiction：Short Stories & Novellas from the People's Public：Taiwan and Hong Kong*）。此书共 344 页，收录了始发于 1978—1989 年的各种文学期刊、由 17 个译者翻译的 25 篇作品。内容涉及中国不同时代人际关系、都市社会、穷乡僻壤的内地生活，从遥远的天山到现代化的香港、从战争年代到当下生活，尽管译者试图给每部作品倾注它们独特声音，使这部选集成为汇集、展示中国当代文学的美丽平台。①

---

① 刘江凯：《认同与"延异"：中国当代文学的海外接受》，北京大学出版社 2012 年版，第 178—179 页。

在杜迈可主编的选集《当代中国小说大观》（*Worlds of Modern Chinese Fiction*）① 一书中，可以读到 20 世纪 80 年代中期中国出版的更独特、深刻的短篇小说。该文集收录的都是青年作家的作品，他们的写作在不同程度上受到了从卡夫卡（Franz Kafka）到中国原始文化等多方面的影响，特色鲜明，别具一格。

三 领略大家风范，专研中国文学

作为中国现代文学的奠基人，中国翻译文学的开拓者，鲁迅在中国文坛上有着无可替代的重要地位。杜迈可对鲁迅的作品也进行过系统的研究，尤其是对其散文《野草》的思考更为深入，见解更为独到。杜迈可对鲁迅的研究受夏志清教授的影响，他甚至自认是夏志清的接班人。1998 年，他还指导李天明完成了论文《对鲁迅散文诗集〈野草〉的主题研究》的写作。之后，李天明又循着这一方向继续钻研。2000 年，他的论著《难以直说的苦衷：鲁迅〈野草〉探秘》由人民出版社出版。之所以选择对《野草》进行研究，他在书上写道：

> 不仅因为它是鲁迅个人文学创作的辉煌成就，还因为它是现代中国文学不朽的经典之作。它的心智和美学价值被证明是重要和经久的，它永远提供给读者以人类意志的力量、想象和智慧以及个人情感和道德的真诚。虽然《野草》中的部分散文诗是抑郁甚至悲观的，读者在其中仍能体会到一种强烈的斗争精神。

> 杜迈可强调，鲁迅"受惠于那些'知其不可为而为之'的真正悲剧式的中国古代及近代知识分子的传统"，他说："就是这种反抗压制和不平的战斗精神……被视为鲁迅生活和著作最显著的遗产。"的确，《野草》中体现的战斗精神已成为激励读者的最

---

① Micheal S. Duke, *Worlds of Modern Chinese Fiction*, Armonk：M. E. Sharpe, 1991.

宝贵的精神之一。①

　　莫言获得诺贝尔文学奖后，国内外掀起了对莫言文学作品的研究热潮。国外早期对莫言文学作品的研究可以追溯至20世纪90年代初期，当时他的小说《红高粱家族》（*Red Sorghum Clan*）刚在海外出版。虽然杜迈可并没有参与莫言作品的翻译工作，但他很早就对莫言的作品进行过研究。1990年，美国召开了一次名为"当代中国小说及文学传统"（Contemporary Chinese fiction and its literary antecedents）的会议，探讨"文化大革命"结束之后的中国当代文学与五四文学传统之间的关系。会议论文于1993年整理出版，其中收录了杜迈可与王德威分别撰写的两篇有关莫言作品较早期的研究。熊鹰在《当莫言的作品成为"世界文学"时：对英语及德语圈里"莫言现象"的考察与分析》中也提到，杜迈可对莫言的小说评价很高，他认为莫言的作品中所描绘的农民形象和五四传统有着紧密的联系。与1949—1977年出版的许多作品不同，莫言的小说描述了在特定的社会体制中农民痛苦的生活现状。他的小说描绘了20世纪80年代中国国民身体的、物质的、精神的和心理的世界，其中所包含的社会、政治和文化内容比一般的社会科学研究所能传递得更多。

四　译路再前行，勇敢攀高峰

　　杜迈可对中国文学作品的翻译起步于1983年，那时他翻译了中国现代名家巴金的散文《怀念萧珊》（*Remembering Xiao Shan*）。② 这篇散文是巴金为怀念亡妻而作的，杜迈可用细腻的笔触将巴金的怀念之情娓娓道来，感人至深。到了20世纪90年代，杜迈可则潜心投入小说翻译。1993年，他翻译了苏童的三部小说《妻妾成群》《1934

---

　　①　［加拿大］李天明：《难以直说的苦衷：鲁迅〈野草〉探秘》，人民出版社2000年版，第198页。

　　②　Micheal S. Duke，"Remembering Xiao Shan"，In Mason Y. H. Wang，ed. *Perspectives in Contemporary Chinese Literature*，University Center，MI：Green River Press，1983，pp. 113 – 131.

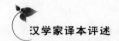

年的逃亡》和《罂粟之家》，这三部中篇小说文学性很强，笔触细腻，语言灵动，在杜迈可的生花妙笔之下，合译为《大红灯笼高高挂：三个中篇》一书。

《大红灯笼高高挂：三个中篇》在杜迈可的翻译事业中具有里程碑式的意义。他之所以选择翻译苏童的这三部作品，是因为后者在中国文坛的地位高，影响力巨大；而且，这三部作品是苏童的优秀代表作，文学价值很高。凭借着对英汉两种文化的深入了解，对英汉两种语言的熟练掌握，杜迈可所译作品也极具文学价值，深受读者喜爱。《出版人周刊》（*Publishers Weekly*）、《图书馆杂志》（*Library Journal*）和科克斯书评（*Kirkus Reviews*）都对杜迈可的译作进行了全方位的评析，认为《大红灯笼高高挂：三个中篇》能够反映出当时的中国现状，使西方读者可以了解这个神秘东方国度的历史与文化；第一人称和第三人称的叙述切换也对表情达意起到了助推作用。亚马逊（Amazon. com）网站上读者对该译著的评分也较高，有读者坦言，虽然是在观赏电影之后才来阅读这本书，但是很快就深深地喜欢上了这一译著。

杜迈可强调文学本身的价值，因此，他的译作在风格上极为忠实原文。对照之后我们发现，原本和译本在内容上可以做到段段对应，甚至是句句对应。在翻译手法的选择上，他更倾向于用异化的手法来阐释原文本。虽然杜迈可的译著中异化特点鲜明，但他深知任何翻译都不可能只采用一种翻译策略，如果译本完全异化，则会难以卒读。因此，杜迈可的异化翻译策略主要表现在语言处理的层面上。他在翻译时尽可能地将地道的汉语表达原汁原味地融入英语，让英语读者能够身临其境地感受到中国文学的美；同时遣词造句也很考究，既避免了误读与诘屈聱牙，又能把汉语的魅力展现得淋漓尽致。

提起《大红灯笼高高挂：三个中篇》，我们不免会联想到由中国导演张艺谋执导的同名电影。的确，该作品的选题与这部电影有着千丝万缕的联系。据苏童所言：

我的第一部被翻译的作品是《妻妾成群》，大约在 1991 或者

1992 年，它们分别被翻译成法语和意大利语，因为这两部译著是在张艺谋的电影《大红灯笼高高挂》之前翻译出版的，所以书名仍然叫《妻妾成群》。英文版的翻译接洽其实也是在电影之前，但从接洽到出版的周期拖得很长，译著还未出版时，恰好赶上改编电影在欧美大热，所以译著便搭乘顺风车出笼，书名自然也被改成了《大红灯笼高高挂》。①

改编后的电影先于小说在西方露面。影片的视觉冲击力和戏剧化场景吸引了大量西方的观众，因此不少评论家质疑，原著能否像电影一样吸引西方读者。最后杜迈可对这部小说的翻译之精湛，可读性之强，扫除了他们内心的疑云。而且，电影的推动作用使得译著无形之中赢得了一大批读者。译本发行后，苏童收到了很多国外读者的来信，足见其作品在国外产生的轰动效应。

在翻译这三部作品的过程中，杜迈可仔细品读了原作的风格与特点，运用了非常细腻的笔触，尽可能地忠实原作。在译著的序言中，他强调，在翻译过程中要保留所有的意象和个性化语言，原汁原味地将苏童作品的风格与特色传达出来。但由于汉英两种语言在表达方面存在着些许差异，杜迈可对汉语中的一些隐含义做出了进一步的挖掘，并用解释性的语言加以补充说明，从而使译文清晰易懂，迎合了英语阅读群体的阅读与理解习惯。②

虽然译著以《大红灯笼高高挂：三个中篇》为书名，但这并不意味着它是翻译出版的三部中篇小说中最出彩的。在这三部作品中，第三部《罂粟之家》（*Opium Family*）的译文再现了原著的艺术复杂性，极具艺术性和欣赏性，非常耐读。《1934 年的逃亡》（*Nineteen Thirty-four Escape*）的译文也是独具匠心。可以说三部中篇的译本各具特色，

---

① 高方：《苏童："中国文学有着宿命般的边缘性"》，《中华读书报》2013 年 5 月 3 日第 8 版。

② Su Tong, *Raise the Red Lantern：Three Novellas*, tran. by Micheal S. Duke, New York：Harper Perennial, 1993, pp. 5 - 6.（本文所有苏童著，Micheal S. Duke 译的 *Raise the Red Lantern：Three Novellas* 引文均出自本版本，随文标明页码，不再一一注出）

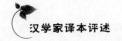

各有千秋，难分伯仲。

五 谈笑有鸿儒，往来无白丁

杜迈可不仅醉心汉学、热爱翻译，而且善结良友。他与众多名家志士交流思想，研讨学术，追求精神上的志同道合。其中包括人们熟知的苏童、夏志清、蓝诗玲、金介甫、李欧梵、王德威等。

作为苏童三部中篇集的译者，杜迈可与苏童相交甚厚。在苏童访问美国期间，两人之间交往频繁，联系密切。在作品翻译时，杜迈可为了准确理解作品，提高翻译质量，常常主动联系苏童。他们会就某些词语、句子等细节问题认真地探讨，以提高译文质量，苏童也积极地配合杜迈可的翻译工作。

在接受采访时，苏童曾就作者与译者的关系表示：

> 其实，翻译的过程，就是原作者与译者共同展示的过程，除了作者的那片天地，译者也不可避免地会在译本中泄露母语的天机，不仅是文字语言方面的，还有知识储备，还有思想教养方面的。一个优秀的译者，应该可以以母语的色彩，替原作的缺陷化妆。所以，译者与作者的良好沟通可以为优秀译作铺平道路，对双方而言，都是一个福音。①

杜迈可对鲁迅的研究一定程度上受夏志清的影响，作为西方汉学界研究中国现代文学的先行者，夏志清对鲁迅的文学作品也有一定程度的研究。虽然杜迈可并未直接师从夏志清，但他自称为夏志清的学生。在《谈文艺忆师友》中，夏志清写道：

---

① 高方：《苏童："中国文学有着宿命般的边缘性"》，《中华读书报》2013 年 5 月 3 日第 8 版。

　　"五四"那天，杜迈可、金介甫、孙筑瑾（Cecile Sun）①都
要在讨论会上宣读论文，若称之为我的学生，他们是不会否认
的。杜、金二人勤奋为学，我也从他们著作里学到不少东西，我
同他们只能以平辈身份兄弟相称。犹忆多年前金介甫刚拿哈佛博
士学位，即把厚厚的一本沈从文论文寄给我，我翻看之下，大为
惊奇，从无人研究湘西的地理历史如此透彻的。杜迈可治中国现
代文学，的确受我影响，但我自己无暇专研八十年代的大陆小
说，也就只好依赖他的判断了。②

　　可见夏志清对杜迈可也是评价颇高。在对鲁迅文学的研究中，杜
迈可潜移默化地受到夏志清的影响，并继而影响自己的学生。对他而
言，夏志清可以称得上是一位良师和引路人。

　　作为一位优秀的汉学家和翻译家，杜迈可与许多汉学家也是交往
颇多，其中以英国汉学家蓝诗玲为代表。两人虽然年龄有差，国籍有
别，但是对汉学的共同爱好使志同道合的他们互为知己。虽然两人在
翻译观和翻译策略上的观点不尽相同，但是对中国文学与文化的热爱
使两人有着共同的追求。同样，杜迈可与葛浩文等其他优秀的汉学家
也常在学术方面进行深入的交流，互通有无，共同促进。

　　杜迈可的交往范围不仅仅局限于上述作家和汉学家，还包括多位
中国学者。20世纪90年代前后，"在芝加哥，以李欧梵为中心，聚
集了一批中国学者，如甘阳、杜维明、杜毓生、杜迈可、郑树森、王
德威等，大家经常聚集在芝加哥大学东亚图书馆进行讨论，从形式主
义、雅各布森、布拉格学派到德里达、巴赫金以及福柯等，以至形成
了一个小小的'芝加哥学派'"③。芝加哥大学东亚图书馆俨然成了他
们交流思想、融会贯通的思想宝地。思想的交流与学识的融会贯通往
往能碰撞出知识的火花，结交精神之友不仅使杜迈可的思维和眼界得

　　① 孙筑瑾，美国匹兹堡大学（University of Pittsburgh）东亚研究系教授，研究范围以
中国古典诗以及文学为主，包括中西比较诗学、中国文艺思想等。
　　② 夏志清：《谈文艺忆师友》，上海书店出版社2007年版，第32—33页。
　　③ 张弘：《许子东：一个越界者的炼成》，《南方日报》，2011年12月25日第6版。

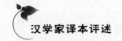

到扩展，对汉学的理解进一步加深，同样令他更坚定不移地将毕生心血倾注于汉学研究和中国文学的翻译。

六　文学走出热，译家来助推

杜迈可在汉学研究与中国文学翻译领域呕心沥血，苦心孤诣，倾注毕生心血。从学生时期专研中国古代文学、主攻宋诗，到接任胡志德到英属哥伦比亚大学教授中国现当代文学，传道、授业、解惑，再到主编、参编多部中国文学的著述，杜迈可可谓成果颇丰。他对中国文学作品的翻译更是做出了不懈的努力，20世纪80年代，杜迈可潜心翻译巴金的散文《怀念萧珊》，20世纪90年代又着力翻译苏童的三部中篇小说。他成功地将中国作家的作品推向西方读者群体，促进了英语读者对中国文学作品的理解，使他们真正感受到中国文学的魅力，为中国文学文化的传播搭建了桥梁。

七　结语

好的翻译会增进汉语读者对原著和译作的兴趣。如今在中国，杜迈可这位著名汉学家的知名度越来越高，吸引了众多专家学者和翻译爱好者的注意，他们对其汉学研究和译著作品做出了很高的评价。

不仅仅是杜迈可，其他杰出的汉学家也为推动汉学在西方世界的发展与传播做出了不懈努力。莫言的作品能够打开西方市场，让英语读者了解中国文学作品，葛浩文功不可没；鲁迅、张爱玲等中国近现代作家为英语国家的人们所耳熟能详，蓝诗玲、金凯筠（Karen S. Kingsbury，1961—　）的助推作用不容小觑。从这种意义上讲，我们需要更多的像葛浩文、杜迈可、蓝诗玲、金凯筠、杜博妮（Bonnie S. McDougall，1941—　）、白睿文（Michael Berry，1974—　）和罗鹏（Carlos Rojas，1970—　）等这样优秀的汉学家和卓越的译者。

基于语料库的译者风格对比研究

——以《非洲踏寻郑和路》两个英译本为例

陈向京　柴　雨*

一　引言

随着中非合作的深入发展，中非交流，特别是中非人文交流日益频繁。郑和作为中国明代伟大的航海家，曾多次率领大批船队从中国航海至东非，开辟了中非海上丝绸之路，开启了中国与其他国家早期的官方外交。2013 年提出的"一带一路"合作倡议，尤其是"21 世纪海上丝绸之路"构想重新明确了郑和远航的历史地位和意义。报告文学著作《非洲踏寻郑和路》记录了作者李新烽博士在非洲八年的生活经历，记载了作者对于郑和船队在非洲国家足迹的探索，同时明确了郑和远航的历史作用，为中非关系提供了积极的反思。目前，《非洲踏寻郑和路》有两个英语版本，一版由中国翻译协会专家会员、国际翻译家联盟译员周先生翻译；另一版由美国汉学家 Shelly Byrant 翻译，由南非出版社出版。Shelly Byrant 和周先生不同的翻译方向及翻译特征值得研究。Lonsdale 指出，所谓"翻译方向"（Translation Direction）是指译者是从母语译向外语（译出），还是从外语译向母语（译入）（translate out of/into one's mother tongue）。①

---

* 作者单位：西安交通大学。

① Lonsdale, A. B., "Direction of Translation", in Mona Baker ed., *Routledge Encyclopedia of Translation Studies*, London & Newyork：Routledge, 1998.

20 世纪 60 年代，"语料库语言学" 概念被提出，20 世纪 90 年代，"基于语料库的翻译研究" 被提出。Sara Loviosa 认为语料库语言学与翻译研究的结合形成了一种 "可行且富有成果的研究视角"。① 近年来，基于语料库的翻译研究方法被广泛应用于翻译风格的阐释。

译者风格是指译者在翻译过程中体现的个性，Mona Baker 将其理解为一种 "指纹"，即一位译者的所有译文都表现出来的一些规律性语言模式。② 长久以来译者的风格研究一直未受学界重视，译者的文体研究也多是聚焦于分析译文中提取的词语、句子或段落。受研究人员自身经验的影响，这些抽取的例子可能因为代表性不足而无法得到科学和客观的验证。从 20 世纪 60 年代开始，翻译研究趋向于以文化为导向的研究翻译理论家和翻译史学家 Venuti 认为，翻译研究已经开始将注意力转向译者风格的 "可见性" 和译者的 "声音"③，译者的独立地位和译者的翻译风格的存在也逐渐得到了认可④。本文采用定性和定量相结合的方法来验证译者风格的存在。通过比较《非洲踏寻郑和路》的两个英译本在词汇、句法和语篇三个层面的语言计量特征，研究两位译者不同的翻译风格，并尝试从翻译方向的视角对不同译者的风格进行解释。

二　研究设计

（一）语料收集、清理、对齐和标注

原文本《非洲踏寻郑和路》的作者李新烽将一份汉语原文本和两版英语译文通过 word 文档形式发送给本文作者。两位译者均具备很高

---

① Laviosa, S. , "Core Patterns of Lexical Use in a Comparable Corpus of English Narrative Prose", *Meta*: *Journal Des Traducteurs Translators' Journal*, Vol. 43, No. 4, 1998, pp. 557 – 570.

② Baker, M. , "Towards a Methodology for Investigating the Style of a Literary Translator", *Target*, Vol. 12, No. 12, 2000, pp. 241 – 266.

③ Venuti, L. , *The translator's invisibility*: *Shanghai Foreign Language*, 1995.

④ Hermans, T. , "The Translator's Voice in Translated Narrative", *Target International Journal of Translation Studies*, Vol. 8, No. 1, 1996, pp. 23 – 48.

的翻译水平，译出者周先生曾出版译作十余部，译入者 Shelly Byrant 曾出版译作《北妹》（*Northern Girls*）、《死亡赋格》（*Death Fugue*）、《寸寸土地皆故事》（*In Time，Out of Place*）、《悲悯大地》（*Land of Mercy*）和《野蛮生长》（*Wild Fruit*）等。在完成语料收集后，作者对语料文本的格式进行了转换，将语料从 word 格式转换为 txt 格式。原始文本与清理后的"纯"文本的大小（总字数）误差小于 0.0006%。表 1 为三份清理后"纯"文本的基本信息。

表 1 三份清理后"纯"文本的基本信息

语料库名称	文本	大小（总字数）	语言	译者
CCL	《非洲踏寻郑和路》	323776	中文	—
EZ	*Following Zheng He Footsteps in Africa*	162373	英文	周
EB	*China in Africa：Following Zheng He's Footsteps*	152606	英文	Shelly Byrant

注：EZ 代表译出译者周，EB 代表译入译者 Shelly Byrant。

随后作者使用兰开斯特大学（Lancaster University）英语语言计算机研究中心（UCREL）开发的在线免费软件 CLAWS 对语料进行机器可读格式的词性标注。CLAWS 标注精度可达 96%—97%，本研究选用的是 CLAWS7 赋码集。

（二）研究问题

本研究旨在回答以下问题：

译者在翻译中是否体现出自己的风格？

不同译者翻译风格的差异具体体现在哪些方面？

影响译者风格差异的因素可能是什么？

（三）语言参数选取

Leech 和 Short 提出了一系列的风格标志（Style Marker）特征，

包括词汇类别、语法类别、修辞格、语境和衔接。① 黄立波将风格标志分为形成标志、语言标志、叙事标志和译者风格的一般标志四个部分。② 胡开宝提出，目标语的词汇特征涵盖了词汇的整体特征，可以通过研究词类符形符比、词频、平均词长和词汇密度来识别。③ 句法特征包括平均句长和复合句，语篇特征由于语料库分析软件的限制，仅可分析语篇的衔接。对此，Halliday 和 Hasan 将衔接作为语言要素之间的语义连接，语篇的衔接主要通过指称和连词等语法词汇来实现。④ 表 2 为本研究的三个研究层次及其对应的参数。

表 2　　　　　　　三个研究层次及其对应的参数

层次	参数
词汇	标准类符形符比词频平均词长词汇密度
句法	平均句长复杂句
语篇	指称词连接词

（四）语料库分析软件

本文主要采用 WordSmith 和 AntConc 工具作为分析结果的检测和补充。WordSmith 由牛津大学开发，具有三个主要的检索功能：搭配（Concord）、关键词（Key Word）和词表（WordList）。搭配功能可以列出本研究分析需要的所有词汇的搭配，以及呈现研究对象，即某个词直接对应的文本。本研究也使用了词表功能。词表提供了目标语料库中所有词的频率表。词表功能同时可用于研究语料库的其他计量信息，包括语料库的大小、类型、符型、类符比和标准类符比。

---

① Leech，G.，Short，M.，*Style in Fiction*：*A Linguistic Introduction to English Fictional Prose*，London：Longman，2007.

② 王克非、黄立波：《语料库翻译学十五年》，《中国外语》2008 年第 6 期。

③ 胡开宝：《语料库翻译学概论》，《当代外语研究》2011 年第 9 期。

④ Halliday，M. A. K.，Hasan，R.，*Cohesion in English*，Longman，1976.

三 结果与讨论

（一）词汇层面

1. 类符形符比

Baker 认为，文本的类符形符比（Type/Token Ratio，TTR）可以反映译者的词汇量与译文的词汇丰富度，可作为研究译者风格的一项重要参数。[①] 类符形符比越高，说明译者的词汇量越大，译文的词汇丰富度越高。而当两个语料库规模相差较大时，类符形符比往往无法正确反映两个文本的词汇丰富度差异。此时，标准类符形符比（Standardized Type/Token Ratio，STTR）是一种比类符形符比更科学、客观和有效的词汇丰富度参数。因此本研究选取了标准类符形符比作为文本词汇丰富度的测量标准，通过 WordSmith 语料检索工具得到两个译本的标准类符形符比数据，并与英国国家语料库（BNC）的标准类符形符比做出比较，结果见表 3。

表3 类符形符比和标准类符形符比信息

词料库名称	类符	形符	标准类符形符比
EZ	10645	163803	40. 34
EB	10979	151462	42. 48
BNC	512588	99465296	42. 66

数据分析结果显示，译出译者译本全文本 STTR 值为 40. 34，Byrant 译本全文本 STTR 值为 42. 48，两组数据在词汇丰富度上差异明显，译入译者译本更接近参考语料库 BNC 的 STTR，译入译者译本的词汇比译出译者译本的词汇更加丰富。两个英译本用词对比见表 4。

[①] Baker, M., "Towards a Methodology for Investigating the Style of a Literary Translator", *Target*, Vol. 12, No. 12, 2000, pp. 241 – 266.

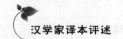
表4　　　　　　　　　　　　两个英译本用词对比（1）

CL	EZ	EB
这时，我们的船只停了下来，潜水员认为这里可能有情况，需要下水察看。	At that time the boat stopped as the divers said that there might be something here that called for a careful look under water.	The boat idled here, and the divers said that there might be something at this spot that deserved closer inspection.

　　动词 stop 的意思是完成正在做的事情或者不再继续做某事，原文本意思是这艘船暂时停止运行，之后将继续向前推进。动词 idle 的意思是船舶/车辆暂时不动或（发动机）缓慢运行，较之 stop 更合适，这也更能使场景具有可视化的特征。此外，stop 在译本中出现 39 次，在译入译者译本中出现 29 次，由此可以显示译者周选词重复率更高。

　　此外，在形符方面，译出译者周译比译入译者的译文高。究其原因，译出译者更加忠实于原文，尽量保留原文所有信息，即使信息显得冗余，如上例中的"需下水查看"。而译入译者的译文则省略了一些信息，虽然避免了信息冗余，但也在一定程度上降低了译文信息的准确性。

　　2. 词频

　　Sinclair 指出明确文本中每种不同单词形式出现的频率是基于语料库翻译研究的基本要素，因为最常用的单词可能具有相对稳定的分布，而其顺序的任何变化都可能导致显著的风格差异。因此，通过词频，可以获得许多译者风格的信息。[①] 表 5 为两个译文语料库中使用频率最高的 20 个单词的频数和比率。

---

　　① Sinclair, J., Carter, R., "Corpus, Concordance, Collocation", *Modern Language Journal*, 1991.

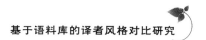

表5 出现频率最高的20个单词

序号	EZ			EB			BNC		
	单词	频数	比率(%)	单词	频数	比率(%)	单词	频数	比率(%)
1	the	12139	7.41	the	11408	7.53	the	6055105	6.09
2	of	5691	3.47	of	4998	3.30	of	3049564	3.07
3	and	5520	3.36	and	4486	2.96	and	2624341	2.64
4	in	4391	2.68	to	3792	2.50	to	2599505	2.61
5	to	3772	2.30	in	3649	2.41	a	2181592	2.19
6	a	3692	2.25	a	3126	2.06	in	1946021	1.96
7	#	2427	1.48	#	2176	1.44	#	1604421	1.61
8	was	2212	1.35	was	1955	1.29	that	1052259	1.06
9	Chinese	1723	1.05	that	1455	0.96	is	974293	0.98
10	that	1572	0.96	Chinese	1446	0.95	it	922687	0.93
11	as	1493	0.91	he	1361	0.90	for	880848	0.89
12	with	1251	0.76	i	1314	0.87	was	863917	0.87
13	he	1238	0.76	for	1080	0.71	i	732523	0.74
14	for	1236	0.75	had	1074	0.71	on	731319	0.74
15	i	1120	0.68	as	1054	0.70	with	659997	0.66
16	by	1109	0.68	from	1028	0.68	as	655259	0.66
17	is	1040	0.63	it	1022	0.67	be	651535	0.66
18	from	996	0.61	on	1005	0.66	he	593609	0.60
19	China	976	0.60	is	963	0.64	you	588503	0.59
20	on	947	0.58	were	958	0.63	at	524075	0.53

由表5可知，周译本和 Byrant 译本中最常用的6个单词是 the、of、and、to、in 和 a。同时，两个译本在 was、Chinese、that、as、I、for、from 和 on 8个词的使用上具有明显的不同。由以上数据可以看出，单词 and 在两个语料库中所占比率分别为3.36%和2.69%，译出译者使用更多的 and。由于单词 and 是连词，本文将在语篇层面给出相关的例子和分析。此外，与译出译者相比，译入译者采用了更多的 I（0.87%）、he（0.90%）和 it（0.67%）。由于这三个常用的单

词都是人称代词，所以也将在语篇层面进行讨论。单词 was 和 were 反映了作者描述旅行和经历应使用的过去时态，但其中译入译者对两词的使用频率较高，说明译入译者在翻译时更注重语法时态。

词频数据分析显示译入译者多使用代词，使其译文更客观，更具报告文学的真实性。此外，译入译者也多使用分词短语作伴随状语，故其译文较之周译文更简洁，可读性较高。两个英译本用词对比见表6。

表6　　　　　　　　　　　两个英译本用词对比（2）

CCL	EZ	EB
正是因为他们，中国文化在这里落地生根，中国的影响在这里昭彰至今。	That is because the Chinese culture has struck root here and Chinese influence has been developing here till now.	Chinese culture had taken root and developed here, and it was still present now.
他含笑点头。	He nodded his head with a smile.	He nodded, smiling.

单词"中国"在原文本中出现两次，即"中国文化"和"中国的影响"。作者强调"中国"，隐含着作者的爱国之情。译出译者坚持形式对等的原则，将其翻译成 Chinese culture 和 Chinese influence，强调了中国对当地的影响和贡献。译入译者 Byrant 使用代词，既简洁又能表达真实的意思。

原文本是指主体同时在做点头和微笑两种动作。两位译者都采用伴随状语，但译入译者使用的是 smile 的现在分词 smiling，其译文更简洁，可读性更强。

3. 平均词长

平均词长对于探究译者风格也具有重要价值，Biber 认为，平均词长越长，词语就越复杂，包含的信息就越具体。① 表7 显示了两个

---

① Biber, D. , *Dimensions of Register Variation*：*A Cross-Linguistic Comparison*，Cambridge：Cambridge University Press, 1995.

英译本的平均词长。

表7 两个英译本平均词长

语料库名称	平均词长
EZ	4.75
EB	4.71
BNC	4.54

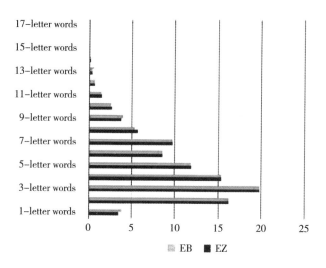

图1 词长分布

表7数据表明,两个英译本的平均词长均大于参考语料库BNC的平均词长。由图1可以看出,译出译者更倾向于使用更复杂的词汇,而译入译者则更多地使用日常和容易理解的词汇。由于报告文学的文体特点,相对复杂的词语会使得译文更加专业和正式。两个英译本用词对比见表8。

单词auspiciousness与good luck意义相同,"吉兆、吉祥、吉利"和"圣德、圣朝、圣世"在中文写作中也是不同的词汇表示相仿的意义。译入译者采用归化的翻译策略,翻译时尽量通顺。auspiciousness一词由14个字母组成,译出译者过分注重原文的形式,逐字逐

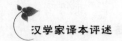

句地翻译词句，致使译文信息冗余，不符合目标语的表达习惯。

表8 两个英译本用词对比（3）

CCL	EZ	EB
这是因为中国古代对麒麟的认识已达到了图腾崇拜的程度，认为麒麟是神物，是吉兆、吉祥、吉利的明证，是圣德、圣朝、圣世的象征。	Ancient Chinese respected kylin as a totem and worshiped it as a holy animal, a clear sign of good luck, auspiciousness and benefit.	The ancient Chinese people respected the kylin as a totem and revered it as a holy animal. It was seen as a symbol of good luck that could bring great benefits.

4. 词汇密度

词汇密度是指文本中实词数量与总词数的比值。Ure 指出词汇密度等于实义词（名词、动词、形容词、副词）的数量/所有词的数量乘以100%。① Baker 认为词汇密度反映了文本的信息量。② Ure 和 Stubbs③ 用词汇密度作为测量文本中含有信息量的方法，因为实词通常是信息的主要载体。在翻译研究中，词汇密度通常是反映翻译风格与文本可读性的重要指标。词汇密度高的语料库实词使用率高，信息量较大；而词汇密度低的语料库，使用较多连词等语法词汇，语法化程度较高。因此，词汇密度越高，文本中包含的实义词越多，承载的信息越多，文本就越容易被理解。Sara Laviosa 认为，词汇密度在60%—70%的语料库属于词汇密度较高的语料库，而词汇密度在40%—50%的语料库属于词汇密度较低的语料库。④ 在分析词汇密度

① Ure J. , "Lexical Density and Register Differentiation", *Applications of linguistics*, 1971, p. 452.

② Baker, M. , "Corpora in Translation Studies: An Overview and some Suggestions for Future Research", *Target*, Vol. 7, No. 2, 1995, pp. 223 – 243.

③ Ure J. , "Lexical Density and Register Differentiation", *Applications of linguistics*, 1971, p. 452.

④ Laviosa, S. , "Core Patterns of Lexical Use in a Comparable Corpus of English Narrative Prose", *Meta: Journal Des Traducteurs Translators' Journal*, Vol. 43, No. 4, 1998, pp. 557 – 570.

之前，CLAWS 工具已对两个英译本的语料库进行词性标注。表 9 展示了两个语料库词汇密度的比较。

表9 　　　　　　　　　　词汇密度比较

词性		EZ		EB	
		频数	%	频数	%
实义词	名词	45656	0.28	46881	0.31
	动词	18301	0.11	18512	0.12
	形容词	19853	0.12	17289	0.12
	副词	5979	0.04	5818	0.04
	实义词总数	89789	—	88500	—
词汇密度		0.56		0.59	

表 9 的数据分析结果显示，译入译者译文的词汇密度较高，这一定程度上证明了他的译文更流畅且更易懂。更具体地分析发现，占比最高的名词对译入译者译文的词汇密度贡献最突出。这表明，译入译者在翻译中更倾向于使用名词。两个英译本用词对比见表1。

表10 　　　　　　　　两个英译本用词对比（4）

CCL	EZ	EB
"中国人"的饮食情况如何？	What about the food of the Chinese?	What sort of food do the Chinese people here eat?

在此例中，译入译者译本使用了更多的实义词汇（sort、do、people、here 和 eat），尤其是名词（sort 和 people）。根据 Ure 提出的词汇密度计算法则，词汇密度等于实词数量除以所有单词数量，译入译者此句的词汇密度为 7/10，即 70%，译出译者此句的词汇密度为 2/7，即 28.6%。可见译入译者的译文具有较高的词汇密度，译文可读性较高。

（二）句法层面

1. 平均句长

平均句长是指一篇文章中句子的平均长度。平均句长是文本中平均每句含有的词数。译文的平均句长也是译者语言风格和译本语言特征的重要标记。译文中所有句子的长度既与信息转换有关，又与译者所采用的翻译策略和方法有关。杨慧中发现平均句长可以反映出句子在整个语料库中的复杂程度，是表现译者风格一个典型参数。[1] Olohan 也指出，与类符形符比相似，句子的平均长度也是译者风格的一个标志。[2] Butler[3] 将句子按长度分为三大类：短句含有 1—9 个单词，中句含有 10—25 个单词，长句含有 25 个单词以上。Leech 和 Short 提出最适当的平均句长应为 17.8 个单词/句。研究发现，句子越长，难度越大，语言越正式且越复杂。一篇有很多长句子的文章可能会给人一种刻意拘泥于形式和复杂的印象。表 11 显示了两个英译本的平均句长。

表 11 　　　　　　　　　　　　两个英译本平均句长

语料库名称	句数	平均句长
EZ	6893	23.41
EB	7104	21.01

很明显，这两个语料库的平均句长都属于中等句长。此外可以表明，译入译者语言更加简练和简洁。两个英译本用词对比见表 12。

---

[1] 杨惠中：《语料库语言学导论》，上海外语教育出版社 2002 年版。

[2] Olohan, M., "Leave It out! Using a Comparable Corpus to Investigate Aspects of Explicitation in Translation", *Cadernos De Tradução*, Vol. 1, No. 9, 2002, pp. 153 – 169.

[3] Butler, C., *Statistics in linguistics*, B. Blackwell, 1985.

表12	两个英译本用词对比（5）	
CCL	EZ	EB
喝这样新鲜的椰汁，我平生还是第一次。	It was the first time I drank such fresh coconut juice.	I had never tasted such fresh coconut juice.
他告诉我，自己当年曾参加坦赞铁路的修建，今天仍在铁路工作，对中国、对坦赞铁路有一种特殊的感情。	He told me that he had participated in the construction of the Tanzania-Zambia Railway, had been working on this Railway and that he had a special affection for China and for the Tanzania-Zambia Railway.	The old man told me that he had participated in the construction of the TAZARA Railway, and had then worked for the railway.

在表 12 第一个例句的翻译中，译出译者使用 11 个单词，译入译者使用 8 个单词，译入译者简洁的翻译使得译文更加准确和生动。然而，第二个例句显示，致使译入译者平均句长较短的另一个原因是其有意或无意地删译或漏译了一些信息。在此例中，译入译者删译了被受访者的主观感受，受访者的话不仅反映了此报告文学的真实性，而且表通达了中国与非洲之间深刻的友谊。虽然两位译者都将其翻译为两小句，但译入译者在后句中删译了此部分信息，致使句长变短，失去了准确性。

2. 复合句

复合句指的是含有两个或更多的主谓结构的句子。复合句根据其从句的不同类型有不同的形式。Quirk 和 Crystal 认为从属关系的复合句往往使得句子更复杂[①]。本文选取了两个译文中的一些主要从属词，并检索它们对应的标签，对比研究两个译文的句法特征。这些从属关系词汇的提取基于不同从属关系的正则表达式，例如 " \ S + that cst"。然而，提取的结果仍然需要进行人工校对。表 13 为两个译文语料库中使用的主要主从连词的频数和比率。

---

① Quirk, R., Crystal, D., *A Comprehensive Grammar of the English Language*, Vol. 69, No. 2, 1985, pp. 13 – 16.

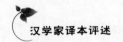

表 13   主要主从连词的频数和比率

主从连词	EZ		EB	
	频数	比率（%）	频数	比率（%）
which/that	1594	0.009817	1163	0.007621
who/whom	284	0.001749	262	0.001717
when/whenever	396	0.002439	54	0.000354
where/wherever	105	0.000647	43	0.000282
Why	21	0.000129	19	0.000125
since/because/as	798	0.004915	696	0.004561
if	81	0.000499	132	0.000865
whether	19	0.000117	23	0.000151
although/though	58	0.000357	83	0.000544
total	3356	0.020668	2747	0.018001

从表 13 可以看出，译出译者使用的连词从频数和比率都明显高于译入译者。因此，前者在句法层面体现出的翻译特征比后者更为复杂。主从连词和短语的频繁出现增加了译文的复杂性，要求读者更加注重对语言的理解。译入译者倾向于使用更容易理解的句子结构。与其他主从连词相比，译出译者在 which/that、when/whenever 和 where/whereever 的使用频数上超过了译入译者，而译入译者使用更多的 if 和 although/though，其译本的条件和让步状语从句多于译出译者译本。两个英译本用词对比见表 14。

表 14   两个英译本用词对比（6）

CCL	EZ	EB
立足之后，中国船员用自己的一技之长主动为当地社会服务，克服了语言不通、风俗不同带来的障碍，赢得了当地社会的普遍信任和大度包容，进而逐渐融入当地社会。	When they had gained a footing, the Chinese seamen began to serve the local society with their special skills and that helped overcome the language and social custom barriers, won understanding, trust and tolerance from the public before they became part of the local society.	In their new country, the Chinese sailors began to serve the local community with their special skills, which helped them overcome the language and cultural barriers, winning them understanding, trust and tolerance from the public before they could be fully integrated into local society.

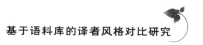

续表

CCL	EZ	EB
决议认为美国、德意志联邦共和国、以色列、英国、比利时、荷兰和法国等是推行新殖民主义的主要国家。	The Resolution deems that the United States, the German Federal Republic, Israel, Britain, Belgium, Netherland and France are the major countries which are implementing neocolonialism.	The conference's resolutions claimed that the US, German Federal Republic, Israel, Britain, Belgium, the Netherlands and France were the major countries relying on neocolonialism.

由表 14 可知，译出译者更注重原文本的形式，遵循形式对等的翻译理论；而译入译者则采用意译的方法，以达到功能对等的效果。译出译者译文中的主从连词 which 引导了限制性定语从句，指的是美国等主要国家。译出译者一如既往地采用直译的方法，对原文的意思和原文的语言形式都是忠实的，但导致翻译译文相对复杂。

（三）篇章层面

1. 连词

连词是语篇衔接的重要组成部分，连词的运用体现了译者的翻译风格，体现了译文语言要素间的逻辑关系。Halliday 和 Hasan[①]将连词分为四种类型，即递进关系（and、or、nor），转折关系（but、though、yet、however），因果关系（because、for、so），时间关系（then、while、until、before），并且认为单词 and、yet、because、then 可以作为这四种连接关系的典型词汇。本文借鉴如此分类，对两个译本中的连词使用频度进行了统计，结果见表 15。

表 15　　　　　　　　　　四种类型的连词

关系类型	EZ		EB	
	频数	比率（%）	频数	比率（%）
additive relation	5876	0.036188	4881	0.031984

① Halliday, M. A. K., Hasan, R., *Cohesion in English*, Longman, 1976.

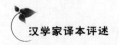

关系类型	EZ		EB	
	频数	比率（%）	频数	比率（%）
adversative relation	496	0. 003055	543	0. 003558
causal relation	81	0. 000499	109	0. 000714
temporal relation	342	0. 002106	446	0. 002923
total	6795	0. 041848	5979	0. 039179

从表 15 中可以看出，译出译者更注重递进关系连词的使用；而译入译者译本则更多地使用表示转折关系、因果关系和时间关系的连词。

两个英译本用词对比见表 16。

表 16　　　　　　　　　两个英译本用词对比（7）

CCL	EZ	EB
当我们一个在海里、一个在岸边挥别时，眼望着渐渐远去的上加村和站在村头的村长，我的思绪好似大海一样难以平静。	When we were waving goodbye to each other, one in the sea, the other on the bank, and seeing Shanga Village and the village head fading away in the distance, my heart was as turbulent as the sea.	We waved goodbye, one on the sea and one on land. Seeing Shanga and the village head fade into the distance, my heart felt as turbulent as the sea around me.
女主人倒也热情，可谈不了几句话，对中国、中医不甚了解。	The hostess, warm-hearted, was not so talkative. She was scarcely informed about China and Chinese medicine.	His wife was warm, but not very talkative. She knew little about China or TCM.
从实际情况看，最高峰时达到 6700 人，2000 年 6 月底的人数为 4995 人，2003 年 6 月底是 3900 人。	The actual number is 6700 at the peak, 4995 at the end of June, 2000 and 3900 at the end of June, 2003.	The actual number ballooned to 6700 at its peak, then dropped to 4995 by the end of June 2000, and 3 900 by the end of June 2003.

由表 16 可以得出，译出译者采取了异化的翻译策略，在很大程度上接近原文的内容和形式，并尝试使用更具体的连词来增强翻译的连贯性。相比较，译入译者的译文中使用递进关系的连词相对较少，句法结构相对简单，更多地使用转折、因果和时间关系的连词，增强了译文的逻辑性和连贯性。

以上案例均显示译入译者更加关注译文的逻辑性和连贯性，而译出译者采取直译方法。原文本中一个句子同时表达了若干动作，翻译时使用递进关系连词易使得句子更加复杂，这也印证了译出译者译文中较长平均句长的分析结果。

2. 代词

代词能够表达已经提到或即将提到的内容，从而简洁地构建文本，使文本更具凝聚力。代词可分为三种类型：人称代词、物主代词和比较代词。人称代词是指在言语情景中通过范畴指称人。[①] 人称代词包括 I、me、you、we、us、she、her、he、him、they、them 和 it。

表17　　　　　　　　　　人称代词的频数和比率

人称代词	EZ		EB	
	频数	比率（%）	频数	比率（%）
I	1120	0.68	1314	0.87
me	480	0.29	449	0.30
you	206	0.13	157	0.10
we	426	0.29	523	0.35
us	148	0.11	206	0.14
she	186	0.11	208	0.14
her	357	0.22	202	0.13
him	115	0.07	126	0.08
they	472	0.29	577	0.38

① Halliday, M. A. K., Hasan, R., *Cohesion in English*, Longman, 1976.

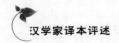

续表

人称代词	EZ		EB	
	频数	比率（%）	频数	比率（%）
them	252	0.15	219	0.14
it	691	0.42	1022	0.67
total	4453	2.76	5003	3.30

由表 17 可以看出，第一人称的人称代词 I、me、we 和第三人称的人称代词 they、it 在两个译文中使用的频率最高。由于原文本属于报告文学，所以第一人称代词代表了作者经历的真实性和可靠性。第三人称代词 it 不仅指一个物体，而且可虚指时间、天气等，使用 it 可使叙述更加客观，更加符合英语语言的风格。两个英译本用词对比见表 18。

表 18　　　　　　　　两个英译本用词对比（8）

CCL	EZ	EB
终于上岸了，夜色也降临了，采访上加村的计划只好推迟到第二天。	We landed at dusk，so we postponed our visit to Shanga Village till the next day...	It was dusk by now，so we postponed our visit to the village until the next day...

四　结语

本文通过《非洲踏寻郑和路》两个英译本的对比平行语料库探究译出译者和译入译者在词汇、句法和语篇三个层面显现的不同译者风格。

在词汇层面，首先，研究发现译入译者词汇使用更加多样化，词汇重复率低；其次，译入译者的译文较之译出译者译文词汇密度更高，更倾向于使用名词，其译文信息含量更高，语法词较少，故而译文更容易理解；最后，译出译者的平均词长较长，说明译出译者的译文选词更复杂，导致译文可读性降低，而译入译者更倾向于使用简单易懂的词，生活化的词汇，使得译本更加符合报告文学的文体特征，符合目标读者期待。

在句法层面，译入译者的译文中较短的平均句长表明译入译者的译文一方面更简洁，但另一方面可能存在漏译了一些重要信息。对复合句的统计和分析显示译出译者译文中复合句居多，句子结构相对复杂。

在语篇层面，译入译者在翻译中广泛使用第一人称代词，这使得其译文更加真实，同时大量的第三人称代词，使译文更加客观。此外，译入译者更多地使用转折、因果和时间关系连词，使得译文更加具有逻辑性和连贯性。

以上三个层面的分析证明译出译者更关注于原文的内容和形式，多采用直译，遵循"信"与"切"的翻译原则和形式对等的翻译理论，译文正式且复杂，但信息较准确没有遗漏。而译入译者则更多地考虑目标语读者的喜好，遵循可读性原则和功能对等的翻译理论，更多采用意译的翻译方法。其译文风格相对自然、简洁、更易于理解，文本更具连贯性和逻辑性，但漏译或误译一些重要的信息。

本研究仍有许多局限：第一，对于研究译者风格，本研究建立的两位译者的语料库大小有限，应更多地收集两位译者的语料，尤其选择其不同题材的翻译作品；第二，研究应分析更多的案例以佐证数据结果；第三，对于译者风格的研究，两位研究对象较少，因为应该选取更多的现当代汉译英译者；第四，本研究完全聚焦于译文文本，今后的研究应多注意原文文本。

汉学家杜博妮对《在延安文艺座谈会上的讲话》的英译与阐释[*]

李红满[**]

　　《在延安文艺座谈会上的讲话》是毛泽东文艺思想的重要组成部分，同时也是马克思主义文艺思想的中国化本土话语，构建了新中国文艺政策的理论基础和指导方针。自 1942 年发表以来，这篇纲领性的重要文献已被翻译成多种外语，在世界范围内得到了广泛的传播，对进一步发展和丰富全球化的马克思主义文艺理论产生了深远的影响。在这篇重要讲话的众多英译本中，澳大利亚汉学家和翻译家杜博妮的译本《毛泽东在延安文艺座谈会上的讲话：基于 1943 年版本的翻译与评论》独领风骚，以全新的视角译介和阐释了其中蕴含的文艺理论价值，对毛泽东文艺思想在英语世界的传播与接受做出了重要的贡献。

　　自 20 世纪 40 年代末期以来，毛泽东的文艺思想已经开始受到英美汉学家的关注和重视。例如，美国汉学家费正清在 1948 年出版的《美国和中国》一书就已提及毛泽东的文艺思想和政策。

　　在 20 世纪 70 年代初期，杜博妮开始四处搜集和整理《在延安文艺座谈会上的讲话》的各种中英文版本，对毛泽东这部经典文献展开深入的文本分析和研究。1976 年，她在美国哈佛大学着手翻译《在

　　* 本文系教育部人文社会科学研究规划项目"中国红色经典英译中的国家形象建构研究"阶段性成果。原载于《中国社会科学报》2020 年 9 月 11 日第 2007 期。
　　** 李红满，中山大学外语教学中心副教授。

延安文艺座谈会上的讲话》，并且对其进行详细的注释和评论。4 年后，杜博妮通过美国密歇根大学出版社正式出版了全新的英译本《毛泽东在延安文艺座谈会上的讲话：基于 1943 年版本的翻译与评论》。由于其父亲是澳大利亚共产党领导人之一，而且她本人在 1958 年曾经来中国北京留学一段时间，杜博妮对毛泽东文艺思想理论有自己的理解和认识。杜博妮英译本所基于的中文底本是 1943 年 10 月延安解放社出版的毛泽东《在延安文艺座谈会上的讲话》，称为 1943 年版本，或者解放社本。据考证，该版本是毛泽东《在延安文艺座谈会上的讲话》最早出版的单行本，后来收入《毛泽东选集》第三卷时，被重新修订和补充，在 1953 年 5 月正式出版，因此后者常被称为 1953 年版本，或者选集本等。我们常见的大部分英译本一般都是根据 1953 年版本的《在延安文艺座谈会上的讲话》中文本进行翻译的，而杜博妮的英译本是第一个把 1943 年版本的《在延安文艺座谈会上的讲话》完整地翻译为英语的全译本。值得一提的是，她的英译本不仅有《在延安文艺座谈会上的讲话》（1943）完整的英译文和相关的评注，而且还包括对这篇重要文献的众多中英文版本进行认真的比较分析和研究，用表格详细列举了 1943 年版本和 1953 年版本主要的差异之处。因此，这个英译本在当代西方高等院校和汉学研究界的引用率比较高，具有非常重要的研究价值和意义。

作为西方知名的汉学家和翻译家，杜博妮的英译本非常忠实于毛泽东的《在延安文艺座谈会上的讲话》的原文，对翻译的准确性严格要求，具有比较高的翻译质量。在进行翻译和评注《在延安文艺座谈会上的讲话》之前，杜博妮曾经做了大量的历史研究、版本考证和文本分析工作。她首先搜集了从 1943—1980 年出版的《在延安文艺座谈会上的讲话》的 80 多个中英文版本，对这些不同的版本进行了仔细的比较和研究，发现《在延安文艺座谈会上的讲话》这篇历史文献主要存在两个中文版本，分别是 1943 年的初版和 1953 年的修订版。根据她的调查研究，1943 年的初版当时还没有一个准确清晰的英语全译本。而由于《毛泽东选集》的海外传播需求及其国际影响力，1953 年的修订版早已有多个英语版本，因此杜博妮决定将毛泽东《在延安文艺座谈会上的讲话》（1943）完整地翻译为英语，真实再现这篇重要讲话初版的历史原貌，以便能够让越来越多的英语读者更加准确地理解毛泽东文艺思想的本质和价值，同时也为将来"对现当代中国文艺作品进行更加富有成效的研究提供必要的分析工具"。

杜博妮曾在 20 世纪 70 年代获得澳大利亚悉尼大学的博士学位，出版了《现代中国对西方文学理论的译介：1919—1925 年》《中国通俗文学与表演艺术：1949—1979 年》等多部研究著作，先后在澳大利亚悉尼大学、英国伦敦大学和爱丁堡大学、美国哈佛大学等多所西方高等院校从事汉学研究工作，对中国文学和西方各种文学批评理论流派非常精通，尤其是马克思主义文艺理论。她将翻译研究和汉学研究紧密地结合起来，不仅把《在延安文艺座谈会上的讲话》的 1943 年版本翻译为英语，而且从 20 世纪西方文艺批评理论的视角和立场对毛泽东这篇经典文献进行重新的解读和评价。例如，她写道，"从西方现代文艺批评理论的角度来看，毛泽东《在延安文艺座谈会上的讲话》主张将文艺的形式和内容统一起来，并与特定的受众及其需求紧密联系，给我们提供了一种替代'本质论'或'艺术粒子论'的全新理论方法"。杜博妮关注和重视毛泽东《在延安文艺座谈会上的讲话》蕴含的文学性，积极发现和挖掘其中潜在的文艺理论美学元素，关注文本的文艺理论价值，例如文学的本质、来源及评价标准等。基于文本细读和分析，她对毛泽东《在延安文艺座谈会上的讲话》的马克思主义文艺观进行了详细的阐释和评注，认为毛泽东文艺思想立足于人民大众，继承和发展了马克思主义文艺理论。例如，文艺首先应该为人民大众服务；文艺来源于人民的生活；文艺服从于政治；政治标准高于艺术标准；等等。在对《在延安文艺座谈会上的讲话》的阐释中，杜博妮的英译本重新审视和评价了其中蕴含的文艺理论价值和进步意义，有助于广大的西方英语读者更好地理解和掌握这篇经典文献中的毛泽东文艺思想。

毛泽东的《在延安文艺座谈会上的讲话》作为中国本土化的马克思主义文艺理论，自发表以来已成为引导中国文艺创作和批评及文化

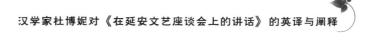

思想建设的经典历史文献，在国内外具有深远的重要影响。杜博妮将
1943 年初版的毛泽东《在延安文艺座谈会上的讲话》首次完整翻译
为英语，并对这篇重要文献的各个历史版本进行考证和比较研究，彰
显其对于世界马克思主义文艺理论的重要价值和意义，有力地促进和
推动了毛泽东文艺思想在西方英语世界的传播。

古代法律典籍外译及其批评研究[*]

熊德米^{**}

一 小引

法国汉学家谢和耐（Jacques Gernet）认为，古代中国不仅是"孕育着一个文人荟萃的伟大民族，一个充满智慧的民族，更是一个在法律和风俗习惯及所讲语言近4000年从未有过变化的民族"①。长于中国古代法律研究的美国汉学家亦写道，中国特殊的地理环境和古代人文的发展历史过程，决定了

《大清律例》影印版

"中国人在漫长的历史过程中创造了一个复杂、详备的法律体系"②。客观而论，古代法律文化在西方世界的传播并影响至今，与西方来华传教士、政府官员、商人和旅行者等有着密不可分的关系，其所做的中国古代法律和法学文化典籍翻译工作，虽然"尚有文化与语言上的

* 原载于《中国社会科学报》2019年2月12日第1630期，收录于本书时有增补。

** 熊德米，四川外国语大学当代国际话语体系研究院研究员，翻译学院教授；重庆大学外国语学院翻译学方向兼职教授；西南政法大学外国语学院兼职教授。

① ［法］谢和耐、戴密微等：《明清间耶稣会士入华与中西汇通》，耿昇译，东方出版社2011年版，第252—255页。

② ［美］布迪、莫里斯：《中华帝国的法律》，朱勇译，江苏人民出版社2004年版，序。

隔膜。使外国人口中或笔下的中国传统法律文化，远非准确表达"①，但"他们对中国法律文化的翻译西传与移植，具有十分重要的意义"②。中国古代法律文化典籍对外译介与传播，是宣示中国文化自信不可或缺的元素，亦是深化和丰富中国古代典籍文化外译内涵的重要举措。为人类法制文明发展做出过杰出贡献的中国古代法文化典籍外译，理应纳入翻译批评研究的重要范畴。

改革开放 40 多年来，中国的经济、军事、科技"硬实力"及制度、文化等"软实力"均取得了举世瞩目的成就。目前国家提倡以翻译为主要荃蹄，让 5000 年辉煌的中华文化走出去，"更好构建中国精神、中国价值、中国力量"③，向国际社会展现数千年积淀的厚重中国文化。曾对亚洲乃至世界法文化发展有着重要贡献的中国古代法文化典籍，亦应趁着中国传统文化对外传播的"译流"，顺势而走向更加广阔的世界。

习近平总书记多次强调中国文化走出去，"讲好中国故事、传播好中国声音，向世界展现真实、立体、全面的中国，提高国家文化软实力和中华文化影响力"④。习近平总书记的讲话对树立文化自信和民族自信，具有极其重要的历史意义和现实意义，同时也为中国古代文化翻译及其批评的专家学者积极加入中国文化典籍翻译及批评研究，提供了强大的思想动力源泉。中国古代法律文化典籍的对外译介与传播，是表现中国文化自信不可或缺的元素，亦是深化和丰富中国古代典籍文化外译内涵的重要举措。

二 "中华法系"外译及其影响

"中华法系"（the Chinese Legal Geneology or the Chinese Legal Fam-

---

① 马晓红、史彤彪：《输出与反应：中国传统文化的域外影响》，中国人民大学出版社 2012 年版，第 2 页。

② 史彤彪：《中国法律文化对西方的影响》，河北人民出版社 1999 年版，第 1 页。

③ 《中共中央关于党的百年奋斗重大成就和历史经验的决议》，人民出版社 2021 年版，第 44 页。

④ 《习近平谈治国理政》第 3 卷，外文出版社 2020 年版，第 312 页。

ily）有着3000多年赓续不断演进发展历史传统，"不仅是世界著名五大法系之一，也是中国传统文化的重要标志"①，更是世界法制文明发展历史进程中不可或缺的组成部分。中华法系不仅是东方法学文化的嚆矢，亦是世界法学文化宝库之瑰宝，与罗马法系（Roman Law Family）、普通法系（Common Law Family）、阿拉伯法系（Arab Legal Family）和印度法系（Indian Legal Geneology）等同样有着悠久法制历史的法系一道，汇集成人类长流不息的法文化长河。世界各大法系的交互融合发展，须臾离不开法律翻译这一"幕后英雄"所做出的重要贡献。进言之，正是通过翻译这一其他传播工具无法比拟的特殊手段，使中华法系所独有的法律规范一直影响着亚洲各国甚至欧美国家的法制流变与发展。

首先，中国古代法律对亚洲国家的影响。中国古代法律是"东亚大地法律文化唯一之策源地"②。因此，由于山水相连的地理环境因素，中华法系作为"东亚国家的共同母法"，对其周边国家影响最深的是朝鲜、日本等"东亚洲文化圈"（East Asian Cultural Circle）诸国，至今仍对这些国家的法律文化发展产生极其重要的作用。根据《史记》和《汉书》等史籍记载，殷商末期及周初的"智者"箕子被周武王封为朝鲜国君，便根据其在殷商辅助治国的礼法经验，在朝鲜建立了"杀人、盗窃、婚姻"等著名的"八大法律"制度。其后，从"朝鲜古代三国时期"（公元前4世纪），到668年在唐朝的帮助下新罗完成朝鲜半岛统一，一直到及近代的法律，都与中国的法律有着紧密的联系。朝鲜"1905年以前高丽所司之法律，皆模仿中国者也"③。

中日两国交往始于日本文明开端的弥生时代（公元前5世纪）。迄今为止，日本与中国的政治法律文化交往有两千年左右连续不断的历史，中国法律对日本法律发展的影响，超过世界上任何一个国家。文献记载，从日本的"古坟时代"（300）即开始受中国法律的影响，

---

① 郭建等：《中华文化通志·法律志》，上海人民出版社1998年版，第3页。
② 杨鸿烈：《中国法律对东亚诸国之影响》，中国政法大学出版社1999年版，第7页。
③ 杨洪烈：《中国法律对东亚诸国之影响》，中国政法大学出版社1999年版，第12、23页。

到其"大化时代"（645）便开始以《唐律》制定日本国家法律"律令格式"。与中国隋唐时代同期的日本奈良、平安二朝，曾多次派遣唐专使到隋朝和唐朝系统学习中国的法律制度。直到明清时代，日本虽然建立起自己的法律体系，"但中国法制（明清律）仍然是日本学习和研究的主要对象"①。日本法学鼻祖惠积陈重（1885—1926）亦如是说，"日本法律属于中国法族者盖一千六百年矣"②。

其次，中国古代法律对欧洲国家的影响。16世纪以降至20世纪初，欧美国家来华的传教士、官员和学者等人，将饱蘸中国古代法制思想文化典籍翻译传播到本国以后，对欧洲的法制文明和国家治理产生了极其重要的影响。现代法学史学亦证明，中国古代法律文化对西方国家官僚体系的建构及西方国家能人志士的法律思想意识，都曾经产生过极其深远的影响。当今英国、德国和法国的文官考试制度和录用程序，就是借鉴于中国古代的法定考试制度，"都是以中国古代的科举制度为渊源的"③。

从公元前400年的希腊人克泰夏斯，到13世纪意大利的孟德高维、16世纪葡萄牙的班尔西奥、17世纪法国的李明和18世纪法国的伏尔泰等人，再到19世纪德国的黑格尔等西方学者，都对"超越欧洲"的中国古代法律发表过积极评论。莱布里茨指出，"中国的国家治理远胜于文明的欧洲"④。伏尔泰说，"中国人最深刻了解、精心培育、最致力完善的东西是道德和法律"，"震惊只认出生和金钱的欧洲文明"。⑤ 被中国学者称为"认识中国法律文化对西方文化发展的重要性之第一人"的德国著名经济学家和法律社会学家马克斯·韦

---

① 马小红、史彤彪：《输出与反应：中国传统法律文化的域外影响》，中国人民大学出版社2012年版，第12页。

② 马小红、史彤彪：《输出与反应：中国传统法律文化的域外影响》，中国人民大学出版社2012年版，第9页。

③ 马小红、史彤彪：《输出与反应：中国传统法律文化的域外影响》，中国人民大学出版社2012年版，第2页。

④ 柳御林：《世界名人论中国文化》，湖北人民出版社1991年版，第139页。

⑤ ［法］伏尔泰：《论路易十四时代》，吴模信、沈怀洁、梁守锵译，商务印书馆1991年版，第594—596页。

伯，力主"敦促西人学习中国的政治和法律道德，以免落后于中国人"，并极力主张"派遣传教士赴华交流，坚持中国法律对西方文化具有互补作用"。① 美国当代学者史景迁比较研究中西法律文化的异同之后，认为"中国与欧洲有着完全不同的法律观"，"其法律程序的原则足堪舆欧洲或美国当时的法律制度相提并论"。② 美国当代学者何天爵认为，"整体上说，中国的法律是温和、人道的，远比亚洲其他国家的法律高明得多"，"我们还发现，很少有欧洲国家的法律像他那样丰富、连贯、严谨和摆脱了顽固偏见和错综复杂"。③ 毫无疑问，无论是西方远古时代对中国古代法律典籍"道听途说"的零星关注，还是欧洲18世纪"中国热"及其以降对中国传统法律的系统研究，都有法律典籍翻译及其批评者的贡献。

当代西方"中国热"的"温度"高过以往任何一个时期。中国古代法律典籍文化"走出去"，让西方人真正意义上"全面""立体"地了解古代中国的法律典籍文化，是目前中国文化典籍翻译及其批评研究者责无旁贷的任务。

三　中国法律典籍翻译研究的必要性

英国哲学家罗素说，"中国是一个文明实体——一个至今幸存的文明。孔子以来，埃及、巴比伦、波斯、马其顿，包括罗马帝国，都消亡了，但中国以持续的进化生存下来了"④。法制演进历史证明，从周代的《吕刑》到战国的《法经》，再到清朝的《大清律》，3000多年的中国古代法律典籍链及其一脉相承的法制理念，从未因朝代更

① 〔法〕莱布里茨：《欧洲之中国》上册，许君、前森林译，大象出版社1994年版，第385页。

② 〔美〕史景迁：《追寻现代中国》，温洽溢译，（台北）台湾时报文化出版社2001年版，第179—184页。

③ 〔美〕何天爵：《中国人本色》，张程、唐琳娜译，中国言实出版社2006年版，第121页。

④ 何兆武、柳御林：《中国印象：外国名人论中国文化》，中国人民大学出版社2011年版，第317页。

迭而有所中断，其所秉承的"情、理、法"观念，直到今天仍然恒久不变地影响着中华民族的价值取向。中国古代法律文化典籍的对外译介与传播，让世界更加全面了解中国文化，是践行"讲好中国故事，展现真实、立体、全面的中国文化，提高国家文化软实力"的重要体现，亦是肩负"翻译中国"重任的当代外语学人应当勇于承担的历史使命。

国之相交，律俗为先，古今同然。古代中国法文化典籍里的"律"与"俗"，很大程度上都是具有广泛约束力的社会行为规范。提高此类法律典籍外译质量主要手段之一，就是进行卓有成效的翻译批评研究。虽如此，法律典籍翻译及其研究这一素来关乎古代"国计民生"的话题，问津者至今依然寥寥。客观地讲，目前国内学术界和出版界对古代文化典籍的外译研究和外译出版，为讲好中国故事做出了突出贡献，但法律典籍翻译及其研究却几近空白。在学术研究方面，研究者主要集中在古代文学典籍、思想文化典籍、医药典籍等，古代法律典籍几乎较少涉及。我们对近 10 年来古代典籍翻译学术研讨会结集出版的论文和学术期刊的 500 篇论文统计发现，有关古代法律典籍翻译研究的文章仅 6 篇，其中属于法律古籍翻译批评研究的 4 篇，属于历史研究范畴的 2 篇，且仅限于唐代和清代法律的两个英译本。在外译出版方面，国家首次启动了"系统全面地向世界推出外文版中国文化典籍的国家重大出版工程"——《大中华文库》，涵盖"先秦至近代文化、历史、哲学、经济、军事、科技等领域最具代表性的经典著作 90 种，共 180 册"。但从该文库列出的传统典籍外译的清单看，其中没有一部真正意义上的古代法律典籍。另外，目前互联网上主要关注古代典籍外译的"国学双语研究"和"典籍翻译研究"之类的微信群里所发表或转载的古代典籍翻译批评文章或外译作品，古代法律典籍翻译研究的文章付之阙如。

近百年来，包括法律典籍在内的古代典籍外译的质量问题，至今褒贬不一。中国英汉语比较研究会前会长潘文国教授谈到古代汉籍外译"原旨失真"问题时指出："对外国人来说，中文特别难学、特别难译。特别是对于反映古代中国人世界观、人生观、哲学观、艺术观的那些术语，很难准确理解、精确翻译，很多颇有造诣的外国翻译家也望而生畏，即使翻译出来也距离原旨很远。"① 的确，仅就古代法律汉籍原文及其英译本比较不难发现，许多中国古代特色的法律语言现象，因其文字佶屈聱牙或法意古奥深晦所导致的法律英语"对等"翻译，距离原旨很远的情况，绝非少数。因此，古代法律汉语典籍的对外翻译传播，需要关注"只管译，无人批评"的一边倒现象，尤其需要引起既懂古代法学汉籍专业知识，又懂外文翻译的双语专业学者的关注。只有对译品进行实事求是的批评与监督，才能有效改善古代法律典籍外译的质量。

中国法律典籍外译第一人——《大清律》的译者斯当东（Sir George Thomas Staunton，1781—1859）在其《大清律》英译本译序中谈到古代法律汉籍翻英译的心得时写道："译者本人时刻不敢忘却的首要目标，是尽其所能，用恰当而通俗的语言成功地传达出每一条每一款的所有含义。"② 英国翻译学翻译理论家蒙娜·贝克（Mona Baker）在其 2012 年出版的译学理论著作《翻译与冲突：叙事性解读》（*Translation and Conflict：A Narrative Account*）一书中，对中国古代法律典籍《大清律》英译者斯当东的创造性翻译给予了高度的评价并指出，斯当东的中国古代法律汉籍翻译，在尽力呈现中国的法律典籍，其译文具有较强的可读性、合理性和正当性，认为"斯当东创造性地采用了翻译加注释的方法，直接驳斥了巴罗（Barrow）对中国法律的刁难与指责。为了使英语读者更好地理解定罪、纳赎、服制等，斯当东对《大清律》里的'诸图'进行了重新调整和编排。为了更加集中体现该法律意义的积极性和广泛性，对原文句法和词汇也进行了精心安排"③。贝克对斯当东的《大清律》英文翻译评价，总体上无疑是合情合理的，但也正是斯当东"为了使英语读者更好地理解"

①　潘文国：《中籍外译，此其时也——关于中译外问题的宏观思考》，《杭州师范学院学报》（社会科学版）2007 年第 6 期。

②　*Ta Tsing Leu Lee*，tran. by　G. T. Saunton，Longdon：T. Cadell　and　W. Davies，1810. p. xxxi.

③　Baker，Mona，*Translation and Conflict：A Narrative Account*，Routledge，2006，p. 43.

和"为了使英语读者更好地理解"和"一厢情愿"地"对原文句法和词汇"的"精心安排",导致其译文屡屡出现误解误传现象,遑论完全准确传输原文的法旨意蕴。

国外学者在中国古代法律文化和法学文化典籍翻译传播方面所做的工作,虽因存在文化与语言上隔膜,"使他们口中或笔下的中国传统法律文化,远非准确的表达"①,但"对中国法律文化的西传,意义尤大"②。距斯当东英译本出版的 184 年后的 20 世纪末,《大清律》的另一位英译钟威廉(William Jones)也写道,"在翻译《大清律》过程中所遇到的难点,是在异语转换过程中,虽难于找到与官方法律汉语的对等英文表达",但可以翻译可以让译文读者了解该法典是"中国传统智慧"和"中国思想文化"的结晶。③ 理论上讲,翻译特别是法律典籍的跨语言文化交际传译,既是"表面流动符号系统"之间的某种程度的"机械"转换与重构,更为重要的是要将不同法律语言文化的"法意",经过对原文的剖析、理解、译文的匹配、传达与对等衔接等一系列步骤,最终使原文的法言法语意义与潜在信息,不折不扣地输送到目标语读者方,使目标语读者通过异语符号的对等转换,最大限度理解原文的含义,中国古代法律典籍外译尤其如此。古代法律典籍翻译批评研究者的主要任务,就是在深入解读原文的基础上,对译者的每个翻译步骤进行跟踪调查与客观描述,实事求是地分析问题和解决问题,最终得出理据充分的翻译批评结论。

四　增强古代法律典籍外译批评研究者的主体意识

德国当代哲学家伽达默尔认为,翻译过程其实是译者发挥主观能动的跨语言解释与异语输出过程,因此"一切翻译就已经是解释,我

---

① 马晓红、史彤彪:《输出与反应:中国传统文化的域外影响》,中国人民大学出版社 2012 年版,第 2 页。

② 史彤彪:《中国法律文化对西方的影响》,河北人民出版社 1999 年版,第 1 页。

③ *The Great Qing Code*, tran. by Wiiliam Jones, New York:Oxford Univerisity Press, 1994, pp. 28 – 29.

们甚至可以说，翻译始终就是解释的过程，是翻译者对先给予他的语词所进行的解释过程"。为此，他进一步强调指出，译者翻译过程中译者所面临的首要问题是跨越"不同语言之间转换的鸿沟"，且正是这种鸿沟"使得在解释者和文本之间起作用的并与谈话中的相互了解相一致的相互关系显得特别明显，因为所有的翻译都是解释"①。古代法律汉语典籍翻译及其批评研究的"本土代言人"，应该是掌握丰富古代法学图书资源的法学专业高等学府或相关科研院所的专家学者。为此，我们专程走访了国家图书馆和"五大法学院"的图书馆，从查阅到的有关古代法律典籍对外翻译及翻译批评的资料看，真正意义上研究法律典籍外译及其批评的学术论文和学术专著，无论是数量还是质量，其势之弱，令人深思。由此观之，从中国文化"走出去"和"翻译中国"的视角考量，曾经在世界法律文化发展进程中产生过重要影响的中国古代法律汉籍外译及其批评研究，一直是"藏在深闺无人问"的"待字闺秀"，亟待更多既擅长古代法律汉籍翻译实践，又能从事翻译批评研究的专家学者，加入典籍翻译研究队伍。

中国英汉语比较研究会前会长潘文国教授谈到古代汉籍翻译质量批评时指出，古代汉语"特别难学、特别难译。特别是对于反映古代中国人世界观、人生观、哲学观、艺术观的那些术语，很难准确理解、精确翻译，很多中国人对民族的传统和历史已经不甚了了，在外语学人中这一问题可能更加严重。但在为之叫好同时，我们也听到了对其一些译品质量不高的批评"②。中国古代法律文化的美国著名现代学者布迪和莫里斯认为，中国是一个有着几千年法律制度文化的古老国度，"绝大多数西方人缺少训练，因此在语体和词汇翻译方面遇到巨大困难"③。可以认为，应当引起重点思考的"责任主体"至少

---

① ［德］H. G. 伽达默尔：《真理与方法》，洪汉鼎译，商务印书馆2007年版，第518、523页。
② 潘文国：《中籍外译—此其时也——关于中译外问题的宏观思考》，《杭州师范大学学报》（社会科学版）2007年第6期。
③ ［美］卜德、［美］克拉伦斯莫里斯：《中华帝国的法律》，朱勇译，江苏人民出版社1995年版，第1页。

有三个方面：首先是法学专业院校与科研院所的法史学和翻译学的专家学者；其次是长期从事古代汉籍翻译研究、有意或无意忽视古代法律汉籍存在的其他学者；最后是出版单位、学术期刊、音影传播等大众媒体。全球化时代，人类交往更加频繁，交流领域更加广阔，比以往任何一个时期更需要翻译。中国古代法律典籍的翻译比较研究，属于广义上的中外法律文化交流，是当今中国积极主张文化"走出去"，践行文化相通，强化从文化自觉到文化自信的观念，最终实现"中国梦"和"中华民族伟大复兴"目标的重要组成部分。

从法律典籍翻译及其批评研究的角度考察中国古代法律典籍文化对外交流的得与失，语言研究者和法律研究者责无旁贷。观察古代典籍外译研究的现状，法律典籍翻译及其批评研究这一大有作为的课题，目前仍是尚待开垦的"处女地"，从事古代法律典籍翻译及古代法律汉语翻译研究的学者，或许短期内仍是"孤独的守望者"。同时也应当相信，随着"讲好中国故事"和中国文化"走出去"方略的贯彻实施，在不久的将来，会有更多专家学者肩负起古代法律典籍翻译及其批评研究的历史重任，让沉睡千年的中华法系典籍文化早日跨出国门，分享给世界上更多热爱中国古代法律典籍文化的人们。

五　结语

就中国古代法律典籍的汉英翻译而言，任何一个英译者，通常都要经过将古代法律汉语转换成现代法律汉语，再将后者转换成现代法律英语的过程。在这一过程中，法律典籍语言信息是否完全保留，译者对庞大复杂的古代法律典籍语言及其相关信息通常不一定是完全意义上的知情者，需要翻译批评者深入细致的后续介入。批评者以比译者掌握更加丰富的古代法律语言文化资料，对照原文和译文进行全方位的比较分析研究，必要时提供更为可行的矫正性译文，使异语解读最大限度接近原文，并以此作为其他法律典籍翻译分析研究的提供切实可行的理据和翻译批评范式，旨在共同促进法律典籍翻译的质量，为其他典籍翻译批评提供更为丰富的参考依据。

　　国外有悲观主义典籍翻译批评者认为，典籍一旦被翻译成了其他文字的作品，其本质特性及文化价值在异域文化里就会发生蜕变，"所译典籍的特性及其文化价值，在其外语译本中不仅会丧失殆尽，结局是毫无价值可言，不忍卒读，直至导致典籍本身的消失"①。平心而论，前述现象在中国法律文化典籍的外文版本里可谓司空见惯。清代著名双语学者辜鸿铭曾经对被誉为"中国古代思想文化典籍最忠实"的译者——理雅各（James Legge）的中国经典（The Chinese Classics）翻译质量问题，就提出过较为中肯的批评，"现在，任何人，哪怕是对中国语言一窍不通的人，只要反复耐心地阅读理雅各博士的译文，都将禁不住感到它多么令人不满意"②。当代典籍翻译批评者，在肯定和感激理氏创榛辟莽，为传播中国经典文化所做贡献的同时，更要重视辜先生一百多年前所指出的——理雅各从《尚书》到先秦诸子英译——尤其是其中大量政治法律语言英译中，所存在的大量"多么令人不满意"的曲解误传现象。

　　造成典籍原文语言信息流失其至今鲜有人提出系统批评研究的部分原因，除了"人们比较注重典籍翻译本身，而在翻译批评和研究方面重视不够"③ 以外，更为主要的原因之一，是众多典籍翻译批评者缺乏古今法律专业知识或对古代法律专业语言翻译产生畏难情绪的结果，由此导致古代经典法律语言翻译批评者凤毛麟角。鉴于此，我们认为，有必要构建一支既有古代法律典籍翻译能力，又能从事法律典籍批评研究的双语研究队伍，旨在改进中国古代法律典籍翻译质量和提高法律典籍翻译批评研究水准。

---

① Alexandra Lianeri and Vanda Zajko，*Translation and the Classic：Identity as Change in the History of Culture*，Oxford University Press，2008，p. 28.

② （清）辜鸿铭：《辜鸿铭文集》下，黄兴涛等译，海南出版社 1996 年版，第 345 页。

③ 王宏印：《开放视野 系统开展典籍翻译事业》，《中国社会科学报》2011 年 8 月 16 日第 8 版。

后　记

依稀记得四年前《译路峰景——名家谈翻译》三部曲付梓的时刻。如今，相似的时刻再次重现，这一时刻有关即将推出的姊妹篇《译路帆远——汉学家谈翻译》三部曲。

《译路峰景——名家谈翻译》三部曲出版后，收到了来自翻译界与外语界的诸多好评，这是对我们编撰之成果最大的肯定。承蒙厚爱，国内不少高校的翻译系与外语系教师、学生成为了该书的忠实读者。纽约联合国总部中文翻译处提出，于图书馆置放两套该书，以供翻译处人员阅读与研究，我们欣然答应。《译路峰景——名家谈翻译》也很幸运地成为了2021年中国翻译协会"教师节荐书活动之推荐书目"，并有幸由李长栓教授亲自撰写荐书词。陈明明大使曾发来消息，多次表达对于《译路峰景——名家谈翻译》一书中实践派翻译观点的肯定。叶子南教授也曾在多个场合向学生们力荐《译路峰景——名家谈翻译》。

在获得好评的同时，我们同时也在思索：能否将《译路峰景——名家谈翻译》三部曲的编撰思路延续，并创造出另一套成果结晶？有一天，李新烽主编在阅读《中国社会科学报》之时，偶然间看到某位汉学家讨论翻译之道的文章，于是灵光闪现、创意产生：若能编撰一套有关"汉学家谈翻译"的书籍，应当是一件有价值、有意义的学术事宜。由于《译路峰景——名家谈翻译》主要聚焦国内一线的翻译名家，那么这一套书籍便可汇聚海外一线的汉学名家及其翻译观。这即是《译路帆远——汉学家谈翻译》三部曲的最初想法雏形。

考虑到国内各类报刊已经有不少已发表的有关"汉学家谈翻译"

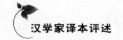

的文章，一些文章为汉学家访谈的形式，一些文章为有关汉学家译介
的评论形式，这些文章多出自高校学者之手，我们于是决定向这些致
力于汉学研究的学者发出稿件邀约，诚邀其向本书赐稿，以飨读者。
这些学者长期致力于国际汉学、比较文学、典籍英译、跨文化传播的
研究，与来自世界各地的汉学家有着广泛接触与深入交流。本书的编
汇过程有幸得到了国内诸位学者的大力支持，承蒙惠允，不胜荣幸。
无论是否与编者有过交往渊源，学者们都在百忙之中发来稿件，与编
者耐心细致地沟通交流，并按照本书编撰标准不厌其烦地对稿件进行
反复修改，其精益求精的治学态度与虚怀若谷的为人品格让编者备受
感动。

　　本书上册收录了目前散见于各大学术报刊的汉学家访谈实录，这
些访谈或是学者们在海外访学过程中与当地高校汉学家展开的对话，
或是在举办学术讲座之隙对受邀的汉学家进行的采访。这些一手访谈
记录了国外知名汉学家结缘中国的心路历程及其致力于中国作品翻译
与研究的心得体会。与相对严肃、刻板的传统论文相比较，访谈实录
以轻松有趣的文风、娓娓道来的口吻，构成了学术研究的珍贵材料。
后来，根据编撰需要，我们又增加了中册的"海外译介传播"、下册
的"汉学家译本评述"两大专题。"海外译介传播"梳理了众多重要
中国典籍作品在海外各国的译介、传播、接受与流变的过程，"汉学
家译本评述"囊括了众多经典汉学译本，剖析了代表性译本的学术特
色与风格。

　　作为独特的文化传播群体，汉学家在传播中国文化中扮演着举足
轻重的角色。作为专门研究中国语言、文学、历史、哲学等领域的外
国学者，汉学家的工作涉及深入挖掘中国传统文化的精髓，并向世界
传达这些宝贵的文化元素。通过对中国作品尤其是中国典籍进行翻
译，汉学家得以更好地理解与欣赏中国文化，中国文学精品也得以超
越语言的藩篱，中华优秀传统文化的研究成果由此广泛地传播到国际
学术界。具体而言，编者认为，汉学家在中国作品翻译尤其是中国典
籍翻译方面的作用体现在以下三个方面：

　　一是传承经典智慧：中国典籍蕴含着丰富而深刻的传统智慧，汉

学家通过深入研究并翻译古代文献、经典著作，以及对译本的叙述手法、艺术风格、创作视角进行解读和传播，有助于将古代智慧传承给后人，并为当代道德伦理与社会治理带来宝贵启迪。

二是促进跨文化理解：汉学家在翻译典籍作品时，不仅仅是将文字从一种语言转化为另一种语言，更是在尽力传达其中的文化内涵。他们通过深入了解中国古代社会、思想体系、历史背景等，用贴近中国文化语境的方式重现中国作品之美，从而帮助外国读者更好地理解中国传统文化及其思想结晶。中国传统文化的宝藏得以为全球公众所共享，从而促进中西文化对话与融合。

三是拓展国际学术影响：通过翻译中国典籍，汉学家为中国文化走向世界、增强国际影响力作出了积极贡献。世界各地的读者通过翻译版本可以更为便捷地接触到中国古代文学、哲学、历史等方面的经典作品，这有助于推动中国优秀作品走向国际舞台，进而推动全球范围内的学术进步。

我们深信，在当今全球化日益加剧的时代，汉学家群体不仅仅是语言的转换者与传递者，更是文化的传承者与延续者。正是得益于他们的努力，中国传统文化的独特遗产得以呈现给世界，其深厚内涵得以被赋予跨越时空的力量，为构建人类命运共同体、为建设中华民族现代文明贡献非凡力量。

最后，再次感谢本书所涉各位高校学者的参与和支持。同时，感谢中国社会科学出版社"慧眼相识"，感谢该社责任编辑侯聪睿为书稿付出的辛勤劳动。鉴于时间关系，本书的不足与偏颇之处在所难免，请广大读者不吝指正。我们衷心期待本书能够为广大翻译实践者与汉学研究者的学术事业尽绵薄之力，也真诚祝愿本书能够载着广大读者扬帆远航于漫漫"译路"，并通往一个多姿多彩的文明互鉴天地。

主 编

2024 年 1 月

于中国非洲研究院